KB214666

이 책에서 세일해머는 오경의 해석 방법, 텍스트 형성 과정, 신학에 대한 귀중한 통찰을 제공한다. 특히 "역사적 예수"의 대안으로 "성경적 예수"를 제안하는데, 세일해머에 따르면 성경적 예수는 단순히 복음서에 묘사된 예수가 아니라, 신구약 성경 전체의 독해를 통해 얻어진 예수다. 세일해머는 오경의 의미를 파악하는 것이 이런 성경적 예수 연구에 가장 중요한 기초가 된다고 주장한다. 왜냐하면 오경의 메시지는 다름 아닌 "오실 메시아"에 대한 약속이기 때문이다. 독자들은 오경의 메시지가 갈라디아서와 다르지 않음을 깨닫고 무릎을 치며 놀라게 될 것이다. 성경을 사랑하고 연구하는 모든 분들께 일독을 권한다.

김구원 | 개신대학원대학교 구약학 교수

19세기 이후로 오경은 이른바 보수적인 신학과 비평적인 신학을 판가름하는 "십볼렛"으로 기능해왔다. 이 방대한 책에서 세일해머는 오래된 논쟁에 뛰어들기보다는 현재 우리가 지닌 최종 형태로서의 오경, 유대교와 기독교가 정경으로 받아들이고 있는 형태로서의 오경이 주는 의미에 집중하고 있다. 오경의 대부분이 율법 조항이라고 믿는 우리들을 향해, 세일해머는 오경의 현재 모습이 전달하고자 하는 것이 "믿음으로 살아가는 삶"임을 세밀한 풀이를 통해 보여준다. 오경과 구약에 대한 그의 전통적인 "보수적" 견해와, 최종 형태에 집중하는 그의 풀이가 때로 논리적으로 충돌되는 지점이 있기는 하지만, "믿음의 삶"이라는 그의 결론은 의미심장하다. 오경은 율법책이 아니라 믿음의 책이며, 구약과 신약은 진실로 연속적이라는 점을 견고하게 보여주고 있는 셈이다. 방대한 양과 세밀한 논의로 인해 만만치는 않지만, 단단한 음식을 먹는 마음과 열심으로 차근차근 읽어보아야 할 책이다.

김근주 | 기독연구원 느헤미야 연구위원

성경 전체의 기초인 모세 오경에 대한 저술은 많이 나와 있지만, 세일해머의 이 책은 근자에 출판된 모세 오경 연구서들 중 가장 방대한 최고 역작(*magnum opus*)일 것이다. 30년 이상 오경을 가르쳐온 저자는, 자신의 입장을 성서비평학 이전도 이후도 아니라고 자리매김하며, 복음주의 학자로서는 비교적 자유롭게 고대와 중세와 현대를 넘나들며 오경의 학문적 난제들을 파헤친다. 세일해머는 현대 성서비평학의 치우친 본문비평보다는, 비평학 이전의 구약학자들 대부분이 중요하게 여겼던 텍스트 자체의 해석을 더 소중하게 여긴다. 모세 오경을 모세의 저작("오경 1.0")으로 인정하면서도 후기 편집자의 신학적 노력("오경 2.0")을 제시하고 있다. 토라·나비임·케투빔이라는 타나크의 세 묶음도 맺음말은 메시아의 예언으로 끝나는 점을 들며 여기에도 메시아 신학을 위한 의도가 있었다고 본다. 오경을 심도 있고 진지하게 읽으며 연구하기를 원하는 모든 이들에게, 세일해머의 이 필수적 대작을 진심으로 추천한다.

김상복 | 횃불트리니티신학대학원대학교 총장

세일해머는 성경의 최종 텍스트 형태를 하나님의 계시로 받아들이며 해석하는, 현존하는 최고의 복음주의 오경학자다. 『모세 오경 신학』은 이런 학자가 평생에 걸쳐 오경을 주해한 결과물로 학계에 선보인 오경신학의 최종 결정판이다. 오경 속에서 어떻게 신학적 메시지를 찾아내야 하는지를 고민하는 모든 목회자와 신학생은 물론이고, 관심 있는 일반 신도들의 서가에도 있어야 할 필독서로 강력하게 추천한다.

김지찬 | 총신대학교 구약학 교수

이 책은 인간의 전적 타락과 십자가의 대속적 보혈로 거듭남을 믿으며, 성경의 계시성과 무오성을 믿는 한국의 복음주의 그리스도인들에게 성경 읽기의 기쁨을 회복시켜준다.

저자는 모세 오경이 단순히 고대 이스라엘의 영적 순례와 분투를 기록한 집단적 신앙 전기도 아니며 그리스도의 도래를 가리키는 예언서도 아닌, 그 자체로 홀로 설 수 있는 하나님의 계시 기록임을 논증한다. 오경을 관통하는 이스라엘에 대한 야웨 하나님의 언약적 사랑과 투신이 어떤 점에서 신약의 그리스도를 예고하고 있는지를 정교하게 그려내는 저자는, 오경 자체의 저작 과정, 전략 자체에서 하나님의 구원 계시의 윤곽을 탁월하게 찾아내고 있다. 오경은 흔히 생각하듯 시내 산의 율법 아래 속박되어 경직된 거룩 추구에 목을 매는 정적인 율법주의를 옹호하지 않는다. 하나님이 경영하시는 도성, 그렇기 때문에 결코 진동하지 않을 그분의 도성을 찾아 순례하는 아브라함의 스릴 넘치는 믿음의 여정을 추적하는 감동적인 내러티브가 바로 오경인 것이다. 아브라함 이야기의 관점에서 모세와 시내 산 율법을 바라보는 서사신학적 관점은 하나님 나라로 가는 도상의 순례자들인 을지로, 충무로, 강남대로의 그리스도인들의 삶의 자리를 오경의 내러티브 속으로 정겹게 초청하고 있다. 이 책을 다 읽고 나면 감동, 깨달음, 그리고 이 세상을 향한 하나님의 권고와 언약적 사랑이 독자들의 마음에 사무쳐 올 것이다. **김회권** | 숭실대학교 기독교학과 구약학 교수

마침내 세일해머가 돌아왔다. 『모세 오경 신학』은 오경에 대한 모든 학문적 논의를 집대성한 그의 역작이다. 저자는 오경에 대한 논의를 다각도로 살피면서 계시론, 언어학, 정경론, 구약신학, 성경신학, 율법과 내러티브, 오경신학, 오경의 형성과 전승, 교회 공동체의 해석과 같은 포괄적 주제들을 탁월하게 다루고 있다. 이 책은 오경 연구의 만물상인 동시에 정석이다. 오경을 제대로 알고 싶다면 반드시 넘어서야 할 산이다. **류호준** | 백석대학교 신학대학원장, 구약학 교수

이 책은 복음주의적인 구약 읽기를 통해 구약, 특히 모세오경의 연구에 새로운 지평을 연 획기적인 저술이다. 오랜 연구와 교육에서 온축된 놀라운 통찰력을 바탕으로, 저자의 매력적인 글쓰기는 오경의 현재적 의미와 메시지에 대한 깊은 이해를 이끌어내고 독자의 공감을 불러일으킨다. 또한 역자의 정확한 번역은 이런 글쓰기의 풍성함을 그대로 살려내고 있다. 설교자와 신학생, 전문 학자뿐만이 아니라, 구약과 신약을 동일하게 하나님의 말씀으로 받아들이는 교회 사역자들도 반드시 읽어야 할 책이다. **성주진** | 합동신학대학원대학교 구약학 교수

이 책은 성실하고 경건한 한 구약학자가 평생을 바쳐 연구한 결과를 집대성한 역작이다. 저자는 오경의 구성과 그 신학에 대한 최근의 연구 결과들을 복음주의적 입장에 서서 총망라하고 있다. 오경과 오경신학에 대해 이보다 더 방대한 연구는 지금까지 없었다. 오경 연구의 최종판이라 해도 과언이 아니다. 현재의 오경 연구의 세계적 판도는 마치 춘추전국 시대 같다고 할 수 있다. 오경 연구가 정도를 잃고 방황하는 상황에서, 최근의 연구의 주된 흐름을 제시하는 이런 책이 우리 앞에 등장하다니, 꿈만 같다. **차준희** | 한세대학교 구약학 교수

세일해머의 이 오경 연구서는 오경의 형성과 목적을 명쾌하게 서술하고 있다. 저자는 오경을 세밀하게 분석함으로써 오경의 성격을 재조명하고 있다. 저자는 오경이 시내 산 사건과 동일시될 수 없으며, 실패한 이스라엘을 향해 집필되었다는 사실을 분명하게 보여준다. 현재의 오경이 시내 산 언약을 재방문하여 오경을 새 언약의 관점에서 읽도록 하는 것처럼(렘 31:31), 이 책은 독자들로 하여금 오경에 대한 옛 관점을 극복하고 메시아적 희망을 가질 수 있는 새 관점에서 오경을 읽도록 인도한다. **하경택** | 장로회신학대학교 구약학 교수

여러 해 동안 세일해머는 오경에 대한 간결하면서도 풍부한 내용의 연구서를 내기 위해 매진해왔다. 이제 비로소 그의 걸작을 우리에게 내놓았다. 이 책을 자세히 읽어본다면 우리는 반드시 오경의 진정한 시대성과 오경이 가진 정교한 문학적 전략에 대해 전면적인 재검토를 하게 될 것이다.

유진 메릴(Eugene H. Merrill) | 댈러스 신학대학원

무엇과도 비교할 수 없는 대작이다. 이 책은 여러분의 세계를 뒤흔들고 충격을 줄 것이다. 여러분은 결코 이전처럼 오경을 읽을 수 없을 것이다.

존 파이퍼(John Piper) | 『최고의 기쁨을 맛보라』 저자

The Meaning of the Pentateuch

Revelation, Composition and Interpretation

John H. Sailhamer

모세 오경 신학

오경의 계시와 구성, 해석과 의미들

존 H. 세일해머 지음 | 김윤희 옮김

Holy
WavePlus

이 책을
나의 학생들에게
바친다

차례

서문

이 책에서 취한 접근 방식은 구약성경에 대한 "역사적-비평적" 견해와 고전적인 "성경적-역사적" 견해가 각각 제기한 질문들을 깊이 존중하고 있다. 나는 이 점이 독자들에게 잘 드러나기를 바란다. 단순히 내가 이런 방법론들을 사용했다는 사실을 통해서가 아니라, 이 방법론들이 제기하는 질문을 다루는 태도의 진지함을 통해서 말이다. 나의 접근 방식은 "비평적"인 것도, "비평-이전"의 것도 아니며, 기독교 시대가 열리기 바로 직전의 초기 정경적 형태 그대로의 오경과 성경의 나머지 부분의 의미를 이해하기를 추구한다는 의미에서 무비평적(noncritical)이다.

이 책이 나오도록 도와주신 여러분들 중 몇 분에게 감사를 표현하고 싶다. 먼저 지난 35년 동안 구약신학, 그중에서도 특히 오경을 가르칠 수 있는 특권을 준 나의 수많은 학생들에게 감사를 표한다. 그들에게 오경을 가르치는 것이 내게는 큰 기쁨이었다. 미국 IVP의 편집자들, 특히 내 책을 편집한 댄 레이드(Dan Reid)에게 고마움을 전한다. 그가 없었다면 이 책은 결코 세상에 나오지 못했을 것이다. 마지막으로, 누구보다도 늘 확고하고 신실하게 나를 도와주고 격려해준 아내 패티(Patty)에게 고마운 마음을 전한다.

약어

정경의 구분

HB   Hebrew Bible

NT   New Testament

OT   Old Testament

고대의 텍스트, 텍스트 형태, 버전들

LXX   Septuagint

MT   Masoretic Text

현대 본문비평판

BHS   *Biblia Hebraica Stuttgartensia*

NA[27]   *Novum Testamentum Graece,* Nestle-Aland, 27th ed.

현대 역본

ASV   American Standard Version

KJV   King James Version

NASB   New American Standard Bible

NIV   New International Version

NKJV   New King James Version

NJPS   *Tanakh: The Holy Scriptures: The New JPS Translation according to the Traditional Hebrew Text*

NRSV   New Revised Standard Version

RSV   Revised Standard Version

사해 사본

4Q398   *4Halakhic Letter^e* (4QMMT^e)

그리스어 · 라틴어 저술

Augustine

    Doctr. chr.   *On Christian Doctrine*

Eusebius

    Hist. eccl.   *Ecclesiastical History*

Irenaeus

    Haer.   *Against Heresies*

Josephus

    Ag. Ap.   *Against Apion*

Justin

    Dial.   *Dialogue with Trypho*

이차적 자료

AB	Anchor Bible
AnOr	Analecta orientalia
BAS	Biblisch-theologische und apologetisch-kritische Studien
BBR	*Bulletin for Biblical Research*
BCAT	Biblischer Commentar über das Alte Testament
BCOT	Biblical Commentary on the Old Testament
BDB	F. Brown, S. R. Driver and C. A. Briggs, *A Hebrew and English Lexicon on the Old Testament* (Oxford: Clarendon Press, 1907)
BEvT	Beiträge zur evangelischen Theologie
BGLRK	Beiträge zur Geschichte und Lehre der Reformierten Kirche
Bib	*Biblica*
BL	Biblical Languages
BZAW	Beihefte zur Zeitschrift für die alttestamentliche Wissenschaft
CC	Continental Commentaries

FAT   Forschungen zum Alten Testament

FSTR   Forschungen zur systematischen Theologie und Religionsphilosophie

GKC   *Gesenius's Hebrew Grammar*. Edited by E. Kautzsch. Translated by A. E. Cowley. 2nd ed. (Oxford: Clarendon Press, 1910)

GKW   Geschichte der Künste und Wissenschaften

HAL   L. Koehler, W. Baumgartner and J. J. Stamm. *Hebräisches und aramäisches Lexikon zum Alten Testament*. Fascicles 1-5 (Leiden: Brill, 1967-1995)

HAT   Handbuch zum Alten Testament

HCOT   Historical Commentary on the Old Testament

HKAT   Handkommentar zum Alten Testament

HNT   Handbuch zum Neuen Testament

HSM   Harvard Semitic Monographs

HTS   Harvard Theological Studies

ILBS   Indiana Literary Biblical Series

JBTh   Jahrbuch für biblische Theologie

JETh   *Jahrbuch für evangelikale Theologie*

JLSP   Janua linguarum: Series practica

JSOTSup Journal for the Study of the Old Testament: Supplement Series

KAT   Kommentar zum Alten Testament

KEHAT   Kurzgefasstes exegetisches Handbuch zum Alten Testament

KEK   Kritisch-exegetischer Kommentar über das Neue Testament

KHC   Kurzer Hand-Commentar zum Alten Testament

LBTL   Library of Biblical and Theological Literature

LCC   Library of Christian Classics

MSt   Monographien und Studienbücher

NEchtB   Neue Echter Bibel

NThG   Neue Theologische Grundrisse

OBO   Orbis biblicus et orientalis

OBT   Overtures to Biblical Theology

OTL	Old Testament Library
OTS	Old Testament Studies
OtSt	Oudtestamentische Studiën
PL	Patrologia latina [= Patrologiae cursus completus: Series latina]. Edited by J. P. Migne. 217 vols. (Paris, 1844-1864)
PTR	*Princeton Theological Review*
RGG³	*Religion in Geschichte und Gegenwart.* Edited by K. Galling. 3rd ed. 7 vols. (Tübingen: Mohr Siebeck, 1957-1965)
RGG⁴	*Religion in Geschichte und Gegenwart.* Edited by H. D. Betz et al. 4th ed. 8 vols. (Tübingen: Mohr Siebeck, 1998-2005)
SBG	Studies in Biblical Greek
SBLDS	Society of Biblical Literature Dissertation Series
SBT	Studies in Biblical Theology
SDDSRL	Studies in Dead Sea Scrolls and Related Literature
SThH	Sammlung theologischer Handbücher
STL	Sammlung theologischer Lehrbücher
SubBi	Subsidia biblica
TBNT	*Theologisches Begriffslexikon zum Neuen Testament.* Edited by Lothar Coenen and Klaus Hacker. 4 vols. (Wuppertal: Brockhaus, 1965-1971)
TJ	*Trinity Journal*
TWNT	*Theologisches Wörterbuch zum Neuen Testament.* Edited by G. Kittel and G. Friedrich. 11 vols. (Stuttgart: Kohlhammer, 1932-1979)
VT	*Vetus Testamentum*
VTSup	Supplements to Vetus Testamentum
WTJ	*Westminster Theological Journal*
ZAW	*Zeitschrift für die alttestamentliche Wissenschaft*
ZDMG	*Zeitschrift der deutschen morgenländischen Gesellschaft*

서론

이 책은 오경의 신학을 연구한다. 그중에서도 특히 오경의 "언어적 의미" 속에서 성경 저자의 의도를 찾는 접근 방식을 따르고 있다. 즉 이 연구는 저자의 단어들, 구와 문장들의 의미를 찾는다. 어떻게 이 개별적인 조각들이 전체 속에서 일관성을 가지고 함께 맞아떨어지는가? 이 책의 주된 목적은 오경 저자의 구성적인 전략이 무엇인지를 발견하는 것이다. 먼저 서론에서는 전체 연구의 개요와 함께, 이 연구가 어떻게 오경신학에 대한 우리의 이해에 영향을 미치는지를 밝힐 것이다.

계시와 종교

먼저 권위에 대한 질문을 논의함으로써 이 책을 시작하려 한다. 성경적 신앙의 규범으로서 오경은 누구를 대상으로 저술되었는가? 최초로 저술되었을 때 오경은 누구를 위한 규범이 되도록 의도되었는가? 누가 오경의 독자였는가? 이 텍스트는 당시 독자들에게 무엇을 말하려 했는가? 만약 오경이 오늘날의 독자들에게도 여전히 무엇인가를 말한다면, 무엇을 주장하고 있는가?

구약이 하나님의 말씀이라고 믿는다는 것은 무엇을 의미하는가? 또한 이 질문에 대한 대답은 오경에 대한 복음주의 신학에 어떤 영향을 미치는가?

이 책에서 다루는 대부분의 논의의 전제가 되는 두 주요 개념인 **계시**와 **종교**라는 용어에 대한 질문으로 연구를 시작하려 한다. 고전적인 이해에 따르면 계시는, 하나님이 스스로를 드러내신 행위를 선지자들이 기록 형태로 성경으로 남긴 것이다. 하나님은 선지자들을 통해, 선지자들과 그들의 독자가 이해할 수 있는 방식으로 커뮤니케이션 하셨다. 성경의 다른 부분과 마찬가지로 오경에서도 하나님은 자신의 뜻을 알리기 위해 인간의 언어, 즉 단어와 구, 문장을 사용하셨다. 계시는 자신을 드러내는 하나님의 신비스러운 행위가 아니라, 말하고 쓰는 일상적인 인간의 활동이었다. 하나님은 단어와 구, 문장으로 이루어진 오경이라는 책을 통해서 자신을 계시하셨다. 이 책을 통해 우리는 누구나 하나님의 마음을 이해할 수 있다. 신비스러운 방식으로써가 아니라 글을 읽음으로써 그렇게 된다. 계시는 오랜 옛날에만 일어난 사건이 아니다. 오늘날에도 계시는 성경 예언의 말씀 속에서 일어난다. 우리는 인간 저자가 쓴 글을 읽음으로써 하나님의 마음(mens dei)을 알 수 있다.

이 책에서 나는 계시에 대한 현대 복음주의적 견해의 흥망성쇠를 추적하면서, 역사적으로 어떻게 고전적인 복음주의 견해가 성경과 종교의 개념에 근거한 견해로 대체되어버리는지를 보이고자 한다. 이런 대체의 결과로 다음과 같은 변화가 일어났다. 즉, 이제 복음주의자들에게 오경신학은 오경의 독자들이 당위적으로 믿어야 하는 바가 아니라, 저 옛날 이스라엘이 믿었던 바의 역사적 재구성 정도가 되었다. 다른 말로 하면 오경신학은 초기 독자들이 믿음으로 이해했던 규범이 아니라, 고대 이스라엘이 한때 믿었던 바를 묘사한 것에 불과하게 되었다. 복음주의적 견해와 비평주의적 견해 사이에 있는 유일한 실제적인 차이점이라면, 복음주의자들에게 역사란 성경에 쓰여 있는 것으로 제한되는 반면에, 비평주의적 견해는 비성경적 자료로부터 재구성되어야 하는 "실제적" 역사에 토대를 둔다는 것이다. 과거에도 그랬지만 현재에도 여전히, 오경에 대한 복음주의적 견해는 신약 메시지에 따라 해석학적 조정을 할 필요가 있다는 사실을 확인하는 것은 어렵지 않다. 성경이 고대 이스라엘을 위한 거룩한 문헌이라면, 그 메시지가 교회에 어떻게 적용될 수 있는가? 교회는 이스라엘과 구약에 대해 어떤 관계를 가지는가? 이 질문에 대한 복음주의의 반응은 신약의 예표론을 구약에 적용하는 것으로 복귀하는 입장으로 이루어져 있다. 구약에서 이스라엘은 신약에서의 교회와 동일시된다. 구약에서 이스라엘 백성에게 적용되던 것을 지금은 교회에 적용하는 것으로 대치하는 것이다. 하지만 이런 관점에서 본다면 오경은 현재의 교회에 규범적 역할을 할 수 없다. 오경은 다만 독자에게, "한때 주신 믿음"으로서 고대 이스라엘의 종교를 가리킬 수 있을 뿐이다.

이 책 전반에 걸쳐서 다룰 한 가지 질문은 오경에서 의미가 발생하는 지점이 어디인가 하는 것이다. 오경에서 우리는 어디서, 어떤 방식으로 권위 있는 말씀을 발견하게 되는가? 예를 들어, 오경은 우리에게 모세의 율법에 대해 무엇을 말하는가? 오경은 오직 고대 이스라엘 백성들을 위해서만 작성되었는가? 시내 산 언약 아래서 이스라엘 종교를 이해하려는 묘사적인 임무가 오경의 우선적인 의도인가? 아니면 하나님과 동행한 아브라함의 모범대로 믿음의 삶을 살라는 명령에 대해, 지금도 그때처럼 독자들을 직면시키는 것이 주된 목적인가? 믿음의 선지자인 아브라함을 향한 외침인가(창 15:6; 20:7), 아니면 아브라함의 믿음을 광야에서 나타내는 데 실패한 제사장 모세를 향한 외침인가?(민 20:12) 오늘날 우리는 어떤 방식으로 오경의 의미를 우리 삶을 위한 것으로 읽고 이해할 수 있는가? 그리스도인은 어떤 방식으로 오경에 나오는 율법과 종교적인 의식을 순종해야 하는 것으로 받아들일 수 있는가?

책의 첫 부분에서 나는 다음과 같은 점을 주장하고 싶다. 즉 구약의 다른 부분과 마찬가지로 오경의 목적은, 독자로 하여금 고대 이스라엘 백성이 되게 하여 성전에서 하나님을 예배하도록 만드는 것이 아니라는 것이다. 이런 목적은 분명히 시내 산에서 율법과 법도를 이스라엘 백성에게 주었을 때의 의도와는 일치한다. 사실 모세가 시내 산에서 이스라엘 백성에게 준 것은 오경이 아니었다. 모세가 준 것은 율법이며, 시내 산 율법은 오경이 작성되기 훨씬 오래전부터 존재했다. 이 책의 추가적인 목적은, 오경을 기록함에 있어 시내 산 율법의 다양한 집합들은, 모세의 언약과 율법 아래에서 믿음의 삶을 산다는 것이 얼마나 어려운가를 보여주기 위해서 포함되었다는 사실을 증명하는 것이다(민 20:12; 신 31:29). 오경 메시지의 궁극적 관심사는 모세를 중재자로 시내 산에서 설립된 이스라엘 종교가 아니었다. 오경에 기록된 율법은 한때 시내 산 언약을 특징으로 하던 종교의 의미를 독자에게 제공하기 위해 주어졌다. 시내 산에서 주어진 율법은 오경이 가르치고 있는 믿음과 동일한 목적도, 동일한 메시지도 가지고 있지 않다.

앞에서 지적한 내용은 오경의 메시지를 찾는 읽기 전략에서 중요한 구별을 할 수 있게 해준다. 이 책 전반에 걸친 나의 초점은 율법이 시내 산에서 고대 이스라엘에게 무엇을 의미했느냐 하는 문제가 아니다. 오히려 나의 초점은 영감으로 쓰인 오경의 메시지가 오늘날 우리에게 무엇을 의미하며, 오경 안에 있는 율법이 그 점과 무슨 관련이 있느냐를 질문하는 것이다. 확실히 오경 저자는 오늘날의 독자들에게, 모세와 이스라엘 백성은 시내 산에서 받은 율법에 순종해야 할 의무가 있었음을 보여주고 싶어한다. 마치 노아가 방주를 지으라는 하나님의 명령에 순종하도록 부르심을 받은 것처럼, 모세는 율법이 요구한 것을 이행함으로써 시내 산 언약에 순종했다(민 12:7). 오경 저자는 독자들에게, 시내 산 율법이 주어지고 그것의 권위가 있기 훨씬 이전에 아브라함이 살았음을 보여준다. 저자는 이런 지점을 전달하면서, 우리가 새로운 아브라함의 율법 법전에 순종해야 함을 제시하는 것이 아니라, 사도 바울이 로마서 4장에서 주장한 것과 동일한 메시지를 전한다. 즉, 율법의 요구를 성취하려 한다면 독자들은 아브라함의 믿음을 가져야 함을 보여주려는 것이다. 아브라함은 시내 산 율법의 요구를 믿음의 삶을 삶으로써 성취했다(창 26:5; 롬 8:4).[1] 이것은 오경 자체 내에서 발견되는 놀라운 바울적인 진술인 것이다. 예수가 지상에 오시기 오

---

1) John H. Sailhamer, "The Mosaic Law and the Theology of the Pentateuch," *WTJ* 53 (1991): 24-61을 보라; Hans-Christoph Schmitt, "Redaktion des Pentateuch im Geiste der Prophetie," *VT* 32 (1982): 170-89.

래전부터, 예수와 사도 바울의 신학은 오경 저자의 의도(mens auctoris) 속에 반영되어 있었다.

오경의 목적은 시내 산에서 모세에게 준 율법의 요구에 순종하는 삶을 가르치려는 것이 아니라, 오히려 아브라함처럼 살아야 한다는 내러티브적인 교훈을 주는 것이다. 아브라함은 율법 아래 있지 않았지만 믿음의 삶을 삶으로써 율법의 요구를 완성한 자의 본보기다. 오경은 모세와 아브라함이라는 두 중심인물을 통해 교훈을 준다.[2] 이 책은 두 사람이 하나님과 동행하는 근본적으로 다른 방법을 소개하고 있다(신 29:1). 한 방법은 시내 산 율법 아래에서 모세처럼 사는 것이며 이는 시내 산 언약이라고 불린다. 다른 하나는 율법이 아닌 믿음으로 아브라함같이 사는 것이며(창 15:6) 새 언약이라고 불린다. 이 두 중심 주제(율법과 믿음)는 오경 내에서 전개되며, 예언문학에서는 모세와 아브라함 또는 율법과 복음이라는 두 가지 언약의 대조로 나타난다. 예언자들도 오경을 읽고 공부하면서 그 의미를 인식하고 있었음을 보게 될 것이다. 결과적으로 예언자들은 모세 율법에 대한 나름대로의 이해에 근거하여 오경의 새로운 예언자적 판(prophetic edition)을 내놓음으로써 그 의미를 보존하고자 했다. 바로 이것이 오늘날 우리 성경에 있는 "정경적 오경"이다. 오경의 예언자적 최신판에 대한 추가적인 증거들은 몇몇 초기 텍스트와 역본들에서 발견된다.[3]

예언자적 반향

19세기의 유명한 복음주의 구약학자인 에른스트 헹스텐베르크(Ernst

---

2) John H. Sailhamer, *The Pentateuch as Narrative: A Biblical-Theological Commentary* (Grand Rapids: Zondervan, 1992), pp. 1-79을 보라. 『서술로서의 모세오경』(새순 역간).
3) John H. Sailhamer, "Biblical Theology and the Composition of the Hebrew Bible," in *Biblical Theology: Retrospect and Prospect*, ed. Scott Hafemann (Downers Grove, Ill.: InterVarsity Press, 2002), pp. 25-37을 보라.

Hengstenberg)[4]는 구약책들의 구성에서 성경 저자들 사이에 밀접한 상호 의존성이 있음을 발견했다. 예언자들은 오경에 큰 비중을 두고 의존했으며, 또한 오경에 대한 서로의 "논평"(예, 삼상 2:10)[5]과 "해설"에 의존했다. 이런 주석은 텍스트의 의미와 번역, 텍스트 자체 내에서 텍스트에 대해 부여된 논평 등과 관계된, 오래된 논의의 잔여 형태에서 발견될 수 있다. 하나의 텍스트가 다른 텍스트 안에 또는 다른 텍스트와 나란히 놓인 위치와 배열만으로도, 독자가 이 텍스트를 이해하는 방식에 영향을 미칠 수 있다. 헹스텐베르크는 구약 저자들 간의 이런 상호 의존성을 "반향"(echo)이라고 불렀다. 실제적으로 그는 구약의 메시아적 메시지 전체를 반향의 기능으로 이해했다. 헹스텐베르크는 예언자들의 언어 속에서 모세의 언어와 다른 예언자들의 언어의 반향을 들었다.[6] 요엘의 예언에 대해 그는, "요엘은 모세가 준 개요를 고수했으며 다른 모든 예언자들이 그것을 보충하기도 하고 완성하기도 한 것을 따랐다"[7]라고 말했다. 카일(C. F. Keil) 또한 "반향" 이라는 동일한 용어를 사용해서 하박국의 묵시를 설명한 바 있다. 카일에 따르면 하박국의 예언에서 하나님의 현현에 대한 묘사(합 3장)는, 이스라엘의 가장 초기 시대부터 있었던 하나님의 계시에 대한 고대의 시적 묘사(즉 오경)에 시종 의존한다. 심지어 도입부(합 3:3)조차도 신명기 33:2의 모세의

---

4) C. F. Keil 역시 자신의 소선지서 주석에서 Hengstenberg를 꼽았다. C. F. Keil, *The Twelve Minor Prophets*, trans. James Martin (BCOT; Grand Rapids: Eerdmans, 1954), 2:96을 보라.

5) 예를 들어 신약의 마 2:15과 비교하라.

6) Walter Kaiser도 구약 해석의 비슷한 양상을 지적했으며 이것을 "선행하는 성경과의 유추(analogy)"라고 불렀다. 각 성경 저자는 자신의 앞에 이미 존재하는, 발전 중인 정경의 컨텍스트 안에서 작업한다. Hengstenberg와 Kaiser의 견해의 차이점은, Kaiser의 경우, 예언자들이 모세와 다른 예언자들에 대한 자신의 반향을 기록함에 있어 수동적인 역할을 했다. 예언자들은 초기의 구약을 되읽어 들어가려는(read back into) 시도는 하지 않았다. 다만 연대기적으로 정확한 순서대로 자신의 언어를 기록했을 뿐이다.

7) Ernst W. Hengstenberg, *Christology of the Old Testament*, trans. Reuel Keith (1854; reprint, McLean, Va.: MacDonald Publishing, 1972), 1:234.

노래에 뿌리를 두고 있다. 하박국의 시를 좀더 읽어보면 다양한 시편 구절들의 반향도 만나게 된다.[8)]

헹스텐베르크(와 카일)에 따르면, 예언자들은 단순히 모세의 말 그대로를 다른 예언자들과 주고받고 한 것이 아니다. 그들은 모세의 글에 자신의 예언적 논평을 실어서 다른 예언자들에게 보냈다.[9)]

따라서 예언은 구약 전반에 걸쳐 반향 효과를 가진다. 한 예언자의 말은 다른 예언자에게 들려지고 그에 의해 주해되었으며, 좀더 초기의 예언의 말씀의 메아리로 반향되었다. 매번 예언자의 말이 들려지고 반향될 때마다, 새로운 명확성과 관련성이 계시되었다. 또한 이것은 전체 비전이 진행되고 전개되는 독특한 역사적인 순간을 나타냈다. 헹스텐베르크와 카일을 위시한 수많은 학자들은, 구약에 나오는 거룩한 인물들 속에서 모세로부터 말라기에 이르는 모든 예언자들의 언어와 논평을 들을 수 있었다고 고백한다. 어떤 예언자는 성경 속에 명시적으로 이름이 알려져 있고, 또 다른 예언자는 정체불명으로 남아 있다. 성경에는 예언자적 반향의 많은

---

8) C. F. Keil, *Biblischer Commentar über die zwölf kleinen Propheten* (BCAT 4/3; Leipzig: Dörffling & Franke: 1866), p. 434.

9) Kaiser는 예언자들의 작업에 대해 한결 수동적인 견해를 주장한다. 추측하건대, Kaiser는 후기 텍스트의 견해가 초기의 성경 텍스트로 되돌아가 영향을 미치는 것을 원하지 않았기 때문인 것 같다. 하지만 바로 이 점 때문에 Hengstenberg는, 영감으로 된 해석인 (하지만 아직 신약은 아닌) 예언의 말씀의 중요성을 발견한다. 내 견해로는 두 학자 간의 이런 차이점은 다음과 같은 사실을 지적함으로써 해소될 수 있다고 본다. 즉 이런 접근법과 관련하여 Kaiser가 가지는 중요 난점은, 신약의 성취의 빛 안에서 구약의 언어들을 해석했던 신약 저자들을 주로 개입시킨다. Hengstenberg도 비슷한 약점을 가지고 있지만, 최소한 원리적인 측면에서 그는 구약이 구약을 해석하도록 허용하고 싶어한다. Kaiser의 경우 그는 이런 점을 반대했다기보다, Hengstenberg와 같은 복음주의 입장을 고려하지 않은 듯하다. Kaiser에게 있어 이런 입장은 재해석이라는 현대의 비평주의 개념과 너무 흡사하기 때문에 시초에서부터 금지된다(이는 정당한 금지라 할 수 있다). 반면에 Hengstenberg는 철저하게 성경 저작의 정통주의적 견해의 컨텍스트 안에서뿐만 아니라 구약 정경의 성격을 고려한 측면에서 질문을 제기한다. 19세기 초 Hengstenberg에게 구약 정경은 여전히 성서비평의 거대한 폭풍으로부터 안전지대에 있었다.

예들이 나와 있는데,[10] 그중에서도 유명한 것은 사무엘상 2:1-10의 한나의 시(詩)다. 한나는 아들을 바치면서 찬양과 감사의 노래를 드린다. 찬가 마지막 부분에서 그녀는 메시아 왕의 도래에 대한 예언적 희망(삼상 2:10)이라는 다른 주제로 넘어가는데, 이를 위해서 오경에 속한 시를 메아리로 반향하고 있다. 한나는 "여호와를 대적하는 자는 산산이 깨어질 것이라 하늘에서 우레로 그들을 치시리로다 여호와께서 땅끝까지 심판을 내리시고 자기 왕에게 힘을 주시며 자기의 기름 부음을 받은 자의 뿔을 높이시리로다"라고 노래한다. 이때 한나가 말한 기름 부음을 받은 자와 왕은 오경의 시 속에 나오는 메시아 왕(민 24:7)을 암시한다.

흔히 성서비평학자들은 어떻게 한나가 이런 언어를 표현할 수 있었는가를 설명하느라 고심한다. 오실 왕에 대한 희망을 한나는 어디에서 얻을 수 있었을까? 가능한 설명은, 후대의 서기관이 후기 예언자들의 메시아에 대한 믿음에 일치시키기 위해 한나의 찬양의 노래를 다시 썼다고 가정하는 것뿐이다. 하지만 이런 설명은, 한나 또는 후기 예언서의 저자 중 하나가 오경을 읽고 오경의 시 속에 나오는 예언의 희망을 인식했을 가능성은 보지 못한다. 반면에 한나의 언어를 오경에 나오는 시들의 반향으로 이해한다면 이 사실은 자연스럽게 이해된다. 하박국 예언자처럼 한나도 오경의 시 속에서 배운 메시아의 희망을 성취시켜달라고 하나님께 호소하고 있다. 한나의 시는 오경의 예언의 희망을 메아리로 반향시키며, 하박국의 시는 다시 한나의 희망을 반향한다. 이 두 시는 오경을 "메시아적"으로 이해하도록 독자들을 인도한다.[11] 구약의 예언자적 판의 개념 자체는 오경이 메시아적임을 증명하지는 않는다. 그러나 현재 정경으로서의 오경은 전체가 메시아적이라고 이해하는 것이 타당하다는 사실은 보여준다.

---

10) 예를 들어, 슥 6:12-13은 삼하 7장; 시 110편; 창 14장의 포로기 이후의 해석을 나타낸다.

11) 예를 들어, 창 12:2; 18:18; 26:4; 시 72:17; 렘 4:2; 시 72:8; 슥 9:10을 보라.

타나크

오경의 "제작 과정"과 예언의 반향에 대한 앞의 관찰은, 성경을 이루는 책들의 구성 뒤에 "지적인 존재"가 있다는 사실을 암시한다. 이는 성경의 각 권을 선택하여 이 책들을 구약 정경(Tanak) 전체로 모으는 작업 속에도 같은 종류의 지적인 설계가 있는지에 대한 질문도 야기한다. 구약 정경의 최종 형태에 대해서는 이 책에서 해야 할 말이 많다. 앞으로 전개될 내용에서 나는 구약의 최종 정경 형태의 목적이 구약의 책들을 메시아적 차원에서 보기 위한 최상의 컨텍스트를 제공하는 것임을 주장할 것이다.

구약의 최종 형태에 대해 메시아적 차원이 끼친 영향이 명약관화한 경우도 때때로 있다. 하지만 다른 경우에는 단순히 어떤 책과 어떤 책이 함께 배열되는지, 또는 그 책들이 어떤 순서를 따르고 있는지(컨텍스트성) 정도의 문제로 보이기도 한다. 예를 들어 히브리어 정경에서 룻기는 역사서인 사사기와 사무엘서 사이에 배치되어 있지 않다. 히브리어 정경의 배치에서 보면, 보아스에 의해 "현숙한 여인"이라고 불리는 룻은 "누가 현숙한 여인을 찾아 얻겠느냐?"라는 질문으로 시작되는 잠언 31장의 시 다음에 위치해 있다.

구약을 현재의 형태가 되도록 모은 사람들은 성경에 헌신된 자들이었다. 성경을 이루는 각각의 책들은 수세기 동안 연구되고 묵상되어왔다.[12] 각 권들은 단순히 개개의 책들로서뿐만 아니라 수집된 전체의 부분으로서도 이해되어왔다. 구약 정경을 배열할 때 그 전체 틀을 잡았던 사람들은 의심할 바 없이 히브리어 성경에 대한 전체적인 이해를 가지고 접근했다.

구약성경을 모으고 배열하는 직무를 맡은 에스라와 같은 리더들은, 구약 텍스트에 해설을 제공하는 작업을 임무의 일부로서 이해하고 있었다.

---

12) I. L. Seeligmann, *Voraussetzungen der Midraschexegese* (VTSup 1; Leiden: Brill, 1953), pp. 150-81을 보라.

느헤미야 8:8에 따르면, 그들은 성경을 낭독하면서 그 의미에 대한 해설과 통찰력을 제공했다. 많은 경우, 그들의 해설은 성경 텍스트가 가진 메시아적 양상을 부각시키는 것을 목적으로 삼았다. 메시아적 색조를 띤 정경 형태로서 유명한 예는 오경의 마지막에 나오는 모세의 죽음에 대한 기록이다(신 34장).[13] 이 부분이 원래 오경의 일부에 속한 것이 아님은 분명한데, 왜냐하면 이 부분은 모세의 죽음과 매장에 대한 설명을 포함하기 때문이다.[14] 메시아적인 형태를 갖춤으로써 이 작은 텍스트는 신명기 18:15, 모세와 같은 선지자에 대한 약속에 대한 논평 역할을 한다.[15]

첫째, 신명기 34장은 신명기 18장의 선지자를 한 개인으로 보지, 선지자 직분으로 보지 않는다. 이런 점은 "그 후에는 이스라엘에 모세와 같은 선지자가 일어나지 못하였나니"(신 34:10)라고 말한 것에서 알 수 있다. 이 텍스트는 "선지자의 직분이 일어나지 못했다"라고 말하지 않고, "모세와 같은 선지자[단수]가 일어나지 못하였나니"라고 말하고 있다.

둘째, 신명기 34장은 모세 시대를 훨씬 뛰어넘어 신명기 18장의 약속의 성취를 평가하고 있다. 신명기 34장의 작성 시기에서 중요한 대목은 "모세와 같은 선지자가 일어나지 못하였나니"(신 34:10)라는 언급이다.[16] 이 문장은 선지자 직분의 존재를 인식하고 있었음을 반영할 뿐만 아니라,[17]

---

13) Franz Delitzsch는 신 34:10이 가지는 정경적 중요성을 간과하면서(특수한 경우에는 신 18장과의 어떤 연결성도 없이) 이렇게 언급했다. "우리는 구약 정경 내에서 이 약속에 대한 반향을 전혀 발견하지 못한다. 바로 이것이 우리가 *nabi'*에 대한 단수형의 종말론적인 해석에 반대하는 중대한 이유다"(*Messianische Weissagungen in geschichtlicher Folge* [Leipzig: Akademische Buchhandlung, 1890], p. 450).

14) 물론 신 34장을 오경의 나머지 부분과 구분하는 데는 문학 기법적인 이유가 있다. 예를 들어 전체의 구성적인 구조(내러티브/시)는 오경이 신 32/33장으로 끝난다는 것을 암시한다.

15) 이는 모세 오경과 예언서 사이에 존재하는 정경적 연결 부분의 일부임에 분명한데, 왜냐하면 수 1:1의 모세의 죽음에 대한 언급은, 신 34:5에 나오는 그의 죽음에 대한 설명을 전제하기 때문이다. 모세 오경 내에서 모세의 죽음에 대한 언급은 여기가 유일하다. 따라서 수 1:1은 신 34:5의 모세의 죽음에 대한 언급을 보았음에 틀림없다.

연대기적 기본 틀 속에서 한 개인 선지자(신 18장에서 고대되고 있는!)가 일어나지 못했다는 결론 또한 유추하고 있다. 여호수아도, 사무엘도, 다른 어떤 포로기 이전의 선지자들도 이런 언급을 할 만한 위치에 있지 않았다. 여호수아 시대에는 선지자의 직분이 아직 형성되기도 전이었다. 사무엘 시대에는 선지자 직분이 막 기능을 하기 시작했다고 할 수 있다. 포로기 동안에는 선지자의 직분이 여전히 활발히 시행되고 있었다. 신명기 34장은 신명기 18장에서 약속된 선지자가 절대로 "오지 않았음"을 말하고 있다.

신명기 34장의 이 논평이 기록되었다고 보는 상대적인 시기는 모세 시대(그리고 신 18장)와 선지자 대부분의 시대보다 훨씬 나중이다. 이 논평의 의도는 독자들로 하여금, 특히 신명기 18장의 약속이 성취되지 않는 상황 속에서도, 하나님의 예비하심을 신뢰하도록 촉구하는 데 있다. 약속된 선지자가 "일어나지 못했다"는 사실 자체가 독자로 하여금, 그가 오리라는 희망을 더 가지도록 자극하도록 의도된 것이다. 다른 말로 하면 신명기 18장을 언급하는 신명기 34장의 이 마지막 논평 부분은 모세의 말을 이해함에 있어, 앞으로 도래할 선지자 직분에 대한 언급이 아니라, 아직 역사적으로 성취되지 않았지만 미래에 올 어떤 개인 선지자에 대한 예언으로 이해하도록 인도한다.[18]

신명기 34장이 제공하는 논평 또는 설명은 신약에서 발견된, 신명기 18장에 대한 동일한 이해를 반영한다. 사도행전 3:22-23에서 베드로는 신명기 18장(신 34장이 아니라)에 나오는 선지자에 대한 말씀을 예수에게 적용한다. 약속된 선지자는 예수 전까지는 "일어나지 못했다." 따라서 베드로는 신명기 34장의 시선을 통해서 신명기 18장의 말씀을 예언적·개인적·메시

---

16) Joseph Blenkinsopp, *Prophecy and Canon* (Notre Dame: University of Notre Dame Press, 1977), p. 86.
17) 이 문장은 문제의 선지자를 선지자로 식별할 수 있는 별개의 그룹을 암시하기 때문이다.
18) 여기서 내가 염두에 두는 것은, 어떻게 신 33:4-5의 텍스트가 모세를, 오경의 시 속에 나오는 오실 왕에 대한 약속과 연결시키는가 하는 방법의 문제다.

아적으로 이해했다.[19]

해석학

오경의 신학적 연구의 목적은 오경 자체에 나타난 성경 저자의 의도를 아는 것이다. (인간과 하나님) 저자의 의도는 이 책의 "언어적 의미"다. 저자의 의도는 그의 말이 책의 일부로서 무엇을 말하는가 하는 것이다.

오경 언어의 의미에 대해 이야기할 때 우리는 이 의미를, 같은 언어가 실제 세계에서 가리키는 "실체들"로부터 주의해서 구별해야 한다. 오경은 실제적인 역사적 사건, 즉 현실 세계에서 "발생한 일들"(res gesta)에 관한 것이다. 하지만 언어는 실체 자체는 아니다. 언어는 다만 실체를 가리킬 뿐이며 실체에 대해 우리에게 말해줄 뿐이다.

역사적인 사건들(실체)을 이야기할 때 흔히 우리는 저자가 이런 사건들에 대해 이야기하는 바와 사건들 자체를 쉽게 혼동한다. 역사와 고고학은 성경이 가리키고 이야기하는 "실체"를 이해하는 데 중요하지만, 때로는 꼭 그만큼 성경의 "언어"를 이해하는 데 방해가 되기도 한다. 오경은 실제 인물과 사건들을 그린 렘브란트의 그림에 비교될 수 있다. 렘브란트의 그림을 이해할 때 우리는 그림에 그려진 것의 실체를 사진으로 찍어 그것과 비교해가며 이해하지 않는다. 이런 방법은 렘브란트가 그린 실체 또는 그

---

19) 신 34장 역시 신 18장에서 약속된 선지자가 "결코 오지 않았다"("아직 오지 않았다"가 아니라)라고 말하고 있다면, 34장의 텍스트는 더 이상 선지자가 없었던 시대에 쓰였을 가능성이 높다. 예언은 그쳤다. 벧전 1:10-12과 비교해보라. "이 구원에 대하여는 너희에게 임할 은혜를 예언하던 선지자들이 연구하고 부지런히 살펴서 자기 속에 계신 그리스도의 영이 그 받으실 고난과 후에 받으실 영광을 미리 증언하여 누구를 또는 어떠한 때를 지시하시는지 상고하니라 이 섬긴 바가 자기를 위한 것이 아니요 너희를 위한 것임이 계시로 알게 되었으니 이것은 하늘로부터 보내신 성령을 힘입어 복음을 전하는 자들로 이제 너희에게 알린 것이요 천사들도 살펴보기를 원하는 것이니라"(역자 주— 원서는 KJV 인용).

의 소재를 이해하는 데는 도움이 되겠지만, 그림 자체를 이해하는 데는 도움이 안 될 것이다. 렘브란트의 그림을 이해하기 위해서 우리는 그림 자체를 보고 그것의 색채, 형태, 질감을 주시해야 한다. 같은 논리로 오경을 이해하자면 우리는 오경 자체의 색채, 형태, 질감을 보아야 한다. 렘브란트의 그림을 이해하기 위해서는 그림 자체를 공부해야 한다. 오경을 이해하기 위해서는 오경 자체를 공부해야 한다.

저자의 의도 발견하기

오경과 같은 텍스트의 의미를 찾기 위해서는 어떻게 하는가? 내가 제시하려는 답은, 이런 종류의 텍스트의 의미는 "빅 아이디어"(big idea)의 관점에서 접근해야 한다는 것이다. 우리는 다음과 같은 질문을 던져야 한다. 이 책은 무엇에 관한 것인가? 저자는 어느 방향으로 가고 있는가? 저자가 말하고자 하는 바는 무엇인가? 오경의 각 부분은 전체 개념의 컨텍스트 안에서 각각의 위치를 가진다. 빅 아이디어는 각 부분의 중요성과 의미를 발견하는 데 도움을 준다. 이것이 오경과 같은 텍스트가 작동하는 방식이다. 이런 텍스트는 기록된 사실들의 조각들이 임의적인 방식으로 모인 것이 아니다. 이런 텍스트는 우리에게 전체 그림을 준다. 그리고 전체는 각 부분의 의미를 우리가 이해하는 데 영향을 미친다.

그렇다고 오경 각각의 부분들이 전체를 떠나서는 의미가 없다는 말은 아니다. 분명히 부분들은 각각 의미를 가지고 있다. 다만 오경의 세부 사항과 부분들의 의미에 대해 우리가 말하는 바가 무엇이든지 간에, 전체에 대한 저자의 의도와 조화를 이루어야 한다는 뜻이다.

그렇다면 오경의 빅 아이디어는 어떻게 찾는가? 답은 간단하다. 읽어야 한다. 오경을 읽을 때, 우리는 머릿속으로 오경이 무엇에 대해 쓰고 있는가 하는 의미를 형성하기 시작한다. 일단 오경이 무엇에 대한 책인가를 파악하기 시작하면, 실제로 오경에서 발견한 것을 가지고 우리의 아이디어를 시험해볼 수 있다. 우리가 파악한 오경의 빅 아이디어에 대한 이해가 텍스트 자체 내에서 발견된 것과 일치하는가? 오경을 읽으면서 우리가 해야 할 질문은 다음과 같다. 오경에 내 생각을 주입하고 있는 것은 아닌가? 내가 생각한 빅 아이디어를 재조정할 필요는 없는가? 내 이해가 완전히 빗나갔으며 다른 것으로 대체할 필요가 있는 것은 아닌가?

분명한 것은, 이런 과정을 거치기 위해서는 많이 읽어야 한다는 것이다. 또한 겸손도 요구된다. 텍스트에 대한 나의 이해가 텍스트 자체와 맞지 않는다면, 그것을 인정하고 다른 새로운 빅 아이디어로 다시 시작해야 한다. 바로 이런 때가 다른 사람의 도움이 필요한 시점이다. 많은 경우 우리는 다른 사람들의 성경 이해로부터 배울 수 있다. 오경과 같은 대작은 수세기에 걸쳐 읽혔다. 이미 오경에 대한 기초가 탄탄한 아이디어들이 존재한다면, 우리가 오경을 읽을 때도 이것을 충실히 고려해야 한다.

우리가 생각한 빅 아이디어가 텍스트에 맞는지 아닌지는 어떻게 알 수 있는가? 기본 원칙은 다음과 같다. 최상의 빅 아이디어는 텍스트의 대부분과 그 가장 중요한 특색들을 설명해주어야 한다. 빅 아이디어를 염두에 두고 오경 전체를 읽어갈 때, 우리는 이 아이디어가 진행 중인 내용을 이해하는 데 도움이 되는지 여부를 곧 알게 될 것이다. 예를 들어 오경의 빅 아이디어가 "당나귀 타는 법"이라고 생각했다고 가정해보자. 얼마 읽지 않아서 우리는 이 아이디어가 전혀 도움이 되지 않음을 발견할 것이다. 오경에는 이런 아이디어와 유사한 것이 거의 없다. 이번에는 빅 아이디어를 "모세 율법에 순종하는 것의 중요성"이라고 가정해보자. 곧 이런 아이디어가 오경을 읽고 이해하는 데 도움이 됨이 분명해질 것이다. 오경의 대부분은 모세의 율법에 대한 것이다. 심지어 오늘날 많은 사람들은 오경을 율법이라고 부른다. 의심의 여지 없이 이 빅 아이디어는 오경에 나와 있는 대부분의 내용을 이해하는 데 도움을 준다.

그렇다면 가장 중요한 것이 무엇이냐 하는 질문은 어떤가? "모세의 율법에 순종하기"라는 빅 아이디어는 여기서 우리에게 도움이 되는가? 물론 답은 "가장 중요하다"라는 것이 무엇을 의미하는가에 달려 있을 것이다. 누구에게 가장 중요하다는 말인가? 개인적인 차원에서 나에게 중요한가? 내가 속한 교회의 구성원들에게 중요한가? 예수와 신약 저자들에게 중요한가? 유대교에게 중요한가? 이런 질문은 여러 가지 방법으로 답할 수 있다.

만약 우리가 저자의 의도를 찾고 있다면, 오경에서 가장 중요한 것은 저자의 의도와 관련해서 결론짓는 것이 합리적이다. 저자에게 가장 중요한 것은 무엇인가? 우리의 빅 아이디어는 오경의 대부분을 이해하는 데 도움이 되어야 할 뿐만 아니라, 저자에게 가장 중요한 것을 이해하는 데도 도움이 되어야 한다. 나중에 언급할 내용이 미리 나오기는 하지만, 여기서는 어떻게 저자에게 중요한 것이 무엇인지를 결정하는가 하는 개념을 소개해야겠다. 저자에게 중요한 것이 무엇인지 결정하기 위해서는, 오경 중에서 저자의 작업이 가장 선명하게 드러나는 대목들을 찾아야 한다. 저자는 책을 어떤 방식으로 구성했는가? 어떤 용어들을 반복했는가? 책의 전체 개요나 구조는 어떠한가? 이런 종류의 질문들은 오경과 같은 책 속에서 가장 선명하게 정의된 저자의 작업을 파악하는 데 도움이 된다. 따라서 책의 저자에게 가장 중요한 것이 무엇인지를 결정하는 데 이런 요소들이 도움이 될 것이라고 가정하는 것은 자연스럽다.

예를 들어보자. 잘 알려진 사실과 같이, 오경의 저자는 처음 60개의 장을 써가는 동안 모세의 율법에 대해서는 거의 한 마디도 언급하지 않았다. 만약 오경의 빅 아이디어가 "모세의 율법에 순종하는 것의 중요성"이라고 생각한다면, 어째서 책의 처음 60장 전체를 이해하는 데 이 아이디어는 도움이 되지 않는가? 적어도 오경의 첫 부분에서 저자에게 가장 중요한 것은 모세의 율법이 아닌 듯하다. 이런 이유로 어떤 이들은 오경이 출애굽기 12:1에서 시작되어야 한다고 제안했다. 유월절이 주어지는 것을 설명한 이 부분이, 오경에서 모세의 율법이 진정으로 시작되는 첫 부분이라는 것이다. 따라서 더 좋은 방법은 우리의 빅 아이디어의 이해를 조정하는 것이다. 아마도 모세의 율법을 즉각적으로 다루지 않는 다른 빅 아이디어에 대한 진술이 오경에서 가장 중요한 사실 중 하나를 설명하는 데 도움을 줄 것이다.

이 서론에서 나는 예를 들기 위한 목적으로, 앞과는 다른 빅 아이디어를 좇을 생각이다. 내가 제안하는 빅 아이디어는 "믿음으로 사는 삶의 중요성"이다. 이 빅 아이디어가 오경의 대부분을 이해하는 데 즉각적인 도움을 주지는 않음을 인정한다. 오경의 대부분은 여전히 "율법"이다. 하지만이 새로운 아이디어가 적어도 저자에게 가장 중요한 것으로 보이는 것을 이해하는 데는 도움을 준다는 사실을 보게 될 것이다. 오경의 빅 아이디어의 이해를 형성하기 위해서 우리는 좀더 깊숙이 들어가야 한다. 우리가 선택한 빅 아이디어가 적절한 것이라면, 당연히 그것은 모세의 율법과 믿음으로 사는 삶의 개념 모두를 포함해야 한다. 이 시점에서 나의 관심사는, 빅 아이디어와 그것이 오경에서 저자의 중심적인 초점에 대한 우리의 이해를 형성하는 데 도움이 되는 방법을 소개하는 것이다.

요약하자면 다음과 같다. 우리는 오경에서 저자의 의도를 찾고 있다. 그러기 위해서는 저자가 사용하는 언어와 문장의 의미를 이해하도록 노력해야 한다. 우리는 기록된 오경 전체의 컨텍스트 속에서 그것의 언어를 이해함으로써 이 목적을 성취한다. 저자의 빅 아이디어에 대한 힌트는, 우선적으로 저자가 가장 자주 쓰는 내용과 그에게 가장 중요한 것으로 보이는 것들 속에서 찾아야 한다.

오경의 구성

성경 저자들이 책을 쓴 방식에 대해서는 무엇을 말할 수 있을까? 흔히 우리는 오경과 같은 성경의 책들이 현재와 동일한 방식으로 집필되었을 것이라고 가정한다. 하지만 사실은 그렇지 않다. 오경 자체를 자세히 연구해 본 결과로 얻을 수 있는 사실은, 실제의 구성 작업은 복잡하다는 것이다. 기록된 수많은 작은 텍스트들이 함께 짜여서 하나의 텍스트를 이루고 있다. 마치 조각보 이불이나 스크랩북을 만드는 것과 같은 형식이다. 완성된 작품은 목적의 통일성과 단일성을 나타낸다. 오경이 쓰인 방식을 면밀히 살펴보면 저자가 의미하는 것이 무엇인지 더 분명한 이해를 얻을 수 있다.

분명히 오경 저자는 두 종류의 기록된 자료들로부터 시작했다. 저자는 오경 전체의 기초를 형성하는, 여러 개의 작은 기록된 글을 가지고 있었던 것 같다. 아마도 원시대 역사 이야기(창 1-11장) 또는 족장들의 이야기(창 12-50장)는 오경을 "만들기" 위해 사용되었을 때 이미 기록된 형식으로 존재했을 것이다. 또한 저자는 여러 개의 작은 기록된 자료들을 수집해놓고 있었던 것 같다. 이것들 중 어떤 것은 내러티브 형태로, 또 다른 것들은 시형(詩形)으로 되어 있었다. 동시에 기록된 형태의 율법들도 여러 개 수집되어 있었다.

하지만 저자의 작업은 단순히 기록된 자료들은 편찬하는, 스크랩북을 만드는 것 이상이었다. 현재 우리가 가지고 있는 오경은 오랜 숙고 끝에 자료들을 구성해서 만든 결과다. 최종 형태에는 전략이 들어가 있다. 따라서 오경 저자를 "저자"로 인정하는 것은 중요하다. 확실히 그의 업적에는 저자로 불릴 만큼의 가치가 있다. 저자는 기록된 문서들을 가지고 통일성 있는 전체로 함께 엮었다. 결과적으로 그의 내러티브 전체에는 중심과 초점이 있으며, 실제 사건에 대한 완결된 이야기가 있다. 오경에서 저자의 의미를 가장 직접적으로 보여주는 표시는 책의 전반적인 문학적 전략과, 텍스트의 최종 형태를 하나로 잇는 언어적 이음매(verbal seams)다. 오경의 저술은 복음서나 사무엘서, 열왕기의 저술과 비슷하다. 이 책들은 이야기를 전하기 위해 기록된 자료들을 사용했다.

복음주의 성서학자들의 관심을 끄는 질문은, 오경의 저자가 과연 모세냐 하는 것이다. 내가 믿기로는, 이 질문에 대한 "성경적" 대답은 여호수아 1:8과 요한복음 5:46에서 찾아볼 수 있다. 모세가 죽은 후에 여호수아는 "율법"이라고 불리는 책을 그의 수중에 가지고 있었다(수 1:8). 요한복음 5:46에서 예수는 모세가 자신에 대해 기록했다고 말씀하셨다. 이 두 텍스트에 따르면 성경 저자들이 자신들의 책을 이해했던 바처럼, 모세가 여호수아에게 "율법"이라고 불리는 책을 주었으며, 그 책에 모세는 그리스도에 대해 썼다고 결론 내리는 것이 합당하다. 또한 여호수아 1:8에 기록된 모세의 "율법책"은 현재 (정경의) 오경과 동일한 책으로 이해하는 것이 합당하다. 그렇다고 해서 모세가 자신의 죽음을 기록했다는 것은 아니다(신 33, 34장). 최소한 오경의 마지막 부분에는 첨가된 자료가 있었다.

기술적인 측면에서 말하자면, 오경에는 최소한 두 개의 판이 있다. 모세의 오경이라는 "첫째 판"(first edition)과, 신명기의 마지막 두 장(신 33-34장)을 포함한 예언자적 "둘째 판"(second edition)이 그것이다. 둘째 판에 추가된 부분은 아주 적은 양이지만 중요한 부분으로 보인다. 신명기 33장은 아마도 모세의 작품일 것이다. 하지만 이 부분은 후기의 "저자"에 의해 더해진 것으로 보인다(신 33:1). 왜냐하면 이 서론은 분명히 모세의 죽음을 인식하고 있기 때문이다("모세가 죽기 전에").

여기서는 이 질문을 더 이상 다루지 않을 것이다. 하지만 오경의 "두 개의 판"에 대한 인식이 함축하는 바 중 하나는, 현재 우리가 가지고 있는 오경이 외양과 형태에 있어 모세의 원본과 아주 가깝다는 것이다. 오경의 마지막 두 장의 "이차적인" 성격은 오경의 나머지 부분의 "원본적" 성격을 이해하는 데 도움을 준다.

무슨 오경인가? 복음주의 성서학자들은 첫 번째 오경을 누가 썼느냐 하는 문제를 논의하는 데 상당한 시간을 쏟아왔다. 부족했던 부분은, 현재 우리의 성경책, 즉 마지막 두 장에 모세의 죽음과 장례의 기록이 나오는 마지막 오경을 누가 썼느냐 하는 질문에는 소홀했던 점이다. 이 판은 언제, 왜 나왔는가? 또한 왜, 어떻게 이 판은 초기판에 덧붙여졌는가?

앞의 질문에 대한 답은 그렇게 어렵지 않다. 오경의 추가 부분에 기록된 것으로 판단하건대(예, 신 33-34장), 나는 마지막 두 장의 의도가 이스라엘 역사 후기에 오경의 주요한 사건들 일부에 대한 설명을 제공하려는 것이었다고 결론 내린다. 오경의 마지막 진술 부분 중 하나는, 모세가 죽은 후에 "그

와 같은 선지자가 일어나지 못하였나니"(신 34:10)라고 말한다. 이런 진술을
할 수 있으려면 이스라엘의 마지막 선지자 이후까지 살아 있었던 사람이
어야 한다. 텍스트는 "모세와 같은 선지자가 아직 일어나지 않았다"라고 말
하지 않는다. 이런 진술은 이스라엘 역사의 어떤 시점에서든 가능하다. 하
지만 이 텍스트는 "모세와 같은 선지자가 일어나지 않았다"라고 진술한다.
이런 문장은, 모세와 같을 가능성을 가진 모든 선지자들이 이미 왔으나 그
들 모두가 모세에 미치지 못했을 때만 가능한 문장이다. 또한 이런 점은,
마지막 판이 최후의 선지자인 말라기 이후에 늦게 기록되었음을 가리킨다.

　이런 관찰을 통해서 볼 때, 현재의 정경인 오경은 두 번째 또는 마지막
"모세 율법" 판이었다는 사실이 암시된다. 성경의 진술로부터 모을 수 있
는 것으로 판단해보면, 나는 오경의 첫째 판이 모세가 쓴 초기 "율법책"이
었다고 결론 내린다(신 33:4을 보라). 현재의 판은 모세가 쓴 오경보다 훨씬
이후에 쓰였다. 이 두 판이 얼마나 다른지를 결정하는 것은 불가능하다.
우리는 모세가 쓴 오경의 첫째 판을 가지고 있지 않기 때문이다.[20] 오경신
학을 발견하는 임무에서 우리의 우선적인 관심사는, 현재 우리의 성경 속
에 있는 오경, 즉 "정경적 오경"에 초점을 맞출 필요가 있다는 점이다. 오
경은 구약 선지자들과 예수와 신약 저자들에게 역사적으로 전달되고 사
용되었을 뿐 아니라, 나머지 구약의 신학을 형성하는 중심을 이루었다. 사
실, 오경의 "둘째 판"에서 모세의 "율법책"은 구약 정경―율법과 선지서와
성문서―의 필수적인 일부가 되었다. 바울이 디모데후서 3:16에서 영감으
로 된 성경과 동일시한 것도 바로 이 둘째 판이다. 이 판이 우리가 가지고
있는 오경의 유일한 판인 것이다.

---

20) 우리가 가지고 있는 유일한 판은, 열왕기와 역대기와 LXX의 대본과 같이, 이스라엘 역
　사 후기에 집필된 둘째 "예언자적 판"이다. 여러 구절에서 역대기는 사무엘서와 열왕기
　의 후기 둘째 판으로 우리에게 전해진다. 열왕기와 역대기의 그리스어 번역과 함께, 우
　리에게는 열왕기의 히브리어 판본, 오경 최신판의 그리스어 초기 번역판(LXX)도 있다.

오경의 청중. 오경신학을 염두에 두고 오경을 읽을 때는 이 텍스트가 대상으로 삼고 있는 특정한 역사적 시기에 있는 청중을 확인해야 한다. 이런 작업을 위해서는 청중에 대해 몇 가지 지점을 분명히 해야 한다. 첫째, 오경 속에 나오는 독자와 오경의 독자를 구분해야 한다. 창세기 6장에서 하나님이 노아에게 방주를 지으라고 하실 때, 그분은 오경의 독자에게 말씀하신 것이 아니다. 하나님은 홍수 내러티브 속에서 노아에게 방주를 지으라고 말씀하시는 것이다. 오경을 읽는 독자는 전 지구적인 규모의 홍수를 피할 필요가 없지만, 이 내러티브 속에 등장하는 노아는 그럴 필요가 있다. 하나님이 시내 산 기슭에서 모세와 이스라엘에게 말씀하실 때 하나님은 오경의 독자들이 아니라, 광야 내러티브(출 19-24장) 속에 나오는 이스라엘 백성에게 말씀하시고 있다. 노아의 방주에 대한 지시와 마찬가지로 하나님이 시내 산에서 모세에게 말씀하신 것은, 저자가 그의 독자들에게 말하고 싶어하는 바와 일치하지 않는다. 독자들은 오경의 청중이 정확히 누구인가에 주의하면서 그 컨텍스트 속에서 해석해야 한다.

이 그림에서 잘못된 부분은 어디인가?

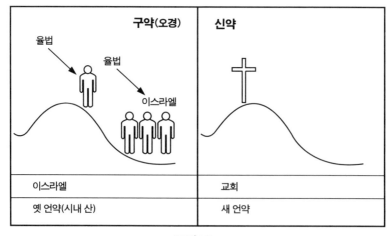

〈그림 i.1〉

〈그림 i.1〉을 보면 오경은 하나님이 시내 산에서 이스라엘과 세운 언약의 일부로 보인다. 이 언약 속에서 하나님은 모세에게 율법을 주셨고 모세는 그 율법을 산기슭에 서 있는 이스라엘 백성에게 전달했다. 이런 관점에서 보면 하나님은 시내 산에서 이스라엘과 언약을 맺으셨고, 모세는 시내 산 언약과 율법을 가르치기 위해서 오경을 썼다. 앞과 같은 그림은 오경에 대한 일반적인 오해를 드러낸다. 이 그림에서는 무엇이 잘못되었는가? 율법을 주는 것과 오경을 기록한 것을 동일시한 것이 잘못되었다. 오경 자체가 이스라엘에게 율법을 가르치기 위해 쓰인 것이 아니라는 점을 간과한 것이다. 오경은 율법 아래 살고 있는(신 30:1-2; 스 7:6-10), 하지만 매번 실패하는(느 9:33) 백성에게 말하고 있다. 오경은 하나님의 율법을 넘어서 그분의 은혜를 바라본다. 오경의 목적은 독자들에게 새 언약 속에 있는 믿음과 희망에 대해서 가르치는 것이다(신 30:6). 따라서 새로 그린 〈그림 i.2〉는 율법과 오경의 차이점과, 오경의 메시지 속에 있는 새 언약의 역할을 보여준다.

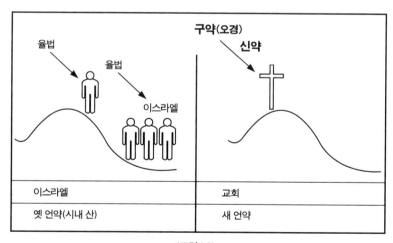

〈그림 i.2〉

예레미야 31:31에서는 모세의 시내 산 언약과 예언적 새 언약이 대조를 이루고 있다. 한편에는 모세에 의해 설립된 옛 언약이 있고, 다른 한편에는 십자가 위에서 그리스도의 희생적인 죽음으로 세워진 새 언약이 있다. 갈라디아서와 로마서에서 바울은 시내 산 언약을, 믿음과 하나님의 복을 가져오는 데 대한 실패로 회고한다. 시내 산 언약이 본질적으로 잘못된 것은 아니지만, 이스라엘의 마음속에는 무엇인가가 근본적으로 잘못되었다. 그들의 마음은 하나님의 사랑으로 정화되고 채워져야 할 필요가 있었다(신 30:6). 그러나 선지자들이 보았던 대로, 이스라엘은 하나님의 율법에 계속적으로 불순종했으며 하나님의 징계를 받아야 할 위험에 처해 있었다. 궁극적으로 돌판 대신에 마음에 새겨진 율법이 필요했던 것이다(비교. 겔 36:26-27). 흔히 이스라엘의 선지자들과 신약 저자들은 율법을 거대한 실패작으로 회고했다. 시내 산 언약은 깨어진 언약이었다. 신약은 시내 산의 실패를 그리스도 안에서 성공한 새 언약과 대조시켰다.

현재의 성경 속에 있는 오경은 시내 산과 직접적으로 연관되어 있지 않다. 정확하게 말하자면 지금의 오경은 시내 산 언약에 대해서 우리에게 이야기하지만, 시내 산에서 일어난 사건과 동일시되어서는 안 된다. 시내 산에서 모세가 이스라엘에게 준 것은 현재와 같은 정경의 오경이 아님을 명심해야 한다. 오경은 차후에 이스라엘을 향해 집필되었으며 이스라엘이 실패한 후에 그것을 기록한 것이 확실하다. 이스라엘에게 시내 산 언약이 실패했음을 말하기 위해 주어진 것이다. 선지자 호세아가 본 대로, 오경은 원래 결혼이 아니라 이혼에 대한 것이다. 정경의 오경에서 선지자들은 이 이혼을 넘어서서 "마지막 때에" 새 언약을 바라본다(호 3:5). 오경에서 우리는 옛 언약이 아니라 새 언약의 부르심을 직면하고 있다. 이런 관점에서 오경은 신약의 갈라디아서와 의미가 아주 가깝다. 갈라디아서도 시내 산 언약에 대해 쓰고 있다. 갈라디아서에서 바울은 시내 산 언약이 계속적으로 합법적인가 하는 질문을 한다. 이 서신서에 따르면 시내 산 언약은 실패했다. 같은 방식으로, 오경은 독자들로 하여금 시내 산 율법의 실패를 보고 새 언약에 희망을 걸도록 만든다. 만약 모세 율법이 오경의 독자들을 향해 쓰인 것이 아니라면, 그렇다면 어째서 율법은 거기에 있는 것인가?

오경의 목적이 시내 산 언약과 율법이 실패했음을 보여주는 것이라면, 왜 오경에는 여전히 그렇게 많은 율법이 존재하는 것일까? 이 질문에 대해서는, 그리스도인의 삶과 모세의 율법의 관련성을 논의할 때 다시 다룰 것이다. 여기서는 다음의 지점만 강조하는 것으로 그치겠다. 즉, 다만 이런 율법들이 오경에 기록되어 있다는 이유만으로는 오경을 율법책으로 취급하는 충분한 근거가 되지 않는다는 것이다. 율법을 포함한 책이라고 해서 반드시 율법책은 아니다. 저자가 오경에 율법을 포함시킨 데는 다른 이유들이 있을 수 있다. 그중 하나는, 독자들에게 시내 산 언약이 왜 실패했는지를 보여주기 위해 율법을 오경에 기록했다는 것이다. 여기에 대해서는 나중에 오경의 율법을 더 자세히 보면서 어떻게 이 율법이 내러티브와 시의 전체 구조 속에 위치하게 되었는지, 현재 위치의 배후에 있는 구성적 전략을 어떻게 암시하고 있는지 논의하는 곳에서 다시 다룰 것이다.

요약. 오경은 현대의 책들과 동일한 방식으로 쓰이지 않았다. 오경은 고대의 기록된 자료들의 모음이자 배열이다. 이 자료들 중 많은 것은 파편으로 존재한 것으로 보이며, 모세 시대에 이미 오래된 자료였을 것이다. 실제로 모세는 이 자료들의 일부를 히브리어로 번역했을 수도 있다. 오경은 저자의 문학적인 전략을 드러내며, 이 속에서 저자는 신학적 메시지를 가르치려고 노력한다. 지금 우리가 가지고 있는 오경은 모세가 쓴 율법책의 후기 판본일 것이다(수 1:8). 모세는 이 책을 하나님의 지혜와 묵상의 자료로서 기록했지, 율법책으로 기록한 것이 아니다. 후에 예언자들은 모세의 말을 ("밤낮으로") 많이 묵상한 후, 오늘날과 같은 정경의 오경으로 출판했다. 이 말씀을 통해서 하나님은 그들로 하여금 율법을 선포하게 하는 동시에, 이스라엘이 말씀에 순종하는 데 실패한 것을 드러내셨다. 목적은 하나님의 백성에게 시내 산 언약과 그곳에서 이스라엘에게 주신 율법에 대한 헌신을 상기시키는 것이었다. 앞으로 이 책에서 논의하겠지만, 율법에 대한 오경의 견해는 갈라디아서의 바울의 견해와 비슷하다. 율법은 실패했지만, 선지자들은 오경 속에서 새롭고 더 좋은 언약의 계시를 보았다. 오경은 이스라엘에게 시내 산 언약에 대해서가 아니라 새 언약에 대해 가르치기 위해 집필되었다. 새 언약 아래서 모세의 율법은 하나님의 영에 의해 모든 믿는 자들의 마음에 새겨지도록 되어 있다. 각 사람은 하나님이 주시기로 한 "새 마음으로부터" 하나님께 순종할 것이다. 예언자들이 오경을 스스로 공부함으로써 배움에 이른 것처럼, 성전과 제사장직도 성경을 읽는 것으로 대체되었다. 이는 이스라엘이 "제사장직을 가진 나라"(출 19:24에서 일어난 일처럼)이기보다 "제사장 나라"와 거룩한 백성이 되었음을 의미했다. 하나님의 말씀을 읽음으로써 이루어지는 하나님과의 개인적이고 인격적인 관계, 이 선지자적 이상은 "이스라엘 교회"의 회복과 결집을 향한 외침이 되었다. 이스라엘과 열방으로 구성된 믿는 자들의 장래의 연합은, 오경의 예언적 저자들에 의해 이미 설계되어 있었다(창 35:11; 48:4; 사 66:18-24). 예언적 새 언약의 이런 모든 양상은 정경의 오경 속에 이미 예언되어 있다.

이렇게 우리의 논의는 오경의 메시지를 설명하는 방향으로 잘 진행되고 있다. 잠정적으로 오경의 목적은 이스라엘의 후기 예언자들(이사야, 예레미야, 에스겔)의 글과 매우 비슷하다고 할 수 있다. 이들의 견해에 따르면, 이스라엘 백성은 시내 산 언약에서 하나님이 요구하신 것에 미치지 못했다(사 1장을 보라). 그들에게 필요한 것은 새 언약이었다(렘 31:31-34). 새 언약은 이스라엘에게 새 마음과 하나님의 영을 주었다(겔 34:24-31; 36:26-27). 인간의 마음은 시내 산에서 이스라엘에게 주어진 돌판의 시험을 견디지 못했다. 새 마음이 필요했다. 오경의 메시지는 성경의 예언자들과 신약의 메시지와 동일하다. 하나님은 인간의 마음을 새롭게 하기 위해 자신의 영을 보내시고, 사람들로 하여금 하나님을 신뢰하고 순종하도록 이끄실 것이다(신 30:6).

물론, 내가 말하고 있는 모든 내용은 오경 자체의 증거를 가지고 주해의 차원에서 검증되어야 한다. 성경 텍스트 속에서 빅 아이디어를 결정하려는 모든 시도와 마찬가지로, 이것 역시 오경 텍스트에 실제로 나와 있는 것을 최상으로 설명할 수 있음을 보여야 한다. 예를 들어, 오경의 저자는 왜 그의 내러티브 속에서 눈에 띄는 위치에 금송아지 이야기(출 32장)를 배치했을까? 시내 산에서 하나님이 모세에게 율법을 주시던 바로 그 순간에, 이스라엘은 산기슭에서 율법을 어기고 있었다. 이스라엘은 방금 십계명을 들었다. 하나님은 우상들에게 절하지 말고 다른 신들을 두지 말라고 명하셨다. 하지만 바로 그때, 이스라엘은 금으로 우상을 만들어 그것에 절하고 있었다.

확실히, 오경의 저자는 그의 이야기를 통해 무엇인가를 전달하려고 한다. 그에게는 말하고 싶은 핵심이 있었다. 우리의 임무는 현재의 우리 자신을 위해 바로 그 핵심을 새롭게 발굴하는 것이다.

전체로서 오경

오경의 개별적인 부분들—예를 들어, 창조 기사(창 1장)나 출애굽기 기사(출 1-15장) 같은 부분들—을 살펴보기 전에, 좀더 폭넓은 시각으로 오경을 살펴보는 작업이 도움이 된다. 오경 전체의 메시지는 무엇인가? 전체적인 목적은 무엇인가? 이런 전체적인 관점에서 오경에 대한 무엇인가를 결정하고 나면, 좀더 작은 부분들을 보면서 그것이 어떻게 전체적인 메시지에 기여하는지 살필 수 있다.

오경의 구조. 저자가 역사적 내러티브를 구성하는 데 있어, 가장 영향력 있는 동시에 미묘한 지점은 전체적인 뼈대(framework)다. 이 전체 뼈대 속에서 저자는 내러티브를 배열하게 된다.[21] 어떤 이들을 이것을 "컨텍스트"라고 부른다. 나는 "구조"(structure)라는 용어를 사용하는데, 이는 다음과 같은 두 가지 사항을 강조하기 위해서다. (1) 내러티브는 외적인 경계선을 가진다. 결국 내러티브는 단어나 문장 같은 텍스트적인 어떤 것이기를 멈추고, 실제 세계의 일부가 된다. (2) 내러티브는 자체의 각 부분들 사이에 내적 관계를 가진다.[22] 상당히 많은 부분에서 성경 내러티브의 구조는 그 부분들의 의미를 결정한다.

정의. 구조는 내러티브 내의 관계들의 총합이다. 구조는 부분들과 전체의 관계, 부분들 사이의 관계의 표현이다.

이 책에서 나는 오경의 구조에 대해 두 가지 질문을 논의할 것이다. 첫째, 오경과 같은 거대한 구조의 의미를 어떻게 평가할 것인가? 둘째, 오경의 구조 속에서 어떤 의미나 메시지가 산출되는가? 오경과 같은 내러티브의 의미는 오경의 형태와 진행에 밀접하게 묶여 있다. 저자는 그의 내러티브 속에서 무엇을 말하려고 하며, "텍스트 안에서" 어디로 진행하고 있는가?

오경의 시작과 끝. 비록 단순해 보이지만, 오경에 대해 우리가 물을 수 있는 질문 중 가장 중요한 질문은 "오경이 어디에서 시작하며 어디에서 끝나는가?"다. 이 질문이 있을 때만 우리는 "오경의 내러티브는 어떻게 시작되고 어떻게 끝나는가? 또한 어디로 가고 있는가?"도 물을 수 있다.

오경은 어디에서 시작하는가? 이 질문의 대답은 분명한 듯하지만, 사실 오경을 공부해온 많은 사람들에게 이것은 심각한 문제다. 중세의 위대한 유대인 학자인 랍비 솔로몬 벤 이삭(Rabbi Solomon Ben Isaac, 라쉬[Rashi])은, 첫째 율법인 유월절 제정의 기사가 시작되는 출애굽기 12:1에서 비로소

---

21) John Sailhamer, "Exegetical Notes: Genesis 1:1-2:4a," *Trinity Journal* 5, no. 1 (1984): 73-82.

22) John Sailhamer, *Introduction to Old Testament Theology: A Canonical Approach* (Grand Rapids: Zondervan, 1995), pp. 207-12. 『구약신학개론』(크리스챤서적 역간). 여기에 나오는 "텍스트 내 관련성"(intextuality)과 "텍스트 간 관련성"(innertextuality) 개념을 보라.

토라(오경)가 시작된다고 가르쳤다. 라쉬에 따르면 출애굽기 12:1 앞에 나오는 모든 내용은 다만 토라의 머리말일 뿐이다. 토라(오경)는 율법의 책이므로 첫째 율법과 함께 시작한다고 본 것이다.

현대의 성서학자들은 창세기 1-11장 역시 오경의 일부가 아니라고 본다. 오경의 주제에 대한 최근 연구에 따르면, 오경은 창세기 12장부터 시작된다. 또 다른 중요한 연구는, 원래의 오경이 창세기 1:1이 아니라 창세기 2:4a, 즉 "이것이 하늘과 땅의 내력이다"라는 말씀과 함께 시작한다고 주장한다. 창세기 1:1은 후대에 서기관에 의해 오경에 더해졌으며, 2:4a은 창세기 1장의 마지막에 배열되었다는 것이다. 하지만 내 견해로는, 우리가 가진 성경에 나와 있는 오경은 창세기 1:1, "태초에 하나님이 천지를 창조하시니라"라는 말씀으로 시작된다고 보는 편이 안전하다.

오경은 어디에서 끝나는가? 오경이 어디에서 시작하느냐보다 더 어려운 문제는 오경이 어디에서 끝나느냐를 결정하는 것이다. 오경이 끝나는 곳처럼 보이는 지점이 한 군데 이상이기 때문이다.

모세가 오경의 저자라고 믿는 사람들은 주로 신명기 34:4이 오경의 끝이라고 주장한다. 모세의 죽음이 바로 다음 절(신 34:5)에 언급되기 때문이다. 오경의 마지막 여덟 구절은 모세가 죽은 후에 여호수아에 의해 더해졌다고 본다. 그러나 동일한 논리를 적용해보면, 오경이 끝나는 부분은 오히려 신명기 32:52로 보는 것이 더 합당하다고 볼 수 있다. 왜냐하면 바로 다음 구절(신 33:1)에서도 모세는 죽은 것으로 되어 있기 때문이다.

다른 학자들은 "오경", 즉 다섯 부분으로 된 책은 애당초 없었다고 주장한다. 원래의 책은 민수기 36:13에서 끝나며 네 부분으로 된 "사경" (Tetrateuch)이었다고 본다. 신명기는 더 큰 책인 역사서의 첫째 부분이며, 이 역사서는 신명기부터 열왕기까지의 책들로 구성되어 있다.

어떤 학자들은 여호수아서의 마지막 부분을 지적한다. 여기에는 여호수아가 여호수아서 전체를 포함한 "하나님의 율법"(오경?)의 최종 필사본을 썼다고 기록되어 있다(수 24:26). 이런 지점을 말하는 학자들은 흔히 여섯 부분으로 된 책인 "육경"(Hexateuch)을 주장한다.

만약 우리가 오경을 구약성경에서 우리에게 주어진 그대로 받아들이면, 의심할 바 없이 오경은 신명기 34장의 마지막 구절들(신 34:10-12)로 끝난다. 이때 모세는 이미 죽고 매장되었다(신 34:5-9). 그뿐 아니라 저자는 우리에게 "그 후에는 이스라엘에 모세와 같은 선지자가 일어나지 못하였나니 모세는 여호와께서 대면하여 아시던 자요"(신 34:10)라고 전해준다. 이는 상당히 의미심장한 말이다. 이런 진술을 기록한 저자는 모세 이후에 일어난 모든 선지자들의 계보를 알고 있었음이 분명하다. 또한 이 선지자들 중 누구도, 단 한 사람도 "모세와 같지 않았음"도 알고 있었다. 모든 선지자들이 이미 왔고 지나갔지만 그들 중 누구도 모세에 필적하지 못했다. 따라서 오경의 이 마지막 부분에서는 거대한 도약이 이루어진다. 이 도약은 우리를 모세의 마지막 날들로부터 선지자들의 마지막 시대까지 단숨에 옮겨놓는다.

지금까지는 오경이 어디에서 시작해서 어디에서 끝나는지를 살펴보았다. 다음에 다룰 질문은 오경이 어떻게 시작하고 끝나는가 하는 문제다. 저자는 어떤 대상과 아이디어, 주제를 가지고 작업을 시작하는가? 또한 어떤 대상과 아이디어, 주제를 가지고 작업을 마치는가?

오경은 어떻게 시작하는가? 만약 오경이 출애굽기 12:1에서 시작한다고 본 라쉬의 말이 맞다면, 오경은 율법으로 시작된다고 해야 할 것이다. 그렇다면 하나님이 이스라엘을 다루시는 이야기 전체는 이 백성에게 율법을 준 것에 기초하게 될 것이다. 바로 이것이 고전적 유대교(언약적 율법주의)의 견해다. 오경은 율법이고 따라서 율법으로서 순종해야 하는 책이다.

만약 오경이 창세기 12:1에서 시작한다는 견해가 맞다면, 오경은 아브라함에게 주어진 하나님의 약속(아브라함 언약)으로 시작된다고 할 수 있다. 그렇다면 오경의 근거는, 아브라함을 은혜 가운데 부르신 것과 그에게 주신 약속 안에서 하나님이 이스라엘에게 율법을 주신 것이 될 것이다. 이런 논리에서 보면 오경의 중심 논점은 복음과 율법의 관계(복음/율법)가 될 것이다.

만약 오경이 원래 창세기 2:4a, "하늘과 땅의 내력이니"(창 1:1은 후에 덧붙여졌다)로 시작했다면, 창세기 1장은 창조에 관한 실제적 진술을 하지 않는 것이 될 것이다. 다만 이 장은 자연에 대한 설명에 불과할 것이다. 창세기 1장의 견해는, 하나님이 창세기 1장에서 일을 시작하셨을 때 이미 자연세계가 존재했다는 것이 될 것이다. "이것은 하늘과 땅의 내력이라 땅은 혼돈하고 공허하며…." 물리적 세계인 자연은 하나님이 "창조"의 역사를 시작하신 때 이미 거기에 있었다. 이것은 하나님조차도 받아들여야만 할 상황이 되어버린다. 만약 이 구절이 오경의 시작이라면, 율법을 주신 것과 아브라함에게 주신 약속 모두는 자연에 기초하게 될 것이다. 복음과 율법의 관계는 자연과 은혜의 관계(자연/은혜)에 비해 후순위가 될 것이다.

하지만 우리가 이미 본 바처럼 오경은 창세기 1:1에서 시작한다. 또한 오경은 율법이나 약속으로도, 심지어 주어진 것으로서의 자연으로 시작하지도 않는다. 오경은 "무로부터의"(ex nibilo) 창조로 시작하며 그 시작점에서 위대한 신학적 순간을 만들어낸다. 오경에 기록된 하나님의 모든 행위는 "실제 세계"(성경적 사실주의)에 기반하고 있다. 또한 오경은 하나님의 자유로운 창조 행위로 시작된다. 그러고 나서 이 책은, 이런 하나님의 자유로운 행위가 우리의 "선"을 위한 것이었음을(예, 창 1:4) 말하는 방향으로 재빠르게 움직여간다. 창조는 은혜의 행위, 받을 자격이 없는 자에게 주어지는 은혜로 나타난다. 오경의 구조의 관점에서 볼 때 율법의 부여, 아브라함에게 주신 약속, 자연 자체는 피조물에게 주시는 하나님의 은혜로운 선물에 근거하고 있다. 궁극적으로 오경은 창조와 은혜(창조/은혜)에 관한 책이다.

창세기 12:1-3이 창세기 1장에 근거하고 있다는 단순한 구조적 관찰은 많은 의미를 함축한다. 하나님의 창조 역사와 구속 역사 사이의 직접적인 연계가 오경의 시작에서부터 설정되어 있다. 아브라함을 부르심과 열방에 복 주심은(창 12:1-3) 하나님이 창조 때 주신 최초의 "축복"(창 1:28)에 근거한다. 인류의 미래는 인간을 창조하신 하나님의 은혜로운 선택에 달려 있다. 또한 홍수와 노아의 제사(창 8:20-21)에 나타난 창조와 회복의 주제는 아브라함과 그의 자손에게 약속하신 구속과 축복에 대한 근거를 제공한다. 성경의 나머지 부분, 즉 구약과 신약에서 하나님의 구속 역사가 창조의 행위에 근거하고 있음은 우연이 아니다. 이사야서에서 구속자인 하나님은 "하늘을 펴고 땅의 기초를 정하신"(사 51:13) 주님이다. 그분은 예루살렘을 그의 손 그늘에 숨기시며 "하늘을 펴고 땅의 기초를 정하며 시온에게 이르기를 너는 내 백성이라"(사 51:16) 말씀하시는 분이다. 성경적인 구속은 하나님이 새 하늘과 새 땅을 창조하실 때까지 미완성이며(사 65:17), 이때가 오면 그의 백성은 그분이 창조하신 모든 것으로 말미암아 기뻐할 것이다(사 65:18).[23]

오경은 어떻게 끝나는가? 성서학자들은 오경이 내러티브들을 마치지도 않고(in medias res) 끝난다는 것을 늘 이상하게 여겨왔다. 오경에서 희망의 메시지의 중심부를 차지하는 것은 아브라함, 이삭, 야곱 같은 족장들에 대한 하나님의 약속이지만, 이것은 오경 마지막에서도 성취되지 않는다(신 34장). 오경의 한 가지 중심 주제는 땅이 하나님의 선물이라는 메시지이지만, 오경 마지막에 보면 이스라엘은 아직 땅에 도착하지도 못했다. 오경에서 하나님의 마지막 말씀은 성취에 대한 기대라기보다 약속의 반복이다. "여호와께서 모세에게 이르시되 이는 내가 아브라함과 이삭과 야곱에게 맹세하여 그의 후손에게 주리라 한 땅이라 내가 네 눈으로 보게 하였거니와 너는 그리로 건너가지 못하리라"(신 34:4). 모세는 하나님의 복을 누리는 것에서 제외되었다.

여호수아서를 오경(6경)의 끝으로 보는 자들에게 이것은 문제가 되지

---

23) 오경에서 구속이 자연이 아닌 창조에 근거하고 있다는 점은 아무리 강조해도 지나치지 않다. 성경적으로 창조는 하나님의 자유로운 행위(은혜, 선택)의 결과다. 자연은 자유롭지 않다(전 1:4-7). 언젠가 자연은 "새 하늘과 새 땅"에게 자리를 내어줄 것이다.

않는다. 여호수아 21:43은 "여호와께서 이스라엘의 조상들에게 맹세하사 주리라 하신 온 땅을 이와 같이 이스라엘에게 다 주셨으므로 그들이 그것을 차지하여 거기에 거주하였으니라" 하고 언급한다. 여호수아 21:45은 "여호와께서 이스라엘 족속에게 말씀하신 선한 말씀이 하나도 남음이 없이 다 응하였더라"라고 말한다. 이것이야말로 우리가 오경이 끝나는 방식으로 기대하던 것일 수 있다. 이스라엘은 땅에 안전하게 거하면서 하나님의 선한 약속을 향유하고 있다.

하지만 이스라엘이 아직 광야에 있는 것으로 오경이 끝난다는 사실은 놀라운 결론을 가져온다. 오경 저자는 족장들에게 주신 축복의 성취의 시기에 대한 문제를 열어놓는다. 그는 독자들이 땅의 정복을 오경 내에서 성취된 것으로 이해하는 것을 허용하지 않는다. 저자는 이스라엘의 정복과 초기의 성공에 대해서 확실히 알고 있으며(신 30:1), 스스로 몇 가지 성공을 덧붙이기까지 한다(예, 신 4:38, 46-49). 또한 그는 후에 오는 이스라엘의 실패도 알고 있다(신 30:1-3). 저자는 이런 실패에 주목한다. 오경 전체의 종결에서 저자는, 미래가 이스라엘에 대한 하나님의 약속에 달려 있다는 가능성을 열어놓으려는 의도를 보여준다. 여호수아 21:45의 초기 낙관주의를 넘어서 저자는, 하나님의 언약을 지키는 데 실패한, 음울한 이스라엘의 장기간 역사를 회고한(사 6장; 호 1장) 후기 선지자들과 동일하고 냉철한 이해를 반영하고 있다. 궁극적으로 여호수아서의 저자조차도, 여호수아 21:45의 낙관주의에 대한 자체적인 장기적 평가에서, 오경의 맺음말의 영향력 아래에 있다. 여호수아 23:15, "너희의 하나님 여호와께서 너희에게 말씀하신 모든 선한 말씀이 너희에게 임한 것 같이 여호와께서 모든 불길한 말씀도 너희에게 임하게 하사 너희의 하나님 여호와께서 너희에게 주신 이 아름다운 땅에서 너희를 멸절하기까지 하실 것이라"라는 예언처럼, 여호수아는 포로 생활의 현실을 직면해야 한다.

오경에서 시

창세기 1-11장은 작고 독립적인 내러티브들의 모음이다. 각 내러티브의 결론 부분에는 시(詩)가 나오고, 시 다음에는 에필로그(맺음말)가 온다. 각각의 시는 내러티브의 중심인물의 최후의 발언을 나타낸다. 시를 통해 중심인물은 내러티브의 사건들에 대해 프로그램화된 진술을 한다. 시는 헐리우드 뮤지컬의 노래와 같다. 독자가 내러티브로부터 끌어내었으면 하고 저자가 의도하는 내용을, 시는 효과적으로 주제화한다. 에필로그는 내러티브를 다시 원상태대로 되돌린다.

오경의 현재 형태에서 창세기 1-2장의 창조 기사는, 새롭게 맞이한 아내에 대한 아담의 짧은 시(창 2:23)로 결론을 맺으며, 다음에는 에필로그가 따라온다(창 2:24). 창세기 3장의 타락 기사는 시(창 3:14-19)와 에필로그(창 3:20-24)로 결론을 맺는다. 창세기 4장의 가인 기사는 라멕의 시(창 4:23)와 에필로그(창 4:24-26)로 결론을 맺는다. 창세기 5장의 계보는 (창 4장과는 다른) 라멕의 시(창 5:29)와 에필로그(창 5:30-32)로 결론을 맺는다. 창세기 6:1-9:24의 홍수 이야기는 노아의 시(창 9:25-27)와 에필로그(창 9:28-29)로 결론을 맺는다.

창세기 9장의 결론 이후로는 (창 1-11장에서 반복됐던) 패턴이 중지된다. 창세기 10장 이후에 나오는 민족들의 계보는 내러티브가 아니며, 창세기 1-11장에서는 시 형태의 텍스트가 더 이상 나오지 않는다. 민족들의 계보의 중요한 특징은 이 장 전반에 배치된 추가적인 "내러티브 삽입"이다. 이 삽입의 목적은 70민족들의 삶에서 중요 사건들에 대한 연속적 해설을 독자들에게 제공하는 것이다. 창세기 9:25-27에 나오는 노아의 시적 담론에 창세기 10장을 연결시키는 데는 중요한 목적이 있다. 무엇보다 창세기 10장은 창세기 9:27의 노아의 프로그램화된 진술이 가진 역사적인 정체성과 의미에 대해 예고편을 제공한다. 즉 야벳의 아들들은 셈의 장막에 거할 것이고 가나안은 그들을 섬길 것이다.

또한 민족들의 계보는 노아의 시에서 제기된 추가적인 질문에 답을 준다. 셈의 장막에 거하게 될 야벳의 후손들의 정체를 밝히고, 더 나아가 셈의 후손과 함의 후손의 정체도 밝힌다. 이 계보는 노아의 예언적 시가 성취될 때, 이 많은 민족들이 어떻게 될 것인지에 대한 요약 역할을 한다.

창세기 10:2에 따르면, 야벳의 아들들은 "고멜과 마곡과 마대와 야완과 두발과 메섹과 디라스요", 궁극적으로는 "깃딤"이다. 야벳과 셈에게 종속될 함의 자손들은 바벨론, 앗수르, 가나안, 블레셋이다. 야벳의 자손들은 셈의 장막에 거할 터인데, 셈의 자손들 중에는 앗수르(또는 앗슈어)와 에벨이 있다. 창세기 9:27에 나오는 노아의 시의 역사적이고 계보적인 지도에서 보면, 민족들의 계보는 다음과 같은 사실을 독자들에게 보여준다. 즉 메데, 그리스, 깃딤이 나중에는 바벨론과 앗수르(=시리아?)의 "장막에 거할 것"이며, 가나안과 블레셋, 궁극적으로는 앗수르(=시리아?)와 에벨과 나란히 살게 될 것이다. 이 모든 사건은 결국 그 이후에 일어난 이스라엘의 과거의 역사적 사건들 속에서 전개되었다.

창세기 1-11장의 구성적인 형태에 대해 더 관찰해볼 것이 있다. 창세기 11장에는 셈의 자손들의 최종 명단에 이어서, 바벨의 건립에 대한 짤막한 내러티브(창 11:1-9)가 나온다. 이 내러티브는 가인의 이야기와 그의 아들 에녹의 이름을 딴 도시를 연상시킨다(창 4:17). 이는 민족들의 계보(창 10:8-12)의 추가적 내러티브 속에서 두드러지게 나타났던 그 동일한 바벨이다. 바벨 도시의 사람들은 자신들을 위해 이름(셈)을 내기를 원했지만, 창세기 12:1-3에서 하나님은 아브람에게 위대한 이름(셈)을 줄 것을 약속하신다.

요약하자면 다음과 같다. 전체적으로 볼 때 창세기 1-11장은 연결 고리가 약한 독립적인 내러티브들의 집합을 한데 연결해줄 구성적 전략을 따르고 있다. 이 전략은 각각의 내러티브의 끝에 시를 첨가하는 것으로 구성된다. 창세기 9:25-27에서 노아의 선언은 전체적인 컨텍스트에서 이런 시가 얼마나 계획적으로 배치되었는지를 증명하는 예라 할 수 있다. 노아의 시는 민족들의 계보와 바벨 도시를 세우는 이야기를 위한 해석적 컨텍스트를 제공한다.

내러티브와 시의 구성과 비슷한 패턴이 다른 곳에서도 나오는가? 답부터 말하자면, 오경에는 네 군데에 중요한 시의 모음이 나타나는데, 창세기 49장; 출애굽기 15장; 민수기 23-24장; 신명기 32-33장이 바로 그곳이다. 몇 가지 양상을 살펴보면 이 시들은 창세기 1-11장에서 본 것과 유사한 구성적 전략의 일부임을 알 수 있다.

창세기 49장은 "족장의 역사"(창 12-48장)를 표상하는 큰 내러티브 덩어리의 결론에 해당한다. 창세기 49:29-33은 에필로그(맺음말)다. 출애굽기 15:1-18의 시는 이집트로부터의 탈출(출 1-14장)을 표상하는 큰 내러티브 덩어리의 결론이다. 출애굽기 15:19-21은 에필로그다. 현재의 오경에서 민수기 23-24장은 민수기 10-21장인 광야의 방황을 다루는 내러티브의 결론에 해당한다. 민수기 24:25은 에필로그다. 신명기 32-33장의 시는 현재의 신명기의 일부인 트랜스요르단 정복 내러티브의 결론이다. 신명기 34장은 에필로그다.

오경에서 장시(長詩)의 배치는 창세기 1장부터 신명기 34장까지 오경 전체에 걸친 의식적인 전략을 반영한다. 또한 이 전략은 창세기 1-11장의 구성적 전략의 연장으로 보인다.

이런 시 각각에서 중요 초점은 오실 메시아 왕에 대한 약속이다. 창세기 49:1; 민수기 24:14; 신명기 31:29의 세 편의 시는 거의 동일한 서론을 가지고 있다. 각 서론에서 내러티브의 중심인물(야곱, 발람, 모세)은 (명령형을 사용해서) 청중을 불러 모으고, (청유형을 사용해서) 그들에게 "후일에" 일어날 일에 대해 충고한다. 오경에서 "후일에"라는 구절이 사용된 곳은 이곳들 외에는 딱 하나, 신명기 4:40뿐이다.

"후일에"라는 구절은 히브리어 성경에 14번 나온다. 히브리어로 13번, 다니엘서에서 아람어로 1번 언급된다. 일반적으로 이 구절은 종말론적 의미를 가진 것으로 이해되었다. 오실 메시아 왕의 날에 대한 언급이라는 것이다. 앞의 세 편의 시는(창 48-49장; 민 23-24장; 신 32-33장) 그들 간에 상당한 상호 참조를 하고 있다.

민수기 24:9a에서 왕에 대해 말한 부분은 창세기 49:9b의 언어를 그대로 가져온 것이다. "그가 엎드리고 웅크림이 수사자 같고 암사자 같으니 누가 그를 범할 수 있으랴." 민수기 24:9b은 창세기 27:29의 직접적인 인용이다. 이러한 상호 참조와 인용은 이 세 시(詩)가 가진 전략적 중요성을 저자가 의식적으로 인식했음을 보여준다. 오경에서 세 편의 중요한 시는 창세기 1-11장에 나오는 짧은 시들을 자주 언급하고 암시한다. 이렇게 함으로써 이 시들은 창세기 1-11장에 나오는 시들의 주제와, 장시 속에 표현된 메시아와 종말론적인 희망을 연결시킨다.

이런 연결에서 핵심은 창세기 3:15의 미래의 용사를 장시의 메시아 왕과 일치시키는 것이다. 또한 오경 나머지 부분에 나오는 전쟁의 성격을, 창세기 3:15의 여인의 후손과 뱀의 후손 사이의 전쟁으로 보는 것이다. 이세 편의 장시 각각은 이전 시에 덧붙여져 추가적인 해설을 제공한다. 즉 창세기 49장은 유다의 가계에서 나올, 오실 왕에 대한 구절들을 따라 창세기 48장의 시를 덧입히고 그것을 해석한다. 또한 민수기 24장의 시는 민수기 23장의 시를 덧입히고 그것을 해석한다. 신명기 33장의 시는 신명기 32장의 시를 덧입히고 그것을 해석한다. 시의 추가적인 부분을 자세히 연구해보면 전반적인 구성적 전략이 메시아적 관점에서 만들어졌음을 알수 있다. 출애굽기 15장의 장시는 오경의 다른 시들과는 다르다. 이 시는 출애굽기 14장의 내러티브 구절에 덧붙여져, 오경의 왕국의 견해를 유다의 가계를 넘어 하나님의 영원한 통치로 확장시킨다(출 15:18).

이렇게 시를 해석으로 사용하는 일관성 있는 패턴은 의도적 전략이며, 오경 전체의 관점으로 확대된다. 시들이 유다의 가계에서 나올 왕(다윗)으로 확대되고 연결된다는 사실은, 이 시들의 의도가 시 속의 왕을 메시아적 인물과 동일시하기 위한 것임을 암시한다. 메시아적 희망이, 왕이신 하나님의 영원한 통치와 함께, 이 시들로부터 나타나기 시작한다.

지금까지의 관찰에 따르면, 오경 저자는 내러티브를 읽어내는 컨텍스트를 확립하기 위해 의도적으로 오경에서 (크고 작은) 시 텍스트를 사용했다. 저자는 우리가 오실 메시아 왕에 대한 예언적 희망의 컨텍스트 안에서 오경의 이야기들을 이해하기를 원한다. 따라서 시들은 하나님의 은혜와 구속이 필요하다는 중심 주제(창 1-11장의 짧은 시들)에 초점을 맞추는 동시에, 이런 주제를 오실 메시아 왕과 그의 왕국(오경의 중심 구조를 형성하는 장시들)에 연결시킨다. 이는 오경 메시지의 중심 논지 중 하나가 바로 오실 왕과 그의 영원한 왕국임을 암시한다.

믿음의 주제

앞의 논의에서 우리는 오경의 최종 형태의 구성 속에 있는 메시아적 희망과 종말의 영향을 살펴보았다. 우리가 지적한 것은, 전체적인 관점에서 볼 때 오경의 구성적 전략이 후기 예언자들의 문헌의 구성적 전략에서 발견되는 것과 동일한 희망, 즉 새 언약을 나타낸다는 사실이다. 내러티브에서 중심 사상을 주제화하기 위해 시적 텍스트를 사용하는 텍스트 전략에 의해, 오경의 사건들은 미래에 있을 사건들이 어떠할 것인지를 보여주는 신호(pointer)로서 연결되어 있다. 과거 사건들은 예언적 미래를 예언한다. 오경과 마찬가지로, 예언문학도 중심 주제를 표현하기 위해 내러티브와 시를 상호 교환하며 사용한다. 예언문학에서 시를 해석하는 것은 내러티브다. 예언적 내러티브가 없다면 우리는 예언자들의 시를 이해하기가 정말 어려웠을 것이다.

오경에서 또 다른 구성적 전략도 지적할 수 있다. 그중 하나는 구약의 예언문학과 궁극적으로 신약에 나오는 추가적인 예언적 주제들을 강조하는 전략이다. 한 가지 두드러지는 주제는 하나님에 대한 믿음과 신뢰다.[24]

앞에서 나는 오경이 창세기 1-11장; 12-50장; 출애굽기 1-15장; 19-24장과 같은 내러티브의 주요 단위들로 구성되어 있음을 제안한 바 있다. 이 내러티브들은 공통적인 용어와 "탄식 형식"(lament form)뿐만 아니라, 저자의 시와 논평의 사용을 통해서도 연결되어 있다. 이런 내러티브의 조각들 각각은 일종의 표식을 가지게 되는데, 그것은 저자가 조각들 속에서 유사한 종류의 편집자적 논평을 사용하기 때문이다. 이 논평은 구약 예언문학 전반을 통해 발견되는 주제와 유사하기 때문에 식별 가능하다. 내가 주목한, 논평을 식별하는 표식은 히브리어 동사 "믿는다"(ʾāman)가 반복적으로 사용된다는 점과, 이 동사가 (1) 긴급 상황, (2) 주어진 약속, (3) 믿음의 반응 또는 믿음의 부재라는 형식으로 사용된다는 점이다.

한스-크리스토프 슈미트(Hans-Christoph Schmitt)에 따르면, 저자는 오경의 중요 지점에서 독자들에게 "믿음"(ʾāman) 개념의 핵심적인 중요성을 교훈한다. 아브라함이 하나님과 언약을 맺을 때, 이 언약은 아브라함의 믿음(ʾāman[창 15:6])에 근거했다. 모세가 하나님의 부르심을 듣고 그분의 명령을 따랐을 때, 이는 모세가 "믿었기"(ʾāman[출 4:5]) 때문이었다. 이스라엘이 하나님의 말씀을 듣고 모세와 아론을 따랐던 것은 그들이 "믿었기"(ʾāman[출 4:31]) 때문이었다. 하나님이 시내 산에서 백성과 만나신 전체 목적은 그들로 "믿게 하기"(ʾāman[출 19:9]) 위해서였다. 또한 이스라엘이 하나님이 약속하신 땅을 차지하기를 거부한 것은 그들이 "믿지 않았기"(lō-yaʾămînû[민 14:11]) 때문이었다. 모세와 아론이 땅에 들어가지 못한 이유도 그들이 "믿지 않았기"(lō-heʾĕmantem[민 20:12]) 때문이었다. 오경 속 이스라엘 역사의 여정에서 중요한 발걸음마다, 백성과 하나님의 관계에서 결정적인 문제는 그들의 믿음 또는 믿음의 부족이라는 점이 상기된다.

일부 성서학자들에 따르면, 이런 "구성적 이음매들"(compositional seams)은 "율법을 지키는 것"의 필요성과 "믿음을 가지는 것"의 필요성 사이를 대조시키도록 설계되어 있다. 바로 이것이 내가 오경에서 추적하고자 하는

---

24) Hans-Christoph Schmitt, "Redaktion des Pentateuch im Geiste der Prophetie," *VT* 32 (1982): 170-89.

구성적 전략이다. 이 전략은 우리에게, 믿음이 오경 저자에게 중요함을 보여주며, 이것이 예언신학과도 밀접하게 연관되어 있음을 보여준다. 간단히 정리해보면, 오경의 구성적 전략은 이 책의 최우선 목적 중 하나가 하나님에 대한 믿음과 신뢰의 메시지를 가르치는 것임을 보여준다.

출애굽기 1-14장의 문학적 구조. 오경에서 믿음이라는 주제의 분석의 시작점을 따라가는 작업은 출애굽기 1-14장의 내부 구조와 일치한다. 출애굽기 1-14장은 내적으로 하나의 독립적인 문학적 단위(literary unit)를 구성한다. 서론 부분인 출애굽기 1-4장의 문학적 절정은 2:23-25로서, 여기서 하나님은 족장들과의 언약을 기억하신다. 서론의 결론 부분에서는 믿음이 강하게 강조된다(출 4:31). 이 강조는 이전 텍스트의 강조, 즉 모세에게 주어진 이적으로부터 산출된 믿음에 대한 강조의 반향이라 할 수 있다(출 4:5). 이 텍스트들은 모두 믿음('āman)이라는 용어를 사용한다. 논의 중인 문학적 단위의 결론 부분인 출애굽기 14:31에서 우리는 다시 동일한 용어인 믿음('āman)을 발견할 수 있다. 출애굽기 4:1에서 믿음에 가 있는 초점은, 믿음이 하나님이 주신 표징임을 보여준다. 하나님의 구원의 약속에 대한 믿음은 이적의 증거에 의해 강화된다.

다른 단위들과의 문학적 연결. 믿음에 대한 강조는 오경의 더 큰 문학적 단위 속, 중요 지점에서도 발견된다. 예를 들어 창세기 15:6; 출애굽기 19:9; 민수기 14:11; 20:12이 그런 지점이다. 출애굽기 19:9은 출애굽기 내러티브를 시내 산 내러티브와 연결시키는 텍스트 내에 위치해 있다. 출애굽기 19:4은 이집트로부터의 탈출을 회상하고, 출애굽기 19:5은 시내 산에서의 언약을 기대하고 있다. 이런 관점 안에서 우리는 다시 믿음에 대한 강조를 발견한다. 이 단락에서 이스라엘의 믿음의 본질은 모세 율법에 순종하는 것이 아니라, 제사장 왕국과 거룩한 나라(출 19:6)가 되는 확신에 방향이 맞추어져 있다. 이 주제는 예언문학(예, 사 61:6)과 신약(예, 벧전 2:9; 엡 2:8-9)에서 반복적으로 나타난다.

창세기 15장 역시 믿음의 개념에 연결되어 있다. 창세기 15:6의 기능은 창세기 15:1-5의 많은 자손에 대한 약속을, 창세기 15:7-21의 언약이 보장하는 땅의 소유와 연결시키는 것이다. 창세기 15:6에서 아브라함의 믿음은 하나님의 은혜로운 보증에 대한 반응으로 제시된다. 창세기 15:7-21에서 그의 믿음은 하나님의 언약의 신실함에 대한 표징이다. 이 믿음과 표징의 결합은 출애굽기 19장에서의 믿음의 주제와 동일하다. 두 텍스트에서 믿음은 하나님이 주신 표징을 향해 가리키고 있다.

민수기 14:11과 20:12도 오경의 구조에서 결정적인 시점이다. 이 텍스트에는 왜 모세와 아론이 세대 전체와 함께 땅에 들어가는 것이 허락되지 않았는지에 대한 답이 나온다. 두 텍스트에서 답은 동일하게 믿음의 부족이다. 민수기 14장에서 이스라엘 백성은 열 명의 정탐꾼의 충고를 따라 땅을 정복하기를 거절했다. 다시 한 번 이들의 믿음의 부족은 하나님이 그들 중에 행하신 "표징들"(민 14:11)을 "믿기"를 거부하는 것으로 특징지어진다.

오경의 최종 형태는 신성한 전승들을 아무렇게나 모아놓은 것이 아니다. 오경의 최종 형태는 "마지막 때"의 하나님의 새로운 역사에 열려 있는 역동적인 구성적 도식이라는 특징을 가진다. 일반적으로 예언문학과 마찬가지로, 오경은 하나님의 새로운 역사 앞에 열려 있고 준비되어 있으며, 독자들에게 믿음의 반응을 요청한다.

오경에서 "율법의 자루"

하나님이 시내 산에서 이스라엘과 언약을 맺고 그들에게 율법을 주셨을 때, 이 율법은 언약의 본질적인 부분이었는가, 아니면 단순히 추가적인 부분이었는가? 비록 언약신학자들과 세대주의자들은 이 질문에 대해 서로 다른 결론에 도달하지만, 다음과 같은 중심적인 문제에 대해서는 일반적으로 의견을 같이한다. 즉 이들은 모두 모세의 율법을 시내 산 언약의 본질적인 부분으로 간주한다. 차이점은, 언약신학자들에게 모세의 율법은 그리스도인의 삶 속에서 율법의 역할을 강조하기 위한 기준이다. 세대주의자들에게 모세의 율법은 그리스도인의 삶으로부터 율법과 함께 시내 산 언약을 분리하기 위한 기준이다.

시내 산 언약에서 모세의 율법이 어떤 위치를 차지하느냐 하는 문제에 대한 합의는 역사적으로 어려웠다. 그리스도인들 사이에, 특히 언약신학자들 사이에서 그러하다. 이 문제는 종교개혁 이후 신학에서 새로운 것이 아니다. 순교자 유스티누스(Justin Martyr, 주후 100-165)로부터 시작해서 교회 신학과 유대교 안에서는, 시내 산에서 이스라엘에게 주신 모세의 율법 대부분이 원래 시내 산 언약에서 의도된 것이 아니었음을 제안하는 주제가 되풀이된다. 원래 이 언약은 은혜의 언약으로 의도되었으며, 율법은 이차적으로 더해진 것이라는 주장이 바로 그것이다. 유스티누스는 이렇게 말했다. "따라서 하나님은 또한 모세의 입을 통해서 당신에게 부정하고 부적절하고 사나운 동물들을 삼가도록 명령하셨다. 더군다나 당신은 사막에서 만나를 먹으면서, 당신을 위해 하나님이 행하신 모든 놀라운 일을 목도하는 그때조차 금송아지를 만들었고 그것을 예배했다"(*Dial.* 20). 이레나이우스(Irenaeus)도 이렇게 썼다. "하나님은 이집트에서 자신을 바라보지 않는 자들에게는 직접 안내를 제공하신 반면에, 사막에서 무법하게 된 자들에게는 [그들의 조건에] 아주 적합한 법을 공포하셨다.…그러나 그들이 송아지를 만들기 위해 스스로 돌아섰을 때, 자유로운 인간 대신 노예가 되기를 갈망하면서 그들의 생각이 이집트를 향해 돌아섰을 때 이들은 자신의 소원에 합당한 노예 상태로 미래에 놓이게 되었다. 이 [노예 상태]는 그들을 하나님으로부터 실제적으로 끊어내지는 않았지만, 그들을 속박의 멍에에 종속시켰다"(*Haer.* 4.14.2; 4.15.1). 이는 모세의 율법에 대한 강경한 말들이라고 할 수 있다.

종교개혁 시대 이래로, 이 견해의 주요 대표자는 언약신학의 아버지인 요한 콕세이우스(Johann Coccejus, 1603-1669)다. 루이스 벌코프(Louis

Berkhof)는 콕세이우스의 견해를 다음과 같이 요약했다. "콕세이우스는 십계명에서 이스라엘에게 적용되는 은혜 언약의 요약적 표현을 발견했다. 은혜 언약이 국가적 차원에서 성립된 후 신실하지 못한 백성이 금송아지를 만들었을 때, 의식적 예배(ceremonial service)라는 법적 언약이 은혜 언약을 대체하는 한층 더 모질고 엄격한 통치로서 제정되었다. 따라서 은혜의 계시는 특히 십계명에서 발견되며, 예속의 계시는 의식법에서 발견된다."[25]

비록 벌코프는 언급하지 않았지만, 우리는 콕세이우스가 자신의 기본적인 해석의 바탕을 갈라디아서 3:19에서 발견했다는 사실에 주목해야 한다. 갈라디아서에서 바울은 율법이 "범법하므로 더하여진 것이라 약속하신 자손이 오시기까지 있을 것"이라고 했다. 벌코프의 콕세이우스에 대한 일차적인 비판은, 콕세이우스의 견해를 지지할 만한 견해가 성경에 없다는 판단에 근거한다. 벌코프는 이렇게 썼다. "다음과 같은 견해들은 한 가지 이상의 이유로 모두 반대할 만하다. (1) 언약을 증가시키는 것은 성경에 위배된다. 한 개 이상의 언약이 시내 산에서 맺어졌다고 가정하는 것은 비성경적이다. 다만 그것은 한 개의 언약의 다양한 측면들일 뿐이었다. (2) 십계명과 의식법에 과도한 제한을 부과하려는 것은 실수다."[26] 벌코프의 이런 비판은 호기심을 자아낸다. 왜냐하면 콕세이우스가 자신의 논의를 위해 성경을 광범위하게 사용한 반면에,[27] 막상 벌코프 자신은 콕세이우스를 반박하기 위해 성경으로부터는 어떤 증거도 끌어내지 않았기 때문이다.

---

25) Louis Berkhof, *Systematic Theology* (Grand Rapids: Eerdmans, 1941), p. 299.

26) Ibid. Berkhof가 놓친 것 중 가장 유감스러운 점은, 신 29:1에 충분한 관심을 기울이지 않았다는 사실이다. 신 29:1은 이스라엘이 맺은 시내 산 언약과, 이 언약과 구별되는 다른 언약들에 대해 언급하고 논의하고 있다.

27) Johann Coccejus, *Summa theologiae ex scripturis repetita*, in *Opera omnia* (Amsterdam, 1701), 7:281-90.

율법에 대한 콕세이우스의 견해는 앞에서 설명한 오경의 구성적 전략에서 지지를 발견할 수 있을 것이다. 오경의 최종 구성의 관점에서 볼 때, 오경의 전체적인 문학적 전략은 다음 사실을 시사한다. 즉 시내 산에서 이스라엘을 위한 하나님의 원래 계획에는 오경에서 발견되는 광범위한 율법 집합이 포함되지 않았다. 오히려 오경의 구성은, 모세의 율법이 광야에서의 이스라엘의 범법함 때문에 추가되었다는 사실을 암시한다(비교. 마 19:8).

오경에서 텍스트의 층위

오경에는 세 가지 주요 유형의 문학 자료, 즉 율법 집합(율법 집성[legal corpora]), 내러티브, 시가 있다. 이 중에서 율법과 내러티브 두 가지를 간단하게 논의하고, 오경의 최종 형태에서 그것들의 배열(구성적인 전략)에 대한 생각을 제시하고자 한다.

율법 집합(율법 집성). 율법 법전은 오경의 중심 부분에서 가장 많은 비율을 차지한다.[28] 오경에서 명확하게 인식되는 율법 집합은 십계명(출 20:1-17), 언약법(출 20:22-23:33), 성결법(레 17-26장), 제사장법(출 25장-레 16장)이다. 성막 모형에 대한 규례(출 25-31장)와 이것의 실제적인 건축(출 35-40장)은 제사장법이라는 마지막 집성에 속해 있다. 여기서 우리의 중요한 과제는, 오경의 최종 배열과 형태에서 이 다양한 집합들의 목적이 무엇인가를 밝히는 것이다. 각각의 집합은 오경의 메시지에 무엇을 기여하고 있는가? 오경 저자는 왜 텍스트 내에서 이 집합들을 현재와 같은 위치에 배치했을

---

28) 오경의 율법 집합에 대한 앞으로의 논의는, 부분적으로 John H. Sailhamer, *Introduction to Old Testament Theolgy: A Canonical Approach* (Grand Rapids: Zondervan, 1995), pp. 275-81, 288-89에서 가져왔다. 저작권의 허가를 받아 사용했다.

까? 왜 이렇게 다양한 집합들이 존재하는 것일까?

이 율법 집합들 사이에 기본적인 차이점이 존재한다는 사실은 오랫동안 인식되어왔다. 예를 들어, 언약법에 나타나는 제단의 건축에 대한 규정(출 20:24-25)은 제사장법에서 요구하는 제단 규정과 다르다. 언약법에 따르면, 제단은 흙이나 돌로 만들어야 하며 하나님이 그분의 이름을 기념하게 하는 모든 곳에 세울 수 있었다(출 20:24). 이것은 족장 시대의 제단을 상기시키는 단순한 형태의 제단이었다. 하지만 제사장법에 의하면, 제단은 놋으로 입혀진 조각목으로 만들어야 하며(출 27:1-3) 오직 제사장들만이 접근할 수 있는 성막 안에 두어야 했다. 즉 이것은 다른 종류의 제단이다.

이 두 개의 제단법을 조화시키려는 무수한 시도가 있었다. 한 가지 전통적인 방법에 따르면, 토단은 번제를 위한 것이고 나무 제단은 향을 피우기 위한 것으로, 이스라엘이 두 개의 제단을 갖도록 되어 있었다는 주장이다.[29] 이 설명의 문제점은 출애굽기 38:1에 나오는 설명, 즉 여기서 번제에 사용된 제단은 나무로 만들도록 되어 있었다는 부분과 대치된다는 것이다. 조화를 위한 또 다른 일반적인 방법은, 출애굽기 27장의 놋제단은 속이 비게 만들어야 했지만(출 27:8), 출애굽기 20장의 토단은 흙이나 돌로 안을 채워야 했다는 설명이다.[30] 즉 앞의 묘사가 두 개의 별개의 제단을 설명하는 것 같지만, 사실은 한 제단의 다른 측면을 나타낸다는 것이다. 이런 시도는 해결책을 제시하기보다 오히려 문제를 부각시킨다. 현대의 보수적인 학자들의 경향은 이 두 구절을 조화 없이 공존시키는 것이다. 즉

---

29) Michael Walther, *Harmonia totius S. Scripturae* (Strasbourg, 1627), p. 176.
30) H. S. Horovitz, ed., *Mechilta D'Rabbi Ismael* (Jerusalem: Wahrmann, 1970), p. 242. "Alij melius sic conciliant, internam altaris partem fuisse de terra solida et compacta, externam autem de lignis dictis"(Walther, *Harmonia totius S. Scripturae*, p. 176). "겉을 둘러싼 놋 상자는 단순히 흙을 모아두려는 목적으로 사용되었다"(Robert Jamieson, A. R. Fausset and David Brown, *A Commentary, Critical, Experimental and Practical, on the Old and New Testaments* [Grand Rapids: Eerdmans, 1945], 1:391).

토단은 단순히 임시적인 조치로 간주된다.[31] 이런 설명은 두 개의 제단의 목적에 대해 역사적인 차원에서 해결책을 제시할지는 몰라도, 왜 두 종류의 제단이 차이점을 조화시키거나 설명하려는 시도 없이 오경에 규정되어 있는지 하는 문학적 질문에 대해서는 완전히 간과하고 있다. 우리의 과제는 이런 질문을 설명하고 끝내버리는 대신, 이런 율법 집합의 배치 뒤에 있는 전략을 파악하는 것이다.

오경에서 내러티브. 오경의 중심부에는 다양한 길이의 수많은 내러티브 텍스트들이 발견된다. 이런 텍스트들은 율법 집합의 전반적 뼈대를 제공할 뿐 아니라, 다양한 율법 집합들 속에 배치되어 있다. 중심부의 전체적 뼈대는 세 개의 복잡한 내러티브, 즉 출애굽 내러티브(출 1-18장), 시내 산 내러티브(출 19-34장), 광야 내러티브(민 10:11-21:35)로 구성된다. 또한 이 속에는 더 작지만 전략적으로 중요한 몇 개의 내러티브가 들어 있는데, 이들도 더 큰 구조에 연결되어 있다. 이런 내러티브의 예는 압제에 대한 내러티브(출 1장), 모세의 부르심(출 3장; 6장)과 여호수아의 부르심(민 27:12-23), 모세와 아론과 백성의 믿음에 대한 기사(출 4장; 19장)와 그들의 불신에 대한 기사(민 13-14장; 20장), 아론의 금송아지 우상(출 32장)과 이스라엘의 숫염소 우상에 대한 내러티브(레 17:1-9), 모세와 바로 내러티브(출 7-12장)와 발람과 바락 내러티브(민 22-24장) 등등이다. 이 내러티브 단위 각각은 분별 가능한 내부 구조를 가지고 있지만, 현 시점에서 우리의 관심사는 이 내러티브들 서로 간의 관계와, 앞에서 논의한 대로 이것들이 율법 집합과 가지는 관계에 있다. 우리의 과제는 이 내러티브 형식의 텍스트들과 율법 집합들 간의 상호 관계를 설명하는 것이다.

---

31) Walter Kaiser Jr., "Exodus", in *The Expositor's Bible Commentary*, ed. Frank E. Gaebelein (Grand Rapids: Zondervan, 1992), 2:428.

오경에서 텍스트 전략

율법 집합과 시내 산 내러티브. 시내 산 내러티브가 가진 한 가지 흥미로운 특징은, 이 내러티브가 십계명과 언약법, 제사장법의 율법 집합들을 둘러쌈으로써 이들을 연결시키는 방법이다.

1. 십계명은 출애굽기 19:1-25의 언약 의식 이야기 다음에 나온다. 이 복합적 내러티브는 두 개의 주요 단락을 포함한다. 첫째 단락은 시내 산에서 이루어진 초기 언약의 수립 기사이고(출 19:1-16a), 둘째 단락은 이스라엘이 두려워하여 하나님으로부터 물러서는 것에 대한 기사다(출 19:16b-25).

2. 십계명(출 20:1-17) 다음으로는 짧막한 하나의 내러티브가 따라온다. 이 내러티브는 시내 산에서의 백성의 두려움을 다시 설명한다(출 20:18-21).

3. 언약법은 출애굽기 20:21과 24:1-18 사이, 시내 산 내러티브 안에 포함되어 있다.

4. 이 내러티브 다음에는 제사장법이 온다(출 25장-레 16장).

5. 시내 산 내러티브에 포함된 두 부분인 금송아지를 만드는 기사(출 32장)와 시내 산 언약의 재수립 기사(출 33-34장)가 제사장법 단락을 침입해 들어온다. 이것은 성막을 만들라는 규례(출 25-31장) 바로 다음에, 또 성막의 완성에 대한 기사(출 35-40장) 앞에 배치되어 있다.

6. 결과적으로 성막 건축의 규례는 금송아지 사건에 의한 아론 집안의 실패 기사와 시내 산 언약의 갱신 기사(출 33-34장)에 의해 제사장법의 나머지 부분과 분리되어 있다.

이런 관찰은 다음과 같은 중요한 문학적인 질문을 야기한다. 텍스트의 현재 형태와 같은 율법과 내러티브의 배열은 어떤 효과를 가지는가? 오경에서 내러티브와 율법의 패턴에서 얻을 수 있는 의미는 무엇인가? 텍스트의 형태 자체가 의미의 일부인가? 시내 산 내러티브의 형태 뒤에 있는 문학적 전략을 풀어헤치고 숙고해봄으로써 이 문제를 설명할 것이다.

내러티브의 배치를 통해, 금송아지 사건 전에 있었던 시내 산 언약은 십계명, 언약법, 성막 건축의 규례로 특징지어진다. 그러나 금송아지 사건 후에 있는 시내 산 언약은 근본적으로 더 광범위하고 다른 종류의 제사장법(출 35장-레 16장)에 의해 특징지어진다. 다르게 표현하자면, 금송아지 사건 이후에는 대단한 규모의 제사장법(출 35장-레 16장)이 십계명과 언약 법전과 성막(출 19-24장)의 자리를 대신 차지하게 된다. 금송아지 사건이 이스라엘의 언약 관계의 성격에 근본적인 변화를 가져온 것이다.

이런 방식으로 텍스트를 배열함으로써, 두 개의 법전에 나오는 율법들(예, 두 종류의 제단) 사이에서 감지되는 변화는, 시내 산 언약 자체의 성격에서 일어난 더 큰 변화—금송아지 사건으로 야기된 변화—의 부분으로 제시된다. 두 율법 법전 사이에 있는 차이점을 조화시키려고 노력하는 대신 저자는, 이 차이점들을 자신의 메시지의 일부로 사용한다. 바로 이 차이점이 금송아지의 죄 때문에 하나님과 이스라엘의 언약에 변화가 생겼음을 보여준다. 하나님과 이스라엘의 초기 관계는 언약법(출 20-23장)이 가진 족장 시대적인 단순성으로 특징지어진다. 하지만 이제 변화된 관계는 제사장법(출 35장-레 16장)이라는 복잡하고 엄격한 법에 의해 표상된다.

내러티브 전략을 이런 식으로 이해함으로써 우리는 다음과 같은 개념을 파악할 수 있다. 즉 시내 산 언약에서 이스라엘이 하나님과 맺은 관계에 대해 성경이 묘사하는 바는, 정태적인 방식으로 읽도록 의도된 것이 아니라는 것이다. 저자는 시내 산에서 세워진 이스라엘과 하나님의 관계가, 이스라엘이 하나님을 순종함에 있어 계속 실패함으로써 중대한 변화를 겪게 되었음을 보여주기를 원했다. 족장들과의 언약을 본떠서 만든, 하나님과 이스라엘 사이에 언약으로 시작되었던 것(언약법)이, 이스라엘이 하나님께 순종하는 것에 실패함에 따라서, 점점 더 복잡해지는 율법 법전(제사장법)이 되었다. 금송아지 법법의 내러티브에서 증명된 대로, 다른 신들을 좇는 이스라엘의 성향 때문에 하나님은 백성에게 제사장법에서 발견되는 바와 같이 추가적인 율법을 주시는 것이 필요했다.

이 내러티브 전체를 통해서 다른 율법 법전들의 배치는 오경 저자의 입장에서 동일한 전략의 추가적 표식들을 보여준다. 제사장법(출 25장-레 16장) 다음에는 성결법(레 17-26장)이 따라온다. 성결법의 아주 독특한 면은, 서론과 율법 전반에 걸쳐 그 법이 전달되는 청중이 제사장이 아니라 회중 전체(제사장들과 백성)라는 점이다. 이들 모두에게 거룩함이 요구되고 있다는 의미다. 오랫동안 관찰된 바와 같이, 성결법은 제사장법에 직접적으로 연결되어 있지 않다. 이 두 법전 사이에는 모호하지만 충격적인 이야기, 즉 이스라엘이 "염소 우상들"(레 17:1-9)에게 희생 제사를 드리는 기사가 놓여 있다. 이 짧은 내러티브는 이스라엘 백성이 성막을 저버리고 "진 밖에서" 희생을 드리는 것을 묘사한 저자의 작업이다.

비록 짧지만 이 숫염소 우상 내러티브의 내용은 금송아지 사건과 놀랍도록 유사하다. 또한 이 텍스트와 다른 율법 법전의 시작 부분―예를 들어, 예배에 적합한 장소의 제정(출 20:24-26; 25:1-26:37; 신 12장; 비교. 겔 40-48장)―사이에는 문학적 평행(literary parallel)이 존재한다.[32] 백성은 다른 신들, 앞의 경우에는 숫염소 우상들을 섬기고 따르기 위해 여호와와 그분이 마련하신 공급을 무시했다. 제사장들에게 비난을 돌리는 금송아지 내러티브와는 다르게, 이 숫염소 우상 내러티브에서 책임이 있는 주체는 백성이다. 따라서 내러티브의 논리상, 백성이 숫염소 우상들에게 희생을 드린 사건은, 제사장들이 금송아지 사건에 연루된 사건의 경우와 비슷한 역할을 한다. 금송아지 내러티브가 언약의 성격에 전환을 일으켰으며 그 때문에 율법이 더해진 것과 마찬가지로, 여기서는 숫염소 우상 사건이 제사장법

---

32) Alfred Bertholet, *Leviticus* (KHC 3; Tübingen: Mohr Siebeck, 1901), p. 58.

으로부터 성결법에 추가적 율법이 더해지는 것으로 전환을 일으키는 계기가 된다. 불순종과 그것의 결과로 추가적 율법이 계속 증가하는 순환이 이루어지고 있는 것이다.

이런 구조는 오경을 집필하는 데 높은 수준의 전략이 쓰였음을 드러낸다. 언약법의 율법은 시내 산의 원래 언약(출 19-24장)의 일부다. 반면에 제사장법의 율법은 금송아지의 죄 이후의 "언약 갱신"(출 32-34장)과 연결되어 있다. 성결법의 율법은 백성이 진영 밖에서 숫염소 우상에게 희생 제사를 드린 사건(출 17장)과, 레위기 26장의 "언약 갱신" 사건의 컨텍스트 속에 위치해 있다.[33]

요약과 결론. 오경의 구성 전략과 다양한 율법 집합을 다룬 관점에서 보면, 이 내러티브들 자체가 시내 산 언약의 본질에 대한 확대된 보고서처럼 제시된다. 오경의 저자는 이스라엘의 금송아지 우상숭배라는 즉각적인 타락이 시내 산 언약의 성격에 근본적인 변화를 가져왔음을 보여주려는 의도를 가진 듯하다. 언약의 시작 부분에서 텍스트는 언약의 성격을 족장 종교의 성격과 동일한 관점에서 묘사한다. 아브라함과 마찬가지로, 이스라엘은 하나님께 순종하고(출 19:5; 비교. 창 26:5) 언약을 지키며(출 19:5; 비교. 창 17:1-14) 믿음을 행사해야 했다(출 19:9; 비교. 창 15:6). 하지만 이스라엘은 이 언약의 조건에 동의하자마자(출 19:8), 즉시로 그것을 지킬 능력이 없음을 입증했다(출 19:16-17). 두려움으로 인해 백성은 자신들은 멀리 떨어져 있고, 그동안 모세가 하나님 앞에 서도록 선택했다(출 19:18-20; 20:18-21). 백성의 두려움에 대한 반응으로 하나님은 이스라엘에게 십계명, 언약법, 성막을 주셨다. 언약법에 나온 것처럼 이스라엘과 하나님의 관계는 우상숭배의 절대적인 금지와, 찬양과 희생의 단순한 제사에 근거했다. 언약은 여

---

33) 문학적 전략의 발전에 대해 더 자세히 알기를 원한다면 Sailhamer, *The Pentateuch as Narrative*를 보라.

전히 족장 시대의 것과 같았다.

그러나 이스라엘 백성은 아론 집안의 제사장들의 인도를 받아 금송아지 사건에서 신속하게 우상숭배에 빠져들었다. 심지어 시내 산에서 모세가 아직 율법을 받던 순간에, 제사장 아론은 금송아지를 만들고 있었다. 때문에 언약은 시작되기도 전에 이미 파괴되었다(출 32장). 금송아지 사건은 내러티브의 과정에서 결정적 순간을 표시한다. 하지만 하나님은 은혜와 자비하심으로 이스라엘을 포기하지 않으셨다(출 33장). 언약은 갱신되었다(출 34장). 그러나 언약의 갱신에는 추가적인 율법이 더해졌다. 이것은 제사장법의 법전 나머지 부분에 나타나 있다(출 35장-레 16장). 비록 이 추가적 율법은 제사장들을 점검하기 위한 것으로 보이지만, 나중에 백성이 숫염소 우상에게 희생을 드리는 사건에서 더 많은 율법이 필요하다는 사실이 명백해졌다. 따라서 하나님은 그들에게 성결법(레 17-25장)을 주시고 언약을 갱신하셨다(레 26장).

앞의 논의를 통해서 분명히 나타난 것처럼, 지금까지 개요된 내러티브 전략은 순교자 유스티누스의 시대 이래로 이 텍스트가 이해되어온 바와 비슷하다. 특히 콕세이우스가 "은혜의 언약" 안에서 율법의 위치를 다루면서 발전시킨 내용과 유사하다고 할 수 있다. 또한 이 이해는 백성이 범법했기 때문에 언약에 율법이 더해졌다는 사도 바울의 논의를 반영한다(갈 3:19).

무엇보다도 오경의 메시지는 하나님의 은혜를 중심으로 하고 있다. 이스라엘은 계속적으로 하나님의 뜻에 순종하는 데 실패했지만 하나님은 그들을 포기하지 않으셨다. 하나님은 그들을 보호하고 그들의 삶의 순결을 보호하기 위해 더 많은 율법을 주셨다. 따라서 이스라엘에게 율법을 주신 것은 하나님의 은혜의 행위다. 마지막으로 오경은 인간의 마음에 대해 무엇인가 더 결정적인 일이 행해져야 한다는 사실을 분명히 밝힌다. 시내 산 언약은 쇠퇴하고 있었다. 하나님의 뜻은 단순히 돌판이 아닌 인간의 마음에 새겨져야 했다. 그러므로 오경의 결론에서 모세는 새 마음과 새 언약을 필요로 한다. 때가 되면 하나님은 이스라엘의 마음에 할례를 행하실 것이고, 그들은 하나님을 모든 마음과 영혼을 다해 사랑할 것이다. 그래서 그들이 살도록 하실 것이다(신 30:6). 이것은 예레미야 31:31-32과 에스겔 36:24-28과 동일한 메시지다. 또한 로마서 8:4에 나타난 바울의 메시지, 즉 "육신을 따르지 않고 그 영을 따라 행하는 우리에게 율법의 요구가 이루어지게 하도록" 하나님이 행하신다는 것과 동일한 메시지이기도 하다.

구약 정경에서 구성적 접근

앞에서 언급했듯 성경 저자에 대한 복음주의의 구성적 접근법은, 오경의 저자를 모세로 보며 책을 편집한 그의 전략을 발견하려 한다. 저자의 의도는 그 전략 속에 반영되어 있다. 이런 관점에서 모세의 오경은 정경 오경의 원본으로 이해된다. 우리가 아는 한, 모세의 오경은 몇 부분의 예외만 빼고는 정경 오경과 동일하다. 예외적 부분은 정경 오경의 일부를 구성하고 있으며, 틀림없이 그 부분은 모세의 작업이 아닐 것이다. 이 예외 중 주목할 만한 두 가지 예는 신명기 34장의 모세의 죽음 기사와, 신명기 33장의 모세의 마지막 말이다. 물론 모세가 직접 말했을 가능성도 있다. 하지만 이 두 부분은 아마도 오경의 "신판"(new edition)의 일부로(오늘날 컴퓨터 세계의 용어로 하자면 "오경 2.0"), 후에 이스라엘의 역사에 추가되었을 것이다. 성경 저자에 대한 널리 알려진 견해, 비평주의와 복음주의 양측에 팽배해 있는 견해와는 대조적으로, 구성적 접근은 다음의 사실을 시사한다. 즉 오경은 오랜 기간의 복합적인 과정을 통해 이루어진 문학적 성장의 결과물이 아니라, 이전에 있었던 단일한 모세의 구성물이 증보판으로 갱신되어 우리에게 전달되었다는 것이다. 따라서 현재의 정경 오경은, 아마도 구약 전체(Tanak)의 "저자"가 생산한, 모세의 오경의 최신판일 것이다.

정경 오경의 구성이 이루어진 시기를 이스라엘 역사의 후기로 연대 추정하는 근거는 다음과 같다. 즉, 정경 오경에서 발견되는 수많은 논평과 해설들이 초기 원(原)오경에 부가적인 설명이 필요함을 의식하고 있었을 뿐 아니라(창 13:10을 보라), 공통의 목적이나 전략을 공유하는 것으로 보인 다는 사실이 그 근거다.

주목할 만한 예는 오경이 다니엘 11:30에서 예언된 사건들의 관점에 서 발람의 신탁을 해석한 경우다. 발람의 초기 시 속에 나오는 추가적인 자료들의 설명적 성격은(민 24:24), 이 텍스트의 언어의 목적이 모세 오경 을 구성적인 차원에서, 또한 신학적인 차원에서 업데이트하는 것이었음을 암시한다. 이런 종류의 논평은 첫 오경의 형태가 현재 정경의 형태와 본질 적으로 동일했음을 가정하고 있다. 비록 이 첫 오경이 에스라서와 느헤미 야 8:8(구약을 이해한 자들이 이해하지 못하는 자들을 도왔다)에 묘사된 바와 유사 한 설명과 해설을 여전히 필요로 했지만 말이다. 오경에서, 방대하고 신학 적으로 조밀한 시적 논평(창 49장; 민 24장; 신 33장)이 놓인 현재적 위치를 보 면, 이 논평들은 자신의 설명의 대상이 되는 시들(창 48장; 민 23장; 신 32장)과 동일한 형태, 동일한 패턴을 따르고 있음을 알 수 있다. 창세기 48장; 민수 기 23장; 신명기 32장에 나오는 한 세트의 시는 각각 창세기 49장; 민수기 24장; 신명기 33장의 또 다른 세트의 시에 의해 설명된다. 오경의 내러티 브에서 비슷한 예를 보면 오경의 마지막 장(신 34장)은 신명기 18장에 나오 는 "모세와 같은 선지자"의 정체성에 대한 신학적 해설이다. 정경 오경의 맺음말 부분에 나오는 이 중요한 해설은 신명기 18장이 원래 오경의 일부 였으며, 이 언어가 "모세와 같은 선지자"의 정체성에 대한 해설의 필요에 서 나온 것임을 보여준다. 신명기 34장의 설명은 여기에 나오는 선지자가 특정한 개인으로 이해되어야 하며 단순히 일반적 의미에서의 선지자 직 분을 의미하지 않는다는 사실을 분명히 한다. 비록 신명기 18장만 본다면 다르게 이해될 수도 있지만 말이다. "모세와 같은 선지자가 일어나지 못하 였나니"(신 34:10)라는 진술은, 신명기 18장이 아직 오지 않은 한 선지자 개 인을 말하고 있다는 이해를 명확하게 표현한다. 타나크를 형성한 이음매 안에 있는 이런 설명적 해설은, 몇몇 신약 텍스트(예, 행 3:22; 7:37)에서처럼,

신명기 18장에 대한 동일한 이해를 반영한다. 오경의 마지막 장은 모세의 죽음과 그의 매장에 대해 기록할 뿐만 아니라, 이스라엘에 "모세와 같은 선지자가 일어나지 못하였나니"라는 포괄적인 진술도 한다. 이런 논평의 범위는 이스라엘 역사를 처음부터 끝까지 아는 사람의 관점을 드러낸다. 이는 이스라엘 선지자들의 무리 전체가 이미 왔다 갔으며, 그 각각의 선지자가 모세와 같은 선지자로서 자격이 없음을 아는 자의 관점이다. 따라서 이 관점은 성경을 처음부터 끝까지 알고 이런 관점에서 성경을 해석하려고 의도하는 자의 견해이기도 하다. 특히 중요한 지점은 고대 (모세의) 오경과 그것의 정경의 최종 형태(Endgestalt) 사이에 진정한 연속성을 보는 자의 견해라는 것이다. 모세 오경의 형태와 구성적 전략은 그것의 정경적 해설에 의해 보존되었다.[34] 누가 전체(구약 정경) 성경의 "저자"보다 더 잘 성경을 성경으로 해석할 수 있겠는가?

오경에서 개별적인 해설들이 전체와 어떤 관계를 가지는가를 보는 것은 구성적 접근을 위해서 필수적이다. 이런 해설들은 텍스트가 가진 고립적 양상을 명확히 증명하는 무작위적인 정보가 아니다. 오히려 반대로 이런 해설들은 다른 유사한 해설과 상관관계를 가지며 오경의 중심 주제들과 구성적인 전략에 연결되어 있을 수 있다. 이런 관점에서 볼 때, 이 해설들은 단일 저자의 작업으로 보인다.[35] 이 저자는 모세 오경의 형태와 전략을 완전히 간파하고 있을 뿐 아니라 그 전략에서 드러나는 신학도 깊이 이해하고 있다. 이런 다수의 해설들은 정경 오경이 점진적인 편집 과정이나 문학적 확장 과정에서 유래하지 않았음을 제시한다. 오히려 이 해설들은 오경 전체의 현재 형태 뒤에 있는 지능적 설계의 증거이며, 원래의 모

---

34) Sailhamer의 *Introduction to Old Testament Theology*, pp. 239-52을 보라.
35) 여기서 나는 "오늘날까지" 여전히 남아 있는 어떤 것들에 대한 명백한 해설들, 즉 일부 학자들로 하여금 오경에는 그 구성적 기원에 대한 증표가 거의 남아 있지 않다고 결론 짓게 만드는 해설들을 고려하지 않을 것이다.

세 오경에 대한 의도적이고 공감을 나타내는 보강(retrofit)으로서 단일 기간 내에 만들어진 것으로 보인다. 타나크로서의 성경 나머지라는 더 광범위한 컨텍스트 내에서 그것을 보강함으로써 원래의 오경을 보존했다는 의미에서 개작판(remake)인 것이다.

신명기 34:5에서 모세의 죽음에 대한 기사는 구성의 바로 이 단계의 관점에서 이해될 수 있다. 모세 오경이 구성될 때는 다른 성경 텍스트들은 존재하지 않았다. 정경의 의미로 보아 모세의 오경이 존재하는 성경의 전부였다. 이 텍스트는 자체의 컨텍스트 속에서 단독으로 읽혀지도록 의도되었다. "오경 2.0"판의 시기에 와서는 전부는 아니지만 정경의 대부분이 완성되었다. 이 판에는 예언하는 서기관들과 현자들의 문학 작품이 포함되었을 것이다. 또한 이 시기에는 성경의 다양한 책들을 정경 전체로 모으고 형성하는 작업이 원활히 진행되고 있었음에 분명하다. 예언서(또한 지혜서)들을 읽음으로써 우리는, 이 저자들이 문학적 텍스트로서의 모세의 오경에 정통했을 뿐 아니라, 잠언과 같은 책들의 구성적인 이음매가 자주 오경의 이음매를 본떠서 만들어졌음을 알 수 있다. 잠언 30:1-2에서 아굴에 대한 서론의 말씀은 민수기 24:3의 발람의 서론과 분명히 연결되어 있다. 미래의 선지자의 귀환―구약 정경의 이음매에 있는 공통 주제(비교. 신 34:9과 함께 민 27:18; 사 2:1-4)―때까지 예언은 지혜가 된다(호 14:9). 이런 초기 정경의 책들 대부분은 모세의 오경을 긴밀히 연구함으로써 성장했으며, 오경의 교훈을 자기 시대의 변화하는 상황에 맞추어 적용하고자 하는 예언자적 저자들의 계속적인 시도를 대표한다고 할 수 있다. 모세의 오경에 대한 이런 예언서적·지혜서적 보강의 목적은 정경 구약이 될 성경 문학(책들)의 성장하는 몸체 내에, 원래의 모세의 오경을 개작하고 위치시킴으로써 원판을 보존하는 것이었다. 따라서 최종의 정경 오경은 전체 구약 정경(타나크)의 형성을 향한 중요한 단계였다.

정경적 오경은 신명기 34:5-12에서 모세의 죽음과 그의 매장을 알림으로써 결론을 맺는다. 히브리어 정경에서 신명기 34장은 여호수아서와 전기 예언서를 연결하는 정경적인 고리 역할을 한다. 오경의 새로운 정경판(canonical edition)은 오경 외 성경을 쓴 예언자적 저자들 중 한 사람 또는 그 이상의 사람들의 작품이었을 것이다. 이런 주장을 하는 여러 학자들 가운데 헨드릭 코레바(Hendrik Koorevaar)는, 구약 정경(타나크)의 여러 역본들 중 마지막 책인 역대기의 저자가 구약 정경의 저자였을 것이라고 주장한다.[36] 신명기 33:4에서 선지자 모세(신 34:10)는 이스라엘에게 하나님의 율법을 전한 자로 간주되는데, 이는 마치 에스라 9:10-11에서 선지자들을 모세와 동일한 임무를 수행하는 자들로 간주하는 것과 같다. 역대기의 저자는 더 근거리의 성경신학적 컨텍스트 안에서 사무엘서와 열왕기를 개작하고 보강했는데, 이 익명의 예언자적 저자의 작업도 역대기 저자의 작업과 흡사했을 것이다.

　　모세 오경의 형성의 관점에서 구성적인 접근은 고전적인 복음주의 견해와 크게 다르지 않다. 구성적 접근은 원래의 모세 오경을 몇 가지 중요한 모세-이후(post-Mosaic)의 추가와 함께 본다. 구성적인 견해와 고전적인 견해가 달라지는 지점은, 이 구성적 견해가 모세의 오경(1.0 버전)과 정경적 오경(2.0 버전) 사이에 의미 있는 상호 관계가 있음을 지적하려고 시도하는 때다. 현재의 정경 오경은 모세가 쓴 것과 동일한 오경이다. 다만 현재 오경은 원래 오경의 더 최신판이며, 새로운 정경의 환경을 염두에 두고 계획된, "예언적 추가"(prophetic extras)로 개정(보강)된 것이다. 이렇게 해서 새로운 오경은 구약 정경의 나머지와 연결된다. 새 오경은 성경 전체와 상호 텍스트적(intertextual) 관계에 있으며 연결성을 가진다. 오경의 초판이 집필된 이래로 많은 사건이 발생했다. 이 신판은 이스라엘과 열방을 향한 하나님의 역사의 미래와의 대화 속으로 독자들을 끌어들이고 접촉하게 하려는 목적을 가진다. 대부분의 경우 새로운 버전은 원래의 모세 오경을 반

---

36) Hendrik J. Koorevaar, "Die Chronik als intendierter Abschluss des alttestamentlichen Kanons," *JETh* 11 (1997): 42-76.

복하지만, 신판은 더 넓은 화면을 가지고 있다. 신판은 이스라엘 역사의 시작의 관점에서 오경을 읽기보다는(원래의 모세의 오경은 의심할 여지 없이 이런 의도를 가지지만), 역사의 종말의 관점에서 그리고 이스라엘과 열방을 향한 하나님의 추가 작업의 관점에서 오경을 본다. 시작은 종말의 예언적 상징이 되었다. 이 새로운 컨텍스트는 이스라엘의 역사 끝에 등장한 성경의 예언자들과 현자들 양쪽의 관점을 반영한다. 이런 의미에서 정경 오경은 모세가 쓴 오경을 예언적 관점에서 고쳐 쓴 것이다.

구약 정경에 대한 구성적 접근의 가치는 책의 저자로서 모세에 대한 성경의 진술을 진지하게 받아들이는(예, 수 1:8) 동시에, 정경 오경이 모세보다 훨씬 후기 시대의 자료와 통찰력을 포함한다는 사실을 인정한다.

오경에서 모세-이후의 유명한 예들은 정경적 오경의 새로운 관점에 대한 증거다. 모세의 죽음과 "에돔 땅을 다스리던 왕들"(창 36:31)의 명단은 시대착오적이라는 암시도 전혀 없이 정경적 오경 안에 기록되어 있다. 왜냐하면 현재 오경의 후기 관점 자체가 구성적 전략의 일부이기 때문이다. 앞에서 제시한 바처럼, 정경적 오경은 이스라엘 역사의 종말의 컨텍스트 안에서, 동시에 열방을 향한 하나님의 역사의 시작의 컨텍스트 안에서 스스로를 이해한다. 즉 이 정경적 오경은 단순히 시내 산에서 모세 아래에서 이루어진 시작뿐 아니라, 역사 전체의 포괄적인 개요가 되고자 한다. 다니엘서와 창세기 1-11장의 프롤로그의 저자 덕분에, 시내 산 언약과 율법은 세계사와 창조 전체라는 광활한 관점에서 고찰된다. "이야기의 나머지"는 모세의 오경의 재방송 이상이다. 이는 모세의 삶을 반영하는 회고록이며, 아담과 이스라엘이 공유하는 인간성에 대한 정직한 비판이다. 모세와 시내 산에 대한 이 새로운 평가는, 모세의 오경과 함께 그 해석자들로서 자리를 차지한 예언적 성경에서 이끌어내어진 것이 확실하다. 이런 예언적 성경 자체가 모세의 오경의 생산품인 것이다. 예언적 성경은 모세가 쓴 성경(예, 수 1:8)을 읽고 연구하고 이것과의 지속적인 관련성을 깊이 인식하고 있었던 이름 없는 예언자들의 작품이었다.

오경의 이런 "실제 역사"를 무시하고 오경에 대한 직접적 관점(이 관점은 시내 산 언약에만 초점을 맞추면서 새 언약은 무시한다)을 견지하는 것은, 정경 오경을 오직 시내 산의 원(原)언약의 컨텍스트 내에서만 다시 읽는 결과를 가져왔을 것이다. 이는 성경으로서의 오경에 대한 계획적 퇴화였을 것이며, 해석학적 도살장으로 끌려가는 운명으로 나타났을 것이다.

선지자들이 시내 산 언약에 대해 가진, 점증하던 비관의 관점에서 볼 때 이 언약에서 원래의 긍정적인 측면만을 재진술하는 것은, 이 언약을 이스라엘의 나머지 역사로부터, 또한 예언적 성경이 역사에 대해 가지는 영감된 평가로부터 불필요하게 고립시키는 행위가 될 것이다. 이미 모세 오경 안에는 시내 산에 대한 선지자의 비관주의의 씨가 포함되어 있으므로 앞의 행위는 불필요하다고 할 수 있다.[37] 여기에 더해서 이런 재진술은 오경을 영구히 시내 산 언약과 연결시켰을 것이며, 결과적으로 이 언약의 퇴색은 오경의 퇴색을 의미했을 것이다. 현재의 정경 오경은 더 이상의 숙고 없이 시내 산 언약과 동일시될 수 없으며 또 그렇게 되어서도 안 된다(비교. 신 29:1). 반대로, 현재의 오경은 시내 산 언약을 재방문하여, 새 언약의 예언자적 희망의 관점에서(렘 31:31) 그것의 결과로 이루어지는 재평가의 역할을 하고 있다. 비록 새 언약에 대한 희망이 모세 오경에서 이미 필수적인 부분이지만(신 30:6), 예언자들과 새 언약 메시지의 컨텍스트 안에서 오경을 읽지 않고는, 메시지가 제대로 전달되지 않을 명백하고 현존하는 위험에 처하는 것이다. 에스라 7장과 느헤미야 8장에서 분명하게 나타나듯, 오경은 "그것을 이해하는 자들"에 의한 해석을 계속적으로 필요로 하는 입장에 있다. 심지어 예언서들도 자기 메시지에 대한 명백한 설명이 필요함을 인식했다(단 9장을 보라). 바로 이 지점이 히브리서의 저자가 위치한 곳이라 할 수 있다. 히브리서 저자는 앞과 동일한 논리로 구약성경(렘 31장)

---

37) 왕하 22장에 있는 오경에 대한 반응을 비교해보라.

을 "옛 언약"에 대한 비판으로서, 그리고 "새 언약"에 기초한 미래를 향한 희망의 근거로서 사용했다(예, 히 8:13).[38]

모세와 선지자들. 구성적 접근은 선지자들의 출현과 그들의 메시지를 설명하는 데 있어 그들이 종교적 천재였다고 가정하지 않는다.[39] 대신 여호수아 1:8의 권유처럼 선지자들이 모세의 오경을 주야로 묵상했으며, 희망과 신성한 은혜의 관점으로부터 자신의 삶에서 하나님의 부르심을 느꼈음을 단순하게 지적한다.

오경과 구약 정경에 대한 구성적 접근의 중요한 추가적인 기능은, 이스라엘의 후속 역사 안에서 오경 구성의 신학적 결과(theological payoff)를 묘사하려고 시도했다는 점과, 이 책의 더 큰 범위 내에서 이 신학적 결과를 찾으려 했다는 점이다. 이미 제시한 바와 같이 신학적 결과는 정경적 오경의 성격을 어떻게 보느냐에 따라 달라진다. 현재의 정경적 오경은 성경과 정경의 컨텍스트에서 원오경을 보존한다는 측면에서 모세 오경과 동일하다. 이는 정경적 오경에서 우리가 모세 오경을 실제적인 역사 내에서 읽도록, 가이거(Geiger)의 표현을 빌자면 원유대교(Ur-Judaism)와(/또는) 원기독교(Ur-Christianity)의 자체적 내적 발달(Entwicklung) 안에서 읽도록 권유 받음을 의미한다.[40] 히브리어 성경 안에 모세의 것인 하나의 오경과, 정경의 것인 또 다른 오경, 이렇게 두 개의 오경이 존재하는 것이 아니다.[41] 오직 하나의 오경, 즉 정경적 오경만이 있다. 구약 정경에서 모세가쓴 오경이 정경적 오경이 되었던 것이다. 구약 정경의 목표는 오로지 우리의 역사적 호기심을 만족시키기 위해 모세 오경을 제공하는 것이 아니다.

---

38) 바울도 롬 10장에서 유사한 작업을 했다.

39) Wellhausen과 Kuenen의 견해.

40) Abraham Geiger, *Urschrift und Übersetzungen der Bibel in ihrer Abhängigkeit von der innern Entwickelung des Judentums* (Breslau; Julius Hainauer, 1857).

41) 사무엘-열왕기 역사와 역대기 역사라는 두 역사가 있는 것과 마찬가지다.

정경적 오경이라는 통로를 통해 원(原)모세 오경이 보존되고 우리에게 해석되어온 범위 내에서, 정경적 오경은 모세의 오경인 것이다.

모세는 어떻게 오경을 만들었는가? 앞의 설명처럼, 오경 구성의 성격은 복음서뿐만 아니라 사무엘서와 열왕기 구성의 성격과 비슷하다. 모세는 다양한 자료로부터 모은 기록된 문서들을 사용하여 거기에 논평을 달았다. 이런 작업은 옛 자료들로 다큐멘터리 영화를 제작하는 현대의 제작자의 일과 같다.

오경을 만드는 구성적 접근의 견해에서 몇 가지 측면은 로버트 자메이슨(Robert Jamieson), 퍼셋(A. R. Fausset), 데이비드 브라운(David Brown) 같은 초기 복음주의 학자들의 구약 주석(약 1863)의 견해와 비슷하다. 이들은 오경을 논하면서 다음과 같이 언급했다. "모세는 신뢰할 만한 권위가 있는, 존재하던 기록들을 사용했을 것이며…이런 사실은 인정될 수 있다.…모세는 오경 전체에 선명하게 나타나는 설계의 통일성과 일치하도록 자료들을 자신의 내러티브 안에 섞어 짰다."[42] 루이 고상(Louis Gaussen)의 성경의 저자 작업(biblical authorship)에 대한 놀라울 만큼 명쾌한 설명 속에도 이런 언급이 나타난다. "[성경 저자들이] 자신의 감정을 묘사했든지, 그들의 기억을 진술했든지, 동시대의 내러티브를 반복했든지, 족보를 필사했든지, 영감으로 기록되지 않은 문서들에서 발췌했든지 그 여부와 관계없이, 그들의 저술은 영감되었으며 그들의 내러티브는 위로부터의 지시에 따르고 있다."[43]

저자 작업에 대한 질문을 이런 식으로 형식화하는 것은, 빠르게는 17세기 후반에서 18세기 초반에 널리 주장되었던 복음주의적 견해의 특

---

42) Jamieson, Fausset and Brown, *Old and New Testaments*, 1:xxxii.
43) Louis Gaussen, *The Divine Inspiration of the Bible*, trans. David D. Scott (Grand Rapids: Kregel, 1971), p. 25.

징을 이룬다. 캄페기우스 비트링가(Campegius Vitringa)는 모세가 오경을 만드는 절차를 거의 현대적인 관점에서 묘사한다. 비트링가에 따르면 모세는 기록된 다양한 문서들을 수집하고 분류했으며, 누락된 세부 사항과 단락들을 다른 문서에서 채워 넣음으로써 이것들을 이용할 수 있도록 준비했다. 이런 준비된 자료들을 모세는 오경으로 "만들었다"(confecisse[conficio]). 다시 말해 비트링가의 주장에 따르면, 모세가 "자료들을 수집하고 분류하고 준비하고 결여된 곳을 채워 넣고 그것들로부터 자신의 책의 첫 권을 만드는 과정"이 있었던 것이다.[44]

구성적인 견해에서, 신명기 34장과 같은 절들은 모세 오경에 추가된 중요 부분으로 간주된다. 이 부분은 성경 시대의 끝 무렵(주전 약 300)에 저자들이 오경을 어떻게 이해했는지에 대한 결정적인 단서를 제공한다. 오경의 이러한 형성적 부분의 추가는 뒤늦게 고안된 것이 아니다. 반대로, 이것은 구약 정경(타나크) 전체를 포함한 더 큰 구성적 전략의 일부였다. 오경신학을 이해하기 위한 올바른 방향은, 이런 전략에 집중하는 것이다.

---

44) "Has vero schedas & scrinia patrum, apud Israelitas conservata, Mosen opinamur collegisse, digessisse, ornasse, & ubi deficiebant, complesse, atque ex iis primum libroruni suorum confecisse"(Campegius Vitringa, *Sacrarum observationum libri quatuor* [Franeker, 1700], p. 35). 모세의 저자 작업에 대한 Vitringa의 견해를 Fausset이 간접적으로 인용하고 있음에 주목하라. "[그의 작업은] 배열하고 요약하고 선택하고 자신의 목적에 맞게 각색하는 것이었다"(Jamieson, Fausset and Brown, *Old and New Testaments*, 1:xxxi). 19, 20세기에 성서비평과 역사비평이 일어난 이래로 보수주의의 입장은 "자료들" 또는 "문자로 된 기록물들"에 대한 논의를 꺼렸는데, 이는 이해할 만한 일이다. 솔직히 말하자면, 이런 견해는 오늘날 대부분의 미국 복음주의 구약학자들의 견해로 아직도 남아 있다. 유일한 변동이 있다면 다음과 같은 것뿐이다. 즉 현재의 많은 학자들은 모세에게 유용할 수도 있었을 "자료들"이 당시에는 아직 집필되지 않았다고 주장한다는 점이다. 모세는 구술 전승에 의지했다. 하지만 이런 견해는 텍스트 자체의 현실을 적절하게 다루는 데 실패할 뿐 아니라, 불확실성을 불필요한 단계로까지 끌어들인다. 만약 복음서들이 "구술 자료들"에 의지하여 집필되었다고 믿는다면, 도대체 현재의 신약 연구는 무엇이 되겠는가? 여기에 대해서는 Sailhamer의 *Introduction to Old Testament Theology*, p. 274을 보라.

오경의 정경적 구성(Endgestalt, 최종 형태)은 기본적 수준에서 모세 오경에 이미 구현되어 있었던, 발전된 메시아적 희망에 의해 형성되었으며 그것에 기초하고 있었다. 신명기 34장에 나오는 미래의 선지자에 대한 설명은 신명기 18장을 반영하고 해석할 뿐만 아니라, 전체 타나크의 이음매를 따라 놓여 있는 동일한 종류의 해설에 의해 메아리로 반향된다. 이런 이음매들은 여호수아 1장; 말라기 4장(히브리어 성경에서는 3장); 시편 1-2편; 역대하 36장에서 발견된다.[45]

이런 텍스트적 특성들은 이미 기독교-이전 시대에 히브리어 성경 전체(타나크)의 의미에 대한 상당한 논의가 있었음을 암시한다. 정경적 이음매들에 표현된 신학적으로 동기화된 주제들로 판단하건대, 우리는 이런 논의가 종종 히브리어 성경의 중요 부분들이 가진 메시아적이고 성경신학적인 의미의 질문으로 향했다고 결론 내릴 수 있다.[46]

이 서론에서 내 목표는 성경으로서의 구약에 대한 복음주의적 접근 방식에 새 방향을 열어 보이는 것과, 이런 방식이 어떤 것인지 대략의 개요를 보여주는 것이었다. 책의 나머지 부분에서는 이와 동일한 노선을 따라 상당히 많은 논의를 다룰 것이다. 무엇보다도 이 서론에서는 책을 읽는 동안 독자들이 길을 찾을 수 있도록 돕고자 했다.[47]

---

45) 이런 (구성적) 접근법에 추가된 요소는, "성경 이후적"(따라서 이차적이고 영감된 것이 아닌) 해석의 층위들에 대한 민감성이다. 이 성경 이후적 해석은 타나크 자체를 동반하며 많은 경우 거기에서 발견된다. 여기서 내가 염두에 두고 있는 것은 LXX의 히브리어 대본, 사해 사본들 중의 히브리어 텍스트들, MT의 일부(예, 예레미야서)와 같은, 구약의 가장 초기 판본들 뒤에 놓여 있는 히브리어 성경의 판본이다.

46) 예를 들어, 아각이나 곡에 관한 민 24:7(*BHS* 비평 자료를 보라. 비교. 겔 38:17-18; 아래 책의 2장, "오실 종말의 왕"을 보라)과 삼하 23:1-7의 기름 부음 받은 자는 다윗인가, 메시아인가?(Sailhamer의 *Introduction to Old Testament Theology*, p. 221을 보라)

47) 이 책에서 외국어의 사용과 인용에 대해 (1) 이 책의 본문에서 모든 인용은 영어(역자 주—번역판에서는 한국어)로 주어진다. (2) 만약 요점이 논의에 필수적이라면, 각주에서의 인용은 영어(역자 주—번역판에서는 한국어)로 주어진다. (3) 희귀하고 발견하기 힘든 책들의 인용은 원어로 주어진다.

제1부

텍스트를 계시로서 접근하기

1장

구약신학의 성격과 목적 이해하기

구약신학은 구약의 신학과 메시지에 대한 연구다.[1] 신학의 성격에 대해서는 폭넓은 다양한 의견이 존재한다. 이 다양성은 신학이라는 단어의 이해가 어떻게 "구약"(Old Testament)의 "구"(old)라는 단어에 의해 영향을 받는가에 의해 생겨난다. 구약신학을 단순히 구약을 주제로 한 신학의 지류라고 소개하는 것은 올바른 것인가? "구"라는 단어는 "신학"이라는 용어의 의미에 상당히 제한적인 효과를 주고 있지는 않은가? 구약신학이라는 개념이 구약신학과 신약신학 사이에 차이점을 제시하고 있지는 않은가? 그렇다면 "신학"이라는 용어의 의미는 어느 경우든지 간에 의미론적으로 바뀔 수 있다.

신학의 성격과 목적

때때로 "신학"이라는 용어는 "계시"와 "종교" 같은 고도로 다의적인 개념과 연결된다. 이런 연결성과 더불어, 자주 우리는 "신학"이라는 단어의 의미에 생기는 미묘한 변화를 발견한다. 복음주의 성경신학자들과 연구자들 사이에서 **계시**[2]는 하나님이 스스로 자신의 뜻을 알리시는 행위를 의미한다. 이 책에서 우리는 하나님이 구약과 성경 전체를 통해서 자신을 계시하셨다는, 앞과 유사한 입장을 취할 것이다. 이런 배경에서 구약신학은 구약

---

1) 1장의 대부분은 John H. Sailhamer, *Introduction to Old Testament Theology: A Canonical Approach* (Grand Rapids: Zondervan, 1995), pp. 11-25에 나오는 내용을 다시 쓴 것이다. 저작권의 허가를 받아 사용했다.
2) 여기서 나는 계시를, 하나님의 특별계시로서의 성경이라는 제한적 의미로 사용한다.

에 나타난 하나님의 계시에 대한 연구로 이해될 수 있다.

계시와는 대조적으로, 종교라는 용어는 하나님의 계시 행위에 대한 인간의 반응을 기술한다. 종교를 대상으로 한 구약신학은 하나님의 계시에 대한 인간 반응을 연구하는 것이지, 하나님의 계시 자체를 연구하는 것은 아니다.[3]

신학의 성격과 목적에 대한 이해가 이런 용어들 중 하나와 연결되어 있을 때, 신학의 특별한 성격과 임무는 그 자체의 독특한 의미를 취하게 된다. 이런 의미의 변화는 종교와 계시라는 단어의 이해에, 또한 궁극적으로는 구약신학의 임무에 근본적인 영향을 미칠 수 있다.

신학과 계시. 신학은 하나님의 진리의 계시, 또는 하나님의 역사적인 행위의 기록으로 이해할 수 있다. 전통적으로 복음주의 신학자들은 신학의 임무를 하나님의 계시에 대한 연구, 즉 "하나님이 주신 사유의 방식"(*babitus Theosdotos divinitus datus*)으로 이해했다. "원리에 있어 계시된 신학은 하나님이 주신 사유의 방식(*babitus*)으로 불린다. 하나님이 주신 방식이 인간의 생각에 직접적으로 주입되기 때문이 아니라, 신학의 근본적 기초(*principium*)가 인간의 이성이 아닌 하나님의 계시에 있기 때문이다. 그러므로 계시된 신학은 높은 곳에서 온 지혜라고 불린다."[4]

신학은 하나님이 하신 일—그분의 말씀 또는 행위—에 기초하고 있다.[5] 하나님은 인간 피조물에게 말씀하셨고 다양한 방법으로 다양한 때에

---

3) C. H. Ratschow, "Religion IV B. Theologisch," *RGG*[3], vol. 5, pp. 976-84.

4) "Respectu cujus principii Theologia revelata dicitur habitus theosdotos divinitus datus, non quasi sit immediate infusus, sed quia principium ejus non est humana ratio, verum divina revelatio. Idcirco Theologia revelata vocatur sapientia superne veniens"(David Hollaz, *Examen theologicum acroamaticum universam theologiam thetico-polemicam complectens* [Stargard, 1707], p. 11).

5) "Requirimus ut Deus ejus specialis sit autor, quia ad scripturam talem non sufficit concursus communis....Necessarius ergo est impulsus peculiaris, qui autoribus omnibus sacris praesto fuit, quotiescumque Deus eorum calamo usus est"(André

그들 속에서 행하셨다(히 1:1-2). 그분은 관찰 가능하고 전달 가능한 방식으로 자신을 계시하셨다. 신학의 임무는 이런 대화를 포착하고 하나님이 시작하신 담론과 공개의 궤적을 좇아간다.

인간의 작업으로서 신학은 하나님의 권위를 **가지고**(with) 말하는 것이라고 주장될 수 없으며, 하나님의 권위로서(as) 취급될 수도 없다. 그러나 신학은 하나님의 계시를 **대신해서** 말하기를 시도하며 또한 그렇게 해야 한다. 이런 까닭에 신학은 그 권위 자체와 동일한 주의를 가지고 다루어져야 한다. 신학이 하나님의 계시를 올바로 파악하고 그것을 특수한 배경 안에서 정확하게 번역하는 한, 신학은 일정 정도의 규범성을 주장할 수 있다. "우리가 이 보배를 질그릇에 가졌으니 이는 심히 큰 능력은 하나님께 있고 우리에게 있지 아니함을 알게 하려 함이라"(고후 4:7).

하지만 아무리 신학이 하나님을 대변해서, 하나님을 대신해서 말한다고 주장할지라도, 계시의 행위로서 신학은 언제나 인간의 말이다. 신학은 계시라는 하나님의 행위에 있는 인간적 측면이다. 따라서 항상 자성과 비판을 필요로 한다. 신학은 "희미하게 비추는 거울"(고전 13:12)이지만, 우리는 이 거울을 통해 하나님으로부터 온 말씀을 찾아야 한다.[6]

이 책에서 **신학**의 의미는 몇 가지 질문을 제기한다. 구약신학이 어떻게 신약의 그리스도인들에게 규범적인 주장을 할 수 있는가? "구"라는 단어는 퇴화를 암시하는 말이 아닌가? 이 말은 "새로운" 어떤 것에 의해 대치되었음을 암시하지 않는가? 성경의 한 부분을 "구"(Old)라고 분류하고, 또 다른 부분을 "신"(New)이라고 분류한 다음, 양자 모두의 규범성을 논의하는 것은 심각한 문제가 아닐까? 어떻게 양자 모두가 하나님으로부터 온 단일한 말씀으로 지속될 수 있는가? 어떻게 동일한 말씀이 동시에 "신"과

Rivet, *Isagoge, seu introductio generalis, ad Scripturam sacram Veteris et Novi Testamenti* [Leiden, 1627], p. 8).

6) Karl Barth, *Church Dogmatics*, vol. 1 (Edinburgh: T & T Clark), p. 495.

"구"의 표지를 단 채 우리에게 올 수 있는가?[7] 이런 문제 자체는 새롭지 않다. 지금까지 모든 그리스도인들이 구약과 신약이라는 성경의 두 부분을 이해하기 위해 시도한 방식 속에 이 문제는 작용하고 있다.

자신의 임무를 하나님의 계시를 재진술하는 것으로, 그렇기 때문에 규범적인 것으로 간주하는 **신학**은, 구약신학에 대한 복음주의의 이해와 접근 방식에 심오한 함축을 가진다. 신학에 대한 이런 이해는 이 책에서 구약신학에 대해 제시한 내용에도 많은 영향을 끼칠 것이다.

신학과 종교. **신학**이라는 단어와 그 의미는, 하나님에 대한 과거의 신념을 발견하는 인간 행위인 종교의 개념 속에 기초할 수 있다. 이런 경우 구약신학의 임무는, 단순히 구약에서 사람들의 종교적인 신념을 발견하고 기록하는 인간 행위로 이해될 수 있는 위험이 있다. 에마누엘 히르쉬(Emanuel Hirsch)의 주장에 따르면, 신학에 대한 이런 견해는 18세기 신학자인 지그문트 야콥 바움가르텐(Sigmund Jacob Baumgarten)에서 연유한다. 바움가르텐은 성경에 나와 있는 하나님의 **계시**를, 성경이 증거하는 이스라엘의 고대 종교와 구별했다. 더 이상 성경은 계시, 즉 "지금까지 알려지지 않은 것의 나타남"(rerum ignotarum manifestatio)[8]으로서 접근되지 않았으며, 성경에 기록되고 증거된 역사적 행위들 속에서 전개된 계시의 문자적 기록으로서 접근되었다.

바움가르텐에 의해, 성경을 계시로 보는 고전적인 견해는 성경을 하나님의 행위를 쓴 기록으로 보는 개념 쪽으로 기울어지게 되었다. **영감**(inspiration)이라는 단어는 "직접적인 계시가 전달되고 책에 기록된 수단"을 의미하게 되었다.[9] 바움가르텐에게 하나님의 계시는 성경과 동일한 것

---

7) Sailhamer, *Introduction to Old Testament Theology*, pp. 13-14.

8) Sigmund Jacob Baumgarten, *Dissertatio theologica de discrimine revelationis et inspirationis* (Halle, 1745), p. 6 (Emanuel Hirsch, *Geschichte der neueren evangelischen Theologie: Im Zusammenhang mit den allgemeinen Bewegungen des europäischen Denkens* [Gütersloh: Bertelsmann, 1949-1954], 2:378).

86 | 제1부 텍스트를 계시로서 접근하기

이 아니었다. 오히려 성경은 성경 저자의 생각에 직접적으로 계시되고 전달된 바의 기록과 동일시되었다. 히르쉬에 따르면 "독일 개신교 신학은 바움가르텐과 함께 결정적인 단계에 도달했다. 즉 성경에 근거한 믿음으로부터 계시에 근거한 믿음으로 옮겨갔던 것이다. 계시에 근거한 믿음의 입장에서, 실제적으로 성경은 예전에 주어진 기록에 불과했다."[10]

바움가르텐에게 성경 자체는 하나님의 계시가 아니라, 다만 하나님의 계시에 대한 여러 가능한 반응 중 하나에 불과했다. 따라서 성경은 하나님의 지혜를 발견하기를 바라며 읽는 책이라기보다 종교적 유물에 불과하다. 구약을 이해하는 데 있어 이런 구분은 신학의 개념으로부터 규범적 지위를 제거했다. 신학의 위치는 단순히 하나님에 관한 고대 신앙의 재진술로 축소되었다. 이제 구약신학의 임무는 하나님에 대해 성경 저자들이 진리로 믿었던 바를 자세히 설명하는 것이 되었다. 신학은 다만 "이것은 그들이 하나님에 대해 믿었던 바다"라고 진술할 수 있을 뿐이다. 신학은 "구약이 내게 요구하는 것은 무엇인가?"라고 묻지 않는다. 다만 고대 이스라엘의 독자들이, 하나님이 그들에게 요구하신 바에 대해 이해했던 내용을 발견하기를 추구했다.

신학은 자신의 규범성을 주장해야 하는가? 이 책은 계시와 성경, 특히 오늘날 교회를 향한 오경과 그 의미의 고전적 복음주의 견해에 대한 것이다. 앞과 같은 질문들을 다룸에 있어 우리는 구약신학의 규범적 지위와 관련된 어려운 물음들을 회피할 수 없다.[11] 구약신학에 대해 제기된 가장 중요

---

9) "Medium, quo revelatio immediata mediata facta inque libros relata est"(ibid., p. 16[Hirsh, *Geschichte der neueren evangelischen Theologie*, 2:378에서 재인용]).

10) Baumgarten에게 계시는 성경과 분리되었고, 성경은 하나님의 계시에 대한 인간적 표현(*religio*)으로 변화되었다. "Alles in allem darf man wohl sagen: die deutsche evangelische Theologie ist mit Baumgarten in das entscheidende Stadium des Übergangs vom Bibelglauben zu einem Offenbarungsglauben getreten, dem die Bibel im Wesentlichen nichts ist als die nun einmal gegebene Urkunde der Offenbarung"(Hirsch, *Geschichte der neueren evangelischen Theologie*, 2:378).

한 질문은, 과연 구약신학이 그리스도인의 믿음의 삶에서 규범적으로 이해될 수 있는지 하는 것이다. 구약과 신약의 관계는 예수와 초대교회의 관계와 같은가?[12] 이런 질문들은 구약신학을 설명하는 데 기초가 되는 것은 아니지만, 구약과 그 가르침의 신학적 의미를 분명히 이해하는 데는 도움을 준다. 또한 이 질문들은 구약신학을 하기 위한 접근 방식에 영향을 미친다.

성경신학의 임무는 하나님의 말씀(성경)을 교회를 향해 분명하고 정확하게 진술하는 것이다. 말씀, 즉 거룩한 성경으로 우리에게 온 하나님의 말씀의 의미를 이해할 수 있도록 진술하는 것 외에 성경신학에서는 무엇을 기대할 수 있는가? 이런 신학은 성경 자체의 진술과 동일한 규범성을 주장할 수 없다. 구약신학은 다만 성경 내러티브의 주장을 인간의 용어로 제시하려는 시도일 뿐이다. 구약의 성경신학은 성경 자체의 기록된 텍스트들의 메시지를 담는 용기일 뿐이다.[13]

바로 이것이 **신학**이라는 단어에 대해 이 책이 주장하려는 이해다. 신학은 하나님의 기록된 계시인 성경의 재진술이며 설명이다.[14] 신학은 성경 독자의 믿음과 실천을 위해 규범으로 제시되어야 하는 바를 진술하고자 한다.

다른 연구 분야와 마찬가지로 신학도 인간의 노력이다. 따라서 신학도 인간 오류의 모든 한계에 부딪친다. 성경의 신학적 메시지에 대한 어떤 진술도 성경 자체와 동일한 권위를 가진다고 주장할 수 없다. 완전히 오류가 없으며 권위를 가지는 것은 우리의 해석이나 신학적 의견이 아니라 오직 성경뿐이기 때문이다.

---

11) Sailhamer, *Introduction to Old Testament Theology*, p. 16을 보라.
12) 이 문제에 대한 더 자세한 논의는 Sailhamer의 *Introduction to Old Testament Theology*를 보라.
13) 계보, 율법, 여정과 같은 다른 역사적이고 문학적인 텍스트들도 여기에 들어간다.
14) 다만 하나님의 말씀이 성경 안에 있는 것이 아니다. 하나님의 말씀이 성경이다.

구약신학

구약신학의 정의. 성경신학의 성격과 목적에 대해 만장일치의 견해는 존재하지 않는다.[15] 왜냐하면 성서학 자체의 성격에 대해서도 만장일치의 의견은 없기 때문이다. 많은 학자들은 현재의 정경적 성경 배후에 있는 고대 기록에서 신앙의 최초 흔적을 찾는다. 다른 학자들은 성경 텍스트의 최종 형태(Endgestalt)에 놓여 있는 의미를 찾는다. 이 책이 따르고 있는 구약신학의 정의에 따르면, 초점이 되는 대상은 최종 텍스트, 즉 현재 우리가 가지고 있는 성경 그대로의 구약이다. **구약신학은 구약에서 계시된 바에 대한 연구와 제시다.**

구약학. 구약신학은 구약의 성경 텍스트들에 대한 포괄적인 연구에 기초한다.[16] 또한 구약신학은 구약 개론에서 통상적으로 다루는 성경 텍스트의 모든 요소들을 포함한다.

구약 해석학(텍스트의 해석)[17]
1. 의미론(성경 번역)
2. 주해(텍스트의 의미 연구)

구약신학의 이런 정의로부터 나오는 첫째 특징은 다음과 같다. 즉 이

---

15) Bernd Janowski, "'Biblische Theologie' (BTh) ist kein eindeutiger Begriff," *RGG*⁴, vol. 1, col. 1543.

16) Sailhamer, *Introduction to Old Testament Theology*, p. 16-21을 보라.

17) "Für eine spezielle biblische Hermeneutik spricht zunächst die Beobachtung, dass die Bibel—wenn sie auch nur ein wenig recht hat—der seltsamste und einzigartigste, ja ein unvergleichlicher Gegenstand ist. Nirgendwo in der Weltliteratur gibt es ein Buch wie dieses"(Gerhard Maier, *Biblische Hermeneutik* [MSt; Wuppertal: Brockhaus, 1990], p. 12).

런 구약신학은 구약에 대한 진지한 연구의 필요성을 전제한다. 구약신학을 설명하는 데 구약학이 설 자리가 있느냐 하는 것은 당연히 논쟁이 될수 있다. 구약신학은 구약학의 최종 결과가 아닌가? 이 신학은 성경 텍스트에 대한 많은 연구와 노력의 결정이 아닌가? 이런 질문에 대한 대답은 조건부 "예"다. 완전한 결과에는 항상 미치지 못할 것이라는 현실적 희망을 가지고서 "예"라고 대답할 수 있다.

제시

초기 성경신학자들은 흔히 성경을 이해하는 기술과 성경을 설명하는 기술을 언급했다.[18] 성경 저자들이 말하고 있는 바와 그들의 신학을 잘 이해한다는 것은, 그 신학에 대한 의미를 유의미하게 전달하는 것과 별개의 일이었다. 자료들을 제시하는 방법으로는 여러 가지가 있다. 현재 논의의 초점은, 최종적 제시에서 자료들의 가장 적절한 형태와 배치는 어떤 것인가를 결정하는 것이다. 이런 단계는 설교학이라고 불릴 수도 있다.

성경 저자들은 신학자였으며, 그들의 저술은 "성경신학"이었다. 오경 저자는 자료를 배열하고 형태화함으로써 주제들을 발전시킨 신학자다. 그렇다면 구약은 그 신학을 반영하는 제시 형태와 제시 방식의 측면에서 접근되어야 한다. 이 형태는 성경신학이 어떤 모습이어야 하는지에 대한 현대적 개념과는 다를 수 있다.[19] 하지만 그렇다 해도, 구약 자료들의 대안

---

18) "Exposuimus libris superioribus subsidia et adminicula hermeneutica....Superest denique, ut ostendamus, qua ratione sensus, istis subsidiis inuentus ac detectus, cum aliis etiam communicari, solide, et salutariter adplicari debeat"(Johan Jacob Rambach, *Institutiones hermeneuticae sacrae, variis observationibus copiosissimisque exemplis biblicis illustratae* [Jena, 1725], p. 272).

19) 최근의 예는 Rolf Rendtorff, *Theologie des Alten Testaments: Ein kanonischer Entwurf* (Neukirchen-Vluyn: Neukirchener Verlag, 1999)의 정경적 접근이다. 하지만 Rendtorff는 제2권(『렌토르프 구약정경신학』, 새물결플러스 역간)을, 자료를 더욱 주제

적 배열이나 제시 전략을 찾는 작업에는 충분한 이유가 여전히 있다. 신학의 임무로서 구약신학은 구약 메시지를 가능한 한 분명하고 정확한 것으로 만들어야 한다. 어떤 독자에 대해서도 말이다. 많은 독자들의 경우 메시지가 분명하려면 구약은 통합된 전체로서 제시되어야 한다. 부분이 어떻게 전체 안에 들어맞는지도 보여주어야 한다. 전체 성경 메시지의 내재적인 구조를 제시해야 하며, 그러기 위해서는 어떻게 부분들을 유의미한 방식으로 배열할 것인지 하는 문제를 정면에서 직시해야 한다.

전통적으로 구약신학자들이 선택하는 가장 일반적인 제시 구조는 다음과 같이 네 가지 유형으로 분류될 수 있다.

1. **조직적**(Systematic). 하나님, 인간, 구원 같은 주요 제목별로 신학 시스템을 배열하는 유형이다.[20] 구약신학의 이런 제시 접근 방식은, 구약을 현대적인 사상의 범주에 억지로 끼워 맞춤으로써 성경 의미를 왜곡했다는 비판을 받아왔다. 비평가들의 주장에 따르면 성경 텍스트는 이런 결정된 항목들에 깔끔하게 들어맞지 않는다. 또한 성경 텍스트와 질적으로 다른 항목들을 강요함으로써 성경 저자들의 관점을 이해하는 데 실패할 수도 있다.

2. **역사적**(Historical). 구약신학을 역사적 내러티브에 따라 정돈함으로써, 창조부터 그리스도의 초림 전 마지막 세기까지 연장된 역사를 기록한다. 많은 구약신학에서 이스라엘 역사 과정으로부터 취해진 궤도는 구약의 중심 조직 원리로 편리하게 이해된다.[21] 지나간 두 세기 동안(특히 19세

적이고 주해적으로 배열한 그의 신학에 포함시킨다.

20) 예를 들어 Ludwig Köhler, *Theologie des Alten Testaments* (NThG; Tübingen: Mohr Siebeck, 1966): Erster Teil: von Gott; Zweiter Teil: vom Menshen; Dritter Teil: von Gericht und Heil.

21) 예를 들어 Walter Kaiser, *The Promise-Plan of God, A Biblical Theology of the Old and New Testaments* (Grand Rapids: Zondervan, 2008)와 Wilhelm Möller, *Biblische Theologic des Alten Testaments in heilsgeschichtlicher Entwicklung* (Zwickau: Herrmann, 1938), p. 527.

기)은 물론 현재에도 이 역사적 접근은 구약신학의 지배적 경향이다.[22)]

3. **중심 주제**(Central theme). 구약신학을 언약, 율법, 약속, 축복 같은 하나의 통합된 주제를 중심으로 배열한다. 많은 논의가 이런 주제들의 구별을 통해 이루어졌다. 만약 단일 주제가 존재한다면, 이 주제는 어떻게 구약신학의 제시 속에서 표현되어야 하는가? 구약에서 파생된 카테고리들 속에서 진술되어야 하는가? 아니면 신약이나 조직신학과 유사한 카테고리들 속에서 표현되어야 하는가?

4. **중심 주제나 아이디어가 없는 경우**. 구약 메시지의 기존의 순서와 배열을 재배치하는 시도를 포기한다. 이 견해는 구약 자체의 제시 방식에 다른 구조를 강요하는 모든 시도가, 구약이 가진 신학적 그림, 심지어 신학조차도 왜곡시킬 위험이 있다고 본다.[23)]

신적 계시. 앞에서 제시한 구약신학의 정의는, **신학**이 계시의 개념과 관련해서 의미를 발견한다는 것을 가정으로 받아들인다. 구약신학은 구약의 기록된 페이지 속에 포함된 하나님의 뜻의 계시와 관련되어 있다. 우리는 이 뜻이 위로부터 온 지혜, 즉 하나님으로부터 온 구약 지식을 연구함으로써 발견된다고 기대한다.

---

22) Walther Eichrodt는 "구약학에서 역사주의의 폭정"에 대해 말하면서, 이런 폭정이 부분적으로 와해된 것은 1922년, Eduard König의 *Theologie des Alten Testaments: Kritisch und vergleichend dargestellt* (Sturrgart: Belser, 1922)에서, 그리고 이보다 10년쯤 후인 1933년, Eichrodt 자신의 신학에서(*Theology of the Old Testament*, trans. J. A. Baker [OTL; Philadelphia: Westminster Press, 1961], p. 31)였다고 언급했다. Gustav Holscher, *Geschichte der israelitischen und jüdischen Religion* (Giessen: Töpelmann, 1922), p. 267; Rudolf Kittel, *Die Religion des Volkes Israel* (Leipzig: Quelle & Meyer, 1921), p. 210; Eduard König, *Geschichte der alttestamentlichen Religion* (Gütersloh: Bertelsmann, 1912), p. 606; Ernst Sellin, *Israelitisch-jüdische Religionsgeschichte* (Leipzig: Quelle & Meyer, 1933), p. 152도 보라.

23) Gerhard von Rad, *Old Testament Theology*, trans. D. M. G. Stalker, 2 vols. (New York: Harper & Row, 1962-1965).

구약을 계시로서 말하는 것은 단순히 과거 시제의 행위가 아니다. 하나님이 말씀하셨고 그분의 음성이 성경 텍스트를 통해 들려졌다면, 이 말씀은 과거에 절대적으로 제한되어야 할 이유가 없다. 이 책에서 우리의 주장은, 성경의 기록된 말씀 속에서 그분의 음성이 반향된다면, 여전히 지금도 우리는 그 음성을 들을 수 있다는 것이다. 이런 의미에서 구약은 계속적으로 하나님의 뜻의 계시다. 이런 종류의 구약신학은 하나님의 말씀이 쓰인 그대로 제시되고 선포되기를 추구한다. 이런 정의에 함축된 구약신학의 임무는 본질적으로 규범적인데, 왜냐하면 이런 신학은 계시를 하나님이 주도하신 행위로 보기 때문이다. 비록 이 신학이 계속해서 다른 신학과 마찬가지이기를 추구하더라도 말이다.

성경의 텍스트에 초점을 두기 때문에, 이런 종류의 구약신학의 목적은 시내 산 언약에 근거한 이스라엘의 고대 종교가 아니다. 이 신학의 목적은 구약의 예언적 메시지에 근거한 하나님과 이스라엘의 새 언약이다. 간단히 말해 우리는 구약성경의 저자들이 예언자였지 제사장이 아니었음을 주장할 것이다. 구약 저자들의 영웅은 율법을 지키는 데 중점을 둔 모세가 아니라, 믿음의 삶에 초점을 맞춤으로써 율법을 지킨 자로 간주되었던 아브라함이다(창 15:6). 이런 측면에서 볼 때 오경은 매우 바울적인 이야기로 들린다(예, 갈 3:19). 앞으로 우리는 이런 바울적 주제들이, 전부는 아닐지라도 대부분의 현재 오경의 구성적 이음매들을 따라 나타남을 보게 될 것이다. 이런 사실은 이 주제들이 저자의 최종적 구성의 일부며 전체적 전략을 반영함을 암시한다. 또한, 비록 구약이 소재로서 이스라엘의 시내 산 언약의 실패를 다루고는 있지만, 여전히 많은 희망과 축복을 하나님과의 새 언약(신 29:1) 아래서 기다리고 있음을 의미한다. 예언적 성경과 오경을 통해 반향되는 이런 견해는 다음과 같은 지점을 보여준다. 즉 오경 저자에게 있어 하나님은 이스라엘 및 열방과 새 언약을 맺을 계획을 여전히 가지고 계셨다(창 48:4). 하지만 이 새 언약은 시내 산 언약과는 **별개로 분리되어** 만들어져야 했다(신 29:1).

2장

저자의 언어적 의미 발견하기

성경을 이해하기 위해서는 성경을 읽어야 한다. 다른 책을 읽듯 읽어야 한다. 물론 성경이 다른 책들과 동일하다고 말하려는 것은 아니지만, 성경은 **책**이며 모든 책들을 읽는 방법으로 읽어야만 한다. 성경 저자들도 자신들의 책이 이런 방법으로 읽히고 이해되기를 기대했다. 저자들은 자신들의 시대에 통용되는 언어와 문학적 형식을 사용했다. 그들의 책은 설득력이 있으며, 인내심을 가지고 읽는 독자에게 진정한 이해와 통찰력을 줌으로써 보상한다. 성경의 의미는 단순하며, 신비적이지 않다. 성경에는 많은 기적들이 기록되어 있지만, 성경에서 가장 놀라운 지점은 바로 성경 자체다. 이 책 속에서 하나님은 인간 언어의 기적을 통해 말씀하신다.[1] 언어를 통해서 현대의 독자들은, 수천 년 전에 우리와 아주 다른 문화권에서 살았던 성경 저자들의 생각을 이해할 수 있다.

성경해석학 또는 성경해석 연구는 복잡하다. 따라서 우리는 성경해석이 제기하는 질문에 대해 단순히 해결하려는 태도를 피해야 한다. 그럼에도 성경해석의 복잡성은 구약의 의미를 발견한다는 임무 속에 있는 본질적 단순성을 배제하지 않는다. 구약 해석의 목적은 저자의 의도다. 성경 저자는 무엇을 말하고 있는가? 그의 요점은 무엇인가? 그의 언어들은 무엇을 말하고 의미하는가? 목적은 항상 저자가 기록한 것을 이해하는 것이다.

성경의 경우, 내가 고려하는 구체적인 저자는 인간 저자다. 확실히, 구약에서 하나님의 의도는 저자의 인간성과 함께 있다. 내가 이해하기로는

---

1) Chomsky는 어떤 신적인 초(超)공학자가 단 한 번의 효과적인 일격으로, 전에는 아무것도 없었던 인간에게 언어의 능력을 주는 것을 상상해보라고 제안한다(Margalit Fox, "A Changed Noam Chomsky Simplifies," *New York Times*, December 5, 1998).

하나님의 의도는 인간 저자의 의도와 동일하다. 구약에 대한 접근법에서 항상 나의 전제는, 인간 저자가 말하고자 한 것은 하나님이 의도하신 것과 동일하다는 것이다. 따라서 인간 저자의 의도를 이해한다면, 우리는 하나님이 의도하신 것도 알게 될 것이다.

히르쉬에 따르면, 저자의 의도를 알고자 하는 탐구는 저자의 "언어적 의미"(verbal meaning)를 이해하는 것에 달려 있다.[2] 저자의 의도는 책을 쓰면서 그가 사용한 언어에 의해 표현된다. 너무 단순하게 들릴지 모르겠지만 실제로 그렇다. 비록 여기에는 몇 가지 설명이 필요한 중요한 세부 사항들이 있지만 말이다.

히르쉬는 핵심 개념인 "언어적 의미"를 성경 저자가 사용한 단어의 의미로 이해한다. 만약 저자를 이해하기를 원한다면, 우리는 저자가 의도하는 것과, 저자의 언어가 말하고 의미하는 것이 일치한다고 가정해야 한다. 저자의 언어의 의미는 그가 말하고자 했던 바를 나타낸다. 만약 누군가가 이 단락에서 내가 쓰고 있는 글을 읽고 이해하기를 원한다면, 그는 내가 사용하는 언어들과, 지금 내가 하고 있듯 이 단어들이 문법적으로 결합되었을 때 주어지는 의미를 이해해야 한다. 지금 독자들이 하고 있듯, 내 언어들을 읽고 그것을 이해해야 한다. 궁극적으로, 저자의 의도의 중심은 그가 선택한 언어에 있다. 성경 언어의 일부로서 이러한 언어들이 의미하는 바를 우리는 저자의 "언어적 의미"로서 이해해야 한다.

"언어적 의미"라는 표현은 문자적 의미(literal meaning)를 뜻하지는 않는다. 만약 성경 저자가 시를 쓴다면, 그의 언어의 의도는 문자적 의미에 있지 않을 것이다. 그의 언어의 의미는, 그것이 시행(詩行) 속에서 가지는 의미가 될 것이다. 그의 언어들은 그것이 가리키는 것에 대한 현실적 묘사보다는 이미지와 시적 기교를 활용한다.

---

2) E. D. Hirsch, *Validity in Interpretation* (New Haven, Conn: Yale University Press, 1967).

텍스트의 언어적 의미, 그리고 저자의 의도가 가지는 성격과 중요성에 대해서 학자들 간에 완전한 동의가 이루어진 것은 아니다. 어떤 학자들은 저자의 의도가 실제적으로 언어가 말하는 것보다는, 저자가 말하려고 의도했던 것, 또는 저자가 사용한 언어들을 가지고 말하고자 한 생각 자체에 있다고 이해한다. 저자는 인간이기 때문에 책을 쓸 때 머릿속에 많을 것들을 염두에 두고 있다. 아마도 성경 저자도 성경을 쓸 때 그의 책 속에 많은 문제를 다루려고 했을 수 있다. 따라서 우리는 저자의 언어들을 이해하기 전에, 그가 어떤 문제에 직면하고 있었는지, 그가 다루려는 질문이 어떤 것이었는지 알아야 한다. 저자가 살았던 고대 문화의 배경에서 그가 생각할 수 있었던 생각이 어떤 것인지 알아야 한다. 고대의 성경 저자가 현대와 동일한 생각을 할 것이라고 가정할 수는 없다. 성경 저자는 완전히 다른 사회적 배경을 이야기하고 있다. 그의 언어는 단순히 문장과 단락의 일부로서가 아니라, 그가 당면했던 문제들의 사회적·역사적 컨텍스트 안에서 이해되어야 한다. 따라서 성경 저자의 의도를 이해하기 위해서는 단순히 그의 언어를 읽고 보통의 문법적 의미로 그것을 받아들이는 것보다 훨씬 더 많은 노력이 요구된다. 우리는 역사적·사회적인 배경 안에서 저자를 파악하고, 그의 시대에 그가 직면했던 문제와 질문들을 이어 맞추어야 한다. 저자의 세계에 대한 지식은 우리가 그의 언어의 의미를 이해하는 데 중요한 역할을 한다.

이런 지점은 역사적 배경의 측면에서 구약을 읽는 것의 중요성을 강조하는 학자들도 인정하는 바다. 하지만 실제의 문제는 더 복잡하며, 고대의 저자가 처한 정확한 사회적 위치에 대해 의견이 갈리는 것이 보통이다. 만약 성경의 특정한 책을 쓴 저자의 컨텍스트에 대해 말하는 것이라면 모든 것이 괜찮다. 성경의 어떤 책을 쓴 저자가 누구인지, 그는 어떤 역사적 시대에 저술 활동을 했는지, 여기에 대해서 일반적인 지식이 있다면 이런 컨텍스트 안에서 모을 수 있는 모든 정보는 중요하다. 하지만 이를 논함에 있어 이 질문의 결과에 크게 영향을 미치는 두 가지 더 확장된 논점이 자주 간과된다.

첫째, 대부분의 구약책들이 익명으로 쓰였으며 누가 썼는지 알 길이 없다는 점이다. 성경해석에서는 이런 문제가 보통 주요한 것으로 여겨지지 않는다. 왜냐하면 책을 구성하는 역사적 소재를 성경 내러티브 내에서 전개되는 역사 속에 배치시킴으로 추측이 가능했으며, 또 그렇다고 믿어 왔기 때문이다. 이런 접근법으로부터 심각한 역사적 문제가 발생할 수 있음에도 불구하고 이런 방법론은 복음주의 성경 강해의 대들보 역할을 해 왔다. 또한 구약을 상호텍스트적으로 접근할 때 나름의 장점도 가지고 있었다.

둘째 문제는 첫째 지점과 연결되어 있지만 훨씬 더 심각하다. 구약의 대부분은 역사적 내러티브로 구성되어 있는데, 이런 장르의 문학의 목적은 이야기를 들려주는 것이다. 내러티브의 일부로서 이야기의 사건과 등장인물들은 자신의 역사적 배경을 가지고 있다. 이런 정보는 저자 자신의 배경과 선명하게 구분되어야 한다. 성경 내러티브의 중심인물이 저자와 일치한다고 가정할 수는 없다. 복음서의 중심인물이 예수이기 때문에, 이 책의 저자를 예수라고 가정할 수 없는 것과 마찬가지다.

창세기에 기록된 것처럼, 아브라함의 삶이 기록된 내러티브의 사건들은 주전 2000년 초에 발생했다. 다행히도 이 당시에 대해서는 상당히 세밀한 역사적 정보가 남아 있다. 하지만 중요한 질문은, 이런 역사적 정보가 아브라함 내러티브를 이해하는 데 과연 어떤 역할을 할 수 있는가 하는 것이다. 왜냐하면 아브라함이 이 내러티브의 저자일 수는 없기 때문이다. 이 내러티브는 기록된 사건이 일어났던 당시에 집필된 것이 아니다. 오경보다는 좀더 일찍 쓰였을 수는 있지만, 모세 오경의 구성의 일부로서 오경 저자에 의해 상당히 나중 시기에 사용되었을 것이다. 이런 사실은, 창세기 내러티브의 저자로서 모세의 역사적 컨텍스트를 아브라함 내러티브의 역사적 배경보다 훨씬 후로 보아야 함을 의미한다.

저자의 배경을 이해하는 데 있어 역사적 배경에 대한 정보의 중요성과 필요성을 인정한다면, 내러티브의 사건과 중심인물들의 삶의 배경을 이해하기 위해서도 같은 것을 인정해야 하지 않겠는가? 많은 성경신학자들은 성경의 책들을 쓴 저자의 역사적 배경과, 그 책 속에 기록된 성경 인물들의 삶의 역사적 배경 사이의 차이점을 보지 못했다. 하지만 저자, 해석, 역사에 관계된 중요한 질문들은 겉보기에 사소해 보이는 이런 문제들에 주목한다.

앞에서 설명한 차이점이 주목을 받지 못한 데는 몇 가지 이유가 있다. 복음주의자들 사이에서는, 아브라함 내러티브의 목격자적 성격을 감안해서 이 내러티브의 저자가 마치 아브라함인 것처럼 읽는 일이 일반화되어 있다. 하지만 동시에 복음주의자들은 창세기와 오경 전체가 모세에 의해 집필되었다는 견해를 고수한다. 따라서 복음주의 진영은 아브라함의 역사적 배경을 연구할 때는 마치 아브라함이 창세기의 저자인 것처럼 생각하는 한편, 모세의 역사적 배경을 연구할 때는, 모세가 전체 오경의 저자라고 혼동하는 경향을 보인다. 이런 혼동은 복음주의자들이 바벨탑 내러티브(창 11:1-9)의 저자의 역사적 배경을 다룰 때 선명하게 드러난다. 그들은 바벨탑 내러티브가 마치 수메르의 지구라트(ziggurat)에 대한 것인 양 접근하며, 이런 컨텍스트에 비추어 내러티브를 설명한다. 따라서 복음주의자들은 수메르의 지구라트에 대한 배경 자료가 모세보다 몇백 년, 심지어 몇천 년 앞서 있는 사건의 역사적 컨텍스트에서 왔음을 인식하지 못하는 듯하다. 다시 말해 창세기 내러티브를 읽을 때, 오경 저자인 모세 시대가 아니라 아브라함 시대의 상세한 역사적 정보를 가지고 사건을 조명하려 한다. 아래서 인용한 와이즈만(D. J. Wiseman)의 바벨탑 내러티브에 대한 설명이 그 전형적 예라 할 수 있다.

구약에서 발견되지 않는 표현인 "바벨탑"(Tower of Babel)은 보통, 랜드마크로 기능하는 아주 높은 탑, 즉 도시와 그곳의 예배자들을 연결하는 랜드마크를 묘사하기 위해 사용되었다. 도시와 마찬가지로, 일반적으로 탑은 미완성인 것으로 가정되었으며(8절), 주전 3000년 초에 바벨론에서 처음 발달된 다단식 사원의 탑 또는 다층식 지구라트였던 것으로 가정되었다.[3]

성경 내러티브를 이런 식으로 읽음으로써 이야기의 의미는 내러티브 자체의 단어나 구에서가 아니라, 고대 역사 속에서 지구라트에 대해 수집한 정보로부터 나온다. 존 데이비스(John Davies)는 탑을 수메르의 지구라트로 보고, 도시와 그곳의 예배자들과 연결된 높은 랜드마크로 이해되었다고 주장한 와이즈만의 의견에 동의한다.[4] 이렇게 탑의 정체를 확인한 후 데이비스는, 만약 바벨탑이 정말로 후기 지구라트의 원형이었다면 이 구조물은 살아 계신 하나님께 고압적으로 대항한 반란을 잘 표현한다고 결론짓는다.[5] 이런 언급 속에서 데이비스는 외부적인 역사적 의미를 내러티브의 텍스트 속으로 끌어들인다. 그가 의미나 이해를 이끌어낸 원천은 성경 내러티브도 아니고 오경의 내러티브의 저자인 모세의 시대도 아니며, 이 내러티브의 사건이 일어난 시기에 해당하는 고대 세계의 컨텍스트에서 찾은 역사적 정보의 평가로부터다. 성경 내러티브에 대한 이런 역사적 읽기의 예는 복음주의자들의 작업 속에서 어렵지 않게 다수 발견된다.

확실히 이런 논의 중 일부는 고도로 세련되어서, 결과적으로 성경 텍스트를 밝혀주는 듯한 인상을 준다. 하지만 자료 중 많은 부분은 심히 의심스러우며, 다양한 해석의 가능성에 노출된 경우가 많다. 어쨌든 이런 예들은 복음주의자들이 성경 내러티브에 대한 그들의 접근 방식을 깊이 재고해볼 필요가 있음을 보여준다. 이들은 이백 년 동안이나 지속된 자신의 방법에 대한 무비판적 사고를, 그들 방법의 정당성을 입증하는 증거로 간

---

3) D. J. Wiseman, "Babel," in *The New Bible Dictionary*, ed. J. D. Douglas (Grand Rapids: Eerdmans, 1962), p. 116.

4) John J. Davies, *Paradise to Prison: Studies in Genesis* (Grand Rapids: Baker, 1975), p. 146.

5) Ibid., p. 148.

주해서는 안 된다. 복음주의자들의 예들은 특히 성경 저자의 텍스트에 의미를 부여할 때, 그들의 역할을 이해함에 있어서, 그리고 성경해석과 신학에서 역사적 배경의 현명한 사용에 있어서, 복음주의자들 사이에 기본적인 명료함이 부족함을 보여준다.

성경해석(해석학)의 임무를 이해함에 있어 역사적인 질문들은 으뜸가는 중요성을 지닌다. 특히 변증학이나, 책의 저자와 책이 구성된 연대를 밝히고자 하는 시도에서 그러하다. 이런 것들은 성경 저자의 의도에 대해 우리에게 알려주는 종류의 질문들이 아니다. 성경 내러티브의 저자의 역사적 배경은, 그것이 저자의 단어의 의미를 이해하도록 돕는 한에 있어서(문헌학), 내러티브의 의미의 일부다. 심지어 저자의 삶과 그가 살았던 세계에 대한 구체적인 세부 사항에 관한 역사적 지식조차도, 저자의 단어의 의미를 우리에게 알려주는 종류의 정보는 아니라는 것을 기억해야 한다. 단어 속에서 발견되는 것은 구체적인 사전적 의미와 사용이며 그것으로 저자는 자신의 의도를 표현한다. 이 의미는 저자가 사용한 단어에 직접적으로 연결되어 있다. 단어는 그것이 속해 있는 언어 속에서 의미를 가진다. 단어는 언어의 일부로 읽지 않으면 의미가 없다. 따라서 저자는 그가 사용한 단어의 의미를 통제하거나 거기에 영향을 미칠 수 없다. 단어의 사용을 결정하는 이는 그 단어가 속한 언어를 말하는 모든 자들이다. 저자가 할 수 있는 전부는 그 언어의 문법 규칙과 단어의 의미에 따라 자신의 언어가 가진 단어들을 사용하는 것이다. 그러므로 저자의 의도는 그가 사용한 단어의 주어진 의미에 있으며 그가 특정한 작품에서 그것을 사용한 방법에 있다. 의미는 단순히 성경이라는 책 속에 있지 않다. **의미가 바로 책이다.** 저자가 책을 통해 말한 것이 그의 의도된 의미를 구성한다. 성경 저자를 이해하기 위해서 우리는, 저자가 사용한 단어가 그 컨텍스트 속에서 어떤 의미를 가지는지를 알아야 한다(아니면 최소한 양질의 번역을 가지고 있어야 한다). 또한 저자가 자신의 단어들을 사용한 구성적·문학적 전략을 일아야 한다. 이것이 바로 문법적·역사적 접근법이 의미하는 바다.

책의 의미에 대한 이런 견해는 특히 복음주의의 축자 영감설 교리의 이해에 잘 들어맞는다(딤후 3:16). 간단히 말해서, 만약 성경의 단어들이 영감으로 쓰였다면 그 의미는 아주 중요하다. 이런 견해는 올바른 곳에 강조점을 두었다고 할 수 있는데, 바로 성경의 언어의 일부로서의 단어의 의미다. 저자가 왜 오경을 썼는지를 묻는 것은 정당한 역사적 질문이지만, 이 질문이 오경의 의미를 묻는 질문에 대한 답으로 오해되어서는 안 된다. 우리는 오경의 의미와 메시지를, 왜 그것이 쓰였는지 또는 어떻게 쓰였는지를 질문함으로써가 아니라, 책 자체로서 무엇이 쓰였는지를 물음으로써 발견한다. 오경의 저자가 오경을 쓰는 구체적 이유나 동기를 가지고 있었음은 확실하다. 하지만 이런 이유들이 오경의 의미와 동일한 것으로 취급되어서는 안 된다. 저자에 의해 의도된 오경의 의미는 그것의 문학적이거나 비유적인, 현실적이거나 영적인 의미에 해당되는 "언어적 의미"에 있다.

성경 의미에 대한 고전적 견해와 중세적 견해

구약의 의미는, 단어와 그것이 가리키는 실체의 성격에 대한 변화하는 가정으로 이루어진 컨텍스트의 기능이다. 이런 가정은 성경해석의 역사 속에서 오랜 기간에 걸쳐 형성되었다. 성경 내러티브의 의미에 대한 이런 진부한 가정을 밝히는 것은 시간을 거꾸로 거슬러 올라가는, 인내하는 여행을 요구한다. 하지만 이 여행의 끝에는 커다란 보상이 우리를 기다린다. 이 보상은 성경해석이 잘못되었을 수도 있는 지점에 더 나은 이해를 부여할 뿐만 아니라, 오늘날 우리를 위한 성경 구절의 의미가 어디에 놓여 있는지에 대한 더 선명한 초점과, 현대적 이해를 위한 적합한 근거를 어떻게 발견할 수 있는지에 대해 더 나은 이해를 준다. 이것은 성경 내러티브가 어떻게 의미를 생산해내는지와 내러티브가 생산하는 의미의 종류에 초점을 맞추는 것뿐 아니라, 더 큰 단위의 성경 텍스트가 어떻게 전체 책들과 연결되는지, 궁극적으로는 어떻게 성경이라는 책으로 연결되고 그 속에서 형태를 갖추는지에 대한 더 분명한 의미를 제공한다. 간단히 말해 성경의 형성에는 많은 양의 해석이 수반된다.

성경해석에서 그리스도인들의 논의 대부분의 배후에 놓여 있는 것은, 아우구스티누스(Augustine)가 「기독교 교리에 관하여」(*De doctrina Christiana*)에서 선보인 형성적 아이디어들이다. 이 저술에서 아우구스티누스는 그리스도인들이 그들의 신앙을 성경에 기초시키기 위해 어떤 원칙과 절차들을 사용해야 하는가 하는 문제에 초점을 맞춘다. 그에 따르면, 성경의 의미는 텍스트의 두 가지 기능의 상호 관계 속에서 발견되는데, 이 두 가지란 "단어"(*verba*)와, 그 단어가 가리키거나 의미하는 "실체"(*res*)[6]다.[7]

아우구스티누스는 "단어"(*verbum*)의 목적이 바깥 세계에 있는 "실체"(*res*)를 가리키는 것이라고 믿는다. 단어는 "실체"(*res*)에 대한 "기호"(*signum*)다. 그는 한 걸음 더 나아가 실체(things)는 다른 실체를 가리킨다고 주장한다. 단어는 실체를 가리키고, 실체는 다른 실체를 가리킨다. 아우구스티누스에 따르면, 성경(구약)의 의미는 여기에 나오는 단어가 가리키는 실체의 의미에 놓여 있다. 의미는 성경의 단어에서가 아니라, 그 단어들이 가리키는 실체에서 발견된다. 의미는 현실 세계 속에 있는 실체(*res*)의 역할에 연결되어 있다. 현실 또는 "물성"(thingness)이 성경의 의미가 궁극적으로 발견되는 곳이다. 성경과 그 단어를 이해하기 위해서 우리는 성경에서 가리키는 "현실-세계"(*res*)의 의미를 알아야 한다.

아우구스티누스의 사상은 성경의 의미에 대한 현재의 논의에 계속적으로 영향을 미친다. 단어(*verba*)가 가리키는 실체(*res*)에 대한 아우구스티누스의 견해는, 성경신학에 접근하는 현대의 역사적 접근법에서 "역사적

---

6) 라틴어 단어 *res*는 "실체"(things), 즉 성경 안에서 지칭되는 현실적(*res*) 세계의 일부인 동시에, 성경 바깥에 놓여 있는 어떤 것을 의미한다. *res*는 구체적인 단어(*verbum*)에 의해 구체적인 방식으로 확인된 외부 세계의 한 조각이다.
7) *res*의 주격 단수와 복수는 형태가 동일하다는 사실에 주목하라.

현실"(res), 즉 사물들의 "실제적인" 현실(res) 세계가 성경(구약)의 진정한 의미의 자리라는 믿음을 구성하는 중요 요소다. 성경신학은 실체(res), 즉 "역사적 현실"(historical reality)의 의미에 대한 탐구에 기초해야 한다.

실체, "res"라는 라틴어 단어는 요즘 우리가 사용하는 단어인 "현실적인"(real)이나 "현실"(reality)이라는 단어를 파생시킨 어근이다. 많은 신학자들은 성경의 의미를 "단어"(verba)가 가리키는 "역사적 현실"(res)의 측면으로 본다. 19세기와 20세기에 와서 역사적 현실(res)에 대한 지식은 성경(구약)을 이해하는 데 필수적이 되었다. 이스라엘 역사의 역사적인 측면에 대한 지식이 성경(구약)의 의미와 동일시되었다. 따라서, 비록 아우구스티누스가 원래 의도한 방법은 아닐지라도, 그의 사상은 구약과 성경신학의 의미에 대한 현대적 논의를 계속적으로 형성하고 있다. 아우구스티누스의 관심은 구약의 단어를 신약에서 발견한 영적인 현실(실체)에 어떻게 연결시키느냐 하는 것이었다. 자기 시대에서 성경의 배후에 있는 실체에 초점을 두었던 아우구스티누스의 입장은, 오늘날 성경의 단어와 고대 세계의 물리적이고 역사적인 현실을 연결시켜 밝혀보려는 입장과 동일하다. 성경의 의미는 고대 세계의 컨텍스트 내에서 이스라엘의 역사에 대해 우리가 아는 것과 연결되어 있다.

우리가 의미, 단어, 실체에 대한 아우구스티누스의 생각에 동의하든지 그렇지 않든지 간에, 분명한 것은 거의 이천 년 동안의 성경해석이 아우구스티누스가 처음 형성한 개념의 노선을 따랐다는 사실이다.

모든 교리는 실체[res]나 기호[signa]에 관심을 갖지만 실체[res]는 기호에 의해 학습된다. 엄격히 말해서 여기서 내가 "실체"[res]라고 부르는 것은 나무[lignum], 돌[lapis], 가축[pecus] 등과 같이, 다른 어떤 것을 의미하기 위해 사용되지 않는다. 하지만 쓴맛을 사라지게 하기 위해 모세가 물에 던졌다고 성경에서 우리가 읽은 그 나무[lignum]도, 야곱이 머리에 베고 누웠다는 그 돌[lapis]도, 아브라함이 그의 아들 대신에 희생시킨 그 짐승[pecus]도 실체가 아니다. 왜냐하면 이런 것들은 다른 실체들[res]의 기호[signa]인 방식으로만 실체[res]이기 때문이다. 또 다른 종류의 기호들도 있는데 그것의 전체 용도는, 단어[verba]처럼 의미를 나타내는 데 있다. 왜냐하면 단어[verba]를 사용하는 유일한 목적은 무엇[res]을 의미하는 것이기 때문이다. 이것으로부터 우리가 "기호"라고 부르는 것을 이해할 수 있다. 즉 기호는 무엇[res]인가를 의미하기 위해 사용된 것이다. 그러므로 모든 기호는 또한 실체[res]다. 왜냐하면 실체[res]가 아닌 것은 전혀 존재하지 않기 때문이다. 하지만 모든 실체[res]가 또한 기호는 아니다(Augustine Doctr. chr. 1,2).

아우구스티누스의 견해는 초대교회에서 폭넓은 지지를 받았다. 그는 기호(signa)와 실체(res)를 관련지음으로써, 그리고 실체(res)와 다른 실체(res)를 관련지음으로써 성경의 의미를 도출했다. 기호(signa)로서 단어(verba)는 하나님이 실체(res)의 세계에 임명하신 다리(bridge)라고 할 수 있다. 성경의 단어(verba)를 통해서 우리는 성경의 세계(res)로 들어간다. 실체(res)야말로 세상을 현실(real=res)로 만든다. 성경의 단어(verba)는 우리를 실체(res)의 세계, 즉 현실 세계로 이끌고 간다. 이 세계에서만 우리는 영원하고 영적인 현실(realities)을 이해(하고 관상)할 수 있다.[8] 아우구스티누스에 따르면, 이 세계 속에는 우리를 "복 있는 사람"(beatos)으로 만드는 달콤함이 있다.[9] 왜냐하면 궁극적으로 이곳은 하나님 자신이 거주하시는 세계이기 때문이다. 또한 이곳은 인간이 궁극적인 현실을 발견할 수 있는 장소다. 성경은 우리로 하여금 그 세계로 들어가게 하는, 또한 그렇게 함으로써 모든 그리스도인의 삶의 목적인 행복의 상태를 얻게 하는 수단이 된다. 성경은 우리의 행복(beatos)의 원천이 아니다.[10] 성경의 말씀은 우리

---

8) Aeterna et spiritalia.
9) Cuius suauitas faceret beatos.
10) 복 있는 사람은 성경을 묵상한다고 가르치는 시 1:1-3과의 대조에 주목하라.

가 행복(beatos)을 발견하는, 실체(res) 세계의 영적인 현실로 들어가게 하는 수단이다.

여기서 아우구스티누스의 생각은 놀라운 반전을 보인다. 일단 성경 말씀(verba)이 실체(res)의 세계와 거기에서 발견된 행복(beatos)으로 우리를 이끄는 역할을 하고 나면, 우리는 더 이상 성경과 그 말씀이 필요 없게 된다. 결과적으로, 아우구스티누스는 많은 그리스도인이 성경 없이도(sine codicibus) 행복하고 축복된(beatos) 삶을 산다고 믿었다. 만약 문맹이라 성경은 읽지 못하지만 실체(res)의 영적 세계를 관상하는 독실한 신자가 있다면, 그는 성경을 읽고 그 말씀(verba)을 묵상하는 학자들보다 불리한 입장에 있지 않다. 성경은 우리로 하여금 실체(res) 자체를 명상하는 지점까지 데려감으로써 자신의 목적을 달성한다. 실체의 세계는 더 숭고한 실체(res)의 세계로 가기 위한, 더 멀리 있는 정문이다. 이런 실체(res)의 위계질서 속에서, 궁극적으로 인간은 궁극적 실재인 하나님께, 그리고 그분의 현존이라는 지복(beatos)으로 더 가까이 인도된다.[11]

확실히 아우구스티누스의 견해는 개신교 종교개혁자들의 견해(sola Scriptura)와는 다르다. 동시에 그의 견해는 성경 저자들과도 달랐다. 이 내용은 앞으로 보게 될 것이다. 어쨌든 아우구스티누스의 견해는 중세의 성경해석을 완전히 지배했으며, 성경에 대한 현대의 "역사적" 접근법에도 대부분의 기초를 제공했다.

하나님의 마음. 실체(res)와 그 의미를 논의하면서 아우구스티누스는 다음과 같은 중대한 질문들을 제기했다. 단어가 존재하지 않는다면, "실체"를 의미 있게 만드는 것은 무엇인가? 현실 세계 자체에 독특한 의미를 주는

---

11) "Homo itaque fide et spe et caritate subnixus eaque inconcusse retinens non indiget scripturis nisi ad alios instruendos. Itaque multi per haec tria etiam in solitudine sine codicibus vivunt"(Augustine *Doctr. chr.* 1.39.43).

것은 무엇인가? 현실을 현실로 만드는 것은 무엇인가? 아우구스티누스는 실체 세계의 궁극적인 지식, 즉 "하나님의 마음"(mens dei)에 호소함으로써 이런 질문들에 대답했다. 그는 단어와 실체의 관계와, 실체와 기호(signa)로서의 다른 실체와의 관계가 현실적인(유의미한) 것이라고 가정했는데, 왜냐하면 이 관계들은 하나님의 마음속에 이런 식으로 영원 전부터 미리 설정되어 있었기 때문이다. 모든 실체(res)의 창조주로서 하나님은 "실체"의 현실을 지금 있는 그대로 아셨다. 진리와 현실 세계의 의미를 안다는 것은 하나님이 보셨던 대로 세상을 보는 것이다. 이것은 하나님의 마음을 아는 것이었다. 모든 "실체"는 하나님의 마음 안에서(mens dei) 확실하고 유의미했다. 그 실체를 가리키는 특수한 "단어"가 그런 것처럼 말이다. 또한 "실체들" 간의 관계가 존재하는 곳도 하나님의 마음 안이다. 하나님의 마음 안에서 우리는 성경의 단어가 가리켰던 "실체"를 알 수 있을 뿐 아니라, 다른 "실체들"을 가리키는 "실체" 또한 알 수 있었다. 역사를 "실체들"(realia)로 보는 아우구스티누스의 개념은, 성경해석에서 외적 현실, 즉 역사의 역할에 대한 다음 세대의 논의 대부분에서 기본 용어를 제공했다. 18세기 이후에 매우 중요하게 부각되었던 "realia"와 "현실 세계"에 대한 논의는, 아우구스티누스의 "단어"(verba)와 "실체"(res)에 대한 논의의 연속에 불과했다. 이 논의는 16세기와 17세기가 이어지는 동안 정통 개혁주의 성서학자들에 의해 계속되었고, 심지어 오늘날까지 복음주의 성경신학의 필수 구성 요소들을 정의하는 데 중심적 역할을 하고 있다.

의미와 진리에 대한 복음주의 입장의 고전적인 진술은 에드워드 카넬(Edward Carnell)의 『기독 변증학 개론』(Introduction to Christian Apologetics)에 잘 나타나 있다.

가장 단순한 차원에서 진리는, 실제적으로 존재하는 그대로의 사물들과 일치하는 판단이다.…그러나 진리에 대한 이런 정의는 기독교의 관점에서 보면 불충분하다. 왜냐하면 이 정의는 진리를 하나님의 마음과 충분히 날카롭게 연결하지 않기 때문이다. 그리스도인에게 하나님은 진리시다. 왜냐하면 그분은 모든 사실과 모든 의미의 저자이기 때문이다. 현실은 오로지 하나님이 창조하신 우주, 다시 말해 그분 자신의 영원한 본질과 영광을 보여주기 위해 그분이 창조한 우주 안에만 존재한다.…하나님의 마음은 현실을 완벽하게 알기에, 진리는 하나님의 마음과 일치하는 판단의 속성을 가진다.…그러므로 그리스도인에게 진리는 하나님의 마음과 일치함으로써 정의된다. 따라서 어떤 판단의 수준에서든, 인간은 하나님이 말씀하신 사실에 대해 말하는 한에서만 진리를 가지고 있다.[12]

문자적 의미. 아우구스티누스의 주장의 결과는, 단어의 의미를 그 단어가 어떤 것을 가리킨다는 측면에서 정의하는 것이었다. 따라서 단어의 "문자적 의미"(*sensus literalis*)는 단순히 그것이 가리키는 실체다. 실체(*res*)를 단어(*verbum*)가 가리키는 바와 일치시키는 것이 그 단어(*verbum*)의 문자적 의미다. 언어의 일반적인 임무는 단어(*verba*)가 현실 세계(*res*)에 있는 실체(*res*)를 명명하도록 또는 가리키도록 사용하는 것이다. 아우구스티누스의 이런 견해에서 중심적인 지점은, 단어(*verbum*)와 그것이 가리키는 실체(*res*) 사이의 관계가 언어 속에 미리 설정되어 있다는 것과, 이 관계는 하나님이 주신 적합한 언어 사용 능력에 기초하고 있다는 신념이다. 따라서 단어(*verba*)와 실체(*res*) 사이에 상호 관계는 성경 속에서 하나님 자신의 언어 사용에 의해 결정된다. 우리는 현실 세계에 대한 우리의 견해가 하나님의 것과 동일함을 알고 있다. 왜냐하면 성경에서 하나님은 실체(*res*) 세계를 묘사하기 위해 일반적 언어(*verba*)를 사용하시기 때문이다. 성경 언어의 사용에서 하나님은, 단어와 실체 사이에 그 언어를 사용하는 일반 사람들과 동일한 일치점을 가지고 계신다. 따라서 하나님의 언어 사용은 우

---

12) Edward, J. Carnell, *An Introduction to Christian Apologetics: A Philosophic Defense of the Trinitarian-Theistic Faith* (Grand Rapids: Eerdmans, 1948), p. 46.

리 인간이 가진 언어에 대한 이해를 확인해주며, 하나님의 마음(mens dei)에 대한 우리의 지식에 일정한 정도의 확실성을 제공해준다.

영적 의미. 성경해석에 대한 아우구스티누스의 체계 속에서 실체(res)의 추가적인 역할은 다른 실체(res)를 가리키는 것이다. 아우구스티누스에 따르면, 영적 의미(sensus spiritualis)는 실체(res)가 다른 실체(res)를 가리키는 역할의 기능이다. "나무"(불가타에서는 lignum)라는 단어(verbum)는 외부 세계에서 실제의 나무를 가리킨다. 하지만 이런 실제의 나무(lignum) 중 하나는, 만약 하나님이 그분의 마음속에서 그렇게 결정하셨다면, 다른 실체(res), 즉 그리스도가 처형당하신 십자가-나무(lignum) 같은 것을 가리키는 기호(signum)가 될 수 있다. 불가타에서 모세는 "나무에(in ligno) 달린 자는 하나님께 저주 받았다"라고 말한다(신 21:23).[13] 따라서 바울은 갈라디아서 3:13에서 그리스도에 대해 앞의 텍스트를 인용한다.

하나님의 마음속에서(mens dei), 출애굽기 15:25에 나오는 나무(lignum)라는 단어(verbum)와, 사도행전 5:30에서 십자가(불가타에서는 in ligno)를 지칭하는 기호(signum)로 이해되는 실제적 나무(res) 사이에는 영원 전부터 미리 설정된 관계가 있다. 출애굽기 15:25에서 여호와가 모세에게 물을 달게 만들 나무(lignum)를 지적하셨을(wayyôrēhû) 때, 여호와는 현실의 실체(res)를 가리키셨다. 이는 자체로 실체(res)로서, 나무-십자가(res)를 가리켰다. 아우구스티누스에 따르면 이 나무-십자가(res)는 구원과 영생의 "달콤함"을 의미한다.

하나님의 마음(mens dei) 안에는 나무라는 단어(verbum)와, 현실 세계에서 우리가 나무로 아는 실체(res) 사이에 설정된 관계뿐 아니라, 출애굽기 15:25에서의 구체적인 나무(res)와 그리스도가 돌아가신 나무-십자가

---

13) KJV: "for he that is hanged is accursed of God"; Vulgate: "quia maledictus a Deo est qui pendet in ligno." MT에는 in ligno 부분이 없다.

(*res*) 사이에도 설정된 관계가 있다. 하나님의 마음속에 나무(*lignum*)라는 단어, 그것이 가리키는 실체(*lignum*), 그리고 이 둘 사이의 관계는 그것이 가리키는 영적인 실체(*res*)와 함께 이미 설정되어 있다. 아우구스티누스에 따르면, 성경의 단어(*verba*)와 그것이 가리키는 실체(*res*) 사이에는 실제적이고 필수적인 관계가 존재했다. 왜냐하면 하나님의 마음 안에서 이 단어와 실체들이 존재하는 곳은 바로 이 관계 안이었기 때문이다. 하나님은 현실 세계(*res*)를 있는 그대로―하나님이 실체들을 창조하신 그대로, 그것들이 자체적으로 존재하는 그대로―보신다.[14] 하나님의 마음속에서 진리인 것은 영원히 진리며 고정되어 있다. 성경(구약)을 읽는 데서 특정한 단어(*verbum*)에 주어진 의미는, 하나님의 마음속에서 그것이 가진 의미와 묶여 있다. 이 단어의 중요성은 더 커다란 영적 현실(*res*)의 기호(*signum*)로서 그것이 지적하는 실체(*res*)의 가치에 놓여 있다.

아우구스티누스의 견해의 주요한 약점은 성경을 떠나서 하나님의 마음을 알 수 있다고 주장한 지점이다. 언어를 통해서 단어(*verba*)가 가리키는 것을 결정하는 것은 가능할 수 있겠지만, 실체(*res*)가 스스로 가리키는 것을 우리가 어떻게 알 수 있는지에 대해서는 즉각적으로 분명하지 않다. 그럼에도 이 지점은 아우구스티누스의 체계와, 오늘날까지 그를 따르는 사람들에게 본질적인 부분이다. 하나님의 마음이 우리에게 말해주지 않는다면, 우리는 어떻게 다른 실체가 가리키고 있는 역사적인 실체의 의미를 알 수 있겠는가? 우리는 단어가 가리키는 실체가 무엇인지에 대해서뿐 아니라, 동시에 실체(*res*)가 다른 실체(*res*)의 기호(*signa*)로서 의미하는 것이 무엇인지도 알아야 한다. 그런데 어떻게 성경해석자가 실체들(*res*) 서로 간의 고유의 관계를 알겠는가? 단어는 이런 경우에 도움이 되지 않는데, 왜냐하면 실체의 의미 작용(signification)은 단어가 아니라 다른 실체에

---

14) 이것은 후에 Kant가 das Ding an sich(사물 그 자체)라고 부른 것이다.

있기 때문이다.

이 질문을 해결하기 위해 아우구스티누스와 그의 발자취를 따르는 사람들은 점점 더 교회의 권위에 의지하게 되었다. 이제 실체(res)의 의미는 전통이 부여하는 의미에 놓이게 된다. 성경의 단어(verba)와 그것이 가리키는 실체(res)의 의미뿐만 아니라, 다른 실체(res)를 가리키는 실체(res)의 의미는 교회와 교회의 성경해석의 전통에 의해 결정되었다. 교회 전통의 권위에 의해, 출애굽기 15:25의 "나무"라는 단어는 십자가를 가리켰다. 교회 전통에 의해 성경 단어의 영적 의미는 단어 자체의 문자적 의미(sensus literalis)에 있는 것이 아니라, 그 단어가 가리키는 실체(res) 간의 상호 관계에 있게 되었다. 단어와 실체 사이의 이런 복잡한 관계가 의미하는 바는 성경의 "영적 의미"(sensus spiritualis)로 알려지게 되었다. 영적 의미를 구체적 성경 용어에 지정하는 과정을 능률적으로 하기 위해, 교회는 고려 대상을 히에로니무스(Jerome)의 라틴어 번역 성경인 불가타에 나오는 "단어들"로 제한했다.

아우구스티누스의 접근 방식에 함축된 결과는 어렵지 않게 짐작할 수 있다. 성경의 의미와 교회의 교리는, 교회가 성경 단어와 실체(res)에 지정하는 의미의 관점에서 형성되었다. 즉 교회가 하나님의 마음속에 무엇이 있는지를 결정했다. 성경신학의 역사에서 더 중요한 지점은, 단어(verba)에 대한 이해가 아니라 실체(res)에 대한 적절한 이해가 성경해석의 필수적인 부분이 되었다는 사실이다. 성경(구약)을 읽는 것은 단어가 지시하고 있는 실체를 찾는 과정이 되었다. 이런 원리는, 필요하다면 성경 단어의 의미를 떠나서도 성경의 의미를 탐구할 수 있다는 것을 의미했다.

성경 단어가 의미하는 실체를 결정하도록 교회에게 권위를 허용하는 한, 이 체제는 제대로 작동하는 듯 보였다. 그러나 18세기와 19세기에 오면 교회의 전통을 인정하지 않는, 새로운 종류의 권위가 일어나게 된다. 이 새로운 권위는 바로 역사주의(historicism)였다. 이 이념은, 단어가 지시하는 실체의 의미를 결정하는 근거로서 교회가 아니라 근대적 역사가의 사고를 인정했다. 즉 단어와 실체, 실체와 다른 실체의 관계를 규정하는 근거로서 교회의 전통이 아니라, 오직 이성적이고 역사적인 증거만을 허용했다. 이리하여 성경에 언급된 실체(*res*)의 의미에 대해 새롭게 고려할 수 있는 조건들이 무르익게 되었다. 한편에는 성경이 언급하는 실체(*res*)에 대한 교회의 영적 해석이 존재하는 반면에, 다른 한편에는 성숙해가는 역사의식이 발생했다. 이 역사의식은 성경의 실체(*res*)의 의미를 스스로 결정하기를 시도하고 싶어했다. 성경 안의 실체(*res*)를 단어(*verba*)의 의미보다 더 중요하게 여겼던 아우구스티누스의 유산의 영향 아래서는, 역사적 실체(*res*)의 의미가 단어(*verba*)의 의미를 결정하는 데 있어 우세한 역할을 했다. 바로 여기서부터 시작해서, 교회에 의해 성경의 단어에 지정된 영적 실체(*res*)가, "실체"의 의미 또는 "역사적 현실"(*res gesta*)[15]로 알려진 실체로서의 의미를 찾는, 완전히 새로운 종류의 탐색 영역으로 바뀌는 것은 시간 문제였다. 영적 의미를 포함해서, 한때는 의미가 교회에 의해 성경에 부과된 의미 속에서 발견되었던 반면에, 지금은 성경 단어가 지시하는 "역사적 현실"(*res gesta*) 속에 그 준거점을 가지게 된 것이다. 심지어 삼백 년이 지난 현재까지도, 복음주의자들은 계속해서 성경이 지시하는 실체(*res*)나 역사적 현실(*res gesta*) 속에 놓여 있는 의미 같은 종류에 초점을 둔다.

최소한 복음주의 성경신학에서, 성경의 의미에 대한 초점이 변경된 일이 가져온 손해를 따져보자면, 성경 단어의 영적 의미(*sensus spiritualis*)가 상당히 고갈되어버린 것이다. 성경의 단어는 이런 영적 진리가 아닌, 역사(성경의 현실주의) 속에 실재하는 사건들을 가리키게 되었다. 성경에 영적 의미가 있다면, 이것은 성경 단어의 의미가 아닌 다른 어딘가로부터 와야 했다. 성경 단어는 성경 텍스트를 넘어서서 놓여 있는 역사적 현실(*res gesta*)을 가리키기 때문에, 대부분의 복음주의자들에게 영적 의미는 이런 역사

---

15) 라틴어로 "발생한 일들"(things that have happened)을 의미한다.

적 현실의 컨텍스트로부터 와야 했을 것이다. 이것은 신약의 영적 의미를 성경 단어(*verba*)가 묘사하는 사건들(*res*)에 더 많이 부여함으로써만 가능했다. 이는 예표론적 접근(typological approach)의 시작을 알렸다. 성경의 단어들은 신약에서 발견된 영적 의미를 묘사하거나 예표한 실제적 사건들을 지시했다.

이리하여 복음주의 성경신학자들이 딛고 서 있던 지반 자체가 변화하게 되었다. 한때 고전적 정통주의에서 성경 단어의 유일한 영역이었던 영적 의미가, 지금은 신약의 사건들을 예표하고 그것들로 이끈 역사적 현실(*res gesta*) 속에서도 발견되었다. 이는 구약성경의 단어가 가진 기본적인 역사적 가치를 박탈하지 않으면서도, 신약의 의미가 구약 단어에 부과될 수 있음을 의미했다. 역사적 의미는 신약에서 그 최종적인 준거점을 발견했다. 복음주의적 역사주의자들의 손에서, 이런 영적 의미 작용의 역사적 순간들은 재빨리 새로운 종류의 역사적 현실, 다시 말해 실제적 사건들이라는, 점증하는 세속화된 흐름 속에서 진행되는 일종의 "거룩한" 역사를 형성하기 시작했다.

이런 의미에서의 변화가 가지는 혼란스러운 지점은, 대부분의 복음주의자들이 인식하지도 못하는 사이에 이 변화가 일어났다는 점이다. 그이유는 16세기 후반과 17세기에 복음주의자들이 정통 개혁주의에서 발견한 안전한 피난처에서 찾을 수 있다. 역사적 방법론의 발흥 이전에, 정통적 성경해석은 단어와 실체 사이에 연결 고리를 확정하는 데 상당한 노력을 쏟아왔다. 이들의 관심은 단순히 단어와 역사적 사건들(*sensus literalis*)만이 아니라, 성경의 단어(*sola Scriptura*)와 성경의 영적 의미(*sensus spiritualis*) 사이의 연결에 있었다. 정통적 개혁주의에서 성경 단어는 역사적 현실 또는 영적 현실(*res*)을 가리킬 수는 있지만, 동시에 두 가지 모두를 의미할 수는 없었다. "실제적" 의미와 "영적" 의미의 기반을 오직 성경 단어에만 두었던 복음주의자들은, 역사주의자들이 동일한 성경 단어를 새롭게 발견한 세속적·역사적 현실(*res*)과 연관시키는 것을 어떻게 받아들여야 할지 혼란에 빠졌다. 이렇게 복음주의는 역사주의로부터 후퇴하여 17세기(비평주의 이전) 상태에 갇히게 된다. 또다시 성경 단어의 영적 의미 (*sensus spiritualis*)와 문자적 의미(*sensus literalis*)는 이 단어의 사전적 의미 로부터 분리되었으며, 새롭게 재구성된, 덜 우호적인 일련의 역사적 사건 들로부터 파생된 의미와 다시 연결되게 되었다.

실체(*res*)에 초점을 맞춘 아우구스티누스의 영향력은, 역사주의의 세속 적 버전과 복음주의적 버전 양자에 다시 힘을 발휘하고 있었다. 이는 일차 적으로 성경(구약)의 영적 의미(*sensus spiritualis*)가 현실(*res*)의 의미를 재할 당받게 되었음을 의미한다. 이뿐 아니라 단어(*verbum*)로서의 가치가 재협 상되는 지점이 정경 내부가 아니라 바깥이 됨을 의미하기도 한다. 확실히 성경 단어에 대한 복음주의의 새로운 역사적 의미는, 비평주의적인 성경 역사가들이 재구성한 역사적 현실과는 달랐다. 성경 단어에 대한 여전한 존중으로부터 태어난 새로운 복음주의적 역사적 현실은, 이전에 그들이 성경 내러티브로부터 이끌어냈던 역사와 동일하게 보이는 역사를 제공했 다. 양자 간의 중요한 차이점은, 이 새로운 "성경적" 실재는 성경 텍스트 바깥에 놓여 있다는 점, 따라서 결과적으로 성경 단어의 통제권을 벗어난 곳에 있다는 점이었다. 이는 일종의 "역사 속의 역사", 고대 세계의 평범한 역사 속에 있는 거룩한 역사였다. 이것은 실제적(*res*) 역사지만, 그것의 영 적 의미를 위해서는 여전히 신약에 우선적으로 의존했다. 또한 이 역사의 의미는 이 역사를 묘사하는 단어와 함수 관계에 있는 것이 아니라, 실제의 사건들로서 이해되는 사건들 자체와 함수 관계에 있었다. 이 역사를 인식 하는 일차적인 수단은 성경 텍스트였다. 비록 그것 자체로 텍스트로서 읽 혀지도록 존재하는 텍스트가 아니라, 역사적 사건 자체로 이해되는 텍스 트였지만 말이다. 성경 역사를 읽는 것은 성경의 페이지 위에 나타난 단어 를 읽는 것이 아니라, 텍스트의 단어를 통해서 보이는 역사적 사건들로서 사건들을 보거나 묘사하는 것을 의미하게 되었다.

결과적으로 복음주의적 성경신학은 단순히 새로운 종류의 해석, 즉 예표론(typology)에 대한 요구만이 아니었다. 이 요구는 단어의 문법적 의미만이 아닌, 성경 텍스트에서 나왔지만 성경 단어 자체의 범주를 넘어 연장된 역사적 사건들의 흐름에 대한 이해에 초점을 맞춘 해석을 포함했다. 텍스트로부터 출발했고, 여전히 텍스트와 나란히 흐르고 있는 성경 역사의 흐름은, 성경 내러티브를 실제 역사로 다루는 새로운 예표론적 방법의 발전을 위한 기초가 되었다. 새로운 예표론적 방법은 성경 내러티브를 실제 역사로 취급했다. 이 속에서 사건들은 여전히 성경 단어의 의미와 밀접하게 연결되며, 이 단어의 영적 의미는 신약의 인물과 사건들에 근접하게 놓여 있었다. 이것은 점점 더 위협적으로 다가오는 역사적-비평주의적 실재의 밖에 남아 있는 사건들 속에서 신약의 영적 의미를 발견하는 방법이었다. 18세기 말 소동의 먼지가 다 가라앉았을 무렵, 성경의 영적 의미에 대한 정통적 입장에서 남아 있는 것이란, 성경 의미의 상당히 중요한 부분—영적인 내용—이 대부분 구약성경의 단어와 동떨어진 나머지, 개인적 경험(경건주의)과 공적 지식(역사적 방법) 모두에 대해 아주 취약해진 성경 읽기였다.

성경의 실체(res)의 의미를 성경 단어(verba) 위에 둔 아우구스티누스에 대한 저항은 이미 종교개혁자들 사이에서 놀랍도록 선명한 방식으로 일어났다. 장 칼뱅(John Calvin)은 고린도후서 5:7("우리가 믿음으로 행하고 보는 것으로 행하지 아니함이로라")의 주석에서, 성경 단어와 분리된 실체의 의미에 대한 강한 반감을 이렇게 진술한 바 있다. "우리는 거울로 보는 것 같이 희미하게 본다'(고전 13:12). 다시 말해, 실체(res) 대신에 우리는 단어에 (in verbo) 만족한다."[16]

종교개혁의 성경적 원리(sola Scriptura)는 교회 전통에서 벗어나 성경의 기록된 말씀(verba)으로 돌아가려는 의도적인 움직임이었다. 또한 교회

---

16) (고전 13:12, videmus enim, sed in speculo et aenigmate) hoc est loco rei in verbo acquiescimus.

가 교리를 보증하기 위해 과도하게 만들어냈던 "실체들"의 세계로부터 벗어나려는 움직임이기도 했다. 라이프치히 논쟁(1519)에서 루터는 오직 성경 말씀에만 헌신하는 자신의 입장에 대해 직설적으로 표현했다.

교부들의 전통도, 공의회도, 교황도 아닌, 오직 거룩한 성경만이(allein) 믿음과 가르침의 모든 질문에 대한 원천이요 심판자다. 이제부터는 성경만이(*sola scriptura*) 중요하다. 왜냐하면 성경이 스스로 자신을, 모든 것의 모든 것을 조사하고 판단하고 조명하는, 가장 분명하고 가장 단순하며 가장 적절한 해석자로 여기기 때문이다.[17]

한스-요아킴 크라우스(Hans-Joachim Kraus)에 따르면, 종교개혁자들의 "*sola scriptura*"에 대한 요구야말로 성경신학에 대한 진지한 관심의 시작(die Anfänge)을 알리는 신호다. 하지만 이것은 아직 시작에 불과한데, 왜냐하면 "오직 성경으로"의 원리는 대답만큼이나 많은 질문도 야기하기 때문이다.[18] 성경신학의 연구가 "*sola scriptura*"에 대한 헌신 속에서만 일어날 수 있었던 것은 사실이지만, 이런 헌신만으로는 제기되는 질문들을 다룰 수 없었다. 예를 들어 구약성경과, 개신교회가 신약으로부터 발

---

17) 루터: "Nicht die von den Kirchenvätern ausgehende Tradition, nicht die Konzilien, nicht der Papst—allein die Heilige Schrift ist *fons et judex* in allen Fragen des Glaubens und der Lehre. Fortan gilt es: *sola scriptura*. Denn die Bibel stellt sich selbst dar als 'ipse per sese certissima, facillima, apertissima, sui ipsius interpres, omnium omnia probans, judicans et illuminans'"(Kraus, *Die biblische Theologie*, p. 17에서 재인용).

18) "Doch alle unter dem Prinzip '*sola scriptura*' vorgelegten theologischen Entwürfe der Reformatoren geben keine klare Antwort auf die methodologische Frage, welche Konsequenzen sich aus dem Primat der Schrift und mithin aus dem Primat der Exegese für die Ausbildung und Gestaltung christlicher Lehre ergeben"(Kraus, *Die biblische Theologie*, p. 17).

전시킨 교리 체계 사이에는 어떤 관계가 있는가?[19] 교회의 권위가 아니라면, 과연 누구의 권위로 성경 말씀의 의미를 판단해야 하는가? 우리는 성경의 말씀(verba)에만 의존해야 하는가, 아니면 그 말씀이 지시하는 실체(res)도 하나님의 계시의 과정에서, 또한 그렇기 때문에 성경신학에서도 역할을 하는가?

이런 질문들 안에 함축된 내용은 수많은 논의의 대상이 되어왔지만,[20] 정작 복음주의적 신학의 컨텍스트 안에서 이런 논쟁은 거의 진행되지 않았다. 나의 목적은 복음주의적 성경 이해와 성경신학의 구체적인 컨텍스트 안에서 이 질문들로 잠시 돌아가는 것이다. 이것은 이미 논의된 이야기가 아니다. 따라서 복음주의적 성경신학의 이해를 위한 기반을 놓는 작업이 시작에서부터 필요하다. 이런 주제를 충분히 다루려면 책 한 권을 써야 할 것이다. 하지만 여기서 목적하는 바는 최근의 복음주의 성경신학이 추구하는 임무를 따라서 큰 맥만을 잡는 것이다. 최우선적인 질문은 어떻게 구약의 의미가 대략적으로 그 단어들이 가리키는 역사적 지시 대상(reference)과 동일시되느냐 하는 것이다. 내가 제기하는 질문은 성경의 단어와 그것이 가리키는 실체 사이의 역사적 연결성을 없앨 수 있는지 아닌지의 여부가 아니다. 이런 상황은 복음주의로 볼 수 없다. 복음주의 성경신학은 이런 연결성의 역사적 진실성을 주장한다. 내가 제기하고자 하는 질문은, 의미의 소재를 어디서 찾을 것이냐 하는 것이다. 즉, 단어에서 찾

---

19) "Doch zugleich bricht das angezeigte methodologische Problem auf: Wie verhalten sich Bibel-Theologie und Lehrsystem zueinander? Wie und wo kann der Primat der Exegese zur Geltung kommen, ohne dass die Schriftaussagen den Gestaltungskategorien der doctrina verfallen?"(ibid., p. 18).

20) Kraus, *Die biblische Theologie*; D. L. Baker, *Two Testaments, One Bible; A Study of Some Modern Solutions to the Theological Problem of the Relationship between the Old and New Testaments* (Downers Grove, Ill: InterVarsity Press, 1976); John H. Sailhamer, *An Introduction to Old Testament Theology: A Canonical Approach* (Grand Rapids: Zondervan, 1995)를 보라.

을 것인지 아니면 단어가 지시하는 실체에서 찾을 것인지의 질문이다.

성경은 하나님의 말씀이다

문헌들을 조사해보면 두 개의 광범위한 주제가 떠오른다. 첫째 주제는, 성경신학의 형성에서 복음주의 신학이 성경의 중심적 위치에 대한 강한 신념을 포함한다는 것이다. 복음주의를 정의하는 데 성경의 중심성이 얼마나 많은 역할을 하는지에 관계없이, 주류의 복음주의 신학은 최소한 이론상으로라도, 하나님의 계시의 중심 소재지로서의 성경에 대한 종교개혁자들의 믿음에 헌신되어 있음에 분명하다.

복음주의 성경신학 내에서 둘째로 광범위한 주제는, 성경을 이해하고 옹호하는 데 있어 역사의 역할에 대해 동일하게 강한 신념을 가지고 있다는 점이다. 복음주의 신학의 특성으로 다른 것을 말할 수도 있겠지만, 복음주의 성경신학의 중심은 부인할 수 없이 성경 메시지의 역사적 검증에 대한 관심이다.[21] 이는 복음주의가 19세기의 역사적 진리의 탐구에 깊이 뿌리를 내리고 있음을 의미하며, 이런 뿌리에 대해 의문을 제기하거나 그것을 다른 기초로 대치할 뜻이 없음을 의미한다. 다른 책에서 나는 복음주의의 역사적 진리(성경의 정확성)에 대한 관심이, 어떻게 성경해석과 해석학의 성격에 대한 그들의 이해를 형성했는지를 보여주고자 했다. 성경의 역사적 정확성을 증명하고자 하는 동안, 복음주의자들은 너무도 자주 성경의 정확성을 그 의미와 신학과 일치시켜버렸다. 비록 양자에 대한 관심사가 복음주의의 중요 부분인 것은 사실이지만, 성경의 정확성을 증명하는 것과 그 의미를 찾는 것은 목적에 있어 동일하지 않다. 첫째 것은 성경 변증학의 목적이다. 둘째 것은 성경해석학의 목적이다. 두 가지 모두가 오직

---

21) Hans Frei에 대한 응답으로는 Carl F. H. Henry, "Narrative Theology: An Evangelical Appraisal," *TJ* 8 (1987): 3-19을 보라.

성경에만 근거하는 복음주의적 성경신학에 필수적인 것이다.

비록 복음주의 성경신학에 대해 구체적으로 이야기한 것은 아니지만, 한스 프라이(Hans Frei)는 기독교 신학이 성경을 옹호하는 수단(변증학의 임무)으로서 역사적 사건(실물로 나타나는 대상)을 사용하는 것과, 성경의 의미를 결정하기(해석학의 임무) 위해 이런 사건을 이용하는 것 사이의 경계를 일반적으로 흐려가고 있다고 주장한다. 만약 이런 사실이 신학에서 일반적으로 사실이라면, 성경의 진실성을 자신과 대체적으로 동일시하는 복음주의 성경신학에서는 더욱 그러하다. "실물로 나타나는 지시 대상"(ostensive reference)으로서의 성경의 의미에 대한 질문에 대해 복음주의 성경신학자들의 견해는, 프라이가 묘사한 비평주의적인 적수들의 견해와 별로 다르지 않다. 양쪽 모두 구약성경의 의미를 우선적으로 성경 말씀 배후에 놓여 있는 역사적 사실들(res)의 관점에서 이해한다. 비평주의자들은 복음주의자들보다 성경 내러티브에 대해 훨씬 더 회의적이다. 복음주의자들은 성경 자체가 역사적으로 신뢰할 만하다는 사실을 입증했다고 믿으며, 어려운 텍스트에서는 먼저 텍스트를 신뢰해야 한다고 믿는다. 따라서 역사적-비평주의적 접근과 복음주의적 접근 사이의 차이점은 주로, 복음주의적 성경신학자들이 역사적 사건들에 대한 성경 자체의 버전으로부터 스스로 거리를 두느냐 두지 않느냐 정도에 놓여 있다. 복음주의와 비평주의적 성경신학자들은 모두 성경에 언급된 역사적 사건들을 성경 의미가 발생하는 소재지로서 받아들인다. 차이점은, 복음주의자들이 이런 사건들과 성경 기사를 더 정확하게 일치시키는 정도에 있다.

두 접근법 사이의 차이점도 중요하지만, 동시에 우리는 양자에 동일하게 있는 중요 유사점들도 간과해서는 안 된다. 역설적인 것은, 구약의 역사적 의미를 탐구함에 있어 복음주의는 아우구스티누스의 "*realia*"(현실, res)에 대한 초점으로 되돌아갔다는 사실이다. 성경신학에서 역사의 의미에 대한 질문에서, 복음주의는 종교개혁자들을 따르기보다는 성서비평의 신학적인 입장을 따르는 경향을 보인다.

복음주의가 의미의 소재지로서 성경의 "*realia*"로 복귀한 것은, 성경 역사의 견해에서 근본적인 재조정으로 이어졌다. 이 주제에 대해서는 이미 다른 지면에서 상당한 분량에 걸쳐 논의했기 때문에 여기서는 간단하게 언급하고자 한다.[22] 하지만 몇몇 중요한 지점들에 대해서는 앞으로 전개될 내용에서 짚고 넘어가야 한다. 내 목적은 다음 사실을 지적하는 것이다. 즉, 만약 복음주의가 풍부한 성경 유산에 대해 진실되게 남아 있으려면, 복음주의적 성경신학의 목적을 성경 자체의 의미(*sola Scriptura*)에 다시 초점을 맞추어야 한다는 것이다. 성경 말씀은 그 말씀이 지시하는 실체(*res*)에 대해 우리에게 무엇을 말하는가? 성경이 실제적인 것들(*realia*)에 대한 것이 아니라고 주장하는 것이 아니다. 내 주장은 오히려 그 반대다. 나는 성경의 신학적 의미가 문장들의 일부로서의 단어들, 단락들, 전체 텍스트의 의미에 놓여 있다고 주장한다. 성경의 단어들은 성경 언어의 일부이며 그 언어의 컨텍스트 안에서 의미를 가진다. 성경 단어들의 의미는 성경을 쓴 자들과 저자들의 의도의 표현 속에 놓여 있다. 저자들은 단어의 의미에 대해 독특한 이해를 가지고 사용했으며, 그것을 읽는 우리가 그 단어가 의미하는 바를 알기를 기대한다. 따라서 성경이 지시하는 실체의 의미는, 성경에서 발견된 단어들의 의미로부터, 그리고 단어가 가리키는 실체에 대해 우리에게 말해주는 것으로부터 얻어야 한다.

언어적 의미에 대한 고전적 복음주의 견해

앞에서 나는 종교개혁의 성경 원리(*sola Scriptura*)의 형성이 성경신학 과업의 뼈대를 형성하는 데 주요 단계였다고 주장했다. 기독교 교리에 대한 아우구스티누스의 논의만큼이나 일찌감치 시작되었던 이 과업은, 최소한 복

---

22) Sailhamer, *Introduction to Old Testament Theology*, pp. 36-85을 보라.

음주의에 관한 한 여전히 미완성이라 할 수 있다. 종교개혁자들이 제기한 논점은, 교회 전통의 권위를 떠난 상태에서 오직 고대 텍스트의 의미에만 근거하는 기독교 신학이 얼마나 규범적일 수 있느냐 하는 것이었다. 이 질문을 다루기 위한 시도로서 많은 성경신학자들은 단어의 의미와 그것이 가리키는 실체(*res*)를 동일시한 아우구스티누스의 이론으로 되돌아갔다. 실체는 언어와 "하나님의 마음"(*mens dei*), 특히 기독교 신학에서 표상된 하나님의 마음과의 관계의 측면에서, 또한 언어와 역사적 "*realia*", 즉 성경 텍스트 배후에 있으며 언어가 지시하는 실체(*res*)의 연구로부터 이끌어 낸 역사적 "*realia*"와의 관계의 측면 모두에서 확인되었다.

내 논의의 초점이 되는 지점은 바로, 최소한 이론상으로 성경 원리를 계속적으로 포용해온 복음주의자들이다. 그렇다고 실제로 복음주의가 개혁주의 선조들이 고수한 것과 동일한 비평-이전(pre-critical)의 입장을 유지해왔다고 말하는 것은 아니다. 다른 지면에서 나는, 현대의 복음주의의 중심적 특징이 성경에 대한 진정한 비평-이전의 견해에서 멀어진 데 있음을 주장했다.[23] 이는 복음주의적 성경 견해가 이론상으로만 비평-이전임을 의미한다. 즉 복음주의자들은 성경 말씀과 그 말씀에 의해 기록된 사건 사이의 일치를 믿는다고 고백한다. 따라서 이들은 구약 내러티브가 세상과 인류의 초기 역사의 뼈대를 제공하는 실제의 역사적 사건을 기록한 것이며, 정확히 이것이 신약의 역사인 교회를 감싸고 있는 바로 그 역사임을 믿는다.[24] 비록 이론상으로 이는 사실일 수 있다. 하지만 실제에 있어 복음주의자들은 오래전에 비평-이전의 견해를 버렸으며, 대신 성경의 의미와 성경 단어가 가리키는 실체(*realia*)의 의미에서 발견된 뜻을 동일시하는 것을 선택했다. 따라서 이론상 복음주의적 성경신학자들은 자신이 종교개혁자들이 주창한, 성경에만 근거한 신학의 부름에 신실하다고 생각하

---

23) Ibid., p. 37.
24) Ibid.

지만, 실제로는 그 견해로부터 상당히 멀어져 있는 것이다.[25)]

성경 언어의 의미에 대한 고전적 복음주의의 견해에서 성경 단어들이 지시하는 실체(res)에 부여한 의미는, 고대 성경 언어의 일부로서 이런 단어들(verba)의 의미에서 발견된다. 성경의 단어들은 현실(res) 세계에 있는 성경 외적인 실체(res)를 가리키고 거기에 의미를 부여한다. 현실 세계에 있는 것들(realia)이 그 세계의 일부로서 자체의 의미를 가지든 그렇지 않든 간에, 성경이 이것들에게 부여하는 의미만이 복음주의적 성경신학에 신학적으로 관련된 유일한 의미인 것이다. 성경 언어를 이해하는 (또는 좋은 히브리어 문법책과 사전을 가진) 성경 독자는 성경이 쓰고 있는 것에 대한 실체(res)의 의미를 이해할 수 있다. 이 의미는 성경 언어 속에 있는 단어의 의미에 놓여 있다.

역사적으로 또한 해석학적으로, "sola scriptura"에 대한 종교개혁자들의 요구는 중세의 해석 체계 속에 존재하는 실체(res)의 의미의 불안정

---

25) Brevard Childs는 "사실, 비평-이전의 견해는 거의 현대의 복음주의적 견해와 동일하다"라는 나의 진술에서 쟁점을 취하고 있다(Sailhamer, *Introduction to Old Testament Theology*, p. 37). Childs의 다음과 같은 주장은 옳다고 할 수 있다. "'비평-이전' 시대에 종교개혁자들은 텍스트와 역사적 대상 사이의 단일성을 여전히 가정할 수 있었다. 하지만 계몽주의의 도전 이후에 이런 가정은 더 이상 가능하지 않게 되었다"("Hermeneutical Reflections on C. Vitringa, Eighteenth-Century Interpreter of Isaiah," in *In Search of True Wisdom: Essays in Old Testament Interpretation in Honour of Ronald E. Clements*, ed. Edward Ball [JSOTSup 300; Sheffield: Sheffield Academic Press, 1999], p. 98). 하지만 Childs가 인용한 나의 발언은, 바로 그 이전 문장, 즉 "만약 우리가 내러티브에 대한 비평-이전의 이해의 계속적인 정당성을 **허용한다면**, Frei의 범주들은 도움이 될 것이다"(Sailhamer 강조)라는 가정에 의해 제한된다. 비록 Frei는 계몽주의의 도전 후에도 비평-이전의 견해를 고수할 수 있다는 가능성을 전혀 보지 않지만, 이런 그의 진술은 복음주의자들에게 적용하기 위한 의도가 아님을 분명히 한다. 비록 Childs가 언급한 연구 논문과 현재의 책에서의 의도는 Frei의 진술이 복음주의에 적용됨을 증명하는 것이지만 말이다. 복음주의 성경신학의 근본적인 결점은, 비평-이전 견해의 상실에 대한 Frei의 이해가 복음주의적 해석학과 너무나 밀접하게 잘 맞는다는 것이다.

성에 대한 반응이었다. 앞에서 제시한 대로, 중세의 체계(히브리어 텍스트가 아니라 일반 라틴어 번역에 근거한) 속에서는 단어(*verba*)가 아닌 실체(*res*)가 텍스트의 의미를 측량했던 판단의 척도였다. 그렇기 때문에 종교개혁자들에게 "*sola scriptura*"는 성경 단어의 의미(*sensus literalis*)에서 모을 수 있는 성경 의미로의 복귀를 뜻했다. 또한 이는 히브리어 같은 성경 언어 연구로의 복귀를 의미하며, 날마다 사용되는 언어(자국어)로의 번역 작업에 초점을 맞추는 일도 의미했다. 그러므로 종교개혁의 시작은 자국어로 성경을 읽고 이해하려는 강한 욕구라는 특징을 지녔다. 왜냐하면 성경의 의미가 그 단어들(*verba*)이 의미하는 바와 직접적으로 연결되어 있었기 때문이다.[26]

결과적으로 텍스트의 의미의 소재지로서 단어(*verba*)의 의미에 초점을 맞춘 것은, 한스 프라이가 다음과 같이 묘사한 비평–이전의 생각과 유사하다.

18세기 역사비평이 일어나기 이전에 서구 그리스도인들의 성경 읽기는 대부분 아주 사실주의적이었다. 즉, 교리적이고 교훈적일 뿐만 아니라, 문자적이고 역사적이었다. 단어와 문장은 그것들이 말하는 바를 의미했으며, 따라서 어떤 다른 용어도 아닌 오직 그 용어로만 올바르게 표현될 수 있는 실제 사건과 실제 진리를 정확하게 묘사했다.…

가장 중요한 성경 이야기들에 대한 문자적·역사적 읽기의 탁월함은 서구

---

26) 앞서 언급한 토론은 문헌학의 적절한 역할과, 문헌학과 역사적 방법 간의 차이점을 가정한다. 문헌학은 성경 히브리어 같은 고대 언어 사전과 문법책을 만들어냈다. 또한 문헌학은 언어의 단계를 초기와 후기로 비교하여 다양한 시기에 텍스트에 사용된 단어의 의미를 비교한다. 역사가 과거의 사건과 제도를 재구성하고 연대를 측정한다면, 문헌학은 고대에 기록된 문헌들을 연구한다. 역사는 과거 사건과 그것의 의미를 연구하는 학문이다. 이 두 개의 학문은 동일하지 않다. 비록 문헌학 속에 역사적 구성 요소들이 있으며, 동시에 문헌학이 역사 연구에 크게 공헌하는 것은 사실이지만, 이 두 개의 학문은 서로 다른 분명한 목적과 대상을 가진다.

기독교계에서 완전히 상실되지 않았다.…가장 중요한 것은 성경 이야기에 대한 전통적·사실주의적 해석 속에 있는 다음과 같은 세 가지 요소였다.…

첫째, 성경 이야기를 문자적으로 읽어야 함이 분명하다면, 이 이야기는 실제의 역사적 사건들을 가리켰고 묘사했다는 점이 자동적으로 이해되었다. 이야기의 진정한 역사적 지시 대상은 문자적 의미를 만들어내는, 직접적이고 자연적인 산물이었다.…

비평-이전의 사실주의적 읽기에서 둘째 요소는 다음과 같다. 즉, 만약 몇몇의 성경 이야기가 묘사하는 실제의 역사적 세계가 하나의 시간적 순서를 가진 단일 세계라면, 원칙적으로 이를 묘사하기 위해서는 하나의 누적된 이야기가 있어야 한다. 결과적으로, 시간 속에서 순차적으로 일어나는 부분을 서술하는 여러 개의 성경 이야기들이 하나의 내러티브로 서로 맞아야만 한다. 성경 이야기들을 연결시키는 해석 방법은 이전 이야기를 나중 이야기의 상징이나 예표, 그리고 사건과 의미 패턴의 상징과 예표로 만드는 것이었다. 자체적인 문자적 의미나 구체적 시간에 대한 준거의 상실 없이, 이전 이야기(또는 사건)는 나중 이야기의 상징이 되었다. 상징의 습관적인 사용은 구약의 인물과 사건과 예언들이 신약에서 성취되었음을 보여주기 위한 것이었다.…

셋째, 성경 내러티브들을 하나로 결합시킴으로써 진정으로 표현된 세계야말로 진짜 유일한 실제적 세계이므로, 이것은 원칙적으로 모든 현재 시대와 독자의 경험도 포용해야 한다. 이것이 독자를 위해 가능한 일일 뿐 아니라, 동시에 상황이야 어떻든, 자신이 구성되어 있는 세계 안에 자신을 짜맞추는 일 또한 독자의 의무였다.…독자는 이야기 세계의 인물로서 그의 시대의 사건들의 모습뿐 아니라 자신의 기질, 행동과 열정, 자신의 삶의 모습도 확인하게 되었다.

인간의 창조와 타락 이야기(창 1-3장)는 그 자체로 이해되는 동시에, 사도 바울로부터 시작해서 기독교 해석학자들에 의해 통합된 더 큰 스토리의 일부로서 이해되었다. 하지만 여기에 더해서, 상징의 표현은 경험에서 나온 선과 악의 일반적 개념을 설명하는 것을 가능하게 했을 뿐 아니라, 인간 경험과 자

신의 개인적 경험에 존재하는 일반적인 성경 외적 구조를 설명하는 것도 가능하게 했다.[27]

프라이의 비평-이전의 성경 읽기와 이해에 대한 설명은 다음 요점들로 요약될 수 있다.

1. 성경적 사실주의. 비평-이전의 성경(구약) 읽기에서는, 만약 어떤 성경 내러티브가 사실주의적이라면(거의 항상 그렇다!) 이것은 실제적인 것으로, 즉 역사적으로 사실인 것으로 받아들여졌다. 사실주의적 내러티브는 또한 "역사적" 내러티브인 것이 분명하다. 어떤 내러티브가 실제적 사건들(res), 즉 역사적인 것에 대한 것이라면, 이 사건들은 진짜임에 분명하다. 이리하여 다음과 같은 생각, 즉 성경 저자들은 실제로 일어나지 않은 것을 절대로 사실주의적인 방식으로 기술하지 않았을 것이라는 생각이 근본적 전제로 받아들여졌다. 성경은 일어나지 않았던 무엇인가를 서술하지 않았을 것이다. 만약 어떤 일이 일어났다면, 성경은 그것을 일어난 그대로, 즉 사실주의적으로 서술했을 것이다.

2. 단일한 이야기. 만약 성경(구약)에서 수많은 개별적인 실제(진짜) 이야기들이 하나의 실제적 세계의 일부라면, 이 이야기들 모두는 동시에 동일한 실제 이야기, 즉 신약의 이야기들과 모든 시대 독자들의 이야기된 세계를 포함하는 이야기의 일부여야 한다. 각각의 실제 이야기는 전체 이야기의 일부로서 의미를 가진다. 각각의 이야기의 의미는 하나의 전체 이야기에 연결되었다는 사실로부터 발생할 것이다.[28] 바로 이것이 성경 내러티브가

---

27) Hans Frei, *The Eclipse of Biblical Narrative: A Study in Eighteenth and Nineteenth Century Hermeneutics* (New Haven, Conn.: Yale University Press, 1980), pp. 1-3.
28) 에스더서를 보라.

성경을 읽는 개인 독자의 삶에 의미를 가지는 근거다.

3. **상징**. 성경(구약)에서 이야기들 사이에 존재하는 다양한 관계들은 "상징"이라 불리는 과정의 기능이다. 상징은 사건들 사이의 유사성과 상호 연결성을 선명하게 만들기 위해, 이 사건들을 다시 이야기하는 방법이다. 사건들은 광범위한 영역에서, 실제적이며 역사적으로 연결되어 있지만, 상징을 통해 더 심오한 연결이 이루어진다. 성경에서 비슷하지 않은 이야기들 사이에서 이끌어낸 유사점들은, 이 이야기들과 사건들의 연결성을 나타낸다. 이것들은 같은 데 속하며 단일한 전체의 일부다. 상징 속에서, 개별적 이야기는 다른 이야기들의 상징이나 유사성으로서 역할을 한다. 따라서 구약의 이야기는 신약의 이야기의 상징이 될 수 있다. 또한 일반적인 차원에서 성경 이야기는 개인 독자의 삶에 일어나는 사건의 상징이 될 수 있다. 따라서 성경을 묵상함으로써 연결성을 발견하는 것은 영적 계몽과 이해의 중심 수단이 된다(비교. 수 1:8; 시 1:2). 그렇다고 구약의 이야기를 신약 이야기의 "예표"(type) 또는 상징(symbol)으로 읽을 수 있다는 의미는 아니다. 이는 구약에서 이야기된 실제적 사건들이, 신약이 말하는 실제적 사건들과 신구약 독자들의 실제적 삶에서 일어나는 사건들과 기본적인 유사성을 가짐을 의미한다. 상징이 있기 위해서는 신구약의 사건들은 실재여야 한다. 오직 이 길을 통해서만 두 사건 사이에 실제적(역사적) 연결이 존재할 수 있다.

4. **성경은 나의 이야기다**. 누적된 성경 내러티브가 묘사하는 세계가 유일한 실제 세계(res)로 이해된다. 따라서 그 다음에 따라오는 가정은, 이 세계가 독자의 세계도 포함한다는 것이다. 그러므로 자신의 삶을 성경 이야기의 사건에 맞추는 것이 독자의 의무다. 앞에서 언급한 대로, 그렇게 함으로써 독자는 자신의 매일의 삶을 하나님이 역동적으로 일하시는 전체 세계의 의미 있는 일부분으로 만들 수 있다.

성경 내러티브의 상실

한스 프라이의 중요 주제는, 앞에서 묘사된 성경에 대한 "비평-이전의" 견해가 18세기 초에 성장한 현대화의 도전에 버티지 못했다는 것이다. 통찰력을 가지고 살펴보면, 비평-이전의 견해는 이미 17세기 말에 해체되기 시작했음이 분명하다.[29] 어떤 측면에서는 이 퇴조가 점점 더 인기를 얻어가는 역사적-비평적 방법의 뒤를 바싹 따르고 있었다고도 할 수 있지만,[30] 이 두 가지는 동일한 것이 아니므로 별도로 이해되어야 한다.

프라이에 따르면, 비평-이전의 견해의 최종 붕괴에 대한 책임은 영국의 이신론과 그것의 도전, 즉 오랫동안 소중히 여겨온 하나님의 섭리라는 비평-이전의(그리고 성경의) 개념에 대한 이신론의 도전에 있다. 초기 경고 신호가 있었던 것은 확실하다. 예를 들어 이사야서 주석에서 콕세이우스는, 뤼첸 전투(1632)에서 발생한 구스타부스 아돌푸스(Gustavus Adolphus)의 비극적 죽음에 대한 언급을 이사야 33:7에서 발견했다고 믿었다.[31] 콕세이우스에 따르면, 성경 텍스트의 의미는 비록 평범하지만 중요한 역사적인 사건들(res) 속에서, 심지어 콕세이우스 당대 속에서도 찾아낼 수 있고 식별될 수 있었다. 이런 실례들을 통해 우리는 콕세이우스를 위시한 동일 경향의 학자들이, 이미 텍스트의 의미(성경의 단어들[verba] 속에 위치한)와, 실물로 나타나는 지시 대상("실제[res] 세계" 속의 사건들이 가리키는) 사이의 연관

---

29) Klaus Scholder, *Ursprünge und Probleme der Bibelkritik im 17. Jahrhundert: Ein Beitrag zur Entstehung der historisch-kritischen Theologie* (Munich: Kaiser, 1966)를 보라.

30) Hans-Joachim Kraus, *Geschichte der historisch-kritischen Erforschung des Alten Testaments*, 2nd ed. (Neukirchen-Vluyn: Neukirchener Verlag, 1969)을 보라.

31) 사 33:7에 대한 Coccejus의 주석: "Haec optime conveniunt in Gustavum Adolphum" (*Synopsis Prophetiae Jesaiae*, in *Opera omnia*, 3:21). 또한 "Tale quid vidimus, cum in ultimo conflictu Rex Sueciae occubuisset & Caesarani caesi essent"(*Curae majores in prophetiam Esaiae*, in *Opera omnia*, 3:280).

관계를 느슨하게 만들기 시작했음을 볼 수 있다. 성경의 세계는 일반 역사의 속성을 취함으로써 뜻하지 않게 예언자적 위엄을 박탈당했을 뿐 아니라, 하나님의 활동의 주요 무대로서의 비평-이전의 지위 또한 빼앗기게 되었는데, 후자가 더욱 중요한 지점이라 할 수 있다. 이제 역사는 하나님이 활동하시는 장소라는 지위를 잃어버리고, 다만 평범한 일들(res)이 일어나는(res gesta) 장소와 동일시되었다.

장기적으로 성경과 역사 사이의 경계선이 불분명하게 된 이런 경향은, 성경의 현실을 가지고 당대의 세계와 맞서려 했던 비평-이전의 노력을 상당히 훼손했을 것이다. 성서학에서 역사적 방법에 대한 의존도가 증가하면서, "성경적 세계"는 실제적으로 성경에서 볼 수 있는 세계와 점점 더 다르게 보였으며, 점점 더 근대적 역사가의 세계처럼 보였다. 역사가가 창조한 현실의 그림이 성경 내러티브와 합리적인 유사성을 가지는 이상, 성경을 근대적 역사가의 렌즈를 통해 보는 것에서 어떤 상실감도 느끼지 않게 되었다. 실제로, 17세기의 주석자와 성경신학자들에게는 구스타부스 아돌푸스의 죽음에 대한 역사적 세부 사항들이 이사야의 예언을 이해하는 데 빛을 던져주었다고 할 수 있다. 하지만 프라이의 요점에 따르면, 결국 역사적 방법은 성경해석의 임무와 동일하게 되었다. 말씀의 의미는 외부 사건들(res)의 세계의 측면에서 이해되었다. 일단 이런 성립이 이루어지고 나면 성경 말씀과, 현실(res) 세계에서 실물로 나타나는 지시 대상 사이를 연결시키는 것은 떨치기 어려운 습관이 된다. 17세기 말에는 해석학의 무게가 "실제"(res) 사물들 쪽으로 너무 이동한 나머지, 성경신학은 회복 불가능한 기울기에 도달한 것처럼 보였다. 즉 비평-이전의 사고의 틀로 돌아가기가 불가능했다. 성경적 세계는 마치 일종의 테마 파크, 즉 "미개척지"(Frontier Land)라는 이름을 달고 있지만 물 마시는 분수대, 화장실, 기념품 가게 같은 현대적 편의로 가득 찬 일종의 놀이 공원처럼, 먼 과거에 대한 현대화된 재건에 자리를 양보하게 되었다. 심지어 성경신학자가 원한다 해도 근대적 역사가의 손에서 성경적 세계가 부식되는 것을 멈추기 위해, 그가 할 수 있는 일은 거의 없었다.

비평-이전 세계를 이해하기 위해서는, 이 세계가 하나님의 섭리에 대한 신념에 의존함을 기억해야 한다. 비평-이전의 세계에서는, 분명히 하나님이 인간 역사(res gesta) 속에서 활동하셨다. 실체(res)의 세계는 혼자 스스로의 힘으로 나타나지 않는다. 모든 것들(res)은 주권적인 하나님에 의해 섭리적으로 질서가 유지되고 다스림을 받는다. 성경에서 하나님은, 전부는 아니라 할지라도, 적어도 많은 일반적 사건들 속에서 역사하신다. 성경과 역사 속에서 하나님의 많은 행위들에 의미 있는 결합을 준 것은 두 활동의 기본적인 유사성이었다. 성경에 기록된 하나님의 행위는 역사적 사건들 속에서의 하나님의 행동과 같았다. 성경과 실제 세계의 사건들은 동일했다. 하나님이 성경의 사건들 속에서 일하시는 것을 보는 것을 배움으로써, 성경 밖의 세계에서 하나님이 일하시는 것 또한 볼 수 있었다. 하나님의 이 두 행위는, 에리히 아우어바흐(Erich Auerbach)가 "상징" (figuration)이라고 부른 배타적 관계 안에 있었다.[32] 상징 속에서, 성경에 나타난 하나님의 활동 패턴은 평범한 인간사의 세계에까지 확대되어 있는 듯하다. 상징의 개념 자체가 역사적인 현실(real)로 볼 수 있는데, 왜냐하면 성경과 인간 역사 전체가 한 분 하나님의 섭리의 손에 의해 인도되는 것으로 이해되었기 때문이다.

하나님의 섭리는 이신론이 감수할 수 없었던 개념이다. 세상에 대한 이성적인 이해를 위해서 이신론자는 신의 섭리를 배제할 의무가 있었다.

---

32) "상징적 해석은 '첫째 것이 그 자체뿐 아니라 동시에 둘째 것도 의미하는 방법으로, 두 개의 사건이나 사람 사이에 연결을 설정한다. 반면에 둘째 것은 첫째 것을 포함하거나 성취한다. 상징의 양극은 시간 속에서 분리되지만, 둘 다 실제 사건이나 사람들로서 시간성 속에 속한다. 양극 모두는 역사적 삶의 흐르는 물결 속에 포함되어 있으며, 양자의 상호 의존성에 대한 이해, 즉 영적 지성(intellectus spiritualis)만이 영적 행위가 된다'"(Erich Auerbach, *Mimesis: The Representation of Reality in Western Literature*, trans. Willard R. Trask [Princeton, N. J.: Princeton University Press, 1953], p. 73).

비록 하나님의 섭리는 성경의 세계를 이해하기 위해 필수적이었지만, 이 신론에서 보면(또 일반적으로 현대적 사고에서 보면) 이 개념은 사실상 현대 세계가 수용할 수 없는 유일한 성경적 개념이었던 것이다. 인간 이성에 안전하게 기초를 두기 위해서 이신론은 하나님의 행위를 실제 세계에서 허용할 수 없었다. 하나님의 행위를 가능한 것으로 인정한다면, 자연의 이성적인 법칙은 위태롭게 될 수 있었다. 만약 자연법칙이 보류된다면 그것은 법이라고 할 수 없었다.

정통주의 신학자가 이해한 대로, 성경의 하나님은 자연법칙의 위에, 그리고 그것을 초월해서 존재했다. 고전적 정통주의에서 성경의 하나님은 그분 자신의 자연법칙에 의해 구속받지 않으셨다. 필요하다면 그분은 이 법칙들을 보류하거나 정지할 수 있었고, 기적이 일어나도록 허용하실 수 있었다. 그러나 이신론자에게 자연의 법칙은, 만약 그것이 정말로 법칙이라면 일시적으로 정지될 수 없었으며, 심지어 성경의 하나님의 행위(기적)를 위한 공간을 만들기 위한 것이라도 허용될 수 없었다. 근대적 역사가들에게 역사의 의미는 오직 이성의 규칙을 적용함으로써만(18세기), 또는 역사적 과정을 수용함으로써만(19세기와 20세기) 설명될 수 있었다. 만약 성경의 세계관이 18세기와 19세기의 근대 세계에서 자체의 신뢰성을 유지하려면, 성경의 역사관은 신의 섭리와 기적의 개념을 버려야 했을 것이다.

하지만 정통주의 성경신학자들 대부분은 이런 포기 프로그램을 끝까지 따라갈 의사가 없었다. 그리하여 많은 학자들이 중재적 입장으로 후퇴할 수밖에 없었다. 18세기에서 20세기를 거치는 동안, 초기 복음주의의 성경신학 이야기는 그 이름이 무엇이든지 간에, 계시를 성경에, 성경을 역사에 신중하게 적용한 것이었다.

복음주의자들이 내버리지 않으려 했던 하나님의 섭리의 개념과 나란히, 다양한 중재적 입장이 고안되었다. 하나님이 세상을 통치하는 데 있어 직접적으로, 기적을 일으키며 일하신다는 고전적인(비평-이전의) 개념을 퇴색하지 않게 보유하는 것이, 자주 복음주의자들에게는 최종적 장면이 되지 못했다. 점점 더 기적은 역사적 설명에 자리를 양보했다. 이 기간(17세기에서 19세기) 동안 다양한 중재 입장의 결과로서 나타난 것은, 현실(res) 세계에 대한, 점점 더 강해지는 자연주의적 견해였다. 기적은 일어날 수 있었고 또 일어났지만, 그것이 일어나는 시간과 방식에 있어서는 한계가 설정되었다. 이런 한계 설정과 함께, 역사적 세계의 실제 사건들(realia, res) 속에서 상징은 점점 더 의미를 잃어갔다. 이미 축소된 "구속사"의 활동 무대를 떠나서, 실제 세계와 성경 사건 사이의 유사성은 거의 인정되지 않았으며, 이런 유사성은 우연의 일치로 경시되거나 아니면 역사적 수단에 의해 입증되어야 했다. 예를 들어 출애굽기에는 이집트의 장자의 죽음과 이스라엘 자녀들의 학살의 상징으로 모세가 나일 강을 피로 바꾸었다고 되어 있다. 하지만 이 텍스트의 신학적 취지는 더 이상, 역사 속에서 직접적으로 일하시는 하나님의 활동에 대한 호소에 의존한다는 내용이 아니다. 오히려 이 텍스트는 이성적으로 입증되는 역사적 현실, 즉 나일 강 수원지에 과도한 양의 비가 내렸고 결과적으로 대량의 붉은 흙이 유출되어 강물이 착색되었다는 식의 역사적 현실에 호소하려 했다.[33)]

19세기 초 비평-이전의 견해에 일어났던 이야기는 아직 완전히 기록되지 않았다. 대부분의 사람들은 다음 사실에 동의할 것이다. 즉 18세기의 성경에 대한 비평-이전의 견해는, 심지어 일부의 가장 보수적인 성경신학자들 사이에서조차, 최소한 네 가지의 다양한, 경쟁하는 해석학적 선택에 자리를 내주었다. 그 네 가지 선택지는 성서비평, 예표론, 성경적 사실주의, 구속사다. 이 선택지 각각은 현실(res)의 사건들로부터 하나님의 행동을 전적으로 배제하지는 않으면서, 동시에 하나님의 섭리를 그럴듯한 역사의 개념으로 대처하기 위한 방법을 모색했다. 이 접근법들 속에서, 현실(res) 세계를 붙들고 상징을 통해 이 세계에 의미를 부여하는 임무는 점점

---

33) Sailhamer, *Introduction to Old Testament Theology*, pp. 80-81을 보라.

더 역사가의 손에 넘어갔다. 성경 단어들(*verba*)의 문법성(grammaticality)의 측면에서 언어의 의미를 이해하는 것으로부터, 그 단어들이 지시하는 실체(*res*)의 "의미"를 이해하는 것으로 이동이 있었기 때문에, 성경의 의미를 발견하기 위해서는 주석자(문헌학자)보다는 역사가를 찾는 것이 자연스러워 보였다. 이렇게 새롭게 발견된 역사가의 임무는, 언어의 의미를 일상적인 실체(*res*)의 (고대) 세계와 연결하는 것이었다. 결과적으로 상징은, 설사 그런 것이 존재한다 해도, 작고 특별한 역사(*res*)의 영역, 진짜로(역사적으로) 하나님이 행하셨다는 사실이 유지될 수 있는 특수 영역 안으로 점점 후퇴하게 되었다. 그 작은 세계 안에서 하나님의 행위는 성경 말씀(*verba*)이 가리키는 실체와 함께 해석되었지만, 그 말씀은 나머지 역사와는 분리되거나, 역사와 반대되는 것이 되었다.

하나님이 자발적으로 자신의 신적 행위를 제한한 부분의 역사는 점점 더 특별한 영역과 장소로 이해되었다. 여기서 역사는 거룩하게 여겨지며 인간 구속이라는 장대한 행위를 향해 인도된다. 따라서 이것은 구속사(Heilsgeschichte)로 불리게 되었다. 이 역사는 평범한 것은 아닐지 몰라도 실제적이며 그 속에서 하나님은 행동하셨고, 인간을 위해 점점 더 적극적으로 일하셨다. 이는 비록 특수한 역사지만 여전히 역사적인 영역이며, 그것의 의미를 발견하는 임무는 점점 더 역사가에게 할당되었다. 하나님은 역사 속에서 자신의 특수한 행위를 통해 역사가에 의해 인식될 수 있는데, 왜냐하면 실제 역사인 하나님의 행위는 대부분 역사적 사건들의 법칙을 따랐기 때문이다. 이런 경향은 19세기와 20세기를 통해 성경신학이, 심지어 복음주의자들 사이에서도, 주로 역사 분야로 이해될 수 있었음을 의미했다. 따라서 이 시기에 복음주의적 성경신학자들은 성경 단어(*verba*)와, 그 단어가 실제 세계에서 지시하는 실체(*res*) 사이에 객관적이고 역사적인 연결을 만들어내는 것을 자신들의 임무로 삼았다.[34] "단어"와 "실체" 사이의 이런 연결 고리는 더 이상, 아우구스티누스의 주장처럼 하나님의 마음(*mens dei*)에서도, 종교개혁자들의 신념처럼 하나님이 정하신 사건들 사이의 상호 연결성(*providentia Dei*) 속에서도 발견되지 않았다. 이제 이 연결 고리는 역사적 방법, 즉 그리 열정적으로는 아니지만 가끔씩은 기적적이거나 "초자연적인" 간섭을 받아들일 의사가 있는 역사적(이고 과학적인) 방법에서 찾아지게 되었다. 다른 모든 사건들은 근대적 역사가의 영역인 "평범한 사건들"과 행동을 같이 해야 했으며, 심지어 그것들을 성경이 다르게 제시하는 것처럼 보일 때조차 그러했다.

복음주의의 정신에서는, 하나님은 역사 밖으로 밀려난 것이 아니었다. 오히려 하나님은 자신의 행위가 평범한 역사적 사건들의 법칙을 따를 수 있는, 특수한 역사 안으로 안내를 받으셨다.

오직 근대 역사가와 고고학자들이 설립한 원인-결과 관계라는 수단을 통해서만 실제(*res*) 세계는 이해되며, 따라서 성경신학의 상당 부분도 이를 통해 이해된다. 만약 하나님이 역사적 사건들 속에서 역할을 하셔야 한다면, 나머지 역사의 규칙들을 따라야 한다. 혹은 하나님은 그분에게 허용된 인간 역사의 특수한 부분, 즉 성경이 확인하고 의미를 부여한 사건만을 다루는 부분(구속사) 안에 자신의 행위를 제한하셔야 한다. 비록 이 특수한 역사가 최소한 이론상으로는 여전히 성경의 단어(*verba*)에 의해 이해될 수 있었지만, 이것은 더 이상 하나의 이야기로서 역사 전체와 동일시될 수 없었다. 역사는 성경보다 더 크게 성장했으며, 성경 역사는 그 거대한 역사의 좌표로부터만 의미의 소재지를 찾을 수 있었다.

만약 역사적 사건 안에서 하나님의 행위가 일반적인 역사적 사건들의 진행을 따른다면, 성경 속에서 이런 사건들의 기록 또한 일반적 역사를 따르는 것으로 볼 수 있다. 이는 성경 말씀과 그 사건들의 기록 또한 일반적 역사의 일부로서 간주될 수 있으며, 학식 있는 역사가에 의해 역사로서 이해될 수 있음을 의미했다. 따라서 성경은 오직 자격 있는 역사가만이 해석

---

34) 놀랍게도 19세기 중반부터 20세기에 걸쳐 복음주의자들을 위한 주요한 도구는, 생산적이면서도 여전히 성공적인 성경 고고학의 모델이었다.

할 수 있는 역사적 사실들의 모음으로 간주되었다. 따라서 신학자는 역사가가 되도록 요구받았다. 즉 텍스트의 해석에서 언어의 의미의 구성적·문학적 전략 뒤에 놓인 저자의 의도의 측면에서가 아니라, 역사적 방법론에 헌신함으로써만 의미를 열 수 있는 평범한 역사적 사건들의 연속(예. 찰스 하지)으로 해석하도록 요구받았다. 성경 텍스트의 말씀 속에서 역사를 대면하는 방식이, 마치 텔레비전으로 생중계되는 사건을 보는 것과 비교되는 방법이었던 것이다. 우리가 볼 수 있는 것은 다만 페이지 위의 단어거나 혹은 스크린 위의 화소(pixels)인데도, 사람들은 마치 그것이 실제의 것인 양 반응했다. 따라서 성경신학자는 성경 역사가여야 했으며, 그 임무는 해석을 필요로 하는 역사적 사건에 접근하듯 성경(구약)에 접근하는 것이었다.

엄밀한 의미에서 프린스턴의 찰스 하지(Charles Hodge)는 성경신학자가 아니었지만, 그는 대다수 복음주의자들을 위해 19세기와 20세기까지도 통용되는 성경신학의 적절한 방법론을 정립했다. 하지에 따르면, 성경신학의 시작점은 성경의 모든 사실들을 수집해서 관찰하는 것이고, 그 다음으로는 모든 부분에 대해 완전한 묘사와 설명을 하는 것이다. 성경(구약)과 그것의 역사적인 부분들 전부는 과학적 설명을 요구하는, 거대한 미지의 무엇으로서 접근되었다. 전체를 파악할 수 있는 자만이 부분 각각에 의미를 부여할 수 있었고, 이런 사람에게만 성경신학자로서의 자격이 주어졌다. 하지에 따르면,

> 성경과 신학자의 관계는 자연과 과학자의 관계와 같다. 성경은 신학자에게 사실들의 저장고다. 성경이 가르치는 바를 확인하는 그의 방법은, 자연철학자가 자연이 가르치는 바를 확인하기 위해 채택하는 방법과 동일하다.…기독교 신학자의 의무는 하나님이 자신에 대해, 그리고 그분과 우리의 관계에 대해 계시하신 모든 사실들을 확인하고 수집하고 결합시키는 것이다. 이런 사실들은 모두 성경에 나와 있다.[35]

앞의 인용문은 신학자의 임무가, 성경 저자들이 가졌던 의미나, 여러 성경 저자들 간의 문학적 논쟁을 발견하는 것이 아님을 분명히 하고 있다. 성경을 읽는 자가 발견해야 할 텍스트적·구성적 전략의 개념은 존재하지 않는다. 성경은 다양한, 작은 사실들을 포함하는 원자료로서의 사실(brute fact)로서 접근되며, 이런 모든 사실들은 훌륭한 설명을 필요로 한다. 성경에 나오는 사실들 배후에 있는 궁극적 의미는, 하나님의 목적을 발견하기 위해 그 사실들이 제공하는 증거 속에서 발견된다. 이런 하나님의 목적은 성경(구약)이 공급하는 역사적 사실로부터 귀납적으로 발견되어야 한다. 인간의 설명의 정당성은 그 텍스트를 얼마나 잘 설명하는가가 아니라, 텍스트 바깥에서 점점 증가하는 사실들을, 조립되지 않은 역사의 부분 부분들로서 얼마나 잘 설명하는가에 달려 있다. 이런 의미에서 신학자의 임무는 그림 맞추기 퍼즐을 완성하는 것과 같다.

> 따라서 신학의 진실된 방법은 귀납적이다. 이 방법은 마치 자연의 사실들이 자연과학의 내용인 것처럼, 성경이 신학의 내용을 형성하는 모든 사실들과 진리를 포함한다고 가정한다. 또한 이 방법은 성경의 사실들의 상호적 관계, 그 안에 포함된 원리들, 원리를 결정하는 법칙들이 사실들 자체 안에 있으며, 마치 자연법칙이 자연의 사실들로부터 추론되는 것처럼, 사실들로부터 추론되어야 한다고 가정한다.[36]

하지의 이런 신학적 방법은 구 프린스턴 학파에서 나온 최초의 중요한 성경신학자인 게할더스 보스(Geerhardus Vos)의 성경신학과 얼마나 비슷한가! 보스는 자신의 성경신학과, 하지를 위시한 다른 신학자들의 조직신학 사이에는 단 한 가지의 차이점이 있음을 지적함으로써, 그 둘이 얼마나 유

35) Charles Hodge, *Systematic Theology* (New York: Scribner, Armstrong, 1873), 1:10-11.
36) Ibid., p. 17.

사한지를 강조한다.

성경신학이 조직신학과 다른 지점은…성경신학이 더 성경적이거나 더 밀접하게 성경의 진리를 고수해서가 아니라, 성경 자료를 정리하는 원리가 논리적이기보다 역사적이라는 측면에서다. 조직신학이 성경을 완성된 전체로 간주하며, 성경의 전체 가르침을 질서 있고 조직적인 형태로 표현하기 위해 노력하는 반면에, 성경신학은 자료들을 역사적 관점에서 다룬다.[37]

결과적으로 보스가 "특별계시의 역사"[38]라고 부르기를 선호하는 성경신학의 과제는, "시간과 공간 안에서 일어난 하나님의 현실적인 자기-드러냄(self-disclosure), 모든 성경 문서를 기록하는 최초의 실행 배후에도 있었으며, 계시된 자료의 문서화 과정과 함께 오랫동안 지속되어온 하나님의 자기 드러냄에 대한 연구"[39]였다.

---

37) Geerhardus Vos, *Biblical Theology: Old and New Testaments* (Grand Rapids: Eerdmans, 1948), p. i.
38) Ibid.
39) Ibid., p. 13.

3장

성경 텍스트의 "역사적 의미"란 무엇인가?

이 책이 옹호하는 접근 방식은 원래 복음주의적 성서학자들이 사용했던 "역사적-문법적" 방법이다. 3장에서는 요한 아우구스트 에르네스티(Johann August Ernesti)가 성경해석학을 형성한 업적을 시작으로 하여, 이 접근 방법의 발달을 추적해보고자 한다. 내 견해로는, 18세기 초반부터 현재까지 몇 가지의 주요 신조에 있어 상당한 발달과 변화가 있었다고 본다. 시초에 역사적-문법적 접근법은 성경(구약)을 고대 문서로서 읽기 위한 시도였으며 "언어, 즉 고대 히브리어의 문법적 의미"에서 "성경이 기록하고 있는 역사"를 살피는 것이었다. 이 접근법의 "역사적" 측면은, 성경의 내용과 소재가 과거 사건에 대한 내레이션임을 인정하는 것이었다. 성경 내러티브는 우리에게 역사를 제공한다. 이런 측면에서, **성경 내러티브는 역사다**. 이 접근법의 "문법적" 측면은, 성경(구약)을 세 개의 언어, 즉 히브리어, 아람어, 그리스어의 문법적 규칙으로 이해하려는 시도였다.

수많은 현대의 복음주의자들은 역사적-문법적 방법의 목적을 다르게 본다. 그들에게 이 접근법의 "역사적" 측면은 성경에서 발견되는 내러티브, 즉 역사적 내러티브의 의미를 뜻하지 않는다. 이 방법의 "역사적" 측면은, 성경 내러티브가 "역사적" 사건 자체가 아닌데도 마치 그것인 것처럼 이해하려고 시도한다는 점이다. 이리하여 관심의 초점은 실제 사건들에 대한 역사적 설명으로서의 성경 내러티브로부터, 내러티브 바깥에 있는 사건들 자체(res)로 옮겨진다. 따라서 이런 새로운 경향성 안에서 성경 "역사" 연구의 임무는, 성경 사건들에 대한 성경 내러티브 묘사를 명확하게 하고 설명하고 추가하는 작업으로 이루어진다. 아마도 고대 역사에 대해 점점 증기히는 지식으로, 사건들의 세부 사항들을 채워 넣음으로써 그렇게 할 수 있을 것이다. 고대 역사에 대한 우리의 지식은 성경 내러티브로부터 알 수 있는 사건을 보충하는 역할을 한다. 고대 역사에 대한 지식의 컨텍스트 안에 성경 내러티브를 위치시킴으로써, 우리는 거기에 새로운 의미를 부여하고 실제 사건들에 대한 더 큰 그림을 얻게 된다. 우리는 성경 내러티브가 사건들을 어떻게 묘사하는지를 뛰어넘어 그것과 관계없이 사건들을 이해할 수 있다. 고대 역사와 고고학에 대한 해박한 지식은 우리에게 성경 역사를 보는 더 큰 컨텍스트를 제공한다. 따라서 성경해석은 성경 내러티브 자체의 저자들의 시각보다는, 오히려 역사가들의 시각을 통해 성경 내러티브의 사건들을 이해하는 것을 의미하게 된다. 우리는 페이지 위에 쓰인 단어들을 마치 사건 자체인 양 간주하면서, 고대의 다른 역사적 사건들처럼 설명하려 한다. 이렇게 함으로써 우리는 성경적 배경을 떠나 고대 세계의 새로운 컨텍스트 속에서 사건들을 보게 된다.

역사적-문법적 접근 방식에서 이 두 가지 견해 사이의 차이점은 매우 크다. 오늘날 이 접근법이 이해되는 방식에서 보면, 임무를 수행하기 위해 필요한 기술은 주로 과거 사건들과 삶의 정황들을 재구성할 수 있도록 하는 역사적 도구인 것 같다. 예를 들어 현대의 복음주의적 구약학자들은 고고학과 고대 역사 연구에 크게 의존하면서, 성경 내러티브 배후에 있는 "*realia*"에 큰 관심을 집중해왔다. 이들의 목적은 성경 사건들을 성경 저자의 시각(그 사건들의 기록된 설명으로서)을 통해서뿐만 아니라, 텍스트의 말씀을 역사가의 시각을 통해서 마치 실제 사건을 응시하는 것처럼 보는 것이다.

하지만 원래 역사적-문법적 접근 방식이 이해된 바대로 보면, 이 방법이 요구하는 기술은 다른 종류의 것이었다. 여기서 요구되는 것은 텍스트를 읽고 문학을 이해할 수 있도록 하는 종류의 기술이었다. 특히 요구되었던 역사적 기술은 고대 언어에 대한 능숙함과 성경 구성의 성격에 대한 이해였다. 구약의 언어는 어떤 방식으로 쓰였는가? 어떤 전략이 사용되었으며, 오늘날에는 텍스트가 어떻게 읽혀야 하는가? 과거에 역사적-문법적 방법이 이해되었던 바에 따르면, 성경 역사에 대한 지식은 성경에 기록된 사건들의 역사적 분석을 통해서가 아니라, 성경 텍스트와 구성에 대한 문학적·언어적 이해를 통해서 가능하다. 결과적으로, 이런 역사적-문법적 방법에 근거한 구약(오경) 성경신학은, 고고학과 고대 역사에 대한 광범위한 연구보다는 우선적으로 성경 텍스트를 읽는 것에 초점을 맞추게 된다. 물론 성경 내러티브는 실제 사건(*realia*)에 대한 것이므로, 변증법적으로 역사적 신뢰성을 보여주기 위해 고고학과 고대 역사 같은 도구를 사용할 수도 있다. 하지만 동시에 무엇보다 이런 내러티브들은 여기에 포함된 사건들의 내레이션 버전이 독자들을 위해 들려진, 기록된 텍스트임을 주장할 것이다. 물론 이 내러티브들은 사건들 자체가 아니며, 이런 사건들에 대한 언어적 버전이다. 이런 측면에서 실제 사건들의 연구로서의 역사는 성경(구약)에 대한 복음주의적 접근 방식에 필수적인 일부지만, 성경신학의 중심 초점은 아니다.

성경은 하나님의 계시다

성경해석에서 "역사"가 담당하는 역할에 대해서 복음주의의 견해는 변화하고 있다. 여기서는 충분히 다룰 여유가 없지만, 이 주제에 대해서는 더 많이 주목할 필요가 있다.[1] 성경신학의 필수 불가결한 시작점이 성경에 대한 헌신이라고 한다면, 복음주의는 영감으로 쓰인 성경으로서의 구약으로부터 멀어지는 방법으로 자체를 개혁하는 것을 피하기 위해, 시작점에서부터 자체를 계속적으로 재고해야 한다.

복음주의적 성경 견해의 시작은, 성경을 영감으로 된 하나님의 계시의 소재지로 이해하는 것이다. 복음주의적이 아닌 다른 접근 방식들도 존재하며, 복음주의적이 아닌 다른 해석학적 접근 방식들도 존재한다. 성경에

---

1) John H. Sailhamer, *An Introduction to Old Testament Theology: A Canonical Approach* (Grand Rapids: Zondervan, 1995), pp. 36-85을 보라.

대한 복음주의적 견해에는 다른 정의들도 가능하다. 하지만 여기서 피력할 견해는 고전적 개혁주의 정통에 뿌리를 둔 것이며 종교개혁의 신조를 반영한 견해다.

역사적 재구성

많은 복음주의자들이 이해한 바대로, 성경신학에서 역사적 접근법의 목적은 구약의 역사적 내러티브 배후에 있는 실제 사건들을 가능한 한 사실에 가깝게 재구성하는 것이다. 이 사건들은 하나님의 계시를 포함하는데, 이것들의 의미를 잘 이해할수록, 그 속에서 하나님의 계시를 더 잘 알 수 있다고 여겼다. 복음주의자들이 성경 내러티브가 계시적이라고 생각하지 않은 것은 아니다. 하지만 많은 복음주의자들은 성경에서 발견된 하나님의 계시에 더해서, 역사적 사건들 자체에서 발견되는 추가적인 계시 또한 있다고 믿는다.[2] 과거 사건들을 연구하는 훈련된 역사가는 성경에 기록된 사건들에 잇대어 더 큰 그림을 만들 수 있다. 실제로 성경이 그려내는 그림을 확대해주는, 잃어버린 조각들을 발견하거나 재구성함으로써 때때로 역사가는 성경 내러티브에 묘사된 사건들을 더 잘 이해할 수 있다.

더 일관성 있는 복음주의적 접근 방식은 역사 속에서 하나님의 계시와 행위를 이해하기 위해 성경 텍스트 자체를 우선적으로 본다.

역사적 방법론이 일어나기 전인 16세기 또는 17세기의 어떤 시기에, 성경 내러티브는 구약에 기록된 사건들에 대해 알 수 있는, 거의 완전한 기록으로 액면 그대로 받아들여졌다. 이런 사건들의 의미를 설명하는 것이, 사건들을 묘사하는 역사적 내러티브의 언어적 의미를 설명하는 기능이었다. 과거 사건들의 의미 속으로 침투하기 위한 역사적 방법론의 능력

---

2) Ibid., p. 40을 보라.

에 점점 더 큰 관심이 집중됨에 따라, 성경 사건들 자체로 되돌아가는 역사가의 능력, 또한 더 큰 역사라는 그림의 일부로서 그것을 탐구하는 역사가의 능력에 대해서 새로운 자신감이 생겼다. 역사적 방법론에 대한 이런 자신감은 텍스트를 주의 깊게 읽는 작업의 중요성을 위협하여 그것을 최소화시켰다. 여기서 나는 성경 내러티브에서 구체화된 의미가 희생되는 동시에, 성경(구약) 사건들의 역사적 재구성에 관심이 점점 증폭되는 현상을 추적하고자 한다.

나는 해석의 역사의 관점에서 이 질문에 접근하고자 한다. 다른 지면에서는 이미 복음주의적 성경 견해에 대한 중심 논점들을 길게 논의했다.[3] 복음주의적 견해에서 내 주장은, 역사와 특히 문헌학 분야(고대 텍스트에 대한 연구)가 성경 텍스트에 대한 이해를 얻는 데 중심적 역할을 한다는 것이다. 저자는 누구였는가? 언제, 왜 집필되었는가? 개별 단어들의 사전적 의미는 무엇인가? 역사 또한 성경 기록의 진실성을 옹호하는 변증학적 임무 속에서 중심 역할을 한다. 족장 내러티브는 역사적으로 신뢰할 만한가? 성경 저자들은 고대 신화의 영향을 받았는가? 예수는 죽음에서 부활했는가? 이런 질문을 위시하여 다른 많은 질문들은 역사의 성격과 역사적 방법론에 대한 더 큰 질문에 연결되어 있다.

하지만 역사적 내러티브로서의 성경 텍스트의 의미에 관한 한, 역사에 대한 복음주의적 견해는 다음과 같다. 즉 기록된 텍스트와, 기록된 사건에 대해 텍스트가 부여하는 의미를 자세하게 연구하는 작업은, 성경의 사건과 내러티브의 역사적 재구성으로 대치될 수도 없으며 또 그렇게 허용되어서도 안 된다는 것이다.

이는 성경이 그려내는 그림에서 누락된 역사적 세부 사항들을 누군가가 정확하게 메울 수 있느냐 없느냐 하는 문제가 아니다. 항상 복음주의자

---

3) Sailhamer, *Introduction to Old Testament Theology*를 보라.

들은 자신들이 이 작업을 성공적으로 할 수 있다고 믿었다. 성경 속 그림의 빈 곳을 메우기 위한 능력이 문제의 핵심에 있었다. 마치 현대의 역사적 도구들을 이용해서 렘브란트 그림의 그림자에 17세기 삶의 복잡한 세부 사항들을 그려 넣을 수 있는 것처럼, 우리에게는 성경 내러티브에 역사적 세부 사항들을 메울 수 있는 동일한 능력이 있다. 하지만 렘브란트는 그림자를 그려 넣음으로써, 화폭 위에 기록된 사건들에 대해 많은 정보를 제공했을 수도 있는 역사적인 세부 사항들을 의도적으로 제거해버렸다. 17세기 유럽의 문화와 삶의 정황을 이해하는 역사가는 손쉽게 렘브란트의 어두운 그림자 대신에, 그를 둘러싼 세계에 대한, 역사적으로 정확한 세부 사항들을 채워 넣을 수 있다. 동일한 방법으로 고대 세계에 정통한 역사가는 성경 내러티브 속에 기록된 사건들에 대해, 역사적으로 정확한 많은 상세한 정보들을 메꿔 넣을 수 있다. 예를 들어 역사가들은 고대의 조약 문서와 성경에 나오는 문서를 비교함으로써, 성경 언약의 성격을 더 잘 이해하도록 우리를 도울 수 있다. 성경이 그려내는 그림을 메우는 데 유용한 자료의 양은 끝이 없을 것이다. 문제는 그런 정보들이 렘브란트의 그림에서처럼, 성경(구약) 내러티브에 같은 결과를 가져올 것이라는 사실이다. 성경 내러티브를 추가적인 역사적 자료들로 채워 넣는 작업은 성경 저자가 말하고자 했던 사건에 대해 우리에게 가르칠 수는 있다. 하지만 해석과 성경신학에서 복음주의자의 목표는 이 사건을 그런 식으로 이해하는 것이 아니다. 복음주의자들이 이해해야 하는 목표는, 영감으로 된 성경(구약)의 텍스트 속에서 성경 저자가 가졌던 사건에 대한 이해다. 우리는 렘브란트가 그린 그림자 뒤에 또는 아래에 놓여 있는 것을 알려고 할 필요가 없다. 그의 그림의 중심 부분은 바로 그림자 부분이기 때문이다. 그림자 뒤에 있는 역사적인 세부 사항들은 중심이 아니므로, 그림 안에 그려지지 않았다. 렘브란트의 그림의 의미는 보이는 것만큼이나 보이지 않는 것에도 많이 담겨 있다. 그림자는 관련이 없는 세부 사항들을 차단함으로써, 보이는 것에 더욱 초점을 맞추도록 도와준다. 따라서 그림에 더 많은 세부 사항들을 추가하는 것은 렘브란트가 의도한 초점을 잃어버리게 하는 효과를 가져온다. 복음주의자의 임무는 성경 텍스트가 설명하는 사건들에 대해, 그 텍스트가 우리에게 말하고자 하는 의미를 회복하는 것이다. 그리고 이 목적을 달성할 수 있는 유일한 방법은 텍스트의 해석을 통해서다.

사건 자체를 이해하는 것은 성경 역사 편찬의 임무다. 이것은 성경(구약)에 대한 복음주의적 접근 방식의 중요한 일부다. 하지만 이 임무가 성경해석학과 신학의 임무는 아니다. 복음주의자들이 이해한 대로, 해석학은 성경 텍스트의 의미를 발견하는 데 전념한다. 마이어 스턴버그(Meir Sternberg)를 인용하자면, 텍스트 자체는 의미의 패턴을 가지고 있다.[4] 성경신학의 임무는 성경 텍스트의 의미를 나타내는 것이며, 그 의미를 하나님으로부터 온 말씀으로 나타내는 것이다.

해석의 역사

성경해석의 역사를 이해하는 것은, 복음주의 성경해석학에서 "역사"가 가진 변화하는 역할을 다루기 위한 선행 조건이다.[5] 비교적 짧은 기간 안에, "문법적-역사적 방법"의 의미는 기록된 내러티브를 연구하는 주로 텍스트적인 절차로부터, 이런 내러티브 배후에 놓여 있는 역사적 사건(realia)의 의미를 배타적으로 연구하는 것으로 바뀌었다. "문법적"과 "역사적"이라는 용어에 대한 복음주의적인 이해를 잘 대변하고 있는 학자는 18세기 후반의 요한 아우구스트 에르네스티다.[6] 에르네스티의 견해에 따르면, "역

---

4) Meir Sternberg, *Poetics of Biblical Narrative: Ideological Literature and the Drama of Reading* (ILBS; Bloomington: Indiana University Press, 1985), p. 15.
5) 다음에 나오는 토의는 John H. Sailhamer, "Johann August Ernesti: the role of history in biblical interpretation," *JETS* 43, no. 2 (June 2001): 193-220에 나오는 자료를 포함하며 거기에 근거한다. 저작권의 허가를 받아 사용했다.
6) Johann August Ernesti, *Institutio interpretis Novi Testamenti* (Leipzig, 1761).

사적"은 단순히 성경 말씀의 문법적 의미를 뜻했다. "역사적" 의미는 "문법적인" 뜻이었다. 에르네스티의 견해는 성경 텍스트의 역사적 성격과 그 성경 텍스트가 묘사하는 역사의 성격, 이 모두에 대한 고적적 표현으로 즉시 알려지게 되었다. 오늘날에도 그의 견해는, 비록 나중에 오는 세대의 손에 의해 큰 변화를 겪기는 했지만, 아직도 문법적-역사적 접근 방식에 대한 결정적인 진술로 남아 있다.

에르네스티 이래로, "문법적-역사적 방법"이라는 표현의 의미에는 많은 변화가 일어났는데, 이 변화들 각각은 모두 자신이 에르네스티의 견해를 대표한다고 주장한다. 에르네스티의 견해에 대한 의미에서 일어난 가장 주목할 만한 변화는, "문법적-역사적 방법"이라는 문구에서 "역사적-비평적 방법"이라는 문구로 바뀌었다는 점이다. 성경에 대한 비평적 접근법의 발생에 대해서는 이미 여러 번 이야기했기 때문에 여기서는 반복하지 않겠다.[7] 우리의 초점은 복음주의적 성서학의 컨텍스트 안에서 이 문구의 의미가 어떻게 변화했는가 하는 것이다. 이 컨텍스트 내에서 에르네스티의 방법은 수많은 미묘한 변화들을 겪어왔다. 또한 이런 변화들은 복음주의 해석학과 성경신학에 본질적인 효과를 가져왔다.

에르네스티의 문법적-역사적 접근 방법은, 모세스 스튜어트(Moses Stuart)가 에르네스티의 저술을 영어로 성공적으로 번역하면서 19세기 미국의 복음주의 사회에 알려지게 되었다. 스튜어트 자신도 널리 인정받는 복음주의적 성경신학자로서, 해석학적 방법에 대해서나 성경해석에서의 역사적 연구의 중요성에 대해서 자신만의 생각을 가지고 있었다. 또한 유럽 대륙의 성서비평의 결과를 미국 사회에 소개하는 것을 평생 과업으로 삼기도 했다. 이런 관점에서 스튜어트의 에르네스티 번역이, 에르네스티 자신과 역사적 사건들에 접근하는 그의 방법에 대해 상당히 미묘한 차이

---

7) 특히 Hans-Joachim Kraus, *Geschichte der historisch-kritischen Erforschung des Alten Testaments*, 2nd ed. (Neukirchen-Vluyn: Neukirchener Verlag, 1969)을 보라.

점을 가진 그림을 영어권에 제시했다는 사실은 흥미롭다. 곧 밝혀지겠지만, 스튜어트는 에르네스티의 작품을 번역하면서, 또한 번역과 병행하는 풍부한 주석을 씀으로써 이런 업적을 성취할 수 있었다.

대략적으로 말하자면, 새롭게 발전 중이었던 역사적-비평적 방법의 파괴적인 영향으로부터 문법적-역사적 방법이 안식처를 얻을 수 있었던 것은 스튜어트의 번역을 통해서였다. 스튜어트는 에르네스티를, 성경해석에서 역사를 사용하는 것에 대한 논의에 있어 일종의 중간 입장으로 소개했다. 즉, 비평적 도구 전체를 활용하지는 않으면서도, 역사적 방법의 일부 측면의 결과를 사용하는 방법으로 제시했던 것이다. 에르네스티를 번역함에 있어 스튜어트는 성경 사건들의 의미를 밝히기 위한 역사의 사용은 옹호했지만, 역사에 대한 부정적인 비평적 이해를 가지지 않도록 독자들에게 조심스럽게 경고했다. 다시 말해 복음주의자들은 역사적-비평적 방법이라는 어두운 물속에서도, 수평선 위로 떠 있는 스튜어트의 에르네스티라는 등대를 보고는 안정감을 찾을 수 있었다. 스튜어트의 에르네스티 번역은, 역사적 방법이라는 물속에서 안내의 역할과 동시에 수문을 개방하는 역할을 했다. 하지만 이것이 에르네스티의 저술의 원래 의도는 아니었다. 사실 에르네스티가 가고자 했던 방향은 반대 방향이었으며, 성경 텍스트에 더 집중하도록 초점을 맞추고자 했다. 그의 시대에 역사적 방법론은 성경 텍스트에 대한 집중에서 너무나 멀어져 있었다. 에르네스티의 목적은 이런 경향을 반대로 돌리고, 독자들과 성경신학자들을 안전하게 텍스트에 대한 관심으로 되돌리는 것이었다.

성경해석에 대한 에르네스티의 접근 방법이 어떤 것인지 감을 얻기 위해서는, 그의 원칙들 중 하나를 사용해보는 것이 좋다. 여기서 사용해볼 원칙은 "단어들이 사용된 방식에 주의하라"라는 원칙이다. 에르네스티가 자신의 접근 방식을 묘사하기 위해 사용했던 단어는 "문법적"과 "역사적"이다. 그는 "역사적-문법적 방법"의 사용을 옹호했으며, 이 두 용어에 대해서 독특한 의미를 부과했다.

에르네스티가 "문법적"과 "역사적"이라는 용어를 사용한 것은, 이 용어들이 성경에 대한 해석학적 작업의 표준 어휘의 일부였기 때문이다. 에르네스티에게 이 두 단어는 의미에 있어 차이점이 거의 없었다. "역사적-문법적 방법"에서처럼, 두 단어는 때때로 하이픈으로 연결되었다. 또 다른 경우에 두 용어는 라틴어 접속사인 "sive", "즉" 또는 "바꿔 말하면"이라는 의미의 접속사로 연결되었다. 따라서 이 접근 방식은 "문법적인, 즉(sive) 역사적인"이거나 "역사적인, 바꿔 말하면 문법적인 방법"으로 정의되었다. "역사적인" 것은 곧 "문법적인" 방법이었다. 에르네스티는 특히 이 용어들을 사용하는 데 있어서, 그리고 그의 방법론의 역사적 부분을 문법적 부분과 동일시하는 데 있어서 아주 조심스러웠다. 이는 특히 성경 텍스트 자체가 성경의 "역사적" 연구의 대상이라는 사실을 함축했다. 문법적 부분은 성경 안에 쓰여 있는 내러티브 텍스트의 언어적 요소들에 초점을 맞추었다. 에르네스티의 사고방식 속에서, 역사의 의미를 발견하는 것은 성경의 역사적 내러티브를 읽는 것을 의미했다. 하지만 이것은 현재의 사람들이 생각하는 역사라는 단어의 의미를 뜻하지는 않는다. 오늘날 **역사**라는 단어는 실제로 일어난 과거 사건들을 상기시키지, 반드시 이런 사건들을 기록한 설명을 떠올리게 하지는 않는다. 하지만 에르네스티에게 역사란 성경 텍스트를 읽는 과정을 통해 문법적으로 접근될 수 있으며, 또한 그렇게 되어야 하는 것이었다.

에르네스티 이후로는, 칼 아우구스트 카일(Karl August Keil)[8] 같은 성서학자들이 에르네스티가 의도했던 것과 다른 방향으로 이 두 용어를 움직이기 위해, 성공적인 협력적 노력에 착수했다. 이 새로운 방향은 성서학자들이 두 용어를 라틴어 접속사 "et"(그리고)로 연결하기 시작한 것에서 찾을

---

8) Karl August Keil, *Keilii opuscula academica ad N.T. interpretationem grammatico-historicam et theologiae Christianae origines pertinentia*, ed. J. D. Goldhorn (Leipzig: Barth, 1821).

수 있다. 이런 변화는 접속사 "*sive*"(즉)로부터의, 의미상의 중대한 전환이었다. 이는 성경해석의 임무를 이해함에 있어 진정한 변화를 가져왔다. 사실상, "*et*"의 사용은 "역사적"과 "문법적"이라는 용어가 더 이상 비슷한 말로 간주되지 않음을 지시한다. 이 두 용어는 서로 분리되기 시작했다. 에르네스티의 "역사적, 즉 문법적" 방법이라는 단순 단계는, 카일의 "문법적, 그리고 역사적" 방법이라는 두 단계가 되어갔다. 첫째 단계인 "역사적" 방법의 부분은 성경 내러티브 배후에 놓여 있는 "*realia*"를 검토하고자 했다. 둘째 단계인 "문법적" 부분은 성경 내러티브 자체의 텍스트의 의미에 초점을 맞추었다. 첫째 단계의 임무는 "*realia*"에 대한 역사적 조사였고, 둘째 단계의 임무는 의미를 찾기 위한 문학적·언어적 탐구였다.

이 두 단어가 점점 더 많은 성서학자들의 손에서 겪게 되는 변화를 이해하자면, 스튜어트에 의해 영어로 번역되기 이전, 에르네스티의 라틴어 원본의 방침에 주목해야 한다.[9]

일반적으로 우리는 "문법적-역사적"이라는 하이픈으로 연결된 형태가, 신약 해석학에 대한 칼 아우구스트 카일의 독일어 저술을 라틴어로 번역한 텍스트에서 유래한다고 알고 있다. 골트호른(Goldhorn)의 라틴어 번역에서, 카일의 연구는 "*interpretatio grammatico-historicus*",[10] 즉 "문법적인 것과 함께 가는 역사적인 해석"으로 묘사되었다. 이 용례가 두 용어를 하이픈으로 연결한 최초의 경우인지 아닌지는 별로 중요하지 않다. 중요한 것은, 카일의 연구가 하이픈으로 연결된 형태에 새로운 의미를 부여한 첫 번째 주요 연구였음이 널리 받아들여졌다는 사실이다. 이렇게 한 카일의 목적은, 성경도 과거의 다른 모든 책들처럼 연구되어야 한다고 주

---

9) Moses Stuart, *Elements of Interpretation: Translated from the Latin of J. A. Ernesti and Accompanied by Notes, with an Appendix Containing Extracts from Morus, Beck and Keil* (Andover, Mass.: Flagg & Gould, 1822).

10) 대조를 위해, 이전 판은 Karl August Keil, *Elementa hermeneutices Novi Testamenti*, trans. Christoph August Emmerling (Leipzig: Vogel, 1811)이었다.

장한 에르네스티의 중심 논문을 최신 정보화하기 위해서였다. 카일에게는 성경이 단순한 역사로서 읽혀야 할 뿐 아니라, 요한 잘로모 제믈러(Johann Salomo Semler, 1753-1791)가 성서학에 소개했던 새롭게 발전된 역사의식에 따라, 역사로서 연구되어야 마땅했다.

제믈러는 신학의 역사에서 과도기적 인물이었다. 18세기 초 할레 대학의 저명한 학자 지그문트 야콥 바움가르텐의 제자였던 제믈러는, 성경 텍스트를 역사 자체로 읽지 않고, 역사적 결론을 도출할 수 있는 기록된 자료로 보았다. 제믈러와 바움가르텐, 둘은 모두 성경 내러티브, 특히 구약의 내러티브를 계시 자체의 직접적인 자료보다는 과거 계시의 사건들에 대한 인간의 기록으로 간주했다. 이런 이유로 역사가 에마누엘 히르쉬(Emanuel Hirsch)에 따르면, "독일 개신교 신학의 결정적 단계는 바움가르텐과 함께 이루어졌다.…신학은 성경에 근거한 믿음에서 계시에 근거한 믿음으로 옮겨갔다. 이 계시에서 성경은 실제로 예전에 남겨진 기록에 불과했다."[11] 종교개혁자들에게 동의어였던 성경과 계시는, 이제 더 이상 동의어가 아니었다. 계시는 점점 과거의 하나님의 행위로서 이해되었으며, 성경은 거기에 대한 증거이고 기록된 문서였다. 따라서 성경은 과거의 계시적 사건에 대한 기록이었다. 성경은 역사적 사건으로서 일어났던 하나님의 계시를 알려주는 수단이었다. 하나님의 계시의 소재지는 역사적 사건이며, 성경은 단순히 그 과거 사건을 기록하는 역할을 했다. 성경은 실제 사건이 아니며, 따라서 성경 자체는 계시적이 될 수 없었다. 이런 식으로 제믈러와 바움가르텐과 더불어, 그리고 실제적으로는 카일과 더불어, 성경은 하나님의 계시로서의 지위를 상실했으며 단순히 과거 하나님의

---

11) "Alles in allen darf man wohl sagen: die deutsche evangelische Theologie ist mit Baumgarten in das entscheidende Stadium des Übergangs vom Bibelglauben zu einem Offenbarungsglauben getreten, dem die Bibel im Wesentlichen nichts ist als die nun einmal gegebene Urkunde der Offenbarung"(Hirsch, *Geschichte der neueren evangelischen Theologie*, 2:378).

계시에 대한 역사적 자료가 되었다.

17세기 전반에 걸쳐서 복음주의적 성서학자들은 역사의 개념을 성경 텍스트의 속성으로 취급했다. 성경에 기록되어 있는 것은 일어났던 일, 즉 역사와 동일시되었다. 이는 성경이 사건을 정확하게 기록했느냐 아니냐의 문제가 아니었다. 이런 지점은 당연시되었다. 진짜 문제는 성경 사건이 어떻게 일어난 일로 이해되느냐 하는 것이었다. 역사적인 관점에서 보면 성경에 기록된 사건들은 성경 내러티브가 기술하는 대로 일어났다. 성경에 기록된 사건은 일어났던 사건에 대한 설명이라기보다, 일어났던 사건 자체처럼 취급되었다. 성경에서 내레이션으로 표현된 사건들은 마치 실제 사건처럼 취급되었다(사실주의). 이런 성경의 사건들은 실제 사건(res gesta)에 대한 기록된 문서라는 개념이 별로 없었다. 성경 내러티브들은 마치 실제 사건 자체인 양 단순히 받아들여졌다. 내레이션화된 성경의 사건은 내러티브 묘사의 관점에서가 아니라 역사가의 관점, 즉 실제 과거 사건을 바라보고 그것을 역사로서 이해하는 관점에서 "역사적으로" 접근되었다. 따라서 성경 내러티브 자체가 계시적인 사건으로 취급되었던 것이다. 성경의 사건들이 실제 사건과 매우 유사했기 때문에(성경적 사실주의), 그것들은 쉽게 실제 사건처럼 취급될 수 있었다.

당대에 탁월한 복음주의적 성서학자였던 요한 콕세이우스(1603-1669) 같은 신학자에게, 성경에 기록된 일련의 사건은 실제적 시간의 역사에서의 일련의 사건과 동일했다. 역사를 이해하기 위해서는 다만 성경 텍스트를 읽기만 하면 된다. 성경의 계시를 경험하기 위해서는 다만 성경 텍스트에 기록된, 내레이션화된 사건들을 경험하기만 하면 된다. 하나님의 계시는 역사적 사건들 속에서 발견되는 것이 확실하다. 하지만 이런 사건들을 접근하고 이해하기 위해서는 오직 그것들이 성경에서 일어난 대로 알아야 한다. 성경은 역사적 사건들을 그것들의 의미와 함께 기록했다. 따라서 성경 속에서 우리는 성경의 과거의 실제 사건들과 직접적인 접촉을 하게 된다. "성경의 역사"라는 문구는 성경에 인용된 대로, 그리고 성경이 지시하는 대로의 일련의 실제 사건들만을 의미했다.

성경해석의 역사 영역에서 최근의 연구, 즉 한스 프라이[12]와 한스-요아킴 크라우스[13] 같은 학자들의 연구에 따르면, 18세기에 일어난 성경의 역사 개념에서의 근본적 변화는 이백 년 동안 유럽을 휩쓸었다. 이 변화 때문에 성경의 역사적 의미는 더 이상 성경 내러티브의 단어와 문장 속에서가 아니라, 그 내러티브가 지시하는 실제(현실) 사건들 속에서 발견되게 되었다. 하나님의 계시는 성경 안에서가 아니라, 성경이 언급하는 실제 사건에서 찾아졌다. 이런 변화는 미묘하지만 실제적이었다. 이것이 어떻게 성경 역사에 근본적으로 다른 견해로 인도되었는지를 상상하기는 그렇게 어렵지 않다. 한마디로 말해서, 역사의 의미는 더 이상 성경 내러티브에서 묘사된 문장과 사건에서 얻어지지 않게 되었다. 역사의 의미는 성경 텍스트에서 그것에 대한 묘사와는 거의 또는 전혀 관계없이, 사건 자체에 대한 역사적 분석에서 발견되었다. 더 이상 역사의 의미는 성경의 의미와 동일하지 않았다.

성경 내러티브의 "퇴조"에 대해서는 이미 여러 번 언급했다. 하지만 복음주의적 성경신학을 이해하기 위해서는 했던 이야기로 충분하지 않다. 동일한 사건을 다른 관점에서 좀더 들여다보아야 한다. "문법적-역사적 방법"의 발전에 대한 설명은 거의 대부분 "역사적-비평적 방법"의 발생을 설명하는 것을 목표로 삼는다. 이 역사의 발전이 중요한 것만큼이나, 동일한 사건을 복음주의적인 관점에서 보는 것 역시 중요하다. 성경해석에서 이런 변화는 복음주의적 성경신학자들에게는 무엇을 의미했는가? 그들은 역사에 대한 새로운 초점과 성경 내러티브의 퇴조에 대해 어떻게 반응했는가? 이런 변화는 영감으로 된 텍스트라는 성경관에 어떤 영향을 미쳤는가?

---

12) Hans Frei, *The Eclipse of Biblical Narrative* (New Haven, Conn.; Yale University Press, 1980).

13) Kraus, *Die biblische Theologie*.

연구의 초점을 텍스트로부터 사건 자체로 옮긴 데 대해 책임이 있다고 여겨지는 사람들 대부분은, 적어도 초기 시점에서는 본질적으로 복음주의적 신학을 가지고 있었다. 이는 특히 그들이 성경 텍스트에 대한 하나님의 영감을 믿었음을 의미했다. 이들은 성경을 하나님의 말씀으로 간주했으며, 주요 교의들에 충실했다. 따라서 역사적-비평적 방법의 발생에 대한 이야기는, 하나님의 말씀으로서의 성경의 의미가 상실되는 이야기요, 하나님의 계시의 수단이 역사적 사건으로 새롭게 초점이 이동되는 이야기다. 이 기간 동안에도 자신의 신학을 복음주의로 고수한 이들의 견해에 대해서는 다음과 같은 질문을 해야 한다. 계시의 텍스트에서 계시의 사건으로 초점이 이동된 변화에 대해 그들은 어떻게 반응했는가? 영감으로 된 텍스트에 대한 믿음과, 계시의 소재지로서의 실제 사건들에 대한 점점 강해지는 초점 사이에서 이들은 양자를 어떻게 조화시켰는가?

이 기간 동안 어떤 복음주의자들은 공개적으로 성경의 영감 개념을 교환하여, 결국 자신의 길을 역사적-비평적 방법의 다양한 형태 속에서 찾았다. 다른 이들은 어떤 경로를 택했는가? 영감으로 된 성경 텍스트의 개념을 유지하고 이 경로에 머물렀던 복음주의자들에게는, 성경해석에 대한 어떤 접근법이 열려 있었는가?

결국 18세기 후반과 19세기 초, 복음주의자들은 "문법적-역사적 방법"을 굳게 붙들기로 선택하고, 이것을 자신들의 가장 특징적인 트레이드마크로 간주했다. 이런 결정에는 변증학적인 동기가 있었을 수도 있다. 그들의 선택 배후에 무엇이 있든, 우리의 임무는 "문법적-역사적"이라는 문구의 의미에 대한 그들의 결정이 가져온 효과에 대해 질문하는 것이다.

단어와 실체

"문법적-역사적 방법"의 의미를 이해하기 위해서는 앞에서 논의된 두 용어, "단어"(*verba*)와 "실체"(*res*)로 돌아가야 한다.[14] 에르네스티는 아우구스

티누스를 다음과 같이 의역함으로써 시작한다. "성경의 모든 단어(*verbum*)
에 대응하는, 우리가 의미(*sensus*)라고 부르는 실체(*res*)의 생각이나 개념이
있다."[15] 에르네스티에게 의미(*sensus*)란, 단어가 실체(*res*)에 일치하는 경
우 얻어진다. 기독교 성경해석의 역사는 실체(*res*)라는 용어의 범위를 좁
히거나 확장하려는 시도의 역사다. 기독교[16]와 유대교 양 진영에서 중세
의 해석의 특징은, 단어와 실체 사이에서 도출된, 동시에 실체와 다른 실
체 사이에서 도출된 연결이다. 자주 단어와 의미에 대해 자의적으로 명칭
을 붙인 것으로 보이지만, 실제로 이것은 실체와 그 실체가 의미하는 다른
실체와 나란히, "단어"와 "실체"의 신중하게 도출된 모체(matrix)의 결과다.
통제 요소라면 실체와 다른 실체 사이에서 도출된 연결을 얼마나 수용하
는가 하는 정도다. 중세 교회에서 이런 연결은 전통의 힘에 의해 성립되었

---

14) 내가 암시했던 대로, 이 용어들은 처음부터 성경 텍스트에 대한 논의에서 필수적이었
다. Ernesti의 연구를 포함해서 그의 때까지, 성경해석학에 대한 학술 논문이 거의 항상
라틴어로 쓰인 데는 이유가 있다. 이런 현상은 자국의 언어가 사용되기 시작하고도 한
참 후까지 계속되었다. 심지어 19세기에도, 성경해석학에 대한 Keil의 연구는 원래 독
일어로 집필되었으나 라틴어로 번역되었다. 라틴어 용어의 관습적인 사용은 아우구스
티누스의 *On Christian Doctrine*의 출판 이후, 최소한 해석학 연구의 영역에서는 그대
로 유지되었다. 이 용어들의 예로는 문자적 의미(*sensus literalis*)와 역사적 의미(*sensus
historicus*)와 같은 것으로서 영어권으로 넘어왔다. 아우구스티누스의 핵심적 용어인
실체(*res*)와 단어(*verba*)는 영어 용법에 적절하게 적용되지 못했다. 앞에서 논의한 대
로, 아우구스티누스의 단순한 공식은 "단어는 실체를 의미한다"였다. 단어는 언어의 일
부이며, 실체는 단어가 지시하는 바다. 성경해석의 역사를 통해서, 주요한 연구 논문들
은 모두 이 기본 토대에서 시작된다. Ernesti 역시 예외가 아니다.

15) "Omni verbo respondere debet, in sacris quidem libris semper et haud dubie
respondet, idea, seu notio rei, quem sensum dicimus"(Ernesti, *Institutio interpretis
Novi Testamenti*, p. 15).

16) 아우구스티누스와 그를 따른 중세의 지적 전통은, 단어와 실체의 관계에서 성경 텍스
트의 문자적이고 상징적인 해석 모두를 설명할 수 있는 가능성을 보았다. 단어는 실체
를 가리키지만(의미하지만), 또한 실체는 다른 실체를 가리킬(의미할) 수 있다. 모든 실
체는 단어에 의해 지시되지만(문자적 의미), 어떤 실체는 또한 다른 실체를 가리킨다
(상징적 의미). 아우구스티누스에게 모세가 쓴 물에 던진 나무(출 15:25)는 나무라는 단
어가 지시하는 실체며, 다른 실체, 즉 그리스도의 십자가(나무)를 가리키는 실체였다.

다. 따라서 해석학에 대한 초기 개신교 연구 논문들이 단어와 실체 사이의 연결을 확정하는 데 주력했다는 것은 그리 놀라운 일이 아니다. 텍스트에는 하나의 의미만이 있었으므로, 성경의 특정 "단어"는 하나의 "실체"만을 의미할 수 있었다. 동시에 개신교는 성경의 "영적 의미"를 유지하는 데 관심이 많았다. 특히 예수와 신약이 이해한 바대로의 구약에 관심이 많았다. 만약 단어가 "영적 의미"를 지시하는 것처럼 보이지 않는다면, 이 영적 의미는 단어가 가리키는 실체에서 발견될 수 있거나 발견되어야만 한다.

이 문제의 해결은 최소한 두 가지 방법, 즉 루터교회의 접근법과 개혁주의의 접근법을 통해 실행되었다. 살로몬 글라시우스(Salomon Glassius) 같은 루터주의자는 성경의 모든 단어가 실체(res), 또는 실체(res)에서 파생된 신비를 가리킨다고 보았다.[17] 글라시우스에 따르면 성경의 단일 의미(sensus)는 성령이 의도했던 것으로서, 실체 자체 또는 단어 속에 있는 신비와 동일시되었다. 글라시우스는 단어가 가리키는 실체를 문자적 또는 역사적 의미로 보았다.[18] 성경 단어의 문자적 의미는 그 단어가 지시하는 실체의 역사적 의미였다.

개혁주의 해석학에서 성경의 문자적 의미(sensus literalis)는 실체 자체에 놓여 있지 않고, 성경 단어(verba)의 언어적 의미(히브리어의 의미)에 놓여 있었다. 성경 단어가 올바른 의미를 의도했다면, 이 경우에 단어는 실체(res)를 가리켰다. 만약 그렇지 않은 경우에는 예표론적인 의미로 받아들여질 수 있는데, 이 경우 단어는 미래의 영적인 현실(mysterium)을 지시했다.[19] 단어가 실체를 가리킬 때, 이것은 단순히 역사 또는 "*res gesta*"(일어

---

17) "Ergo praeter sensum literalem, qui ex verbis colligitur, mysticum etiam dari, qui ex rebus ipsis hauritur, negari nulla ratione potest"(Salomon Glassius, *Philologia sacra* [Leipzig, 170], p. 350).

18) "Literam seu historiam"(ibid.).

19) "Ubi unicum tantum esse scripturae sensum, eumque literalem, asserit; Et locos illos in quibus praeter historiam, eamque veram & gestam, significatur aliquid futurum

난 일들)로 불렸다. 아우구스티누스와 중세 교회와는 반대로, 개혁주의 해석학에서 실체(res)가 고유한 의미를 가질 가능성은 없었다. 의미(sensus)는 오직 단어에만 존재했다. 실체(역사)를 의미 있게 만드는 것은 단어였다. 이것이 함축하는 바는, 문자적이든 영적이든, 의미는 성경 페이지 위에 쓰인 단어를 읽을 때만 얻을 수 있다는 것이었다. 거기에는 다만 하나의 의미, 즉 문자적 의미만이 존재했다. 하지만 이 문자적 의미는 영적으로 이해될 수 있었으며 흔히 그렇게 이해되었다.[20]

개혁주의 해석학에서, "역사"의 의미는 성경 "단어"(텍스트)의 의미와 안전하게 묶여 있었으며, 많은 경우 현재에도 그러하다. 하지만 루터주의자들에게 성경의 의미는 단어로부터 분리되어 실체 안에 내재할 수 있었다.

에르네스티는 독실한 루터교도였으므로, 여기서 우리는 실체와 단어에 대한 루터주의적 개념을 자세히 살펴보아야 한다. 루터주의적 해석학에서 성경의 "*sensus*"는 단어에 위치하거나, 실체가 지시하는 "*mysterium*"에 위치했다. 따라서 흔히 의미(sensus)는 간접적으로만 성경 단어에 연결되어 있었다. 원래 의도가 그런 것은 아니었지만, 결과적으로 이와 같은 해

---

typice, non duos habere sensus, sed unicum, cumque literalem, verum tamen integrum sensum & totum non esse in verbis proprie sumptis, sed partim, in typo, partim in re ipsa quae gesta fuit"(William Whitaker, *Disputatio de sacra Scriptura*, quest. 5, chap. 2); "Sensum verbi divini per se tantum umicum esse, eum nimirum, quem intentioni dicentis, & rei significatae natura importat, qui quidem literalis sive grammaticus dici solet"(Bartholomaus Keckermann). 두 인용문 모두 Rivet, *Isagoge*, p. 214에서 재인용했다.

20) 여기서 이런 해석학(개혁주의)이 어떻게 17세기의 개혁주의 전통에서 예표론적 해석에 대해 확고한 근거를 제공했는지를 알 수 있을 뿐 아니라(Coccejus), 왜 개혁주의 해석학에서는 성경해석 내 역사의 역할에 대한 질문이 루터주의에서만큼 많이 나오지 않았는지를 알 수 있다. 좀더 엄격하게 다른 방식으로 표현하자면, 어째서 고전적 개혁주의 신학자들이 실제로는 성경 내러티브 자체 속에 기록된 역사를 재추적하는 정도의 작업을 하면서, 스스로 해석에 있어 역사적 접근법을 취하고 있다고 믿었는지를 이해할 수 있다. 내 견해로는, 텍스트적 접근법이 무엇인지를 스스로 인식하는 한, 이런 접근법에는 본질적으로 잘못된 것이 없다.

석 체계 내에서 성경의 실체는 단어로부터 상당한 정도의 독립을 구가하게 되었다. 오직 문자적 의미(*sensus literalis*)만이 단어와 단단하게 묶여 있었다. 결과적으로 루터주의적 성경 접근 방식에서, 성경의 실체는 자주 단어와 분리되어, 외부의 의미가 텍스트 속으로 투입되는 수단이 될 수 있었다. 이는 구약의 기독론적 해석에 대한 자유를 허용하는 데 효과적으로 작동했다. 하지만 응분의 대가 또한 치러야 했다. 단어가 지시하는 실체에 존재하는 기독론적 의미를 허용함으로써 성경 안으로 들어가는 문이 너무 넓게 열린 것이다. 따라서 정통주의적 학자들과 경건주의자들은 트럭 여러 대 분량의 교리와 개인적 신념을 텍스트 속으로 가져올 수 있었다.

18세기까지는 단어의 의미가 단어 뒤에 있는 실체의 의미에 영향을 끼치는 일은 거의 불가능했다. 이것은 실체의 의미 위에 성경 단어의 합법적인 통제를 확보하기 위한 에르네스티의 기본 목표 중 하나였다. 에르네스티에게 이것은 필수적이며 중요한 일이었다. 왜냐하면 그는 하나님의 영감으로 된 것은 실체가 아닌 성경의 말씀이라고 믿었기 때문이다. 이런 견해의 근거는 당대의 모든 정통주의적 (복음주의) 신학인 디모데후서 3:16의 말씀, "모든 성경(말씀)은 하나님의 감동으로 된 것"이라는 바울의 결정적인 진술과 동일했다.

성경해석학에 대한 에르네스티의 글 배후에는, 한때 성경의 의미가 신학자들과 경건주의자들에 의해 공격받기 쉬웠던 것처럼, 이 의미(*sensus*)가 역사가에 의해 공격받기 쉽게 된 것에 대한 그의 우려가 깔려 있었다. 역사가들 역시 성경의 실체(*realia*)에 대해 놀랄 만한 접근 가능성을 얻었다. 성경의 의미를 결정하는 데 있어 실체의 중요성을 강조한 루터주의에 근거해서, 역사가가 실체에 대해 새롭게 얻은 지식은 성경의 의미를 발견하는 데 빠르게 이용되었다.

여러 가지 이유들로 인해—그중 가장 중요한 것은 언어 영감설에 대한 그의 우려다—에르네스티는 성성해석의 첫째가는 기본 규칙, 즉 성경의 의미(*sensus*)는 이 책의 단어를 통해서만 얻을 수 있다는 규칙을 확립했다. 여기에 대해 에르네스티는 "실체에서 의미를 얻는 접근 방식은 전적으로 거짓과 오류에 빠지기 쉽다. 반대로 실체는 단어로부터 시작하여 인식되어야 한다"[21]라고 썼다. 에르네스티에 따르면, 이런 문제는 성경의 의미를 이해하는 데 주된 장애물이다. 하지만 그의 계승자들 대부분은 이 지점을 잃어버렸다.

16세기와 17세기에 개신교 성서학자들은 성경이 지시하는 실체를 언급하기 위해 "역사"라는 용어를 사용했다. 그들은 역사라는 용어를 오늘날 우리가 이해하는 방식과는 다르게 이해했다. 루터주의자들과 개혁주의적 성서학자들은 역사(res)의 개념을 하나님의 뜻에 의해 인도되고 통치되는 과거 사건들의 흐름이 아니라, 하나님의 뜻 안에서 영적인 교훈을 위해 과거 사건들에 주신 최종 형태로서 이해했다. 총체적으로 보아 역사 안에는 가르치기 위해 주어진 하나님의 교훈이 있었으며, 그 형태는 교훈의 중요한 일부였다. 성경 역사는 하나님과 인간의 활동―이스라엘과 교회뿐 아니라 하나님과 이스라엘을 연결하는 사건들―의 시대를 초월한, 포괄적인 상징으로 제시되었다.

장 칼뱅은, 오늘날의 대부분의 경우처럼 성경 역사를 일련의 원인과 결과의 연쇄로서가 아니라, 하나님의 언약의 성격에 대한 신학적 교훈의 의미로서 이해했다. 하나님이 모든 족장과 맺으신 언약은 본질(substantia)과 현실(re ipsa)에 있어 우리의 것과 같아서 두 언약은 실제로 하나(unum)이며 동일(idem)하다. 하지만 두 언약은 경륜(administratio)의 방식에서 다르다(variat).[22] 모든 언약은 본질에 있어 하나며 동일하다. 본질적으로 새 언약과 옛 언약은 없다. 마치 옛 언약의 "옛"은 율법 아래 경륜에서만 "옛"

---

21) Ernesti, *Institutio interpretis Novi Testamenti*, p. 13.

22) John Calvin *Institutes* 2.10.2 (*Institutes of the Christian Religion*, ed. John T. McNeill, trans. Ford Lewis Battles [LCC 20; Philadelphia: Westminster, 1960], 1:429). "Patrum omnium foedus adeo substantia et re ipsa nihil a nostro differt, ut unum prorsus atque idem sit. Administratio tamen variat."

인 것처럼, 새 언약의 "새"는 그것의 경륜이 새롭기 때문에 "새" 것이다. 따라서 성경 역사는 단순히 과거에 일어났던 어떤 것이 아니라, 신학적이고 교리적인 상징의 그물망이었다. 성경 역사에서 교회는 변화하는 경륜의 형태와 함께, 공동의 언약 속에서 이스라엘과 나란히 교회로서의 정체성을 발견했다. 마찬가지로, 이스라엘의 정체성은 율법 아래의 경륜에 의해 형성되었다. 성경 역사에 대한 이런 초기 이해를 크라우스는 "교리적 성서주의"(dogmatic biblicism)라는 용어로 정리했다.[23] 이 개념은, 교회의 모든 교리가 (교리적) 성경 역사의 포괄적인 총체 속에서 그 표현을 발견했다(성서주의)는 신념이다.

역사에 대한 현대적 개념과는 아주 다른 이런 초기 견해는, 17세기에 들어와서 몇십 년 이상 버티지 못했다. 19세기 초에는 역사를 과거 사건들로 보는 현대적 개념이 뿌리를 내리기 시작했다. **역사**라는 용어의 의미에서, 변화는 다음과 같은 두 단계로 추가적으로 일어났다.

첫째 단계는 기간(time periods)의 개념이 성서학에 도입된 일이다. 기간 개념은 성경해석의 체계로서 요한 콕세이우스와 연관된 개념이었다. 콕세이우스는 성경에 묘사된 역사를 시간과 함께 변화하며, 명확한 결론을 향해 나아가는 사건들의 실제적 흐름으로 그 자체를 이해했다.[24] 성경 역사는 총체적으로 숙고될 수 있는 정적인 그림으로 더 이상 이해되지 않았다. 점점 더 역사는 시간적 순서라는 의미로만 접근될 수 있는, 영화와 같은 것으로 인식되었다. 콕세이우스와 함께 성경 단어가 지시하는 실체는 역동적이고 반복될 수 없는 사건들로 영원히 변화되었다. 이 사건들은 비록 계속적으로 성경에 사건들로 기록되지만, 더 이상 단어로만 표현되는 언어적 사건들로 간주되지 않았다. 이것들은 일어났던 실제 사건들(res gesta)로 이해되었다. 성경 사건들은 사건들로서, 이 사건들의 일부가 됨으

---

23) Sailhamer, *Introduction to Old Testament Theology*, p. 120을 보라.
24) Kraus, *Die biblische Theologie*, p. 21.

로써만, 그리고 순간적이고 순차적인 움직임의 관점에서 이것들을 경험함으로써만 이해될 수 있었다. 역사에 대해 읽는 것은 더 이상 충분하지 않았다. 이제 역사를 이해하기 위해서는 그것을 경험해야 했다.

콕세이우스와 이후의 사람들에게, 성경 역사는 성경적으로 남아 있었다. 이 역사는 성경 단어가 지시하는 실체(res)로만 구성되어 있었다. 그러므로 역사 전체는 성경의 모든 단어(verba)의 누적 범위 내에 포함되어 있었다. 성경 역사는 아직 세계 역사의 바닷속으로 가라앉지 않았으며, 오히려 세계 역사가 성경 안의 사건들의 파노라마 속에서 관찰되었다. 콕세이우스의 체계에서, 역사는 하나님의 섭리에 의해 조정되었다. 이것은 성경의 페이지에 근거해서 읽은 역사였다. 성경 텍스트를 떠나서 중심 사건과 의미를 알 수 있는 역사에 대한 개념은 없었다.

18세기 초, 성경 역사의 이런 견해에 대해 미묘하지만 중요한 반전이 일어났다. 이 반전은 루터주의 신학자인 프란츠 부데우스(Franz Buddeus)의 영향 안에서 이루어졌다.[25] 부데우스는 철저한 정통파였지만, 성경의 단어와는 독립적으로 성경 역사의 사건들과 의미에 접근한 최초의 성서학자가 되었다.[26] 부데우스는 "실체"에 대해 말해질 수 있는 것이, 이런 "실체"를 지시하는 "단어"에 대해서도 말해질 수 있다는 점을 당연시했다. 성경 단어의 의미는 실체에 대해 역사적으로 알 수 있는 내용과 동일시되

---

25) Franz Buddeus, *Historia ecclesiastica Veteris Testamenti*, 2 vols. (Halle, 1715-1719).

26) "Der Begriff 'oeconomia' wird durch 'historia' ersetzt. Heir dämmert die historische Idee"(Kraus, *Die biblische Theologie*, p. 24). 역사에 대한 Buddeus의 새로운 이해는 Ludwig Diestel의 성경 역사에 대한 중요한 논문에 자세히 설명되어 있다. Buddeus는 매우 박식한 설명으로, 성경에 기록된 다양한 사건들의 의미에 대한 다수의 견해를 일일이 열거하고 비평적으로 평가했다. 그의 주요 목적은 가장 엄격한 객관성을 가지고 성경 사건들과 고대 세계의 사건들을 설명하는 것이었다. Buddeus는 성경적 기간 동안의 일반적 조건들과 역사적 활동의 광범위한 범위의 측면에서 그렇게 했다. Diestel의 주장에 따르면, Buddeus는 그렇게 함으로써 여전히 자신이 텍스트의 의미를 설명한다고 이해했다(*Geschichte des Alten Testamentes in der christlichen kirche* [Jena: Mauke, 1869], p. 46).

었다. 이리하여 부데우스는 역사에서 의미의 순서를 바꾸어놓았다. 단어가 실체에 의미를 주는 대신, 이제는 실체가 단어에 의미를 주게 되었다. 크라우스의 주장에 따르면, 바로 이 시점에서 진정한 역사의식이 정통주의적 (복음주의) 성경해석에 들어오게 되었다.

요한 아우구스트 에르네스티

에르네스티의 우선적인 목표는, 다른 고대 문헌의 연구에서 얻은 새롭게 발전된 언어학의 접근법과 동일한 성경해석적 접근법을 제공하는 것이었다. 에르네스티는 이런 방법을 통해서만 성경해석이 임의적 해석으로부터 자유로울 수 있다고 주장한다. 에르네스티에게 "임의적 해석"이란 "실체"에서 이끌어낸 의미를 말한다.[27] 그의 기본 논제는 텍스트가 문법적인 또는 역사적인 의미 외에 다른 의미를 가질 수 없다는 것이다. 에르네스티는 그 의미를 문자적 의미로 부르는데, 이 의미는 각 단어에서 발견된다. 그것은 단어의 사전적 의미다. 에르네스티가 이해한 단어의 뜻 또는 의미는 인간의 제도와 관습에 의해 단어에 지정되는 것이다.[28] 오늘날 우리는 이것을 "언어학적 관습"(linguistic convention)이라고 부른다. 이 의미는 실체에 대한 구체적인 생각 또는 정신적 개념으로 구성되어 있다.[29] 단어는 실체에 의미를 부여한다. 단어의 뜻이 인간 관습에 의존한다는 사실은 실체

---

27) Gottlob Wilhelm Meyer, *Geschichte der Schrifterklärung seit der Wiederherstellung der Wissenschaften* (GKW 11/4; Göttingen: Römer, 1802-1809), 5:494-95.

28) "Eum sensum verba non habent per se: sunt enim non naturalia aut necessaria rerum signa: sed ab institutione humana et consuetudine, per quam inter verba et ideas rerum copulatio quaedam inducta est"(Ernesti, *Institutio interpretis Novi Testamenti*, p. 9).

29) "Omini verbo respondere debet, in sacris quidem libris semper et haud dubie respondet, idea seu notio rei, quem *sensum* dicimus, quod eius rei, quae verbo exprimitur, sensus audiendo verbo instaurari in animo utcumque debet"(ibid., p. 3).

와 단어의 관계가 자의적이라는 것을 의미한다.[30] 에르네스티가 "자의적"
이란 용어를 사용한 것은, 단어의 의미에 아무런 실제적 이유가 없음을 말
하고자 한 것이 아니다. 그가 의미하고자 했던 것은 단순히, 단어의 의미
에 대한 이유는 논리적으로 도달할 수 있는 것이 아니라는 점이다. 이는
단어가 속한 특정한 언어가 무엇이든지 간에, 그 단어가 속한 언어 속에서
어떻게 작용하는지의 기능이다. 특정 언어와 특정 시간과 장소에서 뜻이
단어에 의해 실체에 할당되었을 때, 이 뜻은 그 단어에 필요한 의미가 된
다.[31] 이런 이유 때문에 해석학은 역사적으로 조건 지어진 상황에 기초하
고 있으며, 이런 까닭으로 단어의 의미는 적합한 언어학적 방법으로 조사
되어야 한다.[32] 이는 단어의 의미가, 성경의 책들이 집필된 시기에 통용되
던 단어의 용법(usus loquendi)으로부터 발견되어야 함을 의미한다.

　에르네스티의 단어의 용법(usus loquendi) 개념은 당대의 역사적인 방
법으로부터 그를 구별시켰다. 단어의 의미의 역사적 차원으로서 에르네
스티가 본 것은, 과거의 특정 장소와 시기에 살았던 인간이 텍스트에 말씀
을 기록했으며, 그 의미(용법)는 텍스트를 읽음으로써 유추될 수 있는 방법
으로 기록되었다는 점이다. 고대의 텍스트 속에 역사적 순간이 사전적으
로, 문법적으로, 물리적으로, 페이지 위나 진흙판 위에 표식으로서 보존되
었다. 보존된 역사적 순간은 기록된 사건이 아니라, 사건에 대한 기록이었
다. 사건(res)은 단어(verbum)가 되었다. 이 단어의 의미(sensus)를 발견하기
위해서는 사건을 기록한 시기에 통용되던 다른 단어들의 컨텍스트 안에
서 그 단어를 보아야 한다.

　에르네스티는 단어의 의미를 이해하기 위해서 단어가 지시하는 실체
를 보아서는 안 된다는 점을 강조한다. 단어와 실체에 대한 관계는 임의적

---

30) "Sed ea [sensus] cum esset ab initio, et institutione, arbitraria"(ibid., p. 8).
31) "Semel constituta per consuetudinem facta est necessaria"(ibid.).
32) Meyer, *Geschichte der Schrifterklärung*, 5:494-95.

이므로(예측할 수 없으므로), 시간과 장소의 특정한 순간에 일어나는 단어의 사용에 주목함으로써만 의미를 발견할 수 있다. 에르네스티는 단어와 실체와의 관계[33]가 다른 시대와 장소, 다른 배경에서는 급진적으로 변경될 수 있다고 믿었다. 문헌학자의 의무는 다양한 역사적 컨텍스트 안에 있는 구체적인 기록된 문서에서 단어의 용법을 발견하는 것이다. 이 목적은 여전히 오늘날도 문헌학이라는 학문의 목적으로 남아 있다.

"단어"에 적용된 역사적 방법의 해석학적 목적은, 그 단어를 사용한 고대 저자의 사상의 세계를 재구성함으로써 고대 단어의 뜻을 발견하는 것이었으며, 이 목적은 지금도 계속되고 있다. 역사가에게 단어의 뜻은 그 단어가 무엇에 대한 것인지 하는 지식, 즉 "실체"에 대한 지식으로부터 얻어진다. 이런 역사적 접근법은 성경의 의미에 대한 카일의 설명에서 알 수 있다. 카일에 따르면, 성경 단어의 의미를 알기 위해서는 성경 저자가 책을 쓰고 있을 때와 동일한 생각을 해야 한다.[34] 카일에게 의미는 저자의 단어 속이 아니라, 저자의 생각(mens scriptoris) 속에 있다. 성경 저자의 생각을 아는 것이 성경의 의미를 아는 것이다.[35] 이런 이유 때문에 카일은 단어의 의미에 대한 조사가 역사적인 작업이라고 이해했다.[36]

카일에게 단어의 역사적 의미에 대한 연구는 문법적 의미를 발견하는

---

33) "Usus autem loquendi multis rebus definitur, tempore, religione, secta et disciplina, vita communi, reipublicae denique constitutione: quae fere efficiunt characterem orationis, qua quisque scriptor tempore quoque usus est. Nam ab iis rebus omnibus vel oritur vel variatur modus verborum usurpandorum: aliterque saepe idem verbum in vita communi, aliter in religione, aliter in scholis Philosphorum dicitur, quae et ipsae non consentiunt satis"(Ernesti, *Institutio interpretis Novi Testamenti*, p. 11).

34) "Sensum orationis aut libri cognoscere nihil aliud est, quam iis occupatum eadem cogitare, quae, dum composuit, auctor ipse cogitauit"(Keil, *Keilii opuscula academica*, p. 11).

35) "Quod ubi in quopiam locum habet, is recte scriptoris mentem cepit"(ibid.).

36) "Unde patet, indagationem, quae circa sensum orationis aut libri versatur, esse historiam"(ibid.).

것과는 다른 임무였다. 성경의 의미는 먼저 단어에서 찾아야 한다.[37] 단어는 저자가 독자들에게 자신의 생각을 전달하는 데 사용하는 필수적인 도움[38]이다.[39] 하지만 단어의 의미를 아는 것만으로는 충분하지 않다. 책의 의미가 항상 그 책의 단어로부터만 드러나는 것은 아니다.[40] 카일에게는 고려해야 할 다른 문제들도 있었다. 예를 들어, 저자의 마음을 더 잘 이해하도록 도와주는 준비된 지식을 가지고 있어야 한다.[41]

이 지점에서 에르네스티와 카일은 근본적으로 서로 동의하지 않는다. 사실상 에르네스티는 완전히 반대되는 주장을 한다. 카일의 주장처럼 단어의 의미(sensus)를 실체에서 이끌어내는 대신, 에르네스티는 실체의 의미가 단어로부터만 얻어져야 한다고 강조한다. 여기서 강조해야 할 중요한 지점은, 에르네스티가 이 사항에서 매우 뚜렷한 의견을 가지고 있다는 것이다. 그의 말을 다시 들어보자.

실체로부터 단어의 의미를 이끌어내는 접근법은 모두 거짓되고 그릇된 것이다. 오히려 실체는 합법적인 수단(문헌학)을 통해 조사한 단어와 의미로부터 알려져야 한다. 단어 속에 있지 않은 어떤 것이 진실일 경우도 있다. 하지만 실체 자체에 대해 견지되어야 하는 바는 성령의 말씀을 통해 이해되고 판단되어야 한다.[42]

---

37) "Hic vero unus librorum N.T. sensus necessario primum e verbis, quae auctores in singulis locis adhibuerunt, cognosci debebit"(ibid., p. 13).
38) "Velut adminiculo"(ibid.).
39) "His enim, velut adminiculo, illi ad designandas, quas cum lectoribus communicare volebant, notiones et cogitationes usi sunt, neque uti non potuerunt"(ibid.).
40) "Sensus libri non semper unice e verbis in illo obuiis cognosci potest"(ibid., p. 14).
41) "Ut res quoque eae in promtu sint, quarum est vis aliqua in definienda accuratiusque cognoscenda scriptoris mente"(ibid.).
42) Ernesti, *Institutio interpretis Novi Testamenti*, p. 13.

에르네스티의 언급의 마지막 부분과 스튜어트의 설명을 비교하는 것은 도움이 될 것이다.

(에르네스티에게) 실체란, 문법적-역사적 해석의 방법을 통해 우리의 탐구를 진행하는 대신, 저자의 의미를 끌어내기 위해서 실체에 대한 우리의 이전 견해를 저자의 단어에 적용하는 것을 의미한다. 이는 실체에 대한 우리의 이전 지식이 결코 우리를 도울 수 없기 때문이 아니다. 사실 이 지식은 자주 도움이 된다. 진짜 이유는, 이 지식이 우리의 문헌학적 노력에 보조자 정도의 도움만을 줄 수 있기 때문이다.[43]

스튜어트는 에르네스티의 요점을 완전히 거꾸로 뒤집는다. 역설적이게도 스튜어트는, 에르네스티가 한 말에 대해 실제로 에르네스티는 그 말 자체를 의미하지는 않았다고 암시함으로써 그의 요점을 뒤집고 있다. 스튜어트에 따르면 에르네스트가 정말로 말하고자 한 바는, 우리가 편견 없이 성경의 실체를 보아야 한다는 것이다. 다른 말로 하면, 우리는 성경을 객관적인 역사가의 입장에서 보아야 한다. 하지만 분명한 것은 에르네스티는 그렇게 말한 적이 없다는 사실이다. 에르네스티가 한 말의 의미는 정확히 그가 사용한 단어가 의미하는 바와 일치한다. 그의 주장은, 성경이 지시하는 실체를 조사하는 방법을 통해서 성경 단어를 이해하려고 시도하지 말아야 한다는 것이었다. 실체를 이해하기 위해서는 실체에 대해 단어가 우리에게 말해주는 것을 파악해야 한다.

에르네스티는 때로는 단어가 애매모호하며 텍스트가 분명치 않음을 인정한다. 이런 경우, 실체는 해석자가 특정 의미를 선택하도록 도울 수 있다. 하지만 에르네스티에 따르면, 여기에서는 다른 텍스트의 단어로부

---

43) Stuart, *Elements of Interpretation*, p. 17.

터 알려진 그런 실체만을 사용해야 한다. "왜냐하면 문법적인 방법 외에
다른 방법으로 의미를 조사할 때는 단어에 존재하지 않는 의미, 따라서 저
자의 의미가 아닌 의미를 아는 정도의 효과밖에는 없기 때문이다."[44] 에르
네스티에게, 저자의 의도(mens scriptoris)는 단어의 의미 속에서만 분명하
게 발견된다.

에르네스티에 대한 카일과 스튜어트의 이런 나중 해석이 미국 복음주
의에 미친 효과는, 복음주의자들 사이에서 계속적으로 상당한 영향을 미
친 밀턴 테리(Milton Terry)의 『성경해석학』(Biblical Hermeneutics) 속에 분명
하게 나타난다. 테리에 따르면, "저자의 문법적-역사적 의미는 문법의 규
칙과 역사의 사실들이 요구하는 언어의 해석이다." 테리에게 역사적 의미
는 "역사적인 고려 사항에 의해 요구되는 저자의 단어들의 의미다. 이것은
저자의 시대, 그가 집필했던 상황을 면밀하게 고려할 것을 요구한다." 테
리는 "문법적"과 "역사적"이라는 단어가 "유의어"임을 보여주기 위해 사무
엘 데이비슨(Samuel Davidson)을 인용한다.[45]

첫눈에 보기에 테리는 에르네스티를 아주 가까이 따르고 있는 것처럼
보이지만, 곧 테리는 자신이 생각하는 바를 더 정확하게 구체화하기 시작
한다. 비록 **문법적**이고 **역사적**이란 용어는 "유의어"이지만 이들 사이에

---

44) "Itaque res et analogia doctrinae, quam dicunt, hactenus modo prodest in
interpretando, ut in verbis vel a multitudine significationis, vel a structura, vel
alia qua causa, ambiguis, ducat nos ad definiendam verborum significationem,
sive ad delectum significationis. In quo tamen et ipso cautio est, ut res, quibus ad
definiendum utimur, ductae sint ex verbis planis et perspicuis et certo cognitis
aliorum locorum, nec adversentur verba, quorum sensum quaerimus. Cum autem
aliter, aut per eam solam, sine grammatica ratione, sensus quaeritur, nihil aliud
efficitur, nisi, ut sensus repertus in se fortasse non absurdus sit, non ut in verbis
lateat, sitque menti scriptoris consentaneus"(Ernesti, *Institutio interpretis Novi
Testamenti*, p. 13).

45) Milton S. Terry, *Biblical Hermeneutics: A Treatise on the Interpretation of the Old
and New Testaments* (1883; reprint, Grand Rapids: Zondervan, 1974), p. 203.

는 의미의 차이가 있다. 테리에 따르면 이 단어들이 다른 이유는, 비록 문법 규칙들은 보편적이지만 문법의 특별 용법(*usus loquendi*)은 "특정한 종교적·도덕적·심리적 개념들에 의해 결정되며, 이런 요인들의 영향력 안에서 언어가 형성되고 빚어지기 때문이다."[46] 따라서 "저자에게 친숙한 모든 대상과, 그것이 배열된 관계는 역사적으로 추적된다."[47] 그러므로 단어의 의미를 결정하는 데 있어 실체(저자와 관련된 모든 대상)가 하는 역할 때문에, 성경의 문법적·역사적 의미는 그 용법에서 다르다. 성경해석에서 역사의 역할에 대한 중요한 논점에 있어 테리(와 데이비슨)는 에르네스티와 의견을 달리한다.

앞의 인용문에서 몇 페이지 지난 곳에서, 테리는 카일과 스튜어트의 연구 논문에서 문법적-역사적 방법의 나중 버전으로부터 얼마나 많은 것을 배웠는가를 보여준다. 역사적 관점의 중요성을 논의하면서, 테리는 이렇게 언급한다.

따라서 해석자는 현재로부터 자신을 옮겨서 저자의 눈으로 보고 저자의 주변 환경에 주목하고, 저자의 마음을 느끼고 저자의 감정을 발견하려는, 자신을 저자의 역사적 위치로 옮기려는 노력을 해야 한다. 여기서 우리는 문법적-역사적 해석이라는 용어의 의미에 주목한다. 우리는 단어와 문장의 문법적 의미를 파악할 뿐만 아니라, 어떤 방식으로든 저자에게 영향을 끼쳤을 역사적 상황의 영향과 태도를 느껴야 한다.…저자의 개성과 지역적 환경, 저자의 원함과 욕구, 저자와 독자들의 관계, 저자의 국적과 독자들의 국적, 저자가 집필했던 시대의 특성, 이런 모든 문제는 성경의 여러 책들에 대한 철저한 해석에서 가장 중요하다.[48]

---

46) Ibid., p. 204.
47) Ibid.
48) Ibid., p. 231.

이런 테리의 입장은 에르네스티와 얼마나 차이가 있는가! 앞의 인용문에서 특히 문제가 되는 것은, 테리가 자신의 발언을 에르네스티의 원칙들에 대한 묘사로서 제시한다는 점이다. "매우 유능한 방식으로 명시된 에르네스티의 원칙들은…후일 칼 아우구스트 카일에 의해 더욱 정교해졌다. 칼이 성경해석학(여기서는 문법적-역사적 방법을 의미한다)에 끼친 다양한 공헌은, 현재 독일, 영국, 미국에 일반적으로 널리 보급되어 있는 견고하고 지속적인 해석 방식을 마련하는 데 큰 역할을 했다."[49] 역사적 재구성이라는 방법의 사용에 있어 테리의 접근법이 현재의 해석학에 유효한가 그렇지 않은가 하는 문제는 독자의 몫으로 남겨두겠다. 핵심은 테리의 접근 방식이 분명히 에르네스티가 구상한 문법적-역사적 방법을 대변하지 않는다는 사실이다.

여기서 나는 문법적-역사적 방법에 대한 논의를 결론짓기 위해, 성경해석 역사에 대한 표준적 작업에서 고트롭 빌헬름 마이어(Gottlob Wilhelm Meyer)가 에르네스티에 대해 평가한 것을 간략하게 살펴보겠다.[50] 마이어의 주장에 따르면, 우리가 에르네스티로부터 많이 놓치는 부분은 역사적 방법의 사용에 대한 그의 가르침이다. 하지만 에르네스티로부터 이런 가르침을 발견할 것이라고는 기대하지 말아야 하는데, 왜냐하면 에르네스티는 오직 문법적 해석에만 의존했기 때문이다.[51] 계속해서 마이어는, 오직 제믈러에게서만(에르네스티와는 독립적으로) 문자적 의미(*sensus literalis*)의 일

---

49) Ibid., p. 708.
50) Meyer, *Geschichte der Schrifterklärung*.
51) 완전한 인용문은 다음과 같다. "Aber noch mehr vermisste man in dieser Ernestischen Anwerfung, da sie zunächst auf die grammatische Interpretation allein berechnet war, eine Anleitung zur historischen Interpretation…und besonders eine Anleitung, die Herablassung Jesus und seiner Apostel zu den nationalen und temporellen Begriffen ihrer Zeitgenossen zu beachten, und aus den Apokryphen des A.T., wie aus andern lautern Quellen, diese Zeitvorstellungen möglichst genau zu erforschen" (ibid., 5:499).

부로서의 역사적 해석에 대한 관심을 발견할 수 있다고 주장한다.[52]

만약 오늘날 복음주의자들이 영감으로 된 텍스트(단어)에 대한 초점을 되찾기를 원한다면, 이들은 가장 재능 있는 선조 중 한 사람인 요한 아우구스트 에르네스티의 충고를 유념하는 편이 좋다. 역사에는 성경, 성경의 저술, 그것이 쓰인 시간과 장소에 대해 말해주는 중요한 역할이 있다. 하지만 성경의 의미(sensus)의 측면에서는, 단어와 문법적-역사적 의미에 대한 초점을 대신할 만한 것이 없다.

성경 연구에서 에르네스티의 공헌은 다음과 같은 두 가지로 집약된다. 첫째, 보통 우리가 문법적-역사적 방법이라고 생각하는 것은 19세기 복음주의 성서학자들의 손에서 상당한 변화를 겪었다. 따라서 차후에 자신들의 접근 방식을 에르네스티와 동일시한 테리와 스튜어트 같은 학자들을 에르네스티와 연관시키는 것에 대해서는 주의를 기울여야 한다.[53] 에르네스티가 이해했던 바처럼, 문법적-역사적 방법은 모든 종류의 역사적 자료를 성경해석에 도입해도 된다는 보증이 아니었다. 에르네스티는 역사 연구, 즉 성경에 기록된 사건들의 역사적 재구성이, 단어의 의미를 문헌학적으로 건전하게 이해하는 작업을 대신해서는 안 된다는 분명한 신념을 가지고 있었다. 성경의 사건들에 대해 우리가 지식을 얻는 것은 고대의 텍스트 연구를 통해서다.

둘째, 에르네스티의 실례는 어떻게 영감에 대한 견해가 해석학적 방법에 영향을 미칠 수 있으며, 또 그래야만 하는지를 이해하는 데 도움이 된

---

52) "So suchte bald darauf Semler durch ähnliche belehrende Winke neben der grammatischen noch die historische Auslegung des N.T. zu empfehlen, und selbst an seinem Theile zu befördern"(ibid., 5:501).

53) Gerhard Maier는 "문법적-역사적"이란 표현을 집합적으로 Ernesti와 "그의 학파"에 연결시킨다. "Andrerseits wählten Ernesti und seine Schule gerade den Begriff 'grammtisch-historisch,' um ihre Art von Schriftauslegung zu charakterisierun"(Biblische Hermeneutik, pp. 296-97).

다. 다른 무엇보다 에르네스티의 접근 방식의 특징은, 성경 말씀의 의미에 중요성을 둔다는 점이다. 에르네스티가 문헌학적 훈련을 받았으며, 그 때문에 역사적 방법론보다는 문헌학에 더 큰 비중을 두는 것은 사실이지만, 에르네스티의 접근 방식에서 더 중요한 요인은 왜 그가 역사보다 문헌학을 선호하느냐 하는 것이다. 중요한 이유는 에르네스티가 가진 성경의 영감에 대한 이해에 있다. 그는 고전적 정통주의적 영감의 개념을 고수했다. 영감으로 된 것은 역사적 사건(실체)이 아니라 성경 말씀이다. 결과적으로 성경 말씀의 의미를 가장 잘 표현할 수 있는 방법이 선호될 수밖에 없다. 아마도 에르네스티는, 영감을 성경 말씀과 동일시한다는 고전적 의미에서 성경 영감설을 수호한 마지막 주요 학자일 것이다. 19세기 초, 영감에 대한 수용되는 견해의 초점이 지나치게 이동한 나머지, 이 영감은 더 이상 성경(말씀)에 연결되지 않고, 성경이 언급하는 사건들(실체)에 연결되었다. 거룩한 성경이 하나님의 계시의 소재지가 되는 대신, 점점 더 많은 복음주의자들은 "거룩한 역사"를 하나님의 계시의 소재지로 바라보았다. 그러므로 복음주의적 성경해석학이 말씀의 의미를 떠나서 실체의 의미로 이동하기 위해 열심이었다는 사실은 그리 놀랍지 않다.

에르네스티의 시대에 이미, 복음주의적 성경신학에는 계시적 사건으로 이동하는 추세가 뚜렷하게 작동하고 있었다. 같은 경향이 복음주의의 진영 밖에서는, 구약의 정통주의적(복음주의적) 이해에 대한 프리드리히 슐라이어마허(Friedriech Schleiermacher)의 비평으로부터 오고 있었다. 비록 많은 복음주의자들이 슐라이어마허의 대체로 부정적인 영향에 용감하게 맞섰지만, 19세기 중엽에 이들의 노력은 해체되고 있었다. 결국 구약에 대한 견해와, 구약과 신약과의 관계에 대한 몇 가지 중요 방식에서 복음주의자들은 슐라이어마허와 아주 가까운 견해를 가지게 되었다. 심지어 공적 담론에서도 복음주의 성경신학자들은, 성경신학의 이해에 있어 슐라이어마허의 긍정적인 영향이라고 믿는 바를 거리낌 없이 인정하기에 이르렀다.

프리드리히 슐라이어마허와 구약

복음주의 성경신학에서 슐라이어마허의 중요성은 구약의 성격과, 구약과 신약의 관계에 대한 그의 급진적인 견해에 있다. 일반적으로 복음주의적 성경신학자들은 슐라이어마허의 견해에 대해 호의적이지 않았다. 하지만 구약과 기독교 신앙에 대한 슐라이어마허의 견해의 어떤 측면은, 성경의 믿음을 종교에 대한 역사적 이해와 결부시키려는 학자들에게 호감을 주었다. 나는 여기서 다음과 같은 사실을 보여주고자 한다. 즉, 슐라이어마허가 복음주의와 성경신학에 끼친 광범위한 영향력의 근원은, 기독교 신앙을 규정하는 데 있어 구약은 오직 보조적인 역사적 역할만 한다는 그의 신념이라는 사실이다. 슐라이어마허 이후 일반적으로 복음주의자들은, 만약 구약과 신약 사이에 뚜렷한 연결점이 있어야 한다면, 이 연결은 진정으로 역사적인 것으로부터 성장해야만 한다고 믿게 되었다.[54]

구약에 대한 비평에서[55] 슐라이어마허는, 기독교 성경의 두 부분은 별개의 두 개의 종교적 관점, 즉 모세의 율법주의(구약)와 믿음(신약)에서 유래한다는 근거를 가지고, 신구약 사이에 존재하는 실제적인(res) 신학적 관계 개념을 저버린다. 슐라이어마허에 따르면, 기독교 성경의 두 부분을 잇는 유일한 연결 고리는 예수가 유대인 가정에서 태어났다는 사실인데, 이 사실은 보통으로는 우연적 사건이다. 이는 구약의 기독교 신학의 근거로 사용되기에는 충분하지 않다. 슐라이어마허에게 구약은 자연스럽게 또는 역사적으로 신약과 연결되지 않았으므로, 구약은 그리스도인들에게 필수적이지 않았다.

---

54) Friedrich Schleiermacher, *The Christian Faith*, trans. H. R. Mackintosh and J. S. Stewart (Edinburgh: T & T Clark, 1928), §12, pp. 60-62.

55) Emil Brunner, "The Significance of the Old Testament for Our Faith," in *The Old Testament and Christian Faith: A Theological Discussion*, ed. Bernard W. Anderson (New York: Herder & Herder, 1969), pp. 243-64을 보라.

슐라이어마허의 주장의 근거는, 그가 모세주의(Mosaism)로 이해한 고대 유대교와 구약을 동일시한 것이다. 불행하게도, 슐라이어마허는 이 전제에 대해 해석적 방어를 할 필요성을 느끼지 못했다. 예를 들어 그는 구약성경이, 자신이 율법주의로 특징지은 모세 종교의 표현이라는 전제를, 구약으로부터 해석학적으로 증명하려는 어떤 시도도 하지 않았다. 슐라이어마허는 만약 구약이 역사적으로 고대 유대교와 연결되어 있다면, 이 구약은 또한 유대교의 종교를 가르친다고 가정한다. 구약은 율법을 고수할 것을 가르치며, 신약은 은혜를 가르친다. 이런 논쟁을 전개하면서 슐라이어마허는 구약에 대한 기독교 이해에 미묘하지만 근본적인 변화를 가져왔다. 즉, 고전적인 정통주의에서 텍스트적으로 근거했던 구약 의미의 이해로부터, 의미의 소재지를 고대 유대교(모세주의) 안에서 발견되는 가설적 신념인, 주제의 문제로 옮겼던 것이다. 슐라이어마허는 구약의 이해를 성경 자체로부터 이끌어내는 대신, 구약의 역사적 컨텍스트의 종교적 신념과 동일시했다. 슐라이어마허의 가정이 정당한가 아닌가 하는 질문은 종교역사가들의 영역으로 남겨놓겠다. 여기서 우리의 관심사는, 슐라이어마허의 가정이 복음주의적 그리스도인들의 구약 이해에 어떤 영향을 미쳤는가 하는 점이다.

슐라이어마허 이후, 성서비평학자들은 구약을 고대 유대교의 일부로 취급하고 신약만을 기독교회에 속한 것으로 다루면서, 신구약 사이에 최소한의 역사적 연결성만을 인정하려 했다. 구약과 신약 사이에 다른 연결성은 없었으며, 기독교 성경신학이 설립되는 토대가 되는 확실한 연결성은 전혀 존재하지 않았다.

물론, 복음주의적 성경신학자들은 슐라이어마허를 상대적으로 안전한 거리를 두고, 상당한 조심성을 가지고 지켜보았다. 그럼에도 이들은 구약에 대한 슐라이어마허의 생각이나 비평에 대항할 항체가 없었다. 슐라이어마허와는 다르게, 복음주의자들에게는 성경 자체의 역사의 해석을 액면 그대로 받아들일 의사가 있었다.[56] 그럼에도 점점 더 많은 복음주의자들이 슐라이어마허의 영향 안에서, 성경 의미의 소재지로서 텍스트의 문법적 읽기로부터 떠나 역사적 사건에 초점을 맞추는 쪽으로 옮겨갔다.

어떤 복음주의자들은 공개적으로 슐라이어마허에 동의한다고 인정했다. 구약에서 선도적인 복음주의 학자인 동시에, 에른스트 헹스텐베르크의 제자인 하인리히 아우구스트 해버닉(Heinrich August Hävernick)은 영향력 있는 세 권짜리 저서『구약 개론』(Introduction to Old Testament)을 썼다. 이 첫째 권과 둘째 권 사이에서 해버닉은 실제로 중간 궤도 수정을 하여 슐라이어마허의 견해에 동조하게 된다.[57] 해버닉은 서론을 헹스텐베르크의 구약에 대한 정통주의적 견해를 요약함으로써 시작했다. 하지만 그러는 동안 해버닉은 슐라이어마허의 영향을 받게 되었고, 그를 지지하는 방향으로 자신의 구약 서론의 방향을 결정적으로 바꾸었다. 물론, 해버닉 같은 대부분의 복음주의자들은 슐라이어마허를 전적으로 지원하지는 않았다. 하지만 구약에 대한 견해에서 슐라이어마허의 막강한 영향 안에 남았으며, 동료와 학생들에게 이 견해의 많은 부분을 전달했다. 도르너(J. A. Dorner)는 해버닉의 사후에 출판된, 당대의 영향력 있는 복음주의 연구인『구약신학 연구』(Vorlesungen über die Theologie des Alten Testaments)의 머리말에서, 해버닉이 성경신학의 적절한 근거로서 역사적 사건(res)에 초점을 맞춘 슐라이어마허의 견해를 받아들인 것을 인정하며 찬사를 보내기까지 했다.

『구약 개론』 제1권만을 보고 그를 판단한다면, 저 귀한 해버닉에게 공평하지 않은 처사가 될 것임을 많은 사람들이 인정할 것이다. 해버닉은 슐라이어마허

---

56) 비록 많은 학자들이 이것을 Hengstenberg의 변증학적 접근의 근본적 결점으로 보긴 했지만 말이다.

57) Heinrich A. C. Hävernick, *Handbuch der historisch-kritischen Einleitung in das Alte Testament*, 3 vols. (Erlangen: Heyder, 1836-1849).

와 네안더(Neander)에게 계속적으로 가르침을 받은 영향 안에서 더 자유로운 관점을 발전시킨 이후로는, 스스로 제1권에 큰 가치를 두지 않게 되었다(비록 학문적인 자료의 측면에서는 여전히 가치가 크지만). 실제로, 하려고만 한다면 누구나 에스겔서에 대한 해버닉의 주석에서 놀라운 발전을 이미 볼 수 있을 것이다. 나는 이 책(『구약신학 연구』)이 신학 대중에게 다음의 사실을 입증하기를 바란다. 즉 해버닉은 비역사적인 우파 또는 좌파의 어느 쪽에도 속하지 않고 자신의 길로 갔으며, 오히려 어떤 종류의 강요된 역사적 해석도 피하는 동시에, 자신에게 확신을 주고 깊이 몰두했던 자료들 자체가 대변하도록 했다는 사실 말이다. 이런 점에서 나는 『구약신학 연구』의 놀라운 셋째 부분을 주목하도록 하고 싶다. 이 부분은 구약의 진정한 핵심인 구원 개념의 발전을 다룬다. 방대하면서도 철저하게 자세한 이 연구에서 해버닉은 진정 놀라운 솜씨로, 부분적으로는 예언의 발달 역사를 추적한다.[58]

---

58) "Mancher auch, hoffe ich, wird erkennen, dass man dem sel. Hävernick Unrecht thun würde, wenn man ihn etwa nur nach den ersten Abtheilungen seiner Einleitung ins A.T. beurtheilen wollte, die, wenn sie auch in Beziehung auf den gelehrten Stoff immer von Werth bleiben werden, doch später auch von ihm selbst nicht überschätzt wurden, seit er besonders durch Schleiermacher und Neander sich fortbildend einen immer freieren Standpunct gewann. Doch, wer da wollte, der konnte von seinem rüstigen Fortschreiten sich schon aus seinem Commentar über Ezechiel überzeugen. Dieses Werkchen aber hoffe ich, wird dem theologischen Publikum beweisen, dass Hävernick weder zu den Unhistorischen auf der Rechten noch auf der Linken gehört, sondern seinen selbständigen Gang geht, oder vielmehr, dass er abhold aller Geschichtsmacherei die Sache walten lässt, in die er sich mit treuer Innigkeit vertieft hat. Namentlich darf ich in dieser Beziehung auszeichnend den dritten Abschnitt hervorheben, der die Entwicklung des Heilsbegriffs, des Kernes im A.T. behandelt. In grossen aber sichern und auf gründlichen Detailstudien ruhenden Zügen ist hier auch die Entwicklungsgeschichte der Profetie, zum Theil wahrhaft meisterhaft, geschildert"(J. A. Dorner, foreward in Heinrich A. Hävernick, *Vorlesungen über die Theologie des Alten Testaments*, ed. H. A. Hahn [Erlangen: Heyder, 1848], pp. vi-vii).

구약에 대한 슐라이어마허의 견해에서, 신약과의 최소한의 역사적 연결은 19세기와 20세기에 복음주의적 성경신학의 방향과 목적을 근본적으로 형성했다. 구약에 대한 슐라이어마허의 비평에 직면해서, 복음주의를 계속 지지하고자 했던 학자들은 다음과 같은 두 방향으로 표류했다. 하나의 방향은 메시아주의(messianism; 헹스텐베르크) 같은 구약 안의 신약적 양상에 좁게 초점을 맞추거나, 아니면 율법과 언약(보스) 같은 정통주의적 신조에서 나온 문제로 주도되는 구약신학의 접근 방식을 지지하는 것이었다. 헹스텐베르크가 자신의 저서 『구약의 기독론』(Christology of the Old Testament)에서 슐라이어마허를 반박한 것은 과녁을 빗나갔다는 평가가, 당대의 복음주의 신학자들 사이에서는 널리 알려져 있었다. 왜냐하면 전반적으로 헹스텐베르크는 논쟁 상대방의 논지의 강점도, 자신의 약점도 제대로 이해하지 못했기 때문이다. 어쨌든 헹스텐베르크의 연구는 구약보다는 신약에서 더 많은 것을 이끌어낸, 전적으로 메시아 예언과 약속과 성취의 전략들에 초점을 맞춘 많은 복음주의적 성경신학자들의 최초의 실례였다.

슐라이어마허의 구약 비평에 대한 반응으로서, 복음주의적 성경신학자들이 취한 또 다른 방향은 구약에 대한 복음주의적 견해를 역사적인 "사실들"(realia) 위에 근거시키려는 수많은 시도에서 볼 수 있다. 일부의 초기 복음주의자들의 이런 움직임은 불가피하게 구약의 역사성의 도전에 대한 복음주의적 반응의 특징, 즉 구약의 메시지와 고대 이스라엘 종교의 역사적 재구성을 일치시키려는 경향(보스)으로 자리 잡게 되었다. 복음주의 진영에서 널리 수용된, "구속사적" 신학 같은 것은 슐라이어마허의 부정적 견해에 대항해서 거의 효과를 거두지 못했다. 구약의 역사성에 대한 도전에 대해 직접적으로, 변증학적 의도로 대면하기를 원하긴 했지만, 복음주의적 반응은 자주 슐라이어마허의 중심 요점, 즉 구약 내러티브의 의미는 그것의 역사성의 단순한 사실로 구성되어 있다는 요점을 용인하는 정도밖에는 성취하지 못했다.

확실히 슐라이어마허의 구약 비평의 중요한 양상은, 복음주의적 신학자들로 하여금 그들이 오랫동안 고수해왔던 신학에서 역사의 역할에 대해, 특히 역사 속에서의 계시에 대한 그들의 견해에 대해 타협하도록 도전했다. 비록 복음주의적 신학자들은 역사와 계시의 질문에 대해 많은 사고를 기울였지만, 슐라이어마허에게 효과적인 응답을 줄 수 없었다. 18세기를 빠져나오면서 성경 역사의 전반적인 상실과 함께, 복음주의 성경신학자들은 오직 실제 역사적 사건들(res)에 대한 성경 내러티브(verba)의 피상적인 이해에 근거해서만 구약에 대한 방어를 할 수 있었다. 헹스텐베르크와 카일 같은 많은 복음주의자들은, 한스 프라이가 성경 내러티브의 "역사와의-유사성"(history-likeness)[59]이라고 부른 좁은 범위 바깥에서는 성경

---

59) Frei의 "역사와-유사한"(history-like)이라는 표현의 사용은 흔히 그가 성경 내러티브를 실제 역사가 아니라 오직 역사와 같은, 즉 꾸민 이야기로 믿는다는 것으로 오해되었다. Frei가 성경 내러티브의 사실성과 진실성에 대해 무엇을 믿었든 간에(사실, 거의 믿지 않았지만), 그는 "역사와-유사한"이란 표현을 통해 성경 내러티브가 사실적이며 따라서 그것이 묘사하는 실제 사건과 매우 유사함을 의미하려 했다. 성경 내러티브는 사실적이다. 실제로, 성경 내러티브는 사건들을 아주 사실적으로 묘사하기 때문에 독자들은 사건 자체인 양 그것에 반응한다. 실제적인 역사적 사건들과 마찬가지로 성경 내러티브의 의미는 그것이 묘사하는 사건들의 형태와 순서에 놓여 있다. Frei의 "역사와-유사한"이란 표현의 사용은, 사건들이 실제로 일어났다든가 아니라든가 하는 믿음을 수반하지 않는다. Frei의 표현은 단순히 그 사건이 너무나 사실적으로 독자들에게 제시되었기 때문에, 그것을 읽는 것만으로도 실제 사건을 보는 것 같다는 점을 의미한다. Frei의 저서 *The Eclipse of Biblical Narrative*는 "역사와-유사한"이라는 개념의 상실과, 그 개념이 내러티브의 사실성의 의미로 대체된 현상에 대한 것이다. 성경 내러티브는 너무도 사실적이어서 그것이 묘사하는 실제 사건에 가려져 간과되는 경향이 있다. Frei에 따르면 "사실적인 또한 '역사와 유사한'(반드시 역사적은 아닐지라도) 요소는, 그것이 중요한 만큼이나 명백하게, 기독교 신앙을 형성하는 역할을 한 많은 성경 내러티브의 특징이다.…18세기의 주요한 주석자들 대다수가 중요한 성경 이야기의 사실적인 특징을 실제로 인정하고 동의했다는 사실은 놀랍다. 하지만 그것을 격려하기 위한 비평-이전의 분석적이고 해석적인 절차는 대부분의 주석자들의 의견에 따르면 회복 불가능하게 깨어졌으므로, 이러한 구체적으로 사실적인 특징은, 비록 모두에 의해 인정되었지만, 마침내 무시되거나 또는—심지어 더 놀랍게는—그것을 격리시키기 위한 '방법'의 부족으로 그것의 존재나 특징이 거부되었다. 구체적 특색이 있었다는 일반적인 합의에도 불구하고 말이다!"(*The Eclipse of Biblical Narrative*, p. 10)

역사를 이해할 수 없었다. 이런 언급이 성경 내러티브에 역사적 가치를 부여한 그들의 경향이 틀렸다고 말하는 것은 아니다. 동시에 성경 내러티브가 실제의 역사보다 못하다고 말하는 것도 아니다. 성경 내러티브가 "역사와-유사하다"라고 말한 프라이의 요점은, 비록 성경 내러티브가 유일하게 기록된 텍스트지만 그것이 사실적이고 너무도 "역사와 유사한" 나머지, 성경 역사가들은 내러티브가 마치 실제 사건(현실의 사건[res])인 것처럼 취급해왔다는 것이다. 성경 내러티브의 "역사와의-유사성"은 자주 성경 사건들에 대한 잘못된 해석을 가져왔다. 역사가들은 구약을 고대 역사 속의 사건들—설명을 필요로 하는 가공되지 않은 사실—로서 읽기를 시도했다. 문학적으로 유능한 신학자들은 위대한 서사시 문학—성경 이야기가 묘사하는 내러티브의 세계 속에 살아 있는—을 읽듯 성경 텍스트를 읽었다.

성경 내러티브를 "역사와-유사하다"라고 표현함으로써 프라이가 의미했던 것은, 성경의 사실주의가 자주 사건 자체의 현실로 오인되며, 그렇기 때문에 기록된 내러티브로서의 실제 상황의 관점이 아닌, 고대 근동의 환경을 배경으로 이해할 필요가 있는, 격리된 역사적 "사실"의 관점에서 내러티브에 의미가 부여되어야 한다는 것이다. 이런 의미에서, 프라이의 성경 내러티브의 상실의 개념은 성경 저자의 상실에 해당된다. 이런 내러티브가 너무나 삶과-유사한(life-like) 나머지, 저자의 의도(*mens auctoris*)의 일부로 동일시되는 의미를 가진 "*realia*"(*res*)에 대한 기록된 묘사(*verba*)라는 사실은 쉽게 간과된다. 이런 상태에서, 헹스텐베르크와 카일과 같은 복음주의 신학자들은 성경 내러티브를 단순히 실제 사건들(*res*)에 대한 기록된 기사(*verba*)가 아니라, 사건들 자체(*res gesta*)로 다루었다. 따라서 이들은 성경 내러티브를 고대 역사에 대한 유일한 설명이 아니라, 역사적 방법에 의해 가장 잘 설명되고 검증될 수 있는, 또한 그렇게 되어야만 하는 실제 사실적인 사건으로 이해했다. 이런 견해를 가졌던 헹스텐베르크는 성경 역사에 대한 자신의 이해가 어째서 성경 역사가들에 의해 진지하게 받아들여지지 않는지 알지 못하는 듯 보였다. 다른 성경신학자들이 믿었던 바처럼, 헹스텐베르크도 역사적으로 진실한 성경 내러티브는 사건을 일어났던 대로 묘사하는 것이라고 믿었다.[60] 바로 그랬기 때문이 구약이 역사적인 것이다.

19세기와 20세기를 통해서, 복음주의 성경신학자들은 슐라이어마허의 성경 역사의 견해와 구약과 신약 사이에 허용된 제한적 역사적 연결성에 대해 적절한 대응을 공식화하기 위해 상당한 노력을 기울였다. 그들은 자신들이 대치하고 있는 대상이 슐라이어마허라는 사실을 몰랐으며, 또 굳이 알려고 하지도 않았다. 이런 노력이 복음주의 성경신학에 끼친 효과가 바로, 프라이가 성경 내러티브의 "퇴색"이라고 묘사한 것이었다. 내러티브는 사건에 대한 기록이 아니라, 발전 중인 방법론의 관점에서 다루어져야 하는 실제 사건들로 간주되었다. **실제** 역사로 간주된 성경 내러티브는 (실제 사건들과 대조적으로) 복음주의 신학자들에 의해 슐라이어마허의 구약과 신약 사이의 최소주의적 역사적 연결성을 확장하기 위해 사용되었다. 슐라이어마허는 예수가 유대인의 후손이었다는 정도의 최소한의 사실만을 역사적인 것으로 받아들일 수 있었던 반면에, 복음주의자들은 "사실주의적인" 성경 내러티브의 수단을 통해, 내러티브가 제시하는 역사의 작은 조각을 가지고 신구약을 연결하는 실제 사건의 광범위한 범위로 연장하는 것이 가능하다고 믿었다. 만약 중간사의 문헌으로부터 끌어오는 것이 허용된다면, 이는 특별히 더 그런 경우였다. 만약 예수가 유대인의 후손이라면, 주후 1세기나 또는 더 이른 시기의 유대교에 대해 배울 수 있는 모든 것은, 구약과 신약을 역사적으로 연결하기를 바라는 성경신학을 위한 적절한 역사적 배경으로 고려될 수 있으며 또한 그래야만 했다. 따라서 최소한 복음주의자들 사이에서, 슐라이어마허가 처음 구약에 대해 공격을 집중한 바로 그 질문인 구약과 신약 사이의 역사적 관계는, 그들

---

60) Kraus, *Geschichte der historisch-kritischen Erforschung des Alten Testaments*, p. 372.

이 성경신학을 위한 반격을 시작하기 위해 준비한 의도하지 않은 기초가 되어버렸다.

성경 내러티브와 실제 역사적 사건의 이와 같은 방정식은 요한 폰 호프만(Johann von Hofmann), 로테(Rothe), 카일 같은 19세기 복음주의자들의 초기 저술에서 볼 수 있다.[61] 카일은 근본적으로 텍스트와 관계된 다음과 같은 질문을 연구한다. 즉 창세기 37:25의 "이스마엘 사람들"이 어째서 동일한 장의 나중 부분에서는 "미디안 사람들"과 "므단인들"(창 37:28)로 불리는지를 질문한다. 여기서 카일은 역사가와 지리학자로서의 이유들을 제시하여, 그 까닭은 창세기를 작성하는 과정에서 사용된 다양한 텍스트들의 철자법의 결과 때문이 아니라, 유다가 해당 지역에서 낯선 자였기 때문에 그곳의 다양한 족속의 부류를 구별할 수 없었다고 설명한다. 카일의 설명은 다음과 같다.

> 상인들에게 준 다양한 명칭들—**이스마엘 사람들**(창 37:25, 27, 28b), **미디안 사람들**(28a절), **므단인들**(36절)—은, 이 이야기가 서로 다른 전승에서 왔다는 점을 나타내지 않는다. 오히려 이는, 그들이 아브라함의 공통적인 혈통(창 16:15; 25:2)일 뿐 아니라, 삶의 방식의 유사성과 거처의 끊임없는 변동 속에서 그들이 서로 밀접하게 닮았기 때문이 자주 혼동되었으며, 낯선 자들은 그들을 거의 구별할 수 없었다는 사실을 보여준다.[62]

카일은 요셉을 이집트에 팔아넘긴 자들의 명칭을 기록한 설명에 대해서도, 원문 변화에 의해 설명될 수 있었던, 다만 문학적 질문이었던 것에 대해서 역사적-인구통계학적인 답을 제공한다.

---

61) Sailhamer, *Introduction to Old Testament*, pp. 36-85을 보라.
62) C. F. Keil and F. Delitzsch, *The Pentateuch*, trans. James Martin (BCOT; Grand Rapids: Eerdmans, 1971), p. 337.

카일과 동일하게 중요한 다른 복음주의 신학자들은, 과학적(역사적) 설명을 필요로 하는 역사적 원자료로 성경 텍스트를 다루면서 17세기의 비평-이전의 과거로 돌아감으로써, 구약에 대한 슐라이어마허의 비평에 응답했다(헹스텐베르크, 찰스 하지, 벤저민 워필드[Benjamin Warfield]).[63]

19세기와 20세기에 복음주의적 성경신학은, 하나님의 기록된 말씀으로서의 구약의 고전적인(복음주의적인) 견해에 대한 슐라이어마허의 비평에 방어적인 출발점을 취했다(부지중에?).[64] 슐라이어마허의 비평에 대항해서 구약을 변호함에 있어 복음주의적 성경신학자들은 구약과 성경 역사에 대해 새롭고 영속적인 태도를 만들어냈다. 슐라이어마허에 응답하면서, 복음주의적 성경신학자들은 때로는 구약에 관한 슐라이어마허의 가정에서 자신들의 견해를 끌어내기도 하면서, 암암리에 슐라이어마허를 받아들이기도 했다. 오늘날에 와서 이런 가정의 중요한 측면과, 이들이 낳은 접근법들은 구약에 대한 복음주의적 견해의 필수적인 부분이 되었다.

19세기에 등장한 역사의식에 동조했던 슐라이어마허의 목적은 구체적인 역사적 컨텍스트의 관점에서 구약에 접근하는 것이었다. 슐라이어마허는 이 컨텍스트가 고대 유대교의 종교라고 믿었다. 구약, 히브리어 성경은 유대교(모세주의)의 성경이었다. 이것을 시작점으로, 슐라이어마허는 의

---

63) 복귀: "Die Verbindung der Spätromantik mit dem Rest der konsercvativen Aufklärung, die Besinnung auf die fortdauernde rechtliche Geltung der Bekenntnisschriften, die positive Wiederaufnahme des biblisch-dogmatischen Erbes durch die massgebenden theologischen Neubildungen hatten den Boden für die Auferstehung der altprotestanitischen Theologie bereitet"(Horst Stephan and Martin Schmidt, *Geschichte der evangelischen Theologie in Deutschland seit dem idealismus*, 3rd ed. [Berlin: de Gruyter, 1973], p. 203).

64) "Für das Grundverständnis des Alten Testaments im 19. Jahrhundert hatten die systematischen Erklärungen Schleiermachers eine nicht geringe Bedeutung…Seine kritischen Äusserungen…. wollen den Zeitgenossen helfen, ein neues Verhältnis zum Alten Testament zu gewinnen"(Kraus, *Geschichte der historisch-kritischen Erforschung*, p. 170).

도적으로 구약에 대한, 특히 구약을 하나님의 기록된 말씀으로 존경하는 교회의 중심 신념을 뒤집었다.[65] 그리스도인들은 (고대) 유대교의 성경으로서의 구약의 개념을 반박하는 데 마음이 내켜하지 않는 동시에, 그렇다고 구약이 그들의 성경의 중심적이고 필수적인 부분이 아니었다고 인정할 준비도 되어 있지 않았다. 예수와 신약의 사도들은 구약을 하나님의 말씀으로 이해했다. 교회는 이들을 따라서, 구약이 성경이었음을 인정했다. 따라서 교회는 구약이 (고대) 유대주의의 성경인 동시에, 자신들의 성경의 주요 부분임을 인정했다. 양쪽 모두에게 동일한 히브리어 성경(구약)이었던 것이다.

슐라이어마허의 구약에 대한 재평가 안에 예상치 못한 함축적 의미가 있었다는 사실이, 곧 대부분의 복음주의적 신학자들에게 명백해졌다. 사실 슐라이어마허 자신은 이런 함축성을 밝히는 데 주저하지 않았다. 그의 주장에 따르면, 구약이 유대교의 성경이라면 그것을 기독교적 측면에서가 아니라, 유대교 종교의 컨텍스트에서 보는 것이 필요하다. 동일한 책이, 최소한의 혼란도 없이, 유대교의 성경인 동시에 기독교의 성경이 될 수는 없다. 슐라이어마허에게 이런 지점은, 고대 유대교와 모세 율법의 새롭게 이해된 컨텍스트에서 구약의 메시지가 재평가되어야 함을 의미했다.[66] 율법과 시내 산 언약의 구체적 표현인 구약은 복음을 위한 준비로서 긍정적으로 이해되기가 어렵다. 따라서 슐라이어마허는, 구약이 1세기 말에 기독교 복음에 반대되는 역할을 한 율법 체계와 측면에서 이해되어야 한다고 믿었다. 슐라이어마허가 본 구약은 시내 산 언약의 컨텍스트에서 이해되어야 했으며, 그는 이것을 율법주의로 보았다. 확실히 초대교회의 구약

---

65) Ibid., p. 171.
66) Schleiermacher는 "유대교"가, 아브라함의 종교와 나중에 바벨론 포로기 이후에 생긴 공동체를 포함한 "모세의 제도"(Mosaic institutions)를 의미한다고 보았다 (Schleiermacher, *The Christian Faith*, §12, pp. 60-62). 현대의 유대교와 구분할 필요가 있을 때 나는 "고대 유대교"라는 표현을 사용한다.

사용에는 그리스도가 구약에 약속된 유대인 메시아임을 확인하려는 목적이 있었지만, 슐라이어마허는 이것을 단순히 초대교회가 유대교에 선교 활동을 하려는 관점에서의 선교학적 편의주의였다고 주장했다. 많은 숫자의 초대기독교 공동체들은 유대교에서 나왔다. 그들은 구약에 익숙했으며, 그들에게는 예수를 그들 자신의 종교의 컨텍스트에서 이해하는 것이 도움이 되었다. 슐라이어마허는 이것이 신약교회가 구약에 호소하는 유일한 정당화였다고 주장했다.

슐라이어마허의 많은 견해가 성서비평주의를 구약에 극단적으로 적용한 결과이기는 했다. 그럼에도 그와 동일한 비평적 견해를 가지지 못한 복음주의적 신학자들에게는, 슐라이어마허의 논점의 무게가 예리하게 느껴졌다. 구약에 대한 슐라이어마허의 이해가 가져온 궁극적 효과는, 기독교회에서 많은 신자들이 구약을 사용하지 않게 되었으며, 따라서 각각의 그리스도인과 공동체가 그들 신앙의 역사적이거나 신학적인 기초를 잃어버렸다는 것이다. 그리스도인들과 그들의 구약 사용에서의 순손실은 상당한 것이었다. 구약 메시아 예언의 성취 개념은 정통 복음주의의 대들보였다. 기독교를 정당화하기 위해 성경 예언을 사용하는 것이 예수(와 사도들)의 구약 이해의 일부였다는 사실이, 이미 신약에서부터 분명했다. 하지만 슐라이어마허와 함께, 메시아 예언의 성취 개념은 대부분 묵과되었다.[67]

경건주의자로 자란 슐라이어마허는 역사적 근거의 상실을 개인적 신앙의 중요성을 강조함으로써 보상했다. 기독교의 진리의 근거는 구약의 메시아 예언의 성취 같은 역사적 논쟁이 아니라, 그리스도에 대한 단순한 믿음에 의존했다.

---

67) "Für ein freudiges Werk kann ich dieses Bestreben, Christum aus den Weissagungen zu beweisen, niemals erklären, und es tut mir leid, dass sich noch immer so viel würdige Männer damit abquälen"(Kraus, *Geschichte der historisch-kritischen Erforschung*, p. 172).

구약에 대한 슐라이어마허의 견해가 가져온 이런 부정적 양상에도 불구하고, 슐라이어마허는 복음주의자들에게 계속적으로 영향을 끼쳤다. 복음주의적 성경신학자들은 그의 견해의 일부를 여기저기 수용하는 것과, 복음주의 신학의 필수적인 부분을 포기하는 것은 전혀 상관없는 일이라는 듯 행동했다. 슐라이어마허의 영향하에서 복음주의자들은, 이론이 아니라면 실제에 있어서, 구약은 교회에 속하지 않고 고대 유대교 종교와 더 가까이 연결되어 있다는 개념에 점점 더 가까이 나아갔다. 이런 견해는 구약의 고전적인 정통 견해와 강하게 충돌하는 것이었다.

슐라이어마허의 견해가 가진 부정적인 측면에 대해 각자가 어떻게 반응했는지에 관계없이, 슐라이어마허의 사상은 전통적인 복음주의적 사고방식에 새로운 관점을 던질 수 있으며, 또 그렇게 했다는 사실이 널리 인정된다. 당대의 신학자들 대부분에게, 슐라이어마허는 고려해야 하는 기독교 형태를 대표했다. 이런 견해가 장래에 가져올지도 모르는 변화에 대해서는 인식하지 못한 채, 많은 사람들은 그의 견해의 어떤 요소든, 그것이 자신의 성경 이해에 안전하게 가져올 수 있는 것이면 무엇이든 활용하려고 애썼다.

최소한 복음주의자들에게 슐라이어마허의 견해가 가진 긍정적 측면은, 그가 믿음에 부여한 변증학적 가치였다. 경건주의자인 슐라이어마허는 예수 그리스도에 대한 개인의 신앙이 엄청난 확실성을 가진 역사적 사실이라고 가르쳤다. 역사적 사실로서의 개인의 신앙에 호소함으로써, 그는 기독교 종교의 진리를 위한 확실한 근거를 발견했다고 믿었다. 그의 이런 호소는 19세기 초 수십 년간의 복음주의 부흥 운동과 함께 긍정적인 개념으로 다가왔다. 부정적인 면은, 슐라이어마허의 견해가 기독교와 구약 사이에 역사적으로 보증된 연결성을 제공하는 데 실패했다는 것이다. 소동이 가라앉은 후 모두에게 분명해진 사실은, 슐라이어마허가 몇 천 년은 아닐지 몰라도, 직어도 몇 세기에 걸쳐 존재하던 구약과 신약 사이의 역사적이고 종교적인 관계를 부수어버렸다는 것이었다.

슐라이어마허는 구약의 역사적·종교적 기초를 고대 유대교로 믿고 그런 측면 안에서만 구약에 접근했다. 그는 고대 유대교를, 율법을 존중하는 율법의 종교로 믿었기 때문에, 구약에 대해서도 그렇게 믿었다. 슐라이어마허가 구약 자체의 연구를 통해서 구약에 대해 이런 결론을 내린 것 같지는 않다. 물론 그는 구약을 읽고 그 내용을 알았지만, 거기에 근거하여 구약이 율법주의의 종교를 가르친다고 판단한 것은 아니었다. 그는 순수하게 고대 유대교와의 관련에 근거해서 구약을 율법과 동일시했다.

현대의 관점에서 보면, 고대 유대교와 구약에 관한 슐라이어마허의 가정은 적절하지 않다. 그럼에도 슐라이어마허 당대에, 구약과 고대 유대교에 대한 그의 견해는 광범위하게 받아들여진 것으로 보인다. 오늘날에는 고대 유대교와 구약 모두를 율법주의적으로 보는 그의 견해를 지지하는 사람은 거의 없다. 그렇다고 오늘날 구약에 대한 그의 견해를 아무도 고수하지 않는다는 뜻은 아니다. 또한 그의 견해를 고수하는 자들이라고 해서 이 견해를 그에게서 직간접적으로 얻었다는 의미도 아니다. 구약이 율법주의를 가르친다는 결론을 어디에서 어떻게 얻었든지 관계없이, 이 문제에 관한 슐라이어마허의 견해는 오늘날, 그리고 고전적 정통주의(18세기 초)의 후기 단계 동안 구약에 관한 태도의 큰 그림을 보는 데 중요하다.

슐라이어마허가 이해한 율법으로서의 구약은 정통주의적 견해와 첨예하게 부딪쳤다. 17세기와 18세기를 통해, 정통주의적 그리스도인들은 신약과 함께 구약을 그들 기독교 신앙의 표현으로 이해했다. 그들은 신약이 구약에 대해 다음과 같이 가르친다고 이해했다. 즉 구약은 고대 교회(성경의 이스라엘)의 성경으로서 신약과 동일한 기독교 사상을 반영한다는 것이다. 또한 그들이 이해한 신약의 가르침에 따르면, 예수(요 8:56)와 바울(롬 4:1-3)과 다른 신약 저자들(히 6:15)은 아브라함의 믿음이 그들의 복음(롬 16:25-27)과 동일한 것이었다고 믿었다. 구약에 대한 이런 견해는 종교개혁자들과 17세기 정통주의 신학자들에 의해 복음주의적 기독교 신학에 전해졌다.

슐라이어마허는 종교개혁자들이 구약에 대한 그들의 이해를 신약에서 가져왔음을 인정했다. 그는 정통주의 신학자들이 구약성경의 의미에 대한 질문에 접근함에 있어, 단순히 예수와 신약 저자들의 견해를 액면 그대로 받아들였음을 믿었다. 따라서 정통주의 신학자들에게, 구약은 기록된 하나님의 말씀인 신약의 필수적인 일부였다. 신약과 함께, 구약은 기독교 성경의 완전하고 동등한 부분이었다. 개신교 정통주의 후기(18세기 초)의 대표적인 복음주의적 신학자인 다비드 홀라츠(David Hollaz)[68]는 구약에 대한 정통 복음주의적 견해에 대한 최종적 표현들 중 하나를 대표한다.

거룩한 성경은 예언자들에 의해 구약의 히브리어로, 그리고 사도들에 의해 신약의 그리스어로 성령의 즉각적인 영감에 의해 기록되도록 위임 받은 하나님의 말씀으로서, 죄인들에게 예수 안에서 진정한 믿음을 가져야 하고, 하나님과 화해되었기에 거룩함으로 살아야 하며, 하나님의 은혜에 의해 영원한 생명을 얻어야 한다는 것을 가르친다.[69]

18, 19세기 정통주의 신학자들은, 예수 시대에 구약이 고대 유대교의 성경이었으며, 그 자체가 아브라함, 모세, 다윗 같은 족장 종교에서 직접적으로 이어진 것임을 공통적으로 믿었다. 따라서 구약은 에덴동산에서부

---

68) "Als Vertreter der orthodoxen Schriftlehre werden hauptsächlich Calov, Quenstedt und Hollaz zitiert, weil Semeler seinen Angriff vor allem gegen diese Dogmatiker der Hoch- und Spätorthodoxie gerichtet hat"(Gottfried Hornig, *Die Anfänge der historisch-kritischen Theologie: Johann Salomo Semlers Schriftverständnis und seine Stellung zu Luther* [FSTR 8; Göttingen: Vandenhoeck & Ruprecht, 1961], p. 40).

69) "Sacra Scriptura est verbum DEI a Prophetis in Veteri Testamento Hebraeo, & in Novo Testamento ab Apostolis Graeco idiomate ex immediata Spiritus Sancti inspiratione literis consignatum, paccatorem instruens, ut veram in CHRISTUM fidem concipiat, DEOqve reconciliatus sancte vivat, ac tandem vitam aeternam beneficio DEI adipiscatur"(David Hollaz, *Examen theologicum*, p. 106).

터 현대에 이르기까지 모든 믿는 자들의 견해를 포함해서 성경 이스라엘 (고대 교회)의 신앙을 가르친다. 구약은 고대 유대교 종교에 대한 권위 있는 증인이었으며, 그 자체가 구약의 저술 시기에 유대인 교회였다. 구약에서 발견된 고대 유대교의 믿음(예, 아브라함, 모세, 다윗의 믿음)은 그리스도와 신약 신자들의 믿음과 동일했다. 구약이 모세와 다윗 같은 족장들[70]의 성경이었던 것만큼, 예수와 사도들과 초대교회의 성경이기도 했다. 구약에 표현된 믿음과, 예수와 사도들의 종교적 신앙 사이에는 차이점이 없었다. 구약에 대한 바로 이런 이해에 대해 슐라이어마허는 비평의 화살을 날린 것이다.

구약에 대한 정통주의의 태도는 단호히 긍정적이었다. 이런 태도는 많은 복음주의적 신학자들의 기독교 신앙 안으로 쉽게 파고들었다. 장 칼뱅의 『기독교 강요』(Institutes of Christian Religion)는 구약에 대한 정통주의적 견해의 고전적 진술이다. 칼뱅은 구약의 종교와 기독교 믿음 사이에 차이점을 거의 보지 못했다. 그는 신약과 마찬가지로, 구약의 믿음도 언약의 개념에 기초하고 있음을 믿었다. 모든 시대를 통해 하나의 언약(눅 1:72)이 궁극적으로 십자가에서 그리스도의 피에 인해 봉인되었다. 구약에 대한 칼뱅의 견해에서 중심적인 것은, 그가 다수의 언약이 있다는 개념을 거절했다는 점이다. 그는 하나님이 이스라엘과 맺은 언약과, 그분이 교회와 맺은 언약이 일치한다고 생각했다. 칼뱅에게 모든 성경의 언약들은, 창세기 15장에서 아브라함에게 하나님의 서약으로 시작된 하나의 언약이 구체적으로 실행된 것이었다. 그리고 이 언약은 구약과 신약 전체에서 계속적으로 교회의 특징이 되었다.[71]

칼뱅의 견해에서, 구약은 유대교의 성경인 동시에 기독교 성경의 필수적인 부분이었다. 이런 지점이 기독교 신학에서 의미하는 바는, 신약은

---

70) 정통주의 신학자들은 족장들이 "원계시"(Uroffenbarung)로서 기록되지 않은 형태의 "성경"을 가지고 있었다고 믿었다.

71) John Calvin Institutes 2.10.

"새로운 종교"라는 의미에서 "새것"이 아니라는 것이었다. 신약은 오직 구약 언약의 더 최신 버전이라는 의미에서만 "새것"이었다. 구약은 신약교회의 탄생 전에 오랫동안 유대교에서 하나님의 말씀이었다는 의미에서 "오래된 것"이었다. 그렇기 때문에 칼뱅은 신약이 구약의 직계 후손이라고 믿었다. 구약은 신약이 집필되기 전에는 신약이었다. 신약과 결합된 구약은 하나의 기독교 성경의 두 부분 중 하나였다. 구약은 오실 그리스도를 가리켰고 신약은 그의 오심을 선포했다.

성경에 대한 정통주의적 견해는, 16세기 종교개혁자들이 중세 교회의 성경 교리에 대항하는 컨텍스트 안에서 발달되었다. 신약이 구약의 의미를 대표했던 것처럼, 중세 교회의 견해는 성경과 함께 무오류성의 전통을 대표했다. 종교개혁자들은 이런 주장을 거부했다.

개신교의 논지는 성경의 충분성을 강조했다. 그들은 성경만이(sola Scriptura) 하나님의 계시의 원천임을 주장했다. 중세의 반론은 성경에 대한 개신교 견해의 어떤 양상이 이미 전통의 필요성을 인정한다고 주장했다. 중세의 주장은 노아와 아브라함과 같은 족장들은 기록된 성경을 가지고 있지 않았지만, 그들은 성경에서 가르치는 믿음을 알고 있었던 것으로 보인다는 점을 관찰했다. 성경이 기록되기 전에 살았던 자들은 그들을 인도할 기록되지 않은 전통을 가지고 있었음에 틀림없다는 것이다. 구약의 족장들은 기록된 성경을 가지기 오래전부터 하나님을 예배하고 믿음(창 15:6)과 순종(창 26:5)의 삶을 살지 않았던가? 이것은 그들이 전통에 의존하고 있었음을 증명하지 않는가? 만약 아브라함의 종교적인 믿음이 기록되지 않은 전통에 의존했다면, 어떻게 종교개혁자들은 전통의 가치를 부인할 수 있는가?

중세 교회가 구전에 호소한 것에 대한 개신교의 응답은 성경신학에서 광범위한 결과를 낳았다. 중세 신학자들이 개신교에 대해, 개신교도 그들 나름의 전통의 형태를 가진다고 비난했을 때, 복음주의적 정통 신학자들은 아브라함과 다른 족장들이 "기록되지 않은 전통"이 아니라, "기록되지 않은 성경"에 의존했다고 주장했다. 그들의 주장에 따르면 구약이 집필되기 전, 성경이 기록되기 오래전부터 존재해왔던 족장 시대의 교회는, 기록 이전의 형태를 가진 "성경적" 계시를 이미 가지고 있었다. 족장 시대 이전과 족장 시대 동안, 성경은 기록되지 않은 형태로 존재했으며, 따라서 이것은 족장들의 종교적 신앙에 필수적 부분이었다. 족장들은 하나님의 계시의 직접적인 참가자였다. "그것은 세상의 시작에서부터 족장들에게 맡겨졌던, 그리고 모세에게 계시되었던 천국의 교리였다."[72]

종교개혁자들은 성경 내러티브를 읽으면서, 아브라함과 그의 후손들이 성경의 계시를 인식하고 있었음이 분명하다고 여겼다. 종교개혁자들의 주장에 따르면, 그들이 이 점을 알았던 것은 계시를 직접적으로 경험했기 때문이다. 아브라함과 그 후손들은 성경 사건이 일어났을 때 그 사건의 일부였으며, 따라서 그 의미를 명확하게 이해했다. 이 초기 발달 단계에서 성경에 기록된 사건의 일부였던 자들에게는 성경이 일종의 "살아 있는 그림"으로 보였다. 그들은 사건이 일어났을 때 거기 있었고 목격자로서 그것을 이해했다. 구약 교회는 성경해석의 전통을 보존하지 않았다. 오히려 구약 교회는 하나님의 계시의 기록되지 않은 증거를 소유하고 있었다. 정통 복음주의 신학에서 이 초기의 기록되지 않은 "성경적" 계시는 일종의 "원계시"(Uroffenbarung)로 간주되었다.[73] 이는 그들의 성경 교리의 필수적인 부분이었다.

---

72) Martin Chemnitz, *Examination of the Council of Trent*, trans. Fred Kramer (St. Louis: Concordia, 1971), 1:55. 전체 인용: "성경의 이런 간증들은 이 성스러운 책들이 쓰인 이후에 어떻게 이스라엘의 자녀들의 교회가 진리의 기둥이요 기초였는지를 보여준다. 왜냐하면 이들에게 하나님의 신탁이 맡겨졌기 때문이다(롬 3:2). 그러나 이것이 그들에게 임의적으로 무엇인가를 설립하라거나 또는 기록된 것 외에 다른 것을 믿음의 교리로, 기록되지 않은 전통으로부터 교회에 강요하도록 면허를 준 것은 아니다. 그들은 성경의 보호자로 추천되었는데, 하나님이 영감을 주셔서 천국의 교리를 쓰도록 위탁하셨고 세상의 시작부터 족장들에게 위탁하셨으며 모세에게 계시하셨던 것이다."

73) Uroffenbarung은 종교개혁자들이 사용한 용어가 아니다.

하나님의 말씀은 그분의 영감에 의해 정보를 받은 선지자들과 사도들이 살아 있는 목소리(*viva voce*)로 설교했으며, 그들이 문자로 페이지 위에 새겼고 표현했던 것과 하나이며 동일하다. 서면이나 구두로 전달된 다양한 방법들의 제시와 의사소통이, 기록된 단어나 말 속에 포함된 대상이나 재료의 다양성을 개입시키지 않는다. 이런 정도에서는 "εγγραφον", 즉 기록된 하나님의 말씀은 실제로 가르침이든 설교든, "αγραφω", 즉 기록되지 않은 하나님의 말씀과 다르지 않으며, 종(*species*)에서의 속(*genus*)의 구별 또는 구성 요소에서의 전체의 구별이 다르지 않으며, 부수적 성질에 대한 주제의 구별도 마찬가지다.[74]

원계시(Uroffenbarung)에 대한 정통주의적 견해의 중요한 결과는, 성경의 기록된 말씀과 텍스트를 그 말씀이 이야기한 실제 역사적인 사건들과 동일시한 것이었다. 중세 스콜라주의의 언어를 사용하여 정통주의 신학자들은 말씀(*verba*)으로서의 성경과 실체(*res*)로서의 성경이 본질적인 면에서 동일하지만, 그것의 부수적인 성질, 즉 기록된 것과 기록되지 않은 측면에서는 다른 것이라고 주장했다. 후에 문제가 된 것처럼 이는, 정통 복음주

---

74) "Unum enim & idem Dei Verbum est, quod Prophetae & Apostoli, per divinam inspirationem edocti, viva voce praedicarunt, & quod per literas & characteres in charta signarunt & expresserunt. Diversitas modi proponendi & communicandi, qui est vel scriptio, vel oralis traditio, non infert diversitatem objecti vel materiae in verbo scripto & tradito contentae. Adeoque Verbum Dei eggrafon seu scriptum, a Verbo Dei agrafw, non scripto seu tradito & praedicato non differt realiter, nec est divisio illa generis in suas species, vel totius in suas partes integrantes, sed subjecti duntaxat in sua accidentia"(Johann Andreas Quenstedt, *Theologia didactico-polemica*, chap. 4, §1 [Wittenberg, 1685], p. 54). 또한 "Hinc orta distinctio Verbi in agrafon & eggrafon; quae non est divisio generis in species, ut Pontificii statuunt; quasi aliud esset Verbum non scriptum a scripto: sed est distinctio subjecti in sua accidentia, quia eidem Verbo accidit, ut fuerit non scriptum olim, & nunc sit scriptum: agrafon ergo dicitur, non respectu temporis praesentis, sed praeteriti, quo visum est Deo Ecclesiam sola viva voca & non scripto edocere"(Franciscus Turretin, *Institutio theologiae elencticae* [Geneva, 1688], p. 64).

의적 신학자들이 성경의 기사가 역사적으로 정확하다고 믿었다는 그런 단순한 의미가 아니다. 물론 이들은 역사적 정확성을 믿었으며 성경에 기록된 사건들의 실체도 믿었다. 그들이 관심을 가졌던 문제는, 구약의 성도들이 날마다의 삶 속에서 성경의 내용, 생각, 소재를 실제적으로 알았고 이해했다는 믿음이었다. 복음주의 신학자들의 주장에 따르면 성경 역사의 초기 시대에 하나님은 초기 족장들에게 자신을 계시하기 위해, 성경 인물들이 경험했지만 언어로는 기록하지 않은 원계시(die weissagende Offenbarung in Wort), 기록되지 않은 "예언적 역사"(die weissagende Geschichte)[75]를 사용했다. 이 계시는 성경 인물들의 삶의 시작에서부터 구약의 페이지 위에 문서화(inscripturalization)될 때까지 동일했다.[76] 슐라이어마허 자신이 정통주의와 어느 정도 공유한 계시에 대한 이런 견해는, 후에 역사 속에서의 계시 또는 구속사(salvation history)로 알려진 것의 초기 형태였다.

대체로, 구약에 대한 슐라이어마허의 이해는 고전적인 정통주의 견해와는 상충되었다. 그러나 어떤 영역에서는 기대치 않은 견해의 일치점이 있었다. 비록 슐라이어마허와 헹스텐베르크가 그것을 항상 인식하고 있었

---

75) Franz Delitzch, *Die biblisch-prophetische Theologie: Ihre Fortbildung durch Chr. A. Crusius und ihre neueste Entwickelung seit der Christologie Hengstenbergs* (BAS 1: Leipzig: Gebauer, 1845), p. 171.

76) 여전히 Vos는 "Uroffenbarung"에 대한 이런 초기 개념을 대표한다. "특별계시의 가장 중요한 기능은…진리의 새로운 세계를 소개하는 데 있다.…직접적인 교류의 형태에 대해서 이것은 객관화되어 있다. 이전에는 가장 직접적인 영적인 교류가 있었다. 계시의 흐름은 방해받지 않고 흘렀으며, 차후에 길러내기 위해 그 물을 저수지에 모아놓을 필요가 없었다. 구속의 규칙 아래에서는 인간과 하나님의 교류에 인간을 연결시키는 외적인 구체화가 창조되었다.… 계시의 계속적인 흐름에 접근하기가 항상 쉬웠던 곳에서는, 미래의 기억을 위해 과거의 교류를 제공할 필요가 없었다. 그러나 계시가 더 느슨하고 더 쉽게 방해받는 속에서는 그럴 필요가 있었는데, 구속에 대한 현재적 즐거움 아래서 교제가, 원칙상으로만 회복되었다. 따라서 새로운 구속적 계시의 필수적인 내용에는 영구한 형태가 주어졌는데, 첫째는 전통을 통해서, 다음으로는 성스럽고 영감으로 된 기록의 문서화를 통해서다"(*Biblical Theology*, pp. 29-30).

던 것은 아니었지만, 그들은 모두 원계시(Uroffenbarung)의 개념에 대한 비슷한 견해를 가지고 있었다. 예를 들면, 두 사람 다 역사의 행위(*res gesta*) 속에서의 문서 이전의(pre-scriptural) 계시를 믿었다.

슐라이어마허의 믿음의 중요성에 대한 주장과 함께, 원역사 개념의 암묵적 동의는 그와 헹스텐베르크와 같이 복음주의 부흥을 경험했던 자들 사이에 기대치 않은 일치된 견해의 영역을 열게 되었다. 헹스텐베르크는 종교 부흥에서 개인의 회심이 성경 예언자의 경험과 비슷하다고 보았다. 둘 다 진실되고 인격적인 하나님의 역사를 포함했다. 둘 다 세상을 보고 하나님의 뜻을 아는 새로운 방식의 결과를 가져왔다. 회심과 예언, 둘 속에서 인간은 하나님의 실제적(역사적) 역사하심을 직면했다.

실제 사건으로서의 자신의 종교적인 회심 경험에 의존해서 헹스텐베르크는 자신이 예기적 (메시아적) 예언을 위한 중요한 기초를 발견했다고 믿었다. 그는 종교적 회심의 절대적 확실성이 메시아 예언에 대한 옹호의 근거로 사용될 수 있다고 믿었다. 회심과 예언의 은사 모두, 하나님의 부르심과 특별한 종류의 하나님의 계시를 포함하는 기적적인 하나님의 역사였다. 슐라이어마허가 주장한 대로, 만약 회심이 가능하고 변호될 수 있는 것이라면, 메시아의 예언 또한 안 될 이유가 있는가?

개인의 믿음과 종교적인 회심의 확실성으로 무장된(역설적이게도 슐라이어마허와 이 믿음을 공유한) 헹스텐베르크는 슐라이어마허의 비평에 대항해서 구약과 메시아 예언의 정통주의 견해를 변호하기 위한 평생의 임무에 착수했다. 따라서 슐라이어마허와 헹스텐베르크는 "Uroffenbarung"의 정통주의적 개념에 있어 본질적으로 동의했다. 슐라이어마허의 경우, 이 동의는 성경(*verba*)의 역사적(*res*) 컨텍스트와 고대 이스라엘 종교의 관계에 대한 특별한 관심에 근거했다. 그에게 원계시를 이해하는 것은 역사적-비평적 방법의 목적이었다. 원계시에 대한 헹스텐베르크의 이해의 동기 부여는 역사적 관심보다는 성경 내러티브의 역사성을 변호하는 임무에 더 치우쳐 있었다.

원계시에 대한 슐라이어마허의 개념—성경의 계시는 구체적인 역사적 행위에 근거한다—을 감안할 때, 왜 그가 구약(*verba*)의 의미는 고대 유대교 종교(*res*)의 역사적 의미와 상응하는 것으로 이해했는지가 분명해진다. 그러나 문제는 이 결론을 이끌어내는 데 있어 슐라이어마허가, 자신의 생각 속에서 구약이 대표했던 종교의 성격에 대한 좀더 깊은 역사적 질문을 제기하거나 해결하려고 시도하지 않는 듯 보인다는 것이다. 구약은 누구를 위해 이야기하고 있는가? 고대 유대교에는 오직 하나의 목소리만이 있었는가? 구약은 모든 이들을 향해 말하고 있는가? 모세의 제도에 대한 슐라이어마허의 견해는, 그의 시대에 고대 유대교에 관한 일반적인 가정, 즉 율법주의를 넘어가지 않은 것으로 보인다. 그러나 두 명의 저명한 성서학자인 율리우스 벨하우젠(Julius Wellhausen)과 아브라함 가이거(Abraham Geiger)의 생각 속에서, 슐라이어마허는 구약에 대해, 또한 구약이 대표하는 종교에 대해 훨씬 더 깊이 있는 질문들을 던졌다.

고대 유대교는 슐라이어마허가 가정했던 것보다 훨씬 더 복잡한 종교가 아니었는가? 고대 유대교를 대표한다고 주장한 구약은 슐라이어마허가 인정하려고 했던 것보다 더 큰 다양성의 흔적을 지니고 있지 않은가? 슐라이어마허는 충분한 답변을 찾지 못한 채 구약의 종교의 성격에 대한 질문에 문을 열어놓았다. 본질적으로 그는 다양성이 아니라, 종교 사상에서의 차이를 찾아갔다. 그의 초점은 구약의 종교 또는 종교들의 독특한 성격이 아니라 오히려 구약과 신약 사이에 놓여 있다고 믿어지는 차이점들에 있었다.

율리우스 벨하우젠과 아브라함 가이거

슐라이어마허와는 다르게, 벨하우젠은 구약 자체 내에서 다양성을 추구했다. 슐라이어마허의 믿음에 따르면, 이 다양성은 그가 구약으로부터 분리해서 원래 형태로 복원시킬 수 있다고 믿은 초기 문서들과 "편집"의 층위들 속에 묻혀 있다. 그가 설정한 작업은 이 초기의 다양성으로부터 텍스트의 잔존물을 찾는 것이었다. 벨하우젠은 고대 족장들의 믿음을 반영했던 원래 문서를 발견해서 재건하는 것이 가능하다고 보았으며, 그렇게 함으로써 족장들의 신앙과 그 뒤를 따르는 신앙의 성격을 더 잘 이해하게 될 것이라고 믿었다. 그는 구약과 신약의 원믿음(Ur-faith) 뒤에 놓여 있는 원문서(Ur-document)를 찾으려 했다. 그는 구약과 신약 사이의 연결성이, 오경의 최초로 기록된 문서가 작성되기 오래전에 정해졌다고 보았다. 그는 오경과 구약 전체의 실제 이야기가 가장 초기 시대부터 포로기 이후의 제사장직 시대까지 이스라엘 종교에서의 변천이었다고 믿었다. 구약의 원래 목소리를 찾기 위해서, 또한 그 목소리를 신약에 연결시키기 위해서 벨하우젠은, 구약을 거꾸로 거슬러 올라가 제사장법과 예언적인 설교를 지나서, 족장 내러티브의 가장 초기 단계까지 이르러 그곳에서부터 족장들의 종교 자체에까지 이동해야 한다고 믿었다. 벨하우젠의 프로그램은 가장 초기 문서 안에 있는 원초적인 순수한 신앙에 대한 탐구를 촉구했다. 벨하우젠은 현재의 "오경" 안에 묻혀 있는 다양한 문서들 속에서 이런 신앙을 회복할 수 있다고 믿었다.

반면에 가이거는, 고대 유대교 종교의 역사적 현실(res)이 벨하우젠의 가정처럼 구약의 문서 역사와 텍스트의 가장 초기 층위의 깊숙한 곳에서 발견되는 것이 아니라, 최종적 정경 형태의 문헌의 표면을 따라 놓여 있다고 믿었다. 가이거에게 구약은 구성적이고 정경적인 역사의 표면 흔적만을 포함한 한 덩어리 전체였다. 어떤 이들은 벨하우젠처럼 오경에 깊은 도랑을 파고 기록된 텍스트의 층위들을 거슬러 올라가, 조사하고 벽지를 벗기듯 벗겨낼 수 있을 것이다. 또 다른 이들은 가이거처럼, 텍스트의 고대 거주자의 기록된 유물과 유적에 대한 표면 조사를 수행할 수 있을 것이다.

벨하우젠과 가이거는 모두 슐라이어마허의 구약 이해의 컨텍스트 안에서 자신들의 목표를 추구했다. 구약은 이스라엘의 종교 역사를 이해하기 위해 꼭 필요한 경로였으며, 동시에 이스라엘 종교의 역사는 구약을 이해하기 위해 꼭 필요한 경로였다.[77] 이스라엘의 역사는 구약 속에서, 벨하우젠이 믿은 대로 초기 문서의 층위 속에서 발견될 수 있거나, 가이거가 믿은 대로 최종 정경 형태 위에 놓여 있는 표면의 잔해 속에서 발견될 수 있었다.

가이거의 가정에 따르면, 구약이 최종 정경 형태로 되어가는 시기 동안 고대 유대교 안에서는 많은 분열이 발생했다. 이런 대안적인 견해 각각은 아마도 각자의 공동체를 가지고 나름의 방법대로 구약을 다루었을 것이다. 또한 동의되지 않은 각각의 요점은, 고대 유대교의 내적 발전(innern Entwicklung des Judentums)을 반영하는 많은 표면 잔해와 함께 구약 위에 흔적을 남겼을 것으로 추정할 수 있다.[78] 가이거는 구약 텍스트와 고대 역본의 텍스트 역사와 저작-이후의 역사 속에서 잔해의 많은 것이 여전히 발견될 것이라고 믿었다. 구약 안에서 제사장과 선지자들의 충돌되는 견해에 대한 언급들은,[79] 가이거에게 이런 집단의 종교적 사상들이 궁극적으로 현재의 성경 텍스트에서 발견되리라는 가능성을 제시했다.[80]

가이거가 확신했던 한 가지는, 고대 유대교에는 많은 다양성이 존재하며 이 모든 형태로부터 구약은 많은 것을 흡수했다는 점이었다. 슐라이어마허 이후에는, 어떻게 텍스트의 잔해 속에서 다양한 견해들을 발견하고 설명할 수 있는지 하는 질문이 대두되었다. 벨하우젠의 주장처럼, 문서의 단층을 도표로 나타내기 위해 오경과 예언서에 도랑을 파야 하는가? 아니

---

77) Geiger는 이 제안을 이렇게 표현한다. "Die Untersuchung über die innere Entwickelung des Judenthums wird uns der sicherste Wegweiser sein, und sie wird ebensowohl zur Aufhellung der Geschichte des Bibeltextes und der Uebersetzungen beitragen, wie sie selbst von der Betrachtung dieser Geschichte Licht empfangen wird"(*Urschrift und Übersetzungen der Bibel*, p. 19).

78) Ibid.

79) 예를 들어 렘 8:8.

80) 예를 들어 렘 33장(비교. 렘 23장)에서 다윗의 왕권은 제사장에 의해 기정사실로 되어 있다.

면 가이거처럼, 오경의 최종 형태(Endgestalt)의 표면을 조사해야 하는가? 첫째 경우(벨하우젠)는 문학의 층위를 찾았다. 둘째 경우(가이거)는 문학적 전략과 문화 유물의 잔해를 찾았다. 그렇다면 누가 먼저 오경이라는 영토를 점령했을까? 그들이 뒤에 남겨놓은 유물은 무엇인가? 이 유물들은 어디로 갔는가? 그들은 어떻게 되었는가?

벨하우젠과 가이거는 구약에 대한 슐라이어마허의 비전을 수행하기 위해 준비했지만 슐라이어마허가 기대했던 방식으로는 아니었다. 슐라이어마허는 자신의 견해의 함축성을 따르는 데 있어 벨하우젠이나 가이거에 미치지 못했다. 그는 구약을 과거 종교의 유물 정도로 이해했다. 가이거에게도 구약은 유물이지만, 측량할 수 없을 정도의 가치를 지닌 유물이었다. 현존하는 유물로서, 구약은 널리 알려지지 않았거나 이해되지 못한 유대교 일부의 종교적 유산을 보존했다. 히브리어 성경을 조심스럽게 보존한 이 공동체는 초기 형태의 유대교를 위한 대변인이 되었다. 우리는 "pre-Judaism"이라는 용어를 사용한다. 히브리어 성경 표면 위에 있는 텍스트 부스러기의 성격과 범위로 판단해보건대, 이 공동체는 자신들이 유대교에 밀접하게 연결되어 있다고 간주했지만, 실상은 고대의 형태와는 상당한 거리가 있는 경우였다.

슐라이어마허에게 있어 교회에 대한 구약의 관련성은, 복음주의 정통 속에서 성경으로서의 구약이 가진 지위에 미치지 못했다. 벨하우젠과 가이거 같은 후대 학자들에게 끼친 영향력의 여부와 강도에 관계없이, 슐라이어마허는 복음주의적 성경신학과 그들의 구약에 대한 견해에 간접적이지만 영구적인 공헌을 남겨놓았다. 좋든 나쁘든, 슐라이어마허는 구약을 고대 이스라엘의 종교적 신앙과 암암리에 동일시함으로써 공헌을 했다. 구약을 고대 유대교의 의미와만 동일시함으로써, 슐라이어마허는 당대의 그리스도인들에게 구약에 관심을 가질 만한 것을 거의 남겨놓지 않았다. 슐라이어마허에 대한 과격한 복음주의 반대파들(헹스텐베르크)만 제외하고는, 모든 사람에게 성경(*verba*)은 고대 유대교의 종교(*res*)를 회복하기 위한 편리한 수단이 되었다. 이스라엘의 가장 초기의 종교적 유산을 찾아서, 비평주의적 성서학은 구약 문서들의 양파 껍질을 벗겨 원출처로 돌아가자는 벨하우젠을 따랐다. 하지만 이들의 노력이 예상 가능한, 대체적으로 부정적인 결과를 낳았다고 해도 전혀 과언은 아니다.

이유가 무엇이든 간에, 당대에 가이거의 프로그램은 성서학자들의 관심을 끌고 상상력을 사로잡는 데 실패했다. 그의 제안은 거의 주목받지 못한 채 남아 있었다. 하지만 최근에 와서 가이거의 견해의 진가가 인정받기 시작하는 조짐이 있다. 사해 동굴에서 발견된 고대 성경 텍스트들과 구약의 초기 역본들을(예, LXX) 이해하는 것이 중요해지면서, 최근 들어 새로운 관심이 가이거와 성경 텍스트의 최종 단계(Endgestalt)에 쏠리고 있다. 마이클 피시베인(Michael Fishbane)은 현대의 성서학에서 가이거의 중요성을 이렇게 강조한다. "가이거는 중요한 텍스트의 역본들(LXX, 타르굼 개찬, 사마리아 개찬)이 성경 이후의 사회와 신학적 관심사에 비추어 히브리어 성경의 개정을 반영한 것을 보여주었을 뿐 아니라, 그 히브리어 성경 자체가 이런 개정의 산물(과 출처)임을 증명했다."[81]

벨하우젠과 가이거와는 별개로, 슐라이어마허의 견해는 복음주의 성경신학 안으로 깊숙이 침투했다. 프란츠 델리취(Franz Delitzsch)에 따르면 폰 호프만, 로테, 요한 벵겔(Johann Bengel), 심지어 헹스텐베르크 같은 대부분의 주요 복음주의적 성경신학자들 속에서, 특히 원계시(Uroffenbarung)의 정통 개념의 이해에 있어, 슐라이어마허의 흔적이 보인다.[82]

슐라이어마허와 그의 원계시의 잠재적인 수용을 따름으로써, 그리고 그 수용을 통해 구약의 계시를 구약의 역사와 동일시함으로써, 확실한 복음주의자인 요한 폰 호프만은 성경(*verba*)으로서의 구약에 대한 복음주의

81) Michael Fishbane, *Biblical Interpretation in Ancient Israel* (Oxford: Clarendon Press, 1985), p. 5.
82) Delitzsch, *Die biblisch-prophetische Theologie*, p. 171.

적 평가와, 고대 유대교 종교의 역사적 현실에 대한 진단 사이에서 쉽게 움직일 수 있었다. 슐라이어마허와 함께 구약성경의 의미는, 심지어 복음주의적 신학자들 사이에서조차, 유대교 종교의 역사적 재구성에 단단히 고정되어버렸다.

때를 맞추어, 슐라이어마허가 고대 유대교의 종교와 구약을 동일시한 것의 함축성을 풀어가려는 시도가 그의 논의 안에 숨겨진 긴장점들을 드러냈다. 이런 긴장점 중의 하나는 구약의 의미를 제2성전시대의 제사장 종교와 일치시킨 슐라이어마허의 주장이었다. 이런 동일시 때문에 슐라이어마허와 그를 따르는 학자들은 쉽게, 구약을 유대교 내에 한정된 숫자일 뿐인 종교 분파들과 폭 좁게 일치시키게 되었다. 예를 들어 당대의 대다수 학자들과 마찬가지로, 슐라이어마허는 구약을 생산하는 데 선지자들의 역할을 대부분 간과했으며, 그렇게 함으로써 예언적 구약과 신약 사이에 더 깊숙한 연결점을 추구하는 데 실패했다. 이런 지점은 그리스도인들에게 슐라이어마허의 견해가 확실히 부정적인 관점을 주는 것으로 보였다. 구약과 포로기 이후의 유대교 사이에 일부 동일한 점이 있다는 사실은 의심할 여지가 없다. 그럼에도 이제는 누구도, 고대 유대교 내의 다양한 분파 중 어떤 종교적인 그룹이 구약에 가장 적합한지를 단순히 선택할 만큼 자유롭지 않다. 텍스트와 그것의 컨텍스트를 이해하는 방법들이 있는데, 이런 방법들은 특정한 성경 저자의 신원을 밝히는 데보다는, 일부 성경의 책의 저자의 사회적·종교적 프로필을 제공하는 데 도움이 된다.[83]

슐라이어마허는, 예수와 바울과 신약 저자들이 구약에 대해 가지고 있는 견해가 개신교 정통주의자들의 견해와 아주 가깝다는 것을 인식하고는 있었지만, 동시에 그는 정통주의의 견해와 신약의 견해에 대해 심각하게 재고할 시기가 왔다고 믿었다. 이런 재고가 고대 유대교의 컨텍스트에

---

83) William M. Schniedewind, *How the Bible Became a Book: The Textualization of Ancient Israel* (Cambridge: Cambridge University Press, 2004).

서 구약에 대한 새로운 역사적 평가로 이어질 것이라고 그는 생각했다. 그러나 그런 일은 일어나지 않았다. 결국, 슐라이어마허는 유대교의 신앙(그에게는 역사적인 질문)과 구약의 종교(계시의 신학적 질문)를 동일시한 오랜 정통주의와 결별할 수 없었다. 구약을 일련의 사건들과 제도와 동일시한 것은 슐라이어마허에게 성경 내러티브의 성격과 지시 대상에 대해 상당한 혼란을 가져왔다. 그는 구약이 고대 유대교의 모세의 제도의 산물이라기보다, 오히려 이스라엘 초기 선지자들의 말과 활동에서 발생한 종교의 부산물이었다는 대안적 가능성을 궁극적으로 볼 수 없었다. 구약 속의 다른 목소리에도 귀를 더 기울였다면, 슐라이어마허는 선지자들의 글과 함께 신약의 말씀에도 더 가까이 자리 잡았을 것이다.

1857년, 아브라함 가이거는 오백 쪽이나 되는 연구 논문을 출판했는데, 거기에는 이런 겸손한 제목이 붙어 있다. 『성경의 원텍스트와 번역들, 그리고 그 번역들이 유대교의 내적 발달에 의존한 것에 대하여』(*Urschrift und Übersetzungen der Bibel in ihrer Abhängigkeit von der innern Entwickelung des Judentums*).[84] 이 연구 논문의 머리말에서 인정하듯, 가이거는 히브리어 성경과 유대교 역사 모두의 의미를 연구하는 데 새로운 길을 열 운명을 가진 히브리어 성경에 대한 견해를 상세히 기록했다.

논의를 전개하면서 가이거는 히브리어 마소라 텍스트(주후 900)가 이전 시기의 히브리어 성경의 고대 번역(예, LXX)과 세부 사항에서 상당히 다르다는 관찰로 시작한다. 그는 극도로 조심스러웠던 서기관의 전통 속에서 어떻게 이렇게 많은 중요한 차이점들이 발생할 수 있는지 질문한다. 이는 임의적 과정일 수 없다. 왜냐하면 가이거가 주목한 차이점들은 서로 다른 노선의 해석을 따르고 있으며, 단순히 상이한 텍스트 유형뿐 아니라,

---

84) Delitzsch와 비교하라. "den Entwickelungsgang der Heilsoffenbarung...als ein lebendig organisches, als ein nach göttlichem Plane mit dem Verlauf der Geschichte Israels innigst"(*Die biblisch-prophetische Theologie*, p. 166).

상이한 관점들도 반영하고 있기 때문이다. 그는 주전 100년과 주후 900년 사이에 유대교 내에서 일어났던 무엇인가가 히브리어 성경의 의미와 최종 형태에 대한 일련의 격렬한 토론을 유발했다고 주장한다. 이런 논쟁들은 궁극적으로 성경에 대한 관점의 주요 차이점들로 귀결되었다. 가이거는 이런 논쟁들이 1세기 팔레스타인의 종교적인 문제들에 집중된 것 같다고 주장한다. 주후 2세기, 몇몇의 쿰란 초기 번역본들과 사본들에 반영되어 있듯, 소동은 진정되기 시작했고 한계가 그어졌다. 이 한계는 히브리어 성경의 거의 모든 부분에 깊은 영향을 주었다. 주전 1세기, 히브리어 성경은 고대 유대교 내에 존재하는 다양한 분파들의 정체성을 위한 규합 지점이 되었다. 가이거는, 적절한 방법론이 주어진다면 히브리어 성경의 텍스트 표면을 조사할 수 있으며 거기에서 몇 세기에 걸친 토론과 신학적 논쟁 뒤에 남겨진 흔적들을 발견할 수 있을 것이라고 믿었다. 그의 목적은 이런 토론과 논쟁의 과정을 확인하고, 가능하다면 조사 가능할 만큼 충분히 민감한 히브리어 성경 접근법을 개발하는 것이었다. 그런 다음에 이 접근법은 히브리어 성경을 중심으로 하는 종교의 발전에 새로운 시각을 제공하는 데 사용될 수 있을 것이다.

가이거의 접근법은 다음과 같은 점을 보여준다. 즉 히브리어 성경에 대한 해석은 주후 2세기 중반, 주요한 탈무드의 권위자들이 영향력을 발휘하게 되는 시기에 이르러서야 완전한 발전에 이르게 되었다는 점이다.[85] 또한 이 시기는 마소라 텍스트 편찬자들의 활동이 시작되는 때이기도 했다. 동일한 시기에, 초기 토론의 요소들이 그리스어 성경(LXX)의 세 개의 주요한 개정판들—아퀼라, 심마쿠스, 테오도티온(시리아역과 함께)—에 포함되었다. 다른 것보다 이 초기 개정판들에서는, 발전 중인 히브리어 텍스트(MT)에 70인경이 적응한 흔적을 볼 수 있는데,[86] 이는 전통적인 히브

---

85) Geiger, *Urschrift und Übersetzungen der Bibel*, p. 2.

리어 성경(MT)이 이미 70인경의 히브리어 대본[87]과 갈라지기 시작했음을 보여준다.

발전 중인 히브리어 성경을 둘러싼 이런 집중된 활동들은 성경해석의 영역에서도 유사한 변화를 수반했다. 히브리어 성경의 초기 단계에 반영된 의미의 구성적 성격으로 판단하건대, 성경해석은 주로 전체적인 (holistic) 수준에서 텍스트의 의미에 초점을 맞췄던 것으로 보인다. 각각의 성경의 책들과 구약 정경의 부분들에 대한 가장 초기 접근법들이, 전체 성경의 의미와 그것이 어떻게 더 큰 구약의 주제들과 연결되는지를 이미 의식하고 있었음을 보여주는 증거들이 늘어나고 있다. 성경해석의 목적은 전체 성경의 의미와, 어떻게 한 부분이 전체와 맞는지를 발견하는 것이었다. 또한 이것은 선지자들과 구약 정경의 뼈대를 형성한 자들이 실행한, 오경과의 성경상호적(interbiblical) 읽기에서도 눈에 띈다.[88]

1세기에 시작된 성경해석의 접근법에서는 예기치 않게 초점이, 격리된 개별적 단어들과, 단어와 텍스트의 세부 사항으로 이동하는 변화의 조짐을 볼 수 있다. 나중 시기에는 이렇게 성장 중인 해석에 대한 원자론적 (atomistic) 접근 방식이 히브리어 성경에 대한 랍비와 기독교 해석 전체의 특징으로 자리 잡게 되었다. 이런 특징이 성경해석에 대해 의미하는 바는, 성경 전체의 독해와 저자의 의도에는 초점을 덜 맞추는 반면에, 겉보기에는 사소한 세부 사항─대부분 텍스트 저자의 통제 밖에 있는 세부 사항들─에 부합하는 의미의 재배치를 선호하게 되었다는 사실이다. 개별 텍스트의 세부 사항에 초점을 맞춘다는 것은, 성경의 의미가 최소한의 텍스트의 변화로 인해서도 이동되고 조정될 수 있음을 의미했다.[89] 해석학의

---

86) Geiger가 지적하지 않은 중요한 점은, 바로 이 시기에 Justin Martyr와 같은 기독교 변증가들이 탁월한 유대인 학자들(Trypho, 135년경)과 히브리어 성경의 메시아의 의미에 대한 토론을 하고 있었다는 것이다.

87) 대본(Vorlage)이라는 용어는 LXX의 번역본의 히브리어 텍스트를 가리킨다.

88) Sailhamer, *Introduction to Old Testament Theology*, pp. 239-52.

무게 중심은 저자의 정신에서 성경해석자의 정신으로 이동하기 시작했다.

6세기와 7세기에는 모음 부호들이 히브리어 자음 텍스트에 더해졌다. 이것은 텍스트의 가장 작고 사소한 점에 대한 해석 변화를 반영하며, 이를 더욱 부채질한 움직임이었다. 9세기에 이 과정은 거대한 마소라 사본, 사본(codices)과 논문(treatises)에서 빠른 결론에 도달했다. 거기에는 모든 글자와 모음, 강세가 기입되어 있었고 영구한 의미가 부여되어 있었으며, 텍스트 자체보다는 예루살렘 탈무드[90]와 바벨론 탈무드 같은 보조 문헌에 종종 일치한다. 마소라 텍스트로 대표되는 히브리어 성경의 마지막 단계는 사아디아(Saadia)와 라쉬(Rashi)의 페샤트(peshat)[91] 주석들의 시작을 기록했다. 이 주석들은 영구적으로 고정된 텍스트를 유지하고, 텍스트를 수정하거나 변화시키려는 노력은 하지 않았다. 오히려 이것들은 이미 존재하는 마소라 사본들의 사소한 점들의 의미를 설명하는 데 초점을 맞추었다. 마소라 텍스트의 형성과 안정화 이후, 간간이 제기되는 질문은 이 텍스트의 상태와 그것이 원본인지에 대한 질문 정도였다.[92] 이것은 "공준 본문"(textus receptus)으로 인정되었다. 마소라 텍스트는 유대인과 대부분의

---

89) 변종(mutations)이란 용어는 여기서 도움이 된다. 왜냐하면 이런 변화들이 텍스트의 의식적인 왜곡이 아니었다는 점을 보여주기 때문이다. 이 변화들은, 성경 텍스트의 다양한 버전들을 보존했던 공동체가 수용한 이해에 맞추어 텍스트를 합병하고 조정한, 더 커다란 과정의 일부였다.

90) Geiger, *Urschrift und Übersetzungen der Bibel*, p. 4.

91) Sailhamer, *Introduction to Old Testament Theology*, pp. 133-42을 보라.

92) 예를 들어 Elias Levita(1469-1549)는, 히브리어 성경에 모음과 강세가 더해진 것은 탈무드 시대(주후 2-4세기) 이후임을 증명했다. Levita의 논문은 개신교의 기독교 학문에 대폭발을 일으켰지만, 오랫동안 전통에 중점을 두어온 유대교와 가톨릭에는 거의 영향을 미치지 않은 듯하다. 같은 세기에, 또 다른 유대인 학자 Azariah de Rossi는 학문적 논문인 *Imre binah*(Mantua, 1574)를 출판하면서, MT와 초기 역본들 사이의 차이점에 대해서 질문했다. De Rossi의 견해 역시 유대교에서는 무시되었다. 300년 후, Zacharias Frankel(1801-1875)은 MT, LXX, 타르굼, 불가타 사이의 차이점에 대한 질문을 다시 제기했다. S. D. Luzzatto(1847)는 MT와 LXX의 차이점을, 평범한 평신도들에게 성경을 적

그리스도인들 사이에서 여전히 공인된 텍스트의 명예를 누리고 있다.

히브리어 성경 발달에 대한 간단한 개요를 설명함에 있어 가이거의 요점은, 마소라 텍스트와 이전 역본들(LXX) 사이에 존재하는 작은 차이점에 대해서 너무 적은 관심이 주어졌음을 드러내는 것이다. 초기 성경해석의 더 큰 컨텍스트에서 볼 때, 이런 이형들(variants)은 흔히 주요한 신학적 문제에 대한 성경적 지원으로서의 역할을 했다. "우주 전체가 단 하나의 글자에 달려 있다"라는 랍비의 격언이 있다. 히브리어 성경에서 아무리 사소한 텍스트의 부분이라고 해도, 더 큰 신학적 논쟁에 부적절한 것으로 버릴 수는 없다. 비록 텍스트의 사소한 점에 그들의 생각을 의존시키는 것이 히브리어 성경의 역사적 저자들의 의도는 아니었겠지만, 바로 이것이 원자론적 성경해석이 히브리어 성경에 대해 낳은 최종 결과였다. 성경 텍스트의 "원의미"를 이해한다는 것은 자주 몇 세기에 걸친 신학적 토론으로 축적된 텍스트의 잔해를 제거하는 것을 의미한다. 따라서 텍스트 자체는 몇 세기 동안 히브리어 성경이 집중한 토론에 대한 살아 있는 증인이다.

가이거에게는, 유대교의 지적·종교적인 역사에서 미완성 작업의 영역이 존재했다. 이 영역은 마소라 텍스트와 가장 초기 역본들(LXX) 사이의 차이점에 반영된, 성경해석의 변화 뒤에 놓여 있는 원인들에 대한 연구였다. 가이거의 주요 임무는 궁극적으로, 전통과 텍스트 해설의 잔해 아래 놓여 있는ㅡ비록 이것의 많은 부분은 마소라 텍스트의 영구적인 표면 질감의 일부가 되어버렸지만ㅡ히브리어 성경을 복구하는 것이었다. 여기에 대해 가이거는 이렇게 언급했다.

우리는 히브리어 원텍스트를 찾아내고 발견해서 이치에 맞도록(형태의 점차적

옹시키기 위한 서기관들의 시도로 설명했다. 즉 서기관들은 평신도들이 오해의 길로 가는 것을 원치 않았던 것이다(Geiger, *Urschrift und Übersetzungen der Bibel*, pp. 18-19). 이런 변화는 자음, 단어, 구뿐만 아니라 모음과 강세의 수준에서도 있을 수 있다.

인 변화로부터) 복원해야 한다. 이 히브리어 텍스트는 후기 전통이 가장 초기 시대부터 보존해온 것이지만 부분적으로 나중 시대의 관심사와 결합하여 적응해왔다. 따라서 이 텍스트는 이것을 듣고 시험해봄으로써, 이것의 원의미에 대한 증인들이 가장 초기 시대에서부터 순서대로 다시 살아나도록 허용한다. 이때만 우리의 발밑에는 확고한 기초가 놓일 수 있으며 어두운 영역에 새로운 빛이 비칠 수 있다. 이때 우리는 처음으로 현재의 유대교를 형성한 위대한 내적·종교적 투쟁을 인식하고 파악할 수 있을 것이다.[93]

---

93) "Wir werden die Trümmer, welche die spätere Tradition aus der altern Zeit aufbewahrt, aber theilweise mit ihren Producten vermischt, theilweise ihnen die Färbung ihrer Zeit gegeben hat, aufsuchen, aussondern, und einheitlich wie in ihrer allmäligen Umgestaltung zusammenfügen müssen, so die Zeugnisse aus der Vorzeit wieder beleben, um durch Anhörung und Prüfung derselben uns den Thatbestand vergegenwärtigen zu können. Erst dann wird ein sicherer Boden gewonnen werden, dunkle Gebiete eine neue Beleuchtung erhalten; wir werden dann erst den innern grossartigen Kampf des Judenthums erkennen und begreifen, wie es seine gegenwärtige Gestalt erlangt hat"(Geiger, *Urschrift und Übersetzungen der Bibel*, p. 19).

4장

텍스트의 최종 구성에서
빅 아이디어 발견하기

오경 "단어"(*verba*)의 의미를 이야기할 때 나는 저자의 의미와, 그의 단어가 지시하는 자체의 의미를 가지는 "실체"를 구별하기 위해 주의해야 한다고 주장했다. 오경은 실제 사건에 관한 것이며, 오경의 단어들은 현실의 삶 속에 있는 것들을 (문자적으로 또는 비유적으로) 가리킨다. 저자의 단어는 실체 자체가 아님을 명심해야 한다. 단어는 이런 것들을 다만 지시할 뿐이다. "담뱃대"라는 단어를 가지고는 담배를 피울 수 없다. 하지만 이 단어가 지시하는 실체를 가지고는 담배를 피울 수 있다.

유사한 요점을 다른 예로 설명하자면, 벨기에의 화가 르네 마그리트(René Magritte)는 담뱃대를 사실적으로 묘사한 그림을 그렸다. 이 그림의 표제는 "이것은 담뱃대가 아니다"이다. 물론 마그리트의 요점은, 이 그림이 담뱃대를 그린 그림일 뿐이지 담뱃대 자체가 아니라는 것이다.

담뱃대와 마찬가지로, 성경은 바깥세상의 "실체"를 묘사할 때 단어를 사용한다. 성경 저자들은 그림을 그리지는 않았다. 그들은 마치 화가가 물감과 붓놀림을 사용하는 것처럼, 단어를 사용해서 그림을 "썼다." 각 단어는 저자의 붓의 한 획이다. 그러므로 오경은 역사적 사건들에 대한 언어적인 그림과 같다. 오경의 단어는 실제 사건을 가리키며 그 사건에 대해 우리에게 말해준다. 그 사건을 경험하기 위해서 우리가 해야 하는 것은 성경을 읽는 것이다. 이것이 현장에 있는 것 다음의 차선책이다. 현장에 있는 것에 가장 가까운 수단인 것이다. 저자가 의도한 대로 성경의 사건들을 경험하려면, 저자의 단어에서 눈을 떼지 말아야 한다. 저자가 사용한 단어를 떠나서 그 사건에 관해 발견하려 한다면 저자의 요점을 놓치게 될 것이다.

성경 내러티브는 화가의 그림과 같으므로, 그림을 이해하기 위해서 우리는 캔버스 위에 화가가 그린 그림을 보아야만 한다. 우리가 렘브란트의 그림을 이해하려면, 그의 모델이 되는 대상을 사진으로 찍고 그 사진을 사용해서 그림에서 확실하지 않은 부분이나 그림자에 가려져 있는 부분들을 메워 넣으려 하지는 않을 것이다. 이런 방법은 렘브란트가 그렸던 사람과 장소, 즉 대상을 보고 이해하는 데는 도움이 될 수 있지만, 그림 자체를 이해하는 데는 도움이 되지 않을 것이다. 렘브란트의 그림을 이해하기 위해서는 그 그림을 보고 색상, 모양, 질감을 참조해야 한다. 각각의 붓놀림으로 그가 나타내려고 했던 것이 무엇인지를 이해해야 한다. 동일한 방법으로, 오경을 이해하기 위해서는 오경과 저자가 사용한 단어를 보아야 한다.

모든 성경의 텍스트가 다 역사적 내러티브는 아니다. 오경에는 많은 분량의 율법과 계보가 있을 뿐 아니라 수많은 시들도 있다. 오경의 많은 시형 텍스트에서는 저자의 단어가 가리키는 시적 이미지를 이해하려고 해야 한다. 예를 들어, 유다를 "사자 새끼"(창 49:9)로 부르는 시행에서 저자의 의미는 무엇인가? 같은 시에서 "치리자의 지팡이"(창 49:10)라는 단어가 그림으로 표현하고자 한 것은 무엇인가? 시에서 저자가 사용한 단어의 의미는 비유적일 수도 있고 문자적인 의미가 아닐 수도 있다. 궁극적으로, 구약의 다양한 책들을 해석하는 우리의 임무는 저자의 단어의 의미, 즉 저자의 "언어적 의미"(verbal meaning)를 발견해내는 것이다.

저자의 의도(언어적 의미) 발견하기

단어와 그 단어가 구현하는 텍스트의 의미를 발견하기 위해서는 어떻게 해야 하는가? 물론 제일 먼저 텍스트를 읽는 것에서 시작해야 하지만, 그것 이상을 해야 한다. 오경과 같은 텍스트의 의미에 대해서는 빅 아이디어라는 측면에서 접근해야 한다. 텍스트는 저자의 의도를 염두에 두고 쓰였다. 저자는 자신의 텍스트와 함께 어떤 방향을 향해서 가고 있다. 우리는 저자를 추적하는 법을 배우며, 저자가 단어를 사용해서 우리를 데리고 가는 곳을 조심스럽게 지켜보아야 한다.

텍스트와 단어의 배후에는 저자가 버티고 있다. 저자는 책을 쓰는 목적을 가지고 있다. 오경도 예외가 아니다. 저자는 무엇인가를 말하고 있다. 책을 쓸 때 저자는 마음속에 목적을 가지고 있다. 우리는 그의 목적이 책 속의 모든 세부 사항을 이해하는 데 영향을 미친다는 사실을 염두에 두어야 한다. 책의 모든 부분은 저자의 빅 아이디어의 컨텍스트 속에서 나름대로의 위치를 가지고 있다. 그림 맞추기 퍼즐의 모든 조각은 전체 퍼즐의 의미에 독특한 공헌을 한다. 각 조각은 자체의 의미를 가지고 있을 수도 있고 그렇지 않을 수도 있다. 비록 현미경으로 각 조각을 보고 그것의 모든 상세한 사항을 살펴볼 수는 있겠지만, 그 조각은 전체 퍼즐 속에서 자신의 위치를 찾을 때만 그 의미의 진가를 인정받을 수 있다. 전체 퍼즐의 의미는 부분의 모양과 의미의 중요성을 보도록 도움을 준다.

같은 방식으로, 오경은 빅 아이디어를 가지고 있다. 이 빅 아이디어는 퍼즐 상자의 커버에 그려진 그림과 같다. 궁극적으로 오경에 있는 모든 것은, 중심적인 의미의 일부인 한에 있어서, 의미가 있다. 이것이 오경과 같은 전체 텍스트가 작동하는 방식이다. 오경은 무작위로 모인 부스러기의 자료나 정보가 아니다. 이 책은 개별적이고 완결된 각각의 단락 텍스트의 모음집도 아니다. 오경은 단어와 작은 텍스트 조각들로 구성되어 있는 의미 있는 (전체) 텍스트다. 전체 오경의 의미는 각각의 부분의 의미를 이해하는 데 영향을 미친다. 큰 그림은 작은 부분들을 어떻게 이해해야 하는지를 말해준다. 또한 각각의 부분들이 어떻게 함께 맞추어지는지를 보여준다. 그림 맞추기 퍼즐처럼, 오경은 많은 부분들을 가지고 있고 각 부분은 자신의 위치를 가지고 있다.

그렇다고 해서 오경의 개별적인 부분들이 전체를 떠나서는 의미가 없다는 것은 아니다. 분명히 그렇지 않다. 그러나 오경의 세부 사항과 부분들의 의미에 대해 무엇이라고 말하든, 그 내용은 저자의 의도나 전체의 큰 그림과 일치해야 한다. 이런 방법으로, 오경 전체의 의미는 저자의 의도에 의해 좌우된다. 저자의 의도는 우리가 조각들에 부여하는 의미에 대해 일종의 조정 역할을 한다.

그렇다면 우리는 어떻게 오경과 같은 거대한 텍스트에서 빅 아이디어를 발견할 수 있는가? 오경의 의미를 이해하는 데 도움이 되는 빅 아이디어를 어떻게 만드는가? 답은 놀라울 정도로 간단하다. 우리는 텍스트를 부분적으로 그리고 전체적으로, 읽고 다시 읽고 함으로써 빅 아이디어를 발견한다. 텍스트를 읽을 때 우리는 이 텍스트가 무엇에 관한 것인지(대상)와, 저자가 이 텍스트와 함께 어디로 가고 있는지(구성적 전략)의 의미를 형성하기 시작한다. 대부분 우리는 이런 작업을 무의식적으로 한다. 하지만 텍스트를 다시 읽을 때는, 이 일을 의식적이고 의도적으로 해야 한다. 우리는 오경에서 저자가 우리를 어디로 이끌어가는지를 찾아야 한다. 저자에게는 어떤 종류의 주제와 사건들이 중요한가? 저자는 무엇에 대해 쓰고 있으며 무엇을 말하고 있는가? 이런 질문들은 오경이 무엇에 관한 것인지에 대해 의미를 발견하도록 우리를 도와준다.

일단 오경이 무엇에 관한 책인지 명확한 의미를 얻게 되면, 오경을 다시 읽을 때 우리의 생각을 시험해볼 수 있다. 재독하는 것은 해석 과정에서 중요한 단계다. 오경의 재독은 빅 아이디어에 대한 우리의 이해를 점검하는 역할을 한다. 오경을 재독할 때, 우리는 이 책에 대해 더 많이 배우게 되며, 더 많이 읽을수록 여기에 대한 우리의 이해를 점검할 수 있다. 이런 절차는 이미 구약의 주요한 구성적 이음매인 두 개의 텍스트, 여호수아 1:8과 시편 1:2에서 예견된 것이다. 즉 지혜로운 자와 총명한 자는 성경 말씀을 주야로 "읽는" 자들이다.

여기서 우리는 오경의 빅 아이디어에 대한 우리의 이해가 실제로 텍스트에 있는 것과 맞는지의 여부를 묻는다. 이 아이디어는 텍스트와 잘 맞는가? 나의 빅 아이디어를 오경에 주입하는 것은 아닌가? 다시 읽어볼수록, 내가 생각한 빅 아이디어가 이해를 돕는가, 아니면 빅 아이디어에 대한 나의 생각이 텍스트에 실제로 있는 것을 이해하는 데 방해가 되는가? 내가 생각한 빅 아이디어가 추가적인 조정을 필요로 하지는 않는가? 계속적인 재독은 오경의 의미에 대한 나의 생각이 근본적으로 잘못되었으며 다른 것으로 대체될 필요가 있음을 제시할 수도 있다. 또한 빅 아이디어의 일부는 맞지만 다른 부분은 그렇지 않음을 발견할 수도 있다.

확실히 이런 과정은 많은 시간 동안 오경을 읽을 것을 요구한다. 오경에 대한 주석과 책들이 도움이 될 수는 있다. 하지만 궁극적으로 오경이 무엇에 관한 책인지, 무엇을 말하고자 하는지에 대해 우리에게 말해주는 것은 읽고 또 읽는 작업이다.

오경의 빅 아이디어를 찾는 작업은 겸손함도 요구한다. 오경에 대한 우리의 이해가 이 책을 읽을 때 맞지 않는 것 같으면, 우리는 이를 기꺼이 인정하고 빅 아이디어를 재형성해야 한다. 이를 위해서는 오경신학에 대한 주석과 다른 연구의 도움이 유용할 수 있다. 성경을 이해하기 위해서는 다른 사람으로부터 많은 것을 배울 수 있다. 오경은 적어도 삼천 년 동안이나 읽히고 해석되어 왔다. 해석과 주석의 풍부한 역사가 있는 것이다. 우리의 제한된 시야를 벗어나 오경의 광범위한 전망을 위한 것이기만 하다면, 이 영향사(Wirkungsgeschichte) 안으로 들어오지 않는 태도는 태만이 될 것이다.

우리가 제한된 시야 속에서 오경을 읽어야만 한다는 사실은 중요한 질문을 제기한다. 우리의 빅 아이디어가 텍스트에 잘 맞는지를 어떻게 아는가? 어떻게 우리는 오경의 독서 바깥으로 나가서 스스로를 비평적으로 볼 수 있는가? 오경의 빅 아이디어에 대한 우리의 이해를 우리는 스스로 어떻게 평가할 수 있는가?

여기서 내가 따르는 원칙이 있다. 최고의(가장 유효한) 빅 아이디어는 오경의 대부분과 가장 중요한 부분을 설명한다는 원칙이다.

분명히, 오경이 무엇인가에 대한 우리의 빅 아이디어는 오경을 이해하는 데 도움이 될 것이다. 동시에 이 아이디어는 오경의 가장 중요한 요소들을 보도록 우리를 도와야 한다. 빅 아이디어의 도움을 가지고 오경을 읽을 때, 곧 우리는 이 아이디어가 도움이 되는지 아닌지 여부를 알게 된다.

빅 아이디어와 공명하는 텍스트의 요소들이 눈에 띄기 시작한다. 전에 인식하지 못했던 것들을 보게 된다. 전에는 발견되지 않던 주제와 핵심 용어들이 뚜렷해진다. 이런 현상이 일어나면, 이는 우리의 빅 아이디어가 저자의 것과 궤도가 맞는다는 신호다.

오경에 대한 우리의 빅 아이디어가 "율법주의", 즉 모세의 율법에 대한 순종의 가르침이라고 가정해보라. 저자는 모세 율법에 대한 엄격한 순종으로부터 오는 축복을 보여주기 원했다. 이런 빅 아이디어는 도움이 되는 듯하다. 한 번만 오경을 속독해보아도 관심과 초점이 모세 율법에 있음이 드러난다. 이 빅 아이디어의 도움으로, 오경을 관통하는 강조점이 모세의 율법에 대한 순종의 중요성임을 알 수 있다. 모세 오경의 대부분이 시내산에서 모세가 받은 수백 개의 율법이라는 것은, 거기에 대한 실례의 숫자만 보아도 확실하다.

저자의 의도를 평가하는 데는 단순히 분량만으로도 설득력 있는 요소가 될 수 있겠지만, 이 자료의 중요성을 전체 오경 내에서 살펴보아야 할 추가적인 필요가 있다. 이것은 오경에서 가장 중요한 것이 무엇인가 하는 질문을 제기한다. "모세의 율법에 대한 순종"이라는 빅 아이디어는 가장 중요한 것을 우리가 보도록 도와주는가? 물론 답은 "가장 중요한"의 의미가 무엇인가에 달려 있다. 이 질문에 대답하자면 우리는 또 다른 질문을 해야 한다. "이 빅 아이디어는 누구에게 중요한가?" 우리는 자신에게 가장 중요한 것이 무엇인지를 찾고 있는가? 우리 가족에게 중요한 것을? 아니면 우리 교회의 구성원들에게? 예수와 신약 저자들에게? 고대 이스라엘에게? 가장 중요한 것이 무엇인가라는 질문은 이렇게 여러 방법으로 구성될 수 있다.

이 질문에 대답하기 위한 지침으로, 우리는 저자의 의도에 대한 초반부의 논의를 상기해보아야 한다. 나는 오경 해석의 목적을 저자의 의도라고 제안했다. 이 출발점은 오경에서 가장 중요한 것이 무엇인지를 밝혀내는 데 도움이 될 것이다. 만약 우리가 저자의 의도를 추구한다면, 자연스러운 다음 순서는 오경에서 가장 중요한 것은 저자의 의도와 관계되어야 한다는 점일 것이다. 물어야 할 질문은 "저자에게 가장 중요한 것이 무엇 인가?"다. 우리의 빅 아이디어는 오경에 있는 대부분을(양적으로) 이해하도 록 도와야 할 뿐 아니라, 동시에 저자에게 가장 중요한 것이 무엇인지를 (질적으로) 발견하도록 도와야 한다.

저자에게 가장 중요한 것이 무엇인지를 어떻게 결정하는가? 여기서 는 임시적인 답만 줄 수 있다. 책의 나머지 부분에서 풀어나가겠지만, 나는 오경을 만드는 데 가장 분명하게 저자의 작업이 반영된 부분에 초점 을 맞출 것이다. 오경을 우리에게 준 자는 저자였으며, 오경에 현재의 형 태를 부여한 자도 저자였다. 저자가 오경을 구성했다. 저자가 이 책을 "만 들었고", 지금 있는 상태 그대로 "만들었다." 그러므로 우리는 다음과 같 은 질문을 해야 한다. 저자는 그의 임무를 어떻게 수행했는가? 그는 어떻 게 오경을 구성했는가? 오경에 어떤 형태를 부여했는가? 오경은 어디에서 시작하고 어디에서 끝나는가? 오경의 조각들은 어떻게 함께 맞추어지는 가? 독자들에게 오경을 통해 따라가야 할 의미의 경로를 강조하거나 신호 를 보내기 위해, 저자는 어떤 언어적 단서를 사용하는가? 저자가 반복적 으로 되돌아가는 핵심 용어들이 있는가? 책에 전체적인 개요나 구조는 있 는가? 책의 플롯은 예측 가능하게 전개되는가? 어떤 구성적인 전략이 작 품을 인도해가는가? 저자의 작품에 대한 우리의 이해는 이 질문들에 대한 답변에 놓여 있다.

오경신학에 대한 이 책에서, 내가 상당한 시간을 들일 부분은 앞과 같 은 질문의 답을 조사하는 작업이다. 이 질문들은 저자의 의도를 발견하는 주요한 수단이다. 오경이 무엇에 관한 책인지 하는 개념을 가지고 있는 것 으로는 충분하지 않다. 우리는 저자의 의도를 가리키는 확고한 해석적 증 거를 가지고 이런 개념을 지원해야 한다. 우리는 저자에 우리의 시선을 고 정하고 책 전반에 걸쳐 그를 따라가야 한다.

오경을 시작하면서 저자는 모세 율법에 대한 언급이나 참조를 하기 전에 60개나 되는 장들을 기록한다.[1] 모세의 율법에 대한 관심은 출애굽기 12장에서 시작된다. 만약 오경의 의도가 "율법(율법주의)에 대한 순종의 필요성"을 강조하는 것이라는 슐라이어마허의 주장이 맞다면 이런 사실은 이상한 인상을 줄 것이다. 만약 오경의 빅 아이디어가 모세 율법에 대한 순종의 중요성이라고 가정한다면, 어째서 책의 시작 부분은 율법을 무시하는 듯한 인상을 주는가? 만약 저자가 책의 시작 부분에서 율법을 거의 언급하지 않는다면, 어떻게 저자에게 가장 중요한 것을 모세 율법이라고 할 수 있는가? 나중에 다시 이 주제로 돌아오겠지만 여기서 주목할 지점은, 처음 60개의 장에서 저자는 "믿음"과 "의"(예, 창 6:8-9; 15:6)의 개념에 상당한 관심을 쏟는다는 사실이다.

오경의 시작에서 율법이 거의 언급되지 않기 때문에, 어떤 학자들은 첫 율법인 유월절이 주어지는 기사, 곧 출애굽기 12:1에서 오경이 실제적으로 시작된다고 주장하기도 한다.[2] 물론 이런 설명은 오경이 모세의 율법이라는 빅 아이디어에 일치함을 보증하겠지만, 이는 율법의 수여가 아니라 창조 이야기로 시작되는 현재의 오경을 설명하는 데 실패의 부담을 안고 있다. 오경 초기의 초점에 접근하는 더 좋은 방법은, 모세의 율법 이외의 다른 무엇인가를 포함하도록 빅 아이디어에 대한 우리의 이해를 조정하는 것이다. 아마도 이런 조정의 방법이 있을 것인데, 이 방법은 모세 율법을 오경에서 가장 중요한 것의 전체가 아닌 부분으로 보도록 도울 것이다. 어쩌면 우리의 빅 아이디어는 더 복잡해야 할 것이다. 빅 아이디어

---

1) 이런 관찰에 대해 창 26:5, "이는 아브라함이 내 말을 순종하고 내 명령과 내 계명과 내 율례와 내 법도를 지켰음이라 하시니라"와 같은 예외도 있다. 하지만 이런 예는 오경의 초반 부분에서 매우 드문 경우다.

2) Rashi: "랍비 이삭은 이렇게 말했다. '이스라엘의 율법책인 토라는 이스라엘에게 준 첫 명령—이 달을 너희에게 달의 시작 곧 해의 첫 달이 되게 하고(출 12:1)—로 시작되었어야 했다'"(*Pentateuch with Rashi's Commentary: Genesis*, trans. M. Rosenbaum and A. M. Silbermann [London: Shapiro, Vallentine, 1929], p. 2).

에 대한 이런 재편은, 율법을 논하는 것을 저자가 지연시키는 것이 그의 마음속에 더 큰 전략적 목적이 있기 때문이라는 가능성을 고려하도록 돕는다. 오경 저자가 모세의 율법을 즉각적으로 다루지 않고 점진적으로 그렇게 한 것에는 이유가 있을 수 있다.[3] 율법이 나중에 나오는 것은 저자의 전략의 일부일 수 있다. 만약 오경이 "태초에 하나님이 천지를 창조하시니라"라는 말 대신 "태초에 하나님이 모세에게 율법을 주셨느니라"라는 문장으로 시작한다면, 오경은 얼마나 달라질 것인가! 하지만 있는 그대로의 오경에서, 창조는 율법에 선행하며 율법은 창조 이후에 제시된다. 또 율법은 창조의 일부로서 제시되지도 않는다. 오경 내에서 창조가 하나님의 은혜의 행위로 제시된 것에 근거해서 보면, 오경의 전반적인 구조에서 은혜가 율법에 선행한다는 사실은 대단히 중요할 수 있다. 이런 폭넓은 주제들(율법과 은혜) 각각은 오경의 빅 아이디어에서 중요한 측면이 될 것이다. 다양한 가능성을 통해 감별함으로써만 우리는 전체적인 책의 이해에 도달할 수 있다. 일단 빅 아이디어를 형성하는 시점에 오면 우리는 오경을 통해서 이 작업을 수행하도록 준비해야 하며, 책 자체로 상세한 내용을 해석하도록 해야 한다. 그렇게 할 때만 우리는 오경신학에 대한 일관성 있고 보증된 해석에 도달하기를 기대할 수 있다.

지금까지 우리의 관심은, 빅 아이디어로 제안한 바에 비추어 텍스트를 읽는 것이었다. 나는 오경의 빅 아이디어에 대한 내가 가진 이해를 발전시킬 준비가 되었을 때 이 주제로 되돌아올 것이다. 여기서는 오경의 빅 아이디어가 우리를 어디로 데려갈 것인지에 대한 간단한 요약으로 논의를 결론지을 생각이다.

비록 많은 사람들이 오경의 빅 아이디어는 모세의 율법에 대한 순종의 중요성에 초점이 맞추어져 있다고 주장했지만, 나의 오경 읽기는 우리를

---

3) 모세 율법의 요소들이 어떻게 오경의 초기 장들에 들어와 있는지에 주목하라(예, 창 1:14-31; 7:8).

더 넓은 길을 따라 데리고 갈 것이다. 우리는 오경의 빅 아이디어가 모세의 율법에 대한 순종과 믿음으로 사는 삶, 이 둘 모두에 대한 것이라는 제안을 가지고 예비적 방법으로 여행을 시작할 것이다. 믿음의 컨텍스트 안에서의 오경 읽기가 책에 있는 것의 대부분을 가리키지는 못할 것이라는 점을 미리 인정한다. 오경의 대부분은 율법이나 율법에 대한 토론으로 이루어져 있다. 출애굽기 12장부터는 줄곧, 거의 전적으로 시내 산에서 이스라엘에게 주어진 율법에 대한 것이다.

우리는 믿음이라는 빅 아이디어가 저자에게 가장 중요한 것이 무엇인지를 우리로 보도록 돕는다는 사실을 발견하게 될 것이다. 우리가 저자의 글을 위치시키고 고립시키고 궁극적으로 설명할 때, 저자의 관심이 "믿음과 하나님을 신뢰함"에 대한 이해를 발전시키는 것임을 분명히 알게 될 것이다. 저자가 율법의 주제에 상당한 시간과 관심을 쏟는 것은 사실이지만, 이 주제 자체는 이차적인 중요성을 가진다.

책 전반을 통해 오경의 빅 아이디어에 대한 이해를 공식화하려고 시도할 때, 나는 오경의 저자가 펼쳐놓은 길을 따라 걸어가 보고자 한다. 나는 "모세의 율법에 대한 순종" 개념과 "믿음으로 사는 삶" 개념 양자를 포함하는 빅 아이디어를 형성할 것이다. 내 생각으로는 궁극적으로 율법과 믿음 이 두 주제는 율법과 복음의 병렬항으로서, 나란히 자신의 위치를 찾을 것이다. 복음, 즉 믿음에 의한 칭의는 우리로 율법을 성취하게 하는 하나님의 수단이다.[4] 이런 진술은 즉시 "바울적"이라는 인상을 줄 것이다. 하지만 오경을 "바울적인" 신학으로 해석한다는 의미는 아니다. 오경의 신학은 바울을 오경의 신학으로 읽어야 한다는 의미에서 "바울적"이다. 율법과 믿음에 대한 바울 노선의 생각은 오경신학에서 온 것이지, 그 반대가 아니다. 물론, 오경에서 바울적인 개념인 "믿음"에 대한 해석적인 검증은 두고

---

4) 롬 8:4, "육신을 따르지 않고 그 영을 따라 행하는 우리에게 율법의 요구가 이루어지게 하려 하심이니라" 대로다.

보아야 한다. 여기서 나의 관심은 빅 아이디어의 개념과, 오경 내에서 이 아이디어에 대한 이해를 형성하는 방법을 소개하는 것이다. 궁극적으로 오경의 이해를 어떻게 공식화하든지, 그것의 근거나 타당성은 빅 아이디어의 진술에서 해석학적으로 모색되어야 한다.

근거(성경 텍스트에 연결된 언어적 의미)

오경의 중심 메시지에 대한 이해를 형성하는 작업의 중요성은, 우리로 하여금 이런 작업의 적절한 근거에 대해 생각하게 만든다. 비록 여기서는 오경의 빅 아이디어의 이해를 입증하기 위한 다양한 수단을 자세히 설명하지는 않겠지만, 이 책에서 따르고 있는 일반 원칙 중 일부를 설명하겠다.

시몬 바-에프랏(Shimon Bar-Efrat)은 텍스트적으로 근거한 네 가지 수준, 즉 언어적 수준, 내러티브 기법, 내러티브 세계, 주제적 수준을 제시한다. 이 네 가지 수준에 근거해서 우리는 성경 내러티브의 의미에 대한 우리 이해를 평가하고 유효성을 검증할 수 있다. 이는 성경 텍스트에 부여되는 의미에 대해, 볼프강 리히터(Wolfgang Richter)가 "텍스트 내재적"(text immament)[5] 근거라고 부르는 것을 우리에게 줄 것이다. 이 개념으로 리히터가 암시하는 것은, 텍스트의 의미를 처음부터 다시 구축된 것으로서의 텍스트 자체 내에 근거시키는 것이다. 이는 외부 자료로부터 아이디어와 의미를 가져오지 않고, 의미의 자체 범위의 측면에서 텍스트를 이해하기 위한 시도다. 내러티브에서 구조의 다양한 수준들은 각각의 수준 상호 간에 연결되어야 하고, 또한 전체 텍스트에 연결되어 고정되어야 한다. 각 수준에서 저자의 글을 추적하는 것은 내러티브의 해석을 위한 적절한 근

---

5) Wolfgang Richter, *Exegese als Literaturwissenschaft: Entwurf einer alttestamentlichen Literaturtheorie und Methodologie* (Göttingen: Vandenhoeck & Ruprecht, 1971), pp. 179-87을 보라.

거를 발견하는 데 필수적이다.

언어적 수준. 성경 내러티브의 의미에 접근하는 출발점은 단어 자체에서 발견된다. 바로 이것이 바-에프랏이 언어적 수준(verbal level)이라고 말한 것이다. 이 수준에서 의미는 텍스트의 원어(히브리어)나 번역(예, 영어)의 문법과 구문의 기능이다. 내러티브와 그것의 구조에 대해 전해지는 것은 무엇이든, 궁극적으로 저자의 단어와 그것이 문법적으로 설명된 방법에서 지지를 찾아야 한다. 언어적 수준에서 오경을 철저히 읽는 작업을 대신할 만한 것은 없다. 의미는 단어와, 그 단어를 적용한 구문 패턴으로부터 분리될 수 없다.

내러티브 기법. 성경 텍스트의 내러티브 기법(narrative technique)의 연구는, 저자가 현실 세계에서 사건을 복제하는 데 사용한 기술적인 수단에 집중한다. 내러티브 기법은 저자가 어떻게 내러티브를 시작하고 끝내는지에 대한 기능과, 저자가 어떻게 내러티브들을 하나의 전체로 연결하는지에 대한 기능을 포함한다. 여기서는 문학적 통일성으로 작은 텍스트들을 연결하는 주요 수단의 예로서, 오토 아이스펠트(Otto Eissfeldt)의 역참조(back-reference)와 선참조(fore-reference)[6] 개념을 들 수 있다. 우리는 오경에서 이 개념의 많은 예를 보게 될 것이다. 성경 내러티브에 대해 제시되는 또 다른 중요한 질문으로는 다음과 같은 것들도 있다. 내러티브 내에서 누가 저자의 생각을 말하고 있는가? 내레이터의 목소리는 어디에 위치하고 있는가? 시간, 방향성, 움직임 같은 요소들은 어떻게 처리되었는가? 내러티브 기법은 텍스트의 언어적 수준과 밀접하게 묶여 있어야 한다.

---

6) Otto Eissfeldt, "Die kleinste literarische Einheit in den Erzählungsbüchern des Alten Testaments," in *Kleine Schriften*, ed. Rudolf Sellheim and Fritz Maass (Tübingen: Mohr Siebeck, 1962), 1:144-45.

성경 히브리어 언어의 수준에서 이런 질문들은, 저자가 텍스트에서 시퀀스(sequence)와 배경을 표시하기 위해 "*wayyiqtol*"과 "*qatal*" 같은 구체적 동사 형태를 사용함으로써 표현된다.[7] 이것은 시내 산 내러티브(출 19-24장)의 의미와, 오경의 구성적 전략 내에서 이 내러티브의 역할에 대한 논의에서 중심 부분이 될 것이다. 물론, 이런 내러티브 기능을 발견하기 위해서는 성경 히브리어에 대한 일정 수준의 전문 지식이 필요하다.

성경 히브리어는 살아 있는 정보 제공자의 도움 없이 연구해야 하는 고대 언어다. 그럼에도 성경 내러티브의 의미에 대해 내러티브 기법이 한 공헌은 점점 더 인정받고 있다. 오경의 형태에서 신학적 의미를 찾으려는 시도에서 이 연구는 필수적인 부분이 되어야 한다.

내러티브 세계. 오경에 묘사된 내러티브 세계(narrative world)의 성격은 저자의 내러티브 기법 사용의 한 기능이다. 내러티브를 실제 이야기 형태로 만듦으로써 저자는 한스 프라이,[8] 에리히 아우어바흐,[9] 특히 넬슨 굿맨(Nelson Goodman)[10]이 세계 제작의 방법들(ways of worldmaking)로 이해했던 역할을 취한다. 오경과 전체 성경은 독자들에게 단순히 그들 자신의 세계에 대한 내레이션화된 부분만이 아니라, 전적으로 성경 저자가 만든 세계, 성경의 경우에는, 더 좋게 전적으로 하나님이 만드신 세계를 제시한다. 오경 저자가 이해한 바처럼 하나님은 태초에 세상, 즉 유일한 이 세상을 창조하셨다. 그리고 오경을 읽는 행위를 통해서 저자는 그 세계의 현실

---

7) Wolfgang Schneider, *Grammatik des biblischen Hebräisch: Ein Lehrbuch* (Munich: Claudius, 2001), pp. 177-97을 보라.

8) Hans Frei, *The Eclipse of Biblical Narrative* (New Haven, Conn.: Yale University Press, 1980).

9) Erich Auerbach, *Mimesis: The Representation of Reality in Western Literature*, trans. Willard R. Trask (Princeton, N. J.: Princeton University Press, 1953).

10) Nelson Goodman, *Ways of Worldmaking* (Indianapolis: Hackett, 1992).

(res)로 독자들을 초대한다. 오경 속에서 하나님과 저자는 모두 세상을 만든다. 창조에서 하나님은 현실 세계(res)를 만든다. 오경을 기록함으로써 저자는 하나님의 세계를 독자들에게 설명한다. 오경이 없다면, 우리는 우리가 보는 대로의 세상만을 알 것이다. 오경의 내러티브를 통해 우리는 하나님이 보시는 대로의 세상을 보며, 이런 세계에서 살도록 초대받는다.

오경에서 우리는 특권을 가진 해설자의 시각을 통해서 하나님의 세계를 본다.[11] 그러므로 성경의 세계는, 우리에게 알려지지 않았을 수도 있는 길을 제시하는 지도일 뿐 아니라, 실제 세계에 대한 우리의 경험의 일부다(신 29:29). 성경의 세계를 독자로서 우리가 평가할 수 있도록(그리고 접근할 수 있도록) 하는 것은, 그 묘사가 내러티브 기법(이야기하기와 역사 기록)과 히브리어 문법의 일반적으로 수용된 표준을 따른다는 점이다. 따라서 성경이 세상을 묘사하는 것에 대한 우리의 관점은 내러티브 기법의 수준과 언어적 수준 양자 모두에 기초해야 한다.

주제적 수준. 성경 내러티브의 주제적 수준(thematic level)은 성경신학의 일차적인 초점이다. 바-에프랏은 다른 수준의 의미의 기초로부터 성경 주제를 분리하는 것에 대해 경고했다. 신학적인 주제에 대한 이해가 성경 자체에 근거(해석적 근거)하지 않는 경우가 너무도 자주 발생한다. 성경신학적 주제들은 내러티브 세계, 그 세계를 묘사하는 데 사용된 내러티브 기법, 내러티브 기법의 수단에 의해 그 세계를 전달하는 성경 단어에 기초해야 한다. 이것은 성경의 신학적 주제에 대한 우리의 이해가 저자의 의도(언어적 의미)와 결합해야 하며, 심지어 저자의 단어 선택, 이야기의 전개, 내러티브에서 묘사된 세계의 성격과도 연결되어야 한다는 의미가 된다. 개념이 텍스트의 수평선 저 너머의 먼 구름처럼 표류하도록 해서는 안 된다.

---

11) Meir Sternberg, *The Poetics of Biblical Narrative* (Bloomington: Indiana University Press, 1987), pp. 59-85.

개념은 저자의 의도(말의 의미)와 관련된 방법으로 항상 직접적으로 텍스트에 매여 있어야 한다. 그럴 때만 이런 개념들은 저자의 의도의 일부로 간주되며 텍스트에서 해석의 근거를 발견할 수 있다.

요약. 성경해석(해석학)의 목표는 저자의 의도를 발견하는 것이다. 우리는 저자가 사용한 단어와 문장의 의미를 이해하도록 추구해야 한다. 우리는 성경 히브리어의 문법과 전체 오경의 문학적 형태의 컨텍스트 속에서 저자의 단어(언어적 의미)를 이해함으로써 그렇게 할 수 있다. 저자의 빅 아이디어에 대한 우리의 단서는 저자가 가장 자주 쓰고 그에게 가장 중요한 듯 보이는 것들 속에서 찾아야 한다. 궁극적으로, 오경을 읽고 올바른 질문을 함으로써 우리는 오경 같은 책의 의미를 발견한다. 물론 (인간)저자의 의도에 대한 우리의 탐구 배후에는, 인간 저자의 의도 속에서 성경의 하나님의 의도를 찾을 수 있다는 신념이 들어 있다.

성경, 특별히 오경의 메시지를 이해하는 해석의 근거는 언어적 수준, 내러티브 기법, 내러티브 세계, 주제적 구조의 수준이라는 사중적 결합에서 찾아질 수 있다. 오경과 같은 성경 텍스트에 대한 주석적으로 보증된 해석은, 이런 내러티브 수준의 각각에 기초해야 한다.

성경신학과 구성

오경의 신학을 발견하고 묘사하는 데 있어, 우리는 타나크로서의 히브리어 성경의 최종 형태에 초점을 맞출 것이다.[12] 이는 타나크와 신약 모두를

---

12) 성경신학과 구성에 대한 이 논의는 전체적으로 John H. Sailhamer, "Biblical Theology and the Composition of the Hebrew Bible," in *Biblical Theology: Retrospect and Prospect*, ed. Scott J. Hafemann (Downers Grove, Ill.: InterVarsity Press, 2002), pp. 25-37에서 발췌했다. 저작권의 허가를 받아 사용했다.

포함하는 성경신학이 가능한지에 대한 질문을 제기한다. 타나크로서의 구약 전체에 대한 신학이 기독교 성경신학에서 역할을 할 수 있는가? 타나크로서의 히브리어 성경과 신약 사이에는 해석학적으로 보증된 통일성이 있는가?

구약의 최종 형태. 구약의 "최종 형태"에 대한 유효한 정의에 의하면, 이 최종 형태는 "히브리어 성경이 확립된 공동체의 일부가 된 시점에서, 이 성경의 구성적이고 정경적인 상태"를 뜻한다. 구약에서 이것은 주전 1세기 전의 어느 시점에 일어났다. 이 시기에는 여러 공동체들이 있었고 각 공동체는 히브리어 성경을 그들의 성경으로 간주했으므로, 이 연대는 절대적이지 않다. 타나크와 같은 고대 텍스트의 공동체적인 성격을 감안할 때 기대할 수 있는 사실은, 기독교-이전 시대에 발견되는 히브리어 성경에는 여러 개의 "최종 형태들"이 있다는 것이다.

"구성"과 "정경"의 두 카테고리는 구약에 있는 책들을 저자가 어떻게 구성했으며 배열했는지를 설명한다. 텍스트와 공동체 간의 상호 관계의 개념은 "통합"(consolidation)이라고 부른다. 이것은 고대의 기록된 텍스트의 성격과 그 텍스트가 이를 보존한 공동체에 끼친 영향, 그리고 그 공동체로부터 받은 영향에 대한 최근 연구에 반응하기 위한 시도다. 유대교와 기독교와 같은 종교 공동체들은 텍스트로부터 그들의 필수적인 정체성을 끌어낸다. 또한 성경 텍스트는 이런 공동체로부터 최종 형태를 받게 된다. 공동체들은 그들의 근간이 되는 텍스트를 승인하며 제한을 부과한다. 이 책에서 우리는, 구약 텍스트의 통합이 정경화뿐만 아니라 구성의 요소들도 포함한다는 개념을 연구할 것이다. 공동체들은 정경의 텍스트를 생산할 뿐만 아니라 새로운 텍스트를 창조(구성)하기도 한다.

텍스트-공동체의 존재는 구약의 텍스트 역사에 어느 정도 반영되어 있다. 쿰란 같은 고대 사본들과 70인경 같은 다양한 역본들은 기독교-이전 시대의 성경해석이 결코 균등하지 않았다는 충분한 증거를 제시한다.

기독교-이전 시대의 공동체들은 성경 텍스트의 의미에 대한 그들의 이해에서 분명히 다양성을 지녔으며, 크든 작든 이런 차이점들은 확실히 타나크의 최종 형태로 파고 들어갔다.

이 장의 나머지 부분은 이 시기에 다양한 공동체들에 속한 현존하는 사본들과 고대 역본들 내에서 성경해석의 내부 작업을 추적하기 위한 시도다. 히브리어 성경의 최종 형태에 지울 수 없는 흔적을 남긴 기독교-이전 공동체들의 신학적 역사를 그리기 위한 시도인 것이다. 비록 현대 학문에서는 크게 주목받지 못했지만, 아브라함 가이거의 연구는 히브리어 성경의 최종 형태에 대한 생각의 많은 부분에 길을 열었다.

성경신학의 문제. 이 장의 초점은 히브리어 성경의 최종 형태에 대한 성경신학에 있다. 이것과 직접적으로 관계된 두 가지 문제점은 반드시 논의되어야 한다.

첫째 문제는 텍스트-모델의 필요성이다. 텍스트-모델은 현재의 형태를 적절하게 설명하는 히브리어 성경 형성에 대한 묘사다. 볼프강 리히터는 이를 "문학 이론"이라고 부른다.[13] 히브리어 성경의 최종 형태에 대해 이야기하려면, 우리는 이것이 어떻게 현재와 같은 형태에 도달했으며, 그 형태가 시간이 지나면서 어떻게 변경되었는지에 대해 아이디어를 가지고 있어야 한다. 모든 성서학은 의식적이든 아니든 이런 이론을 가지고 작업한다. 내 목표는 성경 복음주의 견해와 일치하는 노선을 따라서 의식적으로 모델을 개발하는 것이다.

둘째 문제는 히브리어 성경의 형태를 신약과의 연결성에 관련시킬 필요성이다. 지금 내가 제안하는 바는, 전체적으로 신약이 최종 형태를 가지고 있다는 말은 아니다. 비록 이런 질문은 분명히 제기되어야 하는 질문이

---

13) Richter, *Exegese als Literaturwissenschaft*.

지만 말이다. 우리의 관심사는 히브리어 성경의 최종 형태가 어떻게 신약의 구약 읽기와 관련되는지 하는 것이다. 신약은 구약을 읽는 데 있어 최종 형태에 있을 수 있는 의미의 관점에서 어떤 인식이나 관심을 표시하는가? 우리는 이 장에서와 이 책 전반에 걸쳐 이 문제로 되돌아갈 것이다. 여기서는 구약의 텍스트-모델의 설명으로 나아가고자 한다.

구약의 텍스트-모델. 여기서 제안된 구약의 텍스트-모델 또는 성경 텍스트의 일반적인 이해는, 히브리어 성경의 최종 형태의 신학적이고 해석적인 성격에 대한 학식 있는 이해로부터 직접 이끌어낸 것이다. 앞에서 언급한 최종 형태의 정의에는 세 가지의 중심적 구성 요소가 있다. (1)특정한 성경 텍스트의 구성, (2)성경 텍스트의 정경적 형성과 성경 공동체에 끼친 영향, (3)특정한 "성경" 공동체 내에서의 텍스트의 통합이 그것이다. 나의 텍스트-모델은 이 세 가지 좌표의 교차점에서 성경 텍스트를 본다.

구성. 여기서 제시된 모델은, 성경 텍스트에는 저자가 있으며 이 저자의 의미는 텍스트를 읽음으로써 발견된다는 개념을 진지하게 받아들인다. 저작(authorship)의 개념이란 텍스트의 역사에서 결정적 순간, 즉 텍스트가 자체 내에서 완결된 전체가 되고, 따라서 그 텍스트의 전체와 부분들로서 읽힐 수 있는 순간에 대한 인식이라 할 수 있다. 저작은 의도성과 목적, 의미를 함축한다. 이는 텍스트의 형태 속에 있는 지적 설계에 대한 인식이다. "최종" 형태에 대한 이런 사고방식에서 보면 구성은, 성서학에서 공통적이었던 역동적 과정의 관점으로도 볼 수 없고, 구약에 대한 초기 복음주의적 접근에서 나타났던 현상 유지적인 고정된 측면에서도 볼 수 없다. 성경의 구성에 대한 나의 이해는, 텍스트 형성의 역사에서 창조적이고 결정적인 순간을 표상하면서, 이 구성을 다른 고대의 책들처럼 본다.

예레미야서의 여러 히브리어 텍스트의 현상은 성경의 책들의 구성의 성격에 대해 흥미로운 통찰력을 제공한다. 예레미야서를 마소라 텍스트와 70인경의 히브리어 대본(Hebrew Vorlage)으로 비교해보면, 예레미야서가 마소라 텍스트와 70인경 대본, 이 두 개의 "최종" 형태로 우리에게 왔음을 알 수 있다. 현대의 본문비평의 관점에서 두 형태는, 각각 두 개의 아주 다른 공동체의 운명으로 나타난다.[14]

예레미야 27:16의 예언적 내러티브를 보면, 유대 왕정의 마지막 날 동안 선지자 예레미야는 하나님의 심판의 메시지로 당대의 거짓 선지자들과 정면 대결한다. 나라는 파멸 직전에 있었고 예루살렘의 황폐는 임박했다. 그러나 거짓 선지자들은 예레미야가 그 사건을 과장했으며 유다의 문제는 곧 해결될 것이라고 반응한다. 구원이 눈앞에 있다는 것이다. 그들의 주장을 뒷받침할 증거로서 거짓 선지자들은 바벨론에 있는 성전 기구들이 곧 예루살렘에 돌아올 것이라는 메시지를 전한다. 하지만 예레미야는 유다와 예루살렘에 대한 다른 메시지를 가지고 있다. 포로 기간이 그렇게 빨리 끝나지 않을 것이며, 성전 기구들이 돌아오려면 70년이 지나야 할 것이다. 거짓 선지자들은 구원이 곧 오리라고 했지만, 예레미야는 70년이 지나야만 올 것이라고 주장했다. 예레미아 27장의 텍스트의 문제는 상당히 복잡하지만, 성경 구성의 성격에 대해 의미심장한 빛을 비춰준다.

마소라 텍스트에서 예레미야는 이렇게 선포한다. "내가 또 제사장들과 그 모든 백성에게 전하여 이르되 여호와께서 이와 같이 말씀하시기를 보라 여호와의 성전의 기구를 이제 바벨론에서 속히 돌려오리라고 너희에게 예언하는 선지자들의 말을 듣지 말라 이는 그들이 거짓을 예언함이니라 하셨나니." 마소라 텍스트에서는 거짓 선지자들의 낙관적인 말이 잘못된 것임이 분명하다. 거짓 선지자들은 성전 기구들이 곧 돌아올 것이라고 예언하겠지만, 그 말은 거짓임이 증명될 것이다. 기구들은 곧 돌아오지 않을 것이다. 그렇게 되려면 70년이 걸릴 것이다.

『슈투트가르트 히브리어 성경』 비평 자료(*BHS* apparatus)는, "속히"라는

---

14) Emanuel Tov, *Textual Criticism of the Hebrew Bible* (Minneapolis: Fortress, 1992), pp. 320-21; Eugene Ulrich, *The Dead Sea Scrolls and the Origins of the Bible* (SDSSRL: Grand Rapids: Eerdmans, 1999), p. 69을 보라.

단어가 70인경에는 나와 있지 않으며 따라서 70인경의 번역자들이 사용한 히브리어 대본(Vorlage)에도 그 단어가 없었을 것임을 보여준다.[15] 예레미야 27장을 대본으로 보면, 거짓 선지자들은 기구들이 돌아올 것이라고만 말하고 있지, "속히" 또는 "지금 곧" 돌아올 것이라고 말하지 않는다. 이 히브리어 대본(LXX의 Vorlage)에서 예레미야는 "지금 곧"이라는 언급을 하지 않기 때문에, 여호와의 전의 기구들이 돌아올 것이라고 한 예레미야의 말에 대한 거짓 선지자들의 독해에 가능성을 열어놓는다. 기구들은 결국 예루살렘에 돌아왔지만 속히 돌아온 것은 아니었으며, 따라서 거짓 예언자들에게 대항한 예레미야의 말을 확증해준다.

이 이야기의 어떤 버전(Vorlage)을 보면, 예레미야는 기구들이 반환되지 않을 것이라고 주장하는 듯하다. 이는 문제를 제기했는데 왜냐하면 70년이 지난 후 기구들은 반환되었기 때문이다. 이야기의 다른 버전에서 예레미야는 기구들이 "속히" 반환되지는 않을 것이라고 말하는데, 이는 70년이 지연된 후 일어난 대로다. 이야기의 한 버전(Vorlage)에서 기구들이 반환되지 않을 것이라는 예레미야의 간단한 진술을 감안할 때, 이는 거짓 선지자들이 올바로 이해했다는 인상을 줄 수도 있다. 기구들은 결국 돌아왔다.

이 문제는 마소라 텍스트에는 존재하지 않는다. 여기서 예레미야는 성전 기구들이 "속히" 반환될 것이라는 거짓 예언자들의 말을 인용한다. "속히"라는 단어가 모든 것을 바꿔놓는다. 결국 기구들은 성전으로 반환되었지만, 속히 돌아온 것은 아니다. 따라서 거짓 선지자들의 말은 입증되지 않았고 예레미야의 말은 결국 확증되었다.

물론 이것은 심각한 해석학적 문제라기보다 일반적인 텍스트적 난점을 제시한다. 컨텍스트로 보면 거짓 선지자들은 분명히 성전 기구들이 속

---

15) Tov, *Textual Criticism of the Hebrew Bible*, p. 320.

히 반환될 것이라고 말하고자 했다. 그들은 예레미야의 70년을 생각하고 있지 않았다. 그들의 메시지는 도움이 오고 있다는 것이었다. 예루살렘은 저항해야 하며 굳게 서야 한다는 것이다. 이것이 단순히 본문비평적인 문제라면, 마소라 텍스트가 더 길고 어려운, 따라서 이차적인 텍스트라고 말할 수도 있을 것이다. 이는 유용하고 유효하며 필요한 설명을 공급하고 싶어했던 사본 필사자의 설명적 주(gloss)다. 따라서 70인경이 더 원본을 대표하며, 함축성으로 보아서 더 어려운 텍스트다.

여기에 대한 더 광범위한 질문은 예레미야서의 구성의 관점에서 볼 때 이 설명적 논평을 어떻게 생각할 것인가 하는 문제다. 이는 분리된 텍스트적 설명적 논평인가, 아니면 저자의 작업인가? 이 질문을 다루기 위해서는 두 개의 추가적인 관찰이 필요하다. 첫째, 이 설명적 논평은 예레미야서 안에 존재하는, 독자를 위해 수많은 역사적인 세부 사항을 채워 넣은 것으로 보이는 유사한 설명적 논평들의 일부다. 이것들은 나머지 이야기를 알고 있는 듯 보이는 필사자의 설명이며, 독자로 하여금 이 관점에서 책을 이해하도록 돕고자 한다. 이런 예레미야서의 마소라 텍스트의 기능 때문에, 어떤 학자들은 마소라 텍스트와 70인경의 히브리어 대본(Vorlage) 두 버전은, 각각 책의 포로기 전과 포로기 후의 판을 대표한다고 주장한다. 마소라 텍스트의 예레미야서는, 저자는 알고 있지만 예레미야 시대의 예레미야에게는 알려지지 않은 많은 역사적 세부 사항들을 채워 넣은 필사자 저자에 의해 생산되었다. 이와 같은 상황이 사실이었을 가능성은 높지만, 이것이 이야기의 전부는 아니다. 이야기의 전체를 보기 위해서는 마소라 텍스트와 70인경의 히브리어 대본, 이 두 텍스트에 반영된 예레미야의 말에 대한 해석을 좀더 자세히 살펴보아야 한다.

이것은 둘째 관찰로 이어진다. 예레미야서의 이 두 버전의 텍스트 역사로 보건대, 두 버전은 모두 포로기를 통과한 후 살아남았으며, 후에 두 개의 서로 다른 포로기 이후 공동체의 정경의 일부가 되었음이 분명하다. 한 공동체에서는 받은 그대로 예레미야서를 전달한다는 의식적인 결정이 있었다. 이 버전은 70인경의 히브리어 대본을 대표했다. 비록 이 예레미야 버전은 예레미야의 말에 의혹을 제기했지만, 이는 충분히 명확하다고 받아들여졌으며 있는 그대로 남겨졌다. 마소라 텍스트로 대표되는 예레미야의 다른 버전에서, 다른 공동체는 예레미야의 말이 오해받지 않도록 하기 위해서 그의 말에 설명을 추가할 필요성을 느꼈다. 결과적으로 예레미야서의 의미에 대해 아주 다른 두 개의 접근법이 텍스트 역사에 나타났다. 이렇게 텍스트 역사는 신학적 의미를 가진 기능이 된다.

예레미야서에서 다른 텍스트의 이형들을 고려할 때, 마소라 텍스트로 대표되는 공동체는 바벨론 포로 생활에서 귀환한 역사적 사건에 대한 예레미야의 예언에 초점을 맞추고 있음이 명백하다. 다른 예를 들어보자. 일부 텍스트에서는 예레미야가 막연히 "북쪽에서 온" 민족이라고 말하는 반면에, 마소라 텍스트는 이 민족을 바벨론과 느부갓네살 왕과 동일시하기 위해 상당한 노력을 한다.[16] 또다시 "필사자 저자"는 그가 이미 알고 있는 "이야기의 나머지"의 관점에서 예레미야서를 읽고 있으며, 독자들이 이 사실을 간과하지 않도록 신경을 쓴다. 마소라 텍스트는 예레미야서 독해에서 분명한 역사적 경향성을 가지고 있다. 이 텍스트는 "세계사"의 직접적인 사건들의 관점에서 예레미야의 말을 이해한다.

반면에 70인경의 텍스트에서, 예레미야의 말은 특별한 역사적 사건에 매여 있지 않다. 이 판(edition)이 공동체에서 정경의 일부로서 몇백 년 동안이나 계속되었음에도 불구하고 말이다. 하지만 시사하는 점은 분명하다. 포로기 이후에도, 또한 예레미야서에 대한 마소라 텍스트의 독해에 정보를 준 모든 사건들 이후에도, 이 버전을 고수한 공동체는 예레미야의 말

---

16) "MT에서 해석의 확대의 의도는 유다의 적을 바벨론과 일치시키는 것이며, 더 특별히 느부갓네살과 일치시키는 것이다. 반면에 LXX에서는 '북에서 온 적'에 대한 추가적인 설명이 없다"(William McKane, *A Critical and Exegetical Commentary on Jeremiah* [ICC; Edinburgh: T & T Clark, 1986], 1: xxi).

과 당대의 역사적 현실과의 관계에 대해서는 거의 관심을 두지 않은 듯 보인다. 이 공동체의 초점은, 에스겔 38-39장과 유사한 예레미야서의 주제, 즉 북에서 온 자들이 자국을 침략한다는 예레미야의 원래의 말에 여전히 남아 있었다. 최소한 이 예레미야서 버전에서는, 예레미야의 말에 대한 미래적 지시 대상—바벨론 포로기의 70년을 넘어서는, 에스겔이 본 환상의 적에 대한 지시 대상—의 가능성이 여전히 있었다. 이 공동체에게 예레미야의 말은 이스라엘의 과거 사건들 속에서 아직 소진되지 않았다.[17] 그의 말 속에는 여전히 미래가 있었다.

예레미야서의 대본(LXX)에서 놀라운 점은 이것이 다니엘 9장과 맞아 떨어진다는 것이다. 다니엘 9장에서 우리는 여전히 포로 상태에 있는 한 경건한 이스라엘인, 예레미야서의 동일한 장들의 의미를 숙고하고 있는 한 사람을 만나게 된다. 그의 질문은 예레미야의 말이 바벨론 유수 동안 어떻게 성취되었는가 하는 것이 아니었다. 이 질문은 이 장들에 대한 마소라 텍스트의 초점이다. 앞의 사람의 질문은 왜 여러 날이 지난 이후에도 (단 8:26) 예레미야의 말이 여전히 성취되지 않는가에 대한 것이었다. 다니엘은 나중까지 비전을 봉해야만 한다는 사실에 당황했다. 다니엘 9장에서 다니엘은 예레미야의 70년의 예언을 이 새로운 관점에서 이해하려고 노력한다. 그가 받은 답에 의하면, 예레미야의 미래적 비전은 70년이 아니라 일흔 이레 안에 성취될 것이었다. 다니엘에게 예레미야의 말은 포로기로부터의 귀환 사건을 훨씬 넘어서—느부갓네살과 바벨론을 훨씬 넘어서—의 지점을 가리킨다. 다니엘 9장의 저자에게는 느부갓네살에 대한 설명적 논평을 가진 예레미야서나 마소라 텍스트가 필요하지 않았을 것이다. 이

---

17) "LXX에는…북쪽에서 온 적에 대한 부연 설명이 없다. LXX에 따르면, 여호와에 대한 신뢰의 부족과 불순종 때문에(8절), 유다는 자신과 주변 국가들 모두를 황폐화시킬, 북쪽에서 온 적에 의해 정복당하기 바로 직전에 있었으며, 놀라움과 공포를 일으킬 폐허의 장면을 뒤에 남겨두게 된다(9절)"(ibid., p. 627).

저자에게는 예레미야의 말이 성취될 미래가 여전히 남아 있었다. 예레미야의 말은 과거의 사건들에 의해 소진되지 않았다.

이 텍스트들은 성경 구성의 성격을 직접 보도록 도와준다. 예레미야서에 대해서 이 두 판 사이에 존재하는 차이점은 단순히 필사의 차원에서 일어난 것이 아니다. 이 차이점은 사실상 구성적 차원의 문제다. 다니엘 9장은 예레미야서에 대한 두 개의 구성 또는 두 권의 책을 발생시킬 수 있는 그런 종류의 상황을 보여준다. 두 텍스트가 동시적으로 존재한다는 사실은, 여러 개의 공동체와 구약책에 대한 다양한 해석을 상정한다.

또한 예레미야서 텍스트들 간의 차이점들이 책의 내용에 대한 대규모의 재배열을 동반했다는 사실에도 주목해야 한다. 마소라 텍스트에서 예레미야 46-51장에 나오는 이방 나라들을 향한 예언은, 70인경의 예레미야 역본에서는 70년에 대한 예언 이후에(렘 25:15-26) 발견된다.[18] 우연히도 이는 예레미야 36:2에서 바룩이 펴낸 책의 버전에 반영된, 또한 70인경의 히브리어 대본에 반영된 책의 형태다. 더욱이 사해 사본은 70인경의 번역자들이 그들 자신의 예레미야서 히브리어 텍스트를 충실히 따르고 있었음을 보여준다. 예레미야서에 대한 두 텍스트 간의 차이점들은 이미 초기 히브리어 사본들에서부터 존재했을 것이다.[19]

예레미야서의 두 버전 사이의 차이점들이 가진 또 다른 흥미로운 특징은, 마소라 텍스트에 있는 추가적인 자료가 아트바쉬(atbash) 같은 랍비적 기법들의 많은 예를 포함하고 있다는 점이다. 아트바쉬는 알파벳의 순서를 뒤집어놓음으로써 암호를 만들어내는 기법이다(렘 25:25-26; 51:1, 41). 이런 의미에서 마소라 텍스트에 있는 추가적인 자료는 성격상 미드라쉬적

---

18) 바로 이 시점에서(렘 25:13b-14a), 추측하건대 내레이터 또는 저자인 누군가가, 지금 우리가 읽고 있는 이 책에 대해 독자에게 직접적으로 말하기 시작한다. 텍스트 언어학에서는 이를 metacommunicational gloss라고 부른다. 이 설명이 LXX에는 없다.

19) Tov, *Textual Criticism of the Hebrew Bible*, p. 320.

(midrashic)이다.[20]

예레미야서의 두 버전 또는 이형 텍스트(texual variant)는 단순히 책의 서로 다른 두 판을 나타내지 않는다. 두 텍스트는 모두 그 자체로 유일한 것으로 보인다. 나아가 두 책은 틀림없이 포로기 이후 시대 후반에 공동체들의 일부였으며, 이 공동체들은 각각 다른 책을 정경으로 받아들였다. 따라서 이 다양한 예레미야서 버전들은 이 책과 같은 성경의 구성이 어떤 특정한 순간, 특정한 신학적 관점을 나타내는 독특한 공동체의 작품이라는 점을 암시한다.

정경화. 나의 텍스트-모델에서 다음 좌표인 정경화(canonization)는, 책이 더 커다란 모음집의 일부가 되어 그 전반적인 형태에 기여하게 되는 지점을 의미한다. 현재의 성서학에서 구성은 일반적으로 정경화를 선행하는 것으로 받아들여진다. 각각의 책들은 정경의 일부가 되기 전에 최종 형태를 갖춘다. 구성은 역사적인 과정인 반면에, 정경화는 신학적인 과정으로 간주된다. 물론 나는 정경과 구성을 이런 식으로 분리하는 학자들에게 어느 정도는 동의한다. 구약의 책들이 가진 최종적 문학적 형태가 항상 정경의 형태와 일치하는 것은 아니다. 하지만 구약 정경의 형성이 순전히 신학적 세력의 결과라고 할 수는 없다. 예를 들어 예레미야서의 두 버전은, 구성이 정경화 이후에 일어날 수도 있으며, 심지어 일어났음을 보여준다. 예레미야 27:16에 "지금 속히"의 추가와 같은 이형 텍스트들의 조화적인 성격은, 그 텍스트들이 권위 있는 텍스트와 조화(harmonization)되고자 시도하고 있으므로, 그 이전 버전이 이미 정경으로 간주되었다는 사실을 증명한다. 사실상, 이런 설명적인 논평들이 구성적인 만큼—즉 이 논평들은 전체 책의 형태에 대한 관심을 반영하며 유사한 종류의 추가와 서로 연결되어 있다—히브리어 성경의 최종 정경 형태에는 구성적인 요소들이 있

---

20) I. L. Seeligmann, *Voraussetzungen der Midraschexegese* (VTSup 1; Leiden: Brill, 1953), pp. 150-81을 보라.

다고 말할 수 있다. 따라서 어떤 구성은 정경화 이후에도 계속된다. 동시에 어떤 구성적인 요소들은 신학적인 동기를 가진다는 점 역시 분명하다. 고전적 의미의 저작에서, 이는 전체의 구약 정경의 형태가 신중하게 받아들여져야 하며 나의 텍스트-모델에 통합되어야 함을 의미한다. 히브리어 성경의 책들은 저자를 가질 뿐 아니라 동시에, 전체로서의 그리고 정경적 형태로서의 히브리어 성경은 구성과 저작의 산물이다.

따라서 최종 텍스트에 대한 나의 이해에서, "정경"의 개념은 각각의 그리고 모든 정경적 형태에 대한 단 하나의 흔적을 따르지는 않는다. 정경화의 과정이라고 말하기보다 차라리 나는 생물학 용어를 빌려와 구약 정경을 "단속 평형"(punctuated equilibrium)으로 표현하고 싶다. "단속"이란 말을 사용하는 것은 발전의 계속적인 과정이 아닌, 여러 정경의 컨텍스트에서 발생할 수 있는 형성의 창조적 순간의 결과라는 점 때문이다. "평형"은 정경 형태가 한번 설립되면, 성전 파괴와 같은 대이변적인 사건이 책 또는 책들의 모음의 초점과 형태에 큰 변화를 촉발할 때까지는 어느 정도 안정된 상태가 지속된다는 점 때문이다.

정경화에 대한 한 가지 더 추가적인 관찰을 할 것인데 이는 언급할 가치가 있다. 구약 정경의 구성적 형성에 대해 내가 말한 것과 말할 것은, 그것이 개인의 작업이지 공동체와 같은 단위의 작업은 아니었다는 점을 제시한다. 개인들이 공동체의 일부이기도 하지만―그들은 공동체에 의해 형성되며 공동체를 대변한다―구성과 정경화의 작업은 개인들의 작업이다.

통합. 히브리어 성경의 최종 형태의 모델에서 셋째 개념은 "통합"(consolidation)이다. 여기서의 논지는, 특정한 공동체 환경에 정경 텍스트의 추가적인 조정을 더하는 문제다. 예로서는 신약에서의 구약 인용을 따른 70인경의 조정이나, 오리게네스의 육조경(Hexapla)의 5번째 칼럼을 따른 70인경의 조정을 들 수 있다. 또한 신흥 랍비의 주해의 노선을 따른 마소라 텍스트도 그 예가 될 수 있다.

히브리어 성경에서 많은 마소라 텍스트의 활약은, 형성된 핵심 신앙에 대한 해석적인 기초를 형성하는 텍스트에 중점을 두는 것으로 나타난다. 인간의 창조 기사에서 두 개의 "요드"(yods, 창 2:7: וַיִּיצֶר)는, 인간이 두 개의 본성들(יְצָרִים[비교. 라쉬])로 창조되었다는 랍비 주석을 반영했기 때문에 마소라 텍스트에 보존되었을 것이다. 같은 방법으로 동물의 창조에 사용된 동일한 동사에서 한 개의 "요드"(창 2:19: וַיִּצֶר)는, 동물들은 오직 하나의 본성(יֵצֶר)만을 가지고 있다는 랍비의 교리를 뒷받침한다. 그렇다고 해서 텍스트의 이런 형태를 창세기 저자의 의도로까지 거슬러 올라가 찾아야 한다는 의미는 아니다. 이는 텍스트 형태를 구성의 문제로 만드는 것이 될 것이다. 랍비의 주석의 특정 요소를 뒷받침하는 마소라 텍스트 형태의 보존은 통합의 기능이다. 통합의 개념이 의미하는 것은 기껏해야, 일단 텍스트가 공동체의 일부가 되면, 그 텍스트는 공동체의 핵심 신념의 필수적인 특성을 취한다는 것이다.

지금까지의 논의의 요점을 요약하면 다음과 같다. 즉 히브리어 성경의 최종 형태는 구성, 정경화, 통합, 이렇게 세 개의 요소가 교차하는 좌표의 관점에서 가장 잘 표현된다. 구성은 정경화를 앞서는 과정이지만 거기서 멈추지 않는다. 정경의 책들은 그것들이 속한 공동체의 신학적 관점을 반영하는 다양한 구성적인 형태를 계속 취해간다. 일단 특정한 공동체 내에서 설립되고 나면, 구약 텍스트는 새로운 구성에까지는 못 미치는 방법이지만, 그 공동체의 필수적인 특성을 취하기 시작했다. 결과적으로 나타난 것은 히브리어 타나크인 율법, 예언서, 성문서의 다양한 버전들과 형태의 생산이었다.

나의 텍스트-모델이 정당하다면, 이는 히브리어 타나크의 다양한 형태 뒤에는 다양한 텍스트-공동체(text-community)들이 존재하며, 일부는 이런 형태에서 그들의 신학적 정체성을 이끌어낸다는 것을 의미한다. 다른 지면에서 나는 히브리어 타나크가 두 세트의 구성적 이음매를 중심으로 형성되었다고 제시했다. 이 세트는 신명기 34장과 여호수아 1장, 그리고 말라기 3장과 시편 1편의 이음매다.[21] 신명기 34장과 말라기 3장은 예언 시대의 복귀를 기대한다. 선지자 모세는 죽었고 여호수아가 그 자리를 이어받았다. 여호수아는 이 이음매에서 선지자가 아니라 지혜자로서 특징 지어져 있다. 기록된 성경을 묵상하는 지혜자는 하나님과 직접 대화하는 선지자의 역할을 이어받았다. 성경 내의 예언의 말씀과 함께, 성경은 지금 하나님의 계시의 소재지다. 물론 미래에 예언의 복귀에 대한 희망은 여전히 존재한다. 성경 자체가 그 방향을 가리킨다(예, 신 18장). 그동안은 기록된 성경을 묵상함으로써 형통해지고 지혜롭게 된다.

이 정경의 이음매는 전체의 의식적인 구성을 암시한다. 예언의 은사보다도 기록된 텍스트의 수집을 우선시하는 것을 보면, 타나크의 삼중적 형태가 처음으로 정경으로 받아들여진 것임을 뚜렷하게 알 수 있다. 타나크의 형태는 기록된 성경으로서의 지위를 함축한다. 마지막으로 유대교에서 히브리어 성경의 역사로부터 우리는, 타나크의 형태 속에서 히브리어 성경이 중세 유대교 내로 통합되었음을 알 수 있다. 실제로 히브리어 성경을 수반한 마소라 텍스트 전체는 이 삼중적 구분을 지향하고 있다.

타나크와 성경신학. 구약의 의미와 형태에 관한 질문들은 텍스트의 최종 형태의 성경신학이 제기한 두 번째 문제로 이끈다. 타나크의 형태에 반영된 신학은 어떻게 신약과 연결되는가?

히브리어 성경이 기독교-이전 시대에 어떤 장소와 시점에서 삼중 형태로 존재했다는 것에 대해서는 별 이견이 없을 것이다. 이 삼중 형태는 유일한 형태도 아니고, 심지어 가장 지속적이거나 권위 있는 형태도 아니었다. 다른 가능한 형태들과 함께 타나크는 상당한 기간 동안, 그리고 유대교의 상당히 많은 부분에서 삼중 형태로 존재했다. 누가복음 24:44에 따르면, 타나크는 예수의 성경의 "최종 형태"이기도 했다. 집회서(Book of Sirach) 서문으로 판단하건대, 삼중 형태는 1세기 이전, 그리스어 형태에서

---

21) Sailhamer, *Introduction to Old Testament Theology*, pp. 239-352.

도 이미 같은 형태를 가지고 있었다.[22]

성경신학에서 "구속사적인"[23] 접근법을 포용하는 복음주의적 성경신학은 의심할 여지 없이, 타나크의 최종 형태의 신학적 중요성을 인정하기를 주저할 것이다. 타나크에서 책의 배열이 항상 "구속사"를 따르는 것은 아니다. 예를 들어, 룻기는 전기 예언서들의 목록에는 없지만, 잠언 다음에 나온다. 역대기는 책들의 맨 마지막 또는 시편 앞에 위치한다. 구속사적인 접근 방식은 유대교에서 기독교로 이어지는 역사적 사건들 속에서 통일성을 찾음으로써, 두 부분으로 된 기독교 성경(구약/신약)의 통일성의 질문에 답하려 시도했다. 이 역사적 발전에서 구약은 그리스도와 초대교회의 삶의 사건들 속에서 최종 목표에 도달했다. 신구약의 통일성은 히브리어 성경의 형태가 아니라 구원 역사의 계시적 진보에 있다.

타나크와 신약을 연결하려는 둘째 시도는 롤프 렌토르프(Rolf Rendtorff)의 구약신학으로 대표된다. 렌토르프는 (타나크로서) 구약이 신약의 형성 이전에, 최종 형태에서 이미 뚜렷한 실재물이었다는 점을 강조했다.[24] 따라서 히브리어 구약의 신학과 신약의 신학 사이에는 고유의 다양성이 있다. 렌토르프에 따르면, 이런 다양성은 타나크가 기독교-이전 유대교의 산물이라는 사실로부터 유래한다. 그럼에도 렌토르프는, 기독교 신학자들이 타나크를 신약과 연결된 성경신학의 구약의 구성 요소로서 취급해야 할

---

22) 집회서 서문이 가지는 중요한 함축성은, 그리스어로 된 구약조차 삼중 구조의 형태로 읽혔다는 점이다. 하지만 이는 여전히 이 다양한 시기에 타나크의 특정한 구성에 대해서는 아무것도 말해주지 않는다. 어떤 책들이 포함되었는지, 또 어떻게 책들이 배열되었는지에 대한 상세 사항들에 대해서는 많은 논의가 계속되었다.

23) 여기서 내가 염두에 두는 것은, 성경 텍스트에 더해서 이스라엘 역사의 구원 사건을 계시적인 것으로 보는 성경신학이다. Sailhamer, *Introduction to Old Testament Theology*, pp. 54-85을 보라.

24) "Die Hebräische Bibel war aber bereits davor die jüdische Heilige Schrift"(Rolf Rendtorff, *Theologie des Alten Testaments: Ein kanonischer Entwurf* [Neukirchen-Vluyn: Neukirchener Verlag, 1999], 1:4).

의무가 있다고 믿는다.[25]

타나크와 신약을 연결하려는 셋째 시도는 하르트무트 게제(Hartmut Gese)에 의해 이루어졌다.[26] 그는 타나크를 구약의 계시적인 전통 역사 속에서 과거의 무대로 본다. 게제의 주장에 따르면 성경신학에서 신약과 연결시켜야 하는 구약은, 초대교회가 부여한 최종 형태에서만 뚜렷한 실재물이다. 이 구약의 형성은 신약의 형성에 의해 형체를 이루고 궁극적으로 포용된 해석과 재해석의 복잡한 과정의 결과다. 구약은 이스라엘의 길고 지루한 전승사의 최종 형태를 대표한다. 구약 안에서 여러 전통의 고유한 다양성은 예수와 초대교회, 그리고 궁극적으로는 신약 정경을 형성한 자들이 구약을 재독함으로써 절정에 다다른 전승사적 과정의 결과다. 통일성은 재해석의 복잡하지만 독자적인 노선에서 나온다.

넷째 반응은, 렌토르프와 유사하게 타나크의 최종적 (삼중) 형태를 기독교-이전 시기에 이미 고정된 것으로 보며, 신약과 연합되어야 하는 구약의 형태를 대표하는 것으로 본다. 그러나 고대 유대교 내에는 하나가 아닌 두 개(또는 여러 개)의 타나크 버전이 있다. 그러므로 타나크가 어떻게 신약과 연결되는지에 대해서는 단순하게 질문해서는 안 되며, 어떤 타나크의 형태를 신약과 함께 읽어야 하는가를 질문해야 한다. 신약이 전적으로 후기 유대교의 타나크를 따르는 것이 아님은 명확하다. 반면에, 신약은 타나크의 또 다른 버전을 따르고 있을 수도 있다. 어떤 하나의 공동체가 초기 유대교 전체를 대표하지 않기 때문에, 타나크의 단일 버전도 없었을 것이다. 우리가 지금 가지고 있는 형태에서, 70인경의 히브리어 대본에 있는 (기독교-이전) 타나크는 신약과의 상당한 유사성과 통일성을 보여준다. 게제

---

25) Rolf Rendtorff, "Toward a Common Jewish-Christian Reading of the Hebrew Bible," in *Canon and Theology: Overtures to an Old Testament Theology*, trans. Margaret Cole (OBT; Minneapolis Fortress, 1993), pp. 31-45.
26) Hartmut Gese, *Zur biblischen Theologie: Alttestamentliche Vorträge* (Munich: Kaiser, 1977), pp. 23-30.

의 견해와는 반대로, 신약에 연결시켜야 하는 구약은 초대교회의 구약도 아니고, 최초의 기독교 공동체가 수용한 정경 형태, 즉 알렉산드리아의 70 인경도 아니다. 오히려 초대교회의 구약은 기독교-이전 유대교 내의 다양한 공동체에 속했던 기독교-이전 타나크들 중 하나에서 발견될 수 있다.

다니엘서와 타나크의 종결부. 여기서는 다니엘서가 예레미야서를 읽은 작업의 예로 되돌아가서 설명할 것이다. 정경적으로 또한 구성적으로, 다니엘서는 당혹스러운 질문을 야기한다. 즉 타나크에서 다니엘서의 적합한 위치는 어디인가?

데이비드 프리드먼(David Freedman)은 기독교-이전 시기의 타나크의 형태에 대한 연구에서 이 질문을 다룬다.[27] 프리드먼의 논의에 따르면 타나크에서는 대칭과 질서가 많이 발견되지만,[28] 타나크에 다니엘서가 포함되면 이 대칭은 대부분 상실된다. 실제적으로 프리드먼의 관찰은, 구약 정경의 역사 속에서 "다니엘서가 포함된 타나크"와, "다니엘서가 포함되지 않은 타나크", 두 가지 모두의 가능성을 고려해야 한다는 점을 제시한다.

이렇게 다니엘서는 이 책의 누락이나 포함이 아무런 차이점도 만들어 내지 않는 그런 책들 중 하나가 아니다. 만약 타나크가 신약과 가지는 관계에 대한 더 큰 질문에 대해서라면, 더욱더 그러하다. 프리드먼의 연구는, 성문서의 순서에서 주요한 변동이 주로 다니엘서에 어떤 위치를 할당하는가 하는 설정으로부터 나옴을 보여준다.

가장 초기의 완전한 중세 사본(Codex B19a)에서, 다니엘서는 타나크의 거의 마지막에 위치한다. 히브리어 성경에서는 끝에서 두 번째, 즉 한 권으로 된 에스라-느헤미야서 앞에 위치한다. 이런 배열을 통해 고레스 칙

---

27) David N. Freedman, *The Unity of the Hebrew Bible* (Ann Arbor: University of Michigan Press, 1991).
28) "주요한 구획 사이에 일치는 너무 가깝고 대칭은 너무 정확해서, 이것이 우연의 결과라거나 또는 한 사람의 생각이나 개인들의 그룹이 이 신성한 작품의 모음집을 조립하고 조직하는 데 책임이 없었다고 상상하기는 어렵다"(ibid., pp. 79-80).

령(스 1:2-4)―다니엘 9장의 "메시아적" 도식에서 중심 역할을 하는, 귀환하여 성전을 지으라는 법령―은 다니엘서 다음에 바로 나오며, 마지막 책인 에스라-느헤미야서의 서론을 제공한다. 이 위치에서 고레스 칙령은 에스라와 느헤미야의 지도하의 역사적 귀환을 예레미야의 70년의 비전의 성취와 동일시한다. 마치 다니엘 9장과 일흔 이레의 견해는 어디에도 보이지 않는 것 같다.

타나크의 마지막 책들의 또 다른 배열에서는(바빌로니아 탈무드, *Baba Batra* 14b), 역대기가 마지막에 오며 고레스 칙령의 반복으로 끝난다(대하 36:23). 프리드먼의 지적처럼, 역대기와 에스라-느헤미야서의 이런 배열에서는 연대기적 순서가 눈에 띄게 깨져 있다. 느헤미야서를 마친 후 역대기는 아담 이야기로 내러티브를 시작한다![29] 이는 역대기를 일부러 에스라-느헤미야서 다음에 배치하고, 다니엘서 다음, 타나크의 끝에 배치했음을 보여준다. 이는 또한 역대기 끝에 고레스 칙령을 재진술함으로써 타나크를 마치려는 의식적인 노력을 보여준다.

타나크에는 최소한 두 개의 경쟁적인 "최종 형태"가 있었던 것으로 보인다. 이것들 중 하나는 에스라-느헤미야서로 끝난다. 이 버전은 바벨론 유수로부터의 역사적 귀환 속에서 고레스 칙령이 성취된 것으로 본다. 타나크의 또 다른 형태는 역대기로 마치며 고레스와 고레스 칙령의 반복으로 마친다. 이 배열에서 고레스 칙령은 에스라-느헤미야서(스 1:2-4)에서 보다 더 짧은 형태를 가지는데, "그렇게 함으로 그는 올라갈지어다"(대하 36:23)라는 절로 결론을 맺는다. 역대기에서는 이 절의 주어가 "그의 하나님이 함께 하시는 자"로 확인된다. 역대기 저자에게 여기에는 "메시아적인" 설정이 있다(비교. 대상 17:12). 사실상 고레스는 "(그의 하나님이 함께 하시는)

---

29) 영역본에서 따르는 구약성경의 순서는 역대기의 끝에 에스라서를 위치시킴으로써 이것을 교정했지만, 고레스 칙령의 중복과 칙령의 즉각적인 반복이라는 결과를 낳았다(대하 36:23; 스 1:2-4).

그는 예루살렘으로 올라갈지어다"라고 말한다. 이 극적인 결론에 도달하기 위해 역대기 저자는 에스라-느헤미야서의 원래의 칙령에서 거의 두 구절을 생략해야 했다. 이 구절들은 바벨론 유수로부터 귀환하는 역사적 사건들과 칙령을 연결시킨다.[30] 이 구절들이 없으면, 타나크의 최종 말씀의 성취는 미래를 향해 미해결 상태로 열려 있게 된다.

타나크의 결론 부분에서 고레스 칙령의 중심적인 역할은, 다니엘 9장에 의해 타나크의 끝에 주입된 기대에 의해 인도되는 것으로 보인다. 다니엘 9장에서 예루살렘 귀환에 대한 예레미야의 기대는, 바벨론 포로기로부터의 즉각적인 귀환을 넘어서 보도록 설계되어 있다. 70년 후의 귀환이라는 예레미야의 약속은 7 곱하기 70, 또는 490년으로, 마카베오 시대를 포함해서 당시에 알려진 어떤 미래의 사건도 훨씬 뛰어넘어 연장되어 있다.

이 사건들을 어떻게 해석할 것인가에 관계없이, 분명한 것은 "예루살렘을 중건하라는 영이 날 때"(단 9:25)의 적기(適期)에 따라 사건들이 정해진다는 것이다. 타나크의 한 버전이 이런 법령(고레스 칙령)으로만 끝난다는 사실은 우연일 수 없다. 더욱이 칙령의 서론에서(대하 36:21), 역대기 저자는 의식적으로 칙령을 예레미야의 70년의 예언과 연결시키는데, 이것은 다니엘 9장에서 다니엘이 숙고한 바로 그 구절이다.

타나크의 최소한 두 개의 "최종 형태"가 이 구성적인 고려에서 드러난다. 하나는 에스라-느헤미야서로 결론을 맺고 바벨론 추방으로부터의 귀환을 예레미야의 70년의 예언의 성취로 보는 타나크다. 이는 역사적 성취가 이루어진 타나크로서, 즉각적으로 성취를 포로기 이후 시대와 일치시키려 한다. 바벨론으로부터의 귀환은 초기 성경해석에서 잘 알려진 기준점이었다. 또 다른 타나크는 기준점을 다니엘서, 특히 다니엘 9장에서 찾

---

30) 대하 36:23과 대조적으로, 에스라/느헤미야서에서 "그는 올라갈지어다"의 동사의 주어는 "유다와 베냐민 족장들과 제사장들과 레위 사람들과 그 마음이 하나님께 감동을 받고 올라가서 예루살렘에 여호와의 성전을 건축하고자 하는 자"(스 1:5)다.

으며, 역대기로 끝맺는다(대하 36장). 이렇게 함으로써 타나크 전체를 확실하게 미래에 대한 준거로 마치며, 예레미야의 70년 예언을 바벨론으로부터의 귀환의 시간을 넘어 연장한다. 이 형태는 예레미야의 70인경의 히브리어 텍스트(Vorlage)의 연구와, 신약에 의해 이 텍스트들을 읽는 작업으로부터 얻어진 의미와 잘 들어맞는다. 이 타나크와 신약 모두는 바벨론 추방으로부터의 귀환을 넘어서 볼 수 있는 사건들에 열려 있다.[31]

이 장에서 제기된 요점들은, 구약을 향한 태도의 변화가 구약과 신약의 성경신학을 하기 위한 새로운 가능성의 범위에 문을 열었음을 보여준다. 구약 텍스트의 초기 형태를 찾는 학자들은 계속 있을 것이지만, 점점 더 많은 학자들이 최종 형태로 관심을 돌리게 되었다. 이런 현상을 역사에 대한 관심을 외면하는 것으로 해석해서는 안 된다. 오히려 이런 현상은 이스라엘 역사에서 크게 간과되었지만 텍스트적으로 풍부한 단계, 즉 그리스도의 오심과 신약의 저술 바로 이전의 이스라엘의 역사에 초점을 맞춘다.

구약의 최종 형태에 대한 관심과 함께, 구성에 대해 초점을 맞추는 작업이 새롭게 대두되었다. 성경 텍스트 배후에 있는 문학적인 "층위"(strata)를 발견하려고 하는 대신, 연구자들은 성경 텍스트의 문학적 "전략"(strategy)으로 관심의 방향을 바꿨다. 전략에 대한 탐구가 층위에 대한 탐구를 대체한 것이다. 이 두 가지 관심의 수렴은 구약과 신약의 성경신학의 기본 질문들을 고쳐 만드는 작업을 요구했다. 이는 적어도 다음 세 가지 중요한 측면에서 사실이다.

첫째, 히브리어 성경의 최종 형태에 대한 초점과 정경 개념과의 연결은, 구약이 신학적으로 접근될 수 있고 또 그렇게 되어야만 한다는 데 의심의 여지를 남겨두지 않는다. 과거에 성경신학의 관심의 많은 부분은 구약의 신학적 목적의 질문에 집중되었으며, 주로 부정적인 결과를 낳았다.

---

31) 정경의 접착 천(Velcro)의 마지막 조각이 성취된 예언의 개념에 집중하고 있음을 주목하라(대하 36:22).

결과가 부정적이었던 이유는 성경 구성이, 성경이 권위를 가진 것으로 인정받았던 단계, 즉 성경의 정경화의 수준에서 분리되어 간주되었기 때문이다. 대조적으로, 구약 정경에 집중한 렌토르프의 최근 구약신학은 이 질문에 대해 단 한 개의 문장만을 할애한다. 책의 첫 부분에 나온 이 문장에서 렌토르프는 간단하게, "구약은 신학적인 책이다"라고 말한다.[32] 렌토르프가 최종 정경의 형태 외에 다른 수준을 추구했다면, 더 많은 것들을 이야기할 의무가 있었을 것이다.

히브리어 성경의 최종 형태에 초점을 맞추는 것은 구약과 신약 사이의 시간 간격을 상당히 줄인다. 만약 타나크의 형성이 주전 2세기나 그 이후에 이루어졌다면, 구약은 사실상 신약의 문 바로 앞에 놓여 있다. 진정한 의미에서 타나크로서의 구약은 중간사 기간에 속한다. 타나크는 이스라엘의 역사와 동일한 방법으로, 즉 바벨론 포로기와 함께 결론을 내리지 않는다. 또한 구약은 처음에 제2성전기의 제사장 학파 안에 있었던 유대교와 함께 태어나지도 않았다. 이 논의가 보여주는 바는, 최소한 타나크의 한 버전의 끝에 이미 신약 사상의 세계가 있었다는 것이다.

히브리어 성경의 최종 형태(들)에 초점을 맞추는 것은, 다니엘서를 역대하 36:22-23의 고레스 칙령과 의도적으로 연결시키는 구약의 초기 (기독교-이전) 버전의 가능성을 제기한다. 확실히 이 형태에는 예레미야서의 이형 히브리어 버전들과, 다니엘서와 역대기의 정경의 위치와 같은 표면적 동요들이 있다. 그러나 바로 이런 동요들은 포로기 이후와 기독교-이전 시기에 존재했던 성경의 의미에 대한 뿌리 깊은 불일치를 드러낸다. 이런 불일치의 본질을 밀접하게 따라가다 보면, 그림이 드러나기 시작한다. 타나크의 초기 버전들을 관통하고 분할하는 선은, 당시의 종교 지도자들로부터 세례 요한을 분리한 것과 동일한 선이다. 타나크는 하나님의 새로

---

32) "Das Alte Testament ist ein theologisches Buch"(Rendtorff, *Theologie des Alten Testaments*, p. 1).

운 역사에 대한 기대로 끝난다. 이 역사는 모세(신 34장)와 엘리야(말 3장) 두 사람으로 특징지어지는 예언의 복귀를 포함하며, 예루살렘과 제2성전의 초기 수세기를 둘러싼 사건들을 뛰어넘어 뻗어간다. 바로 이 스토리 라인을 따라서 신약 저자들은 내러티브의 실마리를 잡아서 신약 정경의 세계로 우리를 데려간다.

성경신학에 대한 복음주의적 접근법들. 널리 인정된 바와 같이 구약학에서 방법론의 질문은 유동 상태에 있다. 렌토르프는 패러다임의 변화를 이야기한다. 이 주제에 대한 렌토르프의 논의에 따르면, 구약학 내에서 1세기 이상 집중되었던 패러다임, 즉 옛날 독일의 문서비평(Literarkritik)은 더 이상 보편적으로 수용되지 않는다. 그에 따르면,

> 진지한 구약학이 이 일련의 방법론적 원리에 불가피하게 묶여 있어야 한다는 것은 더 이상 유지될 수 없다. 아직까지는 보편적으로 수용되는 다른 대안적인 개념이 없다.…지금 구약학은 변화의 단계에 있다. 새로운 패러다임이 있을 것인지, 아니면 가까운 미래는 다양한 접근법과 방법론들로 특징지어질 것인지의 여부는 알 수 없다.[33]

구약학에서 현재 변화의 상태는, 복음주의자들이 성경신학에 대한 그들의 접근법을 새롭게 검토해보고, 어떻게 그들이 일반적인 동향에 영향을 받았는지를 점검할 수 있는 유용한 시기일 수 있다. 이런 점검 작업은 복음주의라는 명칭 아래 우리가 기대할 수 있는 종류의 성경신학의 폭넓은 관점을 제공할 수 있다. 복음주의적 선택지들의 가능한 형태에 대한 다음의 논의는, 철저한 조사나 포괄적인 방식으로 이루어진 점검이 되도록

---

33) Rendtorff, *Canon and Theology*, pp. 29-30.

의도된 것은 아니다. 이 논의의 목적은, 내가 이 책에서 발전시키고자 하는 종류의 성경신학의 컨텍스트 안으로 들어가려는 것이다.

성경신학을 위한 복음주의적 선택지들. 성경신학에서 복음주의적 선택지들에 대한 다음 논의에서 나는 "복음주의"를, 하나님의 영감으로 쓰인 성경 텍스트에 대한 헌신을 시작점으로 택하는 접근 방식으로 이해한다. 복음주의적 방식에 대한 다른 관심도 있는데, 일부는 변증학을, 일부는 해석학과 주석을 다룬다. 예를 들어 성경 내러티브의 역사성에 대한 중심적 관심사는 모든 복음주의자들이 공유하는 바다. 확실히 복음주의적 성서학은 역사 편찬과 그 인접 학문에 대한 지속적인 관심을 축소할 수는 없지만, 그렇다고 해서 성경 텍스트의 의미와 최종 권위에 대한 우선적인 관심사를 희생하면서까지 역사적 관심을 강조해서는 안 된다.

일반적으로 구약학의 현재의 변화하는 성격에 직면하여, 복음주의적 선택지는 다음의 세 가지 폭넓은 제목하에 생각해볼 수 있다. (1) 항로에 머무르라, (2) 절충주의, (3) 최종 형태(Endgestalt).

항로에 머무르라. 가까운 장래에 많은 복음주의자들이 "항로에 머무르라"(Stay the course)로 특징지어지는 성경신학적 접근법을 선택할 것이라는 가정은 합리적이다. 이들은 18세기 후반과 19세기에 시작된 성경신학의 과정을 계속할 것이다. 그들의 주요 초점은 언약, 약속, 율법 같은 성경적 아이디어의 역사적 발전일 것이다. 이 접근법은 기록된 성경 내러티브를 마치 실제의 역사적 사건인 것처럼 취급하면서, 그 의미를 텍스트의 언어 속에서 찾고, 고대 근동의 역사적이고 문학적인 유사성에서도 찾는다. 보스(Vos), 월터 카이저(Walter Kaiser) 같은 현대 복음주의적 성경신학과 헹스텐베르크, 욀러(Oehler) 같은 이전 19세기 접근법들 사이의 유사점은, "항로에 머무르라"가 과거의 중요한 복음주의의 선택이었으며 미래에도 계속될 것임을 보여준다. 이런 선택을 취한다는 것은, 기록된 내러티브로서, 그리고 실제 사건으로서 역사적 사건들(구속사)의 계시적인 성격을 계속 수용함을 의미할 것이다. 이렇게 함으로써 복음주의자들은 계속적으로 실제 역사와 성경 내러티브 모두를 하나님의 계시의 소재지로서 볼 것이다. 이런 입장의 최종 결과가 어떠할지에 대해서는 다만 추측할 수 있을 뿐이다.

성경신학의 현재 세대는 이런 논의를 위한 적절한 토대를 마련했는가? 한 가지 예를 들자면, 성경의 책들의 저작의 성격과 역할에 대한 질문을 추구하면서 복음주의자들은 하나님의 계시가 역사적 사건들 속에서 어떻게 발견될 수 있으며, 동시에 인간 저작의 기능으로 볼 수 있는지와 같은 가장 기본적인 질문들에 대한 해결을 시작하지도 않았다. 성경 역사가들에게 계속적으로 주어진 역할과 나란히, 성경 저자들과 그들이 텍스트에 부여한 의미는 어떤 역할을 하는가? 비록 현대의 복음주의자들은 성경 텍스트와 역사적 사건 모두에 초점을 맞추는 것에 대해서는 주저하지 않지만, 저작에 대한 질문이 엄습할 것이라는 것은 피할 수 없다. 현재까지는 이들의 연구에서 이 논의가 어떤 방향을 취할 것인지를 제시하는 어떤 증거도 찾을 수 없다. 이것은 단지 성경 텍스트에 대해 영감을 받은 저자들의 최종 권위에 대한 질문만은 아니다. 복음주의자들에게는 최종 권위가 영감을 받은 성경 저자에게 갈 것이라는 점은 자명하다. 복음주의자들이 19세기에 그들의 논쟁 상대방이 했던 것처럼, 사건 자체 역시 하나님의 영감으로 된 것이라고 결정하지 않는 한에서 말이다.[34] 일반적으로 복음주의자들은 이런 입장을 거부해왔다.

"항로에 머무르라"라는 접근법에서 복음주의자들의 관심을 계속적으로 요구하는 또 다른 문제는, 역사에 대한 이해와 그것의 사용을 위한 이론적이고 신학적인 방어에 대한 지속적인 필요다. 여기에 대해서는 필립스 롱(V. Philips Long)이 인상적인 시작을 했다.[35] 그의 목적은 성경의 역사

---

34) 이것은 von Hofmann이 고수했던 견해였다(Sailhamer, *Introduction to Old Testament Theology*, pp. 61-62을 보라).

35) V. Philips Long, *The Art of Biblical History* (Grand Rapids: Zondervan), 1994.

를 방어하고 이해한다는 두 가지 임무에 있어 복음주의적 논의의 수준을 높이는 것이다. 롱은 성경 내러티브와 실제 역사 사이의 결합의 문제를, 그 결합 안에 있다고 가정되는 기독교 유신론에 호소함으로써 다룬다. 비록 이것이 중요한 복음주의적 선택지이기는 하지만, 유신론에 호소하는 것은 이런 것에 헌신하는 성경신학이, 이 용어의 일반적인 의미에서 "성경적"이라고 주장될 수 있는지 하는 의문을 제기한다. 결국 유신론은 신학적인 체계이기 때문이다.

롱이 책에서 제기한 추가적인 논의는, 성경 내러티브에 적용된 프라이의 용어인 "역사와-유사한" 것에 대해 내가 앞에서 논의한 내용이다. 내가 보기에, 롱은 프라이의 용어를 성경 내러티브에서 역사적 정확성 또는 진실성의 부족에 대한 변명의 주장으로 잘못 사용한다. 복음주의자들 사이에서 오래 계속된 이 문제의 성격은, 롱이 1906년에 게할더스 보스가 한 진술 위에 자신의 주장을 세운 사실을 예로 들어 설명될 수 있다.[36] 많은 복음주의자들처럼 롱은 역사와 성경의 문제를, 성경 내러티브가 실제 역사를 정확하게 기록하는 능력의 문제로 이해한다. 그는 성경 내러티브를 예술가의 생각과 소재의 실제 성격 모두를 나타낼 수 있는 유화와 같다고 주장한다. 롱은 두 명의 예술가가 결코 동일한 그림을 동일한 방법으로 그릴 수 없다고 지적한다. 사실적인(역사와-유사한) 그림은 소재의 성격만큼이나 예술가의 의도의 산물이기도 하다. 롱의 주장에 따르면, 예술가들이 물감을 창조적이고 사실적인 방식으로 사용하듯, 성경 저자들은 그들이 기록하는 사건들에 대한 독특한 견해를 표현한다. 우리는 역사적 사건들에 대한 성경 기사가, 비록 실제 사건의 정확한 묘사라는 것은 기대해야 하지만, 아주 똑같다고 기대해서는 안 된다.

롱의 예술가 비유는 어느 정도는 맞지만, 프라이의 질문 중 몇 가지는

---

36) Ibid., p. 90. Vos의 논문 "Christian Faith and the Truthfulness of Bible History," *PTR* 4 (1906): 289-305.

해결되지 않은 채 남아 있다. 롱의 비유를 간단히 평가하자면, 예술가의 물감(res)의 사용은 성경 저자의 단어(verba)의 사용과 유사하지 않다. 저자가 페이지 위에 쓴 단어와는 다르게, 예술가의 물감은 현실(res) 세계의 일부이며 이 세계의 "realia" 속에서 의미를 가진다. 이 의미는 언어 속의 단어의 의미와는 다르다. 실제적으로 예술가는 현실 세계에 있는 빨간 모자와 동일한 색으로 캔버스 위에 빨간 모자를 그릴 수 있다. 이것은 성경 내러티브의 경우와는 다르다. 기록된 텍스트에서는 모자의 빨간색을 실제 빨간색으로 보여줄 수 없다. 다만 주어진 언어 속에서 "빨강"을 의미하는 단어를 사용해서 빨갛다고만 묘사할 수 있다. 단어(verba)에만 의존하는 내러티브 텍스트는 어떤 사람의 모자의 색이 빨갛다는 단어로 다만 서술할 뿐이다. 빨간 모자를 쓴 사람에 대한 내러티브 묘사에서, 모자는 빨간색으로 그려진 것도 아니고, 실제의 모자도 아니다. 양쪽 경우 모두에서 이것은 빨강 자체도 아니며, 모자도 아니다. 내러티브에서 가능한 것은 모자 색깔이 빨갛다고 말하는 것뿐이다. 단어는 실제의 빨간 모자 같은 실체를 설명하고 묘사하지만, "모자"라는 단어는 자체로서 모자가 아니다. 또한 모자의 색깔의 단어인 "빨강"도 자체로서 빨강은 아니며 단지 그 색을 설명하기 위해 사용된 단어일 뿐이다. 영어에서나 히브리어에서나, 빨간색 자체와 "빨강"이라는 단어 사이에는 내재적인 연결이 없다.

단어 "빨강"은 빨간색과는 다른 수준의 "realia"에 속한다. 이것이 사실이라면, 롱은 성경 내러티브에서 언어로 사물을 설명하는 것과, 유화에서 빨간색을 사용하는 것 사이의 관계를 설명하기 위해 예술가의 그림의 비유적 설명을 더 확장시키고 발전시켜야 한다. 프라이는 이를 "역사와-유사한"이라는 표현을 사용함으로써 설명했지만, 그의 요점은 제대로 이해되지 못했다. 그럼에도 문제의 중요성은 여전히 남아 있으며, 논의를 명료하게 해줄 것에 대한 진정한 도전 과제를 복음주의자들에게 준다.

라합의 창문에 드리워진 빨간 줄의 실제 색과 동일한 방법으로, 단어인 "빨간색"은 그것이 가리키는 실체가 아니다. 내러티브 텍스트에서는,

단어(*verbum*) "빨강"이 실제 세계에서 물리적인 빨간색과 일치하는 언어적 의미를 가지는 것으로 충분하다. 롱의 그림 비유는 다만 비유이며, 따라서 오직 단어만 사용할 수 있고 "*realia*"를 묘사하기 위해 색깔이나 실제 사물을 사용할 수 없는 성경 내러티브의 성격을 나타나는 데 완전히 적절하지는 않다. 만약 성경 내러티브가 컬러 사진과 함께 사용된다면 롱의 비유는 적절한 모델이 될 수 있다. 하지만 아무리 사실적인 내러티브라도, 이것은 이미 그것이 묘사하는 실체(*realia*)와는 한 단계 떨어져 있다.

성경신학에서 "항로에 머무르라"라는 선택지를 선택한 복음주의자들은 어려운 과제에 직면하고 있다. 우리는 그들이 역사와 텍스트 모두를 계시와 영감의 소재지로 다룬다는 것의 함축성에 직면하는 데 솔직하길 바랄 뿐이다.[37] 이는 텍스트에 근거한 의미와, 역사적으로 재구성된 사건과 생각 양쪽 모두에 중점을 두는 성경신학을 계속하는 것을 의미할 것이다. 이런 작업은 역사가와 고고학자를 성경 강해자로 만들 것이다. 따라서 해버닉,[38] 욀러,[39] 쾨니히(König)[40]의 고전적 연구뿐 아니라, 보스[41]와 카이저[42]가 생산한 구약신학도 지속될 것이지만, 이는 과거 연구의 단순한 복제가 되어서는 안 된다.[43] 19세기 복음주의의 재판(reprints)의 시대는 지나갔다.

---

37) Richard Rothe, K. C. von Hofmann, William Temple을 비교하라. Sailhamer, *Introduction to Old Testament Theology*, pp. 59-67.
38) Hävernick, *Theologie des Alten Testaments*.
39) Gustav F. Oehler, *Theologie des Alten Testaments* (Stuttgart: Steinkopf, 1882). 영역판으로는 *Theology of the Old Testament*, trans. Ellen D. Smith (New York: Funk & Wagnalls, 1883).
40) König, *Theologies des Alten Testaments*.
41) Vos, *Biblical Theology*.
42) Walter C. Kaiser, Jr., *Toward an Old Testament Theology* (Grand Rapids: Zondervan, 1978).
43) "항로에 머무르라"라는 접근법이 어떻게 미래의 복음주의자들과 잘 지낼 것인지를 예측하는 것은 어렵다. 텍스트와 언어에 초점을 맞추는 최근 자료들의 도움으로(Robert-Alain de Beaugrande and Wolfgang Ulrich Dressler, *Introduction to Text Linguistics*

만약 복음주의자들이 "항로에 머무르는" 선택지를 따른다면, 이는 아마도 이미 존재하는 업적들을 확장하거나 갱신하는 형태가 될 것이다. 윌리엄 올브라이트(William Albright)의 역사적 결론에 근거한 성경신학은 고대 이스라엘 역사에 대한 최근의 재구성의 관점에서 최신 정보로 갱신하거나 재방어할 필요가 있을 것이다. 또한 중심(center)에 대한 탐구,[44] 하나님의 계시의 소재지로서의 역사적 사건의 성격[45] 같은, 항로에 머무르는 데 있어 고유한 문제들은 이 접근법의 매력을 약화시킬 것이 분명하다. 왜냐하면 접근법 자체에 이런 방법론적인 함정들을 교정할 수 있는 여지가 거의 없기 때문이다. 이 함정 대부분은 방식 자체에 내재되어 있는, 계속 재발하는 문제들이다.

절충주의. 절충주의(eclecticism)는 성경신학의 방법론을 찾는 데 있어 많은 복음주의자가 선호하는 접근법이다. 구약학에서 복음주의자들은 정경비평, 역사적 연구와 고고학, 내러티브 연구 같은 방법 중 최고의 것을 끌어내어, 현재 변화의 상태와 변천을 반영하는 성경신학을 계속적으로 생산할 가능성이 많다. 이것은 대부분의 복음주의자들이 움직여갈 방향이 될 수도 있다. 이 접근 방법이 매력적인 것은, 이 방법에는 허락되는 대로 마음대로 선택할 수 있는 자유가 있기 때문이다. 반면에 약점은 일관성과 통일성의 고유한 결여뿐 아니라, 복음주의적 성경신학이 일관적으로 만들어낼 수 있는 진정하고 독특한 공헌을 진지하게 받아들일 능력이 없다는 데 있다. 절충주의적 접근 방식은 자체로는 결코 향상될 수 없다. 향상되기 위해서는 절충주의 자신이 빌린 접근법들을 의지해야 한다.

최종 형태. 최근의 구약학에서 중요한 초점은, 성경 텍스트의 최종 형태

[London: Longman, 1981]를 보라), "항로에 머무르는" 복음주의적인 성서학자들과 신학자들이 이런 어려운 질문들을 다룰 수 있기를 바란다.

44) Rudolf Smend, *Die Mitte des Alten Testaments* (BEvT 99; Munich: Kaiser, 1986).

45) Kraus, *Die biblische Theologie*, pp. 240-53.

(Endgestalt)가 가진 신학적 관련성에 대해 관심이 증가하고 있는 현상이다. 이 초점은 복음주의자들로 하여금 구약학에서 현재의 논의에 한 걸음 더 가까이 다가서도록 만들었으며, 그렇게 함으로써 성경신학에 중대한 공헌을 하도록 독특하게 자리 잡았다. 항상 복음주의자들은 텍스트의 중요성을 강조해왔는데, 왜냐하면 이들은 텍스트를 하나님의 영감으로 된 소통 고리의 유일한 부분으로 믿기 때문이다. 성경의 영감에 대한 헌신에 기초를 두고 있는 복음주의적 접근법은 언어, 텍스트성(textuality), 구성에 독특하게 높은 가치를 두는 경향이 있다. 영감으로 된 텍스트에 대한 복음주의 헌신은, 텍스트-내재적(text-immanent)이고 비교리적으로 기초했으며, 성경 텍스트의 최종 형태에 근거한 성경신학을 위한 신뢰할 수 있는 기반을 제공한다.

복음주의적 구약학이 어디로 움직였는지, 지금 어디로 움직이고 있는지의 중요한 척도는 오경의 저작에 대한 질문이다. 이는 또한 텍스트-중심적인 오경의 성경신학의 중심에 놓여 있는 쟁점이기도 하다. 과거에는 오경 저작에 대한 복음주의적 논의의 대부분이 "누가 오경을 썼는가?"라는 역사적 질문에 초점이 맞추어져 있었다. 이 질문에 초점을 맞춘 복음주의자들은, 오경이 어떤 방식으로 쓰였는지에 대한 문학적 질문에 대해서는 자주 아무런 언급도 하지 않았다. 방법론적 질문에서 복음주의자들이 어디에 있는지에 대한 척도로서, 그리고 다양한 복음주의적 성경신학을 이해하기 위한 시도로서 나는, 누가 오경을 썼는지의 역사적 질문에 대해서는 가정만 할 것이다. 하지만 오경의 (모세의) 저작 개념의 작동에 대해 현재의 복음주의자들이 어떻게 이해하는가에 대해서는 문학적인 질문을 제기할 것이다.

많은 복음주의자들은 더 푸른 신학적 초장을 추구하기 위한 노력으로 오경의 모세 저작설을 버렸다. 오경이 익명의 저술로 적절하게 간주된 이후로, 이들은 저자를 밝히려는 시도를 거의 혹은 전혀 하지 않게 되었다. 이런 입장이 취해진 이유는 많고도 다양하지만, 이는 당장의 우리 관심사가 아니다. 하지만 오경의 모세 저작권을 고수하지 않는 복음주의적 성서학자들 사이에서도, 적어도 오경의 자료의 일부 혹은 대부분이 궁극적으로 모세에게, 또는 모세에 관한 신빙성 있는 (구전 또는 기록된) 전통에게로 다시 추적될 수 있다는 일반적인 믿음이 있다. 과거에 이런 견해는 복음주의로 간주되지 않았을 것이지만, 여기서 그 역사를 다시 검토할 필요는 없다. 비록 이런 입장을 취하는 자들조차도 이런 견해를 복음주의적으로 보는 것에 대해 완전히는 편안해하지 않는 인상이지만, 복음주의자들에게 이 지위를 부정할 사람은 오늘날 거의 없다. 세 살 버릇이 여든까지 간다. 확실히 이것은, 한때는 이론의 여지가 없던 복음주의 정통의 리트머스 시험지였던 쟁점이, 이제는 더 이상 신뢰성 있는 잣대가 아닌 지점까지 왔다는 신호다. 그렇다고 해서 복음주의가 교리 보존의 기준을 낮추었다고 말하는 것은 아니다. 단지 시간의 흐름과 함께 쟁점도 변하며, 모세 저작설에 대한 질문도 수명의 끝에 도달할 수 있음을 인정하는 것뿐이다. 모세가 저자임을 확인하는 것만큼 중요한 오늘날의 질문은, 복음주의자들이 일반적으로 어떻게 성경 저작의 성격을 이해하고 있으며, 어떻게 그리고 누구를 향해 이런 신념을 옹호하기를 추구하는가 하는 문제다. 성경의 영감과 권위의 측면에서, 오경의 모세 저작설에 대한 반대론이 찬성론보다 더 복음주의적임을 증명할 수도 있다. 요점은 성경 저작에 대한 현재의 복음주의적 입장이 너무 미묘한 차이를 띠며 제한적이기 때문에, 모세 저작설에 대한 신념을 단순히 긍정하기만 하는 것은, 이런 신념이 어떻게 복음주의 내에서 전개되고 옹호되는지에 대한 설명이 없다면 의미를 가질 수 없다는 점이다.

지금 우리가 해야 하는 질문은 현대의 복음주의자들이 모세 저작설에 대한 그들의 신념을 어떻게 이해하고 개념화했느냐 하는 것이다. 나의 목표는 어떤 견해가 복음주의적이고 어떤 것이 아니냐를 결정하는 것도, 어떤 견해가 올바르고 어떤 견해가 그른지를 판단하는 것도 아니다. 나의 목표는 모세 저작설에 대한 복음주의적 견해에 반영된 구약신학에 대한 다양한 복음주의적 접근법들을 밝히는 것이다.

비록 오늘날 복음주의자들 사이에서 오경과 그 신학에 대한 많은 분량의 연구는 없지만, 나는 모세 저작설에 대한 몇 가지 뚜렷하게 복음주의적 견해들을 그룹으로 묶어서, 성경신학을 위한 이런 견해들의 의미를 부각시키고자 한다.

모세 저작설에 대한 복음주의 견해들. 개신교 정통과 모세 저작설: 모세가 오경을 썼는가, 아니면 그는 받아 적기만 했는가? 거의 2세기 동안 개신교 정통이 고수한 오경의 모세 저작설에 대한 견해는 별로 변하지 않았다. 이것은 초기 종교개혁자들의 견해와 같았다. 칼뱅은 모세 저작설의 역할을 수동적인 용어로 이해했다. 오경의 저자로서 모세는 하나님의 백성 사이에서 오랫동안 공통적인 지식이었던 것을 기록했다. 모세는 "전에 들어보지 못한 것들"[46]을 기록한 것이 아니라, "조상들의 손에서 손으로, 연속된 오랜 시간을 통해 자손들에게 전달되었던 사실들을 문서로 건네주었다."[47] 모세가 오경을 기록하기 시작했을 때, 많은 분량의 "계시된" 지식이 그의 처분하에 있었다. 이 지식의 주요 부분은 모세가 오경에 기록한 것과 결국 동일한 것이었다. 이는 아담으로부터 구전으로 전해왔으며, 족장들 각각을 통해서(거기에 그들 자신의 이야기를 더해서) 최후에는 모세에게 전달되었고, 모세는 이것을 완전히 기록된 형태로 만들었다. 칼뱅은 아담이 창조의 자세한 내용을 "잘 지시받았다"라고 주장했다. 아담은 그의 지식을 노아에게 전달했고, 차례로 노아는 그의 아들들에게, 그 아들들은 아브라함에게 전달했다. 이런 이유로 모세는 "새로운 어떤 것을 제안한 것이 아니라, 모두가 보존한 것, 노인들이 조상들로부터 받은 것, 간단히 말해서 그들 사이에서는 전적으로 논쟁의 여지가 없는 것을 기념한 것이다."[48] 종교개혁자

---

46) John Calvin, *Commentaries on the First Book of Moses Called Genesis*, trans. John King (Grand Rapids: Baker, 1979), p. 58.

47) Ibid.

48) Ibid., p. 59.

들의 견해로는 구전은 기록된 것만큼 안전하지 않았으므로, 이 지식을 문서로 만들려는 필요는 오직 오류로부터 이 지식을 보존하고자 하는 우려에서 생겨났다. 그들의 중세의 논쟁 상대자들과는 다르게, 칼뱅 같은 종교개혁자들은 성경으로 기록되지 않은 형태인 이 "전승"에는 내재적으로 부적합한 것도, 부족한 것도 없다고 믿었다. 그들에게 성경은 기록되었건 그렇지 않건, 어디까지나 성경이었다.

모세 저작설에 대한 이런 정통적 견해는 개신교의 성경 원리(sola Scriptura)에 대한 변증학적 관심에 기초하고 있었다. 종교개혁자들은 전통이 아닌 성경이 하나님의 계시라고 믿었다.[49] 따라서 기록된 성경을 하나님의 말씀(역설적이게도, 구전이든 문자 형태이든 동일하게)과 동일시함으로써 종교개혁자들은 반종교개혁의 중심 교의의 핵심, 즉 성경과 대조되는, 권위를 가진 구전의 개념을 겨냥하고 있었다.

16세기 중반 중세의 성서학자들은 종교개혁자들의 교회 전통의 거부에 대해 맹공격을 가하고 있었다. 중세 교회의 공식적인 입장은 트렌트 공의회(1546)에서 공식화되었다. 공의회가 취한 입장은 성경과 교회 전통 모두에 동등한 강조를 두었다. "성스럽고 거룩한, 전 기독교를 포괄하는 트렌트의 일반 종교회의는…정통 교부들의 모범을 따라, 경건과 존경의 대등한 애정을 가지고 구약과 신약의 모든 책들을─신구약 모두의 저자가 한 분 하나님이심을 인정하면서─또한 **구전된 전통으로서** 받아들이고 존경한다"(4번째 회기, 1546년 4월 8일[세일해머 강조]). 따라서 공의회는 성경의 유일한 권위(sola Scriptura)라는 개신교 원칙을 거부했다.

아마도 중세적 입장에 대해 가장 효과적인 옹호를 한 저술은 벨라르미노 (Robert Bellarmine)의 『기독교 신앙 논쟁에 대한 강해』(Disputationum de controversiis Christianae fidei, 1581-1593)일 것이다. 벨라르미노의 주장이 특

---

49) 여기서 사용된 "계시"라는 용어는 특별계시만을 뜻한다.

별한 효력이 있었던 것은 단순히 그가 학식 있고 유능한 반대자였기 때문이 아니라, 개신교의 입장에 대한 분명한 이해를 가지고 거기에 대한 공격을 시작했기 때문이었다. 다른 것 중에서도 벨라르미노는, 개신교 입장이 오로지 성경뿐 아니라 전적으로 기록된 말씀으로서의 성경에 의존하고 있음을 이해했다. 이런 견지에서 벨라르미노는 개신교 입장의 기본적인 결함이, 이들의 성경 이해에서 구전에 부여되었던 핵심적인 역할을 인식하지 못한 실패였다고 주장했다. 기록된 성경의 중요성에 대한 논의에서는 종교개혁자들에게 본질적으로 동의하면서 벨라르미노는, 오랫동안 확립된 개신교 견해인 동시에 앞에서도 언급된, 오경을 기록함에 있어 모세가 구전에 의존했다는 점을 지적했다. 모세는 창세기의 이야기들을 발명하지 않았으며 상상력을 동원해서 책을 쓰지도 않았다. 가톨릭과 개신교 신학자들 모두는, 아담부터 아브라함까지, 또한 아브라함부터 모세까지 기록된 성경이 아직 없었다는 점에 동의했다. 그 시대에는 오직 중단 없이 이어지는 계보의 권위 있는 구전만이 존재했다. 벨라르미노는 종교개혁자들이 성경에 대한 그들의 입장을 발전시키면서, 교회에 섭리적인 인도하심을 제공하는 역할에 있어 성경과 동일한 일을 구전이 했다는 사실을 고려하는 데 실패했다고 보았다. 만약 이전 시기의 교회가 기록된 성경 없이 구전만으로도 번창했다면, 모세에서부터 현재까지도 그렇게 계속될 수 있다고 결론 내리는 것은 합리적으로 보였다.[50] 이런 이유 때문

---

50) "Primum probo ex variis aetatibus Ecclesiae. Nam ab Adam usque ad Mosen fuit Ecclesia Dei aliqua in Mundo. Et colebant homines Deum Fide, Spe, et Charitate, et externis ritibus, ut patet ex Genesi, ubi introducuntur Adam, Abel, Seth, Enoch, Noe, Abraham, Melchisedech, et alii homines justi, et ex Augustino lib. 11. Civit. Dei, et sequentibus ubi deducit Civitatem Dei ab initio Mundi usque ad finem: at nulla fuit Scriptura divina ante Mosem, ut patet, tum quia omnium consensu Moses est primus scriptor sacer: tum quia in Genesi non sit mentio doctrinae scriptae, sed solum traditae, Gen. 18. Scio, inquit Deus, quod Abraham praecepturus sit filiis suis, et domui suae post se, ut custodiant viam Domini. Igitur annis bis mille conservata

에 구전도 하나님의 섭리 속에서 여전히 역할을 할 수 있다는 말은 설득력이 있었다.

벨라르미노에 대한 개신교의 대응은 성공적이었다. 하지만 "전통"이라는 용어의 의미에서 미묘한 구별이 필요하게 되었다. 개신교 신학자들은 구전 그 자체와, "기록되지 않은 성경"으로서의 구전적 계시 사이를 구별하자고 주장했다. 개신교도들은 모세 이전 (구전적) 전승에 대한 중세적 견해와, 그들이 모세 이전의 (기록되지 않은) 성경 또는 원계시(Uroffenbarung)로 이해했던 바를 동일시했다.[51] 중세 신학자들의 주장처럼, 아브라함은 평생의 삶을 "초기 (구전적) 전승"에 따라 살지 않았다. 오히려 아브라함은 하나님의 진리의 "초기의(기록되지 않은) 계시"인, "기록 전단계의"(prewritten) 계시를 따라 살았다. 정통 복음주의 학자들은, 유형적으로 아직 기록된 형태가 아니었다는 점만 제외하면, 이 성경은 모든 면에서 후에 기록된 성경과 동일한 계시였다고 믿었다. 하나님은 아담과 조상들에게 구전을 남기지 않으셨다. 대신 하나님은 "원시의" 기록되지 않은 계시의 수단을 통해 조상들에게 자신을 계시하셨다. 이것은 나중에 기록되기만 하면 되는 계시였다. 오경의 저자로서 모세의 임무는 이 "기록되지 않은 계시"[52]를 문자 형태로 옮기는 것이었다. 모세가 기록한 것은 수천 년

---

est religio sola Traditione; non est igitur Scriptura simpliciter necessaria, Quomodo enim conservari potuit antiqua illa religio sine Scriptura ad duo millia annorum, ita potuit doctrina Christi s(c)onservari sine Scriptura ad mille quingentos"(Robert Bellarmine, *Disputationum Roberti Bellarmini: De controversiis Christianae fidei* [Naples: Giuliano, 1856], p. 119).

51) Paul Althaus, *Die christliche Wahrheit: Lehrbuch der Dogmatik* (Gütersloh: Bertelsmann, 1947), 1:61-62.

52) 이 "Uroffenbarung"에 대한 이후 논의에서 개신교 성서학자들은, 이런 "원계시"가 성경 자체와 종류에 있어 다르지 않다는 입장을 고수하도록 강요받았다. 이들은 아담이 "기록 전단계의" 성경을 가지고 있었다고 주장했다. 아담이 가졌던 성경은 아직 책으로 기록되지는 않았지만, 지금 우리가 가진 성경과 동일했다. Sailhamer, *Introduction to Old Testament Theology*, p. 68을 보라.

동안 기록되지 않은 형태로 존재해왔던 오경을 똑같은 언어로 필사한 것(*verbatim*)[53]이었다. 그는 오늘날 우리가 가지고 있는 오경을 변경하지 않았으며, 무엇을 더하거나 제하지도 않았다. 이미 기록되지 않은 형태로서의 오경이 존재했으며, 모세는 단순히 그것을 기록했을 뿐이었다.

종교개혁자들과 로마가톨릭 사이의 신학적 논쟁의 많은 부분은, 트렌트 공의회가 "구전"에 부여한 역할과, 그것에 대한 종교개혁자들의 반응으로 구성되었다. 동시에 종교개혁자들 사이에서 이루어진 "우호적인" 토의의 많은 부분 역시, 트렌트의 견해에 대응한 초기 공식화와 반론들로 이루어졌다. 종교개혁자들의 기록되지 않은 계시 개념은 다음 세기의 신학적 전망에 지속적인 영향을 미쳤다. 이 개념은 성경에 대한 개신교 정통의 견해와, 성경 속에 기록된 역사와의 관계에서 기초를 형성했다. 원계시의 개념이 개신교 정통에서 어떤 역할을 했는지를 알지 못하면, 헹스텐베르크, 보스, 카이저 같은 복음주의적 구약학자들이 택한 입장을 이해하는 것은 불가능하다. 세 사람 모두 성경신학에 대한 그들의 접근 방식을 원계시에 대한 개신교 정통 개념에 기초하고 있다.

게할더스 보스의 성경신학을 보면, 또한 현재의 복음주의자들이 보스를 계속적으로 수용하는 것을 보면, 복음주의적 사고 속에 기록되지 않은 "원계시"(Uroffenbarung)의 개념과 개신교의 "성경 원리"(*sola Scriptura*)가 얼마나 깊이 뿌리박혀 있는지 알 수 있다. 기록되지 않은 "성경적" 계시에 대한 보스의 개념은, 기록된 성경과 그 속에 묘사된 역사적 세계 사이의 중요한 연결 고리를 제공했다. 원시의 기록되지 않은 계시 개념은 보스와 그를 따르는 학자들로 하여금, 기록된 성경(*verba*)과 초기 성경 역사의 기록되지 않은 계시의 사건(*res*)을 동일시한다는, 겉보기에는 불가능할 것 같은 임무를 성취하도록 만들었다. 보스에게는 성경과 성경이 기록한 원역

---

53) 이 견해는 하나님이 세상을 창세기 1장의 계획을 따라서 창조했다고 보는 초기 유대교의 개념과 비슷했다.

사를 동일시하는 것이 자연스러웠다. 또한 신약의 사건들 바로 직전까지의 이스라엘의 진행된 역사와 동일시하는 것도 자연스러웠다. 보스에 따르면, "성경신학은 역사적 관점에서 자료들을 다룬다. 이것은 에덴에서 주어진 구속 이전의 원래의 특별계시로부터 신약 정경의 종결까지, 특별계시적 진리의 유기적 성장과 발전을 드러내고자 함이다."[54]

앞에서 인용한 보스의 문장보다 더 명확하게 "원계시" 개념을 진술한 글은 찾기 힘들다. 복음주의 신학은 특별계시를 기록된 성경에 한정했지만, 보스는 특별계시를 에덴동산에서부터 신약 종결까지 연장했다. 칼뱅처럼 보스도, 오경 저자로서의 모세의 임무가 이 기록되지 않은 특별계시를 기록하는 것이라고 믿었다. 이 컨텍스트에서 오경의 모세 저작설은, 특별계시를 위해 그것이 제공하는 경계선 때문에 중요했다. 원계시(Uroffenbarung)에 모세 저작설을 연결시키는 것은, 원계시가 오직 성경의 계시(sola Scriptura)와만 동일시됨을 보장했다. 이렇게 되면 원계시는 모세의 글을 넘어서 연장될 수 없었으며, 따라서 기록된 성경을 동반하는 구전으로서 중세학자들이 파악한 것도 될 수 없었다. 이것은 중세 성서학자들이 확정하고자 했던, 원계시에 대립되는 구전의 중요성이었다. 종교개혁자들이 이해한 대로, 특별계시(Uroffenbarung)는 모세의 성경과 동일했으며 성경에 더해지거나 단순히 성경을 동반하는 어떤 것이 아니었다. 그것은 구전 형태로 존재하는 "기록 전단계의" 성경이었다.

이 견해는 모세의 역할에 대해서, 또한 모세 이전(과 이후)에 하나님이 인류를 다루시는 역사의 계시적 가치에 대해 그림을 제공한다는 점에서 중요한 함축을 가진다. 오경의 저자로서 모세의 역할은 오경을 "저술했다"(write)라기보다는, 이미 자신에게 구전으로 알려진 바를, 지금 우리가 가진 것과 같은 정확한 형태로 "기록했다"(write down)라고 할 수 있다. 이런

---

54) Vos, *Biblical Theology*, p. i. 여기서 Vos는 Turrettini를 따르고 있다(Sailhamer, *Introduction to Old Testament Theology*, p. 68을 보라).

관점에서 우리는 다음과 같은 가정을 자연스럽게 해볼 수 있다. 즉 아브라함은 창세기 1-11장의 기록된 내러티브에 반영되어 있으며, 유효할 수 있는 성경신학의 실체와 자료 내용 모두를 이미 구전의 형태로 가지고 있었을 것이다. 아마 아브라함이 가진 것은 아주 작은 분량의 기록되지 않은 성경이었겠지만, 여전히 그것은 오늘날 우리가 소유한 성경과 같았을 것이다. 이는 개신교의 성경에 대한 견해와, 그 결과로서 일어나는 오경의 모세 저작설 개념이 이후에 성경 저작의 견해와 불가피하게 충돌할 상황이었음을 의미한다. 모세가 기록했던, 구전으로 된 오경의 성격을 가정한다면, 저자로서 모세가 자료를 사용했을 상황은 문제를 일으킬 수 있으며, 성경과 동등한 원계시(Uroffenbarung)를 이미 가지고 있었다는 개념을 손상시킨다. 따라서 복음주의자들은 기록된 자료의 개념을 거절하는 것으로 기울었으며, 이런 경향은 이후의 오경에 대한 비평적인 접근의 논쟁에서 중심적 항목이 되었다.

많은 현대의 복음주의자들처럼, 월터 카이저도 논의에서 비슷한 노선을 따른다. 카이저는 성경과 원래의 기록되지 않은 계시를 동일시한다. 지금 오경에 포함된 신학적이고 논평적인 실체는 기록 전단계의 형태로, 오경에 묘사된 사람들에 의해 이미 알려져 있었다. 카이저에게 있어, 하와에게 약속된 "후손"(창 3:15)의 오경신학은 창세기 1-11장의 사건들의 흐름의 "문학적" 형성에서 펼쳐진다. 이것을 증명하고자, 카이저는 창세기 1-11장의 텍스트의 의미를 설명하기 위해 필요한 해석 절차 전부를 사용한다. 카이저가 보듯, 약속된 후손에 대한 초기 교리는 이미 "족장 이전 시대"(창 1-11장에 대한 그의 용어)에 살았던 사람들에게 알려져 있었다. 따라서 하나님이 족장 시대에 아브라함에게 그의 약속을 계시하셨을 때, 하나님은 하와에게 이미 계시했던 내용 위에 덧붙여 그렇게 하셨다. 카이저는 아브라함에게 계시된 것에 의거한 이 초기 신학을 "선행된 성경신학"(theology of antecedent Scripture)이라고 부른다. 모든 계시는 이전 계시의 컨텍스트 안에서 주어지며, 궁극적으로 (보스도 믿었던 것처럼) 에덴동산까지 거슬러 올라간다. 따라서 아브라함은 주어진 하나님의 말씀을 기록된 오경을 읽은 것처럼 이해했다. 왜냐하면 아브라함은 "기록되지 않은 성경"인 창세기 1-11장의 신학의 컨텍스트에서 이 약속을 알았기 때문이다. 카이저는 창세기 1-11장의 기록된 텍스트가 아브라함 시대에, 또는 모세가 오경의 일부로서 창세기 전체를 기록했을 때 존재했다고 믿지는 않는다. 하지만 그는 아브라함과 모세에게는 기록되지 않은 선행된 성경이 있었다고 주장한다. 아브라함은 그것을 알았고 거기에 많은 것을 추가했다. 비록 오경에서 같은 부분(예, 창 1-11장)이 아브라함의 시대가 한참 지난 후에, 모세가 오경을 쓸 때에야 문서로 기록되었지만, 아브라함은 현재 기록된 성경에 나온 것처럼 창세기 1-11장의 의미와 신학을 알았다. 카이저는 이렇게 썼다.

> 족장이 세겜에 도착한 후 여호와가 아브라함에게 나타나셨을 때, 후손에 대한 고대 단어가 다시 소생했으며 지금은 아브라함에게로 향했다(창 12:7).…하와에게는 집합적 후손과 개인적 남성 둘 다가 약속되어 있었다.…지금 계시의 진보는 더 상세한 세목과 함께, 이 약속된 후손이 가진 집합적이고 대표적인 양상에 대해 자세히 설명했다.[55]

카이저의 요점은 점진적 계시(progressive revelation)의 개념, 즉 아브라함이 구전으로 이미 알고 있었던 것에 추가적인 계시가 더해졌다는 것 이상이다. 물론, 카이저의 요점 속에는 이 개념도 포함되어 있지만 말이다. 카이저가 의도한 대로 작동하기 위해서는, 아브라함은 아직 문서화되지 않은 형태이기는 하지만 "후손"에 대한 "고대 단어"의 "텍스트적" 이해를 가져야 했을 것이다. 이 이해는 "텍스트적"이어야 하는데, 왜냐하면 카이

---

55) Kaiser, *Toward an Old Testament Theology*, p. 88.

저는 지금의 기록된 형태의 창세기 1-11장에 대한 자신의 해석으로부터 그것을 끌어냈기 때문이다. 카이저는 아브라함에게 알려진 "후손"의 고대 단어를 고립된 단어가 아니라, 창세기 1-11장에 구체적으로 표현된 문학적 전략의 일부로서 취급한다. 카이저는 아브라함이 하와에게 약속된 후손에 대해 단순히 구전을 통해서뿐만 아니라, 창세기 1-11장에 대한 카이저의 강해를 해석학적으로 따라감으로써 우리가 지금 하는 것과 동일한 방법으로 이해했다고 주장한다. 물론 아브라함은 이 "텍스트"를 "기록 전단계의"(구전의) 형태로만 가지고 있었다. 이 텍스트는 아브라함에게 구전으로만 알려졌음에도, 카이저는 이것이 마치 모세 오경의 일부 즉 정경의 기록된 성경의 일부로서, 지금 가진 형태로 이미 있었던 것처럼 진행한다. 모세가 기록하기 전에 이미 이것은 기록 전단계의(구전의) 형태로, 구성적 전략(compositional strategy)이라고 불릴 만한 것을 지니고 있었다. 이것은 창세기와 모세 오경의 일부로서 후에 가지게 될 것과 동일한 문학적 구조와 구성적 특징을 가지고 있었다. 이것의 의미는, 후에 오경의 일부가 되었을 때 있게 될, "기록 전단계의" 형태의 기능이었다. 그러므로 카이저는 지금 창세기 1-11장의 문서 형태가 가지고 있는 텍스트 전략의 강해 또는 해석을 우리에게 줌으로써, 이 기록 전단계의 계시에 대한 강해 또는 해석을 주고 있다. 창세기 1-11장은 오경을 기록한 모세에 의해 문서 형태로 기록되었지만 그가 주도한 것은 아니었다. 카이저는 아브라함에게 알려졌던 대로 창세기 1-11장에서 약속된 후손을 설명한다.

> 결과적으로, "후손"(seed)은 항상 집합 단수 명사였다. 이 단어는 복수 명사(예, "아들들"처럼)로 쓰인 적이 없다. 따라서 "후손"은 하나의 단위로 표시되었으나 지시 대상에는 유연성이 있었다. 즉 한 사람에게도, 가족을 이루는 많은 후손들에게도 사용될 수 있었다. 이 단어에 함축된 집합적 연대성(corporate solidarity)과 함께, 이런 대상의 상호 교환은 문화적인 현상이나 부주의한 편집 사고 이상이었다. 이것은 교리적 의도의 본질적인 부분이었다.[56]

여기서 카이저는 아브라함이 "교리적 의도"를 이해했다고 제안한다. 즉 이 교리적 의도는 몇 세기 후 모세가 오경의 초기 장들에서 기록한 것과 동일한 의미의, 창세기 1-11장의 성경신학을 뜻한다. 아브라함이 알았던 창세기 1-11장의 의미가 "부주의한 편집 사고" 이상이었다는 카이저의 설명은, 모세 오경이 탄생하게 된 저작 과정이 이미 창세기 1-11장의 내러티브의 특징이며, 따라서 아브라함의 선행된 성경신학의 일부였음을 그가 믿었음을 보여준다. 아브라함은 "약속의 교리"를, 후에 모세가 오경 저자로서 편집적으로 그것을 기록한 것과 동일한 방법으로 이해하고 있었다. 이런 견해가 가능했던 것은, 헹스텐베르크를 따른 카이저와 보스가 원계시에 대한 정통 개신교적 개념, 즉 모세가 오경을 "쓰거나" "기록하기" 오래전에 이미 존재했던, 성경과 동일하며 그 자리에 있었던, "기록 전단계의" 권위 있고 의미 있는 계시를 믿는 개념하에서 논의를 진행했기 때문이다. 모세 오경의 구성적 전략은, 기록되지 않은 또는 "기록 전단계의" 형태이기는 하지만, 아브라함이 알 수 있도록 거기에 존재했다. 이것은 아브라함이 알 수 있도록 거기에 있었는데, 왜냐하면 이것은 창세기 1-11장의 문서 형태 속에 묘사된 다양한 개인들의 삶에 대한 "원시 계시"의 일부로서 그에게 주어졌기 때문이다.

고전적 모델과 모세 저작설. 이미 17세기 말에 모세 저작설의 개신교 정통 견해에서는 상당한 변화가 진행되었으며, 이 변화는 18세기 내내 계속되었다. 대부분의 움직임은 역사적 비평이 가져온 압력의 결과였다. 19세기 초, 모세 저작설에 대한 복음주의적 견해는 역사적 설명으로 점점 더 기울기 시작했다. 표면만 보아서는 모세 저작설에 대한 대부분의 복음주의적 견해는 동시대의 비평주의적 견해와 구분되지 않았다. 비평적인 견해는 복음주의적 견해의 주장—모세가 오경을 썼다는 것—을 부정했다.

---

56) Ibid., pp. 88-89.

하지만 모세 저작설을 긍정했건 부정했건, 이들에게는 긍정 또는 부정하는 것이 무엇인지에 대한 기본적인 합의가 있었다. 학문적인 논의 한가운데서 그것에 거의 영향을 받지 않은 채, 헹스텐베르크와 그를 추종했던 학자들은 원계시의 개념을 포함해서 기존의 정통 견해를 부활(복귀)시키려는 노력으로 대중의 지지를 얻는 데 성공했다. 점점 더 인기를 얻고 있는 역사적이고 비평적인 접근법에 반대해서 성경, 모세 저작설, 성경신학의 개념의 시계를 되돌리려는 헹스텐베르크의 시도 안에서, 고전적 견해가 형성되기 시작했다. 19세기에 나온 고전적인 견해는 헹스텐베르크의 정통주의에서 살아남았던 것과, 점점 더 세속적으로 되어가는 역사적 비평에서 복음주의자들이 안전하게 빌려올 수 있다고 믿었던 것 사이의 절충이었다.

19세기 초 고전적인 모델을 발전시킨 추진력은, 헹스텐베르크가 한 빌헬름 데 베테(Wilhelm de Wette)의 역사비평에 대한 반대였다. 데 베테는 예나 대학에서 요한 필립 가블러(Johann Philipp Gabler)의 제자였고, 베를린 대학에서 슐라이어마허의 친구이자 동료였다. 그는 정확한 역사적-비평적 연구 방법[57]을 소개한 사람으로 널리 알려졌다. 데 베테의 견해는 19세기의 나머지 기간 동안 비평적 구약학의 특성이었다. 데 베테가 제기한 직접적인 질문은 구약의 기독론적인 성격과 신약과의 관계였으며, 저변에 깔려 있는 쟁점은 성경신학에서 역사적 방법의 역할이었다. 가블러와 마찬가지로 데 베테는, 역사적인 방법이 과거를 이해하는 데 있어 믿음(Glaube)의 역할을 최소화하는 것을 요청한다고 이해했다.

데 베테와는 반대로 헹스텐베르크는 칼뱅을 따라서, 믿음은 성경이 계시하는 진리의 확언으로서 상황에 들어온다고 믿었다.[58] 만약 성경이 오경을 쓴 사람이 모세라고 주장한다면, 헹스텐베르크는 그렇다고 믿었으

---

57) Kraus, *Geschichte der historisch-kritischen Erforschung*, p. 174.
58) 성령의 내적 증거에 대해 칼뱅과 비교하라.

며, 그렇게 되면 역사적 방법의 임무는 오경을 모세가 기록한 책으로 읽는 것이었다. 헹스텐베르크는, 성경이 성경 자신이 말하는 바를 의미한다는 확신이 곧 믿음이라고 생각했다. 이것은 성경이 진리임을 증명하는 시도라기보다, 오히려 성경을 이해하는 적절한 방법을 보여주는 수단이었으며, 하나님의 권위에 따라 성경에 대해 가져야 하는 필수적인 확신이었다.

데 베테의 역사적 비평은 믿음의 중요성에 대해 다른 견해를 표현한다. 그의 견해에 따르면, 역사가의 임무는 믿음으로 과거를 포용하는 것이 아니라, 그에게 전해진 과거를 이해하는 것이다. 데 베테에게 믿음은 역사적 사건을 이해하는 과정에서 설 자리가 없었다. 과거를 이해하는 것은 과거 사건들을 재생시킬 수 있는 역사적 방법의 도구들을 사용하는 것을 의미했다. 데 베테와 헹스텐베르크 둘 모두에게 이는 목격자들에게 의존하는 것을 의미했지만, 그 의미에 대해서 두 신학자는 완전히 다른 견해를 가지고 있었다. 헹스텐베르크는 목격자의 개념을 원계시에 대한 정통주의 견해의 관점에서 이해했다. 데 베테에게 목격자에 대한 탐구는, 오경에서 초기 자료에 대한 비평적인 평가와, 오경이 모세 시대 이후로 연대가 추정되는 여러 명의 저자들에 의해 쓰였다는 결론으로 이끌었다. 이 관점에서 보면 오경 저자가 모세일 수 있는 가능성은 없다. 모세는 그가 사용했다고 추정되는 자료들보다 더 옛날에 존재했다.

> 모세가 이 책들을 구성했다는 의견은 책 자체에 나타난 나중 시대의 모든 징후에 반대될 뿐 아니라, 히브리 문학과 언어 역사의 전체 유추에도 반대된다. 하지만 심지어 그것을 인정하는 것이 가능하다 하더라도…심지어 그때에도, 한 사람이 모든 범주와 범위 내에서, 역사적-내러티브적인, 수사학적이고 시적인 스타일을 창조할 수 있었다고 가정하는 것, 형식과 실체에서 히브리 문학의 이 세 분야를 완성했으며, 이후에 오는 모든 저자들도 아직까지 그의 발자취를 따를 뿐 다른 할 일이 남아 있지 않다고 가정하는 것은 어리석은 일일 것이다.[59]

헹스텐베르크와 데 베테 두 사람은 모두 자신들이 가진 모세 저작설의 견해가 실제 역사에 기초하고 있다고 믿었다. 하지만 두 신학자는 각자 그것이 의미하는 바에 대해서는 아주 다른 견해를 가지고 있었다. 헹스텐베르크에게, 오경의 모세 저작설의 역사적 문제는 단순한 질문, 즉 "모세가 오경을 썼는가?"로 귀결되었다. 이것은 사실에 입각한 질문이었다. 헹스텐베르크에게는, 이 질문에 대한 가능성에 영향을 미치는 모든 "증거"가 실제의 "역사적" 증거로 받아들여졌다. 모세가 어떻게 오경을 썼느냐의 정확한 본질에 대해서 헹스텐베르크는 아무것도 줄 것이 없었다. 그에게 오경과 같은 책을 모세가 저술했다는 것은, 조상에게서 "원시 계시"로 전달받은 것을 기록하는 비서의 업무와 마찬가지였다. 헹스텐베르크는 "시초의 시대"의 사건들이 일어나는 때를 살았으며 원계시를 아는 사람이면 누구나, 심지어 그 사건들이 일어나는 것을 실제로 보지 않은 자들도, 그것들에 대해 "목격자"로 간주될 수 있다고 믿었다.

헹스텐베르크와는 달리, 데 베테에게 역사적 질문은 누가 오경을 썼느냐가 아니라 어떻게 오경이 쓰였는가 하는 것이었다. 만약 헹스텐베르크에게 "오경이 어떻게 쓰였는가?"를 묻는다면, 그는 "모세에 의해 쓰였다"라고 대답할 것이다. 만약 데 베테에게 동일한 질문을 한다면, 그는 "고대 자료와 문서들을 사용해서 쓰였다"라고 대답할 것이다. 만약 데 베테에게 모세가 오경을 썼는지를 묻는다면, 그는 모세가 오경을 쓸 수 없었으며, 그 이유는 오경을 쓰는 데 사용된 자료들이 모세 시대에는 아직 존재하지 않았기 때문이라고 대답할 것이다. 역시 데 베테에게 오경의 자료들이 역사적인지 아닌지의 여부를 묻는다면, 그는 부정적으로 답할 것이다. 왜냐하면 이 자료들의 연대가, 성경 사건의 목격자가 되는 것으로부터 이 자료

---

59) Wilhelm M. L. de Wette, *A Critical and Historical Introduction to the Canonical Scriptures of the Old Testament*, trans. Theodore Parker, 5th ed. (Boston: Rufus Leighton, 1859), 2:160-61.

들을 배제한다고 믿었기 때문이다.

데 베테는 헹스텐베르크의 접근 방식이 가진 "역사적" 성격을 인정하는 것을 거부했다. 왜냐하면 헹스텐베르크의 접근법은 믿음에 기초하지, 목격자의 기술에 대한 비평적인 견해에 근거하지 않는다고 느꼈기 때문이었다. 헹스텐베르크는 오경 전체가 다만 원계시에 대한 목격자의 기술이 기록된 버전이므로, 그것이 목격자의 증언에 의거했다고 말할 수 있으며, 따라서 데 베테의 역사적 사실의 기준에도 맞는다고 믿었다. 헹스텐베르크의 신념에 따르면, 사건의 긴 연쇄 고리를 통해 원계시에 대한 성경 목격자의 기술은 "기록되지 않은 내러티브"로 전달되었고, 궁극적으로 이것이 모세에 의해 기록되었다. 모세는 오경의 초기 사건의 목격자는 아니지만, 자신에게 전달된 원계시의 기록되지 않은 목격자의 기술에 많이 의존했다. 이런 이유 때문에 헹스텐베르크는, 모세 오경이 이스라엘의 과거의 실제적·역사적 사건에 대한 결정적 기록이라고 주장했다.

헹스텐베르크는 원래의 원계시의 문서화되지 않은 버전이 모세보다 더 오래된 목격자의 기술이었다고 믿었다. 오경 저자로서 모세의 주요한 임무는 고대 구전의 원계시를 문서화하는 것이었다. 헹스텐베르크는 모세가 성경(*sola Scriptura*)에 기록한 것이 역사적인 것이었으며, 성경 사건의 목격자의 (기록되지 않은) 기술에 근거한다고 믿었다. 아담부터 모세까지 오경 전체는 "기록 전단계에" 있었고, 궁극적으로 목격자에 의해 모세에게 전달되었다.[60] 이것은 원계시로서, 오경은 목격자들의 작품이었고 따라서 진정한 역사로 취급되어야 함을 의미했다. 헹스텐베르크는 오경이 모세에 의해 글로 기록된 이후에도 계속적으로 같은 지위를 누렸다고 믿었다.

만약 성경이 오경을 쓴 이는 모세라고 진술한다면, 헹스텐베르크는 이

---

60) 에덴에서 주어진 구속 이전의 원시의 특별계시로부터 신약 정경의 마감까지, 특별계시의 진리의 유기적 성장 또는 발전으로서의 Vos의 성경신학 견해와 비교하라(*Biblical Theology*, p. v).

를 역사적 사실로 받아들일 수 있다고 믿었다. 왜냐하면 성경은 목격자의 기술에 근거하기 때문이다. 이는 전혀 헹스텐베르크가, 성경은 진실이라고 가정했기 때문이 아니다. 오히려 헹스텐베르크와 당대의 복음주의자들 대부분이, 성경은 기록 전단계의 형태로서 목격자들의 작업이었다고 믿었기 때문이다.[61] 오경에서 모세에 의해 기록된 성경은 이르게는 에덴동산 사건의 목격자들의 기술이었다. 기록된 성경이 과거의 사건으로 상세히 말하는 것을, 헹스텐베르크는 이런 사건에 대한 목격자의 기록되지 않은 기술의 기록된 버전으로 이해했다(예, 출 17장). "문서화된 사건들"(inscripturated events)로서 성경 내러티브는 계시의 사건에 대한 목격자의 기술을 회복하는, 유일한 수단이 아닐지는 몰라도, 주요한 수단이라 할 수 있다.

---

61) Hengstenberg의 입장의 본질의 많은 부분은, 역사적-비평적 방법의 시각으로 그를 보는 학자들에 의해 조사되지 않은 채 남아 있었다. 예를 들어 John Rogerson은 Oehler를 따르면서(*Prolegomena zur Theologie des Alten Testaments* [Stuttgart: Liesching, 1845]), Hengstenberg와 de Wette의 차이를 Hengstenberg의 성경의 역사적 신뢰성의 가정과, de Wette의 역사적 비평의 부정적 결과에 의존함에 대한 차이의 관점으로 묘사했다. 앞에서 내가 주장한 것처럼, 두 학자 사이의 차이점과 그들이 대표하는 입장들의 차이는 훨씬 더 뿌리가 깊었다. 이는 Rogerson이 제시한 것처럼, "두 입장 사이에 대한 논의가 아니었다. 신앙고백주의자들은 구약에서 믿음에 대한 증인을 받아들였고(개신교의 눈을 통해 본 대로), 증인이 표현된 역사적 내러티브의 확실성을 가정했으며, 구약의 기록과 역사의 확실성을 옹호하기 위해 학문을 사용했다. 비평적인 방법을 받아들인 자들은 다양한 가정들을 가지고 구약에 접근했다.…그러나 이들은 역사적-비평적 방법이 구약 종교의 '진실된' 과정을 발견하기 위한 기초라는 것에 동의했다"(*Old Testament Criticism in the Nineteenth Century: England and Germany* [Fortress, 1985], pp. 82-83). 확실히 이것은 19세기에 Oehler와 다른 보수주의자들이, Hengstenberg가 de Wette를 반대한 것을 고찰한 방법이었다. 하지만 이는 Hengstenberg 자신이 판단한 방법은 아니었으며, 논의의 중심도 아니었다. 논의의 중심은, Hengstenberg가 초기 족장들의 종교에 대한 목격자의 기술로 원시 계시에 대한 개신교 정통 개념을 받아들인 것이었다. Hengstenberg는 과거에 가톨릭의 반종교개혁에 대항해서 성공적이었던 이 견해가, 자신의 시대에도 de Wette의 역사적인 접근법을 반대하는 데 통할 수 있다고 믿었다. 하지만 이 신념은 유지될 수 없는 것으로 판명되었다.

이것이 헹스텐베르크에게 의미했던 것은 성경 역사가 역사적 내러티브, 시, 율법, 여행기의 "기록 전단계의" 버전에서 시작되었다는 것이었다. 성경 또는 오경을 정확하게 읽는다는 것은, 단순히 이 책이 기록된 사건에 대한 정확한 기사였다는 가정하에서 읽는 것이 아니었다. 비록 이런 내용도 포함되지만, 성경을 읽는다는 것은 모세가 문서 형태로 처음으로 독자에게 가져온 실제 사건들과의 대면이었다. 그러므로 성경(오경)은 과거의 정확한 역사 이상이었다. 성경은 삶 그대로의 역사 자체였으며, 모세에 의해 문서 형태로 기록된 역사 자체였다. 성경은 사건을, 심지어 사건의 상세한 부분까지, 문서화의 과정으로 보존했다. 이 역사를 살아보고 그 의미를 경험하기 위해서 우리가 해야 하는 전부는 성경을 읽는 것이다. 따라서 오경의 저작의 성격은 기록 전단계의 원계시(Uroffenbarung)를 기록하는 정도로 구성되어 있다. 모세가 오경을 썼다고 말하는 것은, 모세가 오경을 구성했다고 말하는 것이 아니라, 오히려 그가 원계시의 점진적 진행 속에서 목격자들에 의해 문서화되지 않은 형태로 이미 구성되었던 것을 기록했다는 것이다. 성경 역사의 형태에 주어진 구조 또는 구성적 전략은, 오경 저자로서의 모세의 작품이라기보다는, 목격자에 의해 기록되지 않은 형태로 경험되고 보존된 원형의 계시적 역사를 형성하신 하나님의 업적이었다.

헹스텐베르크는 성경 역사에 대한 그의 견해를, 원계시의 성경에 대한 정통 견해를 소생시키기 위한 노력의 일환으로 형성했다. 그의 의도는 자신이 경쟁자로 본 데 베테의 파괴적인 역사적 견해를 막자는 것이었다. 그러므로 이전의 정통주의적 견해처럼, 헹스텐베르크가 형성한 고전적 모델은 개신교의 성경 원리(sola Scriptura)에 대한 논의에서 비롯되었다.

이 논의에서 성경에 대한 개신교 정통의 견해는 분명히, 애매한 입장에 있었다. 각 진영이 다른 쪽의 입장을 이해했던 반종교개혁 시기의 논쟁과는 달리, 이때의 논의에서는 어느 쪽도 상대 진영을 이해하는 것 같지도 않고, 상대방이 제기한 문제를 다루려는 의지가 있는 것처럼 보이지도 않았다. 양쪽이 다 스스로를 역사적이라고 주장함으로써 고지를 차지하려고 했다. 데 베테에게 역사적 임무는 성경 텍스트와 그것의 신학적 주장을 넘어서 고대 과거의 세계로 복귀하는 것이었다. 그의 목표는 슐라이어마허를 따르는 것이었으며, 이런 과거의 사건들에 몰두함으로써 직접적으로 경험하는 것이었다(Einigkeit). 데 베테는 그럴 때만 그 세계의 일부로서 성경을 이해할 수 있다고 믿었다. 그에게는 과거 사건들을 성경의 기록 전단계의 버전으로 알고자 하는 욕구가 없었다. 그의 목적은 과거 사건들을 그것이 일어났던 시대의 사람들이 경험한 대로 이해하는 것이었다.

헹스텐베르크에게는 성경 텍스트 배후에 있는 실제 세계가 성경(오경)에 상세히 기록된 사건들과 동일하게 보였다. 그러나 성경 내러티브는 실제의 과거 사건들을 문서화한 것이며, 사건들 자체는 아니다. 그는 결코 이 점을 이해한 것 같지 않으며, 이 측면에서는 오늘날의 복음주의도 마찬가지다. 비록 오경은 과거 사건들을 문자로 기록한 것이지만, 헹스텐베르크는 이것이 마치 성경 인물들이 보고 경험했던 것처럼, 과거 사건들 자체로 접근되어야 한다고 믿었다. 이것은 아브라함이 실제 인물로 참여했으며, 오경의 독자 또한 이것을 읽음으로써 참여할 수 있는 사건들의 기록 전단계의 버전이다. 이것은 목격자의 기술이기 때문에, 헹스텐베르크는 성경 내러티브가 실제의 삶 속에서 일어났던 것처럼 사건들을 제시한다고 보았다. 즉 사건들은 비록 본질에서 텍스트적(verba)이며 따라서 실제로는 실제 사건(realia)과 분리된 세계이지만, "역사와-유사한" 것이다. 그러므로 헹스텐베르크는 이것을 문자로 쓴 내러티브가 아니라 실제 사건으로서 이해해야 한다고 믿었다.

데 베테가 이해한 대로의 역사적 방법의 도입은, 헹스텐베르크가 회생시키는 데 실패한 오래된 개신교 정통 견해의 종말을 의미했다. 이 상실은 성경(오경)이 진리라는 정통주의적 주장에 종지부를 찍지는 못했지만, 과거를 기록한 버전으로서 성경의 역사적 가치의 거절이었다. 헹스텐베르크가 이해한 대로 데 베테의 역사적 논쟁은 본질적으로 역사적인 깃이 아니라, 문서화된 계시적 사건들―구속사―로서의 성경에 대한 신학적 거부에 기초하고 있었다.

복음주의 내에서 이런 논의는 오경의 모세 저작설에 대한 질문의 전망을 영구히 바꿔놓았다. 또한 더 중요한 측면에서는 오경 같은 텍스트에 대한 성경신학의 본질을 바꾸어버렸다. 이제 문제가 되는 것은 단순히 누가 오경을 썼느냐의 역사적 질문이 아니라, 이것이 어떤 종류의 책이었으며 어떻게 역사적 사건들에 대한 문학적인 초점을 이해해야 하느냐의 문학-비평적 질문이었다. 쟁점은 모세가 오경을 쓸 수 있었는가의 여부가 아니라, 개신교 정통이 구상했던 모세 저작설이 실행 가능한지의 여부였다. 모세는 이미 성경(원계시)이었던 것을 문자 형태로 기록하기만 했는가, 아니면 고대 문서 자료들로부터 오경을 구성했는가? 만약 후자라면 이런 자료들은 얼마나 오래되었는가? 이 자료들은 모세 이전의 것인가, 아니면, 데베테가 믿은 대로 모세 이후인가? 이런 질문의 범위 내에서 오경의 저작에 대한 활기찬 토론이 진행되었다. 이것은 과거 사건을 사실적으로 묘사한 성경 내러티브를 어떻게 해석할 것인가에 대한 변화하는 견해에 대한 토론이었다.

헹스텐베르크 이후, 그리고 벨하우젠 이전의 복음주의자들은 모세 저작설에 대한 역사적으로 그럴듯한 모델의 일부를 용인했다. 그들은 모세가 문서 자료들을 사용했을 가능성을 인정했다.[62] 오경에 있는 모든 것이 다 "원역사"(Uroffenbarung)는 아니었다. 이런 용인은 모세 저작설의 역사적 가능성을 보강하기 위해서라기보다, 고대 저자로서의 모세의 역사적 상황에 추가하기 위해서였다. 이것은 원계시의 예언의 개념에 역사적 현실주의를 더하는 방식이었다. 오경의 모세 저작설의 개념에 대해 이것이 궁극적으로 의미하는 바는, 모세에 대한 성경 상황에다가 역사적 세부 사항들을 추가하는 새로운 개방이었다. 이 세부 사항들은 정통 견해에서는

---

62) Sailhamer, *Introduction to Old Testament Theology*, p. 274을 보라.

원계시(Uroffenbarung)의 영역 밖에 있던 것이었다. 따라서 이것은 원계시와 병행하는, 주변적이고 성경적이 아닌(nonscriptural) 전통의 존재를 수용함으로써 반종교개혁에 대응해서 승리한 이전 근거의 일부를 용인한 셈이 되었다.[63]

로버트 자메이슨(Robert Jamieson), 퍼셋(A. R. Fausset), 데이비드 브라운(David Brown)이 쓴, 성경 전체에 대한 기념비적인 복음주의 주석은 이렇게 인정했다. "자신의 개인적 지식의 영역 밖에 있는 문제들과 관련된 오경 부분들의 구성에서, 모세는 믿을 만한 권위를 가진, 이미 존재하던 기록들을 이용했을 것이며 또 이용했다.…모세는 이 기록들을 오경 전체에 분명하게 퍼져 있는 디자인의 통일성과 일치하도록 자신의 내러티브 안에 짜 넣었다."[64]

헹스텐베르크의 영향하에서 복음주의적 구약학은, 모세 저작설의 근거를 오경의 주장에 두는 입장에 점점 더 만족해했다. 이 입장의 가정은, 오경이 모세가 이 책을 썼다는 주장을 많이 했다는 것이었다. 복음주의 학자들이 긍정적인 결과를 내놓지 못한 질문, 즉 어떻게 오경이 쓰였는지 하는 질문은, 저자로서의 모세가 가진 성경적 상황의 역사적 가능성에 대한 남아 있는 질문들로 교체되었다. 오경의 모세 저작의 일부 비공개 양식을 인정하는 동안, 복음주의 학자들은 자료에 관한 세부 사항이나 성경의 책들을 만드는 성격에는 거의 관심을 갖지 않았다. 결국, 역사적 질문에 집중하고 데 베테가 제기하려고 의도했던 문학적 질문들을 회피함으로써, 복음주의 입장은 다음 반세기 동안 벨하우젠의 도전에 직면할 준비가 불

---

63) 이 시점에서 성경의 역사성을 옹호하는 수단만이 아니라, 내러티브 자체의 상세한 역사적 부분들을 메우기 위한 수단으로서, 역사에 대한 복음주의의 관심이 자기 위치를 발견하게 되었다.

64) Robert Jamieson, A. R. Fausset and David Brown, *A Commentary, Critical, Experimental and Practical, on the Old and New Testaments* (Grand Rapids: Eerdmans, 1945), 1:xxxii.

충분한 상태로 남아 있었다. 19세기 후반의 30년 정도를 남겨놓고 벨하우젠과 함께, 누가 오경을 썼느냐에 대한 중심적 질문은 오경이 언제, 어떻게 쓰였는가 하는 질문으로 바뀌었다. 그러나 복음주의 성서학자들은 대부분 벨하우젠을 좇지 않았다. 대신 그들은 방어선을 긋기 위해, 가능하면 헹스텐베르크와 가까이 하기를 선택했다. 19세기 중반, 오경의 모세 저작설에 대한 고전적 복음주의적 입장의 재기에 있어 새로운 입장을 얻으려는 의식적인 시도가 있었지만, 이런 시도는 벨하우젠과 다른 이들이 제기한 새로운 질문들에 반응한 수많은 학식 있는, 하지만 번역되지 않은 독일 복음주의적 저서들 속에 갇힌 채 주목받지 못했다.[65] 오늘날조차도 이런 연구 업적들은 현대 복음주의 학문의 한계 밖에 놓여 있다. 헹스텐베르크의 연구가 많이 번역된 것은 눈에 띄는 예외에 속한다.[66] 오경에 대한 벨하우젠의 질문들은 고전 시대에 정통 복음주의 학문으로부터 거의 주목을 받지 못했다.

복음주의 자체의 역사적 관점에서, 성경 저작에 대한 복음주의 견해와 성경신학의 텍스트적 성격에 대한 올바른 평가를 향한 움직임은, 적어도 다음과 같은 세 가지 문제에 직면하게 된다. 첫째, 성경 저자들의 작업과 의도가 우리에게 무엇을 말하고자 하는지를 발견하기 위해, 성경 텍스트의 가장 작은 단락들을 조사해야 한다. 예를 들어, 창세기 11:1-9의 바벨 도시의 건설과 같은, 작고 독립된 단위의 내러티브의 구성적 역할은 무

---

65) König, Delitzsch, Hävernick의 연구들.

66) Delitzsch의 연구의 일부는 번역 출판되었지만, 그가 항상 믿음을 옹호하는 신실한 복음주의 당원으로서 소개된 것은 아니었다. 대개의 경우 그의 연구는 Wellhausen의 견해와 그 상대 진영을 잘 검토한 실례로 소개되었다. Delitzsch의 새로운 창세기 주석의 머리말에서, 재판 편집자는 복음주의 독자들에게 이렇게 경고할 필요성을 느꼈다. "Delitzsch는 창세기의 저작과 텍스트에 대한 어떤 이론들을 고수한 반면에, 유보 조항을 붙여서 그렇게 했으며, 이 쟁점들에 대한 그의 견해는 주로 그가 살았던 시대 상황에 기인한다." 성서비평에 대한 그의 견해가 어떤 것이든 간에, Delitzsch는 Wellhausen의 견해에 대해 내부로부터 반응하는 것이 중요하다고 느꼈음이 분명하다.

엇인가? 어떻게 이런 작은 내러티브는 창세기 1-11장의 큰 전략과 들어 맞는가? 둘째, 저작에 대한 복음주의 입장은 어떻게 오경 저자가 창세기 1-11장의 원시 역사와 같은 문학의 단락들을, 오경의 몸체를 형성하는 큰 문학적 단위로 모으는지를 밝혀야 한다. 셋째, 책을 형성하기 위해서, 그리고 오경과 구약 정경 전체와 같은 전체 텍스트를 형성하기 위해서 큰 문학적 단위들이 어떻게 결합되는지를 보여주어야 한다. 성경 텍스트에 저자가 있다고 믿는 한, 복음주의자들은 오경의 가장 작은 단락들로부터 시작해서 책 전체의 수준으로 움직이는, 저자의 구성의 구체적인 성격을 설명하기를 추구해야 한다.[67]

영국의 모델. 영국의 복음주의자들은 모세 저작설을 대체하는 모델에 상당한 관심을 쏟았다. 이 모델들은 오경 같은 성경의 책들이, 비록 모세의 일생 동안은 아닐지라도, 합리적으로 그의 인생의 초기에 최종 형태에 도달했다는 기대로 시작한다. 오경은 익명의 작품이다. 그 내용은 핵심에서 철저하게 모세적인 전통적 자료로 구성되어 있다. 실제 오경을 "만드는 작업"은 주로 모세의 전통을 보존하는 임무로 이루어져 있다.

다른 복음주의 접근법과는 대조적으로 영국 복음주의 모델의 특징은, 오경의 구성에서 자료나 문서들의 사용에 대한 동시대의 문서-비평적 가정 내에서 연구하고자 하는 의지다. 영국의 모델은 이런 가정 속에서 모세 저작설의 성경적 상황에 본질적으로 도달하고자 한다. 즉 이 상황은 모세-이후 이스라엘의 성경 역사를 이루는 사건들의 순서와 일치하는 오경 구성의 상황이다. 이 목적을 달성했는지의 여부에 대해서는 연구자들 사이에서 의견이 다양하다. 이 접근법에서 필수적인 것은 근대의 역사적-비평적 방법이 설계한 장점 위에 복음주의 입장을 쌓아올린 헌신이다.

---

67) John H. Sailhamer, "Exegesis of the Old Testament as a Text," in *A Tribute to Gleason Archer*, ed. Walter C. Kaiser, Jr. and Ronald F. Youngblood (Chicago: Moody Press, 1986), p. 293을 보라.

예를 들어 고든 웬함(Gordon Wenham)[68]에게 모세는, 창세기와 오경의 저작에 대한 논의의 배경 속에 가끔씩만 나타나는 그림자 같은 존재다. 웬함은 모세에 대한 실제 저자로서의 정체성 확인은 무시한 채, 전통적인 문서-비평적 용어인 J(야웨 문서)와 P(제사장 문서)로 오경 구성의 성격에 집중한다. 웬함이 모세 저작설 쪽으로 움직여간다는 사실은, 둘 다 고대에 속하는 P문서와 J문서에 대한 그의 선호에서, 그리고 그가 이 "자료들"을 주로 단편적인 것으로 보는 것에서 가장 잘 나타난다. P문서와 J문서 배후에 있는 것은 고대 문헌과의 유추로부터 이끌어낸 기본 내러티브의 뼈대다. 웬함에 따르면, J문서는 창세기와 오경에 최종 형태를 주었고, 일반적으로는 P문서에 할당된 오경의 부분들에 때때로 논평을 더했다.[69] 오경에서 P문서는 전체 책의 광범위한 개요를 제공한다고 널리 인식되고 있으므로, 초기 P문서와 J문서는 초기 저자(모세?)로 귀착될 것이다. 웬함의 견해는 현대의 구약학의 구조 안에서 작업한다는 이점이 있으나, 현재의 비평적 견해에 밀접하게 묶여 있지는 않다. 문서설이 완전히 추락하는 사건 속에서, 웬함은 창세기의 자료 분석과 함께 홀로 갈 수 있었다.

모세-이후. 오경의 모세 저작설에 대한 또 다른 복음주의 접근 방식은, 저작 또는 오경을 만드는 과정에 대한 분명한 그림이 부족하다는 점까지 포함하여, 고전적 모델(헹스텐베르크)의 기반 위에 구축된다. 이 견해는 "무엇으로부터 시작되는 상태"(*status a quo*) 접근법으로 불릴 수 있는데, 본질적으로 보조 자료 없이 집필되었다고 가정되는 모세 오경으로부터(*a quo*) 시작한다. 이 견해에 따르면 오경은 우리에게 거의 알려져 있지 않은 초기 작품으로부터, 원래 형태에 사소한 추가 사항들이 더해짐으로써 발전했다. 이것은 모세로부터 기원하지 않은, 수많은 사소한 설명적 논평과 해설들이 더해진 정경의 오경이다. 이 견해에 따르면 각각의 설명적 논

---

68) Gordon Wenham, *Genesis 1-15* (WBC 1: Waco, Tex.: Word, 1987).
69) 예를 들어 창 5:29, J가 P에 대해 논평한다.

평은 자신의 기원의 시기를 반영하며, 어떤 것도 일관된 패턴이나 주제를 형성하기 위해 특별히 다른 것과 협력하지 않는다.[70] 성경의 오경은 모세의 죽음의 기사(신 34:5)와 이스라엘 왕권에 대한 언급(창 36:31) 같은 몇 개의 모세-이후(post-Mosaica)의 추가 사항을 더한 모세 오경이다.

이 견해는 모세-이후에 대한 고전적인 용인을 넘어서지 못한다. 사실, 이 견해는 오경에 대한 고전적 견해와 거의 다르지 않다. 또한 모세가 어떻게 오경을 썼는지(또는 만들었는지)를 설명하는 데도 거의 도움을 주지 않는다. 이 견해에 따르면, 오경의 모세-이후의 부분들은 임의의 설명자적 논평 정도일 뿐이며, 따라서 오경의 제2판을 의미하지 않는다. 이는 가장 일반적인 오경의 모세 저작설에 대한 복음주의적 견해다.

모세로부터 시작되는 상태. 최근에 댄 블록(Dan Block)은 오경 문서들에 대한 모세 저작설의 이전 이론(Status a Mosaica)을 부활시켰다.[71] 모세는 오경을 만드는 데 사용된 문서들을 기록했다는 측면에서, 오경 또는 최소한 신명기의 저자다. 블록의 견해는 좀더 발전되어야 하는데, 신명기에서 모세의 담화는 이 책의 중심 메시지를 구성하며 이 담화를 핵심으로 전체 신명기와 오경이 구축되었다. 신명기 32장의 시는 원래 모세에 의해 필사되고 전달되었다. 블록에 의해 상세히 설명되지 않은 과정을 통해, 기록된 모세의 문서들은 오경을 만들 목적으로, 영감을 받은 저자들에게 전달되고 보존되었다. 문자로 쓰인 모세의 기록을 차후의 저자들이 사용한 것은, 하나님이 영감을 주어 모세로 하여금 창세기의 사건들을 쓰게 하신 것과 비슷하다. 오경을 쓰는 데 사용된 기록들은(창세기를 제외하고) 모세 시대에

---

70) 예를 들어 신 34장은 모세-이후의 것으로 이해되었다. Michael A. Grisanti, "Inspiration, Inerrancy, and the OT Canon: The Place of Textual Updating in an Inerrant View of Scripture," *JETS* 44 (2001): 577-98을 보라.

71) Dan Block, "Recovering the Voice of Moses: The Genesis of Deuteronomy," *JETS* 44 (2001): 385-408. 이런 측면에서 이 견해는 Richard Simon의 "공적 서기관" 견해와 동일하다.

서 기원했으나(*status a mosaica*), 오경의 실제 저작은 후에 일어났다.[72)

구성적 접근. 성경 저작에 대한 복음주의적 구성적 접근법은, 모세를 오경의 저자로 간주하고 그가 책을 만든 전략을 밝혀내고자 한다. 저자의 의도는 그 전략에 반영되어 있다. 이 견해에서, 모세의 오경은 정경 오경의 원래 버전으로서 이해된다. 우리가 아는 한, 모세의 오경은 몇 개의 예외만 제외하고는 정경 오경과 동일하다. 이 예외들은 오경의 일부를 구성하며 모세의 작업일 가능성은 희박하다. 주목할 만한 실례는 신명기 34장에서 모세의 죽음의 기사와, 신명기 33장에서 그가 최종적으로 한 말이다. 원래 모세가 한 담화지만, 이런 설명은 이스라엘의 역사에서 이후에 더해졌으며, 오경의 새로운 판(오늘날 컴퓨터 세계의 전문 용어로 하자면 오경 2.0)의 일부일 가능성이 높다. 비평주의와 복음주의 양쪽에서 성경 저작에 대한 널리 알려진 견해와는 대조적으로, 구성적 접근은 오경이 문학적 성장의 길고 복잡한 과정의 산물이 아니며, 오히려 하나의 초기(모세의) 구성의 업데이트판이 우리에게 전달된 것이라고 주장한다. 따라서 현재의 정경 오경은 아마도 구약 전체(타나크)의 저자에 의해 생산된 모세 오경의 업데이트된 버전일 것이다. 모세에 대한 초기 책의 저자로서의 정경적 동일시는 이런 텍스트들의 역사적 현실을 단순히 가정하는 것이 아니라, 정경의 이음매 내에서 이 텍스트들의 위치와 중요성을 진지하게 받아들인다. 이런 이음매에서 모세는 그의 죽음 후에 즉시(수 1:8), 이스라엘에게 주어진 마지막 예언의 말씀 속에서(말 4:4 [3:22 MT]) 매우 분명하게 토라책 저작의 공로자로 간주된다. 다음에 이어지는 성경 내러티브는 모세의 책이 이스라엘의 역사 초기에 상실되었다가(삿 2:10) 후에 성전을 수리하는 동안 다시 발견되었다고(왕하 22:8) 본다.

---

72) König는 Astruc처럼 이 견해를 고수했다. Eduard König, *Einleitung in das Alte Testament: mit Einschluss der Apokryphen und der Pseudepigraphen Alten Testaments* (SThH 2/1; Bonn: Weber, 1893).

정경 오경의 구성의 연대 결정을 이스라엘 역사 후반으로 보는 근거는 부분적으로, 현재 오경에서 발견되는 수많은 설명적 해설과 논평에 있다. 이런 설명적 논평은 오경의 초기 버전에는 약간의 설명이 필요하다는 의식을 드러낸다(창 13:10을 보라). 이것들의 목적은 바로 이런 종류의 설명이나 논평을 제공하는 것을 목적으로 하는 전략을 드러내는 것이다. 주목할 만한 실례는 다니엘 11:30에서 예언된 사건의 관점에서 이루어진, 발람의 예언에 대한 오경의 해석이다. 발람의 초기 시(민 24:24)에서 확장된 자료의 해설적 성격은, 발람의 말이 전체 오경 내에서 논평으로 설명되었고 최신 정보화되었다는 사실을 보여준다.[73] 이런 종류의 논평은 처음 오경의 형태가, 비록 해설을 더 필요로 하기는 하지만, 본질적으로 현재 정경의 형태와 동일함을 시사한다. 성경은 해설을 필요로 한다. 이런 컨텍스트는, 성경(토라)을 이해한 후 그것을 다른 사람에게 가르칠 수 있는 사람을 보낼 필요성을 표현한 느헤미야 8:1-8과 역대하 17:7-9 같은 구절들을 연상시킨다. 오경에서 신학적으로 밀도 높은 시적 논평(창 49장; 민 24장; 신 33장)의 분포는, 그 시적 논평이 설명하고자 하는 고대 시(창 48장; 민 23장; 신 32장)가 규정한 비슷한 분포와 패턴을 따른다. 한 세트의 시(창 48장; 민 23장; 신 32장)는 다른 세트의 시(창 49장; 민 24장; 신 33장)에 의해 설명된다.

오경 내러티브에서 비슷한 예를 찾아보면, 오경의 마지막 장(신 34장)은 예언의 임시적인 종결과 구약 정경의 마감을 예상하는 "모세와 같은 선지자"(신 18장)의 정체성에 대한 신학적 논평으로 보인다. 정경 오경의 종결 부분에 나오는 이 흥미로운 논평은, "모세와 같은 선지자"의 정체성에 대해 일부 해설을 필요로 하는 신명기 18장이, 한때 초기 오경의 일부였음을 보여준다. "모세와 같은 선지자가 결코 오지 않았다"(신 34:10)라는 신명기의 진술은, 신명기 18장을 미래의 개인 선지자를 지시하는 것으로 읽을 것

---

73) 이 텍스트에 대한 더 자세한 토론은 John Sailhamer, "Creation, Genesis 1-11, and the Canon," *BBR* 10, no. 1 (2000): 89-106을 보라.

을 제안한다. 이음매 내에서 발견된 이런 설명적인 논평은, 타나크에 현재의 형태를 부여하며 신명기 18장에 대해 신약의 텍스트(예, 행 3:22; 7:37)와 동일한 이해를 반영한다. 오경의 마지막 장은 모세의 죽음과 매장을 기록할 뿐 아니라, "이스라엘에 모세와 같은 선지자는 다시 일어나지 않았다"라는 광범위한 주장을 한다. 이런 논평의 범위는 이스라엘의 역사를 처음부터 끝까지 아는 자의 관점을 반영한다. 이스라엘 예언자들 전체가 왔다 갔으며, 그들 각자는 모세와 같은 선지자로 인정받지 못하고 결말이 난 것을 아는 자의 관점이다. 이것은 성경을 알며 그 관점에서 성경을 해석하려는 의도를 가진 사람의 관점인 동시에, 고대 (모세의)오경과 그것의 정경의 최종 형태 사이의 진정한 연속성을 볼 줄 아는 사람의 관점이다. 모세 오경의 형태와 구성적 전략은 그것의 정경적 논평에 의해 보존되었다.[74] 누가 성경 전체의 저자보다 성경을 더 잘 해석하겠는가?

구성적 접근에서 필수적인 것은 오경 내의 개별 해설들과 전체 오경과의 관계에 대한 견해다. 이 해설들은 텍스트의 고립된 기능을 명확하게 하기 위한, 임의적이고 하찮은 정보가 아니다. 반대로 이 해설들은 다른 비슷한 해설들과 서로 관련될 수 있으며, 오경의 중심 주제와 구성적 전략에 연결될 수 있다. 따라서 이 해설들은 한 저자의 작업으로 볼 수 있다.[75] 이 저자는 모세 오경의 형태와 전략뿐 아니라 그 전략에서 드러나는 신학도 이해하고 있었다. 이 수많은 해설들은, 정경적 오경이 편집이나 문서 확장의 점진적인 과정의 결과가 아님을 보여준다. 오히려 이 해설들은 현재의 형태 전체 뒤에 있는 지능적인 설계의 증거이며, 짧은 기간 동안 발생한 것으로 보인다. 이것들은 층위(strata)보다는 전략(strategy)을 반영한다. 이 해설들은 원래의 모세 오경의 의도적이고 공감적인 갱신이다. 이것들은

---

74) Sailhamer, *Introduction to Old Testament Theology*, pp. 239-52을 보라.
75) 여기서 나는 오늘날까지 존재하는 것과 같은 명백한 해설은 염두에 두지 않는다. 이런 표현들을 보고 어떤 사람들은, 오경이 구성적 기원에 있어 거의 흔적을 남기지 않았다고 결론지었다.

타나크로서의 성경에 맞도록 갱신됨으로써 원래 오경을 보존했다는 의미에서 리메이크였다.

신명기 34:5에서 모세의 죽음의 기사는 이런 구성의 단계의 관점 안에서 이해될 수 있다. 모세 시대의 이스라엘 역사에 관해 우리가 아는 것에 근거해서, 우리는 원래 오경의 구성 시기에는 다른 성경 텍스트가 없었다고 상상할 수 있다. 모세 오경이 정경의 의미에서 성경으로 존재했던 전부였다. 오경은 자체의 컨텍스트 내에서 단독으로 읽히도록 의도되었을 것이다. "오경 2.0판" 시기에, 전부는 아닐지라도 성경의 대부분이 완성되었다. 이것은 예언자적인 서기관들의 문학적 작품과 지혜문학을 포함했을 것이다. 또한 같은 시기에 성경의 다양한 책들을 전체 정경으로 모으고 형성하는 작업도 순조롭게 진행되었을 것이다. 우리는 예언(과 지혜)서들을 읽으면서, 이 저자들이 문학적 텍스트로서의 모세 오경에 정통해 있었을 뿐 아니라, 잠언 같은 책들의 구성적 이음매가 자주 오경의 구성적 이음매를 모방했으며 거기에 기초했음을 알 수 있다. 잠언 30:1-2에서 아굴에 관한 서론의 말씀은 분명히 민수기 24:3에서의 발람 서론과 연결되어 있다. 예언은 미래의 선지자의 귀환―구약 정경의 이음매를 따라 발견되는 공통적 주제―때까지는 지혜가 된다.[76] 이 초기 정경 책들 대부분은 모세 오경을 자세히 연구함으로써 발전했으며, 예언적 저자들이 오경의 교훈을 자신들 시대의 변화하는 상황에 적용하려는 지속적인 시도를 나타낸다. 모세의 오경에 대한 예언서와 지혜서의 갱신의 목적은, 정경 구약이 될 성경 문학(책들)의 성장하는 본체 내에서 그것을 개작하고 배치함으로써 원래의 모세 오경을 보존하려는 것이었다. 따라서 최종 정경의 오경은 전체(타나크) 구약 정경의 형성을 향한 결정적인 단계였다.

정경의 오경은 모세의 죽음과 매장을 알리는 신명기 34:5-12로 결론

---

76) 예를 들어 민 27:18에서 여호수아의 예언의 영은 신 34:9에서 지혜의 영이 된다.

을 맺는다. 히브리어 정경에서 신명기 34장은 여호수아서와 전기 예언서의 시작과 연결되어 있다. 구성적으로 오경의 최종 형태(Endgestalt)는 타나크의 최종 형태의 중요한 일부다. 이것은 오경의 새로운 정경판과 나머지 성경의 한 명 또는 그 이상의 예언자적 저자들의 작업과의 관계에 대해 질문을 제기한다. 그중에서 헨드릭 코레바(Hendrik Koorevaar)는 구약 정경(타나크)의 많은 역본들에서 마지막 책인 역대기의 저자가 전체 구약 정경의 저자였다고 주장한다.[77] 신명기 33:4에서 이스라엘에게 하나님의 율법을 전한 공로는 선지자 모세(신 34:10)에게 돌아갔다. 이는 마치 에스라 9:10-11에서 동일한 임무를 수행한 공로가 선지자들에게 돌려진 것과 같다. 이 익명의 예언자적 저자의 작업은 역대기 저자의 작업과 아주 비슷했을 것이다. 역대기 저자는 최근의 성경신학적 컨텍스트에서 사무엘서와 열왕기를 개작하고 갱신했다.

모세 오경의 형성의 관점에서, 구성적인 접근은 고전적인 복음주의 견해와 크게 다르지 않다. 이 접근은 원래 모세 오경에다가 모세-이후에 몇 개의 중요한 추가 사항이 더해진 것으로 본다. 구성적 견해가 고전적 견해와 다른 점은, 모세의 오경(1.0 버전)과 정경의 오경(2.0 버전) 사이의 의미 있는 상호 관계를 지적하려는 시도에 있다. 비록 정경의 오경은 모세의 오경의 최신판이며, 새로운 정경 환경을 염두에 두고 설계된 예언자적 여분(prophetic extras)으로 재장비된(보강된) 것이지만, 현재 이 책은 모세의 것과 동일한 오경이다. 새로운 오경은 구약 정경의 나머지와 조화를 이룬다. 이것은 성경의 나머지 부분과 상호텍스트적이며, 시작 부분에 연결성이 집중되어 있다. 성경(타나크)의 나머지의 의미는 창세기 1-11장의 내러티브 시작 부분에 기록되어 있다.[78] 모세가 오경을 쓴 이래로 많은 일들이

---

77) Hendrik, J. Koorevaar, "Die Chronik als intendierter Abschluss des alttestamentlichen Kanons," *JETh* 11 (1997): 42-76.
78) 사 1장의 서론이 이사야서 나머지와 연결되는 것과 비슷하다.

일어났으므로, 새로운 판은 독자들로 하여금 이스라엘과 열방을 향한 하나님의 사역의 미래와 대화하고 접촉하도록 만들었다. 새로운 판 대부분은 원래 모세의 오경을 복제한 것이지만, 더 넓은 화면을 가지고 있었다. 오경을 이스라엘 역사의 시작의 견지에서 읽는 것은 원래 오경에서 의도되었음에 분명하지만, 새로운 판은 오경을 새롭게, 즉 이스라엘 역사의 끝에서, 그리고 이스라엘과 열방과의 하나님의 계속되는 사역의 견지에서 본다. 시작은 종말에 대한 예언적 그림이 되었다. 마지막 날들은 처음 날들과 같다. 이 새로운 정경의 컨텍스트는 이스라엘 역사의 끝에 온 성경 예언자들과 지혜자들 모두의 시각을 반영한 것이다. 이런 의미에서 정경 오경은 모세의 오경을 예언적으로 다시 쓴 것이다.

구성적 접근의 가치는 다음과 같다. 즉 이 접근법은 책의 저자로서의 모세에 대한 성경 내의 진술을 진지하게 받아들이는(예, 수 1:8) 동시에, 정경의 오경이 모세의 것보다 훨씬 후의 자료와 통찰력을 포함한다는 사실을 인정한다.

앞에서 언급한, 오경에서 모세-이후의 예들은 정경 오경의 새로운 관점의 증거다. 모세의 죽음과 이스라엘 자손을 다스리는 왕들(창 36:31)의 목록은 시대착오적이라는 낌새 없이 정경의 오경에 자세히 설명되어 있다. 왜냐하면 현재 오경 자체의 후기 관점은 그 구성적 전략의 일부이기 때문이다. 내가 제시한 것처럼, 정경의 오경은 자체로서 이스라엘 역사가 끝나는 컨텍스트에서, 그리고 열방과의 하나님의 사역의 시작의 컨텍스트에서 조망하고 있다. 이는 단순히 시내 산에서 모세의 지도 아래서의 시작뿐 아니라, 역사 전체의 포괄적인 개요를 의도한 것이다. 다니엘서의 저자와 창세기 1-11장에 제공된 머리말 덕분에, 시내 산 언약과 율법은 현재 세계의 역사와 창조의 모든 것의 범위 내에서 조망되고 있다. "나머지 이야기"는 모세 오경의 복귀 그 이상이다. 나머지 이야기는 모세의 삶을 숙고하는 회고록인 동시에, 아담 안에 있는 이스라엘의 공통적 인류에 대한 정직한 비평이다. 확실히 모세와 시내 산 자체에 대한 이 "새로운" 평가는, 모세 오경과 나란히 그것의 해석자들로서 자리를 차지했던 예언자적 성경으로부터 이끌어낸 것이다. 이 예언자적 성경 자체는 모세 오경의 산물이었다. 이 책은 모세의 성경을 "주야로"(수 1:8) 읽고 연구하며 그것의 지속적인 관련성을 깊이 인식하고 있었던 이름 없는 예언자들의 작업이었다.

오경의 이런 "영향사"(effective history)를 무시하고, 시내 산 언약에만 초점을 맞추고 새 언약에는 초점을 맞추지 않는 직접적인 관점만을 유지하는 것은, 오로지 원래의 시내 산 언약의 컨텍스트에서만 정경 오경을 계속적으로 재독하는 것을 의미했을 것이다. 이것은 성경으로서의 오경에 대한 일종의 "예견된 퇴색"을 의미했을 것이며, 그 결과 벨하우젠의 해석학적 도살장으로 끌려가는 운명이 예정되었을 것이다.

시내 산 언약에 대한 예언자들의 증가하는 비관주의적 관점에서 보면, 언약 본래의 긍정적인 면만을 재진술하는 것은, 그것을 나머지 이스라엘 역사로부터 그리고 그 역사에 대한 예언자적 성경 자체의 영감으로 된 평가로부터 불필요하게 고립시키는 결과를 가져올 것이다. 불필요하다고 말하는 것은, 모세 오경이 이미 시내 산에 대해 예언자적 비관주의의 씨앗을 포함하고 있기 때문이다.[79] 또한 이런 태도는 오경을 영구히 시내 산 언약(삼상 15:22-23과 반대로)과 연결시켰을 것이며, 결국 오경은 그 언약이 지나감과 함께 퇴화했을 것이다. 지금 그대로 현재의 정경적 오경은, 더 숙고할 필요도 없이, 시내 산 언약(비교. 신 29:1)과 동일하지도 않으며 또 그렇게 되어서도 안 된다. 오히려 현재의 오경은 그 자체가 옛 언약을 재방문하여, 새 언약(렘 31:31)의 예언적 희망의 관점에서 나온 결과를 재평가하고 있다. 비록 새 언약에 대한 희망은 이미 모세 오경(신 30:6)의 필수적인 부분이지만, 예언자들의 메시지와 새 언약의 컨텍스트 안에서 오경을 읽지 않는다면 그 메시지가 제대로 전달되지 않는다는 명확하고 현존하는 위

---

79) 왕하 22장에서 오경에 대한 반응을 비교하라.

험이 있다. 에스라 7장과 느헤미야 8장이 보여주듯, 오경은 이 책을 이해하는 자들에 의한 해석을 필요로 하는 것으로 남아 있었으며, 현재도 여전히 그러하다. 심지어 예언자들조차 이 메시지에 대한 명료함과 설명이 필요함을 인정했다(비교. 단 9장). 여기에는 히브리서 저자도 포함되어야 하는데, 히브리서 저자는 동일한 방법으로 구약성경(렘 31장)을 옛 언약에 대한 비판으로, 그리고 "새 언약"(예, 히 8:13)에 기초한 미래를 위한 희망의 근거로 사용한다.[80]

구성적 접근은 예언자들과 그들의 메시지의 출현을, 그들이 종교적 천재였다고 가정함으로써가 아니라,[81] 여호수아 1:8이 권고하듯 그들이 모세 오경을 "주야로" 읽고 희망과 하나님의 은총의 관점에서 그들 삶에 하나님의 부르심을 느끼고 있었다는 단순한 사실을 지적함으로써 설명한다.

오경에서 구성적 접근이 가진 중요한 추가적인 특색은, 오경 구성의 신학적 결말을 묘사하고 그 결말을 전체 책의 범주 안에 위치시키려는 시도다. 앞에서 제시했듯, 구성적 접근은 정경 오경의 성격의 관점에 있어서도 다르다. 현재의 정경 오경은 성경과 정경의 컨텍스트에서, 원래 오경의 보존이라는 의미에서 모세 오경과 동일한 책이다. 이것이 의미하는 바는, 정경 오경에서 우리는 그 자체의 영향사 안에서, 또는 가이거의 표현처럼 원-유대교와 원-기독교[82] 내의 자체적인 내적 발달(Entwickelung) 속에서 모세 오경을 읽도록 초대받는다는 것이다. 히브리어 성경에는, 모세 오경과 정경적 오경처럼 두 개의 오경이 존재하지 않는다.[83] 거기에는 오직 하나, 정경적 오경만이 있다. 구약 정경에서, 모세의 오경은 정경적 오경이 되었다. 구약 정경은 우리의 역사적 호기심을 만족시키기 위해 단지

---

80) 롬 10장에서 바울도 같은 작업을 한다.
81) Wellhausen과 Kuenen의 견해.
82) Geiger, *Urschrift und Übersetzungen der Bibel*.
83) 사무엘-열왕기의 역사와 역대기의 역사, 이렇게 두 역사가 있는 것처럼 말이다.

모세의 오경만을 제공하는 것을 목적으로 하지는 않는다. 정경적 오경은, 이 정경적 오경에 의해 원래의 모세의 오경이 보존되고 해석되는 범위까지 모세 오경이라 할 수 있다.

모세는 어떻게 오경을 "만들었는가"?

내가 앞에서 언급한 대로, 오경의 구성의 성격은 사무엘서와 열왕기뿐 아니라 복음서들과도 비슷하다. 모세는 다양한 자료들로부터 모은 기록된 텍스트들을 사용했으며, 현대의 다큐멘터리 영화의 제작자처럼 거기에 논평을 제공했다.

오경을 제작하는 것에 대한 구성적 접근의 일부 측면은, 이전 복음주의 학자들인 자메이슨, 퍼셋, 데이비드 브라운이 쓴 구약 주석(1863년경)의 견해와 비슷하다. 오경에 대한 논의에서 이들은 다음과 같이 말했다. "모세는 신뢰할 만한 권위가 있는, 존재하던 기록들을 사용했을 것이며…이런 사실은 인정될 수 있다.…모세는 전체 오경에 선명하게 나타나는 설계의 통일성과 일치하도록 자료들을 자신의 내러티브 안에 섞어 짰다."[84] 구성적 견해에 대해 루이 고상은 성경 저작에 대해 놀라울 정도의 명쾌한 설명을 구체적으로 진술한다. "(성경 저자들이) 감정을 묘사했든지, 그들이 기억하는 것을 진술했든지, 동시대의 내러티브를 반복했든지, 족보를 필사했든지, 영감으로 기록되지 않은 문서들에서 발췌를 했든지 여부와 관계없이, 그들의 저술은 영감으로 되었으며, 그들의 내러티브는 위로부터의 지시를 받은 것이다."[85]

저작에 대한 질문을 구성하는 이런 방식은 이미 17세기 후반부터 18

---

84) Jamieson, Fausset and Brown, *Old and New Testaments*, 1:xxxii.
85) Louis Gaussen, *The Divine Inspiration of the Bible*, trans. David D. Scott (Grand Rapids: Kregel, 1971), p. 25.

세기 초까지 널리 고수되었던 복음주의 견해를 나타낸다. 캄페기우스 비트링가는 오경을 제작하는 모세의 과정을 거의 현대적인 용어로 설명한다. 비트링가에 따르면, 모세는 다양한 기록된 문서들을 수집하고 분류했으며, 누락된 세부 사항과 부분들을 다른 문서로부터 채워 넣음으로써 사용할 수 있도록 준비했다. 그리고 이것을 모세는 오경으로 "만들었다"(confecisse[conficio]). 이는 수집하고 분류하고 준비하고 부족한 곳을 채워 넣음으로써, 그것으로부터 그의 책의 첫 권을 만드는 과정이었다고 비트링가는 제안한다.[86]

구성적인 견해에서 신명기 34장 같은 구절은 모세 오경의 의미를 지지하고 조명하는 구성적 전략의 중요한 부분으로 간주된다. 이 부분은 성경 시대 끝에(주전 300년경) 저자들이 어떻게 오경을 이해했는지에 대한 생생한 단서를 제공한다. 오경을 형성하는 이런 부분의 추가는 군더더기가 아니었다. 반대로, 이것은 구약 정경 전체(타나크)에 걸쳐 있는 더 큰 구성 전략의 일부였다. 오경신학을 이해하기 위해서는 이 전략에 주의를 기울일 필요가 있다. 오경의 정경 구성(Endgestalt)은 이미 기본 수준에서부터, 모

---

86) "Has vero schedas & scrinia patrum, apud Israelitas conservata, Mosen opinamur collegisse, digessisse, ornasse, & ubi deficiebant, complesse, atque ex iis primum libroruni suorum confecisse"(Campegius Vitringa, *Sacrarum observationum libri quatuor* [Franeker, 1700], p. 35). 모세 저작설에 대한 Vitringa의 견해를 Fausset이 은근히 인용한 것에 주목하라. "그의 목적에 맞게 배열하고 요약하고 선택하고 적용시킨다"(Jamieson, Fausset and Brown, *Old and New Testaments*, 1:xxxi). 19세기와 20세기에 성서비평과 역사비평이 일어난 이래로, 보수주의 입장은 자료들 또는 기록된 문서들에 대해서 언급하기를 꺼렸는데, 이는 이해할 만하다. 하지만 솔직히 이야기하자면 이것은 오늘날 대부분의 미국 복음주의 구약학자들의 견해로 남아 있다. 유일한 변동이 있다면 많은 학자들이, 모세에게 유용했던 자료들이 당대에는 아직 기록되지 않았다는 입장을 고수한다는 것이다. 모세가 의존한 것은 구전이었다. 하지만 이것은 텍스트 자체의 현실을 적절하게 다루는 데 실패할 뿐 아니라, 과정 안에 불확실성을 불필요한 수준으로까지 도입한다. 만약 복음서들이 구전 자료로부터 쓰였다고 믿는다면, 과연 오늘날 신약학은 어떻게 되겠는가? Sailhamer, *Introduction to Old Testament Theology*, p. 274을 보라.

세의 오경에 구체화된 발달된 메시아적 희망에 의해 형성되고 거기에 기초했다. 신명기 34장의 미래의 선지자에 관한 설명은 신명기 18장을 반영하고 해석할 뿐 아니라, 전체 타나크의 이음매를 따라 놓여 있는 동일한 종류의 설명을 반향한다. 이런 이음매는 여호수아 1장; 말라기 4장(히브리어 성경에서는 3장); 시편 1-2편; 역대하 36장에서 발견된다.[87]

이런 텍스트의 특징은 기독교-이전 시기에 이미 히브리어 성경(타나크) 전체의 의미에 대한 상당한 논의가 있었음을 보여준다. 이 정경의 이음매에 표현된, 신학적으로 동기화된 주제들로 판단해보건대, 우리는 이런 논의가 주로 히브리어 성경의 중요한 부분에 대한 메시아적이고 성경신학적 의미의 질문들을 주제로 했다고 결론지을 수 있다.[88]

일반적인 가정은 구약 정경의 형태가 그것의 역사적 발전 또는 성장의 기능이라는 것이다. 영감으로 된 각 권이 집필되면서, 그것은 정경 책들의 설립된 목록에 추가되었다. 이 순서가 구약 정경의, 최종적으로 수용된 형태가 되었다.[89] 이런 견해에서는, 구약 정경의 형태의 의미에 대한 의식적인 숙고를 (만약 있다고 해도) 기대하기가 거의 힘들었을 것이다.

최근에는 현재의 (정경의) 형태가 역사적 과정의 최종 결과 그 이상인

---

87) 이 (구성적) 접근의 추가적인 요소는, 타나크 자체를 수반했고 여러 번 타나크 자체에서 발견된 성경-이후의(따라서 이차적이고 영감으로 된 것이 아닌) 해석의 층위에 대한 민감성이다. 여기서 나는 LXX의 히브리어 Vorlage, 사해 사본 중에서 히브리어 텍스트, MT의 몇 부분(예, 예레미야서) 같은 구약의 가장 초기판 배후에 있는 히브리어 버전을 염두에 두고 있다.

88) 예를 들어 아각 또는 곡(*BHS* apparatus 해당 부분; 비교. 겔 38:17-18; 또한 아래 책 2장, "오실 종말의 왕"을 보라)에 관한 민 24:7; 삼하 23:1-7의 "기름 부음 받은 자"는 다윗인가, 메시아인가?(Sailhamer, *Introduction to Old Testament Theology*, p. 221을 보라)

89) 복음주의자들 사이에서 이 견해는 Herbert Edward Ryle(1899)에 의해 훌륭하게 주장되고 옹호되었으며, Gleason Archer에 의해 더 발전되었다. 역사적-비평적 방법의 시작은 개신교 정경의 자율성에 대한 반종교개혁의 공격으로, 그 다음으로는 동일한 정경 뒤에 있는 전통에 대한 계몽주의적 공격으로 추적될 수 있다. 최근까지 보수주의자들 또는 정통 신학자들은 자주 구약 정경의 상대적인 안정성 속에서 피난처를 찾았다.

지를 묻는 질문이 제기되었다. 구약의 현재 형태는 신학적으로 적절한가? 이 형태는 뼈대를 구성한 사람들이 가진 전체 구약의 신학적 신념과 이해의 반영인가?[90] 구약 정경은 전체 구약을 조망하는 데 쏟은 상당한 양의 작업과 관심을 나타낸다. 이런 노력은 하나의 신학적 비전에 의해 동기가 생겼을 가능성이 높다.

전체 구약의 "최종 형태"에 대한 최근 관심의 많은 부분은, 쿰란(사해 사본)의 성경 텍스트에서 나온 상이한 정경 형태들의 새로운 증거와, 구약 정경의 형성에 대해 일반적으로 존재하는 증거의 재평가에 의해 동요되었다. 많은 성서학자들에 따르면, 전통적인 견해와 최근의 다양한 견해 모두에 대해 명백한 증거의 해석은 막다른 골목에 도달했다. 구약의 정경화의 과정에 대한 외부적인 역사적 증거들은, 이 증거들이 자주 상충되는 해석에 열려 있다는 사실만 제외하고는, 역사의 중요한 요소들에 대해 완전히 침묵하고 있다. 어떤 학자들은 아예 처음부터 다시 시작해서, 신학적 동기를 제시할지도 모르는 어떤 문학적이고 정경적인 형성이 있는지를 보기 위해 구약 텍스트로부터 내부 증거를 새롭게 보아야만 한다고 주장했다. 궁극적으로 이런 텍스트로부터만, 구약 정경의 다양한 형태들 뒤에 놓여 있는 구약의 의미를 발견하기를 시작해야 한다는 것이다. 필스(H. G. L. Peels)는 이렇게 결론짓는다.

> 우리 의견에서, 구약 정경 역사의 종결 국면에 관한 외부적인 증거가 결정적인 판단을 내리는 데 불충분한 정보를 제공한다고 말하는 것에는 이유가 있다. 하지만 그렇다고 포기해야 한다고 말하는 것은 아니다. 지금까지 많은 양의 에너지를 쏟아왔던, 정경 역사의 외부적 증거들의 연구와 병행해서, 정경 역사의 내적 증거에 대한 관심이 최근 성장하고 있다. 아마도 지금까지

---

90) Hengstenberg와 Delitzsch 같은 복음주의자들이 이 질문을 제기했다. 하지만 이 질문은 히브리어 성경의 성장에 대한 역사적 관심 뒤로 곧 사라졌다.

는 내적 증거에 대한 관심이 너무 적었다. 구약 정경 자체는 의도된 종결의 신호를 전달하는가? 개별 책뿐만 아니라 전체 구약책들에 대한 의도적인 최종 편집이 있었는가? 정경의 다른 부분들 사이에 존재하는 "편집의 접착제" (redactional glue)를 추적하는 것은 가능한가? 이런 종류의 질문에 답하고자 할 때, 구약 정경 역사의 최종 국면에 대해 새로운 빛이 비추어질 것이다.[91]

필스는 질문의 핵심을 지적한다. 그가 제안한 대로 우리는 구약의 형성 시기에 있었던 이 책의 구체적인 형태에 대해 질문해야 하며, 그 형태가 일관성 있는 맥락의 해석을 반영하는지를 물어야 한다. 전체 구약성경의 최종 형태에 반영된 "지적 설계"나 목적이 있는가? 만약 있다면, 그 설계의 의미는 무엇인가? 구약(타나크)의 형태는 오경 같은 구약책들의 다양한 부분들의 형태와 의미에 영향을 미치는가? 구약성경에는 의미 있는 설계와 형태가 있는가?

구약 정경의 현재 형태에서 "지적 설계"를 추적할 수 있는 방법에는 최소한 세 가지가 있다. 첫째는 구약 정경 자체의 형태를 보는 방법이다. 정경의 형성 시기에 구약 정경(타나크)에 주어진 최종 형태(Endgestalt)는 무엇이었는가? 둘째 방법은 히브리어 구약의 현재 형태의 형성 뒤에 놓여 있는 신학적 힘과 텍스트 전략이 무엇인지를 보는 것이다.[92] 셋째 방법은 오경의 가장 최근 부분의 신학적 성격에 주목하는 것이다. 예를 들어 신명기 33-34장은 모세의 죽음을 전제하며 정경 전체 범위에 걸쳐 있다.

---

91) H. G. L. Peels, "The Blood 'from Abel to Zechariah' (Matthew 23, 35; Luke 11, 50f.) and the Canon of the Old Testament," *ZAW* 113 (2001): 600-601.

92) "따라서 문학적 기교(literary craftsmanship)의 이런 비슷한 도구의 발견과 영역은, 그 것들이 가진 기술적인 성격 때문에, 인상주의의 기준에 근거한 자료비평 같은 역사적-비평적 방법의 경우보다도, 주어진 단위 또는 '책', 그리고 가능한 정경 전체의 구성과 문학적 역사를 추적하기 위한 더 객관적인 수단을 제공할 수 있다"(Shemaryahu Talmon, "The Presentation of Synchroneity and Simultaneity in Biblical Narrative," *Scripta Hierosolymitana* 27 [1978]:17).

예수가 구약을 어떻게 읽었는지에 대해서는 많은 논의가 있었다. 하지만 그가 읽은 성경의 성격과 형태에 대해서는 거의 언급이 없었다. 예수 시대에, 최소한 오늘날 우리가 가진 것과 같은 전체 히브리어 성경의 완전한 필사본이 있었을 것 같지는 않다. 하나의 성경 두루마리는 기껏해야 이사야서 정도의 분량을 포함할 수 있었다. 예수 당시에는 누구도 구약 전체를 가지고 다니지 않았을 것이다. 우리는 예수가 완성된 성경의 모든 책들에 접근했으며, 아마 성경을 전체로서 알았다고 가정할 수 있다. 아마도 몇몇 회당과(눅 4:17을 보라) 예루살렘 성전 안에는 히브리어 구약의 완전한 필사본이 있었을 것이다.[93] 하지만 예수 당대에 있어서 모든 필요한 사본을 다루기는 불가능하다는 물질적 조건은, 성경 전체를 읽는다는 것의 의미를 근본적으로 바꾸었을 것이다.

일상적 현실의 측면에서, 당대의 구약은 구체적이고 물리적인 형태를 가지고 있지 않았다. 히브리어 성경의 전체 또는 부분의 여러 사본들은 광범위하게 사용되지 않았으며, 하나의 사본이나 전체 책(사본들)은 말할 것도 없고 심지어는 단편적인 형태조차도 마찬가지였다. 이런 것들이 책이라는 물리적 현실이 된 것은 사본 또는 하나의 책의 발달 시기로부터 훨씬 이후의 일이었다. 따라서 당대의 구약 정경의 특정 형태에 대한 모든 논의는 책의 물리적 현실의 관점에서가 아니라, 정신적 구조로서 접근되는 것이 필수적이다.

물리적 형태의 부족에도 불구하고, 구약은 아마도 "의미론적 형태"와 신학적 윤곽을 반영한 측면에서 해석되었을 것이다. 여전히 구약은 상자 안에 든 퍼즐에서 맞추어지지 않은 조각들과 유사했을 것이다. 퍼즐 상자 위에 그려진 그림처럼, 어떻게 조각들이 서로 맞는지에 대한 정신적 구조를 가질 수 있었으며, 이 정신적 구조는 전체 내에서 개별 조각들의 의미를 보여주는 방법이 되었다. 이런 구조의 정신적 힘을 감안할 때, 구약 정

---

93) Tov, *Textual Criticism of the Hebrew Bible*, pp. 32-33.

경의 물리적 필사본은 불필요했을 것이다.

이런 정신적 구조는 구약의 그림 맞추기 퍼즐의 개별 조각들을 이해하는 데 핵심 역할을 했다. 정신적 구조는 구약 정경의 실제의 물리적 형태만큼, 또는 그 이상으로 중요했다. 각 조각의 의미는 주로 이 구조에 의해 결정되었다. 구약과 그것의 부분을 이해하는 것이 이런 구조의 기능이었다. 개인 독자는 아마도 텍스트의 작은 조각만을 읽었겠지만, 그는 이 정신적 구조의 컨텍스트로부터 이 조각을 이해할 수 있었다. 그림 맞추기 퍼즐의 조각처럼 성경의 부분은, 비록 큰 전체로부터 물리적으로 떨어져 있다 해도, 그것의 일부로서 이해되었다.

구약 역사 초기의 어느 시점에서, 이 책의 적절한 형태(들)[94]에 대한 신학적으로 중요한 동의가 이루어졌다. 최소한 비공식적인 읽기 순서가 수립되었다. 그 순서와 형태로부터 지금은 그것의 의미에 대한 어떤 결론을 이끌어낼 수 있다.

구약의 현재 형태로 판단하건대, 아마도 그 시작이 어디인지를 발견하는 데에는 거의 논쟁의 여지가 없을 것이다. 모두가 창세기 1:1이 가장 적합한 시작점이라는 데 동의했을 것이다. 이것과 더불어, 나는 오경에서 첫째 단어인 "태초"가 오경에서 세 편의 중요한 시에 아주 밀접하게 연결되어 있다는 사실을 아래서 제안할 것이다. 이 세 편의 시의 서론은 "종말"이라는 단어로 시작한다.

오경과 전체 구약의 형태에 대해 크게 논쟁이 된 질문은 오경과 구약 모두의 결말을 어디에서 찾느냐에 초점을 맞추고 있다. 앞에서 나는 다니엘서, 특히 다니엘 9:25-26의 "메시아"에 대한 구절이 구약의 종결에 대한 논의에서 중요한 역할을 했음을 제시했다.

---

94) 구약 정경을 이야기할 때, 우리는 그것의 형태를 하나의 양식에 제한시켜서는 안 된다. 구약의 발달의 초기 단계 동안 거기에는 아마 히브리어 성경에 여러 양식과 형태가 있었을 것이다.

또한 중요한 역할을 하는 것은 구약(타나크) 내에서 역대기의 정경적 위치다. 많은 구약 목록과 사본들처럼, 시편 앞에 역대기를 넣어야 하는 가, 아니면 역대기를 히브리어 성경의 마지막 책으로 읽어야 하는가? 궁극적으로 이 질문은 히브리어 성경이, 하나의 책으로 간주된 에스라-느헤미야서로 끝나야 하는지, 아니면 역대기로 끝나야 하는지의 여부로 축소되었다. 양쪽 위치 모두가 구약 정경 순서의 초기 역본들에 나타난다.

에스라-느헤미야서와 역대기는 고레스 칙령─예루살렘으로 귀환하여 재건축하라는 명령─의 중복된 버전을 포함한다. 성경에서 이 사건은 하나님의 백성에게 결정적인 순간으로 이해된다. 이는 새로운 시작이며 하나님의 축복의 위치로 돌아간 것을 의미했다. 다니엘 9:25에서 이 칙령은 "예루살렘을 중건하라는 말씀"과 동일시되었다.

따라서 고레스의 칙령은 구성적으로 에스라-느헤미야서의 시작과 역대기의 끝, 이 두 부분에 나타난다. 만약 다니엘 9장에서 "예루살렘을 중건하라는 말씀"이 고레스 칙령의 에스라-느헤미야서의 인용과 동일시된다면, 다니엘 9:24의 메시아는 바벨론의 포로 생활에서 돌아온 자들을 상징하는 것으로 축소될 것이다. 그렇게 되면 다니엘 9장의 성취는 포로기 이후 시기의 개혁과 예루살렘의 중건으로 실현되었을 것이다. 이는 다니엘서의 메시아 비전에 대한 "역사적" 성취에 해당할 것이다.

반면에 만약 다니엘 9장이 역대기의 끝, 따라서 타나크의 끝에 고레스의 칙령과 연결되어 있다면, 그것의 성취는 바벨론으로부터의 귀환에 연결되지 않고, 새롭고 확정되지 않은 미래를 향해 열려 있을 것이다. 구약의 종결에 대한 이런 견해는, 예레미야의 "70년"의 성취를 바벨론 유수로부터의 귀환 사건에서가 아니라, "많은 이레" 후에 있을 메시아(*māšîaḥ*)의 오심으로 본, 다니엘 9:25-26과 일치한다. 성취는 개인 메시아와 먼 미래의 관점으로 되어 있다.

앞의 모든 내용은 히브리어 성경 형성의 초기 단계에서 이미 구약 전체의 의미에 대해 경쟁적인 견해가 있었을 수도 있음을 제시한다. 구약 정경의 다른 형태는 구약에 대한 다른 견해를 반영한다. 에스라-느헤미야서를 정경의 마지막에 놓은 견해에 따르면, 포로 생활로부터의 귀환 사건이 이스라엘의 "성경적 과거"에서 해결이며 최종 행위였다. 역대기를 마지막에 놓는 견해에 따르면, 이스라엘의 "성경적 미래"에는 기다려야 할 것이 훨씬 더 많이 있었다. 구약 정경의 셋째 부분에서, 시편 앞에 역대기를 배치한 사람들은 분명히, 예레미야의 70년 예언이 바벨론 포로기로부터의 귀환의 시기에 성취되었다고 보는 이해에 만족했다. 역대기(따라서 고레스 칙령)를 구약성경의 마지막에 배열한 사람들은 이 마지막 말을(단 9:25-26이 주어진 상황에서) "메시아적"으로 여전히 미래와 관련된 지침으로 이해한 것으로 보인다.

구약 정경의 이 두 가지 배열은 예레미야서의 두 가지 버전의 잘 알려진 문제와 같이, 히브리어 성경의 다른 특징들과 연결되어 있을 수 있다.[95] 한 버전(MT)에서, 예레미야서의 70년 포로 생활은 느부갓네살에 의한 예루살렘의 파괴와 연결되어 있다. 마소라 텍스트의 예레미야서는 포로 생활 70년의 완성을 바벨론의 멸망과 페르시아 제국의 일어남과 동일시한다. "보라 내가 북쪽 모든 종족과 내 종 바벨론의 왕 느부갓네살을 불러다가 이 땅과 그 주민과 사방 모든 나라를 쳐서 진멸하여 그들을 놀램과 비웃음거리가 되게 하며 땅으로 영원한 폐허가 되게 할 것이라 여호와의 말씀이니라"(렘 25:9). 예레미야서의 또 다른 버전(LXX 대본)은 예레미야서의 70년을 북방으로부터의 강력한 나라의 침략과 연결한다. 이 버전에는 이스라엘의 역사적인 적들인 느부갓네살이나 바벨론이 언급되어 있지

---

95) 그리스어에서 생략의 대부분은 히브리어 텍스트의 더 짧은 형태를 요구하는 듯하다. 쿰란에서 사해 사본의 발견은, MS의 더 길고 짧은 형태 모두의 사본 조각들을 밝혀냈다. 히브리어 사본(4Q Jerb)은 LXX에 나타나는 짧은 텍스트를 따른다. 이것은 본문 비평가들이 오랫동안 고수했던, 예레미야서에 하나 이상의 교정본이 있었다는 임시적인 판단을 확인해주었다. 이것은 존재하는 어려움을 가장 잘 설명한다(Charles L. Feinberg, *Jeremiah* [Grand Rapids: Zondervan, 1982], p. 16).

않다. "보라 내[여호와]가 북쪽 모든 종족을 불러다가 이 땅과 그 주민과 사방 모든 나라를 쳐서 진멸하여 그들을 놀램과 비웃음거리가 되게 하며 땅으로 영원한 폐허가 되게 할 것이라"(렘 25:9). 70인경의 히브리어 대본이 대표하는 버전은 포로 생활에서의 즉각적인 귀환의 사건을 넘어서서 바라본다. 마치 다니엘 9장에서처럼, 70년의 완성은 먼 미래에 놓여 있다.

정경 구약(타나크)의 어떤 버전도 바벨론 포로 생활로부터의 귀환을 넘어서서 이스라엘의 역사의 진로를 계속하지 않는다. 두 버전 모두 이스라엘 역사의 결론에 훨씬 못 미쳐서 끝난다. 구약의 종결 부분에서 이스라엘의 역사는 다시 막 시작되고 있었다. 비록 이 역사는 몇 백 년간 더 계속되겠지만, 성경의 관점에서 보면 그 시간은 거의 완전한 침묵 속에서 지나갔다.[96] 이 시간은 구약 정경으로부터의 통보 없이 흘러갔다. 많은 이스라엘 역사가 있고 이야기는 계속되었지만 구약은 거기에 속해 있지 않다.

에스라-느헤미야서로 끝나는 타나크의 버전에 따르면, 이스라엘의 후속 역사에서 기대되는 중요한 사건은 없다. 성경 텍스트로부터 만들 수 있는 한, 미래는 현재의 지속이거나 과거의 연장이다. 역대기로 끝나는 타나크의 버전에서 다음에 오는 성경 사건들은 메시아의 오심(단 9:25), 메시아의 죽음(단 9:26), 성전의 파괴(단 9:26b)일 것이다. 모두 다니엘 9장에서 취한 이 사건들은 타나크 끝의 역대하 36장을 통해 미래의 화면에 비추어진다. 이 사건들은 우리를 1세기의 세계로 직접 데려간다.

이런 관찰은 왜 어떤 구약의 버전도 이스라엘의 역사를 지속시키는 데 특별한 관심이 없는 것 같은가 하는 질문을 야기한다. 어떤 이들은, 구약이 마치는 곳에서 결론이 내려지는 이유는 바로 그 시점에서 예언이 멈추었기 때문이라고 말할 것이다.[97] 거기에는 사건의 새로운 진로나 역사의

---

96) 단 11장에 나오는 기간에 대한 언급들을 비교하라.
97) "아르타크세르크세스 때부터 우리 시대까지 완전한 역사가 기록되었지만, 예언자들의 정확한 전승의 실패 때문에, 이 역사는 이전 기록과 동등한 신용 가치가 있는 것으로

기록을 수행할 예언자적 목소리가 더 이상 없었다. 이 설명은 사실일 수도 있지만, 진실의 전모는 아니다.

진실에 더 가까운 무엇인가가 다음과 같은 사실과 연결되어 있을 수 있다. 즉 구약의 결말은, 타나크에 기록된 최후의 위대한 예언의 말씀인 다니엘 9장에 대한 지시로 고정되어 있다는 사실이다. 이것은 다니엘의 70이레(단 9장)의 예언이다. 이 예언에서는 메시아가 69 "이레" 후에 올 것이라고 분명하게 진술되어 있다. "예루살렘을 중건하라는 영이 날 때부터"(단 9:25) 초읽기가 시작된다. 이 고레스 칙령은 구약에 적절한 결론을 가져온다. 동시에 이 결론은 중대한 새로운 시작의 신호를 보낸다. 그것은 성경의 메시아의 오심에 대한 초읽기의 시작이다. 일단 그것이 시작되고 나면, 히브리어 성경을 구성한 사람에게 이후의 이스라엘 역사에서는 아무것도 중요한 것이 남아 있지 않게 된다. 초읽기는 시작되었고 그것과 병행하여 때가 찰 때(70이레[단 9장])를 위한 기다림도 시작되었다. 다니엘 9장과 함께 타나크의 효과적인 결말을 맺음으로써 구약 정경의 구성자는, 이스라엘 역사에서 다음에 올 위대한 사건이 메시아의 도래(단 9:25)라고 선포하고 있다. 이 사건을 기다리는 것 외에 할 일은 아무것도 없다. 다른 모든 것은 성경적으로 또한 역사적으로 보류되었다.

구약의 책과 정경의 구성적인 형태에 대한 회복된 관심은 성경신학에서 중요한 함축성을 가진다. 그중에서도 구약과 신약의 신학적 통일성 같은 오래된 문제들에 대해 새로운 관점을 제공한다.[98] 전체 구약 정경뿐만

간주되지 않았다"(Josephus, *Ag. Ap.* 1. 41).

98) "구약의 해석학적 문제는 단순히 기독교 신학의 하나의 문제(a problem)가 아니라 유일한 문제(the problem)라고 과장의 두려움 없이 말할 수 있다"(Antonius Gunneweg, "Christian Hermeneutics," in *The Jewish Bible and the Christian Bible: An Introduction to the History of Bible*, ed. Julio Trebolle Barrera, trans. Wilfred G. E. Watson [Leiden: Brill, 1998], p. 518). "기독교 성경, 구약 vs. 신약의 해석학적 문제는 구약과 신약 사이의 많은 접촉점에도 불구하고, 구약이 반드시 신약으로 흘러들어 가지도 않으며, 신약이 자발적으로 구약에서 흘러나오지도 않는다는 사실에서 파생된다.

아니라 개별 구약책들의 구성적 전략에 고유한 생각과 주제는, 구약과 신약 사이에 진정으로 역사적(실제적) 연결이 있음을 암시한다. 이런 측면에서 구약 텍스트의 전략은, 구성적 정경적 측면 모두에서, 신약의 신학적 세계로 직접적으로 그리고 의도적으로 이동할 태세를 나타낸다.[99] 이런 텍스트 전략은 신약이 구약의 진정한 후손임을 보여준다. 또한 이것은 구약 타나크의 구성자의 일부가 세례 요한, 시므온, 사가랴와 안나(눅 1-2장)를 포함하여 복음서 초기 부분에 나오는 사람들 같은 초기 "기독교-이전" 신자들과 유대를 가졌다는 사실을 드러낸다. 구약 정경의 형태 뒤에 놓여 있는 역사적 믿음은 초기 기독교 공동체의 믿음을 예견하게 한다. 따라서 히브리어 성경의 구성적 형태에 대한 초점과 신약과의 연결은 전체 속에서 어느 한 쪽을 이해하는 데 필수적이다. 구성과 정경의 두 단계 모두는 신학적으로, 역사적으로 필요하고 타당하다. 구약과 신약 모두를 포함하는 성경신학을 구성하려는 시도는 확실히 구약 해석의, 특히 신약의 구성과 형태로 이어질 수도 있는 이런 연결 고리와 노선에 주목해야 한다.

예수 시대의 구약의 형태(또는 정신 구조)에 대해서는 무엇을 말할 수 있을까? 현재의 세 부분으로 된 구약인 타나크(토라[율법], 네비임[예언서], 케투빔[성문서])와 비슷했는가? 누가복음 22:44은 이것이 예수 당시에 구약의 형태 중 하나였음을 보여준다. 집회서 안에 있는 예는, 빠르게는 주전 2세기에 많은 사람들이 구약을 삼중 형태로 된 책으로 이해했음을 보여준다. 또한 사해 사본의 텍스트들도 구약을 모세의 책과 선지자들과 다윗의 책으

기독교의 믿음은 성경에서 발생되지 않고, 옛 성경으로 돌아감으로써 이해되어야 하는 그리스도 안에서 분명히 드러난 구원의 행위를 믿음으로써 발생된다"(ibid.). 또한 Emil Brunner, "The Significance of Old Testament for Our Faith," in *The Old Testament and the Christian Faith: A Theological Discussion*, ed. Bernard W. Anderson (New York: Herder & Herder, 1969), pp. 243-64을 보라.

99) John Sailhamer, "Biblical Theology and the Composition of the Hebrew Bible," in *Biblical Theology: Retrospect and Prospect*, ed. Scott Hafemann (Downers Grove, Ill: InterVarsity Press, 2002), pp. 25-37을 보라.

로 언급한다(4Q398 frags. 14-17, col. 1:2-3).

책의 순서에서 일부 다양성은 삼중 형태 내에서 용납되었다. 분명히, 정경의 목록에서 책의 순서는 그 의미를 결정하는 데 역할을 했다. 이 순서는 목록에서 책들 사이의 관계의 반영이었다. 어떤 목록에는 룻기가 사사기와 사무엘서 사이에 오는데, 이는 "사사들이 치리하던 때"(룻 1:1) 기록된 사건들을 찾아낸 룻기의 시작 구절로써 정당화될 수 있다. 어떤 히브리어 사본에서 룻기는 잠언 뒤에 오는데, 이는 룻기 3:11에서 "현숙한 여인"(ʾēšet ḥayîl)으로 불린 룻을 잠언 31:1-31의 "현숙한 여인"(ʾēšet ḥayîl)과 동일시하려는 시도를 나타낼 것이다. 구약 정경 내에서 책의 배열은 임의적인 것이 아니었다. 책의 위치는 성경 전체의 컨텍스트에서 책이 어떻게 이해되는지와 관련될 가능성이 높다. 이것은 어떻게 구약의 책들이 연결되어 함께 들어맞는지, 어떤 중심 주제들을 다루고 있는지에 대한 신학적인 평가인, 초기 성경신학이었을 것이다. 구약의 책들에 부여된 순서는 어떤 컨텍스트에서 각 책이 읽혀졌는가에 있어 중요한 역할을 했다. 이 순서가 영감으로 되었다거나, 이 배열이 존재할 수 있는 유일한 순서였다고 주장할 필요는 없다. 구약책들이 이루는 정경의 순서는 일부 달랐는데, 그 이유는 구약책들에 대한 이해가 공동체마다 달랐기 때문이라고 말하는 것으로 충분하다. 각각의 경우 구약책들의 순서는 적절한 순서와 각 책의 적합한 컨텍스트를 통해서 독자를 안내했다. 누구나 자연스럽게 모세와 오경으로 시작해서 예언서로 움직이고, 성문서와 지혜서로 갈 것이다. 구약신학에 대해 쓴 게르하르트 폰 라트(Gerhard von Rad)가 동일한 순서를 따랐으며, 더 최근에는 롤프 렌토르프가 같은 것을 따랐다. 그러므로 타나크는 구약의 초기 성경신학을 위한 일종의 신학적 뼈대로서 기능한다.

예수 시대에 타나크에 주어진 형태에서, 여호수아서(예언서 부분의 첫째 책)는 오경 뒤에 온다. 이 순서로 책들을 볼 때, 분명한 구성적 연결이 오경의 마지막과 여호수아서의 시작 사이에 드러난다. 또한 시편 1편(성문서의 첫째 책의 시작)은 말라기서(예언서의 마지막 책) 뒤에 온다. 구약의 이런 두 구

획 사이에는 구성적인 연결들이 있다. 필스는 이것을 "편집의 접착제"라고 불렀다.[100]

오경과 예언서의 끝은 둘 다 오실 선지자에 초점을 맞추고 있다. 그는 모세와 같은 자(신 34장)이고 엘리야와 같은 자(말 4장)다. 여호수아 1장과 시편 1편은 지혜롭게 되고 형통하게 되는 수단으로 여호와의 율법을 묵상하는 것에 대해 이야기한다. 두 개의 정경적 연결 고리(수 1:8; 시 1:3)는 각각이 다른 것을 인용하는 교차-인용으로 읽히는 듯하다. 이것은 구약 정경의 더 큰 부분을 연결하는 일반적인 방법이다. 여호수아는 "이 율법책(토라)을 주야로 묵상하여 그 안에 기록된 대로 다 지켜 행하라 그리하면 네 길이 평탄하게 될 것이며 네가 지혜롭게 되리라"(수 1:8)라고 훈계를 받는다. 시편 1편은 "복 있는 자는 오직 여호와의 율법을 즐거워하여 그의 율법을 주야로 묵상하는도다…그가 하는 모든 일이 다 형통하리로다"(시 1:2-3)라고 말한다. 이 두 텍스트의 언어의 동일성은 의도적인 전략을 나타낸다. 동일한 텍스트가 타나크의 둘째(예언서)와 셋째(성문서) 부분의 시작 부분에 배치되어 있다. 타나크의 전체 전략 속에서 이 두 텍스트에 중요성을 부여하는 것은, 구약 정경의 둘째와 셋째 부분을 소개한다는 점뿐만 아니라, 두 텍스트 모두 타나크의 첫째 부분인 율법에 대해 명백한 참조를 한다는 점이다. 두 텍스트는 의식적으로 오경의 의미를 율법(수 1:7)과 지혜(신 4:6)로 다루고 있다. 이 두 개의 정경의 이음매에서 율법은 묵상의 대상과 지혜의 주요한 원천이 된다.

이 두 개의 이음매 또는 "편집의 접착제"인 여호수아 1:8과 시편 1:2은, 율법의 역할을 현재는 지혜로서, 그리고 미래에는 예언으로 봄으로써 대조를 만든다. 이렇게 함으로써 이 텍스트들은 추가적인 질문을 제기한다.

---

100) "각각의 책뿐 아니라 구약 전체의 책들에도 의도적인 최종 편집이 있었는가? 정경의 다른 구획들 사이에 '편집의 접착제'를 추적하는 것이 가능한가?"(Peels, "The Blood 'from Abel to Zechariah,'" p. 601)

미래에 하나님의 새로운 사역을 기다리는 동안 어떻게 현재를 살아가야 하는가? 이런 이음매는 독자의 관심의 방향을 현재로부터, 다른 위대한 선지자인 엘리야(말 4:5 [MT에는 3:23])에 의해 길이 예비된, 모세와 같은 위대한 선지자(신 34:10)의 미래의 출현으로 바꾼다.

최종 주제는 이런 정경의 이음매에 포함되어 있다. 이 주제는 하나님의 미래의 사역을 기다리도록 부름 받은 자들의 삶 속에서의 성경의 역할이다. 성경을 "주야로" 묵상함으로써(수 1:8; 시 1:3) 지혜와 형통함을 발견하게 된다. 예언은 과거의 것이다. 예언은 성경에 의해, 적어도 잠시 동안 정지했으며 대체되었다. 하나님의 예언의 말씀으로서 성경은 예언의 복귀를 기다리는 자들에게 주어졌다. 새로운 선지자와 예언의 도래는 미래의 사건이다.

이 정경의 이음매에 울려 퍼지는 선율은 구약 정경을 입안했던 자들의 관심뿐 아니라 관점도 반영한다. 이들은 예언자적 직분을 계속하는 데 있어 기록된 성경의 역할에 많은 강조를 두었다. 성경에 최종 형태를 준 사람의 펜으로부터 나온 성경에 대한 이런 호소는 그리 놀라운 일이 아니다. 개신교의 "성경 원리"(*sola Scriptura*) 속에는 이런 정경의 이음매의 먼 반향이 울려 퍼진다. 이 이음매는 우리에게 하나님의 인도하심을 위해 성경을 보도록 권유한다. 또한 여기에는 미래를 향한 큰 희망이 담겨 있다. 그것은 예언의 회복(신 34:10)을 수반한, 하나님의 새로운 역사를 향한 시간이 될 것이다. 이 중심적 주제는 현재 형태에서 타나크의 조각을 이어 이음매를 연결시키는 "편집의 접착제"의 전략의 일부다. 또한 이것은 신약에서 크게 역할을 하는 주제들이다. 베드로후서 1:19에서 우리는 구약 정경의 이음매의 메시지에 대한 다음과 같은 의역을 발견한다. "또 우리에게는 더 확실한 예언이 있어 어두운 데를 비추는 등불과 같으니 날이 새어 샛별이 너희 마음에 떠오르기까지 너희가 이것을 주의하는 것이 옳으니라."

제2부

타나크 속의 오경 구성의 재발견

5장

타나크 속의 텍스트적 전략들

타나크의 구성 전략에는 더 낮은 수준에서 인식할 수 있는 내적 패턴이나 일관성 있는 구조가 있는가? 그중에 어떤 것들이 타나크에 현재 형태를 제공하는 데 눈에 띄는 역할을 하는가? 헹스텐베르크의 관찰은 이 질문을 구조화하는 데 도움을 준다. 그의 언급에 따르면 "역사 속에서 이 민족의 메시아적 희망은 항상 반향이라는 겉모양만을 가정한다." 또 "이 희망은 위로부터 이 나라의 민족정신에 도입된 것으로 보이며, 이것이 민족정신을 사로잡기 전에 이미 각 특정한 요소는 예언의 소통에서 발견된다."[1] 하나님의 계시의 "반향"에 대한 헹스텐베르크의 생각은 그의 성경신학의 기념비적인 연구인 『구약의 기독론』(*Christology of the Old Testament*)의 기초적 통찰력이었다. 그는 구약의 구성에서 각 책의 저자들 사이에 있는 상당한 상호 의존성을 보았다. 그는 예언문학에서 전개된 예언자들의 메시지가 오경의 중심 주제에 기초하고 있다고 믿었다.[2] 비록 헹스텐베르크는 이 독창적인 풍부한 예언적 사상이 전적으로 하나님께로부터 유래했다고 믿었지만, 동시에 구약 예언자들의 상호 의존성이 오경 속에 있는 초기 성경 말씀에 대한 일종의 언어의 반향으로 구성되어 있음도 이해했다. 그는 구약의 메시아의 주제 거의 전체가 이 예언의 반향의 기능임을 알았다. 헹

---

1) Ernst W. Hengstenberg, *Christology of the Old Testament* (1854; McLean, Va.: MacDonald, 1972), 2:1352. 비슷한 개념이 C. F. Keil에 의해 반향("비슷한 코드")으로 이해되었다(*The Twelve Minor Prophets*, trans. James Martin [BCOT; Grand Rapids: Eerdmans, 1954], 2:96). König도 주목하라. "In dieser Zeit wie weiterhin ein lebhaftes Echo finden konnten"(*Theologie des Alten Testaments: Kritisch und vergleichend dargestellt* [Stuttgart: Belser, 1922], p. 115).
2) 예를 들어 민 24:7; 삼상 2:10; 비교. 마 2:15.

스텐베르크는 예언자들의 말 속에서 모세의 말의 반향을 들을 수 있다고 생각했다. 또한 그는 모세의 말 속에서 예언자들의 말의 반향도 들었다. 구약성경의 예언 저자들이 모세의 말을 반복했기 때문에, 예언자들의 메시지는 결합되고 독자는 그것을 이해할 수 있었다.

월터 카이저는 구약성경에서 비슷한 텍스트 간 관련적(innertexual) 현상을 "선행된 성경의 유추"(analogy of antecedent scripture)와 동일시했다. 각성경 저자는 발전하고 있는 성경 정경의 컨텍스트 안에서 작업한다. 이 발전 중인 정경은 새로운 계시의 해석을 안내하는 믿음의 규칙(regula fidei)으로서 기능한다. 이 질문에 대해 헹스텐베르크와 카이저 사이의 차이점은, 카이저에게는 예언자들이 모세와 다른 예언자들의 말의 반향을 형성하는 데 수동적인 역할을 했다는 점이다. 카이저에 따르면, 예언자들은 나중 예언으로부터만 알 수 있었던 것을 이전 구약성경으로 되돌아가 읽지 않았다. 전체 구약이 가진 발전하고 있는 의미에 대한 그들의 주된 공헌은, 그들이 연대기적으로 이전 성경 텍스트와 나란히 자신들의 말을 신실하게 기록한 데서 발견된다. 나중의 성경은 이전의 텍스트 읽기에 영향을 미치도록 허용되지 않았다. 카이저의 접근법에서 함축적인 것은, 이 접근법이 이전 텍스트(민 24:24)와 나란히 배치된 나중 예언의 말씀에 할당하는 해석적인 역할이다. 나중 예언의 말씀은 이전 예언의 텍스트를 위해 영감으로 된 주석 역할을 했다.

헹스텐베르크는 문제를 다르게 접근한다. 그는 예언자들이 모세의 말을 그들 사이에서 이리저리 전달할 뿐만 아니라, 그 말을 그들 스스로의 신학적 개념으로 채워서 되돌려보냈다고 믿는다. 민수기 24:23에서 "슬프다 하나님이 이 일을 행하시리니 그때에 살 자가 누구이랴"라는 모세 오경에서의 발람의 말은, 그 다음 구절에서 영감으로 된 예언적 해석을 제공한다. "깃딤 해변에서 배들이 와서 앗수르를 학대하며 바벨론[에벨]을 괴롭힐 것이나"(민 24:24). 이 말씀은 다니엘 11:30의 "이는 깃딤의 배들이 이르러 그를 칠 것임이라"라는 예언의 말씀과 연결되어 있다. 성경의 예언자들은 이전 성경 텍스트들의 언어의 직물에, 그들의 해석과 사상을 넣어 짜서 그 의미에 공헌했다. 유다에서 온 왕에 관한 창세기 49:9b, "그가 엎드리고 웅크림이 수사자 같고 암사자 같으니 누가 그를 범할 수 있으랴"를 나중에 발람의 비전(민 24:9)에서 승리의 왕을 묘사하는 데 반복한 것처럼, 때로 여기에는 이음매가 없다. 다른 경우를 들자면, 신명기 33:2-3의 간결한 시가, 시내 산과 율법 수여에 대한 언급으로 그 다음 구절에서 설명될 때처럼 명백한 삽입(insertion)으로 나타날 수 있다. "모세가 우리에게 율법[토라]을 명령하였으니"(신 33:4). 오경의 말씀 속에서 독자가 듣는 것은, 모세의 말에 예언자들의 영감으로 된 해설이 결합된 것이다.

카이저는 예언의 말씀에 대해 더 수동적인 이해를 주장한다. 부분적인 이유는 그가 예언자들을 "연대기적으로 나중"으로 이해하기 때문이며, 또한 어떤 종류의 나중 성경(예, 신약) 텍스트도 이전 텍스트에 의미를 더하지 못하도록 보호하기를 원하기 때문이다. 헹스텐베르크는 성경해석의 이런 수준과 방향 수정이 그의 궁극적인 목표인 신약의 구약 읽기를 타협하는 데 도움이 된다고 본다. 신약에서 헹스텐베르크가 본 것은 모세와 선지자들의 말에 대한 영감으로 된, 그렇기 때문에 가치 있는 해석이다.

나는 원저자의 의도에 대한 카이저의 주장이 적절하며, 심지어 선호할 수 있는 성경해석의 목표라고 생각한다. 다른 무엇보다도 이 주장은 구약을 신약의 관점에서 읽지 않도록 보호해준다. 만약 누군가가 구약책의 의미를 저자의 원래 의도의 관점에서 알기를 원한다면, 구약의 의미를 신약으로 뒤엎지 말아야 한다고 주장한 카이저의 말은 옳다. 그렇다고 헹스텐베르크의 주장이 해석에 긍정적인 기여를 할 수 없다는 뜻은 아니다. 카이저와 마찬가지로 헹스텐베르크도, 구약은 신약 읽기를 떠나서, 아니면 최소한 신약을 읽기 전에 구약 자체로 해석되기를 원한다. 그는 이것이 구약을 적절하게 해석하는 유일한 방법이라고 주장한다. 그러므로 헹스텐베르크도 카이저와 비슷하게 구약을 원래 구약의 컨텍스트에서 읽고자 하는 의도를 가지고 있다. 헹스텐베르크에게 이것은 원저자의 컨텍스트 이상을 의미한다. 이것은 구약과 성경 전체의 컨텍스트를 의미하는데, 카이저의 논의에서는 제기되지 않은 지점이다. 성경 전체의 컨텍스트를 고려함으로써 헹스텐베르크는 성경 텍스트의 의미에 대한 논의를 신약으로 이동시키기에 더 좋은 위치에 있게 된다. 예언의 반향의 개념에서 헹스텐베르크는 구약 텍스트를, 그것 원래의 컨텍스트와, 성경 예언자들이 가진 저자의 역할의 컨텍스트에서 볼 수 있었다. 그의 "예언적 반향"의 논의는 성경 저작, 영감, 정경에 대한 철저한 복음주의 견해의 컨텍스트에서 성경상호적(interbiblical) 해석의 질문을 제기한다.[3] 비록 헹스텐베르크가 구약의 책들에서 진정한 "텍스트 간 관련적" 접근을 대부분 간과한 것은 사실이지만, 단순히 신약만이 아니라 구약 전체도 부분 텍스트를 이해하는 데 적절한 컨텍스트로 간주한 입장은 자기 시대를 앞선 것이었다.

예언적 반향을 설명함에 있어 헹스텐베르크는, 구약 정경에서 책들의 형태와 순서가 중심 쟁점임을 이해하고 있다. 그가 예언과 해설 양편으로 이해했던 것이 바로 이 형태와 패턴이었다. 그는 자신의 동시대 학자들처럼 성경신학을 "예언과 성취"의 의미로 보는 데 굴복하지 않았다. 그에게 성경의 예언은 항상 미완성의 작업이었다. "반향한다"라는 것은, 구체적이고 제한된 의미에서지만, 예언의 말씀이 이전 예언의 컨텍스트를 취했다는 뜻이다. 이 의미는 한 개인 예언자가 전체를 이해하기에는 항상 너무 거대했다. 헹스텐베르크는 한 사람의 예언자가 홀로 전체 이야기를 이해하거나 이야기할 수 없을 뿐 아니라, 실제로 하나님이 예언자에게 메시지를 소통하시는 것이 너무 압도적이어서, 계시의 초자연적인 순간은 인간적으로 완전히 파악될 수 없다고 본다. 오직 성육신하신 하나님의 아들 예수만이 전체 그림을 볼 수 있다. 헹스텐베르크는, 개인 예언자는 전체 비전의 쏜살같이 지나가는 순간만을 붙잡고, 그 자신의 즉각적인 상황에서

---

3) 19세기 초 Hengstenberg는, 여전히 구약 정경이 성서비평의 폭풍우로부터 안전한 피난처임을 발견했다.

모을 수 있는 컨텍스트를 제공하는 것으로 만족해야만 한다고 믿는다. 따라서 다수의 성경 예언자들과 컨텍스트는 전체 예언의 비전을 간단히 엿보기 위해 필수적이었다. 비록 개인의 예언자가 바랄 수 있는 대부분은 성경 단어에 의해 유발된 기억의 단편 조각을 말하는 정도였지만, 각자는 전체에 언어적 기여를 할 수 있었다. 예언의 말씀이 전달되고 퍼져나갔을 때, 다른 예언자들은 그것을 그들이 본 비전의 일부로 인식했다. 따라서 이들은 동일한 성경 텍스트의 해석에서 모을 수 있었던 설명과 해설을 포함해서, 그들 자신의 단편적인 기억을 전체 비전을 설명하는 데 추가했다.

헹스텐베르크에게 예언이란 반향으로 이해될 수 있거나, 전체적으로 볼 때 "반향과의 대화"로 이해될 수 있다. 한 예언자의 말을 다른 예언자가 듣고 해석하고 설명하고 반환한다. 예언자들이 말을 듣고 텍스트로 그것을 돌려보낼 때마다, 거기에는 통찰력이 추가되었고 메시지에 대한 새로운 관련성이 더해졌다. 의미는 동일하게 남아 있지만 비전은 더 심화되고 확대되었다. 헹스텐베르크에게 이런 순간은 예언문학의 의미의 진보와 전개에서 독특한 역사적 단계를 나타냈다. 구약성경의 신성한 모음 속에서 헹스텐베르크는 모세로부터 말라기까지의 모든 예언자들의 말과 해석을 듣는다.

신명기 18장에서 "모세와 같은 선지자"는 신명기 34장에서 앞으로 올 "선지자"와 동일시되었다. 말라기 4장에서 선지자 엘리야는 그의 길을 예비하는 선지자로 그분을 선포한다. 모세와 같은 "왕"은 그의 백성을 이집트에서 데려올 것이며, 어떤 이들은 "아각"(MT에서)으로, 다른 이들은 "곡"(민 24:7-8)으로 밝힌 적을 패배시킬 것이다.[4] 민수기 24장의 "반향"이 두

---

4) 민 24:7의 초기 버전과(BHS 비평 자료를 보라) 겔 38:16-17에 "곡"을 비교하라. "구름이 땅을 덮음 같이 내 백성 이스라엘을 치러 오리라 곡아 끝 날에 내가 너를 이끌어다가 내 땅을 치게 하리니 이는 내가 너로 말미암아 이방 사람의 눈앞에서 내 거룩함을 나타내어 그들이 다 나를 알게 하려 함이라 주 여호와께서 이같이 말씀하셨느니라 내가 옛적에 내 종 이스라엘 선지자들을 통하여 말한 사람이 네가 아니냐 그들이 그때에 여러 해

번이나 돌려보내진 것은 분명하다. 첫 번째는 필사자의 논평에서 사울과 다윗이 아각을 패배시킨 모습이고, 두 번째는 예언의 말씀에 의해 메시아가 곡을 패배시켰을 때(겔 38:18a, *BHS* 비평 자료를 보라) 에스겔 34:23에 미리 그려진 새 다윗으로다.

구성적이고 정경적인 반향

구약 전반에 걸쳐 오경에는 수많은 시의 반향이 있다. 시는 오경의 거시 구조(macrostructure)의 일부이며, 잘 알려진 예언적 표현인 "마지막 때에" 로 시작된다. 시는 이스라엘과 열방을 다스릴, 유다 지파에서 나올 미래의 왕에 관한 것이다. 이 시의 가장 초기의, 가장 놀라운 반향 중 하나는 사무엘상 2:10에 "한나의 시"의 끝에 첨부된 추가 절이다. 유다에 왕권을 창시할 자인 사무엘의 기적적인 출생 후(삼상 16:13), "은혜가 넘치는"이라는 의미의 이름을 가진 한나는 하나님의 집으로 가서 그분의 은혜에 찬양을 드린다. 그녀의 찬가는 엄밀하게 말하면 하나님이 하신 일에 대한 감사의 찬가가 아니다. 오히려 그녀는 오경 시의 약속이 이루어지도록 하나님의 도움을 요청한다. 최소한 마지막 구절에서 이 성시(聖詩)는 오경에 있는 것과 동일한 종말론적인 찬가다. 찬가의 결론에서 한나는 "기름 부음을 받은 자 [메시아]의 뿔을 높여달라"(삼상 2:10)라고 하나님께 요청한다.

　성시 전체를 통해서 사용되는 한나의 언어는, 이 시의 의도가 왕권의 부상에 대한 예언(영역본에서 보통 제시되는 것처럼)이 아님을 보여준다. 그녀가 "하나님의 왕국의 완성"[5]을 선포하고 있는 것도 아니다. 텍스트에서 한

동안 예언하기를 내가 너를 이끌어다가 그들을 치게 하리라"(역자 주─원서는 KJV 인용).

5) "한나의 기도는 하나님의 왕국의 완성에 대한 예언적 일견에까지 도달한다"(C F. Keil and F. Delitzsch, *Biblical Commentary on the Books of Samuel*, trans. James Martin [Grand Rpids: Eerdmans, 1950], pp. 33-34).

나는, 하나님이 약속하신 것을 행하시기를 간청하는 것이[6] 분명하다. "자기 왕에게 힘을 주시며 자기의 기름 부음을 받은 자를 높이시리로다." 오실 왕에 대한 한나의 희망은 다윗 보좌가 세워지는 것을 훨씬 넘어선다. 사무엘상 2:10에서의 그녀의 말은 오경 속의 메시아적 시의 반향이다.

메시아의 예언에 대한 복음주의 견해는 구약신학에서의 많은 쟁점들과 함께, 19세기 초의 구약학자 에르네스트 빌헬름 헹스텐베르크(1802-1869)와 요한 폰 호프만(1810-1877)으로 거슬러 올라간다.[7] 이 두 학자의 견해는 계속적으로 복음주의 성서학의 많은 논제를 설정해왔다. 여러 측면에서 이들의 견해는 비슷하다. 둘 다 19세기 초 베를린 부흥의 영향을 받았다. 또한 둘은 모두, 구약에서 메시아 예언의 의미에 대한 최종적 말이 예수와 신약에서 온다고 믿었다. 그리고 성취된 예언, 특히 메시아 예언은 복음의 진리를 위한 필수적인(변증적인) 지지를 제공한다고 믿었다. 둘 다 하나님이 우리에게 메시아 예언을 주심으로써, 실제적인(res) 방법으로 인간 역사에 간섭하셨다고 믿었다. 하나님은 그분의 뜻과 목적을 알려주셨다. 메시아의 예언은 더 좋은 삶을 바라는 인간 염원의 산물이 아니라, "초자연적인" 계시의 결과였다.

이런 기본적인 유사점에도 불구하고 두 학자는 중요한 질문들에 대해 근본적으로 다른 답변을 제공한다.

에르네스트 헹스텐베르크와 요한 폰 호프만. 메시아의 예언에 대한 헹스텐베르크의 이해는 두 가지 주요 관심사에 의해 형성된다. (1) 초자연적이고

---

6) 형식이 분명한 삼상 2:10과 같은 경우, 한나가 사용한 동사들은 청원형(jusstive)이며 미완료형이 아니다. 한나는 하나님께 그의 왕을 불러오시기를 요청한다. 그녀는 왕이 오실 것이라고 단순히 알리고 있는 것이 아니다.

7) 구약에서 메시아의 예언에 대한 다음 토론은 John Sailhamer, "The Messiah and the Hebrew Bible," *JETS*, 44, no. 1 (2001): 5-23에서 발췌한 것이며 저작권의 허가를 받아 사용했다.

갑작스러웠으며 부인할 수 없는 자신의 회심의 경험. (2) 자신의 종교적인 경험을, 성경을 옹호하는 근거로 사용하고자 하는 열망. 헹스텐베르크에게 세상에서의 하나님의 역사는 구체적인 하나님의 간섭에 의해 성취된다. 이것은 일반 역사의 활동 장소에서 일어나는 기적적인 사건들이다. 성육신이 최고의 실례이며, 이는 세상과 하나님의 관계에 대한 새로운 시작을 표시한다. 성육신에서 말씀은 세상의 일부가 되었다. 이스라엘의 역사는 이런 개입에 대한 많고 다양한 사례들이다. 비록 이스라엘 역사는 일반적인 인간 역사의 일부이지만, 또한 이 역사는 헹스텐베르크 자신의 회심처럼 기적적인 예외로 강조되었다.

예언자가 미래의 바사의 왕 고레스의 이름을 정확하게 예견할 수 있었던 것은(예, 사 45:1) 일반적인 역사에 대한 예외다. 그러나 예언의 말씀의 신성한 기원으로 본다면 기대될 수 있었던 예외다. 하나님이 인간 역사의 흐름에 개입하실 때, 그분의 행동은 그것을 목격하거나 이야기로 전해 들은 이들에게 직접적이고 분명하게 나타난다. 이것은 너무나 자명하고 설득력이 있어 복음의 진리의 증거로 사용될 수 있다.

헹스텐베르크가 보기에 역사 속에서의 하나님의 행위들은 역사의 나머지에 대해 즉각적이지만 단거리의 영향을 미친다. 기적으로서 이 행위들은 나머지 역사의 일부가 아니다. 이것들은 역사적이지만 역사의 일부는 아니다. 이 행위들은 일반적인 역사에 대한 예외며, 따라서 하나님의 행위의 명확한 징후다. 역사 속에서의 하나님의 행위는, 누군가가 강의 흐름 속으로 발을 들여놓은 것과 같다. 그의 발은 물을 튀길 것이지만 강물에 남은 파문은 없다. 파문은 강의 흐름에서 사라진다. 헹스텐베르크 자신의 회심은 신성한 물이 튀긴 현상이었으며, 그 파문은 시간의 흐름에 의해 신속하게 해체되었다. 이 사건 자체에서는 역사가가 결론을 도출하도록 남아 있는 것이 아무것도 없다. 이는 일반 역사의 경로 속에서 잃어버린 "초자연적"(기적적) 사건이었다.

헹스텐베르크에게 메시아 예언의 신성한 계시는, 이와 비슷한 종류의 기적적인 사건들로 구성되어 있다. 이런 방법으로 그의 메시아 예언의 전체적인 이해는 그의 회심 경험에 의해 형성되었다.[8] 헹스텐베르크가 이해한 대로, 옛 예언자들은 메시아의 미래 전체에 대한 갑작스럽고 기적적이며 파노라마적인 비전을 받았다. 이런 비전은 초자연적 빛의 섬광과도 같았고, 성경 텍스트나 성경 이미지의 의미에 대한 통찰력을 주었다. 흔히 이 빛은 너무 갑자기 왔다가 재빨리 사라져버려서—순간적으로 놀라게 하는, 아무것도 볼 수 없게 만들며 다만 커다란 푸른 점이 눈앞에서 천천히 사라지는 섬광 전구와도 같이—예언자는 이 비전의 작은 분량만을 기록할 수 있었다. 이런 비전과 우연히 마주치게 될 때 예언자는, 이것이 시야에서 사라지기 전에 서둘러 기록했다.

헹스텐베르크는 예언적 비전이 너무나 빠르게 오는 나머지, 어떤 경우에는 한 비전의 중간에 새로운 다른 비전이 선지자에게 나타났다고 믿었다. 선지자는 다른 비전의 묘사를 위해 앞의 비전을 기록하는 것을 멈추어야 했다. 선지자가 궁극적으로 기록할 수 있었던 것은 그가 본 비전의 단편들뿐이었다. 따라서 헹스텐베르크에 따르면 구약에서 예수를 발견하는 것은, 웅장한 메시아적 퍼즐을 이루는 모든 단편 조각들을 발견해서 그것들을 다시 한데 맞추는 것을 의미한다. 마치 예언서들은, 한때는 렘브란트와 미켈란젤로의 그림이었던 것의 파편들, 그 흩어진 조각들을 담고 있는 스크랩북과 같다. 성경의 한 구절에는 여러 비전의 파편 조각들이 포함되어 있을 수 있다. 오직 잘 훈련된 눈만이 동일한 구절에서 렘브란트와 미켈란젤로의 그림 조각을 탐지해낼 수 있다. 오직 전체 비전을 알았던 자만이 모든 조각을 함께 맞출 수 있다.

이런 조각난 비전들을 발견하고 함께 연결하기 위해서는 신약이 절대적으로 필요하다. 신약은 퍼즐 맞추기 상자 뚜껑 위에 그려진 그림과 같

---

8) Hengstenberg, *Christology of the Old Testament*, pp. 1361-96.

다. 헹스텐베르크에 따르면 비전을 본 선지자에게는 거의 아무것도 남지 않았다. 선지자는 다만 비전의 조각들을 기록했을 뿐이고, 예언을 공부하는 학생이 이 조각들을 함께 맞추어야 했다.

예언의 성격과 히브리어 구약의 책들에 대한 이런 가정(헹스텐베르크 시대에는 새롭고 생소했던)을 보면, 헹스텐베르크가 구약에서 메시아를 발견하기 위해 취했던 접근법을 이해하기가 어렵지 않다. 히브리어 성경을 통해 헹스텐베르크를 따라가는 것은, 블랙 힐스 국유림 일대(역자 주—미국 사우스다코다 주와 와이오밍 주 경계에 위치하는 산맥 지역)를 통과하기 위해 노련한 지질학자를 따라가는 것과 비슷하다. 헹스텐베르크는 여기서 돌을 줍고 저기서 바위를 집어 우리에게 보여주면서, 이것이 한때 위대한 선사 시대의 산맥이나 바다 밑바닥의 일부였다고 말해준다. 그는 여기서 부서진 조각을, 저기서 텍스트를 지적하면서, 한때 예언자의 마음에 있었던 위대한 메시아의 산맥과 바다 밑바닥을 우리를 위해 재구성한다. 헹스텐베르크만큼 메시아 예언의 전체를 알지 못한다면, 우리는 그를 따라다니며 그가 주목한 구절에서 메시아의 자취에 대한 그의 말을 받아들여야 할 것이다.

비록 오늘날 복음주의자들 중에는 헹스텐베르크의 접근법을 공공연히 채택하는 사람이 거의 없겠지만, 그의 유산은 계속적으로 현대의 논의에 영향을 미치고 있다. 그의 유산은 다음과 같은 세 개의 일반적인 가정으로 구성된다.

첫째, 헹스텐베르크는 하나의 메시아 예언의 의미가 그 자체로는 즉각적으로 명료하지 않다고 믿었다. 구약에서 말해진 것은 신약에서 보여진 것으로 해석할 필요가 있다. 그는 텍스트의 의미를 "영적인" 해석에서 발견한다. 구약의 의미에 대한 실마리를 신약에서 보면서 그 해석을 발견한다. 이것에 대한 다른 표현은 **예표론**이다. 구약성경의 인물들과 사건들은 신약 현실에 대한 "살아 있는 그림"(예표)이다. 어떤 사건의 의미를 발견하는 데서 헹스텐베르크는 신약이 열쇠를 쥐고 있다고 보았다.

둘째, 헹스텐베르크는 구약의 메시아의 의미와 중요성이 그 예언의 예언적 성격으로 구성되어 있다고 믿었다. 메시아적이 되기 위해서 구약은 예수의 삶 속의 역사적인 사건들을 정확하게 예언했음에 틀림없다. 그는 구약의 메시아적 의도를 복음서의 예수의 모습에서 찾아봄으로써 판단한다. 이렇게 다시 한 번, 신약은 구약의 의미에 대해 열쇠를 쥐고 있다.

셋째, 헹스텐베르크에게 메시아적 예언의 가치는 신약의 진리를 확립하는 데 있어 주로 변증적인 성격을 가졌다는 점에 있다. 구약의 구절들이 메시아적임이 증명되는 정도만큼, 따라서 신약의 예수의 삶을 예견하는 정도만큼, 기독교 또는 복음이 진리임을 보여준다. 이것이 예언으로부터의 논증이며 이 유산은 초기 수세기에 교회 변증론자들에게까지 거슬러 올라간다. 하지만 이런 관심을 부활시킨 공적은 헹스텐베르크에게 돌아가야 한다. 헹스텐베르크는 이것이 유산 중 하나라고는 말했지만, 그렇다고 현재에 메시아적 예언을 생산적으로 사용하고 있다는 의미는 아니었다. 헹스텐베르크의 접근 방법은 자신의 복음주의 동료들에게서도 거의 관심을 끌지 못했다.[9]

헹스텐베르크가 관심을 구약에서 메시아 예언에 초점을 맞춘 반면에, 폰 호프만은 성경을 뛰어넘어 성경이 기록했던 역사적 현실에 주목했다. 폰 호프만에게 메시아적인 것은 성경 텍스트가 아니었다. 그에게 메시아 신앙(Messianism)은 역사 그 자체다. 메시아적인 것은 이스라엘의 역사적인 문서가 아니라, 이스라엘 자체가 경험했던 역사인 것이다. 그는 이런 역사를 오실 메시아에 대한 "살아 있는 그림"이라고 믿었다. 역사적 사건들은 실제 시간에 전개되었던 실제 사건들로 구성된 *vaticinum reale*,[10]

---

9) 영역본을 통해 복음주의자들 사이에서 구가되었던 그의 인기는 아마도 개혁주의 정통에 대한 그의 강한 입장과 성서비평에 대한 그의 지속적인 공격 때문에 더 그러했을 것이다.

10) Franz Delitzsch, *Die biblisch-prophetische Theologie: Ihre Fortbildung durch Chr. A. Crusius und ihre neueste Entwickelung seit der Christologie Hengstenbergs* (BAS 1; Leipzig: Gebauer, 1845), p. 175.

"실제적 예언"이었다. 폰 호프만은 성경이 "영감으로 된 텍스트"라고 믿었던 것처럼, 이스라엘 역사의 사건들을 "영감으로 된" 메시아의 그림이라고 믿었다. 확실히 히브리어 성경은 역사 속에서 그림을 "보는" 주요한 수단으로서 기능하지만, 메시아적 그림 자체와 그 그림을 "보는" 수단은 성경을 뛰어넘어 실제 사건들로서의 이스라엘 역사를 봄으로써 발견된다. 전체의 메시아적 그림은 이스라엘 역사가 1세기, 그리스도의 삶에서 펼쳐지는 것을 관찰함으로써만 볼 수 있다. 오실 구속자에게 더 가까이 움직여갈수록 역사는 더 분명해지고 그림의 초점은 더 확실히 맞추어진다. 그리스도에 도달하면, 그림은 완전히 초점이 맞추어진다.

이 역사 속에서 하나님이 진실로 일하셨기 때문에 이스라엘의 역사는 다른 어떤 역사와도 다르다. 이는 "거룩한 역사"다. 하나님 자신이 그 배후에 계시고 그 역사를 일으킨 장본인이시다. 하나님은 단순히 역사 속에서 일하신 것이 아니었다. 하나님이 일하시는 자체가 역사였다. 폰 호프만은, 식물학자가 나무의 잎사귀 하나하나에서 하나님을 볼 수 있는 것처럼, 역사가는 이스라엘 역사의 모든 순간에 하나님을 볼 수 있다고 믿었다. 그에게는 세계 역사의 어떤 순간에도 하나님이 거하시지 않는 순간은 없었다.[11] 역사는 하나님이 세상에서 그분의 뜻을 펼쳐나가시는 것이다. 이스라엘의 역사에서 일어난 그대로, 하나님은 역사를 점점 더 신성하고 메시아적으로 만듦으로써 인간의 사건들 깊은 곳으로 내려오셨다. 궁극적으로 이스라엘의 신성한 역사는 역사 속으로 발을 들여놓으신, 하나님의 최종 행위인 성육신 속에서 그리스도 쪽으로 기울게 된다.

폰 호프만이 보기에 하나님은, 헹스텐베르크의 구상처럼 역사 속으로 순간적으로 들어오셨다가 나가셨다가 한 것이 아니었다. 이스라엘의 역사 속에서 하나님은 점점 더 깊이, 일상적인 인간의 사건들 속으로 들어오셨

---

11) Johann C. K. von Hofmann, *Weissagung und Erfüllung im alten und im neuen Testamente* (Nördlingen: Beck, 1841), 1:7.

다. 그러므로 그리스도의 성육신은 독특한 새로운 시작이 아니라, 하나님이 세상의 일부가 되시는 긴 과정의 마지막 단계였다. 세계 역사의 경계는 이스라엘과 실제 하나님의 존재로 인해 깨뜨려졌다. 실제로 하나님은 일상적 사건들의 "세속적인 역사"(Weltgeschichte) 속에서 그분 자신의 "거룩한 역사"(Heilsgeschichte)를 이루셨다

성경과 역사에 대한 이런 견해와 함께, 어떻게 히브리어 성경에 있는 거의 모든 것이 궁극적으로 메시아적인 중요성을 띠게 되는지를 보는 것은 어렵지 않다. 발전하는 예언의 초기 단계에서 히브리어 성경이 처음부터 메시아적으로 보일 필요는 없었다. 도토리는 아직 떡갈나무같이 보이지 않지만 결국 떡갈나무가 될 것이다. 폰 호프만이 말한 대로 "동물의 죽음으로 그 가죽이 [인간의] 벌거벗음을 가렸던 것과, 하나님의 아들의 죽음으로 그의 의가 [인간의] 죄를 가린 것 사이에는 매우 큰 차이가 있다. 그러나 이것들은 동일한 여행의 시작과 끝과 같다."[12]

폰 호프만은 성경에 있는 모든 것을 엄격하게 역사적 관계로 이해한다. 오직 그리스도를 향해 움직여가는 것으로 역사를 이해하는 자만이 히브리어 성경에서 메시아적 요소를 이해할 수 있다. 이스라엘의 역사의 의미는 하나님의 메시아적 의도가 그 역사의 실제 사건들 배후에서 보일 때 메시아적이다. 구약을 메시아적으로 이해하는 임무는 이 초기 사건들 속에 있는 하나님의 패턴을 인식하고, 나머지 이스라엘의 역사를 통해 그것이 스스로 어떻게 재생되는지를 지적하는 데 있다. 역사의 의미는 예표론적이 되고 실체의 오심(성취)으로 그것의 궁극적인 의미를 발견한다. 폰 호프만에게, 출애굽 사건과 마태복음 2장에서 그리스도의 이집트 체류 사이에 있는 단순한 역사적인 유사성은, 오실 메시아의 "실제적 예언"(material prophecy)을 구성한다. 폰 호프만의 접근 방법에서 다시 한 번 신약은 구약

---

12) Johann C. K. von Hofmann, *Interpreting the Bible*, trans. Christian Preus (Minneapolis: Augsburg, 1959), p. 137.

의 의미에 대해 열쇠를 쥐고 있다.

이스라엘 역사의 어떤 시점에서 이야기된 "기름 부음 받은 자" 또는 "왕"과 같은 성경 용어의 의미는, 역사의 나머지의 컨텍스트에서 이해했을 때 이런 단어의 의미를 전적으로 초월한다. 이스라엘의 "거룩한 역사" 속에 있는 모든 사건들 뒤에는 하나님의 마음과 그분의 실제적인 뜻이 있다. 이스라엘 역사 속에서 이야기된 모든 단어는 수직적인(메시아적인) 의미뿐만 아니라 수평적인(역사적인) 의미의 범위를 가지고 있다. 이스라엘 자체의 독특한 구속사 내에서, 성경 말씀은 하나님의 의도성으로 가득할 뿐만 아니라 그 역사를 구성했던 실제 역사적 사건들이기도 하다. 하나님은 양쪽 모두의 저자이시다. 그분의 뜻과 의도는 양쪽 모두에 놓여 있다. 시편 18:50에서 다윗은 자신을 "기름 부음 받은 자"로 언급했을 수도 있다. 반면에 시편 18편(*verbum*) 배후에 놓여 있는 실제의 역사적 사건(*res*)은 "구속사"의 실제 사건의 관점에서 믿는 역사가가 이해했을 때, 잠재적으로 동일한 의미의 범위를 따른다. 이것의 증명은 역사가가 시편 18편을 신약의 성취의 관점에서 볼 때 가능하다.

폰 호프만의 유산의 진가를 알기 위해서는 복음주의자들이 그에 앞서 "역사", 특히 "구속사"를 어떻게 보았는지를 알아야 한다. 폰 호프만 이전의 성경 역사가들은 성경 역사에 대한 복음주의 견해와 비평적인 견해 사이에 명확한 구분을 하기 위해 신중했다. 비평학이 보기에, 성경 역사의 대세는 이스라엘 역사를 "세계의 역사"로서 그 자체의 의미로 보는 것이 아니라, 점점 더 그것을 "고대사" 또는 "세계사"로 알려진 컨텍스트에서 보는 것이었다. 이스라엘 역사를 자체의 의미로서가 아니라 고대 세계의 역사와 다른 고대 문명의 일부로서 보게 된 것이다. 심지어 이스라엘 자체의 역사를 재구성하는 데서도 성경의 역할은 점점 줄어들게 되었다.

폰 호프만 이전에 복음주의자들에게 성경 역사는 성경의 페이지에서 읽을 수 있는 역사를 의미했다. 복음주의적 성서학자들은 대부분 성경 역사에 대해 사실주의적 이해를 가지고 있었다. 그들은 성경에서 읽은 내용이 정확하게 그대로 일어났다고 이해했다. 성경이 나일 강이 피로 변했다고 말하면, 실제로 나일 강이 피로 변했음을 의미한다고 받아들였다.

폰 호프만은 이런 성경의 사실주의를 떠난 복음주의 성서학의 전환점을 기록한다. 심지어 그의 시대에 가장 보수적인 복음주의 구약학자인 카일조차도 "물이 피로 변하는 것은…화학적인 변화로서, 실제의 피로 변하는 것이 아니라, 피로 보이는 원인이 된 색상의 변화로 해석되어야 한다"[13]라고 인정할 의사를 보인다. 폰 호프만은 이스라엘 역사에 대해 새롭게 발전 중인 비평적인 태도를 변경하기보다는 그것을 받아들였으며, 더 보수적인 태도로 하나님의 계시의 중요한 형태로서 그것을 실천했다. 그럼에도 폰 호프만과 함께, 하나님의 뜻을 점진적으로 계시했던 거룩한 역사와 오실 메시아의 희망은 더 이상 단순히 우리가 성경에서 읽은 역사가 아니게 되었다. 그것은 고대 세계를 현대의 시각에서 재구성하고 보강할 필요가 있는 계시적 구속사(Heilsgeschichte)였다.

둘째, 폰 호프만의 중요한 유산은 구약의 메시아 예언을 더 이상 기독교 복음의 증거로서 변증적으로 볼 수 없게 되었다는 점이다. 구약의 의미를 신약의 사건 속에서 자체를 정의하는 역사에 지정함으로써, 더 이상 예언의 확인 및 검증 측면에서 성취를 말할 수 없었다. 폰 호프만의 예언의 개념에서 이전 역사를 정당하게 하는 것은 성취이지, 그 반대가 아니다. 따라서 폰 호프만은 구약의 메시아의 예언이 어떤 방법으로든 기독교의 진리를 옹호하는 데 사용될 수 있을 것이라는 개념을 재빨리 내던져버렸다. 그에게 기독교를 정당하게 하는 것은 역사이지, 성취된 예언의 기적이 아니다.

구약에 대한 현대 복음주의 접근법에서 폰 호프만의 유산은 여러 수준에서 볼 수 있지만, 메시아 예언의 연구에서 가장 두드러지게 나타난다.

---

13) C. F. Keil and F. Delitzsch, *The Pentateuch*, trans. James Martin (BCOT; Grand Rapids: Eerdmans, 1971), p. 478.

내가 의도하는 바는 현대 복음주의의 접근 방법에서 폰 호프만에 대한 의존성을 비판하려는 것이 아니라,[14] 폰 호프만과 헹스텐베르크 두 사람의 접근법에 대한 복음주의의 대안을 모색해보자는 것이다.

대안적 복음주의적 접근법. 비록 상세한 점에서는 다르지만 헹스텐베르크와 폰 호프만은 구약의 메시아적 초점에 있어 세 가지 중요한 복음주의적 가정을 공유한다. 첫째, 두 사람은 메시아 예언을 진정으로 (초자연적인) 미래의 "비전"으로 이해한다. 실제적인 의미로서 예언은 "미래의 역사"다. 둘째, 둘은 모두 신약을 구약의 메시아의 예언을 이해하기 위한 기본적인 안내서로 본다. 신약의 예수에 대한 묘사 없이는 누구도 구약의 의미를 이해할 수 없다. 신약은 구약 위에 비쳐진 탐조등의 역할을 한다. 신약의 빛이 없다면 구약의 메시아의 비전은 아무리 잘해도 흐릿하고 불확실하다. 셋째, 두 사람에게 구약의 메시아의 비전은 직설적이며 전체적인 방식으로 제시되지 않는다. 메시아에 대한 묘사는 구약의 대부분에 걸쳐 온통 흩어져 있다. 헹스텐베르크는 이것을, 선지자가 예언의 비전을 받았을 때 급속도로 기록한 결과로 이해했다. 이 비전은 선지자에게 너무나 빠르게 와서 그것을 충분히 다 기록할 수 없었다. 예언서들은, 한때는 렘브란트와 미켈란젤로의 그림 전체였던 것이 조각들로 부수어진 것을 담고 있는 거대한 스크랩북 같았다. 선지자들은 확실히 전체 그림을 보았지만 다만 자신들이 보았던 것의 작은 분량만을 기록할 수 있었다. 성경 한 구절에는 여러 비전들의 파편 조각들이 포함되어 있을 수 있다. 오직 잘 훈련된 눈만이 동일한 구절에서 렘브란트와 미켈란젤로 두 사람의 그림 조각을 탐지해낼 수 있다. 오직 (신약으로부터) 전체 비전을 아는 자만이 그 조각들을 한데 이을 수 있다.

---

14) John H. Sailhamer, *Introduction to Old Testament Theology: A Canonical Approach* (Grand Rapids: Zondervan, 1995), pp. 36-85을 보라.

이 가정들 속에는 많은 진리가 있지만, 이 영역들 각각에는 여전히 후속 연구를 위한 빈자리가 남아 있다. 나는 여기에 대한 복음주의적 반응으로서 세 가지에 초점을 맞출 것이다. 첫째, 예언은 단순히 "미래의 역사"가 아니라, "미래를 **위한** 역사"이기도 하다. 예언은 다만 이스라엘 역사의 목적지에 대한 묘사가 아니다. 예언은 거기에 어떻게 도달하는지를 보여주는 도로 지도다. 둘째, 신약은 구약을 이해하기 위한 안내서라기보다 구약을 이해하기 위한 목적지다. 우리가 구약에 묘사된 메시아의 그림을 이해하지 못한다면 신약에 나타난 예수의 그림도 인식하지 못할 것이다. 신약이 아닌 구약이야말로 예수와 복음에 대한 신약의 설명 위에 비쳐진 메시아의 탐조등이다. 셋째, 헹스텐베르크(와 폰 호프만)에게 구약에서 메시아의 비전을 보는 것은, 수천 조각으로 부서진 거울을 통해 복음서에 나타난 예수를 보는 것과 같다. 구약에서 메시아를 보기 위해서 우리는 신약에서 이 부서진 거울의 조각들에 반영된 예수의 그림을 보아야 한다. 구약의 메시아의 그림에 남아 있는 것은, 지금 구약 전체에 흩어져 있는 작은 조각들뿐이다. 이 조각들은 신약의 그림에 반영된 것의 도움을 받아 다시 수집해서 재결합되어야 한다.

대부분의 사람들, 특히 구약의 예언서를 읽은 사람들은, 최소한 부분적으로라도 이 지점에 대해 헹스텐베르크에 동의할 것이다. 하지만 이 (메시아의 비전의) 조각들은 헹스텐베르크가 믿었던 대로 무작위로 흩어져 있는 것이 아니라는 점 또한 강조되어야 한다. 이 조각들은 인식 가능한 패턴, 즉 질서를 따른다. 조각들 중 많은 것은 구약책들의 "구성적 이음매"를 따르며 그 이음매의 일부다. 이 조각들은 저자들이 그들의 텍스트를 한데 연결시키기 위해 사용한 전환 설명의 일부다. 이것들은 성경 저자들의 "편집의 접착제"다. 예언적 비전의 이런 조각들 중 일부는 전체 구약인 타나크의 "이음매"도 따른다. 전체 히브리어 성경의 형태는 예언적 비전의 흩어진 조각들을 보는 의미 있는 컨텍스트를 제공한다.

구약의 그리스도에 대한 헹스텐베르크의 견해는 복음주의 학문에서 널리 받아들여지기는 했지만, 몇 가지 중요한 지점에서 조정 및 변화가 필요하다. 한 가지 제안할 점은, 부서진 거울보다도 구약을 더 잘 표현하는 이미지는, 신약의 페이지 위에 그 그림의 빛을 비추는 스테인드글라스 창문의 이미지라는 것이다. 스테인드글라스 창문은 유리 파편 조각들로 만들어진다. 각각의 조각은 다른 조각들과 함께 패턴을 이루며 전체 그림을 만드는 데 중요한 역할을 한다. 이것이 정당한 관찰이라면, 이 이미지는 구약에서 메시아를 보는 새로운 가능성을 제시한다. 메시아 텍스트들의 분포에 질서와 패턴이 있다면 이 질서를 더 자세히 관찰해야 할 때가 온 것이다. 구약의 스테인드글라스 창문에 나타나 있는 그림은 무엇일까? 그것의 질서, 형태, 패턴 뒤에 있는 의미는 무엇인가? 그 자체가 형태와 그림을 가지고 있는가, 아니면 신약 그림에 대한 구약의 반사인가? 스테인드글라스 위에 비추어진 빛은 어디에서 오는가?

히브리어 성경에서 메시아의 스테인드글라스 창문을 보는 많은 방법들이 있으므로, 이런 접근 방식을 수용함으로써 수반되는 것이 무엇인지를 간단히 설명하고자 한다. 내가 염두에 두는 접근 방식은, 예수가 오신 바로 그 시점에서 우리가 발견한 형태대로 히브리어 성경을 보는 것으로 시작한다. 이 형태는 그 자체에 대한 구약의 마지막 말을 고려하고 있다. 이 형태는 타나크―율법과 예언서와 성문서―로 최종 형태를 부여한 자들(예언자들)이 구약을 어떻게 이해했는지를 고려한다. 히브리어 성경에는 다른 형태도 있었지만, 누가복음 24:44 같은 텍스트로 판단해보건대 타나크는 예수와 신약 저자들에게 가장 익숙했던 구약의 형태다.

이런 관점에서 볼 때, 구약은 단일한 목적을 가진 하나의 작품의 모습을 가지고 있다. 신명기 34장과 여호수아 1장을 문학적 이음매가 연결하고 있으며, 또한 비슷한 이음매가 말라기 3장과 시편 1편을 연결하고 있다. 이런 구절들은 타나크 책의 순서에서 서로 인접해 있다. 각 부분에 연결 고리가 있으며 히브리어 성경의 첫 단어(창 1:1의 *běrē'šît*)로부터 마지막 단어(대하 36:23의 *wěyā'al*)까지 연장된, 뚜렷한 구성적 전략이 있다. 이런 구성적 이음매의 선을 따라가다 보면 우리는, 약속된 메시아가 속히(단 9:25-26을 보라) 오실 것이라는 희망과 몇 개의 다른 신약의 주제들이 주요 동기임을 발견하게 된다. 구약에 대한 이런 관점은 구약 저자들이 메시아에 관해 믿었던 것이 무엇인지에 대한 이상적인 견해를 준다. 또한 이것은 구약에 대한 신약의 문학적이고 신학적인 의존성의 성격을 보여주는 관점을 제공한다. 이런 관점은 구약의 의미를 "새 언약"[15]으로 강조하는 성경신학을 형성하기 위한 타나크의 초기 시도임을 의미한다.

이 장의 나머지에서 나의 목적은 히브리어 성경에서의 메시아에 대한 이해를 제안하는 것이다. 여기서는 개요만을 설명할 것이며, 그것에 대한 완전한 사례를 논증하려는 시도는 하지 않을 것이다.[16] 나의 목표는 단순히 히브리어 성경의 가르침의 견지에서 성경적 예수를 이해하는 가장 그럴듯한 접근법의 중요한 특징들을 소개하는 것이다. 나의 접근법은 다음과 같은 세 가지 진술로 설명될 수 있다. (1) 구약의 메시아 예언의 본질은

---

15) Ernst Hengstenberg의 구절 "der Aufhebung des Alten Bundes," in *Geschichte des Reiches Gottes unter dem Alten Bunde* (Berlin: Schlawitz, 1869)는 영어로 "the abrogation of the Old Testament"(구약의 폐지)로 번역되었는데(*History of the Kingdom of God under the Old Testament* [Eugene, Ore.: Wipf & Stock, 2005]), 이는 많은 비슷한 예들과 함께, 번역자가 근본적으로 새롭고 다른 범주를 Hengstenberg의 논의(구약은 "옛 언약"[Bund]이다)에 소개했음을 분명히 보여준다.

16) 나는 여기에 대한 사례를 다음의 참고 문헌에서 논의했다. "Biblical Theology and the Composition of the Hebrew Bible," in *Biblical Theology: Retrospect and Prospect*, ed. Scott Hafemann (Downers Grove, Ill.: InterVarsity Press, 2002), pp. 25-37; *Introduction to Old Testament Theology*, pp. 197-252; *The Pentateuch as Narrative: A Biblical-Theological Commentary* (Grand Rapids: Zondervan, 1992), p. 1-79; *The NIV Compact Bible Commentary* (Grand Rapids: Zondervan, 1994); *How We Got the Bible* (Grand Rapids: Zondervan, 1998), pp. 38-42; "Creation, Genesis 1-11, and the Canon," *BBR* 10 (2000); 89-106; "A Wisdom Composition of the Pentateuch?" in *The Way of Wisdom: Essays in Honor of Bruce K. Waltke*, ed. J. I. Packer and Sven K. Soderlund (Grand Rapids: Zondervan, 2000), pp. 15-35; "Hosea 11:1 and Matthew 2:15," *WTJ* 63 (2001): 87-96.

예언과 확인으로 구성되어 있다. (2) 구약의 메시아의 비전은 조각들로 되어 있으며 히브리어 성경 형성의 최종 단계를 향해 가면서 점점 더 논리적 일관성을 가지게 된다. (3) 히브리어 성경은 텍스트인 동시에 논평이다.

나의 접근법의 핵심 요소는 예견적 메시아 예언의 문제를 명확하게 하려는 시도다. 구약에는 예견적 예언이 있다. 예견(prediction)은 이사야 41장과 같은 구절의 주요한 변증적 주제다. 예언의 성취의 개념에는 다른 특징들이 있다. **성취**라는 용어와 병행해서 **확인**(identification)과 **해설**(exposition) 같은 용어도 사용할 수 있다. 구약은 메시아의 오심을 예견할 뿐 아니라 그분을 설명하고 그분의 정체성을 확인한다.

이것은 헹스텐베르크와 폰 호프만의 "미래의 역사"로서의 예언에 대한 견해와 중요하게 다른 점이다. 앞에서 제안한 것처럼 구약에서 메시아의 비전은 미래의 비전일 뿐만 아니라 미래를 위한 비전이기도 하다. 이 비전들은 계시할 뿐만 아니라 미래를 위해서 설명하고 준비한다. 구약의 예언은 예언자들이 본 것뿐 아니라, 예언자들의 기획을 실제적인(res) 면에서 따랐다는 사실과 그들이 예견했던 미래(여기서 나는 신약을 염두에 두고 있다)에 초점을 맞춘다. 특정 시간과 장소에 미래가 도달했을 때, 시므온 같은 예언자들은 그것을 기다리고 있었는데, 왜냐하면 그들은 그것을 받아들이도록 준비가 되어 있었기 때문이다. "그가 주의 그리스도를 보기 전에는 죽지 아니하리라 하는 성령의 지시를 받았더니"(눅 2:26). 시므온과 안나와 같이 구약의 예언적 비전의 관점에서 이미 미래를 이해했던 자들이 있었다. 다른 말로 하자면, 예언적인 비전은 그것을 이해하고 그것의 성취를 기다리던 사람들을 유지시키고 그들을 이끌고 갔다. 이 비전에 동의함으로써 신약 저자들은 사전에 해석된 것으로서 구약을 수용했을 뿐만 아니라, 그 해석에 근본적으로 동의했음을 보여준다. 우리는 이 해석이 예언의 성취보다 훨씬 오래전에 시작되었음을 알 수 있다. 이미 구약 자체 내에서 우리는 지속적인 성경상호적 논의, 또는 선호되는 용어로 하자면 상호텍스트적 해석과 해설의 흔적을 발견할 수 있다.

오경에서 메시아는 모세를 모델로 한, 하나님의 왕국을 통치하고 이스라엘과 열방에 구원을 가져오며 하나님의 언약을 성취할 예언자적인 제사장-왕이다. 이 메시아의 비전은 오경 전체의 구성적 전략의 일부다. 이것은 오경 전체를 결합시키고 형태를 부여하는 구성적 접착제다. 타나크의 예언서와 성문서 부분은 오경의 메시아 신앙에 대한 상세한 해설이다. 이 해설에서 구약 메시아의 희망은 신약에서 발견되는 정도까지 연장되고 심화된다. 그러므로 히브리어 성경에서의 최종 말씀은 신약의 어떤 구절만큼이나 메시아적이다. 물론 내가 염두에 두는 것은 다니엘 7장의 "하늘 구름을 타고 온 인자 같은 이"의 비전이다. 이 비전과 다니엘서 전체는 신약에서의 메시아적 기독론과 동등한 가치가 있다.

어떤 학자들은 이것을 "재해석"(reinterpretation) 과정의 측면에서 본다. 이전의 구약에서 메시아적이지 않은 부분들이 나중 저자들에 의해 재해석되어 결국에는 메시아적으로 이해되었다고 보는 것이다. 하지만 이런 견해는 내 생각과는 아주 거리가 멀다. 다니엘 7장과 같은 구절들에서 자주 발생하는 것처럼, 구약이 자기 자신을 읽고 해석할 때, 구약은 원저자들의 실제적이고 역사적인 의도에 의존한다. 텍스트의 "재해석"을 말할 필요가 없는 이유는, 오경이 이미 시작부터 철저하게 메시아적이었음을 보여주는 것이 해석적으로 가능하며, 예언서와 성문서의 나머지 구약 저자들도 그 의도를 이해하고 텍스트의 논평과 해설에서 이런 의도를 좀더 확장했음을 보여줄 수 있기 때문이다. 타나크 내에서 이런 상호텍스트적 연결성을 평가해보면 구약의 시작과 끝뿐 아니라, 구약의 끝과 신약의 시작 사이에도 직접적인 연결이 있음을 알 수 있다. 문학적이고 해석적인 관점에서 보면 신구약 사이에 중간사적인 간격은 존재하지 않는다. 역대하 36:23에서 히브리어 성경의 마지막 단어는 동시에 신약의 첫 단어로 이해될 수 있다. 이 단어는 "wĕyāʿal"("그로 올라가게 하라")이란 동사로 그것의 주어는 구약에서 확인되지 않았다. 이 동사의 문법적인 주어는 신약의 마태복음 첫 장에서 얻을 수 있다. 그 주어는 "하나님이 함께 하시는" 자이며 예루살렘에 성전을 세울 자의 도래에 대한 요구다. 역대기(와 포로기 이후의 선지서들)에서 오시기로 한 이분은 메시아적(제사장의)[17] 다윗의 아들로 확인된다. 이 마지막 구약 단어 바로 다음에 나오는 마태복음은 역대기처럼 족보로 시작되는데, 여기서 예수는 "하나님이 우리와 함께하시는" 임마누엘이신 다윗의 아들 그리스도(메시아)로 확인된다.

"메시아의 탐조등"이라는 신약에 대한 비유로 돌아가서, 우리는 초점에 있어 변화가 필요함을 분명하게 볼 수 있다. 신약이 아니라 오히려 구약이 메시아의 탐조등이다.[18] 구약이 신약의 페이지 위에 빛을 비출 때만 우리는 예수의 생애에 대한 성경적인 의미를 볼 수 있다.[19] 이런 접근법에서 보면 구약은(신약 없이), 발터 아이히로트(Walter Eichrodt)의 묘사처럼 "부적절하고 불완전"하지 않다.[20] 구약의 메시아 신앙은 완전히 발전된 상태이며, 구약이야말로 우리가 예수를 약속된 분으로 확인해야 하는 컨텍스트다.

구약의 메시아 비전은 조각들로 되어 있지만, 히브리어 성경 형성의 최종 단계를 향해 가면서 점점 더 일관성을 가지게 된다. 예언서를 읽은 사람치고, 이 책들의 메시아적 비전이 단편 조각들로 우리 앞에 놓여 있다는 헹스텐베르크의 의견에 동의하지 않을 사람은 없을 것이다. 칼뱅은 "예언서들을 조심스럽게…정독했던 자들은, 그 예언서들의 담론이 항상 규칙적인 질서로 배열되어 있는 것은 아니라는 나의 생각에 동의할 것이다"라고 말했다.[21]

---

17) 예를 들면 대상 17:14; 시 110편; 슥 6:9-15.
18) 벧후 1:19을 주목하라. "예언의 말씀"은 "어두운 데를 비추는 등불"이다.
19) 요한복음이 말하듯, "예수께서 제자들 앞에서 이 책에 기록되지 아니한 다른 표적도 많이 행하셨으나 오직 이것을 기록함은 너희로 예수께서 하나님의 아들 그리스도이심을 믿게 하려 함이요 또 너희로 믿고 그 이름을 힘입어 생명을 얻게 하려 함이니라"(요 20:30-31). 예수가 행하신 표적들은 구약의 전조등에 반사된 도로 표지판과 같다.
20) Walter Eichrodt, *Theology of the Old Testament*, trans. J. A. Baker (OTL; Philadelphia: Westminster, 1961), p. 26.

헹스텐베르크는 신약에 나타난 그림을 보고 이 조각들로 나누어진 비전을 함께 이을 것을 제안했다. 하지만 나는 조각난 예언의 비전을 신약의 관점에서가 아니라 구약 내에서 드러난 그림의 관점에서 읽을 것을 제안한다. 구약은 그 자체 안에 메시아의 빛을 가지고 있다. 구약에는 이미 예언서와 오경의 구성 배후에 통일성 있는 그림이 있다. 놀랍게도 조각들은 이 그림에 잘 들어맞는다. 히브리어 성경의 순서—율법, 예언서, 성문서—를 따라가다 보면, 메시아의 그림이 점점 더 뚜렷해진다. 왜냐하면 나중 성경 텍스트들이 이전 성경 텍스트들에 초점을 맞추고 해석을 제공하기 때문이다. 이 경우에 "나중"은 연대기적으로 나중을 의미하지 않고, 성경 저자가 책을 만드는 단계를 의미한다. 열왕기와 역대기의 저자들 같은 성경 저자들은 그들의 책을 구성함에 있어 현존하는 기록된 문서들을 사용했다고 말할 수 있다. 저자들은 이런 텍스트들을 조직해서 제시함으로써, 자신들의 내러티브가 기록된 사건들에 의미와 뜻을 부여할 수 있도록 했다. 저자들이 어떻게 이런 작업을 했는지 하는 질문은 다음 명제, 즉 "텍스트와 논평"으로서의 히브리어 성경이라는 명제로 우리를 인도한다.

오경과 예언서와 성문서의 구성적 형태 사이의 상호텍스트적 관계는, 텍스트와 논평 사이의 관계와 같다. 예언서와 성문서는 미래를 위한 새로운 비전을 주는 의도를 가지고 있지 않다. 이 책들의 목적은 오경에 이미 진술되었고 예언문학에서 반복된 메시아적 비전을 이해하도록 돕는 것이다. 하나님은 선지자 하박국에게 "비전을 기록하라"라고 명령하시면서 "그것을 설명하기 위해서"(합 2:2)라고 하신다. 하박국처럼 선지자들은 자신의 비전을 설명과 함께 기록했다. 아브라함 헤셸(Abraham Heschel)은 예언의 해석을 "주해의 주해"(exegesis of exegesis)로 볼 것을 제안한다.[22] 예언자들

---

21) John Calvin, *Commentary on the Book of Isaiah* (Grand Rapids: Baker, 1979), p. xxxii.

22) Abraham Heschel, *The Prophets* (New York: Harper & Row, 1962), p. xiv.

의 말은 설명과 주석의 언어다. 기독교 성경을 이해하는 데 우리의 임무는 선지자들의 예언적 비전을 설명하는 것이 아니라, 오히려 비전에 대한 예언자들의 설명을 설명하는 것이다. 예언서와 성문서를 쓴 성경 저자들의 목적은, 오경에서 시작해서 성경의 나머지로 운반되는 메시아의 비전에 대한 완전하고 상세한, 텍스트의 주석을 제공하는 것이었다.

스테인드글라스 창문처럼 예언서와 성문서는 예언자들의 비전의 중요한 조각들을 제공한다. 이사야 63장은 창세기 3:15의 시에서 희미한 빛을 끌어내어, 그것을 창세기 49장의 프리즘을 통해 다니엘 7장으로 전달한다. 여기서부터 신약으로 넘어가서 요한계시록 19장의 "백마를 탄 자"의 비전까지 간다. 이사야는 창세기 49장의 포도즙으로 물든 옷을 입은 왕의 그림으로부터 자신의 시작점을 가져온다. 이사야는 이 그림으로부터, 하나님의 진노의 포도즙 틀을 밟고 있는 전사의 그림을 조립해낸다. 이렇게 함으로써 이사야는 의도적으로 창세기 49장을, 오경에 나오는 첫 번째 메시아 시 중의 하나인 창세기 3:15과 연결한다. 따라서 이사야는 오경에 나오는 전략적으로 중요한 두 개의 시를(창 3장과 창 49장), 하나(창 49장)가 다른 하나(창 3장)를 해석하도록 허용함으로써 연결한다. 이렇게 하면서 이사야서의 저자는 자신이 오경의 구성적 이음매를 따라서, 이 관점에서 읽고 있음을 드러낸다. 스테인드글라스 창문에서처럼 그가 오경에서 이끌어낸 빛은 구약의 나머지 부분을 통과하면서, 그리고 신약으로 전달되면서 색깔과 감촉이 주어진다. 그리하여 스테인드글라스 창문처럼 빛의 다양한 점들은 큰 그림으로 한데 모아진다.

이사야서와 다니엘서, 요한계시록에 반영된 생각의 노선은 오경 자체의 역사적인 의도와 동일하다. 시편 72편이 다윗 왕에 대해 "모든 민족이 그로 말미암아 복을 받을 것이다"(시 72:17)라고 말할 때, 이는 창세기 12:3에 나오는 오경의 종말론으로부터 끌어온 것이다. 동일한 시편이 왕의 적들을 향해서 "그들은 티끌을 핥을 것이며"(시 72:9b)라고 말할 때, 이는 이 비전을 창세기 3장에서 첫 번째로 비추어진 빛의 조각에 비추어본 것이다.[23]

동일한 방법으로, 종말론적 미래를 이야기할 때 호세아는 "내 아들을 애굽에서 불러냈거늘"(호 11:1)이라고 말한다. 이렇게 함으로써 호세아는 오경에 나오는 발람의 시적 비전(민 24장)에 직접적으로 의존한다. 또한 오경 속에 나오는 시 텍스트에 초점을 맞춤으로써 호세아는 자신이 오경의 구성적인 이음매를 따라서 읽고 있음을 보여준다.[24] 민수기 구절에서 이스라엘의 메시아적 미래(민 24장)는 영광스런 과거인 출애굽(민 23장)의 관점에서 보여진다.[25] 따라서 오경 자체 내에서 구성적인 전략은 출애굽을 메시아적 미래와 연결한다. 출애굽은 오실 분에 대한 그림이다. 호세아는 그의 메시아적 비전을 이런 동일한 텍스트에서 이끌어낸다. 호세아와 오경 모두 그들의 비전의 성취를, 동일한 종말론적 미래인 "마지막 때"(bĕ-'aḥărît hayyāmîm[호 3:5; 민 24:14])의 관점에서 바라본다. 호세아의 메시아 비전은 오경의 메시아적 종말론에 대한 논평 역할을 한다. 호세아의 출애굽 구절을 예수에게 적용한 마태복음은, 오경과 호세아의 논평 모두를 연결했음을 보여준다.

비슷한 예가 이사야 7:14의 임마누엘 예언에서도 발견된다. 우리는 이사야서와 이사야 7장의 말씀을 넘어 예언자 자신의 시대에 이 말씀에 대한, 역사적으로 재구성된 소재지를 보려는 경향이 있다. 이렇게 하는 것은 마태가 본 것과 동일한 견지에서 처녀 잉태의 예언을 보는 것을 어렵게 만든다. 하지만 우리가 이사야서의 구성적 통일성 내에서 이 구절을 본다면, 다른 관점이 드러난다. 이사야 7:15에 따르면, 임마누엘이 태어날 때 그는 악을 버리며 선을 선택할 줄 아는 나이가 될 때까지 엉긴 젖과 꿀을 먹을 것이다. 이사야서의 저자는 이사야 7:15을, 7:14에서 아하스에게 주

---

23) 사 65:25b의 "뱀은 흙을 양식으로 삼을 것이니"에서처럼 말이다.
24) Sailhamer, "Creation, Genesis 1-11, and the Canon"; "A Wisdom Composition of the Pentateuch?"를 보라.
25) Sailhamer, "Hosea 11:1 and Matthew 2:15"을 보라.

어진 징조의 일부로서 의도했다. 그 징조는 처녀가 아들을 잉태할 뿐 아니라, 그 아들이 태어날 때 그는(그리고 이스라엘 전체는) "엉긴 젖과 꿀"을 먹으리라는 사실이다. 다음 구절에서(사 7:17-25) 유다의 멸망에 대한 이사야의 설명에서, 이스라엘은 "엉긴 젖과 꿀"을 먹을 것인데, 왜냐하면 땅이 처음에는 앗수르에 의해 파멸될 것이고(사 7:17), 그 다음에는 바벨론에 의해 파멸될 것이며(사 39장), 그리고 그 이후에 최종적으로는 다른 외국 침략자들에 의해 파멸될 것이기 때문이다(사 40-66장). 이사야서 전체 속에서 임마누엘의 탄생은 북왕국과 남왕국의 멸망 한참 이후에, 심지어 책의 마지막 장을 채운 종말적인 사건들 이후에(예, 사 65:17) 위치하고 있다.

19세기 비평가 베른하르트 둠(Bernhard Duhm)은 이사야 7:15의 함축성에 충격을 받았다. 그래서 그가 상상할 수 있었던 유일한 설명은, 이 구절이 후에 이사야 7:14, 16에 더해진 "메시아적 설명자 논평"이었다는 것이었다.[26] 비록 후기 설명자적 논평이라는 둠의 가정은, 이 구절이 쿰란의 이사야 사본에서 나옴으로써 불가능해졌지만, 그는 이사야 7:15의 의미와 아하스에게 주어진 징조의 의미에 대한 이 구절의 공헌을 올바로 이해했다. 이사야서의 궁극적인 초점이 포로기를 훨씬 넘어 있다는 것에 대해서는 누구도 반대하지 않을 것이다. 이 책의 궁극적 초점은 이사야와 아하스 시대보다 먼 미래가 될 것이다. 이사야 7:15에 따르면 징조는 그 미래를 위한 것이다. 이사야서에 따르면 선지자는 아하스를 위한 메시지를 가지고 있었지만, 사실 이 메시지는 "마지막 때"에 일어날 일들에 관한 것이었다. 나머지 이사야서는 이사야 7:14과 7:15에서의 예언자의 징조에 대한 주해다. 이 경우 우리는 이 비전뿐만 아니라, 책의 나머지 부분에서 전개될, 이 비전에 대한 예언자의 주해 역시 이해해야 한다.

메시아와 구약성경에 대해서 내가 설명하고 있는 접근법은 여러 가지

---

26) Bernhard Duhm, *Das Buch Jesaia* (HKAT 3/1; Göttingen: Vandenhoeck & Ruprecht, 1892), p. 54.

질문을 야기한다. 한 가지 중요한 질문은 구약성경의 "최종 형태"의 개념
이다. 이 주제는 복음주의자들에게는 거의 미지의 영역을 나타낸다. 이 개
념은 "원저자들"의 의미에 대한 복음주의의 우려를 포기하는 것이 아니다.
오히려 반대로 복음주의자들이 구약성경 전체에 대해 점점 더 많은 관심
을 쏟음으로써, "나머지 이야기"를 들려주는 것을 목적으로 하고 있는, 동
일하게 중요한 "원저자들"을 무시하게 되는 더 큰 위험에 처하지 않게 될
것을 제안하는 것이다. 이 저자들은 모세의 죽음에 대해 썼으며 "모세와
같은 선지자는 이스라엘에서 결코 다시 일어나지 않았다"라고 썼다. 익명
의, 그러나 영감을 받은 이런 중요하고 상세한 정보를 가진 저자는 오늘날
까지 알려지지 않은 채 남아 있지만, 그러나 그도 똑같은 성경 저자였다.
오경의 의미에 대한 그의 공헌은 비록 간결하지만, 모세가 신명기 18장에
서 예견했던 선지자가 여전히 미래("마지막 날들")에 올 것이며 따라서 후에
이스라엘에서 예언의 직분을 가졌던 자들과 성급하게 동일시되지 말아야
함을 함축한다. 이 성경 저자는 "책을 만듦으로써" 그의 소명을 수행했던
예언자적 저자였다.[27] 오경의 "최종" 말씀은 이 익명의 저자의 공헌을 대
표한다. 그는 신명기 18장에서 모세의 말이, 백성에게 아직 오지 않은, 오
랫동안 고대되었던 메시아적 인물인 "모세와 같은 선지자"에 대한 것임을
이해했다. 신명기 34장을 오경 끝에 붙인 성경 저자는, 그보다 유명한 다
른 구약 저자들 못지않게 중요한 인물이다. 영감을 받은 저자는 익명이기
때문에 덜 중요한 것이 아니다.

　이제 곧 볼 것이지만, 여기서 내가 발전시키고 있는 저작의 견해가 오
경에 끼치는 중요한 함축성은, 오경이 하나의 목적을 가진 한 권의 책이라
는 것을 가정한다.[28] 오경 전체(창세기부터 신명기까지)는 분명한 목적과 초점

---

27) John Sailhamer, "Preaching from the Prophets," in *Preaching the Old Testament*, ed.
　　Scott M. Gibson (Grand Rapids: Baker, 2006), pp. 115-36.
28) 나는 오경이 예수와 신약을 "가리키고 있는가"라는 질문을 하는 것이 아니다. 오경이 메

과 메시지를 가진 한 권의 책으로 읽혀지도록 의도되었다. 오경은 한 사람의 저자를 가지며 이 저자는 책을 기록한 목적을 가지고 있었다. 오경 전체는 그것의 구성적인 전략을 반영하는 형태를 가지고 있다.

다음의 네 가지 노선의 논점은, 오경이 통일체이며 단일한 의도적인 목적을 가지고 있다는 가정을 뒷받침한다.

첫째, 오경은 세계 창조로부터 시작해서 땅의 준비와 그 땅의 소유가 지연됨으로 끝나는 하나의 이야기를 상세히 서술한다. 오경의 중심 주제는 인간 피조물을 위해 하나님이 준비하신, 인간이 살기에 적합한 땅이다.

둘째, 내러티브의 큰 덩어리들―원시 시대의 역사, 족장들, 출애굽, 광야, 땅의 정복―은 믿음이라는 단일 주제로 연결되어 있다. 오경의 저자가 누구였든지 간에, 이 저자는 이스라엘 초기 역사의 모든 사건들을 믿음의 주제와 연결했다.[29]

셋째, 창세기 49장; 민수기 24장; 신명기 32장에 나오는 주요한 동종의 시적 텍스트 주변에 내러티브들을 배열하는 것은, 오경의 내러티브가 이 시들 속에서 되풀이되는 하나의 메시아 주제(왕의 이미지)와 연결되어 있음을 암시한다. 오경은 다소 헐리우드 뮤지컬과 비슷하다. 이야기의 흐름이 노래(시)에 의해 중단되는 동시에 발전된다. 또한 뮤지컬과 같이 노래(시)는 이야기 속에 무작위의 방법으로 삽입된 것이 아니다. 노래(시)는 이야

시아에 관한 것이라고 말한다고 해서 그것이 예수에 대한 것이라는 이야기는 아직 아니다. 이것은 두 개의 별개의, 하지만 동일하게 중요한 질문이다. 먼저 우리는 오경이 메시아에 관한 것인지를 물어야 하며, 다음으로는 예수가 메시아인지를 물어야 한다. 오경(과 나머지 히브리어 성경)은 우리에게 메시아가 있을 것이라고 말한다. 신약은 우리에게, 예수가 히브리어 성경에서 말하는 메시아라고 전한다. 신약은 예수를 히브리어 성경이 이야기하는 분과 동일시함으로써 그렇게 한다. 내 견해로는, 예수를 구약의 메시아와 동일시하는 것은 중요한 변증학적 가치가 있다. 예수를 구약의 메시아와 동일시함으로써, 신약은 예수가 진실로 메시아라는 주장을 하고 있다.

29) John Sailhamer, "The Mosaic Law and Theology of the Pentateuch," *WTJ* 53 (1991): 24-61; Hans-Christoph Schmitt, "Redaktion des Pentateuch im Geiste der Prophetie," *VT* 32 (1982): 170-89을 보라.

기의 중심 주제를 발전시키고 전달한다. 즉 노래는 내러티브가 무엇에 관한 것인지를 발전시키는 주요한 수단이다. 노래(시)의 상세한 부분들에 세심한 주의를 기울이는 작업은 오경의 메시지를 명료하게 만든다.[30]

넷째, 오경의 내러티브 안에는 다양한 율법 집합이 배열되어 있다. 벨하우젠을 위시한 일군의 학자들이 초기 율법 법전의 잔재로 보았던 것이, 사실 더 자세히 조사해보면 오경 내에 조심스럽게 계획된 텍스트 전략이라는 사실이 증명되었다. 그 중심에는 금송아지 기사가 놓여 있다. 이 이야기는 시내 산에서 근본적으로 무엇인가가 잘못되었음을 보여준다. 신명기 30장, 책의 마지막에 와서야 비로소 독자들은 저자의 답, 즉 할례를 받은 마음과 새 언약의 약속에 대한 필요라는 답을 발견한다.[31] 이 메시지는 신약에서 예수와 바울의 가르침을 밀접하게 따르고 있다.

오경의 메시지

나는 오경이 형태와 그 형태에 적합한 중심 메시지를 가지고 있다고 제안했다. 지금은 그 메시지를 설명할 때다. 나의 초기 목적은 오경의 중심 메시지가 어떻게 그것의 구성적 전략과 연결되어 있는지를 탐구하는 것이다. 오경에서 광범위한 주제들과 사상을 지적하는 것으로는 충분하지 않다. 그것이 중요한 만큼, 어떻게 이런 주제들과 사상이 구체적으로 오경의 구성적 형태에 연결되어 있는지를 보여주어야 한다.

먼저 오경의 구성적 주제들의 중심적 구성 요소들을 간단하게 나열하고자 한다. 다음에는 어떻게 이런 주제들이 구성적 전략과 연결되어 있는지를 간략하게 설명할 것이다.

---

30) Sailhamer, *The Pentateuch as Narrative*, pp. 35-37을 보라.
31) Ibid., pp. 46-59.

예언적 비평. 오경의 이야기는 하나님의 창조와 "그분의 세계"의 준비로부터, 광야에서 이스라엘의 실패와 그들이 그 세계의 일부를 소유하는 것이 지연된 이야기로 독자를 데려간다. 모세도(민 20:12) 이스라엘 백성도(민 14:11) 땅에 들어가도록 허락되지 않았다. 기껏해야 이스라엘은 냉혹한 미래를 기대할 수 있을 뿐이다. 오경에서 주요한 시들을 연결시키는 최종 구성적 이음매에서(신 31:29), 모세는 임종을 눈앞에 두고 이스라엘 백성에게 그들의 임박한 배교를 경고한다. "내가 알거니와 내가 죽은 후에 너희가 스스로 부패하여 내가 너희에게 명령한 길을 떠나." 그의 말은 예언서들을 통해 반향된다.[32] 포로 생활이 다가오고 있다. 미래는 위험에 처해 있다. 하나님의 백성에게는 희망의 여지가 거의 없다.

그럼에도 일반적인 예언문학에서처럼 희망의 메시지를 오경의 중심에서 들을 수 있다. 예언서에서처럼, 이것은 오실 왕을 중심으로 한 메시지다. 바로 이 왕이 오경의 시들의 초점이다. 오경에서 각각의 주요한(또는 부차적인) 시들은 왕의 오심을 향해 조준하고 있다. 이 왕은 유다의 가계에서 일어날 왕이며(창 49:8) 열방을 다스릴 것이며(창 49:10b) 하나님의 회복된 세상 위에 통치할 것이다(창 49:11). 오경은 이 왕이 "마지막 때에"(*bĕʾaḥărît hayyāmîm*[창 49:1]) 오실 것임을 조금도 의심치 않는다.

이스라엘의 믿음에 대한 예언적 비판은 오경 메시지의 두 번째 요소로 인도한다.

믿음의 중심성. 오경에서 통일된 "믿음의 주제"는 새 언약(렘 31장: 겔 36장)의 예언적 개념의 중심에 놓여 있는, 마음으로부터의 믿음과 순종의 역할을 강조한다. 오경의 내러티브의 논리와 타이밍에 따르면, 이스라엘이 시내 산 기슭에 도착했을 때 그들은 즉시 금송아지 형상으로 하나님의 우상

---

32) 이는 이중 또는 다중의 성취 접근법의 주요한 약점이다. 토라 자체는 이스라엘의 삶 속에서의 즉각적인 사건들을 긍정적인 성취로 보지 않는다.

을 만들었다(출 32장). 이것은 명백히 출애굽기 20:1-6의 명령이 금지하는 일이었다. 하나님의 형상을 만듦으로써 이스라엘은 시내 산에서 그분과 맺은 언약에 불순종했다(출 32:7-8). 그럼에도 미래의 축복은 그들을 기다리고 있었다. 이 축복은 이스라엘의 믿음과 연결되어 있다. 창세기 26:5에 따르면 아브라함의 믿음은 하나님의 율례와 계명과 법도에 순종한 것으로 간주되었다. 모세 때까지 율법이 주어지지 않았으므로(비교. 출 15:25b), 아브라함은 문자적인 의미에서 "시내 산 율법을 지킬 수" 없었다. 아브라함은 믿음의 삶을 살았고 하나님은 그것을 "율법을 지킨 것"으로 간주하셨다(비교. 창 15:6). 사고방식에 있어 분명히 신약적인 것으로 보이는 이 믿음의 역할에 대한 강조는, 오경의 구성적 전략의 주요 위치에서 발견된다. 이는 흔히 책 전체를 함께 묶는 구성적 이음매를 따라 놓여 있다.

오실 종말론적인 왕. 오경에 나오는 주요한 시들 각각의 중심 주제는 오실 "왕"에 대한 약속이다. "마지막 때"라는 표현은 각각의 시 서론에서 중요한 부분이다. 이것은 예언자들의 메시아적 종말론으로부터 알려진 용어다(사 2:2; 단 10:14). 이 시들은 미래의 왕의 오심을 강조하며 "마지막 때"의 컨텍스트에 설정되어 있다.

마소라 텍스트에서 이 왕은 이스라엘의 역사적인 적 아각(민 24:7)의 왕국을 정복하고 통치한다(민 24:7). 이것 때문에 어떤 이들은 이 왕을(MT 에서), 아각을 정복했던 다윗과 동일시한다(삼상 15:8; 삼하 1:1을 보라). 라쉬(Rashi)는 이 왕에 대해 *"zeh dāwîd"*("이것은 다윗이다")라고 말한다. 하지만 "아각"이라고 읽는 예는 오직 마소라 텍스트에서만 발견된다. 모든 다른 고대 텍스트와 역본들에서는[33] 이 왕이 곡의 왕국을 정복하고 통치한다고 되어 있다. 여기서 곡은 분명히, 유일한 다른 성경 참조인 에스겔 38장의

---

33) 사마리아 오경, LXX, 아퀼라, 심마쿠스, 테오도티온(*BHS* apparatus 해당 부분을 보라)

곡이다.[34] 에스겔은 이전의 성경으로부터 곡을 인식한다(겔 38:17).[35] 민수기 24:24에 따르면, 이 왕은 앗수르와 바벨론(?)의 패배와 깃딤(로마?)의 발흥 이후에 올 것이다. 이 왕이 다윗일 수는 없다. 따라서 오경의 텍스트 역사 속에는, 민수기 24장에서 곡을 패배시킬 왕의 정체성에 대한 계속적인 논의가 있다. 라쉬와 함께 마소라 텍스트는 이 예언의 초점으로 역사적인 다윗을 주목한다. 이전의 텍스트들과 더 폭넓게 대표되는 텍스트들(에스겔의 오경 필사본을 포함해서!)은 이 왕을 곡을 패배시킬 종말론적인 구속자로 본다.

오경과 예언서. 오경 구성의 일반적인 특징은 이스라엘 예언문학의 중심 주제, 특히 미래의 새 언약에 대한 메시아적인 초점과 하나님을 신뢰하는 (믿는) 자들에게 주시는 그분의 새 마음의 선물과 놀랍게도 비슷하다. 이 초점의 중심에는 이스라엘의 적을 물리치고 완벽한 왕국을 세우실, 미래에 오실 왕이 있다.

확실히 오경은 모세의 언약과 시내 산에서 주어진 율법에 관한 것이지만, 율법과 시내 산에 관한 내용은 갈라디아서 3장에 나오는 바울의 메시지를 기대하게 한다. 율법은 이스라엘 개개인의 마음속에 살아 있는 믿음을 생산하지 못했다. 율법이 본질적으로 잘못된 것은 아니지만, 이스라엘이 이것을 지키는 데 실패했음이 분명하다. 하나님은 이스라엘에게 미래의 희망을 주셨으며 그 미래가 도래할 때까지 지키라고 율법을 주셨다. 오경은 시내 산 언약의 율법에 대한 주석이다. 예언서들과 마찬가지로 오경은 기록된 율법과 돌판에 의존하는 것보다 더 좋은 언약을 기대한다. "더 좋은 어떤 것"은 이스라엘과 열방을 포함하는 새 언약이며 이것의 중심부에는 왕적(메시아적) 구속자가 있다.

---

34) 대상 5:4에 나오는 곡은 르우벤의 아들 중 하나다.
35) "주 여호와께서 이같이 말씀하셨느니라 내가 옛적에 말한 사람이 네가 아니냐."

메시아적 구성. 오경의 메시아적 구성 분석의 일차적인 임무는 오경의 내러티브와 시의 많은 상세한 부분들에서, 심지어 율법과 내러티브로 된 뼈대를 가진 배열과 구성에서도, 메시아적인 의도가 일관적으로 있음을 보여주는 것이다. 여기서 우리가 해야 하는 질문은 "오경에서 세부적 부분들과, 앞에서 간략히 요약한 전체 주제들과의 관계는 무엇인가?"이다. 선지자들(과 시편 기자들)은 특별히 이 세부들에 관심을 집중했다. 이런 의미에서 예언서들은 오경과 다른 예언의 텍스트들에 대한 "논평"(commentary)의 역할을 한다. 이런 예언적 논평은 앞서 언급한 스테인드글라스 창문의 비유와 비슷하다. 빛의 파편 조각들로 이 논평은 오경 전체를 통해서 자신의 비전을 비추고, 그 비전을 자신의 시대의 필요뿐 아니라 미래를 향한 희망 위에 초점을 다시 맞춘다.

구약의 메시아에 대한 복음주의적 접근법들은 흔히 신약을 가지고 구약을 다시 읽는 작업에 집중했다. 하지만 나는 다른 방향으로 작업할 것을 제안하고 싶다. 구약은 신약에 많은 빛을 비춘다. 우리의 일차적인 목표는 신약을 구약의 관점에서 읽는 것이 되어야 하며, 그 반대는 아니다.

복음주의적 접근법은 구약의 의미에 대한 해답을 찾기 위해 성경 역사의 가장 초기 단계를 고찰하는 데 많은 시간과 관심을 쏟았다. 우리는 창세기 3:15의 실제 삶의 사건 속에서 하와가 어떻게 하나님의 약속을 이해했는지를 묻는다. 하지만 영감을 받은 (성경) 저자인 모세가 창세기 3:15의 내러티브에서 하와에 대해 쓴 텍스트를 어떻게 이해했는가 하는, 더 중요한 질문은 제기하지 않는다. 하와가 하나님과의 첫 번째 약속을 어떻게 이해했는지를 발견하기 위해서는 계속 진행할 작업이 거의 없다. 그러나 오경 저자와 오경의 최종 형태의 관점에서 창세기 3:15을 읽는다면 진행할 것이 너무나 많이 있다.

히브리어 성경(타나크)의 최종 형태를 더 자세히 조사할수록, 그것의 형태와 구조가 의도적이며 저자의 의미를 드러낸다는 것이 점점 더 분명해진다. 이 형태 배후에는 지성적 존재가 있음이 틀림없다. 그렇다면 우리는 이 형태 뒤에 있는 신학적인 메시지에 관해 물어야 한다. 저자는 우리를 어디로 데리고 가는가? 나의 대답은, 오경과 그것의 구성적인 전략이 강력하게 메시아적이라는 것이다. 그렇다고 성경의 가장 초기 형태가 메시아적이 아니라는 의미는 아니다. 내가 말하고자 하는 바는, 히브리어 성경 형성의 마지막 단계에서 저자들이, 이미 가장 초기의 텍스트에서부터 명료하게 나타났던 메시아적 희망을 더욱 명확하게 만드는 임무에 우선적인 관심을 가졌다는 것이다. 바로 이것이 내가 말하고자 하는 "텍스트와 논평"이다. 히브리어 성경 형성의 나중 단계에서는 마치 신약이 구약을 다루듯, 나중 텍스트가 그 이전 단계를 다룬다. 나중 텍스트들은 여전히 논평이 필요한 이전 텍스트들의 메시아적 비전을 토대로 하며, 이것을 발전시킨다.

최근에 나는 뉴잉글랜드 바닷가에 있는 오래된 등대의 렌즈에 대한 설명을 들었다. 이 등대는 전기가 발명되기 한참 전에 사용되던 것으로, 그 광원은 한 개의 촛불이었다. 렌즈는 수천 개의 삼각형 표면으로 구성되어 있으며, 각 표면은 원래 촛불의 작은 부분에 초점을 맞추고 굴절시킨다. 그 결과로 이 빛의 광선은 바다 3.2킬로미터 비출 수 있다. 원래 조명은 단지 작은 촛불에 불과했다. 하지만 이 촛불이 렌즈를 통과함으로써 렌즈의 각 부분이 다른 부분에 반사되어, 마침내는 원래 촛불이 수천 조각들로 반사된 것으로 이루어진 아주 밝은 신호 불빛이 된다. 이런 원리는 히브리어 성경과 다르지 않다. 원래의 메시아의 촛불이 처음 오경을 통과하고 그러고는 타나크의 나머지를 통과했을 때, 이것은 신약 위에 떠올라 빛을 비추는 밝은 조명이 된다. 하지만 불행하게도 우리는 타나크 전체의 렌즈에 의해 비추어진 빛으로 신약을 읽는 대신, 신약에 오기까지 오직 촛불만을 붙잡고 있는 것에(예, 창 3:15) 익숙해져 버렸다.

몇 년 전에 나는 "구약에서의 구약 사용"이라는 과목을 가르쳤다. 이 과목에서는 후기의 성경 저자들(에스라와 느헤미야, 예언자들 같은)이 어떻게 오경을 이해했는지를 탐구했다. 그런데 내가 이 과목을 개설할 때마다 대학 본부의 직원은, 수업 일정표에 강의 제목을 "신약에서의 구약 사용"으로 바꾸어버렸다. 항상 직원은 내가 제목을 실수로 잘못 썼다고 믿었다. "구약에서의 구약 사용"이라는 문구가 그에게는 무의미했던 것이다. 하지만 요즘은 이 표현이 의미를 가지게 되었다. 오늘날 많은 이들이 같은 질문을 하고 있다. 바로 이것이 내가 앞에서 명료하게 만들고자 했던 바로 그 질문이다. 구약 저자들은 오경과 같은 구약책들의 초기 메시아 신앙을 어떻게 이해했는가?

구약의 책들은 "메시아적"이라는 말이 가진, 가장 완전한 신약적 의미에서 메시아적이다. 구약에는 메시아의 빛이 있다. 다니엘 7장 같은 텍스트에서 이 메시아의 빛은 최고의 신약 구절들의 높이에까지 다다른다. 이는 신약으로 가는 길을 가리키는 빛이다. 신약이 이 메시아적 빛을 구약에 다시 비출 뿐 아니라, 구약의 빛 또한 신약 위에 빛난다. 구약의 책들은 실제의 메시아적 희망—미래의 구속과 약속된 구속자에 대한 희망—에 대한 구체화로서 집필되었다. 이는 히브리어 성경에서 추가적 부분도 아니며, 최종 편집자들의 작업도 아니었다. 초기부터 히브리어 성경의 책들의 중심 목적은 소수의 신실한 예언자들과 성경적으로 깨어 있는 추종자들이 가진 뿌리 깊은 메시아 희망을 표현하는 역할을 하는 것이었다.

구약책들의 구성에 대한 질문은 두 부분으로 구성된다. 첫째, 구약책들이 어떻게 "만들어졌는지"에 대한 한 세트의 질문들이 제기된다.[36] 성경의 책들의 구성은 어떤 성격을 가졌는가? 고대 세계에서는 어떻게 책을 "만들었는가"?

내 생각에 이런 질문은 구약을 읽음으로써, 그리고 어떻게 다양한 책들이 "구성되었는지"에 주의를 기울임으로써 가장 좋은 답을 기대할 수 있다. 책들을 한데 연결하는 전략들, 구성적 접착제는 무엇인가? 저자들은

---

36) William M. Schniedewind, *How the Bible Became a Book: The Textualization of Ancient Israel* (Cambridge: Cambridge University Press, 2004)을 보라.

자료들을 사용했는가? 이들은 현대의 저자들처럼 "무(無)로부터" 책을 썼는가, 아니면 고대 세계의 방법으로 보이는, 이전 텍스트들의 조각들을 하나로 잇는 방법으로 집필했는가? 다음 부분에서 나는 오경의 구성에 대한 질문에 상당한 관심을 기울일 것이다. 이는 구약 저자들의 의도에 기초하는 것을 목표로 하는 성경신학이 해결해야 하는 필수적인 질문이다.

오경 구성에 대한 질문의 둘째 부분은 성경 저자들이 가진 구체적 정체성을 포함한다. 우리는 누가 성경의 책들을 썼는지 아는가? 저자들은 자신의 정체성을 밝혔는가? 어떤 책들은 의도적으로 익명의 작품인가?

성경 저자들의 정체성에 대한 질문의 답은 이차적인 쟁점들의 여러 층위들 밑에 놓여 있다. 성경의 책들의 구성의 성격을 자세히 조사해보면, 대부분 성경 저자들의 정체성이 의도적으로 생략되었음을 알 수 있다. 고대 작품들의 저자의 이름에서도 같은 사실이 적용된다. 구약의 저자들은 익명으로 남는다는 고대 관습을 따른 것으로 보인다. 책의 익명성에는 추가적인 이유들도 있었던 것 같다. 추가적인 이유들 중 몇 가지는 뒤에서 논의될 것이다. 이런 어려움에도 불구하고, 어떤 성경 저자들의 정체성에 대해 질문하는 것은 여전히 중요할 수 있다.

성경 저자의 신원에 대한 지식 없이도, 성경 저자들이 어떤 이미지를 자신의 책에 투사하기를 바랐는지에 대해 질문할 수 있다. 성경 저자들은 누구의 견해를 대표하고 있는가? 이들의 책은 누구를 위해 말하고 있는가? 저자들은 어떤 수준의 사회나 사회 계층에 속해 있었는가? 이들의 메시지는 무엇이었으며, 어떻게 이들은 그 메시지를 당대 세계 속에 있는 사람들에게 지시했는가? 책을 쓴 목적은 무엇이었는가? 누구를 향해 그리고 누구에 대해 썼는가? 이런 질문들은 중대하며 제기되어야 한다. 심지어 이 질문들이 우리가 도달할 수 있는 역사적 범주를 넘어서서, 아주 소수의 성경 저자들의 정체성에 대해 지시할지라도 말이다.

일반적인 가정은, 성경 저자들과 그들이 쓴 책이 고대 이스라엘의 공적인 종교 지도자들과 기관의 견해를 대표한다는 것이다. 성경 저자들은 기본적인 종교 기관들의 공적인 대변인이었다. 고대 이스라엘에서 종교 지도자들은 보통 제사장직과 예루살렘 성전의 구성원으로 대표되었으므로, 성경의 책들은 제사장들과 성전과 관계된 사람들을 대표한다는 한 걸음 더 나아간 가정이 가능했다.

하지만 나는 구약 저자들의 정체성에 대해 다른 시나리오를 써보고자 한다. 나의 제안은, 구약의 책들 대부분에서 들리는 목소리가 제사장이나 왕족 같은 이스라엘의 종교적 권위의 목소리와는 거리가 먼,[37] 예언자들의 목소리였다는 것이다. 이 예언자들은 자신들을 대변하거나 부유층과 종교적으로 연결된 자들을 대변하는 것이 아니라, 오히려 "가난한 자, 고아와 과부"를 대변한다. 구약은 종교적인 기관이나 공동체에서 대표되지 않았을 자들, 즉 대표되지 못한 자들을 대표한다.

구약의 다양한 책 속에서 말하는 이 예언자적 목소리들은 누구였을까? 간단히 말해서 구약책들의 예언자적 저자들은 "비공식적"이지만 하나님의 부르심을 받은, 고대 이스라엘의 소수의 예언자 그룹이었다. 성경의 책들 속에서, 빠르게는 엘리야(왕상 17장)와 엘리사(왕상 19장) 선지자의 내러티브에서 우리는, 이스라엘 안에 "바알에게 무릎 꿇지 아니하고 바알에게 입 맞추지 아니한"(왕상 19:18) 소수(칠천 명)의 무리에 대해 듣는다. 이스라엘의 "신실한" 자들의 정확한 정체성이 무엇이든지 간에 구약의 많은 구절에서 자명한 것은, 성경 저자들이 자신을 하나님의 대변인으로서 그분의 독특한 부르심을 받았다고 이해했으며, 따라서 이들은 다른 신들을 좇기 위해 하나님을 버린 이스라엘 사람들과 대결하기 위해 엄청난 역경을 무릅쓰고 맞설 준비가 되어 있었다는 점이다. 비록 구약 저자들은 자신들과 "공식적" 선지자들 사이에 상당한 거리를 두었지만, 스스로를 진정한 선지자로 이해했다. 또한 자신들의 말을 들어야 한다는 우선적 주장은, 그

---

37) 또는 예언자직에 속한 자들—"선지자의 아들"(암 7:14)—조차도 그렇다.

들이 성경으로부터 받은 특정 말씀과 연결된, 하나님의 소명을 받았다는 사실에 근거했다(사 8:20).

이 "문서 예언자들"(writing prophets)에게서 우리는 두 가지 중요한 측면을 추적해볼 수 있다. 첫째, 이들과 이들의 제자 그룹의 예언자들은 모세 오경을 보존하고 보호하는 책임을 맡았다. 구약의 책에서 반복되는 주제는, 이스라엘에게 모세의 성경을 주는 데서 예언자들의 역할이다(비교. 단 9:10). 둘째, 구약책들과 전체 구약의 구성에 대해 이 선지자들 대부분은 책임이 있었을 가능성이 높다. 아마도 이들은, 지금 우리가 가진 히브리어 성경의 오경을 두 번째로 편집한 사람들이었을 수 있다.

이 예언자 그룹에 대한 논의는 다음과 같은 관찰에서 시작된다. 즉, 초기 이스라엘 역사 내내 사람들이 지금 우리가 알고 있는 성경을 사용했으며, 거기에 친숙했다는 증거가 거의 없다는 것이다. 성경 전체에 대한 인식이 상당히 나중 시기에 시작되기까지, 이 인식은 이스라엘 역사 초기에는 약했던 것으로 보인다. 여호수아와 이스라엘의 장로들이 죽은 후 성경 시대의 시작에는 "그 후에 일어난 다른 세대는 여호와를 알지 못하며 여호와께서 이스라엘을 위하여 행하신 일도 알지 못하였다"(삿 2:10). 이 설명은 그때 오경의 소재에 대한 질문을 야기한다. 이 시기의 끝, 다윗 왕국의 멸망과 바벨론 포로 시기 바로 전, 잃어버렸던 "율법책" 사본이 성전 수리 기간 동안에 발견되었다(왕하 22:8). 놀랍게도, 심지어 제사장들이나 왕조차도 "토라책"을 알아보지 못했다. 오직 여선지자 홀다(왕하 22:14)만이 그 책을 성경으로 알아보았으며, 왕의 전령들을 위해 그것을 해석할 정도로 그 내용에 충분히 익숙했다. 이 구절과 다른 구절들은 예언자들이 성경책의 저작에서 했던 역할에 대해 질문을 제기한다.

구약책들의 구성은 고대 이스라엘에서 두 가지의 중심적인 역사적 사건들, 즉 예루살렘에서의 왕조 성립(삼하 7장)과 바벨론 포로기 동안의 왕조의 멸망(왕하 25:21) 사건과 밀접하게 연결되어 있다. 이 두 사건은, 두 개의 중심 제도인 다윗 왕권과 아론의 성전 제도의 시작과 끝에 위치한다.

두 개의 제도는 모두 세습에 의한 직분으로 표시된다. 유다의 왕들은 다윗 가계의 후손으로 제한되며(삼하 7:12-16), 제사장들은 아론의 가계의 혈통을 좇는다(민 3:10). 이 두 설립된 제도와 함께, 세 번째로 예언자직이 일어난다. 하지만 다른 두 가지 제도와 달리, 예언자의 정체성은 오로지 하나님의 부르심에 의해 표시되었다(렘 1:5).

이 세 그룹에 대한 구약의 견해는 대체로 부정적이다. 구약책들의 "예언자적인" 저자들에 따르면, 하나님에 의해 임명된 이 지도자들은 그들 직분의 책임에 대해 점차로 등을 돌렸으며(비교. 신 33:8-11) 회복 불가능하도록 궤도에서 이탈했다. 제사장의 아들이며(렘 1:1) 예언자로 하나님의 부르심을 받은(렘 1:5) 예레미야는, 하나님에 대한 그들의 무례한 적대에 대해 제사장들과 예언자들 모두에게 경고했다(렘 2:8). 하나님의 부르심을 받았던 진실된 예언자 아모스는 다른 예언자들과 동일시되는 것조차도 바람직하지 못하다고 여겼다(암 7:14). 아모스는 예언자보다 오히려 목자와 수목 재배가의 직업으로 자신이 인식되기를 선호했다(암 7:14). 많은 합법적인 예언자들, 그들 중에서도 예레미야는 참된 하나님의 부르심을 받지 못한 거짓 예언자들의 반대에 맞서야만 했다(렘 28장).

궁극적으로 진실된 예언자의 유일한 방어선은, 성경이 자신의 메시지를 지지할 것을 호소하는 것이었다.

어떤 사람이 너희에게 말하기를 주절거리며 속살거리는 신접한 자와 마술사에게 물으라 하거든 백성이 자기 하나님께 구할 것이 아니냐 산 자를 위하여 죽은 자에게 구하겠느냐 하라 마땅히 토라[tôrâ]와 증거의 말씀[těʿûdâ]을 따를지니 그들이 말하는 바가 이 말씀[dābār]에 맞지 아니하면 그들이 정녕 아침 빛[šāḥar]을 보지 못하고(사 8:19-20)

자신의 부르심에 진실되게 남아 있었던 예언자들이, 거의 유일하고 우선적인 상소 법원인 성경으로 눈길을 돌렸다는 사실은 전혀 놀랍지 않다.

그들을 부르셨던 하나님은 그들이 성경으로부터 친밀하게 알았던 바로 그 하나님이셨다. 이분은 모세와 시내 산 언약의 하나님이셨다. 결과적으로 예언자들이 불순종하는 국가에 대해 설교했을 때, 이들이 호소했던 텍스트는 거의 항상 (잊혀진) 모세 오경이었다. 나라가 망각하고 방치했던 오경을, 하나님의 진실한 부르심을 받은 선지자들은 조심스럽게 읽고 보존했다. 모세 오경의 독자로서 이 예언자들은 시내 산 언약의 불가피한 실패를 잘 인식하고 있었다(신 29:21-27). 그러므로 그들은 시내 산 언약에는 희망을 두지 않았다. 모세 자신도 하나님이 시내 산 언약에 희망을 두시지 않음을 알고 있다는 사실을, 이 예언자들도 알았다(신 31:29). 모세는 시내 산(호렙[신 29:1])에서 이스라엘과 맺었던 언약과 "같지 않은", 또 다른 언약에 대한 예언의 말씀 속에서 희망을 발견했다. 그러므로 예언자들의 메시지는 모세의 글에서 그들이 의존했던 성경의 희망에 근거했다. 이 희망의 원천은 "새 언약"에 대한 예언적 말씀이 되었다(렘 31:31). 이 희망은 미래를 향한 예언적 비전의 중심이었다(신 30장).

이후에, 하나님의 말씀에 진실되게 남아 있었던 예언자들은 점점 더 그들의 중심 주제를 오경 같은 성경의 책에서 끌어냈다. 예언자들은 성경의 해설자가 되었다. 언약, 믿음, 율법과 순종, 구속, 약속된 씨와 같은 주제들은 예언적 희망의 구조물이었다. 이 주제들은 오경과 같은 성경 텍스트의 구조적인 뼈대를 형성했다. 말씀을 선포하는 데서 예언자들은 중심적인 오경 주제들을 국가의 삶의 현재 상황에 맞게 적용함으로써, 이 주제들을 강력하게 중심부로 가져왔다. 이스라엘 역사 속에서 태만과 불순종으로 성경의 많은 부분이 잊히고 손실되는 위험에 처했을 때(예, 왕하 22장), 예언자들은 자신의 시대의 더욱 복잡한 상황에 말씀을 적용하는 방법을 모색하기 위해 모세의 성경에 깊이 몰두했다(수 1:8). 그렇게 함으로써 이들은 신명기의 페이지들을 통해서 매일의 삶에 언약의 주제들을 적용하는 것을 설교하고 가르쳤던 예언자 모세의 모범을 따르고 있었다. 에스라와 성경 예언자들처럼, 모세는 최종 형태로 만들고 있었던 바로 그 성경의 연구에 많은 열정을 쏟았다. 신명기는 모세 자신의 진술로 시작된다. 백성이 요단 강 언덕에서 약속의 땅으로 들어가기 위해 준비 중일 때, 모세는 "율법을 [그들에게] 설명하기 시작했다"(신 1:5). 훨씬 나중에 오는 에스라와 같이(스 7:10; 느 8:8) 모세는 성경을 연구하고 가르치는 데 자신을 바쳤다.

신명기 전체를 통해서 우리는 모세의 가르침과 그의 성경 주해의 실례들을 발견한다. 이것이 예언자들과 신약 저자들이 후에 모세에게 적용했던 것과 같은 주해라는 사실은 놀랍지 않다. 신명기 10장에서 모세는 하나님의 땅을 소유하라는 명령에서 "영적" 교훈을 이끌어낸다. 이는 신약에서나 발견됨 직한 종류의 해석이다(비교. 고전 10:1-11). 여호수아 세대에게 땅을 소유한다는 것이 무엇을 의미하는지를 이스라엘에게 상기시키면서(신 10:11), 모세는 오경의 독자들을 향해 "그리고 지금[38] 이스라엘아 네 하나님 여호와께서 네게 요구하시는 것이 무엇이냐"(신 10:12)라고 묻는다. 모세의 답은 마치 예언서의 한 페이지를 읽는 것 같다. "[너는] 곧 네 하나님 여호와를 경외하여 그의 모든 도를 행하고 그를 사랑하며 마음을 다하고 뜻을 다하여 네 하나님 여호와를 섬기고[섬겨야만 한다]"(신 10:12). 모세의 말은 나머지 성경 전체에 반향으로 울려 퍼졌다. 미가 선지자는 묻는다. "여호와께서 네게 구하시는 것은 오직 정의를 행하며 인자를 사랑하며 겸손하게 네 하나님과 함께 행하는 것이 아니냐"(미 6:8). 에스겔 선지자는 비슷한, 개인적이고 윤리적인 적용을 창세기의 소돔 이야기에서 이끌어낸다. "네 아우 소돔의 죄악은 이러하니 그와 그의 딸들에게 교만함과 음식물의 풍족함과 태평함이 있음이며 또 그가 가난하고 궁핍한 자를 도와주지 아니하며 거만하여 가증한 일을 내 앞에서 행하였음이라 그러므로 내가 보고 곧 그들을 없이 하였느니라"(겔 16:49-50). 에스겔은 가난한 자의 "손을 강하

---

38) S. R. Driver는 "그리고 지금"이라는 문구가 "앞의 회고에서 추론되는 실용적인 결론"을 도입한다는 사실에 주목한다(*A Critical and Exegetical Commentary on Deuteronomy* [ICC; Edinburgh: T & T Clark, 1895], p. 124).

게"(ḥāzaq yād) 하는 데 실패했던 소돔의 거주자와, 소돔에서 박해받는 롯과 그의 가족의 "손을 강하게"(ḥāzaq yād) 했던 천사 사이의 대조에 그의 윤리적 교훈의 기초를 둔다.

이후에 오는 미가와 에스겔 선지자와 같이, 모세는 율법(토라)을 공부했으며 이 언약의 주제들을 독자의 삶에 어떻게 적용하는지 알고 있는 자로 묘사된다. 이렇게 함으로써 모세는 텍스트를 적용하도록 하는 성경적으로 보장된 해석을 외면하지 않는다. 그는 그의 교훈을 성경 말씀이라는 기초 위에 세운다. 이런 방식으로 성경 텍스트를 작업한 모세는, 성경을 어떻게 읽어야 하는지에 대한 가장 중요한 모범으로 제시된다. 여호수아 1:8과 시편 1:2에서처럼 지혜로운 자는 "성경을 주야로 묵상하는" 자다. 이런 방식으로 모세를 제시하는 것은, 오경 저자로서 이미 그가 성경을 독자들의 일상적 삶과 연결하는 방식을 찾고 있었음을 보여준다(또한 신 4:1을 보라). 예언자들처럼, 그의 메시지는 성경을 조심스럽게 읽은 결과이며, 동시에 자기 자신이 그 성경을 만드는 (구성) 과정 안에 있었다.

주해와 구성. 예언자들의 삶 속에서의 성경의 역할은 다음과 같은 추가적인 질문을 야기한다. 심지어 성경의 존재가 급속도로 동시대인들의 기억에서 사라지는 동안에도, 예언자들이 모세의 성경에 깊이 몰두했음을 우리는 어떻게 알 수 있는가?(삿 2:10; 왕상 19:18) 이 질문에 대한 답의 첫째 부분은, 구약을 함께 잇고 있는 "정경의 접착제"의 마지막 단계인, 여호수아 1:8과 시편 1:2 같은 텍스트들의 폭넓은 함축에서 볼 수 있다. 이 텍스트들은 일반적으로 성경을 읽는 방법에 대해 이상적인 그림을 제시한다. 이것들은 구약의 최종 형태(Endgestalt)를 형성하는 데 참여한 사람들의 기대와 가정의 성격을 보여준다. 이 텍스트들은 성경이 이상적으로는 "주야로" 읽고 묵상되도록 의도되었음을 보여준다. 만약 이것이 이상을 독자에게 표현한 방식이라면, 이것은 동일한 성경 저자들이 이 이상대로 살기를 시도했음을 의미한다(시 1:2을 보라). 비록 이상에 불과하지만 이 텍스트들이 제시하는 그림은 토라 경건 묘사에 있어 충분히 현실적이었으므로, 이들은 이 이상 속에서 자신들을 인식하는 데 어려움이 없었을 것이다.

같은 질문에 대한 답의 나머지 부분은 예언자들의 말씀의 증거에 놓여 있다. 예언문학을 오경의 모세의 말과 비교해보면, 예언자들이 상당한 분량의 언어와 생각을 오경과 공유했다는 사실이 분명해진다. 결과적으로, 예언자들의 어휘는 본질적으로 모세의 어휘다. 무엇보다 이것은 여호수아 1:8과 시편 1:2이 요구한 대로, 이들이 모세의 말씀을 숙고하고 묵상하는 데 상당한 시간을 보냈음을 의미한다. 이스라엘과 유다를 향한 호세아의 말의 요점은, 오경의 구성적 뼈대의 일부인 십계명(호 4장), 창세기 내러티브(호 12장), 발람 내러티브(민 24:7-9)에 대한 숙고에서 나온 것이다.[39]

성경 내러티브를 보면, 모세의 작품에 몰두했던 것은 예언자들만이 아니었음을 알 수 있다. 한나의 노래(삼상 2:1-10)는 한나 또한 오경의 중심적인 구성적 메시지 속에서 희망의 근거를 발견했음을 보여준다. 자신의 언어로 그려내는 그림으로부터 한나는, 오경 속의 시를 "주야"로 읽고 있었던 자로서 말하고 있다. 찬양시의 결론(삼상 2:1-9)으로 진입해 들어가면서 한나는 주의 왕, "그의 메시아"의 오심을 요청한다(삼상 2:10). 어디서 한나는 이 왕에 대해 배웠을까? 오경 내에서 이런 시형 텍스트가 분배된 방식으로부터, 그리고 한나 자신의 말로부터 판단해보건대, 사무엘서의 저자는 한나가 오경을 읽고 알고 있었으며 그녀의 메시아적 이미지를 오경의 시로부터 유추했음을 암시하고 있다고 짐작할 수 있다.

순수히 문학적인 관점에서, 예언의 말씀과 이스라엘의 신실한 자들의 말은 그들이 모세의 성경에 몰두해 있었으며 그것과 밀접한 연관성을 갖고 있음을 드러낸다. 의로운 사람들(예언자들과 평신도들)은 올바른 텍스트(모세의 오경)를 인식하고, 그들의 희망(영적 교훈과 메시아의 희망)을 바로 이런 텍

---

39) Sailhamer, "Hosea 11:1 and Matthew 2:15"을 보라.

스트로부터 이끌어낸다. 그들의 하나님과 그분의 구속 계획은, 모세가 기록한 성경으로부터 그들이 알게 된 메시지를 통해서 알려진다. 예언자들이 성경의 메시지에 몰두했음을 알려주는 것은 바로 이 예언자들의 말이다. 모세와 예언자들 사이에 존재하는 연결은 부정하기 어렵다. 심지어 때때로 복잡한 메시지의 미세한 세부 사항들에서조차 예언자들의 말은 모세의 말을 반향하며 동일한 문학적인 특징을 지닌다. 창세기 1장의 창조기사를 읽은 사람은 누구나, 예레미야 27:5이 창세기 1장의 영향을 받았다는 사실을 놓치지 않을 것이다. "나는 내 큰 능력과 나의 쳐든 팔로 땅과 지상에 있는 사람과 짐승들을 만들고 내가 보기에 옳은 사람에게 그것을 주었노라." 예언자들의 말을 주의 깊게 듣는 것은, 그들이 읽은 성경과 그들의 마음을 채웠던 생각에 대해 많은 것을 말해준다. 이들의 생각과 이상은 궁극적으로 모세의 토라에 기원을 두고 있다.

예언적 메시지의 말씀과 주제의 구조에서 모세의 영향에 더해서, 예언적 메시지는 모세의 기원의 다른 흔적도 가지고 있다. 이 다른 흔적은 내가 앞에서 설명했던, 선지자들의 메시지의 범위의 규모에 있다. 예언자들의 메시지와 내용은, 그들이 직면했던 직접적인 쟁점들이 요청하는 것보다 훨씬 더 크다. 대부분의 예언자들은 직접적인 상황에서 직접적인 쟁점들을 다루도록 요청받는다. 하지만 그들이 전달한 컨텍스트와 병행해서 그들의 메시지를 볼 때, 그들의 말은 필경 오경의 세계를 읽고 숙고한 것으로부터 가져온, 훨씬 더 넓은 범위와 연결되어 있음이 분명해진다. 예언자들은 당대의 뉴스에 대한 응답으로 그들의 메시지를 전했지만, 이들은 훨씬 더 큰 오경의 범위와 창조와 "마지막 날들"의 초점 내에서 그들의 메시지를 던진다. 이런 이유 때문에 예레미야는 이스라엘의 임박한 군사적인 패배를, 오경의 창조에 대한 예언적 비전의 견지에서 다루었다. 예레미야의 이 말은 의심할 여지 없이 창세기 1장의 창조 기사에서 가져온 것이다. "나는 내 큰 능력과 나의 쳐든 팔로 땅과 지상에 있는 사람과 짐승들을 만들고 내가 보기에 옳은 사람에게 그것을 주었노라"(렘 27:5).

이사야 45:18 역시 창세기의 창조 기사와 연결되며, 저자가 이 의미를 이해하는 데 상당한 관심을 쏟았음을 보여준다. "대저 여호와께서 이같이 말씀하시되 하늘을 창조하신 이 그는 하나님이시니 그가 땅을 지으시고 그것을 만드셨으며 그것을 견고하게 하시되 혼돈하게 창조하지 아니하시고 사람이 거주하게 그것을 지으셨으니 나는 여호와라 나 외에 다른 이가 없느니라." 이사야와 같은 선지자들은 자신들의 세계보다 훨씬 더 크고 넓은 세계에 대한 비전을 가지고 있었다. 이들은 어디서 이런 비전을 얻었을까? 그것은 오경의 세계에 대해 읽음으로부터 왔다. "내(하나님)가 시초부터 종말을 알리며 아직 이루지 아니한 일을 옛적부터 보이고 이르기를 나의 뜻이 설 것이니 내가 나의 모든 기뻐하는 것을 이루리라 하였노라"(사 46:10).

한나는 모세의 성경으로부터 이끌어낸 예언의 메시지의 영향하에 있던 자들을 대변한다. 그녀 가족의 갈등 속에 개입한 하나님과 그녀의 아들에 대한 소망(삼상 1장)은, 오실 메시아(삼상 2:10)에 대한 그분의 신실한 말씀의 컨텍스트에서 채택되었다(삼상 2:10). 실제로 예언자들의 메시지가 광범위한 범위를 가진 것을 당연하게 여길 수도 있지만, 모세의 성경에서 끌어온 예언의 말씀의 규모 없이 이 범위를 설명할 근거는 거의 없다.

예언적 비전의 이런 범위를 보고 어떤 이들은, 이스라엘의 예언자들이 종교적인 천재였다고 생각한다. 예언자들은 동시대인들이 본 것보다 더 크고 다른 세계를 보았다. 또 다른 이들은 예언자들의 비전의 범위를 하나님의 영감 덕분이라고 믿는다. 예언자들의 견해는 하나님이 계시로 주신 견해다. 앞의 두 가지 설명 모두 어느 정도는 진실이다. 예언자들의 말은 하나님의 영감으로 쓰였으며(딤후 3:16) 따라서 하나님의 관점을 나타낸다. 하지만 두 설명 모두 전체 그림을 보여주지는 못한다. 예언자들의 기록을 면밀히 살펴보면, 그들이 세계관을 어디에서 발견했는지를 알게 된다. 예언자들이 살았던 세계는 오경을 통해 발견되고 그 진가가 드러난 세상이었다. 이들의 메시지의 규모는 오경 내러티브의 세계에 걸맞는다. 이들의 메시지는 성경, 특히 오경에서 그들을 위해 진술된 세계에만 적합하게 맞을 수 있다. 이런 예언적인 비전은, 토마스 만(Thomas Mann)이 "인용된 삶"(quoted life)[40]으로 불렀던 것으로 특징지어진다. 예언자들의 세계, 그리고 그 세계와 함께 그들의 삶은 성경을 읽음으로써 가져온 것이었다. 그들이 알게 된 세계는 성경의 세계였다. 그 세계의 의미는 오경에 의해 부여되었다. 그들의 예언의 메시지는 성경 인용이라는 실로 짜였으며, 그들은 오경 내러티브의 세계로부터 빌려온 의미의 세계 속에서 살았다.

호세아가 자기 시대의 이스라엘을 향해 이야기할 때, 그는 이스라엘을 창세기의 야곱으로 대한다. "야곱은 모태에서 그의 형의 발뒤꿈치를 잡았고 또 힘으로는 하나님과 겨루되 천사와 겨루어 이기고 울며 그에게 간구하였으며"(호 12:3-4).

예레미야가 열방에게 말할 때, 그는 창세기 1장의 창조 내러티브의 범위 내에서 말한다. "그들의 주에게 말하게 하기를 만군의 여호와 이스라엘의 하나님께서 이와 같이 말씀하시되 너희는 너희의 주에게 이같이 전하라 나는 내 큰 능력과 나의 쳐든 팔로 땅과 지상에 있는 사람과 짐승들을 만들고 내가 보기에 옳은 사람에게 그것을 주었노라"(렘 27:4-5).

예언자들의 메시지의 규모는 그들의 삶에 있는 오경의 영향을 나타낸다. 오직 오경의 세계만이 그들의 예언의 메시지의 범위만큼 충분히 넓다. 그들은 성경 텍스트 세계의 규모에 맞추어 자신들의 언어를 측정했다. 후에 성경 저자들이 오경의 구성과 보존에 예언자들을 연결시켰던 것은, 부분적으로 이런 이유 때문일 것이다(왕하 17:13; 스 9:10; 단 9:10; 슥 7:12). 메시지의 선포의 시작에서부터 예언자들은 공개적으로, 모세와 말과 성경과 일체감을 가졌다.[41]

---

40) "Zitathaftes Leben"(Michael Fishbane, *Biblical Interpretation in Ancient Israel* [Oxford: Clarendon Press, 1985], p. 1에서 재인용).

41) "율법과 선지자들"은 오경의 제목이다.

구약의 문학적 역사

이스라엘의 예언자들을 오경 메시지의 기원과 발전에 연결시킴으로써, 지금 우리는 타나크 자체의 내적 증거로부터 타나크의 문학적 역사를 추적하는 것이 과연 가능하며 또한 바람직한 것인지 하는 질문을 다루고자 한다. 이런 역사의 두 가지 양상은 성경 구성의 개념과 "책"의 개념이다.

앞에서 우리는 왕권, 성전, 예언자 직분의 설립과 예언자의 증가하는 중요성이, 성경 구성의 발전을 이해하는 데 가장 직접적인 신학적 컨텍스트를 제공한다는 사실에 주목했다. 구성 활동의 단계는 대략 다음과 같은 사건과 제도에 의해 규정된다.

1. 다윗 왕정 이전 기간(주전 1000 이전)
2. 다윗 왕정과 그 이후 기간(주전 600 이전)
3. 포로기(주전 600-500)
4. 포로기 이후 기간(주전 500 이후)

다윗 왕정 이전(주전 1000 이전). 다윗과 솔로몬의 통치 이전의 성경책들의 구성에 대한 이해는 주로, 구약성경 자체에서 간간이 "책"과 "문서"(writings)로 언급되는 구절로부터 모아져야 한다. 이스라엘이나 가나안 역사의 초기 시기에 "책"(sēper)이라는 히브리어 단어는, 그것이 파피루스, 나무, 도자기, 돌, 가죽 중에서 무엇으로 만들어졌는지 관계없이, 어떤 종류의 기록된 자료에도 다 해당되었다.[42]

---

42) 고대 이스라엘에서 "책"의 의미의 가능한 함축성에 대해서는, John Barton, "What Is a Book? Modern Exegesis and the Literary Convention of Ancient Israel," *Intertextuality in Ugarit and Israel*, ed. Johannes C. de Moor (OtSt 40; Leiden: Brill, 1998), pp. 1-14을 보라.

여호수아 1:8에서 "토라책"의 언급은 이스라엘 역사의 시작에서 성경의 상태에 대한 질문을 야기한다. 모세는 여호수아에게 "책"(sēper)을 주었다. 그는 그 책을 "주야"로 읽어야 했고, 지혜(śākal)와 형통함(ṣālaḥ)을 얻는 방법으로 기록된 말씀에 순종해야 했다. 책에 대한 이런 언급은, 여호수아 1:8의 "율법책"과 우리가 가진 성경에 있는 오경과의 관계에 대해 추가적인 질문을 제기한다. 또한 율법책과, 여호수아 8:31의 "모세의 율법책"과, 여호수아 8:32에 인용된 "모세의 율법" 사이의 관계는 무엇인가?[43] "모세의 율법"의 사본은 에발 산에 여호수아가 세운 거대한 제단의 석회를 칠한 돌 위에 기록되었다(수 8:30-34). 이것은 단순히 모세의 율법의 일부였는가, 아니면 전체의 사본이었는가? 신명기 27:1-8에서 모세는 제단의 돌 위에 "율법의 말씀들"을 기록하도록 명하면서, "좋은 해설"[44]이 수반되어야 한다고 추가 사항을 더했다. 우리는 이 "텍스트"를 여호수아 1:8의, 여호수아에게 주어진 "토라책"과 동일시할 수 있는가?

대부분의 영역본들은 여호수아 8:31을 "모세의 율법의 책"으로 표현함으로써, 이 구절에서 마소라 텍스트를 따른다. 그리스어 역본(LXX)은 "책"의 언급 없이 "모세의 율법"으로 표현한다. 여호수아 8:34도 마찬가지다. 마소라 텍스트는 "토라책"으로, 그리스어 역본은 "모세의 율법"으로만 읽는다. 두 사례 사이의 눈에 띄는 차이점은 마소라 텍스트에는 "책"이라는 단어의 추가가 있다는 점이다. 70인경의 히브리어 텍스트(Vorlage)[45]에서는 "책"이라는 단어가 없다. 따라서 원문에 대한 질문은 여호수아 8:32의 제단의 돌 위에 기록한 것과, 여호수아 1:8의 "책"의 정체성에 대한 것이 된다. 마소라 텍스트에 따르면 이것은 여호수아 1:8의 것과 동일한 "책"이지만, 70인경에서 여호수아 8:32[46]의 "율법"은 여호수아 1:8의 "책"과 동일

---

43) 또한 신 17:18의 "책"을 보라.
44) 또는 "적절한 해석"(ba'ēr hêṭēb)이라고도 할 수 있다.
45) Vorlage라는 용어는 LXX의 번역자가 사용한 히브리어 텍스트를 가리킨다.

하지 않다.[47]

아담 가문의 계보. 오경 초반에 다음과 같이 "책"이 인용된다. "이것은 아담의 계보를 적은 책[sēper]이니라"(창 5:1). 여기서 책은 창세기 5장의 열 명의 이름과 그들 가족의 명단을 가리킨다. 이 책에는 창세기 나머지에 걸쳐 나오는, "족보는 이러하니라"라는 표제하에 추가적인 명단이 포함되어 있을 수도 있다. 이 명단은 민수기 3:1, "아론과 모세가 낳은 자는 이러하니라"에서 모세의 족보로 결론을 맺는다.

여호와의 전쟁기. 민수기 21:14은 "여호와의 전쟁기"(sēper milḥămôt ybwh)라는 제목이 붙은 문서를 인용한다. 아주 오래전부터 많은 추측이 있었음에도, 이 "책"에 대해서 알려진 바는 거의 없다.[48] 오경의 모세 저작설을 고수하는 자들에게 이 인용은, 이것이 모세 오경에서 사용된 문서 자료인지, 아니면 오경 자체에서 또는 오경 외의 자료에서 가져온 초기 이스라엘 역사인지 하는 질문을 제기한다. 민수기의 인용 방식은 놀랍게도 문서 자료를 인식한 것을 포함해서,[49] 현대적 역사 편찬 방식을 보여준다. 하지만 최근의 복음주의 학문은, 이스라엘의 초기 역사나 오경의 구성 시기에서 문서 자료들의 이용도를 이해하기 위해, 이런 인용의 함축성에 대해 거의 논의를 하지 않는다.

이 "책"은 현존하지는 않는다. 하지만 민수기에 나오는 책에 대한 언급은, 이런 책이 존재했다는 널리 퍼진 신념과, 오경 저자가 성경 구성에서 문서 자료의 개념을 수용했다는 점을 보여준다. 제목으로 판단하건대 이

---

46) 수 8:32에서 "그[모세]가 기록한"이라는 표현 역시 그리스어 역본(LXX)에는 나오지 않는다.

47) 수 1:8에서 LXX는, 모세가 준 율법과 여호수아에게 읽고 묵상하라고 준 "율법의 책"을 구별한다.

48) Heinrich A. C. Hävernick, *Handbuch der historisch-kritischen Einleitung in das Alte Testament* (Erlangen: Heyder, 1836–1849), 1/2: 504–5.

49) Hävernick은 이것을 최대한 활용한다(ibid., 1/2: 504). C. F. Keil은 Hävernick의 논의를 생략한다(*Manual of Historico-Critical Introduction to the Canonical Scriptures of*

책은 "여호와의 전쟁"에 관한 것이었다. 이것은 어떤 전쟁이었는가? 우리가 성경에서 읽은 전쟁인가, 아니면 성경에서 읽은 기사와 다만 유사한 전쟁, 따라서 일부 성경 내러티브를 위한 기록 전단계의 역사로 기능했을 수도 있는 종류의 전쟁인가? 민수기 21:13의 컨텍스트는 이 전쟁이 초기 가나안 주민을 지칭하는 용어인 "아모리인들"을 대적해서 벌어졌음을 보여준다(창 15:16).

민수기 21:27-30에 따르면 아모리인들이 모압을 격퇴한 사건에 대한 시적(詩的) 기사는 "격언을 말한 자들"의 작업이다. 창세기 48:22에는 야곱과 아모리인들의 투쟁 또는 전쟁에 대한 언급이 있는데, 야곱은 칼과 활로 세겜을 소유로 얻었다.[50] 그러므로 "여호와의 전쟁기"는 이스라엘과 아모리인들 사이에 있었던 고대 전쟁의 기록이었을 수 있다. 창세기 15:16은 아모리인들과의 계산이 아직 끝나지 않았음을 보여준다. 비록 이 구절은 아브라함 시대에 하나님이 이스라엘에게 주신 땅에 대한 약속이, 아모리인들의 역사적 운명과 연결된다는 점을 보여주지만, 이전 창세기 내러티브에는 이런 아모리인들과의 계산에 대한 언급이 없다. 아므라벨과 아모리 사이의 전쟁은 창세기 14:7에 자세히 설명되어 있다. 이 전쟁에서 아브라함은 지방의 아모리인과 동맹을 맺고 있었다(창 14:13). "아모리인들 다섯 왕"과 이스라엘의 전쟁(수 10:1-14)은 나중에 "의로운 자들의 책[sēper]"(수 10:13)으로 인용된 책에 포함되었다.

의로운 자들의 책. 여호수아 10:13에서 "의로운 자들의 책"[51]으로 인용된 책(sēper)에는, 태양을 머무르라고(수 10:12-13) 한 것에 대한 시만이 포함되었을 수 있다. 이 책(sēper)은 동일한 제목으로 사무엘하 1:18에서 인용

---

the Old Testament, trans. George C. M. Douglas [Edinburgh: T & T Clark, 1869], 1/2: 189).

50) 창 48:22에 따르면, 이스라엘의 과거 속에는 성경에 기록되지 않은 전쟁도 있었다.

51) 때로는 "야살의 책"으로 번역된다.

되었다. 두 인용문이 모두 시를 포함하고 있으므로,[52] 이 책은 시들의 모음집이라고 여겨졌다. 오경의 구성에서 시가 가지는 중요성을 생각할 때, 아마도 이 책은 오경 구성에 사용된 것과 같은 종류의 시들의 모음집이었을 것이다. 이는 이런 종류의 고대 시들의 보존을 설명해줄 것이다. 또한 이런 시 모음집은, 예언자들이 흔히 그들의 메시지와 비전을 시 형태로 제시했다는 사실과 연관될 수 있다.

증거와 토라. 비록 "책"(sēper)이라는 용어가 이사야 8:16, 20에서는 언급되지 않지만, "율법"(tôrâ)과 병행하여 "증거"(tĕʻûdâ)에 대한 설명은 이 단어가 토라와 같은 고대 "책"이었음을 의미한다. 이 구절에 따르면 "증거"는 "율법"(토라)이 연구되는 것과 마찬가지로, 읽고 연구할 수 있는 텍스트 또는 책이었다. 율법과 마찬가지로, 의미를 알기 위해 증거를 읽는 행위는 하나님의 인도하심을 부지런히 찾는(dāraš) 방법이었다. "마땅히 율법과 증거의 말씀을 따를지니 그들이 말하는 바가 이 말씀에 맞지 아니하면 그들[예언자들]이 정녕 아침 빛[새벽, šāḥar]을 보지 못하고."

여호와의 책. 이사야 34:16에서는 예언의 말씀을 위해 "부지런히 탐구(dāraš)"할 수 있는 "책"(sēper)이 "여호와[yhwh]의 책"으로 인용되었다. 이 책은 성취를 확인할 수 있는 예언들을 포함한다.[53] 이 "여호와의 책"의 정체성은 확실하지 않다. 이사야서[54]에 대한 언급일 수도 있고, 예언 말씀

---

52) Sailhamer, *NIV Compact Bible Commentary*, p. 191을 보라.

53) "Die beiden letzten Strophen bilden einen eigentümlichen Abschluss dieser Gerichtsdrohung über Edom: denn sie fordern die Leser auf, sich durch genaue Vergleichung dieser Weissagung mit der Erfüllung davon zu überzeugen, dass auch nicht eines von den genannten Tieren und Gespenstern in Edom fehle"(Karl Marti, *Das Buch Jesaja* [KHC 10; Tübingen: Mohr Siebeck, 1900], p. 245).

54) "예언자는 '여호와의 책'이라는 제목을, 여호와가 그에게 영감을 주었으며, 그에게 적으라고 명령했던 예언들의 모음에 적용했다"(Franz Delitzsch, *Biblical Commentary on the Prophecies of Isaiah*, vol. 2., trans. James Martin [BCOT 20; Grand Rapids: Eerdmans, 1954], p. 75).

의 또 다른 모음집일 수도 있다.[55] 어떤 이들은 이 책을 오경과 동일시하는데, 왜냐하면 이 구절에서는 이사야가 민수기 24:18을 인용하는 것처럼 보이기 때문이다. 이사야 34:16에서 이사야가 이 책을 인용하는 것은 오바댜가 민수기 24:18을 인용하는 것과 비슷하다.[56] 오바댜와 이사야 둘 다 오경을 인용하는 것일 수 있다. 둘 다 독자들에게 이 "여호와의 책"에서 찾아(dāraš) 읽어보라고 호소하는데, 왜냐하면 여기에는 "빠진 것이 하나도 없기" 때문이다. 프란츠 델리취는 이 구절의 의미를 다음과 같이 설명한다. "예언을 성취와 비교할 때마다 언제나 일치되는 것으로 확인될 것이다."[57] 델리취의 주장에 따르면, 성취된 예언은 이사야 34장의 첫 부분에 나열되어 있지만, 이사야는 "야곱에서 나온 별"의 왕국이 에돔을 소유하는 것에까지 확장될 것이라고 한 민수기 24:18의 예언을 더 염두에 둔 것 같다. 34장의 시작에서 이사야는 하나님이 모든 열방에게 "시온의 송사를 신원하시기 위하여"(사 34:8) 그들에게 보복할 날을 경고한다(사 34:1-17). 민수기 24:18에서처럼 예언자 이사야는 에돔을 이스라엘의 원수로 지목한다(사 34:9-15). 심판이 에돔과 열방에 임할 때, "여호와의 책"은 이 모든 것들을 미리 예언했으며, 기록된 대로 이루어졌음을 증언할 것이다(사 34:16).

이사야 8:20; 30:8에서 이사야는 이 책에 예언된 사건들을 알고 있을 후대의 독자들에게 그의 책이 미칠 효과를 의식한다. 이사야 34:16에서 중요한 설명은, "여호와의 책"의 말씀을 "[하나님의] 입"이 명령했고 "그의 영"이 모은 것으로 동일시한다는 점이다. 이런 말은 분명히 책의 영감성에

---

55) "Darum kann auch der Verfasser von Cap. 34 entweder seine niedergeschriebene Prophetie über Edom für sich oder eine grössere Sammlung (etwa Cap. 28-35 resp. selbst Cap. 1-35), welcher er seine eigene Prophetie einverleibte, ein סֵפֶר יהוה, Is 34:16), eine Schrift Jahwes, nennen"(Marti, *Das Buch Jesaja*, p. 245).

56) "그들이 네겝과 에서[에돔]의 산과 평지와…얻을 것이요…나라가 여호와께 속하리라"(옵 1:19-21).

57) Franz Delitzsch, *Biblical Commentary on the Prophecies of Isaiah*, trans. James Martin (Grand Rapids: Eerdmans, 1969), 1:75.

대한 주장이며 오경과 동일함을 의미한다. "여호와의 전쟁기"(민 21:14)의 경우처럼, 오경의 구성은 흔히 "야위스트"(Yahwist)의 작품으로 여겨진다. 이것의 우선적 목적이 언약의 하나님, 즉 야웨를 예배하는 것을 중심으로 오경신학을 통합하는 것이었다는 사실로부터 "여호와의 책"이라는 제목이 설명될 수도 있다.[58] 이사야 34:16은 베드로후서 1:19의 "더 확실한 예언"에서 반향을 발견한다.

이 일이 기록될 것이다. 시편 102:18은 기록된 텍스트의 목적에 대해 중요한 설명을 한다. "이 일이 장래 세대를 위하여 기록되리니." 이사야 8:16-17도 비슷한 진술을 한다. "너는 증거의 말씀을 싸매며 율법을 내 제자들 가운데에서 봉함하라 이제 야곱의 집에 대하여 얼굴을 가리시는 여호와를 나는 기다리며 그를 바라보리라." 다니엘 12:4 역시 비슷하다. "다니엘아 마지막 때까지 이 말을 간수하고 이 글을 봉함하라." 성경의 텍스트가 기록된 이유는, 그 텍스트가 신실한 자들에게 위로와 힘이 되고, 선지자들에게는 하나님의 말씀을 부단히 상기시키기 위해 오랫동안 지속되어야 할 필요가 있기 때문이다. 이런 텍스트에 반영된 관점은 베드로후서 1:19, "우리에게는 더 확실한 예언이 있어"와 비슷하다.

다윗 왕정과 그 이후(주전 600 이전). 다윗 왕정 기간 동안 종교 생활은 성전과 왕권을 중심으로 이루어졌다. 요시야의 통치하에서의 "율법책"(sēper hattôrâ)의 "발견"(māṣā')기사로 판단해보면(왕하 22:8), 이 시기 동안 성경이 일반적으로 방치되어왔다는 사실이 추론된다. 이는 성경적으로 여호수아 이후에 "여호와를 알지 못하며 여호와께서 이스라엘을 위하여 행하신 일도 알지 못하였던"(삿 2:10) 세대로 거슬러 올라간다. 다윗과 솔로몬, 그리

---

58) "Das ist eine Auffassung von der Prophetie, wie sie das spätere Judentum und die Schriftgelehrten besassen: ein Prophetenwort ist tale quale ein Jahwewort, eine Prophetenschrift ein Jahwebuch"(Marti, *Das Buch Jesaja*, p. 245).

고 이후의 몇몇 선지자들의 활동이 없었다면 우리는, 이스라엘 역사의 이 시기 대부분 동안 성경 구성이 거의 혹은 전혀 없었다고 추측할 수밖에 없었을 것이다. 이 기간 동안 성경 자체의 기사는 사람들의 삶에서의 성경의 영향에 대해 불충분한 증거를 보여준다.[59] 비록 성경이 존재했고 몇몇 사람에 의해 읽혀졌음을 제시하는 증거는 충분하지만(예, 수 1:8), 그것 이상은 아무것도 없다. 성경을 "주야로" 묵상하는 것은 실현될 수 없는 상황이었던 것으로 보인다. 확실히 이 기간 동안 성경책들의 구성에 대한 우리의 이해에는 한계가 있다. 대부분은 성경 텍스트 자체로부터 구성적인 세부 사항을 관찰함으로써 정보를 얻어야 한다. 성경의 책들의 형태, 구조, 내용은 저자들의 저술에 대해 우리에게 무엇을 말해주는가?

포로기(주전 600-500). 바벨론 포로기 이후 이스라엘의 삶은 다윗 왕정 아래에서의 삶과는 아주 다르다.[60] 바벨론에서 이스라엘의 포로 생활은 왕조의 종말을 의미했으며, 그것과 함께 왕조를 둘러싸고 있던 미래의 희망에 대해서도 잠재적인 종결을 의미했다.[61] 동시에 이스라엘의 포로 생활은 다윗과 솔로몬 시대 이래로 예루살렘에서 알려진 성전의 삶도 끝나게 했다. 성전과 제사장직은 하나님의 임재에 대한 단순한 상징 그 이상, 즉 하나님의 임재를 실현하는 수단이었다. 성전과 제사는 하나님이 그의 백성과 만나시는 장소요, 수단이었다. 우리는 이런 사실을 다음 시편에서 읽을 수 있다.

사람들이 종일 내게 하는 말이 네 하나님이 어디 있느뇨 하오니 내 눈물이 주

---

59) 사무엘 시대에는 "여호와의 말씀이 희귀하여 이상이 흔히 보이지 않았더라"(삼상 3:1).
60) 폐허를 목격한 자의 기사를 보려면 예레미야애가를 보라. 또한 Sailhamer, *NIV Compact Bible Commentary*, pp. 385-86을 보라.
61) 시 89:38-39의 원고의 외침을 주목하라.

야로 내 음식이 되었도다 내가 전에 성일을 지키는 무리와 동행하여 기쁨과 감사 소리를 내며 그들을 하나님의 집으로 인도하였더니 이제 이 일을 기억하고 내 마음이 상하는도다 내 영혼아 네가 어찌하여 낙심하며 어찌하여 내 속에서 불안해 하는가 너는 하나님께 소망을 두라 그가 나타나 도우심으로 말미암아 내가 여전히 찬송하리로다(시 42:3-5)

내가 어쩌면 이를 알까 하여 생각한즉 그것이 내게 심한 고통이 되었더니 하나님의 성소에 들어갈 때에야 그들의 종말을 내가 깨달았나이다(시 73:16-17)

성전의 파괴와 그 결과로 따라오는 제사장직의 추방은 하나님과 이스라엘의 관계에서, 본질은 아닐지 몰라도 최소한 외적 방식에서의 근본적 변화를 의미했다. 한때 이스라엘이 하나님의 임재하심을 찾았던 성전이 지금은 파괴되었다(시 74편). 한때 이스라엘은 다윗 왕조에 충성을 맹세했던 반면에, 이 왕조의 후계자는 바벨론 감옥에서 죄수가 되었다(왕하 25:27). 흩어진 제사장직의 역할을 누가, 또는 무엇이 맡을 것인가? 누가 하나님의 면전에 서서 이스라엘의 유익을 위해 말할 것인가? 이들은 어디서 속죄를 찾으며 제사를 드릴 것인가? 어디서, 그리고 누구에게 미래를 향한 희망을 둘 것인가? 이 모든 것이 아무것도 아니었단 말인가?(애 5:22)[62]

포로 생활 중에 있던 자들을 위한 해답은 최소한 갓 발행된, 그리고 새로 출판된 히브리어 성경에서 찾을 수 있었다. 한때 다윗 왕조에 대한 하나님의 약속을 신뢰함으로써 복과 지혜를 발견했던 그들은(시 2:12b), 바벨론에 거주하는 때조차도 하나님의 말씀을 "주야"로 묵상함으로써 같은 복을 발견할 수 있었다(시 1:1-2).[63] 한때는 제사장직이 성전에서 하나님의 임

---

62) 애 5:22에서 LXX는 이스라엘을 거부하심에 대해 이야기한다. 반면에 MT는 거부의 가능성만을 제기한다.
63) 시편의 구조는 포로기의 질문에 대한 신학적 답변이다.

재를 중재했다면, 이제는 성경이 모든 개인에게 하나님의 은혜에 대한 접근과(시 119:11) 그분의 영광에 대한 언어적 비전을(사 6장) 주었다. 포로 생활의 비극적인 사건과 예루살렘 성전의 멸망과 함께, 성경은 하나님의 약속과 임재의 초점으로 이동하여 새로운 평가를 받게 되었다(애 3:25). 한때는 집단적으로 회중 속에서, 그리고 성전에서 왕과 제사장들 사이에서 하나님의 물리적 임재를 중심으로 했던 희망이, 지금은 성경의 "필사된 페이지들"을 통해 모든 개인에게 중재되었다.

오경의 형성 배후에 있는 구성적 전략은 이미 이런 상태를 예견하고 있었다. 시내 산 율법이 주어지는 내러티브의 중심은(출 19-24장) "제사장 나라"의 이상(ideal)이다(출 19:6). 제사장직은 민주화되었다. 모든 사람이 제사장이다. 최소한 내러티브는 이렇게 시작되지만 같은 방식으로 끝나지는 않는다. 시내 산 내러티브는 선택된 소수의 제사장직의 설립으로 끝난다(출 19:24).[64] "제사장 나라"로부터 "제사장을 가진 나라"가 되었던 것이다.

포로기 이후(주전 500 이후). 포로 생활로부터의 귀환과 성전의 재건축은 성경이 맡았던 중심 위치를 변경시키지 않았다. 포로기 이후 에스라가 레위인들과 함께 예루살렘으로 돌아왔을 때(스 7-10장; 느 8-10장), 이들의 목적은 하나님께 드리는 합당한 성전 예배의 설립이 아닌 듯하다(스 8:35).[65] 에스라가 도착했을 때(스 7장) 성전(과 예배)은 복원되어 있었다(스 8:33, 36). 에스라의 임무는 성전 용품들은 전달하고(스 7:12-8:36) "[페르시아] 왕의 율법"과 "[에스라의] 하나님의 율법" 모두를 가르치는 것이었다(스 7:25-26). 후에 에스라가 예루살렘에 엄숙한 집회로 백성을 모았을 때(느 8장), 이는 성

---

64) Sailhamer, *The Pentateuch as Narrative*, pp. 51-57을 보라.
65) LXX와 비교하라. 하지만 1 Esdras 9:38에서는 "성전의 동쪽을 향해 있는 입구 앞에서" (*tou pros anatolas tou hierou pylōnos*)로 되어 있는데, 이는 포로 생활로부터의 귀환이 가진, 한층 더 성전 지향적 견해를 나타낸다.

전에서의 예배를 위한 것이 아니었다. 오히려 목적은 "모세의 율법책"인 성경을 읽는 것을 듣기 위해 "광장에"(*'el-hārĕḥôb*) 서 있기 위해서였다(느 8:1). 거리에서 율법을 읽는 행위는 성전 예배와 함께 배치되었다.[66] 이렇게 토라를 배우기 위해 예루살렘에 모인 열방에 대한 이사야의 비전은(사 2:3) 학자 에스라의 사명 속에서 실현되었다.

성경의 확장된 역할은 이스라엘 종교의 무게 중심에 변화를 가져왔다. 한때는 고대 왕권 제도, 성전, 제사장직의 복귀에 희망이 있었지만, 지금 이 희망은 점점 더 예언자들의 말씀으로서의 성경과 연결되었다. 포로기 이전의 선지자들의 말은 전부 잊혀졌다. 하지만 이 말씀은 예언자의 제자들이 이룬 작은 공동체의 손에 간직되어 있었다(사 8:16; 단 9:2). 포로 생활로부터의 귀환과 함께 이런 공동체들은, 자신들의 손에 들려 있는 것이 단순한 성경책이 아니라 이스라엘의 미래라는 사실을 발견했다. 이들의 스승들인 "이전" 예언자들은 무대에서 사라졌지만 그들의 말은 남아 있었다. 그들의 심판의 경고는 포로 생활이라는 엄청난 고난에 의해 증명되었다. 지금 남아 있는 전부는 그들이 한 말에 대한 기억이었다. "내가 나의 종 선지자들에게 명령한 내 말과 내 법도들이 어찌 너희 조상들에게 임하지 아니하였느냐"(슥 1:6).

따라서 새로운 의미의 질박함이 포로 생활에서 백성들과 함께 귀환했던 "후기" 예언자들의 말 속에 나타났다. 포로기 전, "이전" 예언자들은 다가오는 위험을 경고했지만 이 경고는 무시되었다. 그리고 포로 생활을 통

---

66) "Gegen die Propheten, die bald nach der Rückkehr von Verbannten aus Babylonien eine Wende zum Heil verkündeten(vgl. Hag 2, 20-23; Sach 6, 9-15), traten drei Generationen später Esra und Nehemia auf. Sie sahen in diesen politischen Träumen eine Gefahr für den Bestand Israel. Darum überließen sie die Ordnung der politischen Verhältnisse den Persern und konzentrierten sich auf den inneren Ausbau der Bundesgemeinde im Sinne Jeremias auf Grund eines heiligen Buches, das—bisher Priesterprivileg-jetzt zum Allgemeinbesitz wurde (vgl. Neh 8)"("Israel," *TNBT* 2:744).

해 예언자들의 말이 증명되었다(슥 1:6). 이 증명은 또한 다음과 같은 질문을 야기했다. 예언자들의 메시지에는 또 다른 무엇이 포함되어 있는가? 이 메시지를 무시했던 자들에게는 다른 무슨 일이 기다리고 있는가?(슥 1:6b) 심판의 말씀 속에서 우리는 어디서 희망을 발견할 수 있는가? 포로 생활과 함께 예언자들의 말은 귀 기울임을 받을 수 있는 권리를 획득했다. 포로 생활은 모든 사람의 관심을 집중시켰지만 예언자들의 말은 여전히 봉인된 책 속에 숨겨진 채 있었다. 앞에서 보았던 것처럼, 포로기 전야에 이사야 같은 선지자들은 그들의 말을 봉했으며 그들의 제자들에게도 "증거의 말씀을 싸매며 율법을 봉함하라 이제 야곱의 집에 대하여 얼굴을 가리시는 여호와를 나는 기다리며 그를 바라보리라"(사 8:16-17) 하고 지시했다. 포로 생활로부터의 귀환과 함께 예언자들의 나머지 말씀에 대해서 새롭게 갱신된 관심이 모아졌다. 이런 관심과 함께 예언의 말씀에 대한 해석도 필요하게 되었다.

따라서 구약책들의 구성은, 예언의 말씀을 다시 듣고 그 의미를 깊이 생각하고자 하는 절박함이었을 뿐 아니라, 포로 생활로부터의 귀환에서 새롭게 갱신된 희망에 대한 예언적인 답변이라 할 수 있다.

구성, 정경화, 통합

구약에 대한 구성적인 접근법은 책이 어떻게 보존되고 집필되었는가 하는 내용뿐만 아니라, 초기 구성 이후에 성경책이 해석되었는지의 여부와 어느 정도로 해석되었는지에 대한 관심도 포함한다. 성경책이 최종 형태를 이루는 단계는 대체로 복합적이었으며 다양한 경로를 거쳤다. 하지만 일반적으로 성경책이 만들어지는 과정은 구성, 정경화, 통합의 세 단계로 대략적으로 이해된다.

구성(composition)의 단계는 성경의 각 권에 초기의 필수적인 형태가 주어지는 시점이다. 정경화(canonization)의 시기는 성경책들이 전체 구약

(타나크)으로 선택되고 배열되는 단계다. 이 단계에서도 여전히 개별적인 책들이 일부 편집 중에 있을 수 있다. 통합(consolidation)의 단계는 전체로서의 성경이 유대인과 기독교 공동체 모두에게 익숙하게 되는 시점, 책의 역사에서 중요하지만 자주 간과되는 순간을 나타낸다. 구성적인 접근은 우선적으로 첫째 단계에 관심을 가진다. 하지만 이 세 단계는 쉽게 구별되지 않는다. 어떤 경우 성경책들은 정경화의 단계에서, 심지어 통합의 단계에서도 여전히 기록의 과정에 있었다.[67]

쓰기의 발명과 그것과 동반된 읽고 쓰는 능력의 확산은 성경책 저술에서 가장 중요한 필수 조건이다. 읽고 쓰는 능력의 높은 수준이 없었다면 고대 이스라엘은 구약을 생산하지 못했을 것이다. 적어도 지금 우리가 가진 것과 같은 수준의 책은 생산되지 않았을 것이다. 책에는 독자가 있어야 하고 저자가 있어야 한다. 구약(타나크)에서 의도된 ("이상적인") 독자의 모습은 여호수아 1:8과 시편 1:2에 나와 있다. 의도된 독자는 성경을 "주야로 묵상하는" 사적인 개인으로[68] 그려져 있다. 이런 사실은, 독자가 성경을 읽을 뿐 아니라 그 책을 숙고하고 숙고한 것을 일상적 삶에 적용함을 나타낸다. 성경을 읽은 결과는 지혜(wǝʾāz taśkîl)를 생산하는 기술(taṣlîaḥ ʾet-dǝrākekā)을 얻는 것이다(수 1:8). 따라서 전체 성경은 우리가 지혜문학을 생각하듯 만들어져 있다. 이 책은 공적 광장에서 통치하기 위한 것이라기보다, 오히려 개인적 경건의 수단이다.

성경 저자들은 성경책을 구성하는 실제 작업에 대해서는 거의 관심을 쏟지 않는다. 하지만 그들이 거기에 관심을 쏟을 때 그들이 사용하는 용어인 책을 "만드는"(making) 과정은, 단지 자신의 생각을 글로 기록하는 것

---

67) 예레미아서에서 정경화와 통합의 시기 동안, 또한 그 이후 책의 구성의 연속에 대한 실례에 대해서는 Sailhamer, "Biblical Theology and the Composition of the Hebrew Bible," in *Biblical Theology: Retrospect and Prospect*, ed. Scott Hafemann (Downers Grove, Ill.: InterVarsity Press, 2002), p. 30을 보라.

68) 공적 읽기 또한 배제하지 않는다(비교. 스 7:5).

이상을 의미한다. 분명히 성경 저자들은 현대의 저자들처럼 그들의 책을 "썼다." 하지만 이 "책을 쓴다"(writing)라는 개념은 책을 "만든다"(making) 또는 "구성한다"(composing)라는 표현에서 더 적절하게 표현되었다. 전도 서 12:12의 유명한 격언은 많은 책을 "쓰는 것"이 아니라, 많은 책을 "만드 는 것"('āśâ)에 대해 이야기한다. 구약에서 누군가가 "책에 쓴다"(kĕtōb bassē per [출 17:14]) 또는 "책에 기록한다"(kātab 'al-sēper[신 17:18])라고 할 때, 우리 는 히브리어 단어인 "쓰다"(kātab)가 일반적으로 "베끼다"(신 17:18; 31:19, 24) 또는 책에 말을 "기록하다"(렘 36:2)를 가리킴을 염두에 두어야 한다. 이 단 어는 오늘날 일반적으로 "책을 쓴다(저술한다)"라고 묘사하는 의미를 가지 지 않는다.[69]

성경 용어의 정확한 의도와 관계없이, "책에 기록하는 것(writing)"과 "책을 만드는 것(making)" 사이에는 진정한 구별이 있었던 것 같다. 이 구 별은 성경 밖에서도 발견되었다.[70] 전도서 12:12에서처럼 책을 "만드는 것"('āśâ)은 책의 부분들로 형태를 만들고 편집하여 하나의 작품으로 만드 는 더 광범위한 작업을 목적으로 한다. 이것은 책을 만들어내는 현대의 작 업과 가까우며, 동시에 구성의 개념과 의미에서도 비슷하다(비교. 잠언 25:1 의 he'tîqû, "그들이 필사했다"; עתק="제거하다, 고쳐 쓰다, 어떤 단어를 한 두루마리에서 다른 두루마리로 옮기다"[BDB]).[71]

성경의 책을 만드는 작업의 복잡성은 전도서 12:12에 암시되어 있는 듯하다. "많은"으로 번역된 "harbēb"라는 표현은, 영역본에서처럼 "많은

---

69) Marvin H. Pope, Job (AB 15; Garden City, N. Y.: Doubleday, 1965), pp. 139-46. "나 의 말이 곧 기록되었으면, 책에 씌어졌으면, 철필과 납으로 영원히 돌에 새겨졌으면 좋 겠노라"(욥 19:23-24)를 보라.

70) Fishbane, Biblical Interpretation in Ancient Israel, pp. 29-36을 보라.

71) "어쨌든, 확실해 보이는 것은 전 12:9-12이 고대 근동의 서기관의 작업과 어휘의 관습 에서부터 나왔다는 것이다"(ibid., p. 31). "고대 이스라엘에서 서기관의 활동에 대한 추 가적 정보는 다른 컨텍스트에서 추론될 수 있다. 잠 25:1; 렘 8:8; 스 7:10-12은 이 점에 서 특별히 언급될 자격이 있다"(ibid., p. 32).

책"(many books)이라는 형용사로도 사용될 수 있고, 또한 책을 만드는 "부단한" 과정을 대략 의미하는 것으로 부사로 사용될 수도 있다. 책의 구성에는 끝이 없다. 그러므로 이는 끝없는 숫자의 책들이 만들어질 수 있다는 의미거나 또는 책을 만드는 과정이 끝이 없음을 의미할 수 있다. 책에다가 "지혜의 말"을 더하는 것에 대한 경고와 함께 이런 해설이 전도서의 끝에 나온다는 사실은, 전도서가 책을 만드는 과정을 줄이는 것을 목적으로 하고 있음을 나타낸다. 문제는 더 많은 책을 만드는 것이 아니라, 이 책을 끝낼지의 여부와 언제 끝낼 것인지를 결정하는 것이다.

그러므로 이 문장은 책을 "만드는" 것의 복잡성에 관한 것이다. 책을 만드는 일의 복잡성은 "문서" 기록들의 사용을 포함했다. 많은 구약책에는 이런 기록들에 대한 흔적이 충분히 있다. 이런 기록들은 지금 존재하는 책의 일부로서만 우리에게 알려져 있다. 구약책에 나오는 부분을 떠나서 현존하는 문서 자료는 없다. 구약에서 현재 우리가 가진 것과 같은 책을 "만드는" 작업은 문서 자료들을 하나의 완전한 책으로 함께 연결하는 것을 포함했다. 성경책을 만드는 과정을 이해하려면 쓰는 것, 편집하는 것, 구성하는 것, 베끼는 것과 같은 다양한 작업에 익숙해져야 한다.

우리가 아는 한 구약의 원본은 고대 히브리어로 쓰였다. 히브리어는 가나안 토착 언어였다. 이 언어는 아브라함 시대 이래로 가나안에서 사용되어왔다. 추측하건대 구약은 히브리어로 쓰였는데, 왜냐하면 히브리어는 구약이 대상으로 하는 이스라엘의 언어였기 때문이다. 아브라함이 가나안에 정착했을 때 이미 이 지방 서기관들은 알파벳을 발명하고 완벽하게 만드는 데 열심을 내고 있었다. 한번 개발된 이 알파벳은 고대 세계로 빠르게 확산되었으며, 그 이후와 현대의 알파벳의 원형이 되었다.

성경의 사본으로부터 알 수 있는 바처럼, 히브리어 알파벳은 22개의 글자로 이루어져 있다. 이 알파벳의 발명은 당대를 훨씬 앞서가는 인상적인 업적이었다. 이 문자는 현대의 기준으로 보아도 비교할 수 없이 풍부한 지략과 명쾌함을 드러낸다. 구어의 소리를 제한된 숫자의 기호(글자)로 축소함으로써, 서기관은 자신의 언어로 어떤 단어의 소리도 글로 써서 기록할 수 있었다. 이는 당대에 통용되던 어떤 것보다도 간단한 쓰기 방법이었다. 당시에는 다양한 단어와 음절을 표시하기 위해서 최소한 몇 백 개의 복잡한 기호들이 요구되는 그림 기호가 사용되고 있었다. 오직 전문적인 서기관만이 이런 복잡한 기호 체계로 읽고 쓸 줄 알았다. 따라서 알파벳은 기록된 텍스트를 읽는 훨씬 더 단순한 방법이었다. 이 문자는 전문적인 서기관들의 길드를 요구하지 않았다. 그러므로 알파벳의 발명 덕분에, 보통 사람도 지방 사건에 대해 날마다의 정보를 기록하는 데 히브리어를 사용할 수 있게 되었다. 새로 발명된 알파벳은 최소한의 학습만을 요구했다. 22개의 글자를 암기하기만 하면 되었기 때문이다.

또한 알파벳 형태의 단순성 덕분에 사실상 이 문자는 어떤 표면에도 기록될 수 있었다. 글자가 단순했기 때문에 작고 고르지 못한 표면도 수용할 수 있었다. 깨진 도자기 조각(도기 파편)도 기록을 위한 아주 좋은 표면이 될 수 있었다. 알파벳은 기록된 텍스트를 모으는 작업과, 그것의 광범위한 사용을 가능하게 했다. 뿐만 아니라 이렇게 기록된 텍스트는 거의 모든 사람이 사용할 수 있는 범위 내에 있게 되었다. 이미 아브라함 시대에는 평범한 시민들도 칼과 도자기 같은 개인적인 용품에 자신의 이름을 기록했다. 이런 현상은 그 용품의 소유자가 읽을 수 있었을 뿐 아니라, 또한 독서가 널리 보급되어 있었음을 의미한다. 이런 식의 개인 소유물의 확인은 다른 사람들이 읽을 수 없다면 의미가 없었을 것이다. 모세 시대에는 성경의 기록과 책을 만들 단계가 준비되어 있었다.

문서 기록은 책을 만드는 과정에 필수적인 구성 요소였다. 구약책들의 구성에서 지금 우리가 보는 것의 많은 부분은 고대의 문서 자료들을 모으고 배열하는 작업으로 구성된다. 히브리어 성경은, 가족 앨범과 함께 신문과 잡지에서 오려낸 스크랩북과 같다. 이 책은 오려낸 것을 기술적으로 배열하고 하나의 통일성 있는 책으로 짰다. 가까이에서 관찰해보면 성경책은 가족 스크랩북에서 보는 것처럼, 많은 조각들의 기록된 문서들로 "만들어진" 것처럼 보인다. 오려낸 부분들이 일정한 방법으로 배열된 이 책은 한 가족의 이야기를 들려준다.

완성된 생산품으로서 히브리어 성경의 각 권은 복잡하지만 통일성 있는 작품이다. 이 책들에서 사용된 문서 기록들은 성경책들 자체 안에 있는 것으로만 우리에게 알려져 있다. 성서학자들은 구약책 배후에 있는 초기 문서 기록들을 재구성하려고 많은 노력을 소비했다. 하지만 이런 노력의 결과는 특히 최근에 와서는 폭넓게 받아들여지지 않는다. 비록 문서자료들이 사용되었다는 사실에 대해서는 일반적인 동의가 이루어지는 것이 분명하지만, 현재의 구약으로부터 이런 문서들을 추출할 가능성에 대해서는 그리 낙관적이지 않다.

반드시 그런 것은 아닐 것 같지만, 성경책들의 더 초기 부분은 문서 형태로 유포되지 않았을 가능성 또한 있다. 구전으로만 전달되고 기억에 의해 보존되었을지도 모른다. 그렇다면 현존하는 문서 자료들이 거의 없는 이유가 설명 가능해진다. 그렇기는 해도 성경의 책들의 많은 자료가 여전히 문서 형태로 보존된 모습을 제공한다는 사실 또한 염두에 두어야 한다. 구전으로 된 텍스트에 부착된 이야기와 작은 정보는 함께 혼합되어 개별 형태를 잃어버리는 경향이 있다. 구전적 이야기의 존재는 과거의 한때 구전 양식의 형태를 지배했던 주제와 패턴을 추적함으로써만 인식될 수 있다. 하지만 이것들은 원래의 구전 형태의 많은 부분을 더 이상 반영하지 않는다. 따라서 구전 이야기의 원래 양식을 재구성하려는 시도에는 거의 희망이 없다고 할 수 있다.

구전 자료들과는 달리, 성경 내러티브에서 발견되는 이야기와 역사적 문서는 원래 양식의 많은 부분을 간직했다. 원래 문서들은 문서 양식으로 있는 동안 필사되어 성경책의 일부가 되었다. 이런 기록된 텍스트는 더 큰 내러티브 속에 끼어들어, 놀라울 만큼 훌륭하게 직물로 짜여졌다. 원래의 독립성은 가끔씩 흔적만 보일 뿐이다. 창세기 20:1의 "아브라함이 **거기서** 네게브 땅으로 옮겨가"에서 아브라함의 여행에 대한 설명은 창세기 18:1-

33 또는 13:18에서처럼, 한때 아브라함의 소재지가 구체적으로 명시된 내러티브가 앞서 존재했다는 사실을 의미한다. 현재 상태에서 보면 창세기 20장의 아브라함 기사는 창세기 19장의 롯과 소돔의 멸망 기사 뒤에 온다. 따라서 "거기서"라는 단어는 성경 내러티브의 더 이전 상태에 대한 언급이다.

앞에서 주목한 대로, 아담 가문의 기록된 기사는 창세기 4장 끝부분에서 오경에 부착되었다. 이것은 "아담의 계보/역사를 적은 책[sēper]"(zeh sēper tôlēdōt 'ādām)으로 불린다. 후에 창세기의 일부가 된 이 "책"은(비교. 창 5:1-32; 9:28-29) 홍수 기사(창 6:5-9:27)와, 나중에 나오는 몇 개의 내러티브(예. 창 6:9; 10:1; 11:10, 27)를 위한 전체 뼈대 역할을 한다. 저자가 어떤 방식으로 홍수 이야기를 "아담의 책"의 뼈대에 삽입했는가 하는 것은, 홍수 내러티브의 전과 후 양편에 계보들이 대칭적으로 배열된 것(창 5:32; 9:28-29)을 비교함으로써 알 수 있다. 내러티브들이 한데 어울리며 서로 들어맞는 이 방법으로부터 우리는, 전체로서의 홍수 기사가 노아에 대한 소개 이후, 명단 안으로 삽입되었음을 알 수 있다.[72]

이 명단의 일반적인 패턴의 획일성에도 불구하고, 다음과 같은 세 가지가 이 패턴으로부터의 탈선을 드러내는데, 이 탈선들은 저자의 작업의 의도적 구성 전략의 결과다.

첫째, 명단의 시작에서(창 5:3b) 하나의 추가 사항이 다음 아들의 이름을 짓는다. "그리고 그가 이름을 셋이라 하였고." 명단의 마지막에서(창 5:29) 동일한 추가 사항이 다음 아들의 이름을 짓는다. "이름을 노아라 하여." 처음의 추가 사항은(창 5:3b) 창세기 5장의 명단을 창세기 1-4장의 창조 기사와 연결시킨다(비교. 창 4:25). 둘째 추가 사항은(창 5:29) 독자들에게

---

72) "Genesis-Leviticus," in *The Expositor's Bible Commentary*, ed. John H. Sailhamer, Tremper Longman III and David E. Garland, rev. ed. (Grand Rapids: Zondervan, 2008), pp. 110-11을 보라.

홍수 기사와 그 여파에 대해 준비시킨다(창 8:21).

둘째, 창세기 5장의 명단에는 에녹과 노아의 죽음에 대한 언급이 없다. 두 사람 각각에 대해 내러티브는 구체적으로 "그가 하나님과 동행했다"라는 것에 주목한다. 유사한 형식적인 패턴의 흔적이 감지될 수 있다.

이런 관찰은, 홍수 기사가 기록된 단편이 창세기 5:32 후에 "아담의 책"의 문서 사본에 삽입되었음을 나타낸다. 명단의 나머지는 형식적인 패턴의 변경 없이 홍수 이야기의 끝에 계속된다(9:28-29). 창세기 6:1-4에서 "아들들과 딸들"의 기사는 홍수 기사로의 전환뿐 아니라, 노아의 소개 다음에 누락된 출생 기사도 제공한다. 홍수 기사는 창세기 1장에서의 창조 기사에 대한 암시와 함께 창세기 6:5에서 시작된다. "그리고 하나님께서…보시고."

문서 자료의 사용은 창세기의 이런 장들만이 가진 독특한 점은 아니다. 복음서 기사에서도 예수의 생애와 가르침에 대한 분리되고 독립적인, 기록된 기사들이 초기 시기에 유통되었음이 분명하다. 이 기사들은 복음서 저자들에 의해 수집되고, 그리스도의 삶의 전체 이야기를 하기 위해 함께 짜 맞추어졌다(눅 1:1-4을 보라). 유사한 방법으로 열왕기는 자주 문서 자료들을 인용한다(예, 왕하 12:19). 역대기를 사무엘서와 열왕기와 비교해보면, 사무엘서와 열왕기가 역대기의 일차적인 문서 자료들이었음이 분명해진다. 물론 다른 자료들도 존재했다(예, 대하 9:29).

고대 세계에서는 문서 기록들을 보존하는 작업이 널리 행해졌다. 쓰는 기술은 기록을 간직하기 위한 필요의 부산물이었다. 가장 초기의 문서 기록은 점토판에 쓴 행정 문서다. 그림 기호는 후에 복잡한 문자 체계로 발전되었는데, 원래는 농부가 가진 양(羊)의 숫자나 병에 올리브기름의 양을 표시하기 위해 부드러운 점토에 표시하는 것에서 유래했다.

알파벳의 사용으로, 성경에서 가장 초기에 기록된 산문과 시는 아마도 부서진 항아리의 조각 표면 위에 쓰였을 것이다. 일단 이런 관습이 설립되고 나서는, 그것들과 연결된 단어와 생각이 날카로운 도구로 식각될 수 있었다. 이런 기록은 수백 년, 심지어 수천 년 동안 남을 수 있었다. 부드러운 돌 위에 긁힌 단순한 글자는 백 세대 동안 조상의 삶 속에 기록된 사건을 보존할 수 있었다. 이런 수많은 작은 기록된 문서들은 삼천 년 전처럼 오늘날에도 읽을 수 있다.[73]

욥기 19:23-24은 문자 기록의 목적을 이해할 수 있는 통찰력을 제공한다. "나의 말이 곧 기록되었으면, 책에 씌어졌으면, 철필과 납으로 영원히 돌에 새겨졌으면 좋겠노라"(욥 19:23-24). 그 목적이란 공유할 수 있다는 것과 지속적이라는 것이다.

책 만들기. 고대 세계에서는 언제 "책들"이 처음으로 사용되기 시작했을까? 어떤 시점에서 고대 기록들은 수집되고 책으로 만들어졌는가? 이런 질문은 다소 시대착오적이다. "book"(책)이란 영어 단어는 주로 페이지들을 가진 제본된 문서를 가리킨다. 전문적으로 이 단어는 "사본"(codex)이라고 불렸으며 문자 기록의 기술에서 상대적으로 늦게 발전되었다. 사본은 그리스도인들에 의해 발명되었으며 결국 성경의 필사본을 생산하는 방법으로 자리 잡았다. 고대 세계에서 이런 종류의 "책"은 존재하지 않았다.

구약의 형성 시기에 등장했을 "책"은, 돌의 납작한 표면이나 깨진 도자기 조각 크기 정도였으며, 여기에 철필이나 펜과 잉크로 새긴 것이었다. 이 책은 나무 서판으로 만들거나, 대부분의 구약책들처럼, 가죽이나 파피루스 조각을 함께 꿰매어 펜과 잉크가 잘 먹히도록 부드러운 표면을 준 것으로 만들 수도 있었다. 이런 두루마리는 나무 막대기에 둘둘 말고 한 끝은 밀랍으로 봉인해서 보관할 수 있었다. 고대로부터 이런 "책들"의 많

---

73) Hubert Grimme, *Die Altsinaitischen Buchstaben-Inschriften auf Grund einer Untersuchung der Originale* (Berlin: Reuther & Reichard, 1929); William Foxwell Albright, *The Proto-Sinaitic Inscription and Their Decipherment* (HTS 22; Cambridge, Mass.: Harvard University Press, 1969)를 보라. 욥 19:24, "돌에 영원히 새겨졌다"(*lāʿad baṣṣûr yēḥāṣbûn*)에 주목하라.

은 실례가 존재한다.[74]

광범위한 의미에서는 어떤 종류의 문학적인 문서나 기록된 문서도 "책"(sēper)으로 간주되었다. 책의 크기나 범위가 광범위할 수도 있고, 그 내용이 문학적이거나(내러티브나 시) 법률적인(율법집, 속담, 계보[예, 창 5:1]) 자료로 구성될 수도 있었다.

신명기 31:24에서 모세는 이런 "책"을 "만들고" "필사한"(kātab) 것으로 보인다. 이 책은 언약궤 옆(또는 안)에 위치해야 했다(신 31:26). 이것은 신명기 17장에서 왕에게, 또는 모세의 죽음 이후에 여호수아에게(수 1:8) 주어진 문서와 비슷한 것일 수 있다. 여호수아는 이 "책"을 주야로 읽어야 했다. 이 독서의 목적이 여호수아로 하여금 하나님을 굳게 신뢰하도록 결심을 강화시키고 그를 지혜롭게 만들기 위한 것이라는 사실에서도 분명하게 드러나듯, 이 책은 종교적인 동시에 실용적이었다(수 1:8).

이 "책"은 모세 오경의 전부 또는 부분이었을 것이다. 이 점은 적어도 여호수아서의 저자가 가정한 듯하다. 앞에서 주목한 대로, 이 책의 크기와 범위는 자체의 텍스트로부터는 알려지지 않았다. 또한 이 책은 모세가 아말렉과의 전쟁 기사를 기록했던 책일 수 있다(출 17:14). 또한 여호수아가 에발 산에 세웠던 제단의 돌 위에 베껴 썼으며(수 8:32) 회중에게 읽어주었던(수 8:34) "율법책"일 수도 있다. 이 책에서 "모세가 명령한 것은 여호수아가 이스라엘 온 회중 앞에서 낭독하지 아니한 말이 하나도 없었더라"(수 8:35). 하지만 이런 언급들의 정확한 대상은 재구성하기 어렵다.

당시의 책의 범위와 형태가 어떤 것이었든지 간에, 성경 기사로부터 판단하건대 이 책은 확실히 모세 자신이 만든 초기 모세의 책이었던 것 같다. 말하자면 이 책은 이후의 성경책들에 대한 일종의 원형이었다.[75] 앞

---

74) James B. Prichard, *The Ancient Near East in Pictures Relating to the Old Testament*, 2nd ed. (Princeton, N. J.: Princeton University Press, 1969), p. 82을 보라.
75) 민 21:14에서 "여호와의 전쟁기"의 정확한 본질과 범위는 알 수 없다.

에서 지적한 대로, 아담의 혈통에서부터 노아까지(창 5:1), 또한 아마도 모세까지(민 3:1) 추적하는 계보가 포함된 "책"에 대한 언급이 있지만, 아담도 아브라함도 이 책을 쓰지는 않았다. 이 책은 아론과 모세의 계보의 일부였을 가능성이 있다.

창세기 4:17-26에서 "수금과 퉁소를 연주하는" 기술이 포함된, 홍수 이전의 문명에 대한 묘사에서(창 4:21), 집필과 문학의 기술에 대한 언급이 없다는 사실은 중요해 보인다. 성경 저자의 관점에서 "기록된 책"은 현장에 늦게 도착했다. 성경 기자들은 이 책이 하나님의 계시의 매개체로서 모세로부터 기원했음을 주장했다. 이것은 모세가 미래 세대에게 전달한 중대한 유산이었으며, 미래 세대는 이 기록된 책의 말을 하나님의 말씀으로 받았다.

모세는 문자 기록의 기술을 발명하지도 않았으며 문서 재료의 새로운 형태를 발견하지도 않았다. 이집트인들은 파피루스 "책"을 모세보다 몇 세기나 앞서부터 사용했다. 하지만 성경에 의하면 하나님의 활동의 구체화(출 17:14)와 축복으로서의 책을 쓴 업적은 모세에게 돌아간다(비교. 수 1:8). 성경은 모세를, 이스라엘의 일상생활과 열방 가운데 나타난 하나님의 행위를 망라하는 책의 발명가로서 묘사하고 있다.[76]

초기 히브리어 텍스트(MT)에 의하면 모세의 책은 초기 단계에 히브리어 단어로 "율법" 또는 "가르침"을 뜻하는 "*tôrâ*"로 불렸다. 율법은 모세가 하나님의 뜻 안에서 이스라엘에게 가르쳤던 하나님의 "지혜"와 동일시되었다(신 4:6). 신명기 1:5에 따르면 모세는 오경에서 율법과 네러티브의 나

---

76) 오경에 "책"(*sēper*)이라는 단어는 19번(구약 전체 187번 중에서) 나온다.

  1 ⟨1⟩ 창세기 •
  4 ⟨2⟩ 출애굽기 •
  0 ⟨0⟩ 레위기
  2 ⟨1⟩ 민수기 ••
  11 ⟨6⟩ 신명기 •••••••••••

머지 부분에 대한 해설을 썼다. 이 해설에는 "두 번째 율법"(deutero="두 번째"; nomos="율법") 또는 "신명기"라는 이름이 주어졌다.

성경 시대에 책을 쓰는 실제 과정은 예레미야 36장에 묘사되어 있다. 예레미야에게 하나님은 "두루마리 책"(mĕgillat-sēper)을 가져다가 "요시야의 날부터 오늘까지 내가 네게 일러 준 모든 말을" 거기에 "기록하라"라고 지시하셨다(렘 36:2). 하나님의 명령을 수행하는 예레미야의 능력으로 볼 때 그가 메시지의 기록된 문서를 간직했을 가능성이 높다. 그는 기억 또는 기록된 문서로부터 시작해서 바룩에게 그의 말을 받아쓰게 했다(렘 36:18). 하나님의 지시를 수행하면서 예레미야가 서기관인 바룩에게 받아쓰게 할 때, 그는 "두루마리 위에 말씀을 기록하도록" 위탁했다(렘 36:4).

책을 쓴 다음 바룩은 그 책을 금식일에 하나님의 전으로 가지고 가서 크게 낭독하도록 지시를 받았다(렘 36:6-10).[77] 이 장에서 우리가 또 알게 되는 것은, 두루마리가 휴대용이었다는 점이다. 바룩이 왕의 서기관들 앞에 나설 때 그는 손에 책을 가지고 있었다(렘 36:14). 서기관들은 바룩이 책을 낭독하는 것을 들은 후, 왕에게 그것을 다시 읽어주었다(렘 36:21). 일단 서기관들은 바룩이 두루마리를 큰 소리로 읽는 것을 들었기 때문에(모음의 발음과 함께), 자음의 의미를 이해했으며 필요한 모음들을 다시 공급할 수 있었다.

성경책의 구성. 구약을 실제적인 현실로 만들기 위해서는 몇 가지 중요한 업적의 융합이 필요했다. 알파벳은 책을 쓰는 것을 가능하게 했으며 그 결과 비전문가도 책을 읽을 수 있었다. 여호수아 1:8과 시편 1:2 같은 텍스트를 보면 이런 책들은 개인적 독서를 위해 만들어졌음이 분명하다.

---

77) 예레미야에게 책을 큰 소리로 낭독하는 것은 필수적일 수 있다. 왜냐하면 십중팔구, 책은 모음 부호 없이 쓰였을 것이며, 그래서 구두로 낭독하지 않고는 이해될 수 없었을 것이다.

이 작업을 위해서는 다양한 종류의 기록 표면(가죽, 파피루스, 나무)뿐만 아니라 펜과 잉크 같은 기록 도구도 필요했다. 이런 도구들도 충분히 공급되었음이 분명하다. 이 시기에는 여론을 형성하기 위한 문학 작품의 가능성이 탐구되었으며 또한 이런 작품이 성공적으로 사용되기도 했다.[78]

성경 저자들은 이런 가능성들을 활용하고자 했다. 플롯이나 성격 묘사 같은 문학적 전략으로 세계를 질서화하는 기록된 문학의 개념이, 처음으로 고대 이스라엘의 사회의식 속으로 들어오고 있었다. 성경 저자들은 이런 새로운 가능성을 탐구하는 데 기민했을 뿐만 아니라, 이 가능성을 새로운 수준으로 옮길 준비가 되어 있었다. 시내 산에서의 교훈은 내러티브, 드라마, 시, 교훈적 지혜와 율법으로 묘사되었다. 이런 다양한 장르는 각각 자체적 방법으로 기여하면서 하나의 전체로 짜여졌다. 성경책들은 이스라엘을 부르심으로써 하나님이 성취하신 모든 것을 상세히 말하고, 미래의 세대를 위해 그분이 앞으로 더 하고자 하시는 바를 보존하려는 의도적인 노력의 산물이었다.

예언서에서 예언자들의 말은 손쉽게 사용될 수 있었을 뿐 아니라, 책에서 저자가 배열한 자료에 의해 제공되는 컨텍스트 내에서 자체적으로 발언될 수 있었다. 때때로 구약책의 저자들이 예언자들의 말과 행동을 너무도 성공적으로 생생하게 제시한 덕분에, 심지어 오늘날까지 우리는 이 책들이 예언자 자신의 글로 생각한다. 구약책들은 사복음서와 비슷하다. 각각의 복음서는 예수에 관해 썼으며 예수의 말과 행실에 대한 기사를 포함하고 있지만, 그것들 중 어떤 것도 예수 자신이 쓴 것은 없다.

또한 복음서처럼 예언서들은 예언자의 말을 광범위한 해석적 컨텍스트 안으로 들어가게 한다. 때로 예언자들은 그들 자신의 해석을 제공한다. 이사야 46:11에서 예언자는 페르시아 왕 고레스가 사나운 날짐승같이 "먼

---

78) "The Tale of Si-nuhe," in James B. Pritchard, *Ancient Near Eastern Texts Relating to the Old Testament* (Princeton, N. J.: Princeton University Press, 1969), p. 22을 보라.

나라"(*merḥāq*)에서부터 하나님의 뜻을 행하기 위해 오고 있는 것을 마음 속에 그린다. 그러나 다음 절인 이사야 46:12에서 예언자는 그의 말의 역사적인 지시 대상을 넘어서 그것의 영적 의미를 바라본다. "먼 나라"에서 온 자는 "공의에서 멀리 떠난 자들(*bārēḥôqîm*)"의 그림이다 예언자는 자신의 말에 영적 의미를 제공한다.

최근의 복음주의 성서학에서 구성적인 견해는 고전적인 문서설에 실행 가능한 대안을 제공한다. 이는 두 가지 중요한 측면에서 비평적인 견해와 다르다. 첫째, 구성적인 접근은 오경과 다른 성경책들의 최종 산물을 저자의 의도적인 설계와 목적의 관점에서 본다. 오경은 단순히 역사적 과정의 산물이 아니며 지적 설계의 결과다. 오경의 형태에는 의미가 있으며 저자의 의도와 문학적 전략의 일환으로 볼 수 있다.

둘째, 구성적 견해와 고전적인 문서설 사이의 차이는, 구성적 접근은 현재의 오경 배후에 있는 오경의 이전 버전의 존재를 가정하지도, 그것을 발견하려고 시도하지도 않는다는 점이다. 구성적 견해는 다만 오경의 현재 텍스트가 야웨 문서, 신명기 문서 같은 이전의 기록된 텍스트의 "단편들"—이야기, 족보, 율법, 시—로 구성되었음을 가정한다. 이 문서 기록들은 오경에 제시된 더 큰 그림을 형성하기 위해 함께 직조되었다. 이런 이전 "단편들"이 과거에 어떻게 생겼는지, 어디서 왔는지 하는 것은 구성적 접근의 관심사가 아니다. 비록 이런 텍스트로부터 단편의 이전 양식을 분리하는 것이나 그것을 재구성하려는 시도의 가능성을 인정할 수도 있지만, 구성적 견해는 이런 노력이 오경의 현재 형태에서 입증된 텍스트 전략을 올바로 인식하는 데 필수적이지 않다는 태도를 유지한다. 한마디로, 구성적 접근 방식은 전략(저자의 설계)에 관한 것이지 층위(이전 문서)에 관한 것이 아니다.

구약에서 구성적 접근은 오경 또는 성경의 책의 현재 형태가 문학적 전략을 가진다는 개념으로부터 시작한다. 무엇인가가 책을 읽는 독자를 위해 준비되어 있다. 오경이 무엇에 대한 책인지를 이해하려면 우리는 그것을 읽어야만 한다.

저자가 독자를 어디로 데리고 가는지에 대해 분명한 이해를 얻기 위해서, 텍스트의 표면 아래를 심층적으로 들여다보는 일이 가능하다는 것을 의심하는 자는 오늘날 거의 없을 것이다. 글로 쓰인 문서와 기록의 흔적이 여전히 감지되는 예들이 존재한다. 이런 기록들을 성경 텍스트 내의 현재 형태 안에서 검토함으로써, 우리는 저자의 텍스트 전략에 대한 추가적인 이해를 얻을 수도 있다. 또한 저자가 자신의 임무를 어떤 방식으로 성취했는지에 대해 더 완전한 이해를 얻을 수도 있다. 저자가 왜 내러티브의 어떤 시점에서는 시를 사용하고, 다른 곳에서는 족보를 사용하는지 하는 이유를 알 수도 있다. 또는 텍스트의 한 부분이 왜 의도적으로 책 전체를 통해 비슷한 이야기를 여러 번 반복하는지를 볼 수도 있다. 내러티브의 구조에 대한 질문 역시 중요하다. 예를 들어, 오경은 왜 창조 기사로 시작해서 모세의 죽음으로 결론을 맺는가? 이런 질문은 저자의 저변에 깔려 있는 전략 이해에 도움을 줄 것이다.

이런 질문의 답을 구하면서, 구성적 접근은 단순히 책의 구성 역사를 거슬러 올라가는 것을 목적으로 하지 않는다. 구성적 접근의 목적은 항상 현재 텍스트의 구조와 메시지에 있다. 즉 왜 특정한 책이 현재와 같은 것을 말하고 있으며, 현재와 같은 방식대로 집필되었는지를 이해하는 것이 목표다. 현재 볼 수 있는 형태의 의미는 무엇인가? 이런 질문은 왜 예술가가 그림에서 특정한 색을 선택했는지, 왜 초상화보다는 풍경화를 그렸는지 질문하는 것과 비슷하다. 구성적 접근의 목적은 책을 만든 기술의 탁월성을 더 완전하게 감상하는 것이다.

전체로서 오경(거시 구조)

오경 속의 문서 자료. 오경에서 관찰한 것으로 판단하건대, 우리는 저자가 이미 완전한 여러 부분들을 가지고 작업을 시작했다고 추측한다. 저자에게는 내러티브 텍스트의 덩어리들, 율법 집합, 계보, 고대 시 모음집이 있었다. 어떻게 이런 고대 문서 텍스트들이 형성되었고, 또 이것들이 오경에서 사용되기 전에 어떤 목적을 성취했는지에 대해서는 알려지지 않았다. 대부분의 문서 텍스트들은 최소한의 조정을 거친 후 오경 안으로 들어왔다. 일부 텍스트는 여전히 이전의 문학적인 컨텍스트의 흔적을 지니고 있다.[79]

오경을 만드는 실제 과정은 이미 완성된 몇 개의 큰 내러티브 덩어리들(blocks of narrative)로 시작된 것으로 보인다. 저자는 이런 덩어리들을 문학적인 전체로 짜서 하나의 이야기를 창조했다. 오경을 "만들면서" 저자는 이런 초기 텍스트들에 대해 큰 존경심을 가지고 있었으며, 그것들이 발견되고 물려받았던 그대로 최대한 보존하려 했다.

오경에서 내러티브의 개별 덩어리들은 다음과 같다.

1. 원역사(창 1-11장)
2. 족장 내러티브(창 12-50장)
3. 출애굽 내러티브(출 1-19장)
4. 광야 내러티브(민 11-25장)
5. 정복 내러티브(신 1-11장)

오경을 형성하고 이런 내러티브 덩어리를 함께 짜는 초기 작업은 다양한 수단에 의해 성취되었다. 가장 기본적인 구조적 패턴은 이것들을 연대순으로 배열하는 것이었다. 내러티브 덩어리 각각에는 이미 함축적인 연대 순서가 있었을 가능성이 있다. 그 덩어리들을 더 연결함으로써, 각 덩어리는 그것들 사이에 있는, 또는 전체를 포괄하는 더 큰 연대기적 구조

---

79) 앞에서 "구성, 정경화, 통합"이라는 제목 아래 있는 창 20:1에 대한 논의를 보라.

안으로 들어오게 되었다.

저자의 고대 시의 사용은 구성적인 그림의 또 다른 일부였다. 오경 전체를 통해서 저자는, 큰 내러티브 덩어리들을 하나의 이야기로 연결하는 데 있어 시의 해석적인 가치에 많이 의존한다. 저자의 시 사용으로부터 우리가 알 수 있는 바는, 저자가 하나로 연결되는 텍스트들의 더 폭넓은 의미를 묘사하는 방법으로 시에 높은 가치를 두었다는 것이다. 오경을 이해하기 위해서는 시에 관심을 집중해야 한다.

오경에 나오는 주요한 시들은 다음과 같다.

1. 창세기 3:14-19
2. 창세기 49:2-27
3. 출애굽기 15:1-19
4. 민수기 23-24장
5. 신명기 32-33장

이런 고대 시의 대부분은 원형태 그대로 보존되어 있다. 이 시들이 가진 고대적인 특징은, 종종 저자가 여기에 설명적인 논평과 해설을 추가하는 것이 필요하다고 본 사실에서 드러난다. 저자는 이 시들이 가진 시적 이미지의 간결함과 밀도를 통해 자신의 텍스트에 명료한 빛을 비추기를 의도했지만, 자주 시의 간결함과 밀도 자체는 이 빛을 흐릿하게 만든다. 저자는 자신이 시를 어떻게 이해했는지에 관하여 독자가 의아해하지 않도록 자주 자신의 논평과 설명을 시에 보충한다. 또한 시를 내러티브의 기본 뼈대 안에 배치함으로써, 시적 이미지 속에서 독자가 보았으면 하는 많은 요소들을 강조한다. 시로서 이 텍스트들은 오경을 형성하는 데 중요한 역할을 한다. 이 텍스트들은 어느 정도 힐리우드 뮤지컬의 노래와 같은 기능을 한다. 이것들은 하나의 주제에 초점을 맞춤으로써 내러티브에 주제적인 통일성을 준다.

이런 시들의 중요한 특징은 오경 내에서 그것들이 분포된 위치다. 이 시들은 한두 군데에 모여 있지 않다. 이것들은 창세기의 초기 장들부터 신명기의 마지막 장들까지 연장되어, 오경의 각각의 부분마다 일정한 간격을 두고 내러티브에 삽입되어 있으며, 앞에서 언급한 대로 내러티브의 큰 덩어리의 결론 부분에 위치한다. 시들의 분포는 이것들이 단순히 일부 텍스트의 고립된 특징이 아니라, 전체 오경의 포괄적인 조직의 특징임을 드러낸다. 오경의 원래 형태는 놀라울 만큼 안정되어 있다.

일반적인 가정에 따르면 오경의 현재 형태는 문학적인 성장과 발전의 점진적인 과정의 결과라고 간주된다. 하지만 앞에서 언급한 시들의 분포 양상은 이 가정이 맞지 않음을 암시한다. 현재의 형태가 원래 형태이며, 구조적 발전은 거의 없었거나, 아니면 발전의 많은 단계에도 불구하고 원래 형태가 보존되었거나 둘 중 하나다. 사실 두 가지 가능성 중 첫째 가능성이 더 유력하다. 왜냐하면 구조가 오랜 기간에 걸쳐 발전했다면, 오경에서 지금 확인되는 구조의 많은 부분은 침식되었을 것이기 때문이다. 어느 쪽의 가능성이든 오경의 현재 형태와 원래의 형태 사이에는 비교적 짧은 기간이 있었다고 주장할 수 있다.

율법 집합. 오경의 저자는 기록된 여러 율법 집합들(collections of laws)을 사용했다.

1. 출애굽기 20장의 십계명
2. 출애굽기 20-23장의 언약 법전
3. 출애굽기 25장-레위기 16장의 제사장법
4. 레위기 17-27장의 성결 법전
5. 신명기 12-26장

분명히 이 율법 집합들은 모세가 시내 산 이전과 이후에 소유했던 법전에서 도출되었다. 출애굽기 15:25b-26에 따르면, 하나님은 모세에게 시내 산 **이전에** 율례(*ḥōq ûmišpāṭ*)와 법도(*ḥuqqāyw*)와 계명(*miṣwōtāyw*)을 주셨다. 출애굽기 18:16, 20에 따르면, 모세는 시내 산 **이전에** "하나님의 율례"(*ḥuqqê hā'ĕlōhîm*)와 "그의 법도"(*tôrōtāyw*)를 가르쳤다. 그리고 시내 산 **에서** 하나님은 모세에게 "십계명"(*'ăśeret haddĕbārîm*[출 34:28; 비교. 출 20:1-17])과 율법이 포함된(출 24:3) "언약책"(*sēper habbĕrît*[출 24:7])과 다른 많은 율법 집합들(예, 출 20:22-23:19; 25:1-31:18; 레 1:1-16:34; 17-27장)을 주셨다. 또한 시내 산 **이후**(민수기와 신명기의 여러 부분)도 마찬가지다. 구성적 접근법은 왜 이렇게 다양한 율법 집합들이 오경에 존재하는지에 대해 질문한다. 어째서 단일하고 완전하게 통일된 하나의 율법 집합이 존재하지 않는 걸까? 왜 다양한 집합들이 다양한 시기에 삽입되었는가?

앞에서 주목한 대로, 오경에서 이런 율법 집합들을 기록하고 보존하는 작업은 주로 모세와 아론으로 시작된 제사장직과 연관되어 있다. 이들의 제사장직 의무와 병행해서(신 33:10b), 레위 지파 사람들은 이스라엘에게 "법도와 율법"을 가르치도록 되어 있다(신 33:10a). 다른 성경 텍스트들은 이 율법과 이스라엘의 예언자들 사이의 밀접한 관계를 지적한다(예, 단 9:10). 이는 누가 이 율법에 책임이 있었는지, 누구의 관점에서 우리가 현재 오경의 율법 집합들을 연결시켜야 하는지 하는 질문을 제기한다. 이 율법들은 제사장이나 예언자 양쪽 모두의, 또는 누구의 것도 아닌 관점을 반영하는가? 우리는 오경의 구성적 전략 안에서 율법들의 본질과 목적과 병행하여 이 질문으로 돌아갈 것이다.[80]

오경에서 자료의 사용. 나는 오경신학의 중요한 양상을 발견하는 과제는, 저자가 내러티브의 큰 덩어리들과 고대 시와 율법 집합들을 모으고 형성

---

80) Sailhamer, "The Mosaic Law"를 보라.

하는 방법을 재추적하는 데 있음을 주장한 바 있다. 이런 단계를 재추적하여 조사함으로써 우리는, 저자가 책에 끼친 공헌을 더 잘 이해할 수 있으며 중심 주제에 대한 중요한 단서도 얻을 수 있다. 일단 우리가 오경의 거시 구조와 그 배후에 있는 의미를 이해하고 나면, 남아 있는 과제는 상대적으로 간단하다. 남은 과제는 텍스트의 다양하고 잡다한 세부 사항(미시 구조[microstructure])으로 하여금 앞에서 규정한 논의의 맥을 따라가도록 해 보는 것이다. 이 세부 사항들은 어떻게 전체 의미에 부합하고 공헌하는가?

아마도 오경의 문서 자료에 대한 이런 접근은 앞에서 언급한 고전적인 복음주의 학자들인 로버트 자메이슨, 퍼셋, 데이비드 브라운의 견해와 유사하거나 동일할 것이다.

> 모세의 개인적인 지식 영역 밖에 있는 사안들에 관련된 오경 부분의 구성에서, 모세는 믿을 만한 권위를 가진 기록들을 이용했을 것이며, 또한 이용했다는 것을 인정할 수 있다.…자신의 시대에 일반적으로 알려져 있던, 그리고 유대 가문들의 저장고에 보존되어 있던 문학적 자료들을 사용함에 있어 모세는 분명히, 전체 오경에 명백하게 깔려 있는 설계의 통일성과 일치하도록 이런 자료들을 내러티브 안에 섞어 짰다.[81]

이 존경할 만한 19세기 성서학자들은 오경을 "만드는" 데 문서 자료들의 사용을 자유롭게 인정한다. 또한 그들은 오경의 전체 계획과 논의를 발견하고자 한다. 그들은 전체적으로 볼 때 오경이 이해 가능하다고 기대하며, "전체의 의미"를 저자가 문서 자료에 부여한 구성적인 형태의 의미로 이해한다. 그들의 견해는 17세기와 18세기 전반에 걸친 대부분의 복음주

---

81) Robert Jamieson, A. R, Fausset and David Brown, *A Commentary, Critical, Experimental and Practical, on the Old and New Testaments* (Grand Rapids: Eerdmans, 1945), 1:xxxii.

의 학자들의 견해를 대표한다. 이 시기의 가장 존경할 만한 학자 중 한 사람인 캄페기우스 비트링가는[82] 19세기 이전의 복음주의 학자들이 따랐던 대표적인 견해로 자주 인용된다. 창세기의 모세의 구성에 관해서 비트링가는, "모세는 이스라엘이 보존했던 족장들의 문서 페이지와 기록들을 모으고 배열하고 꾸미고 부족한 곳은 채워 넣었으며, 그것으로부터 책의 첫 권을 구성했다는 것이 우리의 견해다"라고 진술했다.[83]

19세기와 20세기에 성서비평과 역사비평이 일어나고, 성경 자료에 대한 가장 초기의 "재구성된" 양식에 초점이 맞추어지면서, 복음주의 입장은 "자료"나 "문서 기록"에 대해 논의하는 것을 회피했는데, 이는 충분히 이해할 수 있는 국면이다. 그럼에도 대략적으로 밀어붙인다면, 대부분의 복음주의 구약학자들은 이전 보수주의 견해의 기본적인 타당성과 구약에서의 문서 자료의 승인을 인정한다. 에드워드 영(Edward Young)에 따르면 "오경의 편찬에서 모세가 이전에 존재한 기록된 문서로부터 발췌를 했다는 것은 충분히 가능하다."[84]

---

82) Vitringa에 대한 유용한 평가를 보려면 Brevard S. Childs, "Hermeneutical Reflection on C. Vitringa, Eighteenth-Century Interpreter of Isaiah," in *In Search of True Wisdom: Essays in Old Testament Interpretation in Honour of Ronald E. Clement*, ed. Edward Ball (JSOT Sup 300; Sheffield: Sheffield Academic Press, 1999).

83) "Has vero schedas & scrinia Patrum, apud Israelitas conservata, Mosen opinamur collegisse, digessisse, ornasse, & ubi deficiebant, complesse, atque ex iis primum Librorum suorum confecisse"(Campegius Vitringa, *Sacrarum observationum libri quatuor* [Franeker, 1700], p. 35).

84) Edward J. Young, *An Introduction to the Old Testament*, rev. ed. (Grand Rapids: Eerdmans, 1984), p. 153. Wilhelm Möller와 비교하라. "Doch liegen auch schriftliche Unterlagen durchaus im Bereich des Möglichen oder sogar Wahrscheinlichen. In Gen. 14 haben wir einen Fall, in dem das von vielen Kritikern selbst angenommen wird. Wann diese begonnen haben möchten, in welcher Sprache, in welcher Schrift, in welchem Ausmaße, darüber zu spiritisieren, ist ziemlich müßig und einstweilen auch aussichtslos. Ob durch Moses eine Redaktion erfolgte, ist gleichfalls schwer zu sagen, wiewohl durchaus wahrscheinlich"(*Biblische Theologie des Alten Testaments*

이런 접근법에서 복음주의자들 사이에서 일어난 유일한 변동은, 모세에게 유용했던 "자료"가 기록된 형태가 아니라는 제안이 때때로 나타났다는 점이다. 모세가 의존한 자료는 구전이었을 수도 있다. 이 질문에 대한 구성적 접근의 어려운 점은, 성경 저자가 자주 문서 자료를 언급하고 있다는 것과, 텍스트 자체가 문서 자료 사용의 증거를 포함한다는 것, 이런 텍스트의 현실을 적절하게 다루는 데 실패했다는 점이다. 여기에 더해 성경 저자들이 구전 자료만을 이용했다는 가정은, 불확실성을 불필요한 수준으로까지 연구 과정에 도입한다.

한발 뒤로 물러나 오경 내러티브를 전체적으로 조망하면 우리는 한 폭의 직물, 즉 수많은 내러티브들이 하나의 이야기로 짜인 한 폭의 태피스트리를 보게 된다. 이 내러티브들은 크기에 있어 작은 에피소드로부터(예, 창 9:18-27) 긴 소설 같은 구성에 이르기까지(창 37-50장)의 광범위하다. 분명한 것은 저자가 이런 내러티브 덩어리들을 연결해서, 현재 오경의 전체 길이인 창세기 1장부터 신명기 34장까지, 거의 중단 없이 계속되는 완전하고 통일성 있는 내러티브를 구성했다는 점이다.[85] 이 내러티브 직물의 재료가 되는 것은 고대 시들과 다양한 율법 집합들이다. 율법은 오경의 중심과 끝을 향해 모여 있다(출 20장-신 29장). 면밀히 조사해보면, 여기에는 하나가 아니라 몇 개의 독립된 율법 집합이 나타난다. 자주 관찰된 내용처럼, 오경이 제기하는 중심적인 신학적 질문은 이 율법 집합들의 본질과 목적이다. 왜 오경에는 율법이 있는가? 왜 이런 다양성이 여러 율법 집합 속에 존재하는가? 왜 오경 자체 안에서 이런 다양성을 극복하기 위해 노력하지 않았던 것일까?

이 문학적 조각들을 하나의 구성인 "오경"으로 짜는 임무는 위대한 문

in heilsgeschichtlicher Entwicklung [Zwickau: Hermann, 1938], p. 42).

85) Jean Louis Ska, *"Our Fathers Have Told Us": Introduction to the Analysis of Hebrew Narratives*, 2nd ed. (SubBi 13; Rome: Editrice Pontificio Instituto Biblico, 2000)을 보라.

학적 재능의 성과였다. 바로 이것이 오경 "저자"의 작업이다. 책의 계획과
설계와 범주의 통일성은 목적의 단일성을 드러내며, 이 목적의 단일성은
한 사람의 저자의 목적(*mens auctoris*)을 통해서만 설명될 수 있다. 오경신
학의 목적은 저자의 구성적인 전략을 주의 깊게 조사해서 그 목적을 발견
하는 것이다. 궁극적으로 우리의 목적은 오경을 해체하는 것이 아니라 본
래대로 남아 있도록 하는 것이며, 책 속에서 분산의 패턴에 중요성의 무게
를 할당하면서 그것의 다양한 부분들을 분류하는 것이다. 목표는 항상 저
자가 작업하는 바로 그 순간을 본다는 희망에 의해 인도되어야 한다. 이는
작품에서 저자가 말하고자 하는 바를 알려고 하며, 책을 통해서 저자가 원
하는 대로 우리를 인도하도록 허용하는 것을 의미한다. 이 과업을 위해서
우리는 세심하고 민감한 독자가 되어야 한다.

6장

오경의 구성

오경 저자가 독자에게 하나의 완전한 역사 이야기를 들려주고자 했다고 가정하는 것은 합리적일 듯하다. 오경은 고립된 이야기들의 모음집도, 완전한 율법 집합도 아니다. 궁극적으로 오경은 하나님과의 관계를 중심으로 하는 이야기를 들려주는 책이다. 오경 안에는 다양한 문학 장르가 있지만, 전체적으로 볼 때 주제적인 구조는 거의 다양성을 보이지 않는다. 오경을 만든 것은 위대한 업적이었다. 이를 이해하기 위해서는 이 책이 어떻게 만들어졌는지를 알아야 한다.

문학적인 형태를 분석해보면, 오경을 만드는 작업은 주로 고대 텍스트들을 하나의 역사적인 이야기나 내러티브로 엮어 짜고 연결시키는 것이었음을 알 수 있다. 자주 이 작업은 복잡했으며 다양한 문법과 스타일의 중첩을 포함했다. 오경을 "만드는" 작업은 구절에 해설을 더할 때는 언제인지, 다양한 문서 자료들을 단순히 요약할 때는 언제인지를 결정하는 작업을 의미했다. 기록된 텍스트에 해설과 논평을 더하는 것은 오경 구성의 중심에 있는 활동이었다. 창세기 15:6의 "아브람이 여호와를 믿으니 여호와께서 이를 그의 의로 여기시고"에서, 저자가 이런 논평을 포함시키지 않았다면 우리는 어떻게 오경을 이해했을 것인가? 앞으로 제시하겠지만 저자의 이런 해설은 고립된 단평이 아니다. 이 해설은 처음부터 끝까지 오경 전체에 흐르는, 예언문학과 궁극적으로 신약에서 중요한 역할을 하는 구성적 "믿음 전략"의 필수적인 일부다.

또한 고대 자료의 사용은 상세한 부분의 설명이나 명료함을 저자 작업의 필수적인 부분으로 만들었다. 이 임무를 성취함에 있어 영감을 받은 저자는, 그가 사용했던 기록된 텍스트에 대한 상당한 양의 역사적이고 문학적인 지식을 보여준다. 다양한 기록된 텍스트는 우연히 함께 섞인 것이 아니었다. 저자는 다양한 기록된 텍스트들이 어떻게 함께 들어맞을지에 대한 분명한 계획을 가지고 있었다. 자주 설명을 삽입하는 것이 필요했는데 그것은 명료함이 부족했기 때문이 아니라, 텍스트에서 단어나 문자 표현의 중요성과 그것의 문학적 환경과의 관계에 대해 독자의 이해를 돕기 위해서였다. 이런 경우 저자의 해설은 독자가 텍스트를 이해하도록 안내하는 의도를 가지고 있었다. 문학적인 성과를 정밀하게 조사해보면, 저자가 기록된 텍스트 각각의 상호 관계에 대한 세밀한 지식을 가지고 작업했음을 알 수 있다. 여기에 더해서 저자는 어떻게 조각들이 서로 맞아야만 하는지 상세하게 밑그림을 그리는 계획, 즉 분명한 하나의 통일성 있는 전체 계획을 엄격하게 고수했음이 틀림없다.[1] 이 모든 증거는 유능한 작가의 존재를 나타낼 뿐만 아니라 독자에 대해서도 높은 수준을 가정하고 있다.

오경의 구성 배후에는 설명이 필요하지 않은 가공되지 않은 자료보다는, 분명하게 정의된 신학적 프로그램이 놓여 있다.[2] 오경은 그 구성이 문학적이고 신학적인 판단을 요구하는 작품이다. 오경은 특정한 쟁점을 다루는 작품이며, 이런 쟁점들이 독자들에게 지극히 중요했을 것이라고 다만 추측할 수 있을 뿐이다. 확실히 저자는 그의 작품이 일부 사람들에게 일으킬 반응을 인식하고 있었다. 예를 들어 출애굽기 32장의 금송아지 기

---

1) 출 18:2에서 "[모세가] 그녀를 돌려보낸 후에"('*aḥar šillûḥeyhā*)라는 설명은 저자가 내러티브에서 조망했던 폭넓은 범위를 증명한다. 최소한의 단어를 사용해서 저자는 그의 내러티브에서 출 18:2을 출 4:26에 연대기적으로 연결시킴으로써 주요한 주름 부분을 편다. 이것이 "조화시키는"(harmonistische)(Julius Wellhausen, *Die Composition des Hexateuchs und der historischen Bücher des Alten Testaments*, 4th ed. [Berlin: de Gruyter, 1963], p. 80) 설명적 논평 이상이라는 것은, 이 설명과 함께 저자가 이 사건의 엄격한 연대기적 순서를 유지할 수 있었으며, 따라서 율법의 집행에 대한 이드로의 지시를 연대기적으로 시내 산에서 율법이 주어지기 전(출 19장)에 위치시킬 수 있었다는 사실로 알 수 있다.

2) 예를 들어 A. A. Hodge, *Outlines of Theology* (New York: Carter, 1878), p. 314을 보라.

사가 일부 사람들의 기호에는, 특히 제사장직에 있는 자들(출 32:1-6을 보라)에게는 전혀 맞지 않을 것임을 확실히 알고 있었다. 또한 저자는, 광야에서 모세의 믿음의 실책을 강조하는 것(민 20:12)에 대해 부정적인 반응이 있을 수 있음도 알고 있었다. 또한 아브라함의 삶에서 율법에 대한 순종의 (거의 바울적인) 영성화는(창 26:5),[3] 동일한 믿음을 보이지 않았던(민 14:11; 20:12) 율법 아래 있는 자들의 삶에 우울한 영향을 미치리라는 것도 틀림없이 알았을 것이다. 분명히 오경은 자기만족적이고 종교적인 청중을 목표로 한 작품이 아니며, 종교적 현상 유지의 방어로 단정 지을 수 있는 책도 아니다. 이 책은 어느 측면에서 보아도 신학적 타협의 시도가 아니다. 모든 것을 종합해보면 이런 관찰은, 오경에서 들리는 목소리가 예언자나 이후의 예언자적 공동체, 궁극적으로는 신약의 관점에 공감하는 사람의 목소리라는 다른 핵심 구약 저자들의 견해를 지지한다(비교. 스 9:10; 단 9:10 LXX).

오경의 연대기적 뼈대

오경 내러티브를 하나의 통일성 있는 이야기로 형성하는 데서 저자의 첫째 임무는 다양한 부분들을 연대기적 뼈대(chronological framework)로 배열하는 것이었다. 비록 오경이 자주 날짜와 년수까지(예, 창 7:6, 13) 명백한 연대 체계를 따르기는 하지만, 동시에 이 책에는 광범위한 연대기적 기준점을 설정하는 암시적인 시간적 순서도 있다. 오경의 내러티브 전략은 시내 산 사건들 주변으로 일련의 연대기적 기준점과 병행해서, "시작"(rēʾšît[창 1:1])과 "끝"(ʾaḥărît[창 49:1; 민 24:14; 신 4:30; 31:29])을 포함한다. 시내 산 내러티브는 "시작"(Urzeit)과 "끝"(Endzeit) 사이와 "시내 산 이전"(출 12:40)에서부터 "시내 산에서"(출 19:1)와 "시내 산 이후"(예를 들어 신 4:25-31; 30:1-11)까지

---

3) "이는 아브라함이 내 말을 순종하고 내 명령[mišmartî]과 내 계명[miṣwōtay]과 내 율례[ḥuqqôtay]와 내 법도[wĕtôrōtāy]를 지켰음이라 하시니라"(창 26:5).

의 범위에 미치는 연대순의 축을 따라 위치해 있다. 신정 정치(시내 산 언약)
는 종말론(Urzeit와 Endzeit)과 교차한다. 오경의 의미와 신학은 이 두 세트
의 좌표의 교차점을 따라서 전개된다.

이 시간적 도식 안에서, 연대기적 배열은 중요한 신학적인 기준점을
공급한다. 연대기적으로 "시내 산 이전에" 위치한다는 것은 신학적으로 율
법에 대한 책임에서 벗어난다는 것이다(창 15:6; 26:5).[4] "시내 산에서" 산다
는 것은 율법에 책임이 있다는 것을 의미한다(레 18:5). "시내 산 이후에" 산
다는 것은 이 언약을 새로운(영적) 현실의 측면에서 보는 것이다(신 10:12-
19; 30:1-11).

오경의 연대기적 참조점은 내러티브의 시간 내에서 시퀀스의 순간들을
설립하는 것이라기보다는 오히려, 오경과 전체 성경 내에서 방향성을 규정
하려는 것이다. 성경과 오경을 교의적인 체계에서 분리해서 신학적으로 보
려는 가장 초기 노력의 일부는, 이런 연대기적 뼈대에 시선을 고정했다. 그
리하여 신학적 정의와 해석을 내러티브 시간의 순서를 따라 이끌어냈다.

예를 들면, 요한 콕세이우스는 하나님의 계시 자체의 구조를 시내 산에
서 주어진 율법의 문제를 중심으로 시간적 순서(ordo temporum)를 통한[5]
움직임으로 제시했다. 그의 체계는 다음과 같이 단순했고 성경적으로 옹
호할 수 있는 것이었다. (1) 율법 이전 (2) 율법 아래에서 (3) 율법 이후. 이
런 콕세이우스의 기본 도식을 따라서, 요한 벵겔 같은 학자들은 시간 개념
을 중심이 되는 통합적 주제의 수준까지 연장했다.

하나님은, 누군가가 사건 자체의 상세한 점을 고려하든지 단지 시간을 고려하

---

4) John H. Sailhamer, *Introduction to Old Testament Theology: A Canonical Approach*
(Grand Rapids: Zondervan, 1995), p. 186.
5) Hans-Joachim Kraus, *Die biblische Theologie: Ihre Geschichte und Problematik*
(Neukirchen: Neukirchener Verlag, 1970), pp. 20-24.

든지의 여부와 관계없이, 그분의 왕국의 신비를 알리는 데 있어 점진적으로 진행하셨다. 처음에는 감추어졌던 것이 다음에는 공개적으로 이해되었다. 어떤 특정한 상태에서 주어졌건 간에 성도들은 더 취하거나 덜 수락함이 없이 받아들였다.[6]

현재의 복음주의 성경신학에서 시간적 순서(*ordo temporum*)의 중심성은, 게할더스 보스의 특별계시 내에서 언약들 간의 차이에 대한 설명에서 볼 수 있다. 보스에게 은혜 언약의 경륜들 사이에 명백한 구별은 연대기적 분할의 관점에서 묘사되었다.

구약은 타락 이후에 속한다. 구약은 은혜 언약의 두 구분 중 첫 번째를 형성한다. 구약은 메시아의 오심에 앞선 은혜 언약의 시기이며, 신약은 그분의 나타나심 이후에, 그리고 우리가 여전히 살고 있는 은혜 언약의 시기다.[7]

보스는 두 개의 중심적 신학적 언약(계약) 사이에 시간적 구별을 했다. 반면 칼뱅은 두 언약 사이에 논리적인 구별을 했다.

족장들과 맺은 언약은 실체[*substantia*]와 현실[*re ipsa*]에 있어 우리의 것과 너무나 같아서 실제로 두 가지는 하나[*unum*]이며 동일하다[*idem*]. 하지만 이 두 언약의 경륜[*administratio*]은 양식에 있어서 다르다[*variat*].[8]

---

6) Sailhamer, *Introduction to Old Testament Theology*, p. 125에서 인용했다.

7) Geerhardus Vos, *Biblical Theology: Old and New Testaments* (Grand Rapids: Eerdmans, 1948), p. 32. Walter Kaiser의 성경신학의 연대기적 순서는 그가 다양한 연대기적 "시대"를 따라서—족장 이전 시대, 족장 시대, 모세 시대, 왕정 이전 시대 등—"약속"의 개념을 조직화한 방법에서 볼 수 있다.

8) John Calvin *Institutes* 2. 10. 2 (*Institutes of the Christian Religion*, ed. John T. McNeill, trans. Ford Lewis Battles [LCC 20; Philadelphia: Westminster, 1960], 1:429).

콕세이우스 이후, 소수의 복음주의 신학자들만이 실체와 경륜 사이를 정태적으로(스콜라적으로) 구분했던 칼뱅을 따를 의사를 보였다. 대부분의 복음주의 성경신학자들은 오경의 연대기적 뼈대와, 그 연대기적 뼈대를 중심적 조직 분할 선으로 사용하는 것에 점점 더 익숙하게 되었다. 또한 이 연대기적 뼈대를 통해, 성경 언약들의 불연속성 같은 중요한 신학적 카테고리도 강조되었다. 복음주의 신학의 중심적 신학적 신조—성경의 통일성(*unitas scripturae*)—가 "시간적 순서"(*ordo temporum*)에 의해 쉽게 "점진적 계시"라는 연대기적 아이디어로 축소되었다. 오경의 연대기적 뼈대를 저자의 작업으로 이해한 복음주의 신학자는 거의 없었다. 오히려 이 뼈대는 성경 내러티브 내에 기록된 역사적 사건들의 당연한 귀결로 가정되었다. 성경 내러티브는 박식한 역사적 설명을 필요로 하는 성경 역사와 동일시되었다.

오경의 전체적인 연대기 이외에, 이 연대기적 움직임 내에는 개별적 내러티브 각각이 자체의 특정한 시간대 내에서 전개하는 "국지적 시간"(local time)이 있다(예, 창 3:8-10). 개별 내러티브의 사건들은 오경 전체의 연대기와 일치하지 않는다. 이런 식으로 오경은 각각의 내러티브의 개별 시간대 내에서는 여전히 상당한 움직임을 허용하는 반면에(예, 비교. 창 5:1과 함께 4:17-46), 아담의 창조로부터 모세의 죽음까지의 사건들은 하나의 "편도" 코스를 따르도록 되어 있다. 오경의 전체적 연대기 안에서 이 방향성을 거꾸로 뒤집는 장치는 없다. 하지만 다양한 내러티브들 안에는 뒤집을 수 있는 중요한 많은 실례가 존재한다. 예를 들면, 출애굽기 19-24장에는 "과거의 회상 장면으로의 전환"(flashbacks)이 있다. 자주 이 "플래시백"은 신학적으로 적합하다. 라쉬가 성경에서 내러티브의 연속성의 결여를, 이스라엘이 출애굽기에서 금송아지를 만드는 데 개입한 것에 대한 변증으로서 호소할 때처럼 말이다.[9]

오경의 끝에서 내러티브는 "처음"으로 되돌아가지 않는다.[10] 그것은 전체 오경의 연대기적 방향을 역류시키는 것을 의미할 것이다. 그러므로 오경의 끝에는 "에덴동산으로의 복귀" 또는 "회복된 낙원"에 대한 분명한 제시는 없다. 비록 그것이 오경의 개별 내러티브 내에서[11] 빈번한 주제며 중요한 시적 이미지이지만(예, 창 49:11-12), 그것은 오경의 시간의 움직임이나 방향성의 목적으로 설정된 것은 아니다. 과거는 과거 속에 남아 있다. 미래는 과거를 우선한다. 그러므로 전체 내러티브의 방향은 과거로의 복귀가 아니라 새로운 것을 향한 여행으로서, 오경이 구상한 미래를 향해 있다.[12] 그것은 하나님의 새 일을 향한 전진 운동이다(신 30:1-6).[13] 궁극적으로, 새 일은 새 언약의 예언적 희망에 연결되어 있다(렘 31:31-32).

저자가 이 연대기를 아주 진지하게 취급한다는 것은, 반복될 수 없는 (뒤집을 수 없는) 시간 사건인 창조로부터 이야기를 시작하는 사실만 보아도 부분적으로 알 수 있다.[14] 과거로의 복귀는 "새 창조"를 의미할 것이다 (사 65:17). 오경의 주제를 두 장으로 압축한 후(창 1-2장),[15] 또한 에덴동산에서부터 바벨론의 멸망까지 인류의 역사를 추적한 후(창 2-11장)에야 비로소 저자는 새로운 페이지와 새로운 장을 연다. 이 새로운 장에서는 아브라함이 등장하고, 내러티브는 구원과 구속이라는 쌍둥이 주제를 역사적[16]

---

9) Rashi: "토라에는 되돌아가기와 진행이 없다."

10) 타나크의 끝에서 역대기는 아담으로 되돌아간다(대상 1:1). 그러나 이것은 "시작"으로 돌아가는 것과 동일하지 않다.

11) John H. Sailhamer, *The Pentateuch as Narrative: A Biblical-Theological Commentary* (Grand Rapids: Zondervan, 1992), pp. 214-15.

12) 보통 예언서의 구조는 처음에는 백성들의 범법함(이전 것), 다음으로는 새로운 어떤 것을 위해 미래를 바라보는 것, 이 순서를 따른다.

13) "낙원으로의 복귀" 모티프를 포함할 수도 있는 신 30:9과 비교하라.

14) 저자는 각각의 내러티브마다 시작 부분에 창조 기사를 넣을 수는 없었다. 비록 이런 일이 전반적인 연대기적 순서의 지배를 받지 않는 시편에서는 자주 일어나지만 말이다.

15) 창조(창 1:1), 축복(창 2:28), 관계(창 1:26; 2:18, 23), 공급(창 1:11-12; 2:8-14), 예배(창 2:15), 순종(창 2:16), 의존(창 2:17, 24-25), 통치권(창 2:19-20).

16) 물론 구원과 구속의 주제는 전반적으로 이미 창 1-11장─예를 들면, 홍수 내러티브와 노아의 번제(창 8:20-21)─안에 있다. 하지만 아브라함에서는 이 주제가 아브라함의 개인사 또는 가족사와 연결된다.

관점 안으로 가지고 들어올 것이다(창 12장). 포로 생활로부터의 귀환의 전조가 되는, 인류와 하나님과의 새로운 일을 대표하는 아브라함은 바벨론 왕국의 멸망 이후(창 11장)에야 비로소 내러티브 안으로 들어온다. 창세기 11:1-9은 단순히 "바벨"이라고 명명된 도시의 멸망이 아닌, 바벨론 왕국의 흥망에 관한 것이다.[17]

바벨론으로 대표되는 인간 왕국의 멸망 후(창 11:1-9; 단 2:34-35), 다니엘서에서 나중에 정경화된 패턴을 따라 "하늘의 하나님이 한 나라를 세우시리니 이것은 영원히 망하지 아니할 것이다"(단 2:44). 이 왕국은 다니엘 2:34에서 "인간의 손으로 만들지 아니한" 왕국으로 표현된다. 창세기 11장 이후 하나님의 왕국은(아브라함의 "씨"에 위치한[창 12:1-3; 비교. 갈 3:16]) 타락한 인류의 폐허 속에서 일어난다(바벨론[창 9:1-11]). 이 왕국에서 하나님은 아브라함을 위해 그 이름을 창대하게 만들 것이다(창 12:2). 이 왕국은 바벨론인들이 자신들의 이름을 알리는 왕국이 아닐 것이다(창 11:4). 히브리서 저자는 이 내러티브 전략을 "하나님이 계획하시고 지으실 터가 있는 성에 대한" 아브라함의 탐구의 의미로 이해했다(히 11:10; 비교. 단 2:44). 이 시점에서부터 오경은 창세기 1-11장에 서술된 사건에 대해서는 거의 언급하지 않는다. 그럼에도 이 사건들은 오경 나머지의 기초로 남아 있다.[18]

창세기 1-2장에서 구축된 하나님의 축복에 대한 기대를 감안할 때, 창세기 3-11장의 내러티브가 없었다면 분명히 독자는 약속의 땅 밖에서 모세가 죽는 것으로 끝나는 종결에 놀랄 것이다(신 34장). 하지만 이런 오경의 결론은, 인간의 실패와 하나님의 은혜라는 텍스트 배후에 숨어 있는 의

---

17) 이 도시는 "바벨"로 불렸다. 이는 도시의 히브리어 이름 בָּבֶל(bābel)의 음역이다. 여기서와 창 10:10에서 KJV은 이 이름을 "바벨"로 음역했다. 계 18:2에서 בָּבֶל은 βαβυλών(babylōn)으로 불렸다. βαβυλών이라는 용어는 LXX에서는 사용되지 않았다. 여기서는 בָּבֶל이 "혼란"을 의미하는 Σύγχυσις(synchysis)로 표현되었다.

18) 예를 들면, 창 14:19은 인류에 대한 하나님의 축복을(창 12:1-3) 창조와 구속(창 1:28; 9:1) 위에 기초시키고자 한다. 또한 창 49:10-12; 민 24:6을 보라.

미에 충분한 관심을 쏟지 못한 독자에게만 놀라운 것이다. 오경의 독자에게 남아 있는 유일한 희망은 하나님의 은혜와 신실함이다(신 30:1-15; 34:10).

우리는 오경 연대기의 중요성을 과소평가해서는 안 된다. 아마도 이 연대기는 책의 기본적 목적에 가장 밀접하게 놓인, 구성적 전략의 요소다. 몇몇의 필수적인 해석의 쟁점들은 이 오경 사건의 순서에 직접적으로 연결되어 있다. 불가피하게 이 연대기는 성경 내러티브 내에서 행위의 원안(protocol)을 만든다. 오경에서 전반적인 연대기가 없다면, 독자는 이야기의 중심적 움직임의 방향을 알 수 없다. 흔히 우리는 이런 것을 당연히 여기기도 하지만, 만약 연대기적 나침반에 없다면 책 전체가 어느 길로 향하고 있는지조차 확실히 알 수 없을 것이다. 국지적인 시간의 구조는 거대한 내러티브나 전체 텍스트의 방향을 구분하는 데는 신뢰할 수 없는 길잡이다. 따라서 연대기를 무시하는 것은 시간상의 모호함과 내러티브의 컨텍스트의 상실로 이어질 수 있다. 연대기를 존중하지 못한 실패의 결과는 실제적으로, 일부 사람들로 하여금 오경을 움직임의 끝에서 시작으로 가는 것처럼, "역으로" 읽도록 만들었다. 이런 잘못된 조건하에서 오경의 궁극적인 방향은 바벨론으로부터의 종말론적인 해방보다는(창 11:1-9; 신 30:1-6) 오히려 신정(神政)의 에덴동산으로의 복귀가 된다(창 2장). 하지만 우리 앞에 놓인 것은 과거가 아닌 미래다. 시내 산 언약으로의 복귀가 아니라 새 언약과 새 마음의 준비가 우리 앞에 놓여 있다(신 30:11-16).

오경을 통한 주제의 발전

오경 제작에서 다음 단계는 일련의 신학적 주제와 테마를 다양한 내러티브로 끌어들여 직조하는 작업이었다(신학 논점). 최대한으로 계산해서 여기에는 다음과 같은 5개의 주제가 있다.

1. 인간의 실패

2. 하나님의 은혜(축복)

3. 믿음

4. 율법

5. 언약

이 주제들은 내러티브 안에서 서로 연결되어 궁극적으로 오경의 중심
적인 신학적 추진력을 제공한다. 하나님은 **은혜로** 족장들과 열방을 위한
축복을 시작하신다. 이 축복은 **믿음**으로의 부르심에 기초하고 있지만, **율
법**을 주는 결과를 낳는다. 축복, 믿음, 율법이라는 이 세 가지 주제는 추가
적으로 **언약**의 개념에 기초한다. 축복, 믿음, 율법은 언약을 맺음으로써(그
리고 깨뜨림으로써) 효력을 발생시키게(또는 중지시키게) 된다. 이 주제들은 인
간의 실패와 하나님의 은혜라는 내러티브의 서브텍스트(subtext, 하위 텍스
트)와 대비되어 기능한다. 오경의 신학을 발견하고 평가하는 것은 주로 이
런 주제들의 교차점을 위치시키는 문제다.

나중에 나는 오경을 통해 이런 주제들 각각의 발전(구성적 전략)을 추적
할 것이다. 지금으로서는 실패, 은혜, 믿음, 축복, 율법, 언약의 주제가 명
확한 문학적·구성적 전략에 의해 오경 내러티브의 직물로 조심스럽게 직
조되었음을 인정하는 것으로 충분하다. 오경 메시지에서 이 주제들은 너
무 기초적이라서, 대부분의 주제들은 단순히 읽기만 해도 오경을 이해하
는 데 필요한 핵심 지식으로 발견된다. 독자가 얼마나 이런 주제들을 염두
에 두고 오경을 읽는가 하는 정도는, 저자가 얼마나 성공적으로 내러티브
를 통해 이런 주제들을 전달했는가에 대한 척도가 된다. 이런 진리는 오경
의 메시지를 이해하는 우연적인 특징이 아니다. 이것은 어떻게 오경의 중
심 메시지를 보아야 하는지를 미리 결정한다고 할 수 있다.

율법의 전략

오경에서 눈에 띄는 구성 기법은 몇 개의 뚜렷한 율법 집합과 그것들의 분포다. 일반적인 가정과는 반대로, 오경의 율법들은 하나의 율법 집합의 일부가 아닌 듯하다. 율법은 법전의 다양한 일부로서 각각은 다른 것들과 구별된다. 따라서 이 율법 집합들은 흥미로운 질문을 일으킨다. 왜 저자는 오경에 율법을 넣었는가? 왜 저자는 개개의 분리되는 집합들 속에 율법을 포함시켰는가? 왜 저자는 다양한 율법 집합들의 일부로서의 율법에 그렇게 많은 관심을 쏟았는가? 왜 저자는 다른 율법을 반복하기도 하고 구별되기도 하는 율법을 포함시켰는가? 예를 들어, 모세는 흙으로 제단을 만들라는 명령을 받았다(출 20:24). 하지만 몇 장 뒤에 가면 모세는 조각목으로 만든 제단을 세우라는 명령을 받는다. 왜 시내 산에서는 서로 다른 두 종류의 제단이 요구되었는가?

이 두 세트의 율법의 내러티브 효과는 인상적이다. 출애굽기 20장에서 시작되는 이 세트들의 삽입으로, 오경 내러티브의 움직임은 중단된다. 이스라엘은 시내 산에 진치고 있고 모세는 율법을 받아 그것을 산기슭에서 백성에게 전달하는 내러티브 시간의 한 순간, 이스라엘 역사에서 중심적 사건이 멈추게 되는 것이다. 산꼭대기로부터 하나님은 십계명을 그것을 듣는 모든 이들에게 전달하신다. 하지만 이후에 하나님은 오직 모세에게만 말씀하시고, 모세는 하나님의 율법을 백성에게 전달한다. 하나님과 모세가 하는 말을 듣기 위해 일시 멈춤으로써(비교. 출 19:19b), 저자는 광야에 있는 이스라엘의 이야기를 일시 중단시키고 오로지 율법이 주어지는 것에만 집중한다. 모든 다른 활동은 하나님이 율법을 주시고 백성이 받아들일 때까지 중단된다.

이 율법 집합들과 그것들을 하나님이 시내 산에서 주시는 이야기에서 가장 놀라운 점, 이 내러티브들을 연대기적 순서로 읽게 될 때 다음과 같은 사실이 드러난다는 것이다. 즉 이미 이스라엘은 자신을 통치할 율법 집합을 가지고 있었다는 사실이다(출 15:25b; 18:16-24). 명백히 이들에게는 추가적인 율법이 필요하지 않았다. 그들이 시내 산에 온 것은 율법을 받기 위해서가 아니라 하나님과 언약을 맺기 위해서였다(출 19:4-5). 하지만 이들이 시내 산을 떠날 때는 더 많은 율법을 가지고 있었다.

오경에서 다양한 율법 집합들을 자세히 보면 두 가지 독특한 특징이 드러난다. 첫째, 전체의 율법 집합은 총망라된 것이 아니다. 여기에는 심각한 빈틈과 누락이 있다. 신명기 24:4에서 이혼에 관한 율법은, 오경에는 포함되지 않은 이혼에 관한 다른 율법들을 전제하고 기록된 것이다. 예를 들어, 신명기 24장에서 볼 수 있는 종류의 이혼의 근거는 무엇인가? 재혼은 가능한가? 가능하다면 어떤 조건하에서인가? 신명기 24:4은 이런 질문들을 다스리는 율법이 존재한다는 사실을 가정하지만, 이 율법은 오경에는 포함되어 있지 않다.

둘째, 오경에서 때때로 율법은 이미 주어진 율법을 반복한다. 한편으로 율법은 정교한 세부 사항을 동반한다. 다른 한편으로 "너는 염소 새끼를 그 어미의 젖으로 삶지 말지니라" 같은 율법에서처럼, 거의 세부 사항은 동반되지 않은 채 세 번이나 반복되기도 한다(출 23:19b; 34:26; 신 14:21). 십계명은 두 번 나오는데(출 20:1-17; 신 5:6-21) 사소한 차이를 동반한다. 두 번째 "십계명"('ă´seret haddĕbārîm[출 34:28])은 주로 의식법이 소개되는 출애굽기 34:11-26에 나온다.

오경에서 율법 집합은 흔히 불완전하고 빈틈을 가지고 있다. 동시에 이런 동일한 율법의 일부는 정교한 세부 사항과 함께 규정되어 있다. 이 두 가지 일반적인 관찰은 추가적인 설명을 요구한다. 이는 오경에서 율법 집합의 배후에는 어떤 율법과 법전의 의도적인 선택을 반영하는 의식적인 전략 및 지적인 설계가 있었음을 보여준다. 즉 어떤 율법은 포함되었고 어떤 것은 배제되었다. 선택의 과정은 이 과정이 모든 율법을 총망라하는 시도가 아님을 명백하게 반영하지만, 포괄적이 되도록 의식적으로 노력한 것을 보여주기도 한다. 나아가 중복이나 반복을 피하려는 시도는 하지 않은 것으로 보인다. 이런 다양한 관찰은 오경에서 구성적인 접근법의 임무가, 율법의 선택 배후에 놓여 있는 의도성을 발견하는 것임을 보여준다. 왜 오경에서 어떤 율법은 포함되고 어떤 것은 배제되었는가? 어떤 선택의 원리가 적용되었는가? 오경의 율법 선택 뒤에는 어떤 큰 목적이 놓여 있는가? 오경신학의 구성적인 접근은 이런 질문에 답하기를 시도하며 이것을 저자의 신학적 목적과 연결하고자 한다.

오경의 최종 형태

오경의 최종 형태(Endgestalt)에 관련된 의미에 대한 많은 접근법들이 있다. 책의 문학적 구성에 초점을 맞추는 접근법에서 핵심적 질문은 다음과 같다. 최종적 문서는 누구의 아이디어인가? 최종 형태에는 누구의 목소리가 반영되어 있는가? 이런 질문은 오경을 누가 왜 썼느냐 하는 문제 이상이다. 이 질문은 현재 오경의 형태가 저자의 의도를 가지고 있는지, 또한 이 의도가 본질적으로 신학적인지 하는 문제다. 오경은 단순히 어떤 백성의 초기 역사인가, 아니면 하나님의 계시된 목적을 포함하는 더 큰 메시지를 가지고 있는가?

여기에 대한 답은 오경의 구성적 형태에 놓여 있다. 오경의 형태와 전략 안에 놓여 있는 아이디어는 무엇이며, 누가 그것을 책임지고 있는가?

제사장 편집자. 흔히 성서비평학자들은 제사장 편집자가 중심부에 많은 분량의 율법을 포함하고 있는 현재 오경의 기본 형태를 만들었다고 믿었다. 그렇다고 반드시 이런 작업이 최종적 문서가 되었음을 의미하지는 않는다. 제사장도 아니며 제사장의 아이디어를 대표하지도 않는 누군가가 제사장적 오경을 편집했을 가능성도 있다.[19] 어떤 경우든, 오경 구성의 일반적인 견해는 최종 편집자가 제사장직의 관점에서 오경의 이야기를 설명했다는 것이다. 전통적인 견해는 모세를 최종의 "제사장직" 저자와 동일시했다. 만약 모세가 오경의 저자라면, 레위 지파인 그가 제사장직에 관심을 보이는 것은 너무나 자연스러운 일이다. 일반적으로 오경의 최종 편집자는 에스라나 그의 제사장직 동료 중 한 사람이었을 것이라고 여겨졌다 (느 8:9을 보라). 제사장인 에스라는 제사장직의 역할에 관심을 가지고 있었을 것이다. 전통적인 견해에 따르면 모세가 오경을 썼고, 에스라는 모세의 죽음과 매장의 세부 사항과 같은 몇 개의 해설을 더함으로써 오경을 최신 정보화한 두 번째 편집자다.

대부분의 역사적-비평적 견해에 따르면, 오경의 최종 버전의 편집자는 제사장적 관심을 염두에 두고 오경을 편집했던 제사장적 공동체의 익명의 구성원이었다. 그는 율법, 희생 제사, 제사장들의 성막/성전에서의 의무에 대해 뚜렷한 관심을 보였다.

행정관 편집자. 오경에 대한 최근 연구는 오경의 최종 제사장 버전의 가능성에 대한 관심에 다시 불을 붙였다. 오경의 구성에서 에스라의 역할에 대한 질문이 다시 제기되었다. 에스라는 토라를 연구하고 가르치는 서기관이었다(스 7:6, 10). 앞의 구절과 여타 다른 텍스트에서 "토라"(tôrâ)가 오경을 가리킨다는 것에 대해서는 일반적인 동의가 이루어진다. 성경의 일부 아람어 부분에서(예, 스 7:25), 에스라의 활동은 "하나님의 율법[dātê]"을 모으는 데 중점을 둔 것으로 보인다. 에스라는 페르시아 당국에 의해 "[그의] 하나님의 율법"을 "그것을 알지 못하는 자"에게 가르치도록 임명되었다. 바로 이 율법의 모음이 고대의 모세 오경이었을까? 아니면 오경의 편집된 버전이었을까?[20] 에스라는 이 오경의 율법을 "만들고 가르치라고" 아닥사

---

19) "Auch wenn wir die Bildung der priesterlichen Hauptkomposition wohl als den entscheidenden formativen Schritt hin zur kanonischen Tora sehen dürfen, ist sie doch keineswegs mit deren 'Endgestalt' gleichzusetzen"(Erhard Blum, *Studien zur Komposition des Pentateuch* [BZAW 189; Berlin: de Gruyter, 1990], p. 361).

스다에 의해 임명되었을까?

앞의 질문들에 대한 답은 이 두 개의 텍스트에서 사용된, "율법"에 대한 두 개의 용어의 정확한 의미에서 찾을 수 있다. 하나는 "율법"(tôrâ)이라는 히브리어 단어이고, 다른 하나는 아람어 단어 "율법"(dāt)이다. 히브리어 단어 "토라"는 아람어 표현인 "하나님의 율법"과 의미상 동일할 수 있다. 또한 두 단어는 함께 다른 집합의 율법을 가리킬 수도 있다. 에스라 7:25에 따르면, 페르시아 왕 아닥사스다는 에스라를 "강 건너" 지방에서 "하나님의 율법[dātê]"을 시행하도록 임명했다. 이것은 구약의 일부가 아람어로 쓰였기 때문에, 아람어 단어로 "율법"을 가리킨 것은 당연할 것이다. 에스라 7:25에서 "율법"이라는 단어의 사용은 에스라가 오경을 가르친 것을 지시할 수도 있고, 아니면 페르시아 제국의 민법을 가르친 것을 지시할 수도 있다.

에스라여 너는 네 손에 있는 네 하나님의 지혜를 따라 네 하나님의 율법[dātê]을 아는 자를 법관[šāpṭîn]과 재판관[dayyānîn]을 삼아 강 건너편 모든 백성을 재판하게 하고 그중 알지 못하는 자는 너희가 가르치라[21]

---

20) "오경과 에스라의 율법의 관계는 토라의 발전에 대한 핵심 질문이었다.…우리는 에스라 7:25에 나오는 중요한 진술을 수용해야 한다. 이 진술에 따르면 하나님의 율법과 페르시아 왕의 율법은 양쪽 다 법적으로 적용 가능하고 사법상 구속력이 있는 것으로 동등하게 취급된다. 페르시아 제국의 정책은 제국을 통해서 지방 법률을 인가했으며 그것을 구속력 있는 것으로 인정했다. 이는 오늘날 많은 전반적 실례로부터 증명된다.… 이스라엘에 대해서도 동일한 내용이 적용된다. 그러므로 이스라엘의 하나님의 전통적인 율법은 동시에 유대인을 위한 페르시아 제국의 율법이 되었다.…이런 중요한 질문이 남아 있다. 어떻게 이런 식으로 강제력을 가지는 법이 오경과 연관될 수 있는가?… 만약 에스라의 법을 우리가 가진 증거를 따라 확인할 수 없다면, 우리는 추측해서는 안 된다"(Frank Crüsemann, *The Torah: Theology and Social History of Old Testament Law*, trans. Allan W. Mahnke [Minneapolis: Fortress, 1996], pp. 334-37).
21) 출 18:20-23에서 모세에게 준 이드로의 지시와 비슷하다는 점에 주목하라.

흔히 수용되는 견해에 따르면, 이 텍스트는 페르시아가 에스라에게 그의 동료 시민들에게 오경을 가르치는 권한을 부여했음을 의미한다.[22] 그렇다면 에스라가 이 임무를 수행한 실례는, 그의 동포들이 오경을 읽고 설명하는 것을 듣기 위해 예루살렘의 거리에 모였다는 느헤미야 8장에서 찾을 수 있다. 에스라는 "이스라엘 하나님 여호와께서 주신 모세의 율법[bĕtôrat mōšeh]에 익숙한 학자였다"(스 7:6). 그는 "네 하나님의 율법을 아는 모든 자들" 사이에서 정의를 집행하고 "그중 알지 못하는 자를 너희가 가르치기" 위해 임명되었다(스 7:25). 주어진 임무와 "모세의 율법"을 다루는 에스라의 기술을 생각해보면, 아닥사스다 왕이 가리킨 "하나님의 율법"[dātē]이 오경에 있는 것과 동일한 율법이며, 이런 율법 집합이 오경이었다고 가정하는 것은 자연스럽다.

오경이 에스라 7:25의 "너의 하나님의 율법"으로 인용된 문서와 동일하지 않다 해도, 적어도 그 문서와 밀접하게 연관되었다는 사실에는 대다수가 동의해왔다. 바벨론 포로기로부터의 귀환이라는 역사적 배경을 감안할 때, 오경과 같은 문서는 페르시아 지방을 통합한다는 정치적 목적을 효과적으로 이루었을 것이다. 동시에 이런 문서는 오경 율법에 반영된 신정 정치의 개념을 설명했을 것이다. 페르시아 제국의 정책은 지역 주민들의 율법과 종교 관습을 존중하는 것이었다.[23] 또한 이런 정책은 아닥사스다가 에스라에게 토라의 율법을 유대인들에게 가르치도록 위촉한 정책과 일관성을 가졌을 것이다. 이런 임무를 염두에 둔 일부 학자들은 오경의 구

---

22) "'강 건너편의 모든 백성'은 좀더 상세한 사항, '네 하나님의 율법을 아는 자' 등에 의해서 이스라엘 백성 또는 유대인들로 한정되어 있다"(C. F. Keil, *The Books of Ezra, Nehemiah, and Esther*, trans. Sophia Taylor [Grand Rapids: Eerdmans, 1949], p. 101).

23) "페르시아 제국의 정책은 제국을 통해서 지방 법률을 인가했으며 그것을 구속력 있는 것으로 인정했다. 이는 오늘날 많은 전반적 실례로부터 증명된다.…P. Frei는 제국 당국에 의한 지역 규범의 인정의 과정을 '국가 승인'으로 분류했다"(Crüsemann, *The Torah* pp. 336-37).

성적 형태, 구체적으로 오경의 다양한 율법 집합이 "강 건너" 페르시아 지방을 다스리기 위한 에스라의 임무에 잘 부합되었다고 추가적으로 주장했다. 이 기간 동안 에스라와 같은 제사장들은 종교적이고 정치적인 지도력 모두를 제공했으므로, 오경의 최종 버전이 어떻게 제사장과 율법의 관점을 반영할 수 있었는지를 추측하는 것은 그리 어렵지 않다.

예언자 편집자. 오경 구성에 대한 제사장적, 행정관적 배경에 반대하는 설득력 있는 사례를 제시한 이는 롤프 렌토르프였다.[24] 렌토르프에 따르면 페르시아 지방에서 에스라가 가르치도록 임명되었던 "율법"은 오경이 아니라, 다양한 자료에서 가져온, 그리고 페르시아 당국이 승인한 독특한 율법 집합을 가리킨다. 이것은 출애굽기 18장의 "하나님의 율례와 법도"와, 출애굽기 19-20장의 시내 산에서 받은 "말씀과 율례" 사이의 차이와 아주 비슷했을 것이다. 렌토르프의 주장의 핵심은, 에스라 7:25에서 에스라가 "[그의] 하나님의 율법[dātê]"을 가르친 것과, 느헤미야 8장에서 그가 "모세의 토라책"을 읽고 설명한 것 사이의 관계의 본질에 있다. 렌토르프는 에스라의 활동에 대한 이 두 개의 기사가 하나의 사건에 대한 두 버전이라는 많은 성서학자들의 가정에 반론을 제기한다. 에스라 7:25은 페르시아 정부의 관료(다니엘 같은)와 같은 에스라의 정치적인 역할을 묘사한다. 반면에, 느헤미야 8장은 신명기 33:10의 지시를 따르는 제사장으로서의 에스라의 종교적인 역할을 묘사한다. "주의 법도를 야곱에게, 주의 율법을 이스라엘에게 가르치며."

렌토르프의 주장의 기초는 에스라 7장과 느헤미야 8장이 에스라-느헤미야서의 서로 다른 부분에서 발견된다는 사실에 있다. 분명한 증거도 없이 두 개의 기사가 동일한 사건을 가리킨다고 가정하는 것은 불가능하다.

---

24) Rolf Rendtorff, "Esra und das 'Gesetz,'" ZAW 96 (1984): 165-84.

에스라 7장에서 에스라가 "율법"을 가르치는 것과, 느헤미야 8장에서 "모세의 율법"을 읽는 것은 완전히 다른 배경의 환경에서였다. 에스라 7장에서 아닥사스다는 에스라에게 그의 서쪽 지방에서 법적 체계를 설립하라고 위임한다. 이 임무를 위해 에스라는 승인된 율법 집합("너의 하나님의 율법")이 필요했다. 그러나 느헤미야 8장에서 에스라는 "모세의 율법"을 가르치기 위해 예루살렘에 있는 백성에 의해 소환되었다. 이 임무를 위해서는 토라, 즉 오경이 필요했을 것이다. 비록 두 경우 모두에서 에스라는 "율법"[25]을 가르치고 해석하도록 부르심을 받았지만, 비슷한 점은 여기에서 끝난다. 두 사건을 진술하는 다른 모든 요소들은, 이 두 개의 사건이 별개의 경우를 지시한다는 점을 나타낸다. 이 두 구절을 동일시하려고 성서비평학자들이 취하는 과감한 조치는 오히려, 현재 있는 그대로의 두 사건이 서로 연관되어 있지 않다는 증거일 뿐이다. 에스라의 삶에서 이 두 사건을 동일시할 수 있는 유일한 방법은, 에스라서와 느헤미야서의 순서를 비평적으로 재구성된 일련의 역사적 사건에 맞도록 재배열하는 것이다. 즉 느헤미야 8장의 사건을 현재의 컨텍스트에서 빼내어 에스라 7-8장의 사건들과 나란히 놓아야 한다.[26] 이런 입장을 고수하기 위해서는 다음과 같은 추가적인 가정이 필요하다. 즉 에스라 7장과 느헤미야 8장의 문학적-텍스트적 역사 동안 "원래는" 나란히 놓여 있었던 두 구절이 분리되었으며, 각각의 구절이 별개의 다른 사건 순서와 연결되었다고 가정해야 하는 것이다.

에스라서와 느헤미야서의 일부를 비평적으로 자리바꿈하는 사례는 어떤 사본, 텍스트, 역본에도 나타나지 않으며, 동시에 두 책의 현재의 내러티브 순서와도 일치하지 않는다는 점을 명심하자. 현재 에스라서와 느헤미야서에 나타난 사건들의 순서는, 에스라가 "강 건너" 페르시아 관할구를

---

25) "율법"(דָּת, dāt)이라는 아람어 단어는 스 7장에서, "율법"(תּוֹרָה, tôrâ)이라는 히브리어 단어는 느 8장에서 사용되었다.

26) 이것은 보통 성서비평이 이 두 텍스트를 읽는 방법이지만, 충분한 증거는 없다.

다스렸던 "하나님의 율법[dātê]"의 모음집이(스 7:25), 에스라가 느헤미야 8장의 엄숙한 집회에서 읽고 해설했던 "모세의 토라[tôrâ] 책[sēper]"과 동일하지 않다는 사실을 암시한다. 느헤미야 9장에서 내용의 요약으로 판단하건대, 그 책은 오경이었다. 에스라 7:25에서 "너희 하나님의 율법"의 모음집은 페르시아 관직에 있는 자들이 지방에서 사용하도록 승인한 이스라엘 율법의 모음이었다.

렌토르프는 이 두 문서 사이의 근본적인 차이점을 보여줌으로써, 오경에 최종 형태를 부여하는 데 있어 제사장직과 에스라의 역할에 대한 이해에 중대한 결과를 가져왔다. 렌토르프가 제시한 대로, 만약 에스라가 페르시아 관할구를 다스리기 위해 외교적으로 승인된 율법의 모음을 오경 대신에 사용했다면, 이는 오경과, 민법과 종교법 같은 법의 모음집 사이에는 중요한 차이점이 있었음을 보여준다. 간단히 말해서 오경을 어떻게 이해해야 하는지에 대한 우리의 모델은, 페르시아 관할구를 위해 설계된 법률제도가 아닐 것이라는 사실이다. 대신 우리의 모델은 느헤미야 8장에 기록된 예루살렘 거리에서의 종교적인 집회가 될 것이다. 여기서 오경은 법전이 아니라 성경으로서 이해되었다. 예루살렘의 거리에서 오경은 이해와 통찰력을 가지고 경건하게 읽혔다(śekel[느 8:8]). 이런 결론은 느헤미야 9장의 오경 해석으로부터 추가적인 뒷받침을 얻는다. 느헤미야 9장을 보면, 오경은 율법 집합으로서가 아니라 종교적이고 신학적인 가르침으로 이해되었음이 분명하다.

앞의 논의는 오경의 최종 형식과 제사장직의 관계의 질문에 대해 상당한 빛을 던져준다. 아마도 에스라 같은 제사장들은 오경의 최종 버전의 견해에 상당한 영향을 주었을 것이다. 하지만 많은 성서학자들이 구상하는 그런 방법으로는 아니었다. 제사장들은 통치의 법전으로서 오경의 정치적인 이용을 목적으로 하지 않았다. 그들의 목적은 개인적이고 경건한 것이었다. 즉 그들의 목적은 신실한 자들이 하나님의 뜻을 따르도록 인도하는 것이었다. 오경 형성에 있어 제사장직 역할의 적합한 모델은 에스라 7:25

이 아니라 느헤미야 8장이다. 포로기 이후 시대에 제사장 에스라는 서기
관(스 7:6)으로서 오경의 편집자적 보호자(editorial guardian)였지, 오경의 저
자가 아니었다. 서기관으로서 그의 임무는 앞에 놓여 있는 오경의 의미를
설명하는 것이었으며(mĕpōrāš wĕšôm šekel[느 8:8]), 저자로서 추가적인 의미
를 부여하는 것이 아니었다. 궁극적으로 누가 오경의 보존과 구성에 있어
공로자인가 하는 질문에 대해, 에스라 자신은 예언자들의 중심적 역할을
인정했다(스 9:10). 최근에는 다른 학자들이 오경 안에서 예언자들의 반향
을 들었다. 한스-크리스토프 슈미트는 오경의 최종 편집에서 예언자적 목
소리의 존재를 주장한 바 있다. 칼뱅 또한 오경에서 율법의 선택과 배열을
예언자들의 작업과 관련시켰다. "예전부터 유대인들에 대항하는 예언자들
의 끊임없는 논쟁이 있었다. 왜냐하면 유대인들은 마치 진정한 종교와 거
룩함이 의식(儀式)으로 구성되는 것처럼 열심히 의식 자체에 헌신한 반면
에, 진정한 의(義)는 소홀히 했기 때문이다."[27]

"예언자적-제사장적"오경의 견해는 전체 구약 정경(타나크)의 형태에
나타난 구약의 이해와 일치한다. 타나크의 이음매(수 1:8; 시 1:2)에 따르면,
토라의 이상적 독자는 성경을 주야로 묵상하고, 하나님의 뜻의 지혜와 지
식을 추구하는 자다. 이런 사람은, 예언적 희망이 성취되기를 기다리는 동
안(신 34:10; 말 4:1-6) 성경에서 행복을 발견한다(시 1:1; 2:12b).

오경의 장르

오경을 문학적 장르 또는 거시 구조의 측면에서 접근함으로써, 전체를 지
배하는 주제 속에서 오경의 의미를 찾는 작업은 가능하다. 어떤 이들은 오

---

27) John Calvin, "The Preface of John Calvin to the Four Last Books of Moses," in
  Commentaries on the Four Last Books of Moses Arranged in the Form of a Harmony,
  trans. Charles William Bingham (Grand Rapids: Baker, 1979), p. xvii.

경을 고대 근동의 봉신 조약의 장르와 비교함으로써 해석한다. 다른 이들은 오경의 장르에 대해 양식비평(폰 라트) 또는 전승비평(렌토르프)을 기대한다. 또 다른 이들은 가장 초기부터 마지막 단계까지의 문학적 발전의 측면에서 오경을 이해하려고 시도한다. 이런 작업은 단편 문서설과 같은 이전 방식으로 복귀하는 결과를 낳았다.[28] 이런 접근 방법은 오경의 긴 구성 역사 속에서 제사장들과 예언자들의 거의 모든 세대가 역할을 하고 있다고 본다. 이 접근법은 계속적으로 변화한다고 가정되는 오경 형태와, 내부 핵심을 형성하는 전통 덩어리의 초기 형성, 이 양자 모두에 관심을 집중한다. 이런 내러티브 조각들은 오경 구성의 중간 단계에서 필수적인 역할을 한다.[29]

이 책에서 내가 택한 오경에 대한 견해는 길고 복잡한 구성의 역사를 밝히는 것이 아니다. 나의 관심의 초점은, 현재 우리가 가진 그대로의 오경의 형태와 그 형태에 반영되어 있는 의미에 있다. 초기 문학 역사에 대해 무엇이 논의되든지에 관계없이, 구성적인 측면에서 현재의 오경은 단일한 작품이며 한 명 저자의 글로 추적될 수 있다. 나중에 나는 이것을 증명할 생각이다. 물론 그렇다고 오경이 구약 정경에 맞도록 편집되었을 가능성을 부정하는 것은 아니다. 정경 편집과 같은 이런 작업은 저자의 작업과는 다른 종류의 것이다. 여기서 일차적인 관심의 초점은 오경 저자의 작업이다.

율법책인가, 율법을 가진 책인가? 오경의 장르에 대한 질문은 다양한 율법

---

28) "Nimmt man das Modell der Entstehung des deuteronomistischen Geschichtswerks als Orientierungspunkt für einen neuen Zugang zum literarischen Problem des Pentateuch ernst, so wird man auch beim Pentateuch von den das Gesamtwerk umspannenden Redaktionen ausgehen müssen und erst nach der Klärung der redaktionellen Verhältnisse nach vorgegebenen Quellen und Traditionsblöcken fragen dürfen"(Hans-Christoph Schmitt, "Redaktion des Pentateuch im Geiste der Prophetie," *VT* 32 [1982]: 172).

29) Terence Fretheim, *The Pentateuch* (Nashville: Abingdon, 1996)를 보라.

집합 배후에 있는 목적에 중심을 둔다. 율법은 시내 산 언약 아래서 이스라엘을 위한 신정 정치의 율법 법전으로서의 목적을 가지고 있었는가, 아니면 더 광범위한 신학적 목적을 가지고 있었는가? 오경에 율법을 삽입한 것은 이런 율법의 성격에 관한 주제적 목소리를 낸 것일 수도 있고, 또는 오경에서 믿음, 약속, 순종, 언약, 왕국과 같은 다른 주제들에 관한 진술을 의도한 것일 수도 있다. 구체적인 목적이 무엇이었든지 간에, 오경에서 율법 집합은 오경 장르에 대한 질문을 제기한다. 오경은 율법책인가, 아니면 율법을 가진 책인가?

게할더스 보스는 신정 정치와 언약의 측면에서 오경의 율법 개념을 설명하면서, 오경을 율법 법전으로 보는 방향으로 간다. "그러므로 (왕국으로) 정의된 신정 정치의 성격으로부터 우리는 그 속에서 잠정적으로 구체화된 율법의 기능이 무엇이었는지를 배울 수 있다."[30]

보스에게, 오경의 율법은 "신정 정치"나 하나님의 왕국이라는 더 광범위한 목적의 측면에서 이해되어야 한다. 율법은 시내 산 언약 아래 있는 이스라엘의 행동 규약이다. 이 율법은 이스라엘에게, 신성한 왕의 신하로서 어떻게 살아야 하는지를 보여준다. 보스의 접근법에서 함축적인 것은, 오경의 장르를 이스라엘의 신정 정치를 위한 율법 법전으로 이해한 것이다. 보스는 오경과 율법을 신정 정치적 율법의 "임시 구현"으로 이해한다. 율법과 오경에 대한 이런 견해는, 신정 정치와 왕국의 성격이 변화하는 한에서 "율법 기능"의 이동을 허용한다. 보스에게는, 이런 신정 정치적 율법의 이동 기능이 구약과 신약 사이에 율법의 변화하는 견해를 이해하는 핵심이 된다.

당시 율법을 이스라엘에게 공개적으로 준 목적과, 이후 계속 이어지는 역사의

---

30) Vos, *Biblical Theology*, pp. 141-42.

과정 속에서 이 율법이 실제로 제공하게 된 다양한 목적들 사이의 차이점을 철저하게 구분하는 작업은 아주 중요하다. 물론 이 목적들은 태초부터 하나님의 마음속에 있었다.···유신론의 관점에서 보면 역사의 모든 결과는 하나님의 심오한 목적이 펼쳐진 것이다. 이런 의미에서 바울은 구속이라는 체제 내에서 율법의 철학을 가르치는 위대한 선생이다. 바울의 방식의 대부분은 부정적인 성격을 지닌다. 율법은 주로 특정한 방법과 노력의 실패를 밝히는 방향으로 작용했다. [바울의 율법에 관한 부정적인 진술은] 율법-목적이라는 완전히 다른 철학의 강조 안에서 만들어졌다. 바울은 이 율법-목적이 구속과 은혜의 원리와 일치하지 않는다고 느꼈다.[31]···비록 부분적이고 회고적인 관점에서 성립되었지만, 바울의 철학은 그것이 제안되었던 제한된 영역 안에서[32] 정확하다는 장점을 가진다.[33]

보스는 오경에서 율법을 신정 정치적 규약의 일부로 본다. 하지만 이런 견해는 중요한 관찰을 간과하고 있다. 분명히 오경에서 율법 집합은 단순히 법률적 규약의 역할보다 더 큰 역할을 한다. 율법과 개별 율법 규약은 내러티브의 일부며 그 내러티브에 의해 수행되는 더 큰 이야기의 일부다. 이 율법들을 단순히 규약으로 보는 것으로는 충분하지 않다. 궁극적으로 율법의 의미는 오경의 내러티브 전략의 컨텍스트에서 발견되어야 한다.[34] 이런 까닭에 우리는 오경의 장르에 대한 질문으로 돌아간다. 율법 집합의 목적은 신정 정치의 행동 규약으로서의 역할을 하기 위한 것인가, 아니면 내러티브에서 중요한 주제적 요소를 더 잘 설명하기 위한 것인가?

---

31) 사건으로서의 율법과 텍스트로서의 율법.
32) Vos에 따르면, 바울이 반응하고 있는 것은 오경에 있는 율법의 견해에 대해서가 아니라, 율법에 대한 부적절한 견해에 대해서다.
33) Vos, *Biblical Theology*, p. 142.
34) 이 제안에 대해서는 Gordon Wenham, *Story as Torah: Reading the Old Testament Ethically* (OTS; Edinburgh: T & T Clark, 2000)를 보라.

만약 오경의 최종 형태를 이해하려 한다면, 율법에 대한 설명은 오경 전체의 장르와 전략을 형성하는 데 있어 율법의 역할에 대한 분석으로부터 끌어와야 한다. 단순히 율법을 법으로, 그 결과 오경을 율법책으로 취급하는 것으로는 충분하지 않다. 또한 오경의 나머지 부분에서 율법을 고립시키는 것으로도 충분하지 않을 것이다. 오경에서 율법의 목적에 대해 어떤 견해를 택하든지 간에, 먼저 그 견해의 정확함은 장르와 내러티브의 측면에서, 그리고 오경 전체의 구성적 전략의 측면에서 증명되어야 한다.

오경의 전체 구조와 의미에 대한 이런 접근은 오랜 기간 동안 존중되어 온 가정을 뒤집을 수 있다. 만약 오경이 율법의 책으로 취급되려면(슐라이어마허는 그렇다고 믿었는데) 성경 자체로부터 이 견해에 대한 해석상의 지원을 받는 것이 필수적이다. 슐라이어마허는 이런 지원을 받는 데 실패했다. 그런 다음에야 오경에 있는 율법의 의미와 복음의 더 큰 신학적 질문을 분명히 할 수 있다.

올바르게 질문하기. 구성적 접근은 구조에 관해서, 그리고 그 결과로서 일어나는 장르, 오경의 의미와 신학에 관해서 중요한 질문을 제기한다. 우리는 오경의 구성적 전략의 자물쇠를 여는 데 도움이 되는 올바른 질문으로 시작해야 한다. 다음 논의에서는 이런 두 가지 질문을 살펴보고자 한다.

·창세기 1-11장과 오경. 오경의 구성적 성격으로부터 제기되는 중요한 질문들은 그 핵심을 형성하는 각각의 내러티브 덩어리들 사이의 상호 관계를 포함한다. 이런 덩어리들 중에서 가장 문제가 되는 것은, 첫째 덩어리인 창세기 1-11장(원역사)이다. 창세기 1-11장과 오경의 다른 내러티브 덩어리들의 관계는 무엇인가?[35] 창세기 1-11장은 어떻게 오경의 나머지에

---

35) David Clines(*The Theme of the Pentateuch* [JSOTSup 10; Sheffield: JSOT Press, 1978], pp. 77-79)처럼, 단지 창 12:1-3만이 아니라, 큰 내러티브 덩어리들 각각과 오경 전체에 있는 율법 집합의 관계를 말한다.

있는 내러티브와 율법에 통합되는가? 창세기 1-11장은 어떻게 오경의 나머지 부분과 구성적인 또는 주제적인 측면에서 통합되고 연결되는가?

어떤 덩어리를 다른 덩어리에 연결하는, 분별 가능한 연결 고리가 존재한다. 예를 들면 창세기 12-50장과 출애굽기 1-15장이 그런 예다(비교. 창 15:14; 출 2:24b). 하지만 이와 비슷한 연결 고리가 창세기 1-11장과 창세기 12-50장 사이에서, 그리고 창세기 1-11장과 출애굽기 1-15장 사이에서는 그렇게 뚜렷하지 않다. 창세기 12-50장의 내러티브는 창세기 1-11장과는 거의 관계가 없다. 이런 측면 때문에 어떤 이들은 원역사(창 1-11장)가 오경의 구성적 수평선 밖에 놓여 있다고 결론지었다. 어떤 이들은 이 원역사가 오경에 이차적으로 더해진 것으로 주장했다. 이는 창세기 1-11장과 오경 사이에 분별 가능한 구성적 연결 고리를 발견할 희망이 별로 없음을 보여준다.

이런 관찰 때문에 때때로 창세기 1-11장을 제외시킨 상태에서 오경의 신학이나 주제를 이해하려는 시도가 나타나게 되었다.[36] 이는 오경 전체가 창세기 1-11장과의 연결 없이 관찰되어야 함을 의미할 것이다. 이것은 주목해야 할 중요한 질문이다.[37] 오경의 의미를 창세기 1-11장 안에 있는

---

36) Clines(ibid., pp. 13, 61)를 이런 접근법의 실례로 볼 수 있다. 비록 그가 궁극적으로 창 1-11장 없이 오경을 읽으려고 했는지는 분명하지 않지만 말이다. "이 자료가 시간적으로 오경 나머지의 주제가 되는 첫 진술 앞에 있고, 그러므로 그 주제하에 포함될 수 있을 것 같지는 않지만, 창 1-11장의 경향도 오경 나머지와는 방향이 아주 다른 것 같다. 그러므로 내가 보기에는 창 1-11장의 주제는 그 자체로 주의 깊게 조사될 필요가 있다. 또한 그 다음에 어떻게 이 부분이 다음에 따라오는 것과 연결되는지를 조사할 필요가 있다"(ibid., p. 15).

37) Rolf Rendtorff, *The Problem of the Process of Transmission in the Pentateuch*, trans. John J. Scullion (JSOTSup. 89; Sheffield: JSOT Press, 1990), p. 185. Rendtorff를 위시한 다른 학자들과 마찬가지로, Schmitt는 창 1-11장과 나머지 전통의 "큰 덩어리" 사이에 단 하나의 동질적인 편집자적 연결도 발견할 수 없었다. Rendtorff는 창 12-50장으로부터 시작하고 Schmitt는 출 1-14(15)장으로부터 시작한다. Rendtorff와 Schmitt는 가장 작은 단위로부터 시작해서 "큰 덩어리"를 지나 최종 편집까지 이르는 계속적인 전

주제들, 또는 이 부분의 전체 주제를 고려함 없이 생각하는 것은 오경신학을 이해하는 데 심각한 결과를 가져올 것이다.

다음의 논의에서 우리는 구성적 접근이 창세기 1-11장과 나머지 오경 사이의 상호 의존성에 대해 상당한 증거를 발견한다는 것을 보게 될 것이다. 이런 이유 때문에 창세기 1-11장은 오경신학의 중요한 핵심이다.

모세: 편집자, 주석자, 저자? 구성적 접근이 제기하는 둘째 질문은 연결되어 있지만 구별되는 두 가지 문학적 작업, 즉 편집과[38] 구성을 더 분명하게 이해하고자 하는 필요다. 편집(editorializing) 또는 개정(redaction)은 완성된 성경 텍스트에 미묘한 수정을 하고 의미의 변화를 주는 것으로 이해된다. 성서학자들은 하나의 텍스트 내에서 다양한 수준의 편집(편집자의 수정)을 분리시키는 데 상당한 관심을 쏟아왔다. 그들의 목적은 편집자의 작업을 확인해서 한 권 또는 여러 권의 성경책들 속에서 그것을 추적하는 것이다. 추가 및 논평은 편집자로 하여금 성경 텍스트를 최신 정보화하고 그것을 자기 시대의 새로운 상황에 맞게 적용할 수 있게 한다.[39] 이런 편집자의 작업을 분리시킬 수 있다면, 이것은 오경과 같은 책에서 최종 형태의 의미를 아는 데 큰 도움이 될 것이다.

"구성"의 개념은 초점을 편집자로부터 이동시켜서 저자의 작업에 맞춘다. 저자는 이미 존재하고 있는 책에 다만 설명을 끼워 넣는 것이 아니다.

통의 성장을 가정한다. 그러나 Schmitt가 제안한 대로, 가장 작은 단위와 큰 덩어리 양자가 자신의 독특한 공헌을 충분히 흡수한 후, 나중의 예언자적 정신의 초점을 향해 근본적으로 전통의 방향을 바꾸는 방법으로, 이런 초기 단계 위에서 최종 편집이 이루어졌을 수도 있다. Rendtorff에 따르면 창 1-11장을 다른 전통의 "큰 덩어리"와 연결시킬 때 중요한 문제점은, 이 창세기의 장들을 "오경 문서들의 구성 부분"으로만 보려는 주장이다. 결과적으로 창 1-11장과 나머지 전통의 큰 덩어리의 연결은 "단지 창 12:1-3에 관한 몇 마디에 의해 만들어지거나 또는 전혀 연결이 없다."

38) "편집"의 전문(독일어) 단어는 Redaktion이다. 영어 용법에서 redaction이란 단어는 다른 의미를 가지고 있다.

39) Sailhamer, *Introduction to Old Testament Theology*, pp. 99-101을 보라.

저자는 책을 만든다. 저자가 책에 추가하는 설명은 책 자체의 일부로 간주되어야 한다. 이는 편집의 결과가 아니다.

책은 저자의 의도의 구체적 표현이다. 저자의 의도는 단순히 가끔씩 나오는 편집자적 논평에만 표현되지 않는다. 저자에게는 책 전체가 자신의 "논평"이다. 편집은 텍스트의 의미에 새로운 방향을 주려는 시도이거나 이 텍스트를 다른 책과 연결시키려는 시도다. 적어도 편집은 명시적으로 원작의 일부로서, 원작에 없었던 어떤 것을 텍스트에 도입한다. 반면에 저작 또는 구성은 의미 있는 책을 만드는 결과를 낳는다. 이것은 저자의 작업이다.[40] 편집에 의해 책은 새로운 의미를 갖게 된다. 편집은 이미 존재하는 책에 새로운 의미를 주는 반면에, 구성은 새로운 책을 창조한다.

오경과 같은 책에서 편집 작업을 확인하고 추적하려는 시도는 책 자체의 범위를 훨씬 초과할 수 있다. 편집자는 추가나 해설을 한 권의 책에서만 아니라 많은 책들 속에서 할 수 있다. 최근의 연구는 여호수아 24장에서 편집 작업의 흔적을 발견했는데, 이는 그 책의 경계를 넘어 오경의 초기 부분을 다시 가리킨다. 분명히 편집자는 이 두 권의 책을 좀더 밀접하게 연결하기를 원했다.

창세기 50:24-25(오경 내에서)과 여호수아 24:32(오경 밖에서)에서는 요셉의 뼈를 묻는 적절한 매장지의 문제가 제기되었다. 여호수아서의 해설은 이 두 텍스트를 연결시킨다. 요셉의 매장(수 24:32)은 창세기 50:24-25에서 요셉의 마지막 요청의 "성취"로서 주어졌다. 여호수아서의 간단한 해설은 여호수아서의 마지막을 창세기 마지막에 연결시키며, 오경이나 여호수아서의 범주를 넘어서 두 구절에 의미를 부여한다. 여호수아 24장의 해설은 편집자의 작업으로 보인다. 물론 이 부분을 여호수아서의 저자가 썼을 수도 있지만, 이런 식으로 연결을 하는 것은 그가 저자로서 행동하는 것이

---

40) Ibid., pp. 98-99을 보라.

아니다. 대신 그는 편집자적 작업을 하고 있다. 그의 의도는, 이런 작업이 없었다면 두 권의 책 속에서 암시적인 연결만을 가지고 있었을 내러티브의 특별한 양상을 연결시킴으로써 명백히 드러내는 것이다.

그러므로 편집에 대한 접근은 성경의 훨씬 더 큰 부분의 최종 형태에 대한 질문으로 신속히 인도될 수 있다. 이런 의미에서, 오경에서 "편집"의 아이디어는 오경의 "최종 구성"을 위한 탐구와는 완전히 다른 방향으로 갈 수 있다.[41] 실제로 오경의 최종 "편집된 형태"는 결코 발견될 수 없을지도 모른다. 내가 제시한 대로, 오경에서 편집 과정의 양상은 때로 오경 범위를 훨씬 넘어서서 구약 정경의 끝까지 연장될 수 있다. 동시에 나중에 편집한 것은 나중 책들과 오경 사이에 새로운 연결을 설립할 수 있다. 오경과 다른 성경책들에서 편집의 존재는 흔히 구약 정경의 형태와 연결되어 있으며, 심지어 그것을 넘어 성경을 종종 자신의 공동체의 이해에 조화시키려고 한 서기관들의 작업까지도 포함한다. 이것은 오경을 자신의 믿음과 조화시키는 방법이 될 수 있다.

따라서 만약 우리의 목적이 **오경의** 구성을 발견하는 것이라면, 우리는 **오경에서** 편집 작업을 발견하는 것 이상을 할 필요가 있다. 이 과정만큼 중요한 것은, 우리가 저자의 작업, 즉 오경의 문학적 경계 내에 포함된 작업인 동시에 그것의 일부로서의 작업에 초점을 맞추어야 한다는 점이다. 우리는 창세기와 신명기의 경계 내에서만의 구성적 연결 고리를 찾아야 한다. 우리가 찾고 있는 것은 창세기 1장에서 시작해서 신명기 34장에서 끝난다고 간주되는 오경에 대한 견해다.[42]

예비 보고서. 나는 오경의 구성적 접근법이 제기하는 두 가지 질문을 했다. 첫째는 원역사(창 1-11장)와 오경 속 다른 내러티브 덩어리의 관계가 어떤 것인가 하는 것이고, 둘째는 어떻게 오경의 "구성"이 오경 안의 "편

---

41) Blum, *Studien zur Komposition des Pentateuch*.
42) 또는 신 32:52.

집"과 구별될 수 있느냐 하는 것이다. 나는 구성적 접근법의 성격을 설명하는 방법으로 이 질문들에 대한 예비적인 답을 제시할 것이다.

내러티브(Narrative) + 시(Poetry) + 맺음말(Epilogue)

두 질문에 대해 생각하는 한 가지 방법은 첫째 질문에 대한 답을 둘째 질문을 풀기 위한 열쇠로 보는 것이다. 내러티브의 작은 조각들과 창세기 1-11장 전체를 연결하는 구성적 패턴을 자세히 들여다보면, 그것은 시를 전략적으로 사용하는 것을 포함한다. 창세기 1-11장 내에서 내러티브의 각 단위는 짧은 시로 끝나며, 그 다음으로는 차례로 짧은 에필로그가 따라온다. 오경의 "내러티브 세계" 내에서, 시는 내러티브의 중심인물의 "마지막 말"을 대표한다. 이는 내러티브의 사건을 이야기 자체 안에 있는 누군가의 견해로 보는 방법이다. 저자는 내러티브 속의 중심인물의 시각을 통해서 사건에 대한 그의 관점을 독자에게 제공한다.

동일한 내러티브 전략이 오경 내에서 더 큰 내러티브 덩어리들을 연결하기 위해 사용되었다. 내러티브의 큰 덩어리는 시와 에필로그에 의해 서로 서로 연결된다. 두 수준 모두에서 시는 해석적인 요약으로서, 크고 작은 내러티브 덩어리들을 함께 묶는 고리로 사용되었다. 우리가 주목한 패턴은 동일한 구성적 전략이 두 수준 모두에서 나타난다는 것을 보여준다. 큰 내러티브 덩어리들이 오경 전체에 연결되는 것처럼, 창세기 1-11장 내의 내러티브의 작은 덩어리들도 시에 의해 연결된다. 이는 창세기 1-11장에서 내러티브의 작은 덩어리들을 함께 꿰맨 개인 "저자"가, 전체 오경을 형성하기 위해 내러티브의 더 큰 덩어리들을 함께 꿰맨 자와 동일할 수 있다는 사실을 암시한다. 그렇다면 창세기 1-11장과 나머지 오경의 관계는 무엇인가? 오경의 이 두 부분에서 전략이 유사하다는 것은, 두 부분이 모두 동일한 "저자"의 작업임을 보여준다. 창세기 1-11장의 저자가 오경 전체의 저자였던 것이다.

이런 관찰은 "구성"과 "편집"을 구별하는 데 어떻게 도움이 되는가? 우리에게 오경 전체를 통해서 추적할 수 있는 구성적인 윤곽 또는 전략을 제공함으로써 도움을 준다. 이 패턴의 인도를 따라감으로써 우리는, 핵심 구조가 오경의 주요 시의 마지막인 신명기 33장과 함께 오경의 결론에서 끝난다는 것을 보게 된다. 이 패턴을 구성적 윤곽으로 사용함으로써 우리는 오경 내에서 동일한 패턴을 가진 추가적인 윤곽을 발견할 수 있다. 이런 패턴은 창세기 1-11장에서 전략의 수준들을 연결하고, 더 큰 내러티브 덩어리들을 연결한다. 오경에서 시의 사용으로 연결된 구성적인 신호는 구성적인 요소로 간주될 수 있다. 다른 말로 하면, 이것은 저자로부터 기대되는 종류의 작업이다. 이 요소들은 편집한 사람의 신호가 아니다. 이것들은 오경의 주요 부분에 걸쳐 연장된다. 이런 패턴에 대한 인식은 우리로 하여금 창세기 1-11장에서 이 시적 패턴에 구체적으로 연결되지 않은 다른 구성 패턴을 확인하는 데에도 도움을 줄 것이다. 이들 중 일부는 내러티브의 더 큰 덩어리에 연결될 수도 있고 다른 수준, 아마도 오경을 넘어서 나머지 구약 정경으로 확장된 편집과 연결될 수도 있다.

물론 오경의 구성적인 이음매 내에 편집 작업의 흔적이 없다는 의미는 아니다. 오경에서 세 편의 주요한 시 각각이(창 49장; 민 24장; 신 33장), 내용과 형식에 있어 오경에서 네 번째로 남아 있는 주요한 시인 출애굽기 15장을 닮은 다른 시들(창 48장; 민 23장; 신 32장)과 나란히 배열되어 있다는 사실은 매우 중요하다. 시의 전략적 사용이라는 동일한 전략이 기본 역사(창세기-열왕기하)인 사사기 5장; 사무엘상 2장; 사무엘하 22장; 열왕기하 19장에서 발견된다는 사실과, "예언자적 책"들과의 편집적 연결에서 발견된다는 사실 또한 중요하다. 특별히 관심을 끄는 것은 이사야 2:1-4의 시 속에 나오는 "말일에"(bĕ'aḥărît bayyāmîm)라는 어구의 사용이다. 히브리어 성경 전체를 통해서 이 "편집" 해설의 분포는 오경의 구성보다 훨씬 더 높은 수준에서 작업한 손길이 있음을 암시한다.

오경의 구조

창세기 1-11장의 구성적 전략. 나머지 오경에서 창세기 1-11장의 신학적 역할을 더 잘 이해하기 위해서는 미시적 수준에서 창세기 1-11장의 구성적 전략을 살펴보아야 한다.

창세기 1-11장은 작고 독립된 내러티브들로 된 모자이크다. 많은 사람들이 이 내러티브의 조각들이 어떻게 현재 형태에서 연결되는지 설명하려 했다. 현재의 형태를 이해하기 위해서 우리는 파편 조각의 측면에서 전체를 바라보아야 한다. 아래에 오는 것은 창세기 1-11장 내의 각 내러티브 조각들의 목록이다. 이 조각들 각각은 독립적인 완전한 모습을 갖고 있지만, 각각은 다른 것들과 연결되어 전체 이야기를 들려준다.

1. 우주의 창조(창 1장)
2. 땅의 조성(창 1장)
3. 에덴동산(창 2장)
4. 타락(창 3장)
5. 가인과 아벨 기사(창 4장)
6. 아담의 족보(창 5장)
7. 홍수 기사(창 6-9장)
8. 노아의 아들들의 족보(창 10장)
9. 바벨론의 무너짐(창 11장)
10. 셈의 족보(창 11장)
11. 데라의 족보(창 11장)

이 다양한 내러티브들을 결합하는 구성적 전략을 찾는 방법에는 여러 가지가 있다. 내러티브의 작은 조각들을 하나의 이야기로 연결하는 가장 일반적이고 직관적인 방법은 이야기의 흐름을 따라서 배열하는 것이다. 내러티브의 각 단편은 이야기의 설계를 구성하는 다양한 기능의 지위를 따라서 위치와 순서를 지정받는다. 만약 이야기의 설계가 특정한 내러티브 패턴의 반복을 요구한다면, 이 패턴이 나타나는 이야기의 단편 또는 이것과 유사한 것의 반복이 기대되는 위치에 지정할 수 있다. 바로 이것이 창세기 1-11장에서 내러티브들이 연결되는 방법인 듯하다. 이 내러티브들은 아담과 세 아들로부터 노아와 세 아들에 이르기까지 하나의 이야기 노선을 따라 정렬되어 있다. "아버지와 세 아들"이라는 반복 패턴은 일단 지적되고 나면 분명해진다. 하지만 심지어 독자가 이 패턴을 의식하지 못하고 있을 때조차, 이것은 여전히 기능적으로 의미가 있다. 저자는 아들들의 삶으로 내러티브의 나머지 단편들을 연결한다. 동일한 방법으로, "혼돈-창조-혼돈-창조" 테마는 창세기 1장의 창조 기사와 창세기 6-9장의 홍수 기사 양쪽에 기능적인 위치를 제공한다. 추가로, 창세기 3장의 "타락 내러티브"는 창세기 9:18-27에서 반복된다. 노아의 술 취한 이야기를 이야기의 흐름 안에서 이 시점에 배치함으로써 저자는 계속해서 홍수 기사를 창조 기사의 회귀로 보는 계획을 따른다. 창세기 창조 기사에서, 하나님은 인류에게 복 주시고 그분과의 교제를 즐길 수 있는 곳에 정원을 만드셨다(창 2:8). 홍수 기사를 마치며 내러티브가 하나님의 "축복"(창 9:1)과, 그분과 노아의 언약(창 9:17)으로 돌아갈 때, 노아 이야기는 다시 과수원을 창설하는 것으로(창 9:20) 되돌아간다.

두 내러티브의 결과는 아주 비슷하다. 아담과 하와가 동산의 열매를 먹고 자신들의 벌거벗음을 깨닫게 된 것처럼, 노아는 자신의 과수원의 열매를 먹고 벌거벗게 되었다(창 9:21). 저자는 노아와 아담의 유사성을 지적함으로써, 홍수의 기적적인 구원 이후에도 하나님의 좋은 선물에 대한 노아의 즐거움이 유지되지 않았다는 사실을 보여주려 한다. 아담과 같이 노아는 비틀거렸으며 이 효과는 아들들과 딸들의 차후 세대 속에서도 느껴졌다. 창세기 3장에서처럼, 노아의 죄의 효과는 그의 "벌거벗음"(창 9:22; 비교. 창 2:25; 3:7)으로 나타난다. 에덴동산의 사건의 컨텍스트에서 읽을 때(창

3장), 노아의 술 취함에 대한 암시적인 세부 사항의 의미는 놀라울 정도로
투명해진다. 인류의 원상태에 대한 미묘한 패러디처럼 보이는 것 속에서
("[그들은] 모두 벌거벗었으나 부끄러워하지 아니하니라"[창 2:25]), 노아는 술 취함으
로 부끄럽게 "장막 안에서 벌거벗은지라."[43]

　　일단 창조와 홍수의 대단원 사이에 연결 고리가 성립되고 나면, 아브
라함의 부르심과 새 창조를 동일시하는 추가적인 연결 고리가 만들어진
다. 방주로 들어가는 묘사와 동일한 서사시 스타일을 통해,[44] 저자는 방주
에서 나오는 장면을 묘사한다. 저자는 노아가 하나님의 명령만을 따라 방
주를 떠나는 것을 주의 깊게 보여준다(창 8:15-16). 비록 압축적이지만 이
묘사는 창세기 1장의 창조 패턴을 밀접하게 따른다(예, "이것들이 땅에서 생육
하고 땅에서 번성하리라"[창 8:17]). 여기서 주어지는 그림은 "태초에" 창조의 작
업으로의 복귀다. 내러티브의 바로 이 시점에서 저자가 긴 언약 기사를 채
택하는 것은 중요하다(창 8:20-9:17). 하나님의 창조의 회복은 언약의 설립
에 근거한다(창 8:15-19).

　　노아를 방주 밖으로 나오게 하는 하나님의 부르심과(창 8:15-20), 아브
라함에 대한 하나님의 부르심(창 12:1-7)에 대한 언어적 묘사에는 많은 주
제적 유사성이 있다.

창세기 8:15-20	창세기 12:1-7
하나님이 노아에게 말씀하여 이르시되(8:15)	여호와께서 아브람에게 이르시되(12:1)
방주에서 나오고(8:16)	너희 고향을 떠나(12:1)
그래서 노아가 나왔다(8:18)	그래서 아브람이 떠났다(12:4)
노아가 여호와께 제단을 쌓고(8:20)	아브람이 여호와께 거기에서 제단을 쌓고(12:7)
하나님이 노아에게 복을 주시며(9:1)	그리고 나는 네게 복을 줄 것이다(12:2)
생육하고 번성하여(9:1)	내가 너로 큰 민족을 이루고(12:2)
내가 내 언약을 너희와 너희 후손과 세우리니(9:9)	내가 이 땅을 네 자손에게 주리라(12:7)

〈표. 3.1〉

노아와 아브라함 두 사람은 모두 창세기에 기록된 사건의 과정 속에서 새로운 시작을 나타낸다. 둘 다 하나님의 축복의 약속과 언약의 선물에 의해 구분된다. 하나님과 인류의 원래 교제는 인간이 하나님의 형상으로 창조되었다는 것에 기초한다. 하나님과의 교제는 인간의 본질의 일부였다. 하지만 타락 이후, 하나님과의 교제는 언약을 통해 이루어진다. 이는 "인간 본성"이 아닌 "하나님의 은혜"의 행위의 결과다. 이 주제는 오경 내러티브에 여러 번 나타난다. 노아가 "의롭고"(ṣaddîq[창 6:9]) "완전한"(tāmîm[창 6:9]) 자로 묘사되기 전에 이미 내레이터는, 그가 하나님의 은혜의 대상이라는 점을 이야기한다. "노아는 여호와께 은혜를 입었더라"(nōaḥ māṣāʾ ḥēn bĕʿênê yhwh[창 6:8]). 하나님이 아브라함에게 "완전하라"(tāmîm[창 17:1])라고 부르시기 전에, 내레이터는 아브라함이 믿음으로 인해 "의롭게" (ṣĕdaqâ[창 15:6]) 여겨졌다고 말한다.

이런 방법으로 내러티브의 각 부분은 미리 정해진 이야기의 흐름 속에서 진행된다. 내러티브의 각 단위는 원역사 전체에 기초가 되는 하나의 연대기적 뼈대 내에서 그 위치(기능성)를 발견한다. 이야기 흐름의 연대기적 컨텍스트가 이 내러티브들을 읽는 우리의 방법을 이미 확고하게 결정했기 때문에, 이 내러티브들을 다른 순서로 배열하는 것은 좀 어려울 것이다. 또한 부분적으로 이것은, 이 이야기들이 흐름 속에서 자신의 역할을 형성했기 때문이기도 하다. 이런 불가역성과 기능성은, 창세기 1-11장의 작은 내러티브 조각들을 따라 놓여 있으며 이것들을 하나의 단위로 만드는, 전략적인 동시에 내재적인 시퀀스(sequence)를 제시한다. 이야기의 시

---

43) John H. Sailhamer, "Genesis," in *The Expositor's Bible Commentary*, ed. Tremper Longman III and David E. Garland, rev. ed. (Grand Rapids: Zondervan, 2008), 1:21-332을 보라.

44) 창 7:7-9의 문장 구조와 창 8:18-19을 비교하라. 둘 다 "서사시적 반복"의 실례다. Francis Andersen, *The Sentence in Biblical Hebrew* (JLSP 31; The Hague: Mouton, 1974), p. 39을 보라.

퀸스는 현재 배열된 순서와 일치하는 근원적인 연대기적 뼈대를 전제로 한다.

언어를 혼잡하게 만듦으로써 바벨론을 분산시킨 창세기 11:1-9은, 때때로 창세기 10장의 노아의 아들들의 분산에서 "각기 언어대로"(창 10:5, 20, 31)와 순서가 바뀐 것으로 간주되었다. 만약 이들 언어의 기원이 창세기 11장까지 일어나지 않는다면, 어떻게 창세기 10장에서 인구가 그들의 다양한 언어대로 분산될 수 있겠는가? 이는 바벨론의 이야기가 세계의 언어의 기원에 대한 설명이 아니며, 오히려 바벨론의 언어의 혼잡에 대한 것이라는 사실을 보여준다.

도입부적 제목. 도입부적 제목들(introductory headings)은 구성적 전략을 표시하는 잘 알려진 방법이다. "이것은 족보니라"라는 제목은 창세기 1-11장의 대부분의 내러티브에 붙어 있는 선명한 뼈대의 표시다(창 2:4; 5:1; 6:9; 10:1, 32; 11:10, 27). 이 제목에 의한 내러티브 조직은 창세기 1-11장에만 한정되지 않는다. 이 패턴은 오경의 더 나중 부분을 포함하는 것으로 나타난다(비교. 민 3:1).

오경의 최종 형성의 길잡이로 이 제목에 의존하는 방법에는 다음과 같은 두 가지 심각한 약점이 있다. 첫째, 이것은 오경 전체를 포함하지 않으며, 오직 민수기 3:1까지만 연장된다. 둘째, 이 제목은 아브라함 내러티브를 포함하지 않는다. 오경에는 "아브라함의 족보니라"(tôlĕdōt 'abrāhām)라는 말이 없다. 이 두 가지 관찰은, 작은 내러티브 단위의 구성적 형성을 위한 "이것은 족보니라"라는 구절의 중요성을 감소시키지는 않는다. 반대로, 아브라함이 왜 "족보"에 첨부되지 않았는지를 묻는 것이 더 중요하다. 물론 그는 다른 족보에는 포함되어 있다. 하지만 어째서 다른 중심인물들처럼 아브라함은 자신의 족보를 가지고 있지 않을까? 답은 하나님의 축복이 아브라함의 자연권 또는 타고난 권리라는 개념을 철저히 배제하고자 하는 저자의 소망에서 찾을 수 있다. 아브라함도 나머지 인류와 마찬가지로 "아담의 아들"이다. 아브라함에게 온 하나님의 축복은 그분의 은혜의 표현이다. 그는 아무것도 상속하지 않은 상태로 있었다. 그렇다면 아브라함의 "족보"의 누락은 그가 이 내러티브에서 핵심적인 중요성을 가지고 있다는 신호다.

주제적 패턴. 데이비드 클라인즈(David Clines)는 창세기 1-11장의 조직을 세 가지 널리 인정된 주제 패턴을 따라서 논의했다.[45]

주제 1: 죄, 담화, 완화, 형벌. 조사할 첫째 주제는 창세기 1-11장에서 내러티브의 플롯 또는 이야기 패턴에서 실현되었다. 게르하르트 폰 라트는 타락, 가인과 아벨, "하나님의 아들들", 홍수, 바벨 내러티브 각각이 어떻게 인간의 죄에서부터 하나님의 형벌까지, 하나님의 용서 또는 완화까지의 움직임을 나타내는지를 지적했다. "인간이 죄를 지을 때마다 하나님의 반응은 의롭지만 은혜롭다. 하나님은 형벌을 주시지만 용서하신다."[46]

클라인즈는 클라우스 베스터만(Claus Westermann)이 관찰한 내용을 지적한다. 베스터만은 폰 라트의 주제 구조가 죄의 행위와 형벌의 행위 사이에 있는 주제 패턴의 중요한 요소, 즉 "형벌을 발표하거나 결정하시는 하나님의 **담화**" 부분을 간과했음을 지적했다.[47] 클라인즈의 관찰은 아래와 같다.

> 베스터만도 폰 라트도 완화 또는 은혜의 요소가 이 내러티브들의 패턴에서 중요한 위치를 차지한다는 점에 주목하지 않았다. 이 은혜의 요소는 형벌을 판결하는 담화 후에, 그리고 형벌을 하는 행위 전에 항상 발견된다. 즉, 하나님의 은혜 또는 "구원하기 위한 용서의 의지"는 "심판 속에서와 심판 후에" 계시될 뿐 아니라…심지어는 심판의 실행 **전에도** 계시되었다.[48]

---

45) Clines, *The Theme of the Pentateuch*, pp. 61-79.
46) Ibid., pp. 61-62.
47) Ibid., p. 62.
48) Ibid., p. 63.

궁극적으로 클라인즈는, "죄-담화-완화-형벌"의 주제가 창세기 1-11장의 의미에 얼마나 많이 기여하든지에 관계없이, 내러티브의 일부인 모든 요소를 포함하기에는 충분히 광범위하지 않다는 결론을 내린다. 예를 들어 창조 기사(창 1장), 족보(창 4, 5, 11장), 민족들의 목록(창 10장)은 이 주제에서 어떤 역할을 하는가?

주제 2: 죄의 확산, 은혜의 확산. 클라인즈는 창세기 1-11장에서 더 포괄적인 주제를 가지고 두 번째 시도를 한다.

> "죄의 확산"은 점점 더 가혹해지는 형벌과 대응하지만, 하나님 편에서는 "은혜"의 확산과 대응한다. 말하자면 (i) 에덴에서부터 바벨까지에는(그 사이에 가인, 라멕, "하나님의 아들들", 홍수 세대의 죄가 있다), 계속적으로 증가하는 죄의 "눈사태"와, 인간과 하나님 사이에 계속적으로 넓어지는 갈라진 틈이 있다."…(ii) 하나님은 인간 죄의 확산에 대해 점점 더 엄한 형벌로 응답하신다. 즉, 동산에서의 추방으로부터 시작해서 경작 가능한 땅에서의 추방까지, 인간 수명의 한계까지, 인간의 거의 대부분의 전멸까지, "인간 연합의 해산"까지 형벌은 점점 더 가혹해진다. (iii) 그럼에도 이는 또한 하나님의 은혜의 이야기다. 하나님은 아담과 하와를 벌하실 뿐 아니라 동시에 죽음의 위협적인 처벌을 보류하신다. 하나님은 가인을 쫓아내실 뿐 아니라 가인에게 보호의 표식을 주신다. 그분은 홍수를 보내실 뿐만 아니라, 노아와 그의 가족을 보존해서 인류를 생존하도록 구원하신다. 오직 바벨 내러티브의 경우에만 "은혜"의 요소가 부족한 것으로 보인다.[49]

주제를 이야기하면서, 클라인즈는 창세기 1장, 족보, 민족들의 목록에서 다른 요소들을 추가한다.

---

49) Ibid., p. 64-65.

1장에서 창조가 진행되는 패턴은 실제로 죄-심판 모티프의 긍정적인 측면이다. 즉 여기서 중요한 것은 죄 다음에 저주가 따라오는 패턴이 아니라, 순종 다음에 축복이 따라오는 패턴이다. 예를 들어 빛은 하나님의 말씀에 대한 즉각적인 순종으로 존재하게 된다(창 1:3). 그 결과 "하나님 보시기에 좋았더라"라는 하나님의 판단이 선포된다.…족보들 속에는 점점 더 삶을 잠식하는 죽음이라는 사실의 단조로운 반복 속에, 계속되는 죄의 확산이라는 내러티브 주제에 상응하는 비관적인 기록이 있다. 하지만 내러티브에서처럼, 역사는 단순히 죄와 형벌의 문제가 아니다. 죄가 더한 곳에 은혜가 더욱 넘친다. 하나님의 은혜가 내러티브에서처럼 구원의 극적인 행위에서가 아니라, 인간 삶의 꾸준하고 소리 없는 확장에서 경험되기는 했지만, 이것은 모두 같은 하나님의 은혜다. 하와를 위해서 죽은 아벨 대신으로 다른 아이를 주신 은혜는 동시에, 창세기 5장의 족보를 통해서 인류 성장의 증진을 위한다. 또한 홍수로부터 노아와 그의 가족을 극적으로 구조하여 인류를 보존한 은혜는 동시에, 홍수 이후 지구에 새로 사람을 거주시킨다(창 10장).[50]

클라인즈는 창세기 10장에 대한 다음과 같은 설명을 추가한다. 즉, 만약 창세기 10장이 11장 이후에 놓였다면 오히려 바벨론 심판의 일부로 읽혔을 것이다. 하지만 바벨론의 분산 전에 민족들의 목록을 위치시키는 "비(非)연대기적 배열"은 10장이 9:1의 "생육하고 번성하여 땅에 충만하라"라는 하나님의 명령의 성취로서 기능하도록 한다.[51]

죄의 확산의 주제는 창세기 1-11장의 내용의 거의 대부분을 설명한다. 이 주제는 내러티브에서뿐 아니라 이 장들에 속한 다른 문학 장르에서도 눈에 띈다. 비록 이 주제만으로 창세기 1-11장의 취지를 적절하게 표현할 수 있는 것

---

50) Ibid., pp. 65-68.
51) Ibid., p. 68.

은 아니지만, 이 주제가 이렇게 자주 나타난다는 사실은 원역사에서 그 어떤 주제의 진술보다 이것이 우선적으로 고려되어야 한다는 점을 증명한다.[52]

우리는 창세기 1-11장의 죄의 확산의 주제가 오경의 다른 부분에서도 발견된다는 점에 주목해야 한다. 예를 들어 레위기 11-15장의 내러티브 구조에 따르면,

정결 규례들은 의도적으로 창세기 앞부분에서 확립된 시퀀스 패턴을 따랐다. 이 패턴의 명백한 목적은 제의적 부정함의 확산이 태초의 죄의 확산을 반복하고 있음을 보여주는 것이다. 또한 창세기 내러티브의 관점에서, 이 목적은 인류의 원죄가 제의적 오염의 한 형태였음을 보여주는 것이다.…레위기의 율법과 창세기 내러티브 사이의 추가적인 평행 관계 속에서, 저자는 홍수와 노아의 제사가 인류를 정결하게 하고 하나님의 언약을 준비하는 데 있어 매우 중요한 역할을 담당했음을 보여준다.…창조에 나타난 하나님의 더 큰 계획의 컨텍스트 안에 있는 언약 규정 안에서 하나님의 계획을 계시하기 위해 저자는 계속적으로 이 레위기 율법들을 창세기 내러티브의 패턴과 결합시킨다.[53]

주제 3: 창조, 해체, 재창조. 클라인즈는 "홍수 내러티브는 단순히 인간 죄의 발전에서 더 나아간 단계로서 기능하는 것이 아니라, 원역사 안으로 '종말'과 '재창조'의 개념을 도입하는 역할을 한다"라는 관찰로 세 번째 주제 패턴을 시작한다.[54]

"원시적 물의 혼돈으로부터 처음으로 질서가 생겨난 세상은 지금, 물의 혼

---

52) Ibid., p. 73.
53) Sailhamer, *The Pentateuch as Narrative*, pp. 337-38.
54) Clines, *The Theme of the Pentateuch*, pp. 73-74.

란—다시 온 혼돈—으로 돌아갔다"[J. Blenkinsopp]. 창세기 1장은 창조를 주로 분리와 구별의 문제로 묘사하는 반면, 창세기 6장 이후는 구별이 붕괴되는 것을 묘사한다.…우선 바다와 육지가 새롭게 분리됨으로써 재창조가 일어난다. 물은 육지에서 물러가고 마른다(8:3, 7, 13). 그리고 살아 있는 생명체에게는 "생육하고 번성하라"(8:17)라는 하나님의 질서의 회복이 따라온다.…마침내 창조 규례가 다시 선포된다.[55]

클라인즈는 "창조-해체-재창조"의 패턴이 창세기 1-11장의 구성적 주제 구조에 중심이 되는 부분이라고 확신한다.[56] 다른 학자들 역시 같은 주제를 지적했다.

원역사의 편집 형태. 마르쿠스 비테(Markus Witte)가 택한 접근법은 오경, 특히 창세기 1-11장의 구성적 분석에서 최근 경향을 보여준다.[57] 비테의 목적은 창세기 1-11장의 내러티브들을 연결하는 이음매를 찾고 그 이음매의 신학적인 특징을 묘사하는 것이다. 어떻게 이 이음매들은 창세기 1-11장과 오경의 전체 신학에 공헌하는가?

이음매들을 찾기 위해서 비테는 텍스트 속에서 저자의 존재를 나타내는 특징을 찾는다. 그는 다른 텍스트들과 연결을 성립시키는 텍스트를 찾고,[58] 그 텍스트 주위에서 눈에 띄는 텍스트를 찾는다. 이런 기준을 사용해서 비테는 세 개의 구성적 구절들, 즉 창세기 2:4; 4:25-26; 6:1-4을 확인한다. 이 구절들을 찾은 후[59] 비테는 각각의 구절을 면밀하게 관찰하여, 동일한 구성적 전략을 나타내는 또 다른 텍스트들을 발견하는 데 도움이

---

55) Ibid., p. 74.
56) Ibid., p. 76.
57) Markus Witte, *Die biblische Urgeschichte: Redaktions-und theologiegeschichtliche Beobachtungen zu Genesis 1, 1-11, 26* (BZAW 265; Berlin: de Gruyter, 1998).
58) Witte에게 이 별도의 텍스트는 J문서와 P문서들이다.
59) 홍수 이야기 속 네 번째 시리즈의 텍스트는 창 6:7abgb; 7:1b, 3, 8-9, 23aa.

되도록 한다.

이 세 구절에 대한 면밀한 연구가 이 구절들이 동일한 손길에 의한 편집적 [구성적] 추가로 구성되어 있다는 가정을 확인해준다면, 이 구절들로부터 이 끌어낸 기준은 다음과 같은 혜택을 우리에게 줄 것이다. 즉, 이 기준은 우리로 하여금 원역사 안에서 추가적인 편집적 구절들을 찾도록 해줄 것이며, 그럼으로써 창세기 1-11장의 구성자[편집자]에 대한 더 분명한 문학적·구성적인 윤곽을 줄 수 있을 것이다.[60]

창세기 1-11장의 연구를 완성하면서 비테는 다음과 같은 구성적이고 보충적인 텍스트들을 확인했다. 그 텍스트들은 창세기 1:1-2:3; 2:1; 2:4; 4:25-26; 5:1-32; 5:29; 6:1-4(6:3/2-3[생명나무]); 6:6abgb; 7:1b, 3, 8-9, 23aa; 3:22; 11:1-9; 9:19, 20-27이다.[61] 비테는 이 텍스트들이 오경 저자의 직접적인 작업이라고 결론 내린다.

예상되는 바처럼 이 구성적인 이음매에 반영된 신학은 복잡하다. 비테는 이 신학이 오경의 다른 곳, 특히 창세기의 족장 내러티브, 출애굽기와 레위기의 제사장법, 신명기의 시내 산 율법의 설명(ba'ēr)과 연관된 텍스트들 속에서 발견된 신학적 견해를 대표한다고 주장한다. 창세기 1-11

---

60) "Sollte sich die Hypothese bestätigen, daß es sich bei diesen drei Texten um solche redaktionellen Zusätze handelt, die auf dieselbe Hand zurückgehen, dann dürften sich aus ihnen Kriterien ergeben, die es erlauben, weitere redaktionelle Abschnitte in der Urgeschichte zu bestimmen und so den Redaktor von Gen 1-11 zunächst literarisch und kompositionell genauer zu profilieren"(Witte, *Die biblische Urgeschichte*, p. 53).

61) 이 명단은 줄인 것이며 완전한 목록을 보려면 Ibid., p. 334을 보라. 또한 John H. Sailhamer, "A Wisdom Composition of the Pentateuch?" in *The Way of Wisdom: Essays in Honor of Bruce K. Waltke*, ed. J. I. Packer and Sven K. Soderlund (Grand Rapids: Zondervan, 2000), pp. 15-35도 보라.

장에서 이 구성의 기능은 오경의 시작에서 다양한 신학적 주제들과 관점들을 제시하는 것이며, 그렇게 함으로써 책의 나머지 부분에서 이런 주제들의 발전을 위한 컨텍스트를 제공하는 것이다. 비테는 창세기 1-11장에서 이런 주제들의 관점을 성경 지혜문학의 관점과 동일시한다. 또한 동일한 구성적 주제들이 오경 나머지의 구성에서도 서서히 자리를 잡았다고 추측한다.[62]

보충적 추가. 고든 웬함은 창세기 1-11장의 원래 구성이 고대 세계에 잘 알려져 있던 초기 창조와 홍수에 근거한다고 제안한 바 있다. 웬함은 창세기 1-11장이 창조와 홍수를 다루는 몇몇 고대 이야기의 기본적 구성 구조를 따르고 있다는 관찰로부터 이 결론을 이끌어낸다. 웬함의 제안에 따르면, 창세기 1-11장의 구성에서 다양한 고대 문서들로부터 가져온 몇 개의 보충적 이야기들이 창세기의 기본 내러티브에 더해졌다.

> 최소한 창세기 1-11장 내에서 보면, 원역사의 기본 개요와 그 이야기 속의 많은 요소들이 J문서의 주요 편집 작업 전에 존재했다고 가정하는 것은 가능하다. 원(proto)-J문서는 통상 P문서로 여겨지는 많은 요소로 구성되어 있을 뿐 아니라 또한 J문서 자체의 일부로 구성되어 있다. 이는 홍수 이야기에서 가장 선명하게 드러난다. 만약 이야기의 최종 형태, P문서, J문서를 길가메시 서사시의 홍수 기사와 비교한다면, 길가메시 버전과 J문서 또는 P문서가 가까운 것보다는, 내러티브의 최종 형태가 길가메시 버전과 더 가깝다는 사실이 명백해진다. 이는…창세기 6-8장의 최종 편집자가 J문서와 P문서의 많은 부분을 포함하는 홍수 이야기를 수중에 가지고 있었다는 사실을 암시한다. 보통 이론이 주장하는 바처럼 이 편집자 자신이 J문서와 P문서를 결합한 것 같지는 않다. 왜냐하면 창세기에서 홍수 이야기의 기본 개요는 고대 동양의 다른 지역

---

62) "Legen die Vermutung nahe, daß der R[UG] auch jenseits des Komplexes von Gen 1, 1-11, 26 literarisch tätig war"(Witte, *Die biblische Urgeschichte*, p. 329).

에서도 주전 2000년경에는 이미 알려져 있었기 때문이다.

홍수 이야기에서 사실인 것은 창세기 1-11장의 기본 구성에서도 사실이다. 원역사에 대한 전(前) 성경 기사(pre-biblical accounts)는 창세기 1-11장의 J문서와 P문서 부분들 양쪽으로부터의 특징들을 포함한다.[63]

구성적 전략으로서 시. 앞에서 논의한 창세기 1-11장의 구성의 증거와 병행해서, 저작에 대한 추가적인 징후가 또 있다. 이미 지적한 바처럼 이런 신호는 시의 전략적 사용이다. 창세기 1-11장 전반을 통해서 개별적 내러티브 각각의 결론 부분에는 시가 첨가되어 있다. 각각의 시 다음에는 에필로그(맺음말)가 따라오는데, 이것의 기능은 다음에 오는 연속적 행동을 위해 내러티브를 준비시키는 것이다. 창세기 1-11장에는 전체에 흐르는 의식적 구성 전략이 존재한다.

1. 우주의 창조(창 1:1)
2. 땅의 조성(창 1:2-2:3)
   시(창 1:27)
3. 에덴동산(창 2장)
   시(창 2:23)
4. 타락(창 3장)
   시(창 3:14-19)
5. 가인과 아벨 기사(창 4장)
   시(창 4:23-24)
6. 아담의 족보(창 5장)
   시(창 5:29)

---

63) Gordon J. Wenham, *Genesis 1-15* (WBC 1; Waco, Tex.: Word, 1987), p. xxxix.

7. 홍수 기사(창 6-9장)

   시(창 9:25-27)

8. 노아의 아들들의 족보(창 10장)

9. 바벨론의 무너짐(창 11장)

10. 셈의 족보(창 11장)

11. 데라의 족보(창 11장)

창조. 창세기 1장의 창조 기사는 아래와 같은 창세기 1:27의 시적인 구절로 결론을 맺는다.

하나님이 자기 형상대로 사람을 창조하시되

곧 하나님의 형상대로 사람을 창조하시되

남자와 여자를 창조하시고

창세기 2장의 창조 기사는 아담에게 새로 창조된 아내를 소개한 후, 아담이 말하는 짧은 시로 결론을 맺는다. 아담은 "이는 내 뼈 중의 뼈요 살 중의 살이라 이것을 남자에게서 취하였은즉 여자라 부르리라"(창 2:23) 하고 말한다. 그 다음에 맺음말(창 2:24)이 따라온다. 창세기 1:27처럼 이 시의 목적은 하나님의 형상대로 남녀가 창조됨을 강조하는 것이다. 인간을 하나님의 형상으로 창조했다는 것의 중심 의미는 하나님과 인간 피조물 사이에, 그리고 인간 피조물들 사이에 교제를 위한 가능성이 미리 설립되었음을 보여준다. 인간은 하나님의 "모양대로" 창조되었다.

처음의 이 두 시는 창세기 1-11장에서 언약의 개념을 발전시키기 위한 토대를 제공한다. 창조된 인간의 개념에는 이미 하나님과의 인격적인 교제와 인간 상호간의 교제를 위한 실제적인 가능성이 내장되어 있다.

타락. 창세기 3장에서 타락 기사는 창세기 3:14-19의 시로 결론을 맺는다.

여호와 하나님이 뱀에게 이르시되

네가 이렇게 하였으니

네가 모든 가축과

들의 모든 짐승보다 더욱 저주를 받아

배로 다니고

살아 있는 동안

흙을 먹을지니라

내가 너로 여자와 원수가 되게 하고

네 후손도 여자의 후손과 원수가 되게 하리니

여자의 후손은 네 머리를 상하게 할 것이요

너는 그의 발꿈치를 상하게 할 것이니라 하시고

그러고는 창세기 3:20-24의 맺음말이 따라온다.

창세기 3장의 이 긴 시는 에덴동산에서 아담이 한 불순종의 파괴적인 결과를 지적한다.

가인과 아벨. 창세기 4장에서 가인과 아벨 기사는 가인 가계의 짤막한 역사를 소개하는 족보(창 4:17-26)로 끝을 맺는데, 여기에는 라멕의 시(창 4:23), 맺음말(창 4:24-26), 가인의 족보를 간단히 소개한 부분(창 4:25-26)이 포함된다. 창세기 5장의 족보는 시(창 5:29)와 맺음말(창 5:30-32)로 결론을 맺는다.

홍수. 홍수 이야기(창 6:1-9:24)는 노아의 시(창 9:25-27)와 맺음말(창 9:28-29)로 결론을 맺는다.

이 시들 각각은 개별 내러티브의 의미를 발전시키는 데 중요한 역할을 한다. 이 시들은 내러티브 읽기를 안내한다. 즉 독자로 하여금 이야기의 중심 움직임의 방향을 따르도록 도와준다.

창세기 9장의 결론에서 이 패턴은 중단된다. 창세기 10장에 따라오는 민족들의 목록은 내러티브가 아니며, 창세기 10장과 11장에서는 더 이상 시적 텍스트가 나오지 않는다. 창세기 10장을 창세기 1-11장에 삽입한 것, 특히 이 텍스트를 홍수 기사와 창세기 9:25-27의 노아의 시에 첨부한 것에는 중요한 이유가 있다. 현재 있는 위치에서 창세기 10장은, 창세기 9:27에서 야벳의 아들들이 셈의 장막에 거할 것이라는 노아의 계획된 진술에 대한 결과의 개요를 보여준다. 이 장은 노아의 시가 제기한 몇 가지 질문에 대한 답을 준다. 바로 셈의 장막에 거할 야벳의 후손들을 밝히는 것이다. 또한 셈과 함의 자손들에 대해서도 밝힌다. 최종적으로 이 텍스트는 백성들이 결과적으로 어떻게 될 것인지에 대해서, 특히 노아의 "예언적" 시에 비추어서 요약한다.

창세기 11장에서 셈의 후손의 최종 명단에 첨가되어 있는 것은, 바벨론 도시의 건설이 방해받은 것과 그 주민의 분산에 대한 기사다(창 11:1-9). 이것은 민족들의 목록의 내러티브 부분에서 눈에 띄게 다루어진 것과 동일한 바벨론이다(창 10:8-12). 바벨론 이야기는 "셈"(*šēm*)의 두 개의 족보 사이에 끼어 있을 뿐만 아니라, 내러티브의 중심 주제가 위대한 "이름"(*šēm*)을 추구하는 것을 중심으로 만들어져 있다. 바벨론 도시의 사람들은 자신들을 위해 위대한 "이름"(*šēm*)을 만들기를 원하지만, 창세기 12:1-3에서 하나님은 아브람을 위대한 "이름"(*šēm*)으로 만들겠다고 약속하신다. "이름(*šēm*)을 만드는" 주제를 통해 아담 가계의 원역사는 창세기 12-50장에서 족장인 아브라함 내러티브와 연결된다. 이런 연결의 흔적은 창세기 6:4에서 과거의 명성 있는 사람들을 "이름의 사람들"(*'anšê haššēm*)로 부른 것에서 이미 발견된다.

요약하자면 다음과 같다. 창세기 1-11장은 의도적인 구성적 전략을 따른다. 이 전략은 만약 그것이 없었다면 느슨했을, 작고 독립적인 내러티브들의 모음을 함께 연결한다. 주로 이 전략은 작은 내러티브 단위에 시를 첨부하는 것으로 이루어져 있다. 시는 각 개별 내러티브의 의미에 대한 저자의 이해를 주제화하는 데 중요한 역할을 한다. 창세기 9:25-27에서 노아의 선언은, 광범위한 오경의 컨텍스트 내에서 이런 시가 얼마나 계획적인

지를 증명하는 본보기다. 이런 경우, 시는 민족들의 목록과 바벨론 도시의 건축 기사에 대한 해석적인 컨텍스트를 제공한다. 또한 시는 오경에서 나머지 내러티브를 위한 무대를 설치하고 더 넓은 경기장을 건립한다.

이 모든 것 속에서 저자는 이후 내러티브에서 아브라함과 그의 후손들이 해야 할 역할에 대해서는 아직 주목하지 않는다. 이는 아마도 저자가 창세기 12장에서 소개할 아브라함의 "씨"에 대해 말해야 할 것이 아직 많기 때문일 것이다. 이 "씨"는 창세기 3:15에서 약속된 자의 연속으로 보인다. 이 모든 것은 오경 전체의 구성적 구조 속에서 시의 중요성에 대해 더 고려해보도록 인도한다. 오경의 구성적 이음매와 전략을 따라 진행할 때, 궁극적으로 아브라함의 "씨"에 대해 저자가 동일시하고 있는 자를 발견하기 위해서 우리는 바로 이 시들(과 다른 시들)로 관심을 돌려야 한다.

창세기 1-11장 속의 시의 역할. 창세기 1-11장 속의 각 이야기의 결론에서 시의 역할은 내러티브의 의미를 설명하고 명료하게 하는 것이다. 우리는 저자의 전략에서 이 시들이 어떤 기여를 하는지에 대해 특히 주목해야 한다. 첫째, 시는 내러티브에서 중심인물들의 담화로 제시된다. 다시 말해 각각의 시는 내러티브의 사건들을 저자의 눈을 통해서가 아니라, 내러티브의 중심인물 중 하나의 관점을 통해서 본다. 출발점에서, 창세기 1:27의 시는 내레이터의 관점을 나타낸다. 여기서는 아직 아무도 중심인물이 없기 때문이다. 창세기 1-11장의 나머지에서, 시는 내러티브 내의 중심인물들의 관점을 독자에게 공개한다. 시가 내러티브에 대한 저자의 이해를 표현하는 것은 확실하지만, 저자 자신의 말로 되어 있지 않으며 저자의 관점에서 해석을 주지도 않는다. 대신에 시는 중심인물(들)의 관점을 통해 매개된 대로, 내러티브 사건에 대한 저자의 이해를 표현한다. 독자는 마치 자신이 내러티브 속의 한 인물인 것처럼 내러티브를 본다. 저자 또는 내레이터의 교훈적 설명에 의존하는 대신에, 독자는 마치 내러티브 속의 인물들이 경험으로 배우는 것처럼, 내러티브의 의미를 직접 배운다. 출애굽기 15장의 시에서 (모세라는 인물에 의해 표현된) 출애굽의 의미는 하나님이

"[그분의] 기업의 산 위에" 세우신 거룩한 성소에서 왕으로 통치하실 것이라는 점이다(출 15:17). 이 경우 모세의 시는 다음과 같은 점을 말해준다. 즉 출애굽의 의미는, 창세기 49:9-12의 하나님의 약속이 이스라엘 미래의 신권정치에서 유다의 가계로부터 나올 왕에 의해 신실하게 성취될 것임을 확증해주는 것이다. 출애굽기 15장에서 모세의 시의 관점은 역사의 미래(다윗 왕조)로 장기적 전망을 취하며, 이것과 함께 시간을 표시하는 "말일에"라는 표현으로 소개되는 다른 시들의 관점을 전달한다(창 49장; 민 24장; 신 33장).

오경에서 이런 시들에 대한 두 번째 관찰은 다음과 같다. 즉 이 시들은 독자에게 내러티브의 의미를 내러티브로서가 아니라 시로서 계시한다는 점이다. 시는 독자들에게 스스로 의미의 많은 부분을 발견하도록 허용한다. 시는 교훈적인 목적을 교훈적이지 않게 제공한다. 비록 시들이기는 하지만 이것들은 논평으로 의도되었으며, 이 시들이 내러티브에 더한 것은 단순히 논평이 아니라 정신으로 하여금 깊은 사고를 하도록 만드는 기회다. 이런 역할을 하는 시는 독자들을 느긋하게 만들며, 시인의 눈을 통해서 내러티브를 깊이 숙고하도록 도전한다. 궁극적으로 독자는 내러티브의 의미가 아닌, 시의 의미와 함께 남겨진다. 독자는 이야기의 의미를 완성시키기 위해서 내레이터와 합류하는 것이다. 비록 이런 방법은 현대 독자들의 인내심을 시험할 수는 있지만, 이는 성경 내러티브의 의미에 필수적인 기능을 더한다.

오경의 시는 내러티브에 모호한 수준을 더하는데, 이는 성경 내러티브에서는 일반적으로 발생하지 않는 일이다. 모호함(ambiguity)은 적극적인 문학적 특질이다. 기술적인 측면에서 모호함은 텍스트의 의미의 일부를 고의적으로 보류하며, 독자로 하여금 이해하기 위해 더 능동적인 역할을 하도록 강요한다. 독자는 시의 의미를 해결하기 위해 개인적인 이해를 가져오도록 요청받는다. 물론 독자에게는 자신이 원하는 것이면 무엇이든 가져올 수 있는 자유는 없다. 저자는 항상 내러티브의 의미를 통제한다. 하지만 시를 통해서는 의미의 많은 부분이 독자의 손에 맡겨진다. 비유적 표현과 은유를 통해서 시 자체가 말하는 것으로 시작해서, 모호함은 독자 스스로가 더 이야기하도록 강요한다. 저자는 유능한 독자가 시의 의미를 채워 넣는 방법을 알며, 그것을 내러티브 컨텍스트에 적용할 것을 기대한다. 독자는 시의 의미를 자신이 바라는 바대로 만들 수는 없다. 의미는 성경의 시에서 시적으로 이미 말해진 것으로부터 와야 한다. 비록 시 속에서 시의 의미가 완전히 밝혀지지는 않았지만, 독자에게 기대되는 것은 독자가 올바른 의미를 공급하는 것이다. 시에서 이런 예는 비유적 의미와 이미지의 사용이다. 저자가 시에서 사용한 이미지의 의미는 독자에게는 거의 주어지지 않는다. 이미지의 사용을 통해 "시가 의미하는 것"은 거의 항상 독자가 결정하도록 남겨진다.

그렇다고 독자가 저자로부터 도움을 전혀 받지 않는다는 의미는 아니다. 유능한 성경 독자는 성경의 시적 텍스트에서 설명적인 논평을 주의 깊게 살펴볼 것이다. 이사야가 숲의 나무가 베임을 당한 후에 남아 있는 그루터기의 의미로 하나님의 미래의 구원을 묘사할 때(사 6:12-13), 그는 "거룩한 씨가 그루터기니라"(사 6:13b)라는 설명을 더한다.

주의할 점은 다음과 같다. 비록 시가 어떤 측면에서 모호할 수는 있지만, 그것이 의미에 있어 "막연하다"(vague)는 뜻은 아니다. 시에서 막연함이란 시가 그 의미에 대해 불충분한 근거나 단서를 줌에도 불구하고, 여전히 독자에게 정확한 의미를 분별하도록 기대하는 것을 뜻한다. 막연함을 가지고는, 독자는 시 자체 내에서 아무것도 진행할 것이 없다. 독자는 시나 내러티브의 가능한 의미가 무엇인지조차도 모를 수 있다. 시에서 시적 모호함과 문학적 막연함을 혼동해서는 안 된다. 둘 다 시와 내러티브에서 의미를 발전시키기 위한 적절한 문학적 도구다. 모호함은 그 의미를 독자의 손에 놓아둠으로써 시의 의미에 대해 더 깊은 감상을 하도록 이끌 수 있다. 반면에 막연함은 궁극적으로 시의 의미의 놓친 단서를 저자의 손에 놓아둔다. 독자는 저자로부터 정보를 더 기다려야 한다. 마이어 스턴버그는 이런 사라진 조각을 "간극"(gaps)이라고 부른다. 간극은 텍스트의 의미 조각으로서, 저자가 텍스트의 어떤 시점에서 공급해줄 때까지 보류된 것이다. 모호함을 다루는 데 있어 독자는, 문학으로서 그 의미를 유능한 방식으로 찾도록 텍스트와 함께 남겨진다. 막연함에 대해서 독자는 저자에게 추가적인 도움을 받기 위해 기다려야 한다. 이 도움은 자주 저자나 후속하는 성경 텍스트에 의한 텍스트 간 관련적 삽입(innertextual insertion)에서 온다. 이사야가 풀은 마르고 꽃은 시든다고 쓸 때(사 40:7a), 책의 저자는[64] "이 백성은 실로 풀이로다"(사 40:7b)를 더했다. 그렇게 함으로써 막연했을 이미지의 의미에 대해 독자가 의심하지 않도록 했다.

시의 성격에 대한 이런 이해는 오경의 중심 주제를 평가하는 데 필수적이다. 만약 시가 전략적인 중요성을 가진다는 사실이 맞는다면, 우리는 시 속에서 설명된 중심 주제를 오경에서 발견하기를 기대해야 한다. 이는 시의 모호함의 일부로서 발견될 수도 있고, 아니면 앞의 실례에서처럼 시적 막연함에 대한 저자 자신의 해결을 통해서 발견될 수도 있다. 지적한 대로, 후자의 경우는 자주 시적 텍스트에 붙어 있는 설명적 논평에 의해 이루어진다.

창세기 3:15, 시의 둘째 행에서 하나님은 하와에게 "그리고 그는 네 머리를 상하게 할 것이요"라고 말씀하신다. 대명사 "그"(bû)는 모호하다. 이 것은 "그"(단수로서)를 의미할 수도 있고 "그들"(집합명사인 "너의 씨"를 가리키는 것으로서)을 의미할 수도 있다. 모호한 이유는 이 단어가 "그" 또는 "그들"이 될 수 있기 때문이다. "당신" 또는 "그녀"를 의미할 수는 없으므로 막연하지는 않다.[65] 쟁점은 이 질문의 해결이 시 자체 내에서 발견될 수 있는지(모호함의 경우), 아니면 이 시점에서 가능성 또는 심지어는 추가 가능성

---

64) 그렇다고 이사야서의 저자가 이사야가 아니라고 말하는 것은 아니다. 오히려, 비록 이사야 같은 선지자와, 이사야서 같은 선지자에 대한 책의 저자 사이에 지위에 있어 진짜 구별은 있지만, 한 사람이 수행하기 위해 부름 받은 두 종류의 임무를 구별하는 것이 중요하다고 말하고 있는 것이다.

65) 불가타와 비교하라. 불가타에는 "ipsa"로 되어 있다.

을 열어놓아야 하는지(막연함의 경우)에 대한 것이다. 다른 말로 표현하자면, 저자는 지금 오경 나머지에서 적합하게 확인될 때까지 의도된 지시 대상을 설명하지 않고 남겨두기 위해, 고유한 모호성을 가진 히브리어 대명사 "그"(hû')를 사용하고 있는가? 나는 그렇다고 본다. 이 히브리어 대명사는 시 속에서 모호할 수도 있고, 동시에 막연할 수도 있으며, 오경의 나머지 부분에서 저자가 해결해야 할 수도 있다. 현재로서 독자는 시 속에서의 모든 가능성과 의미의 범위에 열려 있도록 요구받고 있다. 오경의 나머지 부분의 시들을 통해 창세기 3:15에서 약속된 "씨"의 정체성을 추적함으로써, 우리는 대명사 "그"(hû')가 "유다 지파에서 나온 왕"(창 49:9-12)이며 "후일에" 이스라엘과 열방을 위해 통치할 분이신(민 24장; 신 33장), 단수 "아브라함의 씨"를 가리킨다는 것을 발견한다. 바로 이것이 오경의 나머지 부분의 시들이 창세기 3:15에 제공하는 의미다. 저자는 창세기 3:15에 나오는 대명사의 모호함과 막연함 모두를 오경 나머지 부분에서 구성적인 전략을 통해 해결한다.

그러므로 오경의 시는 내러티브의 사건에 대한 저자의 관점을 구체화하며 대표한다. 중심인물들의 말을 통해서 저자는 내러티브의 사건들이 우리를 어디로 데리고 가는지에 대해서 계획된 진술을 한다. 이런 의미에서 시는 헐리우드 뮤지컬의 노래와 다르지 않게 목적에 기여한다. 시는 저자가 독자로 하여금 내러티브에서 끄집어내도록 의도하는 의미를 주제화한다. 시는 내러티브에 대한 저자의 이해를 설명하는 문학적인 논평과 같다. 오경의 전략 내에서 시가 어떻게 읽혀야 하는지는, 독자가 저자의 인도를 따라가는 세부 사항들 속에서 실행되어야 한다. 만약 저자가 이 시들의 구체적인 의미를 염두에 두고 있다면, 모호함과 막연함은 의미를 드러내는 데 방해가 될 수 없다.

오경의 시 속에서 모호함 또는 막연함을 해결하는 저자의 작업을 식별하는 데 실패함으로써, 일부의 해석자들은 시와 내러티브의 의미를 찾기 위해 오경을 넘어서야 할 필요를 느끼게 되었다. 기독교 신학자들은 창세기 3:15의 약속된 "씨"의 정체를 밝히기 위해 주로 신약에 의지했다. 이런 접근법은 이 시의 모호함이나 막연함에 대해서는 적절한 평가를 내렸다고 할 수 있지만, 이 모호함과 막연함이 이미 오경 자체의 시 속에서 해결될 가능성에 대해서는 자주 간과한다. 오경의 시의 의미를 해결하기 위해 신약을 찾는 일은 불필요하다. 창세기 3:15에 "씨"의 정체에 대한 답은, 저자에 의해 아브라함의 "씨"와 오경 시의 나머지에서 유다에서 나온 왕의 정체성 속에서 주어졌다. 창세기의 저자는 동시에 오경 전체의 저자이기도 했다. 그는 창세기 3:15을 쓰면서 "씨"의 정체에 대한 확실한 이해를 가지고 있었지만, 저자로서 오경의 나머지에서 적절한 대답이 제공될 때까지 "씨"의 정체를 모호하게(또는 막연하게) 남겨둔다. 우리가 창세기 3:15의 시 속에서 너무 빨리 그리스도를 보지 않도록 조심한 것에 대해서는 칭찬을 들을 만하다. 하지만 끝에 가서 오경과 시의 추가적인 구성 전략 속에서 저자가 "씨"의 정체를 지연시킨 것을 발견하는 데 실패한 것에 대해서는 우리의 근시안적 성향을 지적할 수 있을 것이다. 창세기 3:15에서 "씨"의 정체가 제공되지 않는다고 해서, 이 시가 말하는 "씨"의 정체를 발견하기 위해 신약으로 너무 빨리 움직여야 한다고 결론 내리지 말아야 한다. 우리가 고려해야 하는 점은, 오경 저자가 창세기 3:15에서 "씨"의 정체에 대한 질문을 단지 제기하기만 하는 것인지, 그리고 그렇게 함으로써 오경의 나머지에서 질문에 대한 답을 주려고 의도하는 것인지에 대해서다.

오경 속의 추가적인 구성 전략. 앞에서 나는 창세기 1-11장의 구성적 전략을 다루면서 내러티브 덩어리에 해석적인 시를 사용하는 전략에 주의를 환기시킴으로써 결론을 지었다. 이 전략의 중요성은 그것이 "텍스트 내재적"(text immanent)이라는 사실에 있다.[66] 텍스트 내재적인 것은 텍스트의 언어적 패턴과 문학 장르에 초점을 맞춘다. 이는 직접적인 구성적 컨텍스트 바깥에서 주제와 아이디어를 가져오지 않는다. 나는 창세기 1-11장의 주제적이고 신학적으로 풍부한 요소들이 이런 "형식적" 문학적 패턴의 윤곽을 따른다는 것을 제시한 바 있다. 예를 들어, 시의 내용은 독자의 관심을 창세기 3:15의 약속된 "씨"와, 미래의 하나님의 축복을 가져오기 위해 이 씨가 할 역할에 대해서 집중시킨다. 물론 구성적 전략에 대해, 그리고 오경신학에서 그것의 역할에 대해서 더 할 말이 있지만, 여기서는 해석적 시를 내러티브 덩어리에 연결하는 패턴이 오경의 더 높은 수준에서도 발견된다는 사실만을 지적하자. 이 패턴은 오경 전체를 통해 연장되며 오경의 주요한 내러티브 덩어리들 각각을 위한 연결 뼈대의 역할을 한다.

오경을 통해 이 구성적 패턴을 간략하게 추적하는 것으로부터 시작해 보자. 일단 오경에서의 구성적 연결의 성격에 대해 전반적 아이디어가 세워지고 나면, 동일한 구성 전략에 해당하는 추가적 세부 사항들을 찾기 위해 되돌아올 수 있을 것이다.

오경에서 주요한 내러티브 덩어리들은 다음과 같다.

1. 원역사(창 1-11장)
2. 족장 내러티브(창 12-50장)
3. 출애굽 내러티브(출 1-19장)
4. 광야 내러티브(민 11-25장)
5. 정복 내러티브(신 1-11장)

또한 다음과 같은 네 편의 주요한 시가 있다.

1. 창세기 49:1-27
2. 출애굽기 15:1-21

---

66) Wolfgang Richter, *Exegese als Literaturwissenschaft: Entwurf einer alttestamentlichen Literaturtheorie und Methodologie* (Göttingen: Vandenhoeck & Ruprecht, 1971), pp. 179-87.

3. 민수기 23-24장

4. 신명기 32-33장

이 시들 각각은 오경 내에서 주요한 내러티브 덩어리들 중 하나에 부착되어 있다. 내러티브의 끝에 시가 부착되는 것은 창세기 1-11장에서 우리가 관찰했던 전략과 유사하다. 이 유사성은 오경에서 스케일이 큰 시의 배치가 창세기 1-11장의 것과 동일한 구성 전략의 일부임을 보여준다.

1. 첫째 시인 창세기 49:1-27은 "족장 역사"(창 12-48장)의 결론에 위치한다. 창세기 49:28-33은 맺음말이다.

2. 둘째 시인 출애굽기 15:1-18은 "이집트에서의 탈출"(출 1-14장)을 이야기하는 내러티브의 결론이다. 출애굽기 15:19-21은 맺음말이다.

3. 민수기 23-24장에서 시적 자료는 광야의 방황(민 10-22장)을 다루는 내러티브의 결론에 해당한다. 민수기 24:25은 맺음말이다.

4. 신명기 32-33장에서 시(들)은 신명기의 일부인 트랜스요르단의 정복 내러티브(신 1-10장)의 결론에 해당한다. 신명기 34:1-4은 맺음말이다.

오경 내에서 이 시들의 분포는 창세기 1장부터 신명기 34장까지 오경 전체에 걸쳐 있는 의식적인 전략의 일부로 보인다. 이 전략은 창세기 1-11장의 구성적 전략의 연장이다. 창세기 1-11장 안에 동일한 문학적인 형태(전략)가 오경 전체의 구성에서 발견되는데, 이것은 창세기 1-11장의 구성이 오경 전체의 구성의 일부임을 제시한다.

이 구성적 전략의 범위는 창세기 1-11장부터 신명기까지 배치되어 있다. 분명히 이것의 목적은 전체 오경에 의미 있는 형태를 주려는 것이다. 이는 우리가 현재 가지고 있는 오경을 염두에 둔 구성이다. 이런 형태는 점차적인 발전으로 이루어진 형성이 아니라, 오히려 자료 전체의 개념화를 보여준다.

주요 시들의 구성적 전략. 오경의 최종 형태에서 이 주요 시들의 신학적 역할을 평가하기 위해서는, 이 시들의 세부 사항들, 특히 오경의 더 광범위한 범위에 대한 이해를 반영하는 "저자의 작업"(구성)에 주의를 집중해야 한다. 구체적으로는 이 시들 속에서, 시와 내러티브를 연결하는 과정에서 추가되었을 것으로 추정되는 자료를 찾아야 한다. 시에서 추가적인 자료를 발견하기 위해서는 고대 시의 형식 패턴을 따르지 않는 부분—예를 들면 운율과 평행법—을 관찰해야 한다. 또한 이 추가적인 자료는 비시(非詩)적인 특성들(예를 들어 목적격 지시사[*nota accusativi*]의 사용)[67]이나 다른 텍스트에 대한 암시(예, 민 24:9; 창 49:9)에서도 발견될 수 있다. 흔히 저자의 추가적인 자료는 단순한 양(다시 말해 단어의 개수)에서도 감지될 수 있다.

오경의 주요 시 네 편 중에서, 세 편의 시는 구성과 저자의 구상의 상당한 흔적을 보여준다.

창세기 49:1-28. 창세기 49장의 시에서 저자의 구성 또는 논평은 유다와 요셉에 관한 시적 진술에 추가된 설명 자료에서 나타난다. 이 부분은 시의 나머지 부분에 비해 상당히 더 발전된 모습을 보인다. 유다에 관한 시 부분을 이루는 단어의 개수(창 49:8-12에서 54단어)와 요셉 부분의 단어의 개수(창 49:22-26에서 60단어)는 다른 지파의 평균보다 훨씬 많으며, 이두 지파에 상당히 많은 설명 자료가 더해졌음을 보여준다. 야곱의 10명의 다른 아들에게 사용된 시 부분의 평균 단어 개수는 13개다. 그런데 유다와 요셉에게는 각각 54개와 60개의 단어가 주어졌다. 유다의 부분에서, 유다가 형제들 위에 뛰어날 것이라는 것에 초점을 맞춘 단어들(7단어[창 49:8a]), 그의 지파에서 나올 왕의 통치에 대한 단어들(20단어[창 49:9a, 10]), 다른 시에 대한 암시(10단어[창 49:8b, 9b])를 빼보라. 그러면 유다에게 17단

---

67) GKC § 117a-b.

어가 남는데, 이는 르우벤(창 49:3-4)과 같은 양이다. 이는 유다에 대한 부분에서 37개의 추가적인 단어가 왕의 통치(예를 들어 우월, 암시, 왕권)에 집중되어 있음을 보여준다. 창세기 49:10 이후 유다에 대한 부분에서 남아 있는 것은—창 49:11-12—대략 다른 10아들의 자료와 동일하다. 이것은 저자에게는 유다에 대한 야곱의 말이 특별히 중요하다는 사실, 그리고 유다에 대한 시에 추가된 자료의 주제적 초점이 바로 왕의 통치라는 사실을 보여준다. 그렇다고 유다에게 주어진 모든 말의 핵심적 부분이 왕권이 아니라는 의미는 아니다. 하지만 유다에 대한 시에서 고유한 왕권의 이미지는 왕의 통치에 대한 약속을 강조하기 위해 추가적으로 확장되었을 수 있다. 유다에 초점을 맞춘 추가적인 자료는, 평범하고 때로는 눈에 띄지 않는 다른 10명의 아들에 대한 시와 극명한 대조를 이룬다.

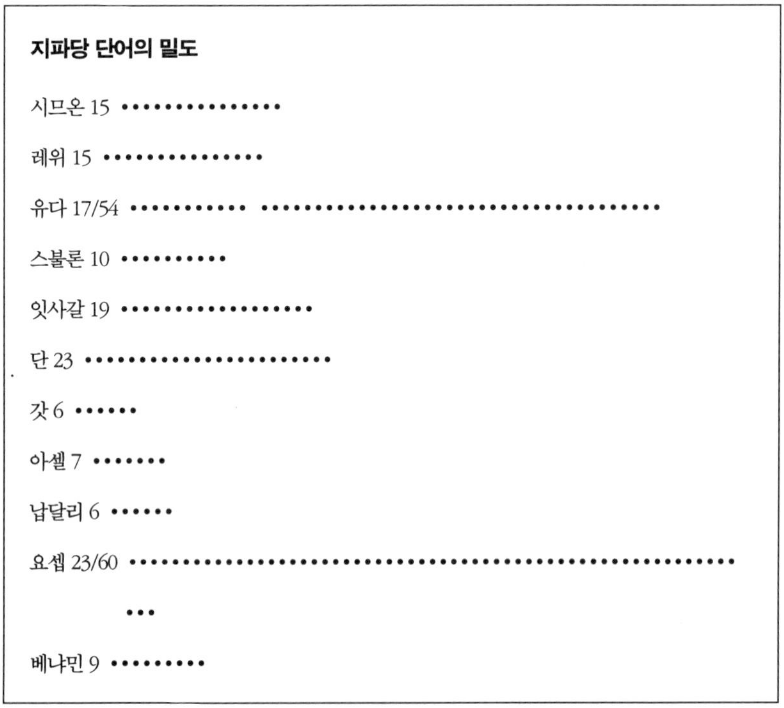

지파당 단어의 밀도

시므온 15 •••••••••••••

레위 15 •••••••••••••

유다 17/54 •••••••   ••••••••••••••••••••••

스불론 10 ••••••••••

잇사갈 19 •••••••••••••••••

단 23 ••••••••••••••••••••••

갓 6 ••••••

아셀 7 •••••••

납달리 6 ••••••

요셉 23/60 ••

•••

베냐민 9 •••••••••

〈그림 3.1〉

요셉 부분(창 49:22-26) 역시 독특한 특징과 추가적인 자료를 가지고 있다. 요셉에게 주어진 야곱의 말에는 "복"(bĕrākâ)이라는 명사가 6번 나오는데, 대조적으로 창세기의 나머지 부분에서는 10번 나온다. 창세기에서 이 단어가 사용되는 용례의 1/3 이상이 요셉의 시의 일부에 나오는 것이다. "복"(bĕrākâ)이라는 용어는 야곱의 시(창 49:3-27)의 다른 부분에서는 나오지 않는다. "복을 준다"(bārak)라는 동사도 요셉에 대한 부분에 나오지만(창 49:25) 시의 나머지에서는 나오지 않는다. 여기서 사용된 경우를 떠나서, "복을 준다"라는 동사는 창세기 나머지에서는 더 자주 나온다. 요셉 부분에는 "복" 또는 "복을 준다"라는 단어가 모두 7번 나오지만, 야곱의 시의 나머지 부분에서 이 단어는 전혀 사용되지 않는다. "복"이라는 단어는 요셉에 대한 부분의 맺음말에 3번 나온다. "그들에게 축복하였으니[wayĕbārek] 곧 그들 각 사람의 축복[kĕbirkātô]의 분량대로 축복하였더라[bērak]"(창 49:28). 요셉에 대한 시에는 "복"에 대한 어휘를 다루는 10개의 단어가 있다. 요셉에게 한 야곱의 말에는 "생육하다"(pārâ), "번성하다"(rābâ)라는 동사도 여러 번 나타난다. 이는 분명히 창세기 1:28의 "복"(bārak)과 연결되는 어휘다. 만약 이 부분에서 요셉의 "복"(37단어)에 연결된 단어의 개수를 전체 단어 개수(60단어)에서 뺀다면, 23단어가 남는다. 이 숫자는 단 지파의 단어 개수와 동일하다.[68] 이는 12형제 중 가장 많은 단어 개수 중 하나이기 때문에, 이는 요셉에게 "복" 외에도 추가적인 탁월함이 할당되었음을 보여준다. 이 시가 창세기 37-50장 안에 요셉 내러티브의 결론으로 나온다는 사실을 감안하면, 요셉에게 많은 관심이 집중됨은 그리 놀라운 일이 아니다. 비록 요셉 내러티브가 창세기 48:15-20에서 자체의 개별적인 (시적) 결론을 가지는 것은 사실이지만, 요셉에게 탁월한 위치가 주어지기를 기대하는 것은 당연하다.

---

68) "여호와여 나는 주의 구원을 기다리나이다"(창 49:18)의 단 지파 부분에서, 마지막 세 단어는 저자의 논평의 일부로 보이기 때문에, 단 지파에 할당된 단어는 실제로는 20개다.

요셉 내러티브 속의 유다. 앞의 논의에서 나는 창세기 49장의 시에서 유다가 특별 대우를 받는다는 점을 제시했다. 이런 사실은 요셉 내러티브 전체(창 37-50장) 속에서 유다에게 주어지는 특별한 관심과 일치한다. 요셉의 이집트로의 여정 이야기가 진행되는 동안(창 37장), 저자는 유다와 그의 "의로운"(창 38:26) 후손들에 대한 이야기를 삽입하기 위해 이야기를 중단시킨다(창 38장). 또한 요셉의 형제들이 요셉을 죽이려고 음모를 꾸밀 때(창 37:18), 장자인 르우벤보다는 오히려 유다가 요셉을 갑작스런 죽음에서 구해주었다. 이런 "반전"은 요셉 내러티브의 나머지 부분에서 여러 번 일어난다. 야곱의 가족은 유다를 통해 구출되었으며, 유다는 다른 형제들 중에서 발탁된 자다.[69]

요셉 내러티브 내내 저자는, 형제들이 요셉에 반대해서 꾸민 계획들이 사실은 요셉의 꿈에 의해 움직여지고 있음을 분명히 한다. 어떤 꿈에서 요셉은 형제들의 곡식 단이 자기의 단에게 절하는(wattištaḥăweynā [창 37:7]) 것을 본다. 또 다른 꿈에서는 해와 달과 별들이 자신에게 절하고 있었다(mištaḥăwîm [창 37:9]). 요셉의 부모는 이 꿈을, 그들도 요셉에게 절할(lĕhištaḥăwōt [창 37:10]) 것을 의미한다고 이해했다. 내러티브가 전개됨에 따라, 이 일은 정확하게 현실에서 일어난다. 사건의 얽히고설킴을 통해 형제들은 이집트로 와서, 요셉이 꿈꾸었던 그대로 요셉에게 절하게 된다(wayyištaḥăwû [창 42:6]). 형제들이 자신에게 절할 때, 요셉은 "그의 꿈을 기억한다"(창 42:9). 이 순간 독자들은 요셉과 함께 이것이 하나님의 간섭의 역사임을 발견할 것이다. 내러티브의 요점은 이것과는 다른 비슷한 사건들이 요셉의 꿈의 성취임을 보여주려는 것이다. 이야기의 끝에서 내러티브는 새로운 곳으로 방향을 돌린다.

요셉의 꿈의 성취에 초점을 맞춘 내러티브가 최종 진술을 하는 것은 허

---

69) Sailhamer, *The Pentateuch as Narrative*, pp. 207, 219, 222을 보라.

락되지 않는다. 아직도 이 내러티브에는 중요한 부분이 남아 있다. 이 부분은 요셉이 아니라 유다에게로 우리의 관심을 집중시킨다. 유다에 대한 초점은 야곱의 시(창 49장) 속에서 가장 강력하게 표현되어 있다. 요셉 내러티브의 마지막 말은 우리 관심의 방향을 유다 지파의 탁월함으로 돌린다. "네 형제들이 네 앞에 절하리로다(*yištaḥǎwwû*)"(창 49:8b). 유다를 요셉의 꿈과 연결하는 이 구절은 엄격히 말해서 야곱의 시의 일부는 아니다. 문학적 형태의 측면에서 보면, 이 시행들은 시의 경계 밖으로 떨어져 나와 있으며(창 49:8b에서), 그 구절의 첫 반절(창 49:8a)에 대한 시적 이미지의 일종의 설명 역할을 한다. 창세기 49:8b에 나오는 이런 추가적 언어는, 야곱이 유다에게 한 첫 번째 말에 대한 저자의 이해에 대해서 다른 시각을 주기 때문에 중요하다. 이 말(창 49:8b)에 의해, 요셉 내러티브로부터 더 큰 교훈이 나온다. 즉 형제들이 절할 것이라는(창 37:7-10) 것은 한때 요셉에게만 사실이었지만, 지금은 유다의 가계에서 나온, 홀을 잡고 있는 자의 통치 속에서 이것이 성취되게 된다(창 49:10). 요셉이 아닌 유다를 통해서 창조의 축복(창 1:28)이 인류에게 회복될 것이다. 요셉 내러티브와 유다의 가계에 대한 약속 사이에 연결점을 이끌어내면서, 요셉과 그 삶의 사건들은 이 시에서 이야기되고 있는 사람, 즉 유다의 가계에서 나올 왕에게 궁극적으로 일어날 일들을 예표한다. 유다의 가계에서 나오기로 되어 있는 왕은 요셉의 삶에 의해 예표되었다. 이 왕은 그의 백성과 열방을 구원할 것이다(창 50:20). 마치 요셉이 야곱의 아들들의 가족과(창 50:20) 나라들을 구원한 것처럼 말이다(창 47:19). 르우벤 대신에 요셉이 형제들 사이에서 장자가 될 것이다. 하지만 유다는 왕권을 통해서 통치할 것이다. 이 텍스트를 역대기의 저자가 어떻게 읽었는지 주목하라(대상 5:1-2).

여기서 우리는 요셉과 형제들의 기사(창 42-46장)를, 이집트에서 요셉의 권력 상승(창 39-41장; 47장)을 다루는 내러티브 중간에 삽입한 저자의 전략에 대해 질문할 수 있다. 거기에 대한 답은, 이 마지막 내러티브가 요셉과 형제들의 이야기와 유사한 방식 안에서 찾을 수 있다. 이런 내러티브들을 통해서 주제가 반복적으로 표현되는데, 요셉의 지혜와 행정적 기술이 아버지와 형제들의 삶을 구했다는 것이다. 따라서 이야기의 시작에 야곱은 아들들에게 "우리가 살고 죽지 않도록"(wĕniḥyeh wĕlō' nāmût [창 42:2]) 양식을 사기 위해 이집트로 가라고 말한다. 또한 유다는 "이 년째에"(šĕnātayim [창 45:6]) "우리가 살고 죽지 않도록"(wĕniḥyeh wĕlō' nāmût [창 43:8]) 그들 형제가 이집트로 가게 해달라고 아버지에게 요청한다. 마침내 요셉이 그들에게 자신을 밝혔을 때, 요셉은 형제들에게 하나님이 "생명을 살리시기 위해"(lĕmiḥyâ [창 45:5]) 그를 이집트로 보내셨다고 말한다.

이 강조점을 유지하면서 현재의 내러티브는, 이집트인들이 양식을 구하면서 요셉에게 한 말로 시작된다. "우리가 어찌 주 앞에서 죽으리이까" (wĕlāmmâ nāmût negdekā [창 47:15]). 또한 "이 년째에"(baššānâ haššēnît [창 47:18]) 그들이 요셉에게 돌아온 기사로 계속되는데 그때 그들은 다시 "우리가 어찌 주의 목전에 죽으리이까"(lāmmâ nāmût [창 47:19]), "우리가 살고 죽지 아니하며"(wĕniḥyeh wĕlō' nāmût [창 47:19])라고 말한다. 내러티브의 표면 구조에서 이런 반복은 주제적 전략이 작동하고 있음을 보여준다. 첫 번째는 요셉의 형제들에게, 다음에는 이집트인들에게, 요셉의 지혜는 땅에 있는 모두를 위한 생명의 원천으로 보인다.

창세기 47장의 현재의 내러티브 배후에 있는 전략의 추가에 대한 선명한 증거는, 47장의 결과로 인해 이전 내러티브에 제공되는 역설적인 꼬임에서도 볼 수 있다. 요셉과 형제들 이야기 전체는 요셉이 은(kāsep [창 37:28]) 이십에 노예로('ebed [창 39:17]) 팔려감으로써(wayyimšĕkû [창 37:28]) 시작된다. 결론에서는 요셉이 이집트의 땅 전체를 노예 상태로('ăbādîm [창 47:19, 25]) 팔았으며(mākĕrû [창 47:20]) 자기 가족의 "돈"(hakkesep [창 47:18])도 취한 것으로 나타난다. 궁극적으로 요셉의 지혜 덕분에, 아브라함의 후손들은 "생육하고"(wayyiprû) "숫자에 있어서 매우 번성하게(wayyirbû) 되었으며, 고센 "지역"('ereṣ)에서 안전하고 번영하며 살고 있었다(창 47:27). 분명히 이 그림은 창세기 앞부분에서 의도된 다음과 같은 축복의 반향으로 보인다. "생육하고[pěrû] [숫자에 있어] 번성하여[ûrĕbû] 땅[bā'āreṣ]에 충만하라"(창 1:28).[70]

유다에 대한 야곱의 마지막 말(창 49:1-28). 앞에서 제시한 대로, 유다와 요셉에게 한 야곱의 말에 대한 성경상호적 논평인 역대상 5:1-2은 이 두 지파에 대한 비슷한 관심을 반영한다.

이스라엘의 장자 르우벤의 아들들은 이러하니라 르우벤은 장자라도 그의 아버지의 침상을 더럽혔으므로[ûbĕḥallĕlô yĕṣû'ê 'ābîw; 비교. 창 49:4; ḥillaltā yĕṣû'î] 장자의 명분이 이스라엘의 아들 요셉의 자손에게로 돌아가서 족보에 장자의 명분대로 기록되지 못하였느니라 유다는 형제보다 뛰어나고 [gābar; 비교. 창 49:9; gûr] 주권자[nāgîd, 왕실의 후계자]가 유다에게서 났으나[mimmennû] 장자의 명분은 요셉에게 있으니라[71]

요셉과 창세기 내러티브. 앞에서 제시한 대로, 요셉의 시 부분에서는 "복"에 대한 사상이 확장된다. 선택된 어휘 모음은(ברכה[brkh], ברך[brk], פרה[prb], רבה[rbb]) 창세기 1:28의 태고의 축복과 오경에서 복의 빈번한 반복에 대한 언어적 연결 고리 역할을 한다.

이것은 창세기 49:28에서 "복"이라는 단어를 세 번 반복한 시의 마지막 말과 일치한다. 분명히 요셉에게 한 야곱의 말 속에 나오는 자료와, 이 거대한 시의 마지막 말(창 49:28)은, 족장 내러티브의 다른 부분에 나오는 "복"의 주제에 요셉 내러티브를 연결한다. 유다에 관해 말한 것도 같은 방향을 가리키지만 유다의 가계에서 일어날 미래의 왕권 통치에 관한 추가적인 기대가 함께한다(창 49:8-12). 미래의 왕과 복에 대한 초점은, 오경의 다른 부분에서 시를 포함하고 있는 구성적 전략에서 역시 분명히 드러난다. "하

---

70) Sailhamer, "Genesis," p. 38을 보라.
71) Ibid., p. 324을 보라.

나님의 사람 모세가 죽기 전에 이스라엘 자손을 위하여 축복함[běrākâ]이 이러하니라"(신 33:1).

발람의 시(민 23:5-24; 24:1-24). 민수기 23-24장에 있는 시는 상당한 중복 및 확장을 포함한다. 두 개의 시 중 첫 번째는 민수기 23장인데, 이 시는 이스라엘 백성의 역사와 이집트로부터의 구속에 관한 것이다. 민수기의 시는 출애굽기 14장의 출애굽 내러티브와, 그 사건의 시적 버전인 출애굽기 15:1-21을 기반으로 한다. 이 시는 적을 물리침으로써 백성을 이끄시며 포로 신세로부터 그들을 해방시키시는 이스라엘의 왕으로서의 하나님의 그림을 제시한다(출 15:18). 예언문학(예, 호 2:2)과 신약(예, 마 2:15)처럼, "출애굽" 주제는 구원과 구속의 오경 이해에서 중심적이다. 민수기 23:21-24(역자 주―원서는 RSV 인용)에 따르면,

> 야곱의 허물을 보지 아니하시며 이스라엘의 반역을 보지 아니하시는도다 여호와 그들의 하나님이 그들과 함께 계시니 왕을 부르는 소리가 그중에 있도다 하나님이 그들을 애굽에서 인도하여 내셨으니['ēl môṣî 'ām mimmiṣrāyim] 그의 힘이 들소와 같도다 야곱을 해할 점술이 없고 이스라엘을 해할 복술이 없도다 이 때에 야곱과 이스라엘에 대하여 논할진대 하나님께서 행하신 일이 어찌 그리 크냐 하리로다 이 백성[hen-'ām]이 암사자 같이 일어나고 수사자 같이 일어나서 움킨 것을 먹으며 죽인 피를 마시기 전에는 눕지 아니하리로다 하매

민수기 24장의 시는 새로운 방향을 바라본다. 어떤 측면에서, 이 시는 민수기 23장의 시를 다시 쓴 버전이다. 비록 민수기 23장의 시로부터 출애굽의 이미지를 끌어오지만, 민수기 24장의 시는 궁극적으로 과거의 출애굽에 관한 것이 아니라, 미래의 왕의 통치에 관한 것이다. 민수기 24:5-9에 따르면, 발람은 이스라엘에게 이 미래의 왕에 대해서 이야기한다.

야곱이여 네 장막들이, 이스라엘이여 네 거처들이 어찌 그리 아름다운고 그

벌어짐이 골짜기 같고 강가의 동산 같으며 여호와께서 심으신 침향목들 같고 물가의 백향목들 같도다 그 물통에서는 물이 넘치겠고 그 씨[wĕzar'ô]는 많은 물가에 있으리로다 그의 왕이 아각보다 높으니 그의 나라가 흥왕하리로다 하나님이 그를 애굽에서 인도하여 내셨으니['ēl môṣî'ô mimmiṣrayim] 그 힘이 들소와 같도다 그의 적국을 삼키고 그들의 뼈를 꺾으며 화살로 쏘아 꿰뚫으리로다 꿇어 앉고 누움이 수사자와 같고 암사자와도 같으니 일으킬 자 누구이랴 너를 축복하는 자마다 복을 받을 것이요 너를 저주하는 자마다 저주를 받을지로다

민수기 23:22에서 "하나님이 그들을 애굽에서 인도하여 내셨으니"('ēl môṣî'ām mimmiṣrāyim)와, 민수기 24:8의 "하나님이 그를 애굽에서 인도하여 내셨으니"('ēl môṣî'ô mimmiṣrayim) 사이에는 중요한 차이점이 있다. 민수기 23장에서 애굽에서의 역사적 탈출에 대해 발람이 말한 내용은 다시 진술되어, 민수기 24장에서 미래의 왕에게 적용된다. 민수기 23-24장에 나오는 시들은, 과거로부터의 이미지를 가지고 미래를 예견하는 방법으로 의도적으로 연결되어 있다. 여기에는 일종의 예표론적 사고방식이 있는데, 이것이 민수기 23-24장의 두 개의 시를 연결한다. 과거 이스라엘의 이집트로부터의 탈출에 대한 묘사는 미래 왕의 문학적 이미지로 주어진다(민 24장). 민수기 24:9의 왕은 창세기 49장의 약속된 자와 동일시된다.[72] 이 연결은 다음과 같은 "학적 인용"으로 이루어진다. 즉 민수기 24:9, "그가 엎드리고 웅크림이 수사자 같고 암사자 같으니 누가 그를 범할 수 있으랴"라는 창세기 49:9b을 인용하고 있다.

모세의 노래(신 32-33장). 신명기 32-33장의 시 역시 초기 오경 주제의 상당한 발전을 보여준다.[73] 오경의 다른 시들과 병행해서 신명기 33장

---

72) John Sailhamer, "Hosea 11:1 and Matthew 2:15," *WTJ* 63 (2001): 93-95을 보라.
73) "이 노래[신 32장]는 구약에서 필적할 것이 없을 만큼 장엄한 규모로, 시적인 옷을 입

은, 하나님의 도움으로(신 33:26-29) 이스라엘 지파를 결속시키고(신 33:4-5, 7), 평화와 안정(신 33:28a), 풍요(신 33:28b)와 구원(신 33:29)과 축복(신 33:29)을 가져올 모세와 같은(민 33:4-5) 미래의 왕을 기대한다.[74]

바다의 노래(출 15:1-17). 출애굽기 15:1-17의 시는 다른 시들과 같은 구성적이고 주제적인 발전을 가지지 않는다. 이 시는 성격과 목적에서 민수기 23장의 시와 비슷하다.[75] 출애굽기 15장과 민수기 23장, 이 두 시는, 세 편의 시(창 49장; 민 24장; 신 32-33장)의 구성적 전략의 일부가 아니다. 그럼에도 이 두 시는 창세기 48:15-16과 창세기 48:20과 병행해서 오경의 전략에 중요한 공헌을 한다.[76] 이것들은 저자의 시적 이미지를 이스라엘 과거의 역사적 현실에 연결시킨다.

내러티브의 서론(창 49:1; 민 24:14; 신 31:29). 이 세 편의 시가 동일한 저자의 전략과 작업임을 보여주는 중요한 실마리는, 이것들 모두가 오경의 중심 주제와 동일시할 수 있는 공통적 서론을 가지고 있다는 점이다. 각 시의 서론에서, 내러티브의 중심인물(야곱, 발람, 모세)은 청중을 불러 모아서(명령형을 사용) 그들에게 "마지막 때에" 무슨 일이 일어날 것인지를(미완료형을 사용) 충고한다(권유 명령형을 사용). 이 경우에 청중에는 독자도 포함된다. 이 시들 각각의 서론에는 "마지막 때에"라는 문구가 발견되지만, 같은 문구가 오경 다른 곳에서는 오직 한 번, 신명기 4:30에서만 발견된다.

"마지막 때에"라는 문구는 모두 14번, 그러니까 히브리어로 13번, 아람어로 1번(다니엘서) 나타난다. 빌리 슈테르크(Willy Staerk)는 이 문구의 의미

___

고 예언적 사고를 선언하는, 형식의 위대한 독창성을 보여준다"(S. R. Driver, *A Critical and Exegetical Commentary on Deuteronomy* [ICC; Edinburgh: T & T Clark, 1895], p. 345). 또한 Driver는, 이 시를 "예언신학의 요약"으로 특징짓고 있는 Cornill을 인용한다 (Ibid., p. 346).

74) "일반적인 특징에서, 그것은 야곱의 축복과 유사하다"(Ibid., p. 385).
75) 출 15:18을 민 23:21b과 비교하라.
76) 출 15:2과 사 12:2을 비교하라.

를 에스겔 38:16까지 추적한 바 있는데, 여기서 이 문구는 메시아 왕국의 설립 시기에 있을 곡의 멸망을 가리킨다. "일반적으로 이 표현은 오래된 예언과 포로기 이전 문학에서는 발견되지 않는다. 이 표현은 에스겔서에서 곡에 대적한 예언에서 발견되며 메시아 왕국의 출발을 의미한다."[77] 슈테르크는 오경에서 이 문구의 발생을 후기 예언의 삽입으로 본다. 하지만 각 시마다 프로그램화된 서문에 같은 문구가 나온다는 사실에는 관심을 기울이지 않았는데, 이는 심각한 오류다. 무엇보다도 이것은 슈테르크를 위시한 일군의 학자들이, 이 표현이 나오는 컨텍스트에서 이것의 의미를 제대로 판단할 수 없었음을 뜻한다. 동시에, 각 개별 시의 직접적인 컨텍스트에서 이 문구를 이해하려는 시도는, "마지막 때에"라는 문구의 기준점을 시에 묘사된 직접적인 역사적 사건에서 이끌어내도록 만들었다. "마지막 때에"의 의미에 대해 무엇을 말하건, 또는 각 시의 역사적 지평 안에서 이 문구가 어떻게 영어로 번역되든지 상관없이, 오경 내에서 이 시의 분포를 살펴보는 것(세 편의 중요한 시와 신 4장)은 구성적 접근에서 매우 중요하다. 의심의 여지 없이 이 문구는 오경의 최종 구성의 일부다. 전체 오경을 현재의 형태에 연결하는 네 개의 구성적 이음매 안에서 이 표현의 반복은(창 49:1; 민 24:14; 신 4:30; 31:29), 네 경우 모두 문구에 종말론적인 의미를 부여하는 중요한 지원 역할을 한다. 이 경우들 모두를 종말론적으로 읽어야 한다는 사실은, 신명기 4:30에서도 이 구문이 사용된다는 점에서 더욱 지지를 얻는다. 왜냐하면 신명기 4:30은 바벨론 포로 생활로부터의 귀환을 넘어서서 먼 "예언적" 미래를 바라보고 있기 때문이다. 앞으로 보게 되겠지만, 이 "마지막 때에"라는 문구는 오경의 첫 번째 단어 *bĕrēʾšît*(태초에)와도 연결

---

77) "Läßt sich in den älteren Profetenschriften wie überhaupt in der vorexilischen Literatur nirgens belegen; die Wendung findet sich vielmehr zuerst bei Ezechiel in der Weissagung gegen Gog und bezeichnet daselbst deutlich den Anbruch des messianischen Reiches"(W. Staerk, "Der Gebrauch der Wendung בְּאַחֲרִית הַיָּמִים im alttestamentlichen Kanon," *ZAW* 11 [1891]: 247-53).

된다. 따라서 이 표현과 그것의 사용이 전체 오경에 걸쳐 있다고 간주하는 것은 타당하다. 이는 현재 우리가 가진 것과 동일한 오경을 만든 저자의 작업이다.

"마지막 때에"라는 문구를 과도하게 읽는 것을 방지하기 위해, 출애굽기 15장의 시 앞부분에는 왜 이 표현이 빠져 있는지를 묻는 것이 중요하다. 출애굽기 15장도 아주 중요한 시이며, 이 시의 범위는 오경 내에서 성경의 내러티브와 율법의 광범위한 부분에 걸쳐 있다. 어떤 이들은 이 범위가 사무엘서까지 미치는 것으로 본다. 우리가 해야 할 질문은, 출애굽기 15장의 시 서론에서는 어떤 요소가 "마지막 때에"라는 문구를 부적절하게 만들었는가 하는 것이다. 아니면 최소한, 출애굽기 15장의 시의 소재 변화가 이 문구를 부적절하게 만들었을 가능성을 검토해보아야 한다. 초벌적 관찰로 보면, 출애굽기 15장은 분명히 역사적 다윗 왕권에 관한 것인 반면, 세 편의 시(창 49장; 민 24장; 신 32-33장)는 실제로 다윗과 그의 왕국을 넘어서, 유다의 가계에서 나올 미래의 왕에게까지 연장된 미래적 사건을 다룬다. 슈테르크가 본 것과 다르게, 출애굽기 15장의 시에는 "마지막 때에"라는 문구의 범위를 받을 만한 것이 아무것도 없다.

헤르만 궁켈(Hermann Gunkel)은 창세기 49:1에서 "마지막 때"에 대한 슈테르크의 종말론적-메시아적 해석을 거부했다. 궁켈은 이 문구가 오직 다윗 시대를 지시한다고 믿었다.[78] 그러나 궁켈은 오경의 다른 곳에서 이 구절의 사용이 예언문학(예, 에스겔서와 다니엘서)에서 왔다고 주장했으며,[79] 따라서 의미상 종말론적이라고 보았다. 궁켈은 자신의 관찰 중에서 중요한 함축성을 놓치고 있다. 만약 다른 곳에서 "마지막 때에"라는 표현이 종말을 가리킨다면, 창세기 49장의 시는 동일한 구성적 전략의 일부이기 때

---

78) Hermann Gunkel, *Genesis*, 8th ed (Göttingen: Vandenhoeck & Ruprecht, 1969), p. 478.
79) Ibid.

444 | 제2부 타나크 속의 오경 구성의 재발견

문에, 동일한 의미를 가지고 있을 가능성이 높다. 이 표현에 대해서 궁켈이 놓친 것은, 오경 전체의 구성의 측면에서 이 표현의 총체적인 성격이다. 현재 학문은 이 문구에 대해, 구체적·역사적 내용에 의해 판단함으로써 의미에 있어 다소 융통성이 있는 것으로 보고 있다. 따라서 오경에서 이 문구의 분포에 대해 완전히는 민감하지 못하다. 만약 이 문구가 하나의 구성적 전략의 일부라면, 그 의미는 오경 내에서 그것의 사용 전체를 통해 균등할 가능성이 높다. 어쨌든 포로기 때 이 문구는 일반적으로 종말론적인 의미로 받아들여졌으며, 그것은 이 문구가 예언문학에서 상대적으로 자주 사용되었기 때문이라는 사실은 널리 인식되고 있다.

명백한 사실은, 오경에서 "마지막 때에"라는 문구의 분포가 가진 중요성에 충분한 관심을 기울이지 않았다는 점이다. 이 문구가 오경의 주요 시들의 서론에 나온다는 사실과, 다윗 왕조에 연결된 출애굽기 15장에는 나오지 않는다는 사실은, 이것이 오경의 구성에서 무시할 수 없는 역할을 하고 있음을 의미한다. 시의 서론 각각에서의 의미는 저자에 의해서 동일하거나, 그렇지 않다면 일반적으로 연결된 의미로 이해되었을 가능성이 높다. 저자가 다양한 의미를 가지고 같은 문구를 반복한 것 같지는 않다. 또한 저자가 각 시의 내용에서 유사점을 간과한 것 같지도 않다. 특히 각각의 시의 서론에서 구성의 동일한 수준이 확인된다면, 각 시에 있는 구성적이고 연결하는 요소의 의미는 특별히 중요할 것이다. 여기서 내가 염두에 두는 것은 다만 각 시의 중심 소재(예, 왕권)만이 아니라, 시 속에 있는 추가적인 자료인데, 이것은 시의 중심 메시지를 채우기도 하고 초점을 맞추기도 한다. 이 자료의 많은 부분은 나머지 구약성경에서 주제들의 반향 속에서 재생될 수도 있다. 이것의 예가 이사야 63:1과 같은 예언적 텍스트다. 이 텍스트는 창세기 49:11-12에서 시작된 주제인 "말을 탄 자"를 택해 발전시키고 있으며, 이 시적 이미지는 신약까지 계속된다(계 19:11-16).

앞에서도 제시했듯, 오경에서 각각의 시의 초점은 유다의 가계에서 올 미래의 왕과 그의 왕국의 설립이다. 창세기 49장에서 미래의 왕은 구체적으로 유다 지파와 연결되며, 인용과 암시를 통해 민수기 24:9과 신명기 33:7에 묘사된 왕과도 동일시된다. 이 왕의 통치는 "마지막 때에" 올 것이다. 이 시들이 역사적 다윗 왕의 통치를 형상화했건 아니면 미래에 올 메시지의 통치를 형상화했건 간에, 최종적 판단은 이 세 편의 시의 텍스트에 대한 자세한 조사와 주해, 시들 간의 문학적 연결, 그리고 오경 전체의 연결로부터 내려져야 한다. 현재로서는 양쪽 가능성, 즉 역사적 다윗의 왕국 아니면 그를 따르는 자(예, 종말론적인 다윗과 같은 왕)의 왕국의 가능성을 다 열어놓는 것이 중요하다.

앞에서 언급한 대로, 이 세 편의 시의 서론을 제외하고 "마지막 때에"라는 문구는 오경 다른 곳에서는 신명기 4:30에서만 사용된다. 세 편의 시와 마찬가지로 이 텍스트도 동일한(또는 연결된) 구성적 전략의 일부로 보이기 때문에, 우리는 이 텍스트가 오경에서 "마지막 때"의 의미를 결정하는 데 추가적인 도움을 줄 것으로 기대할 수 있다. 신명기 4:30에서 이 문구는 포로기 이후의 국가의 회복을 넘어서, 먼 미래의 시간을 가리킨다. 이 텍스트는, 같은 문구가 발견되는 다른 예언적 컨텍스트(예, 사 2:2; 겔 38:16; 단 10:14)와도 비슷한 범위를 가지고 있다. 이 다른 텍스트들이 종말론적 의미를 가지고 있다는 점에는 의심의 여지가 없다.

상호 참조(텍스트 간 관련성). 오경의 시(창 49장; 민 24장; 신 32-33장)에서 관심을 기울여야 할 또 다른 특징은, 상당한 정도의 상호 참조(cross-referencing) 또는 텍스트 간 관련성(innertextuality)이다. 시들은 자주 서로를 인용할 뿐만 아니라 오경의 다른 부분도 인용하는데, 특히 앞에서 언급한 구성적 이음매에 연결된 부분을 인용한다. 오경의 이음매를 읽어보면, 이 시들이 저자의 관심의 중심에 있음이 분명하다. 예를 들어, 민수기 24:9a에서 왕에 대해 언급된 부분은 창세기 49:9b을 거의 그대로 인용한다. "그가 엎드리고 웅크림이 수사자 같고 암사자 같으니 누가 그를 범할 수 있으랴." 이와 같은 텍스트는 다음의 질문을 야기한다. 왜 저자는 이 두 시 사이에 이렇게 밀접한 연결성을 원했을까? 그 답은, 독자들로 하여금 이 두 시와 다른 시들이 유다의 가계에서 나올, 먼 미래에 오실 동일한 왕에 대한 것임을 보도록 만들고자 한 저자의 의도에 놓여 있다. 또한 저자는 각 시의 왕을, 유다의 가계에서 올 왕과 동일시하기를 원했을 수도 있다.

신명기 33장과 창세기 49장도 텍스트 간 관련적 연결(innertextual link)로서 잘 알려진 경우다. 여기서는 전체 문장들이 한 시에서 취해져서 또 다른 시 속에서 다시 결합된다(비교. 신 33:13과 창 49:25; 신 33:16과 창 49:26).[80] 시들 사이에 존재하는 이런 의도적인 상호 참조와 빌려옮은, 저자가 의식적으로 이 시들이 오경의 메시지에 대해 전략적 중요성을 가진다는 사실을 알았음을 의미한다.

텍스트 내 관련성(intextuality). 이 시들(창 49장; 민 24장; 신 32-33장) 각각은 상당한 편집과 논평도 포함한다. 특히 이것은 운율과 평행법(parallelism) 같은 고대 시의 특징들이 설명과 논평으로 인해 불명료해진 곳에서 볼 수 있다. 비록 고대 시의 특징들이 항상 충분히 이해된 것은 아니지만, 이런 특징들이 누락되거나 어떤 식으로든 변경되어 있을 때 관심을 끌 만큼은 인식되어왔다. 오경 시의 텍스트를 처음 읽는 것만으로도, 이 시들 속에서 "주제적인" 특성의 추가적인 자료를 밝히기에는 충분하다. 이 시들 속에는 왕권, 통치권, 종말에 대한 전형적인 성경적 개념들에 대한 언급이 가득 차 있다.

창세기 49:8의 유다 부분에서 첫 두 행은 "유다야 너는 네 형제의 찬송이 될지라 네 손이 네 원수의 목을 잡을 것이요"이고, 셋째 행은 "네 아버지의 아들들이 네 앞에 절하리로다"이다. 창세기 49장의 시에서 이 추가 행이, 이 시 바로 앞에 나오는 창세기 37-48장의 요셉 내러티브의 중요한 면을 암시함은 결코 사소한 일이 아니다. 요셉 내러티브의 컨텍스트에서 (창 37:10) 요셉은 두 개의 꿈을 꾸는데, 저자(와 이야기에서 다른 인물들)는 이

---

80) Stefan Beyerle, *Der Mosesegen im Deuteronomium: Eine texts-, Kompositions- und formkritische Studie zu Deuteronomium 33* (BZAW 250; Berlin: de Gruyter, 1997).

꿈을 그의 아버지와 어머니, 형제들이 미래의 시간에 요셉에게 와서 "절하는" 의미로 본다. 이 기대에 힘입어 요셉 내러티브는, 결정적으로 창세기 42:6에서 이 꿈의 성취를 향해 전개된다. 여기서 형제들이 곡식을 사기 위해 이집트에 왔을 때, 그들은 요셉의 면전으로 안내되고 아무것도 모르는 채 이집트의 명성 있는 지도자인 "그에게 절한다." 이 구절의 의미는 확실히 아이러니하며, 요셉 이야기에서 하나님이 일하고 계셨다는 요점을 납득시키는 역할을 한다.

창세기 내러티브에서 아이러니는 하나님의 주권을 다루는 내러티브의 상투적 수단이다. 내러티브를 적절하게 읽도록 만들기 위해서 내레이터는 우리에게, 형제들이 자기 앞에서 절하는 것을 보면서 요셉이 "그의 꿈을 기억했다"(창 42:9)라고 말해준다. 바로 이것이 저자가 독자에게 "이해하고 있나요? 요셉의 꿈이 성취되었어요!"라고 말하는 방법인 것이다. 또한 야곱의 시에서 유다의 형제들이 "그에게 절한다"라는 언급을(창 49:8b), 기민한 독자라면 놓치지 않을 것이다. 요셉의 형제들에 대한 이런 암시는 주변의 요셉 내러티브를 시와 연결시키며, 요셉 이야기의 주제적 그림의 중요한 요소를 시에 그려진 미래 왕의 통치에 대한 그림 속에 도입한다. 요셉에게처럼 유다의 왕의 형제들은 "그에게 절할" 것이며, 요셉처럼 이 왕도 많은 생명을 구할 것이다. 이 시에서 추가 행에 의해 요셉 이야기는, 유다 지파에서 나올 왕의 미래적 통치에 대한 언어적 아이콘이 된다. 간단히 말해서, 왕은 요셉과 **같을** 것이다. 이와 같은 연결 고리는, 요셉의 많은 특징들을 유다에서 나올 미래의 왕에 대한 약속으로 읽는 방법을 열어놓는다. 오경 저자에게 요셉은 유다에서 나올 미래의 왕의 "표상"이 되었다.

요약하자면 다음과 같다. 오경에서 추가적인 시적 자료의 많은 부분은 창세기 1-11장에서 발전된 추가적인 상호 참조와 구성적 이음매에 의해 텍스트의 다른 부분과 연결되어 있다. 이런 연결은 창세기 1-11장의 구성이 오경 전체의 구성과 밀접하게 연결되어 있다는 개념을 더욱 지지한다. 동일한 종류의 설명적 세부 사항과 추가적 논평의 많은 부분이 민수기 24

장의 시에서도 발견된다. 이것들은 오경의 의미와 메시지에 추가적인 측면을 제공한다.

시 속의 논평. 오랫동안 성서학은 발람 단화(Balaam pericope, 민 22-24장)의 중요성과 독특성을 인정했다. 이 단화는 오경의 주제적 전략을 추적할 수 있는 문학적·구성적 자료의 풍부한 다양성을 제공한다. 비평학자들 사이에서 이 텍스트에서 감지되는 문학적 층위의 정확한 성격에 대해서는 거의 동의가 이루어지지 않았다. 발람의 마지막 예언(민 24장)에서 많은 비평학자들은 여러 층위들의 "설명적 논평"을 감지하는데, 이 각각의 논평은 이스라엘 역사에서 가장 근접한 시점에 일어난 사건들과 연결되어 있다. 민수기 24:23-24에서 발람은 시적 형식 속에서 "슬프다 하나님이 이 일을 행하시리니 그때에 살 자가 누구이랴"라고 외친다. 이 구절은 "깃딤 해변에서 배들이 와서 앗수르를 학대하며 에벨을 괴롭힐 것이나 그도 멸망하리로다"라고 계속된다.

문학적-역사적 관점에서 현대의 학자들은, 이 시행들이 오경에서 "최종적인 편집"의 층위를 나타내는 것으로 본다. 비평가들이 만장일치로 동의하는 지점은, 민수기 24:24이 발람 예언과 오경 자체에 뒤늦게 추가된 부분이라는(주전 2세기) 것이다. 폰 갈(A. Freiherr von Gall)에 따르면, 민수기 24:24은 주후 1세기에 살았던 한 "경건한 영혼"에 의해 추가되었다.[81] 대부분의 복음주의적 주석자들은 텍스트 역사에서 너무 늦게 연대를 추정

---

81) "Ohne weitere prosaische Ergänzungen hingen dann noch RV und RVI ihre Sprüche an, die dann durch einen zur Zeit Christi lebenden Frommen in V. 24 ihren Abschluss erhielten"(A. Freiherr von Gall, "Zusammensetzung und Herkunft der Bileam-Periokope in Num. 23-24," in *Festgruss Bernhard Stade: Zur Feier seiner 25 jährigen Wirksamkeit als Professor* [Giessen: Ricker, 1900], p. 47). 이 설명적 논평(민 24:24)에서 특히 흥미로운 것은, 이것이 일종의 아치를 형성해서, 오경에서부터 히브리어 정경의 마지막 책 중 하나인 다니엘서까지 이른다는 점이다. 사실 이것은 다니엘서가 "마지막 때"로 묘사한 사건들이다(단 10:14). 발람 단화의 컨텍스트에서는 동일한 사건이 "마지막 때에" 일어났다고 했다(민 24:14).

하는 이런 설명에는 동의하지 않는다. 하지만 이 민수기의 구절들이, "깃 딤의 배들이 이르러 [북방의 왕을] 칠 것임이라"라고 한 다니엘 11:30에 기록된 동일한 사건들을 가리킨다는 데에는 보통 동의한다. 예를 들어 NIV 스터디 바이블에 따르면, 다니엘 11:30에서 깃딤의 배들은 "포필리어스 라에나스의 지휘하에 있는 로마의 배"이며 북방의 왕은 "안티오커스"다.[82] 민수기 24:14에서처럼, 다니엘서에서 이 사건은 "마지막 때에"(단 10:14) 일어날 것이었다.

텍스트 간 관련성(innertextuality). 민수기 24장에서, 시에 인용된 개인들의 이름을 확인해보면 흥미로운 패턴이 생긴다. 이 장의 시 텍스트에서 고유명사들은 두 개의 그룹으로 나뉜다. 첫째 그룹의 이름들은 이스라엘과 이웃이었던 고대 국가들을 가리킨다. 이들은 내러티브에서 직접적으로 가까운 주변 지역들에 거주하는 사람들을 나타낸다. 민수기 24장에는 다섯 개의 이름, 즉 모압, 에돔, 세일, 아말렉, 겐이 언급되어 있다. 발람 텍스트에서 이 이름들은 오직 시에서만 나타난다. 이것들은 시의 배경을 설명하기 위해 추가된 해설 부분이 아니다.

둘째 그룹에 속한 이름들은 주변적 내러티브에서 이야기되는, 역사적 사건으로부터 취해진 것이 아니다. 이 이름들은 창세기 1-11장에서 구체적으로 언급된 개인과 가계의 이름이다. 여기서는 다섯 개의 이름, 즉 셋 (민 24:17), 가인(민 24:22), 앗수르(민 24:24), 에벨(민 24:24), 깃딤(민 24:24)이 언급된다. 민수기 24장에서 이 이름들은 시에 추가된 해설의 일부다. 이것들은 시의 일부가 아님이 분명한데, 왜냐하면 이 이름들은 전형적으로 성경의 시를 특징짓는 시의 운율과 평행법을 따르지 않기 때문이다.

다섯 개의 이름 중 세 개는 창세기 10장의 민족들의 족보에 나타나는데 앗수르(창 10:22), 에벨(창 10:21), 깃딤(창 10:4)이 그 이름들이다. 창세기

82) *The NIV Study Bible*, ed. Kenneth Barker (Grand Rapids: Zondervan, 1985), pp. 1316-17.

10장의 편집 작업에서 이 이름들은 노아의 시의 논평 부분에 있다(창 9:27). 시 자체에서 노아는 "야벳을 셈의 장막에 거하게 하실 것이다"(창 9:27)라고 예언했다. 시의 의도를 이해하기 위해서는 다음 장, 즉 10장의 민족들의 족보로 가야 한다. 여기서 우리는 마대(창 10:2), 야완(창 10:2), 깃딤(창 10:4)은 야벳의 가계에 속하며, 에벨(창 10:21)과 앗수르(창 10:22)는 셈의 가계에 속함을 발견할 수 있다. 창세기 10장의 상세한 컨텍스트에서 볼 때, 창세기 9:27에서 노아의 시는 마대, 야완, 깃딤이 바벨론, 앗수르, 에벨의 "장막에 거할" 것임을 이야기한다.[83] 이 그림은 민수기 24:23-24에서 발람의 시에 첨가된 논평으로부터 얻은 것과 동일하다. 깃딤은 앗수르와 에벨을 괴롭힐 것이다. 오경의 한 부분인 창세기 9:27의 이 구성은 선택되고 취해져서, 또 다른 텍스트인 민수기 24:24에 의해 강화된다. 이 텍스트들과 이것에 수반되는 논평의 논쟁의 초점과 시야는, 발람의 시가 오경 전체가 아니라 할지라도, 적어도 창세기 10장과 민수기 24장을 포함하는 주요한 부분으로 연장되는, 하나의 거시적 구성적 전략의 일부일 수 있다는 사실을 제시한다. 그렇다면 여기에는 같은 방향을 가리키는 추가적인 실마리를 향한 더 많은 연구와 새로운 탐색이 필요할 것이다.

전체로서 오경 내의 논평. 민수기 24:23-24의 발람의 시 속에서 논평은 민수기 24:24a, "깃딤의 배들이 이르러 그를 칠 것이다"이다. 발람의 원예언(시)은 민수기 24:23b, "슬프다 하나님이 이 일을 행하시리니 그때에 살 자가 누구이랴"였던 것으로 보인다.[84] 따라서 민수기 24:24a은 민수기 24:23b에 대한 논평이다. 다음 두 가지 지점을 고려할 때, 여기에는 그럴 가능성이 있다. (1) 민수기 24:24a은 시적이지 않으므로 원래의 시의 일부

---

83) 아마도 "장막에 거한다"라는 대상 5:10에서처럼 "점령한다"를 의미할 것이다.
84) NASB은 다른 번역("Alas, who can live except God has ordained it?")을 제공한다. 하지만 지금 살펴보고 있는 시행의 번역에 대해 주석과 역본들 사이에는 일반적인 동의가 있다.

가 아닌 듯하다. (2) 민수기 24:23-24은 단수에서 복수로 이동한 후, 한 절의 범위 내에서 다시 단수로 이동한다. 행을 여는 문법적 형태는 단수다(민 24:23b: **누가 살 자가 있는가?**). 그 후 민수기 24:24a에서 "배들"(복수)을 따라서 복수가 나온다("깃딤 해변에서 배들이 와서 **그들이** 앗시리아[앗수르]를 학대하며 **그들이** 에벨을 괴롭힐 것이다"). 그러고는 다시 24:24b에서 단수로 돌아간다("그리고 **그도**[85] 멸망하리로다"). 물론 인칭과 수 같은 문법적 형태가 텍스트의 짧은 범위 내에서 갑자기 변화하는 일은 가능하다. 하지만 앞의 경우, 민수기 24:24b에서 단수("그도 멸망하리로다")는, 이것과 민수기 24:23b에서 시작한 단수("누가 살 자가 있는가?") 사이에 복수가 있다는 것을 인식하지 못하고 있다. 이는 이 복수가 이차적임을 의미한다. 히브리어는 괄호 장치를 사용하지 않기 때문에, 괄호적인 설명의 신호를 보내기 위해서는 인칭과 수에 있어 미묘한 문법적인 교체에 의존한다.

민수기 24:24a을 민수기 24:23b의 짧은 시행에 대한 해설로 볼 때, 민수기 24:24a의 의미는 흔히 관련된 성경 텍스트와 이스라엘 후기 역사 속에서의 사건들에 관한 것으로 설명되었다. 조지 그레이(George Gray)는 "깃딤 해변에서 배들이 올 것이다"라는 진술을, 다니엘 11:30의 역사적 상황, 즉 몇몇 학자들에 의해 예언적으로 해석된(델리취),[86] 안티오커스의 부상(浮上)을 가정한다고 주장한다.[87] 칼 슈토이어나겔(Carl Steuernagel) 역시, "앗수르"와 "에벨"은 앗시리아와 바벨론에 대한 암호 이름으로, 깃딤은 로마의 암호 이름으로 가정하고, 민수기 24:24a을 마카베오 시대에 일어난 사건과 관계된 것으로 본다.[88] 제임스 몽고메리(James Montgomery)는 민수

---

85) NASB에서는 복수형이 사용되었음에 주목하라. "So *they* also will come to destruction."
86) George Buchanan Gray, *A Critical and Exegetical Commentary on Numbers* (ICC; Edinburgh: T & T Clark, 1965), p. 379.
87) "단 11:30과 마카베오상 1:1은 현재 시를 언급하는 것으로 보이며, 따라서 주전 2세기에 그것이 어떻게 이해되었는지를 보여준다"(George Buchanan Gray, *A Critical and Exegetical Commentary on Numbers* [ICC; Edinburgh: T & T Clark, 1965], p. 378).

기 24:24은 로마인들이 "앗수르(즉 시리아)를 겸손케 할 것이며, 에벨(아발-나-하라임)을 겸손케 할 것이며, 그(안티오커스!)는 멸망당할 것"을 진술한다고 본다.[89]

민수기 24장의 시에 대한 이런 논평들이 창세기 10장에서 민족들의 족보에 나온 백성들에 대한 이전 참조와 연결된다는 사실은, 주석자들에 의해서 항상 제대로 평가되지 못했다. 이 짤막한 논평들은 고립된 설명이 아니다. 이것들 대부분은 한 저자의 것으로 추적되며, 오경의 여러 부분과도 연결되어 있다. 민수기 24:24의 설명에서 오경 저자는 의도적으로 창세기 10장과 창세기 4장의 명단을 가져오는데, 이는 두 텍스트를 연결함으로써 독자를 안내하기 위해서다. 민수기 24:24a의 논평은 이것이 민수기 24:23b의 고대 시에 부여한 의미를 위해서, 창세기 9:27의 노아의 시와 창세기 10장의 민족들의 족보까지 거슬러 올라간다. 이렇게 저자는 발람의 예언을 읽는 컨텍스트를 상당하게 확장시킨다. 저자의 논평의 목적은, 발람의 비전이 창세기 9:27의 노아의 시에서 이미 예언된 것임을 미래의 스크린 위에 보여주려는 것이다. 이 두 시의 의미는 두 텍스트의 상호텍스트성(intertextuality)으로부터 나온다. 저자는 이 두 시를 미래에 놓여 있는 인물들과 사건들의 합성 사진을 구성하기 위해 사용한다. 이 두 시의 의미는 소위 이스라엘의 역사로부터가 아니라, 오경의 시 속에 있는 역사에 대한 현재 진행형의, 상호텍스트적 읽기로부터 나온다. 각각의 시는, 다른 시들의 발전과 그것들이 포함된 내러티브에 기여하는 공헌의 컨텍스트

---

88) "Ein ganz später Zusatz dürfte Num 24:23-24 sein, der wohl auf die hellenistische Zeit zu deuten ist, wenn auch das Ereignis, das er im Auge hat, nicht sicher zu bestimmen ist"(Carl Steuernagel, *Lehrbuch der Einleitung in das alte Testament: Mit einem Anhang über die Apokryphen und Pseudepigraphen* [STL; Tübingen: Mohr Siebeck, 1912], p. 224).

89) James A. Montgomery, *A Critical and Exegetical Commentary on the Book of Daniel* (ICC; Edinburgh: T & T Clark, 1927), p. 455.

속에 설정되어 있다. 말하자면, 시들은 창세기 3:15에서 시작된 시적 비전을 창세기 49장; 민수기 24장; 신명기 32-33장 같은 다른 시에서 가져온 자료로 채움으로써 자신의 역사적 컨텍스트를 제공한다.

이런 관찰이 신학적으로 타당한 것은, 이미 이 시들이 자기 방식대로 신학적인 측면에서 고도의 밀도를 가지고 있다는 사실에서도 확인된다. 이 시들을 함께 묶어 오경의 내러티브에 연결함으로써 저자는, 구성적이고 신학적인 측면에서 "결정적으로 중요한 덩어리"를 만들어낸다. 이 덩어리는 이미 그 이야기를 오경과 그것의 미래의 버전으로 운반해가고 있는 중이다. 앞으로 볼 것이지만, 오경의 구성적 전략으로부터 발전된 신학적 비전은 후에 예언문학에 영향을 끼쳤다. 오경의 신학적 비전은 예언자들의 신학 밑바탕에 깔려 있다. 민수기 24장의 시를 되돌아보는 다니엘 9-11장에서(특히 10:14), 메시아적 구속자를 보내시겠다는 하나님의 약속은 "마지막 때"와 구체적으로 연결되어 있다(민 24:14). 그때에는 창세기 10장의 민족들을 위한 평화와 안전이 있을 것이다. 따라서 다니엘서는 예레미야서와 이사야서 같은 다른 예언서들과 함께, 오경의 시들의 텍스트 간 관련적(innertextual) 전략으로부터 나온 미래를 시각화한다.

오경의 "태초." 지금까지 나는 창세기 1-11장의 구성적 전략이 오경 전체를 포함한 큰 문학적 전략과 동일함을 주장했다. 이 형태는 창세기 1-11장의 작은 내러티브 단위와, 창세기 12장-신명기 34장의 큰 덩어리 모두에서 발견된다. 이와 같은 유사성은 이런 텍스트들이 동일한 저자의 것임을 의미한다. 현재 오경의 배후에 놓여 있는 문학적 전략은, 중심인물들의 말 속에서 반향되는 시적 목소리에서 예언적 "복음"을 발견하는 것을 목적으로 한다. 이 예언적 복음이란 신약에서는 너무나 익숙한 새 언약의 메시지다(예, 갈 3:15-18).

이 구성적 전략이 오경 전체 범위를 포함하지만 그 범위를 넘어서는 연장되지 않는다는 사실은, 이 전략이 오경의 구성적 상부구조의 일부이며, 단순히 오경의 문학적 경계 속에 포함되어 있을 수도 있고 그렇지 않을 수도 있는 편집의 층위가 아니라는 점을 의미한다. 오경을 읽으면서 우리가 저자의 의도를 찾는다면, 이 점은 중요하다.

또한 나는 주요한 시적 텍스트에 포함된 설명적 논평이 창세기 1-11장 속의 동일한 사건들에 관심을 가지며 거기에 초점을 맞추고 있음을 주장했다. 이는 시적 자료의 설명이 창세기 1-11장과 오경 전체에서 구성의 동일한 과정에 연결되어 있음을 의미한다. 이 설명은 이미 존재하는 책에 다만 편집적인 추가 사항을 더한 것이 아니다. 이 작업의 성격은 저자가 책을 만드는 성격을 가진다. 오경의 큰 내러티브 덩어리의 결론 부분마다 시가 분포되어 있는 것에 근거하여 나는, 구성적 전략이 창세기 1장부터 신명기 34장까지 내러티브 덩어리들의 배치에 의해 만들어진 노선을 따르고 있다는 견해를 제안한다. 이것은 시작부터 결론에 이르기까지 수행하고자하는 신학적 비전의 측면에서 오경 전체를 보는 저자의 작업인 것이다. 오경신학의 임무는 저자가 세워놓은 이 비전을 발견하고 진술하는 것이다.

이 광범위한 목적을 염두에 두면서, 나는 오경의 범위에 대한 다른 관찰을 함으로써 이 연구를 계속 진행할 것이다.[90] 내가 하려는 관찰이란, "마지막 때에"라는 문구와 히브리어 성경의 첫째 단어인 창세기 1:1의 "태초에"(běrēšît) 사이의 연결성에 대한 것이다.[91]

프란츠 델리취는 창세기 1:1에서 "태초"(rēšît)라는 용어의 의미를 그것의 반대말인 "끝"('aḥărît)으로 설명한 최초의 학자였다.[92] 델리취에 따르면,

---

90) John H. Sailhamer, "Creation, Genesis 1-11, and the Canon," *BBR* 10 (2000); 89-106 을 보라.

91) 창 1:1에서 *rēšît* 사용은 보통과 다르다. 왜냐하면 오경의 다른 곳에서는 "시작"의 부사적 개념은 *rēšît*로 표현되지 않고 *rešônâ*나 *těḥillâ*로 표현되기 때문이다(비교. *Pentateuch with Targum Onkelos, Haphtaroth and Prayers for Sabbath and Rashi's Commentary*, trans. Morris Rosenbaum and Abraham M. Silbermann [London: Shapiro, Vallentine, 1929], p.2).

92) "Denn alle Geschichte ist ein von der Ewigkeit umschlossener Verlauf von ראשית bis zu אחרית; ihre ראשית ist der Anfang der Creatur und mit ihr der Zeit, ihre אחרית

창세기 1:1에서 저자가 "태초"를 사용한 것은 그가 "끝"(Endzeit), "'aḥărît'"의 개념을 염두에 두었다는 것을 함축한다. 오토 프록쉬(Otto Procksch)는 한 발짝 더 나아가서, 창세기 1:1에서 "bĕrēšît'"는 창세기 49:1에 있는 그 반대말인 "bĕ'aḥărît'"와 대응하도록 의도적으로 선택되었다고 주장했다.[93]

오경 전체에서 우리가 지적한 구성적 전략의 폭넓은 관점으로 보았을 때, 시의 이음매에서 "마지막 때에"라는 문구와 창세기 1:1에서 오경을 시작한 "태초"는 더 큰 전략에 연결되어 있다. 이것들은 오경의 전체 길이를 연장하는 저자의 구성적 전략의 일부다. 이 단어들은 오경의 "Endgestalt"(최종 형태)의 일부를 형성한다. 창세기 1:1에서 "bĕrēšît'"는 창세기 49:1에서 "bĕ'aḥărît'"와 대응될 뿐만 아니라, 나머지 오경에서 "bĕ'aḥărît'"가 나오는 경우에도 마찬가지다(민 24:14; 신 4:30; 31:29). 오경의 "시작"은 이미 "끝"을 목표로 하고 있다. 이 단어들을 사용하여 오경 저자는 이미 성경적 종말의 이해를 위한 구체적인 어휘를 발전시킨 것으로 보인다. 성경의 역사는 "Urzeit"와 "Endzeit"(rēšît와 'aḥărît)를 가지고 있다.[94] 이 두 단어와 "bĕ"의 사용으로, 하나님의 활동은 시작과 끝—즉, "마지막 때"('aḥărît bayyāmîm)—으로 나누어져 있다. 오경을 "시작"(rēšît)에 관한 진술로 엶으로써, 저자는 창세기 앞장들을 더 광범위한 종말론적(또는 계시적) 구조와 연결시킨다. 이 구조 안에서 사건들은 "Urzeit", "태고의 시간"을 내다보고

---

die Vollendung der Creatur und damit der Uebergang der Zeit in die Ewigkeit"(Franz Delitzsch, *Commentar über die Genesis*, 3rd ed. [Leipzig: Dörffling & Franke, 1860], p. 91).

93) Otto Procksch, *Die Genesis: Übersetzt und erklärt* (KAT 1; Leipzig: Dechert, 1913), p. 265. "ראשית"의 대조는 שנית나 שלשית가 아니라, אחרית다(신 11:12; 사 41:22); 또한 여기서[창 1:1] [즉각적으로] 현재 세계의 절대적 종말인 הימים אחרית의 개념이 떠오른다. 확실히 P문서는 의도적으로 모든 것의 אחרית를 생각하며 이 표현을 선택했다"(Ibid., p. 425).

94) Wilhelm Bousset and Hugo Gressmann, *Die Religion des Judentums im spät-hellenistischen Zeitalter* (HNT 21; Tübingen: Mohr Siebeck, 1966), p. 283.

기대한다. 오경의 개별 시의 컨텍스트에서 본 것처럼, "마지막 때"는 오실 왕과 모든 민족에게 확장될 그의 통치—"그에게 모든 백성이 복종하리로 다"(창 49:10)—에 대한 희망을 중심으로 하고 있다.

이런 광범위한 구조 속에서, 창세기 1-11장의 "Urzeit"와 후대 시에서 묘사된 "Endzeit" 사이의 평행들을 좀더 이끌어낼 수 있다. 이런 평행은 시의 텍스트뿐만 아니라, 더 중요하게는 시 텍스트에 첨부된 설명적 논평 안에서도 발견된다. 이런 논평은 오경 전반에 마구잡이로 흩어져 있지 않다. 오히려 이것들은 분포의 패턴이나 구성적 발전 단계의 일부며, 창세기 1장부터 신명기 34장까지 연장되어 있다. 이는 저자 한 사람의 작업일 가능성이 높다. 오경을 전체(Endgestalt)로 읽으려는 모든 독해 시도는 전체를 아우르는 이런 의식적 설계와, 그 설계가 오경의 개별적 부분 각각에 주는 의미를 고려해야 한다

앞의 논의는 오경의 구성 배후에 의식적인 설계나 패턴이 있음을 암시하고 있다. 이 설계는 내러티브들과 핵심적인 시 텍스트들의 상호 관계를 포함한다. 시는 내러티브의 끝에 위치해서 내러티브를 읽는 신학적 컨텍스트를 제공한다. 설계에서 중요한 지점으로는, 시 텍스트에 짧지만 전략적으로 중요한 추가된 부분과 논평이 붙는다는 것이다. 이것은 후대에 서기관에 의해 덧붙여진, 고립되거나 임의적인 설명이 아니라, 오히려 오경 전체의 최종 구성의 일부며 한 저자의 작업이다. 또한 이것은 존재하던 기록된 텍스트에 대한 해석의 결과로 보이며, 일부는 구성의 시기에 있어 이미 고대의 것으로 보인다. 이런 결론은 오경 속에 다른 종류의 문학적·구성적 설계의 흔적이 더 있는지, 만약 있다면 어떻게 그것이 시 속에 나타난 다른 주제와 연결될 수 있는지 하는 질문을 일으킨다.

믿음에 맞추어진 초점. 앞에서 나는 오경의 구성적 요소들이 예언문학에서 두드러진 주제와 쟁점을 반영함을 논의했다. 오경은 내러티브의 중심 사상을 강조하고 주제화하기 위해 시 텍스트를 사용한다. 내러티브는 시적인 논평과 함께, 미래에 있는 사건들을 예표한다. 과거 사건들은 예언

적 미래의 이미지로 만들어진다.

유사한 컨텍스트에서 한스-크리스토프 슈미트는 예언문학과 신약 모두와 유사한, 오경 속의 구성적 전략을 발견했다. 이것은, 예언서와 일반적으로 신약과 같이, "믿음"의 중심적 위치에 초점을 맞추는 전략이다.[95) 궁극적으로 슈미트의 관심은 구성적 전략을 분석함으로써, 어떻게 오경의 신학적 메시지에 접근할 수 있는지를 보여주는 것이었다. 그는 오경의 최종 형태에 주의를 기울임으로써 그렇게 할 수 있다고 주장했다. 우리는 역사적 저자가 자신의 임무를 마치고 도구들을 내려놓은 바로 그 시점에 있는 텍스트로 가야 한다. 존재하는 텍스트의 어떤 양상들이, 다양한 부분을 완성된 전체에 연결하는가? 오경의 신학적 의미는 그 최종 형태의 표면을 끝까지 다 읽는 것이다. 굳이 긴 형성 과정을 추측할 필요가 없다. 저자의 손에서부터 가장 직접적으로 나온 텍스트의 형태만을 겨냥할 필요가 있다.

슈미트는 오경의 분석을 우리가 앞에서 주목한 내러티브의 큰 덩어리들, 창세기 1-11장; 12-50장; 출애굽기 1-15장; 19-24장으로부터 시작한다. 그는 이런 내러티브 덩어리들이 의도적이면서 신학적으로 방향을 정한 문학적 전략에 의해 함께 직조되었다고 주장한다. 이 전략의 중심적 특징은 "믿음"('āman)이라는 어휘의 사용이다. 슈미트는 내러티브의 중요 지점에서 "믿음"('āman)이라는 단어가 반복적으로 사용된 것을 발견한다. 또한 이 "믿음"이, 시편의 탄식 시(lament psalm)의 형식적 특징을 공유하고 있는 내러티브 속에서도 나타남을 발견한다. 탄식 시는 긴급한 상황 묘사로부터 시작해서, 믿음의 응답을 요청하는 약속으로 움직여가며, 신뢰(믿음)의 응답을 묘사하는 것으로 옮겨간다. 슈미트에 따르면 거대한 내러티브 덩어리를 연결하는 이런 구성적인 "이음매"는, 독자가 내러티브에서 이야기되는 사건을 평가할 수 있도록 중요한 발판을 제공한다. 어떤 긴급 상

---

95) Schimitt, "Redaktion des Pentateuch."

황이 일어나도 이 이음매는 독자의 관심이 "믿음"의 중요성을 보도록 이끌어준다.

슈미트의 연구는, 저자의 전체적인 신학적 의도를 발견하는 데 구성적 전략이 중요한 역할을 한다는 사실을 보도록 돕는다. 슈미트의 주장이 텍스트의 형성에 대해 적절한 평가를 내리고 있다면, 그것은 이 주장이 오경 메시지의 중요한 부분이 "믿음"에 초점을 맞추고 있음을 제시하기 때문이다. 저자가 이 "믿음"의 주제에 대해서 말하려고 의도하는 내용은, 동일한 텍스트에 함께 짜 넣어졌을 수도 있는 다른 주제들과 앞으로 더 조정되어야 한다. 일반적으로 구성의 성격과 함께, 출발점이 되는 것은 저자의 오경 "제작" 작업을 거슬러 올라가는 시도다.

출애굽기 1-14장의 문학적 전략. 오경의 "믿음" 주제에 대한 슈미트의 평가의 출발점은 출애굽기 1-14장 내러티브의 내적 패턴이다. 슈미트에 따르면, 출애굽기 1-14장은 내적으로 독립된 문학 단위다. 서론 부분인 출애굽기 1-4장은, 하나님이 족장들과 맺으신 언약을 기억하시는 언급에서 문학적 절정에 다다른다(출 2:23-25). 창세기 12-50장의 족장 내러티브에 대한 역참조(Nachverweisung)는 족장들의 삶의 사건을 출애굽과 시내산 언약에 연결하는 역할을 한다.

도입부의 결론 부분에 해당하는 출애굽기 4장에서 슈미트는, 언약 갱신의 주제를 "믿음"과 연결하는 전략적 텍스트 부분을 고립시킨다. 이 관찰에서 우선 가장 중요한 내용은, 이 텍스트 부분이 시편의 양식-비평적 연구에서 "탄식"의 형식을 따른다는 점이다. 바로 이 부분에서 슈미트는 "믿음"에 대해 강조가 선언되었음을 발견한다(출 4:31). "믿음"은 "탄식"에 대해 필요한 반응으로서 주어진다.

"탄식" 패턴은 다음과 같은 요소들을 나타낸다.

1. **비상 상황**: 하나님의 백성이 위험한 상황에 처한다. 그 상황 속에서 지도자들은 백성의 해방을 요청하기 위해 바로 앞에 가도록 부르심

을 받는다(출 3:18-19).

2. **약속**: 위험에 직면해서 하나님은 구출하고 도와주시기 위해 거기 계실 것이라는 확신을 주신다(출 3:20-22).

3. **믿음**: 이 부분은 믿음을 요청하는 선언이다. 모세는 "백성들이 내 말을 믿지 아니하면 어떻게 합니까?" 하고 묻는다(출 4:1-5).

4. **확신**: 이스라엘의 믿음의 반응은 모세와 아론에게 준 "표적"에서 기대된다(출 4:1-17). 백성의 믿음은 표적이 행해졌을 때 실현된다(출 4:27-31). 두 텍스트에서 "믿음"이라는 동일한 단어, 히필 동사인 "믿는다는 것"(האמין, b'mn)이 발견된다. 이 문학적 부분의 결론에서 우리는 다시 "믿음"에 대한 강조를 발견한다(출 14:31). 출애굽기 4:1이 보여주듯 내러티브의 초점은, 하나님이 주신 "표적"('ôt)에 대한 "믿음"의 강조다. 구원에 대한 하나님의 약속에 대한 믿음은 "표적"을 목격함으로써 강화된다.

다른 텍스트 단위와의 문학적 연결. "믿음"의 강조는 오경의 다른 문학 단위의 전략적 지점(예, 창 15:6; 출 19:9; 민 14:11; 20:12)에서도 발견된다. 출애굽기 19:9은 출애굽 내러티브를 시내 산 내러티브에 연결하는, 언약에 대한 언급을 포함하는 텍스트에 자리 잡고 있다. 이것은 "다리"(bridge) 구절이다. 출애굽기 19:4은 이집트로부터의 탈출을 뒤돌아보고 출애굽기 19:5은 시내 산 언약을 향해 바라본다. 바로 이 단락 안에서 우리는 믿음에 대한 강조가 선포된 것을 발견한다. 이스라엘의 믿음의 대상은 모세의 율법이 아니라, 그들이 "제사장 나라와 거룩한 백성"이 된다는 약속이다(출 19:6).[96]

창세기 15장. 창세기 15장은 믿음의 강조로 널리 인정된 텍스트다. 오경의 저자처럼, 신약은 이 장에 상당한 관심을 보인다.[97] 또한 이 텍스트

---

96) 이 주제는 다시 분명하게 사 61:6에 나온다.

는 "언약"(*běrît*) 체결에 대한 언급을 포함한다. 창세기 15:6에서 아브라함의 믿음을 기억하는 목적은, 창세기 15:1-5의 수많은 후손에 대한 약속을, 창세기 15:7-21의 언약이 보장하는 땅의 소유와 연결하려는 것이다. 아브라함의 믿음은 하나님이 함께하시겠다는 보장에 대한 반응으로써 창세기 15:6에 제시된다. 창세기 15:7-21에서 아브라함의 믿음은, 하나님이 그분의 언약의 말씀에 충실하실 것이라는 확신의 예언적 표적이다. 이것은 후에 하나님이 출애굽기 3:12에서 모세에게 주신 것과 동일한 표적이다. "네가 그 백성을 애굽에서 인도하여 낸 후에 너희가 이 산에서 하나님을 섬기리니 이것이 내가 너를 보낸 증거니라." 이는 "믿음"을 요구하는 "표적들"이며 "믿음을 불러일으킨다."

아브라함의 믿음의 대상으로서 표적을 첨부하는 것은 출애굽기 19장에서 "믿음" 주제의 문학적 전략과 동일하다. 두 텍스트에서 믿음은 표적을 향하고 있다. 동일한 탄식 형식이 창세기 15장의 구절에서도 발견된다.

1. **비상 상황**: 아브라함은 무자하다(창 15:2-3).
2. **약속**: 하나님이 아브라함에게 상속자를 주신다고 약속하신다(창 15:4-5).
3. **믿음**: 아브라함은 하나님을 믿는다(창 15:6).
4. **확신**: 아브라함은 증거를 요청하며 그 표적으로 언약을 받는다(창 15:7-21).

민수기 14장. 민수기 14:11과 민수기 20:12은 오경의 문학적 구조에서 중요 지점에 나타난다. 이 텍스트들은 왜 세대 전체(민 14:11)와 모세와 아론(민 30:12)이 땅에 들어가도록 허락되지 않았는지에 대한 답을 준다. 두

---

97) 오경 구성에 대한 창 15장의 중요성에 대해서는 John Ha, *Genesis 15: A Theological Compendium of Pentateuchal History* (BZAW 181; Berlin: de Gruyter, 1989)를 보라.

텍스트에서 답은 그들의 믿음의 부족이다. 민수기 14장에서 이스라엘은 10명의 정탐꾼의 충고를 따랐으며 땅을 정복하기를 거부했다. 그들의 믿음의 부족은 그들 중에서 행하신 하나님의 표적('ōtôt[민 14:11])을 "믿기를" 거부하는 것을 특징으로 한다.

이 기사에 포함된 중요한 요소는 백성에 대한 여호와의 거부의 주제다. "여호와께서 모세에게 이르시되 이 백성이 어느 때까지 나를 멸시하겠느냐 내가 그들 중에 많은 이적['ōtôt]을 행하였으나 어느 때까지 나를 믿지 않겠느냐 내가 전염병으로 그들을 쳐서 멸하고 네게 그들보다 크고 강한 나라를 이루게 하리라"(민 14:11-12).

하지만 궁극적으로, 하나님은 자비를 입증하시고 누그러지신다. "여호와께서 이르시되 내가 네 말대로 사하노라"(민 14:20). 이 구절에 대한 에스겔 20장의 참조는, 어떻게 이 주제가 이야기의 예언적 개작의 중심에서 발견되는지를 보여주는 실례다. 그러므로 오경은 하나님이 약속하신 미래와 그분의 계속적인 자비하심에 대한 예언적 희망을 반영한다. 민수기 14장의 탄식 형식은 반대 방향으로 되어 있는데, 그 이유는 백성들이 믿지 않기 때문이다.

1. **비상 상황**: 불만과 반역(민 14:1-10).
2. **약속**: 협박과 중재(민 14:12).
3. **믿음**: 하나님의 표적에 대한 믿음이 없음(lō'-ya'ǎmînû)(민 14:11).
4. **확신**: 중재 이후의 하나님의 용서(민 14:13-23).

민수기 20장. 오경에서 하나님의 용서의 이유는 에스겔서와 같다. 이스라엘이 나라들 사이에서 더럽힌 하나님의 거룩한 이름을 위해서다(비교. 겔 20:8-9, 13-14, 21-22, 44). 민수기 20:12에서 "믿음"의 주제는, 믿음의 부족의 책임을 제사장들과 율법에 두려는 것을 목적으로 한 내러티브의 일부다. 이 내러티브에서 "믿음"의 주제는 마치 렌토르프의 "약속"의 주제와 같다.

두 주제가 모두 이 믿음의 내러티브에서 작동하고 있다(민 14:11, 16, 23a).

민수기 20장의 내러티브에서 탄식 형식은 백성의 믿음의 부족에 초점을 맞추고 있다.

1. **비상 상황**: 물이 없음(민 20:3-5).
2. **약속**: 물에 대한 지시(민 20:6-8).
3. **믿음**: 모세와 아론이 믿음이 없음(*lō'-he'ĕmantem*)(민 20:7-12a).
4. **확신**: 모세와 아론이 땅에 들어가는 것이 허락되지 않음(민 20:12b-13).

오경 내러티브들의 최종 형태는 예언문학의 견해를 반영하는 신성한 텍스트들의 역동적 모음이라 할 수 있다. 이것은 하나님의 새로운 역사 앞에서 기대를 가지고 기다리고 있는 견해다(사 40:31). 이 기대의 컨텍스트 안에서 이것은 믿음의 반응을 요구하며, 이 반응은 여러 번 "여호와를 앙망하는"(사 40:31)이라는 단순한 개념으로 표현된다.

오경에서 법적 전략들: 구성적 접근

앞에서 지적했듯, 출애굽기와 시내 산 내러티브는 족장들과 하나님의 언약에 대한 역참조로 시작된다. "하나님이 그들의 고통 소리를 들으시고 하나님이 아브라함과 이삭과 야곱에게 세운 그의 언약을 기억하사"(출 2:24). 창세기 12-50장에 나오는 족장 내러티브에 대한 이 참조는, 족장 내러티브의 사건들을 출애굽과 시내 산 언약에 연결시킨다. 이 내러티브 속에서 시내 산 언약은 족장에게 주어진 축복을 실현하는 중심 수단으로 주어진다. 나머지 오경 전체를 통해서 이 시내 산 그림은 상당한 변화를 겪으며, 결과적으로 하나님의 축복을 누릴 수 있는 더 희망적이고 지속적인 수단에 자리를 내어주게 된다. 오경에서 내러티브 덩어리들을 통해서 전략이 진행됨에 따라 "시내 산 언약을 떠나서"—즉, 시내 산(호렙) 언약과는 다르고 그것과는 구별되는—새로운 언약을 설립하려는 점점 커져가는 희망이 형태를 잡아가는 것을 보게 된다. 시내 산을 "떠나서" 또는 시내 산 "바깥의"(millēbad) 언약에 대한 이런 점층하는 기대는, 특히 예언문학과 신명기의 영향을 반영하는 텍스트들에서 나타난다. 실제로 오경이 신명기의 마지막 장에서 결론을 내릴 때, 시내 산 언약은 이미 과거의 것으로 나타나기 시작했다. 또한 이 시내 산 언약은 이것을 보호하고 미래의 세대에 전달할 의무를 가진 예언자적 서기관들에 의해 비평적 평가를 받을 단계가 완료되어 있었다. 바로 그 이유 때문에 시내 산 언약에 대해 내려진 평가는, 마치 후에 예언문학에서 내려진 평가의 종류와 아주 비슷했다. 시내 산 언약에 대한 예언자적 비평은 마치 예레미야가 "새 언약"을 기대한 것과 같이(렘 31:31) 새 언약에 대한 희망을 수반한다.

　　오경의 마지막에 이렇게 새롭게 발전하고 있는 예언적 희망에 대한 분명한 표현 중 하나가 신명기 29:1에서 발견된다. "호렙에서 이스라엘 자손과 세우신 언약 외에[millēbad] 여호와께서 모세에게 명령하여 모압 땅에서 그들과 세우신 언약의 말씀은 이러하니라." 새 언약과 비슷한 희망이 예레미야 31:31-32에서도 발견된다. "여호와의 말씀이니라 보라 날이 이르리니 내가 이스라엘 집과 유다 집에 새 언약을 맺으리라 이 언약은 내가 그들의 조상들의 손을 잡고 애굽 땅에서 인도하여 내던 날에 맺은 것과 같지 아니할 것이니라." 이 두 텍스트에서 시내 산 언약은 하나의 그림자로 주어지며, 결국 미래의 언약이 이것을 추월해서 교체될 것이다. 예언의 "새 언약"과 같이, 신명기 29:1에서 발표된 언약은 시내 산 언약과는 구별될 것이며, 궁극적으로 아브라함의 자손에게 하나님의 언약적 축복을 성취할 수단이 될 것이다. "네 하나님 여호와의 언약에 참여하며 또 네 하나님 여호와께서 오늘 네게 하시는 맹세에 참여하여 여호와께서 네게 말씀하신 대로 또 네 조상 아브라함과 이삭과 야곱에게 맹세하신 대로 오늘 너를 세워 자기 백성을 삼으시고 그는 친히 네 하나님이 되시려 함이니라"(신 29:12-13).

　　이 텍스트들에서 분명한 것은, 신명기 29장이 신명기 29:1에서 선언된 언약에 대한 묘사라는 사실이다. 다음 장인 신명기 30장은 이 언약 속으로 들어온 하나님의 백성의 삶에 끼칠 영향에 대해 추가적 설명의 개요를 기술한다. 이 두 장은 오경 전체를 통해서 표현되는 희망의 근거와 정점을 형성한다. 바로 이 희망이, 오경이 신구약을 통틀어 성경의 다른 부분과 공유하는 지점이다. 오경신학의 이해는 구약과 신약을 더 읽어나갈 때, 이 언약들이 우리를 움직여가는 방향뿐만 아니라 이 두 언약의 성격과 상호작용을 이해함으로써만 이루어진다. 이는 출애굽기 19-24장에서 시내 산 언약의 내러티브와 신명기 29-30장에서 모압 언약 텍스트의 내러티브 전략과 구성 형태를 이해하는 작업이, 신약은 말할 것도 없고, 오경과 이후의 예언문학의 신학 전부를 평가하는 데 필수적임을 의미한다. 오경과 오경의 "언약"에 대한 관점의 구성적 분석 작업에서 필수적인 것은, 출애굽기 19-24장과 신명기 29:1-31:20이라는 두 텍스트의 내러티브 전략을 이해하는 것이다.

구성적 접근의 중요한 이점은 히브리어 성경에 대한 전체론적 태도에 있다. 이것은 성경에서 부분뿐 아니라 전체를 보도록 도와주는 접근법이다.[98] 이 접근법은 해석자로 하여금 성경을 책 전체로서 발달의 측면에서, 공시적인 동시에 역사적이고 통시적으로 보도록 격려한다. 저자의 전략을 재현하려는 시도는 오경의 공시적 형태(Endgestalt)의 의미를 이해하는 데 도움이 될 수 있다.

성경에 대한 이런 관점은 역사비평이 일어나기 이전 시대에 성경을 읽고 이해하던 방식과 유사하다. 그렇기 때문에 오경의 의미에 대한 이런 접근은 교리신학과 조직신학에서의 많은 고전적 문제들을 다루고 시정할 수 있다. 성경에 대한 교리적 접근은, 성경 전체가 기독교 교리 초안 작성을 위해 합리적인 것으로 여겨졌던 시기에 일어났다. 따라서 교리신학이

---

98) George Fohrer et al., *Exegese des Alten Testaments: Einführung in die Methodik* (Uni-Taschenbücher 267; Heidelberg: Quelle & Meyer), 1983, pp. 116-43을 보라.

다루는 질문들은 흔히 구약과 신약, 성경의 계시 전체를 전제로 한다. 유사한 방식으로, 조직신학의 목표는 성경의 모든 부분에 대한 종합적 평가를 구체적으로 제공하는 것이다. 구성적 접근은 이 유서 깊은 접근법들과 밀접한 유사성을 가지며, 교리적이거나 조직신학적 성격의 많은 질문을 다루는 위치에 있다.

고전적인 교리적 질문을 다루는 데 구성비평(composition criticism)을 사용한 실례는, 시내 산 언약에서 모세 율법의 역할을 이해하는 데서의 공헌에서 볼 수 있다. 율법과 기독교라는 주제는 조직신학과 교리신학에서 중요한 질문으로 남아 있다. 복음주의권에서 이것은 여러 가지 방식으로 나타난다. 복음주의의 두 개의 주요한 신학 체계―세대주의와 언약신학―속에서 모세 율법의 위치를 이해하는 것은, 이런 체계를 분명히 이해하는 데 필수적이다. 질문은 여러 방식으로 공식화되었지만, 여기서 나는 다음과 같이 묻고자 한다. 하나님이 시내 산에서 이스라엘과 언약을 맺고 그들에게 율법을 주셨을 때, 이 율법들은 시내 산 언약의 일부로 이해되었는가, 아니면 언약의 추가 사항으로, 즉 언약적 삶의 방식을 허용하기 위해 언약에 추가된 어떤 것으로 이해되었는가? 이 질문을 다른 방식으로 진술하면, 하나님이 아브라함과 맺은 언약과 시내 산에서 이스라엘과 맺은 언약 사이에 어떤 차이점이 있는가? 이와 같은 율법은 성경적 언약들에서 필수적인 부분인가 아니면 구성적인 부분인가?

일반적으로 언약신학자들과 세대주의자들은, 시내 산 언약에서 모세 율법의 필수적인 역할의 질문에 대해서는 동의한다. 하지만 이 두 신학적 체계는 그와 관계된 중요한 쟁점들에 대해서는 서로 다른 결론에 도달한다. 현재로서 두 신학 체계는, 모세 율법이 시내 산 언약의 필수적 부분이었다는 점을 유지한다. 언약신학에서 언약의 법적 측면은 그리스도인의 삶에서 율법의 역할을 강조하기 위한 근거로 간주된다. 세대주의자들에게 언약의 법적 측면은 그리스도인의 삶으로부터 율법과 함께 시내 산 언약을 분리시키기 위한 근거로서 간주된다.

역사적으로 시내 산 언약에서 모세 율법의 지위의 문제는 상당한 논쟁의 근원이었으며, 특히 언약신학자들 사이에서 그러했다.[99] 같은 문제가 개혁신학이나 세대주의에서는 발생하지 않았다. 순교자 유스티누스와 함께 이미 우리는, 시내 산에서 모세에게 주어진 율법은 시내 산 언약 원래의 것이 아니었다는 견해를 발견한다. 원래 언약은 은혜의 언약으로만 의도되었는데, 후에 이차적으로 율법이 첨부되었다고 주장되었다. 사도 바울도 갈라디아서 3:19에서 동일한 점을 주장한 것으로 보인다. "그런즉 율법은 무엇이냐 범법하므로 더하여진 것이라."

유스티누스는 『트리포와의 대화』(Dialogue with Trypho)에서 율법이 주어진 것을 금송아지를 만든 탓으로 돌렸다. "하나님은 모세의 입을 통해서, 당신에게 부정하고 부적절하며 난폭한 짐승들을 금하라고 명령하셨다. 더군다나 광야에서 만나를 먹으며 하나님이 당신을 위해 행하신 모든 놀라운 행위를 보았음에도 불구하고, 그런 때 당신은 금송아지를 만들고 그것을 예배했다." 이레나이우스도 비슷한 견해를 고수했다(Haer. 4.14.2; 4.15.1). 칼뱅은 시내 산 언약과 그것에 대한 일종의 부속물인 율법 사이에 확실한 구별을 지었다. 그는 십계명을 포함해서 율법 내의 외적인 의식과 희생 제사가 하나님에 의해 의도된 것도 "율법의 본질"도 아니며, "필요하거나 유용한 것으로" 요구되지도 않았다고 주장했다.

하나님은 희생 제사에 관해서 결코 어떤 것도 명하지 않았다고 주장하신다.

---

99) Gottlob Schrenk, *Gottesreich und Bund im älteren Protestantismus: Vornehmlich bei Johannes Coccejus*, 2nd ed. (Darmstadt: Wissenschaftliche Buchgesellschaft, 1967), pp. 116-23을 보라; Hans Heinrich Wolf, *Die Einheit des Bundes: Das Verhältnis von Altem und Neuem Testament bei Calvin* (BGLRK 10; Neukirchen: Verlag der Buchhandlung des Erziehungsvereins Kreis Moers, 1958), pp. 38-54; Mark W. Karlberg, "Moses and Christ—The Place of Law in Seventeenth-Century Puritanism," *TJ* 10 (1989): 11-32.

또한 십계명을 떠나 최소한의 가치가 배정되어야 한다 해도, 모든 외적인 의식은 헛되고 사소한 것으로 선언하신다. 따라서 우리는 내가 앞서 언급한 결론에 더 확실한 방법으로 도달한다. 즉, 정확하게 말해 외적 의식들은 율법의 본질도 아니고, 하나님을 예배하는 데 유용하지도 않다. 또한 [두 돌판의 해석으로] 열등한 위치로 되지 않는 한, 율법을 주신 자가 필요로 하거나, 심지어 유용한 것으로 요구한 것도 아니다. 결국, 율법을 완성시키는 데 최소한의 공헌도 하지 않는 부가물이지만, 그 목적은 믿음과 회개로 이루어진 하나님의 영적 예배에 경건을 유지하는 것이다.[100]

후에 언약신학의 형성에서 율법에 대한 이런 초기 개혁주의적 관점을 대표하는 신학자는 요한 콕세이우스다. 콕세이우스적인 관점의 중심 특징은 율법에 대한 정적이기보다는 역동적인 견해다. 콕세이우스는 율법을, 하나님과 이스라엘 사이의 (언약) 관계의 변화하는 집합의 측면에서 보았다. 하나님은 아브라함을 부르셨던 것과 같이, 이스라엘을 믿음의 삶으로 부르셨다.[101] 이스라엘이 하나님을 신뢰하지 않으며 그럴 의사도 없음이 증명되었을 때, 하나님은 그들에게 율법을 주셨다.[102] 각각의 율법 집합이 효력이 없음이 증명된 후에, 하나님은 추가적인 율법을 계속해서 주셨다.

---

100) Calvin, *Four Last Books of Moses*, p. xvii.

101) "Porro secundo est in decalogo stipulatio foederalis eadem, qua Deus etiam cum Veteribus antea convenerat & foedus fecerat: nempe fidei, quae per charitatem esset operosa"(Johann Coccejus, *Summa theologiae ex scripturis repetita*, in *Opera omnia* [Amsterdam, 1701], 7:281-90).

102) "[Transgressio populi occasio graviorum praeceptorum foederi addendorum.] Interim populus vitulum facit: Moses ea causa jubetur descendere, & quum intercessisset pro populo, descendit, &, viso vitulo, projicit tabulas easque frangit.... Deus autem a tabernaculo cum Moses loquens praecepta dat de holocaustis & aliis sacrificiis, & nominatim injungit sacrificium pro peccato & reatu, Levit. 4. & 5. & varia alia dogmaqa imperat. Quae recensere non est opus"(ibid., p. 285).

이스라엘이 하나님을 신뢰하는 데 실패할 때마다 매번, 하나님은 그들에게 추가적인 율법을 주셨다. 그리하여 마침내 이스라엘의 언약은 계속 증가하는 율법의 무거운 짐으로 짓눌리게 되었다.[103] 궁극적으로 율법 아래 있는 이스라엘의 상태는, 하나님이 그들에게 그분의 은혜의 필요성을 가르치기 위해 의도하신 것이었다. 루이스 벌코프는 콕세이우스의 견해를 다음과 같이 요약한다.

> 콕세이우스는 십계명에서, 특별히 이스라엘에게 적용되는 은혜 언약의 요약적 표현을 보았다. 이런 국가적인 은혜 언약을 설립한 후, 백성들이 신실하지 못하게 금송아지를 예배하기 시작했을 때, 의식 예배의 법적 언약은 은혜 언약에 대한 더 엄격하고 가혹한 경륜으로서 제정되었다. 그러므로 은혜의 계시는 특별히 십계명에서 발견되며, 의식의 율법에서는 노예 상태의 계시가 발견된다.[104]

비록 벌코프가 간과한 사실이기는 하지만, 콕세이우스가 갈라디아서 3:19에서 해석적인 지지를 발견했음에 주목해야 한다. 바울은 갈라디아서에서 율법이 "범법하므로 더하여진 것이라 약속하신 자손이 오시기까지 있을 것이라"라고 진술한다. 콕세이우스에 대한 벌코프의 비판이 생겨나는 지점은, 콕세이우스를 위시한 그와 유사한 견해가 성경에서 전혀 지지를 찾지 못한다는 데서였다. 벌코프에 따르면,

이런 견해들은 모두 한 가지 이상의 이유로 반대할 만하다. (1) 언약의 증가는

---

103) "Quod Israëlitae transgressione sua meriti sint, ut lex, quae iram operetur, & grave jugum servitutis ipsis imponeretur, & Deo occasionem dederint eam imponendi & ipsis & posteris eorum. Id perspicue dicit Jeeremias cap. 31:32"(ibid., p. 287).

104) Louis Berkhof, *Systematic Theology* (Grand Rapids: Eerdmans, 1941), p. 299.

성경과 상반된다. 비록 한 언약이 다양한 특징을 가지고 있지만, 시내 산에서 한 가지 이상의 언약이 설립되었다고 가정하는 것은 비성경적이다. (2) 십계 명과 의식법에 지나친 한계를 부과하는 것은 잘못된 일이다.[105]

콕세이우스가 자신의 논의에서 광범위하게 성경을 사용한 사실에 비 추어보면, 콕세이우스의 견해에 대해 "비성경적"이라고 한 벌코프의 반대 는 기이하다고 할 수 있다.[106] 더욱 의문을 불러일으키는 것은, 벌코프 자 신은 콕세이우스의 해석을 반박하기 위해 어떤 성경의 증거도 제시하지 않는다는 점이다. 안타깝게도, 벌코프는 콕세이우스의 매우 강력한 논의 에 대해 어떤 성경적 반박도 남겨놓지 않았다.

벌코프의 반박과는 달리, 콕세이우스의 관점에 대해서는 성경에 충분 한 증거가 존재한다. 앞에서 본 것처럼, 오경 전체의 구성적 전략은 콕세 이우스의 견해와 유사한 율법에 대한 견해를 제시한다. 기록된 율법은 시 내 산 언약을 구성하는 부분이 아니었다. 비록 율법을 구현하는 자연법이 이미 첫 번째 인간의 마음속에 작동하고 있었다고 해도 말이다. 이는 아담 과 하와가 "하나님의 형상"으로 창조되었으며(창 1:26-27), 따라서 처음부터 하나님의 인도하심을 누렸기 때문이다. 족장 시대에 아브라함 같은 신실 한 자들은(창 15:6) 마음으로부터 율법에 순종했다. 하지만 이스라엘은 시 내 산에서 십계명 듣기를 거부하고 하나님의 부르심을 거절함으로써(출 19:16), 모세가 제사장으로서 하나님의 말씀을 대변하는 임무를 맡는 계기 가 되었다(출 20:18-22).

시내 산 언약의 근거는(출 19-24장) 족장 언약과 동일한 것으로서, 믿음 으로 표현된(출 19:9) 마음으로부터의 순종(출 19:5)이다. 하나님은 시내 산 에서, 이 순종의 일반적인 구조로서 "십계명"을 제안하셨다(출 19:19). 오경

---

105) Ibid.
106) Coccejus, *Summa theologiae*, 7:281-90.

의 논점과 예언자들이 오경을 읽은 방식이 암시하는 것은, 십계명을 제외하고, 시내 산에서 이스라엘을 위한 하나님의 일차적인 계획에는 오경의 수많은 "율법" 집합들이 포함되지 않았다는 점이다. 이 율법 집합들은 시내 산 언약의 조항으로 더해진 것인데, 왜냐하면 이스라엘이 여러 가지로 범법했기 때문이었다. 그중에서도 가장 심각한 죄는 금송아지를 만들고 그것에게 예배한 것이었다.

7장

오경 속의 율법 자료의 구성 탐구

오경을 이루는 자료가 현재 형태의 오경 속에 자리 잡기 이전에, 어떤 가상적 형태와 범위를 가지고 있었는지에 대해서는 학자들 간에 거의 합의가 이루어지지 않고 있다.[1] 이와는 반대로, 오경의 일부로서 현재 형태로 존재하는 자료의 성격에 대해서는 상당한 동의가 이루어진 상태다.[2] 점점 더 많은 구약학자들이 여러 가지 이유에서 고전적 관점의 자료비평(source criticism)을 거부하고 있다. 왜냐하면 이들은, 현재의 오경이 기록된 자료들 또는 파편들의 모자이크나 콜라주로 구성되어 있다는 견해에 의문을 제기하고 싶어하기 때문이다. 그렇다고 해서 구약학자들이 반대 입장으로 넘어와서 모세 저작설을 받아들인다는 의미는 아니다. 이는 적절한 설명이 아니다. 많은 구약학자들이 고전적인 자료비평적 견해를 거부한다면 그것은 많은 경우, 오경이 특정한 통일성과 전체적 메시지를 가지고 있다는 생각을 수용한 결과다. 따라서 사사기나 사무엘서, 열왕기 같은 역사서들과 복음서들에서 기대할 수 있는 구성과 유사한 것을, 우리는 오경에서도 기대할 수 있는 것이다.

전세대의 보수주의자들과 개혁주의적 정통 구약학자들─바로 이들이 오늘날 복음주의 진영의 상당 부분을 구성하는 후손들인데─사이에서

---

1) Rolf Rendtorff, *Das überlieferungsgeschichtliche Problem des Pentateuch* (BZAW 147; Berlin: de Gruyter, 1977); Hans Heinrich Schmid, *Der sogenannte Jahwist: Beobachtungen und Fragen zur Pentateuchforschung* (Zürich: Theologischer Verlag, 1976); R. N. Whybray, *The Making of the Pentateuch: A Methodological Study* (JSOTSup 53: Sheffield: JSOT Press, 1987).
2) Erhard Blum, *Studien zur Komposition des Pentateuch* (BZAW 189; Berlin: de Gruyter, 1990), pp. 1-5.

는, 오경이 족장 시대로부터 내려오는 다양한 종류의 기록된 고대의 문서들(*schedas et scrinia patrum*)로 구성되어 있다는 견해가 널리 고수되었다.[3] 이들 중 어떤 이들은 "문서들의 도입부가 가진 원형식을 문체 면에서 구별함으로써" 이런 고대의 기록된 문서들을 설명하기까지 했다.[4]

여기서 우리는 오경 전체의 문학적 구성에 대해 내가 앞에서 제안한 것을 전반적으로 다시 훑어볼 것이다. 앞에서 나는 오경의 문학적 자료는

---

3) Johann Henrich Heidegger: "Quanquam ex traditione Majorum, utpote quartus a Jacobo, neque adeo remotus ab iis temporibus, quibus Adamus ipse superstes fuit, plurima haurite potuit"(*Enchiridion Biblicum* [Jena: Bielckium, 1723], p. 18); Campegius Vitringa: "Schedas et scrinia patrum, apud Israelitas conservata, Mosem collegisse, digessisse, ornasse et ubi deficiebant, complesse et ex iss priorem librorum suorum confecisse"(*Observationum sacrarum libri sex* [Franeker, 1712]); André Rivet: "Multa enim scripserunt, quae aut ipsi viderunt, aut etiam ab alijs hominibus acceperunt"(*Isagoge, seu introductio generalis, ad Scripturam sacram Veteris et Novi Testamenti* [Leiden, 1627], p. 10). 18세기 초 탁월한 루터주의 정통 구약학자인 Johann Gottlob Carpzov는 오경에서 문서들의 가능성을 고수했다. 하지만 영감의 성격, 즉 성경이 구술(dictation)되었다고 보는 그의 견해는 문서들에 중요성을 부과하는 것을 배제했다. "Quamvis enim nonnulla de his, quae tradidit in Genesi, habere potuerit ab Amramo patre suo....Rectius tamen soli qeopneustivai omnia tribuimus"(*Introductio ad libros canonicos bibliorum Veteris Testamenti omnes*, 4th ed. [Leipzig, 1757], pp. 62-63). Louis Gaussen은 "그들이 자신의 감정을 묘사하든, 기억하는 것을 이야기하든, 동시대의 내러티브를 반복하든, 족보를 베끼든, 영감으로 된 것이 아닌 문서에서 인용을 하든 상관없이 그들이 쓴 것은 영감으로 된 것이며, 그들의 내러티브는 위로부터 지시된 것이다"라고 기록한다(*The Divine Inspiration of the Bible*, trans. David D. Scott [Grand Rapids: Kregal, 1971], p. 25).

4) Robert Jamieson, A. R. Fausset and David Brown, *A Commentary, Critical, Experimental and Practical, on the Old and New Testaments* (Grand Rapids: Eerdmans, 1945), 1: xxxv. "어떤 가설과도 독립적으로, 모세의 개인적인 지식 영역 바깥에 있는 문제들과 관련된 오경 부분의 구성에서, 모세가 믿을 만한 권위를 가진 존재하는 기록들을 이용했을 가능성과, 또한 이용했다는 점은 인정될 수 있다. 이런 인정은 영감으로 된 구성으로서의 가치를 축소시키지도, 그 역사의 신뢰성에 영향을 미치지도 않는다. 모세의 시대에 일반적으로 알려졌거나 히브리 가문의 저장고에 보존되어 있었던 이런 문학 자료들을 사용함에 있어, 모세가 오경 전체에 분명하게 퍼져 있는 설계의 통일성과 일치하도록, 내러티브 안에 이런 자료들을 섞어 짰다는 사실은 명백하다"(Ibid., 1:xxxii).

최소한 세 가지 유형의 문서 자료들, 즉 율법 집합(율법 집성), 내러티브, 시로 구성되어 있다고 주장했다. 다음에 이어지는 논의에서는, 모세 오경의 최종 형태 안에서 율법 집성(기록된 율법)[5]이 어떻게 배열되어 있는가(구성적 전략)에 중점을 둘 것이다.

오경 속의 율법 집합

오경의 가장 큰 부분을 구성하는 것은 법전이다. 분명하게 알아볼 수 있는 율법 집합은 십계명(출 20:1-17), 언약 법전(출 20:22-23:33), 성결 법전(레 17-26장), 제사장 법전(출 25장-레 16장)이다. 마지막 법전인 제사장 법전에 속한 내용은 성막의 패턴에 대한 지시(출 25-31장)와 성막의 건축 내러티브(출 35-40장)다. 비록 학술적 토론에서는 이런 텍스트 층위들의 배경과 연대에 대한 질문들이 우세하지만, 오경의 구성적 전략의 측면에서 보면, 이 텍스트들은 우리에게 완전히 다른 방향의 질문들을 제시한다. 이 율법 집합들이 제기하는 우선적인 질문에는, 이 텍스트들의 최종 배열에서 이 다양한 집합들의 목적이 무엇인가가 포함된다. 이 모세 율법의 집합들은 독자에게 "율법"으로서(qua law) 제시되었는가, 아니면 어떤 다른 목적을 가지고 있었는가? 이 질문에 답하기 위한 방법 중 하나는, 각 율법 집합이 전체 오경의 의미에 어떤 공헌을 하는지를 묻는 것이다. 어떻게, 왜 저자는 이 집합들을 현재와 같은 순서와 형태로 배열했는가? 각 집합에서 율법의 서로 다른 형식 뒤에 놓여 있는 목적은 무엇인가? 이 율법에서 겉으로 임의적으로 보이는 것 뒤에는 어떤 전략이 있는가?

---

5) 시내 산에서 율법이 주어지기 이전 시기 동안, 기록되지 않은 율법들이 유통되고 있었다는 사실에 대해서는 상당한 증거가 있다. 예를 들어 출 15:25; 18:16에 따르면 율법은 잘 알려져 있었으며, 고대 이스라엘에서 삶의 질서를 잡는 필수적인 부분이었다. 이는 시내 산에서 율법이 주어지기 이전의 일이었다.

많은 복음주의자들은 이 다양한 율법 집합들 사이에 존재하는 명백한 차이점을 인식하고 그것을 문제로 간주해왔다. 예를 들면, 언약 법전에서 제단을 세우라는 지시(출 20:24-25)는 제사장법의 지시(출 27:1-8)와는 완전히 다르다. 언약 법전에 따르면, 제단은 흙이나 돌로 만들고 하나님이 자신의 이름을 기념하게 하는 "모든 곳에" 세울 수 있었다(출 20:24-26). 이것은 족장 시대에 제단들을 상기시키는 단순한 형태의 제단이었다(창 12:7). 아브라함은 그가 여행하는 곳마다 거의 모든 곳에 제단을 세웠다.

반면에 제사장법에 따르면, 제단은 귀한 조각목으로 만들고 놋으로 싸고(출 27:1-2), 성막 안 제사장들만이 접근할 수 있는 곳에 놓여졌다. 이것은 완전히 다른 종류의 제단으로 보인다. 현대의 성서비평은 이런 차이점들을 논쟁의 중심으로 만들어, 오경이 다수의 저자들에 의해 집필되었고 각각의 저자는 자신의 오경 버전과 율법을 가지고 있었다고 주장했다. 하지만 이렇게 함으로써 성서비평학자들은, 성경 저자들이 이런 차이점들을 잘 인식하고 있었으며, 실제적으로 독자가 그 차이점을 알아보도록 의도했을 가능성을 이해하는 데 실패했다. 다른 말로 표현하자면, 이 차이점들은 법적 문서의 다양한 층위들에 대한 증거라기보다는, 오히려 오경 전체의 구성적 전략의 일부인 것이다.

예상할 수 있는 사실이지만, 이 두 개의 "제단 법"을 조화시키려는, 선한 의도를 지닌 수많은 시도들이 있었다. 한 전통적 방식의 조화(harmonization)에 따르면, 성막에는 두 개의 제단이 있는데, 한 개는 번제를 위한 토단이고, 다른 하나는 향을 피우기 위한 나무단이었다는 것이다. 하지만 이미 몇 세기 전에 미카엘 발터(Michael Walther)는 이런 조화를 거부했다. 그가 거부한 주된 이유는, 출애굽기 38:1에 번제로 사용될 제단은 나무로 만들어졌다는 근거에서였다.[6] 또 다른 흔한 조화는, 내러티브 자체에서 출애

---

6) Michael Walther, *Harmonia totius S. Scripturae* (Strasbourg, 1627), p. 176.

굽기 27장의 놋제단은 속이 비게 만들도록 되어 있으며, 따라서 출애굽기 20장의 토단을 만들기 위해서는 흙이나 돌로 그 안을 채웠어야 한다는 관찰에 근거한다.[7] 제단에 대한 두 개의 법적 요구가, 한 개의 제단의 안과 밖을 형성하게 위해 합쳐졌던 것이다. 따라서 두 개의 구별된 제단에 대한 설명으로 보이는 것이, 사실은 한 제단의 다른 양상에 대한 설명이 된다.

하지만 이런 시도들은 해결책을 제시하기보다는 문학적 문제들이 무엇인지 보여주는 데 기여한다. 최근의 보수적인 성서학자들은 이 두 개의 구절이 조화 없이 공존하도록 허용한다. 즉, 토단은 다만 임시적인 조치로 이해하는 것이다.[8] 하지만 이 설명은 두 제단의 목적에 대한 역사적 문제에는 해결책을 제시할 수 있지만, 왜 오경에서 두 유형의 제단들이 차이점에 대한 설명도 없이 제시되었는지 하는 문학적 질문을 이해하는 데는 실패했다.

비평학자들은 두 제단이 서로 다른 역사적 배경에서 발생했다고 보는 데 만장일치를 보았다.[9] 예를 들어 흔히 주장되는 견해에 따르면, 언약 법전에서 다른 율법들과 함께 토단을 쌓으라는 지시는 이스라엘의 종교에서 더 원시시대, 즉 예배의 형태가 창세기 내러티브에서 족장들의 예배와 같았던 시대로부터 온 것이다. 이 시대에 개인과 그룹은 단을 쌓고 제사를 드리면서 예배의 지역 중심들을 제공할 수 있었다.[10] 비평학자들은 이스

---

7) H. S. Horovitz, ed., *Mechilta D'Rabbi Ismael* (Jerusalem: Wahrmann), 1970, p. 242. "Alij melius sic conciliant, internam altaris partem fuisse de terra solida et compacta, externam autem de lignis dictis"(Walther, *Harmonia totius S. Scripturae*, p. 176). "둘러싼 구리 용기는 단순히 흙을 모아두려는 용도였다"(Jamieson, Fausset and Brown, *Old and New Testaments*, 1:391).

8) Walter Kaiser Jr., "Exodus," in *The Expositor's Bible Commentary*, ed. Frank E. Gaebelein (Grand Rapids: Zondervan, 1992), 2:428.

9) Otto Eissfeldt, *The Old Testament: An Introduction*, trans. Peter R. Ackroyd (New York: Harper, 1965), p. 218을 보라.

10) F. Horst, *RGG*[3] vol. 1, cols. 1523-25.

라엘이 그들 종교의 초기 단계에서, 창세기 내러티브의 아브라함처럼 정착하는 새로운 곳마다 제단을 세웠다고 주장했다. 반면에 놋제단을 다루는 율법은 단 하나만의 예배 장소를 인정했던 이스라엘 종교의 최종적 단계를 나타낸다고 가정되었다. 여기서 내가 제기하고자 하는 질문은 이런 가정들이 옳으냐 그르냐 하는 것이 아니다. 지금 핵심이 되는 질문은, 이 두 개의 제단 규정에 대한 견해가 현재의 내러티브에서 어떤 역할을 하느냐 하는 것이다. 지금 우리가 보는 대로, 오경에서 한 견해는 족장 시대의 토단에 대한 규정인 반면에, 다른 하나는 모세를 통해 시내 산에서 이차적으로 규정되었던 종류의 제단이다. 족장 시대의 제단은 아브라함이나 이삭 같은, 가족의 대표 일원이 제사장으로 간주되는 형태를 함축한다. 모세의 제단은 중앙 성소, 즉 성막에서의 제사장직을 전제한다.

비평적 견해의 주요한 약점은, 어째서 이런 명백한 불협화음이 최종 정경의 텍스트에서 묵인되었는가에 대한 설득력 있는 설명을 제시하지 못한다는 점이다. 오토 아이스펠트(Otto Eissfeldt)는 이런 설명이 분명히 필요함을 감지하고 다음과 같은 답을 가정했다. 즉, 편집하는 과정에서 신명기 법전이 언약 법전을 대체하고 난 후에도 원시적인 제단에 관한 법이 텍스트에서 제거될 수 없었는데, 왜냐하면 이 원시적 규정이 "이미 너무나 깊숙이 대중의 마음속에 뿌리박혔기 때문에 이런 변형이 가능하지 않았을 것"이라는 주장이다. 아이스펠트에 따르면 언약의 책에 대한 이런 "중립화"(neutralizing)는 "우리에게는 놀랄 만한 일일 뿐 아니라 실행 가능하지도 않다. 하지만 우리는 이런 시도가, 이 경우뿐 아니라 다른 많은 경우에도 성공적이었다는 사실을 기억해야 한다.…남아 있도록 허용된 오래된 규정들은 지금은 자연스럽게 더 새로운 규정의 관점에서 이해된다. 또한 가능하지 않거나 필요하지 않은 곳에서 이것들은 단순히 주목받지 못한 채 남아 있다."[11]

아이스펠트의 설명은 놀라울 뿐이다. 성경 저자가, 독자가 오경을 읽는 데 언약 법전을 무시하도록 의도했다는 것은 가능은 하겠지만 결코 있음 직하지 않은 일이다. 반대로, 시내 산 내러티브 내에서 십계명과 나란히 있는 언약 법전의 위치는, 저자가 이 텍스트로 관심을 모으고 이것을 강조하려 했음을 보여준다. 이렇게 언약 법전은 텍스트 속에서 설명될 필요가 있다. 단순히 그것을 해명함으로써 문제를 벗어나려는 것만으로는 충분하지 않다. 다양한 문학적 층위들의 기원을 발견하려는 문서비평과는 다르게, 구성비평의 직무는 현재 우리 손에 있는 텍스트 내의 텍스트적 전략을 설명하는 것이다. 이는 오경의 최종 형태 내에서 이와 같은 텍스트의 배열을 설명하려고 시도하는 것을 의미한다.

오경 속의 내러티브와 율법

앞에서 논의한 법전들과 함께 오경에는 다양한 길이와 소재를 가진 많은 내러티브 텍스트들이 있다. 이 내러티브들은 오경의 중심 부분에서 발견되며 자주 율법과 교차한다. 이 텍스트들은 율법 집합을 위한 뼈대를 제공할 뿐 아니라, 다양한 율법 집합 속에 삽입되어 있다. 오경의 거대한 중심부의 뼈대는 다음과 같은 세 개의 복잡한 내러티브로 구성되어 있다. 즉 출애굽 내러티브(출 1-18장), 시내 산 내러티브(출 19-34장), 광야 내러티브(민 10:11-20:29)가 그것이다. 이 거대한 부분 안에는 몇 개의 작지만 전략적으로 중요한 내러티브들이 끼어 있으며, 이것들은 거대한 전체 뼈대에 연결된다. 예를 들면 억압 내러티브(출 1장), 모세의 부르심(출 3장; 6장)과 여호수아의 부르심(민 27:12-23), 모세, 아론, 백성들의 믿음의 기사(출 4; 19)와 그들의 믿음의 결여의 기사(민 13-14장; 20장), 아론의 금송아지 내러티브(출 32장)와 이스라엘의 숫염소 우상 내러티브(레 17:1-9),[12] 모세와 바로 내러티

---

11) Eissfeldt, *The Old Testament*, pp. 222-23.

12) 히브리어 단어 *śā'îr*는 보통 "숫염소"를 의미하지만, 대하 11:15에서 여로보암이 송아지 우상들과 함께 숫염소 우상을 "만들었다"라고 한 것처럼, 이 단어는 "숫염소 우상"을

브(출 7-12장)와 발람과 발락 내러티브(민 22-24장)가 그러하다. 이 내러티브들 각각은 분별할 수 있는 내적 구조와 전략을 가지고 있지만, 현재 우리의 관심사는 내러티브들 서로 간의 관계와, 앞에서 논의한 내러티브들과 율법 집합의 관계다. 아이스펠트의 지적처럼 "오경 비평의 임무 중 하나는 어떻게 이런 내러티브 속에 율법 덩어리에 의해 차단이 일어났는지를 설명하는 것이다."[13] 여기에 나는 또 하나의 임무, 즉 내러티브와 율법이라는 두 종류의 텍스트가 병합되면서 생겨난 텍스트의 최종 형태의 의미와 전략을 설명하는 작업을 더할 것이다.

시내 산 내러티브 속의 율법 집합

시내 산 내러티브[14]의 흥미로운 특징은 이 내러티브가, 최소한 비평이론의 측면에서 아주 다른 율법 집합들, 즉 십계명, 언약 법전, 제사장 법전을 감싸 안고 연결하는 데 기여한 방식 속에 있다.[15] 십계명은 출애굽기 19:1-25의 언약식 기사 다음에 나온다. 이 내러티브는 복잡하며, 두 개의 큰 텍스트를 포함한다. 첫째 텍스트는 시내 산의 초기 언약 제정 기사다(출 19:1-16a). 둘째 텍스트는 산기슭에서 두려움에 떤 이스라엘이 하나님으로부터 퇴각한 기사다(출 19:16b-25). 십계명(출 20:1-17) 다음으로는 시내 산에서의 백성의 두려움을 다시 이야기하는 짧은 내러티브(출 20:18-21)가 따라온다. 이것은 백성들이 산으로 가기를 거부하고 두려움 때문에 진중

의미할 수도 있다. *HAL* 4:1250을 보라.

13) Eissfeldt, *The Old Testament*, p. 157.

14) "이 부분, 더 정확히 말해 실제 내러티브의 핵심은…분석하기가 이례적으로 어렵다" (Ibid, p. 193).

15) 이 두 율법 집성에 대한 전반적인 논의에서, 언약 법전은 가장 초기의 것으로 간주되고, 제사장법은 가장 나중 연대로 지정되었다. *RGG*⁴, "Ethik," p. 1604을 보라. 언약 법전→신명기→십계명→제사장법→성결 법전. 이는 현재의 순서, 즉 십계명→언약 법전→제사장법→성결 법전→신명기의 순서와는 다르다.

에 남아 있는 출애굽기 19:16의 두려움을 반복한 기사다. 언약 법전은 시내 산 내러티브에서 출애굽기 20:21과 출애굽기 24:1 사이에 끼여 있으며, 후자의 내러티브 다음에는 제사장 법전(출 25장-레 16장)이 따라온다. 금송아지를 만드는 기사(출 32장)와 시내 산 언약의 회복 기사(출 33-34)는 모두 시내 산 내러티브의 일부로서, 성막을 만들라는 지시(출 25-31장) 바로 후, 그리고 성막의 완성 기사(출 35-40장) 전에 놓임으로써 제사장 법전 안에 끼여든다. 결과적으로 성막을 지으라는 지시는 금송아지를 만들라는 기사(출 32장)와 시내 산 언약의 "갱신"(출 33-34장)[16]에 의해 나머지 제사장 법전과 분리된다.

이 관찰은 오경 저자의 전략에 관한 중요한 문학적 질문을 일으킨다. 이 율법들의 배열과, 율법들 사이의 내러티브는 현재 형태의 텍스트가 가진 의미에 어떤 효과를 주는가? 현재 상태 그대로의 텍스트에 반영된 사건과 율법의 패턴에서 끌어낼 수 있는 의미가 있는가? 이 텍스트의 형태는 의미론적으로 적절한가, 아니면 이것이 오경의 일부가 되기 전에 가졌던 초기 형태를 재구성해야 하는가? 나는 시내 산 내러티브의 현재 형태 뒤에 있는 문학적 전략을 풀고 해체하려고 시도함으로써 이 질문들을 다루려 한다. 내 주장의 핵심은, 이 텍스트들이 오경의 현재 형태에서 지금 위치한 그대로 이해하기가 쉽다는 것이다. 저자는 내러티브 내의 사건들과 사건들에 연결된 율법들을 함께 직조함으로써, 결과적으로 하고 싶은 이야기가 있었다.

텍스트의 현재 형태에서, 단순히 내러티브를 읽는 것만으로도 다음과 같은 사실이 명백하다. 즉, 저자는 내러티브의 배열이라는 수단을 통해, 금송아지 사건 이전의 시내 산 언약을 십계명, 언약 법전, 성막에 대한 지시로 특징지으려 했다는 것이다. 이스라엘은 시내 산에서의 문제가 시작

---

16) 이를 언약의 "갱신"으로 부르는 것은 정확하지 않다. 왜냐하면 언약이 깨어진 이후로, 갱신된 언약보다는 오히려 새로운 언약이 필요했기 때문이다.

되기 전에는, 이런 단순한 율법을 받았다. 그러나 금송아지 사건 이후 시내 산 언약은, 이제까지와 근본적으로 다르고 한층 더 광범위하게 정교해진 제사장법(출 35장-레 16장)에 의한 특징을 나타내기 시작한다. 금송아지 사건 이후, 시내 산에서의 일들은 더 복잡해지게 된다. 또한 초기의 십계명과 언약 법전과 성막(출 19-34장)의 자리를 복잡한 제사장법(출 35장-레 16장)이 차지하기 시작한다. 내러티브의 중심 위치에 놓인 금송아지 에피소드는, 시내 산 언약의 본질에 근본적인 변화가 있음을 알리는 신호처럼 보인다. 언약 법전과 제사장 법전 사이의 현저한 차이점이라는 컨텍스트에서 볼 때, 이런 자료의 배열은 분명한 전략을 반영하고 있다. 앞에서도 주장했듯, 저자는 율법 법전들 사이의 차이점들을 감추기보다는 의도적으로 드러내어 관심을 끌기를 원한다. 단순한 족장 시대의 토단과 비교해서, 지금 이스라엘에게는 거대하고 비싼 제단과 그것을 섬길 제사장직이 주어진다. 동시에 이스라엘은 거룩한 장소인 성막을 받는데, 여기서 백성은 오직 대리자를 통해서만 하나님 면전에 나아올 수 있다. 언약의 하나님과의 교제는 이제 제사장직의 책임이 된 것이다.

시내 산의 원언약과 언약 법전의 연관성, 그리고 원언약이 제사장 법전으로 갱신된 것은, 이 두 법전에 대한 다른 평가를 암시한다. 전략적으로 금송아지 사건이 이 두 법전 사이에 위치해 있다. 이를 테면, 금송아지 사건은 두 율법 법전에 변화를 가져온 근원적인 원인으로 제시된다. 이런 방식으로 텍스트를 배치함으로써 저자는 두 법전 사이의 변화를, 시내 산 언약 자체의 본질에서의 더 큰 변화의 일부로서 내러티브적으로 제시한다. 이 변화는 금송아지 사건의 결과로 오게 된 것이다. 현대의 비평적 연구가 제시한 바처럼 저자는 이 두 법전 사이의 차이점을 눈에 띄지 않도록 만든다기보다는, 이 차이점을 더 큰 전략의 일부로서 사용하는 듯하다. 바로 이 차이점들이 금송아지의 죄 때문에 하나님과 이스라엘의 언약에서 바뀐 변화를 지적하고 있다. 시내 산에서의 하나님과 이스라엘의 초기 관계가 언약 법전의 족장 시대적 단순성을 특징으로 한다면, 현재는 주로 제사장들에게 속한 복잡하고 한정적인 율법 법전을 특징으로 한다.

내러티브 전략에 대한 이런 관찰로부터 드러나는 사실은, 시내 산 언약에 대한 성경의 묘사가 정태적으로 변화하지 않는 규정들의 집합의 관점에서 읽히도록 의도되지 않았다는 것이다. 오히려 저자는 시내 산에서 확고하게 설립된 이스라엘과 하나님의 관계가, 이스라엘이 하나님께 순종하는 데 반복적으로 실패함에 따라 즉시 중대한 변화를 겪기 시작했음을 보여주려 한다. 족장들과의 방식을 따른 하나님과 이스라엘 사이의 언약(십계명과 언약 법전)으로 시작되었던 것이, 재빨리 제사장직(제사장 법전)을 중심으로 한, 더 복잡한 제한 사항 및 율법들의 집합으로 변한다. 창세기 내러티브와 금송아지 내러티브에서도 나타나듯, 우상숭배와 "다른 신들"을 섬기려는 인류의 경향은, 하나님이 제사장 법전의 추가적인 율법을 주시는 것을 필요하도록 만들었다. 언약 법전이 더 복잡한 예배 형식에 대한 반대 논쟁의 형태를 띠고 있다는 아이스펠트의 주장은, 오경의 전략 내에서 이 언약 법전이 가졌을 법한 역할에 잘 들어맞는다. 현재 이것은, 제사장 법전의 더 복잡해진 요구의 필요에 대한 사회적이고 종교적인 변증의 일부라 할 수 있다.[17]

시내 산 내러티브를 통한 다른 법전들의 배치 역시, 동일한 전략이 있다는 추가적 신호를 보내온다. 예를 들면, 제사장 법전(출 25장-레 16장) 다음에는 성결 법전(레 17-26장)이 따라온다. 이 율법 법전의 구체적이고 독특한 특징은, 서론과 율법 집합 전체를 통해 그것이 말하고 있는 대상 청중이 제사장들이 아니라 회중 전체라는 점이다. 따라서 성결 법전은 하나님의 백성 전체를 대상으로 거룩함에 대한 부르심을 말하고 있다. 이 법전

---

17) 이런 견지에서 Adam Welch(*Deuteronomy: The Framework to the Code* [London: Oxford University Press, 1923]), Wilhelm Caspari("Heimat und Soziale Wirkung des alttestamentlichen Bundesbuches," *ZDMG* 83 [1929]: 97-120), Henri Cazelles ("L'auteur du code de l'alliance," *RB* 52 [1945]: 173-91)의 견해, 즉 언약 법전이 가데스나 요르단 동쪽에서 모세에 의해 또는 모세 시대에 편찬되었다는 견해는 매우 중요하다.

이 제사장 법전과 직접적으로 붙어 있지 않다는 것은 오래전부터 관찰되어온 내용이다. 이 두 법전 사이에는 이스라엘이 숫염소 우상에게 희생 제사를 드리는, 모호하지만 놀라운 언급이 있다(레 17:1-9). 이 짧은-또한 유일한-내러티브 조각은 오경의 최종 편집자들 중 한 사람의 작업으로 보통 여겨져 왔다.[18] 이 조각은 성막을 버리고 "진영 밖에서" 숫염소 우상에게 희생 제물을 드리는 이스라엘 백성을 묘사한다(레 17:3). C. F. 카일과 함께 고든 웬함은, 이 구절들이 제물에 대한 금지뿐 아니라 모든 종류의 동물 도살에 대한 금지라고 보았으며, 이런 금지는 광야 시대의 이스라엘에게 한정되었다고 주장했다. 그러나 여기서 구체적으로 금지되는 것은 모든 종류의 동물 도살이 아니라, 희생 제물을 드리기 위한 도살이다. 이것은 레위기 17:5이 레위기 17:3-4의 "도살"을 구체적으로, 그리고 오직 희생 제물을 위한 도살만으로 말한다는 사실을 통해서도 확인된다. 이는 음식으로 먹기 위한 일반적 도살이 아니다. 또한 나중에 레위기 17:13-14에 사냥에서 죽인 동물들에 대한 조항이 만들어진 것에도 주목해야 한다. 이것은 음식으로 먹기 위해 동물을 죽이는 것이 허용되었음을 의미한다. 따라서 명시적으로 금지된 것은 제물로 바치기 위해 죽이는 것이다. 더군다나 레위기 17:7에서 이 금지는 "영원한 규례"라고 불렸다. 따라서 이것이 광야 거주 기간에만 제한된다는 가정은 배제된다. 더욱이, 신명기 12:15은 이 율법을 더 명확하게 하려는 것으로 보이는데, 단순히 동물을 죽이는 것은 어디서나 할 수 있다는 조항을 다시 언급한다. 신명기에서 구체적으로 금지된 것은 중앙 제단의 역할을 무시한 도살이었다.

비록 짧지만 이 내러티브의 내용은 암시적으로 금송아지 사건과 비슷

---

18) Wellhausen의 구학파에 속한 문서비평학자들은, 보통 이 사람을 제사장 그룹과 연관된 후대의 편집자라고 보았다. Alfred Bertholet, *Leviticus* (KHC 3; Tübingen: Mohr Siebeck, 1901), pp. 58-59을 보라. 그러나 구성비평은 오경의 최종 구성의 역사적 기간에 대한 질문에서는 중립적으로 남아 있으려고 한다.

하다. 또한 이 텍스트와 다른 율법 법전의 도입부 사이에는 문학적 평행이 존재한다. 예를 들면, 출애굽기 20:24-26; 25장ff.; 신명기 12장; 에스겔 40-48장에서 예배를 위한 적절한 장소의 설립을 이야기하는 부분이 바로 그런 경우다.[19] 백성들은 여호와 예배 규정을 버리고 지금 다른 신들—이 경우에는 "숫염소"—을 따르고 있다. 제사장직을 비난하는 금송아지 사건과는 다르게, 이 내러티브에서는 백성들에게 우상숭배의 책임이 있다. 따라서 텍스트의 전체적 계획 속에서 백성들이 숫염소 우상에게 제사 드린 사건은, 제사장들이 금송아지 사건에 연루된 것과 비슷한 역할을 한다. 금송아지 내러티브가 언약의 본질에 있어서의 변화를 표시하고 율법을 추가한 것처럼, 여기서도 숫염소 우상 사건은 성결 법전 속에 율법을 추가함으로써 제사장 법전으로부터의 전환점을 표시한다.

세 개의 중요한 율법 집합—언약 법전, 제사장 법전, 성결 법전—은 시내 산 언약 전체 속에 삽입되어 있으며, 두 개의 유사한 내러티브를 중심으로 배열되어 있다. 두 내러티브는 이스라엘이 우상숭배에 빠진 것에 대한 여호와의 불쾌함에 초점을 맞추고 있는데, 첫째 내러티브는 송아지 형상으로 된 우상을, 둘째 내러티브는 숫염소 우상을 포함한다. 여기에는 제사장들이 세운 금"송아지"(출 23:4)와, 제사장들의 속죄제를 위해서 요구된 "송아지"(레 9:2) 사이에 의도적인 구성적 연결이 있는 것으로 보인다. 두 "송아지" 모두 동일한 히브리어 단어인 "*'ēgel*'에 의해 묘사되고 있다. 백성들이 예배한 "숫염소" 우상(레 17:7)과, 백성들을 위한 속죄제에 요구된 "숫염소"(레 4:23) 사이에도 동일한 연결이 있으며, 둘 다 히브리어 단어인 "*śā'îr*'로 묘사되어 있다. 이런 언어적 패턴은 오경이 가진 높은 수준의 전략을 나타낸다. 이 배열에서 (1) 언약 법전의 율법은 의도적으로 시내 산의 원래 언약(출 19-24장)과 연결되어 있다. (2) 제사장 법전의 율법은 금송

---

19) Ibid., p. 58.

아지의 죄(출 32-34장) 이후에 언약 갱신과 연결되어 있다. (3) 성결 법전의 율법은, 백성들이 진 밖에서 숫염소 우상에게 희생 제물을 드리는 사건(레 17장)과 레위기 26장의 언약 갱신의 컨텍스트 안에 위치하고 있다.

앞으로의 논의에서 나는 율법 배열의 세부 사항과 오경의 내러티브 텍스트에서 두드러지게 나타나는 구성적 전략을 추적할 것이다. 다른 책에서 이미 나는 이 구성적 전략에 대해 상당한 논의를 한 바 있다.[20] 이 책에서는 이전 관찰에서 제기된 두 개의 중심적 질문들로 논의를 제한할 것이다. 첫째 질문은 출애굽기 19-24장의 내적 형태에 대한 것이다. 초기 시내 산 내러티브(출 19-24장)의 구조가, 어떻게 우리가 앞에서 추적했던 오경의 전체 구조와 율법에 대한 오경의 견해에 들어맞을 수 있는가? 둘째 질문은 성막에 대한 규정(출 25-31장)이 자리한 위치에 대해서다. 왜 이 텍스트는 금송아지 사건(출 32장) 이후가 아니라, 이전에 위치해 있는가? 만약 제사장 법전의 추가 사항이 금송아지의 죄에 대한 결과라면, 어째서 이 규정의 상당 부분이 사건 이전에 위치하고 있는가?

시내 산 내러티브(출 19-24장). 시내 산 내러티브는 오경의 구성 전략의 중심에 있다. 이것은 출애굽기 1장에서 시작해서 최소한 민수기 24장까지, 그리고 아마도 민수기 끝까지 확장되어 있다. 이 내러티브는 출애굽 내러티브(출 1-15장)와 발람 내러티브(민 22-24장)라는 두 개의 큰 내러티브 덩어리 사이에 위치한다. 또한 이것은 몇 개의 율법 집합을 시내 산에서의 언약 체결 사건과 연결한다. 이 내러티브들과 이것들의 전반적인 구조의 목적은 시내 산 언약에서 모세 율법의 목적과 역할에 대한 설명을 제공하는 것이다.

전체로 볼 때, 시내 산 내러티브의 구조는 명료하다(〈그림 4.1〉을 보라).

---

20) John H. Sailhamer, *The Pentateuch as Narrative: A Biblical-Theological Commentary* (Grand Rapids: Zondervan, 1992).

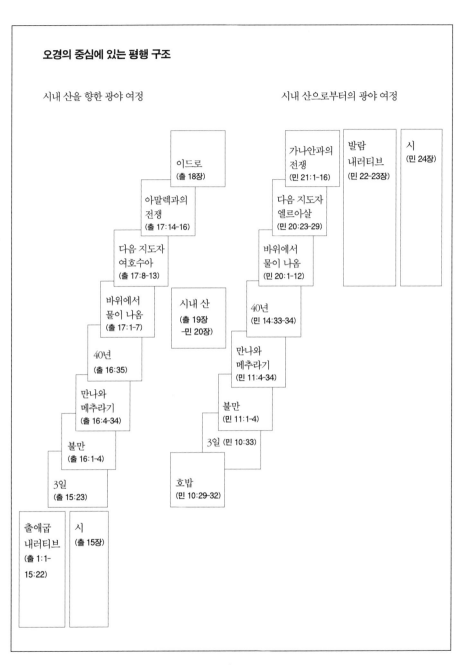

오경의 중심에 있는 평행 구조

시내 산을 향한 광야 여정   시내 산으로부터의 광야 여정

이드로
(출 18장)

가나안과의
전쟁
(민 21:1-16)

발람
내러티브
(민 22-23장)

시
(민 24장)

아말렉과의
전쟁
(출 17:14-16)

다음 지도자
엘르아살
(민 20:23-29)

다음 지도자
여호수아
(출 17:8-13)

바위에서
물이 나옴
(민 20:1-12)

바위에서
물이 나옴
(출 17:1-7)

시내 산
(출 19장
-민 20장)

40년
(민 14:33-34)

40년
(출 16:35)

만나와
메추라기
(민 11:4-34)

만나와
메추라기
(출 16:4-34)

불만
(민 11:1-4)

불만
(출 16:1-4)

3일 (민 10:33)

3일
(출 15:23)

호밥
(민 10:29-32)

출애굽
내러티브
(출 1:1-
15:22)

시
(출 15장)

〈그림 4.1〉

이 텍스트는 놀라운 대칭적 평행 구조(parallel structure)를 가지고 있다. 시내 산에서의 사건은 중심 내러티브(출 19장-민 20장)에서 다시 이야기된다. 시내 산 단화(Sinai pericope)는 시내 산 율법과 함께, 왼쪽으로는 시내 산으로 향한 광야 여정(출 15:23-18:27), 오른쪽으로는 시내 산으로부터의 광야 여정(민 10:29-21:16)으로 구성되어 있다. 시내 산 내러티브 주위로 다양한 에피소드들이 대칭형의 패턴을 이루면서 배열되어 있다는 사실은, 저자가 명확한 목적을 가지고 있었음을 보여준다. 또한 이것은 이드로 내러티브(출 18장)와 호밥 내러티브(민 10:29-32)가 의도적으로 시내 산 내러티브 양편에 위치함을 암시한다. 이런 세심한 설계와 패턴 형성은, 이 배열을 통해 어떤 의미를 의도했는가 하는 질문을 일으킨다. 이 구조는 시내 산 언약에 대한 우리의 이해에 어떤 의미를 기여하려는 의도를 가지고 있는가?

출애굽기 18장과 민수기 11장의 구성적 역할. 시내 산 내러티브 양쪽에 있는 두 개의 에피소드는, 이방 국가들과 그들이 이스라엘에게 의미하는 것이 무엇인지에 대해 독자의 관심을 집중시킨다. 시내 산 전과 후의 이방 나라들은 모세의 장인인 이드로(출 18장) 또는 호밥(민 10:29-32)에 의해 대표된다.[21] 출애굽기 18장에는 이드로가 모세에게, 어떻게 율법을 백성들에게 집행해야 하는가를 지시하는 장면이 나온다. 민수기 10:29-32에는 그(호밥)가 모세에게 광야 지역을 어떻게 가로지르며 어디에 야영지를 설정하는지 지시하는 장면이 나온다. 양쪽 경우에, 그렇지 않았다면 하나님이 초자연적인 수단을 통해 공급하셨을 것을, 이드로(호밥)는 자신의 지혜와 기술에 의존해서 의무를 수행한다. 바로 다음 장에서는 이드로가 아니라 하나님이 시내 산에서 모세에게 율법에 관한 지시를 주신다(출 19:19). 여러 장 후에 이스라엘이 시내 산을 떠나려고 준비하고 있을 때(민 10장), 이스라엘을 광야로 인도하는 것은 이드로(호밥)이며, 구름기둥과 불기둥이 아니다(민 10:11).

---

21) 이드로의 다양한 이름과 시내 산 내러티브에서 그의 역할에 대한 더 충분한 설명을 위해서는 ibid., p. 382을 보라.

이드로의 경험으로부터 나온 조언과 여호와의 초자연적인 도움 사이에 이런 분명하고 의도적인 대조를 설정한 저자의 의도는 과연 무엇일까? 내러티브를 이런 방식으로 배열함으로서 저자는 어떤 점을 염두에 두고 있는가? 출애굽기 18장의 율법 집합과 출애굽기 19장의 율법 집합, 왜 이 두 집합이 모세에게 주어졌는가? 독자는 이 대조를 어떻게 이해해야 하는가? 겉으로 보아서 우리가 요청받는 것은, 모세가 시내 산으로 가기 전(출 17장) 이스라엘이 얻은 율법(출 18장)의 광범위한 컨텍스트 속에서 시내 산 언약과 그 율법을 이해하는 것이다. 동일한 방법으로 구름기둥과 불기둥을 따르는 것과, 광야 길에서 경험 많은 이드로의 신뢰할 수 있는 안내를 따르는 것 사이에 있는, 민수기 10장에서 의도된 대조는 무엇이겠는가? 저자는 독자가 인간적 경험의 광범위한 컨텍스트 속에서 시내 산 언약과 그 율법을 이해하도록 하는 방식으로 이 내러티브들을 배열한 것 같지 않은가?

카일은 이런 이해에 거의 근접한다. 하지만 결론에 가서는 다른 두 개의 행위, 즉 인간의 경험에 기초한 행위와 초자연적 인도에 기초한 행위를 무리하게 조화시키려는 시도의 희생자가 되고 만다.

비록 여호와가 이스라엘에게 행진할 때와 야영할 때를 위한 신호를 주었을 뿐 아니라, 일반적으로 그들이 갈 방향을 보여줌으로써, 구름기둥으로 행진을 인도한 것이 사실이다. 하지만 광야를 아주 잘 알았던 호밥이, 구름기둥에 의해 야영할 신호가 주어진 장소에서, 광야에 펼쳐진 산과 계곡에 가려져 숨어 있는 샘, 오아시스, 작은 목초지를 알려주었다면 이스라엘 백성에게는 아주 큰 도움이 되었을 것이다.[22]

카일의 제안에도 어떤 가치가 있을 수 있다. 하지만 저자가 여기서 원

---

22) C. F. Keil and F. Delitzsch, *The Pentateuch*, trans. James Martin (BCOT; Grand Rapids; Eerdmans, 1971), pp. 60-61.

하는 것은 확실히, 우리로 하여금 두 가지 종류의 행동을 보게 하는 것이다. 또한 저자는 이 부분에 앞선 출애굽기의 여러 장에서처럼, 여호와의 인도하심이 가진 두 측면을 보기를 원한다. 한 측면은 불기둥과 같은 직접적이고 기적적인 길을 따르는 것이며, 다른 측면은 인간적 경험의 길을 따르는 것이다. 책이 넘어지지 않도록 받쳐주는 북엔드처럼, 이 두 부분(출 18장; 민 10장)은 시내 산 언약 내러티브의 서론과 결론을 제공한다. 이 부분들은 우리로 하여금 두 종류의 행동이 시내 산에서 이스라엘에게 주어진 언약의 본질에 필수적이라는 사실을 보도록, 또는 적어도 그 가능성을 깊이 생각하도록 만들 것이다. 궁극적으로, 저자가 염두에 두고 있는 하나님의 인도하심은 백성을 옳은 길로 인도하는 지혜와 마찬가지로, 백성 안에 내재하는 하나님의 영의 사역을 통해서 해결될 것이다. 이는 시내 산에서 만들어진 언약과는 다른 종류의 언약으로부터 올 것이다(비교. 신 29:1). 이 언약을 기대하며(비교. 렘 31:31; 겔 36:24), 민수기 11:17은 모세를 거들어줄 70명의 장로를 인도하시는 하나님의 영의 역할을 지적한다. 또한 출애굽기 19장에서 율법이 주어진 것에 대한 서문으로, (출 18:20에서) 이드로는 율법의 목적을 "마땅히 갈 길과 할 일을 그들에게 보이는" 것으로 본다. 이미 여기에는 오경의 구성 전략과 율법의 주제를 다루는 데서 하나님의 영과 인간의 노력 사이의 관계라는 새 언약의 개념이 예기되어 있다.

　　출애굽기 17장과 출애굽기 18장의 대조. 시내 산 내러티브의 구조적 도상이 가진 좌우 대칭(《그림 4.1》)을 보면, 출애굽기 17장에서 이스라엘과 아말렉의 전투 기사는, 인접해 있는 출애굽기 18장의 이드로 내러티브를 이해하도록 돕는다는 사실을 알 수 있다. 코넬리스 하우트만(Cornelis Houtman)은 출애굽기 17:8-16과 출애굽기 18장 사이의 대조에 관심을 기울였다.

　　출애굽기 17장은 이스라엘 백성을 전멸시키고 하나님의 역사를 파괴하고자 하는 생각을 가진, 이스라엘에 속하지 않은 자들이 온 것을 이야기한다. 18장은 이스라엘에게 호의적이며 여호와께서 역사 속에서 하신 강력한 행위를 찬양하는, 이스라엘에 속하지 않은 자들이 온 것을 이야기한다. 여호와께서 행하신 놀라운 일들이 국가들 사이에 아주 다른 반응을 자극한 것이다.[23]

네 왕들이 와서 롯이 살던 땅을 침략하고 점령한 내러티브(창 14:1-17)와, 아브라함의 하나님에게 호의적인 자로 나오는 멜기세덱이라는 인물 사이에도 비슷한 대조가 있다. 이 두 세트의 내러티브는, 두 개의 구별되는 언약의 서곡 역할은 한다. 두 개의 언약이란, 열방에게 복을 끼치는 아브라함 언약과, 이스라엘과 열방 사이에 경계선을 긋는 모세 언약을 말한다.

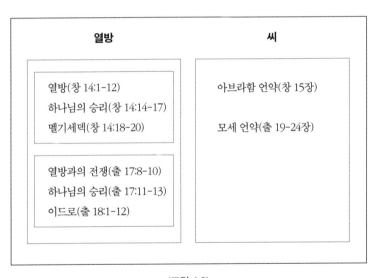

〈그림 4.2〉

23) Cornelis Houtman, *Exodus*, trans. Johan Rebel and Sierd Woudstra (HCOT; Kampen: Kok, 1993-2000), 2:401

멜기세덱과 이드로. 다음에 나오는 표(〈표 4.1〉)는 열방과 이스라엘 사이의 여러 가지 비교를 기록한 것이다. 열방은 멜기세덱, 이드로, 고레스에 의해 대표되었다. 이스라엘은 아브라함, 모세, 에스라로 대표되었다. 세 이방 민족—멜기세덱, 이드로, 고레스—각각은 세 명의 이스라엘인 중 한 명과 관계를 맺고 난 후, 열방이 참여하게 될 하나님과의 언약으로 들어간다. 아브라함은 창세기 14장에서 멜기세덱을 만나고 창세기 15장에서 하나님과의 언약에 들어간다. 아브라함 언약의 목적은 모든 민족들이 그의 "씨" 안에서 복을 받는 것이다. 바로 이것이 아브라함 언약이며 오경의 중심 언약이다. 모세는 출애굽기 18장에서 이드로를 만나고 출애굽기 19장, 시내 산에서 하나님과의 언약에 들어간다. 모세 언약의 목적은 아브라함의 언약을 성취하는 데 수단이 되는 것이다(출 2:24). 에스라 1-8장에서 페르시아 왕 고레스는 에스라에게 임무를 맡긴다. 따라서 에스라가 아브라함 언약과 모세 언약으로부터 희망한 모든 것의 성취를 가져오는 자는 페르시아 왕이라고 할 수 있다. 페르시아 왕(아닥사스다)의 권위에 의해, 하나님의 율법은 그의 왕국 전체에서 시행되었다.

〈표 4.1〉

멜기세덱(창 14:18-20)	이드로(출 18:1-12)	고레스(에스라)
1. 멜기세덱은 이방 민족 출신.	1. 이드로는 이방 민족 출신.	1. 고레스는 이방 민족 출신.
2. 아브라함이 제단을 세움(창 13:18b)(비교, 창 8장; 12장; 13장; 22장에서 제단을 세움).	2. 모세가 제단을 세움(출 17:15) (출애굽기에 처음 나옴).	2. 제단이 세워짐(스 3:2).
3. 부정적: 이방 민족들—"아말렉 족속의 땅"에서 아므라벨과의 전쟁(창 14:1-12).	3. 부정적: 이방 민족들—아말렉과의 전쟁(출 17:8)	3. 바벨론과의 전쟁(비교, 아므라벨[창 14장]).
4. 아브라함이 아므라벨에게 기적적으로 승리함(창 14:15).	4. 모세가 아말렉에게 기적적으로 승리함(출 17:8-16).	4. 고레스가 하나님의 승리를 선포함(스 1:2).
5. 살렘의 멜기세덱은 제사장(kōbēn)—왕이었음(창 14:18).	5. 이드로는 미디안의 제사장(kōbēn)이었음(출 18:1).	5. 고레스가 왕이었음.
6. 긍정적: 아브라함이 아므라벨과의 전쟁으로부터 돌아왔을	6. 긍정적: 모세가 아말렉과의 전쟁에서 돌아온 후(출 18:1-5),	6. 고레스가 성전의 기물들을 가져왔으며(스 1:8), 번제

때, 멜기세덱은 아브라함에게 떡(leḥem)과 포도주를 가져옴 (hôṣî´, 출 14:18-20).	이드로가 모세에게 옴(출 18:5). 이드로는 번제물과 희생 제물 과 떡(leḥem)을 드림(출 18:12).	를 드림(스 3:4).
7. 멜기세덱은 "살렘"(šālēm)의 왕이었음(출 14:18).	7. 이드로는 아브라함을 위해 "평강"(šālôm)을 기도함(출 18:7).	7. —
8. "아브라함 가계의 상속자"는 엘리에셀이며, 그의 이름은 "하 나님이 나의 도움이시다"라는 뜻임(창 15:12).	8. "모세의 아들"은 엘리에셀이 며, 그의 이름은 "하나님이 나 의 도움이시다"라는 뜻임(출 18:4).	8. 에스라는 엘리에셀의 후 손임(스 7:5).
9. 창조에 대한 역참조: 멜기 세덱은 이전 내러티브에서 하나님의 역사를 인정하며 "천지의 주재이시요 [qōnēh šāmayim wā´āreṣ] 지극히 높 으신 하나님이여 복을 주옵소 서"라고 말함(창 14:19).	9. 출애굽에 대한 역참조: 이드 로는 이전 내러티브에서 하나 님의 역사를 인정함: "여호와 께서 이스라엘을 이집트에서 인도하여 내셨다"(hôṣî´ yhwh ´et yiśrā´ēl mimmiṣrāyim, 출 18:1).	9. 포로 생활로부터 귀환한 것에 대한 역참조(스 1:2).
10. 멜기세덱은 적으로부터 아 브라함을 구하신 하나님을 축 복하며 "너희 대적을 네 손에 붙이신 지극히 높으신 하나님 을 찬송할지로다"[ûbārûk ´ēl ´elyôn]라고 말함(창 14:20).	10. 이드로는 하나님을 축복 하며, "여호와를 찬송하리로다 [bārûk yhwh] 너[모세]를 애굽 사람의 손에서[miyyad miṣrāyim] 건져내시고 [hiṣṣîl]"라고 말함(출 18:10).	10. 에스라: "우리 조상들 의 하나님 여호와를 송축할 지로다[bārûk yhwh]"(스 7:27).
11. 아브라함의 씨는 "이방에서 객[gēr]"이 될 것임(출 15:13).	11. 모세의 둘째 아들은 "게르 솜"이라 이름했는데 왜냐하면 모세가 이르기를 "내가 이방에 서 나그네[gēr]가 되었다 함이 요"(출 18:3).	11. 게르솜(스 8:2).
12. 아브라함이 십일조를 냄(창 14:20b).	12. 모세가 율례와 법도를 가짐 (출 18:13-27).	12. 에스라가 하나님의 율법 과 왕의 율법을 가짐.
13. 멜기세덱 내러티브의 장소 는 시온산(살렘)(창 14:18).	13. 이드로 내러티브의 장소는 시내 산(호렙), "하나님의 산"(출 18:5; 비교. 3:1).	13. 장소는 예루살렘(스 7:27).
14. 멜기세덱 내러티브는 음식 에 대한 언급으로 끝남: "오직 젊 은이들이 먹은 것과 나와 동행 한 아넬과 에스골과 마므레의 분깃을 제할지니 그들이 그 분 깃을 가질 것이니라"(창 14:24).	14. 이드로 내러티브는 공동 식 사 이야기로 끝남: "가져오매 아 론과 이스라엘 모든 장로가 와서 모세의 장인과 함께 하나님 앞 에서 떡을 먹으니라"(출 18:12b).	14. —
15. 멜기세덱 내러티브(창 14장) 는 오경의 전략에서 주요한 새로 운 발전 기사, 즉 아브라함과 하 나님의 언약 (창 15장)을 선행함.	15. 이드로 내러티브(출 18장)는 오경의 전략에서 주요한 새로 운 발전 기사, 즉 모세의 율법 이 주어지는 기사(출 19-24장) 를 선행함.	15. 여기서 주요한 새로운 발전은 토라가 성전을 대체 한다는 것(느 8:1-8).

이런 평행들은 오경의 저자가 아브라함/멜기세덱 내러티브(창 14-15장)와 모세/이드로 내러티브(출 18:1-27) 사이의 유사점을 강조하기 위해, 자료를 의도적으로 선택하고 구성했음을 보여준다. 저자는 이스라엘이 이방 민족들과 겪는 일이, 그들이 맺는 언약의 성격에 대해서, 그리고 그들과 민족들과의 관계에 대해서 무언가를 의미한다는 점을 드러낸다.

〈표 4.2〉

아닥사스다가 에스라에게 율법에 대해 지시함(스 7장)	이드로가 모세에게 율법에 대해 지시함(출 18장)
아닥사스다/에스라	이드로/모세
에스라여 너는 네 손에 있는 네 하나님의 지혜를 따라 네 하나님의 율법을 아는 자를 법관과 재판관을 삼아 강 건너편 모든 백성을 재판하게 하고 그중 알지 못하는 자는 너희가 가르치라 무릇 네 하나님의 명령과 왕의 명령을 준행하지 아니하는 자는 속히 그 죄를 정하여 혹 죽이거나 귀양 보내거나 가산을 몰수하거나 옥에 가둘지니라 하였더라 (스 7:25-26[역자 주-원서는 KJV 인용]).	너는 또 온 백성 가운데서 능력 있는 사람들 곧 하나님을 두려워하며 진실하며 불의한 이익을 미워하는 자를 살펴서 백성 위에 세워 천부장과 백부장과 오십부장과 십부장을 삼아 그들이 때를 따라 백성을 재판하게 하라 큰 일은 모두 네게 가져갈 것이요 작은 일은 모두 그들이 스스로 재판할 것이니 그리하면 그들이 너와 함께 담당할 것인즉 일이 네게 쉬우리라(출 18:21-22[역자 주-원서는 KJV 인용]).

에스라서의 내러티브들과의 유사점들은 다음과 같은 사실을 암시한다. 즉, 에스라서의 저자는 이 평행들을 의식하고 있었으며, 오경의 저자와 마찬가지로, 하나님이 이스라엘과 함께 일하시는 것(아브라함과 모세)과 "민족들"을 향한 하나님의 헌신(멜기세덱과 이드로) 사이의 유사한 대조를 강조하고 싶어했다. 창조의 "지극히 높으신 하나님"을 이야기한 멜기세덱의 언급은, 오경 저자가 민족들에 대한 하나님의 계획을, 창조에 대한 그분의 계획에까지 거슬러 추적하기를 원했음을 보여준다. 이것은 오경 내에서 창조와 언약, 또는 창조와 구속 사이의 첫 번째 실제적인 연결이다. 그러므로 멜기세덱과 아브라함의 관계는 이드로와 모세의 관계와 같다. 유사

한 방식으로, 고레스와 아닥사스다는 에스라와 같은 관계를 가진다. 이런 평행을 지적함으로써 저자는, 복을 주려는 하나님의 계획 속에서 민족들도 중요한 역할을 한다는 사실을 보여준다. 오경에서 최초의 축복은 창세기 1:28에 나타나는데, 이는 단지 선택된 그룹만이 아니라 인류 전체를 포함한다. 이 범위는 오경 전체와 나머지 성경을 통해서 계속해서 유지된다. 저자는 우리의 관심의 초점을 초기의 창조 축복으로 집중시키기 위해 창세기 14장에서 멜기세덱의 말을 언급한다. 멜기세덱이 아브라함에게 한 말은, 아브라함이 물려받을 창조 축복에 대한 그의 이해를 드러낸다. 멜기세덱은 아브라함의 "씨"를 통해서 복을 주려는 계획을 진행시키시기 위해 하나님이 열방을 사용하실 것이라는 개념을 오경에 다시 소개한다. 이 계획에서 하나님의 의도는 "모든 민족들"을 축복하시는 것이다(창 12:1-3).

출애굽기 18장의 목적. 출애굽기 18장의 독특성은 오래전부터 인식되어 왔다. 이 텍스트는 기본적인 질문을 불러일으킨다. 예를 들면, 시내 산에서 모세에게 율법이 주어지기 전에 이미 이스라엘에 민법과 제의법이 있었다는 것은 어떻게 된 일인가? 일부 학자들은, 하나님이 출애굽기 18장 이전, 그리고 출애굽기 19장-민수기 10장의 시내 산 이전에 율법을 이미 주셨음을 보여주기 위해, 출애굽기 15:24-26으로 되돌아간다.

모세가 여호와께 부르짖었더니 여호와께서 그에게 한 나무를 가리키시니 그가 물에 던지니 물이 달게 되었더라 거기서 여호와께서 그들을 위하여 법도와 율례를 정하시고 그들을 시험하실새 이르시되 너희가 너희 하나님 나 여호와의 말을 들어 순종하고 내가 보기에 의를 행하며 내 계명에 귀를 기울이며 내 모든 규례를 지키면 내가 애굽 사람에게 내린 모든 질병 중 하나도 너희에게 내리지 아니하리니 나는 너희를 치료하는 여호와임이라(출 15:25-26[역자 주-원서는 KJV 인용])[24]

그러나 출애굽기 15:25-26은 우리에게 이야기 전체를 들려주지도 않으며, 왜 하나님이 시내 산에서 이스라엘에게 율법을 주셨는가에 대해 답하지도 않는다. 이스라엘이 이미 율법과 그 율법을 집행할 재판관들을 가지고 있었다면(출 15장; 18장), 왜 하나님은 계속해서 시내 산에서 율법을 주셨을까?

회고적 비전. 출애굽기 18장의 내러티브의 목적에 대한 설명은, 이드로가 이스라엘을 위해서 하신 하나님의 위대한 행위를 다시 이야기하는 것으로부터 온다.

> 이드로가 이르되 여호와를 찬송하리로다 너희를 애굽 사람의 손에서와 바로의 손에서 건져내시고 백성을 애굽 사람의 손 아래에서 건지셨도다 이제 내가 알았도다 여호와는 모든 신보다 크시므로 이스라엘에게 교만하게 행하는 그들을 이기셨도다 하고(출 18:10-11[역자 주─원서는 KJV 인용])

이드로가 하나님의 행위에 대한 회고의 관점의 기회를 제공함으로써, 출애굽기 18장에서 이드로 내러티브는 시내 산에서 수립되려고 하는 언약에 적합한 컨텍스트를 제공한다. 하우트만의 다음과 같은 관찰은 도움이 된다. "이야기 속에 이드로를 소개함으로써, 저자는 여호와의 강력한 행위를 회고하게 만들고(출 18:1-12), 시내 산에서 여호와를 주로 인정하도록 준비시켜준다."[25]

유사한 방식으로, 저자는 아브라함 내러티브에 멜기세덱을 소개함으로써 하나님의 강력한 행위에 대한 비슷한 회고의 기회를 제공한다.

---

24) 여기서와 다른 부분에서 나는 KJV을 인용하는데, 왜냐하면 이 번역이 초기 영역본들을 가장 잘 대표하기 때문이다(역자 주─번역에서는 개역개정을 사용했다).

25) Cornelis Houtman, *Exodus*, trans. Johan Rebel and Sierd Woudstra (HCOT; Kampen: Kok, 1993-2000), 2:401

그가 아브람에게 축복하여 이르되 천지의 주재이시요 지극히 높으신 하나님이여 아브람에게 복을 주옵소서 너희 대적을 네 손에 붙이신 지극히 높으신 하나님을 찬송할지로다(창 14:19-20[역자 주—원서는 KJV 인용])

아브라함과 함께, 멜기세덱은 하나님을 "천지의 주재"로 확인한다(창 14:19, 22). 멜기세덱 내러티브를 사용하여, 저자는 아브라함 언약의 축복을 성경의 창조 기사와 연결한다.

출애굽기 19장에서 율법을 위한 컨텍스트로서 출애굽기 18장. 멜기세덱 내러티브(창 14장)가 하나님이 아브라함과의 언약(창 15장)을 통해서 이루시려 하는 독특한 역사를 위한 컨텍스트를 설정하는 것처럼, 이드로 내러티브(출 18장)는 그분이 민족들 속에서 비슷한 방법으로 이미 역사하고 계셨음을 보여준다. 창세기 14:19-20에서 멜기세덱의 말은, 이방인들 속에서의 하나님의 역사가 창조 속에서의 하나님의 역사와 목적에 기초하고 있음을 지적한다. 멜기세덱 내러티브는 창조(자연)의 중요성을 이야기하고 있으며, 이드로 내러티브는 출애굽(은혜)의 중요성을 이야기하고 있다. 하나님이 아브라함과 시작하실 언약은 창세기 14장에서는 창조 역사의 연속으로 나타나며, 출애굽기 18장에서는 구속—즉, 이집트로부터의 탈출—의 역사의 연속으로 나타난다.

이드로가 이르되 여호와를 찬송하리로다 너희를 애굽 사람의 손에서와 바로의 손에서 건져내시고 백성을 애굽 사람의 손 아래에서 건지셨도다(출 18:10)

창세기 14-15장과 출애굽기 18-24장, 이 두 개의 중요한 오경 내러티브는 창조와 구속의 축복을 아브라함의 "씨"와 함께 하나님의 언약에 연결시킨다. 창세기 14-15장은 창조의 축복(창 14장)을 언약 축복(창 15장)에 연결시키며, 원시 율법(출 18장)을 모세의 율법(출 19-24장)에 연결시킨다. 하나님의 구속의 역사는 창조와 언약에 기초해 있다.

왜 시내 산에서 모세의 율법을 주셨는가?(출 19-20장) 이스라엘이 이미 율법을 가지고 있었다면(출 18:13-23), 왜 그들은 시내 산에서 추가적인 율법을 받았는가? 하우트만은 다음과 같은 도움이 되는 답을 제공한다.

> 광야 여정의 시작부터 이스라엘은 여호와와 함께 행하면서 규칙을 준수하는 삶으로 입문했다는 인상을 준다. 또한 시내 산에서 여호와의 현현 이후에도 이 입문 의식은 멈추지 않았음을 염두에 두어야만 한다. 이후에도 더 많은 지시 사항들이 오고 있었다(민 9:8ff. et al.....). 결과적으로 오경의 현재 형태에서 시내 산에서의 이스라엘과 하나님의 만남은, 율법 수여에서 "다만" 절정이요 초점일 뿐이다.[26]

하우트만이 의미하는 것은, 시내 산의 사건이 이스라엘에게 율법을 주는 만남들로 이루어진 연속된 과정의 마지막 단계라는 것이다. 하우트만은 이런 여러 율법 집합들 뒤에 있는 전략을 다루면서 다음과 같은 추가적인 지점들을 지적한다.

> 다음과 같은 질문들이 해석학적으로 더 의미 있을 것이다. 왜 저자는 모세와 이드로의 만남을 출애굽기의 이 특정한 장소에 배치했을까? 또한 왜 여기서 저자는, 이전에는 언급하지 않던 모세의 사역 일면에 대한 것을 제기했으며, 모세의 장인이 제시한 대로 새로운 법 체제가 설립되도록 했을까?[27]

하우트만의 질문은 유용한데, 왜냐하면 현재 순서에서 내러티브가 이렇게 배열된 목적에 대해서 초점을 맞추기 때문이다. 이는 텍스트의 전략과 내러티브의 의미에 대한 질문이다. 하우트만이 제기한 질문은 여러 측

---

26) Ibid., 2:400-401.
27) Ibid., 2:399.

면에서 답변될 수 있다. 하우트만이 질문한 내러티브 전략은, 하나님을 신뢰하는 데 이스라엘이 계속적으로 실패했음을 고려할 때, 시내 산에서 율법이 주어진 사건은 이스라엘이 이미 율법(출 15:25)과 행정(출 18장)을 가지고 있었으므로 필수적인 것이 아니었음을 보여주려는 것일 수 있다. 이것은 이 내러티브에 나타난 결정적 포인트일 수 있으며, 하우트만은 이 방향으로 움직여가는 것으로 보인다. 하우트만이 시사한 차이점은, 시내 산 이전의 율법은 이스라엘의 마음속에 새겨진 것이지, 돌판에 새겨진 것이 아니었다는 점인 듯하다(창 26:5). 내러티브는 이전 이야기에서 아브라함을 묘사했던 것과 동일한 방법으로 이스라엘인들을 묘사한다.[28] 이들의 필요는 더 많은 율법을 아는 것이 아니라, 어떻게 더 많은 율법이 개별적인 경우에 적용될 수 있는지를 보는 것이었다. 출애굽기 18장에서 이드로와의 장면은 느헤미야 8장과 아주 유사한데, 느헤미야 8장에서 "율법"을 읽는 것은 분별력 있는 해석과 구체적인 상황에서의 적용을 수반했음이 분명하다. 하우트만은 다시 한 번 이렇게 쓴다.

> 앞을 전망해보면서 우리가 말할 수 있는 것은 다음과 같다. 즉, 저자는 정의를 실현하는 체제의 개혁을 설명함으로써, 시내 산의 계시 바로 전에 야웨와 이스라엘 사이에 효과적인 커뮤니케이션 조건이 만들어졌음을 보여준다.[29]

따라서 현재 컨텍스트에서 출애굽기 19장에서 모세 율법이 주어진 것은, 율법과 율법을 삶에 적용하는 문제에 대한 새로운 필요를 보여주는 특수한 경우로 나타난다. 구체적으로 이 새로운 컨텍스트란 시내 산에서의 모세 언약이다. 모세 언약에서 이 율법의 "추가" 견해는, 갈라디아서 3:19에서 모세의 율법에 대한 사도 바울의 것과 일치한다. 바울은 "그런즉 율

---

28) Sailhamer, *The Pentateuch as Narrative*, pp. 147-48을 보라.
29) Houtman, *Exodus*, 2:395-96.

법은 무엇이냐"라고 묻고는 "범법하므로 더하여진 것이라 약속하신 자손이 오시기까지 있을 것이라"라고 답한다.

우리가 주목해야 할 것은, 이 평행이 오직 출애굽기 18:1-12로부터 온 것이지, 출애굽기 19-24장의 언약에서 율법의 재구성을 다루는 부분에서 온 것이 아니라는 점이다. 이런 관찰들은 앞에서 지적한 멜기세덱, 이드로, 고레스 사이의 성경상호적 평행으로부터 추출해야 할 의미가 무엇인가 하는 질문을 일으킨다. 일반적으로 이런 텍스트들(창 14장; 출 18장; 스 7장)은 선택된 백성에게 행하시는 하나님의 특수한 사역과는 별도로, 그분의 창조(멜기세덱[창 14:18-20]), 구속(이드로[출 18:1]), 회복(고레스[스 7장])의 역사가 이미 열방에게 알려져 있었음을 보여준다. 이런 평행들의 목적은 이드로(와 고레스)를, 의로운 이방인의 전형인 또 한 사람의 멜기세덱으로 내세우려는 것이다. 이런 배경에서 이드로가 신임을 가지고 있다는 점이 중요한데,[30] 왜냐하면 그는 출애굽기 18장의 사건에서 중요한 역할을 하기 때문이다. 이드로는 하나님의 율법의 행정을 이스라엘에게 어떻게 집행할지를 모세에게 보여줌으로써, 율법을 받은 자인 모세를 압도한다. 여기서 이드로는 고레스가 포로기 이후 문헌에서 할 역할을 예표한다(스 7:25).[31]

이드로는 앞으로 설립될 언약의 선구자다. 창세기 15장에서 하나님과 언약을 맺기 전 아브라함이 제사장 멜기세덱을 만났던 것처럼(창 14장), 시내 산에서 하나님과 언약으로 들어가기(출 19장) 전, 모세는 제사장 이드로를 만난다(출 18장). 예언문학에서는 고레스가 새 언약 안에서(사 45-55장) 동일한 역할을 한다.

---

30) "출 18장에서 놀라운 점은, 중요한 판단이 하나님의 간섭하심이 아니라(비교. 민 11:16ff., 24ff.), 이스라엘에 속하지 않은 이방인의 충고로 이루어진다는 사실이다" (Houtman, *Exodus*, 3:402).

31) "에스라여 너는 네 손에 있는 네 하나님의 지혜를 따라 네 하나님의 율법[dātê]을 아는 자를 법관[šāptîn]과 재판관[dayyānîn]을 삼아 강 건너편 모든 백성을 재판하게 하고 그중 알지 못하는 자는 너희가 가르치라"(스 7:25).

어떤 학자들은(예, 라쉬) 출애굽기 18장 전체가 시내 산 이후에 일어났던 사건들을 다시 이야기한 것이라고 주장한다. 이런 설명은 시내 산에서 하나님이 모세에게 율법을 주시기(출 19장) 전에 어째서 이스라엘이 "율례와 법도"(출 18:16)를 이미 가지고 있었는지를 설명해줄 수 있다. 하지만 이런 해석은 불필요하다. 왜냐하면 앞에서 제안한 대로, 다른 "율법"에 대한 가정은 여호와께서 이미 마라에서 "법도와 율례"를 주신 사실(출 15:25-26)에 의해 설명될 수 있기 때문이다. 저자는 출애굽기 18장에서 일어날 일을 위해 길을 열어놓았으며(출 15:25), 이스라엘이 시내 산에 접근함에 따라 이미 "율례와 법도"[32]를 가지고 있었음을 독자가 알기를 기대하고 있다.

출애굽기 18장에서 이미 "모세" 율법이 작동하고 있을 때, 출애굽기 19장에서 추가적인 "모세의 율법"이 이스라엘에게 주어졌다는 사실은, 19장의 율법이 18장의 율법과는 다른 목적을 가지고 있음을 암시한다. "모세는 백성들을 재판하느라고[lišpōṭ] 앉아 있고"(출 18:13)라는 출애굽기 18장의 내러티브는, 이 장에서의 율법의 목적이 정의의 시행임을 보여준다. 출애굽기 19장의 추가적인 모세 율법의 목적은 이 장의 구성적 전략에 반영되어 있다(비교. 갈 3:19). 또한 19장의 모세 율법은 출애굽기 18장에서 모세와 재판관들에게 주어진 율법의 요약일 수도 있다. 이들은 이드로가 준 충고에 의해 규정된 방침에 따라 직무를 수행해야 했다(출 15:25; 18:13-26).

(이드로의 추천을 따라) 모세에 의해 발전된 체제는, 율법의 발전과 집행을 위해서 수용된 것들을 더욱 세련되게 다듬은 것이다. 이 체제가 모세 이후에도 존속하도록 의도되었다고 생각하는 데는 충분한 근거가 있다. 출애굽기 19-24장에서 펼쳐지는 모세 율법은 이스라엘에게 율법을 주신 하나님의 목적에 대한 요약을 의도하고 있다. 말하자면 이것은 추가적인 요소 없이 그대로 남아 있어야 했다. 하지만 출애굽기 18장에서 모세와 재판관

---

32) 출 15:25에서 "법도(들)"와 "율례(들)"라는 단어가 단수라는 관찰은 거의 의미가 없다. 이 단어들은 출 15:26의 복수형처럼, 집합적으로 읽혀질 수 있기 때문이다.

들에 의해 생성된 율법들은 모세 이후에도 발전과 시행이 계속되도록 의도되었다. 이것들이 완전히 다른 목적을 가진 두 개의 구별된 율법이었다는 점은, 이 두 율법 집합이 아주 새롭고 다른 상황에서 주어졌다는 사실을 통해서 분별될 수 있다.

"모세가 말한즉 하나님이 음성으로 대답하시더라"(출 19:19b)라는 출애굽기 19장의 설명은, 시내 산에서 율법을 주신 사건이 출애굽기 18장에서의 패턴을 계속 따르고 있음을 보여준다. 모세가 자신의 역할을 율법을 집행하는 것으로 묘사할 때, 이는 시내 산에서의 그의 역할과 아주 비슷하게 들린다. 모세는 장인 이드로에게 "그들이 일이 있으면 내게로 오나니 내가 그 양쪽을 재판하여 하나님의 율례와 법도를 알게 하나이다"(출 18:16)라고 말한다. 백성들에게 율법을 집행하기 위해서 모세는 하나님께 이야기했으며, 출애굽기 19:19b에서처럼("모세가 말한즉 하나님이 음성으로 대답하시더라"), 하나님은 음성으로 대답하셨다. 하나님의 대답은 모세에게 주신 율례와 판결을 통해서 알려진다. 출애굽기 18-19장에서 율법을 준 자와 선생으로서 모세의 역할은, 이사야 2:3-4에서 율법을 준 자에 대한 이사야의 묘사와 비슷하다. 이 텍스트에서도 열방이 하나님의 율법을 알기를 구하고 있다.

> 많은 백성이 가며 이르기를 오라 우리가 여호와의 산에 오르며 야곱의 하나님의 전에 이르자 그가 그의 길을 우리에게 가르치실 것이라 우리가 그 길로 행하리라 하리니 이는 율법이 시온에서부터 나올 것이요 여호와의 말씀이 예루살렘에서부터 나올 것임이니라 그가 열방 사이에 판단하시며 많은 백성을 판결하시리니

이런 패턴은, 시내 산 내러티브(출 19장)와 모세 율법이 주어지는 사건 앞에 이드로 내러티브(출 18장)를 배열한 구성 배후에 있는 동기를 보여준다.

출애굽기	이사야서
출애굽기 18:16의 목적은 백성들의 법적 분쟁(*dābār*)을 모세에게('*ēlay*) 가져오는 것이다. 그때 모세는 고소인들 사이(*bēn 'îš ûbēn rē 'ēhû*)를 판단하여(*wĕšāpaṭtî*) 거기에 맞게 하나님으로부터의 말씀('*et-ḥuqqê hā 'ĕlōhîm wĕ 'et-tôrōtāyw*)을 알게 한다 (*wĕhôda 'tî*).	유사한 방식으로, 이사야 2:2-4의 목적은 토라(*tôrâ*)를 가르쳐서(*wĕyōrēnû middĕrākāyw*) "여호와의 산"(*har-yhwh*)에서 민족들(*bēn haggôyim*)을 판결하는 (*wĕšāpaṭ*) 것이다.

산 위의 하나님(출 19:1-25). 출애굽기 19장의 시내 산에서 하나님이 이스라엘과 맺은 언약에 대해 두 개의 개념화가 있다는 사실은 오래전부터 인식되어 왔다. 기사의 한 버전(출 19:1-16a)에서는, 초점이 "제사장 나라와 거룩한 백성"(출 19:6)이라는 결과를 낳은, 하나님과 이스라엘 사이의 언약에 있다. 이 언약에서 유일한 요구 사항은 이스라엘의 "믿음"(*ya'ămînû* [출 19:9])과 "순종"(출 19:5)이다. 모세 언약과는 달리, 이 언약에는 "율법"이 전혀 나타나지 않는다. 이후의 성경 저자들도 이 언약을 인식했던 것 같다. 예레미야 7:22-23에서 여호와는 이렇게 말씀하신다.

사실은 내가 너희 조상들을 애굽 땅에서 인도하여 낸 날에 번제나 희생에 대하여 말하지 아니하며 명령하지 아니하고 오직 내가 이것을 그들에게 명령하여 이르기를 너희는 내 목소리를 들으라 그리하면 나는 너희 하나님이 되겠고 너희는 내 백성이 되리라 너희는 내가 명령한 모든 길로 걸어가라 그리하면 복을 받으리라 하였으나[33]

---

33) 위의 번역은 RSV, NASB, KJV, NJPS를 따른다. "내가 번제나 희생에 대하여만 그들에게 명하지 아니하고"라고 한 NIV의 번역은 명백한 문제를 제거하고 조화시키려는 번역자의 시도로 보인다(역자 주—개역개정도 앞의 영역본들을 따르고 있다).

이 언약을 확증하기 위해, 모세와 백성들은 시내 산 위에서 하나님과 만나도록 되어 있었다. 그들은 3일을 기다렸다가 하나님을 만나기 위해 산으로 "올라가야" 했다. 그들은 단순히 "산까지"(to the mountain) 가는 것이 아니라 "산 위로"(upon the mountain) 올라가야 했으며, 거기서 하나님과 함께하도록 되어 있었다. 원래 의도는 백성들이 모세와 함께 산 위로 올라가는 것이었다. 비록 영역본에 항상 반영되지는 않지만, 이것이 히브리어 텍스트의 견해라는 점에는 의심할 여지가 없다. "그들이 산 위로[*bābār*] 올라올지니라"(출 19:13b NJPS).[34] 이런 시내 산 언약의 견해는 출애굽기 3:12, "네[단수]가 그 백성을 애굽에서 인도하여 낸 후에 너희[복수]가 이 산에서 [*bābār bazzeh*] 하나님을 섬기리니"에 예고되어 있다. 이 구절에 따르면, 모세와 백성들은 산 위에서 하나님을 예배하도록 되어 있었다(비교. 출 4:27b; 5:3, 또한 이 장을 역참조한 후대의 성경 텍스트들).

출애굽기 19장에서 시내 산 언약의 또 다른 버전(19:16b-25)에서는 상이한 견해가 발견된다. 여기서는 **제사장 나라** 대신, 이제 백성들과 제사장들 사이에 구별이 있게 되며, **제사장을 가진 나라**가 된다(출 19:22-24). 백성들은 산 위로 올라오도록 부름을 받는 대신에, 산으로 "오는 것이 금지"된다(출 19:12, 13a, 21-23). 그리하여 결국에는 단순한 믿음과 순종 대신, 십계명과 언약 법전이 이스라엘이 언약을 지키는 기초가 된다. 시내 산 언약에 대한 이런 유사한 견해는 에스겔 20:19-25에 표현되어 있다.

나는 여호와 너희 하나님이라 너희는 나의 율례를 따르며 나의 규례를 지켜 행하고 또 나의 안식일을 거룩하게 할지어다 이것이 나와 너희 사이에 표징이 되어 내가 여호와 너희 하나님인 줄을 너희가 알게 하리라 하였노라 그러나

---

34) NJPS는 이 절의 히브리어 텍스트를 이렇게 바르게 번역했다. "When the ram's horn sounds a long blast, they may go up on the mountain." 이 절에 대해서는 아래의 논의를 보라.

그들의 자손이 내게 반역하여…또 내가 그들에게 선하지 못한 율례와 능히 지키지 못할 규례를 주었고[35]

이 두 개의 언약 내러티브를 함께 읽을 때 알 수 있는 사실은, 시내 산에서 하나님의 초기 의도는 이스라엘과의 관계가 아브라함의 언약과 같이, 즉 율법이 없이 믿음에 근거하는 것이었다는 점이다. 하지만 그 이후에 율법이 언약에 더해지게 되었다.

문서비평 이론에 따르면, 시내 산 언약의 이 두 개 버전은 현재 텍스트의 합성적 특징을 반영한다. E문서의 견해는 모세와 백성들 모두가 하나님을 만나기 위해 산으로 "올라가는" 것이었다(출 19:13b). E문서가 생각한 언약은 출애굽기 19:2b-8의 언약과 같았다. 그것은 믿음과 순종을 특징으로 하는 족장 언약의 회복이었다. 그러나 하나님의 임재에 대한 두려움 때문에(출 19:16b) 백성들은 산기슭에 남게 되었다(출 19:17, 19b). 그들은 모세를 임명하여 산으로 올라가도록 했으며 자신들을 대신하여 하나님과 이야기하도록 했다.[36] 시내 산 언약의 J문서 기사에서 백성들은 처음부터 산 위

---

35) NIV과 New Scofield Reference Bible이 *nātattî lāhem*을 "내가 또한 그들을 율례에 넘겨주고"라고 번역한 것은 이 어려운 구절을 적절하지 못하게 조화시킨 것이다(비교. RSV, NASB, NJPS, KJV도 위와 같이 번역한다). 겔 20:25의 "율례"를, "불 속에" 그들의 장자를 드린 것에 연결시키는 듯 보이도록 만든 몇몇 영역본에서, "불로"(겔 20:26)(역자 주―"화제로"[개역개정])를 추가한 것에 대해서도 동일하게 말할 수 있다. "불로"(in fire)라는 부분은 히브리어 텍스트에 나오지 않으며 암시되어 있지도 않다. NJPS는 이 텍스트를 "그들이 모든 초태생을 구별하여 놓았을 때"라고 올바로 번역했다. 동일한 표현이 보여주듯, "그들이 모든 초태생을 구별하여 놓았을 때"(*bh'byr kl-ptr-rhm*)라는 진술은 출 13:12에서 장자에 대한 하나님의 요구, 즉 "너는 모든 초태생은 구별하여 여호와께 돌릴지니라"(*h'brt kl-ptr-rhm*)에 대한 참조다. 이것은 자녀 희생과 관계된 것이 아니다(비교. 출 34:19; 민 3:12-13). 더욱이 "그의 자녀들을 불 가운데로 지나게 하는 자"는 신 18:10에서 명백히 금지하고 있다. *h'byr ptr rhm*이라는 말의 배열은 구약에서 *b'š*와 함께 나오지 않지만, 출 13:12에서처럼 초태생과 관련해서는 나온다. *h'byr*가 *b'š*와 함께 나올 때, 목적어는 *ptr rhm*이 아니고 *bn*이다(신 18:10; 왕하 17:17; 21:6; 23:10; 대하 33:6; 겔 20:31[LXX에서는 생략됨]).

로 올라가는 것이 금지되었다(출 19:12-13a). 그들은 안전한 거리를 두고 떨어져서 하나님의 강력한 임재의 격렬한 광경을 보도록 되어 있었다(출 19:18, 20-25).[37]

문서비평이 발흥하기 이전에도 이 내러티브 내의 긴장은 이미 뚜렷하게 의식되었으며, 이 불일치를 조화시키려는 다양한 노력이 시도되었다. 출애굽기 19장과 24장을 엄격하게 연대순으로 읽을 것을 제안하는 학자들은, 시내 산에서 두 개의 언약, 즉 원래의 언약(출 19:3-8)과 두 번째 언약(출 24:1-8)이 체결되었다고 주장한다. 하지만 라쉬는 이런 견해에 반대하면서, 이 두 내러티브(출 19장; 24장)를 연대순으로 읽어서는 안 된다고 주장했다. 라쉬가 이해한 것처럼, 출애굽기 19장에서 기술되는 언약은 24장과 동일한 언약이었다. 라쉬는 출애굽기 24:1의 단어 배열 순서를 관찰한 정보로 자신의 의견을 뒷받침했다. 이 시작절에서 동사는 두 번째에 위치한 단어인데(역자 주─영어나 히브리어의 경우), 라쉬는 이것을 과거완료로 읽어야 한다고 주장했다. "그리고 모세에게 [여호와께서] **말씀하셨다. '올라오라.'**" 라쉬는 이것을 출애굽기 19:3, "모세가 [산 위로] 하나님 앞에 올라가니"를 가리키는 것으로 읽었다. 이런 텍스트 읽기는 출애굽기 24장의 내러티브를 출애굽기 19:3-8의 원래의 언약 사건으로 되돌린다.[38] 이 난제에 대한 라쉬의 설명은 기독교적 해석에 거의 영향을 미치지 못했다.[39] 하지만 카일은 출애굽기 19:3-8을 초기의 언약 진술로 보고 "전체 국가 앞에서 근

---

36) Otto Eissfeldt, *Hexateuch-Synopse: Die Erzählung derfünf Bücher Mose und des Buches Josua mit dem Anfange des Richterbuches*, 2nd ed. (Darmstadt: Wissenschaftliche Buchgesellschaft, 1973), pp. 146-47.

37) Ibid., 146-48.

38) "이 부분[24:1ff.]은 십계명을 주시기 전에 말씀하셨다. '올라오라'라고 그에게 말씀하신 것은 시완월 4일째였다(*Pentateuch with Targum Onkelos, Haphtaroth, Prayers for Sabbath and Rashi's commentary, Exodus*, trans. M. Rosenbaum and A. M. Silbermann [New York: Hebrew Publishing Company, 1930], 2:128).

39) NJPS도 출 24:1에서 Rashi를 따르지 않는다. "Then He said to Moses, 'Come up....'"

본적인 언약법"(19:16-20:18)의 선포와 연관된다고 제안했는데, 이 주장은 아마도 라쉬로부터 도움을 받은 듯하다.[40] 라쉬의 견해의 문제점은 출애굽기 24:1과 19:21 사이에 있는 문법적(이고 구성적인) 연결을 간과한 것이다.[41] 이 연결은 출애굽기 24장의 언약(출 24:1-2)을 출애굽기 19:3-8에 연결하는 것이 아니라, 언약 법전(출 20:23-23:33)을 출애굽기 19-20장의 원래 언약에 연결하는 출애굽기 20:22 텍스트와 결합시킨다.

그리스도인들 사이의 가장 보편적인 설명에 따르면, 출애굽기 19:3-8 에서 하나님은 시내 산 언약의 특징에 대해 설명하기 시작하셨으나, 충분히 설명하기도 전에 백성들 모두가 너무 빨리 그 조건에 동의했다는 것이다. 장 칼뱅에 의하면, 백성들은 "일종의 경솔한 열정에 이끌리어 자신들을 속였으며"[42] 스스로 시내 산 언약의 율법을 지킬 수 있다고 생각했다. "그러나 본성적 마음으로 되돌아간 후, 곧 그들은 최소한의 정도조차도 약속을 지킬 수 없었다."[43] 기독교 해석자들은 출애굽기 19장과 24장의 텍스트를, 아브라함 언약 같은 언약에서 시내 산 언약으로의 역동적 전환으로 보기보다는, 시내 산 이후 공포된 율법을 통해 작동하도록 처음부터 의

---

40) C. F. Keil and F. Delitzsch, *Biblical Commentary on the Old Testament* (Grand Rapids: Eerdmans, 1968-1971), 2:101. 최근에 이르러 Rashi의 견해는 G. C. Chirichigno에 의해 분명하게 채택되었다. "우리 논의에 따르면, 내러티브의 연속 구조 특히 회귀적 반복(resumptive repetition)이라고 불리는 문학적 기교의 사용을 고려할 때, 사건의 비선형적 시간 순서를 초래하는 내러티브의 어색한 표면적 구조는 설명될 수 있다"("The Narrative Structure of Exod 19-24," *Bib* 68 [1978]: 479).

41) 출 19:21, *wayyōʼmer yhwh ʼel-mōšeh*에서 *wayyiqtol* 절은 출 24:1의 *wĕʼel-mōšeh ʼāmar*의 w + x + *qatal* 절과 연결되어 있다.

42) John Calvin, *Commentaries on the Four Last Books of Moses Arranged in the Form of a Harmony*, trans. Charles William Bingham (Grand Rapids: Baker, 1979, p. 320). Henry Ainsworth의 다음 설명과 비교해보라. "백성들은 육신으로 말미암아 연약하여 할 수 없는 율법의 불가능성을 아직 알지 못하고[롬 8:3], 그들이 행할 수 있는 것 이상을 약속한다. 율법이 선포된 후, 그들은 두려워서 도망한다[출 20:18, 19]"(*Annotations upon the Five Books of Moses* [London, 1639], p. 68).

43) Calvin, *Four Last Books of Moses*, p. 320.

도된, 동일하고 변하지 않는 언약의 두 부분으로 읽었다. 시내 산 언약에 대한 이런 견해에서 발생하는 주요 의문점 중 하나는, 이 언약의 율법이 가진 균일하지 않은 성격이다. 시내 산에서 주어진 율법의 여러 버전의 다양성과 반복은 근본적인 통일성에 대한 의문을 일으킨다.[44]

또 하나의 질문은 출애굽기 19-24장을 동질의 내러티브로 읽으려는 시도에서 생기는데, 출애굽기 19:13b("나팔을 길게 불거든 산 앞에 이를 것이니라 하라")에서 산 위로 올라가도록 되어 있는 자의 정체에 대한 것이다. 어떤 학자들은 이것이, 출애굽기 19:12에서 백성들이 산에 올라가는 것을 금지하는 것과 모순된다고 본다. 라쉬는 이스라엘이 산 위로 올라가는 신호로 나팔을 "부는" 목적을 기록한 것에, 내러티브의 통일성에 대한 해결의 열쇠가 있다고 믿었다. 라쉬의 판단에 따르면, 양의 뿔 나팔을 길게 부는 것은 하나님이 산을 떠나시는 신호였으며 동시에 모든 백성들로 하여금 산 위로 올라오라는 요청이었다.[45] 비록 출애굽기 19:12에서 산으로 올라가지 않도록 경고를 받긴 했지만, 백성들은 19:13에서 나팔 소리가 들릴 때 산으로 올라가도록 요청을 받았다. 라쉬의 해석은 초기 학술적 번역에서 영향을 발휘했는데,[46] 이런 해석은 이르게는 70인경에서도 찾을 수 있다.

---

44) Sailhamer, *The Pentateuch as Narrative*, pp. 44-46.

45) 라쉬의 해석은 몇몇 기독교 주석에서 나타나는데, 예를 들면 Münster: "Cum prolixius buccina sonuerit; prolixior enim sonus signum erat Dominum majestatis montem deseruisse"; Fagius: "Sensus est, Dum satis protractus adeoque finitus est sonitus tubarum, tum ascendere potest populus; at praesente Domino nequaquam. Neque enim veto ut in perpetuum non ascendatis. Dum ergo sonitus cornu cessaverit, potestis ascendere. Prolixior sonus signum erat, Dominum majestatis montem deseruisse." Eben Ezra에 따르면, Rashi의 설명은 적절하지 못했다. 왜냐하면 하나님의 영광은 성막이 완성될 때까지 항상 산 위에 머물러 있었기 때문이다.

46) Calvin, *Commentary* (1563): "Quum protraxerit buccina, ipsi ascendant in montem"; Münster, *Biblia sacra* (1534): "Cum prolixius buccina insonuerit, tunc poterunt ascendere montem"; Tyndale, *The Seconde Boke of Moses* (1530): "When the horne bloweth: than let them come up in to the mounten"; *Geneva Bible* (1599):

70인경은 단어의 의미가 아닌 구의 의미만을 이렇게 번역했다. "소리와 나팔과 구름이 산을 떠날 때마다, 그들이 산 위로[epi to oros] 오를 지니라."[47]

리라의 니콜라우스(Nicholas von Lyra)는 보통 라쉬를 많이 따르지만, 이 경우에는 "산으로 올라간다"라는 것이 백성들이 모세가 정해놓은 한계까지만 갈 수 있었음(출 19:12)을 의미한다고 제시함으로써 라쉬의 설명으로부터 벗어났다.[48] 현대의 많은 영역본들은 이 의미를 취한 것으로 보인다. "나팔을 불 때에 그들은 산 앞에 이를 것이니라"(they shall come up to the mountain[역자 주—개역개정으로는 "산 앞에 이를 것이니라"]).[49] 이 견해에서 명백히 어려운 점은 텍스트가 "산까지 오라"(up *to* the mountain)라고 말하지 않고, 출애굽기 19:12에서처럼 "산 **안으로** 오라"(up *in* the mountain)라고 말하고 있다는 점이다.[50]

"When the horne blowth long, they shall come up into the mountaine"; Junius and Tremellius, *Biblia sacra* (1575): "Cum tractim sonabit cornu, ea ascendere poterunt in ipsum montem"; cf. NJPS: "When the ram's horn sounds a long blast, they may go up on the mountain."

47) Vulgate와 비교하라. "Cum coeperit clangere bucina tunc ascendant in montem"; *Targum Onqelos*: "When the horn blast is protracted, they may go up into the mountain."

48) "In montem hic est versus montem, usque ad terminos a Mose Dei jussu praefixos" (Matthew Poole, *Synopsis criticorum aliorumque S. Scripturae interpretum* [London, 1669-1676], 1:398). 니콜라우스는 분명히 출 19:17에 대해 Eben Ezra를 따르고 있다. "[산 아래서는] 모세에 의해 설정된 경계 밖을 의미한다." 이와 비슷한 해석이 이미 출 19:12a에서 MT보다는 오히려 사마리아 오경 읽기에서 제시되었다.

49) 이 번역은 대표적으로 NIV, NASB, KJV에 나온다. 이것이 히브리어 텍스트의 문제점을 회피하고 조화시킨 시도라는 사실은, 이런 번역본들이 바로 앞절의 동일한 표현(עלה בהר, 'lh bhr)을 "산 앞에 이를 것이니라"(go up to the mountain)가 아니라 "산으로/안으로 올라올 것이니라"(go up/into the mountain, 출 19:12)로 번역한 사실에서 알 수 있다. NJPS는 출19:12, 13b에서 עלה בהר를 "산으로 (위로) 오를 지니라"(go up [on] the mountain)로 번역한다.

50) 세 번째 설명은 Drusius에 의해 제시되었다. Eben Ezra를 따라서 Drusius는 대명사 "그들"(출 19:13b)을 모세, 아론, 아비후, 장로들로 해석함으로써, 백성들이 산으로 올라오

이 내러티브에서 또 다른 문제점은 출애굽기 19:12의 "산에 오르는 것을 삼가라"(NJPS)라는 표현이다. 흔히 이 표현은 백성들이 산에 오르는 것을 절대적으로 금지한다고 해석되었다. 그러나 이 구절은 그런 의미를 가지지 않는다. 이것은 "산으로(into) 올라가는 것을 주의하라" 또는 "산으로(into) 올라갈 때 조심하라"라는 경고의 의미다. "산으로 올라가지 않도록 조심하라" 또는 "산으로 올라가지 마라"라는 뜻이 아닌 것이다. 만약 "올라가지 않도록 조심하라"와 같은 금지가 목적이었다면, 타르굼에 반영된 이형 텍스트에서처럼[51] 그것은 부정사 앞에 전치사 "from"(מִן, min)이 요구되거나, 또는 미완료(תַעֲלֶה, t'lh) 앞에 부정 불변화사 "lest"(פֶּן, pen)가 요구된다. 어떤 경우건, 이스라엘이 "나팔을 불 때까지"(출 19:13b) 3일을 기다리는 (출 19:11) 컨텍스트에서 읽을 때, 출애굽기 19:12의 경고는 신호가 주어질 때까지는 산으로 올라오지 말라는 경고다. 이 내러티브에 따르면, 백성들이 사흘째에는 결국 모세와 함께 산으로 올라갈 것이며 그들은 산 위에서 하나님과 만나게 될 것이라는 기대가 있다.

이 구절을 좀더 이해하기 위해서는 내러티브의 작은 단위[52] 각각이 전체의 의미에 공헌하는 것이 무엇인지를 보아야 한다. 우리는 이 내러티브 조각들 각각의 구성적 전략과, 그것들이 출애굽기 19-20장의 전체 기사의 의미에 어떻게 공헌하는지 간단히 살펴봄으로써 작업에 착수할 것이다.

백성들의 거부(출 19:10-19). 문법적이고 구문론적인 측면에서, 시내산 내러티브에서 하나님의 의도는 모든 백성들과 함께 산 위에서 만나

도록 허용되었다는 제안을 회피했다. 이것은 또한 *Targum Neofiti 1*의 입장이기도 하다: "나팔 소리가 들릴 때, 모세와 아론에게는 산으로(into the mountain) 올라갈 권한이 주어졌다." 하지만 권한을 받은 이는 모세와 장로들보다는 오히려 백성들이라는 사실이 출 19:12, 17에서 드러나는데, 거기서는 명백히 "백성들"이 고려되기 때문이다.

51) *BHS* 비평 자료에 제시된 이형은 명백하게 부정적 의미로 예상되는 것을 보여준다.

52) 출 19-20장을 구성하고 있는 다양한 작은 구절들은 출 19:20-25; 20:1-17; 20:18-21 이다.

는 것이었음이 분명하다. 이는 다만 E문서와 같은 가설적 자료의 견해만이 아니라, 전체 내러티브의 견해와도 일치한다. 물론, 문제는 이런 의도가 이루어지지 않았다는 데 있다. 나팔 소리가 울릴 때, 백성들은 산으로 올라와야 한다는 신호에도(출 19:13b), "두려워서" 진중에 남아 있었다. 비록 모세가 산에서 하나님과 만나도록 그들을 진영에서 이끌어냈지만(출 19:17a), 그들은 "산기슭까지"(to the foot, bĕtaḥtît)만 갔다(출 19:17b). 비록 아직 뚜렷하게는 진술되지 않았지만, 백성들은 산 위에서 하나님의 영광과 능력의 위대한 모습이 드러남을 보고 두려워했기 때문에 산 위로 올라가기를 거부했다(출 19:18). 그들의 두려움은 나중에 더 자세히 설명될 것이며(출 20:18-21), 이 부분은 이야기의 해설 역할을 할 것이다. 여기서 우리가 알 수 있는 것은 다만, 백성들이 진영에 머물렀다는 것과 그들이 산 위에서 본 것 때문에 두려움에 가득 차 있었다는 사실이다.

산 위에서 하나님의 영광스러운 능력이 더 강하고 장엄하게 드러남에 따라, 백성들은 모세가 하나님과 대화하는 것을 들을 수 있게 된다. 모세는 산기슭에서 이야기하고 하나님은 꼭대기에서 그에게 대답하신다(출 19:19). 이 내러티브의 중요성에 근거해서, 우리는 하나님과 모세의 대화가 십계명에 중점을 둔 것이라고 기대할 수도 있다. 하지만 사실은 그렇지 않다. 십계명은 몇 구절이 지난 이후에 나오지만, 모세가 다시 산으로 올라가서 십계명이 아닌 완전히 다른 주제에 대해 하나님과 좀더 대화를 한 이후에 비로소 나온다. 여기서 대화의 중심은 산 위에서 하나님께 접근하는 일에 대한 것이다. 이 대화가 제사장직과 성막에 대한 기초를 놓는다(출 19:20-24).

제사장직과 성막(출 19:20-25). 비록 나팔 소리가 계속 커졌지만(출 19:19a), 백성들은 조용히 남아 있었고 그동안 모세는 혼자 하나님과 이야기하기 위해 산으로 올라갔다. 여기서 중요한 것은, 모세와 하나님의 계속적인 대화가, 산 위로 올라가는 것을 백성들이 거부한 일에 대한 반응으로 표현되었다는 점이다. 하나님이 모세를 산꼭대기로 부르신 것은 백성들이 거부했을 때였다(출 19:20). 앞에서도 지적했듯, 모세와 하나님 사이의 대화가(출 19:20-24) 십계명에 대한 것이 아니었다는 점은 흥미롭다. 비록 십계명은 시내 산 언약에서 기초적인 것으로 그 계명이 낭독됨으로써 언약이 마치기는 하지만 말이다. 비록 율법에 대한 것은 아니었지만, 출애굽기 19:20-24은 시내 산 언약의 또 다른 특징, 즉 제사장직에 대한 것이다.

하나님은 모세와의 대화를, 백성들에게 "여호와를 보기 위해 밀고 들어오지" 않도록 경고하는 것으로 시작하신다. 사실상 그들로 산 위로 올라오지 못하도록 금지하신 것이다. "여호와께서 모세에게 이르시되 내려가서 백성을 경고하라 백성이 밀고 들어와 나 여호와에게로 와서 보려고 하다가 많이 죽을까 하노라"(출 19:21). 모든 백성들은 산 위로 올라가도록 되어 있었다(출 19:13b). 그들이 거부했을 때, 그들은 더 엄격한 요구의 지배를 받게 되었으며 "여호와를 보기 위해 밀고 들어오는 것"이 제한되었다(출 19:21). 하지만 여호와는 모세와 계속적으로 말씀하시면서, 아직까지 텍스트에서 언급되지 않았던 아론과 제사장직(출 19:22, 24)으로 관심을 돌리셨다. 제사장들은 "하나님께 가까이 가는" 자들이었다(출 19:22). 이는 그들이 자신의 거룩함을 유지하는 수단을 가지고 있어야 함을 의미했다. 그들은 "자신들을 성결히 하도록"(yitqaddāšû [출 19:22]) 명령을 받는다. 마침내 이 구절은, 하나님 스스로가 백성들이 절대 산 위로 올라오지 못하도록 보호하기 위해 산에 장벽을 치셨다는 것을 분명히 한다. 앞으로 보게 되겠지만, 성막에 관한 율법(출 25-31장)은 이런 필요를 채우기 위한 것이다. 시내 산은 성막과, 궁극적으로는 성전의 원형이 되었다.[53]

이 새로운 요구의 결과는 다음 세 가지로 볼 수 있다. (1) 성막과 함께, 백성들은 하나님의 면전으로 부적절하게 나아오는 것에 대한 경고를 받는다(출 19:21). (2) 제사장들은 자신들의 거룩함을 유지할 책임을 지게 되

---

53) Sailhamer, *The Pentateuch as Narrative*, pp. 296-98을 보라.

었다(출 19:22). (3) 하나님은 산 또는 그의 거룩한 면전의 장소를 신성하게 하실(wĕqiddaštô[출 19:23]) 궁극적인 역할을 맡으셨다. 이 부분은 백성들 사이에 있게 된 새로운 구분, 즉 모세와 아론, 대제사장, 제사장들, 나머지 백성들이라는 구분의 요약으로 끝마친다. "여호와께서 그에게 이르시되 가라 너는 내려가서 아론과 함께 올라오고 제사장들과 백성에게는 경계를 넘어 나 여호와에게로 올라오지 못하게 하라 내가 그들을 칠까 하노라"(출 19:24).

출애굽기 19:12에서 백성들은 나팔 소리가 들릴 때 산으로 올라가도록 요청받는다.[54] 출애굽기 19:16에서 그들은 두려움 때문에 순종하기를 거부한다. 결과적으로, 출애굽기 19:21에서 백성들은 산에 올라갈 수 없도록 완전히 금지되었다. 그들은 제사장만을 그들의 대표자로 보낼 수 있었다. 이 내러티브의 초기에 기대된 내용은, 나팔이 울리면 백성들이 산으로 올라가는 것이었다. 그러나 나팔이 울렸을 때, 백성들은 진영에 남아서 산으로 올라가기를 거부했다. 그들의 거부는 하나님의 거룩한 면전에서 변화된 관계에 대한 내러티브의 신호탄이다.

내가 더 큰 컨텍스트에서(출 19-20장) 발전시킨 것처럼 이 구절의 의미는, 산을 오르기를 백성들이 거부한 일이 시내 산 언약에 근본적인 재편을 가져왔다는 것이다. 시내 산 언약은 아브라함 언약에 신실하게 남아 있으라는 요청으로 시작되었다. 하지만 백성들의 두려움과 실패는 이 언약에 변화를 가져왔다. 이는 백성들의 믿음의 부족의 신호였다. 백성들로 하여

---

54) 출 19:12은 산으로 올라가는 것을 금지하지 않았다. 이 텍스트는 양의 뿔 나팔을 부는 소리가 들릴 때까지 산에 올라가지 말라는 일시적인 경계였다. 이것은 두 구절(출 19:21, 23)의 명백한 진술로부터 분명하게 나타나며 또한 양편에 사용된 동일한 용어를 통해서도 분명히 나타난다. 출 19:12과 19:23에서 הגבל의 사용은, 때로는 출 19:23을 19:12과 19:13b과 조화시키기 위한 근거로 간주된다. 그러나 "백성을 위하여 경계를 정하고"(출 19:12)는 "산을 위해 경계를 세워"(출 19:23)와 동일한 말이 아니다. 출 19:12에서 사마리아 오경은 העם 대신에 ההר로 읽는다. 이것은 출 19:23-24이 이해하기 어려운 구절임을 오히려 보여준다. 출 19:12을 참고하라.

금 언약에 충성을 유지하도록 하기 위해서는 추가적인 무엇이 필요하게 되었다. 즉 율법에 대한 필요가 발생하게 되었다. 이렇게 아브라함에게 하신 하나님의 약속에, 십계명을 시작으로 해서 율법이 추가되었다.

시내 산 언약에 대한 동일한 조정은 신명기 5:2-5에서도 볼 수 있다.

> 우리 하나님 여호와께서 호렙 산에서 우리와 언약을 세우셨나니…여호와께서 산 위 불 가운데에서 너희와 대면하여 말씀하시매 그때에 너희가 불을 두려워하여 산에 오르지 못하므로 내가 여호와와 너희 중간에 서서 여호와의 말씀을 너희에게 전하였노라 여호와께서 이르시되

시내 산 언약에 대한 동일한 견해는 히브리서에서도 발견된다. 이 구절에 대한 긴 해설로 히브리서의 저자는, 하나님을 만나기 위해 산 위로 올라가는 것에 대한 백성들의 거부의 측면에서 시내 산 언약의 실패를 설명한다.

> 너희는 만질 수 있고 불이 붙는 산과 침침함과 흑암과 폭풍과 나팔 소리와 말하는 소리가 있는 곳에 이른 것이 아니라 그 소리를 듣는 자들은 더 말씀하지 아니하시기를 구하였으니…그러나 너희가 이른 곳은 시온 산과…새 언약의 중보자이신 예수와 및 아벨의 피보다 더 나은 것을 말하는 뿌린 피니라 너희는 삼가 말씀하신 이를 거역하지 말라 땅에서 경고하신 이를 거역한 그들이 피하지 못하였거든 하물며 하늘로부터 경고하신 이를 배반하는 우리일까보냐 (히 12:18-25[역자 주―원서는 KJV 인용])

히브리서는 시내 산에서의 백성들의 실패를, 산에서 하나님의 말씀에 순종하기를 거부한 것으로 묘사한다.

율법이 더해지다(출 20:1-17). 제사장직과 성전의 필요에 대해 하나님의 경고를 받고, 모세는 십계명을 백성들에게 전달하기 위해 산기슭으로

돌아갔다. "모세가 백성에게 내려가서 그들에게 알리니라"(출 19:25). 이런 방법으로, 십계명은 시내 산 언약의 필수적 부분이 되었다.

출애굽기 19:25과, 이 텍스트가 모세가 십계명을 제시하는 기사(출 20:1-17) 바로 전에 위치한다는 사실로부터 몇몇 문제점이 제기되었다. 가장 중요한 문제는 "말하다"(אמר, 'mr)라는 동사를 어떻게 이해하는가 하는 것이다. 일반적으로, 이 동사는 말한 내용을 구체화하기 위해서 한 개나 그 이상의 목적절을 필요로 한다. 출애굽기 19:25에서 이 동사의 목적은 분명하게 진술되지 않았다. 번역자들은 "말하다" 동사를 자동사로 취급하여 "모세가 백성에게 내려가 그들에게 말했다[wayyō'mer]"(역자 주-원서는 NKJV 인용)라고 옮겼다. 또는 모세가 산 아래로 백성들에게 내려와서, 이전 구절에서 하나님이 그에게 말씀하셨던 것을 그들에게 말한 것으로 이해해서 "그래서 모세가 백성에게 내려가서 그들에게 전했다[wayyō'mer]"(역자 주-원서는 RSV 인용)라고 옮겼다.

비록 이런 번역들이 그 자체로 이 구절의 어려움을 인정하는 것이지만, 이 구절에 대해 문법적으로 정확한 이해에 도달하는 것은 가능하다. 출애굽기 20:1-17에 따라오는 십계명 부분 전체가 "אמר" 동사의 목적어일 가능성이 크다. 이런 식으로 읽으면 텍스트는, 모세가 산 아래로 내려왔을 때, 그가 백성들에게 십계명을 열거했다고 말한다. 「타르굼 네오피티 1」(Targum Neofiti 1)이 이 구절을 앞과 같이 이해했다는 것은 다음 번역에서 나타난다. "그리고 모세는 산에서 백성들에게 내려갔으며 그들에게 말했다. '가까이 와서 십계명을 받으라!'"[55]

만약 출애굽기 19:25의 십계명이 모세가 백성에게 말했던 것이라면,

---

55) ואמר להון קרובו קבילו עשירתא דבירייא (Alejandro Díez Macho, *Neophyti 1: Targum Palestinese ms de la Biblioteca Vaticana* (Textos y Estudios 8; Madrid: Consejo Superior de Investigaciones Científicas, 1970), 2:125. *Targum Pseudo-Jonathan*은 "가까이 와서 언약의 십(계명)과 함께 토라를 받으라"라는 말을 더함으로써 이 구절을 묘사한다.

이 구절의 의미는 다음과 같이 묘사될 수 있다. 즉, 모세가 산에서 내려왔을 때, 그는 산기슭에서 십계명을 모든 백성에게 말했다. 이 계명은 산 위에서 하나님이 그에게 말씀하신 것이었다. 첫 절인 출애굽기 20:1의 문법적 형태는 이것이 내러티브임을 보여준다. 이는 모세가 이 명령을, 출애굽기 19:19에서 이미 일어났던 것을 재진술하는 형식으로 표현했음을 암시한다. 모세는 산에서 하나님이 그에게 말씀하셨던 것을 산기슭에서 백성들에게 "이야기했다"(narrate). 모세는 백성들에게 자신의 말로 구체적으로 지시하기보다는, 하나님이 그에게 명령하신 말씀 그대로를 이야기했다. 심지어 하나님이 모세에게 2인칭으로 말씀하신 것까지 그대로 인용했다.

> 나는 너를 애굽 땅, 종 되었던 집에서 인도하여[bôṣē 'tîkā] 낸 네 하나님 여호와니라['elōheykā] 너는 나 외에는 다른 신들을 네게 두지 말라[lō' yihyeh lĕkā](출 20:2-3)

출애굽기 19:19("하나님이 크게 대답하셨다")의 의미로 판단해보면, 백성들은 이미 시내 산에서 하나님이 크게 말씀하신 계명을 들었다. 모세는 하나님께 이야기했으며, 모세에 대한 하나님의 대답은 십계명이었다. 출애굽기 19:25에서 모세는, 이것과 동일한 말 또는 계명을 백성들에게 이야기한다. 그렇게 함으로써 모세는 십계명을 언약 규정으로서의 역할에 더 적합한 형식으로 진술한다.

이 텍스트에서 드러나는 모세의 모습은 신명기 33:10;[56] 출애굽기 18:20;[57] 신명기 4:45[58]의 모습과 비슷하다. 이 세 구절에서 제사장들은

---

56) 신 33:10, "[제사장들은] 주의 법도를 야곱에게, 주의 율법을 이스라엘에게 가르치며."
57) 출 18:20, "그들에게 [모세가] 율례와 법도를 가르쳐서 마땅히 갈 길과 할 일을 그들에게 보이고."

이스라엘에게 율법을 줄 언약적 책임이 있으며 이 언약을 지키기 위해 가르쳐야 할 책임이 있다. 이렇게 율법을 주는 자로서의 모세의 모습에서는, 신명기 33:8-11의 모세와 제사장직의 모습의 영향을 발견할 수 있다.

백성들의 두려움(출 20:18-21). 시내 산 언약의 구성적 의미의 이해(출 19-20장)는 기사 속에서 내러티브들의 상호 관계를 면밀히 조사할수록 더 분명해진다. 작은 개별 텍스트들은 더 크고 완성된 내러티브와 나란히 놓여 있으며 거기에 부착되어 있다. 이것은 많은 성경 내러티브들이 구성된 방법과 일치한다. "첨부를 통한 설명"(דרישת סמוכים)으로 불리는 이 기법은 초기 성경-이후 시대(early postbiblical era)에 형성되었다. 이것은 초기 형태의 주해로서, 개별적 성경 텍스트들은 이것에 의해 더 큰 해석의 컨텍스트를 형성하기 위해 연결되었다. 빌헬름 바허(Wilhelm Bacher)는 이 기법을 다음과 같이 설명했다. "두 텍스트를 함께 배열하는 것은 한 텍스트를 다른 텍스트로 설명하는 방법으로 기능한다. 즉 한 텍스트는 다른 텍스트로부터 '배운다.'"[59]

성경 저자들은 기록된 자료들을 그들이 받은 그대로의 상태에 가깝도록 보존하려고 주의를 기울였다. 구성에서 원텍스트의 세심한 보존을 위해서는, 텍스트에 추가하거나 그것을 다시 쓰지 않고 설명과 논평을 제공하는 방법이 필요했다. 이것은 성경 텍스트에 대한 주석을 하려면, 추가적인 기록된 문서, 즉 특정 질문들에 대해서 축약적인 방식으로만 설명하는 추가적 문서를 덧붙이는 방법만이 가능함을 의미한다. 출애굽기 19-24장의 경우, 시내 산에서 백성들이 하나님을 두려워한 문제는 다양한 시내 산

---

58) 신 4:45, "이스라엘 자손이 애굽에서 나온 후에 모세가 증언과 규례와 법도를 선포하였으니."

59) "Das Nebeneinander zweier Abschnitte kann dazu benützt werden, den einen mit Hilfe des andern zu erklären: der eine der beiden Abschnitte 'lernt' von dem andern"(Wilhelm Bacher, *Die exegetische Terminologie der jüdischen Traditionsliteratur* [Hildesheim: Olms, 1969], p. 133).

내러티브들의 중요한 양상이었다. 분명히 저자의 관심은, 이 두려움의 성격을 명료하게 만들고, 그것이 어떻게 시내 산 언약의 성격을 정제하고 명료하게 하는 과정에 공헌하는지에 있었다. 다른 특징들도 마찬가지지만, 시내 산 언약의 이런 양상은 성경신학자들에 의해 거의 다루어지지 않았다. 백성들은 무엇을, 또한 왜 두려워했는가? 왜 그들은 산으로 올라가지 않았는가? 왜 모세 홀로 하나님을 대면해야 했는가? 모세는 하나님 앞에서 백성을 대표함으로써 그들을 대신했는가? 이스라엘의 두려움은 하나님과의 관계를 변화시켰는가? 바로 이런 것들이 시내 산 내러티브의 현재 형태 배후에 놓여 있는 성경신학적 질문들이다. 이 질문들에 대답한다면 그것은 시내 산 언약을, 궁극적으로는 새 언약의 성격을 더 잘 이해하도록 우리를 도울 것이다. 하지만 여기서 우리의 관심을 끄는 지점은, 바로 이런 질문들이 저자가 시내 산 단화에 출애굽기 20:18-21과 같은 간략한 내러티브를 덧붙임으로써 대답하고자 했던 질문이라는 사실이다.

백성들의 두려움의 성격에 다시 초점을 맞추고 그것을 명료하게 만드는 출애굽기 20:18-21의 첨부는, 문법적인 차원에서 출애굽기 20:18의 상황절에 의해 이루어진다. 이 절은("뭇 백성이 우레와 번개와 나팔 소리와 산의 연기를 본지라"[출 20:18]) 출애굽기 19:16, 시내 산에서 천둥과 번개가 일어나는 장면의 역참조다.

출애굽기 20:18의 상황절의 문법적이고 해석학적 역할은, 독자로 하여금 문제가 되었던 첫 번째 두려움에 대한 기사, 시내 산에서 백성들의 최초의 두려움에 대한 출애굽기 19:16의 기사로 되돌아가게 만드는 것이다. "진중에 있는 모든 백성이 다 떨더라"(출 19:16). 이 두려움은 어떤 종류의 것인가? 이것은 진정한 의미에서 두려움이 맞는가? 이는 단순히 백성들이 진중에서 "떨었다"는 의미이며 그 이상은 아닌가? 이 내러티브에서 거의 지나가듯 간단하게 언급된 "떨더라"에 대해, 저자는 동일한 사건에 대한 더 상세하고 포괄적인 설명을 추가한다.[60] 이 추가 사항은 당시 상황에 대해 독자의 이해를 상당히 명료하게 만들어준다. "그들이 볼 때에 떨며 멀리 서서 모세에게 이르되 당신이 우리에게 말씀하소서 우리가 들으리이다 하나님이 우리에게 말씀하시지 말게 하소서 우리가 죽을까 하나이다"(출 20:18b-19).

이 추가적 설명은 "진중에서 백성들이 떨고 있는" 원래의 진술에 덧붙여져 있는데, 이것으로 인해 독자는 산으로 올라가는 것에 대한 백성들의 두려움의 성격을 더 알게 된다. 이는 백성들로 하여금 시내 산의 하나님으로부터 도망가도록 만들었던 두려움이었다. 그들은 자신들이 보고 들었던 것을 두려워했다. 이 두려움으로 인해 그들은 산으로부터 "멀리" 옮겨갔으며, 산 위에서 하나님의 말씀을 듣기를 거부했다. 백성들은 자신들을 대신하여 모세가 하나님께 이야기하기를 원했다. 그들은 하나님께 가까이 가기를 두려워했다. 그들은 모세가 하나님께 그들의 말을 전달하는 동안 거리를 두고 떨어져 있기를 원했다.

직접적인 컨텍스트에서 이 개별 텍스트들이 내러티브 전체를 어떤 방향으로 움직여가는지를 보는 것은 어렵지 않다. 사실상, 출애굽기 20:18-21의 추가 부분은 이 내러티브를 오랫동안 괴롭히던 문제를 부각시킨다. 바로 그 문제는 제사장직의 역할, 즉 성막에서 섬길 제사장직의 필요성에 대한 것이다. 출애굽기 19장-민수기 10장의 더 큰 컨텍스트에서 보면, 백성들이 모세에게 하나님 면전으로 가달라고 요청했을 때, 그들은 자신들을 가르치고, 자신들을 대신하여 하나님 앞에 서 있을 제사장직을 요청하는 것으로 보인다. 백성들은 모세와 같은 제사장, 자신들을 대신하여 가서 하나님의 말씀을 받아오고, 자신들에게 율법을 가르칠 제사장을 원한다. 흥미롭게도 이것은 시내 산까지 이르는 내러티브에서, 이드로가 모세에게 준 충고에서 보여지는 것과 동일한 관심이다(출 18장). 같은 관심이 여기, 시내 산 단화에 덧붙여진 이 추가적 내러티브에서 다시 우리와 대면하고

---

60) 주석으로 첨부한다(דרישת סמוכים).

있다. 분명히, 이 작은 내러티브 조각의 목적은 시내 산 언약과, 그것과 함께 성막-성전에서의 제사장직의 중요성과 그 위치에 대한 앞으로의 논의를 위해 독자를 경계시키는 것이다. 제사장직과 성막 예배를 규정하는 율법은 바로 다음 부분에서 열거되는데(출 25:1-30:17), 그것을 위한 적절한 역사적 컨텍스트를 제시하는 것이 바로 이 내러티브인 것이다.[61]

내러티브 형태에서 "지적 존재"의 흔적? 앞서 이야기한, 시내 산 내러티브의 구성적 전략의 개요는 중요한 질문들을 제기한다. 왜 내러티브에 반영된 하나님의 견해는, 백성들이 진영에 떨면서 남아 있는 에피소드 이후에 그토록 급진적으로 바뀌는가? 왜 그때 모세는, 백성들이 산에 올라오는 것을 전면적으로 금지하는 명령을 받았을까? 문서비평 이론의 주장대로, 이 장에서는 두 개의 서로 충돌하는 기사가 본래대로 보존되어 있는 것인가? 아니면 히브리서 저자의 믿음처럼 하나님의 명령의 이런 급작스런 변화는, 순종에 대한 백성들의 거부가 가져온 관계의 변화의 신호인가? 후자의 입장은 오경 저자의 전체적 의도에 대한 우리의 이해를 어떻게 변화시키는가? 이 단락에 감도는 명백한 긴장감은 단순히 충돌하는 문서들이 존재하는 결과인가, 아니면 의미론적으로, 신학적으로 의미가 있는가? 이 긴장감은 저자의 의도를 반영하는가? 이런 질문들에 답할 수 있는 유일한 방법은, 이 내러티브의 구체적 형태 배후에 "지적인 설계"의 증거가 있는지를 묻는 것이다. 내러티브의 현재 형태는 오경의 전체적 목적에 적합한, 인식할 수 있는 "논리"를 따르고 있는가? 만약 그렇다면, 이 목적은 오경의 신학 속에서 어떻게 전개되는가?

다행스럽게도, 이 내러티브와 그것의 구성적 전략은 이런 질문들에 대해서 우리에게 답을 준다. 질문에서 암시된 대로 이 구절의 의미는, 나팔 소리가 들렸을 때 산 위로 올라오는 데 백성들이 실패함에 따라 정해

---

61) Sailhamer, *The Penateuch as Narrative*, p. 58을 보라.

지는 것으로 보인다. 출애굽기 19:16에 따르면 셋째 날, 백성들이 "산으로 가도록" 준비되었을 때 나팔이 울렸다. 그러나 백성들은 하나님의 권능의 무시무시한 모습을 보고 불과 번개로부터 나오는 하나님의 음성($q\bar{o}l\bar{o}t$[문자적으로 "천둥"])을 듣자, 진영에서 "겁에 질렸다"($wayye\underline{h}\breve{e}rad$). 직접적인 컨텍스트에서(출 19:17-19) 이 텍스트는 시내 산의 백성들의 경험에 대해 말하고자 하는 의도가 정확하지 않다. 모세는 하나님을 만나도록 진영에서 백성들을 이끌고 나오기 위해 재빨리 움직인다. 그들은 산 위에 계신 하나님의 임재의 모습을 바라보면서 산기슭에 서 있다(출 19:17). 백성들이 하나님과 모세 사이의 대화를 들으며 바라보았을 때 산 자체는 공포로 진동했다(출 19:19). 모세는 이야기하고 하나님은 대답하셨다. 모세는 산을 올라갔으며 거기서 하나님을 만났다. 그러고는 하나님의 명령으로, 백성들에게 "하나님을 보기 위해 밀고 들어오지" 않도록 경고했다(출 19:21). 또한 제사장들에게는 "여호와께서 그들을 치시지 않도록" 자신들을 성결히 하라고 경고했다(출 19:22). 이런 하나님의 말씀은, 출애굽기 19:12에서 모세에게 일찍이 주어진 경고를 단순히 반복한 것이 아니다. 여기서 이 말씀은 백성들과 제사장들 모두를 포함하여 새로운 금지로서 제시된 것이다. 모세 자신의 표현에 의하면(출 19:23), 하나님은 백성들에게 산으로 올라오지 못하도록 경고하면서 "그의 백성들에게 단단히 일러 경계하셨다"(출 19:21).

이 구절에서 사건의 일반적인 흐름은 쉽게 따라갈 수 있지만, 많은 것들이 직접적인 설명 없이 진행되는 듯하다. 궁극적으로 앞의 질문들에 답하기 위해서는 이 다양한 내러티브들을 형성하고 연결하는 저자의 작업으로 눈을 돌려야 한다. 이 내러티브들을 더 큰 전체에 연결하는 저자의 구성적 전략을 찾아야 한다. 이 부분의 의미의 핵심 열쇠는, 출애굽기 20:18-21 같은, 이 시내 산 내러티브에 대한 "추가적 숙고"에서 발견된다. 앞에서 우리는 출애굽기 20:18-21의 기사가 출애굽기 19:16-19의 사건들 바로 뒤에 따라오지 않는다는 사실에 주목했다. 이 텍스트에서 저자는 치리치그노(G. C. Chirichigno)가 "회귀적 반복"(resumptive repetition)"이라고 부른 기법인, "과거를 회상하는 플래시백(flashback)" 또는 "역참조"를 통해 동일한 사건으로 독자를 되돌린다.[62] 일단 거기서, 이야기는 추가적인 상세한 정보를 더하여 다른 형식으로 전달된다. 따라서 십계명의 결론에서 저자는 우리를, 시내 산에서 백성들이 두려워하는 광경으로 다시 데리고 가서 이 중요한 장면을 마지막으로 보도록 만든다. 저자는 내러티브의 필름을 되감아,[63] 산 위에서 하나님이 보여주신 권능의 모습과 그것이 백성에게 끼친 효과로 되돌아감으로써 목적을 달성한다. "뭇 백성이 우레와 번개와 나팔 소리와 산의 연기를 본지라 그들이 볼 때에 떨며 멀리 서서"(출 20:18).

내러티브의 중요 장면을 마지막으로 보는 이 기회에서, 저자는 백성들의 두려움과 그것에 대한 모세의 설명으로, 유용하고 추가적인 정보를 제공한다. "(그들이) 모세에게 이르되 당신이 우리에게 말씀하소서 우리가 들으리이다 하나님이 우리에게 말씀하시지 말게 하소서 우리가 죽을까 하나이다"(출 20:19). 하나님의 임재에 대한 백성들의 두려움은 모세에게 한 그들의 반응으로 설명된다. 그들은 하나님의 말씀을 받기 위해 하나님 앞에 서 있을 의도가 없었다. 그들이 취한 해결은 모세를 임명하여 그들 대신에 서 있게 하고, 그들 대신에 하나님과 이야기하도록 하는 것이었다. 모세는 하나님을 위해 그들에게 말할 것이다. 모세의 역할의 의도는 출애굽기 18장에서 이드로의 계획과 아주 비슷하다. 어려운 문제에 대해서 모세로 하여금 하나님 앞에 가도록 하고, 백성들은 그의 말을 권위 있는 것으로 받아들일 것이다. 이런 종류의 신임장 제출과 함께, 모세는 하나님을 만나기 위해 어두운 구름 속으로 들어갔으며 거기서 백성들을 위해 하나님의 말씀을 받는다(출 20:21).

---

62) Chirichigno, "The Narrative Structure of Exod 19-24," p. 479.
63) 상황절.

출애굽기 20:18-21의 이런 구성적 명료함의 관점에서 출애굽기 19장에서 배울 수 있는 것은, 산 위에서 백성들과 만나고자 했던 하나님의 원래 의도(출 19:13b; 비교. 출 3:12)가 그분께 접근하는 것을 백성들이 두려워함으로써 근본적으로 변경되었다는 사실이다(출 19:16b). 두려움 속에서 백성들은 하나님과의 인격적인 관계, 얼굴과 얼굴을 맞대는 관계를 제사장직과 바꾸어버렸다.

추가적인 구성적 세부 사항. 이 지점에서 우리는 오경의 전략에서 구성적 뼈대와 그 역할을 다시 생각해보아야 한다. 계속해서 중요한 질문은, 작은 내러티브 단위들과 더 큰 출애굽기 19-24장 전체의 관계다. 우리가 볼 내러티브들과, 시내 산 내러티브 내에서의 그것들의 시퀀스는 출애굽기 19:1-19, 20-25; 20:1-17, 18-21이다. 이 각각의 내러티브 서로 간의 문학적 관계에 대한 문제는 때때로 풀 수 없게 느껴진다. 비평학자들은 이 난제를 여러 문서 또는 다양한 수준의 층위들의 문제로 본다. 하지만 텍스트의 층위에 대해 무엇을 말하든지 간에, 나는 내러티브의 현재 형태는 구성적 목적과 텍스트 전략의 충분한 증거를 보여준다는 점을 주장한 바 있다.

출애굽기 19:1-19을 자세히 읽어보면, 분명한 것은 저자가 이 텍스트를 하나님과 아브라함의 후손 사이의 계속적인 언약 관계의 기사로 이해했다는 점이다. 시내 산의 사건들은 그 관계에서 새로운 에피소드의 시작과 과거의 연속으로 기록되었다. 이 구절에서 아브라함 언약의 정체에 대한 실마리는, 최소한 처음에는 내러티브가 아브라함 언약같이 믿음과 순종만을 요구하는(출 19:1-9) 기존 언약에 초점을 맞춘다는 사실에 있다. 오경, 특히 창세기의 큰 컨텍스트 속에서 언약은 오로지 아브라함 언약만이 될 수 있다(창 12-50장). 이 결론을 지지하기 위해 지적할 사실은, 출애굽기 19:1-9의 언약 기사에서는 정확히 이 언약을 지배하는 "규정"이나 "율법"에 대한 언급이 빠져 있다는 것이다. 출애굽기 19:8에서 언약을 지키기 위해 필요한 것은 오직 순종하는 마음과 신뢰, 하나님에 대한 믿음(ya'āmînû)

이다.

출애굽기 19장의 초두에서는 만사가 잘 진행되는 것처럼 보인다. 갑자기 기대치 않게, 백성들이 하나님을 만나기 위해 산으로 올라가기를 거부할 때까지 상황은 순조롭게 보였다. 하나님은 나팔 소리가 들리면 백성들이 안전하게 산을 오를 수 있다고 확신을 주셨지만, 그들은 그렇게 하는 대신 진영에 남았으며 이 놀라운 하나님과 얼굴을 맞대고 만나는 것을 두려워했다(출 19:16). 백성들의 거부에 대한 반응으로, 모세는 진영에 남은 자들을 이끌고 산기슭으로 갔다(출 19:17). 그러고는 홀로 하나님과 이야기하기 위해 산으로 되돌아갔다. 모세에게 하신 하나님의 대답은 그가 산에서 마주친 불꽃으로부터 왔다. 산기슭에서 백성들은 산 위의 하나님의 권능과 영광의 두려운 광경을 보고 들었다.

시내 산의 하나님의 권능의 장관 속에서, 산기슭에 있던 백성들은 모세가 이야기하고 하나님이 "크게 음성으로 대답하시는 것"(출 19:19)을 보고 들을 수 있었다. 이 내러티브가 가정하고 있는 것은, 모세가 산 위에서 하나님과 이야기했으며 하나님은 산 정상에서 "그에게 대답하셨다"(출 19:19)라는 것이다. 모세와 함께 산기슭에 있었던 백성들은 하나님이 말씀하시는 것을 들었다. 하지만 텍스트가 분명하게 표현하듯, 모세와 하나님이 무엇에 대해 대화하는지는 독자에게 전달되지 않는다. 만약 출애굽기 19:19에서 끝나는 내러티브가 출애굽기 20:1-17의 십계명 바로 전에 위치했다면, 우리는 그 대화가 십계명에 관한 것이었다고 추측할 수도 있다.

하지만 현재 텍스트의 순서에서 십계명은 출애굽기 19:19 다음에 오지 않는다. 모세와 하나님의 "대화"(출 19:19)와 십계명(출 20:1-17) 사이에는 짧은 내러티브(출 19:20-25)가 위치하고 있다. 저자는 독자가 출애굽기 19:20-25을, 출애굽기 19:19에서 모세와 하나님의 대화의 연속으로서, 그리고 출애굽기 20:1-17에서 산기슭에서 모세가 십계명을 선포하기 전의 서론으로 보기를 원하는 듯하다. 이 내러티브의 형태에 의하면 십계명은 두 번 전달된 것으로 보인다. 한 번은 산 위에서 하나님이 모세에게(출 19:19?), 또한 번은 몇 구절 뒤, 산기슭에서 모세가 선포한(출 20:1-17) 것이다.

출애굽기 19:19 뒤에 오는 내러티브(출 19:20-25)의 위치는, 이 두 내러티브의 사건의 내용과 순서에 실마리를 제공할 수 있다. 출애굽기 19:20-25이 모세와 하나님의 대화(출 19:19) 바로 다음에 나오기 때문에, 저자가 이 대화의 내용을 출애굽기 19:20-25에서 말한 것과 동일시하기를 원한다고 결론짓는 것은 합리적일 것이다. 이 내러티브의 세부 사항에 주목함으로써 우리가 짐작할 수 있는 내용은, 이것이 산 위의 하나님의 임재와 백성들, 그리고 그들을 대표하는 제사장들 사이에 뚜렷한 거리를 설정할 필요에 대한 것이었다는 점이다. 이 몇 구절에서 처음으로 제사장직이 소개된다.

출애굽기 19:20-24의 내러티브에서 가장 눈에 띄는 점은, 산 위에서 모세에게 십계명이 주어졌음에도 불구하고 이 내러티브에서는 거기에 대해 일언반구의 언급도 없다는 사실이다. 여기에는 오직 시내 산에서의 하나님으로부터의 분리와 제사장직의 필요에 대한 언급만이 있다. 출애굽기 20:20-25이 하나님으로부터 백성들이 육체적으로 분리된 것에 초점을 맞추고 있으므로, 이 내러티브의 목적은 분리의 관점에서 제사장직과 성막의 필요성을 보여주는 것일 수 있다. 그러므로 출애굽기 19:19과 출애굽기 20:18-21에 기록된, 하나님과의 만남의 근본적 실패는 제사장직과 성전의 필요로 이끌어가며 그것에 대한 기회를 제공한다(출 19:20-25). 이 짧은 내러티브는 제사장직과 성전을 요구하고 있다.

이렇게 사이에 끼어 있는 내러티브(출 19:20-24) 후에, 그리고 이 내러티브에서 분리와 제사장직, 거룩함의 필요성에 대해 하나님과 대화한 후, 모세는 산에서 내려와 모든 백성에게 십계명(출 24:3), 언약 법전(출 24:3), 성막에 대한 지시(출 25:1-31:18)를 선포한다. 이 명령의 대부분을 저자는 시내 산 언약(출 19:25)의 규정으로 이해했다.

이 몇 개의 구절 속에는 많은 것들이 드러난다. 백성들은 산 위에서 하나님의 음성을 들었고 두려움 때문에 도망했다. 하나님은 백성들이 시내 산에 접근하는 것을 금지함으로써 반응하셨다. 출애굽기 19:19에서 모세와 하나님의 대화와, 백성들이 그 음성을 들은 기사 바로 다음에 십계명이 선포되면, 이 사건들을 좀더 부드럽게 읽도록 만들 수도 있다. 하지만 텍스트는 이런 읽기를 허락하지 않는다. 저자가 시내 산의 사건들을 다르게 보도록 만드는 데는 중요한 이유가 있음이 분명하다. 사실상, 내러티브의 현재 형태는 최소한 출애굽기 19:20-25 이후까지, 십계명 읽기를 지연시키는 역할을 한다. 만약 십계명이 시내 산에서의 모세와 하나님 사이의 대화(출 19:19)에 포함되어 있었다면—이 내러티브의 세부 사항에서 본 것에 근거하여 이것은 명백하다—처음으로 십계명을 백성들에게 말씀하신 분은 바로 하나님이셨으며(출 19:19), 모세는 산기슭에서 그것을 반복했다(출 20:1-17). 하지만 만약 하나님이 원래 이 말씀을 산기슭에 있는 백성들에게 하셨다면, 왜 모세는 산에서 내려왔을 때 그것을 되풀이해야 했을까? 답은 출애굽기 20:18-23에서 찾을 수 있다. 내가 주장한 대로 이 내러티브의 목적은, 산 위 하나님의 임재의 놀라운 광경을 바라보면서 백성들이 두려움으로 움츠리고 있는 모습을 독자들로 하여금 다시 보도록 하는 것이다. 작지만 의미론적으로 밀도 있는 이 내러티브를 중심적인 시내 산 내러티브와 나란히 배열하고 거기에 덧붙임으로써 저자는, 진영에서 떨면서 위협을 느끼는 백성들의 두려움이 그들 자신의 언어로 표현되는 것을 우리로 들을 수 있는 추가적 기회를 제공한다(출 19:16).

> 뭇 백성이 우레와 번개와 나팔 소리와 산의 연기를 본지라 그들이 볼 때에 떨며 멀리 서서 모세에게 이르되 당신이 우리에게 말씀하소서 우리가 들으리이다 하나님이 우리에게 말씀하시지 말게 하소서 우리가 죽을까 하나이다(출 20:18-19)

출애굽기 20:18-21을 읽어보면, 이것이 출애굽기 19:16에 기록된 동일한 사건의 더 숙고적인 버전임이 분명해진다. 즉, 백성들이 하나님께 다가

가는 데 실패한 일이 가진 재앙적 성격에 대해 상당히 더 자세한 정보를 독자들에게 준다. 이 버전 역시 백성들의 생각에 대한 내면적 관점을 제공해준다. 이런 관점의 유사성은 출애굽기 19장과 20장 사이의 관계에 대해 더 광범위한 질문을 일으킨다. 출애굽기 20:18-21에서 산으로부터 후퇴한 이스라엘의 내러티브는 현재 텍스트처럼 십계명(출 20:1-17) 다음에 오기보다는, 출애굽기 19:25 다음에 왔어야 한다고 자주 주장되었다.[64] 현재 형태에서 더 큰 내러티브 안에 나오는 십계명은, 모세가 직접 한 말이 아니라 하나님의 담화의 내레이션으로 시작된다("하나님이 이 모든 말씀으로 말씀하여 이르시되…[출 20:1]). 출애굽기 19:25("그리고 모세가 그들에게 말했다…") 다음에 나오는 것은 어떤 것이든지 내러티브가 아니라 구어(口語)로 주어졌어야 한다. 비평학자들은 현재 상태의 내러티브가 이전 내러티브를 재배열한 것이라고 주장한다. 출애굽기 19:16-19의 역참조의 사실에 근거해, 십계명은 기대와는 다르게 출애굽기 20:18-23 이후가 아니라 이전에 나온다. 출애굽기 내러티브에 이런 사건의 순서를 줌으로써, 이제 이 텍스트는 신명기 내러티브의 순서와 일치하게 된다(비교. 신 5:5-6). 따라서 이 새로운 내러티브의 배열은, 이 장에서의 일부 편집 과정을 반영한 것이라고 할 수 있다. 그렇다면 편집의 목적은 십계명과 함께 언약 법전을, 시내 산에서 하나님이 이스라엘에게 하신 "말씀"의 일부로 포함시키는 것이었던 듯하다. 원래는 십계명만이 시내 산에서 하나님이 하신 "말씀"이었다. 그러나 현재 형태에서 시내 산에서의 하나님의 "말씀"은 언약 법전을 포함한다. 그러므로 출애굽기 24:3a의 "그리고 모든 율례"(wĕ'ēt kolhammišpāṭîm)는 조화시키기 위한 설명적 논평으로 간주된다.

비록 이런 주장을 평가할 근거는 별로 없지만, 이 주장이 기반하고 있는 기본 구조의 관찰은 적절하다고 할 수 있다. 이 내러티브의 현재 상태

---

64) Eissfeldt, *Hexateuch-Synopse*, pp. 145-49을 보라.

그대로에서, 십계명(출 20:1-17)은 하나님이 백성에게 하신 말씀으로서가 아니라, 출애굽기 19:25에서(비교. 출 19:19) 모세가 한 말로서 제시된다. 출애굽기 19:25의 모세의 말이, 앞서 하나님이 산 위에서 모세에게 하신 말씀(출 19:19)을 다시 이야기한 것임은 확실하다. 하지만 이 말씀은 처음에는 하나님이 모세에게 주신 것으로(출 19:19), 나중에는 모세가 백성들에게 준 것으로(출 19:25-20:17) 내러티브에서 제시된다. 다시 말해, 이 내러티브는 하나님과 백성 사이에 증가하는 거리감을 보여준다. 이는 시내 산 내러티브의 시작에서부터(출 19:12-15) 의도된 것은 아니었지만, 이 내러티브 자체에서 이야기된 사건들 일부를 따라오고 있다.

더 큰 내러티브 속에서 출애굽기 20:18-21이 하는 중요한 역할에 대해서는 더 정교한 연구가 필요하다. 십계명을 기준으로 양편에 놓여 있는 두 내러티브(출 19:16-24; 20:18-21) 사이에는 두드러진 유사점과 함께 차이점들도 있다. 두 내러티브는 모두 모세가 왜 홀로 산으로 올라갔는지를 설명한다(출 19:16b; 20:19). 출애굽기 19:21에 따르면 여호와는 모세에게 백성들을 산에서 멀리 떨어지도록, "그들이 밀고 들어와 나 여호와에게로 와서 보려고 하다가 많이 떨어질까[죽을까] 하노라"라고 지시한다. 그러나 출애굽기 20:18-19에서 백성들은 산 위에 있는 여호와의 면전에서부터 "상당한 거리"를 두고 도망가며, 모세에게 "당신이 우리에게 말씀하소서 우리가 들으리이다 하나님이 우리에게 말씀하시지 말게 하소서 우리가 죽을까 하나이다"라고 말하고 있다. 이런 차이점에 더해 출애굽기 19:19에 따르면, 여호와는 모세에게만 말씀하셨다. 반면에, 출애굽기 20:19의 내러티브는 하나님이 모세뿐 아니라 백성들 모두에게 말씀하셨음을 암시한다.

여기서는 이런 변이형들이 문서설의 가정과 어떤 관계를 가지는지에 대해서는 다루지 않을 것이다. 나는 이런 변이형들이 오경 부분의 구성에서 어떤 역할을 하는지 하는 문제로 바로 넘어가고자 한다. 여기서 우리의 질문은 "두 내러티브 안에 있는 유사점과 차이점들이 어떻게 저자의 목적을 이루어가느냐?" 하는 것이다.

오경의 현재 형태에서 십계명(출 20:1-17)은, 출애굽기 19:25에서 모세가 산에서 돌아와서 백성들에게 말했던 내용으로 읽히도록 의도되었다고 할 수 있다. 모세가 이 말들(십계명)을 백성들에게 했을 때(출 19:25-20:17), 내러티브는 그가 십계명과 함께 언약 법전도 이미 받았음을 분명히 한다. 왜냐하면 하나님이 율법을 모세에게 출애굽기 20:22-24:2에서 더 전달하신 것이, 출애굽기 19:20b의 역참조로 표현되어 있기 때문이다. 그러므로 모세가 십계명(출 20:1-17)을 출애굽기 19:25에서 백성들에게 말할 때, "하나님이 말씀하여 이르시되"(출 20:1)로 소개하는 것은 이해할 수 있다. 모세는 하나님이 그에게 출애굽기 20:23-24:2에서 말씀하셨던 것을 백성들에게 말한다. 출애굽기 20:1의 절의 구조(wayyiqtol)는 내러티브의 이런 의미를 암시하고 있다.[65]

앞에서 우리가 주목한 대로, 두 개의 추가적인 구문론적인 특징들이 출애굽기 20:18을 주변의 컨텍스트와 연결시킨다. 출애굽기 19:16-19의 사건으로 되돌아가면서, 둘째 내러티브(출 20:22-24:2)는 첫째 내러티브의 독자의 이해에 있어 중요한 "간극"을 메꾸어준다. 출애굽기 19:16-19은 하나님의 관점에서 백성들의 두려움을 본 것인 반면에, 출애굽기 20:18-21은 같은 두려움을 백성들 자신의 관점에서 본 것이다.[66]

또한 출애굽기 20:22과 24:1의 구문은 출애굽기 19장에서 시작된 시내 산의 사건이, 하나님이 언약 법전을 주신 반대편인 출애굽기 24:1에서

---

65) Wolfgang Schneider, *Grammatik des biblischen Hebräisch: Ein Lehrbuch* (Munich: Claudius, 2001), pp. 177-97을 보라.

66) 여기서 나의 입장은 물론 독립적으로 취한 것이기는 하지만, 어떤 측면에서 Chirichigno의 견해와 비슷하다. 그의 관점에 의하면 이 두 구절은 언약에 대한 서로 다른 두 관점을 반영한다. 즉 출 19:16-25은 여호와의 관점을, 출 20:18-21은 백성들의 관점을 대표한다는 것이다. 또한 그에 따르면, 출 20:18-21은 "백성들의 두려움을 상세하게 설명한다"("The Narrative Structure of Exod 19-24," p. 479). 동시에 나는 출 20:18-21이 "백성들의 두려움과, 출 32장에서 산 아래서의 그들의 죄악된 행위 사이에 원인의 연결로서 역할한다"(ibid.)라는 Chirichigno의 견해에 동의한다.

계속됨을 암시한다. 출애굽기 24:1과 출애굽기 20:22의 내러티브 연결은 "교차대구적 동위"(chiastic coordination)의 수단에 의해 구문론적으로 설립되어 있다.[67] 따라서 출애굽기 24장에서 우리는, 모세가 여전히 산 위에서 하나님의 "말씀"을 받고 있는 것을 발견한다. 출애굽기 24:3에서 하나님이 말씀을 마치셨을 때, 모세는 이 말씀을 백성에게 전달하기 위해 산을 내려갔다. 이 부분에서 "여호와의 모든 말씀과 그의 모든 율례"라는 표현은, 십계명과 언약 법전을 출애굽기 24:3-8의 최종 의례에 의도적으로 연결시킨다. 출애굽기 24:1에서 모세, 아론, 제사장들에 대한 언급은 출애굽기 24:9에서의 그들의 역할을 예상케 하며, 백성들의 "두려움" 때문에 중재자와 제사장직이 필요하게 된 출애굽기 20:21의 결과다.

이런 내러티브 관계로부터 우리가 알 수 있는 것은, 시내 산 언약에는 중재자와 제사장직에 대한 증가하는 필요가 있었다는 점이다. 하나님의 임재에 대한 두려움 때문에, 백성들은 "멀리 떨어져" 서 있었다(출 19:16-24; 20:21; 24:2). 어렵지 않게 우리는, 이 텍스트들 속에서 내러티브의 밑바탕이 한 층씩 한 층씩 구축되어가는 것을 볼 수 있다. 이 내러티브의 논리에 깔려 있는 것은 하나님과 그의 백성 사이의 언약 관계에 대한 새롭고 변화된 견해다. 이것은 단순한 믿음과 순종에 근거한 관계로부터 성막의 요구에 중심을 둔 관계로 움직여간다(출 25-31장). 모세의 역할 역시 하나님의 선지자의 역할로부터 성막에서의 제사장 역할로 변화해갔다. "멀리 떨어져" 있는 백성들은, 모세와 아론과 비슷한 역할을 하는 제사장직에 의해 하나님께 가까이 와야 한다. 바로 이것이 이 내러티브 다음에 나오는 출애굽기 25-31장에서 성막에 대한 지시의 목적이다.

성막 지시의 위치(출 25-31장). 이제 우리는 왜 성막에 대한 지시가 금송아

---

67) *wayyiqtol*(출 20:22)은 x+*qatal*에 의해 계속된다. Francis Andersen, *The Sentence in Biblical Hebrew* (JLSP 31; The Hague: Mouton, 1974), pp. 122-26을 보라.

지 죄의 기사 이전에 기록되었는가 하는 질문으로 넘어간다. 만약 제사장법으로 인도한 것이 금송아지라면, 어째서 성막 지시가 금송아지 기사를 앞서는가? 라쉬는 오경의 순서 배열이 사건의 연대기적 순서를 반영하지 않는다는 견해를 유지했다. 실제로 라쉬는 "금송아지 사건이 성막을 지으라는 지시보다 훨씬 이전에 일어났다"[68]라고 했다. 라쉬에게는, 성막에 대한 지시를 포함해서 제사장법이 금송아지 죄 이후에, 그리고 대속죄일(레 16장) 바로 다음에 왔다.

앞에서 설명한 대로, 출애굽기 19-24장의 내러티브 전략은 성막 지시의 현재 위치에 대해 다른 이유를 제시한다. 앞에서 우리는 시내 산 언약의 묘사에서 강조점이 중재자와 제사장직의 필요성에 있음을 보았다. 백성들은 하나님에 대한 두려움으로 "멀리 떨어져" 서 있었다. 그들은 하나님을 만나기 위해 더 이상 산으로 올라갈 수 없게 된 것처럼(출 19:21-23), 성막 안으로도 들어올 수 없었다. 따라서 내러티브의 논리에 따르면, 하나님께 안전하게 다가가기 위한 필요 뒤에 놓여 있는 것은 이스라엘의 두려움이었다. 바로 이 이유 때문에 성막이 이스라엘에게 주어진 것이다. 금송아지는 이스라엘에게 성막을 주신 하나님의 동기 중 중요한 일부지만, 그것만이 유일한 이유는 아니었다. 이 텍스트에는 백성들의 많은 "범법함"이 기록되어 있다. 금송아지까지도, 그리고 그 이후에도 여러 범법함의 단계가 있었다.

신명기 29:1-29(28:69-29:28 MT)의 언약. 신명기 29-30장에서 암시된 언약의 정확한 성격에 대해서는 상당한 논의가 있었다. 어떤 학자들은 이 텍스트에 과연 언약 형식이 있기는 한 것인지 의심했다. 신명기 29:1에 진술된 것은 실제로 언약인가, 아니면 신명기의 다른 곳에서 발견된, 추측된 언약에 근거한 설교의 모음인가? 신명기 29장을 언약으로 보는 견해의 주

---

68) Chaim Dov Shual, ed., *Rashi's Commentary on the Torah* [Hebrew] (Jerusalem: Mosad Harav Kook, 1988), p. 303.

된 문제점은, 여기에는 언약 규정 또는 언약 율법이 빠져 있다는 것이다. 이런 언약 규정은 고대 언약의 필수적 형식이었다(아래의 〈표 4.4〉를 보라). 신명기 29장에 규정이 없다는 사실은 어떤 학자들로 하여금, 신명기 29:1이 언약은 아니지만, 신명기의 다른 곳에서 발견되는 시내 산 언약에 대한 언급들의 서론이 아닐까 하고 추측하도록 만들었다.

아래의 표는 어떻게 설명하든 관계없이, 신명기 29-30장의 "언약" 형식에는 언약 규정의 항목이 결핍되어 있음을 선명하게 보여준다. 로렌 피셔(Loren Fisher)에 따르면 "과거에 지적된 것처럼, 신명기 29-30장은 조약 형식의 개요에서 발견되는 요소들을 분명히 포함한다. 하지만 여기에는 조약의 필수적 요소인 조약 규정이 빠져 있다."[69] 이것은 신명기 29-30장에서 언약(běrît)에 대한 독특한 문제를 제기한다. 이 텍스트에서 어떻게 정확하게 언약을 찾아낼 수 있으며, 규정이 누락된 것은 어떻게 설명할 수 있는가?

〈표 4.4〉

고대 조약	신명기 29-30장
1. 제목: 왕의 이름/칭호를 진술	1. 미장센(Mise en scène, 신 29:1)
2. 역사: 현재로 이끄는, 과거의 사건을 이야기함	2. 역사적 프롤로그(Historical Prologue, 신 29:1b-8)
3. 조약 규정: 조약의 몸체를 구성하는 율법, 규칙, 지시 사항들	3. —
4. 서판 조항: 조약 서판의 보관에 관한 내용	4. —
5. 조약의 증인들	5. 증인들(신 30:19a)
6. 저주와 축복	6. 저주(신 29:19-27); 축복(신 30:1-10)

---

69) Loren R. Fisher, ed., *Ras Shamra Parallels: The Texts from Ugarit and the Hebrew Bible* (AnOr 50; Rome: Pontificium Institutum Biblicum, 1975), 2:170.

신명기 29장에서 언약 규정의 부재를 어떻게 설명하든, 신명기 29:1에서 두 가지는 확실하다. 첫째, 이것은 언약(*bĕrît*)이다. 둘째, 이 언약은 시내 산 언약이 아니다. 신명기 29:1에서 확인되는 언약은 시내 산(호렙) 언약이 될 수 없다. 왜냐하면 이것은 "호렙에서 [하나님이] 이스라엘 자손과 세우신 언약[*habbĕrît*] 외에[*millĕbad*] 여호와께서 모세에게 명령하여 모압 땅에서 그들과 세우신[*likrōt*] 언약"(신 29:1[28:69 MT])이기 때문이다. 만약 이 언약이 시내 산 언약과 구별되는 언약이라면, 신명기 29장 이전에 있는 어떤 언약도 가리키지 않아야 한다. 왜냐하면 신명기 29장에 앞선, 언약에 대한 모든 언급은 분명하게 시내 산(호렙) 언약으로 확인되기 때문이다. 이 사실에 대해 의심할 사람은 아무도 없다. 따라서 신명기 29:1에서 설명적 논평의 요점은 신명기 29-30장을 언약으로 확증하고 이 언약을 시내 산 언약과 구분하기 위한 것임에 분명하다. 또한 이것의 의도는 신명기 29장을 "조약 규정"이 없는 언약으로 확증하기 위한 것임에 틀림없다. 조약 규정이 없다면 그것은 "언약"일 수 있는가? 신명기 29장의 상세한 부분을 보기 전에, 우리는 서론(신 29:1)이 그것을 어떻게 이해하는지 분명히 해야 한다.

언약의 서론(신 29:1[28:69 MT]). 앞에서 주목한 것처럼, 이 구절은 시내 산 언약과는 대조되는 "언약"(*bĕrît*)을 확인함으로써 시작된다. 비록 자주 논란거리가 되긴 했지만, 이 절이 가진 서론적 성격은, 그 초점이 신명기의 좀더 상세한 부분에 있음을 암시한다.

호렙에서 이스라엘 자손과 세우신 언약 외에[*millĕbad*] 여호와께서 모세에게 명령하여 모압 땅에서 그들과 세우신 언약[*habbĕrît*]의 말씀은 이러하니라 [*ʾēlleb*](신 29:1[28:69 MT])

우가릿에서 발견된 고대의 조약 문서들 일부에서 유추해본 결과, 피셔는 신명기 29:1에서 "언약"이라는 단어가 신명기 29장이 아닌, 신명기의

"다른 곳"에서 발견되는 언약의 제목이라고 주장한다.[70] 피셔의 주장에 따르면, 고대 언약들은 항상 "조약 규정"—즉, 언약 당사자를 다스리는 규칙과 규정들—을 포함한다. 앞에서 지적한 대로, 이런 요소들이 신명기 29장에서는 발견되지 않는다. 이 사실로부터 피셔는 다음과 같은 결론을 내렸다. 즉, 모세가 "언약의 말씀은 이러하니라"라고 했을 때 모세는 신명기 29장에 있는 "말씀들"을 가리킬 수 없다는 것이다. 왜냐하면 이 장에는 전문적인 의미의 "조약 규정"으로서의 "말씀"이 없기 때문이다.

대부분의 영어 성경에서 이 구절은 신명기 29:1로 장절이 매겨져 있다. 이 구절로 장을 시작함으로써 영역본은 우리로 하여금, 이 절의 "언약"을 신명기 29:2-29 속에 개요된 언약과 동일시하도록 인도한다. 하지만 히브리어 성경의 형식은 전혀 다른 방향으로 움직인다. 히브리어 성경에 따르면, 이 구절은 신명기 28:69로 장절이 매겨져서 신명기 28장의 요약적 결론으로 해석된다. 따라서 히브리어 텍스트가 이해한 대로라면, "언약의 이['ēlleb] 말씀들"에 대한 언급은 신명기 이전 부분(1:6-43; 4:44-28:68)에 묘사된 시내 산(호렙) 언약에 대한 것이다.

신명기 28:69[29:1 영역본]의 "말씀"을 시내 산(호렙) 언약을 가리키는 것으로 이해하는 데는 한 가지 극복하기 어려운 장애물이 있다. 이 구절에 따르면, 이 언약은 "하나님이 호렙(시내 산)에서 그들과 세우신" 언약과 명백하게 대조가·되어 있다. 따라서 의심할 여지 없이 이 구절은, 하나님이 호렙(시내 산)에서 그들과 세우신 것 외에(millĕbad), 이스라엘과 "만드실"(likrōt) 다른 언약을 의미한다.

하지만 신명기 28:69(29:1 영역본)의 언약을 시내 산 언약과 일치시키는 데 극복할 수 없어 보이는 이 어려움도, 그것을 극복하려고 시도하는 이들을 막지는 못했다. 칼뱅은 이 구절의 언약이 다른 언약이 아니며, 신명기

---

70) Ibid., p. 165.

534 | 제2부 타나크 속의 오경 구성의 재발견

의 최종 버전에서 추가된 필요한 설명을 "제외하고"(*millëbad*) 모든 점에서 시내 산 언약과 똑같은 언약이라는 견해를 고수했다. 칼뱅에 따르면, 신명기에서의 이 율법의 추가적인 설명은 백성들의 인간적 약함 때문에 필요하게 되었다는 것이다.[71] 이와 유사하게, 드라이버(S. R. Driver)는 모압 "언약"에 대한 언급을 신명기 전체(신 5-26장)를 가리키는 것으로 이해했다. 따라서 "외에"(*millëbad*)라는 단어에 의해 "두 언약은 거기에 맞게 구분"되는데, 이는 서로 다른 두 언약이 아니라, 책의 끝에 추가된 "완전히 새로운 많은 규칙들"을 가리킨다고 보았다.[72]

앞의 두 가지 설명 중 어느 것에도 믿을 만한 해석학적 지지는 없다. 잘 알려진 대로 칼뱅은, 많은 언약적 체제는 있을 수 있지만 언약은 항상 동일한 하나의 언약만 있다는 성경신학적 견해에 헌신되어 있었다.[73]

비록 "외에"(*millëbad*)라는 단어로 이 구절에 주어진 의미를 부여하기는 했지만, 드라이버는 신명기 29:1(28:69 MT)의 "언약"(*bërît*)에 대한 언급이 신명기 29-30장에 나오는 사건들과 연결될 수 없다고 주장했다. 왜냐하면 이 사건들은 29:1의 "말씀"이 언급하는 것에 대해 어떤 구체적인 진술도 포함하지 않기 때문이다.[74] 하지만 칼 슈토이어나겔은 이 "말씀"이 율법이 아니라, 언약식에서의 구두(口頭)의 말씀으로 이루어져 있다고 지

---

71) 칼뱅은 광야에서 40년을 지낸 후 모세가 십계명에 대한 두 번째 설명을 더했다고 믿었다. 왜냐하면 "십계명을 더 완전하게 설명하는 것이 필요했다. 그러지 않았다면 이 율법의 간결함이, 무지하고 이해가 느린 백성들의 마음에 애매모호한 것이 될 수 있기 때문이다"(*Four Last Books of Moses*, p. 416).

72) S. R. Driver, *A Critical and Exegetical Commentary on Deuteronomy* [ICC; Edinburgh: T & T Clark, 1895], p. 319.

73) 칼뱅(*Institutes* 2. 10. 2)은 "모든 족장들과 세운 언약은 실체와 현실에 있어서 우리의 것과 같으며 두 가지가 다 실제로는 하나이며 동일하다. 그러나 경륜의 방법에서는 다르다"라고 주장했다(*Institutes of the Christian religion*, ed. John T. McNeil, trans. Ford Lewis Battles [LCC 20; Philadelphia: Westminster Press, 1960], 1:429).

74) Driver, *Deuteronomy*, p. 319.

적했다.[75] 슈토이어나겔의 관찰은, 고대 문헌에 이런 의식(儀式)의 예가 부족하다는 이유로 현대 학자들에 의해서 일반적으로 무시되었다. 따라서 많은 이들은 신명기 29-30장에 조약 규정이 없으므로, 신명기 29:1(28:69 MT)은 이 장들의 언약에 대한 표제가 될 수 없다고 가정한다.[76]

고대 조약의 역사적 현실에 비추어 성경 내러티브를 다루려는 이런 다양한 시도는, 신명기 28:69(29:1 영역본)이 실제로 "언약"(bĕrît)이라는 단어를 사용한다는 사실과 이 언약을 시내 산(호렙) 언약과 대조시킨다는("외에" [millĕbad]) 사실에는 거의 관심을 기울이지 않는다. 이 언약이 고대의 형식에 맞든지 맞지 않든지, 분명한 것은 오경의 저자가 이것을 언약으로 간주한다는 점이다. 이것은 언약 규정이 없는 언약이다. 더욱이 이 언약은 시내 산 언약과 대조되었으므로, 신명기 1:5-28:68의 다른 곳에서 언급된 시내 산 언약과 같을 수가 없다. 이런 점은 우리를 다음과 같은 결론으로 이끈다. 즉, 오경의 저자는 독자로 하여금 신명기 29-30장을, 시내 산 언약과 다른 종류의 언약을 의미한다고 믿도록 하려 했다는 것이다. 이런 경우 신명기 28:69(29:1 영역본)의 언약에서 조약 규정이 없다는 점은, 전략적으로 두 개의 언약을 대조시키는 특징이 될 수 있다. 시내 산 언약이 많은 수의 조약 규정(613개의 율법)으로 유명하다는 사실을 감안할 때 특히 그럴 수 있다. 저자는 바로 이 특징에 의해 이 언약을 시내 산 언약과 구별했다고("외에"[millĕbad]) 생각할 수 있다.

신명기 28:69(29:1 영역본)에서 언약들 간의 대조의 관점으로 볼 때, 오

---

75) "Nicht das Gesetz, sondern die beim Abschluss der ברית gesprochenen Worte, die Bundesschluss-Predigt"(Carl Steuernagel, *Übersetzung und Erklärung der Bücher Deuteronomium und Josua* [HKAT 1/3; Göttingen: Vandenhoeck & Ruprecht, 1900], p. 105).

76) "신 29-30장은 언약을 체결하는 식을 묘사하지 언약의 '말씀'은 아니므로, 28:69은 29-30장의 제목이 될 수 없다. 따라서 이 절은 그 앞선 것을 가리킴에 틀림없다" (Fisher, *Ras Shamra Parallels*, p. 165).

경 내에서 조약 규정이나 율법을 가지지 않는 다른 언약을 살펴보는 것은 도움이 될 수 있다. 내가 지적하고 싶은 것은 출애굽기 19:5에 소개된 언약이다. "너희가 내 말을 잘 듣고 내 언약을 지키면…." 이미 우리는 출애굽기의 이 초기 언약이 순종해야 하는 규정이나 율법들을 구체적으로 기록하지 않았다는 흥미로운 사실을 지적한 바 있다. 이런 관점에서 이것은 신명기 29장과 정확히 동일하지는 않다고 해도, 적어도 유사하다.

언약 형식에서 규정 목록이 없는 이 두 "언약"(출 19:1-9; 신 29장)은, 그 자체로 많은 율법을 가진 시내 산 언약을 감싸며 뼈대 역할을 한다. 두 언약은 모두 언약의 "말씀"(출 19:7; 신 28:69[29:1 영역본])에 대해서 언급하지만, 이 "말씀"이 무엇인지에 대해서는 상세히 설명하지 않는다.

출애굽기 19:1-9과 신명기 29장에서 이런 종류의 언약에 대해서 특히 흥미로운 지점은, 후대에 예레미야와 에스겔 같은 선지자들이 이 언약들에 규정과 율법이 없다는 사실에 주목했다는 것이다. 예레미야는 이렇게 규정이 없는 것이, 하나님이 원래 시내 산에서 목표로 하셨던 다른 종류의 언약의 표시로 본다. 이것은 하나님이 아브라함과 맺으신 언약과 같은 종류로, 규정이나 율법을 의도하지 않은 언약이었다. 예레미야 7장에서 예언자는 시내 산에서 하나님이 원래 의도하신 언약의 의도를, 출애굽기 19:1-9의 언약을 상기시키는 방법으로 요약한다.

사실은 내가 너희 조상들을 애굽 땅에서 인도하여 낸 날에 번제나 희생에 대하여 말하지 아니하며 명령하지 아니하고 오직 내가 이것을 그들에게 명령하여 이르기를 너희는 내 목소리를 들으라 그리하면 나는 너희 하나님이 되겠고 너희는 내 백성이 되리라 너희는 내가 명령한 모든 길로 걸어가라 그리하면 복을 받으리라 하였으나(렘 7:22-23)

이 구절은 후대의 예언서 저자들이 시내 산에서 성립된 초기 언약(출 19:5-9)에 규정이 없다는 점을 인식하고 있었음을 분명히 보여준다. 이들은 이런 생략을, 하나님이 처음 이스라엘에게 시내 산에서 제공하셨던 종류의 언약의 측면에서 해석했다. 이것은 아브라함에게 주셨던 것과 같은 언약으로, 분명한 규정이 없었다. 또한 예언자들은 이 언약의 생명이 짧게 밖에는 지속되지 못했음을 알았다. 이스라엘이 하나님을 신뢰하는 것에 실패하고 "그분을 순종하지" 않은 즉시로, 하나님은 이 언약에 규정들(율법)을 더하셨다. 그리하여 이것은 현재 우리가 시내 산에서 보는 것과 같은, 수백 개의 상세한 규정을 가진 다른 종류의 언약이 되어버렸다.

앞에서 지적한 대로, 예레미야 7:22-23에서 예언자는 규정의 부재가 하나님 편에서 의도된 것이었으며, 이것이 빠르게 상실됐음을 보았다. 출애굽기 19장에서 언약의 유형에서의 변화를 설명한 바로 다음에, 예레미야는 이 언약을 다시 한 번 보도록 제안한다. 그는 이번에는 언약 유형에 변화가 일어난 원인을 구체적으로 설명하고 있다. 왜 아브라함의 언약 같은 것이 모세의 시내 산 언약 같은 것으로 그토록 빨리 변했는가? 예레미야 11:7-8은 앞서 예레미야 7:22-23에서 진술된 것을 명료하게 하며, 출애굽기 19:1-9 이후에 언약 유형이 변한 것에 대해 추가적인 설명을 한다. 예레미야서의 이 구절에는 몇 개의 중요한 진술이 있다. 우리는 이 상세한 부분을 염두에 두고 조심스럽게 논의를 진행시켜야 한다.

우리가 할 첫째 관찰은, 예레미야 11:7-8에 있는 "역사적 회상"[77]이 70인경에는 나오지 않는다는 것이다. 이 중요한 "생략"에 대해서는 특별한 관심을 쏟을 만하다. 왜냐하면 이 텍스트는 70인경에서 "생략"된 것이 아니며, 오히려 마소라 텍스트에서 서기관이 "추가"한 것일 수도 있기 때문이다. 어떤 경우이건, 우리는 어째서 예레미야서의 메시지에 이런 것이 "생략"되었거나 또는 "추가"되었는지 설명해야 한다.

둘째 관찰은 예레미야 11:8에 나오는 동사 וָאָבִיא(wā'ābî', "이루게 하였느

---

77) William McKane, *A Critical and Exegetical Commentary on Jeremiah* (ICC; Edinburgh: T & T Clark, 1986), 1:238.

니라"[NJPS])의 의미에 대한 것이다. 에른스트 로젠뮐러(Ernst Rosenmüller)는 마소라 텍스트에 있는 모음 부호대로, 이 동사는 이전 시내 산에서의 사건 들을 되돌아보는 내러티브 시제(*wayyiqtol*)임을 올바로 지적했다. "*wā'ābî'* '*ālêhem 'et-kol-dibrê habbĕrît-hazzō't*"("이 언약의 모든 말씀대로 그들에 게 이루게 하였느니라").[78]

NRSV은 이 동사를 과거형으로 번역함으로써 로젠뮐러의 입장을 따른다.[79] "So I brought upon them all the words of this covenant, which I commanded them to do, but they did not"("내가 그들에게 행하라 명령하였어도 그들이 행하지 아니한 이 언약의 모든 말씀대로 그들에게 이루게 하였느니라").[80] 예레미야 11:8에서 과거에 대한 언급이 분명히 지적되었음에도 불구하고, 몇몇 번역자들은 וָאָבִיא(*wā'ābî'*) 동사의 의미와 시제를 미래로 택했다. 그리하여 여기 붙이는 모음 부호는 변화하여 וְאָבִיא(*wĕ'ābî'* : *weyiqtol*)가 된다. 예를 들면, "Therefore I will bring upon them all the words of this covenant, which I commanded them to do, but which they have not done"(NKJV, "그러므로 내가 그들에게 행하라 명령하였어도 그들이 행하지 아니한 이 언약의 모든 말씀을 그들에게 이루게 할 것이다").

셋째 관찰은 예레미야 11:8의 "이 언약의 모든 말씀"(*'et-kol-dibrê*

---

78) Ernst F. C. Rosenmüller, *Scholia in Vetus Testamentum*, part 8 (Leipzig: Barth, 1826), 1:336.

79) *wayyiqtol* "시제"는 내러티브로서, 자주 과거 사건을 다시 상세히 설명하는 데 사용되었다. 동사 형태 자체는 "과거 시제"가 아니지만, 영역본에서는 "과거 시제"로 번역되는 것이 일반적이다. Schneider, *Grammatik des biblischen Hebräisch*, p. 179을 보라.

80) Rosenmüller를 따르는 또 다른 영역본은 ASV이다: "Therefore I brought upon them all the words of this covenant, which I commanded them to do, but they did them not"; RSV: "Therefore I brought upon them all the words of this covenant, which I commanded them to do, but they did not"; NIV: "So I brought on them all the curses of the covenant I had commanded them to follow but that they did not keep." NJPS 와도 비교하라. "So I have brought upon them all the terms of this covenant, because they did not do what I commanded them to do."

babbĕrît-hazzō't) 구문의 의미와 참조에 대한 것이다. 이 "말씀"은 무엇을 가리키는가? 어떤 이들은 이것을 시내 산 언약의 규정과 율법으로 이해한다. 다른 이들은 언약의 율법과 규정에 불순종함으로써 오는 저주와 심판으로 본다. 베른하르트 둠은 언약의 추가적인 "말씀"이 신명기 끝에 열거된 처벌이었다고 믿었다.[81]

히브리어 단어의 의미와 직접적인 컨텍스트로 판단해보건대, 나는 예레미야 11:8에 있는 "말씀"이 예레미야 11:6의 "말씀"일 것으로 생각한다. 그것은 이스라엘이 언약의 규정 또는 율법으로 "순종"(שמע, *šm'*)해야 했던 "말씀"이었다. 예레미야가 생각했던 언약은 순종해야 하는 율법과 규정을 가진 시내 산 언약이었다.

예레미야 11:8에서 선지자는 시내 산을 되돌아보며 예레미야 11:6의 율법이나 규정들이 어떻게 시내 산 언약의 일부가 되었는지 다시 이야기한다. 시내 산에서 이스라엘은 하나님께 순종하지 않았다. 그들은 자신의 길로 갔으며, 따라서 하나님은 그들에게 "언약의 말씀"을 주셨다. 하나님은 순종했어야 할 원래의 언약에 율법과 규정들을 더하신 것이다. 하나님은 이스라엘에게 순종하도록(*la'ăśôt*) "말씀"을 가져오셨지만, 그들은 그것에 순종하지 않았으며(*wĕlō 'āśû*, 렘 11:8), 그러므로 하나님은 예레미야 11:8의 "말씀"을 주셨다. 바로 이것이 예레미야 11:6에서 지금 그들이 순종해야 하는 율법이나 규정들이다.

어떤 주석자들은 예레미야 11:8의 "말씀"을, 만약 이스라엘이 11:6에 있는 언약에 순종하지 않는다면 그들이 견디어야 할 형벌과 심판으로 본다. 이 구절에 대한 이런 읽기는 모순되는 것으로 밝혀진다. 예레미야 11:6에

---

81) "Die Worte des Bundes, die Jahwe über die ungehorsamen Väter gebracht hat, sind die Drohungen, die das Deuteronomium besonders in 27 28-30 über die Nichtbefolgung des Gestzes ausspricht"(Bernhard Duhm, *Das Buch Jeremia* [HKAT 11: Tübingen: Mohr Siebeck, 1901], p. 109).

따르면, 이스라엘은 "언약의 말씀"을 순종해야 했다. 하지만, "언약의 말씀"은 그 후 이스라엘의 불순종 때문에 11:8에서 형벌로서 추가되었다.

이 구절에 대해 대부분의 영역본은 라쉬를 따라 "언약의 말씀"을 두 가지를 의미하는 것으로 본다.[82] 예레미야 11:6에서 "말씀"은 순종해야 하는 언약의 규정이지만, 예레미야 11:8에서는 이스라엘의 불순종의 결과인 "언약의 위협과 저주"다. 이 두 구절에서 "언약의 말씀"은 두 가지 의미를 가진다. NIV은 예레미야 11:8b을 "그러므로 내가 그들에게 따르도록 명령한 언약의 모든 저주의 말씀을 그들에게 이루게 했다"(역자 주—앞장의 각주 80번을 보라)로 번역했다. NIV의 마지막 절의 표현은 번역상의 어려움을 드러낸다. 하나님이 어떻게 그들에게 "언약의 모든 저주"를 따르도록 명령할 수 있는가? 하나님이 어떻게 "그들이 언약의 저주와 형벌을 행하지 않았다고[wĕlō' 'āśû]" 이스라엘에게 저주와 형벌을 가져올 수 있겠는가? 누가 저주를 "행할 수" 있는가? "규정과 율법을 행하도록" 부름 받을 수는 있어도 "저주를 행하도록" 부름 받을 수는 없다.

예레미야 11:8에 대한 라쉬의 해석을 영역본에 소개한 로젠뮐러는, 예레미야 11:7-8의 해석에 대해 이런 설명을 한다.

(하나님이 말씀하시기를) 나는 언약을 위반한 자들이 내가 위협했던 모든 심판을 경험하도록 했다. 이것을 타르굼은 잘 설명했다. 나는 심판을 그들에게 보냈는데 왜냐하면 그들이 언약의 말씀을 받아들이지 않았기 때문이다. 라쉬는 이렇게 말했다. "나는 내가 그들에게 준수하도록 부과했던, 하지만 그들이 결코 순종하지 않았던 말씀에 의해 언약에 선포했던 저주를 그들에게 이루게 했다." 왜냐하면 나는 "וָאָבִיא"("내가 이루게 했다")를 미래 시제인 "וְאָבִיא"("내가 이루게 할 것이다"), 즉 끔찍한 사건들이 입증한 위협들을 "내가 성취할 것이다"로 읽고자 하기 때문이다. 비록 이 해석이 모음의 변화 없이는 불가능한 것임을

82) ‏האלות האמורות על הדברים אשר צויתי לעשות ולא עשו‎.

보지는 못했지만, 베네마(Venema)도 동일하게 생각했다. 이를 인정하면서도, 나는 이 해석이 9, 10, 11절에 더 잘 맞는다고 본다.[83]

스스로 인정한 것처럼 로젠뮐러의 해석은 라쉬와 타르굼을 따른 것으로, 시내 산 언약의 율법이 가진 이차적 성격의 개념을 받아들이는 데 실패함으로써 촉발된 것임이 분명하다. 그러나 히브리어 텍스트가 실제로 진술하는 내용은 다음과 같다. 즉 이스라엘이 이집트에서 나왔을 때, 하나님은 출애굽기 19:4의 진술대로 "그를 순종하도록"(šimʻû bĕqôlî[렘 11:7]) 부르셨지만 이스라엘은 순종하기를 거부했다(wĕloʼ šāmʻû[렘 11:8]). 따라서 하나님은 그들에게 행하라고 명령했으나 그들이 순종하지 않았던(렘 11:8) "언약의 말씀"을 "그들에게 이르게 하셨다[wāʼābîʼ]." 이 "언약의 말씀"이 예레미야가 지금 그들에게 순종하고 행하도록 요청하고 있는 "율법과 규정"임은 확실하다. "이 언약의 말[ʼet-dibrê habbĕrît hazzôʼt]을 듣고[šimʻû] 지키라[waʼăśîtem ʼôtām]"(렘 11:6). 예레미야 11:6-8은 이스라엘의 불순종의 결과로 시내 산 언약에 추가적인 율법이 더해졌다고 보는 출애굽기 19-24장의 구성적 전략을 따르고 있다.

다음으로 살펴볼 내용은, 70인경의 히브리어 대본(Vorlage)[84]에서 예레미야 11:7-8이 생략된 사실이, 예레미야서와 오경의 이 구절들의 해석과

---

83) וְאָבִיא עֲלֵיהֶם אֵת כָּל דִּבְרֵי הַבְּרִית הַזֹּאת "Et duxi contra eos omnia verba huijus foederis, i.e. effeci, ut omnia illa mala, quae iis, qui foedus cum iis initum violaverint, minatus sum, in eos irruerent. Chaldaeus haud male sic exposuit: *immisi eis poenam propterea quod non susceperunt verba foederis.* JARCHI: 'Induxi in eos exsecrationes, quae pronuntiatae sunt in foedere propterea, quae iis observanda injunxi, quae vero non observarunt.'—Pro וְאָבִיא venire feci, mallem legere וְאָבִיא, in Futuro, venere faciam, implebo minas, diris constabit eventus. Idem sensit VENEMA, non tamen videns, Punctis mutatis tantum hance interpretationem posse locum habere. Sed recogitans, video Versum 9. 10. 11. Aptiorem esse consuetae interpretation"(Rosenmüller, *Scholia in Vetus Testamentum*, p. 336).

84) Vorlage란 LXX의 번역자가 사용한 히브리어 텍스트를 가리킨다.

추기(Excursus)
예레미야 11:6-8의 해석

로젠뮐러의 해석에는 심각한 문제점들이 있다. 그중 주요한 문제점은, 예레미야 11:8의 "언약의 말씀"에 그가 부여하는 의미다. 첫째, "언약의 말씀"이라는 동일한 표현이 예레미야 11:6에서는 시내 산 언약의 규정을 가리킨다는 것은 보편적인 합의다. 예레미야는 "이 언약의 말을 듣고 지키라"(렘 11:6)라고 말하면서 큰 소리로 예루살렘 거민을 부른다. 같은 표현이 두 절 뒤인 예레미야 11:8에서 다시 사용되었다. 여기서는 이스라엘이 시내 산에서 하나님을 순종하지 않았을 때, 하나님은 그들에게 "언약의 말씀"을 가져왔다고 설명한다. 다만 두 절 떨어져서 동일한 표현이 사용되었다면, 거기에 의미 변화를 가져올 강력한 이유가 없는 한, 이 표현은 같은 의미를 가져야 마땅하다. 둘째, 예레미야 11:8에서 "언약의 말씀"은 시내 산 언약의 "형벌과 저주"가 될 수 없다. 왜냐하면 이 "언약의 말씀"은 이스라엘에게 다가올 저주로 주어진 것이 아니라, 그들이 행해야 하는 규정으로 주어진 것이기 때문이다. 간단히 말해, 예레미야 11:6에서 "언약의 말씀"은 이스라엘에게 "행하도록"(šimʿû ʾet-dibrê habbĕrît hazzōʾt waʿăśîtem ʾôtām) 주어진 것이다. 또한 예레미야 11:8에서 "언약의 말씀"은 하나님이 그들에게 "행하라 명령했어도 그들이 행하지 않은"(ʾet-kol-dibrê habbĕrît-hazzōʾt ʾăšer-ṣiwwîtî laʿăśôt wĕlōʾ ʿāśû) 것이다.

몇몇 영역본은 이 단어들을 주해적으로 정당화하려고 시도하지 않은 채, 다르게 번역한다.[a] 하지만 이것은 여기에 걸려 있는 문제들에 대한 질문을 일으킨다. 왜 동일한 문구가 다르게 번역되었는가?

그 답은 구절 전체의 의미에 놓여 있다. 만약 "언약의 말씀"이 언약의 규정과 율법으로 이해된다면, 예레미야 11:8은 시내 산 언약의 규정—즉, "언약의 말씀"—이 이스라엘의 불순종 이후 나중에 언약에 추가된 것이었음을 진술할 것이다.

> 그들이 순종하지 아니하며 귀를 기울이지도 아니하고 각각 그 악한 마음의 완악한 대로 행하였으므로 내가 그들에게 행하라 명령하였어도 그들이 행하지 아니한 이 언약의 모든 규정대로 그들에게 이루게 하였느니라 하라(렘 11:8)

저변에 깔려 있는 쟁점은, 하나님이 오직 이스라엘의 불순종 이후에야 시내 산 언약에 율법을 주신 의미다. 현재 형태의 텍스트는, 출애굽기 19:5에서처럼 시내 산에서 이스라엘이 하나님께 "순종"하도록 부름 받았지만, 구체화된 율법은 없었음을 충분히 분명하게 드러낸다. "너희가 내 말을 잘 듣고 내 언약을 지키면 너희는 모든 민족 중에서 내 소유가 되겠고." 하지만 백성들이 두려움과 불신 때문에 하나님께 불순종했을 때, 하나님은 그들에게 형벌이 아니라 "언약의 말씀"—즉, 그들이 순종해야 하는 시내 산 언약의 규정—을 이르게 하셨다. 예레미야는 시내 산 내러티브에서 내가 지적한 구성적 전략의 윤곽을 따라 오경을 읽고 있다. 율법은 이스라엘의 범법함을 인하여 언약에 더해졌다.

로젠뮐러와 라쉬를 따른 영역본들은 "말씀"(*dibrê*)이라는 단어를 "저주"로 번역하여, 하나님이 이스라엘의 불순종의 결과로서 그들에게 율법보다는 오히려 형벌을 보내셨다는 생각에 강조를 둔 구절에 의미를 부여했다. 이 구절에 대한 이런 독해에서, 하나님은 "그들의 불순종으로 내가 그들에게 율법을 가져왔다"가 아니라, "내가 그들에게 저주를 이루게 했다"라고 말씀하신다. 이것은 분명히 이 구절에서 "말씀"을 "저주"로 설명한 라쉬의 의도다. 하나님이 불순종한 백성들에게 "언약의 저주"를 이루게 했다는 생각은, 그분이 규정을 가져오셨다는 개념—즉, 불순종에 대한 반응으로 백성들에게 "언약의 말씀(율법)"을 주셨다는 개념—과 근본적으로 다르다.

이 구절에 대한 앞서의 논의는, 하나님이 이스라엘에게 이루게 하신 "말씀"이 "저주"가 아니라, 시내 산 언약에 추가하신 "율법"이었음을 충분히 분명하게 보여주었다.

따라서 예레미야 11:8은 예레미야 7:21-28의 의미를 더욱 명료하게 만든다. 시내 산에서 하나님은 백성들과 언약으로 들어가셨다. 앞서 출애굽기 19:1-9에서 암시한 대로, 원래 이 언약에는 관련된 규정이나 율법 집합이 없었다. 이 언약은 율법을 가지지 않는 아브라함 언약의 연속으로 주어졌으며, 출애굽기 19:9이 분명히 진술하듯, 믿음의 소명(*ya'ămînû*)에 근거한 것이었다. 하지만 백성들은 불순종했으며 하나님은 그들에게 언약 속에서 그들과의 관계를 다스리기 위한 규정(/율법)을 가져오셨다. 율법은 형벌이 아니라, 이스라엘의 불순종을 억제하고 그들로 하나님의 뜻을 따르도록 인도하기 위한 방법으로 주어졌다. 율법은 이스라엘에게 좋은 것이었으며 그들을 위한 하나님의 은혜의 행위였다. 예레미야 7:22-23과 11:7-8의 두 텍스트에 따르면, 하나님은 이스라엘을 이집트에서 이끌고 나오신 때부터 시내 산 언약에 율법을 더하셨다. 또한 하나님은 예레미야의 시대까지 그분의 예언자들을 통해서 계속적으로 그렇게 하셨다.

내가 너희 조상들을 애굽 땅에서 인도하여 낸 날부터 오늘까지[b] 간절히 경계하며 끊임없이 경계하기를 너희는 내 목소리를 순종하라 하였으나 그들이 순종하지 아니하며 귀를 기울이지도 아니하고 각각 그 악한 마음의 완악한 대로 행하였으므로 내가 그들에게 행하라 명령하였어도 그들이 행하지 아니한 이 언약의 모든 규정(역자 주─말씀)대로 그들에게 이루게 하였느니라 하라(렘 11:7-8)

너희 조상들이 애굽 땅에서 나온 날부터 오늘까지 내가 내 종 선지자들을 너희에게 보내되 끊임없이 보내었으나(렘 7:25)

---

a) 렘 11:6에서 언약의 "말씀"(words[KJV, NKJV, RSV, NRSV])과 언약의 "조건"(terms[NIV, NJPS])을 비교하라.

b) וְעַד(wĕ'ad, "까지"[even to])에서 접속사 waw는, 하나님이 시내 산에서 백성들에 대항해서 "언약의 말씀"을 가져오시는 행위와, "그리고" 예레미야 선지자 자신의 시대"까지"(and even to)의 그분의 행위 사이를 구분한다. 렘 7:25의 평행 구문에서 전치사 מִן(min, "으로부터")이 사용된 것과, עַד('ad, "까지")와 함께 waw가 없는 것은, 렘 7:25이 시내 산에서가 아니라 이스라엘의 역사를 통해 예언자들에 의해 율법이 주어진 것을 우선적으로 의미함을 보여준다. 따라서 "너희 조상들이 애굽 땅에서 나온 날부터[min] 오늘까지['ad]"의 구문은, 이 구절이 구체적으로 시내 산에서가 아니라 이스라엘의 역사를 통해 예언들에 의해(렘 7:25) 율법이 주어짐을 가리킨다는 사실을 보여준다.

역할에 무엇을 의미하는가 하는 것이다. 이 구절들은 70인경(즉, 히브리어 Vorlage)[85]에 의해 생략된 것인가, 아니면 마소라 텍스트에 의해 추가된 것인가? 예레미야 11:7-8을 제거해도 예레미야 11:6과 11:9이 이음매의 기운 자국 없이 이어진다는 사실은, 예레미야 11:7-8이 마소라 텍스트에 의해 첨가되었음을 암시한다. 그렇다면 어째서 이런 일이 생겼을까? 베른하르트 둠을 위시한 대부분의 학자들은 이 두 구절이 마소라 텍스트에 추가되었음을 일반적으로 인정하는 것 외에는, 별다른 도움을 주지 않는다.[86] 예레미야서의 70인경 버전에서는 이와 같은 더 짧은 읽기가 일반적이다.

이집트와 광야에서 이스라엘(신 29:2-8[29:1-7 MT]). 언약에 대한 묘사는 이스라엘을 위한 하나님의 신실하신 예비하심의 요약으로 시작되며, 그것을 이스라엘의 지속되는 불신과 대조시킨다.

> 모세가 온 이스라엘을 소집하고 그들에게 이르되 여호와께서 애굽 땅에서 너희의 목전에 바로와 그의 모든 신하와 그의 온 땅에 행하신 모든 일을 너희가 보았나니 곧 그 큰 시험과 이적과 큰 기사를 네 눈으로 보았느니라 그러나 깨닫는 마음과 보는 눈과 듣는 귀는 오늘 여호와께서 너희에게 주지 아니하셨느니라 주께서 사십 년 동안 너희를 광야에서 인도하게 하셨거니와 너희 몸의 옷이 낡아지지 아니하였고 너희 발의 신이 해어지지 아니하였으며 너희에게 떡도 먹지 못하며 포도주나 독주를 마시지 못하게 하셨음은 주는 너희의 하나님 여호와이신 줄을 알게 하려 하심이니라 너희가 이 곳에 올 때에 헤스본

---

85) "가장 가까이 접근 가능한 설명이 아마도 최상일 것이다. 즉 번역자는 7-8절(וישׁע אל를 제외하고)이 나타나 있지 않은 히브리어 텍스트를 가지고 있었다(Streane, Duhm 역시)"(McKane, *Jeremiah*, p. 238). "다른 한편으로, LXX가 텍스트의 초기 단계를 증거하며, 7-8절은 7:22-24과 다른 곳에서 신명기적 언어로부터 온 이차적인 것으로 주장할 수도 있다"(7장과 11장 사이의 비교점을 주목하라, 특히 7:22-24과 11:1-5).

86) "Warum v. 7f. in der LXX fehlt, das ist schwer zu sagen"(Duhm, *Das Buch Jeremia*, p. 109).

왕 시혼과 바산 왕 옥이 우리와 싸우러 나왔으므로 우리가 그들을 치고 그 땅을 차지하여 르우벤과 갓과 므낫세 반 지파에게 기업으로 주었나니(신 29:2-8[29:1-7] MT)

영적 순종을 요청함(신 29:9[29:8 MT]). 신명기 29:9(29:8 MT)은 신명기 29:1에서 선포된 새 언약에 대한 순종을 요구한다. 이 부분의 요점은 이 언약의 성격을 이해하는 데 필수적이다. 모세는 "이 언약의 말씀"에 순종하면 그것이 지혜로 이끈다고 말한다.

그런즉 너희는 이 언약의 말씀을 지켜 행하라 그리하면 너희가 하는 모든 일이 형통(*taśkîlû*, 역자 주―"지혜롭다")하리라(신 29:9[29:8 MT])

이 말씀은 시내 산 언약에서 요구된 순종을 영성화(spiritualization)한다. 그 자체로 이 구절은 여호수아 1:8의 생각의 노선, 즉 토라를 묵상하는 것이 "지혜롭게 됨"(*taśkîl*)을 가져온다는 논리를 따른다. 여호수아서로부터 이 텍스트는 타나크에서 중요한 정경의 이음매다. 하나님을 알고 순종하는 것이 지혜로 인도한다.

아브라함 언약의 성취(신 29:10-13[29:9-12 MT]). 이 언약에서 요구되는 순종의 성격은 신명기 30:6에 표현된 할례 받은 마음의 개념을 예고한다. 또한 이것은, 이 언약이 아브라함에게 한 하나님의 맹세를 성취시킬 것이라는 기대도 불러일으킨다. 한때 시내 산 언약의 역할이었던 것을, 지금은 신명기 29장의 언약이 대신 떠맡게 되었다.

오늘 너희 곧 너희의 수령과 너희의 지파와 너희의 장로들과 너희의 지도자와 이스라엘 모든 남자와 너희의 유아들과 너희의 아내와 및 네 진중에 있는 객과 너를 위하여 나무를 패는 자로부터 물 긷는 자까지 다 너희의 하나님 여호와 앞에 서 있는 것은 네 하나님 여호와와의 언약에 참여하며 또 네 하나님 여호와께서 오늘 네게 하시는 맹세에 참여하여 여호와께서 네게 말씀하신 대로 또 네 조상 아브라함과 이삭과 야곱에게 맹세하신 대로 오늘 너를 세워 자기 백성을 삼으시고 그는 친히 네 하나님이 되시려 함이니라(신 29:10-13[29:9-12 MT])

미래에 포로 상태에 있을 자들에게 한 경고(신 29:14-18[29:13-17 MT]). 이집트에서의 과거 포로 생활과, 우상을 숭배하는 열방 사이에서의 미래의 포로 생활은, 여호와께 신실하게 남아 있으라는 경고를 요구한다.

내가 이 언약과 맹세를 너희에게만 세우는 것이 아니라 오늘 우리 하나님 여호와 앞에서 우리와 함께 여기 서 있는 자와 오늘 우리와 함께 여기 있지 아니한 자에게까지이니 (우리가 애굽 땅에서 살았던 것과 너희가 여러 나라를 통과한 것을 너희가 알며 너희가 또 그들 중에 있는 가증한 것과 목석과 은금의 우상을 보았느니라) 너희 중에 남자나 여자나 가족이나 지파나 오늘 그 마음이 우리 하나님 여호와를 떠나서 그 모든 민족의 신들에게 가서 섬길까 염려하며 독초와 쑥의 뿌리가 너희 중에 생겨서(신 29:14-18[29:13-17 MT])

언약의 성취를 볼 자들의 예(신 29:19-28[29:18-27 MT]). 이 (새) 언약 성취의 보편적인 측면은 하나님의 백성들에 대해 다음과 같은 세 단계로 펼쳐진다. (1) 성취는 미래에 자신들이 열방 사이에서 방황하고 있음을 발견할 이스라엘 백성들과 (2) 포로 상태에 있는 이스라엘 백성들과 (3) 시내 산 언약을 지키는 데 실패했던 자들을 포함한다.

성취는 열방 사이에서 방황하고 있는 이스라엘 지파들을 포함한다.

이 저주의 말을 듣고도 심중에 스스로 복을 빌어 이르기를 내가 내 마음이 완악하여 젖은 것과 마른 것이 멸망할지라도 내게는 평안이 있으리라 할까 함이라 여호와는 이런 자를 사하지 않으실 뿐 아니라 그 위에 여호와의 분노와 질투의 불을 부으시며 또 이 책에 기록된 모든 저주를 그에게 더하실 것이라 여호와께서 그의 이름을 천하에서 지워버리시되 여호와께서 곧 이스라엘 모든 지파 중에서 그를 구별하시고 이 율법책에 기록된 모든 언약의 저주대로 그에게 화를 더하시리라(신 29:19-21[29:18-20 MT])

성취는 포로 상태에 있는 이스라엘 백성들에게 찾아올 것이다.

너희 뒤에 일어나는 너희의 자손과 멀리서 오는 객이 그 땅의 재앙과 여호와께서 그 땅에 유행시키시는 질병을 보며 그 온 땅이 유황이 되며 소금이 되며 또 불에 타서 심지도 못하며 결실함도 없으며 거기에는 아무 풀도 나지 아니함이 옛적에 여호와께서 진노와 격분으로 멸하신 소돔과 고모라와 아드마와 스보임의 무너짐과 같음을 보고 물을 것이요(신 29:22-23[29:21-22 MT])

성취는 시내 산 언약과 그 율법을 무시하는 미래 세대까지도 포함한다.

여러 나라 사람들도 묻기를 여호와께서 어찌하여 이 땅에 이같이 행하셨느냐 이같이 크고 맹렬하게 노하심은 무슨 뜻이냐 하면 그때에 사람들이 대답하기를 그 무리가 자기 조상의 하나님 여호와께서 그들의 조상을 애굽에서 인도하여 내실 때에 더불어 세우신 언약을 버리고 가서 자기들이 알지도 못하고 여호와께서 그들에게 주시지도 아니한 다른 신들을 따라가서 그들을 섬기고 절한 까닭이라 이러므로 여호와께서 이 땅에 진노하사 이 책에 기록된 모든 저주대로 재앙을 내리시고 여호와께서 또 진노와 격분과 크게 통한하심으로 그들을 이 땅에서 뽑아내사 다른 나라에 내던지심이 오늘과 같다 하리라(신 29:24-28[29:23-27 MT])

추가적인 계시를 기다림(신 29:29[29:28 MT]). 모세는 신명기 29:1(28:69 MT)에서 처음으로 소개된 이 미래의 언약에 대해, 더 계시되어야 할 것들이 많이 남아 있음을 인정한다. 모세는 독자들에게, 하나님이 이 언약에 대해 더 계시해주시도록 인내심을 갖고 기대하면서 기다릴 것을 요구한다.

감추어진 일은 우리 하나님 여호와께 속하였거니와 나타난 일은 영원히 우리와 우리 자손에게 속하였나니 이는 우리에게 이 율법의 모든 말씀을 행하게 하심이니라

이 마지막 말 속에서 모세는 그의 메시지의 한계와, 그의 발자취를 따를 예언자들의 추가적인 메시지의 한계를 인식하고 있음을 보여준다(렘 31:31-32). 모세는 이 (새) 언약에 대해 하나님이 계시할 것이 미래 세대를 위해 기록되어야 하며, 훨씬 더 많은 것을 기대해야 함을 인정한다. 이 구절에서 분명한 것은, 이사야 선지자가 자신의 비전의 한계를 알고 더 많은 계시를 기다릴 필요를 보았던 것과 같이(사 6장; 8장), 모세도 미래의 성취와 더 많은 계시에 대한 인식을 반영했다는 점이다. 자신의 예언 사역 도중에 이사야는 비전의 마지막에 다다르게 되었다. 그는 하나님으로부터 더 많은 말씀과, 그분의 계획을 계시할 더 많은 전령들을 기다려야 한다. 이런 한계를 인식하면서 이사야는 제자들에게 다음과 같이 비밀을 털어놓는다. "너는 증거의 말씀을 싸매며 율법을 내 제자들 가운데에서 봉함하라 이제 야곱의 집에 대하여 얼굴을 가리시는 여호와를 나는 기다리며 그를 바라보리라"(사 8:16-17).

신명기 29:29(29:28 MT)에서 모세의 이 마지막 프로그램화된 진술과, 그것이 책 말미에서 가지는 역할은, 바로 다음 장인 신명기 30장에서 미래에 대해 추가적인 말씀을 기대하고 있음을 드러낸다. 신명기 30장에 암시된 "감추어진 일"은 이스라엘의 예언자들의 글 속에 아직 계시되지 않았다. 모세는 새 언약에 대해 자신에게 계시된 것을 기록한다(신 30:1-14). 그리고 그들이 예언자들로부터 더 많은 계시를 기다리듯이(신 34:10?), 하나님의 말씀이 미래에 성취될 것(신 30:15-20)도 신뢰하도록 거기 있는 자들

에게 부탁한다.

비록 시내 산 언약은 하나님과 아브라함의 언약의 연장으로 시작되었지만, 오경은 다음과 같은 사실을 분명히 한다. 즉 시내 산은 다른 언약으로 대체되어야 했으며, 금송아지 범죄에 의해 오염된 백성들을 위한 율법으로서의 새로운 목적을 부여받았다. 확실히, 오경에는 이스라엘의 율법 법전의 지위가 부여되지 않는다. 그것은 시내 산 언약의 율법이 떠맡은 역할이었다. 오경은 그 자체로 새 언약에 대한 희망의 표현으로 시내 산 언약의 모세 율법 이상으로 설정되었다. 오경신학에서 시내 산 언약이 가진 이런 역할의 변화는 이미 이 언약의 시작 단계에서 볼 수 있다(출 19-24장).[87]

구성의 전략의 관점으로 볼 때, 그리고 십계명 같은 다양한 율법 집합을 다루는 관점에서 볼 때, 오경 내러티브는 자신을 시내 산 언약의 성격과 목적에 대한 연장된 조약으로 제시한다. 오경의 저자는, 이스라엘이 즉각적으로 금송아지 우상숭배로 타락한 사건이 하나님과 그들 사이의 언약의 성격을 근본적으로 변화시켰음을 보여주고자 한다. 언약의 시작부터 텍스트는 족장들의 종교가 가진 성격과 동일한 시각으로 언약의 성격을 묘사한다. 아브라함과 같이 이스라엘도 하나님을 순종하고(출 19:5; 비교. 창 26:5), 그의 언약을 지키며(출 19:5; 비교. 창 17:1-14) 믿음을 행사하도록(출 19:9; 비교. 15:6) 되어 있었다. 비록 이스라엘은 즉각적으로 이 언약의 조건에 동의했지만(출 19:8), 곧 그들은 그것을 지킬 수 없음을 증명했다(출 19:16-17). 두려움 때문에 그들 자신은 "멀리 떨어져"(출 19:18-20; 20:18-21)서 있는 동안, 백성들은 모세에게 그들을 대신해서 하나님의 면전으로 가도록 요청했다. 백성들의 두려움과 불순종에 대한 응답으로, 하나님은 그들을 위해 십계명을 쓰셨으며, 언약 법전과 성막을 지을 계획도 세우셨다. 십계명과 언약 법전에서 묘사되듯이, 이스라엘과 하나님의 관계는 우상숭

---

87) John H. Sailhamer, "The Mosaic Law and the Theology of the Pentateuch," *WTJ* 53 (1991): 24-61을 보라.

배의 절대적인 금지와, 찬양과 희생의 단순한 제사에 근거한 것이었다. 이 언약은, 지금 분명하게 정의된 규정들("십계명")을 가졌다는 점만 제외하고, 여전히 족장 시대의 것과 아주 유사하다.

이스라엘 백성들은 아론 가계의 제사장들에 의해 인도되어 금송아지 사건에서 빠르게 우상숭배에 빠졌다. 심지어 시내 산에서 모세에게 율법이 주어지고 있는 바로 그 순간에, 제사장 아론은 같은 산기슭에서 금송아지를 만들고 있었다. 따라서 언약은 주어지기 바로 직전에 깨어져 버렸다(출 32장). 금송아지는 내러티브의 진행에서 결정적인 순간을 표시한다. 하나님은 은혜와 긍휼로(출 33장) 이스라엘을 끊어버리지 않으셨다. 언약은 갱신되었다(출 34장). 하지만 이 갱신에는 추가적인 율법이 시내 산 언약에 주어졌다. 이것은 제사장 율법 법전의 나머지에 나타나 있다(출 35장-레 16장). 이 율법들은 제사장들을 감독하려는 것으로 보이지만, 나중에 백성들이 숫염소에게 제사하는 사건(레 17:1-9)에서도 명백하게 나타나듯, 이 율법들에 대한 규정도 필요하게 되었다. 이 목적을 위해 하나님은 성결 법전(레 17-25장)을 주셨으며 언약을 다시 갱신하셨다(레 26장). 신명기와 함께 언약에 율법의 최종적 추가를 하게 되었으며, 결국에는 시내 산 언약과 다른 언약을 이야기하게 된다(신 28-30장).

지금까지 내가 대략적으로 제시한 오경의 내러티브 전략은 앞에서 논의된 내용, 즉 순교자 유스티누스로부터 시작되어, 은혜 언약 안에서의 율법의 위치를 다룬 요한 콕세이우스에 의해 발전된 내용과 유사하다. 또한 내 견해는 사도 바울이 갈라디아서 3:19에서 한 주장과, 마태복음 19:8에서 예수가 하신 언급을 반영한다. 하나님은 백성들의 범법함("마음의 완악함")을 인하여 규정으로 언약에 율법을 더하셨다.

제3부

오경신학의 해석

8장

오경 속의 언약과 축복의 성격

"언약적 축복"이란 제목하에 이야기할 몇 가지 주제와 개념은, 일반적으로 "약속신학"의 양상으로 논의된다. 하지만 이 두 접근법 사이에는 중요한 차이점들이 있다.

약속과 성취

"약속신학"(promise theology)은, 구약과 신약을 통합하는 중심 주제로서의 신약적 개념인 "약속"에 초점을 맞추는 성경신학적 접근법이다. 구약은 하나님의 새로운 역사 또는 미래적 행위에 대한 "약속"을 구체적으로 표현한 것으로 이해되며, 신약은 그 약속의 "성취" 또는 실현으로 간주된다. 성경신학의 중심 주제로서 신약의 "약속" 개념의 사용은 19세기 복음주의, 특히 요한 폰 호프만[1]과 윌리스 저드슨 비처(Willis Judson Beecher)[2]의 연구 속에 깊은 뿌리를 내리고 있다.

신약학자들은, 비록 그것이 어떻게 이해되어야 하는지에 대해서 항상 분명하지는 않았지만, "약속"(*epangelia*) 개념을 예수와 신약의 메시지의 틀을 잡는 방법으로 편리하게 사용해왔다. 신약은 구약에서 이전에 약속되었던 것의 성취나 실현으로 간주된다. 그런데 복잡한 문제는, 영어 단어인 **약속**(promise)이 독일어로는 적어도 세 개의 단어, 즉 "Zusage", "Verheissung", "Weissagung"으로 번역될 수 있다는 것이다.[3] 신학자들

---

1) Johann C. K. von Hofmann, *Weissagung und Erfüllung im alten und im neuen Testamente* (Nördlingen: Beck, 1841).

2) Willis Judson Beecher, *The Prophets and the Promise* (Grand Rapids: Baker, 1963).

은 이런 독일어 단어의 사용에서 실제적 구분을 즐기는 반면에, 다른 대다수 사람들은 영어 단어 "약속"의 한 가지 의미에 제한된다.

구약에 대한 평가절하

구약과 신약의 통일성에 대한 접근에서 **약속**(promise)이라는 영어 단어의 사용은 심각한 불공평을 초래했다. 항상 의도적인 것은 아니지만, 구약을 "약속"으로, 신약을 "성취"로 보는 일은 구약을 더 낮은 지위로 좌천시키는 결과를 피할 수 없이 가져온다. 구약은 더 위대하고 완전한 어떤 일이 일어나기를 기다리는 준비 단계다. 신약은 지금까지 약속으로만 존재했던 것의 도래와 실현을 나타낸다. "약속된" 것은 구약에서 "아직은 아닌" 것 또는 "부분적으로" 실현된 것이다. "성취된" 것은 지금 여기서 완전하다. 이리하여 약속신학의 수많은 형태는 구약과 신약을 결합하기는커녕, 성경으로서의 구약의 가치를 축소했다.

　구약에 대한 평가절하를 감소시키기 위한 시도로서, 신약의 "최종적 성취"와 나란히 구약에서 "다중적 성취"를 언급하는 것도, 약속신학에서 구약의 그림이 가지는 전체적 불균형을 바로잡기에는 역부족이다. 적어도 영어 단어인 "약속"의 개념은 그것 자체로는, 비록 다중적인 것이라 해도 어떤 단계를 의미한다는 관점을 극복하지 못한다. 이런 개념은 신약에서의 최종적 "성취"에 훨씬 못 미치는 것이다. 구약에서 시작되어 구약을 통해 신약으로 이어지는 "점진적 계시"의 개념도 이 문제를 경감시키지 못한다. 문제는 영어로 된 문구인 "약속과 성취"(promise and fulfillment)의 개

---

3) 문헌에서 "약속"의 개념은 이 사상을 표현하는 최고의 영어 단어에 대해서 의견이 갈린다. Werner Georg Kümmel, *Promise and Fulfilment: The Eschatological Message of Jesus*, trans. Dorothea M. Barton (SBT 23: London: SCM Press, 1957), *Verheissung und Erfüllung*의 번역판(1945)을 보라.

넘에 있으며, 이 개념이 구약과 신약의 성경신학을 평가하는 격자 틀로서 사용된다는 데 있다. 이 격자 틀은 구약과 신약 사이의 내재적 관계를 보는 중립적 견해가 아니며, 기독교 정경 전체의 내재적 가치에 대해 사전에 결정된 평가다. 따라서 이 격자 틀을 두고 무슨 이야기를 하든지, "성취"로서의 신약은 그것과 상응하는 "성취되지 않은" 것으로서의 구약에 대한 평가절하를 수반할 수밖에 없다. "약속과 성취"를 "미성취와 성취" 외에 다른 것으로 보기는 힘든 것이다. "성취"라는 신약적 사고의 측면에서 구약에 "약속"이라는 딱지를 붙이는 것은, 어쩔 수 없이 구약 메시지에 대한 평가절하, 그리고 교회와 그리스도인의 삶에서 구약 메시지가 가지는 중요성에 대한 평가절하를 가져온다.

물론 문제에 대한 인식이 해결과 같은 것은 아니다. 신약 저자들 스스로도 그들의 새로운 상황과 구약 사이의 관계를 묘사하는 방법으로 "약속"의 개념을 사용했다는 추가적인 사실은 우리로 하여금, 성경신학에서 "약속"이 가지는 궁극적 가치에 대해 질문하도록 만든다. 신약 저자들처럼 우리도, 현재의 기독교적 삶 속에서 구약을 평가절하함이 없이 여전히 구약을 "약속"으로 말할 수 있을까?

"약속" 주제들을 위한 성경 용어

"약속"에 대한 신약 개념을 구약과 신약의 성경신학의 통합점으로 만들려는 시도가 가져오는 더 어려운 질문은 모두가 인정하듯, 구약 자체는 신약의 "약속" 개념에 상응하는 단어나 표현을 가지지 않는다는 관찰이다.[4] 사

---

4) "Eine alttestamentliche Vorgeschichte unseres Wortes gibt es nicht"(*TWNT* 2:575). LXX도 도움이 안 된다: "Die wenigen Stellen, an denen ἐπαγγελία oder ἐπαγγέλλεσθαι in der LXX vorkommen, sind für das nt.liche Verständnis der Wörter bedeuntungslos. Es liegen zT Mißverständnisse des hbr Textes vor"(ibid.).

실 이 어려움은 단지 용어가 부재한다는 점에만 있지 않고, 다음과 같은 두 방향으로 움직인다. 첫째, 만약 "약속" 개념이 성경신학의 중심 요소로 역할할 만큼 중요하다면, 어째서 구약의 어휘 내에서 언어적 표현의 수준에까지 나아가지 않았을까? 왜 "약속" 사상에 상응하는 진정한 단어를 발견하기 위해서는 신약까지 기다려야 했을까? 이는 심각한 문제인데, 왜냐하면 "약속"이라는 주제가 구약 자체에서는 이 용어를 사용할 만큼 충분히 중심적이 아닐 가능성을(개연성은 아닐지 몰라도) 열어놓기 때문이다.

이런 문제를 다루기 위한 방법으로서, "약속" 개념을 표현한다고 간주되는—비록 그것이 이차적이거나 추론을 통해서일지라도—용어와 단어들을 한층 더 열심히 검색하는 작업으로는 충분하지 않다. 이런 검색이 중요할 수도 있지만, 더 핵심적인 해결책은 언어적 표현의 다른 형태들, 즉 구성적 전략과 내러티브 구조, 또는 눈에 보이는 구약 용어 없이도 "약속" 개념을 실어나를 수 있는 기법 같은 것을 탐구하는 작업에 있다. 이 책에서 나의 시도는, "언약"과 "축복"이라는 한 쌍의 주제를 가지고 이 방향으로 움직여가 보는 것이다. 이 두 단어 중 어떤 것도 신약의 "약속" 개념과 적절하게 동일시될 수 없다. 그럼에도 신약에서 발견되는 "약속" 용어의 측면에서, 이 두 단어는 동일한 의미론적 무게를 수반하는 것으로 보인다.

둘째, 월터 카이저를 위시한 일군의 학자들의 주장처럼,[5] 수많은 구약 단어와 표현 배후에 "약속" 주제가 놓여 있다는 가능성이 주어진다면, 다음과 같은 추가적 질문을 하는 일이 필수적일 것이다. 즉 우리는 구약의 "약속" 개념이 신약 용어와 어떤 식으로든 유사하다고 가정하는 것이 정당화될 수 있는지 다시 질문해야 한다. 구약에서 "약속" 주제를 발견하는 것이 가능하다는 가정하에, 이것이 신약의 "약속" 텍스트들과 동일한 의미를 가진다고 기대하는 것이 정당한가? 다른 식으로 말하자면, 이 질문

---

5) Walter C. Kaiser Jr., *Toward an Old Testament Theology* (Grand Rapids: Zondervan, 1978).

은 신약의 "약속과 성취" 주제가 이미 구약에서 작동하고 있었는지, 그리고 신약과는 별개로 구약 자체의 용어를 발전시켰는지의 여부를 묻는다. 신약적 의미에서, 구약에서도 완전히 성취된 구약의 약속(*epangelia*)이 이미 존재하는가? 궁극적으로는 이런 방법만이, 신약의 개념을 구약으로 역으로 가져가 읽는다는 비난을 피하는 길이 될 것이다. **약속** 같은 중요한 용어의 의미는, 특히 이것을 구약에서 찾아야 한다고 주장할 때는, 앞에서 언급한 사전에 결정된 "다중적 성취" 개념을 떠나서 구약 자체 내에서 완전히 성립되어야 한다. "약속" 용어에 대한 더 철저한 연구가 부재한 상황 속에서, 우리는 프리드리히 바움게르텔(Friedrich Baumgärtel)의 경고에 귀를 기울여야 한다. 바움게르텔은, 비록 구약이 "약속" 개념을 가지는 것은 사실이지만, 이 단어의 신약적 의미는 가지지 않음을 증명해 보였다. 즉 구약은 "약속" 개념을 표현하는 사상과 용어의 범위를 가지고 있지만, 이런 개념들은 신약의 "약속"과 보통 일치하지 않는다.

따라서 구약은 "약속"에 대한 자체의 의미를 가지며, 그것을 묘사하는 잘 발전된 용어 체계를 가진다. 우리는 구약이 자체적으로 신약과 정확히 동일한 사상을 가지고 있을 것이라고 기대해서는 안 된다. 우리는 신약이 자기 사상을 표현하기 위해 구약 용어를 사용할 때도, 신약이 자체적 용어를 발전시키거나 그 용어에 구약적 의미를 부여할 때도 놀라서는 안 된다. "약속"의 개념은 확실히 구약 전체를 통해서 존재하지만, 그렇다고 이 단어가 신약과 동일한 의미를 가지고 있음을 의미하지는 않는다. 우리가 해야 할 질문은, "약속" 개념이 신약 용어 "*epangelia*"와 동일한 의미를 가진다는 것을 확인해줄 무엇이 구약의 용어와 주제, 구조 속에 있는지 하는 것이다. 바움게르텔의 주장처럼 만약 두 의미가 동일하지 않다면, 우리는 구약의 의미는 무엇인지 그리고 그 의미가 어떻게 구약 텍스트 안에 표현되는지 질문해야 한다. 그럴 때만 구약 의미와 신약의 "*epangelia*" 개념과의 관계를 이해하고, 이것을 신구약 전체를 연결하는 통합점으로 신약 단어들과 병행해서 사용하기를 시도할 수 있을 것이다.

무엇보다도 신약의 약속 주제들의 사용을 위한 구약의 신뢰할 만한 보증을 제공하기 위해서는, 구약 내에서 구약 "약속"이 이미 진정으로 성취되었음을 찾아야 한다. 이것은 구약 정경 내에서 "상호텍스트성" 개념의 중요성을 제기한다. 예를 들면, 예언자들은 그들의 시대를 "약속"의 "성취"의 측면에서 이해했는가? 오경은 "부분적"이거나 "다중적" 성취의 의미로서만이 아니라, 자체의 내러티브를 "성취" 내러티브로 이해했는가? 시내산 같은 오경의 사건들은 이전의 하나님의 약속(예, 창 15:15-16)의 성취로 읽혔는가? 오경의 저자는 요한복음 8:56의 예수의 말씀("너희 조상 아브라함은 나의 때 볼 것을 즐거워하다가 보고 기뻐하였느니라")과 일치된 "성취" 개념을 가지고 있었는가?

구약에서 약속 용어의 부재로 발생한 많은 어려움에도 불구하고, 구약신학 내에서 신약의 "약속" 개념의 사용은 비록 크게 실패했음에도, 복음주의적 성경신학에 영구히 정착해버렸다. 그 주요한 이유는 신약의 "약속"을 수반하는 "성취" 개념이, 피상적이기는 하지만 진정한 연속성의 의미로 신구약을 겹치지 않으면서도 둘을 함께 모으는 데 사용될 수 있기 때문이다. 하지만 만약 신약에서의 약속 용어 사용을 구약과의 관계에서 이해하려면, 구약의 용어를 명료하게 하는 것이 필수적이다. 신약의 "약속" 개념에 대응하여 구약에서 사용된 용어가 만약 있다면, 그것은 무엇인가? 구약 또는 신약의 성취 개념에는, 구약과 신약의 "약속" 개념을 연결하는 어떤 의미론적 효과가 있는가? 이런 질문을 다룬 후에야 우리는 약속신학에서 두 용어의 사용으로부터 이득을 기대할 수 있다. 다른 말로 하자면, 신약에 기초를 둔 약속신학과 "약속" 개념이, 구약에 기초를 둔 것과 어떤 차이점을 가지는지 알아내야 한다.

복음주의적 약속신학자들

성경신학에서 신약의 "약속" 개념을 중심점으로 적극 추구했던 현대의 복음주의 구약학자로는 게할더스 보스와 월터 카이저가 있다. 앞에서 지적한 대로 용어의 어려움 때문에 두 신학자는 구약과 신약에 동등한 무게를 주는 성경신학을 만들 수 없었다. 둘은 모두 구약책에 부여되는 의미를 위해 신약적 미래에만 의지하는 구약신학을 우리에게 남겨놓았다. 결과적으로, 구약신학의 초점은 구약으로부터 나오는 것이 아니라, 주로 신약 텍스트에 중심을 둔 미래적 희망으로부터 나온다. 이런 초점의 위치 조정으로 야기된 중요한 결과는 기독교 성경으로서의 현재 구약의 사용을 거의 전적으로 간과한 것이다. 구약 약속의 신약적 성취라는 포장지를 풀고 난 후에는, 구약에 남은 것이라고는 포장 외에는 거의 없다.

게할더스 보스. 게할더스 보스의 "약속"에 대한 이해는 신약으로부터 직접적으로 끌어온 것이다. 그는 "약속"을, 하나님이 하셨을 때에는 성취(실현)되지 않았지만(예, 아브라함) 미래에 성취될 신성한 제의로 이해한다. 하나님이 이 성취를 미래까지 보류한 신학적 목적은, 구약의 성도들에게 이 약속에 대한 믿음의 중요성을 가르치기 위해서였다. "하나님은 하나님 자신에게 성취를 보류하셨을 뿐 아니라, 족장들의 삶 동안 그 약속에 신적 성취를 부여하는 것도 억제하셨다. 따라서 아브라함은 오로지 약속하시는 하나님 안에서 하나님의 약속을 소유하는 것을 배웠다."[6)]

더 자세한 사항으로 가지 않고도 우리는 보스의 "약속"에 대한 이런 견해가, 아브라함에게 하신 하나님의 "약속들"이 아브라함에게 성취되었다고 분명히 믿는 장 칼뱅의 견해와 얼마나 다른지, 그리고 앞에서 지적했듯 약속에 대한 예수의 이해("너희 조상 아브라함은 나의 때 볼 것을 즐거워하다가 보고 기뻐하였느니라"[요 8:56])와도 얼마나 다른지에 주목해야 한다. 앞의 인용에서 볼 수 있듯, 보스는 하나님이 아브라함에게 믿음에 대한 교훈을 가르치

---

6) Geerhardus Vos, *Biblical Theology: Old and New Testaments* (Grand Rapids: Eerdmans, 1948), p. 101.

시기 위해, 그리고 약속하시는 분으로서의 하나님과 연결하기 위해 고의적이고 의도적으로 성취를 보류하셨다고 믿었다. 하나님의 약속의 성취를 즉시 받지 못했기 때문에, 아브라함은 오직 약속 자체만을 바라보기보다는 오히려 약속을 주신 하나님을 신뢰하기를 배웠다. 아브라함에게 주신 궁극적인 약속은 하나님이 그에게 약속하신 것의 즉각적인 성취보다 훨씬 더 가치 있는 것이었다. 보스에 따르면, 약속은 "천상의 옷과 같아서 그 옷을 걸쳐 입은, 약속된 구체적 대상이라는 몸보다 더 귀중하다."[7] 성취되지 않은 약속들은 하나의 수단이다. 이 수단을 통해 하나님은 물질적인 소유와 축복 이상을 기대하는 미래적 소망을 생산하신다. 하나님 안에서 믿음의 대상으로서의 하나님의 약속은 그것의 객관적인 성취보다 더욱 중요하다. 왜냐하면 "이미 소유했건 아직 소유하지 않았건 간에, 이 지상적인 것들로부터 그들은 약속의 소유를 하나님 자신과 더 밀접하게 동일시하는 형태로 바라다보는 법을 배웠기"[8] 때문이다. 구약에서 약속의 성취의 부재는 하나님의 백성들에게 그분의 약속의 영적이고 미래적 차원을 찾도록 가르치는 주요 수단이었다. 보스는 구약의 성취의 부재를 영적인 것으로 만든다.

신약의 성취를 더 위대하고 더 영적인 것으로 기대한 보스의 "약속"에 대한 신약 개념은, 성경신학과 신구약 간의 관계에 대한 그의 이해에 선명한 영향을 끼쳤다. 이리하여 구약에 있는 모든 것은, 신약 성취의 도래로 기다리고 다만 "지상적"일 수 있는 것들을 무시하면서, 그리고 "하나님 자신과 더 밀접하게 동일시되는 약속의 소유 형태가 도래하는 것을 기다리면서" 지연되고 보류되었다.[9] 보스의 이해에서, 구약의 "약속"은 미래에 성취되고 실현되어야 하는 어떤 것이다.

---

7) Ibid.
8) Ibid.
9) Ibid.

월터 카이저. 카이저 역시 약속에 대한 신약적 개념이, 자신의 인기 있는 구약신학의 중심(Mitte)이 되도록 몰아붙였다.[10] 카이저는 구약에는 신약의 "약속" 개념에 해당하는 정확한 성경적 용어가 존재하지 않는다는 사실을 인정한다. 그럼에도 그는 신약의 "약속" 개념이 구약신학의 중심적인 부분이며, 여기에 관계된 수많은 용어와 이미지가 발견될 수 있다고 확신한다. 그에 따르면, "신약이 궁극적으로 '약속'(*epangelia*)으로 부르는 것이, 구약에서는 여러 개의 용어들로 이루어진 별자리 속에 이미 알려져 있다."[11]

이런 전제들을 시작점으로, 카이저의 성경신학의 중심 추동력은 항상 신약의 "성취"를 주위 깊게 살피면서, 구약 전체를 통해서 다양한 약속 주제들을 해석학적으로 분리시키는 것이다. 카이저를 위시하여 이런 견해를 취하는 이들에게는 구약의 성취가 일련의 초기적 성취 또는 "아직은 아닌"(not yet) 성취로 보일 수밖에 없다. 이런 성취는 그것 자체로서 최종적이고 궁극적인 성취가 아니라, 신약에 있을 성취를 위해 구약 신자들의 믿음과 희망을 강화시키는 역할을 하는 성취다.

구약에는 "약속"에 대한 구체적 용어가 없음을 인정한 후로, 카이저의 주요한 작업은 이 부재에도 불구하고 "약속"의 개념[12]이 성경의 모든 부분에 동일하게 존재한다는 사실을 해석학적으로 보여주는 것이었다. 비록 그의 이런 노력으로 구약과 신약을 연결시키는 많은 열매가 맺히긴 했지만, 구약 자체의 "약속" 용어가 가진 정확성의 부족은 불가피하게 그를 점점 더 복잡한 모호성으로 몰고 간다. 결국 진실된 노력에도 불구하고, "약속"이라는 신약 개념이 구약에서 신약으로 움직이는 유일한 길, 심지어 가장 중요한 길이라는 카이저의 중심 명제에는 설득력이 없다. 구약 자체 안에는 다른 방향을 가리키는 너무나 많은 언어의 도로 표지판들이 여전히

---

10) Kaiser, *Toward an Old Testament Theology*.

11) Ibid., p. 33.

12) Ibid., pp. 33-40.

존재한다. 비록 "약속"은 신약의 관점과 창세기의 족장 내러티브에서는 필수적인 개념이지만, 카이저가 생각한 성경 전체를 통해 움직이는 중심적인 구약 약속 개념은, 성경의 나머지 부분을 통해 따라가다 보면 점점 한 계점에 다다른다.

"약속"에 해당하는 구체적인 구약 용어가 부재한다는 점은 무시하기에는 너무 심각한 문제다. 특히 이것을 성경신학의 중심 주제로 다루려고 할 때, 그리고 구약을 자체의 용어로서 다루고 신약 전체를 따라 그것을 이해하려고 할 때 더욱 그렇다. 현대의 성경신학자 대부분은 "약속" 주제의 흔적이 구약에서 단어와 관용적 표현들의 일부 또는 대다수에서 발견되어야 한다는 점을 인정할 것이다.[13] 문제는 이런 흔적이 아주 미세하여, 발견하기 위해서는 많은 신약적 상상력이 요구된다는 점이다. 심지어는 발견된 경우에도, 구약 전체는 차치하고라도, 그것의 구체적인 컨텍스트에서조차도 중심적인 개념으로는 거의 취급될 수 없다. 이렇게 드문 "약속" 주제의 흔적에 강조점을 두는 것은 유효할지는 몰라도, 이차적인 논점을 지나치게 강조하는 모험이 된다. 이런 경우 상대적으로 사소한 구약 주제가 그 안에 신약의 "약속" 개념을 가진 것처럼 보이기 때문에, 다른 더 중요한 주제와 용어의 중심 메시지를 덮어버릴 수 있다. 구약 내에서 신약과 동등한 "약속"을 발견하겠다는 주장이 가치 있는 것처럼, 심지어는 필수적인 임무인 것처럼 보이지만, 그렇게 함으로써 면밀히 조사해보면 신약의 "약속" 개념과 실제적으로 연결된 더 중심적인 구약 주제를 보고도 못 본 체할 수 있다. 신약이 구약에 존재하지도 않은 주제를 따른 것이 아니다. 오히려 신약은 특별한 목적을 위해 덜 눈에 띄는 구약 주제를 택한 것으

---

13) "Wenn auch im Alten Testament ein Wort Verheissung im Sinne des neutestament-lichen Begriffs (epaggelia) fehlt....Die sprachlichen Umschreibungen des Begriffs im Alten Testament sind: Wort, Gnadenerweisung, Satzung, Bund sagen, zuschwören" (Friedrich Baumgärtel, *Verheissung: Zur Frage des evangelischen Verständnisses des Alten Testaments* [Gütersloh: Bertelsmann, 1952], p. 16).

로 보인다. 구약을 신약과 함께 제시하기 위해 "약속"과 같은 덜 눈에 띄는 구약 주제를 사용했다고 해서, 신약 저자들이 이 주제를 구약의 중심 주제로 이해했다고 가정할 수는 없다. 신약은 "성취"의 개념을 구약의 예언에 대한 신약 자체의 이해와 연결시켰다. 그렇게 함으로써 신약은 "약속"에 대한 신약 개념을, 구약에 내재하는 "약속"의 의미라면 무엇이든지 그것과 연결시키려 시도하지 않았다. 이런 것을 고집하는 것은 증거를 멋대로 변경시키는 일에 가깝다.

구약에서 신약의 "약속" 주제를 밝혀내기 위해 카이저가 자주 한 시도 뒤에는 이런 함정이 놓여 있는 듯하다. 우선 첫째로, 카이저는 신약의 "약속" 개념을 구약에서 찾기 위해 "약속" 자체의 개념에 조준하지 않고 "축복"이라는 히브리어 단어에 목표를 정함으로써 시작한다. 그는 구약 텍스트에서 "축복"이 실제로 "약속"을 의미한다고는 주장하지 않는다. 오히려 그의 작업 모델은 구약에서 "축복"이, 구약 저자들이 "약속" 개념을 표현하기 위해 사용한 "용어들의 별자리" 중 가장 초기의 것이라는 내용이다. 여기서 카이저는 "축복" 개념이 "약속" 개념과 상호 관계에 있다고 가정한다. 비록 신약의 "약속"의 의미가 그의 머릿속에 무겁게 자리 잡고 있는 것은 분명하지만, 왜 그렇다고 믿는지에 대해서는 분명하게, 그리고 해석학적으로 설명하지 않는다. "약속" 개념의 신약적 이해가 정말로 구약에서 발견될 수 있다는 가정에서 시작해서, 카이저는 구약에서 이런 신약의 "약속들"의 많은 예를 식별하는 일에 착수한다. 물론 이런 종류의 결론을 유추한 것은 카이저 혼자만이 아니다. 이는 대부분의 약속신학 형태의 표준적 절차다.[14]

역설적이게도, 약속신학의 주요 약점 중 하나로 지적당하는 것이 구약 용어를 사용하려는 시도다. 구약에서 약속과 연관된 "축복" 용어를 찾

---

14) Baumgärtel은 다시 지적한다: "Die sprachlichen Umschreibungen des Begriffs im Alten Testament sind: Wort, Gnadenerweisung, Satzung, Bund sagen, zuschwören"(Ibid.).

는 데 있어 카이저는, 구약에서 "축복"이라는 단어가 처음 나오는 곳을 즉각적으로 외면해야 했다(창 1:22). 왜냐하면 이 "축복" 용어의 사용은 분명히 그가 생각한 종류의 신약적 "약속"의 표현이 아니었기 때문이다. 오히려 이것은 창조의 다섯째 날에 물고기와 새들에 대한 창조주의 "축복"에 관한 언급으로, 신약의 "약속" 주제의 특징으로 볼 수 없다.[15] 의심할 여지없이, "축복"은 구약의 중심적 용어다. 물론 창세기 1:22의 첫 번째 사용은 해석학적으로는 중요하지만, 이 용례는 신약에서 발견되는 "약속" 개념과는 어떤 연결성도 없다. 카이저는 이 첫 번째로 나오는 "축복" 용어가 신약의 "약속" 주제와는 거의 혹은 완전히 관계가 없음을 인정하면서도, 창세기 1장의 다른 곳에 나오는 "축복" 용어는 신약과 연결성이 있다고 주장한다.[16] 카이저의 주장에 따르면, 창세기 1장의 다른 곳에 나타난 이 "축복"은 "하나님의 계획을 의미하는 첫 번째 것이다."[17] 축복은 "계획"을 의미하고, 이 계획은 "약속"을 암시한다. 카이저의 접근 방식이 가진 주요한 약점으로는 다음을 지적하는 것으로 충분할 듯하다. 즉, 창세기 1장에 사용된 "축복" 용례의 일부가, 약속과 연관된 주제라는 신호를 보낸다는 그의 견해는 옳다 하더라도, 여기에서와 다른 곳에서 실제로 어떻게 이런 결론에 도달할 수 있는지 하는 문제는 해석학적으로 증명해 보이기가 어렵다. 왜냐하면 이 문제는 텍스트 자체로부터 텍스트에 나타난 단어의 의미를 분리함으로써—결코 좋다고 할 수 없는 해석학적 움직임이다—시작되기 때문이다. 훨씬 더 나은 절차는, 이 텍스트(창 1장)에서 "축복" 개념에 집중함으로써 어떻게 이 개념이 오경 전체의 의미와 맞아떨어지는지를 관찰하는 것이다. 적어도 이런 관점 안에서는 텍스트의 해석을 그 단어의 실제적

---

15) Kaiser, *Toward an Old Testament*, p. 33.
16) 창 1:28에서 "인간을 위한 축복이 증식과 '지배-소유'라는 하나님의 선물 이상을 포함한다"라는 Kaiser의 진술은, 물고기와 새에게 주신 "축복"이 단지 그것만을 포함한다고 그가 믿고 있음을 함축한다(ibid.).
17) Ibid.

의미와 연결할 수 있다.

카이저가 "약속" 텍스트라고 주장하는 다른 일련의 참고 용례들도, 구약에서 발전된 "약속" 주제의 증거가 모호하다는 점을 드러낸다. 카이저에 따르면, "'dibber'(보통은 '말하다'로 번역된다)라는 동사는 30번 이상 나오는 예로서, '약속하다'를 의미한다."[18] 하지만 이런 주장은 "약속" 개념이 정확히 이 텍스트들 속에 있는지 어떤지 하는 논점을 교묘하게 회피하고 있다. "말하다" 동사의 예들이 실제로 "약속하다"를 의미한다는 것은 적절한 번역에 관해서는 옳은 언급일 수 있지만, 왜 저자가 이런 실례에서 "약속"이라는 히브리어 동사를 선택하지 않았는지에 대한 요점은 놓치고 있다. 만약 "약속" 주제가 구약신학의 중심이라고 주장하려면, 최소한 "말하다"라는 단어의 영어 번역 이상의 어떤 것으로 증명해야 한다. 이런 기대는 전혀 비합리적 요구가 아닌 것이다.

더 나아가 카이저는 "시간의 흐름과 함께, 생성 중인 덩어리(emerging mass)에 생명력과 의미를 부여하는 고정된 중심 핵 주위로"[19] 추가적인 단어, 구, 이미지, 관용적 표현들이 자라난다고 주장한다. 그의 논의에 따르면, 용어들로 된 "생성 중인 덩어리"에 대한 언어적 참조는 "하나님이 자유롭게 행하시는 '축복', '주어진 언어', '선언', '서약', '선서' 안에서 감지될 수 있다. 또는 보편적으로 모든 사람, 국가, 자연에게 중요한 것이 된다."[20]

카이저가 이런 텍스트들을 "약속" 주제의 증거로 읽는 것은 옳을 수도 있다. 하지만 우리는 단순히 이렇게 진술만 하는 것이, 구약 텍스트로부터 해석학적으로 증명해 보여주는 것과는 다르다는 사실을 간과해서는 안 된다. 이런 용어와 어휘들이 "약속" 주제와 연결되지는 않지만, 텍스트들 내의 용어와 관용적 표현의 범위로 충분히 표현된 "언약" 사상과 연

---

18) Ibid.
19) Ibid., p. 34.
20) Ibid., pp. 34-35.

결되어 있다고 더 그럴듯한 결론을 내린다면 무엇이 이를 막을 수 있겠는가? 구약의 "약속" 주제에 대한 증거를 나열한 카이저의 목록에서 즉시로 분명해지는 사실은, 그가 "약속" 주제와 연결시킨 용어들과, 인용된 구약의 실례에서 "약속과 성취" 개념에 대한 실제적인 해석학의 증거 사이에 거리감이 커진다는 점이다. 카이저 자신도 인정하는 것처럼, 텍스트에서 찾아야 할 것은 현대 학자의 생각에 중요한 것이 아니라, 성경 저자의 의도에 비추어 중요한 텍스트에 나타난 "약속" 용어의 존재와 개념이다. 만약 카이저가 인용하는 구약 텍스트에 "약속"과 같은 주제가 존재한다면, 우리는 이 주제를 어떤 식으로든 신약의 "약속" 개념의 표현인, 증명할 수 있는 구성적 전략에 연결할 수 있어야 한다. 이 방법을 통해서만 구약에서 "약속" 사상은 해석학적으로 역사적 저자의 의도와 연결될 수 있다. 이런 연결 고리 없이는, 제시된 증거는 똑같이 합법적인 다른 성경적 이미지들의 길고 긴 목록 속에서 사라져버릴 수 있다. 이 다른 성경적 이미지들이란 "약속" 주제와 의미론적으로나 해석적으로 유대가 거의 혹은 아주 없는 "씨", "가지", "종"(servant), "돌", "뿌리", "사자" 같은 것들이다.

앞에서 지적한 대로, 구약신학에서 약속의 역할에 대한 카이저의 개념이 가진 동일하게 심각한 함정은 "약속" 접근법의 대부분에서 공통적으로 나타난다. 이 함정의 원인은, 카이저를 위시한 학자들이 구약에서 발견하려고 애쓰는 약속의 성격에 대해 은폐된 가정을 가지고 있기 때문이다. "약속"(*epangelia*) 용어가 신약 사상(예, 엡 3:6: *tēs epangelias en Christō Iēsou*)에서 중심 역할을 한다는 카이저의 요점은 이미 타당한 것으로 널리 인정되고 있다. 또한 다양한 구약의 용어와 관용적 표현에서 "약속" 주제를 발견할 수 있는 흔적이 있다는 그의 생각 역시 옳다. 궁극적으로 "약속" 개념은 신약 시대까지는 완전히 발전되지 않았으며, 따라서 구약신학의 중심으로서 신약으로부터 불가피하게 빌어와야 한다는 카이저의 입장은 옳은 것으로 증명될 수 있다.

그럼에도 구약의 "약속" 주제에 대한 논의 전반에 걸쳐, 카이저가 구약의 중심에서 발견하기를 기대하는 약속의 기본 성격과 종류에 대해서는 전혀 질문을 제기하지 않는다는 사실은 여전히 난감한 것으로 남아 있다.[21] 대부분의 사람들처럼 카이저도 단순하게, 구약 전반을 통해 그 흔적이 발견되는 약속이 신약의 중심에서 발견되는 "약속"과 동일한 개념을 수반한다고 가정한다. 다시 말해 구약이 신약과 동일한 "약속" 주제 중심으로 형성되어 있다고 가정하는 것이다. 바움게르텔처럼 카이저도, 구약의 약속이 신약의 것과 동일한 종류인지에 대해서는 질문을 제기하지 않는다. 카이저에게는 이런 가정이 필수적이다. 그는 신약에서 발견되는 약속이 구약에서는 아직 완전하게 발전되지 않았기 때문이라고 주장한다. 구약의 중심으로 사용되기에 타당한 것은, 성취 이후에 발견되는 약속의 최종적 단계뿐이다. 카이저는 약속에 대한 이런 완성된 견해가 구약 자체 내에서는 발견될 수 없다고 가정한다. 왜냐하면 본질상 약속은 오직 구약의 마지막에서, 더 정확히 말해 신약의 시작에서 이루어졌던 성취를 기대하기 때문이다. 이런 약속은 성취가 이루어지기까지는 완전히 발전될 수가 없었을 것이다. 따라서 카이저는 모든 성경의 약속들이 신약에서처럼 미래의 성취를 기대한다는 점에서 동일하다고 가정한다. 다른 말로 하면, 카이저가 염두에 둔 "약속"(epangelia)은 다른 대부분의 약속신학에서처럼, 성취의 의미로 이해되고 형식화되어야만 하는 일종의 "예측" 또는 미래지향적인 "예언"이다. 이것은 종말론―즉 성취의 때―을 내포한 약속일 뿐만 아니라, 또한 이 약속에 의미를 제공하는 해석학이요 기본 형태다. 카이저에게 약속신학은, 신약을 구체적인 신약의 성취를 기대하는 특별한 종류의 구약 약속의 성취로 본다. 그는 신약에서부터 구약으로 역으로 약속을 읽어냈으며 구약에서 그 약속의 흔적을 발견했는데, 결과적으로 이 약속은 (신약의) 성취로 인도하는 것, 특정한 시간이 되면 폭발하도록 설정되어 있는 시한폭탄과 같다. 바움게르텔처럼 카이저도 또 다른 종류의 성경적

---

21) Beecher, *The Prophets and the Promise*를 보라.

약속이 존재할 가능성을 고려하지 않는다. 따라서 그는 아무것도 발견하지 못하는데, 이 점은 바움게르텔과는 다르다.

약속신학에 대해 지금까지 비평한 내용의 목적은, 동일한 "약속" 텍스트들에 대한 나 자신의 이해를 위해서 정리가 필요했기 때문이다. 이 오경신학 연구에서 내 접근법은 카이저를 위시하여 다른 약속신학과 많은 공통점과 목적을 공유한다. 하지만 근본적인 차이점들도 존재하는데, 여기서 나는 유사점보다는 차이점에 초점을 맞출 것이다. 카이저와 내가 공유하는 견해는, 신약 저자들이 구약 텍스트를 정확히 읽었으리라고 기대한다는 점이다.

프리드리히 바움게르텔. 앞에서 우리는 약속신학자들이 다양한 접근법들을 통해 작업하면서도 실패한 지점에 대해서 논의했다. 즉 그들은 더 깊고 중요한 질문, 다시 말해 신약에서 중심적 역할을 한 약속(Weissagung)이, 카이저가 구약에서 그 흔적을 발견했던 약속과 동일한 종류의 것인지를 묻는 질문을 다루지 못했다. 카이저는 구약에 흔적이 있는 약속(Weissgung or Verheissung)이 신약적 개념인 "성취"의 진정한 대응이라고, 아마도 잘못 가정한 듯하다. 카이저를 위시한 대부분의 약속신학자들은, 구약에서 흔적이 발견되는 약속이 신약에서 발견되는 것과 전혀 다른 종류일 수도 있다는 의문을 제기하지도, 다루지도 않았다.[22] 이런 생략은 구약에서 "약속" 개념에 대해 더 조사할 것과, 오경 같은 구약책들의 구성적 전략과 신학에서 약속의 역할을 재평가할 것을 요구한다. 그렇게 하기 위해 우리는 프리드리히 바움게르텔의 약속신학을 살펴보아야 한다.

여기서는 다음과 같은 관찰로 시작하는 것이 중요할 것이다. 즉 카이저처럼 바움게르텔은, 그리스도 안에서 "성취"를 찾는 신약의 "약속"

---

22) Baumgärtel, *Verheissung*, pp. 167-27을 보라.

(epangelia)이 종말론적이며, 신약의 페이지들에서 발견되는 약속과 동일하게, 미래의 새로운 하나님의 역사에 초점을 맞추었다고 주장한다. 하지만 바움게르텔에게 구약에서 발견되는 약속은 아주 다른 종류다. 구약에서의 약속은 신약의 것과 동일한 종류가 아니다. 그가 말하고자 하는 바는, 구약의 "약속" 개념이 미래적 성취를 열성적으로 추구하는 예언적 성격이 아니라는 것이다. 대신 구약의 약속은 하나님 자신의 신실하심과 언약적 충실성에 근거해서 그분이 서약하신 현재의 확신을 확인해주는 성격을 가진다. 구약에서 발견되는 약속은 결혼 서약과 아주 유사하다. 결혼 서약에서 약속은 미래의 성취를 보증하지 않는다. 이것은 미래에 있을 어떤 것에 대한 약속, 성취로 분류될 수 있는 행동이 아니다. 신랑과 신부는 서로에게 즉각적으로 헌신의 맹세를 한다. 이것은 "약속" 이상의 "서약"이다. 이것은 미래에 놓여 있는 것에 관한 맹세가 아니라, 결혼이라는 현재적 헌신에 대한 서약이다. 결혼 약속은 현재의 순간을 염두에 두고 있지만, 동시에 미래 전체도 수반한다. 하지만 이때 미래는, 마치 결혼 약속이 어떤 미래적 사건에서 성취되는 것은 아닌 것처럼, 그런 의미를 가지지 않는다. 결혼 서약의 의도는, 비록 미래 상황을 수반할 수는 있지만, 그것을 예언한 것은 아니다. 오히려 이것의 의도는 결혼한 부부 사이에 현재적 충실과 관계의 지속적인 존재의 확실성을 보증하고 서약하는 것이다. 결혼 서약에서 표현되는 미래는 "오늘 이후로"(from this day forward) 시작되어 지속되는 미래다. 바움게르텔은 바로 이것이 구약, 특히 언약이 체결되고 축복되는 컨텍스트에서 발견되는 약속의 종류라고 주장한다.

"약속"의 구약적 개념에 대한 이런 관점에 근거해서 바움게르텔은, 창세기 같은 성경 내러티브에 기록된 약속이 그것이 표현된 순간에 동일한 내러티브 내에서 성취되었다고 주장한다. 결혼 서약처럼 이런 약속은 성취 전까지의 기간을 요구하지 않는다. 이것은 즉시 성취되고 즉시 깨질 수 있다. 입증을 기다릴 필요가 없다. 하나님이 동물과 인간에게 "복 주실" 때, 이는 미래적 사건이 아니라 현재를 위한 것이다. "하나님의 축복"(창

1:28)은 그분의 피조물들이 즐기도록 주어진 현재적 선물이다.

구약적 약속에 대한 이런 개념에 근거해서 바움게르텔은, 약속 자체가 구약의 개념 세계의 중심이라기보다는, 주제들(themes)이라는 더 큰 집합의 본질적 특성으로 이해되어야 한다고 주장했다. 구약 내에서 주제들의 집합의 진정성과 지속성은 약속에서 주신 하나님의 보증의 종류에 따라 달라진다. 다른 말로 하면, 비록 "약속"은 중심에 있는 요소들─"언약"과 "축복" 같은 개념들─의 필수적인 부분이므로 항상 중심 가까이에서 발견되어야 하지만, 이것 자체를 구약적 사고의 중심에 놓을 수는 없다. 신약과는 다르게 구약에서 언약은, 신실한 성경 인물들의 삶 속에서 실현된, 하나님과 인간 사이의 관계의 보장을 위한 중심적인 약속의 근거다. 언약은 하나님의 임재의 서약이며, 도움과 축복의 보증이다. 신약에서 하나님과의 관계에 대한 약속의 근거는 "성취" 또는 "희망"의 개념으로 표현된다. 구약에서는 약속 자체가 아니라 언약이 하나님과의 관계를 보증한다. 이런 컨텍스트에서 "약속"(Verheissung)은 신성한 서약의 성격과 하나님의 신실하심이라는 특징을 가지며, 반드시 미래의 성취를 지향하지는 않는다. 대신에 이것은 서약과 같이 언약 의식을 통해 확립된 순간에 현실화된다. 따라서 구약 전반을 통해서 축복과 약속-성취는 신약의 구체적 "약속" 용어에서보다 "언약-축복" 용어에 더 표현된다. 우리는 이 경로를 따라 구약에서부터 신약으로 가는 길을 발견해야 한다.[23] 바로 이것이 구약에서 "언약-축복" 용어를 가장 자주 발견할 수 있는 이유다. 그렇다고 "언약-축복"과 "약속"이 의미론적으로 동일하다거나 심지어 의미에 있어 비슷하다고 말하는 것은 아니다. 그렇지는 않다. 그러나 신약은 "성취된" 예언이라는

---

23) "그때에 너희는 그리스도 밖에 있었고 이스라엘 나라 밖의 사람이라 약속의 언약들에 대하여는 외인이요 세상에서 소망이 없고 하나님도 없는 자이더니 이제는 전에 멀리 있던 너희가 그리스도 예수 안에서 그리스도의 피로 가까워졌느니라"(엡 2:12-13[역자 주─원서는 KJV 인용]).

개념에서 약속의 근거를 발견하는 반면에, 구약은 "언약"과 "축복" 같은 개념과 용어에서 그 근거를 발견한다.[24]

예언과 서약으로서 약속

앞에서 제시한 대로, 신약과 구약의 두 종류의 "약속" 사이에 의미론적으로 가까운 연결이 있음은 확실하지만, 그것들이 동일한 의미를 가지고 있지는 않다. 신약의 약속의 목적은 미래에 "성취"되는 것이며, 구약의 약속의 목적은 현재에 현실화되고 성립되는 것이다. 바로 이것이 구약에서 "약속" 용어 자체가 아주 드문 이유다. 구약에서 신약적 개념의 "약속"은 언약의 수단에 의해 실현되고 현실화된다. 따라서 두 유형의 "약속" 사이의 연결은 "현실화"의 언약 개념 속에서 발견되어야 한다. 언약을 맺는 것은 미래적 사건이 아니며, 미래적 사건의 약속이나 희망도 아니다. 언약을 맺는 것은 언약 당사자들의 삶 속에서 현재적 현실이다. 언약에는 미래의 양상이 있을 수 있지만, 언약 자체는 미래가 아니다. 언약은 현재적 헌신의 현실화다. "나는 너의 하나님이 되고 너는 나의 백성이 될 것이다." 이런 약속은 현재에 관한 것이지 미래에 관한 것이 아니다. 물론, 두 유형의 "약속"이 충분히 발전된 약속신학 속에서 나타날 수 있다. 하지만 아직까지 복음주의적 약속신학에서는 그렇지 않았다. "약속"에 대한 신약적 개념은 이런 신학의 필수적 구조를 제공했다.

"예언"(Weissagung)의 신약적 개념은, 현재에 관한 하나님의 "서약"(Verheissung)에 기초한 미래에 대한 진술이다. "나는 너의 하나님이 되고 너는 나의 백성이 될 것이다"라는 (구약에서) 하나님의 약속은, 하나님

---

24) 이것이 구약에서 언약과 축복이 계속 "갱신되는" 이유인가? 언약은 서약이기 때문에, 한 번 깨어지면 거기에 기반할 수 없다. 누구도 깨어진 서약으로 되돌아가서 다시 시작할 수는 없는 것이다. 그럴 때는 새 언약 또는 축복의 약속—새로운 헌신—이 있어야 한다.

과 인간의 관계로서 현재에서 실현(현실화)된다. 이것은 단순히 성취되어야 하는 미래에 관한 예언의 말씀이 아니다. 이런 약속의 성취는 미래의 사건을 바라보지 않고 현재의 관계의 확신을 바라본다. 이런 약속의 성취는 미래의 사건이 아니라 현재에 대한 확신 또는 헌신이다. 구약의 약속에 대해, 누구도 성취되지 않은 예언을 생각하지 않을 것이다. 오직 예언(Weissagung)과 언약 같은 많은 요인들에 의해 현재 실현된 확신의 진술만이 있다. 그렇다고 구약이 신약의 약속의 요소들, 즉 미래적 성취를 기다리는 예언들을 포함하지 않을 수도 있다는 의미는 아니다. 구약에는 이런 예언들로 가득 차 있다(예, 단 9:25). 비록 신약이 구약 약속의 한 가지 양상에만 초점을 맞춘 것은 사실이지만, 이는 다른 양상들을 희생시킨 것이 아니라, 구약에서 "약속"이 의미하는 것 전체의 관점에서 이루어진 일이다. 신약에서 "약속" 용어와 구약에서 "언약" 용어의 사용을 지배하는 것은 구약의 "약속" 개념—헌신과 서약—이다.

　복음주의적 약속신학에 존재하는 다양한 차이점들을 고려할 때 우리가 명심해야 하는 것은, 구약에서 약속 주제의 "흔적"의 발견은 이 주제를 중심으로 세워진 구성적 전략의 제시와 동일하지 않다는 점이다. 구약에서 "약속" 주제를 추구한 카이저의 주장은 도움이 된다. 하지만 해석학적 임무가 완성되려면, 이런 약속의 주제가 구약책을 "만든" 저자 자신의 작업 안에도 있었으며, 이 주제가 구약 정경(타나크)을 "만드는" 임무를 포함한다는 것을 증명해야 한다. 물론 가장 중요한 주제는 구약을 생산함에 있어 성경 저자들의 작업에 필수적인 부분으로 증명되는 것들이 될 것이다. 우리가 사용하는 접근법의 첫째가는 방향은 저자의 의도가 되어야 한다. 구약에 신약의 "약속" 용어(예, *epangelia*)가 거의 혹은 아주 없다는 사실은, 신약에 분명하고 정확하게 "약속" 용어가 있다는 사실만큼 해석학적으로 중요하다. 구약 중심적인 성경신학을 위한 해석학적 임무는 구약에 없는 용어들을 찾는 것이 아니라, 구약 용어에서는 극히 중요하게 보이는 종류의 "약속" 주제들이 왜 신약에서는 거의 흔적조차 찾을 수 없는지 하는 이유를 찾는 것이다. 어째서 구약에는 신약의 성취와 연결될 수 있는 "약속" 용어가 거의 없는 것일까? 바움게르텔과 다른 이들이 보여준 것처럼, 또한 신약의 "*epangelia*" 용어의 사용에서 쉽게 볼 수 있는 것처럼, 신약적 개념인 "약속"은 시간 속의 어떤 한 시점에서 만들어진, 그리고 미래적 성취를 기다리는 "약속"(*epangelia*)이다.[25] 이런 약속 개념이 구약에서는 어디에 있으며, 이것과 구약의 구성적 이음매를 따라 발견되는 다른 주요한 주제들과의 관계는 무엇인가? 바움게르텔의 진술대로, 실제의 논점은 구약에 "약속" 주제에 대한 구체적인 용어가 없다는 데 있지 않다. 오히려 논점은 구약에서 발견되는 "약속" 개념이 신약에서 발견된 것과는 다른 종류라는 사실에 있다. 구약의 약속은 성취의 기대라기보다는 관계의 확증이다. 이 두 가지가 모두 구약과 신약에 존재하지만, 둘은 동일한 역할을 하지 않으며 동일한 사고의 영역을 차지하지도 않는다.

언약적 축복

오경의 신학적 형성의 핵심은 아브라함에게 주어진 "예언의" 말씀, 창세기 15:1에서 "이후에 여호와의 말씀이 환상 중에 아브람에게 임하여 이르시되…"를 통해 도입된 말씀이다. 아브라함에게 하나님의 말씀이 임한다는 표현은 예언문학 전반을 통해 반향된다. 분명히 이 표현은 아브라함을 예언자로 보고 있다. "여호와의 말씀"이 임하는 자는 예언자다. 따라서 아브라함은 이후에 창세기 20:7에서 예언자로 확인된다. 신학자들은 아브라함에게 주어진 예언의 "말씀"을 "약속"의 말씀과 재빨리 동일시한다. 창세기 12-50장을 통해서 하나님은 아브라함에게 "또 네 씨로 말미암아 천하 만민이 복을 받으리니"(창 22:18: *wĕhitbārăkû bĕzarʻăka kōl gôyê hāʼāreṣ*)라고

---

25) 신약의 종말론에 관한 Kümmel의 책의 제목 *Promise and Fulfillment*는 문제를 정확히 진술하고 있다.

"약속하신다." 비록 "약속"이라는 히브리어 단어는 이 구약 텍스트에서 사용되지 않지만, 표현된 개념은 약속 개념과 같다.

아마 이런 이유 때문에, 구약의 예언적 말씀을 "약속"으로 이해하는 신약은 예수를 "성취"로서 이해하는 것에 근거할 수도 있다. 그러므로 "약속과 성취"는 구약과 신약, 율법과 복음, 옛 언약과 새 언약 사이의 전반적인 관계를 이해하는 데 의미론적 뼈대가 된다. 구약의 예언적 말씀은 "약속"으로 간주되며, 신약의 말씀은 그것의 "성취"다.

비록 "성취"를 기다리는 말씀으로서의 "약속" 개념은 우선적으로 신약적 개념이지만, 이것은 아브라함이 맺은 언약적 약속의 중요한 양상이기도 하다. 그럼에도 앞에서 주장했듯, 창세기에서 예언의 말씀의 성격은 신약적 개념의 "약속"을 넘어서 하나님과 아브라함 사이의 현재적 교제에 대한 신적 확증을 포함한다. 하나님은 아브라함에게 "나는 너의 하나님이 되며 너희는 내 백성이 될 것이다"(창 17:7)라고 말씀하셨다. 구약의 "약속" 의 관점에서 하나님은 스스로를 아브라함을 돕는 자, 공급자, 보호자—구약의 "언약" 개념의 모든 특성들—로 헌신하신다. 이런 이유 때문에 구약의 "약속" 텍스트들에서 중심적인 초점은 "언약" 사상에 있다. 언약은 관계를 의미한다. 하나님의 약속은 언약의 약속이다. 이런 의미에서 언약은 미래의 희망이라기보다는 현재의 경험이다. 언약은 확인을 구하는 단어라기보다는 확인된 단어다.

구약을 "성취" 개념에 비추어 읽으면서 신약 저자들은 구약의 예언적 말씀의 타당성에 초점을 맞추었다. 비록 구약의 약속에 대한 그들의 이해가 전체 이야기를 다 하고 있지는 않지만 말이다. 히브리서의 저자는 구약의 약속을 실현되어야 하는 믿음의 대상으로 이해했을 뿐만 아니라(히 11:1, 13), 그리스도가 오시기 전부터 "이미 받은" 축복으로 이해했다(히 11:11). 아벨은 "가인보다 더 나은 제사를 하나님께 드림으로" 믿음으로 의의 약속을 받았다. 이런 믿음으로 인해 그는 자신이 "의로운 자"라는 증거를 얻었다(히 11:4). 그러나 아벨은 아브라함이나 다른 이들과 같이 "믿음을 따라 죽었으며 약속을 받지 못하였으되 그것들을 멀리서 보고 환영하며 또 땅에서는 외국인과 나그네임을 증언하였으니"(히 11:13).

이런 텍스트들은 히브리서의 저자가 신약의 "약속과 성취"에 대한 이해를 포함하는 동시에, 그것을 넘어서서 구약의 예언적 말씀에 대한 이해를 가지고 있었음을 함축한다. 여기서 우리가 탐구할 것은 바로 이 이해에 대한 것이다. 나의 명제는 창세기 내러티브에서 아브라함에게 주신 예언의 말씀이 그에게 하나님이 하신 헌신의 표현이라는 것이다. 이 헌신은 아브라함과 관계를 나누고 그에게 복을 주고 그를 도와주며, 그의 후손을 통해서 모든 인류에게 복을 주시려는 것이다. 이런 헌신을 신약은 그리스도 안에서 성취된 약속으로 이해한다. 그러나 구약에서는 약속으로 알려져 있지 않다. 오히려 다른 여러 제목으로 표현되어 있는데, 가장 중요한 것은 "언약"이다. 아브라함에 대한 하나님의 헌신을 실현시키는 수단이 구약에서는 언약-맺기로 알려져 있다. 창세기 내러티브에서 하나님과 아브라함 사이의 교제는 언약에 의해 성취되고 확고하게 된다. 하나님과 아브라함의 언약이 중요한 역할을 하고 있는 중심적 내러티브로는 창세기 15장과 17장이 있다. 두 장 모두 오경 전체의 문학적이고 신학적인 전략에서 주요한 구성적 발판이 되지만, 그중에서도 창세기 15장은 아브라함 언약과 축복의 성격과 목적을 제시함에 있어 오경의 모든 다른 장들을 능가한다.[26] 언약에 대한 이해와 그것이 수반하는 약속의 관계는 이 중심적인 언약 내러티브의 주해로부터 시작되어야 한다.

이 책에서 내가 사용하고 있는 "언약적 약속"(covenant promise)의 의미는 두 가지다. 첫째, 신약의 관점에서 이 의미는 그리스도 안에서 성취된,

---

26) "창 15장은 처음 읽을 때도 신학적 구성으로 깊은 인상을 준다. 이 텍스트는 단순히 오경 역사의 요약이 아니라 신학적인 것으로 이해되어야 한다. 이 신학은 오경 자체의 근본적인 신학적 취지를 반영한다"(John Ha, *Genesis 15: A Theological Compendium of Pentateuchal History* [BZAW 181: Berlin: de Gruyter, 1989], p. 6).

혹은 그리스도 안에서 앞으로 성취될 구약에서 이루어진 약속이다. 이런 예언의 말씀은 그리스도의 죽음과 부활을 포함하여 그분의 지상 사역에서 실현된—다시 말해 성취된—예언을 포함하지만, 이것이 구약의 중심 초점은 아니었다. 둘째, 구약의 관점에서 언약적 약속은 언약 맺기에 기초한, 하나님과 아브라함의 후손 사이에 성립된 관계다. 언약은 약속에 대한 동의를 성립하는 고대의 수단이었다. 구약 언약의 경우, 언약적 약속에 의해 성립된 관계는 하나님의 신실하심에 의해 보장되고 구약성경을 통해서 매개되었다.

언약적 약속의 기록된 성격—즉, 성경으로 기록된—에 초점을 두는 점 때문에, 내 입장은 "예언"에 대한 고전적 모델과 유사하다. 고전적 모델에서 예언자들은, 희망 속에서 다가올 것으로 예상되는 사건과 사람들을 예언했다. 여러 측면에서 내가 발전시키고 있는 견해는 이런 고전적인 의미에서 "예언적"이다. 차이점이라면 "예견"(prediction)으로서의 예언(prophecy)의 개념에 놓여 있다. 프란츠 델리취에 의해 대표되는, 예언의 말씀에 대한 고전적 견해는 예언문학의 여기저기에 흩어져 있는 구체적인 "예언들"에 초점을 맞춘다. 성서학자들은 다양한 텍스트들을 함께 이음으로써 오시기로 되어 있는 한 분에 대한 합성 이미지를 만들려 애썼다. 비록 이런 고전적 접근에 대해 동감하기는 하지만, 여기서 내 견해는 다른 방향으로 움직인다. 비록 구약과 신약이 예언의 말씀 속에 있는 예견의 요소를 인정하지만, 예언자들에게 초점은 하나님의 신실하심에 대한 그들의 신뢰와 언약 속에서 그들에게 주어진 확신이었다. 결과적으로 예언자들은 하나님과의 관계에서 생기는 꿈과 희망을 쓰는 데 그들의 시간 대부분을 보냈으며, 역사적 정확성과 상세함을 가지고 미래적 사건과 사람들을 예견하는 데에는 훨씬 더 적은 시간을 할애했다.

프란츠 델리취는 예언과 성취에 대한 기존의 고전적 개념을 대표하는 학자다. 클라우스 베스터만은 델리취를 위시한 일군의 학자들에 대해 이렇게 언급한다.

과거에 구약 내에서 이런 관계를 연구하던 이들은 오직 특정한 언어(Worte[원문 그대로임])에 집중했다. 구약의 언어는 약속이나 예언의 성격을 가지므로 신약에 보고된 성취와 연결될 수 있다.[27]

델리취가 대표하는 고전적 모델과는 대조적으로, 베스터만은 많은 복음주의자들과 유사한, 역사적으로 지향된 "약속"의 이해를 제공한다. 그는 구약에서 자세히 이야기된 역사적 사건들에서, 하나님이 말씀하시고 행하시는 컨텍스트 속에서 "약속"을 정의한다.

오늘날 우리가 보는 것은, 구약에서 약속이나 예언적 발화가 거기에 보고된 일련의 하나님의 행위로부터 분리되어 이해되어서는 안 된다는 것이다. 즉, 이것은 구약에 보고된 역사의 구성 부분이며 이 역사의 전체 안에서만 신약의 최종적 성취와 연결될 수 있다.[28]

예언에 대한 이런 역사적 견해는 베스터만으로 하여금, "약속"을 "약속과 성취로 지시된, 하나님의 말씀과 행동의 일치"의 의미로 이해하도록 인도한다. 이런 이해에 도달하기 위해서 베스터만은, 출애굽 사건을 "약속의 성취로서(다르게 말한다면 서약이나 선서를 지킴으로)"(출 3:7-8) 묘사한 야위스트로 되돌아갔다. 하지만 출애굽 사건에 대한 자신의 관점을 야위스트의 관점으로 한정시키면서, 베스터만은 다음과 같은 사실을 고려하지 못한다. 즉, 베스터만 자신이 델리취를 특징지은 것과 동일한 의미로(앞의 논의를 보라), 창세기 15:13-18이 출애굽을, 엄격한 의미에서의 약속이나 예언의 성

---

27) Claus Westermann, "The Way of the Promise through the Old Testament," in *The Old Testament and Christian Faith: Essays by Rudolf Bultmann and Others*, ed. Berhard W. Anderson [London: SCM Press, 1964], p. 201.

28) Ibid., 202.

격을 가진 특정한 발화로 바라본다는 사실을 말이다. 창세기 15:13에서 하나님은 아브라함에게 정확한 말씀(Wörter)으로, 이집트인들의 지배 아래에서 고통을 당할 사백 년의 노예 생활에 대해 상세한 것들을 말씀하신다. 베스터만에게 이런 견해는 출애굽기 3장 이후에나 나온다. 하지만 가장 광범위한 구성 범위를 가진 견해—즉, 오경 전체를 보는 견해—를 찾는다면, 창세기 15장은 가장 높이 평가되어야 할 관점이다. 앞으로 보게 되겠지만, 출애굽기 2장과 3장도 오경의 언약적 약속의 개념을 형성하는 데 중요한 역할을 한다.

언약적 축복의 "씨"

창세기 22:18에서 아브라함은 "또 네 씨로 말미암아 천하 만민이 복을 받으리니"라는 말씀을 들었다. 창세기 내러티브에서 "아브라함의 씨"(창 12-50장)에 관한 예언의 말씀은 잘 알려져 있다. "씨"의 정체는 언약적 축복의 의미에서 결정적으로 중요하다.

갈라디아서 3:16에서 바울은 "아브라함의 씨"를 아브라함의 한 개인으로서의 후손과 동일시한다. 바울은 그 후손이 그리스도라고 말한다. 바울에게 아브라함이라는 개별적 씨는, 하나님이 아브라함에게 약속하신 모든 것의 기초다. 바울의 주장이 함축하는 것은, 그리스도가 이스라엘과 민족들에게 하나님의 축복의 약속의 중재자라는 것이다. 바울의 주장의 많은 부분은 그리스도와 "씨"의 동일시에 기반하고 있다.

비록 현대의 주석자들은 바울의 이런 창세기 읽기를 인정하기를 주저하지만, 칼뱅 같은 이전의 성서학자들은 훨씬 더 관대했다. 많은 사람들은 칼뱅(과 바울)이 "아브라함의 씨"로서의 그리스도에 초점을 맞춘 것을 단순히 간과한다. 하지만 분명한 것은 칼뱅이, 얼마나 바울의 주장이 그리스도를 "씨"와 동일시한 것에 달려 있는지 전적으로 알고 있었다는 점이다. 또한 바울의 주장이 제기하는 해석적인 어려움도 깊이 인식하고 있었다.

그럼에도 칼뱅은 창세기에 대한 바울의 주해, 즉 그리스도를 아브라함에게 약속하신 하나님의 축복의 중심으로 보는 주해를 따랐다. 갈라디아서 3:16에 대해 칼뱅은 이렇게 썼다. "그러므로 아브라함의 씨는 주로 한 사람의 머리로 설명되었으며, 약속된 구원은 그리스도가 나타나셨을 때 비로소 실현되었음이 분명하다."[29]

칼뱅이 바울의 창세기 내러티브 주석에 대해 약간 유보하는 지점이 있다는 사실은, 그가 붙여놓은 조건들을 통해서 암시된다. 바울의 논의에 함축된 의미를 설명한 후 칼뱅은, "비록 모세의 글에서는 이것이 아직 명확한 언어로 표현되지는 않았다 해도"[30]라는 단서를 추가했다. 여기서 칼뱅은 바울이 갈라디아서 3장에서 "씨"를 단수로 읽은 것과, 창세기에서 더 자연스러운 복수 의미의 "씨"(예, 창 15:5) 사이의 대조를 염두에 두었을 가능성이 높다.

이 갈라디아서 텍스트에 대한 최근의 복음주의적 연구는, 바울의 주장이 창세기 텍스트에서 히브리어 단어 "씨"를 단수로 읽는, 가능한 독해에 근거하고 있음을 인정한다. 하지만 갈라디아서 3장에서 "아브라함의 씨"라는 표현에 대한 바울의 이해에 대해서는 상당한 거리를 둔다. 현재의 연구는 바울의 견해를 창세기 내러티브 해석의 드물고 예외적인 입장으로 이해하고, 그의 주장의 필수적인 부분이 아니라고 보기를 선호한다. 이 연구가 이해한 대로 창세기는 "아브라함의 씨"를 아브라함의 한 개인으로서의 후손으로 보지 않고 이스라엘 백성, 즉 선택된 백성으로 본다. 한 개인으로서의 "씨"보다는, 창세기 15:5이 아브라함에게 하늘의 별과 같이 수많은 "씨"를 약속한 것에 주목하는 것이다.

---

29) John Calvin *Institutes* 2. 6. 2 (*Institutes of the Christian Religion*, ed. John T. McNeill, trans. Ford Lewis Battles [LCC 20; Philadelphia Westminster, 1960], 1:343).

30) "Quod etsi non adeo claris verbis exprimitur apud Mosen"(Calvin *Institutes* 2. 6. 2 [ibid.]).

비록 창세기 내러티브에 대한 바울의 생각의 노선을 따라가기는 어렵지만, "씨"가 그리스도(갈 3:16)라는 갈라디아서의 분명한 진술은 피해가기가 어렵다. "씨"라는 그리스어와 히브리어 단어가 집합 명사이기 때문에 대부분의 성경 컨텍스트에서 이 단어는 단수 또는 복수의 의미를 가질 수 있다. 의심할 여지 없이 갈라디아서 3:16은 "씨"를 그리스도와 동일시함으로써 단수로 읽었다. 하지만 많은 사람들은 이 구절에서 바울의 "씨"의 동일시가 모든 이야기를 다 하고 있는 것은 아니라고 주장한다. 대부분은 여기서의 바울의 언어가, 심지어 바울 자신에게도 예외적이라고 본다. 따라서 이들은 "씨"가 이스라엘이라는 개념에 반대되는, 사도 바울의 언어의 중요성을 과소평가하고, 바울이 갈라디아서 3:29에서 말한 것으로 보이는 것을 여전히 교회에 적용할 것이다.[31]

알베르투스 피터스(Albertus Pieters)는 신약에서 "아브라함의 씨"라는 표현에 대해, 결정적이지는 않지만 고전이 된 연구서를 낸 저자다. 그는 신약에서 "씨"가 보통 이스라엘을 집합적으로 가리킨다는 사실을 옳게 지적하고 있다. 피터스는 신약 시대에 와서 "씨"가 구체적으로 교회를 가리키게 되었다고 주장한다. 따라서 갈라디아서 3:16에서 바울이 그리스도를 지시하기 위해 "씨"를 사용한 것은 이미 예외적인 사용이며, 다른 곳에서의 바울 자신의 이 용어의 사용에 비추어보아도 그렇다는 것이다. 따라서 피터스는 갈라디아서 3장을, "아브라함의 씨"라는 표현의 성경적 의미에 대한 유일한 안내로 볼 수 없으며, 그렇게 해서도 안 된다고 결론 내린다.

성 바울에 따르면, 최상의 의미에서 "씨"는 주 예수 그리스도다(갈 3:16). 이것은 그리스도 안에서 약속이 정점에 달함을 분명하게 의미한다. 말하자면, 그

---

31) 갈 3:29에서 바울은 "씨"를 교회와 동일시하지 않는다. 오히려 그는 교회를 "그리스도의 것"(*Christou*)이 된 자들, "그러므로"(*ara*) 아브라함의 "씨"(*tou Abraam sperma este*)와 동일시한다.

분은 "아브라함의 씨"가 의미하는 것의 중심이요 핵심이다. 그러나 원주는 중심에서 떨어져 있으며, 원을 둘러싸고 있는 영역 내에서 다른 의미들이 구별될 수 있다.[32]

바울의 언어에 대한 피터스의 사용은 여기서는 추천할 만하지 않다. 피터스는 갈라디아서 3:16이 "아브라함의 씨"라는 용어에 대한 사도 바울의 이해의 중심에 있음을 인정한다. 그러면서도 증명을 제시하지도 않은 상태에서, 이 의미가 바울에게는 주변적인 것임을 주장한다. 피터스는 우리로 하여금, 갈라디아서 3:16이 "아브라함의 씨"라는 성경 구문의 유효한 용례─비록 드물고 비전형적이기는 하지만─임을 믿게 만드려는 듯하다. 여기서 바울이 염두에 두고 있는 의미로, 우리는 바울과 함께, 그리스도는 "아브라함의 씨"라고 말할 수 있다. 그러나 피터스는, 갈라디아서 3:16에서 바울의 이 표현의 사용이 신약의 다른 곳에서의 사용에 대해 규범적이거나 모범적이지 않다고 계속 설명한다. 갈라디아서의 이 구절에서 바울은 그리스도에 대한 자신의 고귀한 견해를 표현하기 위해 일시적으로 독특한 은유를 채택하지만, 일단 사용하고 나서는 더 일반적인 집합적 의미를 위해서 이것을 옆으로 치워둔다. 따라서 "씨"는 적절하게 말하면 이스라엘이며, 그것과 함께 교회의 위치도 가정할 수 있다.

갈라디아서 3:16을 아브라함의 "씨"라는 표현에 대한 바울의 예외적인 사용으로 배치해놓고, 책의 나머지 부분에서 피터스는 아브라함의 "씨"가 집합적인 것으로, 이스라엘과 교회 중 하나 또는 둘 다를 지시한다고 주장한다.

갈라디아서 3:16에서 바울의 분명한 진술에도 불구하고, 피터스는 "아브라함의 씨"라는 표현이 집합적으로 하나님의 백성을 가리키는 것으로

---

32) Albertus Pieters, *The Seed of Abraham: A Biblical Study of Israel, the Church, and the Jew* (Grand Rapids: Eerdmans, 1950), p. 13.

취해야 한다는 신학적 가정하에서 논의를 시작한다. 갈라디아서 3:16을 아브라함의 "씨"에 대한 바울의 이해의 예외로 처리한 후, 피터스는 다음과 같은 결론으로 나아간다. 즉, 창세기에서 아브라함과의 "약속"은 "신약에서 '약속'(행 2:39; 26:6; 롬 4:13; 엡 2:12)과 관련된다. 아브라함과 그의 씨에게 하신 다른 모든 약속은, 그와 그의 민족이 전 세계에 복의 근원이 되어야 한다는 중심 사상을 성취하는 데 단지 세부 사항일 뿐이다."[33] 이 진술에서 분명해지는 것은, 바울의 "아브라함의 씨" 구문에 대한 기독론적인 이해가 이미 피터스의 생각에서 멀어져 있다는 것이다. 그는 아브라함의 "씨"를 "[아브라함의] 후손들 전체"와 동일시했다. 갈라디아서 3:16을 제외하고 같은 표현이 나오는 다른 모든 곳에서 피터스는, 성경 저자들이 "아브라함의 씨"라는 표현을 "그분의 이름으로 부르심을 받고 그분을 섬기도록 헌신한 남자, 여자, 그리고 아이들의 공동체"를 가리키기 위해 사용한다고 이해한다.[34]

물론 피터스는 "아브라함의 씨"를 이스라엘의 대체로서의 교회와 동일시하는 방향으로 가고 있다. 그의 체계 속에서 씨로서의 그리스도에게 주어지는 관심은 주변적인 관심사일 뿐이다. 하지만 성경적이고 해석적으로 갈라디아서 3:16에서 바울의 주장(그리스도가 아브라함의 "씨"라는 것)은 그렇게 간단히 처리될 수 없다. 우선, 갈라디아서 3장에서 아브라함의 "씨"는 집합적인 의미가 없음이 분명하다. "씨"를 집합적인 의미로 보는 것은 갈라디아서 3장에서 바울의 전체 주장을 훼손시킬 것이다. 바울은 갈라디아서 3:16에서 "씨는 그리스도"라고 주장할 뿐만 아니라, 갈라디아서 3:29에서는 오직 그리스도께 속한(*Christou*) 자들만이 아브라함의 "씨"라는 것을 명백히 한다. 이 주장을, 아브라함의 "씨"인 자들은 그리스도에게 속한다라고 말함으로써 함부로 방향을 바꿀 수는 없다. 바울의 주장의 전제는 아브

---

33) Ibid., p. 12.
34) Ibid., p. 14.

라함의 "씨"(단수)가 그리스도(단수)라는 것이다. 이 이해에 근거해서 바울은, 만약 갈라디아인들이 그리스도께 속한다면, 그들(복수)은 아브라함의 후손[35]이라고 결론 내린다.

바울의 주장은 "씨"에 대한 그의 기독론적인 동일시로 인해 생겨나는 성경신학적인 결과에 대한 질문을 일으킨다. 또한 바울이 언급한 창세기 내러티브에 대한 주해에 대한 질문도 불러온다. 앞으로의 논의에서 나의 목적은 갈라디아서 3:16에서 바울의 주장의 주해적인 결과를 추적하고, 오경의 성경신학에 대한 관련성을 보고자 한다. 피터스의 신학적 주장이 타당하냐 아니냐 하는 것은 여기서 우리 관심사가 아니다.

창세기 내러티브 속의 언약적 축복

창세기 15장. 현재 형태에서 창세기 15장은 통일성을 가지는데, 이 통일성은 복합적 구성적 전략에 의해 도달된 상태다. 이 전략에는 내부적 형성과, 매우 오래된 문서 기록을 함께 직조하는 것이 포함된다. 아마도 시작점은 아브라함을 부르시는 짧은 내러티브(창 15:1-2, 5-6)였을 것이다. 여기에 이전 내러티브의 중심 생각을 명확하게 만드는 역할을 하는 창세기 15:3-4이 덧붙여졌다. 고든 웬함은 창세기 15:3에 대해, "이 구절은 이전 글의 불분명한 점을 설명하는 해설적 논평으로 널리 간주되었다"라고 했다.[36] C. F. 카일의 이해도 비슷한데, 그는 아브람 자신(!)이 "그의 비통을

---

35) 중성 명사 *sperma*는 단수("seed") 또는 복수("seeds")로 읽을 수 있다. *sperma este*(갈 3:29) 절은 영역본과는 반대로, "너희[복수 명사]는 씨들[seeds]이다"로 읽어야 한다. 이런 독해를 지지하는 토대는, 동사가 복수형 *este*로 되어 있다는 것과, 갈 3:16에서 성경 참조가 복수("seeds")가 아닌 단수("seed")라는 바울의 논의의 성격에 있다. 물론 명사 *sperma*는 문법적으로 단수나 복수 어느 쪽으로도 가능하다. 그렇지만 명사 "씨"가 갈 3:16에서는 복수가 아닌 반면에, 갈 3:29에서는 복수라고 제시한다면, 바울의 주장은 상당히 약화될 것이다.

36) Gordon J. Wenham, *Genesis 1-15* (WBC 1; Waco, Tex.: Word, 1987), p. 328.

훨씬 더 선명하게 표현하기 위해[noch deutlicher auszusprechen]" 이 구절을 추가했다고 주장했다.[37] 프란츠 델리취는 자신의 창세기 주석 초기판들 중 하나에서, "아마 창세기 15:2은 자체의 특별한 용도에 맞게 각색된 자료로부터 가져왔으며, 3절은 일종의 주석으로 그 옆에 나란히 배치되었다"라고 진술했다.[38]

이 두 내러티브 조각을 한데 모으는 중심 주제는 오경의 더 큰 구성적 전략과 유사하다. 즉 이 전략의 목적은 창세기 12-50장을 통해서 언급된 아브라함의 "씨"의 정체를 밝히는 것이다. 창세기 15장은 아브라함의 "씨"의 정체에 대해 지속되는 질문을 명확하게 하려는 저자의 시도다. "씨"는 아브라함의 한 개인으로서의 후손인가, 아니면 집합적인 하나님의 백성인가? 내러티브의 중심핵(창 15:1-2, 5)에는 분명히 아브라함의 "씨"가 아브라함의 후손들과 동일시되며 "씨"라는 단어는 복수로 이해된다. 보충 내러티브(창 15:3-4)는 아브라함의 집합적인 "씨"의 개념을 확장시키고 추가하기 위해 중심핵에 함께 직조되었다. 오경 전체의 관점에서 보면 이 목적은, 아브라함의 "씨"가 아브라함의 후손들과 그의 개인 후계자 양쪽 모두로 이해되어야 함을 보여주는 것이다. "씨"의 양 측면을 강조하는 목적은 "씨"의 신분의 적절한 범위를 확실하게 하기 위함이다. 저자는 "씨"의 두 가지 의미, 즉 집합적(복수)이고 개인적(단수)인 의미 모두의 가능성을 독자에게 열어둔다. 저자가 원하는 것은, "씨"라는 단어가 나올 때마다 매번 두 방법으로 읽는 것이 아니라, 독자가 두 가지 가능성에 민감하게 열려 있어서 컨텍스트가 제시하는 용어대로 이해하는 것이다. 저자는 "씨"라는 용어를, 마치 한 개의 단어인데 별개의 두 의미를 가진 동음이의어처럼 다룬다. 이

---

37) C. F. Keil and F. Delitzsch, *The Pentateuch*, trans. James Martin (BCOT; Grand Rapids: Eerdmans, 1971), p. 211.

38) "Vielleicht ist v. 2 einer eignen Quelle entnommen, denn v. 3 ist ihm wie zur Verdeutlichung beigegeben"(Franz Delitzsch, *Commentar über die Genesis*, 3rd ed. [Leipzig: Dörffling & Franke, 1860], 367).

단어가 실제로 두 개의 의미를 가지지는 않지만 복수를 표시하는 두 개의 문법적 방법을 가지고 있다는 점만 제외하고는 말이다.

동음이의어 현상의 측면에서 이해하면, 단어 "씨"의 이중 사용은 알려진 대부분 언어의 일반적 특징에 잘 들어맞는다. 저자는 "씨" 단어를 동음이의어로 취급하는데, 왜냐하면 오경의 광범위한 구성적 형성 내에서 우리가 이 텍스트들을 "아브라함의 씨"의 의미의 두 가지 양상인 복수와 단수를 염두에 두고 읽기를 원하기 때문이다. 이 단어는 집합 명사이기 때문에, 저자는 단순히 복수의 의미만을 얻기 위해 "씨"(seed)를 복수형으로 만들 수는 없다. 왜냐하면 히브리어에서 집합 명사의 복수형은 자주 복수의 상태뿐만 아니라, "유출된 씨들"(spilt seeds)과 같이 부자연스러운 상태도 표현하기 때문이다.[39] 희한하게도, "집합적 복수"의 사용은 저자가 단순히 복수 명사를 만들기 위해 사용할 수 있는 유일한 문법적 옵션이다. 히브리어에서 복수 명사 "씨"(seeds)는 "'유출된' 부자연스러운 상태의 씨"를 의미한다. 오경의 시 속에서, 단수인 아브라함의 "씨"는 미래의 (한 개인으로서의) 왕과 동일시된다. 신명기 17:15에서 왕은 "이스라엘 백성들로부터 나온" (*miqqereb 'aḥeykā*) 자―즉, 아브라함의 집합적인 "씨"에서 나온 형제―여야 한다. "씨"라는 단어의 양면적 의미는 오경의 메시지에 중요하며, 이 메시지를 만들기 위해 구체적인 기여를 한다. 오경의 시에서 오실 왕은 아브라함의 후손에서 나온 개인으로서의 왕이다. 이 두 가지 양상의 "씨"가 거대한 구성적 전략의 일부를 형성한다.

창세기 15:1-6에서 두 집합의 구절들을 자세히 살펴보면, 섬세하게 만들어진 내러티브 전략이 드러난다.

창세기 15장의 텍스트 내 관련성.

창세기 15:1: 예언적 서론

---

39) GKC 400.

창세기 15:2, 5

창세기 15:3-4

창세기 15:1: "언약적 축복"을 보라.

창세기 15:2: 존 스키너(John Skinner)와 다른 주석자들에 따르면, 창세기 15:2b("내 집의 *mešeq*의 아들은 이 *dammeśeq* 사람 엘리에셀이니이다")은 "극도로 난해"하다.[40] 초기 주석자들(예, 라쉬)과 이후로 계속되는 경향은, 창세기 15:2을 비교문헌학(관련 셈어와 초기 역본들)의 수단을 통해 설명하거나 필사자들의 실수로 가정함으로써(본문비평) 설명해왔다. 이런 시도들에서 지휘 역할을 하는 것은 창세기 15:3이다.[41] 많은 이들이 지적하는 데는 실패했지만 암암리에 가정하고 있는 것은, 창세기 15:3-4이 15:2에 의해 제기되는 난점들을 다시 진술하고 명료하게 만든다는 점이다. 이 점에 대해서는 이미 프리드리히 투흐(Friedrich Tuch)가 주장한 바 있다.[42] 이는 창세기 15:2b이 어렵고 심지어 오경의 원래 청중에게조차 "난해하다"라는 것을 암

---

40) John Skinner, *A Critical and Exegetical Commentary on Genesis* (ICC; Edinburgh: T & T Clark, 1910), p. 279. Heinrich Holzinger: "Der Satz bei MT ist unübersetzbar; die Verss. helfen auch nicht weiter"(*Genesis* [KHC 1; Freiburg: Mohr Siebeck, 1898], p. 148).

41) Franciscus Vatablus: "Sic(בן ביתי, 3b) vocat vernaculum Eliezerum"(in Edward Leigh, *Critica sacra* [London, 1641], 1:395).

42) Friedrich Tuch: "Die Wiederholung des Gedankens ist aber keinesweges überflüssig, sondern hebt ihn stark hervor, wobei das doppelte Ansetzen mit: *und Abram sprach* (vgl. C. 16, 9-11), wozwischen eine Pause zu denken, nicht unwirksam ist. Beide Verse erläuern sich dahin, dass עָרִיר *nackt* Lev. 20, 20. S., *verlassen* (vgl. עָרַר bestimmt vom *kinderlosen* ἄγονος Aq. ἄτεκνος Sept.), dem Gott keinen Nachkommen verliehen hat v. 3. Jer. 22, 30. Vgl עָרוּם Hiob 1, 21., zu verstehen hat; ferner, dass אֱלִיעֶזֶר ein בֶּן בֵּית אַבְרָם d. i. *verna Abrahae* s. C. 14:14. war, der ihn in Ermangelung eines eigenen Kindes beerben soll. Daher muss בֶּן מֶשֶׁק בֵּיתִי v. 2. dem Sinne nach יוֹרֵשׁ אֹתִי sein, wodurch die Richtigkeit der Combination des alt. leg. משק Besitzthum (Simonis, Gesenius, v. Bohlen u.a.) gesichert wird"(*Kommentar über die Genesis* [Halle: Waisenhaus, 1838], pp. 321-22); Franz Delitzsch: "Vielleicht is v. 2 einer eignen Quelle entnommen, denn v. 3 ist ihm wie zur Verdeutlichung beigegeben"

시한다. 페르디난트 힛치히(Ferdinand Hitzig)는 창세기 15:2 자체 내에 "בֵּיתִי וּבֶן־מֶשֶׁק(*ûben-mešeq bêtî*, "획득의 아들")라는 표현의 의미에 대한 초기 "주석" 이 다음에 오는 단어들(הוּא דַּמֶּשֶׂק[*hû' dammeśeq*], 이는 다메섹이다)에 있음을 언 급했다."[43]

이런 관찰은, 이미 창세기 15장을 쓸 때 2절에 대해서는 설명적 해설 이 필요했을 수 있음을 암시한다. 카일조차도 이를 인정했다. 그는 아브 라함이 창세기 15:3을, 바로 앞에 나오는 더 난해한 15:2을 설명하기 위해 덧붙였을 수 있음을 주장한다.[44] 창세기 15:2과 15:3-4 사이의 반복의 성 격은, 후자의 구절이 모호한 전자를 해석하는 설명임을 뒷받침한다. 적어 도 이것들은 창세기 15장의 구성의 일부임이 분명하다. 오경의 유사한 해 설들과 함께 종합해볼 때, 이것들은 오경에서 가능한 가장 광범위한 지평 으로 우리를 데려간다.[45]

이런 "저자의 해설"은 오경에서는 일반적이다. 이 해설은 "설명적 논평" 으로서 모호한 텍스트를 오경의 주요 주제와 더 일치하도록 설명하려는 의도가 있다. 이런 "저자 해설"의 일부는 필사자나 저자의 작업에 불과하 며, 그 의도는 단순히 이전 문서를 업데이트하는 것이었다. 벧엘 성읍이 한 때 "루스"(창 28:19)로 불렸다는 논평이 바로 이런 해설이다. 이것은 전체 오 경의 의미에서 사소한 관심사를 다루며, 해설 범위는 벧엘이나 루스 성읍 에 관련된 특정 구절이나 기록된 문서의 제한된 지평까지만 확장된다.[46]

(*Commentar über die Genesis*, p. 367); Heinrich Holzinger: "Was im Satz 2b gestanden haben muss, zeigt die Dublette 3b"(*Genesis*, p. 148).

43) "1 Mos. 15,2. erklärt die Glosse הוא דמשק das mit משך gleich bedeutende משק durch *Damarskus*"(Ferdinand Hitzig, *Die Psalmen, Historischer und kritischer Commentar nebst Uebersetzung*, part 2 [Heidelberg: Winter, 1835], p. 193).

44) Keil and Delitzsch, *The Pentateuch*, p. 211. Wenham, *Genesis 1-15*, p. 328을 보라.

45) Ha, *Genesis 15*을 보라.

46) 물론 그렇게 명백하게 한정된 해설이, 어떤 시점에서 훨씬 더 폭넓은 관심사로 판명될 수 있다는 것은 언제나 가능하다.

이렇게 표면상 사소한 설명적 논평은 이차적으로는 더 중요한 역할도 할 수 있다(비교. 왕상 8:8). 성경 내러티브에는 이런 종류의 해설의 많은 예가 있다. 이것들은 저자 또는 후에 오는 필사자가 만들고 있는 내러티브의 이해뿐만 아니라, 자료로 사용되는 문서 자료에 대한 상세한 지식에도 상당한 도움을 준다. 우리는 저자 자신이 작업하는 것을 볼 수 있을 뿐 아니라, 그가 자신의 텍스트를 통해 작업하는 대로, 그의 해석적 움직임을 추적할 수 있다.

필사자의 작업("필사자의 설명적 논평")이든, 저자의 작업("저자의 해설")이든, 이런 종류의 해설은 그들이 텍스트와 문서 자료에 면밀한 주의를 기울였음을 보여준다. 어떤 세부 사항도 성경 저자의 비평적 시선을 피해갈 만큼 사소하거나 대수로운 것은 없다. 텍스트에서 이런 해설 중 하나를 뜻밖에 만나는 것은, 마치 글 속에서 저자의 지문을 발견하는 것과 같다.[47]

창세기 15:3-4에서 "저자의 해설"의 존재는, 이 해설에 나타난 구성적 전략의 범위에 대해 좀더 많은 질문을 제기한다. 이 해설은 (벧엘 성읍의 이전 이름처럼) 후에 필사자가 작성한 고립된 말인가? 아니면 창세기 15:3-4의 설명은 큰 구성적 뼈대나 전략의 일부인가? 답변은 해설의 범위와 주제에 대한 우리의 이해에 놓여 있다. 이것은 그 해설의 텍스트적 지평의 문제다. 이 해설은 더 큰 내러티브의 다른 부분의 인식을 반영하고 있는가? 해설의 지시 대상은 얼마나 멀리까지 가는가? 이 해설은 텍스트에서 다루어진 직접적인 쟁점이나 사건만을 가리키는가, 아니면 직접적인 구

---

47) 실제적인 문제로서, "필사자의 해설"을 저자의 해설과 구분하는 것은 도움이 된다. 우리는 해설의 텍스트 역사를 따라감으로써 이것을 할 수 있다. 텍스트 역사에서 이 해설은 얼마나 멀리 돌아가는가? 만약 이것이 히브리어 성경의 텍스트 역사에 완전히 나타나지 않는다면, 우리는 이것을 필사자의 말로 생각해야 한다. 만약 이 해설에 중요한 이형 텍스트가 없다면, 이를 필사자의 작업으로 간주할 이유가 없으며, 그러므로 우리는 이를 저자의 것으로 간주해야 한다. 이 해설이 LXX와 같은 가장 가치 있는 고대 역본에 나타나는지의 여부가 그 예가 된다.

절들로부터 상당히 멀리 떨어져 있는 사건과 장소를 가리키는가?[48] 이것은 내러티브 전체 또는 책 전체에서 더 큰 역할을 하는가? 창세기 15:1에서 "이 일 후에"라는 표현은, 저자가 창세기 15장 앞에 있는 내러티브 사건을 알고 있었음을 보여준다.[49] 우리는 몇 열(column) 뒤로 가서 텍스트를 읽음으로써 창세기 15장에 앞서서 서술된 특별한 "일"을 확인할 수 있다. 동일한 방법으로, 우리는 "이 일 후에"라는 표현을 사용한 사람이 이 사건을 인식하고 있었으며, 우리처럼 뒤로 돌아가서 읽을 수 있음도 안다. 그의 해설과 범위는, 저자가 우리 독자들로 하여금 창세기 15장의 사건을 이 시점 이전에 서술된 일들의 관점에서 이해하기를 의도했음을 보여준다. 창세기 15장은 그것이 삽입된 구체적인 컨텍스트의 존재를 당연한 것으로 여긴다. 마치 저자가 우리가 그의 내러티브를 읽고 있는 것을 보는 듯이, 우리가 추가적인 작은 정보가 필요하거나 텍스트의 의미를 분석하는 데 도움이 필요하다고 느끼는 바로 그 순간에, 저자는 우리에게 필요한 것을 설명이나 논평의 형태로 준다. 저자는 우리가 제 궤도에 있도록 지켜주고 전체 관점에서 구절의 상세한 것을 이해하도록 도와준다.[50]

---

48) Otto Eissfeldt의 "가장 작은 문학적 단위"(die kleinste literarische Einheit) 개념은 이런 저자 해설에 포함된 참조의 구성적 범위의 정도를 찾는 데 있어 우리를 안내할 것이다: "Die Grenzen einer selbständigen Erzählungs-Einheit sind darnach so weit zu stekken, wie der Horizont der jeweiligen Erzählung reicht. Reicht dieser über eine 'Einzel-Erzählung' hinaus und sind ihre nach rückwärts und nach vorwärts weisenden Elemente integrierencer Bestandteil von ihr, so ist sie keine selbständige literarische Einheit, sondern Teil einer grösseren. Fällt aber der Horizont einer Einzel-Erzählung mit ihrem Anfang und ihrem Ende zusammen, so ist sie eine selbständige Einheit"(Kleine Schriften, ed. Rudolf Sellheim and Fritz Maass [Tübingen: Mohr Siebeck, 1962], 1:144).

49) "이 일 후에"라는 관용적 표현은 "이미 통일성 있는 아브라함 내러티브를 전제한다. 그러므로 이것은 아브라함 스토리가 개별적인 내러티브로부터 성장했다는 인식이 더 이상 없었던 후기 편집 단계에만 속할 수 있다"(Claus Westermann, Genesis 12-36, trans. John J. Scullion [ICC; Minneapolis: Fortress, 1995], p. 217).

50) 이런 연결이, "아브라함이 거기서 네게브 땅으로 옮겨가"라고 내러티브를 시작하는 창

앞으로 보겠지만, 창세기 15장과 신명기 33장 사이의 연결[51]은 매우 중요하다. 만약 창세기 15장에서 구성적 전략의 흔적이 신명기 33장에서 비슷한 종류의 전략과 연결되어 있다면, 이것은 이 구성적 수준의 범위가 현재 정경 오경의 경계까지 연장되어 있음을 의미한다. 왜냐하면 신명기 33장의 시는, 오경의 첫 번째 단어(rēšît, "태초에"[창 1:1])로부터 시작해서 마지막 시(신 33장)와 그것 다음에 오는 끝맺음말(신 34장)까지 연장되어 있는 구성적 전략의 일부이기 때문이다. 창세기 15장과 신명기 33장의 이 두 구절을 자세히 연구해보면, 오경 저자가 거기에 상당한 관심을 집중했음을 알 수 있다. 물론 이 수준의 구성에 연결된 다른 많은 구절이 있지만, 저자는 오경 전체를 구성하면서 이 두 개의 구체적인 텍스트에 상당한 관심을 기울였음이 분명하다. 이 텍스트들은 오경 전체의 구성적 구조의 중요한 일부다. 오경신학의 중심은 이런 전략적 이음매를 따라서 그 길을 발견해야 한다.

창세기 15장에서 구성적 활동의 지평이 오경 전체까지 연장된다는 개념은 존 하(John Ha)의 관찰로부터 추가적 확인을 할 수 있다. 존 하는 창세기 15장의 지평이 오경 전체의 구성 수준까지 연장되는 것을 보여주는, 15장 내의 몇 개의 추가적인 특징을 지적한다. 완전히 다른 두 개의 내러티브인 창세기 14장과 15장[52] 사이에 유사한 종류의 구성적 연결이 나타나기 때문에, 이 구성적 전략의 최종적 범위 또는 한계를 창세기 1장의 정경 오경의 시작에서부터 신명기 33-34장의 결론까지 연장하는 것은 가능하다. 이것은 오경 정경 전체의 구성적 최종 수준까지 연결될 수 있다.

20:1에서처럼, 텍스트의 초기 형태의 일부였을 가능성을 찾는 데 유의해야 한다. 이전 내러티브에는 "거기"라는 표현이 없다. 이 표현은 이전 텍스트의 부분을 지시하는 것으로 보인다.

51) Ha, *Genesis 15*을 보라.

52) John H. Sailhamer, *Introduction to Old Testament Theology: A Canonical Approach* (Grand Rapids: Zondervan, 1995), p. 309.

이런 관점에서 볼 때 분명해지는 사실은, 창세기 15:3-4의 해설이 단지 오경 일부의 신학이 아닌 오경 전체를 쓴 저자의 더 큰 목적의 일부일 수 있다는 것이다. 비록 짧고 상대적으로 사소해 보이는 창세기 15:2에 대한 창세기 15:3-4의 간단한 해설이, 오경신학의 중요한 열쇠, 즉 한 개인으로서의 "아브라함의 씨"의 단수 확인을 위한 열쇠를 쥐고 있을 수 있다.

창세기 15:3-4에서 저자의 해설이 가진 의미에 접근하는 방법으로서, 우리는 다음과 같은 관찰로 시작할 것이다. 즉 창세기 15:5에서 아브라함의 수많은 자손들에 관한 하나님의 말씀은, 창세기 15:3-4에서 아브라함이 제기한 질문, 다시 말해 그에게는 상속자가 없다는 것에 대한 말씀이 아니라는 것이다. 아브라함에게는 그의 재산을 상속할 개인이 없었다. 이 문제와 직면해서, 창세기 15:5은 아브라함에게 그가 상속자를 가질 것이라고 이야기하는 것이 아니라, 그의 후손이 많을 것임을 확인시켜준다. 그의 후손이 많아질 것이라면, 결국 이것을 아브라함은 상속자를 얻을 것이라는 확신으로 볼 수도 있다. 하지만 이것이 사실임에도, 창세기 15:5은 다른 관심사에 대해 말한다. 이 텍스트는 창세기 15:1에서 하나님이 아브라함에게 하신 예언의 말씀(큰 상급)과, 창세기 15:2에서 아브라함의 반응(큰 상급)에 의해 제기된 질문에 대해 말한다. 창세기 15:2에서 큰 상급에 관한 아브라함의 관심사는 창세기 15:5("네 자손이 이와 같으리라", 즉 하늘의 별과 같이 많을 것이다)에서 하나님의 대답을 발견한다. 창세기 15:5은 15:1의 하나님의 말씀에 비추어 창세기 15:2에 답한다. 이 내러티브는 창세기 15:3-4의 도움 없이도 하나의 조각을 구성한다. 이 조각은 창세기 15:1에서부터 15:6까지, 첫 절의 아브라함의 "큰 보상"에 대한 문제만을 다루면서 이음매 자국 없이 흘러간다.

창세기 15:3-4의 추가는 확실히 이 내러티브에 새로운 방향을 준다. 한편으로 이 추가는, 창세기 15:1에서 아브라함에게 주시는 하나님의 확신과, 창세기 15:2에서 상속자에 대한 아브라함의 관심이라는 초점을 재조정하여, 아브라함의 축복을 상속할 한 개인으로서의 "씨"(단수)에 초점을 다시 맞춘다. 다른 한편으로 이 추가는, 창세기 15:2에서 제기되는 질문과 답변의 연속에 중요한 세부 사항을 더한다.

이런 관찰이 창세기 15:3-4을 창세기 15:2에 대한 추가적인 해설로, 또는 심지어 다른 문서의 일부로 읽도록 우리에게 요구하지는 않는다. 하지만 이 관찰은, 창세기 15:3-4에서 15:2에 대한 추가적인 설명이 이 내러티브 내에서, 그리고 어쩌면 전체 오경의 구성적 구조 내에서 작동하는 더 큰 목적을 가질 수도 있음을 암시한다. 이 구절들에서는 아브라함의 "상급이 클 것이다"라고 한 창세기 15:1의 하나님의 진술에 대해 두 가지 설명이 주어진다. 둘 다 타당한 설명이며, 오경에서 저자의 더 큰 계획에서 중요한 역할을 한다. 창세기 15:5에서 "큰 상급"은 아브라함의 수많은 후손들("네 자손이 이와 같으리라")과 동일시된다. 창세기 15:3-4에서 "큰 상급"은, 아브라함의 축복("네 몸에서 날 자가 네 상속자가 되리라")을 "상속"(ירשׁ, yrš)할 한 개인으로서의 후손과 연결된다. 아브라함의 질문에 대한 이 두 가지의 답변을 따라서 이끌어낸 해석 노선은, 몇몇 다른 곳에서 아브라함의 "씨"에 대해 오경의 견해가 갈리는 것과 동일하다. 즉, 해석의 한 방향은 "씨"를 집합적으로, 책의 나머지 부분을 통해서 일련의 족보로 추적되는 아브라함의 후손들과 동일시한다. 해석의 다른 한 방향은 오경의 주요한 시들과, 유다 지파에서 나올 한 왕으로서의 아브라함의 "씨"의 정체에 대한 이 시들의 초점에서 발견될 수 있다.

창세기 15장의 구성적 전략을 더 살피기 전에, 몇 가지 관찰해야 할 것들이 있다. 베스터만은 "여호와의 말씀이 아브라함에게 임하여"라는 예언적 표현이 오경에서는 오직 두 번, 창세기 15:1, 4에 사용되었음에 주목한다.[53] 창세기 15:4에서 "아브라함에게 여호와의 말씀"은 의도적으로 예언의 말씀으로 주어진다(창 15:1에서처럼). 따라서 15장의 메시지의 일부인, 한

---

53) Westermann, *Genesis 12-36*, p. 218.

개인으로서의 아브라함의 "씨"의 개념에도 예언적 합법성이 부여된다.

창세기 15:2에 나타난, 드물게 사용되는 단어인 "무자"('ārîrî)에는 추가적 설명이 요구된다. 성경상호적 해석에서 흔히 있는 경우로서(비교. 창 29:31-30:24), 창세기 15:3에 나타난 15:2에 대한 설명은 "자식이 없다" 또는 "씨가 없다"('ārîrî)와 "씨"(zera') 사이의 언어유희에 의존한다. "씨가 없음"(창 15:2에서) 대(對) "씨"(창 15:3에서)를 강조한 언어유희에 의해, 창세기 15:2에서 "씨" 단어가 가진 집합적 의미는 효과적으로 제거되고, 이 중요한 용어를 단수로 읽는 것으로 대체된다. 진짜 대조는 "씨가 없음"(창 15:2) 대 "많은 씨"(창 15:3) 사이가 아니라, "씨가 없음"(창 15:2) 대 "하나의 씨"(창 15:3) 사이에 있다. 아브라함의 "씨"(창 15:3)의 단수 의미에 집중된 초점에 뒤따라, 창세기 15:4에서는 아브라함을 상속할 한 개인에 대한, 유사하면서도 한층 더 직접적인 초점이 나타난다. 앞에서도 지적했듯 "씨"의 지시 대상에 대한 이런 이해에는, 창세기 15:4이 예언의 말씀으로 소개됨으로써 추가적 보증이 주어진다. 창세기 15:4의 말씀은 "씨"를 "네 상속자"와 "네 몸에서 날 자"와 동일시한다. 창세기 15:3의 "씨"는 15:5의 국가보다는 15:4의 한 개인으로서의 아들과 동일시된다. 한 개인 "씨"에 대한 유사한 초점을 지지하는 창세기 15:2과 창세기 15:3 사이의 언어유희적 연결은 다음과 같다.

1. "'ārîrî"("씨가 없음")는 "zera'"("한 씨")로 설명된다.
2. "ûben-mešeq bêtî"는 "ben-bêtî"("자기 자신의 아들")로 설명된다.
3. "'elî'ezer("엘리에셀")은, "zera'"("씨")로 설명된
   "'elî'ezer("나의 하나님은 나의 도움이시다")로 설명된다.

만약 창세기 15:3-4의 의도가 창세기 15:2에서 약속된 "씨"에 대한 아브라함의 이해를 명료하게 하는 것이라면, 이 목적에는 오경의 시적 텍스트들과 같은 흐름과 함께, 한 개인에 대한 초점이 포함되어야 한다. 이 중요한 내러티브를 창세기 15장 안에 함께 짜넣는 작업은, 전체 오경의 연결

고리들을 주조하는 구성적 전략의 대열에 합류한다.

창세기 14장과 15장 사이의 텍스트 간 관련적 연결. 오경 내에는 창세기 15장에 대한 여러 개의 텍스트 간 관련적 연결(innertextual link)이 있다. 이 구성과 창세기 15장과의 연결 고리의 가장 직접적인 신호는, 바로 앞에 놓인 창세기 14장과 공유하는 연결에서 볼 수 있다. 이 두 장의 내러티브에서 독특한 핵심 용어의 사용은, 두 내러티브에 표현된 기본 주제를 알려준다. 다양한 연결 단어들을 나열한 아래의 표는 14장과 15장 사이의 구성적 연결 고리들을 나타낸다. 이 연결 단어들 자체는 오경에서 흔하지 않다. 대부분의 경우 이 단어들은 오경의 오직 이 부분에서만 나타난다. 따라서 이 단어들의 나타남은 결코 우연이 아니다.

창세기 14장과 15장 사이에는 수많은 언어적 연결 고리가 있다.

〈표 5.1〉

창세기 14장	창세기 15장
13a절: הָאֱמֹרִי (hā'ĕmōrî)	16절: הָאֱמֹרִי (hā'ĕmōrî)
13b절: בְּרִית (bĕrît)	18절: בְּרִית (bĕrît)
14b절: 318명의 남자	2b절: 318 = אֱלִיעֶזֶר ('elî 'ezer)
14c절: דָּן (dān)	14절: דָּן (dān)
15절: לְדַמָּשֶׂק (lĕdammāśeq)	2절: דַּמֶּשֶׂק (dammeśeq)
16a절: הָרְכֻשׁ (hārĕkūš)	14절: בִּרְכֻשׁ (birkūš)
18a절: צֶדֶק (sedek)	6절: צְדָקָה (sĕdākâ)
18a절: שָׁלֵם (šālēm)	15절: בְּשָׁלוֹם (bĕšālôm)
19b절: שָׁמַיִם (šāmayim)	5절: הַשָּׁמַיְמָה (haššāmaymâ)
20a절: מִגֵּן (miggēn)	1절: מָגֵן (māgēn)
21절: הָרְכֻשׁ (hārĕkūš)	1절: שְׂכָרְךָ (śĕkārkā)(자음들의 역순)

창세기 14장과 15장 사이의 이런 연결이 가진 일차적인 구성적 목적은, 창세기 1-11장의 방향에서 창세기 15장의 주제적 구조를 확장하기 위해서인 듯하다. 이런 전략은, 첫째, 이 두 장을 밀접하게 이어 붙여서 두 장이 독자 앞에 놓인 모든 변수의 컨텍스트 내에서 한목소리로 말할 수 있게 하는 목적을 수행한다. 둘째, 창세기 14:1-12에서 아브라함의 가족과 대항해 전쟁을 하는 민족들에게 초점을 맞추는 것으로 시작해서, 창세기 1-11장의 광범위한 보편적 관점은, 창세기 15장에서 아브라함과 그의 "씨"에 좁게 초점이 맞추어진 관심으로 바뀐다. 아브라함의 고향 땅을 침입한 네 왕들 중에서 두 명(시날, 엘람)은 민족들의 표에서 확인된다(창 10:10, 22). 확실히 이 둘은 민족들의 명단을 증가시키기 위해 제시된다. 창세기 15장에서 하나님이 아브라함에게 나타나신 사건은, 세상의 민족들과 그들이 아브라함과 전쟁하는 확대된 컨텍스트에 위치해 있다. 이런 컨텍스트에서 우리는, 하나님이 아브라함에게 "민족들"이 복을 받을 통로인 바로 그 "씨"에 대해 확신을 주시는 것을 본다. 최종적으로 이 장면에서 멜기세덱의 등장과, 그가 지극히 높으신 하나님이요 창조주(창 14:19)인 분께 즉각적으로 호소하는 것은, 아브라함을 창세기 1-11장의 주제적 세계로 효과적으로 끌어오며, 하나님과 아브라함을 민족들에게 복이 되게 하기 위해 부르신 주(야웨)를 동일시한다. 이런 식으로 내러티브들을 연결함으로써, 아브라함의 "씨"의 개념은 창세기 3:15에서 여인의 "씨"가 뱀의 머리를 상하게 할 것이라는 원래의 확신의 말씀과 통하게 된다.

창세기 15장과 신명기 33장 사이의 상호텍스트적 연결. 창세기 15장와 아주 먼 상호텍스트적 관계를 가지는 것은 신명기 33장의 "모세의 축복"이다. 몇 가지 관찰은 이런 연결점의 중요성을 지적한다.

첫째, 〈표 5.2〉가 보여주듯, 이 두 구절들은 몇 개의 핵심 용어들을 공유한다. 이 용어들은 오경의 다른 곳에서는 흔하게 나타나지 않는다. 이 구절들에 이런 용어들이 밀집해 있는 현상은 저자의 의도이며, 이 텍스트가 한 사람의 작업임을 나타낸다. 또한 이 용어들은 상당한 신학적인 무게를 가진다. 창세기 15:1과 신명기 33:29에서 "방패"(*māgān*)와 같은 단어들의 일부는, 성경의 나머지 전반을 통해서 전략적이고 구성적인 위치에서 나타난다. 이 두 구절에는 "의", "언약", "방패"와 같은, 구약과 신약 모두에서 가장 높은 수준의 신학적 반영인 몇몇 용어들이 나타난다. 이 용어들이 오경 전체의 구성적 이음매를 따라서 나타난다는 사실은, 오경의 저자가 내러티브의 사건들을 이 용어들의 렌즈를 통해서 보았음을 의미한다.

〈표 5.2〉

창세기 15장	신명기 33장	번역
1절: מגן (*mgn*)	29절: מגן (*mgn*)	방패
2절: אליעזר (*'ly 'zr*)	7절: עזר (*'zr*)	돕다
4절: ירש (*yrš*)	23절: ירש (*yrš*)	소유(차지)하다
6절: צדקה (*ṣdqh*)	21절: צדקה (*ṣdqh*)	의(義)
7, 18절: ארץ (*'rṣ*)	28절: ארץ (*'rṣ*)	땅
14절: דן (*dn*)	22절: דן (*dn*)	징벌하다
18절: ברית (*bryt*)	9절: ברית (*bryt*)	언약

창세기 15장과 신명기 33장, 이 두 오경 텍스트들에 대한 둘째 관찰은 창세기 15장의 양식비평적인 형태와 관련된다. 시편의 일부와 비교해 볼 때, 창세기 15장은 탄식 시의 패턴(양식)을 따른다. 이 패턴은 비상 상황(Not)의 묘사로 시작되어, 약속(Verheissung)이 만들어지고 믿음(Glauben)의 부르심으로 결론을 맺는다. 또한 이 패턴은 "믿음"의 주제를 반영하는 오경의 구절들에서 나온다. 한스-크리스토프 슈미트는 이 패턴과 구성적 전략을 "믿음 주제"(Glaubens Thematik)로 인식한다. 이것은 믿음의 중심성에 반복적으로 초점이 맞추어짐을 의미한다. 슈미트에 따르면, 이런 내러티브들에는 오경의 본체를 형성하는 내러티브의 가장 큰 단위와의 연결이

포함되어 있다. 이 내러티브의 패턴 및 유형(양식)의 범위와 "믿음" 개념의 사용은 오경의 시작부터 결론까지 연장된다. 따라서 이것은 오경 전체를 통해 걸쳐 있는 텍스트 전략을 드러낸다. 창세기 15장이 이 전략의 일부라는 사실은, 그 자체의 구성적 전략(예, 믿음에 의한 칭의[창 15:6])에 반영된 의미가 오경의 의미에 중심적 역할을 함을 암시한다. 다음과 같은 두 가지 의미의 요소들이 창세기 15장에서 두드러진다. 첫째, 앞에서 지적한 대로 아브라함의 한 개인 "씨"에 대한 초점과, 둘째, 의롭게 여김을 받는 수단으로서의 믿음에 대한 초점이다.

창세기 15장에 대한 셋째 관찰은, 창세기 1-11장을 제외한 오경 내에서 주요 내러티브 덩어리 각각에 뻗어 있는 "믿음" 주제의 텍스트의 지평과 관련된다. 창세기 1-11장에는 "믿음"의 구성에 속해 있다는 신호가 거의 혹은 아주 없다. 하지만 만약 창세기 15장과 14장 사이의 연결(앞에서 지적한 대로)을 고려한다면, 창세기 14장의 창조(창 1장)에 대한 언급은, 이 연결과 창세기 15장의 "믿음" 주제를 창세기 1-11장의 구조로 가져간다.

창세기 15장과 출애굽기 2-3장 사이의 상호텍스트적 연결. 창세기 15장과 구성적으로 중요한 내러티브들 사이에는 또 다른 연결된 집합들이 있다. 출애굽기 2-3장의 모세를 향한 도입부적 부르심의 내러티브는, 창세기 15장의 아브라함의 예언적 부르심의 내러티브와 함께, 아브라함과 모세를 백성들의 구원을 알리기 위해 부름 받은 예언자들로 묘사한다.

요약

구성. 창세기 15장은 오경의 퍼즐의 중심적인 조각으로, 그 범위는 전체 오경에 이른다. 이 텍스트는 창세기 14장과 출애굽기 2-3장과의 연결에서처럼 내부적으로, 그리고 신명기 33장과의 연결에서처럼 외부적으로, 오경 내의 다른 중심적 내러티브들과 연결되어 있다.

<표 5.3>

	창세기	출애굽기
하나님이 말씀하심	15:1	3:7
시내 산에서의 현현	15:12 15:17	3:1b 3:2
외국 땅에서 객으로 머묾	15:13a	2:22
속박, 섬김, 박해	15:13b	2:23b 3:7 3:9
연대기	15:13c 15:16a	2:23
민족들의 심판	15:14a 15:16b	2:23 2:24
아브라함의 후손들의 구원 / 그들이 받을 하나님의 상급	15:14b 15:15 15:16a	3:8a 3:10 2:25
언약	15:18 15:19-21	2:24b 3:8b

창세기 15장은, 오경 내러티브에서 핵심 순간에 평행하는 사건들을 설치함으로써 창조(창 1-2장)에서부터 신명기의 마지막 사건(신 33-34장)까지 움직여가는 단일의 구성적 네트워크의 일부인 듯하다. 사건의 중심은 두 지점, 아브라함의 부르심과 모세의 부르심 사건에 위치해 있다. 이 전략은 여러 개의 핵심 용어들을 통합시키는데, 그중 몇 개—예를 들어 "방패", "믿음", "언약", "구원"—는 타나크의 나머지 부분과 신약에서도 발견된다.

전략의 목적. 이 특수한 구성 전략의 목적은 오경 내러티브의 사건들이 구원, 믿음, 언약의 플롯 안에서 참가자로서 역할을 하게 만드는 것이다.

오경/타나크의 신학을 위한 전략이 가진 신학적 함축성. 오경은 성경의 중심 부분이다. 신약과 성경 전체의 모든 주제는 오경의 구성 전략의 중대한 요소다. 오경 저자의 작업의 분명한 신호들은, 저자가 이런 전략을 인식하고 있었음과, 책의 중심 주제를 전하기 위해 이 전략에 의존했음을 보여준다. 이 책의 나머지 부분에서 나는 구성에 대한 이런 저자의 신호를 계속 따라가며, 저자의 신학적 비전을 종합해보도록 시도할 것이다.

창세기에서 "약속 내러티브"의 소개

비록 여기서 "언약-축복" 용어를 소개하는 데 어떤 과학적 방법론으로 추정한 것은 아니지만, 창세기에서 "בְּרִית"(*běrît*, "언약") 용어의 분포가 동일한 텍스트에서 "ברך"(*brk*, "축복") 용어의 분포와 놀라울 만큼 비슷하다는 사실은 주목할 만하다. 두 용어의 분포는, 이 단어들이 창세기 12-35장 내에서 단순한 임의성을 넘어 실제적인 공통성을 공유함을 의미한다. 우리는 창세기에서 이 용어들의 빈도수에 관심을 기울여야 하며, 빈도수만큼이나 이것들이 나오는 위치뿐 아니라 나오지 않는 위치에도 관심을 기울여야 한다. 마지막으로 지적할 것은 여기서 장절의 분할은 임의적일 뿐이며, 단지 텍스트가 나오는 영역을 가리키기 위한 역할만 한다는 점이다.

선참조(창 46:1-4). 이 짧은 내러티브는 출애굽기의 중요한 선참조(fore-reference, Vorverweise)다. 따라서 이것은 오경 내의 더 큰 연결들의 일부며, 아브라함의 "씨"의 성격에 대한 질문을 다룬다.

> 하나님이 이르시되 나는 하나님이라 네 아버지의 하나님이니 애굽으로 내려가기를 두려워하지 말라 내가 거기서 너로 큰 민족을 이루게 하리라 내가 너와 함께 애굽으로 내려가겠고 반드시 너를 인도하여 다시 올라올 것이며 요셉이 그의 손으로 네 눈을 감기리라 하셨더라(창 46:3-4)

하나님은 큰 민족이 된 이스라엘을 이끌어내시기 위해 그들과 함께 이집트로 가실 것이다(창 28:15-16).

백성들의 무리(qĕhal ʿammîm/gôyīm). 이 일련의 연결 속에서 중심 요소
는, "백성들의 무리"(qĕhal ʿammîm)로서의 아브라함의 "씨"에 대한 개념화
다. 이는 이전의 언약 진술을 넘어선 "아브라함의 씨" 개념에 대한 새로운
출발이다.

> 요셉에게 이르되 이전에 가나안 땅 루스에서 전능하신 하나님이 내게 나타나
> 사 복을 주시며 내게 이르시되[wayyō'mer 'ēlay] 내가 너로 생육하고[hinĕnî
> maprĕkā] 번성하게 하여[wĕhirbîtîkā] 네게서 많은 백성[ûnĕtattîkā
> liqhal ʿammîm]이 나게 하고 내가 이 땅을 네 후손에게 주어 영원한 소유가
> 되게 하리라 하셨느니라 내가 애굽으로 와서 네게 이르기 전에 애굽에서 네가
> 낳은 두 아들 에브라임과 므낫세는 내 것이라 르우벤과 시므온처럼 내 것이
> 될 것이요 이들 후의 네 소생은 네 것이 될 것이며 그들의 유산은 그들의 형의
> 이름으로 함께 받으리라(창 48:3-6, 역자 주─원서는 RSV 인용)

창세기 28:3; 35:11; 48:4의 "qĕhal ʿammîm/gôyīm", 창세기 49:10의
"yiqqĕhat ʿammîm"과 비교하라.

해석의 역사. "네가 여러 족속을 이루게 하시고"(kai esē eis synagōgas
ethnōn, 창 28:3 LXX).

라쉬. 창세기 35:11에 대해서 라쉬는 이렇게 썼다. "한 백성─베냐민을
가리킴─과 백성들─요셉에게서 나온 므낫세와 에브라임을 가리킴─, 이
들은 실제로 지파들로 계수되었다."[54]

라쉬는 창세기 48:4에 대해서 이렇게 썼다.

---

54) *Pentateuch with Rashi's Commentary: Genesis*, trans. M. Rosenbaum and A. M.
Silbermann (London: Shapiro, Vallentine, 1929), p. 170.

그분은 백성들의 집합(즉, 최소한 두 지파 더)이 내게서 나올 것이라고 나에게 알리셨다. 지금, 그분이 내게 말씀하셨음은 사실이다(XXXV. 11) "백성과 백성들의 집합이 [너의 것이 될 것이다]." 그러나 그분이 "한 백성"이라고 말씀하셨을 때, 그분은 아직 태어나지 않은 베냐민을 가리킬 의도를 가지고 계셨다. 이 "한 백성"의 약속은 베냐민의 탄생으로 성취되었으며, 그 이유로 지금 나는 그것을 언급하지 않는다. 그러나 "백성들의 집합[이 너의 것이 될 것이다]"은 베냐민 외에 두 자손이 더 내게서 나올 것임을 가정한다. 결과적으로 베냐민 외에는 내게서 탄생한 다른 아들이 없으므로, 그분은 정말로 내게 적어도 두 개의 지파를 구성하기 위해 나의 지파들 중 하나(즉, 내 아들들 중 하나에 의해 형성된 지파)가 분리될 것임을 말씀하고 있다. 그러므로 그 아들에게 더한 중요성을 주며, 그 특권을 나는 너에게 수여한다.[55]

장 칼뱅. 칼뱅은 창세기 35:11에 대해서 다음과 같이 썼다.

하나님은…그때 자신이 야곱을 한 백성뿐만 아니라, 다수의 백성들로 생육하고 번성하게 하실 것이라고 약속하신다. 그분이 "한 백성"을 말씀하실 때, 그것은 의심할 바 없이 야곱의 후손이 한 위대한 백성의 조직체와 명성을 획득할 만큼 충분히 수가 많게 될 것임을 의미한다. 그러나 그 다음에 따라오는 "백성들"에 관한 것은 불합리하게 보일 수 있다. 왜냐하면 만약 우리가 그것이 불필요한 입양에 의해 아브라함의 인종에 끼워넣은 "백성들"을 가리키기를 원한다면, 표현 형태가 적절하지 않다. 그러나 만약 "한 백성"을 자연적 혈통에 의한 자손들로 이해한다면, 이는 축복보다는 저주가 될 것인데, 안전이 단결에 달려 있는 교회는 많은 별개의 민족으로 나누어져야만 하기 때문이다. 그러나 내게는 이 말씀 속에서 주님이 이런 유익한 점들을 다 이해하신 것으로

---

55) Ibid., p. 239.

보인다. 왜냐하면 아브라함의 씨가 많은 구별된 나라들로 번식한 것처럼, 여호수아 밑에서 백성들이 지파들로 나뉘었을 때, 아직 그 몸은 분리되지 않았기 때문이다. 이 몸은 백성들의 총회로 불렸으며, 이런 구별과 연관된 이유 때문에 신성한 단결은 아직도 강하게 작용했다. 언어 역시 이방인들에게까지 부적절하게 확장되지 않았다. 흩어지기 전에 이방인들은 믿음의 유대에 의해서 하나의 회중으로 모아졌다[Hoc quoque ad Gentes non male extenditur: quae quum prius dispersae forent, in unam congregationem fidei vinculo collectae sunt].[56] 그들은 육신을 따라서는 야곱에게서 나지 않았다. 그럼에도 믿음이 그들에게 새로운 탄생과, 야곱으로부터 흘러나온 영적 탄생의 씨인 구원의 언약의 새로운 시작이 되었기 때문에 "나는 너를 많은 백성들의 아비로 임명했다"라는 선언에 따라, 모든 믿는 자들은 그의 후손으로 올바로 간주되었다.[57]

칼뱅은 창세기 48:4에 대해서 이렇게 썼다.

야곱은 자신을 복된 자로 여기는데, 왜냐하면 그에게 약속된 은혜를 환영함으로써 그 효과를 의심하지 않기 때문이다. 그러므로 나는, 바로 다음에 따라오는 말씀, 즉 나는 너로 생육하게 하겠다 등의 말씀을, 이전 말씀에 대한 설명으로 생각한다. 이제 여호와는 야곱에게서 백성들의 총회가 나오게 하겠다고 약속하셨다. 백성의 총 조직체가 13개의 지파로 구성되어 있기 때문에, 어떤 의미로 이들은 많은 백성들이었다. 그러나 이것은, 씨를 전 세계에 흩으신 하나님이 모든 민족들로부터 자신을 위해 교회를 함께 모으셔야만 할 때[사 66:14-

---

56) John Calvin, *Joannis Calvini commentarii in primum librum Mosis, vulgo Genesin* (Amsterdam, 1671), p. 183.
57) John Calvin, *Commentaries on the First Book of Moses Called Genesis*, trans. John King (Grand Rapids: Baker, 1979), pp. 241-42.

24], 그 이후에 따라오는 위대함의 서막에 불과했다. 우리는 옛 경륜하에서의 축복의 성취를 인식하는 반면에, 그것이 더 위대한 어떤 것을 가리킨다는 것을 허용해야 한다. 그러므로 백성이 수많은 다수로 증가했을 때, 12족장들로부터 나와 인구가 조밀한 13지파가 되었을 때, 야곱은 이미 민족들의 집회로 성장하기 시작했다. 그러나 영적인 이스라엘이 세계의 사방으로 확산된 시기, 그리고 많은 민족들이 하나의 교회로 모였던 시기로부터[& variae gentes in unam Ecclesiam aggregatae sunt],[58] 이런 증식은 완성을 향해 있었다.[59]

요한 메르케리우스(Johann Mercerius). "하나님은 자손의 출생과 증가에 대해 명령하면서 선포하시고 그 이후에 계시가 따라온다. 11장과 이어지는 12장에서 하나님은 그 계시를 취하여 보다 더 넓게 약속하신다. 점차로 자손이 증가하며, 민족과 민족의 무리가 너로부터 생겨날 것이다. 너의 요부, 즉 너의 허리로부터 왕들이 나오고 태어나며 기원할 것이다"("Indicat imperans de propagatione & augmento proplis, ut sequitur declaratio, quia iam 11. Aut 12. susceperat, sed promittit hos latius deincep propagandos, gens & congregatio gentium erit. i. nascetur ex te, & reges ex lumbis seu renibus tuis exibunt, prodibunt, orientur").[60]

코르넬리우스 라피다(Cornelius Lapida). "너로부터 12지파가 나와서 수가 점점 많아져 수많은 종족과 민족들과 대등하게 될 것이다"

---

58) Calvin, *Primum librum Mosis*, p. 229.

59) Calvin, *First Book of Moses*, p. 423.

60) Johannes Mercerius, *In Genesin primum Mosis librum, sic a Graecis appellatum, commentarius* (Geneva, 1587), p. 583. "Et sis, id est, vt sis in coetum populorum, id est, euadas in populos multos, sicut & Abrahamo promissum est, vt ex te sc. exeat semen illud benedictum Abrahamo promissum, in quo sunt omnes gentes benedicendae. Hic est effectus benedictionis ipsi datae, vt quod ad Abr. dictum fuerat. In Isaac vocabitur tibi semen, ad Iacob referatur, & in ipso sit implendum non in Esau, ex vi benedictionis"(ibid., p. 487).

("Duodecim enim tribus ex te proseminandae ita crescent, ut multis gentibus et populis aequentur").[61]

헨리 아인스월스. 창세기 35:11에 대해 헨리 아인스월스(Henry Ainsworth)는 이렇게 썼다. "[집회] 또는 무리, 민족들의 교회. 갈데아어는 지파들의 집회를 가리킨다. 여기서 하나님은 아버지 이삭에 의해 야곱에게 주신 축복을 확인하신다. 그리고 이것을 확대시키신다. 창세기 28:3; 48:3, 4을 보라."[62]

창세기 28:3에 대해 아인스월스는 "[집회] 또는 교회, 회중, 무리, 즉 에스겔 23:24의 수많은 백성들. 그리스어는 이것을 민족들의 회당(또는 집회), 그리고 갈데아인들, 지파들의 모임으로 번역한다. 출애굽기 24장에서 야곱으로부터 나온 12지파들에 관해서."[63]

창세기 48:4에 대해서, 아인스월스는 70인경이 민족들의 "시나고그"(또는 집회)를 가리키는 것으로 이해한다.[64]

요한 드루시우스(Johann Drusius). "(다수의 사본): 백성들의 모임 가운데 있는 '아밈'(민족들)…[לכנשת שבטין로 해석하는 타르굼 옹켈로스와 타르굼 요나단을 인용하면서] 민족들이 어떤 이름으로 지명되는지는 분명하다. 비록 특정 민족들은 '고임'(gôyīm)이라 지칭되기는 하지만 말이다"("[notae majors]: לקהל עמים in ecclesiam populorum…[quoting *Targum Onqelos* and *Targum Jonathan*, which interpret לכנשת שבטין]. Certum est tribus utroque nomine designari. Quanquam gentes proprie גוים dicantur").[65]

---

61) Cornelius a Lapide, *Commentaria in scripturam sacram* (Paris, 1768), p. 330. "Crescere te faciat multa prole et familia, ut multae tribus et turbae populorum ex te nascantur. Ita reipsa populosae fuerunt tribus duodecim, descendentes ex Jacob."

62) Henry Ainsworth, *Annotations upon the Five Books of Moses* (London, 1639), p. 128.

63) Ibid., 105.

64) Ibid., p. 62.

65) Johann Drusius, *Critica sacra sive annotata doctissimorum virorum in Vetus ac Novum Testamentum* (Amsterdam, 1698), p. 1035.

로버트 자메이슨, A. R. 퍼셋, 데이비드 브라운. 자메이슨, 퍼셋, 브라운은
창세기 28:4에 대해서 이렇게 쓴다.

이 단어[‘ammîm]는 똑같이 야곱에게 주신 약속의 갱신에서 사용되었다. 아
브라함에게 두 번 사용된 표현은 그가 여러 민족들[gôyim]의 아버지가 될 것
이라는 것이다. 두 경우 모두에 서로 다른 단어들이 똑같이 사용되었다는 것
은, 두 족장에게 하신 약속의 실체에 근본적인 차이가 있음을 뜻한다.[66]

자메이슨, 퍼셋, 브라운은 창세기 35:11에 대해서 이렇게 쓴다.

백성들의 총회. 이것을 어떤 이들은 12지파를 가리킨다고 보고, 다른 이들은
영적인 이스라엘을 가리킨다고 본다. 그러나 둘 다 받아들일 수 없는 해석이
다. 야곱에게 주신 약속에서 이 단어는 영어 성경에서는 "다수"(multitude)나
"무리"(company)로 번역되었는데, "모으다" 또는 "집회를 소집하다"를 정확히
의미하는 뿌리에서 그 기원과 의미를 취한 것이다. 그리고 이 구절에서 그것
의 힘은 어떤 후기 번역자보다 70인경의 그리스어 번역에서 더 적절히 표현
된 것 같다. 이 구절에 대해 70인경은 "민족들을 함께 모으는 것이 너로부터
될 것이다"라고 번역한다. 그리고 의도된 이 모음은, 모든 민족들을 그리스도
안에서 하나로 모은다는 것 외에 다른 것이 될 수 없다. 그러나 내가 실수한
것이 아니라면, 이 위대한 사건은 70인경에 나오는 것보다도 이 구절에서 훨
씬 더 명백하게 언급되었다. 즉, 메시아는 개인적으로 "민족들을 모으는 자"의
특성으로 언급되었다.[67]

66) Robert Jamieson, A. R. Fausset and David Brown, *A Commentary, Critical, Experi-
mental and Practical, on the Old and New Testaments* (Grand Rapids: Eerdmans,
1945), 1:198.
67) Ibid., 1:223-34.

존 스키너. "아우구스트 딜만의 신명기 33:3에 대한 논의에도 불구하고 (역자 주—딜만의 *Die Genesis*에 나오는 내용), 이 구절은 이스라엘 지파를 의미할 수 없다. 이것은 야위스트의 '네 안에서 모든 국가들이 나올 것이다' 등 (23:3 등)과 일치하는 듯하며, 아마도 일종의 메시아적 견해를 표현하는 것 같다."[68]

하인리히 홀칭어(Heinrich Holzinger). "여기서는 '여러 족속'(קְהַל עַמִּים) 이 사용되었고, 48:4은 35:11(קְהַל גּוֹיִם)을 따랐다. 또한 17:5f.을 보라. 백성 공동체가 아니라, 많은 민족들을 의미한다"("קְהַל עַמִּים hier und 48:4 ist nach 35:11(קְהַל גּוֹיִם), auch 17:5f. Ein Haufen von Völkern, nicht eine Gemeinde von Volksgenossen").[69] "קְהַל עַמִּים"(qĕhal ʿammîm)은 복수인 "씨"가 단수인 "씨"에 연결된 방법이다. "씨"(단수)는 민족들(복수)의 집합(단수)이다(비교. 엡 3:6).

---

68) John Skinner, *A Critical and Exegetical Commentary on Genesis* (ICC; Edinburgh: T & T Clark, 1910), p. 375.

69) Heinrich Holzinger, *Genesis* (KHC 1; Freiburg: Mohr Siebeck, 1898), pp. 174-75.

9장

오경의 "성경적 예수"는 존재하는가?

성경신학에 대한 복음주의적 논의의 중심에는 "예수는 누구신가?"라는 질문이 존재한다. 역사비평은 역사적 예수를 탐구하는 질문에 대한 대답으로 시작되었다. 복음주의도 비슷한 탐구에 착수하여, 이 논의에 대해 지속적으로 많은 것을 기여해왔다. 그러나 복음주의자들에게는 이 질문이 또다른 측면, 즉 "성경적 예수"(biblical Jesus)에 대한 탐구라고 불릴 수 있는 측면을 가진다. 성경적 예수의 탐구를 이해할 수 있는, 적어도 두 가지 방법이 있다.

성경적 예수에 대한 탐구

복음서의 예수로서 성경적 예수. 어떤 의미에서 성경적 예수는 마르틴 켈러(Martin Kähler)가 "복음서의 예수"로 생각한 분이다.[1] 궁극적으로 복음서의 예수에 대한 켈러의 탐구는, 역사적으로 재구성된 다양한 예수의 삶에 대한 응답으로서 의도된 역사적 탐구의 일종이었으며, 현재도 역시 그러하다. 이런 탐구도 중요하지만, 이는 여기서 내가 염두에 둔 것이 아니다.

둘째 의미에서 성경적 예수. 하지만 우리는 또 다른 의미에서 성경적 예수를 말할 수 있고 또 말해야만 한다. 바로 성경 전체의 예수를 알려고 추구하는 의미에서 말이다. 구약과 신약 모두를 읽음으로써 알게 되는 예수를 말한다.

---

1) 성경신학에서 Martin Kähler의 중요성에 대한 유용한 요약으로는 "Kähler, Martin," *RGG*[4], vol. 4, col. 734을 보라.

바로 이런 의미에서 나는 "성경적"(biblical)이라는 단어를 사용하고 있다. "성경신학"(biblical theology)이라는 말에서 사용된 것과 마찬가지로 말이다. 성경신학이 구약과 신약의 신학인 것처럼, 성경적 예수는 구약과 신약의 예수다. 성경신학은 구약신학과 신약신학의 결합 이상이다. 성경신학은 신구약 전체를 조사함으로써 나온다. 마찬가지로 "성경적 예수"도 구약의 메시아와 신약의 예수의 결합 이상이다. 성경적 예수는 구약과 신약 모두에서 그를 배움으로써 알게 되는 예수다.

성경적 예수의 탐구는 실제 인물로서의 예수에 대한 역사적 탐구의 일부지만, 그러나 그 이상이다. 비록 성경 텍스트의 역사적 대상으로 예수에 대해 탐구하는 것을 기본 뼈대로 하지만, 성경적 예수는 단순히 역사적이거나 문학적인 재구성이 아니다. 역사적 예수가 이것 또는 저것의 고립된 구절들이 가리키는 역사적 대상인 것처럼, 성경적 예수는 성경 전체가 가리키는 역사적 인물이다. 이런 의미에서 예수는 신약신학의 산물인 것만큼이나 구약신학의 산물이다. 따라서 예수에 관한 역사적 질문과 함께, 성경적 예수의 탐구는 또한 성경신학적 질문으로 "성경 전체는 그것을 읽음으로써 알게 되는 역사적 예수의 정체성에 대해 무엇을 우리에게 말해주는가?"를 묻는다. 이 탐구의 순환성은 그 질문의 진술에서 필수적인 부분이다. "신구약 성경 전체는, 우리가 신구약 성경 전체를 읽음으로써 알게 되는 역사적 대상에 대해 무엇을 말해주는가?"를 질문하고 있는 것이다.[2)]

---

2) 구약과 신약 전체에서 정경의 통합적인 요소로서 예수의 유효성은, 정경의 이음매 내에서의 그의 죽음(단 9장, 복음과 계시), 그의 부활(단 12장, 복음과 계시), 그의 승천(단 7장, 복음과 계시)이 중요하게 드러남으로써 성립되었다. 오직 예수에 대해서만 "메시아"로서 죽으셨고 다시 부활하셨고 아버지의 오른편에 앉으시기 위해 승천하셨다고 말할 수 있다. 따라서 그분만이 구약에서 이 용어의 유일한 진실된 용법의 하나로 "메시아"의 정경적 자격을 만족시킨다(단 9:24, 26). Christopher Seitz가 "초대교회의 문제는 구약으로 무엇을 할 것인가가 아니었다. 오히려 성경의 권위와 특권적 지위가 모든 곳에서 인정된 관점에서, 십자가에 달린 메시아와 승천을 어떻게 받아들여야 하는가?···우리 시대의 도전은 이스라엘의 성경에 따라 예수의 죽음과 되살아난 행위를 어떻게 볼 것이냐

이는 단순히 신약을 읽음으로써 아는 예수도 아니고, 신약에서 펼쳐진(또는 성취된) 구약의 예수도 아니다. 이것은 구약과 신약을 한 권의 책으로 읽음으로써 알게 되는 예수다. 모든 성경 텍스트를 읽음으로써 우리가 알게 되는 예수이며, 복음주의자들이 이런 텍스트들을 하나님의 말씀으로 고수함으로써, 그들이 유일한 역사적 예수로 지지하는 바로 그 예수다.[3]

따라서 성경적 예수 탐구의 주요한 구성 요소는 히브리어/그리스어 구약(이형 텍스트들의 더하기 또는 빼기)의 최종 형태의 신학에 대한 탐구이며, 초기 기독교 저자들(바울, 사도행전, 복음서)이 그 신학을 신약의 기록 속에 어떻게 통합시켰는가에 대한 탐구다.

내 접근법에 대해서 마지막으로 할 말은 다음과 같다. 성경적 예수를 추구하는 나의 목적은 보통 "구약의 메시아"로 불리는 존재를 찾는 것이 아니다. 비록 그것과 동일한 쟁점을 몇 가지 수반하는 것은 사실이지만,

---

하는 것이다"라고 말했을 때 그는 구약 정경의 이런 특징을 평가하는 데 실패한다("Two Testaments and the Failure of One Tradition History," in *Biblical Theology: Retrospect and Prospect*, ed. Scott Hafemann [Downers Grove, Ill.: InterVarsity Press, 2002], p. 211). 실제로 성경적 예수의 바로 이런 기능이, 우리가 구약 정경과 신약의 그리스도의 관점으로부터 예수에 관한 메시아의 주장을 진지하게 취하는 것을 보장한다(단 9:25-26을 보라).

3) 예수, 바울, 사도행전의 초대교회에 대한 확실한 역사적 사실은, 구약(타나크)에 대한 그들 자신의 버전 또는 해석판이 부족했다는 점이다. 비록 어떤 이들은 다른 기독교 성경을 재구성하기를 시도했지만, 가장 초기의 교회는 쿰란에서 페쉐르의 경우처럼, 구약의 주석 버전에 전혀 의존한 것 같지 않다. 겉으로 보기에 그들은 별다른 질문 없이, 그들 시대의 히브리어(그리고/또는 그리스어) 성경을 받아들였다. 벧후 3:15-16에 반영된 성경에 대한 태도를 주목하라. 그러므로 신약성경의 책들은 성경에 대한 더 많은, 증가하는 필요를 보여주는 증거다. 이 질문의 언급이 우리로 분명히 보도록 도와주는 사실은 다음과 같다. 즉, 신약과 구약 모두가 아니라 신약에 의지해서 예수에 대한 성경신학을 시작했는데, 이는 역사적으로 문제적인 실행이었다는 점이다. 다른 측면보다도 역사적으로 문제가 있는데, 왜냐하면 이 실행은 신약성경에 집필로 기록되기 전에 이미 신약신학은 구약에 근거해서 마지막 형성 단계에 있었다는 사실을 간과하기 때문이다. 그런 의미에서 성경적 예수는 이미 복음서의 예수다. 초대교회의 유일한 성경은 구약이었으며, 초대교회가 신약이 없기 때문에 부족하다고 느꼈다는 기색은 전혀 없었다.

동일한 질문을 제기하지는 않는다.[4] 따라서 그 탐구도 중요하지만, 내가 여기서 다루려는 질문은 아니다. 이 시점에서 나는 구약의 메시아가 아닌 성경적 예수에 초점을 맞추고자 한다.

이 부분에서 우리는 다음과 같은 세 가지 중심적인 질문을 검토할 것이다. (1) "성경적" 예수의 정체성에 대해 오경은 우리에게 무엇을 말해주는가? (2) 선지자들과 시편 기자들은 어떻게 오경의 예수를 그들의 중심 메시지에 통합시켰는가? (3) 신약과 성경신학(구약/신약)은 어떻게 타나크의 성경적 예수를 그들의 성경 의미의 이해에 통합시켰는가?

"오경과 예언서 속의 예수"에 관해 이야기하는 것은 시대착오적으로 들리며, 사실 대부분 그렇다. 이런 식으로 예수에 대해 이야기하는 것이, 구약 저자들이 복음서의 역사적 예수를 예견했다는 것을 의미하지는 않는다. 구약 저자들이 예수를 "예견"한 것으로 본 신약 저자들의 이해는, 물론 사도행전 2장의 *"prooraō"* 같은 용어의 해석을 보아도 분명하다. 사도행전 2장의 이 단어는 시편 16편(행 2:31)에서 다윗의 선견에 사용되었다. 그러나 우리는 이런 텍스트로부터, 구약 저자들이 마치 신약 저서의 예고편을 본 것처럼, 신약에서 현재 제시된 그대로 예수를 "예견"했다고 성급히 결론 내려서는 안 된다. 이것이야말로 증명될 수 없는 시대착오다. 나는 "예수"라는 이름을, 구약과 신약 모두에서 발견되는 중심적인 문학적 인물을 지시하는 것으로 사용할 것이다. 성경 역사가로서 우리는, 이 인물이 실제적 존재며 성경 기사가 신뢰할 만하다고 이해한다. 성경을 읽는 독자로서 우리는, 성경 저자들이 사용한 다양한 문학적 기교와 구성적 전략을 통해 역사적 인물을 알게 된다. 구약 텍스트에서 이 문학적 인물은 "씨", "왕", "사자", "가지"―이 리스트는 계속 길어질 수 있다―와 같은 일련의 시

---

4) 구약/히브리어 성경에서 메시아에 대한 질문은 먼저, 구약의 메시아 개념의 의미와 그 것의 적절한 컨텍스트를 수립해야 하며, 거기에서부터 히브리어 성경 내에서의 기원과 발전을 증명해 보여야 한다. 이런 연구의 범위는 구약/히브리어 성경으로 제한된다.

적 이미지와 은유를 통해 현실화된다. 신약에서 이 역사적 인물은 복음서의 내러티브에서 한 명의 문학적 인물로 드러난다. 서신서에서 그는 "하나님의 아들", "그리스도" 같은 다양한 신학적 논점을 통해 굴절되어서 나타난다.

전체적으로 보아서, 우리는 바로 이 성경적 인물을 통해 하르무트 게제(Harmut Gese)가 성경의 "기독론"―즉, 단순한 메시아 신앙이 아닌 구약과 신약 모두에 있는 "그리스도의 말씀"(logos of the Christ)―으로 부르는 것에 도달하기를 원한다. "예수"의 이름이 구약에서 시대착오적이라는 사실은, 역설적이게도 성경 전체의 컨텍스트에서는 그것의 유용성을 향상시킨다. 시대착오로서 이 이름은, 비록 문학적인 구문 또는 내러티브 구문의 관점에 속해 있기는 하지만, 전체 성경에 연결되는 단일한 구성적 전략을 가지지 않은 텍스트들을 모으는 데 사용될 수 있다. 동시에 우리는 "메시아"라는 용어, 역시 시대착오적인 이 "메시아"를 사용하는 경로도 취할 수 있다. 하지만 역설적이게도 여기서는, 최소한 구약의 두 경우(단 9:25, 26)에서 이 "메시아"가 시대착오적이 아니라는 사실 때문에 그 가치가 감소된다. 따라서 "예수"라는 이름도, "메시아"라는 용어도, 내가 아는 어떤 다른 용어도 시대착오적이라는 비난에서 자유롭지 못하다. 그래서 나는 "예수"라는 이름을 계속 사용하는 것을 선호하게 된다. 왜냐하면 이 이름은 연결된 텍스트들을 결합시키는 중요한 기능을 하며 그것의 시대착오적 속성들은 알아보기 쉽기 때문이다. 하지만 이런 나의 선호에도 불구하고, "성경적 예수"에 대한 앞으로의 연구 전반에서 나는 이런 용어를 드물게 사용할 것이다. 왜냐하면 장기적인 안목으로 볼 때, 극히 소수의 사람들만이 이런 해결책이 내가 지정하는 작업에 적절하다고 볼 것이기 때문이다. 이렇게 하면 마치 내가 신약의 예수를 가지고 역으로 구약을 읽는 것처럼 보일 것인데, 이는 정확히 내가 피하고자 하는 바다. 그럼에도 구약과 신약을 전체론적으로 작업하기 위해서 적절하고 기능적인 성경 용어가 무엇인가 하는 문제는 실제적이다. 따라서 이 문제는 예비적인 방식으로라도 다루어야 한다.

"성경적" 예수의 정체성에 대해 오경은 우리에게 무엇을 말해주는가? 우선 첫째로, 나는 오경의 구성에 관한 원래의 질문을 다시 기억하기를 원한다. 모세는 어떻게 오경을 썼는가? 또는 더 나은 질문은, 모세는 어떻게 오경을 "만들었는가"? 어떤 자료들을 사용했는가? 자신이 가진 자료들을 어떻게 사용했는가? 오경은 어떤 종류의 문학적 작품인가? 장르는 무엇인가? 이런 질문들은 오경의 의미에 대해서, 그리고 어떻게 저자가 그 의미를 이해했는지에 대해서 많은 것을 말해준다. 이 질문들은 우리를 저자의 의도로 인도하고, 그렇게 함으로써 성경적 예수에 대한 어떤 것을 이해하도록 도와준다. 성경적 예수에 대한 저자의 관점(만일 존재한다면)을 이해하리라고 기대할 수 있는 유일한 방법은, 저자가 만든 텍스트에 반영된 대로의 그의 생각을 세심하게 모으고 확인하는 것이다.

오경의 자료. 오경이 어떻게 "만들어졌는지"를 평가하기 위해서 우리는 저자가 사용한 자료로부터 시작해야 한다. 이 책의 저자는 무엇을 가지고 작업했는가? 어디에서 시작했는가? 백지로부터 시작했는가, 아니면 문서 자료를 편집했는가?

오경에서 본 것으로 판단하건대, 저자는 이미 온전한 여러 단편들로부터 시작했을 것이다. 첫째, 한 가지는 분명해 보인다. 작업을 시작할 때, 저자는 이미 자기 앞에 몇 개의 거대한 내러티브 덩어리들—원역사(창 1-11장), 족장 내러티브(창 12-50장), 출애굽기 내러티브(출 1-19장), 광야 내러티브(민 11-25장), 정복 내러티브(신 1-11장)—을 가지고 있었다. 이 텍스트들의 많은 부분을 저자 자신이 "만들었을" 수도 있다. 하지만 오경을 만드는 저자의 작업 대부분은, 이런 내러티브 덩어리들을 전체 책(오경)으로 구성적으로 연결하는 것으로 이루어져 있다. 나는 오경을 만드는 저자의 작업이, 기록된 내러티브를 신학적으로 의미 있는 방법으로 첨부하고 연결하는 것으로 시작되었다고 주장하는 편이 안전하다고 생각한다.[5]

둘째, 저자는 수많은 시, 때로는 장시(長詩)들을 사용했다(창 49장; 출 15장; 민 23-24장; 신 32-33장). 이 시들은 오경에 최종 형태를 부여하는 중요한 역할을 했는데, 접착제와 같이 내러티브의 큰 조각들을 제자리에 붙이는 데 기여했다. 또한 오경의 나머지 부분을 신학적으로 이해하는 데 중요한 기여를 하기도 했다.

마지막으로 저자에게는 수많은 기록된 율법 모음들―십계명(출 20장), 언약 법전(출 20-23장), 제사장 법전(출 25장-레 16장), 성결 법전(레 17-27장), 신명기(신 12-26장)―이 있었다. 이 율법들은 오경의 최종 삼분의 이의 주요 내용을 형성한다.

오경의 구성. 만약 저자가 이런 모든 조각들―내러티브, 시, 율법―을 가지고 있었다면, 그는 어떻게 이것들을 합쳤을까? 그는 어떻게 오경을

---

5) 내가 제안하는 내용은 Jamieson, Fausset, Brown의 구약 주석에 있는 견해와 유사하다. 그들은 오경에 대한 논의에서 이렇게 말한다. "어떤 가설과도 무관하게, 모세의 개인적인 지식 영역 밖에 있는 문제들에 관련된 오경의 부분들의 구성에서, 모세는 믿을 만한 권위를 가진 이미 존재하던 기록들을 이용했을 것이라는 점은 인정될 수 있다.…자신의 시대에 일반적으로 알려져 있던, 혹은 히브리 가문의 저장고에 보존되어 있던 문헌 자료들을 사용함에 있어, 그는 오경 전체에 명백한 모습으로 퍼져 있는 설계의 통일성과 일치하도록 이런 자료들을 그의 내러티브에 섞어 짰다는 것은 분명하다"(*Old and New Testaments*, 1: xxxii). 여기서 저자들은 17, 18세기의 보수적인 입장을 대표한다. Campegius Vitringa: "Has vero schedas & scrinia Patrum, apud Israelitas conservata, Mosen opinamur collegisse, digessisse, ornasse, &, ubi dificiebant, complesse, atque ex iis primum Librorum suorum confecisse"(*Sacrarum observationum libri quatuor* [Franeker, 1700], p. 35). 19, 20세기에 성서비평과 역사비평이 일어난 이래로 보수주의의 입장은 "자료들" 또는 "문자로 된 기록물들"에 대한 논의를 꺼렸는데, 이는 이해할 만한 일이다. 솔직히 말하자면, 이런 태도는 오늘날 대부분의 미국 복음주의 구약학자들의 견해로 남아 있다. 유일한 변동이 있다면 다음과 같은 것뿐이다. 즉 현재의 많은 학자들은 모세에게 유용할 수도 있었을 "자료들"이 당시에는 아직 집필되지 않았다고 주장한다는 점이다. 모세는 구술 전통에 의지했다. 하지만 이런 견해는 텍스트 자체의 현실을 적절하게 다루는 데 실패할 뿐 아니라, 불확실성을 불필요한 수준으로까지 끌어들인다. 만약 복음서들이 "구술 자료들"에 의지하여 집필되었다고 믿는다면, 도대체 현재의 신약학은 어떻게 되겠는가?

"만드는" 일에 착수했을까? 오경의 최종 형태를 보고 우리가 모을 수 있는 것으로 판단해보건대, 오경을 "만드는 작업"은 우선적으로 이 다양한 텍스트 조각들을 하나의 이야기로 연결하는 것으로 이루어져야 한다. 이 과정을 우리는 적절하게, "구성"(composition) 또는 "저작"(authorship)으로 부를 수 있다. 말할 필요도 없이, 이는 어떻게 조각들을 맞추어야 하는지에 대한 상당한 지식과, 조각들 상호 간의 관계에 대한 지식을 요구했다.[6] 이것은 조각 맞추기 퍼즐 상자의 뚜껑에 그려진 그림을 따라가는 것과 같다. 오경의 저자는 자신의 머릿속에 있는 전체의 그림을 따라가면서 조각들을 조립했다. 여기서 나는 오경의 구성적 전략이 가진 다음과 같은 세 가지 양상을 언급하고자 한다.

오경은 연대순으로 배열되었다. 오경을 읽어보면, 우리는 저자가 그의 내러티브를 연대순으로 배열함으로써 하나의 단순한 이야기로 모았음을 볼 수 있다. 저자는 창조로부터 시작해서 아브라함이 땅으로 들어오는 것으로 움직여간다. 그는 약속된 땅의 바깥에서 이루어진 모세의 고별 담화로 끝맺는다. 이는 뻔한 소리로 들릴 수 있지만, 이런 뼈대의 중요성을 과소평가해서는 안 된다. 분명히 이것은 오경 저자의 작업이며, 여러 측면에서 내러티브에서 제기된 많은 쟁점들에 대한 저자의 관점을 반영한다. 해석상의 많은 질문들은, 오경에서 일련의 사건들이 연대순으로 배열되었는지 하는 질문과 연결되어 있다.

어떤 연대기적 질문들은 성경 개념인 구속과 다른 중심적인 신학적 주제들과 직접적으로 연결되어 있다. 예를 들면, 때때로 창세기 4장(임신과 아담의 아들들의 탄생 기사)은 창세기 3장과 아담의 타락 사건들보다 앞에 와

---

6) 오경에서 창 14:22과 출 2:24; 3:6-18 같은 텍스트들은 당시에 많은 사람이 이런 지식을 공유했음을 암시한다. 이는 하나님이 "족장들"을 다루시는 것과 그분의 창조의 역사에 대한 지식이었다. 창 48:22과 민 21:14 같은 다른 텍스트들은, 활용된 것보다 더 많은 과거의 지식이 있었음을 암시한다.

야 한다고 주장되었다. 이런 식으로 보면, 아담의 타락(창 3장)은 연대기적으로 그의 아들들의 탄생(또는 최소한 임신, 창 4장) 이후에 일어났을 것이다. 이는 아담의 아들들과 그 후손들이 (임신에 의해) 직접적으로 아담의 타락과 연결되지 않았음을 의미할 수 있다. 만약 아담의 타락이 그의 후손들에게 어떤 영향도 미치지 않았다면, 구속이나 구속자도 필요 없었을 것이다. 인류 전체는 타락된 아담과의 직접적인 관계없이, 여전히 원래의 형태로 있을 것이다. 또한 이것은 창세기 3:15의 서약이 아담과 하와 개인들에게만 적용됨을 의미할 것이다. 그들의 후손들과는 어떤 관련도 없을 것이다. 따라서 모세가 이 텍스트들을 연대기적 뼈대로 배열하는 작업은 오경을 "만드는 데" 필수적인, 그리고 아마도 가장 중요한 단계였을 것이다. 자신의 내러티브를 연대기적으로 접근함으로써, 저자는 창세기 3:15의 서약은 이해하게 하는 신학적인 기초를 놓았다. 저자는 오경의 사건들을 연대순으로 배열함으로써 창세기 3:15을 타락된 인류의 긴 역사의 시작에 배열한다. 이런 식으로 창세기 3:15의 "씨"에 대한 서약은 전 인류적 범위를 갖게 된다.

오경은 중심 주제들을 중심으로 배열되었다. 오경을 만드는 작업에 대한 다음 측면은 이 다양한 내러티브들을 일련의 신학적 테마나 주제들(신학적 논점)로 엮는 것을 포함했다. 여기에는 주요한 세 개의 주제, 즉 서약, 믿음, 율법이 있다. 이 세 개의 주제들은 내러티브 내에서 서로 연결되어 궁극적으로 내러티브의 중심적 움직임을 제공한다. 하나님은 초기 조상들인 족장들에게 서약을 하시는데, 이 서약은 믿음의 요청에 기초하지만 궁극적으로는 율법을 주는 결과를 낳는다. 이 세 개의 주제 모두는 "언약"의 개념에 의해 더욱 연결된다. 서약, 믿음, 율법은 언약을 맺음(과 깨뜨림)을 통해서만 작용하게(또는 작용하지 않게) 된다. 믿음, 서약, 율법, 언약의 주제들은 성경 내러티브라는 직물로 직조된다. 이것들과 다른 주제들은 오경의 일반적 논의의 일부며, 여기서 우리는 그것들을 언급만 할 것이다.

하지만 여기서 강조해야 할 중요한 지점은, 이 구성적 주제들(또는 테마들) 자체가 반드시 성경적 예수에 관한 것은 아니라는 것이다. 그럼에도 이 주제들은 현재의 논의에서 중요한데, 왜냐하면 이것들은 성경적 예수에 관한 오경의 다른 구성적 특징, 즉 오경 내러티브 내에서 전략적 위치에 시의 삽입이라는 특징을 위해 신학적인 배경을 형성하기 때문이다.[7] 이 시들은 오경 전체에 일종의 최종 뼈대를 제공한다.

오경은 시적 뼈대를 사용한다. 나는 이미 여러 지면에서, 오경을 "만드는 작업"에는 무엇보다도 책의 중심 내러티브를 마감할 때 핵심적 시들을 삽입하는 것이 포함된다는 사실을 주장했다. 이 시들은 독자의 관심의 초점을, "마지막 때에" 하나님의 미래의 사역과 유다 지파로부터 왕을 보내시고자 하는 하나님의 약속에 맞추고 있다. 여기서 내가 주장하고 싶은 것은, 오실 왕에 대한 이 시들의 초점이 예수와 오경신학을 연결한다는 것이다. 또한 나는 이런 목적이 매우 바울적인 방법에 의해 이루어짐을 주장할 것이다.

이미 나는 다른 곳에서, 이 시들이 고립되고 우연한 방식으로 오경에 삽입된 것이 아니라는 점을 지적했다. 전체에는 전략적인 계획이 있었다. 각각의 시는 상호 참조(cross-referencing)의 네트워크에 의해 다른 시들과 연결된다. 창세기 49장에서 유다 지파로부터 나온 "사자 새끼"는, 발람이 "마지막 때에" 일어나는 것을 본 승리의 왕(민 24:9a)으로 확인된다.

오경에서 다른 시들의 상호 참조의 의도는, 이 시들 속에 나타난 각각의 이미지를 미래의 왕이라는 단일한 그림과 연결하는 것이다. 궁극적으로, 이런 전략적 이음매를 따라서 우리는 오경의 신학을 만나게 된다. 이 전략의 범위와 분포가 전체적으로 본 오경의 최종 경계를 따라 놓여 있을 때 우리는, 이것이 "오경 전체"―즉, 창세기부터 신명기까지―로 연장됨을

---

7) 여기서 나는 앞에서 언급한 믿음, 약속, 율법에 대한 포괄적인 주제의 초점이 지닌 중요성을 강조하고 싶다. 이것들은 단순히 오경의 메시아적 소망의 신학적 하부층(substratum)이 아니다. 이 주제들은 후에 중심적 주제를 위해 오경에 대한 예언적 의존성의 기초를 형성한다. 또한 신약과의 중심적 연결 고리이기도 하다.

알 수 있다. 이것은 창세기 또는 오경의 다른 부분의 구성적 형태보다 더 크다. 이는 전체 책을 둘러싼 전략이다. 내가 주장한 대로, 이 전략은 유다의 가계에서 오실 왕에 초점을 맞춘다.[8]

여기서 나는 오경의 네 편의 주요 시들 중 세 편(창 49장; 민 24장; 신 33장)에 대해 몇 가지 관찰을 하고자 한다. 내가 믿기로 이 관찰들은, 오경이 성경적 예수에 대해 말하고자 하는 내용에 더 가까이 접근할 수 있게 한다.

"마지막 때에." 이 세 편의 시에 대한 첫째 관찰은, 각각의 시가 자신과 "마지막 때"의 사건들을 연결시키는 동일한 도입부를 가진다는 것이다. "마지막 때에"(bĕ'aḥărît hayyāmîm)라는 표현은 예언문학에서는 흔하지만, 오경에서는 오직 이 세 시의 도입부와 신명기 4:30(신 4장에서는 포로 시기를

---

8) 오경의 내러티브가 몇몇 핵심 시들에 의해 뼈대를 이루고 있다는 사실은, 단순히 오경을 읽는 것만으로도 확인된다. 이 시들은 성경적 예수를 오경에 소개하는 일차적인 수단이다. 내러티브 안에 직조된 다른 주제들과는 다르게, 이 시적 텍스트들은 반복적으로 텍스트에 끼어드는 막간 음악, 헐리우드 뮤지컬의 주제 노래와 같다. 이 시들은 독자들에게 그들이 어디에 있으며 어디로 가는지를 알려주는 이정표다. 오경 내에서 시들의 분포는 책의 구성에서 가장 포괄적인 요소를 드러내며, 이것들의 범위는 창세기 첫 장부터 신명기의 마지막 장까지다. 이런 종류의 고도의 해석적인 자료의 삽입은 고대 문학이 가진 문학적 기교다. Shemaryahu Talmon은 이것을 "inlibration"이라고 부른다. 즉, 다양한 "문서들"을 함께 연결하거나, 기본 바탕천이 되는 텍스트에 추가적 자료를 이차적으로 함께 꿰매는 것이다("The Presentation of Synchroneity and Simultaneity in Biblical Narrative," *Scripta Hierosolymitana* 27 [1978]: 13-14). 이미 우리는 오경에서 개별적인 내러티브들이 큰 덩어리로 나타난다는 사실에 주목했다. 이런 덩어리로는 창세기에서 족장 내러티브, 출애굽기에서 이집트로부터의 탈출 내러티브, 민수기에서 광야 내러티브, 마지막으로 신명기에서 초기 정복 내러티브가 있다. 이 큰 내러티브 덩어리 각각의 뒤에 저자는 긴(그리고 신학적으로 풍부한) 시─창 49장; 민 23-24장; 신 32:33─를 배열했다. 이 시들은 독자를 위해 반복되는 토픽, 즉 구속자-왕의 오심이라는 화제를 주제화한다. 바로 여기서 우리는 성경적 예수의 흔적을 보기 시작한다. 동일한 패턴이 창 1-11장의 구성적 이음매에 나온다. 원역사를 통해서 저자는 내러티브의 각 부분의 결론에 시를 덧붙인다. 구성적으로 보면, 창 1-11장은 내러티브와 시로 이루어진 조각보 이불, 또는 오경 나머지 부분의 소우주─내러티브 뒤에 그것을 해석하는 시가 따라오는 형태─라고 할 수 있다. 오경의 의미를 이해하기 위해서는 이 시들을 세심하게 살펴야 한다.

가리킨다)에만 나온다. 예언서에서 이 표현은 일관성 있게 미래적 메시아의 시대를 가리킨다.[9]

이 구절이 시의 도입부에 전략적으로 배치되어 있다는 사실은, 이것이 오경의 거대한 구성적 뼈대—신명기 4:30도 여기에 속해 있다—의 일부임을 암시한다. C. F. 카일과 프란츠 델리취에 따르면, 이 컨텍스트에서 "마지막 때에"라는 구절은 적어도 바벨론 포로기로부터의 귀환 시기와 아마도 그 이상을 가리킨다.[10] "마지막 때에"의 다양한 번역이 어떠하든, 오경의 저자는 그 속에서 시에 대한 자신의 이해와 오경 전체에 대한 해결의 실마리를 보았음이 분명하다. 시와, 결과적으로 오경 자체는 "마지막 때"의 사건들에 대한 것이다.

"오실 왕"의 선포. 오경에서 이 세 편의 시에 관한 둘째 관찰은, 시들이 가진 공통적인 참조 지점(reference point)이다. 각각의 시는 독자의 관심의 초점을, 민족들에게 평화와 번영을 가져올, 오실 왕에 맞추도록 한다.

1. 창세기 49:8-12의 왕. 창세기 49장의 시는 아들들 각각에게 주어진 야곱의 마지막 말을 기록한다. 분명히 저자의 관심의 초점은 요셉(창 49:22-26)[11]과 함께 유다에 할당된 부분(창 49:8-12)이다. 이 두 부분만으로도 거의 시의 절반이 구성된다(114단어[유다/요셉]와 127단어[나머지 아들들]). 유다에게 주어진 "말"은 그의 가계에 약속된 이상적인 왕권을 강조한다. 이 말들은 모든 민족들을 아우르는 승리의 왕의 통치에 대한 비전이다. 이 왕의 오심은 에덴동산의 풍요로움의 회복을 수반할 것이다.

2. 민수기 24:5-9의 왕. 두 번째 중요한 시인 민수기 24장은 여호와의

---

9) W. Staerk, "Der Gebrauch der Wendung בְּאַחֲרִית הַיָּמִים im alttestamentlichen Kanon," ZAW 11 (1891): 247-53.

10) C. F. Keil and F. Delitzsch, *The Pentateuch*, trans. James Martin (BCOT; Grand Rapids: Eerdmans, 1971), p. 313.

11) 요셉 부분에서 여분의 자료들은, 후에 대상 5:1-2에서 설명된 대로, 장자의 축복의 상속에 대해 다룬다.

동산의 회복과 미래의 왕의 도래의 비전(민 24:5-9)으로 시작한다. 그 내용은 창세기 49장과 비슷하다. 예를 들면 민수기 24장의 왕은, 창세기 49:9의 인용—"그가 엎드리고 웅크림[rābaṣ]이 수사자 같고 암사자 같으니 누가 그를 범할 수 있으랴"(kāra' rābaṣ kě'aryeh ûkělābî mî yěqîmennû)—을 연장하는 방법으로 창세기 49장의 왕과 동일시된다. 민수기 24:9에서 발람은 이 구절을 인용하여 다음과 같이 그의 비전의 왕을 묘사한다. "[그의] 꿇어 앉고 누움이 수사자와 같고 암사자와도 같으니 일으킬 자 누구이랴"(kāra' šākab ka'ărî ûkělābî mî yěqîmennû). 카일의 관찰에 따르면, 발람은 이전 시에서 했던 것처럼, 야곱의 축복을 인용함으로써 이 말을 마쳤다. "발람이 발락에게 소개한 야곱의 축복의 내용은, 그들의 지파-조상을 통해 여호와가 이스라엘에게 하신 말씀에 따라서, 이스라엘은 그들의 적을 철저히 극복해서 적들 중 누구도 다시는 그들에 대항해서 감히 일어나지 못하리라는 것이다."[12]

3. 신명기 33:4-7의 왕. 창세기 49장과 같이 신명기 33장은 이스라엘 지파를 위해 준비된 미래를 그리고 있다. 프롤로그에서 모세는, 시내 산에서 하나님이 이스라엘에게 나타나신 것과 거기에서 백성('am)으로 성립된 것을 묘사한다. 신명기 33:5에서 모세는 충성된 신하들, 즉 이스라엘 지파들에게 둘러싸인 왕에 대해 이야기한다. 유다를 언급하면서(신 33:7) 모세는 하나님께, 유다로부터 나올 왕에 대한 약속을 성취해달라고 요청한다. 신명기 33:7에서 모세는, 왕이 하나님의 백성을 재결합시키는 것을 마음속에 그리며, 이 왕의 오심을 진지하게 호소한다. "그를 그의 백성에게로 인도하시오며." 이런 특징들은 신명기 33장과 오경의 다른 시들 사이의 밀접한 연결을 보여준다.

시작하는 구절(신 33:1)에서 이 시는 "축복" 시로 확인된다. 이것은 "모

---

12) Keil and Delitzsch, *The Pentateuch*, p. 191.

세가 죽기 전에" 이스라엘 자손을 위해 한 축복이다. 이것은 창세기 1:28
에서 시작해서 신명기 33장으로 끝나는 오경에서의 "축복" 중 가장 긴 목
록의 하나다. 카일에 따르면, 신명기의 시의 편집자는 자신과 모세를 분명
하게 구별했다. 카일은, 이 편집자가 오경에 모세의 축복을 삽입하면서 거
기에 유사한 추가 부분을 더했다고 말한다.

신명기 33:4은 카일이 생각한 바로 그런 편집자의 추가 부분 중 하나
일 것이다. 모세는 스스로 말하면서(신 33:1), "모세가 우리에게 율법을 명
령하였으니"라고 말하지는 않았을 것이다. 문제의 핵심은, 모세가 저자로
서 또는 내레이터로서 자신을 "모세"와 같은 3인칭으로—즉 "모세가 우
리에게 율법을 명령하였으니"—언급하겠느냐 아니냐가 아니다. 자주 모
세는 그렇게 했다. 어려운 점은, 만약 이것이 모세가 대화 중 말하는 것이
라면, 그는 자신을 3인칭("모세"로)으로 언급하면서 동시에 "이스라엘"(lānû
mōšeh)을 1인칭 복수("우리")로 언급하지는 않았으리라는 것이다. 신명기
33:4-5의 결과적인 의미는 어렵지 않다. 이것은 모세가 이스라엘에게 그
들 자신의 소유로 율법(tôrâ)을 주었으며, 하나님은 그들의 "왕"으로서 백
성('am)으로 삼기 위해 이스라엘 지파들을 모으셨다는 내용이다.

신명기 33:7에서 화자는 유다 지파를 향해서 그들을 위한 하나님의 도
움을 요청한다. 그는 "여호와여 유다[yĕhûdâ]의 음성을 들으시고 그의 백
성['ammô]에게로 인도하시오며[tĕbî'ennû] 그의 손으로 **자기에게**[lô] **속한
자를** 위하여 싸우게 하시고 주께서 그 대적으로부터[miṣṣārāyw] [그를] 도
우소서"(역자 주—강조체로 된 곳은 개역개정에서 벗어나 영어 텍스트를 따라 번역한 부
분임). 이 모호한 말을 설명하려는 대부분의 시도는 설득력이 없다. 그 이
유는 말 자체의 모호함에 있지 않고 그것을 유다 지파의 실제 역사적 상
황에 연결하려는 바람직하지 않은 시도에 있다. 이 문장의 의미는 매우 직
설적이다. 이 말은, 하나님이 유다를 그의 백성에게 인도하시고 유다를 도
와 그에게 올바로 속한 자를 위해 싸우게 하시기를 원하는 희망을 표현한
다. 바벨론의 포로 생활로부터의 귀환을 둘러싼 희망을 제외하고, 이와 같

은 희망과 동일시될 수 있는 알려진 역사적 사건은 없을 것이다. 하지만 이것은 무리한 해석인데, 왜냐하면 포로 생활에서 유다는 "그의 백성"으로부터 분리되지 않았기 때문이다. 따라서 그를 "그의 백성에게 인도할" 필요가 없었다.

이 구절의 의미에 대해서는 다른 가능성이 존재한다. 오경에서 다른 시들 사이의 빈번한 텍스트 간 관련적 연결(innertextual connection)은, 신명기 33:7에서 유다에 대한 간단한 언급이 창세기 49장의 유다에게 할당된 시로부터의 암시 또는 "학적 인용"(learned quotation; 뒤에 나오는 "시 속의 학적 인용" 부분을 보라)일 가능성을 제기한다. 사실상, 이 두 시 사이에는 여러 언어적 연결이 존재한다.

예를 들어, 신명기 33장 전체가 창세기 49장에서 빌려온 표현과 주제의 단편들을 주위 모은 것이라는 사실은 일반적으로 인정된다. 신명기 33:7도 그중 하나일 가능성이 높으며, 저자는 이 조각들을 두 시를 연결하기 위해 사용했다.

창세기 49:10에서 야곱은 유다에 대해 "규가 유다를 떠나지 아니하며…그에게 속한 자[*šîlōh/šîlô*]가 오시기까지[*yābō'*] 이르리니 그에게[*wĕlô*] 모든 백성['*ammîm*]이 복종하리로다"라고 말한다. 유다는 왕권(규)이 속한 (*šîlōh/šîlô*) "오실 분"(*yābō'*)을 기다려야 한다. 그가 백성들('*ammîm*)에게 오실 때 백성들은 그의 권위, 즉 그의 통치에(*wĕlô*) 복종할 것이다.

신명기 33:7을 학적 인용으로, 그리고 창세기 49장에 대한 논평으로 읽음으로써, 여기서 우리는 모세가 창세기 49장에서 유다에게 약속된 분의 오심을 위해 기도하는 것을 볼 수 있다. 모세는, 많은 세월 후의 한나와 같이(삼상 2:10), 이 시들 속에서 여호와의 말씀의 성취를 위해 기도한다. 모세는 하나님이 유다의 가계로부터 왕의 규를 그의 백성('*ammô*)에게 가져오시도록(*tĕbî'ennû*) 요청한다. 이 왕은 "합법적으로 자기에게[*lô*] 속한 자를 위하여" 그리고 "백성들/민족들[*yiqqĕbat 'ammîm*]의 복종"을 위하여 "자기 손으로 싸우시는" 분이다. 따라서 신명기 33:7은 창세기 49:10에 표현된 희망의 요약이요 반복이다. 한나의 시는 오경 이후의 독자가 오경의 이 초기 시의 예언의 의미를 알고 있었음을 입증한다. 한나는 이 시들을 오실 "메시아" 왕의 비전으로 본다. "[여호와께서] 자기 왕에게 힘을 주시며 자기의 기름 부음을 받은 자[메시아]의 뿔을 높이시리로다"(wĕyyitten-'ōz lĕmalkô wĕyārēm qeren mĕšîḥô).[13] 한나는 오실 왕인 메시아를 예언한 것이 아니라, 오히려 오경 자체의 시 속에서 왕의 시적 비전의 성취를 위해서 기도한다. "왕"과 "메시아"에 대한 한나의 참조는 그녀가 오경의 시를 학적 인용으로 사용하고 있음을 보여준다.

시에서 "학적 인용." 오경의 시에 대한 셋째 관찰은 헨리커스 에왈드 (Henricus Ewald)의 "학적 인용"(learned quotation) 개념을 더 발전시킨다. 내가 주장한 대로 자주 오경의 시는, 오경 내의 다른 시들과의 전략적 텍스트들의 구성적 인식을 나타내는 언급과 암시들을 포함한다. 이런 인용의 요점은, 이 시들이 책 전체의 구성적 전략 안에서 하는 역할을 강조하는 것이다. 앞에서 우리는 민수기 24:9에서 창세기 49:9의 인용과, 신명기 33:7에서 창세기 49:10의 참조를 주목했다(또한 바로 앞에서는 삼상 2:10 에서 한나의 시에 대해 언급한 것을 상기하라). 종합해보면, 이 시들은 성경 내적 (innerbiblical 또는 텍스트 간 관련적[innertextual]) 연결이 일어나는 구성적 교환대(compositional switchboard)의 일종으로 기능한다. 이 시들은 시적 이미지들의 상호적 명료화와 정체성 확인에 기여한다. 시들의 일차적 초점은 텍스트 간 관련적이다. 즉 이 시들은 오경 내의 중요 주제들을 서로 연결하고 명료하게 만든다. 또한 이 시들이 (책들 사이에) "상호텍스트적" 기능을 할 수 있다는 사실은 사무엘상 2:10의 예와 구약의 많은 다른 부분들에서 분명히 나타난다.

---

13) 이 구절의 중간 이후 부분에서 동사 형태(간접 명령법: ם, wĕyārēm)는, 한나가 미래적 사건을 예언하는 것이 아니라, 그녀가 잘 알고 있던 어떤 왕의 오심을 요청하고 있음을 보여준다. 이는 한나가 오경의 시에 정통했음을 의미한다.

여기서 나는 한 단계 더 나아가, 이 시들 속에 나타난 몇몇의 추가적인 상호 참조를 지적하고자 한다. 지금 내가 염두에 두는 것은, 이 시들과 창세기에서 족장들에게 주어진 약속 내러티브 사이의 연결이다.[14] 시는 의도적으로 내러티브와 연결되어 있다. 이런 연결성은 시를, 족장에게 주어진 약속 내러티브와 그 안에서 발전된 주제들과 연결하는 상호 참조의 네트워크다. 창세기 49장은 창세기 27장의 약속 내러티브를 상호 참조한다. 민수기 24장 역시 이 내러티브를 상호 참조한다. 창세기 27장은 다시 창세기 12장을 상호 참조한다.

비록 이런 상호 참조가 오랫동안 인식되기는 했지만, 오경 전체와 구성적 전략에 비추어서 그것의 중요성이 부각된 적은 거의 없다. 이렇게 간과된 이유는 오경의 구성 내에서 이 시들과 약속 텍스트들의 역할을 평가하는 데 실패했기 때문이다. 만약 시와 약속 텍스트들이 오경의 구성적 전략의 주요 요소임을 이해한다면, 이것들 사이의 연결은 분명히 중요성을 가지게 된다.

이런 관점에서 우리는 오경에서 시와 약속 텍스트들 사이의 연결을 재조사해야 하며, 이 연결이 오경의 시에서 예견된 오실 왕에 대해 무엇을 말해주는지를 질문해야 한다. 만약 오경의 구성 성격에 대한 내 주장이 맞다면, 앞의 질문에 대한 답은, 오경의 시들(창 49장; 민 24장; 신 33장)이 아브라함의 약속된 씨(창 12-13장)를 유다로부터 나오실 왕과 일치시킨다는 것이다. 창세기 내러티브에서 "씨"는 시 속에 나오는 "왕"이다. 아브라함의 "씨"인 한 개인에게 약속이 주어졌으며 여기에 초점이 맞추어져 있다는 오경의 주장에는 거의 "바울적인" 측면이 있다(갈 3:16; 비교. 마 1:1).

시와 창세기의 약속 내러티브들. 오경의 시들을 엄밀하고 섬세하게 읽어

---

14) 여기서 내가 사용하는 "약속 내러티브"라는 표현은, 아브라함과 그의 후손들에게 부여하신 축복의 근거로서 하나님의 언약의 중요성을 강조하는 창 12-50장에서 일련의 내러티브들에 대한 일반적인 참조를 가리킨다.

보면 이 시들은, 앞의 예들이 보여주듯, 시들끼리 상호 참조할 뿐 아니라 창세기의 약속 내러티브(창 12-50장)와도 상호 참조한다. 이런 현상은 오경이 가진 구성의 측면을 잘 드러낸다. 바로 여기서 우리는 이 텍스트들이 오경신학에서 중요 역할을 하는 것을 알게 된다.

창세기의 약속 내러티브는 아브라함의 "씨"에 대해 하나님이 약속하신 것에 집중한다. 하나님은 아브라함에게 "네 씨로 말미암아 천하 만민이 복을 받으리니"(창 22:18) 하고 말씀하신다. 우리의 질문은 이 "씨"를 이스라엘 백성, 즉 아브라함의 복수형 후손들로 볼 것인지, 아니면 구체적인 아브라함의 후손인 미래의 약속된 자로 볼 것인지 하는 것이다. 오경의 저자인 모세의 관점으로 본다면, "씨"는 이스라엘(집합적)인가, 아니면 예수(단수)인가?

창세기 약속 내러티브는 아브라함의 "씨"에 대해 하나님이 약속하신 것에 초점을 둔다. 또한 "씨"가 아브라함의 후손들인 이스라엘 백성 전체인지, 아니면 더 단순히 아브라함의 한 개인 후손인 성경의 예수인지 하는 질문은 잘 알려져 있다. 성경적으로, 또 해석학적으로 쟁점은 갈라디아서 3:16의 바울의 진술로 명료해진다. "이 약속들은 아브라함과 그 자손에게 말씀하신 것인데 여럿을 가리켜 그 자손들이라 하지 아니하시고 오직 한 사람을 가리켜 네 자손이라 하셨으니 곧 그리스도라."

갈라디아서에서 바울의 의미에 대한 에른스트 벌톤(Ernst Burton)의 평가는 이 구절에 대한 많은 해설들의 특징을 보여준다.

> 물론 이것은 참조된 원래 구절의 의미는 아니다.…[바울은] 창세기 구절에서 "σπέρμα"라는 단어가 가진 집합적 의미를 잘 알고 있었다(29절과 롬 4:13-18을 보라). 의심할 여지없이 바울은 성경의 주해가 아니라 역사의 해석에 의해서 자신의 사상에 도달했으며, 이 사상을 간결하게 표현하기 위해 단수 명사를 사용했다.[15]

벌톤의 해설에 대해서 어느 정도는 공감할 수 있다. 바울의 주해가 어디에서 유래했는지를 알기는 어렵다. 그러나 바로 여기서, 오경에서 시와 약속 내러티브 사이를 상호 참조하는 것이 주해적인 도움을 제공할 수도 있다. 바울의 요점은 오경에서 시와 약속 내러티브의 분포와 상호 관계 배후에 놓여 있는 생각과 아주 가깝다. 바울은 창세기에서 약속 내러티브들을 읽으면서 이 시들의 인도를 받은 것으로 보인다. 그렇다면 바울은 벌톤이 허용한 것보다 훨씬 더, 자신의 견해에 주해적 근거를 가지고 있을 수 있다. 어찌되었건, 바울이 오경에서 이끌어낸 것으로 보이는 결론의 관점에서 오경의 시와 약속 내러티브 사이의 관계를 더 연구해볼 가치는 있다. 여기서 나는 이 목적을 위해 몇 가지 관찰을 할 것이다.[16]

1. 창세기 27:29은 창세기 12:3을 인용한다. 시와 족장의 약속 내러티브 사이의 연결을 논의하기 전에 나는, 약속 내러티브 자체 내에서의 몇 가지 상호 참조를 지적하고자 한다. 예를 들어, 창세기 27:29은 구체적으로 창세기 12:3을 인용한다. 비록 여기서는 두 개의 약속 내러티브의 텍스트를 연결시키기는 하지만, 이는 시에서 우리가 지적한 것과 동일한 종류의 상호 참조다. 에왈드는 이런 상호 창조를 "학적 인용"으로 구분짓는다. 이는 충분한 지식을 갖춘 "학자"가 책에서 특정 구절을 인용하는 종류의 참조다.

족장의 약속 텍스트인 창세기 27:29은 창세기 12:3의 다른 약속 텍스트를 인용한다. "만민이 너를 섬기고 열국이 네게 굴복하리니 네가 형제들의 주가 되고 네 어머니의 아들들이 네게 굴복하며 너를 저주하는 자

---

15) Ernst De Witt Burton, *A Critical and Exegetical Commentary on the Epistle to the Galatians* (ICC; Edinburgh: T & T Clark, 1921), p. 182.

16) 장 칼뱅: "이 구절이 엄청나게 괴롭힘 당하는 것을 본 그리스도인들이…그들이 더 단호하게 저항하지 않는 것을 보고 나는 자주 놀랐다. 왜냐하면 모두가, 마치 그것이 논의의 여지가 없는 영역인 듯 지나가기 때문이다. 하지만 그들의 반대에는 그럴 만한 타당성이 있다"(*Commentaries on the Epistle of Paul to the Galatians and Ephesians* [Grand Rapids: Baker, 1979], p. 94).

는 저주를 받고 너를 축복하는 자는 복을 받기를 원하노라["ōrĕreykā 'ārûr ûmĕbārăkeykā bārûk]"(창 27:29). 창세기 27-28장의 약속 내러티브 내에서 창세기 12장의 인용은 아브라함의 약속과 야곱의 축복 사이의 중요한 연결 고리다. 이것은 아브라함의 씨(zera'[창 28:4]) 안에서 민족들이 아브라함에게 주어진 하나님의 축복을 얻을 것임을 독자에게 상기시킨다.

창세기 27:29의 시가 창세기 12:3의 아브라함과의 약속을 인용했다는 사실은 널리 인정된다. "너를 축복하는 자에게는 내가 복을 내리고 너를 저주하는 자에게는 내가 저주하리니"(wa'ăbārăkâ mĕbārkeykā ûmĕqallelkā 'ā 'ōr[창 12:3]). 창세기 12:3에서 아브라함에게 하신 약속이 창세기 27:29에서 인용되는 것은, 아브라함의 약속(창 12:3, 7)과 창세기 27:29의 야곱의 축복 사이에 직접적 연결을 만든다. 아브라함의 씨(zera'[창 28:4]) 안에서 민족들은 하나님의 축복을 얻을 것이다.

여전히 성경신학(과 성경적 예수의 탐구)에서 중요한 질문은 이 "씨"의 정체성이다. "씨"는 개인 구속자인가, 아니면 민족 전체인가? 집합적 성격을 가진 히브리어 단어 "씨"(zera')는 두 가지 의미를 다 가능하게 한다. 여기서 우리는 다시 오경의 시적 연결로 방향을 돌려야 한다. 우선적으로 나는 창세기 49장과 창세기 27장 사이의 상호 참조를 염두에 둘 것이다.

2. 창세기 49:8은 창세기 27:29을 인용한다. 창세기 49장의 시에서 야곱은 유다에게 "네 아버지의 아들들이 네 앞에 절하리로다"(yištaḥăwwû lĕkā bĕnê 'ābîkā[창 49:8])라고 말한다. 이것은 창세기 27:29에 있는 약속 내러티브("네 어머니의 아들들이 네게 굴복하며")에 대한 유명한 상호 참조다. 여기서 다시 구성적으로 중요한 시(창 49장)가 핵심적인 족장적 약속 내러티브인 창세기 27장에 연결되어 있다. 앞에서 지적한 창세기 27:29과 창세기 12장의 아브라함의 축복 사이의 연결은 여기서 창세기 49:10의 왕적 인물에까지 연장된다. 그러므로 아브라함의 "씨"는 유다로부터 나온 왕에게 직접적으로 연결된다.

3. 민수기 24:9a은 창세기 49:9을 인용한다. 방금 살핀 대로, 창세기 27

장과 49장 사이의 연결은 성경적 예수의 정체성에 대해 진지한 결과를 가져온다. 민수기 24:7-9의 시에서 유사한 학적 인용은, 발람의 비전의 왕과 창세기 49:10의 유다로부터 나올 왕 사이에 추가적 연결을 만든다. 유다 지파의 사자에 대해 말하는 창세기 49:9을, 발람은 민수기 24:9a에서 승리의 제왕에 대한 자신의 비전에 적용한다. 그가 "엎드리고 웅크림이 수사자 같고 암사자 같으니 누가 그를 범할 수 있으랴."[17] 따라서 이 시들 내에서의 상호 참조, 그리고 시와 약속 내러티브 사이의 상호 참조의 수단에 의해 오경 시들의 왕은 아브라함의 "씨"와 동일시된다.[18]

분명히, 오경의 시 속에서 약속 내러티브의 학적 인용은 의도적이다. 이 의도는 아브라함에게 약속된 "씨"(창 12장)를 "유다 지파에서 온 규"(창 49장)와 발람의 승리의 "왕"(민 24장)과 일치시키는 것이다. 따라서 각각의 시에서 "왕"은 아브라함의 "씨"의 약속과 직접적으로 연결되어 있다.

이것은 시와 약속 내러티브 사이에 추가적인 연결을 가져온다. 민수기 24:9b은 창세기 27:29의 약속 내러티브의 학적 인용이다.

4. 민수기 24:9b은 창세기 27:29을 인용한다. 민수기 24:5-9[19]의 시에 나오는 오실 왕에 대한 묘사에서 발람은 창세기 27:29b을 인용함으로써 결론을 내린다. "너를 저주하는 자는 저주를 받고 너를 축복하는 자는 복

---

17) 창 49:9에서 유다의 사자는 "엎드리고 웅크림[*rābas*]이 수사자 같고 암사자 같으니 누가 그를 범할 수 있으랴"라고 한다. 민 24:9에서 발람은 동일한 단어를 사용해서 그의 비전 속의 왕을 묘사한다. "꿇어 앉고 누움[*šākab*]이 수사자와 같고 암사자와도 같으니 일으킬 자 누구이랴."

18) 이것은 중요한 예다. 왜냐하면 저자가 이 시들을 언어적·내러티브적·주제적 수준에서 의도적으로 연결했음을 보여주기 때문이다. Shimon Bar-Efrat, "Some Observations on the Analysis of Structure in Biblical Narrative," *VT* 30 (1980): 154-73을 보라.

19) 비록 MT에서 이 왕은 아각을 패배시킨다고 나오지만(이 왕을 다윗과 동일시할 수 있는 지점), 선행하는 모든 텍스트에서 이 왕은 곡을 격퇴함으로써 일어난다. 이는 다윗을 가리키는 것이 아니라, 겔 38장에서 에스겔의 비전으로부터 알려진 미래의 종말론적 왕을 가리킨다. 에스겔이 곡을 "옛적에" 말한 자와 동일시할 때, 그가 염두에 둔 것은 확실히 민 24장이다.

을 받기를 원하노라"(*mĕbārăkeykā bārûk wĕ'ōrĕreykā 'ārûr*[민 24:9b]). 주석자들은 민수기 24장에서 창세기 27장을 인용한 목적이, 민수기 24:7의 왕을 아브라함에게 주어진 축복인 약속된 씨와 동일시하기 위함이라는 사실에 일반적으로 동의한다. 그러나 민수기 24장의 "왕"이 이스라엘과 잘못 동일시됨으로써,[20] 창세기의 약속 내러티브에서 "씨"는 때때로 이스라엘을 가리키는 집합적인 것으로 이해되었다. 앞으로 나는 민수기 24장의 왕이 집합적이 아니라 개인적인 왕이며, 실제로 이스라엘과 대조되어 있음을 주장할 것이다. 따라서 민수기 24장은 아브라함의 "씨"를 개인적인 왕으로 확인하는 데 주요한 역할을 하도록 위치하고 있다.

이 텍스트들에서 상세 사항의 의미와 관계없이, 민수기 24장에서 창세기 27장의 인용이 오경의 모든 주요한 시들과 약속 내러티브 사이에 의도적 연결을 설정한다는 점에는 모두가 동의하는 듯하다. 이 연결은 오경 내에서 가장 높은 주제적 수준, 즉 전체 구성의 수준에 속한다. 이 수준에서 연결은 약속 내러티브에서 아브라함의 "씨"를 민수기 24장의 왕과 동일시한다. 여기에 더해서 민수기 24장의 왕은 창세기 49장의 왕과 동일시됨으로써, 이 왕(민 24장)은 이스라엘에 대한 집합적 상징이 될 수 없다. 창세기 49장에 따르면, 이 존재는 유다 지파에서 나올, 약속된 왕만 될 수 있다.

민수기 24장이 창세기 27:29을 인용하는 방식이, 현대 저자가 인쇄된 다른 책을 인용하는 것과 유사하다는 사실은, 오경의 구성적 전략에 정교한 수준의 텍스트 간 관련성(innertextuality)이 있음을 의미한다. 카일은 민수기 24장에서 창세기 27장의 인용이, 창세기 27장의 야곱의 축복을 창세기 12:3에서 아브라함의 씨의 축복과 연결하는 더 큰 전략의 일부라는 개념을 받아들였다.[21] 동일한 이유로, 프록쉬도 창세기 27:29에 언급된 개인

---

20) 민 24:8: "God brought *them* out of Egypt"(NIV); "God bring *him* out of Egypt"(NASB).
21) 카일에 따르면 민 24장의 저자는 발람의 예언에, 이삭이 아브라함의 축복(창 12:3)을 야곱에게 물려준 말씀을 첨부했다(Keil and Delitzsch, *The Pentateuch*, p. 191). 카일

이, 의도적으로 창세기 12:3의 아브라함의 축복에 나오는 미래적 지도자와 일치되어 있음을 인정했다.[22] 각각의 경우에 대해 앞의 학자들은 이 텍스트의 개인을, 발람의 비전에 나오는 미래적 왕과 동일시했다.

민수기 24:9b이 가진 더 광범위한 기능성과, 이 텍스트와 창세기 27:29 사이의 관계는 주석들에서 분명하게 이해되었다. 하지만 이런 텍스트 간 관련적 연결성에 대한 일반적인 인식에도 불구하고, 이 주석들은 내가 텍스트에서 "성경적 예수"라고 부르는 개인에 대해 한 걸음 더 진보한 결론으로 나아가기를 주저해왔다. 주석들은 이 텍스트들에서 상호 참조가 나타나는 것이 발전된 문학적(또는 구성적) 작업의 신호며, 이런 특징들이 지적인 설계와 저자의 의도를 나타낸다는 사실을 쾌히 인정했다. 이 모든 것을 우연으로 설명하는 사람은 없다. 이것들은 확실히 오경 저자의 작업이다. 하지만 사람들은 이런 연결이 지닌 더 큰 목적을 보지는 못했다.

베스터만이 창세기 27장; 49장; 민수기 24장; 신명기 33장의 시들이 가진 텍스트적 관계를 인식한 것은 사실이다. 그럼에도 그는 이 평행 관계로부터 의미를 도출해내지는 못했다. 베스터만에게 이 평행들은 단순히 텍스트들에서 발견되는 다양한 문서 자료들의 역사적 근접성만을 암시할 뿐이었다.[23] 그는 오경 전체에서 이 텍스트들 사이의 유의미한 연결에 대해서는 고려하지 않았다. 분명히 베스터만은 층위 대 전략(strata versus strategy)에 초점을 맞춘다.

하지만 이 텍스트 간 관련적 연결에서 중요한 지점은, 이것들이 더 광범위한 구성적 전략의 증거라는 것이다. 오경의 저자는 이 텍스트들과 함

은 오경에서 민 24장과 창 49장의 시를, 창 27장과 12장과 연결하려는 의식적인 노력을 분명하게 인식하고 있었다. 그러나 그는 이 연결이 가진 추가적 함축, 즉 이 시들이 한 개인으로서의 약속된 "씨"를 마음에서 기대하고 있다는 점을 이해하지 못한 것 같다.

22) "Mit v. 29b klingt das Hauptthema 12,3 wieder auf"(Otto Procksch, *Die Genesis: Übersetzt und erklärt* [KAT 1; Leipzig: Deichert, 1913], p. 162).

23) Westermann, *Genesis 12-36*.

께 어떤 곳을 향해 가고 있다. 분명히 창세기에서 시와 약속 내러티브들 간의 연결은, 창세기 12:3-7; 22:18 같은 텍스트들에서 아브라함의 "씨" 에 대한 저자의 이해에 관해 많은 것을 말해준다. 족장적 약속 내러티브와 시에서 개인 "왕"에 대한 초점 사이의 텍스트적 연결은, 아브라함의 "씨" (zera')를 의도적으로 유다 지파로부터 나올 개인 왕과 동일시하는 구성적 전략을 제시한다.

확실히 약속 내러티브 내의 여러 지점에서, 아브라함의 "씨"의 정체는 분명하게 집합적으로 이해되었다. 하지만 이런 관찰이 사실인 것만큼이 나, 이것이 전부가 아님도 명백하다. 시적 텍스트들을 약속 내러티브와 연 결함으로써, 오경의 저자는 결정적으로 약속 내러티브를 집합적으로 읽는 것에서 벗어나 아브라함의 "씨"(창 12:3-7)를 개인으로 이해하는 것을 향해 나아간다. 민수기 24:9b에서 창세기 27:29을 인용하는 것에서, 저자가 발 람 예언(민 24:7-9)의 개인 "왕"을 창세기의 약속 내러티브에서의 아브라함 의 "씨"와 동일시하는 함축성을 피하기는 어렵다. 발람이 예견한 왕[24]은, 이 왕을 통해 민족들이 복을 받을 아브라함의 "씨"인 개인이다(민 24:9b).[25]

오경에서 널리 인정되는 이런 텍스트 간 관련적 연결이 제기하는 명백 한 질문은, 왜 그토록 오랫동안 이런 전체적 의미가 성서학자들의 관심을 벗어나 있었는가 하는 것이다. 내가 믿기로는, 답은 성서학이 오경의 시와 약속 내러티브를 계속해서 고립적으로 읽은 데 있다. 대부분의 주석자들

---

24) 이 시들 속에서의 왕의 개념에 대해 특이한 점은, 이 시들이 아니라면 오경에서 왕과 왕권의 개념이 상대적으로 드물다는 것이다. 전통적으로 오경의 일차적인 초점은 제사 장적인 신권 정치라고 여겨져 왔다(Vos, *Biblical Theology*, pp. 140-41을 보라). 오경 또는 다른 곳에서 왕적 메시아에 대해 존재하는 희망이 무엇이든, 이 시들은 그 희망의 중량을 지닌다.

25) 신 33장의 시에서 왕은 모세가 한때 그랬던 것처럼 이스라엘을 모으는 자며, 이전 시 에서 설계된 대로 하나님의 계획을 성취하는 데 있어 백성을 인도하는 자다. 창 49장의 왕의 약속에 대한 직접적 참조에서, 모세는(신 33:7에서) 하나님께 유다에게 하신 약속 을 성취해주실 것과 약속된 왕을 보내주실 것을 기도한다.

에게 오경의 시 속에서 "개인" 왕에 대한 분명한 초점은, 약속 내러티브의 의미에 대한 이해에 거의 영향을 미치지 않는다.[26)]

예를 들어, 조지 그레이(George Gray)는 민수기 24:9b과 창세기 27:29 사이의 유사성은 잘 인식했지만, 이 텍스트들 사이의 구성적 연결의 가능성에 대해서는 거의 혹은 전혀 생각하지 못했다. 결과적으로 그는 시와 약속 텍스트들 사이의 의미론적 가능성을 고려조차 하지 않았다. 그레이에게, 민수기 24:9b("너를 축복하는 자마다 복을 받을 것이요 너를 저주하는 자마다 저주를 받을지로다")은 단순히 발람 시대에 통용되던 말일 뿐이다.[27)] 이 말은 이스라엘을 저주하는 대신에 이스라엘을 축복하고자 하는 발람의 개인적인 동기로서 역할을 했다(즉, 그는 다만 부자가 되기를 원했다).

아우구스트 딜만(August Dillmann)은 민수기 24:9b에 있는 단수 대명사 ("너")의 함축적 의미를 인정했지만, 그것을 민수기 24:9a의 왕에 대한 참조 없이 설명했다. 따라서 딜만은 심지어 단수 대명사도 집합적으로 읽었다. 이런 입장을 취함으로써 딜만은, 민수기 24:9b의 단수 대명사가 민수기 24:5의 예언의 시작 부분에 대한 집합적인 전환이었다는 가능성 희박한 결론을 내리게 되었다. 거기서 딜만은 이스라엘과 야곱이 집합적으로

---

26) 창 15:5은 약속 내러티브의 집합적인 성격의 전형적인 예다. "그를 이끌고 밖으로 나가 이르시되 하늘을 우러러 뭇별을 셀 수 있나 보라 또 그에게 이르시되 네 자손[씨]이 이와 같으리라"(RSV). 여기서 "씨"는 명백히 집합적이다. 만약 이 텍스트가 우리가 가진 전부라면 족장적 약속 텍스트에서 "아브라함의 씨" 개념은, 비록 여기에서조차도 중요한 예외는 있지만, 거의 확실히 집합적으로 이해될 것이다. 그러나 만약 오경에서 약속 텍스트들과 시가 저자에 의해 함께 읽을 수 있도록 확장된다면, 완전히 다른(개인으로서의) 의미가 드러난다. 비록 일반적으로 주석자들과 성서학자들에 의해 간과되어왔지만, 오경 텍스트들 사이의 이런 구성적인 연결은 매우 중요하다.

27) 민 24:9b은 "아마도 이스라엘에서 통용되던 말일 것이다(비교. 창 27:29[또한 12:3]). 하지만 그렇다고 해도, 이 말은 여기서 축복의 절정으로 효과적으로 소개되었다. 저주하기는커녕 발람은, 자신의 복리를 소중히 여기는 것처럼 이스라엘도 축복한다" (George Buchanan Gray, *A Critical and Exegetical Commentary on Numbers* [ICC; Edinburgh: T & T Clark, 1965], p. 366).

언급되었다고 주장했다. 예를 들어 "야곱이여, 네 장막들이" 같은 부분이 그렇다. 딜만에 따르면 발람의 예언에 민수기 24:9b이 덧붙여진 것은, 단순히 발락이 계속적으로 이스라엘을 학대하지 않도록 발람이 경고한 것이었다.[28]

따라서 그레이도, 딜만도, 이 구절들(민수기 24장과 창세기 27장) 사이의 상호 참조에 대해 폭넓은 텍스트적 설명을 제공하지 못한다.[29]

현재 우리 시대에는 구성과 텍스트 전략에 대한 점점 커지는 인식과 함께, 앞에서 내가 지적했던 학적 인용과 문학적 연결을 무시하기는 힘들다. 오경의 구조 안에서 시는 오경의 메시지에 대한 저자의 최종적인 말이자 가장 중요한 말이다. 만약 저자의 의도를 찾고 싶다면, 이 텍스트들이야말로 일차적인 중요성을 가진다. 우리가 연구한 텍스트와 연결성은 명백히 족장적 약속의 수령자로서의 한 개인 왕을 그리고 있다. "아브라함의 씨"는 개인으로서의 왕이다. 성경 전체의 관점에서, 이것은 성경적 예수에 대한 그림의 일부다.

이제 마지막 말을 해야겠다. 적어도 하나의 약속 내러티브인 창세기

---

28) "V^b: seine dominirende Stellung unter den Völkern, wornach ihr Segen u. Fluch davon abhängt, wie sie sich zu Isr. verhalten, wie Gen. 27, 29. 12,3 bei C....Zu bemerken ist, dass die Anrede Israels, womit der Spruch begonnen hat V. 5, hier am Schluss wiederkehrt, so wie dass in וארר יארור ein deutlicher Fingerzeig für Balaq, wenn er seine Versuche fortsetzt, liegt"(August Dillmann, *Die Bücher Numeri, Deuteronomium und Josua* [KEHAT 13; Leipzig: Hirzel, 1886], p. 159). 민 24:5에서 "야곱"과 "이스라엘"을 집합적으로 본 의심스러운 증명은 차치하고라도, Dillmann이 이렇게 시를 읽기 위해서는 원하는 "집합" 선행사를 찾기 위해 발람의 전체 예언을 어색하게 건너뛰어야 했다. 가장 가까운 선행사를 선호한다는 단순한 규칙을 따른다면, 민 24:9b의 "너를 축복하는 자마다 복을 받을 것이요"를 민 24:7-9a에 나오는 개인 왕에게 즉시 연결했을 것이다. 그렇게 하면 아브라함의 "씨"(zera‘, 창 12:3, 7)는 야곱의 축복(창 27:29; 28:4)의 "씨"(lĕzar‘ăkā)와, 창 49:10의 유다의 가계로부터 규를 잡은 자와 직접적으로 연결된 개인 왕과 동일시되었을 것이다.

29) Sailhamer, *Introduction to Old Testament*, pp. 36-85.

15:3-4에서, 아브라함의 약속이 가진 한 개인의 의미는 내러티브 자체 내에 이미 자리를 잡고 있다. 창세기 15:3-4에 따르면 "아브람이 또 이르되 주께서 내게 씨를 주지 아니하셨으니 내 집에서 길린 자가 내 상속자가 될 것이니이다 여호와의 말씀이 그에게 임하여 이르시되 그[zeh] 사람이 네 상속자가 아니라 네 몸에서 날 자가 네 상속자가 되리라 하시고." 분명히 이 약속 텍스트에서는 아브라함의 "씨"가 이미 아브라함의 개인적인 후손으로 간주되었다. 따라서 시의 학적 인용 내에서 본 약속 텍스트들을 개인의 의미로 읽는 움직임은 이미 약속 내러티브 안에 자리를 잡고 있다.[30] 창세기 15:3-4의 경우 아브라함의 약속된 "씨"를 개인으로 읽는 것은(창 4:25에서처럼), 동일한 약속(창 15:5)을 집합적으로 읽는 것과 나란히 위치해 있다. 아브라함의 "씨"는 하늘의 별과 같이 많을 것이며, 동시에 이 씨는 이삭과 같은 아브라함의 한 명의 아들이 될 것이다. 사도 바울이 갈라디아서 3:16, 29에서 창세기 15장을 다룬 것처럼, 이 텍스트가 의도적으로 아브라함의 "씨"[31]를 개인과 집합 두 가지로 구상했다는 결론을 피하기란 쉽지 않다.

요약. "아브라함의 씨"라는 표현의 의미에 대한 해석은 오경의 구성적 전략에 대한 이해에 근거하고 있다. 시는 약속 내러티브의 상세한 부분들에 대한 저자의 최종적 평가를 나타낸다. 약속 내러티브를 오경의 시와 분리해서 따로 읽는다면, "아브라함의 씨"의 의미는 쉽게 이스라엘이라는 집합적 의미로 이해될 수 있다. 하지만 약속 내러티브를 오경 시에 나타난 관점에서 이해하면, 이 구절은 의심할 여지 없이 개인을 가리킨다. 그러므로 오경의 최종적 구성 전략의 의미에서, "아브라함의 씨"의 일차적인 정체성은 유다 지파에서 나올 개인 왕이다.[32]

---

30) 또는 오경의 구성 시기에 이미 이런 내러티브의 일부였다.
31) 이런 경우, 바울의 주해를 "원래 구절"에 없었던 것으로 판단한 Burton의 견해는 제한될 필요가 있다.

민수기 24:9 같은 시적 텍스트 내에서 약속 내러티브의 인용은, 이런 텍스트들을 개인의 의미로 읽는 것이 오경 구성의 시기에 오경 내에서 전개되도록 의도되었음을 입증한다.

창세기 15:3-4 같은 약속 내러티브에서 설명적 논평은, 이 텍스트들을 개인으로 이해하는 것이 오경의 구성에서 생산적인 역할을 했음을 암시한다. 이것은 전체 오경의 구성적 형성을 따라서 놓인 해석이며, 후대의 필사자가 대충 오경에 도입할 수 있는 종류의 전략이 아니다.

언약-축복 내러티브와 예언자들. 여기서 우리는 예언자들과 시편 기자들이 어떻게 오경의 약속 내러티브를 이해했으며, 어떻게 성경적 예수의 모습을 그들의 글 속에 통합시켰는지 하는 질문으로 논의의 방향을 돌리고자 한다. 이 질문에 대답하기 위해서는, 오경의 약속 내러티브를 유사한 방식으로 학적 인용한 예언자들을 살펴보아야 한다. 오경이 자기 자체를 인용한 것처럼(텍스트 간 관련성[innertextuality]), 예언자들은 오경을 인용했는가?(상호텍스트성[intertextuality]) 예언자들은 오경의 약속 내러티브를 읽으면서, 내가 오경의 저자가 의도했다고 주장한 방식대로, 즉 텍스트 간 관련적으로 읽었는가?

예언문학에서 시작할 만한 곳은 예레미야 4:1-2에서 창세기 약속 내러티브를 인용한 부분이다.

여호와께서 이르시되 이스라엘아 네가 돌아오려거든 내게로 돌아오라 네가

---

32) M. Daniel Carroll R., "New Lenses to Establish Messiah's Identity?" in Richard S. Hess and M. Daniel Carroll R., *Israel's Messiah in the Bible and the Dead Sea Scrolls* (Grand Rapids: Baker, 2003), pp. 80-81을 추가적으로 참고하라. Carroll은 이사야서의 "종"의 경우, 종 개인은 그의 백성에게서 분리된 자가 아니라고 제안한다. 이런 모호함(집합적 대 개인적)의 목적은, 아브라함의 백성의 역사적 차원 속에서 종 개인의 정체성을 확실하게 만드는 것이다.

만일 나의 목전에서 가증한 것을 버리고 네가 흔들리지 아니하며 진실과 정의 [běmišpāṭ]와 공의[ûbiṣdāqâ]로 여호와의 삶을 두고 맹세하면 나라들이 그 **안에서 복을 받을 것이며** 그로 말미암아 자랑하리라(역자 주—강조체로 된 부분은 저자의 영역본을 반영한 결과 개역개정과 차이가 있는 부분임)

히에로니무스 시대 이후로, 이 텍스트는 족장적 약속 내러티브(예, 창 18:18; 22:18) 중 하나 또는 그 이상을 인용[33]한 것으로 인정되었다.[34] 예레미야의 말과 창세기 약속 내러티브 사이의 유사성은 명백하다고 할 수 있다.[35] 일반적으로 최근의 주석자들은 예레미야 4:2b을 해석함에 있어 베

---

33) Henricus Ewald는 이것을 "책으로부터의 학적 인용"이라고 불렀다.

34) 렘 4:2과 창 22:18 사이의 문학적 동질성은, 예레미야가 창 22:18을 인용했거나 최소한 거기에 문학적으로 의존했다는 사실을 암시한다. 이 두 텍스트 사이의 눈에 띄는 유일한 차이점은 "너의[아브라함의] 씨"(bězar'ākā)를 "그 안에서[그로 말미암아]"(bô)로 바꾼 것이다. "아마도 아브라함에게 한 약속에 대한 암시가 있는 것 같다(비교, 창 18:18과 유사한 구절들)"(John Bright, *Jeremiah* [AB 21: Garden City, N.Y.: Doubleday, 1965], p. 34).

35) 창 18:18은 렘 4:2과 비교해서, 다만 히트파엘이 아니라 니팔을 사용했다는 차이밖에 없다. 렘 4:2은 창 22:18과 너무나 유사해서, C. F. Keil과 더 최근의 Wilhelm Rudolph는 예레미야서 텍스트를 마치 여전히 창세기의 일부인 듯 읽고 해석했다. 하지만 이런 방향으로 가기 위해서 이들은 히브리어 텍스트에 사소한 듯 보이지만 중요한 변경을 해야 했다. 이 변경에는 히브리어의 "나라들이 그 안에서 복을 받을 것이며"를 마치 "나라들이 네 안에서 복을 받을 것이며"—즉 "네 안, 이스라엘"인 것처럼—로 읽는 것이 수반된다. 이리하여 이들은 예레미야서의 텍스트가 "직접 인용"되지 않았다는 결론을 내린다. 왜냐하면 "그 안에서"는 이스라엘을 지시할 수 없으며, 그는 다른 곳에서는 2인칭으로 지칭되었기 때문이다. 원래 형태에서, 예레미야서 텍스트와 창 22:18 텍스트의 선행사는 3인칭으로 표현되어 있다(bězar'ākā 또는 bô). 창 22:18의 "네 씨"는 예레미야서 텍스트에서는 "그 안에서"로 표현되어 있다. 히브리어 텍스트를 자신들의 해석에 유리하도록 바꾼 것은 Keil과 Rudolph의 편에서는 대담한 시도며, 예레미야서 텍스트에서 3인칭 대명사가 이스라엘을 지시하지 않음을 스스로 인정한 셈이 된다. 대명사를 이스라엘을 가리키는 것으로 바꾸고 나서야 Keil은 "이 말씀은 족장의 축복과 명백한 관계가 있다"라고 말할 수 있었다(C. F. Keil, *The Prophecies of Jeremiah* [BCOT; Grand Rapids: Eerdmans, 1968, p. 102]). Keil은 예레미야의 창세기에 대한 언급이 인용이라

른하르트 둠을 따르는데, 둠은 예레미야 4:2b을 창세기 22:18; 26:4 또는 18:18의 "축어적 인용"으로 해석한다.[36] 따라서 이는 오경에 대한 예레미야의 이해에서 지침 역할을 한다. 우리의 목적이 창세기의 축복 내러티브의 예언적 의미를 이해하는 것이라면, 예레미야 4:2이야말로 시작하기 좋은 텍스트다.

예레미야 4:2과 오경의 언약-축복 내러티브. 앞에서 나는 창세기의 언약 내러티브와 오경의 시의 상호 관계에서, 아브라함의 "씨"가 유다 가계에서 나올 개인 왕과 동일시되었음을 주장했다. 이 왕은 오경 시의 중심 초점이다. 오경의 시에 따르면, 이 왕은 "마지막 때에" 민족들을 통치할 것이다. 창조의 원축복(창 1:28)이 그에게 맹세되었고 아브라함 언약 속에서 성취되었다. 그는 바울이 갈라디아서 3:16에서 말한 "성경적 예수"에 매우 근접하다.

예레미야 4:2에서 오경이 인용된 사실은, 예레미야 역시 오경의 이 언약 내러티브와 자신의 몇몇 예언 사이에 있는 중요한 연결성을 보았음을 암시한다. 앞으로 볼 것이지만, 이런 예언들은 오경에서 예언된 "씨"를 다윗 언약의 중심인 "다윗의 씨"(삼하 7장)에 연결한다. 이 왕에 대한 예레미야의 예언적 비전의 유명한 예는 예레미야 23:5-8에 나오는 "의로운 가지" 예언이다. 이제 우리는 이 구절과 다른 구절들을 연구해볼 것이다.

예레미야 4:2을 오경의 구체적인 약속 텍스트들(예, 창 18:18; 22:18; 26:4)과 비교해보면, 예레미야가 창세기에 상당히 많은 문학적 의존을 했음을 알 수 있다.

는 히에로니무스의 견해를 거부하면서, 이를 암시로 부르는 편을 선호한다. 하지만 그의 주장은 3인칭 대명사 *bô*가 실제 인용에서는 창 22:18의 *wěhitbārăkû bězar'ākā*와 일치되기 위해서 2인칭 *běka*가 되어야 했으리라는 가정에 근거하고 있다.

36) "Zu dem Citat, das v. 2b aus der späten Stelle Gen 22:18 oder 26:4 beibringt und zwar als wörtliches Citat"(Bernhard Duhm, *Das Buch Jeremia* [HKAT 11; Tübingen: Mohr Siebeck, 1901], p. 45).

וְהִתְבָּרֲכוּ בוֹ גּוֹיִם

나라들이 그로 말미암아 복을 받을 것이다(렘 4:2)

וְנִבְרְכוּ בוֹ כֹּל גּוֹיֵי הָאָרֶץ

천하 만민은 그로 말미암아 복을 받게 될 것이다(창 18:18)

וְהִתְבָּרֲכוּ בְזַרְעֲךָ כֹּל גּוֹיֵי הָאָרֶץ

네 씨로 말미암아 천하 만민이 복을 받을 것이다(창 22:18)

וְהִתְבָּרֲכוּ בְזַרְעֲךָ כֹּל גּוֹיֵי הָאָרֶץ

네 자손으로 말미암아 천하 만민이 복을 받을 것이다(창 26:4)

예레미야 4:2이 창세기의 이 언약 내러티브들 중 한 개 또는 그 이상을 인용했다는 사실에는 의심의 여지가 없다. 이런 인용은 수많은 주해적이고 성경신학적인 질문을 제기하지만, 동시에 오경이 예언자들과 같은 다른 성경 저자들에 의해 어떻게 읽히고 이해되었는지에 대한 풍부한 지식도 준다. 예레미야 4:2에서 특별하고 흥미로운 지점은, 예레미야가 창세기에 나온 앞의 표현들 중 어느 것도 정확히 그대로는 인용하지 않았다는 것이다. 각각의 경우에 창세기와 오경에서 가져온 해석적인 요소가 있다. 따라서 창세기의 표현을 인용한 예레미야의 목적은 핵심구의 단순한 중복이나 반복이 아니라, 오경 구절들의 의미에 자신의 통찰력 또는 해석을 공급하는 데 있다. 그러므로 이는 언약적 축복에 대한 예레미야의 이해에 상당한 통찰력을 준다.

예레미야 4:2에서 질문은, "너의 씨 안에서"(bĕzarʿākā[창 22:18; 26:4])라는 구문이 "그 안에서"(bô)로 표현되었다는 사실을 중심으로 전개된다. 예레미야는 "씨"라는 단어를, "천하 만민이 그 안에서[bô] 복을 받을 것이다"의 의미를 주는 단수 대명사인 "그"로 대체한다. 물론 명사 "씨"는 집합적이거나 개인적인 의미를 가진다. 두 의미 중 하나를 결정하는 것은, 그것을 차지하는 대명사가 "그들과 함께"(bām)라는 복수냐, 아니면 "그 안에서"(bô)라는 단수냐 하는 것이다. 표준 히브리어 문법에 따르면, 만약 예레미야가 "씨"를 복수로 이해했다면, 그는 집합적인 "씨"[37]를 "천한 만민이 그들 안에서[bām] 복을 받을 것이다"를 의미하는 복수 대명사를 사용했을 것이다. 이것은 "네 자손이 그들에게[lāhem] 속하지 않은 땅에서 있을 것이다"(zar'ākā bĕ'ereṣ lō' lāhem[창 15:13]), "왜냐하면 그들은[bēm] 자손들이라"(kî bēm zera'[사 61:9])와 같은 다른 예들에서 볼 수 있다.[38] 따라서 예레미야 4:2에서 단수 대명사인 "그 안에서"(bô)는 예레미야가 창세기의 "씨"를 단수로 이해했음을 보여준다. 아브라함의 "씨"는 개인으로 정해졌다. 이것은 예레미야가 창세기 내러티브를 나라들이 복을 받을 통로로서의 개인 "씨"에 대한 의미로 읽었음을 암시한다. 이런 읽기는 오경 내에서 시의 사용 배후에 놓여 있는 아브라함의 언약적 축복의 구성적 전략과 해석을 밀접하게 따르고 있다. 이는 예레미야가 오경의 유사한 해석을 통해 인도받았음을 암시한다.

"씨"를 개인으로 확인하는 데 예레미야가 오경 전략에 의존했다는 사실은, 그가 오경 전체를 읽고 자기 책을 쓰는 데 그 전략을 얼마나 밀접하게 따랐는지 하는 질문을 제기한다. 오경의 시 사용 배후에 있는 구성적 전략에서 이미 본 것처럼, 개인을 의미하는 "씨"는 유다 지파에서 나올 왕과 동일시된다(창 49:9-12). 예레미야서의 "그"는 이 동일한 인물을 가리키는가? 아브라함의 "씨"의 정체에 대한 예레미야의 이해는 예레미야서에서 더 발전되었는가, 아니면 그는 이 "씨"를 다만 오경의 시를 통해서만 알았는가?

이런 질문에 답하기 위해, 우리는 예레미야서로 돌아가서 예레미야 4:2과 그 의미를 더 자세히 살펴보아야 한다. 또한 이런 작업은 우리가 예레미야서의 전체적인 구조와 구성적 전략을 고려하도록 인도할 것이다. 이런 컨텍스트에서 볼 때 예레미야는, 정의롭고 공의로운 나라들에 축복

---

37) "복수 접미사는 집합 단수들을 가리킨다"(GKC 441).
38) 추가 참조, ibid.

을 가져올 왕으로서의 아브라함의 "씨"에 대한 오경의 이해에 추가할 것을 많이 가지고 있었음이 분명하다. 예레미야서 전체를 통해 아브라함의 "씨" 개념은, 일차적으로 오경의 시를 세심하게 읽음으로써 발전되었다.

예레미야 4:2의 컨텍스트적 의미. 예레미야 4:2의 일반적인 의미는 예레미야서의 컨텍스트로부터 분명하다. 책의 전제는 처음 세 장에서 발견된다. 이스라엘은 하나님으로부터 멀리 떠나 있으며, 지금 회개하거나 아니면 하나님의 심판의 결과를 직면해야 하는 양자택일 앞에 서 있다. 하나님의 은혜로운 대안은 이스라엘의 회개를 위한 선지자의 탄원 안에 감싸여 있다(렘 4:1-2). 따라서 예레미야 4장은 선지자의 회개의 요청에 대한 근거를 제공한다. 이 텍스트는 오경의 족장 내러티브에서 축복의 예언적 희망으로 되돌아감으로써 그렇게 한다. 바로 이 창세기 내러티브와 거기서 서약된 아브라함 언약에서, 예레미야는 이스라엘을 위한 희망과 열방을 위한 축복을 발견한다.

오경의 족장 내러티브를 예레미야가 인용했다는 것은, 그가 오경과 그것의 구성적 전략에 대해 정통한 지식과 이해를 가졌음을 드러낸다. 이스라엘의 순종이 증명되었을 때만, 열방은 하나님의 축복을 기대할 수 있다. 열방이 축복을 받는 것은 아브라함과 하나님의 언약의 목적이었는데(창 12:3), 그렇게 되려면 먼저 이스라엘이 공의롭고 정의롭게 살아야 한다(창 18:19; 22:16-18). 이런 조건에서만 열방은 하나님의 축복을 누리는 경험을 기대할 수 있었다.[39]

이런 언어들 속에 내포된 주제는 오경에 나오는 세 개의 언약 내러티브인 창세기 18:17-19; 22:15-18; 23:3-5로부터 인식할 수 있다. 창세기와

---

39) "여호와께서 이르시되 이스라엘아 만일 네가 돌아오려거든 내게로 돌아오라 네가 만일 나의 목전에서 가증한 것을 버리고 네가 흔들리지 아니하며 진실과 정의와 공의로 여호와의 삶을 두고 맹세하면, 그러면 나라들이 '그 안에서' 복을 받을 것이다"(렘 4:1-2, 역자 주―세일해머의 영역에 맞추어 번역했음).

예레미야서에서의 의미는, 만약 이스라엘이 하나님께 순종하고 "공의롭고 정의롭게"(*bĕmišpāṭ ûbiṣdāqâ*) 산다면, 열방은 그의 "씨"(비교. 창 18:18-19)를 통해서 아브라함의 복을 받으리라는 것이다. 카일이 말한 대로, 이스라엘의 회개는 "결과적으로 나라들의 축복을 가져올 것이다."[40]

이전의 많은 학자들처럼, 카일도 이 텍스트들에서 아브라함의 "씨"를 집합적인 의미, 즉 "이스라엘" 백성에 대한 참조로서 이해했다. 따라서 그는 예레미야 4:2이 "나라들이 그들[즉, 이스라엘] 안에서 복을 받을 것이다"를 의미하는 것으로 이해했다. 하지만 이 절을 이렇게 읽는 것은 예레미야 4:2로부터 직접적으로 명확하지는 않다. 앞에서 살핀 대로, 히브리어 텍스트는 "그 안에서"(*bô*)이지 "그들 안에서"(*bām*)가 아니다. "그들 안에서"처럼 복수로 해석하는 것을 택한 학자들은, 어쩔 수 없이 이 텍스트를 해석에 맞도록 조정해야 한다. 예레미야 4:2에서 명백하게 단수 대명사인 "그"(*bô*)로부터 집합적 읽기인 "그들 안에서"로 가기 위해서, 카일은 오경에서 "씨"의 용어에 대한 자신의 집합적인 해석을, 아브라함의 축복에 대한 예레미야서의 진술로 다시 되돌아가서 읽을 수밖에 없었다. 카일은 예레미야서의 구절만으로는 "씨"의 집합적 의미에 대한 경우를 주장할 수 없었거나, 적어도 그렇게 하지 않았다. 카일은 오경이 "씨"를 복수형의 집합 명사로, 그리고 이스라엘을 지시하는 것으로 이해했다고 믿었기 때문에, 예레미야서도 유사한 복수의 의미를 가진 경우라고 생각했다. 따라서 카일은 예레미야서의 구절이 단독으로 어떻게 복수인 "그들 안에서"로 읽힐 수 있는지 볼 수 없었지만, 창세기 내러티브에서 진실인 것은 또한 예레미야서의 구절에서도 진실일 것이라고 믿었다.

하지만 예레미야서도 창세기와 동일한 "씨"의 의미를 가졌으리라고 가정하기 전에, 예레미야 4:2의 구절로부터 "씨"의 의미를 얻었더라면 카일

---

40) Keil, *The Prophecies of Jeremiah*, p. 103.

에게는 더 나았을 것이다. 카일이 창세기의 언약-축복 내러티브를 복수형으로 이해한 것은, 예레미야서 텍스트를 복수형인 "그들 안에서"로 이해하도록 결정했다.

창세기의 "씨"의 구절에 대한 예레미야서의 단수 의미의 인용은 다른 방향으로 이동한다. 이것은 오경의 구성적 전략을 따르는 것으로 보인다. 하지만 이미 본 것처럼, 이것은 "씨"라는 용어를 단수로, 따라서 한 개인으로 읽는 전략이다. 카일의 전략이 아니라 오경 자체의 구성적 전략에 따르면, 아브라함의 "씨"는 유다 가계에서 나올 개인 왕으로 이해되었다. 지금부터의 논의에서 나는, 예레미야서에서도 "씨"가 유다 가계에서 나올 개인 왕과 동일시되며, 책의 구성적 전략의 과정 속에서 이 이름이 "여호와는 우리의 공의"(yhwh ṣidqēnû)인 다윗의 "의로운 가지"(lĕdāwīd ṣemaḥ ṣaddîq)와 동일시되었음을 보일 것이다. 그는 오경의 시에서처럼 왕적 인물이다. 그러므로 예레미야는 오경을 읽는 데 있어, 우리가 앞에서 밝힌 것과 동일한 구성적 전략에 의해 인도받는 것으로 보인다. 다음 장에서 나는 예레미야서의 중심 논지가, 아브라함의 "씨"가 주 안에서 예레미야의 희망의 초점인 다윗의 가계에서 나올 개인 왕으로 이해되어야 한다는 논증임을 주장할 것이다.

예레미야의 오경 "인용"에서 분명한 것은, 그가 창세기 텍스트를 두 개의 중심적인 전략, 즉 아브라함의 "씨" 안에서 주어진 나라들을 위한 축복(아브라함 언약)과, 다윗 언약의 초점인 다윗의 가계에서 나올 미래의 왕에 대한 소망의 관점에서 읽었다는 사실이다. 곧 발견하게 되겠지만, 이 두 주제는 예레미야의 "새 언약"(렘 31:31)의 비전에서 함께 합쳐진다. 조심스럽게 예레미야는 이 주제들을 그의 책 전반인 예레미야 1-36장 속에 직조한다.

해석의 난제. 이 구절에 대한 엄밀한 주해에서 직면하게 되는 중요한 질문은, 예레미야가 사용한 3인칭 대명사 "그"(bô)의 정체성과 문법적 의미다. 앞에서 나는 예레미야가 창세기의 언약 내러티브를 개인 "씨"의 의미로 표현했음을 제시했다. 또한 창세기의 언약-축복 내러티브에 아브라함의 육체적 후손들인 이스라엘로서 아브라함의 "씨"에 대한 집합적 이해를 위한 여지도 있는 것이 분명하지만, 그럼에도 그것은 개인으로서의 "씨"의 정체성과 나란히 가는 해석임을 확실히 해야 한다. 예레미야가 창세기 텍스트를 "나라들이 그 안에서 복을 받을 것이다"처럼 단수로 표현했을 때, 그는 이것이 개인에 관한 것임을 의미하고 있다. 하지만 이는 "누구 안에서" 나라들이 복을 받을 것인가 하는, 이 개인의 정체성에 대한 질문을 제기한다. 대명사 "그"의 단수 의미가 오경의 시적 텍스트로부터 알려진 "왕"에 대한 참조라는 것은 예레미야의 이해인가? 예레미야는 창세기 내러티브를 오경의 신학적 시의 렌즈를 통해서 굴절시켰는가?

이 질문은 예레미야 4:2과 그가 인용한 창세기 텍스트에 대한 해석의 난제(*crux interpretum*)로 남아 있다. 이 난제는 70인경의 시대 이후로 존재해왔으며, 동일한 구절에 대한 사도 바울의 논쟁에도 반영되어 있다. 바울과 70인경 모두 히브리어 남성 단수 대명사(*bô*)를 단수인 "그 안에서"(*en autē*)로 읽었다. 비록 70인경의 지시 대상은 불분명하지만, 바울은 이것을 예수에게 적용시킨다(*hos estin Christos*).[41]

예레미야 4:2의 대명사 "그"에 대해서는 4가지의 가능한 정체성이 확인된다.

1. "그"는 이스라엘이다. 보통 주석들은 예레미야의 "그"(*bô*)를 이스라엘과 동일시한다.[42] 이 이론적 근거는 보통 오경의 언약 내러티브에서

---

41) 바울의 견해는 갈 3:16에 표현되어 있다. LXX가 대명사를 남성 단수로 읽는 것은 렘 4:2b에서 발견된다. "그리고 그[이스라엘]에 의해 그들[나라들]이 예루살렘에서 하나님을 찬양할 것이다." 이런 해석에 도달하기 위해 LXX는 렘 4:2a의 2인칭 남성 단수 동사를, 3인칭 남성 단수 또는 3인칭 여성 단수로 읽어야 한다. 렘 4:1a MT, *šiqqûṣeykā* (LXX: *ta bdelygmata autou*)에 2인칭 남성 단수 대명사는, MT에 있는 동사 형태를 2인칭 남성 단수로 간주하기 때문에, LXX가 동사 형태를 3인칭으로 읽는 것은 이 번역에 더 깊은 동기가 있음을 드러낸다. LXX에서 *autou*는 그 해석과 일치한다.

"씨"를 이스라엘로 이해한 것과 연결된다. 예레미야 4:2에 대해 이 견해가 가지는 어려움은, 이 컨텍스트에서 이스라엘이 일관성 있게 2인칭으로 지칭되었다는 점이다.[43] 카일과 루돌프(W. Rudolph)가 보인 대로 대명사를 이스라엘로 해석하는 것은, 3인칭 대명사 "그"(bô)를 2인칭 대명사 "너"(bĕkā)로 바꿀 것을 요구한다.[44] 다음의 NJPS 번역이 보여주듯 몇몇 영역본은 그렇게 한다. "나라들이 너로[bĕkā] 말미암아 스스로 복을 빌 것이다"("Nations shall bless themselves by you[bĕkā]"). 이런 해결에 대해서는 텍스트적 증거가 없으므로, 우리의 목적이 앞의 텍스트를 이해하는 것이라면, 이 제안을 진지하게 받아들이기는 힘들다.[45]

2. "그"는 하나님이다. 이는 여전히 몇몇 영역본에 반영된 오래된 해석으로서, 3인칭 대명사 "그"(bô)를 하나님을 가리키는 것으로 이해한다.[46] NASB은 다음과 같이 단수 대명사로 이 해석을 반영한다. "그때 나라들은 그 안에서 스스로 복을 빌 것이다"("Then the nations will bless themselves in Him"). 이런 읽기는 이 구절에서 하나님이 말씀하신다는 사실에서도 볼 수 있듯, 있을 법하지 않다. 만약 대명사가 하나님을 가리킨다면, 이는 1인칭

---

42) 히에로니무스도 그렇게 본다. "cumque, ait, hoc fecerit Israel, et per Apostolos magister fuerit gentium, tunc benedicent sive benedicentur in eo omnes gentes, et ipsum laudabunt quod solus processerit ex Israel"(*Comentariorum in Jeremiam prophetam* 1. 4 [PL 24:706]).

43) 예를 들어 wĕnišba'tā(렘 4:2a); Rashi, Kimchi: מצודת דוד.

44) "בְּךָ und וּבְךָ, da sich 2b nicht als wörtliches Zitat aus Gn (12, 3 18, 18 22, 18 26, 4) nachweisen lässt (gegen H. Schmidt)"(Wilhelm Rudolph, *Jeremia*, 3rd ed. [HAT 1/2; Tübingen: Mohr Siebeck, 1968], p. 28).

45) *BHS* 비평 자료는 텍스트를 2인칭 대명사로 고치도록 제안하지만 어떤 텍스트적 증거도 인용하지 않는다.

46) Franciscus Vatablus: "Doctus inter Hebraeos aliam affert expositionem, nempe, Adhuc veniet tempus quo etiam reliquae Gentes benedicentur in eo (scilicet Deo) & gloriabuntur in eo, & non in idolis"(in John Pearson and Anthony Scattergood, *Critica sacra* [London, 1698], 4:777).

"나"(*bî*)를 요구할 것이다.[47)

3. "그"는 집합적인 "씨"인 이스라엘이다. 만일 예레미야 4:2이 이스라엘을 가리킨다면 2인칭 대명사 "너"가 요구될 것이나, 3인칭 단수 대명사 "그"(*bô*)도 창세기 구절에서 이해된 집합적인 "씨"에 대한 참조일 수 있다. 따라서 "그"의 의미는 여전히 집합적인 "그들"을 가리킬 수 있지만,[48) 2인칭이 되어야만 하는 예레미야서의 컨텍스트에서의 이스라엘을 가리키는 것이 아니라, 아브라함 시대의 이스라엘이나 격언적 의미의 이스라엘을 가리킨다. 그러면 예레미야 4:2은 다음과 같은 의미를 가지게 될 것이다. "나라들은 그들[집합적인 씨인 창세기에서의 이스라엘] 안에서 복을 받을 것이다."

명백히 이런 읽기는 몇 가지 복잡한 난점을 포함한다. "그"의 선행사가 예레미야서의 구절에서는 전혀 발견되지 않을 것이며, 오직 오경과의 상호텍스트적 참조(예, 창 22:18)에 의해서만 확인될 것이다. 앞에서 이미 지적한 대로, 만약 대명사 "그"가 예레미야 4:1-2에서 집합적으로 이스라엘을 가리킨다면, 이스라엘이 이 구절 전반을 통해서 2인칭으로 다루어졌으므로, 3인칭 대명사보다는 2인칭 대명사를 기대할 수 있다. 비록 집합적인 "그들"에 대한 이런 해석이 문법적으로는 가능하지만, 이는 왜 "씨"라는 단어가 대명사화되었는지 하는 의문을 일으킨다. 만약 예레미야의 인용이 창세기 22:18을 인용하는 것이라면, 그는 왜 이것을 단순히 있는 그대로 "네 씨로 말미암아 나라들이 복을 받을 것이다"라고 표현하지 않았을까? 왜 집합적인 "씨"를 3인칭으로 대명사화했으며, 이 문제에 대해 왜 집합적

---

47) 확실히 렘 4:2a에서 "여호와의 삶을 두고"라는 예레미야의 맹세의 인용에서, 하나님에 대한 언급은 3인칭으로 되어 있으며, 따라서 3인칭 대명사인 "그 안에서"(in Him)도 참조될 수 있다. 하지만 이런 이해는 타당하지 않은데, 그 근거는 다른 곳에서 하나님이 1인칭을(ʾēlay, mipānay) 사용하시는 데 있다.

48) 비슷한 예는 창 3:15b에서 집합적으로 읽은 *bû*'다. "그들[집합적]은 너의 머리를 상하게 할 것이다." 비록 창 3:15의 예에서 지시 대상 "씨"는 동일한 컨텍스트 안에 있으며, 인용된 텍스트에서 파생된 것이 아니지만 이런 해석은 문법적으로는 가능한 것으로 보인다.

인 "그들 안에서"(*bām*)보다는 3인칭 단수를 사용했는가?[49]

4. "그"는 오경 시에 나오는 미래의 왕에 대한 참조다. 예레미야 4:2은 창세기 축복 내러티브의 학적 인용이다. 단수 대명사 "그"의 사용은 아브라함의 "씨"를 그의 개인적 후손들 중 하나와 동일시하기 위해 의도되었다. 그를 통해서 나라들이 복을 받을 것이다. 창세기 내러티브에서 명사 "씨"를 가리키기 위해 대명사 "그"(*bô*)가 사용된 것은, 내가 앞에서 묘사한 바와 같이 오경의 구성적 전략에 대한 인식을 나타낸다. 아브라함의 "씨"는 유다의 왕의 가계에서 나올 개인과 동일시된다(비교. 렘 23:5-6). 예레미야가 창세기 내러티브를 인용한 것과 "씨"를 단수 대명사 "그"와 동일시한 것은, 아브라함의 "씨"에 대한 오경 자체의 이해에 당시의 증거를 제공한다. 창세기의 인용은 오경 내에서 시와 언약 내러티브 사이의 구성적 연결의 논리를 따른다. 예레미야는 언약 내러티브를 인용하는데, 오경 전체에서, 구체적으로 말해서 오경의 시에서 이끌어낸 신학적 컨텍스트 안에서 그렇게 한다. 창세기 22:18을 인용하면서 예레미야가 전하려는 뜻은, 이스라엘이 공의롭고 정의롭게 살 때, 하나님이 다윗의 가계에서 나올 약속된 왕을 통해서 이스라엘과 열방을 축복하리라는 것이다.

예레미야 4:2에 대한 이 해석이야말로 유일하게 대명사 "그"의 문법적이고 주석적인 의미를 이해시킨다. 이 해석은 오경의 구성적 전략에서 우리가 아는 바와 일치하며, 앞으로 증명해 보이겠지만, 예레미야서의 구성적 형태 배후에 놓여 있는 동일한 노선의 주장을 따른다. 따라서 예언자 예레미야는 창세기 내러티브와 오경의 시적 뼈대를 연결하는 구성적 전략의 텍스트 간 관련적 논리를 따랐다. 예레미야는 오경의 저자가 그의 독자를 위해 염두에 두었던 것과 같은 연결에 의해 의식적으로 인도받은 것으로 보인다. 만약 창세기 인용에 대한 나의 이해가 맞는다면, 우리는 예

---

49) 사 61:9의 *kî bēm zera*'에서처럼.

레미야서의 나머지 부분에서도 동일한 전략에 대한 추가적인 참조를 발견하기를 기대할 수 있다.

물론 우리는 예레미야가 오경을 함께 묶는 데 도움을 받았던 구성적 전략과 이음매에 대해 비평적으로, 최소한 오늘날 우리가 인식할 수 있는 방식으로 알 수 있다고 기대할 수는 없다. 하지만 우리는 그가 오경을 주의 깊게 읽었다는 사실은 기대할 수 있다. 만약 이런 구성적 전략들이 오경 내에 정말로 존재한다면, 이것은 예레미야와 같은 진지한 독자에게 영향을 미쳤을 것임에 분명하다.[50] 반드시 텍스트 전략을 비평적으로 인식해야만 그것의 영향력을 받거나 그 논리를 따를 수 있는 것은 아니다. 그러기 위해서는 기민하고 유능한 독자가 되는 것으로 충분하다. 여호수아 1:8; 시편 1:2; 느헤미야 8:8 같은 텍스트들은 가장 초창기부터, 적어도 예언자들의 시대와 그 훨씬 이전부터, 오경이 면밀하고 심오한 연구의 대상이었음을 증명해준다.[51] 확실히 예레미야는 가장 열성적인 독자 가운데 한 사람이다. 타나크를 다루었던 사람들은 독자들에게 "그것을 주야로 묵상"하도록 권유했다(수 1:8; 시 1:2). 느헤미야 8:7b에 따르면, 제사장들은 "토라를 설명하고 백성들은 그것을 주의 깊게 들었다." 이 텍스트들은 주해적인 설명이 가능했음을, 또한 때로는 텍스트적이고 언어적인 수준에서 그런 설명이 필요했음을 보여준다. 토라를 백성들에게 설명한 결과, 느헤미야 8장에서 공적 낭독을 들었던 자들은 "통찰력을 얻고 성경을 깨닫게 되었다"(느 8:8).

궁극적으로 이 특정한 텍스트나 여타 다른 텍스트의 의미에 대한 질문은, 오경 구성의 성격과 그것에 대한 예레미야의 이해, 이 두 가지에 대한 주석적 판단에 달려 있다.[52] 이런 판단은 오경의 구성 형태에 의존하거나

---

50) 오경의 Glaubens Thematik("믿음 주제")이 시 78편에 반영되어 있음을 주목하라.
51) John Sailhamer, "Hosea 11:1 and Matthew 2:15," *WTJ* 63 (2001): 87-96을 보라.
52) 궁극적으로 이는 오경에서 예레미야가 이끌어낸 진술의 이해에 대한 질문이다.

거기서 도출된 것이 분명한 예레미야서의 텍스트들에 기초하여 이루어질 수 있다.

그러므로 우리는 창세기 22:18과 18:18에 대한 예레미야의 학적 인용에서, 어느 정도까지가 오경과 그 내러티브에 대한 그의 이해의 반영인지 질문할 수 있다. 예레미야는 독자가 오경을 읽음으로써 동일한 추론을 이끌어내기를 기대했는가? 아니면 예레미야서를 읽음으로써? 예레미야와 그의 독자들이 시 속에 표현된 오실 왕의 예언적 비전을 배경으로 족장적 축복 내러티브를 읽었다는 것은 있음 직한, 혹은 가능한 일인가?[53]

물론 이런 질문을 해결하는 방법은 나머지 예레미야서의 구성적 전략 내에서 이런 학적 인용들이 택한 길을 따라가보는 것이다. 예레미야서는 이 텍스트들과 함께 어디로 가고 있는가? 이 텍스트들은 어떻게 인용되었으며 책 자체 내에서 그 해석의 근거는 무엇인가? 성경책들의 구성에서 흔히 볼 수 있듯, 만약 저자가 인용(citation)과 학적 인용(learned quotation)들을 함으로써 염두에 두는 어떤 것이 있다면, 이 인용과 학적 인용들이 책 전체의 문법적-구문론적 의미로부터 해석적 지원을 발견하기를 기대하는 것은 합당하다. 성경 텍스트의 의미는 일차적으로 책 자체의 구조와 구성에 놓여 있다. 저자들은 이런 텍스트들을 전체로 형성하고 짜맞춤으로써 의미 있는 텍스트로 만들어낸다. 부분에 의미를 주는 것은 전체다. 텍스트의 의미는 그 부분들을 전체에 연결시킴으로써 발견된다. 어떤 부분도, 심지어 대명사 "그"조차도, 너무 작기 때문에 전체의 의미에 공헌하지 않는 것은 아니다. 우리는 저자의 의도가 숨겨져 있거나, 아니면 천재적인 발견에 의해서만 드러나는 암시나 힌트로 존재하기를 바라서는 안

---

wĕhitbārăkû bĕzar'ăkā kōl gôyê hā'āreṣ(창 22:18; 26:4; 비교. 시 72:17; 갈 3:16).

53) 이 질문들은 신약의 구약 사용에서 우리가 질문해야 할 것과 같다. 신약의 인용은 초기 구약 텍스트의 조심스러운 해석을 반영하는가? 이런 해석은 실제로 초기 텍스트의 일부인가?

된다. 암시나 힌트도 성경 저자의 특수한 의도의 일부일 수 있다. 하지만 여전히 우리는 이것들이 예레미야서 내에서 문법적·어휘적·구문론적으로 밝혀지기를 기대해야 한다. 이 암시와 힌트들이 정말 저자의 의도라면, 이것들의 발견은 책과 그 신학적 메시지를 이해할 수 있게 만들어야 한다. 또한 우리는 이런 전략들이 성경의 개별적 책들과 구약 정경 전체에 계속 영향을 미칠 수 있도록 하는 길을 찾아야 한다. 이것은 오경과 성경 전체에서 상호텍스트적 관계를 지지하기 위해, 이 책과 이후의 성경책들 내에서 해석적 실마리들을 충분히 발견할 수 있으리라고 기대해야 함을 의미한다.[54]

예레미야의 오경 읽기. 우리는 오경의 언약 텍스트에 대한 예레미야의 이해가 중요한 이유 중 하나로, 오경이 예레미야 시대에 어떻게 이해되었는지에 대한 통찰력을 주기 때문임을 지적했다. 성경의 책들이 분명하게 보여주듯, 오경과 같은 초기의 성경책들을 보존한 것은 예레미야 같은 선지자들이었다.[55] 또한 동일한 선지자들이 흔히 자신들의 작업을 동행했던 성경책들의 최종 편집을 맡았을 가능성도 높다. 따라서 예레미야가 오경의 시가 가진 것과 같은 노선을 따라서 아브라함의 "씨"라는 표현을 이해했는지 하는 것을 묻는 일은 헛되지 않다. 오경에 대한 예레미야의 이해를 밝힐 수만 있다면, 우리는 오경 자체의 의미에 귀중한 증인을 확보하는 셈이다.

예레미야 4:2에서 선지자의 학적 인용의 의미를 명료하게 하려면 다

---

54) 저자는 창 22:18을 있는 그대로 "네 씨로 말미암아 천하 만민이 복을 받을 것이다"라고 인용할 수 있었지만, 그랬다면 "씨"가 가진 모든 애매한 점들이 해결되지 않은 채 남아 있었을 것이다. 대명사 "그"의 사용(집합적인 대상으로서가 아니라, 예레미야서의 구절 내의 독립적인 대명사로서)은, 예레미야가 창 22장에서의 "씨"를 개인인 왕으로 이해했음을 드러낸다.

55) 예를 들면 "우리 하나님 여호와의 목소리를 듣지 아니하며 여호와께서 그의 종 선지자들에게 부탁하여 우리 앞에 세우신 율법을 행하지 아니하였음이니이다"(단 9:10).

음과 같은 세 가지 세트의 추가적인 해석적 질문들을 해야 한다. (1) 더 넓은 문학적 컨텍스트에서, 예레미야 4:2의 대명사 "그"의 추가적인 대상은 누구 또는 무엇인가?(텍스트 내 관련성[intextuality]) 예레미야는 구체적인 누군가를 염두에 두고 있는가? (2) 예레미야서의 구성적 전략 내에서, 오경으로부터의 이 인용에는 어떤 의미가 부여되는가?(텍스트 간 관련성 [innertextuality]) 오경에 대한 이 책의 관계는 무엇인가? (3) 예레미야 4:2의 의미는, 구약(예. 시편)의 나머지 정경의 컨텍스트 안에서 또는 신약의 추가적인 성경 컨텍스트 안에서 확장되고 명료하게 되었는가?(상호텍스트성 [intertextuality])

텍스트 내 관련성: 미래의 왕?(렘 4:2) 예레미야 4:2에서 선지자가 오경을 인용한 것에 대한 첫째 관찰은, 만약 이 구절을 오경과 분리해서 그 직접적인 컨텍스트 안에서만 읽는다면, 대명사 "그"(bô)의 의도된 지시 대상이 분명하게 주어지지 않는다는 점이다. 예레미야는 누군가를 염두에 둔 것처럼 보이지만, 그가 누구인지는 확실하지 않다. 다만 이것이 단수 대명사라는 사실에 "누구"의 정체성에 대한 힌트가 있을 뿐이다. 또 다른 힌트는 "정의와 공의"(렘 4:2a)라는 용어 사용이다. 예레미야서 전체를 통해 이런 용어들은 일관성 있게 다윗 왕권과 관련되어 있다.[56] 만약 여기서도 같은 용어가 유사한 목적으로 사용되었다면, 이것들은 책의 나머지에서 점점 더 자주 등장하는, 다윗 언약의 일종의 먼 반향으로 들린다.

그렇지 않다면 이 구절 안에는, 오경의 시에서 발견되는 것 같은 종류의, 왕에 대한 이데올로기는 거의 없다. 따라서 우리는 예레미야의 오경 인용과, 이 인용에서 대명사 "그"의 가장 중요한 정체성에 대해 예레미야서에 의존한다(텍스트 간 관련성).

텍스트 간 관련성: 예레미야서 속의 예레미야 4:2? 여기서 우리가 제기할

---

56) William McKane, *A Critical and Exegetical Commentary on Jeremiah* (ICC; Edinburgh: T & T Clark, 1986), 1:562.

질문은, 예레미야의 인용에서 단수 대명사 "그"를 확인하기 위해 예레미야서의 저자가 줄 수 있는 도움에 대한 것이다. (저자는) 우리에게 그 의미에 대한 텍스트 간 관련적 실마리(innertextual clue)를 주었는가? 만약 그렇다면, 이 실마리를 발견하기에 가장 가능성 높은 장소는 책의 구성적 이음매를 따라서일 것이다. 바로 여기가, 우리가 즉시로 저자의 작업을 발견할 수 있는 장소다. 그러면 예레미야 4:2은 어떻게 책의 구조에 들어맞는가? 이 텍스트는 어떤 자리를 차지하며, 저자는 거기에 어떤 구성적 역할을 부여했는가? 우리는 유사한 텍스트나 용어를 책의 문학적 전략 내에서 발견할 수 있는가? 유사한 텍스트와 용어들은 인용의 의미를 밝히는 데 어떤 도움을 주는가? 예레미야 4:2에서 "그"의 정체성에 대한 탐구는 우선적으로, 학적 인용의 텍스트 간 관련적 의미를 고려하도록, 그리고 그것이 어떻게 예레미야서 내에서 전개되는지를 고려하도록 인도한다.

예레미야 4:1-2의 구성적(텍스트 간 관련적) 역할을 보면, 이 짧은 텍스트가 책의 시작 부분에서 중요한 전략적 위치를 차지한다는 것이 분명해진다. 이는 오경에서 창세기 3:15("그는 너를 상하게 할 것이요"[bû' yĕšûpkā])이 차지하는 것과 같은 위치다. 두 텍스트는 모두 책 속에 중요한 주제를 삽입하기 위해 사용되었다. 이것들은 결국 책의 나머지 부분에서 임계질량의 수준까지 올라가는 주제들이다. 두 텍스트 모두 오실 "자"의 정체성에 대한 힌트만을 제공한다. 두 텍스트에서 그 "자"는 애매한 남성 단수 대명사인 "그/그를"(bû')에 의해서만 확인되며, 이 대명사는 동일하게 애매한 집합 명사인 "씨"를 지시한다. 핵심 정보를 전략적으로 보류하는 것과 함께, 오실 자에 대한 이런 힌트는 두 텍스트의 독자들에게 많은 질문을 남겨놓는다. 이 텍스트들을 통해 독자들은 질문에 대한 답이 아니라, "이 '씨'는 누구인가?"라는 질문을 받는다. 그는 개인인가 또는 그룹(집합)인가?

따라서 오경과 예레미야서 모두의 구성적 전략 내에서 이 두 텍스트의 목적은, 내러티브의 미래에 대한 질문에 답하는 것이 아니라, 책을 더 읽도록 만들기 위해 질문을 제기하는 것이다. 제기된 질문들은 오직 계속 책을 읽어 내려감으로써만 답할 수 있는 종류의 질문이다. 창세기 3:15과 예레미야 4:2은 독자의 관심의 초점을 오실 "자"의 정체성에 맞춘다. 이 정체성을 발견하기 위해, 독자는 책을 계속 읽어감으로써 저자를 따를 의무가 있다. 결과를 미리 짐작할 틈이 없다. 오경과 예레미야서의 저자들은 독자들이, 마이어 스턴버그가 "간극"(gap)이라고 부른 것을 깊이 상고하도록 만든다. 결국 오경의 저자는 이 간극을 각종 구색의 시적 이미지들로 채우는데, 이것들은 모두 "마지막 때에" 오실 미래의 왕을 지시한다.

따라서 책 전체에서 예레미야 4:2의 역할은 창세기 3:15의 역할과 매우 유사하다. 독자인 우리에게는 골치 아픈 바로 그것을, 저자는 유용하게 사용하고 있는 것이다. 이 텍스트의 모호성은 독자의 초점을 선명하게 만들기 위한 장치다. 이것은 두 텍스트에서 저자의 전략의 중심부다.

예레미야서의 구성적 구조. 예레미야서의 구성적 전략의 구조 내에서 예레미야 4:2의 위치를 발견하는 작업에는 몇 가지 단계가 포함된다. 첫째, 예비적인 방법으로 우리는 전체적인 구성에 반영된 책의 형태와 전략을 찾아야 한다. 다음으로는 예레미야 4:2과, 유사한 개념을 가진 다른 텍스트들 사이의 언어적 연결을 찾아야 한다. 이 텍스트들 역시 일차적으로는 책의 구성적 이음매를 따라 배열되어 있음에 분명하다. 예레미야 4:2에는 책의 구성적 이음매를 따라서 나타나며, 그 이음매의 일부인 주목할 만한 용어가 있는가? 자주 이런 질문은 성경책을 만드는 작업 배후에 있는 지적인 설계(저자의 의도)의 진짜 신호를 드러낸다. 우리는 오경에서 밝힌 동일한 종류의 구성적 실마리를 예언서에서도 찾아야 한다. 그럴 때만 우리는 저자의 의도를 구체적이고 주해적 용어들로 말할 수 있다.

예레미야 1-25장의 형태와 전략. 예레미야서의 구성적 형태로 시작해 보자. 첫째 부분(section)은 예레미야 1-25장이며,[57] 주요하게 두드러지는

---

57) "1-25장에는 예언적 말씀의 특징을 가진 '시적' 언어의 수많은 텍스트들뿐 아니라, 신명기 언어와 밀접한 관계를 보여주는 폭넓은 산문 유형으로 기록된 다른 텍스트

부분(breakout section)은 예레미야 1-10장이다.[58] 예레미야 4:2과 9:23은 그것의 하위 부분(subsection)을 구분 짓는다. "정의와 공의"라는 용어가 나타나는 곳은 이 두 구절에서다.[59] 예레미야서에서 일관성 있게 이 용어들은 다윗의 왕권과 관련되어 있다.

다음 부분은 예레미야 11-20장으로, 모세의 언약에 대한 초점으로 시작하여 그것을 아브라함 언약(렘 11:1-5)과 연결한다. 이 부분의 주장은 모세의 언약이 처음에는 하나님이 아브라함에게 주신 축복을 수여하는 수단으로 의도되었다는 것이다(11:1-5). 이 부분 다음에는 모세 언약의 실패와 개정에 대한 설명이 따라온다(렘 11:6-8). 마지막 하위 부분은 예레미야 21-24장이다. 이 장들은 "독립적 구성으로 두드러지고" "다양한 왕들에 반대하는 말씀을 포함하며, 메시아에 대한 말씀으로 이루어진 구성으로 끝난다(23:1-8)."[60] 여기서도 역시 "정의와 공의"라는 표현이 3번 나온다.[61]

이스라엘의 실패(렘 1-3장). 예레미야서는 시내 산 언약을 지키는 데 이스라엘이 실패함에 초점을 둠으로써 시작된다. 따라서 백성은 지금 하나님의 심판의 결과에 직면해 있다(렘 1-3장). 비록 하나님은 계속적으로 그들의 회개를 요청하시고 "새 언약"(비교. 렘 3:14-18과 렘 31:31-32)을 기대하는 확신을 주시지만, 이스라엘이 하나님께 돌아갈 희망은 거의 남아 있지 않다(렘 3:19-25). 심판이 힘센 나라의 형태로 "북방에서" 오고 있다(렘 1:13-15).

．

들도 있다.…예레미야의 말씀 모음(1-25장)은, 짧은 보조적인 모음집들에 기초했다고 가정되는, 많은 층위들을 가진 구성이다"(Rolf Rendtorff, *The Old Testament: An Introduction*, trans. John Bowden [Philadelphia: Fortress, 1983], p. 201).

58) "이 장들은 여기서 시적 형식을 가진 예언적 말씀이 지배적이라는 사실 때문에, 다음에 따라오는 부분과 대비해서 현저히 두드러진다.…반면에 이후에는 산문적 언어가 더 강하게 나타난다"(Ibid.).

59) Ibid.(William L. Holladay, *The Architecture of Jeremiah 1-20* [Lewisburg, Penn.: Bucknell University Press, 1976]를 따른다).

60) Rendtorff, *The Old Testament*, p. 201.

61) 이 구문이 나오는 유일한 추가적 경우는 렘 33장에서 렘 23:5-6의 의역이다.

왕권을 중심으로 한 소망(렘 4:1-23:8). 이스라엘의 실패와 그 결과로 일어난 시내 산 언약의 붕괴를 선포한 후(렘 3:16), 예레미야는 이스라엘을 위한 계속되는 희망과 열방의 축복에 대한 새로운 근거를 찾는다. 그는 이 희망을 아브라함 언약에서 발견한다. 예레미야는 하나님이 아브라함에게 주신 언약의 축복(렘 4:1-2)을 다윗의 가계에 주신 언약의 축복(렘 23:5-8)으로 재조정하면서 그 희망의 적절한 근거를 본다. 앞에서 우리는 오경이 아브라함 언약을 유다의 가계에서 나올 왕의 씨에 연결할 때, 이미 이런 조정이 함축되어 있음에 주목했다.

그러므로 예레미야 4:1-2에서 저자는 그의 중심 논제―즉, 미래에 대한 이스라엘의 유일한 희망은 하나님이 아브라함과 맺은 영원한 언약에 있다(비교. 미 7:20)―를 재진술함으로써 포문을 연다. 예레미야 4:2에서 그는 아브라함 언약을 오경의 언약-축복 내러티브로부터의 인용으로 소개한다. 이미 지적한 대로, 이 인용에서 저자는 아브라함 언약의 "씨"[62]를 애매한 대명사 "그"로 표현한다. 예레미야는 "그 안에서 나라들이 복을 받을 것이다"라고 말한다. 창세기 언약 텍스트를 부정 대명사로 표현하면서 예레미야는 그것의 적용을 연장하여, 단순히 이스라엘에 대한 집합적 관점을 넘어서서 한 단계 더 도약한다. 이제 문이 열려서 단수형으로 된 왕의 "씨"로 갈 수 있는 것이다. 이런 방향으로 움직여가면서, 예레미야는 자신이 동일한 텍스트에 대한 오경 자체의 해석을 인식하고 여기에 동의했음을 보여준다.

앞으로 보겠지만, 책의 이 부분은 예레미야 23:5-8에서 아브라함의 언약적 축복(창 12:1-3)과, 다윗과 하나님의 언약(삼하 7장) 사이를 연결시킴으로써 끝난다. 마침내 하나님이 다윗의 가계에서 "의로운 가지"를 일으키실 때(렘 23:5a), 그의 왕국에는 "정의와 공의"가 있을 것이다(렘 23:5b). 그럴 때

---

62) 예를 들면 창 22:18: "네 씨로 말미암아 천하 만민이 복을 받으리니."

만 아브라함 언약의 축복의 성취를 기대할 수 있다. 이런 생각을 창세기 18:18-19의 정서와 비교해보라.

> 천하 만민은 그로 말미암아 복을 받게 될 것이 아니냐 내가 그로 그 자식과 권속에게 명하여 여호와의 도를 지켜 의와 공도를 행하게 하려고 그를 택하였나니 이는 나 여호와가 아브라함에게 대하여 말한 일을 이루려 함이니라

아브라함과 하나님의 언약은 아브라함의 아들들과 딸들이 "의롭고 공의롭게" 살 때만 성취될 것이다. 예레미야가 아브라함(렘 4:1-2)과 다윗(렘 23:5-8)에 대해 암시하는 것은 불순종한 나라(렘 4:5-23:4)에 대한 심판의 말씀의 뼈대를 만든다. 이 텍스트들에 의해, 아브라함의 "씨"와 함께 하나님의 언약 속에 구체적으로 표현된 희망은 다윗 왕가와 맺은 하나님의 언약 속에서 안전하게 성립된다.

예레미야서에서 언어적 연결: "정의와 공의." 예레미야 4:2의 "정의와 공의." 예레미야서의 전반부의 구성적 형태를 묘사함에 있어 나는, 예레미야 4:2이 저자의 목적에서 중심 역할을 한다고 주장했다. 예레미야 4:2에서의 인용은 다윗 언약의 왕(렘 23:5-6)을 오경의 축복 내러티브와 연결하는 과정의 시작이 된다. 나는 이것이 에왈드가 "학적 인용"이라 부른 것에 의해 성취되었음을 주장했다. 동일한 논의가, 예레미야서와 오경에서 "정의와 공의"(מִשְׁפָּט וּצְדָקָה, mišpāṭ ûṣĕdākâ)라는 표현의 사용에서 볼 수 있다.

창세기 18:19의 "정의와 공의." 오경에서 "정의와 공의"(mišpāṭ ûṣĕdākâ)라는 표현은 단 한 번 나온다(창 18:19). 이 텍스트는 예레미야 4:2에서 인용된 언약-축복 텍스트 중 하나다. 창세기 18:19과 예레미야 4:2에서 "정의와 공의"라는 표현은 아브라함 언약에서 "열방"을 위한 축복(wĕnibrĕkû bô kōl gôyê bā'āreṣ)과 연결되어 있다. 그러므로 예레미야 4:2은 핵심적인 오경의 언약-축복 내러티브(창 18:19)에 부착된 중요한 상호텍스트적(언어적·주제적) 이음매의 일부다. 예레미야 4:2에서처럼, 창세기 18:19에서 나라들

을 향한 축복은 이스라엘에 대한 "정의와 공의"의 윤리적 요구에 직접적으로 연결되어 있다.

예레미야서 다른 부분의 "정의와 공의." 예레미야 4:2 외에도 "정의와 공의"라는 표현은, 비록 항상 구성적으로 중요한 텍스트들에서이긴 하지만, 가끔씩 나온다. 이 표현은 다윗 왕권과 특별히 관련된 것으로 유명하다. 윌리엄 맥케인(William McKane)에 따르면, "정의와 공의"라는 연어(連語)는 "정의의 과정을 감독하고 공평한 재판이 일어나도록 확실하게 하는 왕의 책임"을 의미한다.[63] 따라서 예레미야 4:2에서 "정의와 공의"라는 표현은, 다윗 왕권의 개념을 아브라함 언약에 기초하는 "예언적" 희망으로, 알아보기 쉽도록 연결하는 역할을 한다. 다윗 왕권의 개념은 예레미야서의 어디에서 유래하는가? 한 가지 적절해 보이는 설명은, 예레미야가 오경의 시에서의 왕의 주제에 의존했을 가능성이다. 바로 이런 주제들이, 창세기 18:19 같은 창세기의 축복 내러티브의 학적 인용에 의해 예레미야서에 소개되었다. 이런 상호 연결된 텍스트들 뒤에 있는 구성적 전략의 이해는, 예레미야 4:2에 "그 안에서"(bô)의 3인칭 대명사의 정체성을 분명하게 하는 데 도움이 된다.

예레미야 9:24(9:23 MT)의 "정의와 공의." "정의와 공의" 표현의 사용과 함께, 예레미야 4:2의 나라들의 "자랑"(yithallālû)은 예레미야 9:24(9:23 MT)의 여호와를 아는 자들의 "자랑"(yithallēl)과 의도적인 연결이다. "자랑하는 자는 이것으로 자랑할지니 곧 명철하여 나를 아는 것과 나 여호와는 사랑과 정의와 공의[mišpāṭ ûṣĕdāqâ]를 땅에 행하는 자인 줄 깨닫는 것이라"(렘 9:24).[64]

70인경의 사무엘서에서, 예레미야 9:23-24(9:22-23 MT)은 한나의 시(삼상 2:10)의 마지막 구절에 삽입되어 있다. 따라서 이 구절들은 여호와의 "메

---

63) McKane, *Jeremiah*, p. 562.
64) 여호와 안에서의 "자랑"은 예레미야서에서 이 두 구절에서만 발견된다.

시아"와 "그의 왕"에 대한 한나의 기도를, 예레미야 4:2과 오경의 언약 내 러티브에서 "그"와 동일시된 "씨"에 연결시킨다.[65]

예레미야 23:5-6의 "정의와 공의." 지금까지 언급한 곳 말고, "정의와 공의"의 표현은 예레미야 22-23장에서 세 번 나온다(렘 22:3; 22:15; 23:5). 이 텍스트들에서도 다윗 왕권의 주제가 두드러진다. 각각의 경우에 이 용어들과 "공의롭고 의로운" 왕 사이에는 눈에 띄는 연결이 있다. 예레미야 23:5-6에서 왕은 "의로운 가지"(semah saddîq)로 불리는데 그가 "정의와 공의(mišpāṭ ûṣĕdākâ)를 행하기" 때문이다. 결과적으로 이 왕은 "여호와 우리의 공의라"(yhwh ṣidqēnû)라는 이름을 얻게 된다. 예레미야 23:5-8과 예레미야 4:1-2 사이에는 밀접한 언어적·주제적 연결이 나타난다.

예레미야 23:3, 15에서 "정의와 공의"는 통치 중인 왕에 대한 견책과 함께 나온다. 이 왕은 정의와 공의의 자질이 부족했으며, 따라서 적합한 왕이 아니었다. 예레미야 23:5에서 미래의 "의로운 가지"의 통치는 "정의와 공의"(mišpāṭ ûṣĕdākâ)로 특징지어진다. 이것은 유사한 텍스트인 예레미야 33:15에 다시 진술되어 있다.

그러므로 "정의와 공의"는 예레미야서의 시작 부분에 나타나며, 미래의 다윗 왕의 통치를 묘사하는 예레미야서의 텍스트들 사이에 언어적 연결로서 역할을 한다. 이 표현은 예레미야 4:2에 나오는데, 그렇지 않았다면 이 구절과 연관된 왕에 대한 직접적인 이미지가 거의 없었을 것이다. 이런 사실은, 예레미야가 익명의 "그"를 사용함으로써 다윗 언약이 반향되도록 의도했다는 주장을 입증한다. 또한 이것은 예레미야가 창세기 언약-축복 내러티브를 오경 시에서의 왕의 인물의 관점에서 이해했음을 드러내기도 한다.

예레미야 23:5-6과 70인경. 예레미야서 전반부(렘 1-25장)의 구성적 형

---

65) *Targum Onqelos*에서 한나의 기도에 나오는 왕은 민 24:7의 모든 역본에서처럼, "곡"을 멸하는 자로 언급되어 있다.

태의 중요성을 고려함에 있어, 주석자들은 예레미야 23:5에서 "의로운 가지"(semaḥ ṣaddîq)에 관한 예언의 말씀이 책의 중심점이라는 것에 일반적으로 동의한다. 이 구절은 너무나 중요해서, 실제로 예레미야 33:14-26에서 거의 글자 그대로 반복된다. 이 반복의 중요성은, 예레미야 33:14-26이 70인경에는 나오지 않는다는 사실에 있다. 맥케인을 위시한 대부분의 주석자들은 예레미야 33:14-26을 "23:5-6의 이차적인 산문적 의역"으로 간주한다.[66]

예레미야 33장에서 예레미야 23:5-6의 "이형"(variant)은, 맥케인의 설명이 주장하는 바보다 더 중요하다. 이 이형의 효과는 예레미야 23:5-6의 예언의 논의와 중심 취지를 역전시키는 것이다. 예레미야 23:5-6에서 (개인) 왕은 "여호와는 우리의 공의라"라는 이름을 가지게 된다. 예레미야 33:16에서 이 이름은 예루살렘이라는 (집합적) 성읍 이름 안에서 보존된다. 따라서 예레미야 23:5-6에서 아브라함의 "씨"를 개인으로 해석하는 것에는, 예레미야 33:14-26에서 마소라 텍스트 이형에서의 집합적 의미가 주어진다. 예레미야 33:14-26의 역할과 그것이 23:5-6에 대해 가지는 효과는, 책 전체에서 23:5f의 중요성에 대한 직접적인 증명이라 할 수 있다.

결론. 예레미야서 전체를 볼 때 "정의와 공의" 구문의 분포는, 이 구문이 책을 하나로 묶는 구성적 이음매의 일부라는 사실을 암시한다. 용어와 구성적 구조의 수렴은, 예레미야 4:2에서 오경의 인용과 유다의 가계에서 나올 미래의 왕의 통치에 초점을 맞춘 예레미야서의 구절들 사이에 의도적 연결이 있음을 보여준다. 예레미야 23:8과, 이 텍스트가 예레미야 4:2과 가지는 관계는, 선지자가 오경의 언약-축복 내러티브를 학적 인용하면서 염두에 두었던 왕적 인물의 정체성을 확인하는 데 도움을 준다.

---

66) McKane, *Jeremiah*, p. 563.

언약-축복 내러티브와 시편. 앞에서 나는 예언서와 오경이 비슷한 종류의 구성적 전략을 따른다고 주장했다. 오경은 아브라함의 언약 내러티브(창 22:18)를, 오실 왕(민 24:7-9)에 초점을 맞추는 자체의 시적 텍스트와 연결한다. 예언서의 구성에서는 다윗(유다의) 왕권에 유사한 초점이 주어진다(렘 4:2). 이런 현상은 유사한 구성적 작업이 구약 정경의 셋째 부분인 성문서에도 존재하는지 하는 질문을 일으킨다. 나는 시편 72편을 우리 논의의 시작점으로 택할 것인데, 그 이유는 나중에 분명해질 것이다. 이 시편은 시편책 중에서 중심적으로 구성적 이음매 역할을 할 뿐만 아니라, 이미 논의했던 오경의 언약적 축복 내러티브들로부터 직접적으로 인용한다.

시편 72:17과, 오경과 예언서에서 우리가 연구한 텍스트들과의 비교는 이것들의 문학적 의존의 범위를 두드러지게 보여준다.

וְהִתְבָּרֲכוּ בְזַרְעֲךָ כֹּל גּוֹיֵי הָאָרֶץ

네 씨로 말미암아 천하 만민이 복을 받으리니(창 22:18)

וְהִתְבָּרֲכוּ בוֹ גּוֹיִם

나라들이 그 안에서 복을 받을 것이다(렘 4:2)

וְיִתְבָּרֲכוּ בוֹ כָּל-גּוֹיִם

모든 민족들이 그로 말미암아 복을 받으리니(시 72:17)

시편 72:17이 이전 텍스트들을 인용하고 있다는 사실에는 의심의 여지가 없다. 시편 72편과 오경(창 22:18)과 예언서(렘 4:2)의 텍스트들 사이에 진정한 문학적 의존[67]이 존재한다면, 이 사실은 시편 72편이 이런 텍스트들의 이해에 어떤 공헌을 하는지 하는 질문을 일으킨다. 이 질문에 답하기 위해서, 먼저 나는 시편 72편의 내적 구조(텍스트 내 관련성)를 연구할 것이

---

67) Sailhamer, *Introduction to Old Testament Theology*, pp. 212-13에서 "상호텍스트적" 을 보라.

며, 특히 시편 72:17에서 오경과 예언서의 인용이 하는 역할을 살펴볼 것이다. 다음으로는, 시편책 내에서 시편 72편의 위치와 기능성을 조사해볼 것이다. 이런 질문들을 마무리한 다음에 마지막으로, 시편 72편의 의미를 타나크와의 문학적이고 구성적인 관계 안에서 요약할 것이다.

시편 72편의 구성적 형태. 시편 72편은 솔로몬의 작품으로(*lišlōmōh*) 되어 있지만, 다윗의 기도들 속에 위치한다(시 72:20). 시편 72편은 시편의 제2권을 마치는 시며(비교. 시 72:18-19) 왕적 시편(royal psalm)이다.

시편 72편의 상호텍스트성. 이 시편은 "정의"(*mišpāṭ*)와 "공의"(*ṣĕdāḵâ*)를 나타내실 왕을 부르는 것으로 시작된다. 분명히 이것은 다윗 언약의 시의 용어와 주제에서 나왔다. 시편 72:5과 시편 89:37-38a을 비교해보라.

יִירָאוּךָ עִם-שָׁמֶשׁ וְלִפְנֵי יָרֵחַ דּוֹר דּוֹרִים

그들이 해가 있을 동안에도 주를 두려워하며 달이 있을 동안에도 대대로 그리하리로다(시 72:5)

זַרְעוֹ לְעוֹלָם יִהְיֶה וְכִסְאוֹ כַשֶּׁמֶשׁ נֶגְדִּי כְּיָרֵחַ יִכּוֹן עוֹלָם

그의 후손이 장구하고 그의 왕위는 해 같이 내 앞에 항상 있으며 [또 궁창의 확실한 증인인] 달 같이 영원히 견고하게 되리라(시 89:37-38a)

형식적으로 시편 72편은 왕적 시편이며 선형 답관체(linear acrostic)다. 각 시행은 히브리어 알파벳의 동일한 두 글자로 시작된다. a행은 "*yod*"로 시작되고 b행은 "*waw*"로 시작된다.[68] 이 패턴은 시의 중심(시 72:8-12)에서와 성경의 다른 부분에서 가져온 텍스트가 삽입된 부분에서 깨어진다.

(1) יֵרֵד כְּמָטָר עַל-גֵּז כִּרְבִיבִים זַרְזִיף אָרֶץ

---

68) Klaus Seybold, *Die Psalmen* (HAT 1/15; Tübingen: Mohr Siebeck, 1996), p. 277.

그는 벤 풀 위에 내리는 비같이, 땅을 적시는 소낙비같이 내리리니(시 72:6)

וּכְאוֹר בֹּקֶר יִזְרַח־שָׁמֶשׁ בֹּקֶר לֹא עָבוֹת מִנֹּגַהּ מִמָּטָר דֶּשֶׁא מֵאָרֶץ

그는 돋는 해의 아침 빛 같고 구름 없는 아침 같고 비 내린 후의 광선으로 땅
에서 움이 돋는 새 풀 같으니라 하시도다(삼하 23:4)

וְיֵרְדְּ מִיָּם עַד־יָם וּמִנָּהָר עַד־אַפְסֵי־אָרֶץ (2)

그가 바다에서부터 바다까지와 강에서부터 땅끝까지 다스리리니(시 72:8)

וּמָשְׁלוֹ מִיָּם עַד־יָם וּמִנָּהָר עַד־אַפְסֵי־אָרֶץ

그의 통치는 바다에서 바다까지 이르고 유브라데 강에서 땅끝까지 이르리라
(슥 9:10)

וְאֶתְּנָה גוֹיִם נַחֲלָתֶךָ וַאֲחֻזָּתְךָ אַפְסֵי־אָרֶץ

내가 이방 나라를 네 유업으로 주리니 네 소유가 땅끝까지 이르리로다(시 2:8)

이런 암시를 통해 시편 72편의 왕은, 시편 2편과 스가랴 9장의 종말론
적인 다윗의 왕조와 동일시된다.

לְפָנָיו יִכְרְעוּ צִיִּים וְאֹיְבָיו עָפָר יְלַחֵכוּ (3)

광야에 사는 자는 그 앞에 굽히며 그의 원수들은 티끌을 핥을 것이며(시 72:9)

עַל־גְּחֹנְךָ וְעָפָר תֹּאכַל כָּל־יְמֵי חַיֶּיךָ

배로 다니고 살아 있는 동안 흙을 먹을지니라(창 3:14)

창세기 3:14에 대한 암시를 통해 시편 72편의 왕은, 창세기 3장의 뱀을
패퇴시킬 자와 동일시된다.

מַלְכֵי תַרְשִׁישׁ וְאִיִּים מִנְחָה יָשִׁיבוּ מַלְכֵי שְׁבָא וּסְבָא אֶשְׁכָּר יַקְרִיבוּ (4)

다시스와 섬의 왕들이 조공을 바치며 스바와 시바 왕들이 예물을 드리리로다
(시 72:10)

כִּי־לִי אִיִּים יְקַוּוּ וָאֳנִיּוֹת תַּרְשִׁישׁ בָּרִאשֹׁנָה לְהָבִיא בָנַיִךְ מֵרָחוֹק כַּסְפָּם וּזְהָבָם אִתָּם

곧 섬들이 나를 앙망하고 다시스의 배들이 먼저 이르되 먼 곳에서 네 자손과 그들의 은금을 아울러 싣고 와서―그것이 내 것이기 때문이다(사 60:9)

나아가 시편 72편의 왕은 이사야 60장에서 오실 구속자에 대한 묘사를 통해 확인된다.

וְיִשְׁתַּחֲווּ־לוֹ כָל־מְלָכִים כָּל־גּוֹיִם יַעַבְדוּהוּ (5)
모든 왕이 그의 앞에 부복하며 모든 민족이 다 그를 섬기리로다(시 72:11)

וְכֹל שָׁלְטָנַיָּא לֵהּ יִפְלְחוּן וְיִשְׁתַּמְּעוּן
모든 권세 있는 자들이 다 그를 섬기며 복종하리라(단 7:27)

여기서 시편 72편의 왕은 다니엘 7장으로부터 확인된다.

כִּי־יַצִּיל אֶבְיוֹן מְשַׁוֵּעַ וְעָנִי וְאֵין־עֹזֵר לוֹ (6)
그는 궁핍한 자가 부르짖을 때에 건지며 도움이 없는 가난한 자도 건지며(시 72:12)

כִּי־אֲמַלֵּט עָנִי מְשַׁוֵּעַ וְיָתוֹם וְלֹא־עֹזֵר לוֹ
이는 부르짖는 빈민과 도와 줄 자 없는 고아를 내가 건졌음이라(욥 29:12)

욥기에 대한 이 암시를 통해, 시편 72편의 왕은 욥기 29장에서 완벽하게 지혜로운 자와 동일시된다.

시편 72편 내에서 17절의 역할. 시편 72:17은 이 시편의 결론으로서 덧붙여진다. 구성적으로 이런 사실은, 시편이 오경과 예언서들에서 중심적인 구성적 이음매로부터의 인용으로 결론을 맺는다는 것을 의미한다.

וְיִתְבָּרְכוּ בוֹ כָּל־גּוֹיִם
사람들이 그로 말미암아 복을 받으리니(시 72:17b)

וְנִבְרְכוּ בְךָ כֹּל מִשְׁפְּחֹת הָאֲדָמָה

땅의 모든 족속이 너로 말미암아 복을 얻을 것이라 하신지라(창 12:3)

וְהִתְבָּרֲכוּ בְזַרְעֲךָ כֹּל גּוֹיֵי הָאָרֶץ

네 씨로 말미암아 천하 만민이 복을 받으리니(창 22:18)

וְהִתְבָּרֲכוּ בוֹ גּוֹיִם

나라들이 그 안에서 복을 받을 것이다(렘 4:2)

시편 72편에서 왕은 씨며, 그 안에서 모든 나라들은 창세기 12:3의 아
브라함 언약으로 복을 받을 것이다.

결론. 시편 72편의 구성은 시편책 전체의 구성의 일부로 보인다. 이 시
자체의 구성적인 자료(시 72:8-12)는 시편 72:1의 "왕"을, 예언적 텍스트의
종말론적 메시아와 동일시하기 위해, 그리고 지혜문학에 나오는 전형적
인 현자와 동일시하기 위해 지혜문학과 예언적 텍스트로부터 인용들을
수집한다.

시편 72편과 시편책의 구성적 형태. 먼저 몇 가지 질문을 던짐으로써 시
작해보자. 시편책은 형태를 가지고 있는가? 시편들의 모음에는 의도적인
설계가 있는가? 설계가 있다면, 시편책은 고대 이스라엘에서 어떤 목적을
수행하는가? 애당초 시편책이 존재하는 이유는 무엇인가? 최근까지 이런
질문들은 거의 관심을 끌지 못했지만, 현재에 와서는 곳곳에서 이 질문들
이 나오고 있다.

시편책에서 "조직하고 설계하는 지성의 흔적"[69]을 발견한 첫 번째 현
대적인 주석자는 프란츠 델리취였다. 그는 시편이 배열된 순서에 의미가
있다고 믿고 이를 증명하려 했다. 델리취의 주장에 따르면, 흔히 시편들은
핵심 단어와 일반적 주제에 의해 서로서로 연결되어 있다. 결과적으로 이

---

69) Matthias Millard, *Die Komposition des Psalters: Ein formgeschichtlicher Ansatz* (FAT 9;
Tübingen: Mohr Siebeck, 1994), p. 23.

학자는 시편책 전체를 통해, 특정 주제와 핵심 단어들을 추적하고자 했으며, 개별 시편들을 제공된 컨텍스트의 관점에서 이해했다. 그러나 시편책의 형태에 대한 델리취의 설명은 책 전체의 조직적인 평가에 의해 실행되지 못했다. 오히려 이 형태는 그가 이스라엘의 초기 성전 예배를 역사적으로 재구성한 내용으로부터 도출되었다. 단순히 일반적 방법을 통해 델리취는, 개별 시편들과 모음들로부터 현재의 정경 시편까지 시편의 발달을 추적하고자 시도했다.[70]

델리취의 논증은 당대의 성서학자 대부분으로부터 열광적 지지를 받지는 못했다. 크리스토프 바르트(Christoph Barth)에 의하면, 베르톨레트(Bertholet)와 뵐(Böhl)만이 델리취의 개념을 긍정적으로 받아들였다. 하지만 실제로는 바르트가 발견한 것보다 더 많은 학자들이 델리취에 동의했다. 시편책이 가진 질서와 구조에 대한 델리취의 이론은 복음주의적 동료 학자들에 의해서 호의적으로 받아들여졌다. 가장 주목할 만한 결과는 에른스트 헹스텐베르크가 집필하고 A. 알렉산더(A. Alexander)가 번역한 중요한 시편 주석이다. 헹스텐베르크와 알렉산더는 델리취의 발자취를 따라, 시편책의 전체적 구조의 관점에서 시편들을 연구했다. 헹스텐베르크의 충성스런 제자일 뿐 아니라 박식한 지식을 자랑하는 학자인 해버닉도 델리취와 헹스텐베르크를 따랐다. 유명한 복음주의적 구약학자인 C. F. 카일 역시 이런 해버닉의 관점을 밀접하게 좇았다.[71] 카일의 지적에 따르면 "시

70) Franz Delitzsch, *Biblical Commentary on the Psalms*, trans. Francis Bolton (BCOT; Grand Rapids: Eerdmans, 1970), 1:18-19 (German original, 1867).

71) "Nicht blos Eintheilung der ganzen Sammlung in mehrere Bücher, sondern auch die Vertheilung der einzelnen Psalmen innerhalb dieser Bücher ist nach der inneren, sachlichen Verwandtschaft der Lieder, nach der Aehnlichkeit ihres Inhalts, der Gleichheit ihrer Tendenz und Bestimmung gemacht worden. Diesem sachlichen Prinzipe der Aehnlichkeit und Analogie der verschiedenen Psalmen ist der chronologische Gesichtspunkt untergeordnet"(Heinrich A. C. Hävernick, *Handbuch der historisch-kritischen Einleitung in das Alte Testament* [Erlangen: Heyder, 1836-

편의 모음집 안에 흐르고 있는 쉽게 인식 가능한 원리, 시편들이 가진 내적이고 실제적인[형식적이 아닌] 동족성, 소재의 유사성, 경향과 목적의 동일성을 보면, 이 시편들의 모음집이 한 사람의 작업에 의해 한 시대에 이루어졌음을 짐작할 수 있다."[72] 자세히 관찰해보면 시편책에 대한 전체적이고 구성적인 접근이, 시편에 대한 초기의 복음주의적 해석의 특징적 양상이었음이 분명하다.

마티아스 밀라트(Matthias Millard)는 시편책에 대해 편집-비평적 접근을 한 최초의 현대적 학자로 크리스토프 바르트를 꼽는다.[73] 바르트는 시편책에서 구조적인 질서를 밝혀냈다.[74] 또한 시편 3-41편에서 많은 핵심 단어의 연결성을 논증했다. 밀라트는 바르트가 시편의 시들에서 문학적인 컨텍스트에 대한 철저한 주제적 재구성을 시도하지 않았다고 했는데 이는 올바른 지적이다. 바르트는 시를 집대성한 사람의 작업이 다만 시편 텍스트들의 편집자적 형성에만 국한된다고 이해했다. 따라서 그는 편집-비평적인 노선을 따라서 진행된, 컨텍스트에 민감한 시편 주해만을 요구했다. 많은 다른 시편 연구들도 유사한 방향을 따랐다.[75]

1849], 3:275-76).

72) C. F. Keil, *Introduction to the Old Testament*, trans. G. C. M. Douglas (Peabody, Mass.: Hendrickson, 1988), 1:464-65.

73) Millard, *Die Komposition des Psalters*, p. 23.

74) Christoph Barth, "Concatenatio im ersten Buch des Psalters," in *Wort und Wirklichkeit: Studien zur Afrikanistik und Orientalistik*, ed. Brigitta Benzing, Otto Böcher and Günter Mayer (Meisenheim am Glan: Hain, 1976-1977), 1:30-40.

75) 구조적 접근법: Pierre Auffret는 몇 개의 핵심 단어들에 근거해서, 시 15-24편의 교차 대구적(chiastic) 구조를 주장한다(*La sagesse a bâti sa maison: Études de structures littéraires dans l'Ancien Testament et spécialement dans les Psaumes* [OBO 49: Fribourg: Editions Universitaires; Göttingen: Vandenhoeck & Ruprecht, 1982]). 편집적 접근법: Erich Zenger; Joseph Reindl. 정경적 접근법: Brevard Childs. 구성적 접근법: Gerald Henry Wilson(*The Editing of the Hebrew Psalter* [SBLDS 76; Chico, Calif.: Scholars Press, 1985]); Frank-Lothar Hossfeld and Erich Zenger (*Die Psalmen*, 2 vols. [NEchtB 29, 40; Würzburg: Echter, 1993-2002]); Millard, *Die Komposition des*

시편책의 형태에 대한 중요하고도 모범이 되는 최근 연구는 마티아스 밀라트의 연구다.[76] 밀라트는 시편책이 고대 페르시아 시대로부터 유래한다고 주장했다. 이 책은 디아스포라 시대의 기도들의 모음집으로 이해되었고, 성전 예배를 대체하는 기능을 했다. 시편책을 읽으면서 사람들은 성전 쪽을 향했으며, 그로써 진짜 성전에서의 예배를 면제받았다. 그러므로 시편책은 성전을 향한 순례의 중요성을 선전하는 동시에, 대조적으로 성전 자체를 대신하는 의도를 가지고 있었다. 이 책은 포로기 이후 예루살렘 성전으로의 순례를 대신하는 개인적인 대용물이었다.

마티아스 밀라트는 시편책의 삶의 정황(Sitz im Leben) 또는 목적이, 후에 초기 기독교 시대의 수도원에서처럼 공적 예배에서의 낭송을 위한 기도 모음집이 아니었다고 주장한다. 시편책은 순례 여행의 컨텍스트에서 읽기에는 너무 방대했으며, 따라서 유용한 경우가 드물었을 것이다. 시편책은 개인이 일상적 삶 속에서 읽기 위해 구체적인 선택을 할 수 있는, 개인 기도 모음집으로 의도되었을 가능성이 높다. 실제로 이는 책의 서론 격인 시편 1편에서 시편의 목적으로 제안되었다. 시편의 "이상적인 독자"는 이 말씀을 주야로 묵상하는 자다(시 1:2). 이런 의미에서 시편은, 포로기 이후 유대교의 나날의 삶 속에서 토라와 성전을 대신하는 일종의 대용물 역할을 하게 되었다.

이런 정황에서 각 시편의 의미는, 개별 시의 원컨텍스트로부터 파생된 것만큼이나, 시편책의 컨텍스트로부터도 파생되었을 것이다. 물론 시의 배경은 읽는 과정에서 버려지지 않았다. 의도적으로 이 배경은 독자를 위해서 각 시편에 부착된 수많은 "표제" 안에 보존되었다. 이런 배경과 표시

Psalters; David C. Mitchell (*The Message of the Psalter: An Eschatological Programme in the Book of Psalms* [JSOTsup 252; Sheffield: Sheffield Academic Press, 1997]; Claus Westermann; Rolf Rendtorff.

76) Millard, *Die Komposition des Psalters*.

를 통해 독자는 시편을, 시편책의 컨텍스트 안에서, 그리고 오경과 예언서의 컨텍스트 안에서 묵상할 수 있었다. 예를 들어 시편 3편의 표제는 대부분의 다른 표제가 그렇듯, 다윗의 삶 속에서 원컨텍스트를 찾고 있다. 시편책 전체에서 이 컨텍스트는, "인자"(人子) 시편인 시편 8편 같은 다른 시들을 포함하도록 확장된다.

따라서 시편은 다양한 기도와 찬양을 보존하며, 각 개인이 기도와 찬양을 선택함에 있어 일종의 자발성을 보장했다. 시편책으로부터 기도와 찬양을 날마다 선택함으로써 개인들은 자신의 일상적인 불행과 축복을, 이스라엘을 위하시는 하나님의 과거 행적의 컨텍스트에서 지나간 일들과 쉽게 동일시할 수 있었다. 이 책에 의해 각 개인에게는 날마다의 삶의 갈등을 위한 하나님의 도우심이라는 희망이 주어졌지만, 결국에는 찬양을 위한 가장 적절한 컨텍스트로서 예배하는 공동체로 되돌려졌다.

따라서 책으로서의 시편이 일차적으로는 개인적인 사용을 위해 집필되었다고 주장하는 것은 합리적이다. 예를 들어 시편책은 주로 "포로기 이후 성전을 위한 찬송가"로 의도되지 않았다. 오히려 이 책은 서론 격인 첫째 시편에서 제시된 대로, 일상의 삶의 의무와 병행해서 읽고 묵상할 수 있는 시적 토라였다. 이런 경우 시편은 여전히 포로기를 사는 사람들을 위해, 또는 현재의 고난을 경험하는 자들을 위해 만들어졌을 것이며, 희망과 하나님의 위로의 원천의 책으로 의도되었다.

이런 이유들 때문에 밀라트가 제시한 대로, 시편책의 뼈대는 눈에 띄게 다윗 언약 같은 발달된 메시아적 주제와, 미래의 하나님의 왕국에서의 그것에 상응하는 희망을 중심으로 삼았을 수 있다. 이런 관점으로 보건대, 책의 구성적인 뼈대에 위치한 개별 시들은 이스라엘의 위대한 지도자들의 기도와 찬양의 모음집으로 구성되며, 이 모음집은 현재를 사는 자들이 과거의 사람들에게 있었던 하나님의 도움과 동일시하기 위한 수단으로 의도되었다.

시편 72편에 대한 적합한 이해와 초기 성경 자료의 사용은 시편책 안에서 그것의 구성적 역할의 관점에서 실행되어야 한다. 시편 72편은 책 안에서 수행해야 할 역할을 가지는데, 이것은 분명함에도 자주 간과되었다. 시편 72편은 책의 구성적 전략 안에서 중심적 시다. 즉, 이 시편은 책의 중심에 있다.

핵심 시편들: 시편 2편; 72편; 145편. 시편책의 최종 형태와 그것의 전체적인 신학에 대해 무슨 이야기를 하든 간에, 이 책이 전략적으로 중요한 세 편의 시—시편 2편; 72편; 145편—를 중심으로 하고 있다고 주장하는 것은 안전하다. 서론인 시편 1편 후에 시편 2편은 책의 시작 부분에 위치해 있다. 할렐(Hallel) 시편인 시편 146-150편은 책의 결론에 위치해 있다. 할렐 시편들 앞에 시편 145편은, 그 자체로 시편의 끝에 위치해 있다. 시편 72편은 다른 두 핵심인 시편 2편과 145편 사이 중간에 위치해 있다. 즉 72편은 책의 구조적 중심점에 위치하는 것이다.

핵심 시편들 사이의 유사성과 책 안에서 이 시들이 차지하는 위치의 적합성은, 이것들이 시편책 내에서 현재의 위치와 기능을 고려해서 구성되었을 가능성이 높음을 보여준다.

1. 시편 2편. 일반적으로 시편 2편은 시편 1편과 함께, 책 전체 프로그램의 서론으로 여겨진다. 시편 2편은 시편 1편의 토라 주제를 메시아적 주제로 균형을 맞추는 역할을 한다. 아마도 이것은 시편책의 다른 곳에서, 토라 시편(예, 시 19편)을 왕적-메시아적 시편(예, 시 20편)과 짝을 맞추는 후대의 실행과 연결된다. 동일한 구성적 전략을 따라서, 시편 119편은 소위 "성전으로 올라가는 노래들"에 의해 균형이 맞추어지는데, 이 노래들은 시편 120-134편에서 계속되며, 다윗 언약의 시편인 132편에서 중심점을 가진다. 시편 2편; 20편; 120-124편은 다윗 왕권과 왕의 후손에 중심점을 두고 있다. 이런 전략은 시편이 의식적으로 설계되었음을 시사한다.

시편 2편에 대한 다음과 같은 네 가지의 형식 측면에서의 관찰은, 이 시가 구체적으로 시편 2-145편의 중심 몸체에 대한 "메시아적" 서론으로 구성되었거나 편집되었음을 시사한다.

첫째 관찰은 시편 2:2b에서 "여호와와 그의 기름 부음 받은 자를 대적하며"('al-yhwh wĕ 'al-mĕšîḥô)라는 구문의 삽입에 대해서다. 이 삽입은 침입으로 판단되는데, 왜냐하면 이것이 평행법과 구절의 운율을 깨뜨리기 때문이다. 『슈투트가르트 히브리어 성경』(BHS)은 이것을 후대의 설명자적 논평으로 간주한다. 하지만 그보다는 이것을 시편책의 구성의 일부로 보는 편이 더 낫다. 이 간단한 진술이 공헌하는 바는 이해하기 쉽다. 이 진술은 "기름 부음을 받은 자"라는 표현의 정확한 의미와 관계없이, 이 시편 전체를 "메시아적"인 것으로 확인시킨다.

시편 2편에 대한 둘째 관찰은 2:7a에서 "내가 여호와의 명령을 전하노라"('ăsappĕrâ 'el ḥōq yhwh)라고 한 메타 커뮤니케이션적 진술의 삽입에 관한 것이다. 이 진술 역시 그것을 둘러싸고 있는 평행법과 시행의 운율을 깨뜨리며, 내레이터로부터 분리되어 화자의 정체성으로 이동한다. 시편 2:6, 7b에서 여호와께서 말씀하시는 동안, 시편 2:7a에서 담론은 갑자기 시편 2:6에서 언급된 왕으로 이동한다. 이 삽입의 효과는 시편 2:7-8의 여호와의 말씀을, 사무엘하 7장과 몇 개의 후기 시편들(예, 시 45편; 89편; 110편; 132편)에 기록된 다윗의 가계에 대한 하나님의 언약과 동일시하기 위한 것이다.

셋째, 넷째 관찰은 시편 2:9과 2:12이 다니엘서의 아람어 부분에 문학적 의존을 한 듯 보이는 것을 다룬다.

תְּרֹעֵם בְּשֵׁבֶט בַּרְזֶל כִּכְלִי יוֹצֵר תְּנַפְּצֵם

네가 철장으로 그들을 깨뜨림이여 질그릇 같이 부수리라 하시도다(시 2:9[히브리어])

תַּדִּק וְתָסֵיף כָּל אִלֵּין מַלְכְוָתָא

이 모든 나라를 쳐서 멸망시키고(단 2:44b[아람어])

נַשְּׁקוּ בַר

아들에게 입맞추라(시 2:12[히브리어])

כְּבַר אֱנָשׁ

인자(단 7:13[아람어])

요약하자면 다음과 같다. 시편 2편은 시편의 중심 주제인 오실 메시아의 희망을 소개한다. 이 희망은 사무엘하 7장과 다니엘서의 아람어 부분의 다윗 언약 부분에 상호텍스트적으로 기초하고 있다.

2. 시편 145편. 시편책 안에서 시편 145편은 "lĕdāwīd"라는 표현으로 소개되는 "다윗 시편"(시 138-145편) 그룹의 마지막 시다. 시편 145편은 "왕"(הַמֶּלֶךְ, hammelek[시 145:1])을 소개함으로써 시작된다. 이 시편은 답관체이므로, 저자는 중간 행들의 첫 번째 글자(כ, ל, מ)를 사용하는 기회를 이용하는데, 이 글자들을 역순으로 하면(מ, ל, כ) "왕"(מלך, mlk)이 된다. 따라서 이 중간 행들(시 145:11-13)에서 "왕국"(מַלְכוּת, malkût[מלך로부터])이란 단어가 4번(시편 전체의 6번 중에서) 나오고, "통치"(מֶמְשָׁלָה, memšālâ)가 1번 나온다는 사실에는 의미가 있는 듯하다. 바로 여기가 כ, ל, מ 글자들로 시작되는 행들이다.

이 시편은 "그를 사랑하는 모든 자들"에 대한 하나님의 보호하심을 언급함으로써(시 145:20) 끝난다. 여기서 주목할 가치가 있는 지점은, 이 시편에서 성경의 다른 부분을 인용한 것으로 구성된 것들은 오직 답관체의 행들이라는 것이다. 또한 이 인용된 시편들은 눈에 띄게 이 시의 중심(시 145:13-16)에 몰려 있다.

시편 145편에서는 상호텍스트적 상호 참조가 아래와 같이 지적된다.

(1) גָּדוֹל יְהוָה וּמְהֻלָּל מְאֹד וְלִגְדֻלָּתוֹ אֵין חֵקֶר

여호와는 위대하시니 크게 찬양할 것이라 그의 위대하심을 측량하지 못하리로다(시 145:3)

גָּדוֹל יְהוָה וּמְהֻלָּל מְאֹד בְּעִיר אֱלֹהֵינוּ הַר־קָדְשׁוֹ

여호와는 위대하시니 우리 하나님의 성, 거룩한 산에서 극진히 찬양 받으시리로다(시 48:2[48:1 영역본])

כִּי גָדוֹל יְהוָה וּמְהֻלָּל מְאֹד נוֹרָא הוּא עַל־כָּל־אֱלֹהִים

여호와는 위대하시니 지극히 찬양할 것이요 모든 신들보다 경외할 것임이여
(시 96:4)

כִּי גָדוֹל יְהוָה וּמְהֻלָּל מְאֹד וְנוֹרָא הוּא עַל־כָּל־אֱלֹהִים

여호와는 위대하시니 극진히 찬양할 것이요 모든 신보다 경외할 것임이여(대
상 16:25)

(2) חַנּוּן וְרַחוּם יְהוָה אֶרֶךְ אַפַּיִם וּגְדָל־חָסֶד

여호와는 은혜로우시며 긍휼이 많으시며 노하기를 더디 하시며 인자하심이
크시도다(시 145:8)

וְאַתָּה אֲדֹנָי אֵל־רַחוּם וְחַנּוּן אֶרֶךְ אַפַּיִם וְרַב־חֶסֶד וֶאֱמֶת

주는 선하사 사죄하기를 즐거워하시며 주께 부르짖는 자에게 인자함이 후하
심이니이다(시 86:15)

רַחוּם וְחַנּוּן יְהוָה אֶרֶךְ אַפַּיִם וְרַב־חָסֶד

여호와는 긍휼이 많으시고 은혜로우시며 노하기를 더디 하시고 인자하심이
풍부하시도다(시 103:8)

חַנּוּן יְהוָה וְצַדִּיק וֵאלֹהֵינוּ מְרַחֵם

여호와는 은혜로우시며 의로우시며 우리 하나님은 긍휼이 많으시도다(시
116:5)

(3) מַלְכוּתְךָ מַלְכוּת כָּל־עֹלָמִים וּמֶמְשַׁלְתְּךָ בְּכָל־דּוֹר וָדוֹר

주의 나라는 영원한 나라이니 주의 통치는 대대에 이르리이다(시 145:13)

מַלְכוּתֵהּ מַלְכוּת עָלַם וְשָׁלְטָנֵהּ עִם־דָּר וְדָר

그의 나라는 영원한 나라요 그의 통치는 대대에 이르리로다(단 3:33[4:3 영역
본] [아람어])

שָׁלְטָנֵהּ שָׁלְטָן עָלַם וּמַלְכוּתֵהּ עִם־דָּר וְדָר

그 권세는 영원한 권세요 그 나라는 대대에 이르리로다(단 4:31[4:34 영역본])
[아람어])

(4) סוֹמֵךְ יְהוָה לְכָל־הַנֹּפְלִים וְזוֹקֵף לְכָל־הַכְּפוּפִים

여호와께서는 모든 넘어지는 자들을 붙드시며 비굴한 자들을 일으키시는도다 (시 145:14)

יְהוָה פֹּקֵחַ עִוְרִים יְהוָה זֹקֵף כְּפוּפִים

여호와께서 맹인들의 눈을 여시며 여호와께서 비굴한 자들을 일으키시며(시 146:8a)

(5) עֵינֵי־כֹל אֵלֶיךָ יְשַׂבֵּרוּ וְאַתָּה נוֹתֵן־לָהֶם אֶת־אָכְלָם בְּעִתּוֹ

모든 사람의 눈이 주를 앙망하오니 주는 때를 따라 그들에게 먹을 것을 주시며(시 145:15)[77]

כֻּלָּם אֵלֶיךָ יְשַׂבֵּרוּן לָתֵת אָכְלָם בְּעִתּוֹ

이것들은 다 주께서 때를 따라 먹을 것을 주시기를 바라나이다(시 104:27)

(6) פּוֹתֵחַ אֶת־יָדֶךָ וּמַשְׂבִּיעַ לְכָל־חַי רָצוֹן

손을 펴사 모든 생물의 소원을 만족하게 하시나이다(시 145:16)

תִּפְתַּח יָדְךָ יִשְׂבְּעוּן טוֹב

주께서 손을 펴신즉 그들이 좋은 것으로 만족하다가(시 104:28)

이 답관체의 "*nun*" 연(聯)만이 마소라 텍스트와 쿰란 텍스트(BHS를 보라)에서 빠져 있다는 점을 주목하라. 하지만 한 중세 사본(K142)과 70인경, 시리아어 역본에는 이 절들이 들어와 있다. 이는 다음과 같이 재구성될 수 있다.

נֶאֱמָן יְהוָה בְּכָל־דְּבָרָיו וְחָסִיד בְּכָל־מַעֲשָׂיו

여호와는 그의 모든 말씀에서 신실하시며 그의 모든 행위에서 확실하시다

이 행과 시편 145:17의 유사성은 *BHS*에서 지적되었다.

---

77) אֹכֶל의 사용이 핵심적인 차이를 만드는 것에 주목하라.

נֶאֱמָן יְהוָה בְּכָל־דְּבָרָיו וְחָסִיד בְּכָל־מַעֲשָׂיו

여호와는 그의 모든 말씀에서 신실하시며 그의 모든 행위에서 확실하시다(시 145:13/14).

צַדִּיק יְהוָה בְּכָל־דְּרָכָיו וְחָסִיד בְּכָל־מַעֲשָׂיו

여호와께서는 그 모든 행위에 의로우시며 그 모든 일에 은혜로우시도다(시 145:17)

차이점은 빠진 연에서 "נֶאֱמָן"(ne'ĕmān)이란 단어의 사용이다. 시편 기자는 우리가, 여호와는 다윗의 언약에 관하여 "신실하시다"(נֶאֱמָן, ne'ĕmān)라고 결론짓기를 원하는가, 아니면 "의로우시다"(צַדִּיק, ṣaddîq)라고 결론짓기를 원하는가? 분명히 이 중요한 시에는 이 차이점들에 대한 논의가 수반되었을 것이다. 또한 주목해야 할 것은, "신실하시다"(נֶאֱמָן, ne'ĕmān)라는 단어가 이 시를 사무엘하 7:16의 다윗과 하나님의 언약에 연결한다는 사실이다.

וְנֶאֱמַן בֵּיתְךָ וּמַמְלַכְתְּךָ עַד־עוֹלָם לְפָנֶיךָ כִּסְאֲךָ יִהְיֶה נָכוֹן עַד־עוֹלָם

네 집과 네 나라가 내 앞에서 영원히 보전되고 네 왕위가 영원히 견고하리라 하셨다 하라

"nun" 연의 생략은 여기서 송축되는 "왕국"에 대한 시편의 개념을 다윗 언약의 한계를 넘어서 확장시키려는 의도일 수도 있으며, 그렇게 함으로써 이 시편을 덜 메시아적인 방향으로 움직여가려는 것일 수 있다. 이런 전략은 시의 후반부에서 "모든"(כֹּל, kōl)이라는 단어가 평소보다 훨씬 자주 사용된 것과 연결된다. 이 시편에서 "kōl"이라는 단어는 다음의 두 가지 측면에서 강조된다. (1) 다른 성경 텍스트에서 취한 텍스트에 눈에 띄게 더해졌으며, 그럼으로써 그 범위를 확장했다. (2) 시의 후반부에 매우 자주 나온다.[78]

요약하자면, 다음과 같다. 시편 145편은 시편책 내에서 그 위치에서 역할을 하도록 집필된 것으로 보인다. 따라서 이 시는 시편 전체의 중심적인 신학적 주제, 즉 다윗 언약과 그 왕국이라는 주제를 보존한다.

3. 시편 72편. 시편 72편은 시편 2-145편에서 중간 시편이다.[79] 시편 2편이 다윗 왕을 소개하고 시편 72편이 예언적 종말론과 상호텍스트적 연결을 한다면, 시편 145편은 그 결과, 즉 하나님의 왕국을 보여준다. 이 시들(시 2편; 72편; 145편) 각각에서 시작은 왕을 소개하고, 중심/중간은 예언적 종말론과 상호텍스트적 연결을 하며, 끝은 하나님의 왕국이라는 결과를 보여준다.

언약-축복 내러티브와 신약. 호세아 11장에 대한 마태의 이해가 종말론적이고 메시아적이라는 데에는 모두가 동의한다.[80] 마태는 호세아의 말을 예수에게 문자적이고도 현실적으로 적용한다. "애굽으로부터 내 아들을 불렀다"(마 2:15)라는 예언자의 말이 성취되도록 예수는 어린아이로서 이집트로 내려갔다(마 2:14).[81]

문제의 역사: 구약/신약. 최고로 어려운 지점은, 마태가 호세아의 말을 역사적 출애굽에서의 이스라엘보다는 종말론적인 "하나님의 아들" 개인

---

78) 시 145: 9(2번), 10, 13(2번), 14(2번), 15, 16, 17(2번), 18(2번), 20(2번), 21. 한 번은 이 시편의 초반부에, 정형화된 형식에서도 나온다(시 145:2).

79) MT에서 시 72편은 시 1-144편(=145)의 중간 시편이다.

80) 호 11:1을 마태가 사용한 것에 대한 다음의 논의는, 저작권의 허가를 받아 John H. Sailhamer, "Hosea 11:1 and Matthew 2:15," *Westminster Theological Journal* 63 (2001): 87-96에서 광범위하게 내용을 가져왔다.

81) 이 인용은 NA[27]의 난외에 언급된 대로, 호 11:1; 민 23:22; 24:8의 히브리어 텍스트에서 직접적으로 온 것이다. LXX의 호 11:1은 "나의 아들들"을 복수형으로 만든다. 명백하게 이 행이 이스라엘 백성을 지시하도록 만들면서, 그리고 이것이 11:2-4의 복수와 일치하도록 만들면서 말이다. 육경(Hexapla)의 첫째 칼럼뿐만 아니라 아퀼라, 심마쿠스, 테오도티온은 단수 "내 아들"로 읽는 히브리어 텍스트를 따른다(콥트어, 에티오피아어, 아르메니아어도 마찬가지).

적 인물에게 적용한 대목이다. 에라스무스(Erasmus)는 마태의 호세아 사용을 가지고 기독교를 공격한 최초의 인물로 배교자 율리아누스(Julian the Apostate)를 인용한다. 하지만 70인경, 타르굼, 라쉬와 킴키(Kimchi)의 주석에서 이미, 마태의 종말론적-메시아적 견해에 역행하는 해석의 노선을 볼 수 있다.

현대의 주석은 호세아 11:1을 이스라엘과 역사적 출애굽을 가리키는 것으로 본다. 호세아서에서 이 구절의 의미에 대한 가장 일반적인 접근법은, 예언자의 재구성된 삶과 메시지의 관점에서 책의 파편적인 말로 보는 것이다. 이런 접근법은 구약과 신약 사이의 구분을 심화시켰다.

일반적인 복음주의적 해결책은, 호세아 11:1에 대한 마태의 이해가 주후 1세기에 주류였던 예표론적인 읽기 또는 충만한 의미(*sensus plenior*) 읽기에 기초했다는 빌헬름 슈렌휴이스(Wilhelm Surenhuis)의 이전 견해를 채택했다.[82] D. A. 카슨(D. A. Carson)은 중간적인 입장을 제시한다. 이 견해에 따르면 호세아의 "아들"이라는 용어의 사용은, 예수를 지시하는 이전의 계시에서 이미지들의 거대한 "메시아적 매트릭스"(messianic matrix)의 일부다.[83]

한편 브레버드 차일즈(Brevard Childs)는 아주 다른 종류의 해결책을 제시했다. 그는 "정경적인 컨텍스트에서 자료의 논리를 정당하게 평가"하기

---

82) Wilhelm Surenhuis, *Sefer humash, sive, Biblios katallages in quo secundum veterum theologorum Hebraeorum formulas allegandi & modos interpretandi conciliantur loca ex V. in N.T. allegata* (Amsterdam, 1713).

83) Carson에 따르면, 호 11:1에서 호세아는 출애굽을 "하나님의 구속적인 사랑에 대한 회화적인 표상"으로 이해했다. 그러나 "이미 존재하던 계시에 근거해서 [호세아는] 이전 계시에서 이스라엘과 다윗의 약속된 상속자에게 이미 적용되었던 '아들' 언어가 가진 메시아적 뉘앙스를 파악했다. 그러므로 만약 호세아가 마태의 11:1의 사용을 볼 수 있었다면, 이 구절을 기록할 때 자신의 마음속에 메시아적인 뉘앙스가 없었다 해도, 마태의 사용에 대해 반대하지는 않았을 것이다"("Matthew," in *The Expositor's Bible Commentary*, ed. Frank E. Gaebelein [Grand Rapids: Zondervan, 1992], 8:92).

를 추구한다.[84] 차일즈의 초점은 어떻게 호세아의 말이 보존되고 성경으로서의 역할을 하기 위해 형성되었는가 하는 데 있다. "호세아의 말은 어떤 형태로 기록되고 수집을 통해 모였다. 수집의 과정은 그 자체로 자료를 선택하고 형성하고 정리하는 비평적 활동을 포함했다."[85] 차일즈에 따르면 자료를 선택하고 정리하는 작업 배후에 있는 지침 원리는, 호세아의 북왕국에 대한 예언의 말씀을 유다에 은유적으로 적용하는 것이었다. 이 원리를 보여주는 명백한 진술이 호세아 12:10에서 발견되는데, 여기서 여호와는 "선지자들을 통하여 비유를 베풀었노라"라고 말씀하신다.

물론 차일즈에게는 호세아의 말의 이런 은유적 이해가 의미에 있어 새로운 방향을 제시했다. 원래 호세아는 유다에 대해 말하기를 의도했을 수도, 자신의 말을 은유적으로 이해했을 수도 없다. 호세아의 말에 대한 이런 해석은 책의 구성 역사에서 나중 단계에서만 발견된다.[86] 우리가 현재 읽고 있는 책의 메시지에서 중요한 것은, 호세아 3:5의 약속이라고 차일즈는 말한다. "[여러 날 후에] 이스라엘 자손이 돌아와서 그들의 하나님 여호와와 그들의 왕 다윗을 찾고 마지막 날에는 여호와를 경외하므로 여호와와 그의 은총으로 나아가리라"(호 3:5). 따라서 호세아 1-3장은 호세아 4-14장에서의 심판의 말을 이해하는 데 필요한 컨텍스트를 제공한다. 비록 이스라엘은 창기처럼 행했지만, 여호와는 신실하게 남으실 것이며 종말론적인 미래에 이스라엘에게 돌아오실 것이다.

---

84) Brevard S. Childs, *Introduction to the Old Testament as Scripture* (Philadelphia: Fortress, 1979), p. 377.

85) Ibid., p. 378.

86) Childs에 따르면, 호세아서에는 고려해야 할 최소한 한 가지의 추가적인 구성 단계가 있다. 이 수준에서 호세아서에는 유다를 향한, 부정적이 아니며 결정적으로 긍정적인 추가적 자료가 포함되어 있다. 예를 들어 처음 세 장에서 "유다는 약속의 수령자이고 이스라엘은 심판의 수령자다(1:7; 2:2; 3:5)"(ibid., p. 380). 유다를 향한 바로 이런 새로운 희망의 말에 의해 호세아의 부정적인 메시지는, 이스라엘에게 주시는 하나님의 새로운 약속의 배경으로 읽힐 수 있고 또 읽혀야 한다.

호세아서에 대한 차일즈의 정경적 해석은, 호세아 11:1의 마태의 사용에 대한 질문과 직접적으로 관련된다. 만약 차일즈의 호세아 읽기가 맞다면, 호세아 11:1의 문자적이고 역사적인 의미(*sensus literalis historicus*)는 정확하게 마태복음의 문자적 의미다. 호세아 11:1은 과거가 아닌 미래를 이야기하고 있다. 사실상, 호세아서는 11:5에서 11:1의 의미에 대해 자체적으로 실마리를 제공한다. "[이스라엘은] 애굽 땅으로 되돌아가지 못하겠거늘 내게 돌아오기를 싫어하니 앗수르 사람이 그 임금이 될 것이라"(호 11:5). 그렇다면 호세아 11:1-4에서 역사적 출애굽은 은유로 이해되었다. 출애굽은 미래적 구속에 대한 이미지다. 이집트는 적인 압제자 앗수르다. 마태는 호세아 11:1에 있는 출애굽의 그림을 마태복음 2:15에 있는 종말론적 구원에 적용함으로써 책 자체 내의 구성적(정경적) 실마리를 단순히 따르고 있었다. 호세아 11:1, "애굽으로부터 내 아들을 불렀다"라는 말에서 마태가 본 메시아적 의미는 이미 호세아서에 있었다. 이것은 마태가 발명한 것이 아니었다. 마태는 호세아서의 역사적 저자가 의도한 문자적 의미를 우리보다 더 잘 이해했다.

브레버드 차일즈의 접근법은 유명하지만 비평적 구약학에서는 폭넓게 받아들여지지 않는데, 왜냐하면 차일즈의 초점이 권위 있는 정경 텍스트에 있기 때문이다. 비평학에서는 이런 텍스트가 설 자리가 거의 없다. 역설적이게도 차일즈의 접근법은 복음주의적 공동체 내에서도 폭넓게 받아들여지지 않는데, 내가 보기에 그 이유는 동일하다. 즉, 이 학자의 배타적 초점이 권위 있는 텍스트에 있지, 재구성된 역사적 사건에 있지 않기 때문이다. "역설적이게도"라고 말한 이유는, 모든 진영 가운데 복음주의자들이야말로 정경적 텍스트의 의미에 큰 이해 관계를 가지기 때문이다. 바로 이 정경적 텍스트를, 복음주의자들은 영감으로 된 하나님의 말씀으로 고수한다. 따라서 사람들은 복음주의자들이 차일즈와 그의 정경적 접근법에 열성적일 것이라고 생각할지도 모른다. 하지만 그런 일은 일어나지 않았다.

차일즈에 대해 복음주의자들이 곤란해하는 지점은, 이 학자가 정경적 텍스트의 역사적 신뢰성을 입증하는 변증학적인 임무에는 거의 관심을 보이지 않는다는 사실이다. 차일즈의 견해, 즉 텍스트의 정경적 의미가 신약 저자들이 이해했던 의미라고 말하는 것만으로는 복음주의자들을 만족시킬 수 없다. 복음주의적 변증론은, 정경의 의미가 호세아의 말이 가진 원의미에도 부합해야 한다고 올바르게 주장한다. 호세아서에서 호세아의 말이 의미하는 바와, 호세아가 원래 의도했던 바 사이에는 연결이 있어야 한다. 만약 이 연결을 찾을 수 있다면, 내 판단에 차일즈가 호세아서에 접근하는 방법에 대해서 어떤 실제적 반대도 없을 것이다. 사실상, 이것은 구약과 신약을 연결함에 있어 유용한 단계를 제공할 것이다.

여기서 나는 바로 이 질문으로 돌아가기를 원한다. 그렇게 함으로써 내가 호세아서의 문자적 의미에 대한 차일즈의 주해와, 호세아 11:1에 대한 그 주해의 함축적 의미를 받아들인다는 사실을 분명하게 하고 싶다. 나의 의도는 차일즈가 주장하는 바를 다시 집어들고, 이 질문을 호세아 자신 쪽으로 더 밀어붙이는 것이다. 주전 8세기의 선지자 호세아가 호세아 11:1에서 이미 자신의 말을 은유적이고 메시아적으로 이해했다는 역사적 포인트를 수립하는 것은 가능한가?

적어도 18세기 이래로 많은 사람들은 성경의 예언서 부분의 역사적 의미를, 개별적인 선지자가 자신의 특정한 역사적인 컨텍스트에서 의도한 의미와 동일시했다. 지금 우리가 논의 중인 문제의 경우 "애굽으로부터 내 아들을 불렀다"라는 표현의 역사적 의미는, 선지자 호세아가 특정한 역사적 컨텍스트에서 여기에 부여했을 가능성이 있는 그런 의미다. 따라서 우리의 질문은 "출애굽의 사건을 호세아는 어떻게 이해했는가?"이다.

대부분의 구약학자들 사이에서는, 출애굽의 은유적 의미가 선지자 호세아의 역사적인 이해였을 가능성이 없다는 것이 통칙이다. 이런 견해가 복음주의와 비복음주의 성서학자들 모두에게 사실이라고 말하는 것에 있어서는 내가 옳은 듯하다. 사실상, 정확히 바로 이 이유 때문에 마태의 호

세아 11:1의 사용이 문제가 되는 것이다.[87]

이 구절에 대한 마태의 사용을 명백하게 인식하고 있었던 프란츠 델리취는, 간결하지만 복합적인 설명을 제시한다. 즉 이스라엘의 역사에서 과거의 사건을 지시함으로써 선지자는, 바로 이 역사를 통해서 하나님의 아들의 성육신을 위한 발판이 놓여졌음을 인정하고 있다는 것이다.[88] 호세아의 말보다는 이스라엘의 역사가 오실 그리스도에 대한 "실질적인 예언" 이었다.[89] 호세아의 말은 그리스도를 지시하는 것이 아니라, 그 자체 내에 그리스도의 삶과 동일한 중요성을 가진 역사적 사건을 가리킨다.[90]

델리취의 설명에서 분명해 보이는 점은, 역사적 인물인 선지자 호세아가 호세아 11:1에서 의미했던 바를 이해하는 데 있어서 복음주의자들과 비복음주의자들이 상당히 유사한 입장을 공유한다는 것이다. 호세아는 분명하고도 단순하게 이스라엘의 역사적 출애굽을 지시하고 있었으며, 직접적으로는 어떤 메시아적 의미도 염두에 두지 않았을 것이다. 궁극적으로 메시아적 의미가 그의 말에 덧붙여진 것은, 주로 이스라엘 자체의 독특한 역사의 의미에 대한 폭넓은 이해에 기초한다.

우리는 이런 접근법이 차일즈의 정경적 비평과 얼마나 유사한지 즉시 깨닫게 된다. 차일즈가 호세아서의 구성에서 후대의 편집적 단계의 결과로 본 것을, 복음주의자들은 마태의 작업과 충만한 의미(*sensus plenior*)의 폭넓은 과정으로 본다. 어떤 측면에서든, **실제로 호세아 자신이 역사적 출**

---

87) 호 11:1을 설명하면서 Leon Wood는 "한 번 더 호세아는 이스라엘의 초기 역사로 되돌아갔다"라고 쓴다("Hosea," in *The Expositor's Bible Commentary*, ed. Frank E. Gaebelein [Grand Rapids: Zondervan, 1992], 7:212). Wood는 호세아의 예언에서 과거 사건인 출애굽을 지시하는 것 외에는 다른 어떤 목적도 보지 못했다. 그는 이 구절을 마태가 사용했음은 언급하지만, 여기에 대해 전혀 설명하지 않는다.

88) Franz Delitzsch, *The Twelve Minor Prophets*, trans. James Martin (BCOT; Grand Rapids: Eerdmans, 1971), 1:137.

89) Ibid.

90) Ibid.

애굽에 대한 참조를 다가올 메시아적 왕국에 대한 은유나 상징으로 이해했을 가능성은, 누구도 인정하지 않는 것이다.

호세아의 말에 대한 이런 다양한 접근법에는 다음과 같은 둘째 공통점이 있다. 복음주의자들과 비복음주의자들은 동일하게, 오경 자체에서 묘사된 출애굽의 의미와는 전혀 관계없는 방법으로 호세아의 역사적 의미의 질문을 다루었다. 그들이 호세아가 참조하고 있다고 보는 출애굽은, 오경 내에서의 내러티브 설명과 관계없는 역사적 사건 자체다. 호세아의 말을 메시아적이라고 보기 어려운 것은, 그가 출애굽 사건을 "있는 그대로의 사실"로만 언급하고 있다고 우리가 보기 때문이다. 우리는 분명한 사실, **즉 출애굽 사건을 언급하면서 호세아가 사건 자체가 아니라 오경에 해석된 역사적 사건을 언급하고 있음**을 너무 쉽게 놓치거나 평가하는 데 실패한다. 호세아는 오늘날 우리가 "상호텍스트성"이라고 부르는 작업을 했다. 그는 출애굽의 의미를 그 사건에 대한 자신의 역사적 이해가 아니라 정경 오경의 관점으로부터 언급했다. 호세아 11:1에서 선지자의 말은 성경의 주해에 근거하고 있다. 이 말들은 오경에 대한 학문적 해석에 근거하는 것이다.

물론 비복음주의자들은 호세아의 시대에 오경이 있었다고 믿지 않는다. 따라서 그들에게는 이 질문이 존재하지도 않는 것이다. 하지만 복음주의자들에게 호세아 11:1의 의미의 핵심은 다음과 같은 두 개의 서로 연결된 질문에 놓여 있다. 실제로 호세아의 말은 성경, 즉 오경의 주해에 근거하고 있는가? 오경의 구성적 전략에서 출애굽 사건의 의미는 무엇인가?

나는 논의의 방향을 이런 질문으로 돌리고자 한다. 여기서 나는 다음과 같은 다섯 가지 요점을 증명하고자 시도할 것이다.

1. 호세아서를 통틀어 호세아의 메시지 전체는 오경 텍스트에 대한 세심하고 의식적인 주해에 근거하고 있다.
2. 오경의 구성적 전략 내에서 출애굽 사건은 메시아에 대한 핵심적인

은유나 이미지로 사용되었다.

3. 호세아 11:1에서 선지자가, 현재 우리가 읽고 있는 언어로 출애굽을 기억했을 때, 그는 오경 내의 중심적 메시아적 의미 때문에 그렇게 했을 가능성이 있다.

4. 차일즈가 최종 정경의 텍스트에서 묘사한 의미는 출애굽에 대한 오경 자체의 이해와도, 동시에 호세아가 오경을 읽었다면 그가 고수했을 의미와도 일치한다.

5. 호세아 11:1이 그리스도의 삶에서 성취되었다고 인용했을 때, 마태는 구약의 사건에 대한 예표론적인 해석에 의존하지 않았다. 오히려 그는 출애굽에 대한 구약적 묘사의 문자적 의미를 호세아서로부터, 다음으로는 오경의 문자적 의미에 대한 호세아의 주해로부터 이끌어낸다. 호세아가 <u>스스로</u> 묘사한 대로, 하나님은 선지자들을 통해서 비유로 말씀하신다(호 12:10). 메시아적 종말이 오경 내에서 출애굽 사건에 의해 이미 주제화되었다면, 선지자 호세아는 이 이미지에 의존하여 마태복음 2장과 같은 미래의 사건을 염두에 두었을 것이다. 이런 생각의 노선에서 중요한 것은, 정경적 오경의 구성 배후에 놓여 있는 개념이 완전하게 발전된 메시아적인 종말론이라는 것과, 이 메시아적 종말론 안에서 출애굽은 의도적이고 계획적인 은유라는 점이다.

호세아의 말은 오경의 주해에 근거하는가? 이 질문에는 두 부분이 있다. 첫째 부분은 오경이 8세기에 이미 존재했는가 하는 질문과, 그때 오경이 현재 우리의 것과 같은 오경이었는가 하는 질문이다. 지면상, 나는 현재의 컨텍스트에서 이런 질문에 대한 논의가 필요하지 않다고 가정할 것이다.[91] 둘째 부분은 호세아의 예언이 실제로 이전의 성경 텍스트의 주해에 근거하느냐 하는 것이다. 대부분의 학자들은 예언자들이 토라의 신학을 통해 정보를 얻었다는 사실에 대해서는 즉시 인정한다. 하지만 우리는 우리의 목적을 위해 이 독특한 사실을 좀더 자세히 들여다보아야 한다.

이미 언급한 대로, 호세아의 예언(호 4-12장에서)의 반복되는 특징은 이전의 성경 텍스트에 대한 끊임없이 계속되는 언급이다. 오늘날의 전문 용어로 이것은 "상호텍스트성"으로 불린다.[92] 예언자 호세아의 관점에서 보면 상호텍스트성은, 호세아의 메시지가 그것을 듣는 사람들의 입장에서 오경의 정보 지식을 가정한다는 것을 의미한다.

호세아의 예언들이(4-14장에서) 이전 텍스트의 주해에 자주 의존한다는 사실은 논의의 대상도 되지 않는다. 예를 들어 호세아 12:4-5이 창세기 32:23-32에 대한 조심스러운 해석과 언어학적 주해에 근거한다는 데에는 모두가 동의할 것이다. 예를 들어 호세아 12:4에서 선지자는, 야곱이 그의 형제들과 하나님과 씨름하는 것을 묘사하기 위해 "야곱"과 "이스라엘"의 이름들이 가진 동사 어근에 의존했다. 호세아 12:5에서 선지자는 창세기 32:29, "네[야곱]가 하나님과 겨루었다"를 "그[야곱]가 천사와 겨루었다"를 의미하는 것으로 해석한다. 호세아가 창세기 텍스트의 말씀을 숙고하고 그 말씀 자체로부터 구체적인 의미를 얻었음은, 누구나 쉽게 알 수 있

---

91) 이 견해를 옹호하기 위해 내가 취할 논의의 노선은 다음과 같다. 즉 호세아의 예언에서 가장 눈에 띄는 특징은, 그가 계속적으로 과거와 현재의 사건을 참조하는 방법이다. 예를 들어 호세아는 "예후의 집에" 하나님이 갚으실 "이스르엘의 피흘림"에 대한 참조로써 책을 시작한다. 이런 역사적 참조와 유사하게, 호세아는 자신의 말에 대한 근거로서 오경의 자료를 이용한다. 이런 다양한 참조에 대해 놀라운 지점은, 오직 오경의 자료와 관계된 것들만이 성경적으로 우리에게 알려져 있다는 것이다. "이스르엘의 피흘림"(호 1:4) 또는 살만이 벧아벨을 무너뜨린 것(호 10:14)에 대한 언급 같은 것은 이전의 성경 텍스트에서는 알려지지 않았다. 이것은 호세아 시대에 열왕기가 아직 기록되지 않았지만, 호세아는 오늘날 우리의 것과 같은 오경, 최소한 그가 인용한 텍스트의 필사본을 가지고 있었음을 의미한다.

92) Wolfgang Dressler는 "상호텍스트성"을 "한 텍스트의 이용을 하나 또는 그 이상의 이전 텍스트들에 대한 지식에 의존하도록" 만드는 텍스트성의 요소로 정의한다(Robert de Beaugrande and Wolfgang Dressler, *Introduction to Text Linguistics* [London: Longman, 1981], p. 10).

는 사실이다. 심지어 그는 게제라 샤바(gezera shava) 기법(역자 주―동일한 단어가 사용된 구절들이 서로를 설명하는 것으로 이해하는 랍비의 주해 방식)도 사용한 것으로 보인다.

이 하나의 예에서 우리가 본 것이 호세아 4-14장을 통해서 반복되며, 그의 예언 전체를 위한 구조적 뼈대를 제공한다. 예를 들어 호세아 4:2에서 이스라엘을 향한 심판의 메시지 시작 부분에서 선지자는, 연속적인 다섯 개의 부정사 절대형으로 십계명 전체를 요약하다시피 한다. 호세아 1-3장이 이스라엘이 십계명의 첫째(또는 처음 두 개의) 계명을 위반한 것에 초점을 맞추었으므로, 호세아 4장은 다른 명령들을 열거함으로써 시작한다. 그의 논법은 출애굽기 20장에 대한 조심스러운 주해를 드러낸다. 예를 들면, "'ālâ"("욕설")라는 단어는 보통 어떤 사람을 저주하는 것을 가리킨다. 따라서 이것은 하나님의 이름을 오용하는 것을 금하는 둘째(또는 셋째) 계명("저주하지 말지니라")의 특별한 적용이다. 이 단어는 "거짓말하고 속이는 것"을 의미한다. 따라서 이것은 법정에서 거짓 증언하는 것만을 말하는 것으로 보이는 여덟째 계명의 해석적 확장이다. 다음에 오는 세 개의 부정사는 각각 다섯째, 일곱째, 여섯째 계명을 요약하지만 삶과 소유권의 보호를 더 확실히 표현하기 위해 순서를 재배열한다.[93] 이런 재배열을 통해서 호세아는 처음 세 장의 주제였던 "간음"으로 결론을 맺을 수 있게 된다. 부정사 절대형을 사용하여 요약하려는 시도와, 새로운 어휘를 선택해서 해석하려는 시도 모두는, 호세아의 글 배후에 이전 성경(오경) 텍스트에 대한 세심하고 심오한 주해가 놓여 있다는 증거가 된다.

오경에 대한 호세아의 주해에서 가장 놀라운 예 중 하나는 호세아 6:7에서 발견된다. 선지자는 이스라엘이 하나님과의 언약을 "아담과 같이" 어겼다고 말한다. 그는 창세기 3장에서의 타락을 하나님과의 언약의 파괴와

---

93) Wilhelm Rudolph, *Hosea* (KAT 13/1; Gütersloh: Mohn, 1966), p. 100.

동일시했다. 오경에는 이런 언약에 대한 구체적인 언급이 없으므로, 호세아의 주장은 창세기 내러티브에 대한 광범위한 주해에 의존한 것으로 보인다. 성경해석의 역사는, 언약의 개념이 창세기 내러티브로부터 파생될 수 있다는 여러 양식들에 충분한 증거를 제공한다. 호세아가 스스로 자신의 요점을 성립시키기 위해 창세기 6:18에 있는 표현의 사용에 의지했을 가능성도 있다. 호세아의 주해를 정확하게 재구성하기는 어려운데, 왜냐하면 이 주해는 논의의 훨씬 더 광범위한 노선에 의존했기 때문이다. 오경의 최종 구성에서 "언약"의 중심적인 역할은 호세아의 결론에 대해 해석적 지원을 제공한다. 특히 오경의 전체적인 구조 내에서 창세기 15장의 역할이 그렇다.[94] 이는 호세아가 더 큰 신학적 질문들을 염두에 두고 오경을 읽었음을 의미하며, 오늘날 우리가 구성적 이음매로 부르는 것에서 이런 질문들을 위한 근거를 추구했음을 암시한다. 이런 사실은 우리를, 출애굽에 대해 호세아가 가졌음 직한 메시아적 이해에 대한 질문을 제기하도록 이끈다. 오경의 구성적 전략 내에서, 출애굽 사건은 메시아에 대한 핵심적인 은유 또는 이미지로 사용된다.

다른 지면에서 나는 의도적인 구성적 전략이 오경 배후에 있음을 주장했다.[95] 이를 관찰할 수 있는 한 가지 방법은, 시적 텍스트가 연속적인 내러티브 텍스트들 속에 조화롭게 끼여드는 방식을 살펴보는 것이다. 오경에서 세 군데의 거시 구조적 접합점(창 49장; 민 24장; 신 32장)에서 저자는, 내러티브의 거대 단위 끝에 중요한 시적 담론을 덧붙인다. 이 접합점들의 이음매를 자세히 보면 많은 동종의 구성이 드러난다. 이 이음매들의 각각에서 내러티브의 중심인물(야곱, 발람, 모세)은 하나님의 백성들을 불러 모으고 (명령형) "마지막 때에" "일어날 일"을 선포한다(권고형). 이 시들 각각의 중

---

94) Ha, *Genesis 15*을 보라.
95) John H. Sailhamer, *The Pentateuch as Narrative: A Biblical-Theological Commentary* (Grand Rapids: Zondervan, 1992), pp. 34-59.

심에는 유다 지파로부터 나올 왕에 대한 약속에 초점을 맞춘, 선명하게 정의된 메시아적 희망이 놓여 있다.

시간을 아끼기 위해 나는 즉시로, 발람 예언의 시 텍스트(민 24장)로 갈 것이다. 나는 민수기 24장이 오경 전체를 하나로 묶는 중요한 구성적 연결의 중심적인 일부임을 강조하고 싶다. 그것은 정경 오경의 저자의 "마지막 말"을 나타내며 "마지막 때"에 대한 그의 견해를 나타낸다.

발람 예언 전체는 오경의 구성에 대한 복합적인 관점을 제공한다.[96] 민수기 24:5에서 발람은, 하나님이 만드신 동산의 회복(민 24:5-7a)과 이스라엘에게 올 미래의 왕(민 24:7b-9)에 대한 비전으로 자신의 예언을 시작한다. 이 시들은 민수기 24:17-20에서 계속되며, 미래에 이스라엘이 그들의 역사적 원수들을 패배시킬 것을 이야기한다. 후에 발람의 예언은, 다니엘과 에스겔의 예언적 사건들이 묘사한 미래의 광범위한 비전을 제시함으로써 결론을 맺는다. 발람의 예언 속에는 민수기 24장과 오경의 더 이전 부분들, 특히 창세기 1-11장 사이의 텍스트 간 관련성에 대한 많은 예들이 나온다. 우리의 목적을 위해서 나는 민수기 24장에 대한 호세아의 참조를 이해하도록 통찰력을 주는 한 가지 예, 즉 민수기 24장의 발람의 예언이 민수기 23장의 예언을 되돌아보는 방식을 살펴보기를 원한다.

민수기 23장과 24장에서 발람의 예언들 사이에 가장 눈에 띄는 연결은 민수기 23:22과 민수기 24:8의 출애굽에 대한 언급이다. 이 두 텍스트는 매우 분명하게 연결되어 있어서, 논의 중인 장들에 대한 자료-비평적인 분석의 기초가 된다. 칼 마르티(Karl Marti)에 따르면, 이 두 텍스트들 사이의 유사성은 문학적인 "중복 기사"(doublet)로서만 적절하게 설명될 수 있다.[97] 대부분의 해석자들과 번역자들도 비슷한 논리를 따르며 이 두 부

---

96) 민 24장의 시는 하나님의 영감으로 된 예언으로 소개된다.

97) "solche Dubletten zu produzieren, wird man der gewiss nicht geistlosen Erweiterungsarbeit in diesem Abschnitt nicht wohl zutrauen; sie sind als etwas

분을 출애굽 사건에 대한 사실상 동일한 참조로 이해했다. 마르티는 출애굽 사건이 미래의 희망의 근거로 채택된다고 주장했다. "이집트에서 그의 백성을 구원하신 하나님은 스스로 미래에 위대한 구원의 행위를 일으키실 것이다."[98] 내 견해로는 마르티의 주장은 민수기 23:22의 의미에 관해서만 정확하다고 할 수 있다. 22절에 사용된 이 분사(participle)가 이스라엘 나라를 의미하는 복수 접미사를 가질 뿐 아니라, 민수기 23:24에서 "이 백성들을 보라"라는 추가적인 말은, 민수기 23:22의 복수 접미사가 개인이 아닌 이스라엘 백성을 가리킨다는 점을 명백하게 만든다.

마르티의 주석이나 현대의 영역본이 길을 잃는 지점은, 민수기 24:8에서의 유사한 텍스트를 그것이 마치 민수기 23:22의 의미와 동일한 텍스트처럼 다루는 데서다. 분명히 두 텍스트는 문법적으로 동일하지 않다. 동일하지 않을 뿐 아니라, 이 텍스트들 사이의 차이점은 의미론적으로 밀도 높으며 의도적이다. 민수기 24:8의 출애굽에 대한 참조에서는 복수가 아닌(민 23:22에서처럼) 단수 접미사가 사용되었다. 민수기 24:8에서 발람은 "하나님이 **그를** 애굽에서 인도하여 내셨으니"라고 말한다. 반면에 민수기 23:22에서 그는 "하나님이 **그들을** 애굽에서 인도하여 내셨으니"라고 말한다. 민수기 24장의 컨텍스트에서 단수는 분명히 앞 절(민 24:7)의 "왕"을 가리킨다. "마지막 때에" 아각(MT) 또는 곡(초기 역본들)을 패배시키기 위해 일어나실 그 "왕"이다. 하나님은 그를 애굽에서 인도하여 내실 것이다. 따라서 민수기 24장의 컨텍스트에서 이 왕은 종말론적 미래—"마지막 때"—에 오실 것이다.

이 두 구절의 텍스트에는 민수기 24장을 23장과 다르게 읽을 수밖에 없는 추가적인 지시가 있다. 많은 주석들이 지적한 바처럼, 민수기 23:21-

---

quellenmässig Gegebenes verständlicher"(Karl Marti, *Numeri* [KHC 4; Tübingen: Mohr Siebeck, 1903], p. 111).
98) Ibid., p. 117.

22의 다른 대명사들은 모두 단수형이다. 민수기 23장에서 발람의 예언은 백성들을 집합적 단수로 취급함으로써, 민수기 22:5에서의 내러티브 구조의 지시를 채택한다. 하지만 민수기 23:22의 복수형은 특이하게도 이 이미지를 의미를 따라(ad sensum) 만들고 있다. 이 예언이 이스라엘 백성 전체를 목표로 함을 명백하게 보여주면서 말이다. 이를 한층 더 명료하게 하기 위해 민수기 23:24a에는 추가적인 "עַם"이 삽입되었다. 민수기 23:22에서 복수의 의미는("하나님께서 그들을 애굽에서 인도하여 내셨으니") 집합적이 아닌 것이 분명하다. 이것은 백성 전체와 그들의 출애굽에 관한 것이다.

민수기 23장에서 발람의 말을 과거의 이스라엘의 출애굽에 대한 참조로서 지적하기 위해 많은 주의를 기울였다는 사실은, 민수기 24:8-9의 단수형들에 대해 중요한 함축을 가진다. 이 단수형들이 단수로 되어 있고 앞 장에서처럼 의도적으로 복수로 확인되지 않는다는 사실은, 이것들이 집합적으로 의도된 것이 아님을 함축한다. 오히려 이 단수형들은 민수기 24장의 직접적인 컨텍스트에서 종말론적 "왕"을 지시하는 것으로 이해되었다. 그러므로 오경 저자가 의도한 의미를 가장 잘 볼 수 있는 지점은 두 텍스트 사이의 유사성이 아니라 대조점에 있다.

민수기 23장과 24장의 발람 예언 사이의 이런 대조는 발람 예언의 더 큰 의미에 대해 무엇을 암시하는가? 이 두 텍스트는 단순히 두 개의 다른 자료 문서들의 우연한 결과인가? 아니면 기원이 어떠하든 이 두 텍스트는, 발람이 본 미래의 비전이 가진 두 가지 측면으로 읽혀야 하는가? 우리가 현재 가지고 있는 대로의 텍스트를 보면, 민수기 23장과 24장은 발람 비전의 두 개의 별개의 부분으로 읽도록 의도되었음이 드러난다. 처음에 발람은 민수기 23장에서, 하나님이 이스라엘 백성을 미래에 구원하실 근거로서 출애굽을 회상했다. 두 번째로 민수기 24장에서 발람은, 미래의 "왕"의 오심을 새로운 출애굽으로 보았다. "하나님께서 그를 애굽에서 인도하여 내셨으니"(민 24:8; 역자 주—영역본에서는 동사가 미래형으로 되어 있음). 민수기 24장의 나중 비전은 민수기 23장의 이전 비전을 따랐다. 민수기 23

과는 다르게, 민수기 24:9에 따라온 단수형들은 오실 왕의 승리의 업적을 가리킨다. 과거의 출애굽은 미래의 출애굽에 대한 그림으로 제시된다. 오경에서 내적으로 민수기 24장은 창세기 49장의 "그가 엎드리고 웅크림이 수사자 같고 암사자 같으니 누가 그를 범할 수 있으랴"(비교. 창 49:9b과 민 24:9a)라는 진술과 의도적으로 연결된다. 이것은 민수기 24장의 단수형들이 개인을 가리킨다는 개념을 추가적으로 보여준다. 이 개인은 하나님이 애굽에서 불러내실, 유다 지파에서 나올 미래의 왕이다.

호세아의 오경 사용. 이 대목은 셋째 지점으로 우리를 이끈다. 우리가 살펴본 오경의 텍스트 내에서 호세아는 출애굽을 어떻게 이해했을까? 내가 주장한 바로부터 분명한 것은, 호세아에게는 메시아적 의미를 이끌어내기 위한 충분한 근거가 있었을 것이라는 점이다. 민수기 23장과 대조적으로, 민수기 24장은 유다에서 나올 개인으로서의 왕을 고립시켜 그에게 초점을 맞추고, 구체적으로 그를 하나님이 애굽에서 이끌어내실 "새로운 모세"(호 2:2)와 동일시한다. 발람 예언에서 특히 흥미로운 특징은 "비유", 즉 하나님이 선지자들을 통해서 말씀하신 "이미지"로서의 정체성 확인이다.[99]

앞서 언급한 관찰들은 다음과 같은 결론으로 우리를 이끈다. 즉 차일즈가 최종적 정경의 텍스트에 부여한 의미는, 오경 자체의 출애굽에 대한 이해와 일치하는 동시에, 호세아가 오경으로부터 이끌어냈을 의미와도 일치한다는 결론이다. 만약 오경이 호세아 시대에 존재했다면—그럴 가능성은 충분한데—그가 오경에서의 출애굽을 미래의 메시아의 종말론적인 이미지로 이해했을 가능성은 충분하다.

마태가 호세아 11:1을 그리스도의 삶에서 성취된 것으로 인용했을 때, 우리는 그가 예표론적인 해석에 의존한 것으로 이해할 필요가 없다. 오히려 마태는 차일즈가 제시한 대로, 호세아서에서 문자적 의미(*sensus*

---

99) 이 표현은 호세아 자신의 출애굽 언어에 영향을 미쳤을 수도 있다.

literalis)를 이끌어냈다. 이 의미 자체는 호세아가 오경의 문자적 의미를 주해한 것으로부터 나왔을 것이다. 호세아 자신이 인식한 대로, 하나님은 선지자들을 통해서 비유로 말씀하신다(호 12:10).[100]

신학적 결론과 함축적 의미

이 장이 가진 함축적 의미는 신약으로 구약을 해석하는 것을 허용하는 입장과, 구약이 구약 자체를 말하도록 해야 한다고 고집하는 입장 양자에 의해 진술될 수 있다.

신약으로 구약을 해석하는 것을 허용하는 첫째 그룹에게, 구약 자체가 성경적 예수를 축복의 약속에 중심에 놓는다는 주장은, "씨"와 그리스도에 대한 바울의 동일시를, 복음주의적 신학의 주변적 입장으로부터 성경신학의 중심부로 이동시킨다. 신약이 구약을 해석하도록 허용한다면, 갈라디아서 3:16의 경우 그리스도는 아브라함의 씨다. 갈라디아서 3:29의 경우에는 그리스도에 속한 자들이 곧 아브라함의 씨다. 사도행전 3:25-26의 경우, "씨"는 하나님이 이스라엘에게 복 주시려고 처음 보내신 하나님의 종이다. 따라서 이 단서를 가지고 의미를 해결하는 것이 아니라 오히려 이런 것을 제쳐두고, 씨는 이스라엘이라는 더 일반적인 논제를 가지고 작업

---

100) 마 2장의 몇 가지 특징은, 마태가 호세아서를 발람 예언의 관점으로 읽고 있다는 결론을 지지한다. 마태가 하늘에 나타난 메시아의 별을 따라서 온 박사들(마 2:1-12)을 묘사하기 위해, 민 24:17의 발람의 "별" 비전을 따랐다는 사실은 유명하다. 박사들은 발람의 패턴을 따른 것이라고 할 수 있다. 헤롯 이야기와 예수의 탄생 시기의 유대인 유아 학살 이야기(마 2:16-18)는, 모세의 탄생 시기에 이집트에서 바로가 유대인 유아들을 죽인 이야기를 모방한다. 따라서 그리스도를 "새 모세"로 보는 것은 민 24:8에 직접적으로 의존한다. Ernst Lohmeyer의 주장에 따르면, 마 2장 전체를 통해서 나타나는 유별난 그리스어 단어 *paralambanō*의 반복은 "아마도 이런 관계를 지적하고자 한 것이다"(*Das Evangelium des Matthäus*, 3rd ed. [KEK; Göttingen: Vandenhoeck & Ruprecht, 1962], p. 28).

해야 한다. 그러므로 중심 논제는 그리스도가 아니라 이스라엘이 아브라함의 씨라는 논제다. 이것은 그리스도보다는 이스라엘이 "씨"임을 의미할 것이다. 이스라엘이 "그리스도에게 속해 있는" 한 말이다.

갈라디아서 3:16, 29의 도움을 받아 "씨"를 그리스도와 동일시하지만, 그 다음에는 이 "씨"를 이스라엘 백성으로 다루는 입장 쪽으로 옮겨가는 일이 통상적이다.

오스왈드 앨리스(Oswald Allis)의 주장에 따르면, 바울이 예수를 "아브라함의 씨"로 언급한 것은 예수에게 "탁월하고" "유일한" 지위를 부여한 것이며, "씨"에 대한 바울의 이해는 성경적 패턴에서 예외적이다. 앨리스는 "바울이 아브라함에게 주신 약속에 대한 해설에서 명백하게 보이듯, [예수는] 탁월하며 유일한 씨다(갈 3:16)"라고 쓴다.[101] "아브라함에게 주신 약속에 대한 바울의 해설"로 갈라디아서 3:16을 언급한 앨리스의 말은, 바울의 "씨" 개념이 단지 우연히 한 말이며 액면 그대로 받아들이지 말아야 함을 함축한다. 책의 나머지 부분을 통해 앨리스는, "아브라함의 씨"가 가시적 교회라는 입장을 취한다. 그는 예수가 "아브라함의 씨"라는 바울의 진술의 개념 또는 함축성을 다시는 고려하지 않는다.

앞에서 본 것처럼, 알베르투스 피터스는 갈라디아서 3:16을 동일한 태도로 취급한다.

가장 높은 의미에서, 성 바울에 따르면 "씨"는 주 예수 그리스도시다(갈 3:16). 이것은 분명히 그 안에서 약속이 정점에 달함을 의미한다. 말하자면 그분은 "아브라함의 씨"가 의미하는 것의 중심이요 핵심이다. 그러나 원주는 중심에

---

101) Oswald T. Allis, *Prophecy and the Church: An Examination of the Claim of Dispensationalists That the Christian Church is a Mystery Parenthesis Which Interrupts the Fulfillment to Israel of the Kingdom Prophecies of the Old Testament* (Phillipsburg, N.J.: Presbyterian & Reformed, 1978), p. 56.

서 떨어져 있으며, 원을 둘러싸고 있는 영역 내에서는 다른 의미들이 구별될 수 있다.[102]

피터스가 염두에 둔 "다른 의미들"이란 "아브라함의 씨"를 교회, 이스라엘 또는 이스라엘의 믿는 남은 자들과 동일시하는 것이다. 책의 나머지 부분에서 피터스가 앨리스와 마찬가지로, "씨"의 정체성을 예수로 생각하지 않는다는 것은 주목해볼 만한 지점이다. 책의 시작 부분에서 피터스는 자신의 입장을 이렇게 밝힌다. "아브라함과 그의 씨에게 하신 모든 다른 약속들은, 그[아브라함]와 그의 백성들이 전 세계에 복의 근원이 되어야 한다는 중심 개념을 성취해나가는 데 있어, 단지 세부 사항일 뿐이다."[103] 피터스는 "아브라함과 그의 씨인 그리스도가 전 세계에 복의 근원이 되어야 한다"라고 말하지 않는다. 내 견해로는, 이렇게 말하는 것이 갈라디아서 3:16에서 바울이 말한 것과 더 일치할 것이다.

둘째 그룹은 구약이 자체적으로 구약 자신을 해석하며, 이 해석을 가지고 신약으로 돌아가야 한다고 주장한다. 따라서 이 그룹은, 오경의 구성에서 그리고 오경을 뒤따르는 예언서와 성문서의 해석에서, 개인으로서의 성경적 예수와 집단적인 이스라엘 백성이 모두 아브라함의 "씨"라는 개념을 고려한다. 이는 해석학적이고 신학적인 신념의 중심부에 온다.

조지 피터스(George Peters)는 아브라함의 "씨"가 배타적으로 이스라엘 백성을 지시한다는 전제 위에, 그의 "왕국" 개념의 기반을 놓는다. 그는 "신정이나 왕국은 집합적인 능력 안에서 아브라함이 낳은 후손들에게 배타적으로 주신 것이다"라고 말한다.[104] 그러나 갈라디아서 3:16을 인용한

---

102) Pieters, *The Seed of Abraham*, p. 13.

103) Ibid., p. 12.

104) George N. H. Peters, *The Theocratic Kingdom of our Lord Jesus, the Christ, as Covenanted in the Old Testament and Presented in the New Testament* (Grand Rapids: Kregel, 1978 [1884]), 1:230.

후에는 이렇게 쓴다. "만약 언어가 확정적인 의미를 가지고 있다면, '나는 너의 씨에게 이 땅을 줄 것이다'라고 약속하셨을 때 하나님은 아브라함의 후손으로 내려온 한 사람―한 개의 씨―바로 예수 그리스도가 가나안 땅을 상속해야 함을 의미했음에 분명하다. 우리는 이 단순한 선언을 여기 가지고 있다."[105] 책의 나머지 대부분에서 조지 피터스는 "아브라함의 씨"를 이스라엘 백성과 동일시한다.

피터스의 "씨"의 개념화에서 전환점은, 자연적인 "씨"가 자신들에게 주어진 왕국의 제안을 거절할 때 하나님이 "그리스도 안에서 믿음으로 이방인을 접목시켜 그들에게서 아브라함의 씨를 일으키시며, 아브라함의 의롭게 하는 믿음에 힘입어 그들을 아브라함의 자녀로 간주한" 시점에서 온다.[106] 아브라함이 그리스도(씨) 안에서 믿음을 가졌던 것처럼 이방인들도 "약속된 씨를 믿음으로써 의롭게 되고 그리스도('유대인의 왕')와 살아 있는 연합을 하며, 그리스도를 통해 같은 믿음을 가진, 아브라함의 입양된 자녀들이 된다."[107] 피터스는 갈라디아서 3:16의 "아브라함의 씨"를 3:29의 "아브라함의 씨"와 조심스럽게 구별한다. 전자는 아브라함의 믿음의 대상인 그리스도다. 후자는 "예수 그리스도 안에서와 그를 통해서 성립된 필수적인 관계"를 누림으로써 "[아브라함을] 통해서 주어진" 아브라함의 약속과 상속에 참여하는 이방인들이다.[108] 따라서 이방인들은 자녀로 입양되는데 "왜냐하면 [그들은] 아브라함 언약 아래서 최고 상속인인 그리스도와 연합했으며 일체가 되었기 때문이다."[109] 그러므로 이들은 그리스도와 "공동 상속인"이다(갈 2:5). 이방인들은 그리스도에게 접목되어―즉, 후손으로서의 그의 씨 안으로―그리스도와 함께 아브라함에게 주신 약속의 상속자

---

105) Ibid., 1:302.
106) Ibid., 1:396.
107) Ibid.
108) Ibid.
109) Ibid.

가 된다. 피터스는 이방인들이 접목된 곳인 그리스도를 "씨"로 보기를 어려워한다. 궁극적으로 그는 이방인들이 아브라함의 가족으로 접목되었으며, 이것을 통해 자녀로서 그의 축복을 상속받는다는 견해를 유지한다.

이방인 신자들은 "약속이 주어진 선택된 유대 나라에" 접목됨으로써, 선택된 민족의 입양된 일원이 되어야 한다(엡 2-3장).[110] "이방인 신자들은 그리스도와 연합한 덕분에, 선택된 유대 민족에게 접목되어 그 일원이 됨으로써, 사실상 믿는 유대인이 된다."[111]

요약하자면 다음과 같다. 피터스가 취한 입장에 따르면, 이방인들은 그리스도보다는 선택된 유대 민족에게 접목하게 된다. 따라서 이방인들은 아브라함과 그의 자손들(과 입양된 아들들)에게 주어진 약속을 상속받는다. 이방인들은 그리스도에 의해 "(약속이 주어진 아브라함의 씨로서) 선택된 유대 민족"에 접목된다." "약속을 상속받기 위해 필수적으로 '아브라함의 자녀'가 되는 것은, 이를 요구하는 언약을 무시한 자들에게는 책임이 없다."[112]

드와이트 펜트코스트(Dwight Pentecost)는 "교회가 지탱하는 그 어떤 관계도 육체적 탄생이 아닌 새로운 탄생에 근거한다. 그리고 개개인들이 '그리스도 안에' 있기 때문에 모든 관계는 교회의 것이다"라고 진술한다.[113] 펜트코스트는 앞에서 언급된 피터스의 문구를 긍정적으로 인용한다. "만약 언어가 확정적인 의미를 가지고 있다면, '나는 너의 씨에게 이 땅을 줄 것이다'라고 약속하셨을 때 하나님은 아브라함의 후손으로 내려온 한 사람—한 개의 씨—바로 예수 그리스도가 가나안 땅을 상속해야 함을 의미했음에 분명하다. 우리는 이 단순한 선언을 여기 가지고 있다."[114] "교회는

---

110) Ibid., 1:398.

111) Ibid.

112) Ibid., 1:400.

113) J. Dwight Pentecost, *Things to Come: A Study in Biblical Eschatology* (Grand Rapids: Zondervan, 1965), p. 89.

114) Peters, *The Theocratic Kingdom*, 1:302.

오로지 약속이 성취되는 한 분과의 관계 때문에 약속을 받는다"라고 더하기도 한다.[115] 흥미롭게도 다음의 논의와 자신의 책 나머지에서, 펜트코스트의 "아브라함의 씨"에 대한 이해는 오로지 이스라엘 나라에 대한 것뿐이다.

아브라함의 축복의 언약의 중재자로서의 성경적 예수 개인의 역할을 간과함으로써, 피터스에게는 그 축복 속에 이방인이 포함된다는 것이 문제가 된다. 궁극적으로 그는 아브라함의 축복에서 이방인들의 역할을, 에베소서 3장에서 바울이 말한 "신비"와 동일시한다. 피터스에 따르면 "그러나 선지자들은 도입 방식을 명시함 없이, 이방인들이 이 신정 정치나 왕국의 축복에 참여할 것이라고 예언한다."[116] 만약 단순히 오경의 구성적 전략을 따르고, 성경적 예수를 그 안에서 모든 민족들이 복을 받는 분으로 보았더라면(예, 창 22:18), 피터스는 성취의 방법이 이미 (성경적 예수라는 수단에 의해) 구약 안에 있음을 보았을 것이다. 또한 이 축복 속에 이방인들이 포함된 것을 문제로 보거나, 바울이 로마서 1:2; 16:26에서 말한 대로 구약에서 이미 계시되지 않은 것으로 볼 이유가 없었을 것이다.

바울이 창세기의 약속 내러티브에서 아브라함의 "씨"가 그리스도라고 믿었다는 사실은, 갈라디아서 3:16로부터 분명하다.[117] 내가 바울의 주해를 적합하게 설명했든 그렇지 않든, 확실한 것은 갈라디아서에서 바울은 그리스도가 "아브라함의 씨"라고 말하려 했다는 것이다. 그리스도 안에서 모든 민족들은 복을 받을 것이다(갈 3:8). 만약 누군가 그리스도에게 속한다면(갈 3:29a[Christou]), 그는 "아브라함의 씨"(tou abraam sperma[갈 3:29b])다. 그러나 이는 오로지 그리스도 자신이 "씨"이기 때문이다(갈 3:16). 그리

---

115) Pentecost, *Things to come*, p. 90.

116) Peters, *The Theocratic Kingdom*, 1:232.

117) 바울의 구약 읽기에 초점이 맞추어져 있다는 사실이, 다른 신약 저자들과 그들이 어떻게 "아브라함의 씨"를 이해했을 수 있는지 하는 문제를 배제하지는 않는다. 행 3:25-26; 7:5; 눅 1:55(삼하 22:51)과 비교하라.

스도인들은 아브라함의 "씨"인데, 왜냐하면 이들은 믿음으로 "씨"이신 그리스도 안에 있기 때문이다(갈 3:8-9). 바울에게 "씨"라는 용어는 때로 단수로 표현되어야 하는데, 왜냐하면 이것은 갈라디아서 3:16에서처럼 때로 "그리스도"를 개인으로 나타내기 때문이다. 하지만 이 단어는 복수형으로도 나타나는데, 왜냐하면 복수의 경우에는 그리스도에게 속한 자들을 뜻하기 때문이다(갈 3:29).

이 부분의 요점은, 오경과 타나크의 나머지가 가진 구성적 전략에서 본다면, 바울의 주장이 해석적으로 건전함을 입증하는 것이다.[118]

예수는 "진정한 이스라엘"이다. 앞에서 나는 갈라디아서에 나타난 "아브라함의 씨"에 대한 바울의 가르침이 자주 무시되거나, 그것과 거의 동일한 수준으로, "아브라함의 씨"가 이스라엘이거나 교회라는 주제의 고립된 변형으로 다루어졌음을 입증했다. 결과적으로 이 구절은 실제적인 고려의 대상이 되지 못했다. 내가 주장한 대로 만약 바울의 주장이 구약에서 진정한 주해적인 지원을 발견한다면, 더 많은 관심을 이 주장과, 전체 성경에 대해 이 주장이 가지는 신학적 의미에 기울여야 한다. 예를 들어 교회나 이스라엘이 아니라 예수를 "아브라함의 씨"로 보는 바울의 믿음을 우리는 어떻게 이해할 것인가?[119]

이 질문에 대한 초창기의 응답은 예수가 "진정한 이스라엘"이라는 제안이다. 이 제안은 바울과 구약 저자들의 견해로 보인다. 성경적 예수는 "아브라함의 씨"이며, 따라서 아브라함의 축복의 상속자다. 예수 안에서 교회와 이스라엘은 아브라함에게 주신 하나님의 약속된 축복에 참여한다.[120]

---

118) "이 성취는 다윗의 아들인 약속된 '씨'에서 이루어진 것으로 설명되며, 그 씨는 그것의 현실화를 위해서 다시 올 것이다"(Peters, *The Theocratic Kingdom*, 1:298).

119) 바울은 "씨"를 그리스도와 동일시할 뿐 아니라 이 동일시를, 같은 단어를 복수형으로 택하는 접근법과 대조시킨다: "여럿을 가리켜 그 자손들이라 하지 아니하시고 오직 한 사람을 가리켜 네 자손이라 하셨으니 곧 그리스도라"(갈 3:16).

장 칼뱅의 예. 장 칼뱅의 신학은 구체적이고도 의도적으로, 예수를 "아브라함의 씨"의 정체성 위에 세운다. 이런 이유 때문에 칼뱅의 신학은 어떻게 이주제가 성경신학을 형성할 수 있는지에 대한 구체적인 예시를 제공한다.

우리가 자주 지적한 대로, 칼뱅의 『기독교 강요』는 교리 체계라기보다는 성경 이해에 대한 안내다. 분명히 칼뱅 자신에게는 그의 연구가, 성경을 읽는 자들을 안내하는 의미였다. 서문에서 그는 이렇게 쓴다.

> 이런 노력에서 나의 목적은 하나님의 말씀을 읽는 성스러운 신학에 있어 후보자들을 준비시키고 가르치는 것이며, 그들이 신학에 쉽게 접근할 수 있고 걸림돌 없이 진보할 수 있도록 하는 것이다. 내가 믿기로, 나는 모든 부분에서 종교의 개요를 포용했고 이것을 이런 순서로 배열했다. 그래서 만약 누군가가 이를 올바로 파악한다면, 성경에서 특별히 무엇을 추구해야 하고 어떤 목적에 그 내용을 연결해야 하는지를 결정하기가 어렵지 않을 것이다.[121]

칼뱅이 의도한 대로, 『기독교 강요』는 (고백적인) 성경신학이며, 그의 주석에 별도로 첨부된 내용이었다. 그는 이렇게 썼다.

---

120) 이런 이유와 함께, 예수를 "아브라함의 씨"로 보는 것은 아브라함의 언약의 성취가 구약 시대에는 불가능하도록 만들 것이라는 점을 추가할 수 있다. 아브라함의 언약은 미래에 오실, 약속된 "씨"인 그리스도와 함께만 성취될 수 있다.

121) John Calvin *Institutes* "To the Reader"(*Institutes of the Christian Religion*, p. 4). "Porro hoc mihi in isto labore propositum fuit, sacrae Theologiae candidatos ad divini verbi lectionem ita praeparare et instruere, ut et facilem ad eam aditum habere, et inoffenso in ea gradu pergere queant: siquidem religionis summam omnibus partibus sic mihi complexus esse videor, et eo pquoque ordine digessisse, ut si puis eam recte tenuerit, ei non sit difficile statuere et quid potissimum quaerere in Scriptura, et quem in scopum quicquid in ea continetur, referre debeat"(John Calvin, *Joannis Calvini Institutio Christianae Religionis*, ed. August Tholuck [Edinburgh: T & T Clark, 1874], 1:20). *RGG*⁴, vol 2, cols. 23-26.

이런 길이 놓인다면 나는 성경의 어떤 해석도 출판할 것이며, 항상 그것을 요약, 농축시킬 것이다. 왜냐하면 긴 교리적인 토론이나 흔해 빠진 이야기로 빗나갈 필요가 없을 것이기 때문이다. 이런 방법으로 경건한 독자는 성가심과 지루함을 덜고, 필요한 도구인 현재 연구의 지식으로 무장되어 성경에 접근하도록 준비될 것이다.[122]

『기독교 강요』는 네 권의 책으로 구분되어 있다. 이 구분은 칼뱅의 사고 속에 있는 두 개의 중심적 맥락, 즉 창조주로서의 하나님에 대한 지식(1권)과 그리스도 안에서 구속자로서의 하나님에 대한 지식(2-4권)을 따라 이루어진다.[123] 아브라함 언약에 대한 칼뱅의 견해는 죄, 언약, 중재자(그리스도)를 다루는 2권에 나온다.[124]

칼뱅에게 계시와 신학은 창조 안에서 하나님에 대한 지식에 근거한다. 하지만 이 지식이 타락으로 왜곡되었기 때문에, 하나님 아버지는 아들 하나님을 구속자와 영원한 언약의 중재자로 보내셨다. 그의 목적은 하나님과 인간 사이의 관계의 회복이다. 그 속에서 중재자로서의 그리스도의 역할은 두 가지 중심적인 성경 주제, 즉 성육신과 언약의 단일성이라는 주제에 근거한다. 만약 아들이 아버지와 인류 사이의 중재자가 되려면, 그는 하나님과 인간 둘 다가 되어야 한다. 이런 조건들은 성육신하신 그리스도에 의해 만족되었다. 더욱이 만약 구속이 영원하려면, 거기에는 오직 한 개의 언약만이 있을 수 있다. 만약 한 개의 언약만이 있다면 오직 한 사람

---

122) Calvin *Institutes* "To the Reader"(*Institutes of the Christian Religion*, pp. 4-5). "Itaque hac veluti strata via, si quas posthac Scripturae enarrationes edidero, quia non necesse habebo de dogmatibus longas disputationes instituere, et in locos communes evagari, eas compendio semper astringam. Ea ratione, magna molestia et fastidio pius lector sublevabitur: modo praesentis operis cognitione, quasi necessario instrumento praemunitus accedat"(Calvin, *Institutio Christianae Religionis*, 1:20).
123) *RGG*[4], vol. 2, cols. 23-27.
124) 3권은 믿음, 은혜, 선택을, 4권은 교회, 성찬, 민법을 다룬다.

의 중재자만이 있을 수 있다.

따라서 칼뱅에게, 한 언약의 목표(scopus)는 그리스도여야 한다. 그분만이 유일하게 가능한 중재자이신데, 왜냐하면 오직 그분만이 성육신하셨으며, 그러므로 영원하시기 때문이다. 성육신과 영원성의 조건을 처음으로 규정한 성경의 언약은 창세기 12장의 아브라함의 언약이었다. 성육신은 중재자가 아브라함의 "씨"임을 주장했다. 그는 아브라함의 **한** 자손(a descendant)인 동시에, **바로 그** 자손(the descendant)이었다.

아브라함 언약의 영원성은 그리스도—어제와 오늘, 영원히 동일하신 분—이신 중재자에게 있었다. 따라서 칼뱅은 갈라디아서 3:16에서 창세기 약속 내러티브에 대한 바울의 독해의 필수성을 선명하게 이해했다. 칼뱅이 바울의 독해를, 창세기 약속 내러티브의 단순한 의미로 이해했다는 것에는 의심의 여지가 없다. 갈라디아서 3장에서 바울의 주해는 단순한 의미를 제공했다. 비록 칼뱅이 그것은 "아직 분명한 단어로 표현되지 않았다"라고 믿기는 했지만 말이다. 모세에 대한 바울의 해석이 모세의 실제 의도와 일치함을 입증하기 위해, 칼뱅은 이런 텍스트들을 읽는 초기 독자들에게 이 메시지가 충분히 분명했다는 점을 지적했다. 칼뱅이 제시하는 실례는 한나다. 한나는 초기 오경의 약속에서 그리스도의 중심 역할을 중재자와 구속자로 보았다. 그러므로 칼뱅은 이렇게 주장했다. "왕이 백성들 위에 세워지기도 전에, 사무엘의 어머니 한나는 경건한 자의 행복을 묘사하면서 이미 그녀의 노래 속에서 '자기 왕에게 힘을 주시며 자기의 기름 부음을 받은 자의 뿔을 높이시리로다'(삼상 2:10)라고 말했다."

칼뱅의 사상에서 언약의 뼈대. 『기독교 강요』 2권 6장에서 칼뱅은 "그리스도 안에" 있다는 것이 무엇을 의미하는지를 고찰함으로써 구속에 대한 자신의 논의를 도입한다. 먼저 그는 두 가지 대안, 즉 자연계시(하나님 아버지의 작업)와 양심(율법의 작업)을 배제한다. 자연계시나 율법은 모두 타락한 인류의 마음에 도달하는 적절한 수단이 아니다. 하나님 아버지는 타락한 인류를 받아들일 수 없었으므로, 만약 하나님이 구세주로서 인류를 만나야 한다면, 그분은 "그의 독생자의 인격 안에서 구속자로" 그들에게 오셔야 한다.[125] 율법에 대해 말하자면, 이 율법은 오직 타락한 인류의 재판관 역할만 할 수 있다. 율법은 잃어버린 자들을 회복하기 위해 필요한 순종을 가져올 수 없다.

우리가 [1-3장에서] 이야기한 하나님의 원래적인 탁월하심과 고상함은, 결과적으로 우리에게는 아무런 유익이 없으며 더 큰 수치를 초래할 것이다. 죄로 더럽혀지고 타락한 인간을 자신의 피조물로 인정하지 않으신 하나님이 그의 독생자의 인격 안에서 구속자로 나타나실 때까지는 말이다. 따라서 우리가 삶에서 죽음으로 타락한 이후로, 우리가 [1권에서] 논의한 하나님에 대한 지식 전체는, 그리스도 안에서 하나님 우리 아버지가 우리를 위해 시작하신 일에 대한 믿음이 따라오지 않는다면 무용할 것이다.[126]

이로부터 분명한 것은, 칼뱅에게는 타락한 인류의 구속이 하나님인 동시에 인간이신 중재자를 필요로 했다는 점이다. 따라서 성육신은 구속에 필수적이었다. 자연계시나 율법만으로는 타락한 인류와 하나님 사이의 관계를 회복할 수 없었다. 자연계시는 인류의 죄성 이상을 넘어갈 수 없었다. 구약의 율법에서 요구되는 희생 제사는 믿는 자들에게 "구원을 다른 곳이 아니라, 그리스도만이 수행하실 수 있는 구속에서 찾도록" 가르칠 수 있을 뿐이다.[127] 칼뱅은 히브리서로부터 구약의 희생 제사가 결코 효험이 없으며, 오직 그리스도만이 우리의 구원의 중재자이심을 주장했다.[128]

율법을 순종하는 문제에서 칼뱅은, 언약의 성경적 개념에 대한 것으로

---

125) Calvin *Institutes* 2. 6. 1(Calvin, *Institutes of the Christian Religion*, p. 341).
126) Calvin *Institutes* 2. 6. 1 (ibid.).
127) Calvin *Institutes* 2. 6. 1 (ibid., p. 343).
128) Calvin *Institutes* 2. 6. 1 (ibid., p. 342-43).

논의의 방향을 돌렸다.[129] 칼뱅이 염두에 둔 언약은, 나중에 알려진 대로의 "행위 언약"도 "은혜 언약"도 아니었다. 언약의 개념에 대해 칼뱅은 직접적이고도 즉각적으로 성경으로 방향을 돌렸는데, 구체적으로 그것은 창세기 약속 내러티브의 아브라함 언약이었다. 칼뱅은 "아브라함의 씨"에 대한 성경의 개념에서, 오직 믿음으로 의롭게 된다는 종교개혁적 초점의 필수적 선행 조건을 포함하는 언약을 발견했다. 이것은 성육신을 포함한 중재자의 개념에 근거한 언약이었다. 신약의 바울처럼, 칼뱅은 그리스도를 "아브라함의 씨" 개인으로 그리고 영원한 언약의 중재자로 보았다. 또한 바울처럼 칼뱅은 "그리스도는 모든 민족이 그의 안에서 축복을 받을, 바로 그 씨였다"라고 주장했다(갈 3:14).[130]

비록 구약의 약속 내러티브들에 대한 바울의 주해에 완전히는 만족하지 못한 기미가 보이지만, 칼뱅이 바울이 그리스도를 "씨"와 동일시한 이유와 그것이 복음의 성경적 제시에 끼친 본질적 결과를 이해하고 온전히 평가했다는 것에는 의심의 여지가 없다.[131] 칼뱅이 보기에, 바울과 모세는 아브라함의 "씨"의 정체성을 그리스도로 보는 것에 완전히 동의했다(갈 3:16). 중재인으로서 "아브라함의 씨" 개념은, 성경적 구속과 그리스도 안에서 그리스도인이 가지는 구원의 확실성의 이해에 중심적이었다. 그리스도

---

129) *RGG*⁴, col. 27.

130) Calvin *Institutes* 2. 6. 1 (Calvin, *Institutes of the Christian Religion*, p. 343).

131) 바울이 그리스도를 아브라함의 "씨"와 동일시한 것에 대한 주해적 근거에 있어, 칼뱅이 완전히는 만족하지 못했다는 사실은, 바울이 사용한 구약의 약속 텍스트에 대한 칼뱅의 청하지도 않은 발언에서 분명하게 드러난다. "그러므로 아브라함의 씨가 주로 한 사람의 머리로 설명되어야 하며 약속된 구원은 그리스도가 나타나실 때까지 실현되지 않았음이 분명하다"라고 요점을 납득시킨 후, 칼뱅은 "모세의 글 속에서 **이것은 분명한 말로 아직 표현되지 않았다**"(세일해머 강조)라는 설명을 덧붙인다. 바울은 "아브라함의 씨"에 대해 분명했지만 모세는 그렇지 않았다. 어찌되었건 칼뱅은 바울의 글로부터, 구약은 아브라함의 "씨"가 민족들에게 주신 하나님의 축복의 성육신하신 중재자였음을 가르친다는 것을 확신했다. 따라서 이것은 칼뱅의 구속과 성경신학의 언약적 구조의 이해에 중심적인 주제가 되었다.

는 아브라함의 "씨"이므로, 아브라함 언약의 중재는 성육신의 교리와 아브라함 언약에 대한 전체적인 성경의 가르침 모두에 기초하고 있다. 그리스도는 아브라함의 "씨"로서, 아브라함의 후손의 육체적 가족 안에서부터 중재자로서의 자신의 사역을 수행했다. 하나님의 아들은 동시에 아브라함의 아들이었다. 그리스도는 아담까지 거슬러 올라간 인간 혈통의 후손의 일원인 동시에, 인류 구속의 영원한 보증이 된 영원한 하나님의 아들이었다. 그러므로 그리스도 안에서의 구속에 대한 칼뱅의 성경신학은 다음과 같은 두 가지 중심적인 교리에 근거하고 있었다. (1) 하나님과 아브라함의 후손들 사이의 관계로서의 언약이라는 성경적 개념. (2) 성육신이라는 성경적 개념.

구약에 대한 칼뱅의 견해를 이해하기 위해서는, 칼뱅 이후에 통용되는 언약의 전형적 개념과는 다른, 칼뱅이 가진 언약에 대한 생각의 단면을 아는 것이 필수적이다. 첫째, 중재자인 "씨"의 본질로부터 파생된 칼뱅의 언약 이해에는 몇몇 중요한 양상들이 있다.

1. 칼뱅의 이해에서, 중재자로서의 그리스도는 항상 성경적 언약의 구원하는 믿음의 대상이다. "모든 신령한 자들의 희망은 그리스도 한 분에 기초하고 있다."
2. 그리스도가 이 언약의 중재자이시므로, 이것은 영원한 언약이다. 그리스도는 결코 변하지 않으시며, 중재자로서의 그의 역할도 결코 변하지 않는다.
3. 칼뱅에게 그리스도는 이 언약의 중재자이시므로, 한 개의 언약만이 존재한다. 그리스도는 이 언약의 중재자이시기를 결코 중단하지 않으시며 또 다른 언약의 중재자가 되지도 않으신다.
4. 모든 성경적 언약들은 하나이며 동일한 언약이다. 성경의 언약들 사이에 있는 차이점들은 순수히 "우연"이며 필수적인 것이 아니다.
5. 모세와 함께 율법이 언약의 일부가 되었기 때문에, 그리스도인들은

이 율법을 언약의 불필요한 일부로 해산시킬 수 없다. 율법의 목적은 그리스도를 믿음의 대상으로 제시하는 것이었다. 율법을 통해서 "그리스도는 항상 거룩한 선조들 앞에 그리스도인들의 믿음이 향해야 하는 목적으로 놓여 있다."[132]

성경의 언약에서 믿음의 중심성에 대한 칼뱅의 강조는, 그로 하여금 구약과 옛 언약에서의 믿음의 역할을 면밀히 살펴보도록 이끌었다. 만약 오직 하나의 언약만이 있고 그리스도가 이 언약의 중재자라면, 구약의 모든 언약 용어들은 동일하다. 즉 그리스도에 대한 믿음이라는 용어만 남는 것이다. "세상의 시작부터 그는 결과적으로 모든 선택된 자들 앞에 놓여 있으며, 그들은 그를 바라보고 그를 신뢰해야 한다."[133]

오직 하나의 언약(아브라함 언약)만이 있으므로, 시내 산에서 모세의 언약은 아브라함 언약의 갱신으로 이해되어야 한다고 칼뱅은 주장했다. 이는 모세가 추가한 율법에 대한 질문을 제기한다("아브라함이 죽은 지 약 사백 년 이후에"[비교. 갈 3:17]).[134] 모든 성경의 언약이 동일하기 때문에, 칼뱅은 "새" 언약이라는 개념에 본질적으로 반대했다.

율법에 대한 칼뱅의 견해. 율법의 본질에 대한 칼뱅의 견해는 그가 쓴 오경 주석에 나온다.

1. 율법은 십계명과 "모세를 통해서 하나님이 전해주신 종교의 형태"로 구성된다.[135]
2. 모세의 언약은 아브라함 언약의 갱신으로 의도되었다. 둘 다 모세

---

132) Calvin *Institutes* 2. 6. 2 (Calvin, *Institutes of the Christian Religion*, pp. 344-45).

133) Calvin *Institutes* 2. 6. 4 (ibid., p. 347).

134) Calvin *Institutes* 2. 7. 1 (ibid., p. 348).

135) Calvin *Institutes* 2. 7. 1 (ibid.).

가 추가한 "율법"을 가진 동일한 언약이다. 왜 모세는 율법을 더했는가? 이스라엘이 범법함을 인해서였다. 즉, 이스라엘의 타락한 본질은 그것의 근원적 약점을 드러내기 위해 율법을 필요로 했다. 구약에서 유일한 실제적인 율법은 십계명이다. 이것은 두 부분, 즉 의식법(1-5계명)과 시민법(6-10계명)으로 나뉜다. 의식법은 1-5계명의 예로서 섬기도록 준 것이며, 예표로서의 그리스도를 계시한다. 시민법은 6-10계명의 예며, 다양한 상황에서 6-10계명을 적용하는 모범의 역할을 한다.

히브리서 4-11장에 따르면, 희생 제사와 제사장직의 질서와 같은 의식법은 더 이상 효력이 없다. 칼뱅은 의식법과 제사장직에 대한 실마리를 신약에서 취한다. "간단히 말해서 문자적으로 이해한 율법적 제사 전체는, 그것이 진리에 상응하는 그림자와 상징이 아니라면, 완전히 말도 안 되는 것이다."[136]

칼뱅에게 율법 전체는 "모세가 하늘에서 본 패턴을 따라" 주어졌다. 바로 이것이 칼뱅이, 율법이 모범이 되어 가리켰던 영적 패턴의 관점으로 율법을 이해할 수 있었던 이유다.[137]

오경 전반의 율법에 대한 칼뱅의 이해는 그의 주석 제2권의 서론에서 논의된다.[138]

1. 주로 내러티브인 창세기를 제외하고, 출애굽기부터 신명기에 이르는 네 권의 책은 모두 내러티브와 교리를 포함한다. 이것은 이 책들

---

136) Calvin *Institutes* 2. 7. 1 (ibid., p. 349).
137) Calvin *Institutes* 2. 7. 1 (ibid.).
138) John Calvin, *Commentaries on the Four Last Books of Moses Arranged in the Form of a Harmony*, trans. Charles William Bingham (Grand Rapids: Baker, 1979).

자체 내에서는 유지되지 않는 구분인데, 이 책들에는 두 유형의 율법이 사이사이에 위치해 있다.

2. 십계명은 언약에 속한 자들이 개인적 행동을 규제할 수 있도록 주어졌다.

3. 내러티브의 사용은 (a) 하나님의 자비하심을 가르친다. (b) 하나님의 정의를 가르친다.

4. 오경에서 교리는 다음과 같이 네 부분에 포함되어 있다. (a) 율법의 도입부 (b) 의롭고 거룩한 삶의 요약인 십계명 (c) 도덕법을 준수하는 것을 도울 보조 사항들(아래에 나오는 의식법과 시민법을 보라) (d) 율법의 목적과 사용.

   i. 의식법: 예배 의식과 예배 실행의 예들. "따라서 하나님은 희생 제사에 대해 아무것도 요구하지 않으셨다고 주장하신다. 또한 십계명을 떠나서 외적인 의식에 최소한의 가치를 부여해야 한다면, 모든 외적인 의식은 헛되고 하찮을 뿐이라고 선언하신다. 따라서 우리는 더 확실하게 내가 언급했던 결론에 도달한다. 즉 정확히 말해서 이 열등한 위치로 가라앉지 않는 한, 외적 의식들은 율법의 실체도 아니고, 하나님의 예배에 유용하지도 않으며, 율법을 주신 분 스스로가 필요하거나 심지어 유익한 것으로 요구하지도 않은 것이다. 결국 의식들은 부가물로서, 율법에 최소한의 완전성도 추가할 수 없다. 하지만 그 목적은 믿음과 회개, 감사가 선포되는 찬양, 십자가의 인내로 구성되는 하나님의 영적 예배 안에 경건한 자들을 보존하는 것이다.[139]

   ii. 시민법: 정치적 율법들의 예. "모든 정치적인 법령에 대해서는 아무것도 그 안에서 발견되지 않을 것이다. 이 법들은 6-10계명

---

139) Ibid., pp. 16-17.

의 완전성에 아무것도 추가할 수 없다. 따라서 이 법들은 십계명을 넘어서서 어떤 것도 선하고 정의로운 삶의 규칙으로 바랄 수 없음을 보여준다."[140]

이스라엘의 이상: 족장 종교. 오경은 한 개인 아브라함의 믿음의 관점에서 종교적인 이상을 제시한다. 로마서와 갈라디아서에서 사도 바울의 오경의 사용은 오경 저자의 의도를 충실하게 따른다. 오경 저자는 아브라함을 믿음(창 15:6)과 행위(창 18:19)의 모범으로 제시한다. 율법과 구분되는 믿음의 삶은 아브라함의 본보기에서 묘사되었으며, 이 삶은 율법 아래서 살았던 모세의 본보기(민 12:7)에 의해 균형이 맞추어진다.[141] 아브라함은 믿음의 모범적인 삶을 살았다. 그는 하나님을 신뢰했으며 그것으로 의롭게 여김을 받았다(창 15:6). 반면에 모세는 광야에서 죽었으며 믿음의 부족 때문에 "땅"에 들어갈 수 없었다(민 20:12). 이것은 오경의 신학에서 바울의 결정적 순간 그 이상으로서, 오경 자체의 성경신학의 기초를 놓는 고백이다. 아브라함의 믿음(창 15:6)은 그의 후손("씨"[창 22:18])인 개인(단수)의 사역에 기초하고 있으며, 이 후손을 통해서 하나님의 원초적인 축복(창 1:28)과 영원한 생명(창 3:24)이 모든 인류에게(창 49:10) 회복될 것이다. 족장 내러티브와 시에서 족장 종교는 본질적으로, 신약성경적 믿음의 전(前)기독교적 버전—아브라함 언약의 중재자이신 유다의 가계에서 오실 왕과 동일시된 아브라함의 "씨" 개인에 대한 믿음—으로 묘사되어 있다. 이는 오경의 시와 내러티브 상징의 초점인 유다에서 나올 왕이었다.

믿음과 하나님과의 인격적 관계. 성경적으로 이스라엘과 하나님 사이의 관계는, 언약 공동체에 속한 구성원 같은 집합적 의미가 아니었다(피터스와 펜

---

140) Ibid., p. 17.
141) Sailhamer, *The Pentateuch as Narrative*, pp. 62-66을 보라.

트코스트의 견해와 반대).[142] 아브라함의 경우(창 22:18)에 관한 한, 아브라함 자신의 "씨" 중 한 사람에 의해 매개되는 언약적 축복에 대한 그의 개인적 믿음은, 그가 하나님과의 개인적인 관계를 통해 영원한 축복에 참여함을 포함했다. 오경에서 중심적인 주제는 아브라함의 축복의 경험이다. 오경 자체에는 이미 믿음과 구속에 대한 이런 개념이 영원한 삶의 선물로서의 신약적 의미로 이해되었음을 암시하는 주해적 근거가 있다. 예를 들면, 아브라함의 땅 언약(창 12:1-3)은 오경에서 이미 영적 축복(신 11:12)과 "생명 나무"(창 3:23-24) 안에서의 영원한 생명에 대한 접근으로 해석되었다. 이런 초기 창세기 텍스트들은 구약의 선지자들(단 7:13-14)과 현자들(시 133:3)에 의해 유사한 노선을 따라서 읽혔다. 이들은 언약적 축복의 중재자로서의 "아브라함의 씨"와 가질 인격적 관계를 기대했다.[143] 따라서 아브라함은 하나님께 "내 앞에서 행하여 완전하라"(창 17:1)라는 지시를 받았다. 마치 바울이 독자들에게 "부르심을 받은 일에 합당하게 행하여"(엡 4:1)라고 명한 것과 동일한 방법이다. 이런 예들은 단순히 신약으로부터 반향되는 언어가 아니며, 구약 시대의 신자가 된다는 것이 무엇을 의미하는지에 대한 본질적 표현이라 할 수 있다.

집합적인 "씨"로서 이스라엘. 창세기 내러티브에서 지적한 대로, 아브라함의 "씨"의 집합적인 성격―즉, 백성으로서의 이스라엘―은 각각의 개인 구성원이 그 일부가 되는 "전체"로서 묘사되지 않는다. 비록 이스라엘이 집

---

142) Pieters에 반대해서: "우리는 창 17장으로부터 이 언약이 무엇이고, 그 안에 누가 있었는지에 대해 배울 수 있다. 이것은 하나님과 아브라함의 가계 사이의 계약으로서, 이 계약에 의해 그들은 하나님의 백성이 되고, 그분은 그들의 하나님이 되셨다"(*The Seed of Abraham*, p. 14). 민족들의 계보(창 10장)에서 아브라함의 *tôldōt*가 빠진 것과 함께 "이스라엘"에 대한 언급이 없는 것은, 내러티브의 차원에서 아브라함과 그의 "씨"를 개인화하는 데 일조한다.

143) 오경의 축복 형식구에서 "민족들"의 역할을 보라.

합 전체로서 아브라함의 미래의 후손들로 기대되기는 했지만, 아브라함 언약은 개인 아브라함과 그의 믿음의 방식을 따르는 개인들이라는 컨텍스트 안에서 주어진다. 이런 관점에서 보면 미래의 집합적인 이스라엘조차도, 외적인 할례 의식에 의해(창 17장) 또는 믿음의 내적 행위(창 15장)에 의해, 개인으로서의 이스라엘이 전체와 가지는 관계성의 의미로 이해된다. 집합적인 "씨"(이스라엘)의 본질은 단순히 교제의 목적만이 아니라, 더 중요하게 "씨"와의 인격적 관계와 그것을 개인적 삶에서 성취하는 것(창 18:19)을 기대하는 신자들의 모임에 있다. 그러므로 각 개인이 개인으로서 이스라엘이라는 씨의 집합적·육체적인 구성원이 되는 것은 이차적이지만 필수적인 의미다. 할례와 안식일 같은 외적 요소들은, "아브라함의 씨"에 대한 개인 신자의 믿음에 의해 이미 세워진 교제의 표시(*wĕhāyâ lĕʾôt bĕrît bênî ûbênêkem*[창 17:11])로서 주어진다.

"아브라함의 씨"(그리스도)는 진정한 이스라엘이다. 신약에서 아브라함 언약에 대한 이해에 따르면, "진정한 이스라엘"은 교회가 아니라 그리스도다. 그리스도는 언약의 개인 중재자로서의 "아브라함의 씨"다. 약속 내러티브의 아브라함과 같이(창 15:6), 그리스도인들은 개인적으로 그리고 믿음에 의해 "그리스도 안에"("아브라함의 씨" 안에) 위치하고 있다(갈 3:16). 믿음에 의해(갈 3:7) "그리스도께 속한"(*Christou*[갈 3:29]) 자들은 그리스도에 의해 중재된 신자들과의 교제에 참여한다. 창세기의 족장 내러티브에서 개인 신자들은 집합적인 하나님의 백성의 일원이 된다. 하나님은 "아브라함과 이삭과 야곱의 하나님"이시다. 족장들이 하나님과 가진 이런 개인적인 관계는 "아브라함의 씨" 안에서 중재되며, 각 구성원의 개인적 믿음 위에 근거한다(창 15:6; 출 19:9). 창세기에서 하나님 백성들은, 믿음으로 (개인) 중재자인 "아브라함의 씨"를 통해서 하나님과 인격적인 관계를 가진 개인 신자들이다. 이들은 "하나님 앞에서 행하여" "완전"("완벽"[창 17:1])하라는 부르심을 받는다. 이는 바울의 글에서 사도가, 개인 신자들은 "아브라함의 (개인) 씨"인 그리스도께 접목되었다고 말한 데서 재진술된다(롬 11장). 각 구성원은 인격적으로 그리스도께 연결되어 있다. 신약에서 신자들은 집합적인 "아브라함의 씨"인 교회의 일원이 된다(갈 3:29). 구약에서 집합적인 "씨" 안에서의 구성원이, 새 이스라엘로서의 교회인 집합적인 "씨"에 접목됨으로써, 또는 성경의 이스라엘에 접목됨으로써 설립된 것이 아니다. 교회는 이스라엘을 대체하지 않으며, "아브라함의 씨" 개인을 믿는 자들을 위한 물리적이고 가시적인 공동체로서의 이스라엘에 합류한다. 이스라엘과 교회라는 두 실체는 서로 별개이지만 이들은 한 개인인 "아브라함의 씨"(갈 3:28) 안에서, "그의 안에 있는" 믿음과 축복의 공통된 경험을 통해 연합된다(비교. 렘 4:2). 모든 믿는 자들의 모범으로서 아브라함은 "여호와를 믿으니 여호와께서 이를 그의 의로 여기셨다"(창 15:6).

10장

오경 속의 모세 율법의 목적

모세의 율법은 시내 산에서 하나님이 모세에게 주신 것이었다. 우리의 우선적인 질문은 "그리스도인과 모세의 율법 사이에는 어떤 관계가 있는가?"다. 즉, 그리스도인에게는 법으로서의 모세 율법의 조항들을 따를 의무가 있는가? 이 질문은 그리스도인이 율법에 복종해야 하는지를 묻는 질문(반율법주의[antinomianism])과 동일하지 않다.[1] 그리스도인은 "그리스도의 법"(예, 갈 6:2)과 그리스도의 "명령"(예, 요 15:12: "내 계명은 곧 내가 너희를 사랑한 것같이 너희도 서로 사랑하라 하는 이것이니라")에 복종해야 함을 분명하게 받아들인다. 또한 앞으로 전개할 논의에서 우리는, 모세의 율법이 "자연법"[2]이라고 철학자들이 부른 것과 동일시될 수 있는지 하는 질문도 고려하지 않을 것이다.

---

1) 일부 학자들은 antinomianism이라는 단어를 다른 형태보다도 모세 율법에 대해서만 사용한다. 역사적으로 이 단어는 율법의 어떤 형태를 가리키는 것으로 이해되어왔다. antinomianism은 그리스도인이 은혜에 의해 도덕법을 준수할 어떤 필요로부터도 자유롭다는 견해에 대한 일반적 명칭으로 정의된다(F. L. Cross and E. A. Livingstone, eds., *The Oxford Dictionary of the Christian Church*, 3rd ed. [Oxford: Oxford University Press, 1997], 78).

2) 이 표현은 폭넓은 다양한 의미로 사용되지만, 신학적인 컨텍스트 내에서는 이성적인 피조물이 자연적 이치의 관점으로 분별할 수 있는, 창조주가 자연 안에 새겨놓으신 법을 의미한다. 비록 십계명에서 계시된 명령들이(안식일 규정만 제외하고) 자연법의 가르침이라는 점은 통용되지만, 자연법은 계시된 법과 대조되어왔다(ibid., p. 1132). Johann Coccejus: 행위 언약(*foedus operum*)이 자연 언약(*foedus naturae*)이라고 말할 때, 이는 자연 언약이 인간의 본질적 본성에 근거한다는 의미에서가 아니라, 하나님이 인간을 의롭게 창조하셨다는 의미에서다. 창조에서 인간에게 주어진 의로움(*imago Dei*, 하나님의 형상)은 자연 언약의 자연적인 근거다(*Summa doctrinae de foedere et testamento Dei*, in *Opera omnia* [Amsterdam, 1701], 7:48-49).

비평학과 율법

비평학은 오경이 원래의 율법 모음을 거의 혹은 완전히 포함하지 않는다고 믿었다. 오경의 초기 형태는 고대의 이야기들을 모은 책이었다. 율법은 시간이 지남에 따라 단계적으로 더해졌다. 비평학자들은 오경 내의 다양한 율법 층위들 중에서, 첫 번째로 더해진 것이 십계명(출 20장)이며, 다음이 언약 법전(출 21-23장)이었다고 믿는다. 신명기와 이 책의 율법은 요시야 왕의 통치 기간 동안(주전 7세기)에 더해졌다. 나머지 율법들은 제사장들에 의해 포로기 시대 이후에 더해졌다. 따라서 많은 비평학자들에 따르면 이런 율법들은 오경에 이차적이며, 결과적으로 대부분 오경신학의 중심 논점이 아니다.

고전적인 신학 체계에서 모세의 율법. 언약신학(covenant theology)[3]과 세대주의(dispensationalism)의 고전적 체계는 시내 산 율법을 다양하지만 일관된 방식으로 전용한다. 대체적으로 두 체계는 모세 율법에 참조적으로 접근하면서, 내러티브 자체 내에서의 사건들의 묘사보다는, 성경의 내러티브 배후에 놓인 사건들의 관점에서 그렇게 한다. 언약신학과 세대주의의 사고 속에서는 오경과, 오경이 포함하는 율법을 구분하려는 시도가 거의 없다. 모세 율법에 대해 말한 내용은 오경 전체에 동일하게 적용된다. 따라서 그리스도인과 모세 율법의 관계에 대한 질문은, 그리스도인의 삶 속에서 오경(과 구약)의 역할이라는 더 큰 질문의 측면에서 해석된다. 모세 율법과 오경 사이의 차이점을 구별하는 것의 실패는(5장, 각주 15번을 보라) 어떤

---

3) Oswald T. Allis, *Prophecy and the Church: An Examination of the Claim of Dispensationalists That the Christian Church Is a Mystery Parenthesis Which Interrupts the Fulfillment to Israel of the Kingdom Prophecies of the Old Testament* (Phillipsburg, N. J.: Presbyterian & Reformed, 1978), p. 37.

체계도 적절하게 응답하지 못한, 양쪽 신학 체계가 가진 근본적 문제라고 할 수 있다(비교. 오경이 율법주의의 종교를 가르친다는 개념을 만든 데 프리드리히 슐라이어마허가 한 역할).

오경은 "모세 율법"을 가르치는가? 언약신학과 세대주의는 오경 속의 "모세 율법"의 성격과 목적에 대한 중요한 가정을 공유한다. 첫째, 두 신학 체계는 모두 모세 율법이 시내 산 언약을 수립하는 컨텍스트에서 이스라엘에게 주어졌음을 인정한다. 또한 오경의 목적이 시내 산 언약과 그것에 수반되는 모세 율법을 가르치고 깨우치게 하려는 것이었음을 가정한다. 이체계들이 이해한 바에 따르면 오경은 시내 산 언약과 그 율법의 문서로쓰인 기록이다. 따라서 모세 율법과 오경은 동일하다.[4] 두 체계들이 이해

---

4) 여기에 따라오는 인용은, 대부분의 복음주의적 신학자들 사이에서 구약(오경)이 모세 율법과 동일하다는 것을 보여준다. 복음주의적 성서학자들 대부분은 구약과 시내 산 율법의 일치를 거리낌없이 인정한다. 당연하게도 세대주의자들도 구약과 시내 산에서 주어진 율법을 동일시한다. "히브리서의 저자는, 다른 종류의 제사장직이 작용하도록 설립되었기 때문에 엄청난 변화가 발생했음을 분명하게 진술하고 있다. 예수는 모세의 율법을 따른 제사장이 아니다(히 7:12). 새 언약은 더 위대한 영광, 더 위대한 능력, 더 위대한 결말 같은 많은 차이점들이 시작되도록 만들어졌다. 이는 구약과 신약 사이의 연속성에 대해 의문을 제기한다"(Wayne G. Strickland, "The Inauguration of the Law of Christ with the Gospel of Christ: A Dispensational View," In Greg L. Bahnsen et al., *Five Views on Law and Gospel* [Grand Rapids: Zondervan, 1996], p. 262). 언약신학자들 사이에서도 구약을 시내 산의 "옛 언약"과 동일시하는 것이 발견된다. "그렇다면 구약과 신약 또는 율법과 복음의 관계는 무엇인가?"(Willem A. VanGemeren, "Response to Douglas Moo," in ibid., p. 377). "하지만 구약의 율법이 복음에 반대되는 것이 아님을 다시 강조하는 것은 중요하다. 구약은 하나님의 관심의 표현이다. 하나님은 자녀들에게, 그들이 어떻게 그분께 연결되어야 하며 어떻게 서로 간의 건강한 관계를 발전시켜야 하는지를 가르치는 관심 속에서, 자녀들을 위해 자신의 기대를 율법, 규례, 율례 속에 열거하셨다"(Willem A. VanGemeren, "The Law is the Perfection of Righteousness in Jesus Christ: A Reformed Perspective," in ibid., p. 29). "그렇다면 어떻게 그리스도인은 모세 율법을 읽어야 하는가? 어떤 측면에서 율법은 우리에게 '유익'한가?(비교. 딤후 3:16)"(Douglas J. Moo, "The Law of Christ as the Fulfillment of the Law of Moses: A Modified Lutheran View," in ibid., p 376)

한 대로, 시내 산에서 모세가 이스라엘에게 율법을 주었을 때 실제로 그는 한 과정을 시작하고 있었고, 이 과정은 오경을 주는 것으로 정점에 이르게 되었다.[5]

모세 율법에 대한 공통적 가정에 대한 비판. 이 책의 앞부분에서 나는 오경의 중심 목적이 믿음의 삶의 중요성을 가르치는 것이라고 주장했다. 따라서 오경과 신약 책들, 특히 사도 바울의 글 사이에는 많은 신학적 유사성이 있다. 양편 모두는 모세 율법의 실패와, 진정한 믿음에 대해서 하나님이 베푸시는 자비로운 은혜를 강조한다.

이 책에서 오경 이해의 주요한 부분은, 오경의 구성적 전략을 추적하고 모세 율법이 이 전략 안에서 하는 역할에 밀접한 관심을 기울임으로부터 나온다. 이런 접근법에는 많은 작은 조각들을 더 크고 의미 있는 전체에 연결하는 텍스트적 특징들에 초점을 맞추면서, 오경 자체를 전체적으로 읽는 작업이 포함된다. 이것은 저자가 어떻게 자신이 이야기하고 있는 시내 산 사건의 컨텍스트 안에서 우리 독자가 모세 율법을 이해하기를 원하는지 하는 것과 같은 "텍스트적" 질문을 하는 것을 포함한다. 예를 들면 왜 저자는 금송아지 사건을, 제사장들과 관계된 가장 큰 율법 집합을 삽입하기 바로 전에 이야기하는가? 여기에 작동하고 있는 텍스트적 전략이 있는가? 여기에는 저자 자신의 작업을 의미의 중심 소재지와 동일시하는 것과, 그럼으로써 오경 자체의 독특한 관점 바깥에서 의미를 발견하려고 시도하지 않는 것이 포함된다.

확실히 우리는 오경에서 이야기되는 사건들이 실제적이며, 성경이 이 사건들을 정확하게 묘사했다고 믿는다. 하지만 우리의 임무에는 성경의

---

5) Hans Frei는 이 책의 앞부분에서 논의되었던 이 미묘한 과정을 성경해석에서 증명했다. John H. Sailhamer, *Introduction to Old Testament Theology: A Canonical Approach* (Grand Rapids: Zondervan, 1995), pp. 36-85을 보라.

내러티브를 떠나 이런 역사적 사건들을 재구성하는 것이 포함되지 않는다. 우리의 임무는 역사적 사건들이 기록된 성경 내러티브를 해석하는 것이다. 오경에 포함된 율법의 의미에서 "율법"을 이야기할 때, 우리는 시내산에서 이스라엘에게 주어진 율법들(역사적 사건)과, 그리고 현재 오경의 구성적 전략에 통합되어 있는 율법들(영감으로 된 텍스트)을 세심하게 구분해야 한다. 물론 동일하지만 이 율법들은 오경의 독자로서의 우리를 위한 다른 목적과 적용을 가지고 있을 수 있다. 왜 하나님이 고대 이스라엘에게 모세 율법을 주셨는지를 묻는 것과, 왜 오경의 저자가 오경 속에 이런 율법 집합들을 삽입했는가를 묻는 것은 다르다. 비록 동일한 율법에 대한 것이기는 하지만, 시내 산에서 이스라엘을 위해 율법을 기록한 것과, 오경과 오경의 문학적 전략의 컨텍스트 내에서 이를 기록한 것은 다른 목적을 가지고 있을 수 있다.[6]

오경은 몇 개의 율법 집합들을 포함한 책이지만, 책의 전체적인 구성적 전략 내에서 그 목적을 평가하는 데는 신중해야 한다. 하나님이 왜 이스라엘에게 "모세의 율법"을 주셨는지에 대해서는 몇 가지 이유가 있을 수 있다. 오경의 저자가 왜 오경에 이런 율법들을 포함시켰는지에 대해서도 몇 가지 이유가 있을 수 있다. 이 이유들 중 몇 가지는 중복될 수 있지만, 또 몇 가지는 상당히 다를 수 있다. 예를 들어, 저자는 율법을 독자들에게 가르치기를 원했을 수 있다. 또는 그의 의도는 독자들에게 율법에 대해 교육하는 것이었을 수도 있다. 오경을 쓰면서 저자는 둘 중 한 가지 임무를, 혹은 둘 다를 성취하려고 의도했을 수 있다. 이런 질문들에 대해 우리가 유추할 결론은, 궁극적으로 저자의 구성적 전략에 대한 우리의 이해로부터 나와야 할 것이다.

---

6) 이 요점에 대한 추가적인 토론을 위해서는 John H. Sailhamer, *The Pentateuch as Narrative: A Biblical Theological Commentary* (Grand Rapids: Zondervan, 1992), p. 63을 보라.

언약신학과 모세 율법. 언약신학에 따르면, 하나님은 타락 후에 아담과 함께 "은혜 언약"(*foedus gratiae*)으로 들어가셨다. 이전에 아담은 "행위 언약"(*foedus operum*)의 규정에 순종하는 데 실패했다. 아담이 성공했더라면, 그와 그의 후손들은 영원한 생명을 받았을 것이다. 아담의 실패와 함께, 행위 언약은 은혜 언약으로 대체되었다. 이후에 따라오는 성경의 모든 언약들은 이 은혜 언약 한 가지의 구체적인 실현(경륜)이다. 앞에서 우리는 이 단 하나의 언약에 대한 칼뱅의 견해를 인용한 바 있다. "하나님이 모든 족장과 맺으신 언약은 본질[*substantia*]과 현실[*re ipsa*]에 있어 우리의 것과 같아서 두 언약은 실제로 하나[*unum*]며 동일[*idem*]하다. 하지만 두 언약은 경륜[*administration*] 방식에 있어서 다르다[*variat*]."[7]

은혜 언약에서 하나님은 약속된 구속자를 믿는 자들에게 영원한 생명을 약속하셨다. 다른 시기, 다르게 구분되는 컨텍스트에서 은혜 언약은 다양한 방법으로 집행되었다. 시내 산에서 이스라엘과 하나님의 언약은 은혜 언약이 집행되었던 한 가지 방식이었다. 그리스도께서 그의 죽음과 부활로 시작하신 새 언약도 동일한 은혜 언약의 또 다른 독특한 경륜이다. 따라서 시내 산 언약과 새 언약은 동일한 언약에 대한 다른 경륜이라 할 수 있다.

그리스도인이 모세 율법에 대해서 가지는 관계의 문제는 언약신학에서 중심적이다. 언약신학은 모세 율법과 그리스도인 사이의 신학적 연속성에 대한 견해를 보여준다. 하지만 우리가 이미 본 대로, 언약신학은 성경에 기록된 오경과, 오경에 포함된 모세 율법을 동일시함으로써 그렇게 한다. 언약신학에 따르면 구약(예. 오경)은 이스라엘의 성경이었으며, 계속해서 기독교회인 "새 이스라엘"의 성경이다. 따라서 그리스도인은 그가 믿는 모세의 율법을 지킬 의무가 있으며, 바로 그것이 오경에서 가르치는 목

---

7) John Calvin *Institutes* 2. 10. 2 (*Institutes of The Christian Religion*, ed. John T. McNeill, trans. Ford Lewis Battles (LCC 20; Philadelphia: Westminster, 1960), 1:429).

적이다.

율법에 대한 언약적 견해는 "웨스트민스터 신앙고백"(1647)에서 이렇게 제시된다.

7장: 인간과 맺으신 하나님의 언약에 대하여

Ⅱ: 인간과 맺으신 첫째 언약은 행위 언약[*foedus operum*]이었다(갈 3:12). 바로 이 언약 속에서 생명이 아담에게 약속되었으며, 아담 안에서 그의 모든 자손에게, 완전하고 개인적인 순종을 조건으로 약속되었다.

Ⅲ: 인간은 타락으로 말미암아 행위 언약에 의해 생명에 스스로 자격을 잃었으나, 주님은 기꺼이 둘째 언약을 맺으셨다. 일반적으로 이것은 은혜 언약[*foedus gratiae*]이라고 불린다. 주님은 이 언약에서 예수를 믿는 믿음을 요구함으로써 인간들이 구원받을 수 있도록 하시고, 생명으로 작정된 모든 자들이 기꺼이 믿도록 하시며, 또한 믿을 수 있도록 그분의 성령을 주시기로 약속함으로써, 예수 그리스도로 말미암은 생명과 구원을 죄인들에게 아낌없이 베푸신다.…

Ⅴ: 이 언약은 율법의 시대와 복음의 시대에 다르게 집행되었다. 율법 아래서 이 언약은 약속, 예언, 제사, 할례, 유월절의 어린 양, 유대 민족에게 전달된 기타 양식과 규례들에 의해 집행되었는데, 이는 모두 장차 오실 그리스도를 예표했다.…그에 의해 이들은 완전한 죄 사함과 영원한 구원을 얻었는데, 이를 옛 언약이라고 부른다.…

19장: 하나님의 율법에 대하여

Ⅰ: 하나님은 아담에게 행위 언약으로서의 한 율법을 주셨다. 이 율법에 의해 하나님은 아담과 그의 모든 후손에게 개인적이고 완전하고 정확하고 영구적인 순종의 의무를 지우셨다. 그분은 이 율법을 이행함으로써 오는 생명을 약속하셨고, 그것을 위반함으로써 오는 사망을 경고하셨으며, 그것을 지킬 힘과 능력을 부여하셨다.

II: 이 율법은 인간의 타락 이후에도 계속해서 의에 대한 완전한 규칙이었다. 그리고 그 자체로, 하나님에 의해 시내 산에서 십계명으로 두 돌판에 기록되어 전달되었다.…

III: 일반적으로 도덕법으로 불리는 이 율법 외에도, 하나님은 어린 [minorenni] 교회인 이스라엘 백성에게 의식법을 주시기를 기뻐하셨다.…모든 의식법은 신약 아래에서 현재 폐지된 상태다.

IV: 또한 하나의 정치적 조직체로서의 백성에게, 하나님은 여러 가지 사법상의 율법을 주셨는데, 이것은 백성의 상태와 함께 종료되었다. 지금은 거기 있는 일반적인 형평법이 요구하는 이상의 어떤 다른 것도 강요하지 않는다.

V: 도덕법은 의롭게 된 사람들뿐만 아니라 모든 사람을 그것에 순종할 의무로써 영원히 구속한다.…

VI: 비록 참된 신자들은 의롭다 하심을 얻거나 정죄함을 받는 행위 언약으로서의 율법 아래 있지는 않지만, 율법은 그들에게도 다른 사람들에게도 매우 유익하다. 율법은 그 안에서 삶의 규율로서, 그들에게 하나님의 뜻과 그들의 의무를 알려주며, 그들이 율법에 따라서 살도록 지도하고 구속한다.…

율법의 삼중적 사용.

1. 율법의 민법적 사용(usus politicus): 율법의 기능은 죄를 제지하고 의를 활성화하는 것이다. 이것은 일반은총의 일부며 특별은총의 수단은 아니다.

2. 율법의 교육적 사용(usus pedagogicus): 율법의 기능은 사람들에게 죄의 자각을 제공하고, 율법의 요구를 이룰 수 없는 무능력에 대해 양심의 가책을 받도록 하는 것이다. 율법은 그리스도와 그의 은혜로 이끄는 교사다.

3. 율법의 훈련적 사용(usus didacticus): "율법의 셋째 사용"(tertius usus

legis)은 신자들을 위해 "그들의 의무를 상기시키고 그들을 생명과 구원의 길로 인도하는"[8] 삶의 규율으로서의 기능이다.

세 가지 질문. 언약신학의 체계 내에서, 모세의 율법의 계속되는 의미는 다음과 같은 세 가지 중요한 질문을 제기한다. (1) 시내 산 언약은 원래의 행위 언약(*foedus operum*)의 경륜인가, 아니면 은혜 언약(*foedus gratiae*)의 경륜인가? (2) 모세 율법은 시내 산 언약의 필수적인 부분인가, 아니면 언약에 추가되었는가? (3) 그리스도인은 모든 모세 율법을 지킬 의무가 있는가, 아니면 이 의무는 일부에만 국한되는가?

첫째 질문은 시내 산 언약이 원래의 행위 언약(*foedus operum*)의 경륜인가, 아니면 은혜 언약(*foedus gratiae*)의 경륜인가를 묻는다. 일반적으로 언약신학자들은 우리를 대신해 행위 언약을 성취하신 그리스도의 필수성을 인정한다. 그리스도는 순종한 둘째 아담이었으며, 첫째 아담의 행위 언약에 순종함으로써 우리의 의를 얻으셨다. 이것은 그리스도의 "적극적인" 순종의 행위였다. 그리스도는 율법 아래서 의로운 삶을 사셨다. "수동적인" 순종으로서 그가 율법에 대해 죽는 것이 필요했던 것처럼, 그가 율법 아래서 죄 없는 삶을 먼저 사시는 것 역시 필요했다. 어떤 언약신학자들에게 이는, 행위 언약이 어떤 측면에서는 그리스도의 시대에 여전히 효력을 발생하고 있었음을 의미했다. "[행위 언약은] 아담에 의해서 파기되었는데…그리스도는 자신의 모든 백성을 대신해 이 행위 언약의 모든 조건을 성취하셨

---

8) Louis Berkhof, *Systematic Theology* (Grand Rapids: Eerdmans, 1941), p. 615. 루터교인들은 비록 둘째 율법의 사용을 강조하기는 하지만 셋째 율법의 사용이 여전히 그들이 죄인인(의인인 동시에 죄인이며, 육적 인간인[*simul iustus et peccator, homo carnalis*]) 한에 있어서만 신자들에게 적용된다고 주장한다. "그러므로 이 셋째 율법의 사용이 그들의 [루터교의] 체계에서 중요한 위치를 차지하지 않는 것은 놀랍지 않다.…개혁주의자들은…신자들이 여전히 삶과 감사의 규율로서 율법 아래에 있다는 강한 신념 안에 서 있다"(ibid., p. 615).

으므로, 지금은 구원이 믿음의 조건으로서 제공되었다. 이런 의미에서 둘째 아담에 의해 성취된 행위 언약은 이후에 복음 아래에서 폐지되었다."[9]

행위 언약이 은혜 언약의 경륜 아래서 보존되었는지 아닌지의 여부와, 보존되었다면 어떤 방법으로 그렇게 되었는지 하는 문제에 대해서는 언약신학 내에서 많은 논의가 있었다.[10] 행위 언약은 은혜 언약의 성립과 함께 폐지되었는가, 아니면 두 개의 언약이, 그리스도의 죽음으로 행위 언약이 완전히 폐지될 때까지 동시에 존재했는가?[11]

언약신학자들은 시내 산 언약 자체가 행위 언약이 아니라 은혜 언약의 경륜이었음을 강조했다. 그럼에도 어떤 학자들은 모세 율법에서 행위 언약의 요소를 발견하고자 했다.

> 모세를 통해서 하나님이 이스라엘과 맺은 언약의 진정한 본질은 무엇이었던가?…한 측면에서 이것은 율법의 언약이었는데, 왜냐하면 도덕법, 행위 언약의 조건에 대한 순종이 눈에 띄게 명시되어 있고, 이 율법에 대한 복종이 하나님의 은혜와 모든 나라가 받을 축복의 조건으로 되어 있었기 때문이다. 심지어 의식법의 체계 역시, 상징적 측면이 아니라 문자적 측면에서 행위의 규칙이었다. 왜냐하면 이 율법의 모든 말씀을 실행하지 않는 자는 저주를 받을 것이기 때문이다(신 27:26).[12]

모세 율법의 이런 측면은 은혜 언약의 개념과 조화되기가 어렵다. 이

---

9) A. A. Hodge, *Outlines of Theology* (New York: Carter, 1878), p. 314.

10) Mark W. Karlberg, "Reformed Interpretation of the Mosaic Covenant," *WTJ* 43 (1980): 1-57.

11) Karlberg: "우리 주장의 요점은, 역사적인 개혁주의 전통 내에서 [모세 언약의 해석]에 대한 해석학적 열쇠는, 구약 계시의 상징적-예표론적 양상에 대한 타당한 성경적 평가와, 모세 언약의 경륜에 작동하고 있는 율법과 은혜의 이중 원칙에 대한 인식이라는 것이다. 모세 언약은 어떤 의미에서 행위 언약으로 간주된다"(ibid., p. 3).

12) Hodge, *Outlines of Theology*, pp. 376-77.

문제에 대한 중심적 텍스트는 레위기 18:5, "너희는 내 규례와 법도를 지키라 사람이 이를 행하면 그로 말미암아 살리라"이다. 이 텍스트는 율법에 순종하는 것이 "생명"의 보상을 가져옴을 의미하는 것으로 보인다. 언약신학 내에서 논의는 모세의 율법 아래에서 수여되는 "생명"에 대한 이해에 중점을 둔다. 일반적으로 언약신학자들은 이 생명이, 아담과 하와가 타락함으로 상실되었던 영원한 생명은 아님을 인정한다. 영원한 생명은 은혜 언약의 구성원인 자들에게만 임한다. 따라서 모세 율법을 지키는 자들에게 오는 생명은 다음과 같이 다양한 방식으로 이해되었다. 즉, 이 생명은 (1) 영원한 생명의 일시적인 향유라는 의미로, (2) 시내 산 언약 아래서는 결코 얻을 수 없는 생명이 가설적 형태로 제공된 것으로, (3) 죄의 회개와 희생 제사를 수반하는 "율법 준수"를 통해서 얻어지는 것으로 이해되었다. 따라서 셋째 항목에서의 생명은 희생 제사 제도와 죄의 용서의 계속된 실천을 통해 모세 율법 아래서 얻어질 수 있었다. 하지만 궁극적으로는 그리스도만이 모세의 율법을 순종할 수 있었으며 영원한 생명을 받을 수 있었다.

또한 언약신학은 모세 율법의 실천이 그 자체 안에 그리스도의 구속 사역의 약속을 포함하고 있었다고 믿는다. 모세 율법 속의 각각의 요소는 그리스도의 구속에 대한 그림이나 예표로 이해되었다. 따라서 모세 율법의 요구 속에서 구속에 대한 약속은 믿는 자들에게 그림으로(예표론적으로) 대략 설명되었다.

많은 사람들에게 언약신학의 중요한 부분은 다음과 같다. 즉, 행위 언약을 보존함에 있어 시내 산 언약은, 아담이 성취하는 데 실패했던 의로운 행위를 그리스도가 성취하는 것을 가능하게 했다는 개념이다. 그리스도는 율법 아래 살았으며 모든 측면에서 그것을 성취할 수 있었다("때가 차매 하나님이 그 아들을 보내사 여자에게서 나게 하시고 율법 아래에 나게 하신 것은 율법 아래에 있는 자들을 속량하시고 우리로 아들의 명분을 얻게 하려 하심이라"[갈 4:4-5]).

행위 언약과 함께, 이스라엘 백성 개개인은 오실 그리스도를 믿음으로써 은혜 언약의 영원한 축복을 누릴 수 있었다. 이런 컨텍스트에서 율법의 목적은 그리스도의 희생의 필요를 가리키는 것이었다.

둘째 질문은 모세 율법이 시내 산 언약의 필수적인 부분인지, 아니면 언약에 이차적으로 더해진 것인지 하는 것이다. 이 논의는 갈라디아서 3:19에서 율법이 "범법하므로 더하여진 것이라 천사들을 통하여 한 중보자의 손으로 베푸신 것인데 약속하신 자손이 오시기까지 있을 것이라" 하고 말한 바울의 진술을 중심으로 이루어진다.[13]

17세기 당대의 언약신학의 "아버지"인 요한 콕세이우스는 십계명을 원래의 은혜 언약의 일부로 이해했다. 하지만 오경의 나머지 율법은 이스라엘이 금송아지를 예배함으로써 신실하지 못함이 증명된 후에 언약에 더해졌다고 보았다. "의식적 예배의 법적 언약은 은혜 언약에 대한 더 엄격하고 가차 없는 경륜으로서 설립되었다. 그러므로 은혜의 계시는 특히 십계명에서 발견되며, 예속의 계시는 의식법에서 발견된다."[14]

당대의 많은 언약신학자들은 콕세이우스의 견해를 거부했다. 그들은 모세의 율법 전체가 은혜 언약의 필수적인 부분이었다고 주장했다. 이 견해를 지지하는 증거는 일반적으로 시내 산 언약과 고대 근동의 조약 문서 사이의 유사성에서 발견된다. 고대 근동의 조약 형식에서 필수적인 부분은, 조약 동의에 대한 충성을 표현하기 위해 설립된 언약 규정(stipulations) 부분이었다. 이 언약 규정들은 시내 산 언약을 지키는 율법의 역할에 대한 증거로서 취급된다.

---

13) Gottlob Schrenk, *Gottesreich und Bund im älteren Protestantismus: Vornehmlich bei Johannes Coccejus*, 2nd ed. (Darmstadt: Wissenschaftliche Buchgesellschaft, 1967), pp. 116-23; Hans Heinrich Wolf, *Die Einheit des Bundes: Das Verhältnis von Altem und Neuem Testament bei Calvin* (BGLRK 10; Neukirchen: Verlag der Buchhandlung des Erziehungsvereins Kreis Moers, 1958), pp. 38-54; Mark W. Karlberg, "Moses and Christ—The Place of Law in Seventeenth-Century Puritanism," *TJ* 10 (1989): 11-32.

14) Berkhof, *Systematic Theology*, p. 299.

셋째 질문은 그리스도인이 모세 율법의 모든 것을 지킬 의무가 있는지, 아니면 그 의무가 일부에만 국한되는지 하는 것이다. 대부분의 신학자들은 모세 율법의 일부가 적어도 그리스도의 죽음으로 폐지되었다는 개념을 받아들인다(히 7:12). 그렇다면 남아 있는 질문은, 율법의 얼마만큼이 폐지되었으며, 새 언약 아래서 그리스도인은 얼마만큼을 여전히 지켜야 하는가 하는 것이다. 이 질문에 대한 가장 일반적인 접근법 중 하나는, 모세의 율법을 구별된 범주들로 나누고 이 범주의 어떤 것은 더 이상 그리스도인에게 적용되지 않는다고 결론짓는 것이다. 이 범주에는 다음과 같은 세 가지가 있다.

의식법. 이 율법들은 이스라엘의 성막과 성전 의식을 지배했다. 여기에는 희생 제사와 제물과 제사장들의 활동에 대한 규정이 포함된다. 그리스도가 오시고 십자가에서 죽으시기 전에는, 이런 다양한 의식을 통해 죄를 계속적으로 속죄할 필요가 있었다. 바로 이것이 의식법의 목적이었다. 의식법은 시내 산 언약 종교의 기본이며 초점이었다. 이후에는 그리스도의 구속적인 죽음으로 인해 제사가 더 이상 필요 없어졌으며, 궁극적으로 레위인 제사장 제도와 성전이 대체되었다. 의식법은 더 이상 필요하지 않으므로, 그리스도인은 그것을 지킬 필요가 없다.

시민법. 이 율법들은 고대 이스라엘의 일상사를 다루며, 이스라엘이 하나님의 백성으로서 어떻게 살아야 하는지를 보여준다(신정 정치). 바벨론 포로 시대 이후, 왕의 통치가 중지되었을 때에는 더 이상 신정의 개념이 적용되지 않았다. 따라서 시민법이 적용될 경우가 없어졌다. 따라서 언약신학에 따르면, 그리스도인은 시민법을 지킬 의무가 없다.

도덕법. 언약신학에 따르면, 도덕법(또는 자연법)은 창조 때 하나님이 인간의 영혼 안에 심어놓으신, 옳고 그름에 대한 기본 개념이다. 도덕법과 십계명 사이의 강한 유대 관계는, 유럽에서 언약신학 자체가 성립되었을 때(17세기) 이미 확인되었다. 십계명은 인간 양심의 기본 명령을 요약적으로 기록한 것으로 이해되었다. 하나님으로부터 기원을 가진 이런 명령들은 결코 변하지 않을 것이다. 이것들은 모세 율법에서 공식화되기 이전에도 진리였으며, 계속해서 진리로 남아 있다. 도덕법은 모세 율법의 배후에 있는 옳고 그름에 대한 기본 원리를 형성한다. 따라서 모세 율법은 도덕법을 고대 이스라엘이라는 구체적인 역사적 상황에 적용한 것이다. 비록 도덕법의 일시적인 표현으로서의 모세 율법은 폐지될 수 있지만, 도덕법 자체는 결코 폐지될 수 없다. 따라서 언약신학자들은 그리스도인에게 은혜 언약의 참여자로서, 십계명에 표현된 도덕법을 순종할 의무가 있다고 믿는다.

모세 율법에 대한 신약적 견해. 언약신학이 모세 율법에 대해 전체적으로 긍정적인 견해를 가지고 있다는 사실은, 신약에 때때로 나타나는 부정적 견해에 대한 질문을 일으킨다. "죄가 너희를 주장하지 못하리니 이는 너희가 법 아래에 있지 아니하고 은혜 아래에 있음이라"(롬 6:14)나, "율법은 믿음에서 난 것이 아니니 율법을 행하는 자는 그 가운데서 살리라 하였느니라"(갈 3:12) 같은 부정적 표현들에 대해 언약신학은 어떻게 응답하는가?

율법에 대한 신약의 부정적 견해에 대응하는 언약신학의 일반적인 대답은 다음과 같다. 즉, 바울이 이 텍스트들에서 율법을 말할 때 그는 오경에서 이해되는 모세 율법의 원래 의미가 아니라, 주후 1세기 유대의 동시대인들이 가졌던 모세 율법에 대한 오해를 염두에 두었다는 것이다. 게할더스 보스는 신정 정치의 "잠정적" 성격의 일부로서, 오경에서 모세의 율법에 대한 원래의 이해는 "신정"에 대한 변동적인 생각을 따라서 변화했다고 믿었다. 따라서 바울 시대의 신정과 그 속에서 율법의 성격은, 시내산과 오경의 것으로부터 변화했다. 이런 변화와 함께 율법은 바울의 동시대인들에 의해 "율법 조문의 힘없는 사역"으로 간주되었다. 바울이 모세의 율법을 보는 조건의 변화는, 그가 그리스도인에 대한 율법의 역할을 이해하는 내용에 변화를 가져왔다. 보스에 따르면, 그리스도 시대에 율법에 대한 신정 정치적 견해는, "율법이 칭찬할 만한 원리에 의해 이스라엘이 다가울 세계의 축복을 얻을 수 있도록 의도된 것이었다고 주장했다.…비록 편파적이기는 하지만, 바울의 철학은 회고적 관점으로부터 작동했으며, 그가 제의한 한정된 영역에서는 올바르다는 장점을 가진다."[15]

동시대인들에 의해 일어난, 율법 이해에서의 변화에도 불구하고, 바울의 율법에 대한 견해는 로마서 7:12("율법은 거룩하고 계명도 거룩하고 의로우며 선하도다") 같은 텍스트로부터 얻어야 한다.

복음주의적 선택.

언약신학의 중심 문제. 언약신학의 기본 문제는 어떻게 그리스도인이 모세 율법의 요구에 반응해야 하느냐 하는 것이다. 만약 오경(구약)이 모세의 율법 아래 있는 자들을 위해 쓰인 것이라면, 어떻게 이 율법이 오늘날의 그리스도인에게 적용될 수 있는가? 언약신학자들 사이에는 이 문제에 대한 다음과 같은 두 가지 일반적인 답변이 있다.

첫째, 콕세이우스의 답변이 있다. 요한 콕세이우스는, 모세 율법이 시내 산 언약을 포함했던 은혜 언약의 필수적인 부분이 아니었다고 믿었다. 모세 율법은 이스라엘의 수많은 범법(예, 금송아지) 때문에 시내 산 언약에 추가되었다. 따라서 신약의 은혜 언약의 새로운 경륜 아래서 그리스도인은 모세 율법의 전체 아래 있지 않았다. 콕세이우스는 오직 십계명만이 은혜 언약의 일부이며, 그리스도인은 그것에만 율법으로 순종할 의무가 있다고 믿었다.

둘째, 카이퍼적 답변(아브라함 카이퍼[Abraham Kuyper], 헤르만 바빙크[Hermann Bavinck], 루이스 벌코프)이 있다. 오늘날 대부분의 언약신학자들은 모세 율법을 전체로서 접근할 수 없다고 믿는다. 본질적 성격상, 모세 율법은 의식법·시민법·도덕법이라는 삼중 집합이다. 의식법과 시민법은 폐지되었으

---

15) Geerhardus Vos, *Biblical Theology: Old and New Testaments* (Grand Rapids: Eerdmans, 1948), p. 142.

며 오늘날의 그리스도인에게 율법으로 적용되지 않는다. 이 법들이 그리스도인에 대해 가질 수 있는 남은 가치는, 복음의 진리를 예표론적으로 가르치는 데 있다. 그리스도인에게 계속 적용되는 것은 십계명에 나타난 도덕법이다. 율법으로서 이 율례는 보편적이고 시간의 제한을 받지 않는다. 십계명 중 9개는 신약에 반복되어 있기 때문에, 논쟁의 영역은 신약에서 반복되지 않는 유일한 명령인 안식일에 대한 규정을 그리스도인이 지켜야 하는가 하는 것으로 축소된다.

우리가 기억해야 할 것은, 이런 신학적 체계가 일반적인 수준과 전문적인 수준에서 동시에 작동한다는 사실이다. 통속적인 일반 영역에서는 이 체계의 전문적인 많은 특성들이 상당히 흐려진다.

세대주의의 중심 문제. 세대주의 체계의 특징은 신학적 불연속성이다. 언약신학자들과 마찬가지로 세대주의자들도 오경(구약)을 모세 율법에 대한 진술로 이해하는데, 이 오경은 시내 산 언약의 성경으로 동일시된다. 반면에, 신약은 구체적으로 교회를 위한 성경의 일부다. 오경(구약)은 성경의 일부이지만, 이것의 메시지는 교회가 아니라 이스라엘을 위한 것이다.

세대주의는 이스라엘과 교회 사이의 구별을 기본적 특징으로 한다. 이 동일한 구별은 성경에도 적용된다. 구약은 이스라엘을 위한 것이고 신약은 교회를 위한 것이다. 언약신학은 이스라엘과 교회가 같다고 생각한 반면에, 세대주의는 항상 완전하지는 않지만, "하나님의 두 백성들" 사이의 구분을 명확하게 한다. 모세 율법은 이전 세대(dispensation, "경륜" [administration]) 아래에서 이스라엘에게 주어졌다. 교회는 이전 세대의 일부가 아니었다. 이전 세대는 시내 산 언약 아래서 이스라엘을 위해 집행되었으며, 이 과정에서 모세 율법은 중심 역할을 했다. 교회는 모세의 율법 아래 있지 않기 때문에, 현재 시내 산 언약을 지킬 의무가 없다. 바울이 로마 교회에게 "너희가 법 아래 있지 아니하고 은혜 아래 있음이라"(롬 6:14)라고 말한 것처럼, 또한 갈라디아 교회에게 "율법은 믿음에서 난 것이 아니니 율법을 행하는 자는 그 가운데서 살리라 하였느니라"(갈 3:12)라고 말한 것처럼 말이다. 이런 텍스트들은 교회, 교회가 모세 율법에 대해 가지는 관계, 궁극적으로 구약과 교회의 관계에 대한 세대주의적 이해의 기초를 형성한다.

세대주의가 교회에 대해 제기하는 기본 질문은 "그리스도인은 구약을 어떻게 취급해야 하는가?"다. 전체 성경(구약/신약)은 교회에 속하는가? 디모데후서 3:16 같은 신약 텍스트는 오늘날 모든 그리스도인에게 해당하는 구약의 가치를 함축하지 않는가? "모든 [구약]성경은 하나님의 감동으로 된 것으로 교훈과 책망과 바르게 함과 의로 교육하기에 유익하니 이는 하나님의 사람으로 온전하게 하며 모든 선한 일을 행할 능력을 갖추게 하려 함이라."

세대주의에서 모세 율법은 그 자체로, 언약신학에서만큼 본질적인 문제를 일으키지는 않는다. 왜냐하면 세대주의가 보듯, 그리스도인은 시내산 언약의 일부가 아니며, 따라서 모세 율법을 지킬 의무 아래 있지 않기 때문이다. 신약이 십계명의 대부분을 승인했으므로, 십계명에는 여전히 그리스도인의 삶을 향한 하나님의 충분한 지침이 있다. 다시 말해 10개의 십계명이라기보다, 신약에서는 9개의 명령이 있는 것이다. 더구나 세대주의자들은 신약이, 그리스도인이 그리스도의 법(갈 6:2)과 그리스도의 계명(요 15:12)을 따라 살아야 함을 분명히 이야기한다고 믿는다. 따라서 세대주의자들을 향해 반율법주의라고 비난하는 것은 그들의 입장에 대한 공정한 평가가 아니다.[16] 그들은 율법을 가지고 있다. 하지만 그것은 시내 산에서 모세에게 주어진 것과 동일하지 않다.

세대주의를 둘러싼 문제는 다른 지점에 위치한다. 앞에서 언급했듯, 세대주의자들은 모세의 율법을 거의 보편적으로 오경(그리고 일반적으로 구약)과 동일시하며, 언약신학 역시 동일한 믿음을 고수한다. 그렇다면 그리

---

16) 반율법주의는 그리스도인이 그리스도인의 삶을 사는 데 어떤 율법도 지킬 의무가 없다는 믿음이다.

스도인의 삶에서 구약의 역할에 대해서는 무엇을 말할 수 있을까? 세대주의자들의 신념처럼, 시내 산 언약과 모세 율법이 폐지되었으며 모세 율법이 오경과 동일시된다면, 그리스도인의 삶에서 오경의 위치는 어디인가? 오경 역시 폐지되었는가, 아니면 적어도 오늘날 그리스도인의 삶을 위해 성경의 필수적인 일부가 아닌가? 세대주의자들이 폐지된 것으로 믿는 시내 산 언약과 동일시된 오경과 구약은, 새 언약 아래서 살고 있는 신자들의 삶에서 거의 주장할 것이 없는 듯 보인다. 또한 구약의 목적이 대부분 모세 율법을 가르친다고 믿는 세대주의의 신념에서 보면, 교회에 속한 자들은 거의 오경을 사용할 일이 없는 듯하다.

세대주의자들의 임무는 교회를 위한 성경으로서의 오경(그리고 구약)에 그들이 부여한 역할을 더 분명하게 설명하는 것이다. 오경을 모세 율법을 가르치는 것과 동일시함으로써, 세대주의자들에게는 오늘날 그리스도인들의 삶을 대상으로 구약에 남아 있는 것이 거의 없는 듯하다.

성경(약속)신학의 중심 문제. 앞에서 자주 지적한 대로, 현대의 복음주의적 성경신학은 구약의 텍스트가 아니라, 그 텍스트가 지시하는 역사적 사건에 초점을 맞추었다. 이런 신학은 교회와의 연속성으로 이어지고자 추구하는 일련의 역사적 사건과 제도 중심으로 구축된다. 이런 그림에서 오경(구약)은 신약(성취)에 대한 기대(약속) 속에서 이해된다. 성경신학은 구약의 사건과 제도, 그리고 신약의 사건과 제도 사이에 역사적·신학적 연속성의 다양한 노선을 펼쳐놓는 것으로 구성된다. 구약의 의미는, 예수 그리스도의 오심을 지시하고 궁극적으로는 그의 오심에서 정점에 이른 역사적 사건들의 연쇄 속에서, 구약이 하는 역할로부터 나온다. 따라서 구약의 의미는 신약(성취) 사건들에 대한 기대(약속) 속에 있다.

대부분의 복음주의적 성경신학자들이 직면하는 성가신 문제는 오경과 구약 전체의 중심 메시지를 밝히는 데 실패했다는 사실이다. 계시의 역사적 움직임과 발전에서 불변으로 남아 있는 것은 무엇인가? 모든 다른 주제들을 함께 이끌며 구약 전체를 신약 전체에 연결하는 중심 주제는 무엇인가? 이 중심점이 무엇인가에 대해서는 거의 동의가 이루어지지 않고 있다. 많은 학자들은 오경과 구약의 중심이 하나님의 약속 개념이라고 주장한다. 또 다른 학자들은 훨씬 더 느슨하게 정의된 신념과 주제들을 제시한다. 문제는 어떻게 오늘날의 그리스도인이 나름대로 그리스도인으로서 오경을 읽을 수 있는지 하는 것으로 요약된다. 책의 앞부분에서 이미 제시한 대로, 구약을 성취가 아니라 약속으로 취급하는 것은 궁극적으로는 오경과 구약의 성경적 지위를 평가절하하는 것에 해당한다. 구약 자체가 성취가 아니라 다만 약속으로 남아 있는 한, 구약은 미래의 성취에 대한 이정표, 증인일 뿐이다.

복음주의적 성경신학자들은 그리스도인의 삶 속에서 구약의 역할을 이해하는 데 기본적인 명료함의 부족을 타개하기 위해 상당한 시간과 노력을 기울였다. 이들은 구약을 성경으로 보아야 한다는 것은 인정한다. 하지만 구약을 단순히 과거의 약속으로 간주하지 않으면서, 어떻게 그렇게 할 수 있는가? 현대의 복음주의적 성경신학자들은 다음과 같은 세 가지 접근법을 취한다.

믿음의 유비(*analogia fidei*). 성경 전체의 일반적 의미가 취해진다는 사실은, 성경 전반에서 지속적인 요소에 대한 안내가 된다. 바로 이것이 초대교회의 접근법이었다. 이 접근법의 난점은, 너무 쉽게 신경(creeds)에 의존하는 것으로 빠질 수 있다는 것이다. "전체의 일반적인 의미"는 너무 쉽게 구체적인 신경과 동일시될 수 있다.

선행하는 성경의 유비(*analogia scripturae*). 계시의 진행에서 특정한 순간까지 축적된 성경의 의미는 후속 계시를 판단하는 규칙이 된다. 비록 이 접근법에는 많은 유익이 있지만, 우선순위의 문제를 다룰 필요 때문에 쉽게 방해를 받을 수 있다. 구약성경의 역사의 컨텍스트에서 "선행하는 성경"(antecedent Scripture) 개념은 무엇을 의미하는가? 이 개념은 어떤 성경의 전과 후에 어떤 성경이 쓰여졌는지를 우리가 결정할 것을 요구하는가? 만약 그렇다면 이 접근법은 구약책들의 구성의 상대적 연대기적 순서를 결정해야 하는 거대한 임무 속에 빠지게 된다. 어느 누구도 구약책들을, 그것이 포함하고 있는 사건들과 동일한 순서대로 단순하게 배열할 수 없다. 구약 정경에서 여호수아서가 사사기를 선행한다는 사실이, 역사적으로 여호수아서가 사사기에 대해 선행하는 성경이라는 의미는 아니다. 여호수아서는 사사기보다 한참 후에 쓰였을 수 있지만, 사사기 전에 읽도록 쓰였을 수 있다. 묘사된 그대로의 선행하는 성경 개념은, 구약책들을 그것들이 쓰인 순서대로 배열해야 한다. 선행하는 성경 개념을 추구하는 데 일반적 실행은, 구약 정경에 배열된 대로 구약책들의 순서를 취하는 것이다. 하지만 이것은 구약의 정경적 형태와, 성경신학을 위한 그것의 타당성에 대한 논의를 불러일으킨다. 따라서 부분적으로 구약책들의 순서를 역사적으로 배열하는 것에 난처해진 일부 복음주의적 성경신학자들은, 구약 정경의 순서 또는 형태에 대한 질문으로 논의의 방향을 돌린다.

해석적·신학적 구성으로서 구약 정경. 구약 정경인 타나크(율법, 예언서, 성문서)의 형태는 성경 전체를 이해하기 위한 가장 적합한 컨텍스트를 제공한다.[17]

이스라엘의 믿음과 구약

세대주의도 언약신학도 (텍스트로서의) 오경과 (역사적 사건으로서의) 고대 이스라엘의 종교를 만족스럽게 구별하지 못했다.[18] 이스라엘의 종교는 시내 산 언약의 종교였다. 오경은 그 언약의 실패로부터, 그리고 새 언약에 대한 예언적 비전으로부터 나온 책이다. 시내 산 언약 아래서 이스라엘의 종교

---

17) Sailhamer, *Introduction to Old Testament Theology*를 보라.
18) 이 질문은 계속적으로 성경신학의 중심 질문이다. Marin Ebner, Irmgard Fischer and Jörg Frey, eds., *Religionsgeschichte Israels oder Theologies des Alten Testaments?* (JBTh 10; Neukirchen-Vluyn: Neukirchener Verlag, 1995)를 보라.

의 본질은, 이 언약 체결식을 묘사하는 성경 구절에 표현되어 있다.

> [모세가] 언약서를 가져다가 백성에게 낭독하여 듣게 하니 그들이 이르되 여호와의 모든 말씀을 우리가 준행하리이다 모세가 그 피를 가지고 백성에게 뿌리며 이르되 이는 여호와께서 이 모든 말씀에 대하여 너희와 세우신 언약의 피니라(출 24:7-8)

이 구절은 몇 가지 질문을 일으킨다. 예를 들면, 모세가 읽은 "언약책"(*sēper habbĕrît*)은 무엇이었는가? 몇몇 사람이 지적했듯, 비록 이 책이 오경의 일부로서 보존되었을 수도 있지만, "언약책"은 현재 우리가 가진 것과 같은 오경도 아니고, 그것의 초기 버전도 아니다. 책으로서의 오경은 시내 산 언약을 맺은 이후에, 그리고 훨씬 더 나중에 나왔다. 오경은 그 자체로 "언약책"으로 불리지 않는다. 오경은 시내 산에서의 언약과 실패**에 대한** 이야기를 전하는 책이다. 오경은 시내 산과 그 언약에 관한 것이지만, 그 언약을 대변하기 위해서 쓰인 것은 아니다. 오경은 시내 산이 아닌, 시내 산을 초월한 "언약"(*habbĕrît*)에 시선을 고정시킨 관점에서 쓰였다.

> 호렙에서 이스라엘 자손과 세우신 언약 외에 여호와께서 모세에게 명령하여 모압 땅에서 그들과 세우신 언약의 말씀은 이러하니라(신 29:1[28:69 MT])

이 구절은, 신명기의 마지막 장들에서 하나님이 염두에 두셨던 언약이 모세와 시내 산에서 맺으신 언약이 아님을 분명하게 밝힌다. 하나님이 염두에 두셨던 언약은 "호렙[시내 산]에서 그들과 세우신 언약 외에" 세우신 언약이었다. 따라서 이것은 예레미야 31:31-32에서 구상된 언약을 가리키며, 또한 "[하나님께서] 그들의 조상들의 손을 잡고 애굽 땅에서 인도하여 내던 날에 [그가] 맺은 것과 같지 아니할 것"이다. 그러므로 예레미야는 이렇게 말한다.

여호와의 말씀이니라 보라 날이 이르리니 내가 이스라엘 집과 유다 집에 새 언약을 맺으리라 이 언약은 내가 그들의 조상들의 손을 잡고 애굽 땅에서 인도하여 내던 날에 맺은 것과 같지 아니할 것은 내가 그들의 남편이 되었어도 그들이 내 언약을 깨뜨렸음이라 여호와의 말씀이니라 그러나 그 날 후에 내가 이스라엘 집과 맺을 언약은 이러하니 곧 내가 나의 법을 그들의 속에 두며 그들의 마음에 기록하여 나는 그들의 하나님이 되고 그들은 내 백성이 될 것이라 여호와의 말씀이니라(렘 31:31-33)

이스라엘의 희망과 구약

어떤 종류의 소망이 시내 산 언약으로부터 나와서 오경을 향해 나아가며, 다시 오경으로부터 구약의 나머지로 나아가는가? 어떻게 이 소망은 신약에 도착해서, 궁극적으로 예수와 복음 내러티브에 부착되었는가? 어떻게 이 소망은 신약과 교회와 복음의 메시지에 근거가 되었는가? 이런 질문에 제대로 대답하기 위해서 나는, 이 소망을 비전으로 그린 최초의 충동이, 이 소망을 오경이라는 책 속에 간직하고자 하는 시도에서 왔음을 입증하고자 했다. 이 소망은 **책 속에** 존재하는 믿음이 되도록 간직된 것이 아니었다. 오히려 이 소망은 **책이라는 수단을 통해** 표현되는 믿음이 되도록 간직되었다. 무엇보다도 이것은 저자가 존재하며, 책이 선명한 구성적 전략을 따라서 형성되었음을 의미한다. 누구나 오경을 읽음으로써 이 성경적 소망을 이해할 수 있다.

오경의 목적은 모세의 말에 기초하는 예언적 소망에 대한 텍스트적 표현이 되는 것이다. 이는 구약(타나크) 전체를 통해 반향되었던 소망, 그리고 더 멀리 신약과 교회에까지 울려 퍼지는 소망이다. 이 소망의 중심에는 왕이 계시며, 그분의 통치는 오경의 세 편의 장시(창 49장; 민 24장; 신 32/33장) 속에 묘사되어 있다. 그리스도인의 믿음은 대부분 예수가 바로 이 왕이시라는 믿음의 표현이다. 그러나 오경 자체는 예수가 이 왕과 동일시될 수 있는지 하는 질문을 하지 않는다. 비록 후에는 이런 목적으로 사용되었지만, 오경의 초점은 이 왕의 통치의 성격에 대한 더 근본적인 질문이었다. 그는 이스라엘과 모든 나라를 통치할, 유다의 가계에서 나올 왕이 될 분이었다. 또한 모든 악을 물리치고 무너뜨리며, 그 과정에서 하나님의 원축복을 인류에게 회복시킬 구속자가 될 분이었다. 오경은 예수의 정체성에 대한 책이 아니라 이 우주적인 왕, "아브라함의 씨"의 정체성에 대한 책이다. 결국 예수를 그 왕과 "씨"(갈 3:16)로 확인하게 될 사람들은 오경을 읽은 자들이었다. 이것을 최초로 시도한 것은 외부인들, 즉 이스라엘의 예언자들의 그룹이었다.

여기서 내가 제공할 수 있는 것은, 오경이 어떻게 오실 왕에 대한 소망을 표현하는지에 대한 내 이해의 간단한 스케치뿐이다. 오경의 저자는 미래를 보면서 희망을 묘사하고 있지 않다. 오경은 오실 분에 대한 예언이 아니다. 오경은 일차적으로 예표론적인 이미지에 집중하지 않는다. 오경의 이미지들은 예수를 향해 있지 않으며, 신약에서야 예수로 확인될, 오실 왕을 향하고 있다. 오경의 저자는 그의 조상들(아브라함, 이삭, 야곱)에게 하신 하나님의 언약을 이해하고 신뢰했다. 이런 언약의 관점에서, 그리고 하나님의 신실함에 근거해서 저자는 고대 이스라엘을 위한 새로운 미래의 전체 그림을 보여준다. 오경은 미래로부터 온 빛이 과거로 되쏘여지는 그런 책이 아니다. 또한 오경의 의미는 신약을 오경의 언어적 이미지에 비추어 읽는 독해에 의존하지도 않는다. 오경은 미래로부터 온 빛이 아니다. 오경은 과거로부터 온 빛으로서, 이 빛은 독자들에게 미래를 보는 방법을 알려준다. 오경의 빛은 미래가 도달한 때와 마찬가지로 빛나고 있으며, 오경의 의미는 이미 그 빛 속에 포함되어 있다. 오경은 미래로부터 온 탐조등이 아니라, 과거를 보여주는 슬라이드 쇼다.

오경의 슬라이드 쇼를 이해한다는 것은, 예수가 오셨을 때 어떻게 그분을 인식할 수 있는가 하는 질문이라기보다는, 예수가 떠나신 후 어떻게 우리가 그분을 "오실 분"으로 인식할 수 있는가 하는 질문이다. 예수는 오경에 표현된 소망의 관점에서 자신의 삶을 이해하고 자신을 인식하셨다. 예수가 오셨을 때, 구약을 이해했던 자들은 그분을 "오실 분"으로 인식했을 수도 있고 그렇지 않을 수도 있었다. 그러나 그분이 떠나셨을 때는—그의 죽음과 부활과 승천 후—누가 그분을 "오시기로 했던 분"으로 볼 수 없었겠는가? 다니엘 7장의 "인자", 다니엘 9장의 "끊어진" 메시아, 창세기의 뱀에 의해 발꿈치가 상한 구속자(창 3:15), 복음서에서 예수는 그분의 인격과 삶 안에 승인이 되는 이 모든 이적과 이미지들을 가지고 계셨다. 많은 사람들에게 이것은 오로지 그분의 부활 이후에 완전히 드러났다(롬 16:25-26). 하지만 이 빛이 왔을 때, 이런 신호와 이미지들이 구약적 배경에서 확인되었을 때, 이것들이 이미 예언자들의 말 속에 늘 있었다는 사실이 분명해졌다. 예수는 구약 없이는 인식될 수 없었다. 갈릴리의 제자들처럼, "그에 관해 모세가 율법에 그리고 또한 선지자들이 기록한 분"(요 1:45; 비교. 눅 24:44)으로서 예수를 보았을 때만 그분을 알 수 있었다. "그가 그들의 마음을 열어 성경을 깨닫게"(눅 24:45) 하셨을 때만, 그들은 예수를 알 수 있었다. 그렇다고 그분이 구약에서 알려지지 않았거나 인식되지 않았다는 의미는 아니다. 오히려 "예수 그리스도의 선포는 오랫동안 숨겨졌으며 이제 예언서에서 밝혀질 수 있음"을 의미했다(롬 16:25-26).

여기서 우리가 기억해야 할 것은, 예수를 처음 보았던 사람들이 구약과 비교할 수 있는 신약 버전의 예수를 가지고 있지 않았다는 점이다. 그들은 구약과 비교하여 그들이 알았던 예수만을 가지고 있었다. 이들의 비교는 나중에 구약을 배경으로 하여 신약으로서 텍스트적으로 간직되었다. 이것은 신약이 아니라 구약의 의미를 많이 상고한 끝에 나온 최종 결과였다. 예수가 마태복음 13:52에서 말씀하셨듯이 "그러므로 천국의 제자된 서기관마다 마치 새것과 옛것을 그 곳간에서 내오는 집주인과 같으니라." 예수를 성경에서 보는 것은 그분을 옛 용어와 새 용어로 이해하는 기능이 있다. 이런 "집주인"에 대한 가장 명확한 예는, 구약성경으로부터 "오실 분"을 알았지만 그것에 근거해서 예수를 알아보지 못했던 사도 바울이었다.

오직 부활하신 그리스도에 의해 그의 눈이 열렸을 때에야(갈 1:15-16), 바울은 예수를 "오실 분"으로 인식했다(비교. 마 16:28; 21:5; 24:3, 27, 30, 39, 42, 43, 44; 26:64). 일단 바울이 예수가 누구신지 알고 나자, 복음을 이해하는 데는 아무 문제가 없었다. 왜냐하면 이미 그는 "성경에 따라"(롬 1:2-6; 갈 1장) 복음을 알았기 때문이다. 동일한 내용이 시므온에게도 적용된다(눅 2:25-35).

속죄

언약신학과 세대주의의 신학적 체계는 그리스도의 완성된 사역을 모세 율법의 관점에서 표현하는 각자의 방법을 가지고 있다. 언약신학에서 속죄는 법적 거래다. 그리스도는 행위 언약을 성취하셨으며, 따라서 우리를 대신해서 공훈의 의로 법적으로 보상을 받으셨다(적극적 순종). 하지만 세대주의는 속죄를 그리스도의 희생적 죽음의 의미로 본다. 그리스도는 우리를 대신해서 희생 제물로 돌아가셨다. 속죄에 대한 이런 두 개념화는 서로 상충되지 않으며, 그리스도의 죽음의 효력을 설명하는 두 개의 유용한 범주다. 두 개념 모두 구약, 특히 오경에서 가져온 중심 생각에 기초하고 있다.

모세의 율법

갈라디아서 3:19에 따르면, 모세의 율법은 이스라엘의 범법함을 인하여 시내 산 언약에 더해졌다. 예수도 (이혼의) 율법이 이스라엘의 마음의 "완악함을 인하여" 주어진 것이라고 말씀하셨다.[19] 이런 측면에서 모세의 율법은 시내 산 언약에 필수적이 되었다. 시내 산 언약이 사라졌을 때, 그것의 일부였던 율법도 사라졌다(비교. 히 7:12: "제사 직분이 바꾸어졌은즉 율법도 반

---

19) "예수께서 이르시되 모세가 너희 마음의 완악함 때문에 아내 버림을 허락하였거니와 본래는 그렇지 아니하니라"(마 19:8).

드시 바꾸어지리니"). 새 언약의 성립은 옛 언약의 소멸을 의미했다. 히브리서 8:13에 의하면 "새 언약이라 말씀하셨으매 첫 것은 낡아지게 하신 것이니 낡아지고 쇠하는 것은 없어져 가는 것이니라."

중요한 것은 이런 텍스트들이 모세 율법과 시내 산 언약에 관한 것임을 주목하는 일이다. 이 텍스트들은 오경에 대해 말하지 않는다. 이것들은 우리에게 시내 산 율법과 언약이 일시적이었음을 말한다. 둘 다 시내 산 언약 아래서 이스라엘에게 주어졌다. 시내 산 언약과 율법은 새 언약 아래 살고 있는 자들에게 주어지지 않았다. 또한 이것들은 오경이 일시적이었으며 모세의 율법과 함께 폐지되었음을 의미하지도 않는다. 오경(구약)은 시내 산 언약 아래 있었을 때 이스라엘을 위해 쓰여졌다. 하지만 오경의 목적은 그들에게 옛 언약이 아니라 새 언약을 가르치는 것이었다. 오경의 저자는 이 점을 잘 이해하고 있었다. 이런 이유 때문에 저자는 사도 바울처럼, 믿음의 성격을 모세(민 20:12)보다는 아브라함의 삶(창 26:5)의 이야기를 통해 예증했다. 또한 바로 이것이 저자가 새 언약 안에서 희망의 성취를 발견하기 위해(신 30:1-16) 과거가 아닌 미래를 보는("후일에"[신 31:29]) 이유이기도 하다. 이런 의미에서 오경은 그리스도에 관한 것이다(비교. 요 5:46).

오늘날의 그리스도인이 모세 율법을 준수해야 하는지, 한다면 얼마나 준수해야 하는지 하는 것은 언약신학자들과 세대주의자들이 계속해서 논의해야 할 문제다. 하지만 그렇다고 이것이, 우리가 성경으로서의 오경의 권위 아래 있다는 사실에 대한 의심을 의미하지는 않는다. 오경을 읽는 그리스도인에게 중심적인 질문은, 왜 오경의 저자가 이런 율법들을 오경 안에 두었는지, 그리고 거기서부터 어떤 교훈을 이끌어내야 하는지여야 한다.[20]

---

20) 이는 David Puckett가 칼뱅의 구약 읽기에 대해 말한 것과 비슷하다. "성경해석의 임무는 성경에 기록된 정보를 주신 하나님의 목적이 무엇인가를 묻는 것을 포함한다. 레 11:13에 대한 해석에서 칼뱅은, 주해자가 항상 하나님의 의도(*Dei consilium*)를 고려

오경의 율법들

왜 저자가 오경 안에 모세 율법을 두었는지 하는 것은 문학적 질문이다. 이 질문은 왜 하나님이 모세 율법을 시내 산에서 이스라엘에게 주셨는지를 묻는 질문과는 다르다. 이것은 역사적 질문이다. 이런 역사적 질문을 던지는 것은 누구나 자유롭게 할 수 있으며, 또한 이런 질문이 중요하기도 하다. 하지만 이 책에서 제기되는 질문은 완전히 다른 종류의, 문학적 전략에 대한 것이다. 왜 오경의 저자는 하나님이 이스라엘에게 주신 율법에 대해 많은 관심을 쏟기로 선택했는가?

오경 속의 율법 삽입. 모세의 율법은 오경의 광야 내러티브에 삽입된 거대한 율법 집합이다. 출애굽기 19장에서 시작해서 이 율법들을 삽입함으로써 오경의 이야기는 정지하며, 군데군데 이야기를 다시 움직이는 내러티브가 부분적으로 나타난다. 이는 마치 저자가 독자들로 하여금, 광야 내러티브의 사건을 잠시 제쳐놓고 이 율법들의 성격과 목적에 집중하기를 원하는 것처럼 보인다.

오경의 율법 집합에는 무엇이 있는가? 오경의 율법 집합들을 자세히 살펴보면, 두 가지 중요한 특징이 드러난다.

첫째, 전체로서 율법 집합들은 포괄적이지 않다. 이 집합들에는 발견되리라고 기대할 만한 부분에 중요한 간극들(gaps)이 있다. 예를 들어 신명기 24:4에는 이혼에 관한 율법이 나오는데, 이는 오경에 기록되지 않은 다른 많은 율법들을 암시한다. 이 율법은 이혼에 대한 일련의 율법들의 일

해야 함을 지적한다. 여기서 칼뱅이 의미하는 것은, 해석자가 백성에게 율법을 주신 하나님의 목적을 명심해야 한다는 것이다"(*John Calvin's Exegesis of the Old Testament* [Louisivlle: Westminster John Knox, 1995], p. 33).

부로 보인다. 예를 들어 이혼에 대한 근거는 무엇인가? 어떻게 이혼을 하는가? 이혼 후에 다른 사람과 재혼할 수 있는가? 분명히 오경에서 발견되는 이혼에 대한 하나의 율법은 현재의 오경에 나타나지 않는, 같은 주제를 다루는 다른 많은 율법들을 가정하게 한다.

신명기 25:1-3에는 형벌로서 태형이 주어졌던 다양한 경우를 가정하게 하는 율법이 있다. 하지만 오경에는 오직 하나의 (의문시되는) 경우만 기록되어 있다(신 22:18).

둘째, 오경의 율법은 흔히 반복적이고 정교한 세부 사항을 포함한다. 예를 들어, "너는 염소 새끼를 그 어미의 젖으로 삶지 말지니라"라는 율법은 오경에 세 번 나온다(출 23:19b; 34:26; 신 14:21). 십계명은 두 번 나오고 (출 20장; 신 5장), 제단을 만드는 법을 묘사하는 율법 세트도 두 번 나온다(출 20:24; 27:1-3).

이 두 특징의 관찰은, 오경의 율법 집합 뒤에 의도적인 선택이 있었음을 암시한다. 이 선택은 포괄적이고자 하는 시도도 하지 않으며, 많은 경우 반복을 피하려는 시도도 하지 않는다. 우리는 오경 율법의 선택 뒤에 놓여 있는 의도를 발견할 수 있는가? 우리는 왜 이런 율법들이 오경에 있는지, 그리고 왜 이런 율법들만이 선택되었는지 설명할 수 있는가?

왜 모세의 율법이 오경에 있는가? 왜 오경에 모세의 율법이 있는지 하는 질문은 문학적이고 구성적인 차원의 질문이다. 이는 오경 저자의 의도(*mens autoris*)에 대한 질문이다. 만약 오경이 엄격한 의미에서 "율법 법전"이 아니라면―즉, 만약 오경이 **율법의 책**이 아니라 **율법에 관한 책**이라면―왜 오경에는 모세 율법이 있는가? 대체적으로 오경은 "율법책"으로 이해되어 왔기 때문에, 이런 질문은 거의 관심을 받지 못했다. 율법은 신정 정치 아래 있는 사람들이 따르도록, 율법 법전의 일부로서 존재한다고 가정되어 왔다.[21] 왜 모세 율법이 오경에 있는지 하는 질문은 자주, 왜 모세 율법이 시내 산 언약의 컨텍스트에서 이스라엘에게 주어졌는지 하는 질문으로 다루어졌다.[22] 이 질문에 대한 고려는 제기된 문제에 통찰력을 줄 수 있다. 하지만 두 질문이 아주 다른 것임을 명심해야 한다. 왜 하나님이 이스라엘에게 모세 율법을 주셨는지 하는 것은 역사적인 질문이다. 왜 오경의 저자가 그의 책에 모세의 율법을 포함시켰는지 하는 것은 문학적인 질문이다.

왜 모세의 율법이 오경에 삽입되었는지 하는 질문에는, 다음과 같이 적어도 네 가지의 답변이 있다.

율법들은 내러티브 기법의 일부다. 오경에서 율법은 시내 산 언약에서 하나님과 이스라엘의 관계의 성격을 드러내기 위해 사용된 내러티브 기법의 일부다. 율법은 이스라엘의 예배의 성격과 하나님과의 교제의 현실적인 그림을 독자에게 보여준다. 율법 집합들은 독자에게 하나님이 이스라엘에게 요구하셨던 것에 대한 내부자의 견해를 제공한다. 희생 제사는 하나님과 인간 사이의 관계의 장벽인 죄의 본성을 입증하는 데, 그리고 거기에 대해 무슨 일을 해야 하는지를 입증하는 데 도움을 준다. 따라서 다양한 율법 집합들을 읽음으로써 알 수 있듯, 저자에게는 제사 개념과 유사한 죄의 개념이 매우 중요하다.

성막을 세우고 유지하는 일을 규정하는 율법들은, 진실되고 실제적인 하나님과의 관계가 온전히 가능했음을 보여준다. 하나님은 미리 결정된 특정한 장소와 시간에 이스라엘과 만나실 수 있었다. 비록 하나님은 육체적인 존재는 아니시지만, 성막은 하나님이 물리적으로 거주하시는 곳이었다. 그분의 존재가 거기 거하셨으며, 다수의 거룩한 사물과 행위 속에서 자신을 나타내 보이셨다. 성결법은 이스라엘이 성막에서 하나님의 임재를 진지하게 받아들여야 함을 보여준다. 누구나 조심스럽고 적법한 준비를

---

21) "이렇게 정의된 신정 정치의 성격으로부터 우리는, 잠정적 구체화를 받은 율법의 기능이 무엇이었는지를 배울 수 있다"(Vos, *Biblical Theology*, pp. 141-42).
22) Ibid., p. 142.

갖춘 후에야 비로소 하나님의 면전으로 나아올 수 있었다. 성막의 목적은 이스라엘을 하나님으로부터 지키기 위해서가 아니라, 거룩한 하나님이 백성들과 함께 있기 위한 길을 예비하기 위해서였다.

왜 많은 율법들이 다양한 집합들에서 빠져 있을까? 왜 다른 율법들은 겉으로 보기에 임의적으로 목록에 기록되어 있을까? 오랫동안 믿어온 바에 따르면 오경 율법의 선택적 목록의 목적은, 독자들에게 이 율법에 반영된 하나님의 뜻이 삶의 모든 영역에서 그것의 자리를 요구함을 보여주기 위해서였다. 하나님의 관심과 감독으로부터 배제된 삶의 영역은 존재하지 않는다. 따라서 오경의 율법 배열에서 다양한 율법은 의도적으로 삶의 모든 영역으로부터 선택되었다. 모든 율법이 포함된 것은 아니지만, 삶의 모든 영역이 설명되는 것이다. 사람들의 삶의 신분과 지위에 관계없이, 오경에는 상세하게 그 삶을 다룬 율법이 존재했다.

그렇다면 왜 어떤 율법에는 확장된 세부 사항까지 주어지는 반면, 다른 율법에는 전부 생략되어 있을까? 율법을 상세하게 기록한 저자의 목적은, 하나님이 삶의 모든 상세한 부분에 깊은 관심을 가지심을 보여주기 위해서였다. 하나님이 직접적으로 관심을 가지시지 않는 삶의 영역은 없다. 하나님은 우리의 가장 사사로운 순간까지도 세밀하게 보시며, "이것을 하라!" 또는 "저것을 하지 마라!" 하고 말씀하신다. 이 텍스트들에서 하나님이 얼마나 현존하시는지를 보려면, 다루어진 주제들과 개인적 세부 사항들을 대략 살피는 것만으로 충분하다. 이스라엘이 하나님 앞에서 어떻게 살아야만 하는지를 규정하는 데 있어 하나님의 주목을 피할 수 있는 것은 아무것도 없다.

율법들은 이스라엘이 실패했다는 표시다. 오경의 율법은 이스라엘이 하나님께 순종하는 데 실패함을 생생하게 표현한 그림이다. 오경을 읽은 사람이라면 누구나, 오경의 주된 목적이 이스라엘이 율법을 지키는 데 실패했음을 보여주는 것이라는 점에 동의할 것이다. 오경의 이야기 대부분은 실패의 이야기다. 이집트를 떠나 시내 산에서 율법을 받았던 세대 전체는 광야에서 죽었다. 그들은 불순종했고 하나님을 신뢰하는 데 실패했다(민 14:11). 거기에는 단지 두 사람만이 예외다. 바로 여호수아와 갈렙이다. 이들을 넘어서서 심지어 모세조차도 앞으로 더 좋은 것을 기대할 희망이 거의 없었다. "내가 알거니와 내가 죽은 후에 너희가 스스로 부패하여 내가 너희에게 명령한 길을 떠나 여호와의 목전에 악을 행하여 너희의 손으로 하는 일로 그를 격노하게 하므로 너희가 후일에 재앙을 당하리라 하니라"(신 31:29).

오경을 순종과 믿음의 필요의 관점에서 볼 때, 우리는 저자가 두 핵심 인물인 아브라함과 모세를 대조시키는 데 중점을 두고 있음을 보게 된다. 간단히 말해 이 내러티브 전략은, 아브라함이 율법이 주어지기 오래전에도 믿음의 삶을 살았다는 것을 보여주려 한다. 아브라함의 믿음은 율법을 지키는 의로 여겨졌다(창 15:6; 26:5). 반면에, 모세는 율법 아래서 살았다. 그는 믿음의 부족으로 광야에서 죽었다(민 20:12). 오경의 저자는 모세와 그의 믿음의 부족을 이야기하는데, 왜냐하면 모세가 모든 백성 중 율법을 가장 잘 지켰을 것 같은 사람이기 때문이다. 민수기 12:7에서 모세는 하나님의 집(성전)에 있는 것들에 대해 충성했다고 되어 있다. 이는 분명히 모세가 제사장법의 요구를 지켰음을 의미한다. 그럼에도 모세와 그의 형 아론은 약속된 땅에 들어가는 것이 허락되지 않았다. 왜냐하면 그들은 "믿지 않았기" 때문이다(민 20:12).

따라서 오경은 놀라운 역설을 제시한다. 즉, 율법 아래 살았던 모세에게는 땅에 들어가기 위해 필수적이었던 믿음이 없었다. 반면에 믿음으로 살았던 아브라함은 "율법을 지켰다"고 간주된다. 따라서 오경의 율법은, 이스라엘이 율법 아래에서 하나님을 신뢰하고 순종하는 데 실패했음을 보여준다.

율법들은 하나님이 왜 이스라엘에게 율법을 주셨는지를 보여준다. 오경의 율법에는 왜 하나님이 이스라엘에게 모세 율법을 주셨는지를 보여주고자 하는 의도가 있다. 그 목적은 메시아가 오실 때까지 백성이 하나님으로부터 옆길로 벗어나는 것을 방지하려는 것이었다.[23] 오경은 율법 아래 있는 이스라엘의 경험에 대한 보고서다. 오경의 저자는, 갈라디아서 3:19에서 바울이 제기한 것과 동일한 질문에 관심을 가진다. 만약 율법이 이스라엘을 구할 수 없다면, 왜 하나님은 그들에게 율법을 주셨는가? 오경에서 주어진 답은, 율법은 이스라엘을 구원하기 위해서가 아니라, 그들의 마음이 새롭게 되고 그들이 하나님을 향한 사랑으로 그분께 순종할 수 있을 때까지 그들을 보존하기 위해서 주어졌다는 것이다. 모세 율법에 의해 이스라엘은 새 언약의 날까지 보존되었다. 율법이 그들을 안내하고 구별하지 않았다면, 이스라엘은 자신의 이웃들의 행렬에 재빨리 합류해서 하나님을 예배하는 것을 포기해버렸을 것이다.

갈라디아서 3:19에서 바울은, 하나님이 이스라엘에게 율법을 주신 이유가 "범법함을 인하여"(*tōn parabaseōn charin*)라고 말한다. 성서학자들은 여기서 바울이 "범법들"이라는 복수형을 사용한 것에 대해 의아해했다. 때로 이 말은 에덴동산에서의 아담의 죄에 대한 참조로 이해되었지만, 창세기의 말은 단수형인 "범법"이었다. 왜 여기서는 복수형인가? 오경에 편집된 다양한 세트의 율법을 보면, 거기에는 여러 번 "범법들"이 있음을 볼 수 있다. 출애굽기 19장부터 신명기까지의 내러티브를 통해서, 이스라엘이 하나님의 뜻을 따르는 데 실패한 많은 예들이 나온다. 여기서 우리는 저자의 손길이 작용하고 있음을 볼 수 있다. 각각의 불순종의 사건 이후 우리는 하나님이 이스라엘에게 새롭고 더 완벽한 세트의 율법을 주심을 본다. 이스라엘이 주어진 율법을 계속해서 어김에 따라, 하나님은 그들에게 계속해서 더 많은 율법을 주셨다. 하나님은 자기 백성을 포기하지 않으셨다. 그들이 죄를 지었을 때, 하나님은 그들이 더 많이 죄짓는 것을 막기 위해 율법을 더하셨다. 율법은 죄짓는 것을 막기 위해서가 아니라, 백성 주위에

---

23) 이것은 갈 3:19의 바울의 논의와 동일하다. 비록 여기서 나는, 이것이 오경 저자의 견해였음을 제시하고 있지만 말이다.

있는 죄의 세계 안으로 그들이 사라져버리는 것을 막기 위해 더해졌다. 따라서 하나님이 모세 율법을 주신 동기는 백성들의 범법이었다. 범법이 증가함에 따라 더 많은 율법이 더해졌다.

율법들은 "정의로운" 결정들의 집합이다. 오경의 율법은 독자의 마음속에 정의의 영을 가르치는 것을 돕기 위해, "정의로운" 결정들의 모범적인 집합을 제공한다. 아마도 오경에서 모세 율법이 있는 가장 중요한 이유는, 정의에 대한 교과서로서 이바지하는 것이다. 특정하고 구체적인 컨텍스트에서 "정의로운" 결정의 예들을 읽고 묵상함으로써, 우리는 구체적인 경우에 일어난 것으로서의 정의의 의미를 얻게 된다. 확실히, 오경에서 율법은 실제 고대의 컨텍스트에서 일어난 특정하고 구체적인 예일 뿐이다. 이것은 일상의 삶 또는 현대적 배경에 적용될 수 있는 단순한 추상 개념이 아니다. 이것은 과거에 일어난 하나님의 특정한 결정에 대한 실제적 예다. 그 자체로 오경의 율법은 실제 상황에서 하나님의 정의가 어떻게 실현되었는지를 보여준다. 이런 율법을 읽는 목적이, 율법 안에 깊이 새겨진 원리를 발견하기 위해 법의 컨텍스트를 제거하는 것은 아닌 것 같다. 그렇게 해야 할 때도 있을 수 있지만, 진짜 목표는 하나님이 우리의 뒤얽힌 삶을 보시는 방법에 대해 통찰력이 드러나도록, 내러티브에 컨텍스트를 허락하는 것이었다. 율법은 "이와 같은 경우에 우리는 무엇을 해야 하는가?" 하는 질문이 아니라, "이와 같은 특정한 경우에 하나님은 무엇을 생각하셨으며, 우리는 그분으로부터 정의에 대해 무엇을, 어떻게 배울 수 있는가?" 하는 질문에 답한다. 어떤 측면에서 발터 아이히로트(Walther Eichrodt)가 일반적인 이스라엘 율법에 대해 이전에 말했던 내용은, 모세 율법에 대한 현재의 논의에 적용된다.

우리가 모세 율법의 독특한 성격을 정의하려 한다면…먼저 우리가 관심을 기울여야 할 지점은, 전체 율법이 강조해서 하나님을 가리키고 있다는 점일 것이다.…전반적으로 이스라엘 율법은 몇 가지 기본적인 공식 견해를 매우 자유롭게 반복해서 적용하는 것으로 만족한다. 하지만 이런 공식 견해들은 하나님의 뜻으로 교육되며, 따라서 마음과 양심에 감동을 준다. 많은 경우에, 개개인의 구체적인 실례에 대한 적용은 정의에 대한 건강한 감정으로 남는다.[24]

따라서 오경은 묵상과 숙고의 대상이다(비교. 수 1:8; 시 1:2; 말 4:4). 오경은 구체적인 예를 통해서 정의(*mišpāṭ*)와 의(*ṣĕdāqâ*)가 무엇인지를 가르친다. 그러므로 오경은 시내 산 언약을 위해서가 아니라 새 언약을 위해 쓰였다(렘 31:31-32; 비교. 신 4:6). 시내 산 언약과 다르게, 새 언약에서 율법은 마음에 새겨져야 한다. 하나님의 백성들은 새로운 마음을 가져야 했다(겔 36:26). 하나님의 영은 굳은 마음을 제거하고 하나님의 뜻에 순종하고 따르기를 구하는 새 마음을 주신다. 율법은 오경의 페이지 위에 기록된 것과 동일한 방법으로, 즉 예시 하나하나를 통해 마음에 새겨지도록 되어 있다. 하나님의 영은 독자의 마음에 그분의 뜻을 기록하기 위해 하나님의 말씀을 사용한다. 따라서 오경은 잠언과 같은 책이다. 그것을 읽음으로써 우리는 무엇이 선하고 정의로운지, 또 무엇이 선하지 않은지에 대한 건강한 감각을 얻는다. 이 말씀을 읽고 묵상하는 마음속에 정의가 각인되는 것이다. 바로 이것이 여호수아 1:8과 시편 1:2의 권고가 설명하는 바다. 지혜의 근원은 율법을 포함해 성경을 묵상하는 것이다.

오경으로부터 옳고 선한 것에 대한 지혜와 감각을 얻는 방법은, 구체적인 상황들 안에서 정의가 어떻게 드러나는지에 대한 감각을 축적하면서, 지혜로서의 오경을 읽는 것이다. 잠언에서 지혜의 예를 숙고함으로써 지혜롭게 되는 것처럼, 우리는 오경에서 율법을 숙고함으로써 선하고 정의롭게 된다.

---

24) Walther Eichrodt, *Theology of the Old Testament*, trans. J. A. Baker (OTL; Philadelphia: Westminster, 1961), pp. 74-77.

11장

오경 속의 구원의 주제

이 장의 목적은 구원에 대한 오경의 이해를 설명하는 것이다. "구원"은 하나님과의 영원한 관계의 성립과 그의 축복에 참여함을 의미한다. 내 목표는 이스라엘의 구원과 종교 그 자체를 설명하는 것도, 그들이 이스라엘인으로서 하나님과 갖는 관계를 설명하는 것도 아니다. 오히려 내가 원하는 것은 하나님으로부터 온 구원의 선물에 대한 오경의 가르침을 설명하는 것이다. 이것은 신약의 사상과 동일하게 들릴 수 있지만, 여기서 나는 논의를 오로지 구약으로만 제한할 것이다

흔히 복음주의자들은 구약 내에서 구원의 질문을, 구약의 특정 개인들이 가진 믿음의 의미로 이해했다. 하지만 이런 목적은 텍스트적으로 근거를 가지는 성경신학의 초점이 아니다. 내가 추구하는 것은 구약의 신자들이 가진 종교적 신념을 발견하는 것이 아니라, 오경과 오경의 메시지에 초점을 맞추는 것이다. 구약의 신자들의 종교적 신념과 실천은 어느 정도까지 오경의 구원 이해의 본질의 모델이 될 수 있는가? 오경을 읽음으로써 우리는 하나님과 구원에 대해 무엇을 배우는가? 오경은 독자들에게 하나님과 그들의 관계에 대해 무엇을 말해주는가? 오경은 어느 정도까지 독자들에게 모세와 시내 산 언약 같은 구원에 대해 이해를 제공하는가? 또는 어느 정도까지 오경은 독자들에게 대체 언약, 즉 예언문학 같은 "새 언약"을 제공하는가?(비교. 렘 31:31-32)

성경의 의미와 구원의 이해에 대한 이런 관심은 몇 가지의 질문을 제기한다. 여기서 중요한 것은 다음과 같은 두 가지 질문이다. 첫째, 오경의 구원 이해에서 율법, 제사장직, 성막, 제사의 역할은 무엇인가? 둘째, 오경의 구원 이해에서 성경과 성경적 계시의 역할은 무엇인가? 고대 이스라엘의 종교는 주로 성막과 성전에 초점을 맞추고 있다. 아담, 하와, 노아, 아브라

함 같은 구약의 신자들은 비록 기록된 성경을 가지고 있지는 않았지만, 이스라엘 백성들처럼 제단을 세우고 제사를 드렸다. 심지어 나중 시기에 가서도 오랫동안, 기록된 성경에 대한 강조가 별로 없는 듯 보인다(비교. 대하 22:8). 오경은 이런 종류의 "기록되지 않은" 종교를 승인하는가? 아니면 오경은 기록된 계시-"sola scriptura"-에 기초한 종교를 설립하고자 하는가? 성전과 성경 사이의 관계에 대해 오경은 어떤 견해를 가지고 있는가?

예비적 질문들

구약의 구원에 대한 논의로 들어가기 전에 우리는 간단하게, 이 질문에 대한 복음주의적 접근법의 특정 측면에 대해 언급해야 한다. 구약에서 구원은 복음주의적 성서학자들의 관심의 중심부였다. 이 관심은 대체적으로 아담과 하와, 아브라함과 모세 같은 개별적인 성경 인물들이 경험한 구원의 성격에 맞추어졌다. 이들의 구원의 경험은 무엇이었으며, 이 경험은 어떻게 신약의 우리 자신의 경험과 비교되는가? 이 질문에 대한 답은 주로 미리 결정된 신학적 방침을 따라 주어졌다. 언약신학자들은 아브라함과 같은 초기 성경의 신자들의 구원을, 신약의 사람들과 본질적으로 동일한 것으로 본다. 언약신학은 처음부터 하나의 언약, 즉 은혜 언약만이 작동한다고 인식하기 때문이다. 구약에서 구원받은 자들은 모두 이 언약을 통해서 구원받았다. 세대주의자들은 구약 신자들의 구원을 몇 가지 중요한 측면에서, 신약과는 별개의 것으로 본다. 언약신학과 세대주의 양편의 입장은 모두 이 주제에 접근하면서, 기본적인 사항에 대해 대체적으로 서로 동의한다는 인상을 주며 공통적인 가정과 목표를 공유한다. 두 입장은 모두 아브라함의 구원이 그리스도의 완성된 사역에 기초하며, 그리스도를 믿음으로써 개인적으로 구원받았다고 생각한다. 구원은 신약의 신자들과 마찬가지로, 아담과 하와에게도 동일하다.

  이 질문에 대한 복음주의자들의 추가적인 논의는, 복음주의적 성향들 각각의 신학적 체계 안에서 세부 사항들이 어떻게 작동하는지 하는 문제에 집중한다. 신약(새 언약)의 믿음을 구약(시내 산 언약과 동등하게 다루어지는)과 동일한 것으로 강조하는 언약신학자들은, 구약 신자들이 "그리스도를 보고" 실제로 그를 믿을 수 있는 방법을 발견하고자 한다. 이렇게 하기 위해 언약신학자들은 흔히 성경 텍스트를 해석하는 데 엄격한 문자주의를 넘어서는 해석학적 접근법에 의존했다. 세대주의자들은 초기 성경의 신자들의 믿음이 특별히 그리스도를 볼 필요가 없었다고 믿는다. 따라서 세대주의자들은 구원을 이스라엘의 언약적 책임과 동일한 선상에서 이해하는 경향을 가진다. 이들의 임무는 "율법 준수"와 "믿음" 사이의 관계를 보여주는 것이었다. 왜냐하면 적어도 시내 산 종교로서 이해될 때, 이 두 가지는 부정할 수 없는 요소라고 믿었기 때문이었다.

두 진영이 모두 놓치고 있는 것은, **성경 저자들이 관심을 집중시킨 구원의 개념이 자신들의 책에 의해 제시된 대로의 구원이 아니라, 성경의 인물들에 의해 그들의 세계 안에서 이해된 대로의 구원이라는 점이다.** 이것은 특히 테두리를 정하기가 어려운 질문이다. 왜냐하면 흔히 복음주의자들은 성경책들의 저작을 그 책 속에 중심인물들의 관점에서 보기 때문이다. 마치 등장인물들이 자신이 등장한 부분을 썼다는 듯이, 구약의 저자들은 구약 내 중심인물들과 너무 쉽게 동일시되었다. 따라서 아주 쉽게 성경 인물이 가진 구원에 대한 견해가 성경 저자의 견해와 일치한다고 가정한다. 비록 이것은 내러티브 텍스트의 성격에 대한 오해를 포함하고 있지만 말이다. 만약 복음주의자들의 주장처럼 모세가 오경을 썼다면, 아브라함은 창세기를 쓸 수 없었다. 그럼에도 복음주의자들은 아브라함의 믿음을, 마치 그 믿음이 창세기 1-11장의 메시지에 기초하고 있는 것처럼 다루는 경향이 있다. 복음주의자들 대부분은 창세기 1-11장이, 창세기의 저자라고 믿어지는 모세가 아니라, 아브라함이나 혹은 그를 앞서갔던 사람들의 신학을 반영한다는 가정에 영향 받는다. 이 쟁점은 복잡하지만, 구약의 구원에 대한 복음주의적 관점을 이해하는 데 필수적이다.

아담과 하와 또는 아브라함의 종교적인 견해에 대해 우리가 알고 있는 바가 거의 없다는 사실은 성서학에서는 자명하다. 우리는 이런 성경 인물들을, 오경 전체와 그 저자의 의도라는 컨텍스트에서 본다. 분명히 저자가 원하는 것은, 우리로 하여금 이런 초기 신자들의 믿음이 우리와 같았음을 보도록 하는 것이다. 그렇다고 오경 저자가, 우리가 저자의 도움도 없이 "스스로의 능력으로" 그들의 하나님에 대한 믿음의 다양한 양상과 구원의 이해를 발견하기를 원했다는 의미는 아니다. 이 초기의 신자들이 무엇을 믿었고 그들이 어떻게 살았는지를 보여주는 것은 저자에게 매우 중요한 과제였다. 저자가 원하는 것이, 지금 오경을 읽는 우리로 하여금 우리 자신의 믿음이 어떠해야 하는지를 이 책으로부터 이해하도록 만드는 것이었음을 아는 일은 중요하다. 아브라함의 믿음은 우리에게 우리 믿음에 대한 교훈을 준다. 오경의 내러티브에서는 초기 신자들의 생애가 우리 눈앞에 펼쳐진다. 우리가 그들을 열심히 모방하게 하기 위해서가 아니라, 우리가 가진 믿음을 설명하기 위해서다. 비록 우리가 그들과 공통된 믿음을 공유하고 있지만 말이다. 오경 저자의 가정은 아담과 하와, 아브라함과 족장들이 저자가 믿었던 바를 믿었다는 것이다. 바로 이것이 저자가 이 신자들을 책에 포함시킨 이유다. 그들의 종교의 외적 형태가 어떠했든지 간에, 오경의 저자는 독자들이 아담과 하와와 아브라함과 같은 믿음을 가지기를 원한다. 저자는 우리가 믿어야 하는 것이 무엇인지를 우리에게 말해준다. 그들이 무엇을 믿었는지를 독자들이 그냥 짐작하도록 만들지 않는 것이다. 저자는 아담과 하와와 아브라함 같은 초기 성경 인물들이 동일한 방식으로 믿고 행했음을 항상 가정하면서, 우리가 무엇을 믿으며 어떻게 행해야 하는지를 보여주기 위해 상당한 문학적 노력을 기울인다. 따라서 오경의 목적은 독자들에게 옛날의 신자들이 무엇을 믿었는지가 아니라, 우리 독자들이 무엇을 어떻게 믿어야 하는지를 말해주는 것이다. 따라서 우리의 관심의 초점은, 저자가 우리의 믿음에 대해 **오경에서** 가르치고자 의도한 것이 무엇인지 하는 데 맞추어져야 한다.

구약에서 구원의 문제에 대한 복음주의의 태도는 이 임무 자체의 성격과 목적에 대한 근본적인 가정들에 의해 형성되었다. 여기서 나는 이런 가정들 중 일부만을 요약 설명할 수 있을 뿐이지만, 오해를 바로잡기 위해서는 이렇게 하는 것이 중요하다. 구약의 구원에 대한 복음주의적 접근법이 가진 이런 측면은 항상 명확히 이해되거나 표현되지는 못했다. 구약의 구원에 대한 복음주의적 접근법들은 자신의 주장을 펼치는 데 있어 중복되거나 정확성을 결여했다. 따라서 우리는 가장 흔하게 간과되는, 다음과 같은 세 가지 양상을 살펴보아야 한다.

원계시. 구약의 구원에 대한 고전적인 정통적 이해는 "원계시"(Uroffenba-rung)의 사상으로 시작된다. 원계시는 가장 초기의 성경 인물들의 편에서 가졌던, 하나님의 계시에 대한 태고적이고 지속적인 접근성의 개념이다. 타락 이전, 이 특별한 종류의 계시는 하나님으로부터 인류에게로, 끊어지지 않는 의사소통의 연속에서 발견되었다. 에덴동산에서 하나님과, 아담과 하와 같은 성경의 신자들 사이에 흐르는 이 계시의 물길은 처음에는 "대상화되지 않았으며" 기록된 형태도 아니었다.[1] 이것은 성경이라는 기록된 형태로 안정화해야 하는 긴급한 필요가 일어나기 전까지 기록되지 않은 형태로 계속되었다.

나아가 원계시의 개념에 따르면, 인간은 창조주이신 하나님과 거의 완벽한 관계와 교제를 누렸다. 그들의 "종교"는 그들의 손안에 있었던 원계

---

1) 하지만 죄의 지배 아래서 특별계시의 가장 중요한 기능은 자연적 진리를 인식하는 능력의 갱신과 치유에 있지 않다. 그것은 인간의 구속과 관련해서 새로운 진리의 세계를 도입하는 데 있다. 여기서 새로움이란, 정직한 상태에서의 초자연적 재계시와 비교해서, 형태와 내용과 관련되어 있으며, 더 나아가 인간에게 하나님의 초자연적인 접근이 받아들여지는 방식에 영향을 미친다. 직접적인 교류의 형태에 있어서 이것은 대상화되어 있다.…구속의 법칙 아래서 인간과 하나님의 교류 자체를 연결하는 외부적인 어떤 구현물이 만들어졌다"(Geerhardus Vos, *Biblical Theology: Old and New Testaments* [Grand Rapids: Eerdmans, 1948], p. 30).

시에 근거했다. 원계시는 "자연계시"의 형태가 아니었는데, 왜냐하면 자연계시와는 다르게 이것은 진정한 초자연적인 작업에 근거했기 때문이다. 원계시와 오늘날 우리가 성경에서 가지고 있는 특별계시 사이의 유일한 차이점은, 원계시가 기록되지 않은 형태로 있었다는 것뿐이다. 게할더스 보스는 성경신학에 대한 그의 이해의 기초를 형성한 원계시에 대한 이해를 다음과 같이 설명한다.

> 이전(타락 전)에는 [하나님과 인간 피조물 사이에] 가장 직접적인 영적 교제가 있었다. 계시의 흐름은 방해받지 않고 흘렀으며, 나중에 길어내기 위해 저장고에 물을 모아둘 필요가 없었다. 구속의 법칙 아래(타락 후)서는 하나님과 인간의 교류 자체를 연결하는 외재화된 어떤 것이 만들어졌다. 계시의 지속적인 흐름에 접근하기가 쉬웠던 곳에서는, 과거의 교류에 대한 미래적 기억을 제공할 필요가 없었다.[2]

보스에 따르면, 타락 전에는 창조주와 피조물 사이의 지속적이고 직접적인 관계 덕분에 인간에게 이용 가능한 하나님의 특별한 계시가 많이 있었기 때문에, 미래의 사용을 위해 그것을 보존할 필요가 없었다. 이 계시는 항상 풍성했다. 거기에는 즉각적이고 초자연적인 계시의 지속적이고 풍성한 공급이 있었다.

하나님으로부터의 이 직접적인 특별한 의사소통에 의해, 인류(아담과 하와)는 하나님의 뜻을 항상 알 수 있었다. 그러므로 인류는 하나님의 계시에 불순종할 때마다 이 과실에 책임이 있었으며, 기록된(또는 기록되지 않은) 성경의 필요 없이 하나님과의 직접적인 교제를 즐길 수 있었다. 그러나 이 풍성한 특별계시의 공급은 하나님과 피조물 사이의 관계가 타락에 의

---

2) Ibid.

해 깨어졌을 때 종지부를 찍게 되었다. 인간이 죄와 반항으로 하나님으로부터 점점 더 멀어지고 소외됨에 따라, 이 특별한 원계시의 경로가 곤경에 처하게 되었으며 점점 더 희박해졌다. 정통 신학자들은, 특별계시의 신적 근원의 절박한 상실과 종국적인 소멸과 함께 이 자발적이고 직접적인 계시를 "대상화된" 것으로, 즉 아직 기록된 형태는 아니지만 성경 같은 동일한 계시의 버전으로 바꾸려는 노력이 행해졌다고 생각한다. 현재 우리가 성경으로서 가지고 있는 것은, 타락한 인류에게 자신의 뜻을 알리기 위해 하나님의 행위와 함께 주어졌던 완전하고 기록되지 않은 계시의 문서화된 버전이다. 따라서 성경은 최초의 원계시를 받은 초기 신자들의 종교적인 믿음과 실천이 쌓여 있는 일종의 저장고다. 성경은 타락 전에 존재했으며 타락 후에는 기록되지 않은 형태로 존재한, 진정한 종교의 잔존물로 이루어져 있다. 구약의 구원의 성격을 이해하기 위해서는, 오경의 페이지에 여전히 깊이 새겨져 있는 원계시의 남아 있는 흔적 속에서 그것을 발견하기를 시도해야 한다. 초기 오경의 종교와 계시의 잔존물은 오경에 남아 있는 것 속에서 "발견"되어야 한다. 오경 자체는 이런 믿음을 가르치지 않았다. 오경은 다만 원계시의 잔존물이 저장되어 있는 저장고였다.

불행하게도, 정통 신학자들이 믿듯 이 초기 계시의 모든 단편들은 기록된 성경에 보존되지 않았다. 이것들의 많은 부분은 보존되지 않았거나 기록되지 않았으며, 결과적으로 초기 신자들이 하나님과 그들 자신의 구원에 대해 이해했던 많은 내용이 사라졌다. 우리는 초기의 신자들이 구원에 대해 알았던 모든 내용, 그리고 아브라함과 이삭 같은 성경의 인물들이 자신들의 구원에 대해 한때 알았던 내용을 모두 알 수는 없을 것이다. 비록 그들 시대에는 하나님의 계시의 풍성하고 순수한 원천이 있었지만, 원계시는 현재 성경의 흩어진 구석구석에 드물게 보존되어 있을 뿐이다. 오늘날 우리는 성경을 읽음으로써, 부분적이기는 하지만 아담, 아브라함, 모세 같은 초기의 성경 신자들의 종교에 대해 꽤 분명한 이해를 얻을 수 있다. 정통적인 견해에 따르면, 성경은 멜기세덱과 이드로와 같은 고대의 성경 신자들의 종교적인 믿음의 유일한 저장고다. 하지만 성경은 이 초기의 기록되지 않은 계시의 흩어진 잔재들을 포괄적이고 조직화된 방법으로는 제시하지 않는다. 이 성경 인물들이 믿었던 바의 많은 부분은 결코 완전히 알려질 수 없을 것이다. 그러나 우리가 알 수 있는 내용은 성경의 하나님에 대한 오늘날 우리 자신의 종교적인 믿음을 위한 모델로서 우리에게 도움이 된다. 구원에 대한 태고적 이해는, 비록 오늘날 우리의 것과 다르게 표현되기는 했지만 우리의 이해와 동일하며, 두 시대를 함께 묶는 공통된 믿음을 강화시키기 위한 모델로서 사용될 수 있다.

구약의 구원에 대한 이런 견해는 복음주의적 성경신학자들의 사고에 계속적인 영향을 미쳤다. 현대의 복음주의적 신학의 임무는 이런 고대의 "성경적 믿음"을 발견하고 밝히며, 필요하면 재구성을 시도하는 것, 그렇게 함으로써 진정한 "성경적 종교"의 초기 형태를 발견하는 것이라고 간주되었다. 보스는 바로 이것을 성경신학의 일차적인 목표로 보았다. 그는 "구속 이전의(preredemptive) 특별계시의 내용"을 설명하는 시도로서 자신의 성경신학을 시작한다.[3] 보스에게 "구속 이전"은 이 계시가 에덴동산까지 거슬러 올라가서 알려졌음을 의미한다. 심지어 그는 "성경신학"을 "에덴동산의 태고적인 구속 이전으로부터 신약 정경의 종결까지, 특별계시가 가진 진리의 유기적인 성장이나 발전을 제시하도록 추구하는 것"으로 정의한다.[4] 원계시에 대한 보스의 견해는, 비록 그가 역사적 방법이 중심 역할을 하도록 추가하기는 했지만, 고전적인 정통 견해의 전형적인 예다. 보스에 따르면, 원계시의 잔재를 발견하기 위해서는 기록된 정경만을 볼 필요가 없다. 한때 특별계시(원계시)로 믿어지고 받아들여졌던 것의 다른 측면을 발견하기 위한 시도로서, 초기 이스라엘인들의 역사적 기록들 역시 철저하게 조사할 수 있다. 따라서 보스에게 역사는, 성경신학에서 중심적

---

3) Ibid., p. 37.

4) Ibid., p. 5.

인 역할을 하며 구약의 구원에 대한 태고적 이해를 재건하는 일차적 도구다. 이런 측면에서 보스는, 프린스턴의 선배 세대였던 19세기의 복음주의적 성경신학자들(예, 찰스 하지와 벤저민 워필드) 대부분과 다른 방향으로 움직였다. 비록 성경이 역사적 사건들의 이해와 평행하는 노선을 따라 재구성되어야 하긴 했지만, 보스의 선배 세대에게 성경은 계시의 유일한 원천으로 남아 있었던 것이다.

현재 우리 책의 방향을 따라 구성된 성경신학의 임무는, "구속사"라는 제목 아래 "원계시"의 고전적 개념의 많은 부분을 유지했던 보스를 위시한 다른 복음주의자들과는 별로 사이가 좋지 않다. 나의 목적은 아담과 하와 같은 성경 인물들의 믿음을 발견하는 것도, 아브라함과 야곱 같은 성경 인물들의 종교적인 믿음의 다양한 구성 요소들을 회복하는 것도 아니다. 이런 믿음은 대체로 성경 텍스트의 경계 바깥에 놓여 있다. 나의 목적은 오경이 성경으로서의 자신의 역할 안에서 가르친, 구원에 대한 관점을 발견하는 것이다. 오경은 독자들에게 구원에 대해 무엇을 말하는가? 아담과 아브라함 같은 초기의 성경 인물들이 가진 종교적인 신념을 추구하는 것이 중요할 수 있지만, 우리는 아브라함과 사라가 현재와 같은 오경을 가지고 있지 않았음을 인정해야 한다. 그들에게는 전혀 성경이 존재하지 않았다. 그러므로 우리의 목적이 오경의 신학과 그것의 구원의 성격에 대한 이해라면, 우리는 오직 오경이 설명하는 대로 그들의 신념을 이해해야 한다.

은혜 언약. "은혜 언약"(*foedus gratiae*) 개념은 구약 시대의 이스라엘의 종교와 이후의 신약적 믿음 사이에 존재하는 공통적 연결 고리들을 설명하려고 시도하는 신학적 구조물이다. 구약에 기록되었거나 암시된 것으로서, 인간과 하나님 사이의 친교의 가장 초기적 단계로부터 다음과 같은 점이 가정되었다. 즉, 진정한 계시 종교는 하나님이 약속하신 구속자를 믿는 믿음을 통해 경험되는 은혜 언약, 오직 이 유일한 언약에 기반한다는 가정이었다. 이 언약은 시기와 장소에 따라 다양한 외적 양상을 취할 수 있지만, 항상 하나님이 약속한 구속자에 기초하는 그분의 은혜의 언약으로 동일하게 남아 있었다. 어느 시대를 보든, 성경의 종교는 타락 이후 아담과 하와와 함께 하나님에 의해 설립된 은혜 언약의 표현이다. 이 언약은 구약 시대 전체를 통해서, 그리고 새 언약으로 알려진 현재에 이르기까지 계속된다. 동일한 은혜 언약의 일부인 구약의 구원은, 모든 신자들이 향유하는 신약의 구원으로 오늘날 우리가 알고 있는 것과 동일하다. 은혜 언약의 사상을 고수하는 사람들에게, 구원에 대한 구약의 견해를 이해하는 작업은 주로 초기의 구약 신자들의 삶 속에서 은혜 언약의 증거를 발견하는 것으로 이루어진다. 이 쟁점에 대해 다양한 접근법들이 의견을 달리하는 지점은, 초기의 성경 인물들에게 예수 또는 오실 메시아에 대한 이해가 얼마나 많이 있었는가 하는 대목이다. 결과적으로 언약신학에서 메시아 신앙(구약에서 그리스도에 대한 언급)은 구약의 구원의 성격을 이해하는 데 필수적인 역할을 한다.

점진적 계시. 많은 복음주의 신학자들에게 "점진적 계시"의 개념은 구약 시대의 구원에 대한 질문에 유일하게 적합한 답을 제공한다. "점진적 계시"는 하나님의 계시가 인간의 타락한 성격의 조건과 한계 아래서 우리에게 온다는 믿음이다. 앞에서 지적했듯, 타락 이전에 인간은 창조주와 중단 없는 계시의 친교를 향유했다("원계시"). 이는 하나님의 계시의 흔들리지 않고 지속적이며 매개되지 않은 흐름이었다. 그러나 타락은 이런 친교의 종말을 의미했으며, 영적인 현실을 이해하는 데 근본적으로 무능력함을 의미했다. 사실상, 인류는 처음부터 다시 시작해야 했으며 하나님의 진리를 시작부터 다시 배워야 했다. 하나님은 그분의 은혜로 인내심과 온화함을 가지고 인류를 "재교육하는" 임무를 착수하셨기 때문에, 인간들은 하나님의 진리를 점점 더 이해할 수 있었다. 고트홀트 레싱(Gotthold Lessing)은 자주 인용되는 자신의 유명한 경구에서, 이런 생각의 정수를 포착하고 있다. "교육이 한 개인에게 의미하는 것은, 계시가 전 인류에게 의미하는 것과 같다."[5]

계시를 이해하는 데 인간에게는 한계가 있으므로, 구약의 구원은 가능한 한 가장 단순한 의미로 제시되었다. 이는 흔히 제사장직, 제사, 성막, 땅, 지상의 재화 같은 단순한 물리적인 실체의 관점에서 보는 것을 의미했다. 그러므로 구약의 종교는 신약에서 발견되는 더 높은 수준의 영적 현실을 위한 일종의 그림 훈련이라 할 수 있다. 구약 종교의 물리적 현실은 하나님이 의도하신 구원의 방법으로서가 아니라, 고대 세계의 일상적 삶의 관점에서 주어진 영적 진리 안의 교훈으로 이해되어야 했다. 구약 시대의 신실한 자들이 가졌던 구원의 성격을 이해하기 위해서는, 그들 종교의 일시적이고 물리적인 측면을 통해 그것들이 구체화하고 있는 영원한 진리를 보아야 한다. 본질상 인간은, 현재의 세상을 이해하는 방식으로 영적 현실이 제시되었을 때만 비로소 그것을 온전히 이해할 수 있었다. 충분한 성숙은 신약의 복음이 나타났을 때 비로소 함께 왔다.

요약. 오경에 나타난 구원을 이해하는 작업은 앞에서 개관한, 구약에 대한 다양한 접근법을 비판하는 작업에 있지 않다. 나의 목적은 구약에서 우리가 읽은 인물들의 종교를 설명하는 것이 아니다. 내 목표는 오경 자체가 가르치는 구원의 성격을 설명하는 것이다. 저자는 하나님과 우리의 구원에 대해 우리가 무엇을 이해하기를 원하는가? 오경은 기록된 성경으로서 그리고 하나님의 계시로서, 그리스도인의 믿음에 필수적인, 하나님과 구원에 대한 견해를 제시한다. 바울은 아브라함을 그리스도 안에서 기본적인 믿음을 공유한 자로 보았다. 따라서 바울은 신약적 구원의 개념을 가르치기 위해 아브라함의 예를 사용했다. 히브리서의 저자는 구약의 등장인물 거의 전체를 "그리스도인" 믿음의 남녀로서 이해한다. 다음 부분에서

---

5) "Was die Erziehung bei dem einzeln Menschen ist, ist die Offenbarung bei dem ganzen Menschengeschlechte"(Gotthold E. Lessing, *Die Erziehung des Menschengeschlechts* [Stuttgart, 1780], p. 7).

내 목적은 "하나님의 왕국" 개념으로 시작해서 오경의 구원에 대한 견해의 다양한 요소들을 설명하는 것이다. 내가 오경 내에서 주해적으로 입증하기를 바라는 논지는, 오경이 신약 저자들이 그 속에서 보았던 사상과 주제를 포함한다는 것이다.

하나님의 왕국

하나님과 그분의 창조 사이의 관계는 보통 성경신학자들에 의해 "왕국"(*regnum*)이나 "하나님의 왕국"(*regnum dei*)으로 설명된다.[6] "왕국" 개념은 모든 창조물과 하나님의 관계(*regi a Deo*) 또는 일부의 창조물과 하나님의 관계(*regnare cum Deo*)를 설명할 수 있다. 성경신학에서 "하나님의 왕국" 개념의 중심성은 이론의 여지가 없다(비교. 막 1:15). 질문은 이 개념이 오경 신학의 일부인가 하는 것과, 만약 그렇다면 그것의 성격과 목적은 무엇인가 하는 것이다.

왕국의 개념과 관련 용어가 오경 내러티브에 나타나는 것은 확실하지만(창 17:6; 35:11; 36:31; 37:8), "왕국"(예, *malkût, melek, mālak, mamlākâ*)[7]이라는 어휘와 개념은 앞에서 내가 지적한 대로, 대부분 시적 텍스트에(창 49장; 민 23:21; 24:7) 나타난다.

출애굽기 15장의 왕국. 오경의 시 전반에 반영된 "왕"과 "왕국" 개념의 중심성은, 오경에서 네 편의 중심적인 시들 중 하나인 출애굽기 15:1-18[8]에서

---

6) Gottlob Schrenk, *Gottesreich und Bund im älteren Protestantismus: Vornehmlich bei Johannes Coccejus*, 2nd ed. (Darmstadt: Wissenschaftliche Buchgesellschaft, 1967).

7) 고대 세계의 다양한 "왕"과 "왕국"과는 대조되는, 특별히 이스라엘과 열방을 위한 왕국을 의미한다.

8) 민 23:21b의 "여호와 그들의 하나님이 그들과 함께 계시니 왕을 부르는 소리가 그중에 있도다"(역자 주—원서는 NRSV 인용)는 출 15:18, "여호와께서 영원무궁하도록 다스리

최고도로 표현된다. 구성적인 측면에서, 이 시에서 왕국 개념에 초점이 맞추어지는 것은 결론 문장이다. "여호와께서 영원무궁하도록 다스리시도다(*yhwh yimlōk*)"(출 15:18). 이것은 시의 마지막 기록 부분이며, 그 자체로 오경 내의 현재 형태와 중심 위치에서 시의 메시지의 필수적인 부분이 된다. 다른 시들과는 달리, 이 시에서 왕권의 개념은 다윗 가계의 개인보다는 왕으로서의 하나님께 초점을 맞추고 있다. 이 시의 초점이 여호와의 통치가 지닌 영원한 측면에 맞추어져 있다는 사실은, 오경의 주요 시 중에서 유일하게 이 시만이 "마지막 날에"(*bĕʾaḥărît bayyāmîm*)라는 도입부 제목을 가지지 않는 이유를 설명하는 듯하다. 이 시가 염두에 두는 왕국은 종말론적이거나 미래적인 "마지막 날"의 왕국이 아니라, 현재를 포함해 모든 시간을 아우르는 영원한 왕국이다. 이것은 역대상 28:5에 나오는 "여호와의 왕국"(*malkût yhwh*)[9]과 같은 하나님의 왕국이다. "마지막 때에"라는 도입부 제목이 부재하는 이유는 아마도, 다른 시들에서 도입부로 사용된 "마지막 때"가 유다의 가계로부터 오실 개인 왕에 대한 초점과 관련된 것과 동일한 방식으로, 시의 소재와 연관이 있는 듯하다. 그러므로 "마지막 때에"(*bĕʾaḥărît bayyāmîm*)라는 제목은 각각의 시의 개별적인 소재나 메시지에 연결되어 있다. "마지막 때"라는 제목이 부재하는 것을 감안할 때, 출애굽기 15장은 "마지막 때에" 도래한다는 의미에서 미래적 왕국에 관한 것이 아니다. 오히려 이 텍스트는 "성소"(*miqqdāš*)에 초점을 맞춘 하나님의 현재의 통치에 대한 것이다. 이 시의 메시지에 따르면, 창조에서 하나님은 자신의 성소를 "그의 기업의 산(예루살렘?)에" 준비하셨고 "심으셨다"(출 15:17). 오경의 다른 시들(창 49장; 민 24장; 신 32장)과는 다르게, 출애굽기 15장에는 "마지막 때에"라는 문구를 붙일 이유가 없었을 것이다. 이 시는 현재와 과

시도다"(역자 주—원서는 NRSV 인용)에 대한 참조다.

9) *malkût yhwh*(여호와의 왕국)라는 표현은 구약에서 딱 한 번(대상 28:5) 나온다. 또한 신 33:5을 보라.

거와 미래의 왕이신 하나님의 영원한 통치에 대해 말한다.

종말론적 왕국(*regnare cum Deo*)으로부터 영원한 왕(*regi a Deo*)으로 이 동한 것은 별도로 하고, 출애굽기 15:1-18의 텍스트는 화자의 개인화된 정체성을 향해서 결정적 선회를 한다. 비록 이 시는 모세와 이스라엘 백성들의 입술로부터 나오는 것이지만(출 15:1), 시 자체에서는 개인인 모세가 하나님께 이야기하고 그분을 찬양하고 있다. 이 시는 홍해에서 나라가 구원받은 사건을 송축한다. 이 사건은 시 속에서 개인적 구원의 행위와 동일시되는데, 국가의 출애굽을 모세 개인의 사역으로 개인화함으로써 그렇게 된다(비교. 민 23:22; 24:8). 출애굽기 15장은 첫 문장의 시작에서부터 이런 개인화를 인정한다. "[여호와는] 나의 구원이시로다"(*wayĕhî-lî lîšûʿâ*, 출 15:2). "나의 구원"은 나라의 구속에 대한 진술이 아니라, 하나님의 구원을 인정한 개인 위에 시각을 확실하게 고정하고 있다. 이런 개인적 적용은 시의 마지막 부분에서 화자를 미리암 선지자와 동일시함으로써 더욱 강화된다(출 15:20).

개인적 구원에 대한 거의 동일한 희망의 고백이 창세기 49:18의 야곱의 시에서도 발견된다. "여호와여 나는 주의 구원을 기다리나이다"(*lîšûʿ ătkā qiwwîtî yhwh*). 이 개인적인 "신앙 고백"은 다른 시행들 사이에서 독특하게 두드러진다. 이 텍스트의 목소리는 시의 나머지 부분의 집단적 목소리를 넘어서서 또렷하게 들린다. 이런 개인화된 요소와 이것을 포함하는 논평은, 아마도 구성의 최종 단계에서 저자가 시 안에 삽입한 것 같다. 자체적으로 이런 요소들은 오경과 타나크의 최종 형태의 중심적인 관심사를 반영한다. 앞에서 이미 나는, 이런 구성의 마지막 단계에서 오경의 시들(창 49장; 민 24장; 신 33장)이 중요한 역할을 했음을 주장한 바 있다. 시 속에 나타나는 개인적 영성에 대한 이런 표현들은, 최종 단계에서 오경과 성경의 나머지 부분의 역할에 대한 저자의 견해에서 중심적인 것이었을 가능성이 높다. 이 표현들은 직접적으로 저자의 작업이거나, 저자가 오경에 부여하고 있었던 최종 형태에 대한 나중 반영의 일부다. 또한 이 표현들은 나중에 구약 정경(타나크)이 된, 문학적 컨텍스트의 최종 형태의 일부였던 것 같다. 타나크의 부분들 사이에 존재하는 두 개의 가장 포괄적인 구성적 연결인 여호수아 1:8(율법과 예언서를 연결)과 시편 1:2(예언서와 성문서를 연결)은, 지혜와 명철의 추구를 성경에 대한 날마다의 개인적인 읽기와 묵상과 연결시킴으로써, 개인적이고 책 중심적 영성에 대한 동일한 관심을 반영한다.[10] 이런 지점을 지적하는 것은 오경과 전체 타나크로서의 구약에 대한 적절한 신학적 평가에서 상당한 관심사다.

> 이 율법책을 네 입에서 떠나지 말게 하며 주야로 그것을 묵상하여 그 안에 기록된 대로 다 지켜 행하라 그리하면 네 길이 평탄하게 될 것이며 네가 형통하리라(수 1:8, 역자 주―원서는 ASV 인용)

분명히 이 거시적 구성적 이음매가 의도하는 것은, 하나님의 지혜(*wĕʾāz taśkîl*)와 성공(*taṣlîaḥ*)을 추구하는 것과 개인적인 성경 읽기 사이의 적접적인 연결이다. 이 이음매들의 분포는 그 내용과 함께, 이것들이 구체적인 목적(기능성)을 위한 성경 전체의 의도적인 설계였음을 암시한다.[11] 이 이

---

10) "성서학이 자체의 방법으로 매개해야 하는 역사적 진실은, 있는 그대로의 성경 텍스트가 가진 의미와 컨텍스트다.…[이것이]] 의미하는 바는 추구되어야 할 목적에 있어 급진적인 교정이 있어야 한다는 사실이다. 이런 급진적 교정은, 성경 텍스트들이 증명하는 계시가 텍스트의 앞이나 뒤가 아니라, 바로 그 텍스트 안에서 나타나고 찾아질 때까지, 그 텍스트들을 연구해야 한다는 인식의 토대 위에서 일어난다. 만약, 답변으로서 기독교가 정말로 '책에 의한 종교'(book-religion)인지를 묻는다면, 그 대답은 희한하게도, 기독교가 실제적이고도 진지하게 자신이 책에 의한 종교임을 부끄러워하지 않을 때 항상 살아 있는 종교였으며, 또한 그때가 유일하게 그럴 수 있는 때였다는 사실이다"(Karl Barth, *Church Dogmatics* 1/2 [Edinburgh: T & T Clark, 1958], pp. 494-95).

11) 여기서 나는 "기능성"이라는 말을, 목적적인 설계의 의미로 사용했다. 성경에는 특정한 목적을 성취할 수 있도록 하는 설계와 형태가 주어졌다. 시편의 기능성을 예로 들자면, Matthias Millard, *Die Komposition des Psalters: Ein formgeschichtlicher Ansatz* (FAT 9; Tübingen: Mohr Siebeck, 1994)에 대한 내 설명(9장)을 보라.

음매들이 성경에 대해 말하는 내용으로 판단하건대, 우리는 이것의 목적이 개인적인 영적 교화를 위한 것이라고 본다. 성경을 읽고 묵상하는 것은 우리를 지혜롭고 성공적으로(능력 있게) 만든다. 몇 세기 후에 성경에 대한 비슷한 견해를 표현하면서 베드로는 "그러므로 모든 악독과 모든 기만과 외식과 시기와 모든 비방하는 말을 버리고 갓난 아기들 같이 순전하고 신령한 젖을 사모하라 이는 그로 말미암아 자라게 하려 함이라"(벧전 2:1, 역자 주―원서는 KJV 인용)라고 했다.

이 시기 전반을 통해 성전과 공적 예배가 얼마나 중요했는지를 감안할 때 즉각적으로 우리에게 충격적이고 심지어 도발적인 인상을 주는 것은, 오경과 타나크의 최종 구성의 이음매 안에는, 신명기 31:10-13 같은 텍스트에서 발견되는 것과 같은 성경의 공적인 회중 읽기의 언급이나 요청이 없다는 사실이다.

> 모세가 그들에게 명령하여 이르기를 매 칠년 끝 해 곧 면제년의 초막절에 온 이스라엘이 네 하나님 여호와 앞 그가 택하신 곳에 모일 때에 이 율법을 낭독하여 온 이스라엘에게 듣게 할지니 곧 백성의 남녀와 어린이와 네 성읍 안에 거류하는 타국인을 모으고 그들에게 듣고 배우고 네 하나님 여호와를 경외하며 이 율법의 모든 말씀을 지켜 행하게 하고 또 너희가 요단을 건너가서 차지할 땅에 거주할 동안에 이 말씀을 알지 못하는 그들의 자녀에게 듣고 네 하나님 여호와 경외하기를 배우게 할지니라(신 31:10-13)

비록 신명기의 이 구절이 개인적인 성경 읽기를 배제하지는 않지만, 타나크의 이음매(수 1:8; 시 1:2)와 함께 창세기 49:18과 출애굽기 15:2에 삽입된 설명은 다른 종류의 성경 읽기를 요구한다. 이 구절들은 개인이 날마다 성경을 읽고 묵상하도록 요청한다. 이런 설명은 오경의 최종 구성적인 형태의 일부일 뿐만 아니라 타나크 전체의 일부이기도 하다. 이는 성경을 날마다 읽는 것과 묵상하는 일에 대한 높은 수준의 관심을 나타낸다. 저자가 오경과 타나크의 현재 형태 속에서 이런 텍스트들을 주조하고 형성한 작업의 배후에는 바로 이런 관심사가 확고하게 자리 잡고 있다. 이것은 마치 저자가, 성경의 올바른 사용이 그것을 "날마다" 읽고 묵상하는 사람에게 지혜와 성공을 주려는 의도임을 충고의 말로서 독자에게 직접 말하는 것과 같다. 이런 내용은 칠 년마다 한 번씩 텍스트들을 읽는 일과는 거리가 아주 멀다. 따라서 이런 이상은, 이 이상이 지지하는 종류의 텍스트에 잘 들어맞는다. 최종 형태와 구성을 통해 성경은 읽고 묵상할 수 있는 기록된 텍스트로 제시되었으며, 따라서 적어도 이론적인 측면에서는 모두에게 유용한, 이해되고 향유될 수 있는 형태가 되었다(느 8:10). 바로 이것이 단어가 의미하는 완결된 의미에서의 정경적 텍스트다.

이런 종류의 정경적 텍스트의 발전 배후에 놓여 있는 것과 유사한 역사적 상황이 느헤미야 8장에 자세히 기록되어 있다. 에스라가 성경을 공적으로 읽고 설명하기 위해서 이스라엘 백성들을 수문에 모았을 때, 그의 공적인 모임과 성전 근처에 예배를 위해 모인 사람들 사이의 유사성은, 예배의 집으로서의 성전과 거리에서 성경을 읽기 위해 모인 회중 사이의 충격적인 대조를 나타내는 듯하다. 에스라서의 저자가 계속해서 강조하듯, 성경을 읽고 설명하는 일은 그 과업에 적합한 인물일 듯한 성전의 제사장 에스라가 아니라(신 33:10), 서기관 에스라에게 맡겨져 예루살렘의 거리에서 집행되었다(스 7:6-7).

오경과 타나크 전체에서 여러 개의 해석적 설명들은 독자들을 텍스트의 전체적 의미로 인도하려는 의도를 가진다. 이 설명들은 단순히 서기관들이 선의를 가지고 추가한 설명적 논평이 아니다. 이 설명들이 직접적인 문학적인 컨텍스트를 훨씬 뛰어넘어 확장된 범위를 가진다는 사실은, 이것들이 구약 전체의 통일성을 목표로 하는 구성 과정의 일부임을 의미한다. 이 설명들은 서기관 에스라의 소명을 반영하는, 매일의 성경 읽기로 초점이 이동한다는 점을 반영한다. 초점이 맞추어져 있는 곳은 일상의 삶 안에서 개인화된 성경 적용이다. 유사한 관점이 신명기 10:11-12과 같은 다른 핵심적 오경 텍스트에서도 발견된다. 여기서는 직선적이고 놀랄 만한 방법으로, 땅의 정복과 소유에 대한 역사적인 세부 사항과 연관된 권고(신 10:11)가, 신명기 책의 개인 독자의 윤리적이고 종교적인 의무에 적용되고 있다(아래의 성경 인용에서 히브리어 2인칭 단수에 주목하라. KJV은 이를 분명히 표현한다).

> 이스라엘아 네 하나님[ĕlōheykā] 여호와께서 네게[mē'immāk] 요구하시는 것이 무엇이냐 곧 네 하나님[ĕlōheykā] 여호와를 경외하여 그의 모든 도를 행하고 그를 사랑하며 네 마음[lĕbābkā]을 다하고 네 뜻[napšekā]을 다하여 네 하나님[ĕlōheykā] 여호와를 섬기고(신 10:12, 역자 주―원서는 KJV 인용, 한글 번역은 개역개정과 영역본을 동시에 참조)

집단적인 명령과 권고를 개인화하려는 경향은, 타나크 전체의 구성에 더해서(수 1:8; 시 1:2), 다른 개별적인 성경책들의 구성적 이음매의 본질적인 부분이다. 이 이음매들과 에스라 7장; 느헤미야 9장 같은 텍스트들은 성경에 최종 형태를 부여한 예언자들의 중요한 역할과, 성경을 백성들에게 가르치는 자들로서 제사장들과 레위인들의 중요성을 입증한다(신 33:10; 스 7:10; 느 8:7).

출애굽기 15장에서 개인화된 설명의 경향과 함께, 출애굽과 정복 내러티브에 대한 해석은 왕국의 영원성을 강조하는 개념과 용어의 노선―예를 들어 "여호와께서 영원무궁하도록 다스리시도록"(출 15:18)―또한 따르고 있다. 왕국의 영원성에 대한 이런 강조는, 출애굽기 15장 시의 다른 부분에서 주님의 성소(성전)에 대한 "이 세상적인" 견해와는 눈에 띄게 선명한 대조를 이루지만, 이는 개인적인 영성에 초점이 맞추어진 이 시에는 적합하다. 홍해를 건넌 출애굽과 하나님의 구원을 묘사함으로써(출 15:1-13a), 이 시는 하나님이 구속받은 자들을 그분의 "거룩한 처소"(nĕwēh qodšekā[출 15:13b])로 인도하신다는 주제를 채택한다. 하나님은 "그의 기업의 산 위에서"(bĕhar *naḥălātkā*[출 15:17a]) 왕위에 앉아 계신다(*lĕšibtĕkā*[출 15:17a]). 출애굽기 15장에 표현된 지형은 출애굽기 15:17a에서 하나님이 "세우신"(*pāʻaltā*) "소유"와 "기초"(*mākôn*)의 합당한 정체성을 확인하는 데 중요하다. 여기서 사용된 단어들은 이 시가 "그의 손이 세우신"(*kônĕnû yādeykā*[출 15:17b]) 여호와의 "성소"(*miqqdāš*[출 15:17b])의 기초를 이야기하고 있음을 암시한다. 출애굽기 15:17에서 처소와 성소의 장소를 하나님이 "만드시고" "세우신다"라는 암시는, 창세기 1:2-2:23의 창조 내러티브 전체는 아니라 해도, 창세기 2장을 참조한다. 다른 것들 중에서 이것은 "이 세상적이고" 집합적인 용어에서 구원에 대한 시편 1편의 초점을 보여준다. 성전은 백성이 하나님과 함께 거하는 장소다. 분명히 나라 전체의 구원이 고려되고 있다.

> 주의 힘으로 그들을 주의 거룩한 처소에 들어가게 하시나이다…주께서 백성을 인도하사 그들을 주의 기업의 산에 심으시리이다 여호와여 이는 주의 처소를 삼으시려고 예비하신 것이라 주여 이것이 주의 손으로 세우신 성소로소이다(출 15:13b-17)

출애굽기 15장의 시는, 이 시 앞부분의 개인적 영성을 강조하는 하나님의 시점으로 되돌아감으로써 결론을 맺는다. 저자는 "그의 기업의 산에" 그분이 세우신 성소에 있는 하나님의 처소로부터 우리의 관심을 돌려서, 그분의 영원성과 초월성 쪽으로 방향을 틀게 함으로써 이런 변화를 성취한다. "여호와께서 영원무궁하도록 다스리시도다[*yimlōk*]"(출 15:18).

타나크의 결론에서 "여호와께서 영원무궁하도록 다스리시도다"라는 진술은 다니엘서의 아람어 부분에서 반향된다. 이 아람어 텍스트는 "히브리어" 성경의 가장 최근 부분의 일부로 보인다.

> 이 여러 왕들의 시대에 하늘의 하나님이 한 나라를 세우시리니 이것은 영원히 망하지도 아니할 것이요 그 국권이 다른 백성에게로 돌아가지도 아니할 것이

요 도리어 이 모든 나라를 쳐서 멸망시키고 영원히 설 것이라(단 2:44)

참으로 크도다 그의 이적이여, 참으로 능하도다 그의 놀라운 일이여, 그의 나
라는 영원한 나라요 그의 통치는 대대에 이르리로다(단 4:3[3:33 MT])

나라와 권세와 온 천하 나라들의 위세가 지극히 높으신 이의 거룩한 백성에게
붙인 바 되리니 그의 나라는 영원한 나라이라 모든 권세 있는 자들이 다 그를
섬기며 복종하리라(단 7:27)

요약하자면, 다음과 같다. 오경에서 시의 구성적 형태는, 텍스트 전체
를 통해서 간결한 설명적 논평에 의해 강화되는, 중심적 신학적 주제들을
전진시키는 데 기여한다. 같은 주제들이 구약성경의 나머지 부분에서 다
시 반향된다. 시 속에 있는 많은 해석적인 설명들은 특정한 신약적 논제
들, 즉 지혜의 원천과 하나님의 뜻에 대한 이해로서의 매일의 개인적 성
경 읽기의 중요성, 성전에서의 하나님의 임재를 대체하는 성경의 기능 같
은 논제들과 입장을 일치시키는 데 도움을 준다.[12] 따라서 오경에서 구원
과 하나님의 영원한 통치라는 주제는 개인 신자가 가지는 신약적 희망—
예를 들어 "이분은 나의 하나님이시다"(출 15:2)—을 강조하는 방향으로 노
선이 맞추어진다.[13] 출애굽기 15장에서 창세기 내러티브에 대한 텍스트
간 관련적 암시는, 창세기 내러티브에 묘사된 하나님의 창조의 역사를 가
리키는 것이 분명하다(창 2장). 창세기 내러티브의 창조 기사는 하나님이
그분의 성소(*miqqdāš*)를 예루살렘에 세우신다는 의미로, 추가적으로 다시

---

12) "우리가 지금은 거울로 보는 것 같이 희미하나 그때에는 얼굴과 얼굴을 대하여 볼 것
   이요 지금은 내가 부분적으로 아나 그때에는 주께서 나를 아신 것 같이 내가 온전히 알
   리라"(고전 13:12).
13) 동일한 경향이 삼상 2:10의 한나의 시에서도 나타난다.

등장한다.

창조와 구원. 성경의 다른 곳과 마찬가지로, 오경에서 창조와 구원의 개념
의 쌍은 분리하기 어렵게 연결되어 있다. 이 개념 쌍은, 오경이 창조 기사
(창 1:1)로부터 시작해서 출애굽의 구원 이야기(출 14장)에서 절정에 도달
한다는 사실 속에서, 거시적 수준의 구성 안에 표현되어 있다. 앞에서 우
리는 출애굽기 15장의 시가 구원의 견해를 창조에 기초함으로써, 하나님
의 창조와 구속의 행위를 요약하는 것을 보았다. 또한 나는 창조와 "이 세
상적인 것" 자체만으로 시에서 구원에 대한 최종적 언어를 표현하고 있
지 않음을 주장했다. 궁극적으로 저자는 영원한 왕(출 15:18)으로서의 하나
님 개념으로 관심을 이동시킴으로써, 하나님과 구원에 대한 우리의 개념
을 고양시킨다. 출애굽기 15장에 표현된 구원의 의미는 영원한 하나님과
의 인격적 관계에 대한 것이다. 따라서 오경의 구성적 거시 구조는(창 1장-
출 15장) 구원의 성경적 개념에서 창조가 중심적이라는 것에 대한 증거임
에는 틀림없지만, 동시에 이것은 창세기의 초기 내러티브에 깊이 새겨져
있는 또 다른 주제, 즉 영원한 생명의 축복이라는 주제에도 열려 있다. 창
세기 내러티브는 타락으로 인해 상실된 것이 낙원에 대한 접근뿐만이 아
니라, 더 중요하게는 "낙원의 중앙에 있는"(창 2:9) 생명나무에 대한 접근임
을 선명하게 표현한다. 그곳을 지키는 그룹들은 단순히 낙원이 아니라 "생
명나무"(창 3:24)에 접근하는 것을 막기 위해 배치되었다. 따라서 가장 초기
의 성경 "구속사"(창 1장-출 15장)가, 영원한 왕으로서의 하나님이라는 개념
안에 있는 영원한 생명에 대한 희망으로 되돌아감으로써 결론 맺는 것은
우연이 아니다.

　창세기 1장-출애굽기 15장과 유사한 독해 전략은 시편 133편에도 반
영되어 있다. 하나님의 명령과 축복의 목적은 영원한 생명을 선물하는 데
있다(시 133:3).

　창조와 구원에 대한 오경 견해의 추가적인 초기 해석은 시편 136편에

서 발견된다. 시편 136편이 오경의 신학적 의도에 대한 초기적 반영이라는 것은, 둘 사이에 있는 유사성들로부터 분명하게 알 수 있다. 분명히 시편 기자는 오경의 일부를 읽었으며 이 시에 의해 의미의 선택적인 설명을 제공한다. 따라서 이것은 오경의 일부가 초기 청중에 의해 어떻게 이해되었는지에 대한 증거가 된다.

오경 자체와 같이, 시편 136편은 창조주로서의 하나님과 함께 시작된다. 시편 136:5-9에서 본 대로, 시편은 창조주로서의 하나님에 대한 찬양이다.

> 지혜로 하늘을 지으신 이에게…
>
> 땅을 물 위에 펴신 이에게…
>
> 큰 빛들을 지으신 이에게…
>
> 해로 낮을 주관하게 하신 이에게…
>
> 달과 별들로 밤을 주관하게 하신 이에게…

시편 136편이 창세기 1장의 창조 내러티브에 의존했다는 사실에는 의심의 여지가 없다. 또한 이 시편이 창세기에서도 두 곳—창세기 1:1, 14-17—에만 초점을 맞추는 것도 분명하다. 이 두 곳은 "하늘과 땅", 그리고 "큰 광명들과 별들"에 초점을 맞추고 있다. 창세기 1장의 창조 기사의 이해로부터 끌어온 시편 33편과는 다르게, 시편 136편은 창세기 1:3-2:3의 중심 주제인 하나님의 말씀의 역할을 언급하지 않는다. 따라서 시편 136편은 창세기 1:1-2:4에 있는 창조 기사에서 선택적인 읽기를 제공한다. 이 것은 독자들에게 창조의 우주적인 요소들인 하늘, 땅, 천체들을 가리킨다.

창조주로서의 하나님을 찬양한 후, 시편 136:10-16은 계속해서 구속자로서의 하나님께 초점을 맞춘다.

> 애굽의 장자를 치신 이에게…
>
> 이스라엘을 그들 중에서 인도하여 내신 이에게…

강한 손과 펴신 팔로 인도하여 내신 이에게…

홍해를 가르신 이에게…

이스라엘을 그 가운데로 통과하게 하신 이에게…

바로와 그의 군대를 홍해에 엎드러뜨리신 이에게…

그의 백성을 인도하여 광야를 통과하게 하신 이에게…

시편 136:10은 즉각적으로, 창조로부터 출애굽과 출애굽기 12-14장의 기사로 이동해간다. 여기에는 족장 내러티브(창 12-50장)에 대한 언급이 없다.

시편 136편처럼 느헤미야 9:6-8도 정경적 오경에 의존한다. 하지만 이 텍스트는 창조(느 9:6)로부터 족장 내러티브(느 9:7-8)로 이동해가며, 다음으로 텍스트는 출애굽(느 9:9-12)과 율법을 주신 것(느 9:13b)과 함께 시내산(느 9:13a)으로 옮겨간다. 따라서 느헤미야 9장은 대폭적인 생략 없이 오경 내러티브의 전체 기사를 제공한다. 시편 136편과 비교해서, 분명히 느헤미야서는 현재의 구성적 형태 속에서 오경 전체를 따른다. 반면에 시편 136편은 출애굽기 15장과, 창조와 구속에 대한 이 텍스트의 선택적 반영을 따른다. 창조와 구속 사건을 즉각적인 시퀀스로 연결하면서 말이다.

시편 136편의 선택적 성격과 형태는, 이 텍스트가 족장 내러티브를 생략하고 창조로부터 즉각적으로 출애굽으로 움직여가는, 오경으로서의 출애굽기 15장을 따랐음을 암시한다.

시편 136편은 보호자로서의 하나님께 초점을 맞춤으로써 결론을 맺는다(시 136:17-20).

큰 왕들을 치신 이에게…

유명한 왕들을 죽이신 이에게…

아모리인의 왕 시혼…

바산 왕 옥…

그러고는 공급자로서의 하나님도 언급한다(시 136:21-26).

그들의 땅을 기업으로…

곧 그 종 이스라엘에게 기업으로…

우리를 비천한 가운데에서도 기억해 주신 이에게…

우리를 우리의 대적에게서 건지신…

모든 육체에게 먹을 것을 주신 이에게…

하늘의 하나님께 감사하라…

상호텍스트성: 출애굽기 15장과 시편 136편. 출애굽기 15장의 시에 대한 우리의 관찰, 특히 자신의 성소를 위해 하나님이 지으신 장소로서의 땅에 대한 초점을 뒤돌아보면(출 15:17), 오경의 구원의 개념을 창세기 1:1의 "우주"의 창조보다 훨씬 더 좁은 의미로 보는 것은 가능하다. 출애굽기 15장을 최소한 창세기 2장이나 창세기 1:2-2:3까지 거슬러 올라간 것으로 본 내 설명이 맞다면, 출애굽기 15장의 목적은 구원의 메시지를 창조 위에 기초하도록 만드는 것이다. 그런데 이때 기초가 되는 창조란 단순히 "하늘과 땅"으로 구성된 창조가 아닌, 하나님이 "자신의 기업의 산"에 성소의 기초를 놓으신 일(이는 분명히 창 2장의 땅의 준비에 대한 참조다)을 포함하는 창조를 의미한다. 따라서 출애굽기 15장의 시는 의도적으로 구원의 이해의 범주를 창세기 2장의 창조 내러티브와 연결시키는데, 이때의 창조란 출애굽기 15장에서 출애굽 구속의 이해와 연결되는 "창조"다. 출애굽기 15장에서 텍스트적 증거의 의도를 해석한 내 언급이 정확하다면, 이런 범위와 선택성은 출애굽에서 경험된 구원에 대한 오경의 관점(גָּאַלְתָּ עַם־זוּ, 출 15:13)과 일치할 것이다. 출애굽 내러티브에 묘사된 구속에서 문제가 되는 지점은, 우주의 조건이나 궁극적인 결과가 아니라 지구에서의 하나님의 처소가 될 장소다. 현대의 많은 주석자들처럼, 출애굽기 15장의 저자는 창세기 2장의 에덴동산을 성막의 성소를 기대하는 의미로 이해한다(출 25-31장).

출애굽기 15:18에서 묘사된 하나님의 통치의 측면에서, 이것의 초점은 또한 창세기 2장에 묘사된 왕국으로도 제한된다. 이 왕국과 유다 왕조를 접근시키면서 말이다. 마치 시편 136:22과 시편 78:68-72이 모두 출애굽기 15장에 대한 주석인 것과 마찬가지다.

내가 지적한 다양한 연결 고리들, 특히 창조와 출애굽 내러티브와 이것들을 해석하는 데 도움을 주는 출애굽기 15장 같은 시들 사이에 있는 연결의 구성적 의도가 정확하다면, 출애굽기 15장은 이 창조 텍스트들이 일찍이 제기한 질문에 추가적인 답을 제공할지도 모른다. 간략하게 말해, 구원(언약)과 하나님의 왕국(왕국) 사이에는 어떤 관계가 있는가? 오경의 시작 부분은 출애굽기 15장에서의 이것의 반향과 함께, 언약과 왕국 개념 사이의 관계의 문제에 대한 답을 제시하면서, 우리를 두 방향으로 움직여간다. 만약 언약과 왕국 개념을 우주적이고(창 1:1) 지역적인 창조(창 2장)라는 성경적 개념과 함께 본다면, 창조와 "땅"의 준비(창 2장)는 언약적 축복을 보기에 적합한 컨텍스트로서 언급된다고 말할 수 있다. 즉 땅에 사는 자들에게는 순종이 요구되었으며(창 2:16-17: 3:24), 동시에 모든 창조(창 1:1)는 하나님의 통치권─즉, 왕권─의 지배를 받는다. 앞에서 우리는, 오경의 다양한 시 속에서 기대된 왕국이 유다 지파의 기업 속에 위치해 있음을 보았다. 바로 이 왕국과, 지상의 하나님의 성소가 동일시된다. 비록 오경에서 다윗은 결코 언급되지 않지만, 시 속에 나오는 왕은 분명히 다윗의 가계에서 나올 왕으로 기대되며, 이후에 그와 동일시된다(삼하 7:12-16).

"왕국"의 성경신학적 이해. 앞에서 우리는 고전적인 복음주의 신학이 하나님의 왕국에 대해 이중적 견해를 고수하고 있음에 주목했다. 한편으로는, 창조 전체가 왕으로서의 하나님께 복종하는(regi a Deo) 그분의 왕국이 있다. 다른 한편으로는, 자발적으로 왕으로서의 하나님께 복종하는(regnare cum Deo) 자들로 구성된 하나님의 왕국이 있다. 이것은 하나님의 영원한 왕국 개념과 그분의 일시적인 왕국 개념에서 나타난다.

이 두 "왕국" 개념이 성경신학에 제기하는 문제는, 성경 내에서 "왕국" 개념은 거의 항상 성경신학자들에 의해 "언약" 개념과 연결된다는 것이다.[14] "왕국" 개념을 "언약"에 연결시키는 것이 하나님의 뜻에 순종하는 자들로서의 좁은 "왕국" 개념에는 맞을 수 있는 반면에, 우주적인 하나님의 통치와 동일시되기에는 언약 개념은 너무 협소하다. 하나님의 뜻에 자원함으로 복종하는 자들로만 구성되는 "언약" 개념이, 어떻게 창조 전체를 다스리시는 하나님의 통치로 구성되는 우주적인 왕국 개념과 동일시될 수 있을까? 성경신학이 제공한 해결책은 늘 종말론적 왕국 개념과 영원한 왕국 개념을 교환하는 것이었다.[15] 종말론적 왕국은 하나님의 보편적 왕국(regi a Deo)을, 현재의 영역으로부터 미래의 영역으로 이동시킨다.

지금부터의 관찰과 논의에서는, 오경의 저자가 구성적 전략 내에서 우주의 창조(창 1장)를 어떤 종류의 언약과도 연결시키기를 거부함으로써, 구성적으로 이 문제를 다루기를 시도했음을 제안할 것이다.[16] 비록 창조 기사 어디에선가 언약을 회복하려는 많은 시도가 이루어졌지만(예. 율리우스 벨하우젠), 텍스트의 현재 형태에서는(비교. 호 6:7) 창조와 관련된 언약에 대한 어떤 언급도 없다(요한 콕세이우스의 foedus naturae). 언약은 타락 기사 이후와 구속과 관계해서 비로소 창세기 내러티브에 나타나기 시작한다. 바로 이것이 출애굽기 15장의 시가 왕국(출 15:18)에 대한 견해의 발전에서, 성소에서의 교제와 하나님의 임재를 연결함과 함께, 창세기 2장까지만 거슬러 올라간 이유일 수 있다. 이것은 출애굽기 15장에서 강조되어 있는, 일시적 왕국의 특징들이다.[17]

---

14) Schrenk, *Gottesreich und Bund im älteren Protestantismus*, pp. 116-23.

15) 왕국의 이상과 언약적 현실의 불완전한 정체성 속에서 구약의 종말론의 기원에 대한 Rudolf Bultmann의 설명에 주목하라.

16) 오경에서 "언약"이 최초로 언급된 곳은 창 6:18이다.

17) 창 1:1에서 왕국의 범위는 우주인 "하늘과 땅"이며, 창 1:2-2:4에서 언약의 범위는 "땅"이다. 창 1:1은 왕국의 범위를 창조 전체로 넓히기 위해 창 1:2-2:4에 부착되었다. 이는

출애굽기 15장과 족장 내러티브

창세기의 족장 내러티브에 대해 자주 언급하는 느헤미야 9:6-8 같은 다른 텍스트들과는 다르게, 출애굽기 15장은 족장들에 대해 어떤 언급도 생략한다. 구성적인 접근법은 이런 생략이 의도적인가를 질문해야 한다. 이 생략은 무엇을 의미하는가? 이것은 오경의 나머지에 대한 우리의 이해에 어떤 영향을 미치는가? 전체적으로 말해서, 생략되어 있는 것은 족장 내러티브에 널리 퍼져 있는 "믿음-의로움" 또는 "언약에 대한 충성"[18] 개념이다.

출애굽기 15장에서 하나님이 이집트에서 인도하여 내신 자들은 "의로운" 자들이 아니라 "구속된" 자들이다. 우리는 이런 연관을 어떻게 이해해야 하는가? 창세기 1장의 초점은 하나님이 세계를 창조하시고 "땅"을 준비하신 것이다. 창세기 2장에서 인간과 하나님 사이의 교제는 에덴동산에 의해 설명된다. 비록 오래가지는 않았지만, 아담은 동산에서 하나님과 동행했다. 이 전략의 근본적인 개념은, 하나님과 인간 사이에 형성된 교제가 구원의 궁극적인 목표이며 이와 동일한 원시 영역에서 이루어질 것이라는 점이다. 따라서 창세기 1-2장에서 우리는, "왕국" 개념의 필수적인 기능이 여전히 발전 중임을 발견한다. 확실히 여기에는, 왕으로서의 하나님의 명백한 정체성 같은 빠진 조각들이 있다.

앞의 논의에서 나는 창세기 1:1의 "태초에"와 "마지막 때에" 오실 왕을 이야기하는 시(창 49장; 민 24장; 신 33장) 사이에 구성적인 연결이 있음을 주장했다. 이런 연결과 다른 구성적 전략에 의해 우리는 왕과 왕국의 개념이 이미 창세기 1-2장과, 거기서부터 다른 핵심 구절들에 영향을 미치기 시작했음을 볼 수 있다.

하지만 빠진 것이 있으니, 그것은 창조와 구속과 왕국 사이에 존재하

편집적 단계가 아니라, 구성적 단계다.

18) 세상(world)으로서의 땅과, 대지(land)로서의 땅의 이중적 개념을 비교하라.

는, 한 걸음 더 발전된 텍스트적 연결이다. 이 연결은 주해에 의해 성립될 수 있는 종류의 연결이며, 저자의 특정한 단어 선택과 전략을 반영하는 주해를 말한다. "하나님의 왕국" 같은 중요 주제에 있어서 우리의 기대 수준은 높아져야 한다. 여기서는 일반적인 주제와 뉘앙스로는 충분하지 않다.

이런 기대를 염두에 두고 우리는, 오경의 시에 대한 이런 논의에서 다른 구절들보다 더욱 두드러지는 구절, 즉 출애굽기 15:1-18로 다시 관심의 방향을 돌리고자 한다. 이 시는 길고 주목할 만한 출애굽의 시적 기사로 시작되며(출 15:1-11), 오경 자체의 출애굽 내러티브의 대부분을 차지한다. 이 부분의 결론에는 구속하시는 하나님의 행위로서 표현된 출애굽에 대한 시적 요약이 나온다. 출애굽은 자신의 백성에 대한 하나님의 구속이었다. "주의 인자하심으로 주께서 구속하신 백성을['am-zû gā'āltā] 인도하시되"(출 15:13a). 틀림없이 이것은 출애굽을 하나님의 구속의 행위와 동일시하고 형성하려는 의도적·언어적·신학적 주석이다.

이어서 시는 가나안 정복으로 관심을 돌려서, 여호와께서 백성을 그들의 땅으로 인도하실 때 열방이 침묵하면서 공포 속에 서 있는 모습을 묘사한다(출 15:14-17).

마지막으로 이 시는 창세기 1장에 대한 암시로서, 여호와의 처소를 그가 만드신(pā'altā[출 15:17a]) "[하나님의] 거하시는 장소의 산"과 동일시함으로써 결론을 맺는다.

타락. 창세기 앞부분의 장들은 창조에서 타락으로 빠르게 진행된다. 에덴 동산에 대한 이야기는 더 이상 들리지 않는다. 이 내러티브들은 왕국과 구원의 성경적 개념이 작동하는 공통적 현실이 저주 아래 있음을 분명하게 표현한다. 하나님의 세계는 더 이상 "심히 좋지" 않다(창 1:31). 공식적인 표현인 "하나님 보시기에 좋았더라"(창 1:10, 12, 18, 21, 25) 대신에, 우리는 "여호와께서 사람의 죄악이 땅에 가득함을 보셨다"(창 6:5)와 "하나님이 보신즉 땅이 부패하였으니[nišḥātâ] 이는 땅에서 모든 혈육 있는 자의 행위가 부패함이었더라[hišhît]"(창 6:12)라는 문장만을 읽게 된다. 이 시점에서부터 오경의 사건들은 구속을 필요로 하는 타락된 세상을 배경으로 발생할 것이다. 이 세상에 대한 묘사는 신명기 31:29에서 모세의 마지막 말에 암시적으로 나타난다.

> 내가 알거니와 내가 죽은 후에 너희가 스스로 부패하여[hašhēt tašhîtûn] 내가 너희에게 명령한 길을 떠나 여호와의 목전에 악을 행하여 너희의 손으로 하는 일로 그를 격노하게 하므로 너희가 후일에 재앙을 당하리라 하니라

저주 아래 있는 것은 인간만이 아니라 창세기 1장의 세계이므로, 구원의 목적은 타락한 인류를 넘어서서 도달되어야 한다. 궁극적으로, 오경에서 구원의 범주는 "하늘과 땅"의 타락한 우주다. 따라서 오경의 저자에게 하나님과 노아의 언약(창 9:8-17)은, 구속이 "모든 혈육 있는 자"—즉, 타락한 우주, "하나님이 노아에게 또 이르시되 내가 나와 땅에 있는 모든 생물 사이에 세운 언약의 증거가 이것이라 하셨더라"(창 9:17)—의 구원까지 확장되어야만 한다는 사실을 상기시킨다. 새 언약에 대한 예언의 약속에서처럼, 구약에서의 구원은 노아 언약의 광범위한 지평선으로 범위를 확장한다.

상호텍스트성: 이사야 24:4-6. 선지자 이사야는 미래에 있을 하나님의 모든 행위를 창조와 노아 언약에 근거시킨다.

> 땅이 슬퍼하고 쇠잔하며 세계가 쇠약하고 쇠잔하며 세상 백성 중에 높은 자가 쇠약하며 땅이 또한 그 주민 아래서 더럽게 되었으니 이는 그들이 율법을 범하며 율례를 어기며 영원한 언약[비교. 창 9:16의 "영원한 언약"]을 깨뜨렸음이라 그러므로 저주가 땅을 삼켰고 그중에 사는 자들이 정죄함을 당하였고 땅의 주민이 불타서 남은 자가 적도다(사 24:4-6)

텍스트 간 관련성: 홍수(창 6-9장). 오경의 저자의 관점에서 볼 때, 세상

이 여전히 하나님의 저주 아래 있음을 명심하는 것은 중요하다. 창조의 구속은 아직 완성되지 않았다. 세상은 구원과 구속을 떠나서는 여전히 "심히 좋지" 않다. 자연과 창조의 길은 하나님께로 다시 인도하지 않을 것이다. 하나님의 아름다운 정원이 타락의 무대였던 것처럼, 노아의 포도원은 술 취함, 벌거벗음, 저주라는 결과를 낳는다.

하나님의 뜻. 오경에서 구원은 물리적 세계에 제한되지 않는다. 창조로서의 세상은 자유로운 하나님의 행위에 기초하고 있으며, 창조주의 뜻에 그 목적을 빚지고 있다. 창조나 구원 어느 것도 자연의 과정에서 유래하지 않는다. 둘 중 어느 것도 자연의 영광 안에서 궁극적 목적을 추구하지 않는다. 창조와 구원 양자의 가장 높은 목적은 하나님의 뜻과 그분의 영광이다. 이는 하나님의 창조 속에서 자체적으로 작동되어야 하는 구원(즉, 하나님과의 관계)이 궁극적으로 윤리적 왕국에서 실현되어야 함을 의미한다. 이 윤리적 왕국의 가장 높은 이상은 하나님의 뜻에 대한 순종이다.

그러므로 구원의 성경적인 개념은 단순히, 더없이 행복한 미래의 삶이 아니다. 기대할 수 있는 미래의 삶은 인간의 욕구를 채우는 것이 아니라 하나님의 뜻을 행하는 데 헌신하는 것이다. 인류는 "좋은 것"을 알고 바라시는 하나님을 믿고 순종해야 한다.

하나님의 말씀. 구약의 구원은 단순히 이상이나 교리가 아니다. 구약의 구원은 언어적 행위이고 희망의 대상이며, 창조에 뿌리를 두고 있고 역사 속에서 성취되도록 목적을 가지고 있다. 이것은 인간의 발명 또는 자연적 발전의 단순한 산물로서는 설명될 수 없는, 일련의 하나님의 행위에 근거하고 있다.[19]

---

19) Heinrich A. Hävernick, *Vorlesungen über die Theologie des Alten Testaments*, ed. H. A. Hahn (Erlangen: Heyder, 1848), pp. 112-17.

오경이 하나님의 행위에 집중한다고 해서, 이런 사실이 이 "행위"의 대부분이 우리에게 말씀으로 임한다는 것으로부터 우리 관심을 떠나게 만들어서는 안 된다. 하나님의 행위는 그의 말씀에 종속된다. 우리는 하나님의 행위로부터 우리 자신의 의미를 끄집어낼 수 없으며, 그렇게 하려고 시도해서도 안 된다. 행위에 대해서는 여러 설명이 가능하다. 창세기 1장에서 하나님은 그가 일하실 때 말씀하신다. 그의 창조의 역사는 신비로 남아 있지 않다. 하나님은 그가 하시는 모든 일을 설명하신다.

오경의 역할은 오경에 기록된 하나님의 행위의 의미를 설명하는 것이다. 오경이 하나님의 행위를 설명하는 방식은, 그 행위를 의미 있는 이야기—내러티브—의 컨텍스트 안에 제시함으로써 설명하는 것이다. 역사 속에서 하나님의 행위는 그분의 이야기의 일부로서 우리에게 온다. 하나님의 말씀은 그분의 행위를 수반하며 그것에 의미를 부여한다. 창조는 하나님이 행하신 어떤 것일 뿐 아니라, 하나님이 말씀하신 어떤 것이기도 하다.[20]

원역사(창 1-11장) 속의 구원

구원에 대한 성경적 의미는 하나님과 인간 사이의 회복된 관계의 성립을 목적으로 하는, 일련의 연결된 역사적 사건들의 요약 형식으로서 나타난다. 이 이야기 속에서 최초의 인간의 사건은 원시 시대에 일어난 관계의 상실에 대한 기사, 즉 타락 이야기다(창 3장). 처음부터 복음주의적 성경신학은 구원에 대한 이 초기 이야기를, 구속의 성경적 개념의 모든 후속 버전의 원형으로 간주했다. 때때로 이 이야기는 "원시 복음"으로 불렸으며 창세기 3:15과 관련되어 있다. 이 이야기에 대한 가장 초기의 신학적 개

---

20) "신비로운 행위 속에서 무엇인가가 일어나며, 예언의 행위 속에서 무엇인가가 말해진다"(Abraham Heschel).

요, 현대의 성경신학적 용어로 된 개요는 하인리히 해버닉의 구약신학에 대한 그의 강의록이 출판됨으로써 나왔다.[21] 이것이 이 역사에 대한 최초의 성경신학적 설명이었다. 이 초기 구원의 "원시적" 이야기에 대한 해버닉의 설명은 세밀히 조사할 가치가 있다. 그의 설명은 이후의 수많은 복음주의적 성경신학에서 거의 그대로 채택되었다.

창세기 1-11장의 내러티브(이야기) 전략.

전쟁. 세상에 죄가 들어오면서, 인류 전체는 두 백성(씨)으로 나뉘어졌다. 각각의 백성은 선악의 강렬한 투쟁 속에서 다른 인류와의 위험한 전투 안에 갇혀 있었다.

승리. 전쟁은 하나의 "씨"(seed)가 다른 씨에게 결정적인 승리를 함으로써 끝날 것이다(창 3:15). 하나님과 선의 세력(여인의 "씨")은, 악의 세력과 그들을 동조한 자들(뱀의 "씨")에 대항해서 승리의 출정에 오를 것이다.

씨. 이 전쟁은 일반적인 의미의 전쟁이 아니며 선택된 씨에 직접적으로 연결되어 있다. 이 전쟁에서 있을 궁극적인 승리는 인간적 성취의 결과가 아니고, 오직 선택된 "씨"를 통해서 그 목적을 성취하실 하나님의 주권적인 뜻에 전적으로 기초하고 있다. 창세기 1-11장에서 "씨"는 선택된 개인과 그 개인이 나올 가계, 둘 다를 가리킨다. 이 "씨"는 노아, 셈, 아브라함으로 식별된 후손의 혈통이다. 오경의 나머지에서 "씨"는 유다의 가계에서 일어날 미래의 왕과 동일시된다(창 49:8-12).

[창세기] 책의 끝에서, 미래를 가리던 휘장은 다시 드리워지고 아브라함의 미래의 씨는 흘깃 볼 수 있는 정도만 허용된다(49:8-12). 이 하나의 "씨", 미래에 오실 이며 왕권을 소유하신 "씨"는 "유다 지파의 사자"가 될 것이며 "그에게 모든 백성이 복종할 것이다"(창 49:10).… 이 오실 왕에 대한 저자의 관심은 여기

---

21) Hävernick, *Theologie des Alten Testaments*, pp. 115-18을 보라.

서 멈추지 않는다. 이 왕의 미래적 통치와 그 결과로 일어나는 축복은 오경에서 다른 시적 텍스트들의 초점이다[비교. 민 24장; 신 33장].[22]

약속. 창세기 3장에서 "원시 복음"(*protoevangelium*)으로 불리는 것은 흔히 다음과 같은 양 측면에서 오해를 받았다. 여기서 사람들은 너무 많은 것을 발견하거나, 혹은 너무 적은 것을 발견한다.[23] 어떤 학자들은 창세기 3:15에서 한 개인, 즉 메시아의 인격에 대한 직접적인 참조를 발견한다. "내가 너[뱀]로 여자와 원수가 되게 하고 네 후손도 여자의 후손과 원수가 되게 하리니." 해버닉을 위시한 일군의 학자들에 따르면, "약속"에 대한 이런 해석은 확실한 증거를 통한 지지를 받지 못한다. 히브리어 단어인 "씨"(*zera'*)는 집합적이며, 흔히 창세기와 오경에서 이런 집합적 의미가 발견된다.

해버닉은 창세기 3:15의 "씨"(*zera'*)라는 단어가, 오경의 나머지 부분에서(동시에 오경을 넘어서) 하나님의 구속의 역사를 위해서 그분이 알아보시고 구별하신 개인들을 가리키기 위해서 사용되었다고 주장한다. 따라서 창세기 3:15은 이런 개인들의 그룹의 기원에 관한 것이다.[24] 이런 의미에서 창세기 3:15을 엄격하게 메시아적으로 읽는 것은, 너무 급하게 이 구절을 오

---

22) John H. Sailhamer, *The Pentateuch as Narrative* (Grad Rapids: Zondervan, 1992), p. 140.

23) Hävernick, *Theologie des Alten Testaments*, p. 117.

24) Hävernick의 견해는 최신 문법으로부터 지지와 증거를 얻는다. "집합 명사의 단수형은 집단을 가리키기 위해 사용된다.…단수 집합 명사의 복수 형태는 집단이 방해받거나 진전되는 상태를 의미한다. 곡물을 가리키는 명사는 흔히 가공된 상태를 가리킨다.… שְׂעֹרָה (밭에 있는) 보리…שְׂעֹרִים 익힌 보리"(Christo H. J. Van der Merwe, Jackie A. Naudé and Jan H. Kroeze, *A Biblical Hebrew Reference Grammar* [BL 3; Sheffield: Sheffield Academic Press], pp. 183-85). 삼상 8:15에서 זַרְעֵיכֶם(*zar'êkem*, "심겨진 씨앗")과 비교하라. "eine Fülle von Einzelmomenten in sich schlossen"(Eduard König, *Historisch-comparative Syntax der hebräischen Sprache: Schlussteil des historisch-kritischen Lehrgebäudes des Hebräischen* [Leipzig: Hinrichs, 1897], p. 181).

경의 이후의 중요한 문학적 컨텍스트로부터 분리하는 것이며, 전적으로 영적인(비역사적인) 의미로 읽는 결과를 낳을 것이다. 결국 "씨"라는 용어는 담화의 인물, 메시아적 구속자에 대한 묘사 정도가 될 것이다. 하지만 이런 취급에서는 창세기 3:15에서 약속된 인물이 가진 구체적이고 육체적인 성격이 상실된다. 또한 창세기의 나머지 부분에서 일어나는 바처럼, 이 인물이 가족 내에서(창 12:1-3)와 왕조 내에서(창 49:8-12) 추가적으로 발전할 가능성도 사라진다. 따라서 텍스트에서 지나치게 많은 것을 읽는 것은 값비싼 대가를 지불하는 과실이 될 수 있다. 이것은 이 구절로부터 이미 사람들이 찾고자 하는 의미만을 찾게 한다. 창세기 3:15은 메시아적 구속자에 대한 묘사라기보다는 이런 구속자가 올 것이라는 암시와 확인이다. 창세기 3:15에서 "씨"를 그리스도와 동일시함으로써 우리는, 창세기 49:10의 왕적 인물과 함께 씨가 가진 실제적인 정체성을 박탈하게 된다.

해버닉은 창세기 3:15의 말 속에서 실제적으로 중요한 어떤 것도 보지 못하는 견해 역시 똑같이 잘못되었다고 주장한다. 이 구절을 인간과 뱀 사이의 투쟁에 대한 것으로만 이해하는 사람들이 있다. 이런 순전히 물리적인 의미는 구약(오경)답지 않다. 또한 이런 입장은 오경의 나머지에서 거의 혹은 완전히 지지를 발견하지 못할 것이다. 민수기 21:6-9 외에, 오경의 어떤 다른 텍스트가 뱀과 인간 사이의 충돌의 주제를 과제로 삼는가? 창세기 9:3에서 인간에게는 다른 모든 동물들 위에 지배하는 통치권이 주어지지 않았는가? 창세기와 오경의 나머지에서 충돌은 중심 주제일 뿐만 아니라 인간 가족들 사이의 구체적인 투쟁이 중심 무대를 차지한다. 그러므로 창세기 3:15은 이 충돌에 대한 것이며, 그렇다면 "여인의 후손"은 모든 인류를 가리키지는 않을 것이다. 해버닉은 이 말이 인간 가족의 일부만을 가리킨다고 주장한다. "뱀의 후손"은 인류의 나머지를 가리킨다. 여인의 씨와 뱀의 씨 사이에 있는 차이는 오경의 이후의 내러티브 속에서 한층 더 정교하게 다루어질 문제다. 하지만 다음과 같은 한 가지는 명백하다. 뱀의 반역과 동일시되는 자들과, 하와처럼 오실 구속자의 씨를 낳을 자들,

이 두 적대하는 진영 사이의 투쟁이 아담 가족 내에서 있을 것이다.

창세기 3:15에 대해 해버닉의 "텍스트에 민감한" 읽기("text sensitive" reading)는 많은 유리한 점을 가진다. 이런 초기의 언어 속에서 너무 빨리 신약의 요소들을 확인하기 위해 돌진하는 방법론에 대한 그의 비판은, 이 시에 대한 많은 기독교적 읽기에 직면해서 아주 중요하다. 문학적인 측면으로 보아 이 짧은 텍스트의 의미에서, 대부분은 아니라 해도, 일부 요소들은 말해지지 않은 채 남을 것이며, 오로지 저자가 나중에 그 남은 의미를 채울 것임을 기대해야 한다.

마이어 스턴버그는 성경의 내러티브들에는 다른 많은 내러티브에서처럼, 독자나 저자에 의해 채워질 많은 부분이 남아 있다고 주장한다. 때때로 독자는 자신의 개인 경험으로부터 자료의 빈 곳을 채우도록 요구받는다. 스턴버그는 이런 생략을 "공백"(blanks)이라고 부른다. 또 다른 경우에 이런 명백한 "생략" 또는 누락된 이야기의 자료는, 저자가 우리를 위해 이야기의 나중 지점에서 채울 수 있도록 남겨진다. 스턴버그는 이것을 "간극"(gaps)이라고 부른다. 저자만이 이 간극을 채울 수 있고 또한 채워야 한다. 이것은 "저자의 의도"(mens auctoris)의 일부다. 이런 경우 독자는 언제, 어떻게 저자가 이 간극을 메우는지를 보기 위해 저자의 모든 움직임을 주시해야 한다. 공백과 간극을 구분하는 유일한 방법은, 나중 순간에 저자가 내러티브에서 이야기의 간극을 메우는 행위를 간파하는 것이다. 만약 저자가 이야기의 요소를 집어내서 그것에 추가적인 초점을 제공한다면, 그것은 간극이다.

창세기 3:15의 경우, 이후에 따라오는 내러티브에서 "씨"에 대한 많은 참조는 이 씨의 정체성이 간극임을 강하게 암시한다. 이것은 간극이기 때문에 우리는 우리 자신이 아니라 저자로 하여금 이 정체성의 남은 부분을 채우도록 해야 한다. 우리의 유일한 질문은, 우리가 읽어나가는 동안 어떻게 저자가 이 간극을 메우려고 하는가가 될 것이다. 이 질문에 대한 답은 최소한 처음에는, 내러티브 주위를 살펴보고 어떻게 "씨"라는 말을 저자가 집어서 사용하는지를 보는 것이다. 다른 말로 하자면, 우리는 창세기 12:7 같은 텍스트를 보아야 한다. "여호와께서 아브람에게 나타나 이르시되 내가 이 땅을 네 자손[zera']에게 주리라 하신지라."

따라서 답은 창세기 12-50장에서 "아브라함의 씨"에 대한 하나님의 말씀이 많이 나오는 곳 어딘가에 있을 것으로 보인다. 내가 보인 대로, 시 텍스트에서 "씨"는 추가적으로 유다의 가계로부터 나올 왕과 동일시된다. 이 것은 "아브라함의 씨"가 단수로 이해되었음을 암시한다. 창세기 내러티브에서 집합적인 "아브라함의 씨"는, 오경의 시에 의해 개인적인 의미로 추가적으로 정의된다. 역사적인 다윗의 왕들 중 하나를 의미하는지, 아니면 미래의 메시아 왕을 의미하는지는 오경 나머지의 구성적 전략의 컨텍스트만이 답할 수 있는 질문이다. 개별 시들의 실제적 내용과 마찬가지로, 도입 문구인 "마지막 때에" 같은 지표들은 이 시에 대한 메시아적 해석을 강하게 암시한다. 이 시들이 예언문학과 시문학에서 다시 채택될 때, "씨"는 다윗 가계로부터 오실 미래의 왕과 동일시된다(시 72:17; 렘 4:2).

창세기 1-11장에서 구원의 구성적 전략. 오경의 저자는 어떻게 구원과 구속의 주제를 창세기 1-11장의 내러티브 안에 직조했는가? 이 질문에 답하기 위해서 우리는 저자의 신학적 의도를 나타내는 몇 가지 핵심 진술에 주목해야 한다. 이 진술들은 땅의 저주와 그 저주를 제거하는 데 있어 노아의 제사의 역할로 독자의 초점을 돌린다.

땅의 저주(창 3:17; 4:11; 5:29; 8:21). 창세기 1-11장의 내러티브에 따르면, 창조를 향유하는 데 우선적으로 방해가 된 것은 타락 이후 땅의 저주였다.

땅이 네게 가시덤불과 엉겅퀴를 낼 것이라 네가 먹을 것은 밭의 채소인즉 네가 흙으로 돌아갈 때까지 얼굴에 땀을 흘려야 먹을 것을 먹으리니 네가 그것에서 취함을 입었음이라 너는 흙이니 흙으로 돌아갈 것이니라 하시니라(창

3:18-19, 역자 주—원서는 ASV 인용)

땅은 인간의 불순종 때문에 저주를 받았다. 창세기 1-11장의 구성적 전략은 바로 이 점을 납득시킨다. 이 내러티브들을 통해서 우리는 하나님의 저주가 문학적 메아리로 반향되는 것을 들을 수 있는데, 이것은 각각 홍수 기사를 향해 유도해간다. 창세기 1-11장에서 구원의 전략을 이해하는 작업은, 어떻게 이런 다양한 반향이 내러티브들 전체에, 그리고 내러티브 각각에 연결되는지 질문하는 것이 될 것이다. 다음은 땅의 저주에 대한 문학적인 반향의 목록이다.

1. 창세기 1:31: "하나님이 지으신[*ā́śâ*] 그 모든 것을 보시니."
2. 창세기 3:17: "아담에게 [하나님이] 이르시되…땅[*ʾ ădāmâ*]은 너로 말미암아 저주를 받고."
3. 창세기 4:10-11: "[하나님이] 이르시되 '…네가 땅[*ʾ ădāmâ*]에서 저주를 받으리니.'"
4. 창세기 5:29: "여호와께서 땅[*ʾ ădāmâ*]을 저주하시므로 수고롭게 일하는 우리를 이 아들이 안위하리라 하였더라."
5. 창세기 6:12: "하나님이 보신즉 땅[*ʾereṣ*]이 부패하였으니."
6. 창세기 8:21a: "여호와께서…중심에 이르시되 내가 다시는 사람으로 말미암아 땅[*ʾ ădāmâ*]을 저주하지 아니하리니."
7. 창세기 8:21b: "내가 전에 행한 것 같이 모든 생물을 다시 멸하지 아니하리니."
8. 창세기 9:11: "땅[*ʾereṣ*]을 멸할 홍수가 다시 있지 아니하리라."

이런 결합된 발췌문들은 의도적으로 창세기 1-11장의 사건들을 관련시키기 위해 연결되어 있다. 이것들은 원역사를 통해서 가장 선명하게 표시되는 구성의 층위를 보여준다. 이런 (대부분 시적) 텍스트들을 통해 독자는 하나님의 "심히 좋은 땅"이 인간의 불순종으로 빠른 속도로 부패하고 파괴되는 것을 본다. 이 땅에 거주하는 자들 역시 부패하며 홍수로 멸망한 다(창 6:5-8). 노아만이 구원을 받았다(창 6:8). 홍수 후 하나님은 땅의 저주를 변경시키고 다시는 홍수로는 땅을 멸하지 않겠다고 맹세하신다. 이 과정에서 언약을 맺음으로써 새로운 삶의 방식이 시작되었다.

이런 구성적 층위 안에서 노아의 제사 기사는(창 8:20-22) 중심 위치를 차지한다. 노아의 희생 제사를 하나님이 받아들이신 후에야 비로소(단순히 홍수 이후가 아니라), 땅('ădāmâ)에 대한 저주가 변경되고 땅('ereṣ)에 질서가 회복되었다.

희생 제사(창 8:20-22). 홍수 후 노아는 어떤 종류의 제물 또는 희생 제사를 드렸는가? 창세기 1-11장에 대한 해석학자들 사이의 공통적 경향은, 창세기 8:20에서 노아의 희생 제사를 "감사제"로 보는 것이다. 확실히 노아는 하나님이 자신을 구원하신 것에 대해 감사했으며, 그분께 감사제를 드릴 충분한 이유가 있었을 것이다. 이는 홍수에서 구원된 후에 누구라도 노아에게 기대할 수 있는 일이다. 또한 고대 근동의 홍수 기사에서, 살아 남은 영웅은 의무적으로 감사의 헌물을 드린다. 이 부분에 사용된 어휘들을 보면, 방주를 떠난 후 노아가 한 첫 번째 행위는 정결한 짐승과 새들 중에서 희생 제사―즉, 죄를 위한 번제('ōlōt)―를 드린 것이었다. 창세기 8:20의 어휘는 이 희생 제사가 단순히 감사제가 아니며(예, šelem 또는 tôdâ), 속죄를 위한 제사('ōlâ[레 1:4])였음을 보여준다. 홍수 후 노아는 제단을 세우고 희생 제사를 드렸다(창 8:20). 하나님은 이 제사를 받아들이셨고("그 향기를 받으시고"),[25] 그것에 근거해서 다시는 땅을 저주하지 않겠다고 맹세하셨다(창 8:21).[26] 또한 하나님은 홍수에서 하셨던 것처럼 모든 인간을 다시는

---

25) "이 구절이 분명히 함축하는 바는, 죄에 대한 하나님의 진노가 희생 제사에 의해 가라앉았다는 사실이다"(Gordon J. Wenham, *Genesis 1-15* [WBC 1; Waco, Tex.; Word, 1987], p. 189).

멸하지 않겠다고 맹세하셨다(창 8:21). 창세기 9장에서 하나님은 다시는 홍수를 보내지 않겠다고 맹세하셨다(창 9:11). 이 각각의 행위들은 뚜렷한 하나님의 행동을 나타낸다. 궁극적으로 노아의 희생 제사는 타락한 세상에 질서와 회복을 확보하는 하나님의 복합적 행위를 가져왔다.

비록 이 행위들 각각을, 다시는 파괴적인 홍수를 보내지 않겠다는 하나님의 맹세의 다른 양상들로 보는 것이 공통적이기는 하지만, 이 텍스트들을 자세히 들여다보면 그렇지 않음을 알 수 있다. 이 텍스트들은 각각 노아의 희생 제사의 결과로서 나타난 세 개의 구별된 하나님의 반응을 이야기하고 있다. 창세기 8:21에서 하나님이 맹세하신 것은 노아의 희생 제사를 받아들이신 것에 근거하고 있다. "노아가 여호와께 제단을 쌓고 모든 정결한 짐승과 모든 정결한 새 중에서 제물을 취하여 번제로 제단에 드렸더니 여호와께서 그 향기를 받으시고 그 중심에 이르시되…"(창 8:20-21a).

이 구절의 메시지는 하나님이 희생의 제물로 인해 깊이 감동하셨다는 것이다. 오경의 나머지 부분에서 희생 제사와 제물의 역할을 본다면, 하나님이 진심으로 희생 제사에 감동하셨다는, 모든 희생 제사의 전제가 되는 이 첫 번째 증명의 중요성은 확실하다. 하나님은 제사를 받으셨고, 이것은 저주의 모든 수고와 무익함을 반전시켰다. 이것은 오경에서 희생 제사(번제)에 대한 첫 번째 언급이다. 가인과 아벨의 "제사"는 희생 제사가 아니었다. 그들의 제사는 선물(minḥâ)이며, 번제('ōlâ)가 아니었다. 이 내러티브들이 전개됨에 따라, 오경의 "율법" 속에서 모든 희생 제물('ōlâ)은 하나님이 수용하신 이 최초의 경우에 기초를 둔다. 이 짧막한 내러티브 속에서 오경의 저자는 근본적인 질문을 제기한다. "어떻게 우리는 하나님이 모세 율법에 규정된 희생 제물을 받아들이신다는 것을 아는가?" 그는 이 질문에 대해 하나님이 노아의 제사를 받아들이신 내러티브로서 대답한다. 저자는

---

26) "'여호와께서 냄새를 맡으셨고…말씀하셨다'라는 동사의 연속이 가진 분명한 함축성은, 인간을 향한 하나님의 생각이 희생 제사를 흠향함으로써 유발되었다는 것이다"(ibid.).

하나님이 희생 제물을 받으시고 그것에 의해 연민으로 움직이신다는 것을 단순히 설명하지 않는다. 그는 우리에게 하나님의 응답에 논쟁의 여지가 없는 예를 통해서 보여준다. 저자는 하나님의 창조 질서가, 의로운 한 사람의 최초의 희생 제사를 하나님이 수용하셨다는 사실에 근거함을 보여줌으로써 요점을 납득시킨다. 한 의인의 희생 제사는 악이 파괴했던 모든 것을 회복할 수 있었다. "땅이 있을 동안에는 심음과 거둠과 추위와 더위와 여름과 겨울과 낮과 밤이 쉬지 아니하리라"(창 8:22).

저자의 요점은 세상에 어떤 것들은 진리이며 제대로 작동한다는 사실이다. 왜냐하면 그것들은 그렇게 되도록 만들어졌기 때문이다 하나님은 이런 방식으로 세상을 만드셨다. 바로 이것이 우리가 살고 있는 세상을 정상적으로 작동시키는 것의 일부다. 오경의 내러티브 사용은 성경의 세계에서, 하나님이 희생 제사를 수용하셨다는 진리가 얼마나 근본적인지를 보여준다. 이 진리는 하나님의 세계라는 직물 안으로 함께 넣고 짜여졌다. 오경이 해야 하는 임무는, 이 진리가 항상 거기 있었고 작동한다는 것을 보여줌으로써 그것을 가리키는 것이다. 이 진리는 창조에 질서와 지속력을 제공하는 힘보다도 더, 세상의 근본적인 일부다. 이 진리에 이의를 제기하는 것은 우주 자체에 이의를 제기함을 의미할 것이다. 창세기 8:20-22에서 우리는 율법이 작동하는 것을 본다. 우리는 율법이 일어나고, 그것이 여전히 거기에 있으며 처음부터 거기에 있었음을 알 수 있다.

창세기 8:21: 해석의 난제. 창세기 8:21은 원역사의 주요 부분에서 해석의 난제다. 질문은 하나님이 "내가 다시는 사람으로 말미암아 땅을 저주하지 아니하리니"라고 말씀하셨을 때, 그분이 의미하신 것이 무엇인가 하는 것이다. 하나님의 진술의 범위는 어디까지인가? 하나님은 세계적인 규모의 홍수를 다시는 보내지 않겠다고 맹세하시는 것인가? 아니면, 땅에서 창세기 3:17-19의 저주를 제하시겠다는 것인가? 지금 우리는 "땅의 저주"가 제거된 세상에서 살고 있는가?

우리가 창세기 8:21a을, 창세기 3:17에서 하나님이 땅을 저주하신 것을 가리킨다고 해석한다면, 이런 질문들은 불가피하게 일어날 것이다. 이 구절들로부터 제기되는 질문의 중심에는 창세기 8:21의 의미가 있다. 이 절에 대한 다음의 관찰과 논의는 오직 답을 찾는 방향으로 가기 위해서다.

제기할 첫째 질문은 창세기 8:21이 단지 홍수 기사의 결론으로 간주되어야 하는지(베스터만), 아니면 창세기 1-11장에서 전체 원역사를 포용하고 결론짓는 의도로 된 진술인지의 여부이다. 다시 말해, 창세기 8:21이 창세기 6:5만을 참조하고 있는지(베스터만), 아니면 창세기 3:17; 4:11; 5:29도 참조하고 있는지(렌토르프) 하는 질문이다.

창세기 8:21a에 대한 세 가지 견해. 여기서 우리는 롤프 렌토르프와 클라우스 베스터만의 견해를 살피고, 그러고 나서 창세기 8:21에 대한 내 견해를 들을 것이다.

렌토르프에 따르면, 결코 다시 땅을 저주하지 않겠다는 하나님의 맹세는(창 8:21a) 창세기 3:17에서 땅에 대한 하나님의 원저주를 일컫는다. 타락 후, 하나님은 땅을 저주하셨지만(창 3:17), 지금 창세기 8:21a에서 그분은 저주를 제거하거나 변경하셨다. 그 결과 이 저주에는 과거와 동일한 효과가 없다. 렌토르프는 그의 주장에 대한 근거로서, 창세기 3:17; 8:21에서 두 개의 히브리어 단어가 땅을 "저주하는" 개념을 설명하는 데 사용되었다는 사실을 든다. 렌토르프는 창세기 3:17에서 "저주"(אָרַר, 'rr)라는 단어가 창세기 8:21의 "저주"(קָלַל, qll)와는 다르기 때문에, 이것들은 의미론적으로 동일하지 않다고 주장한다. 창세기 3:17에서 하나님은 땅을 "저주하셨으며"('rr), 땅은 저주 받은 상태로 남아 있었다. 즉, 하나님은 땅을 "저주 받은"('rr) 것으로 계속 취급하셨다. 홍수와 노아의 제사 후(창 8:21a), 하나님은 깊이 감동하시고 다시는 결코 "땅을 저주 받은(qll) 것으로 간주하지" 않겠다고 맹세하셨다. 다시 말해, 비록 땅은 항상 하나님의 저주 아래 남아 있지만─즉, 가시덤불과 엉겅퀴가 창조 세계를 계속 괴롭힐 것이지만('rr)─하나님은 더 이상 "그 땅을 저주 받은 것으로 간주하지" 않으실 것이다. 더 이상 그분은 땅을 저주 받은(qll) 것으로 취급하지 않으실 것이다. 하나님께 관한 한, 그분은 창세기 3:17의 저주가 더 이상 실제적으로 수행되지 못하도록 그것의 능력을 제해버리셨다. 노아의 희생 제사를 보시고 하나님은 그 범위를 누그러뜨리도록 감동을 받으셨다.

렌토르프의 견해의 가치는, 그가 이 구절에서 "저주"에 대해서 저자가 사용한 두 단어를 심각하게 받아들였다는 점이다. 자신의 견해에 대해 제기된 주된 반론에 대해서 렌토르프는 즉시 인정한 바 있다. 홍수와 노아의 제사 후, 세상은 여전히 가시덤불과 엉겅퀴, 고통스런 탄생과 고된 노동으로 괴롭힘을 당했다. 이 모든 것은 창세기 3:17의 저주로 초래되었다. 그런데 어떻게 렌토르프는 땅의 저주가 풀렸다고 말할 수 있는가? 확실히, 창세기 3:17-19에서 저주에 대한 묘사는 현재 세상에서 저자가 경험한 것을 묘사한 것이다.

베스터만에 따르면 창세기 8:21a에서 하나님의 맹세는, 창세기 3:17에서 땅의 원저주를 가리키는 것이 아니라, 그분이 창세기 6:7에서 홍수를 보내신 것을 가리킨다. 하나님은 인간의 마음의 악함 때문에 홍수를 보내셨으며, 홍수 후 지금 동일한 이유로는 다시는 같은 홍수를 보내지 않겠다고 맹세하셨다(창 8:21). 인간의 마음은 홍수로 변하지 않았으므로, 하나님은 은혜의 행위로써 이제부터는 인간의 악한 상태를 관대하게 다루실 것이며 결코 이런 파괴적인 홍수를 다시 보내지 않으실 것이다(비교. 마 5:45). 베스터만에 따르면, 이것은 "일반은혜"의 형태다.

베스터만의 견해에 대한 주된 반론은, 창세기 8:21a의 용어가 창세기 6:7에서 하나님이 홍수를 보내신 것을 가리키지 않는다는 것이다. 창세기 6:7에서 홍수는 "저주"로 불리지 않지만, 창세기 8:21에서 하나님은 결코 다시 땅을 저주하지 않겠다고 맹세하신다. 분명히 그분은 홍수가 아니라 창세기 3:17; 4:22; 5:29의 땅에 대한 "저주"를 말씀하시고 있다. 하나님은 다음 장에서(창 9:11) 홍수를 다시 거론하신다. 거기서 그분은 지구 전체와 함께 다시는 홍수를 보내지 않겠다는 언약을 성립하신다. 하지만 이것은 창세기 8:21에서 우리가 본 "저주"가 아니다.

나 자신의 견해에 따르면, 창세기 8:21a("내가 다시는 사람으로 말미암아 땅을 저주하지 아니하리니")은 창세기 1-8장에서 하나님이 땅('ădāmâ)에 대한 "저주"를 말씀하신 모든 지점(창 3:17; 4:22; 5:29)을 가리킨다. 창세기 8:21에서 하나님은 창세기 3:17에서 그러셨던 것처럼, 그리고 창세기 4:22; 5:29에서 계속하셨던 것처럼 그렇게는 결코 땅을 "저주"하지 않겠다고 맹세하신다. 이 구절의 나머지 부분인 창세기 8:21b에서, 하나님은 또 다른 주제인 홍수를 거론하시면서 "내가 모든 생물을 다시 멸하지 아니하리니"라고 말씀하시는데, 이것은 창세기 6:7에서 홍수를 보내기로 한 결정을 가리킨다. 만약 이 내러티브에서 창세기 4장의 경우에 나타나듯 땅이 한 번 이상 저주 받았다면, 창세기 8:21a의 의미는 "내가 다시는['ōsīp... 'ôd] 땅을[내가 이미 두 번 저주했던 것처럼] 저주[lĕqallēl]하지 않을 것이다"가 될 것이다. 그래서 하나님은 창세기 8:21b에서 이런 설명을 더하신다. "내가 전에 행한 것 같이 모든 생물을 다시['ōsīp 'ôd] 멸하지[lĕhakkôt] 아니할 것이다."

평가하자면, 다음과 같다. 비록 용어는 정확하지 않지만, 창세기 8:21b이 창세기 6:5-7에서 하나님이 홍수를 보내시기로 작정한 것을 가리킨다는 사실은 분명해 보인다. 하나님은 "내가 창조한 사람을 내가 지면에서 쓸어버리되['emḥeh]"라고 말씀하셨다(창 6:7). 또한 창세기 8:21b에서는 "내가 전에 행한 것 같이 모든 생물을 다시 멸하지[lĕhakkôt] 아니할 것이다"라고 말씀하셨다. 하나님이 모든 생명을 멸하기로 한 파괴적인 해결책은 (창 6:5-7) 창세기 8:20에서 드린 제사에 의해 창세기 8:21b에서 종지부를 찍었다.

창세기 8:21의 첫째 부분은 하나님이 홍수를 보내신 것을 훨씬 넘어선 범주를 가진 것으로 보인다. 여기서 이 절은 창세기 3:17에서 하나님이 땅을 저주한 것에 대한 폭넓은 쟁점을 도입한다. 노아의 희생 제사와 그 결과로 하나님이 "인간 때문에 다시는 땅을 저주하지 않을 것"이라고 결심하신 관점에서, 이 저주는 어떻게 될 것인가? 내가 앞서 말한 것처럼, 이 진술을 단순히 홍수 이야기의 시작(창 6:5-7)에 연결하는 것으로는 충분하지 않다. 왜냐하면 창세기 6-8장의 홍수는 "저주"로 불리지 않았으며, 이 내러티브에서도 저주로 취급되지 않았기 때문이다. 이것은 인간의 악함에 대한 심판이었지 저주가 아니었다. 저주는 홍수와 같은 하나의 사건이 될 수 없다. 창세기 5:29에서 저주에 대한 암시가 보여준 대로, 저주는 땅에 부과된 계속적인 조건이다. 노아의 이름은 그가 홍수로부터가 아닌 "여호와께서 저주하신['ērĕrâ] 땅으로부터" 평강을 가져왔다는 사실에서 유래한다(창 5:29). 따라서 창세기 8:21a에서 하나님의 진술은 창세기 3:17에서 땅에 대한 저주를 가리킴이 틀림없다. "땅은 너[남자]로 말미암아 저주를 받고['ărûrâ]."

그러므로 이 논의에서 우리는 다음과 같은 결론을 도출할 수 있다. 즉, 창세기 8:21은 단순히 홍수 이야기의 결론만이 아니라 창세기 2-5장이라는 이전 내러티브 전체의 결론이며, 따라서 에덴동산에서부터 홍수까지의 원역사를 결론짓는다는 것이다. 땅에 대한 저주로 시작된 아담 한 사람의 타락 상태가(창 3:17) 인류 전체로 연장되었으며, 모든 생명을 쓸어버리시겠다는 하나님의 결심으로까지 이어진다(창 6:5-17). 홍수의 결론에서 하나님은 땅에 대한 저주를 제거하심으로써 새로운 시작을 하고, 저주를 축복으로 대체하신다(창 8:22).

오경의 저자가 창세기 8:21a을 "땅"('ădāmâ)에 대한 새로운 시작, 따라서 그 결과로 인류('ādām)에 대한 새로운 시작으로 본다는 것은 창세기 5:29의 해설이 보여주는 바다. 거기서 저자는 "노아"(נֹחַ, nḥ)를, "여호와께서 저주하신 땅"의 노동과 수고로부터 인류를 해방시킴으로써 그들에게 가져온 "안위"(נחם, nḥm)와 동일시한다. 노아는 저주 받은 땅의 수고로부터 안위를 가져왔다. 이 안위는 땅 위에 있는 저주의 힘을 제거한 노아의 희생 제사에 있다.

창세기 2-8장에서 내러티브의 논리는 다음과 같다.

1. 여호와께서 땅을 저주하셨다(창 3:17).

2. 땅에 대한 저주의 제거가 구상된다(창 5:29).

3. 노아가 희생 제사를 드린다(창 8:20).

4. 땅의 저주의 힘이 노아의 희생 제사에 의해 제거된다(창 8:21).

창세기 8:21a의 번역. 창세기 8:21a에 대해 내가 제공했던 해결의 중요 부분은 이 텍스트의 정확한 해석에 있다. 고든 웬함은 그 구절을 하나님이 "내가 땅을 더 이상 저주하지 않을 것이다"라고 말씀하신 것으로 번역한다. 이는 땅이 창세기 3:17에서 저주 받았으며 추가적으로는 저주 받지 않을 것임을 의미한다. 이것은 미래에 대한 약속이라기보다는 현상에 대한 진술이다. 사실상 하나님이 말씀하시는 것은 "이것보다 더 나빠지지는 않을 것이다"이다. 웬함의 해석은 왜 하나님이 내러티브의 이 지점에서 이런 진술을 하셨는가 하는 질문을 일으킨다. 홍수의 파괴적인 효과를 방금 목격하면서, 노아와 가족들에게는 더 이상 나빠지지 않을 것이라는 소식이 거의 위로가 되지 않았을 것이다.

내 견해로는, 하나님이 말씀하신 것은 "내가 끊임없이 땅을 다시 저주하지는 않을 것이다"라는 의미인 듯하다. 이는 창세기 3:17 이래로 땅이 끊임없이 저주를 받아왔지만, 하나님은 미래에는 그렇게 하지 않으실 것임을 의미한다. 땅이 저주를 받지 않을 때가 올 것이다. 과거에는 창세기 3:17의 저주의 결과로, 땅은 끊임없이 저주 받았다. 창세기 8:21에서 하나님의 맹세는 미래에 땅의 저주를 풀기 위한 방법이 열려 있음을 암시한다. 다른 방식으로 말하자면, 노아의 희생 제사는 땅('ădāmâ)의 저주의 힘을 부술 수 있는 방법을 열어놓았다.

이것이 창세기 8:21a의 의미라면, 이 간단한 내러티브에서 저자는 희생 제사 의식이 가진 능력에 대한 중요한 교훈을 위한 기초를 놓았다고 할 수 있다. 이를 통해서 부분적으로라도, 하나님의 땅('ădāmâ)에 대한 원 저주가 감면될 수 있다. 오경의 내러티브의 초기 단계에서 이런 진술은, 희생 제물의 역할과 땅("흙", 'ădāmâ)을 향유하는 미래의 가능성에 대해 저자의 입장에서는 상당한 숙고가 있었음을 의미한다. 하나님의 좋은 땅과 축복의 향유로 되돌아가는 길은 죄에 대한 희생 제물을 통해서다. 아브라함이 땅에 들어와서 한 최초의 행동이 제단을 쌓고 하나님을 부른 일이었다는 사실은 우연이 아니다. 실제로 이것은 모든 족장들의 공통적인 실행이다. 제사와 축복의 중심성에 이렇게 초점을 두면서, 오경을 끝내는 책의 마지막 시의 진술에서 저자가, 하나님이 그의 백성과 민족들에게 구원과 축복을 다시 가져올 땅('ădāmâ)을 위해 "속죄하는"(희생 제사) 주제로 되돌아간다는 점에 주목해야 한다. 이 시는 하나님이 "자기 땅['ădāmâ]과 자기 백성을 위해 속죄[wĕkipper]하실 것"이라는 진술로 끝난다(신 32:43).

이 텍스트들은 오경에서 구원의 개념이 희생 제사 개념과 얼마나 밀접하게 연결되어 있는지를 잘 보여준다.

창세기 8:21b의 번역. 창세기 8:21b에서 홍수의 파괴를 이야기할 때, 번역상에는 미미하지만 중요한 차이점이 있다. 이 구절의 의미는 "내가 모든 생물을 멸하는 것을 더 이상 계속하지 않을 것이다"이다. 창세기 8:21b에서 하나님이 말씀하시는 것은, 다시는 모든 생물을 멸하지 않겠다는 의미가 아니다. 이 내용은 창세기 9:11에서 노아의 언약과 연결해서 말씀하실 것이다. 창세기 8:21b에서 하나님은 홍수의 파괴적인 힘이 끝났다고만 진술하신다. 하나님은 홍수로 모든 생물을 멸하시는 것을 마치셨다. 따라서 다음 진술에서 하나님은 창조 질서를 재확립하신다. "땅이 있을 동안에는 심음과 거둠과 추위와 더위와 여름과 겨울과 낮과 밤이 쉬지 아니하리라"(창 8:22).

따라서 창세기 8:21b은 내러티브에서 주요한 전환점을 이룬다. 홍수 속에서 하나님은 "모든 생명을" 멸하셨다. 지금은 노아의 희생 제사의 결과로 그 행위가 멈추어졌다. 하나님은 창세기 6:5-7의 "모든 생명을 멸하겠다"라는 자신의 포고를 취소하신다. 마음이 누그러지신 것이다. 창세기 6:5-7과 8:21b에서 하나님의 진술이 홍수를 언급하지 않는다는 사실을 주목하는 것이 중요하다. 홍수의 끝에 온다고 해서(창 8:1-19) 그것이 창세기 6:5-7의 하나님의 포고의 끝을 의미하지는 않는다. 이 포고는 창세기 8:21b에서 노아의 제사 후에(그리고 그것 때문에) 비로소 끝나게 된다. 홍수를 다시는 보내지 않겠다는 하나님의 약속은 창세기 9:11에 와서야 비로소 나온다.

창세기 8:21에 대한 나의 번역은 이 구절의 의미에 대한 두 가지 초기적 결론을 제시한다. 첫째, 창세기 8:21a에서 노아의 희생 제사는 하나님이 인간과 세상을 다루시는 데 있어 새로운 전환점을 마련한다. 노아의 희생 제사의 결과로, 하나님은 창세기 3:17에서 저주했던 땅에 대한 새로운 법령을 만드셨다. 이는 원래의 저주는 그대로 놓아두고 단순히 추가적인 것을 그 저주에 덧붙이는 것도(웬함), 실제적으로 그 저주를 무화하는 것도(렌토르프) 아니다. 창세기 8:21의 구문은 창세기 8:21a에서 하나님의 법령이 창세기 3:17에서 했던 저주의 성격을 크게 변경시켰음을 의미한다. 하나님은 땅을 저주하는 것을 계속하지 않으실 것이라고 말씀하신다. 땅에 대한 저주는(창 3:17의) 창조와 세상에 대한 하나님의 최종적 말씀이 아니다. 노아의 희생 제사로, 저주는 제거된 것이 아니라 극복되었다. 따라서 저주 받은 땅과 인간의 관계는 희생 제사에 대한 필요와 연결되어 있다. 하나님의 땅('ǎdāmâ)에 대한 원축복과 인간의 관계는 지금 제단을 세우고 땅('ǎdāmâ)에서 희생 제사를 드리는 것에 달려 있다. 땅에 대해 하나님이 원래 주신 선물을 즐길 수 있는 길이 예비되어 있다(비교. 신 32:43). 비록 창세기 8:21 이후로 오경의 내러티브는 땅('ǎdāmâ)에 대한 하나님의 저주를 다시 언급하지 않지만, 이 동일한 내러티브가 제단을 만들고 땅('ǎdāmâ)에서 희생 제사를 드리는 필요에 몰두해 있음에 주목해야 한다.

창세기 8:21에 대한 나의 번역에서 도출할 수 있는 둘째 결론은, 창세기 8:21b이 창세기 6:5-7에서 모든 생명을 멸하시겠다는 포고에 대한 참조라는 것이다. 이것은 창세기 9:11에만 나오는 포고인, 결코 다시는 홍수를 보내지 않겠다는 포고가 아니다. 오경의 저자는 창세기 6:5-7의 하나님의 포고를 심각하게 받아들인다. 창세기 6:7에서 하나님이 모든 생명을 멸하시겠다고 말씀하셨을 때, 이 내러티브는 하나님이 포고가 무효가 될 때까지 계속적으로 그렇게 하셨을 것을 가정한다. 따라서 노아가 방주를 떠날 때 그의 삶은 여전히 창세기 6:7의 하나님의 진술에 의해 위협받고 있었다. 창세기 8:21b에 따르면, 노아의 희생 제사 후 비로소 하나님은 창세기 6:7에서 만드셨던 포고를 무효로 하셨다. "내가 모든 생물을 더 이상 멸하기를 계속하지 않을 것이다"라는 것은 하나님 스스로의 말씀이다. 홍수를 종결지은 것은 하나님의 은혜였지만(창 8:1), 하나님의 심판의 법령이 종결되기 위해서는 노아의 희생 제사가 필요했다.

창세기 8:21b과 창세기 6:5-7 사이의 밀접한 관련성은, 창세기 8:21a이 유사한 기능을 가질지도 모른다는 가능성에 대해 우리를 경계시킨다. 이것은 이전 포고, 즉 창세기 3:17의 땅('ǎdāmâ)에 대한 저주를 철회하기 위해, 또는 의미심장하게 변경하기 위해 의도되었을 수 있다. 하나님이 땅을 저주하셨다면, 이 저주가 폐지되지 않는 한 축복의 가능성은 없을 것이다. 저주가 폐지되었을 때, 창세기 8:21a에서 창세기 9:1에 따라오는 축복에 대한 길이 열린다. 이 축복은 창세기 1:28에서 설계된 대로, 하나님이 주신 창조의 원축복의 성격대로 인류의 위치를 회복시킨다. 또한 창세기 9:1에서 새롭게 된 축복은 노아의 희생 제사에 근거한다.

이 복잡한 내러티브를 통해 저자는 인간의 축복과 창세기 3:17의 땅('ǎdāmâ)에 대한 저주 사이에 밀접하고 불가결한 연결을 만들었다. 축복과 저주 모두가 땅('ǎdāmâ)과 연결되어 있다. 인간('ādām)은 땅('ǎdāmâ[창 2:7])으로부터 창조되었다. 땅('ǎdāmâ)은 인간의 불순종 때문에 저주 받았다(창 3:17). 인간에게 저주는 "땅('ǎdāmâ[창 3:23])을 경작(일)해야만" 하며 궁극적으로는 죽어서 땅('ǎdāmâ)으로 돌아감을 의미했다(창 3:19). 인류, "아담"('ādām)이라는 이름 자체도 그 기원을 "땅"('ǎdāmâ[창 2:7])에 가지고 있다. 살인이 그들이 살던 땅('ǎdāmâ)을 오염시켰을 때, 인류('ādām)는 이 저주 받은 땅('ǎdāmâ[창 4:13])을 떠나 목적 없이 유리하도록 강요되었다. 땅('ǎdāmâ)은 인류가 받은 저주의 궁극적인 원천이다(창 4:11). 오경의 저자에게는, 저주가 땅(’ādāmâ)에 남아 있는 한 축복에 대한 가능성은 없었다. 언약의 기사와 하나님의 축복의 갱신 이전(창 9:1-17)에, 하나님은 땅(’ādāmâ)의 저주를 제거해야 했으며, 이는 희생 제사를 요구했다.

노아의 제사(창 8:20). 창세기 8:21의 의미에 대해 내가 말한 내용을 고려한다면, 속죄제는 홍수 후 노아에게 적합할 뿐만 아니라, 홍수 후 땅에 살아갈 자들의 평안을 위해서도 필수적이다. 홍수 자체는 인간의 악함에 대한 속죄가 아니었다. 홍수는 형벌이요, 심판이었다(창 6:5-7). 홍수 후에도, 모든 살아 있는 것을 멸하라는 하나님의 심판의 포고는 여전히 유효했다. 거기에는 속죄의 제사에 대한 필요가 여전히 있었다. 노아가 방주를 떠난 후 처음으로 한 일은 이 희생 제사를 드리는 것이었으며(창 8:20), 하나님은 그것을 받아들이셨다(창 8:21a).

창세기 8:20-22의 구성적 목적의 중심 부분은 노아의 제사의 효력을 보여주는 것이다. 하나님은 노아의 희생 제사를 인정하고 받아들이신 후에야 비로소 땅의 저주와 모든 생명을 멸하라는 자신의 포고를 폐지하셨다(창 8:21). 저자의 목적은 이 세 가지 요소(희생 제사, 용서, 질서의 재성립)를 가능한 한 서로 밀접하게 배열하는 것이다. 저자의 요점은 희생 제사가 죄의 용서에 필수적이라는 것이다. 또한 중요한 것은, 노아의 희생 제사의 효력이 오경의 저자가 땅(’ādāmâ)의 개념에 부여한 핵심적인 중요성에 직접적으로 연결되어 있다는 점이다. 하나님이 노아의 희생 제사를 열납하신 후 비로소 질서가 회복되었고 생명이 다시 땅(’ādāmâ)에 가능하게 되었다.

요약. 창세기 3:17의 저주에 대한 흥미로운 그림이 창세기 8:20-22에 드러난다. 비록 창세기 3:17에서는 "땅"(’ādāmâ)만이 저주를 받았지만, 그 효과는 보편적이었다. "땅"에 임한 저주는 홍수 때까지 계속적으로 유효했지만, 노아의 희생 제사 이후에 크게 변경되었다. 이 제사를 통해 "지구[땅]에서"의 새로운 삶이 가능하게 되었다. 땅에 대한 저주에도 불구하고, 이 땅은 다시 하나님의 축복의 대상이 될 수 있다(창 9:1).

결론

이 책의 연구의 목적은 오경의 구성적 전략과, 성경으로서 오경이 가진 신학적이고 규범적인 주장에 대해, 오경이 말하는 바를 발견하는 것이었다. 이 책 전반을 통해서 나는 성경을 하나님의 말씀으로 보는 복음주의적 견해를 고수하는 사람들 사이의 진지한 토론을 장려하고자 노력했다.

나는 오경과 그 신학에 대해 몇 가지 결론을 이끌어냈다. 물론 나는 다른 결론과 다른 관찰도 가능함을 잘 인식하고 있다. 여기에는 유연성의 여지가 있다. 복음주의는 거대한 우산(雨傘)을 소유하고 있다.[1] 성경신학의 역사의 측면에서, 이 책에서 주장된 견해는 칼뱅주의적이거나 개혁주의적이지 않으면서도, 장 칼뱅과 요한 콕세이우스의 발자취를 가장 밀접하게 따르고 있다. 16세기와 17세기를 대표하는 학자는 칼뱅과 콕세이우스이며, 18세기와 19세기를 대표하는 이는 프란츠 부데우스와 요한 폰 호프만이다.

구체적으로 나는 칼뱅과 콕세이우스의 견해가 아닌, 나 자신의 견해를 명료하게 하고 변호하기 위해 노력했다. 여기서 그들을 잠깐 언급한 유일한 이유는, 오경에 대한 내 주해와 신학적 반영에서 내가 가장 자주 이 두 학자들에게 끌리는 것을 발견했기 때문이다. 이것은 새 언약에서의 모세율법의 역할과 같은 신학적 체계의 수준에서뿐 아니라, 오경과 기독교 신앙의 성격과 같은 실제적인 질문에 있어서도 그렇다.

---

1) John H. Sailhamer, *Introduction to the Old Testament* (Grand Rapids: Zondervan), pp. 115-83을 보라.

신학과 구약

나는 이 연구를 신학과 구약의 성격에 대한 일반적 논의로 시작했다. 나는 "구"(Old)라는 용어가 "구약"의 타당성에 대한 진술이 아니라, 오히려 기독교 성경의 모든 부분, 특별히 "더 오래된 부분"의 지속적인 가치와 중요성에 대한 확인임을 주장했다. 나의 일반적인 결론은, 오경의 메시지가 모세 율법과 시내 산 언약에 대한 것이라기보다는 새 언약의 예언자적 희망에 대한 것이라는 사실이다. 이 희망의 중심에는, 그리고 오경 전체를 통틀어서 여기에는, 이스라엘과 열방을 통치할 유다의 가계에서 오실 왕의 역할이 있다. 나는 이 초점을, 특히 내러티브들을 수반한 시들 속에서 발견했다. 오경 내에서 시의 형태에 반영된 구성적 전략은 책 전체를 포괄한다. 이런 이유 때문에, 이 전략은 원본("오경 1.0")의 저자로부터 왔다고 간주될 수 있다. 한 걸음 더 나아가 나는 현재의 오경에서 이 시들 각각에는, 내러티브의 삽입(해설적 논평)과 설명의 형태로, 상호 연결된 추가적 주석들이 주어졌음을 주장했다. 이 추가적 부분들과, "마지막 때에"와 오실 왕에 대한 초점은, 현재의 오경이 원본 최종(Endgestalt) 메시아판("오경 2.0")이었음을 암시한다.

구약의 독특한 특징은 기독교와 유대교 양편에서 권위 있는 성경으로 간주되었다는 점이다. 양편의 신앙 모두가 구약성경을 자신들만을 위한 유일하게 권위 있는 책으로 주장함으로써, 무시할 수 없는 엄청난 해석적 문제를 야기하고 있다. 히브리어 성경을 신약의 관점에서 읽는 것만으로는 충분하지 않다. 그리스도인에게는 구약을 구약 저자들이 이해한 대로 읽을 의무가 있으며, 그렇게 하고 난 후에야 비로소 구약이 어떻게 신약과 교회와 관계되는지를 질문할 의무가 있다. 바로 이것이 내가 오경 같은 고대의 텍스트들을 다루는 해석적 질문들을 광범위하게 언급한 이유다.

내가 특별히 관심을 가진 부분은 프리드리히 슐라이어마허(또는 그를 따랐거나 그와 동일시되는 학자들)에 대한 한스 프라이의 논의였다. 나는 프라이와 슐라이어마허를 위해 상당한 지면을 할애했는데, 그것은 슐라이어마허가 의도하지는 않았지만 복음주의 진영에 끼친 깊은 영향력에 대해 이해하기 위해서였다. 슐라이어마허에 와서야 비로소 구약을, 모세 율법을 가르치는 것으로 보는 관점이 태어났다. 여기에 근거해서 나는, 슐라이어마허가 당대의 복음주의적 신학자들의 구약 해석에 끼친 영향력의 복잡한 역사를 최소한 요약 형식으로라도 정리해야겠다는 의무도 느꼈다. 슐라이어마허와 함께 역사라는 문제는 비로소 완전히 시야에 등장하기 시작했다. 구약에 대한 현대적이고 과학적인 접근법이 절대적으로 필요해지면서 말이다.

이 책의 논의의 중심에 서 있는 것은 복음주의적 신학자들과 성서학자들, 그리고 성경에 대한 그들의 견해를 다루는 작업이다. 간단히 말해서, 출애굽과 같은 실제 (역사적) 성경의 사건들은, 비록 역사로서 올바로 수용되고 연구되기는 했지만, 구약의 페이지 속에서 발견되는 그 역사에 대한 성경의 버전을 대체하게 되었다. 한스 프라이는 성경의 역사적 내러티브가, 이 내러티브가 지시하는 "가공하지 않은 사실들"로 전환되는 현상을 성경 내러티브의 "상실"이라고 부른다. 기록된 성경보다 오히려 실제 "역사적" 사건이 더 중요한 하나님의 계시의 소재지가 된 것이다.

이 책에서 나의 또 다른 과제는 성경신학을 위한 적합한 복음주의적 접근법이다. 복음주의가 가진 성경의 영감에 대한 헌신과, 특별계시의 주요한 (또는 유일한) 원천으로서의 가치를 보면서, 나는 하나님의 계시의 소재지로서 그리고 성경신학의 대상으로서 성경의 텍스트 자체에 훨씬 더 의도적인 초점을 둘 것을 주장했다. 또한 나는 성경 텍스트에 이런 초점을 두는 것이 텍스트의 의미를 "저자"의 의도와 동일시하는 것을 요구한다는 점 역시 주장했다. 이것은 저자가 성경 텍스트를 썼을 때 그가 생각하거나 느꼈을지도 모르는 것이 아니라, 그가 기록한 언어 자체가 실제로 말하고 있음을 의미한다. 저자의 의도(mens auctoris)는 그가 사용한 말의 "언어적 의미"다. 이 언어들은 하나님의 계시의 도구이기 때문에, 우리는 이 말들을 있는 그대로 받아들인다. 성경 저자들은 자신들이 말하기 원하는 바를 알고 있었으며, 그것을 말했다.

우리는 다음과 같은 두 질문을 함으로써, 저자의 의미에 도달할 수 있다.

첫째, 우리는 저자가 기록한 언어들의 의미를 알기를 추구한다. 이것은 본문비평의 작업이다. 저자가 기록한 것과, 선의를 가진 서기관이 텍스트에 삽입한 것 사이에는 중대한 차이점이 있다. 다음으로 우리는 저자의 언어들 각각의 사전적 의미와, 그 단어들이 기록된 텍스트에서 어떻게 서로 맞추어지는지를 알아야 한다. 훌륭한 문헌학자[2]는 단순히 단어들이 텍스트 밖에서 지시하는 바가 아니라, 그 단어들이 의미하는 바를 알기를 추구한다. 또한 문헌학자는 성경 텍스트의 구문을 이해할 필요가 있다. 성경은 종이 위에 흩뿌려진 단어들이 아니다. 성경 저자들은 자신들이 말하고자 하는 바를 알았으며, 그것을 말하기 위해 언어적 규칙을 따랐다.

우리가 언어적 의미 또는 저자의 의도를 발견하기 위해 사용할 수 있는 둘째 질문은, 텍스트를 "만든" 저자의 구성적 전략이다. 저자는 자신이 의도하는 의미를 전달하기 위해 어떻게 텍스트를 배열하고 형성했는가? 오경의 저자처럼, 시와 내러티브를 혼용하는가? 저자가 기록한 것 배후에는 전략이 존재하는가? 저자는 독자가 완성된 텍스트로부터 확실히 요점을 얻도록 하기 위해 설명을 덧붙이는가? 텍스트가 가진 저자의 의미는 그가 선택한 단어에서만큼이나, 그가 텍스트에 제공한 형태와 독해 전략에서도 발견된다.

의미에 대한 이런 논의를 이해하기 위해 내가 제기한 질문은, 오경의 메시지가 메시아적 희망을 포함하고 있는가 하는 것이었다. 내 결론은 포함한다는 것이다. 이 사실은 텍스트의 단어, 구문, 전체 오경의 구성을 봄으로써 발견할 수 있다.

---

2) 문헌학자(philologist)는 고대의 텍스트와 그것의 언어를 연구한다.

이것이 성경의 독자에게 의미하는 바는, 독자에게 계시되는 하나님의 말씀은 자주 성경의 내러티브, 즉 역사적 사건들이 실제적 "사물들"의 이야기 속으로 들어가 만들어진 내러티브를 통해서 전달된다는 점이다. 이런 경우 우리는 하나님의 말씀을 우리의 삶 속에서 실제 사건에 적용하기 이전에, 이야기 자체의 의미를 이해하도록 요구받는다. 바로 이것이 성경을 "밤낮으로" 묵상하도록 구약이 우리에게 충고하는 이유다(수 1:8; 시 1:2). 구약을 이해하는 것은 복잡하며 "하룻밤 사이에" 성취되지 않는다. 많은 노력으로("밤낮으로") 성경을 읽음으로써 우리는 형통해질 것이다. 성경을 열심히 읽으라는 훈계는 전체 오경의 최종적 구성의 일부다(수 1:8; 시 1:2).

마지막으로 성경을 더 잘 이해하기 위해서 모두가 해야 할 일이 있다. 그것은 구약과 오경에서 큰 그림을 찾는 작업이다. 성경의 세부 사항들은 큰 그림의 관점에서 볼 때 이해될 수 있다. 조각 그림 맞추기 상자 위에 그려진 전체 그림처럼, 퍼즐 조각들은 전체의 일부로서 보여질 때 더 잘 이해된다.

1. 큰 그림이 구약 자체에서 유래하는지 확인하라. 즉, 신약에서부터 구약으로 반대로 성경을 읽거나, 또는 신학적 체계의 관점에서 꼭대기부터 아래로 내려가는 것보다는 오히려 구약을 읽음으로써 큰 그림을 얻도록 하라.

2. 당신의 삶의 세부적인 것들이 오경의 큰 그림을 결정하도록 만들지 말라. 이는 성경 이야기의 세부 사항들을 마치 당신의 이야기의 일부인 양 읽지 말아야 함을 의미한다. 유혹을 받을 수 있지만 당신은 오히려 당신 자신의 개인적 이야기의 세부 사항들을 성경 이야기의 일부로 읽어야 한다. 오경과 성경 전체는 당신의 개인적 이야기보다 훨씬 더 의미 있는 세계를 가지고 있다. 당신이 성경의 세계를 중요하게 여기는 만큼, 성경은 실제 세계에 대한 더 큰 그림을 제공함으로써 작동할 것이다. 사무엘상 2:10에서 한나는 하나님께 "내게 아들을 주기 위해 당신의 왕국의 힘을 사용해주세요"라고 하지 않는다. 그녀의 기도는 "당신의 왕국을 건설하기

위해 당신이 내게 주신 아들을 사용해주세요"였다. 한나의 감사의 기도는 그녀가 오경을 읽었을 뿐 아니라, 그녀 자신의 삶의 세부 사항보다 오히려 하나님의 구속 계획의 세부 사항 속에 어떻게 자기 아들이 맞아들어갈 것인지에 열중해왔음을 보여준다.

3. 구약과 신약은 모두 하나의 성경의 일부다(비교. 눅 24:44-49; 행 28:23). 기독교 정경은 구약을 신약 앞에 두었는데, 아마도 구약의 토대적인 성격을 보여주고자 한 것 같다. 또한 구약이 신약의 내러티브의 시작임을 보여주고자 했을 수도 있다. 교회는 구약을 신약의 관점에서 읽음으로써(예표론과 알레고리) 그 순서를 뒤집어놓았다. 종교개혁은 구약으로부터 신약으로 순서를 회복시켰지만 히브리어 성경인 타나크보다는 불가타의 순서를 유지했다.

4. 히브리어 구약 정경(타나크) 내에서 구약책들의 순서를 어떻게 분석하든, 최근까지 그것의 중심적인 함축성—즉, 구약이 자기 자신에 대해 가지는 견해—에 대해서는 거의 관심을 기울이지 않았다.[3] "신약이 구약을 어떻게 이해하는가?"는 많이 질문되었지만, "구약이 자기 자신을 어떻게 이해하는가?"는 거의 질문되지 않았다. 신약이 구약을 인용하는 문제에 대한 질문은 끝이 없지만, 구약이 구약 자체를 어떻게 인용하는가 하는 문제는 거의 관심을 끌지 못했다. 예를 들면, 호세아서는(호 11:1) 어떻게 민수기 24:8을 인용하는가?[4] 민수기 24:9a은 창세기 49:9b을 어떻게 인용하는가? 이런 질문들에 대답할 수 있을 때만, 우리는 마태의 호세아 11:1 인용과 같은 질문을 다룰 수 있을 것이다.

5. 타나크는 예수와 초대교회가 성경으로 인정했던 유일한 책이었다

---

3) John H. Sailhamer, "Biblical Theology and the Composition of the Hebrew Bible," in *Biblical Theology: Retrospect and Prospect*, ed. Scott Hafemann (Downers Grove, Ill.: InterVarsity Press, 2002), pp. 25-37을 보라.

4) John H. Sailhamer, "Hosea 11:1 and Matthew 2:15," *WTJ* 63 (2001):87-96.

(비교. 딤후 3:15). 사도행전에서 우리가 아는 대로, 주후 1세기의 교회는 완성된 신약을 아직 가지고 있지 않았다. 구약은 있었는데, 이것이 초기 그리스도인들의 신약이었다. 초대교회의 문헌을 보면, 그들이 가르치고 복음을 전하는 데 구약 이상의 성경이 필요하다고 느꼈다는 표시는 없다. 그들이 알았던 유일한 성경은 구약 타나크였으며, 이것을 그들은 "구약"이 아닌 "신약"으로 생각했다(비교. 딤후 3:15-16). 그들 자신이 성경을 이해한 대로라면, 초대교회에는 "구약"이 없었다. 그들이 가졌던 유일한 성경은 오늘날 우리가 "구약"이라고 부르는 것이었으며, 그들은 그것을 "신약"으로 이해했다.

6. 구약과 신약에는 통일성(연속성)이 있다.[5] 머지않아, 초대교회는 우리가 사해 페쉐르 사본에서 발견하는 것과 같은 구약의 "편집된" 버전보다는 자체의 신약을 생산하게 된다. 그들은 그들의 "신약성경"으로서의 구약에는 손대지 않고 어떤 것도 바꾸지 않고 남겨놓았다. 그들은 신약을 대체물이 아니라 구약에 연속하는 것으로 더했다. 신약 저자들은 구약의 예언자적 저자들에게 완전히 동의했다. 구약 정경(타나크)은 주후 1세기 유대교에서 가치 있게 여겨졌던 것과 같은 정도로, 구약의 예언자들에게도 성경이었다. 바울에 따르면, 구약성경은 "하나님의 사람으로 온전케 하며 모든 선한 일을 행할 능력을 갖추게"(딤후 3:17) 한다. 이는 놀라운 진술이다. 신약은 우리에게 예수, 그의 탄생과 죽음에 대해 새로운 중요한 세부 사항들을 말해주지만, 이 모든 것이 "구약성경을 따라서" 일어났음을 상기시킨다.

오경신학

오경신학의 성격과, 궁극적으로 오경신학의 임무를 이해하는 두 가지 방

---

5) 딤후 4:13에 주목하라: 두루마리(책)와 양피지(구약?).

법이 있다. 출발점은 성경(구약) 자체의 성격에 대한 질문이다. 성경, 즉 오경은 하나님의 계시인가, 아니면 단순히 고대 이스라엘의 종교의 기사이며 이스라엘에게만 하나님 자신의 계시인가? 이 책에서 나는 오경이 하나님의 계시임을 주장했다. 저자의 언어의 의미를 이해하는 정도만큼, 우리는 오경의 언어 속에서 하나님의 마음(*mens dei*)을 이해할 수 있음을 확신한다.

오경의 "빅 아이디어." 나는 "빅 아이디어"의 관점에서 성경 텍스트를 읽는 일의 중요성에 초점을 두었다. 비록 많은 사람들이 오경의 빅 아이디어는 모세 율법에 대한 순종에 초점을 둔다고 주장했지만, 나의 오경 읽기는 다른 경로로 우리를 안내했다. 나는 오경의 빅 아이디어가 모세 율법에 대한 순종과 믿음으로 사는 것 둘 다라고 주장했다. 명백히 "믿음"의 컨텍스트에서 나의 오경 해석은, 처음에는 책에 있는 내용 대부분을 우리에게 가리키지 않았다. 오경의 대부분은 순종해야 하는 율법이나 율법에 대한 논의로 이루어져 있다. 출애굽기 12장부터 오경은 거의 시내 산에서 이스라엘에게 주어진 율법에 대해서다.

우리는 "믿음"이라는 빅 아이디어가, 저자에게 가장 중요한 것이 무엇인지를 우리로 발견하도록 도와줌을 알게 될 것이다. 내가 저자의 작업을 찾고 분리하고 궁극적으로 묘사했듯, 저자의 관심이 믿음과 하나님을 신뢰하는 것에 대한 이해를 발전시키는 데 있음은 점점 더 분명해진다. 율법 자체는 비록 저자가 그것에 상당한 시간과 관심을 쏟기는 했지만, 이차적인 중요성을 가진다.

이 책 전반을 통해서 나는 오경의 저자가 펼쳐놓은 길을 따라가도록 시도했으며, 모세 율법에 대한 순종의 개념과 믿음으로 사는 삶의 개념 양자를 포함한 빅 아이디어를 공식화하려 했다. 궁극적으로 율법과 믿음이라는 이 두 주제는 율법과 복음의 병렬로서 나란히 자리를 발견했다. 복음—즉, 믿음으로 의롭게 된다는 개념—은 우리로 율법을 성취하게 하는 하나님의 수단이다.[6] 이는 즉시로 "바울적인" 인상을 주지만, 바울의 신학을 다시 오경의 뜻으로 해석한다는 의미는 아니다. 오경의 신학은, 바울을 오경의 신학으로 해석해야 한다는 의미에서 "바울적"이다. 율법과 믿음에 대한 바울 노선의 사고는 오경 신학과 성경을 "주야"로 읽은 성경의 예언자적 저자들로부터 얻은 것이지, 그 반대가 아니다. 확실히 "믿음"이라는 바울의 개념에 대한 주해적 타당성은 오경 자체에서 주해적으로 입증되어야 한다. 이 책 전반을 통해서 나의 관심사는 빅 아이디어의 개념을 소개하고, 오경에서 이 빅 아이디어의 이해를 형식화하는 방법을 보여주는 것이었다. 하지만 오경의 이해를 어떻게 형식화하든, 그것의 근거나 타당성은 결국, 빅 아이디어의 진술로부터 시작해서 주해적으로 찾아야 한다.

근거(성경 텍스트와 연결된 언어적 의미). 오경의 중심 메시지에 대한 이해를 형식화하는 작업은 아주 중요하기 때문에, 우리는 이 작업을 하기 위한 적절한 근거를 생각해야 한다. 여기는 오경의 빅 아이디어에 대한 나의 이해를 유효화하는 다양한 수단을 상세하게 설명하는 자리는 아니지만, 내가 이 책에서 따랐던 일반적인 원칙의 일부는 설명할 필요가 있다.

시몬 바-에프랏은 성경 내러티브의 의미에 대한 이해를 평가하고 확인할 수 있는 내러티브의 네 가지 수준, 텍스트적으로 근거한 수준을 제시한다. 언어적 수준, 내러티브 기법, 내러티브 세계, 주제적 구조가 바로 그것이다. 성경 내러티브에서 구조의 각 수준은, 저자가 성경적 자료들을 어떻게 형태화했는지를 보는 관점을 제공한다. 이것은 우리가 성경 텍스트에 부여하는 의미에 대한 근거, 볼프강 리히터가 "텍스트 내재적"[7]이라고 부른 것을 제공할 것이다. 여기서 리히터는 텍스트의 의미를 "토대에서부

---

6) 롬 8:4, "육신을 따르지 않고 그 영을 따라 행하는 우리에게 율법의 요구가 이루어지게 하려 하심이니라"(역자 주―원서는 NASB 인용)를 참조하라.

7) Wolfgang Richter, *Exegese als Literaturwissenschaft: Entwurf einer alttestamentlichen Literatur-theorie und Methodologie* (Göttingen: Vandenhoeck & Ruprecht, 1971), pp. 179-87을 보라.

터 다시" 구축된 것으로서의 텍스트 자체에 근거시키는 작업을 염두에 두고 있었다. 즉, 텍스트의 단어라는 가장 기본적인 수준에서부터 시작해서, 우리는 그 단어들의 구문과 그것들이 묘사하는 내러티브 세계로 움직여간다. 그때만 비로소 우리는 텍스트에 근거한 "주제" 또는 "아이디어"를 이야기할 수 있다. 이것은 외부 자료로부터 개념과 의미를 가져오는 일 없이 의미의 자체 범위의 관점에서 텍스트를 이해하기 위한 해석적 시도다. 내러티브에서 구조의 다양한 수준들은 서로서로에게, 그리고 전체 텍스트에 해석적으로 고정되어야 한다. 리히터는 이 "해석적으로 고정된다"라는 표현을 통해, 어떻게 성경 텍스트의 저자들이 각각의 수준의 의미를 하나의 수준 아래로 연결시키는지를 설명한다. 이는 언어적 수준에서 수행될 수 있는데, 저자가 동일하거나 유사한 단어들을 사용해서 두 개의 비슷한 주제적 텍스트를 연결시키는 것을 보여줌을 통해서다.[8] 각각의 수준에서 저자의 작업을 추적하는 것은 내러티브의 해석을 위한 적절한 근거를 발견하는 데 필수적이다. 오경의 시들은 왕권이라는 동일한 주제의 초점을 공유한다는 사실에 의해 연결되어 있다.

언어적 수준. 성경 내러티브의 의미에 접근하는 출발점은 단어 자체에서 발견된다. 바로 이것이 바-에프랏이 언어적 수준으로 지정한 수준이다. 언어적 수준에서 의미는, 텍스트(히브리어) 또는 번역(예, 영어)의 원래 언어의 문법과 구문의 기능이다. 내러티브와 내러티브의 구조에 대해 이야기하는 것은 궁극적으로 저자가 사용한 언어 속에서, 그리고 그 언어들이 문법적으로 결합된 방법 속에서 증거를 발견해야 한다.

요약. 성경해석(해석학)의 목표는 저자가 사용한 언어의 의미 속에서 그의 의도를 발견하는 것이다. 우리는 저자가 사용한 단어와 문장의 의미

---

8) John H. Sailhamer, "Genesis," in *The Expositor's Bible Commentary*, ed. Tremper Longman III and David E. Garland, rev. ed. (Grand Rapids: Zondervan, 2008), 1:161-62을 보라.

를 이해하기를 추구해야 한다. 성경 히브리어 문법, 양질의 번역, 오경 전체의 문학적 형태(언어적 의미)의 컨텍스트 안에서 텍스트의 언어들을 이해함으로써 그렇게 할 수 있다. 저자의 빅 아이디어에 대한 우리의 실마리는, 저자가 가장 자주 쓰고 그에게 가장 중요한 듯 보이는 것들 안에서 모색되어야 한다. 궁극적으로 우리는 오경을 읽고 올바른 질문을 던짐으로써, 이와 같은 책의 의미를 발견한다. (인간) 저자의 의도에 대한 우리의 탐구 배후에는, 성경의 하나님의 의도(*mens dei*)가 인간 저자의 의도(*mens auctoris*)에서 발견될 수 있다는 신념이 존재한다.

앞에서 지적한 대로, 성경 특히 오경의 메시지의 이해를 위한 해석적 근거는 텍스트적으로 근거한 네 개의 수준에서, 관점들의 사중 결합에서 발견된다. 네 개의 수준이란, 언어적 수준, 내러티브 기법, 내러티브 세계, 주제적 구조다. 오경과 같은 성경 텍스트에 대한 주해적으로 보증된 해석은, 내러티브의 각각의 수준에 근거해야 한다.

성경신학과 구성. 오경신학을 발견하고 묘사함에 있어, 나는 타나크로서의 히브리어 성경의 최종 형태에 초점을 맞추었다. 이것은 타나크와 신약 모두를 포함한 성경신학이 가능한가 하는 질문을 일으킨다. 타나크로서의 구약 전체의 신학이 성경신학의 기독교적 이해에서 역할을 할 수 있는가? 타나크로서의 히브리어 성경과 신약 사이에는 해석적으로 보증된 통일성이 있는가?

구약의 "최종 형태." 구약의 "최종 형태"에 대한 나의 정의는 여전히 작업 중이지만 다음과 같이 요약될 수 있다. 즉 구약의 최종 형태란, 히브리어 성경이 이 성경의 보존을 위해 노력한 기존 공동체의 일부가 된 시기에, 이 히브리어 성경의 구성적이고 정경적인 형태. 구약에서 이 최종 형태는 주전 1세기 전에 나타났다. 이 시기에는 여러 다양한 공동체들이 존재했고 각각의 공동체는 자신의 히브리어 성경을 "성경"으로 간주했을 것이기 때문에, 이것은 절대적으로 정확한 연대는 아니다. 타나크 같은 고대의 텍스트가 가진 공동체적 성격에 근거해서, 우리는 기독교-이전 시대로부터 나온 히브리어 성경의 여러 "최종 형태"들을 발견하기를 기대할 수 있는데, 이것이 우리가 이런 텍스트의 역사에서 발견하는 바다. 이 공동체들 사이에 존재하는 이형 텍스트들은 단순히 텍스트적인 것이 아닌, 초기 시대에 있었던 진정한 신학적 다양성을 반영한다.

"구성"과 "정경"의 두 범주는 고대의 저자가 어떻게 책들을 구성했으며, 어떻게 구약(타나크)에 있는 것과 같은 의도적 형태로 그것들을 배열했는지 모델을 형성하는 데 도움을 준다. 텍스트와 공동체의 상호 관계의 개념을 "통합"이라고 한다. 이것은 고대의 기록된 텍스트의 성격과 그것을 보존한 공동체에 끼친 영향, 그리고 그 공동체로부터 받은 영향에 대한 최근의 관찰에 답변하기 위한 시도다. 유대교와 기독교와 같은 종교 공동체들은 그들의 필수적인 정체성을 텍스트로부터 이끌어낸다. 성경 텍스트들은 이런 공동체들로부터 최종 형태를 얻는다. 공동체들은 그들의 기초 텍스트를 승인하고 제한을 부과한다. 이 책에서 나는 구약 텍스트의 통합이 구성과 정경화의 요소를 포함한다는 개념을 연구했다. 공동체들은 정경 텍스트를 생산할 뿐 아니라, 새로운 텍스트들을 (구성적으로) 창조한다.

텍스트-공동체와 그들의 신념의 자취는 흔히 구약 텍스트의 역사에 반영되어 있다. 사해 지역에서 온 것 같은 고대 사본들, 70인경, 타르굼 같은 다양한 역본들은 기독교-이전 시기의 성경해석이 전혀 균일하지 않았다는 충분한 증거를 제공한다. 기독교-이전의 공동체들은 성경 텍스트의 이해에서 아주 다양했으며, 이런 차이점들은 이형 텍스트로서의 타나크의 최종 (정경) 형태에 영향을 미쳤다. "원"사본을 재구성하는 본문비평의 관심을 넘어서, 고대의 성경 텍스트에서 이형 텍스트의 가치는, 이 이형이 그것을 보존했던 다양한 공동체의 신학적 윤곽을 우리에게 제공한다는 사실에 있다. 우리는 이런 그룹들이 보존한 이형 텍스트로부터 주후 1세기에도 여전히 많은 미결의 질문들이 있었음을 알게 된다. 이런 텍스트들은 "오실 분"(메시아)과 모세 율법의 위치에 대해 각각 다른 견해들을 반영한다. 오경에서 대부분 추가적인 시적 자료는 창세기 1-11장에서 기인한 상호 참조와 구성적 이음매에 의해 텍스트의 다른 부분과 연결된다. 이런 종류의 연결은, 창세기 1-11장의 구성이 오경 전체의 구성에 밀접하게 연결되어 있다는 개념에 추가적 증거를 제공한다. 동일한 종류의 설명적 상세 부분과 추가적 논평의 많은 부분이 민수기 24장의 시에서 발견된다. 이것들은 오경의 의미와 메시지에 추가적인 형태를 제공한다.

오경에서 시의 구성적 형성은 그것의 중심 신학적 주제를 진척시키는 데 기여한다. 이런 주제들은 텍스트 전체를 통해 짤막한 설명적 논평에 의해 강화된다. 이 동일한 주제들은 구약성경의 나머지를 통해서 반향된다. 시 속에서 많은 해석적 논평들은 하나님의 지혜와 뜻을 이해하는 원천으로서의 매일의 개인적인 성경 읽기의 중요성과, 성전에서의 하나님의 임재의 대체물로서의 성경의 역할 같은 구체적 신약의 신학적 논점과 일치되기 위해 기여한다(행 28:23). 따라서 오경에서 구원과 하나님의 영원한 통치의 주제들은 신자 개인이 제사장이라는 신약적 희망—예를 들어 "그는 **나의** 하나님이시니"(출 15:2)—을 강조하는 방향으로 배치된다.[9] 출애굽기 15장에서 창세기 내러티브에 대한 텍스트 간 관련적 암시는, 의심할 여지 없이 창조 내러티브에 묘사된 하나님의 창조의 역사(창 2장)를 가리킨다. 창세기 내러티브의 창조 기사는 하나님이 예루살렘에 자신의 성소(*miqqdāš*)를 위해 장소를 세우시는 관점에서 개작된다.

창조와 구원. 성경의 다른 곳처럼 오경에서 "창조"와 "구원", 이 한 쌍의 주제는 긴밀히 연결되어 있다. 이것은 오경이 창조 기사(창 1:1)로 시작하고 출애굽의 구원 이야기(출 14장)에서 정점에 도달한다는 사실로부터, 거시적 수준에서 구성적으로 표현되어 있다. 나는 출애굽기 15장의 시가 구원에 대한 견해를 창조에 기초시킴으로써, 창조와 구속이라는 하나님의

---

9) 유사한 경향이 삼상 2:10에서 한나의 시 속에 나타난다.

행위를 요약한다는 사실도 보여주었다. 더 나아가 나는, 창조와 "이 세상적인 것" 자체가 시에서 구원에 대한 최종적 말로 표현되지 않음을 주장했다. 궁극적으로 저자는 영원한 왕으로서의 하나님 개념으로 관심을 이동시켜서, 하나님과 구원에 대한 자신의 견해를 고양시킨다(출 15:18). 출애굽기 15장에 표현된 구원의 의미는, 영원한 하나님과 개인 사이의 관계에 대한 것이다. 오경의 구성적 거시 구조(창 1장-출 15장)는, 구원이라는 성경적 개념에서 창조가 중심이라는 사실에 대한 증거다. 하지만 동시에 이것은 창세기 초기 내러티브에 깊이 새겨져 있는 또 다른 주제, 즉 영원한 생명의 축복이라는 주제를 향해 열려 있다. 창세기 내러티브는 타락으로 상실된 것이 낙원만이 아니라, 더 중요하게는 "낙원의 중앙에 있는"(창 2:9) 생명나무에 대한 접근임을 분명히 한다. 그룹들은 단순히 낙원이 아니라, "생명나무"(창 3:22-24)에 접근하는 것을 막기 위해 배치되었다. 그러므로 가장 초기의 성경 "구속사"(창 1장-출 15장)가 영원한 왕으로서의 하나님이라는 개념 속에 있는 영원한 생명의 희망으로 되돌아감으로써 결론 맺는 것은 우연이 아니다(시 133:3).

108n.12

Carpzov, Johann Gottlob 474n.3

Carroll R., M. Daniel 640n.32

Carson, D. A.(카슨, D. A.) 680

Caspari, Wilhelm 483n.17

Cazelles, Henri 483n.17

Chemnitz, Martin 188n.72

Childs, Brevard(차일즈, 브레버드) 122n.25, 374n.82, 670n.75, 680-684, 686, 693

Chirichigno, G. C.(치리치그노) 507n.40, 522, 529n.66

Chomsky, Noam 95n.1

Clines, David(클라인즈, 데이비드) 402n.35, 403n.36, 414-418

Coccejus, Johann(콕세이우스, 요한) 60-62, 69, 127, 156n.20, 159-160, 382, 384, 467n.99, 468-470, 553, 715n.2, 726, 729, 762n.6, 776, 801

Crüsemann, Frank 393n.20, 394n.23

D

Davidson, Samuel(데이비슨, 사무엘) 166-167

Davies, John(데이비스, 존) 100

De Beaugrande, Robert-Alain 245n.43, 687n.92

De Wette, Wilhelm M. L.(데 베테, 빌헬름) 259-267

Delitzsch, Franz(델리취, 프란츠) 30n.13, 179n.62, 196, 198n.84, 268nn.65,66, 283n.90, 302n.5, 307n.10, 311n.13, 347n.54, 348, 452, 455, 456n.92, 489n.22, 507n.40, 580-581, 588, 590n.42, 591n.44, 624, 634n.21, 668-669, 684

Diestel, Ludwig 160n.26

Dillman, August(딜만, 아우구스트) 610, 627-638

Dorner, J. A.(도르너) 173, 174n.58

Dressler, Wolfgang Ulrich 245n.43, 687n.92

Driver, S. R.(드라이버) 337n.38, 441n.73, 535

Drusius, Johann(드루시우스, 요한) 509n.50, 608

Duhm, Berhard(둠, 베른하르트) 322, 540, 547, 642

E

Eichrodt, Walther(아이히로트, 발터) 92n.22, 318, 747, 748n.24

Eissfeldt, Otto(아이스펠트, 오토) 216, 477n.9, 479n.11, 478, 480, 483, 506n.36, 527n.64, 593n.48

Erasmus(에라스무스) 680

Ernesti, Johann August(에르네스티, 요한 아우구스트) 139, 145-148, 150, 153-154, 156-158, 161, 163-164, 166-170

Ewald, Henricus(에왈드, 헨리커스) 628, 631, 641n.33, 660

F

Fausset, A. R.(퍼셋) 63n.30, 78, 79n.44, 267, 280, 281n.86, 373, 474n.4, 477n.7, 609, 619n.5

Feinberg, Charles L. 28n.95

Fishbane, Michael(피쉬베인, 마이클) 70, 196, 342n.40, 356n.70

Fisher, Loren R.(피셔, 로렌) 532-534, 536n.76

Fohrer, George 465n.98

Frankel, Zacharias 201n.92

Jerome(히에로니무스) 111, 641, 642n.35, 649n.42

Julian the Apostate(배교자 율리아누스) 680

Junius 509n.46

Justin Martyr(순교자 유스티누스) 60, 69, 200n.86, 467, 553

K

Kähler, Martin(캘러, 마르틴) 613

Kaiser, Walter C.(카이저, 월터) 26n.6, 27n.9, 64n.31, 91n.21, 241, 245, 253, 255-258, 269n.67, 298-300, 383n.7, 477n.8, 560, 563, 565-572, 576

Karlberg, Mark W. 467n.99, 724nn.10,11, 726n.13

Keckermann, Bartholomaus 156n.19

Keil, C. F.(카일) 26-27, 176-180, 297n.1, 302n.5, 311n.13, 345n.49, 394n.22, 484, 489, 507n.40, 587, 589n.37, 591, 624-626, 634, 641n.35, 646-647, 669, 670n.72

Kittel, Rudolf 92n.22

Köhler, Ludwig 91n.20

König, Eduard 92n.22, 272n.72, 783n.24

Koorevaar, Hendrik J.(코레바, 헨드릭) 74, 276

Kraus, Hans-Joachim(크라우스, 한스-요아킴) 116, 117n.20. 127n.30, 146n.7, 152, 159, 160n.26, 161, 178n.60, 180n.64, 182n.67, 246n.45, 259n.57, 382n.5

Kümmel, Werner Georg 558n.3, 577n.25

Kuyper, Abraham(카이퍼, 아브라함) 729

L

Lapida, Cornelius(라피다, 코르넬리우스) 607

Lessing, Gotthold E.(레싱, 고트홀트) 760, 761n.5

Levita, Elias 201n.92

Long, V. Philips(롱, 필립스) 242-245

Luther, Martin(루터) 116

Luzzatto, S. D. 201n.92

M

Magritte, René(마그리트, 르네) 205

Maier, Gerhard(마이어, 게르하르트) 89n.17, 169n.53

Marti, Karl(마르티, 칼) 690-691

McKane, William(맥케인, 윌리엄) 661, 663

Mercerius, Johann(메르케리우스, 요한) 607

Meyer, Gottlob Wilhelm(마이어, 고트롭 빌헬름) 168

Michelangelo(미켈란젤로) 305, 312

Millard, Matthias(밀라트, 마티아스) 668n.69, 670-672, 765n.11

Mitchell, David C. 671n.75

Möller, Wilhelm 91n.21, 374n.84

Montgomery, James A.(몽고메리, 제임스) 452, 453n.89

Moo, Douglas 717n.4

Münster, Sebastian 508nn.45,46

N

Neander(네안더) 174

Nicholas of Lyra(리라의 니콜라우스) 509

O

Oehler, Gustaf F.(욀러) 241, 245, 263n.61

P

Peels, H. G. L.(필스) 283-284, 293

Pentecost, J. Dwight(펜트코스트, 드와이트) 698-699

주제 색인

70인경(Septuagint, LXX) 196-203, 220, 222-226, 228, 230, 234-235, 344, 508-509, 538, 542, 547, 608-609, 648, 661-663, 677-681, 812

70인경의 대본(Vorlage of LXX) 39, 80, 200-202, 222-235, 288-289, 542

ㄱ

가이거, 아브라함과 율리우스 벨하우젠 (Geiger, Abraham, and Julius Wellhausen) 192-203

가인과 아벨(Cain and Abel) 409, 414, 421, 423, 789

간극(gaps) 427, 529, 657, 741, 785

개인적인 성경 읽기(private reading of Scripture) 764-770, 813

계시(revelation): 보스의 견해 253-256, 755-759; 신학과 92-93; 점진적 256, 384, 558, 760-761; 카이저의 견해 253, 255-257

구성과 정경(composition and canon) 229-230, 811-813

구성 분석(compositional analysis) 329, 418, 465

구성, 정경화, 통합(composition, canonization and consolidation) 222-232, 354-368

구속(atonement) 704-705

구속사(Heilsgeschichte, salvation history) 131-133, 190, 233, 310-311, 759, 814

구약 속의 구약의 사용(use of OT in the OT) 330-331

구약신학 소개의 구조(structure of presenting OT theology) 90-92

구약신학의 정의(definition of OT theology) 89, 92-93

구약에 대한 태도의 변화(changing attitude toward OT) 238-239

구약의 문학적 역사(literary history of the OT) 343-354

구약 읽기(reading the OT) 95-96, 98-99, 299-301, 331-332, 578-579, 614, 805-807

구약 입문(OT introduction) 89-90, 173-174

구약 정경, 타나크(OT canon, Tanak) 25, 70, 72-78, 685, 690, 773, 806

구원(salvation): 오경에 따른 751, 761; 원역사(창 1-11장)에서 323-324, 369, 416-421, 424-426, 777-778, 781, 786-794

근거는 텍스트와 연결되어야 한다(warrant should be linked to text) 809-810

깃딤(Kittim) 53, 298, 328, 447-452

ㄴ

내러티브(narrative): 내러티브 기법 216-219, 743, 809, 811; 내러티브 세계 215, 217-219, 407; 덩어리들 324, 369-372, 402-408, 430-432, 454-455, 458, 618; 십계명의 재배열 524-530; 의 퇴조(상실) 152, 178, 803

논평과 해설(commentary and gloss) 26, 70-71, 225, 227-228, 270-274, 301-302, 322, 379-380, 447-450, 527, 590-599, 673-674; 시 안의 449-450; 전체로서 451-454

바울(Paul) 24-25, 92-93, 214, 328, 401, 582-587, 630-631, 648, 694-696, 699-703, 705, 728-730, 738-740, 809

바움가르텐, 지그문트 야콥(Baumgarten, Sigmund Jacob) 86-87, 150

반복, 회귀적(resumptive repetition) 507

반향(echo) 25-28, 80, 297-303, 339-340, 398, 438, 445, 454, 577, 736, 769-770, 787, 813

반향과의 대화(conversation with an echo) 301

백성들의 무리(company of people) 604-610

보스, 게할더스(Vos, Geerhardus) 175-176, 242-245, 253-254, 560-568, 636-637, 728-729, 755-759; 와 계시 253-256; 와 카이저 242-245, 253-254, 560-562; 원계시에 대한 견해 755-759

복음주의자들과 비평-이전의 해석(evangelicals and pre-critical interpretation) 121

복음주의적 "약속"신학자들(evangelical "promise" theologians) 562-575

복음주의적 접근법(evangelical approach) 141-145, 240-241, 245-249, 270-271, 330-331, 752-755, 803-804

비밀스러운 일들(secret things) 550-553

비유로 선지자들을 통해 말씀하시는 하나님(God speaking through his prophets in parable) 681, 685-686, 693-694

비평-이전의 견해(precritical view) 15, 121-132

빅 아이디어(big idea) 33-36, 205-219, 808-811

빅 아이디어, 6가지 사항(big picture, six points) 805-807

ㅅ

상징(figuration) 126, 129-131, 158-159

상호 참조(cross-referencing) 55, 446-449, 629-640, 638, 675, 813

상호텍스트성(intertextuality) 74, 316-317, 453, 562, 599-601, 628, 685, 687, 774, 779-780; 과 홍수(창 6-9장) 779-780; 과 사 24:4-6 779

서기관의 주석(scribal gloss) 538, 767

선참조(fore-reference) 216

성결법, 성결 법전(holiness code) 62, 67-69, 371, 475, 483-486, 553, 743, 619

성경 내러티브와 신학적 체계(biblical narrative and theological systems) 464-466

성경 내러티브의 영성화(spiritualization of biblical narrative) 380-381, 548

성경상호적 논평(interbiblical commentary) 439

성경신학과 구성(biblical theology and composition) 811-813

성경의 구성(biblical composition) 140, 222-224, 228, 343, 345

성경의 의미(biblical meaning): 와 역사적 사건 12-118, 132-134, 241-243, 443, 684-685, 719, 803; 와 중세의 해석 102-106

성경 저작(biblical authorship) 26, 70-71, 248, 255, 272, 300

성경적 변증학과 의미(biblical apologetics and meaning) 101-102

성경적 "사실"(scriptural "facts") 135

성경적 사실주의(biblical realism) 49, 125, 131, 151

성막 내러티브의 문학적 위치(literary location of Tabernacle narrative) 530-531

숫염소 우상(goat idols) 64, 67-69, 479,

성경 색인

창세기

1장 45, 47, 49, 54, 253n.53, 340, 342, 361, 375, 406, 409, 410, 411, 415, 416, 418, 420n.62, 422, 432, 455, 457, 568, 594, 601, 771, 772, 776n.17, 777, 779, 781, 813

1-2장 52, 385, 386, 602, 777

1-3장 124

1-4장 360

1-8장 793

1-11장 37, 47, 52, 53, 54, 55, 56, 75, 255, 256, 257, 258, 269, 273n.73, 276, 277, 285n.16, 321, 369, 385n.16, 386, 402, 403, 404, 406, 407, 408, 409, 410, 412, 413, 414, 415, 416, 417, 418, 419, 420, 421, 422, 423, 424, 425, 430, 431, 432, 448, 450, 454, 455, 457, 458, 599, 601, 618, 623n.8, 690, 753, 781, 782, 786, 787, 788, 791, 813

1-15장 587n.36, 591n.44,

788n.25

1:1 47, 49, 286, 314, 381, 385, 421, 455, 456, 594, 771, 772, 774, 775, 776n.17, 777, 813

1:1-2:3 419

1:1-2:4 772

1:2-2:3 421, 773

1:2-2:4 776n.11

1:2-2:23 769

1:3 416

1:3-2:3 772

1:4 49

1:10 778

1:11-12 385n.15

1:12 778

1:14-17 772

1:14-31 213n.3

1:18 778

1:21 778

1:22 568

1:25 778

1:26 385n.15

1:26-27 470

1:27 421, 422, 425

1:28 49, 386n.18, 435, 437, 439, 495, 568n.16, 574, 626, 642, 710, 798

1:31 778, 787

2장 387, 409, 421, 422, 770, 774, 775, 776, 777, 769, 813

2-5장 794

2-8장 794

2-11장 385

2:1 419

2:4 47, 49, 413, 418, 419

2:7 231, 798

2:8 410

2:8-14 385n.15

2:9 771, 814

2:10-17 775

2:15 385n.15

2:16 385n.15

2:16-17 775

2:17 385n.15

2:18 385n.15

2:19 231

2:19-20 385n.15

2:23 52, 385n.15, 421, 422

2:24 52, 422

2:24-25 385n.15

2:25 410, 411

2:28 385n.15

3장 320, 409, 410, 411, 421, 423, 620, 666, 688, 781, 783

3-11장 386

3:7 410

3:8-10 384

3:14 666

3:14-19 52, 370, 421, 422

3:15 55, 255, 320, 329, 330, 425, 428, 429, 430, 431, 454, 599, 621, 650n.48, 656, 657, 738, 781, 782, 783, 784, 785

3:17 786, 787, 790, 791, 792, 793, 794, 795, 796, 797, 798, 799

3:17-19 790, 792

3:18-19 787

역자
후기

그가 또 해냈다!(He did it again!) 세일해머는 내는 책마다 자신의 독특한 견해로 구약을 보는 시야에 새로운 해법을 제시해왔다. 이번에 나온 『모세 오경 신학』도 다시 한 번 구약 읽기에 새로운 지평을 열었다고 해도 과언이 아니다. 이 책은 오경 해석에서 비평주의가 가지는 문제점과, 복음주의가 간과하는 약점들을 그 역사적 근원으로 되돌아가 지적하고 있다. 따라서 비평주의적 학자건 복음주의적 학자건 양자 모두, 이 책이 제시하는 오경의 최종 형태에 반영된 구성적 전략에 대해 동의하든 동의하지 않든, 자신의 학문적 정당성을 위해서 적어도 각자의 입장을 정리할 의무가 있다고 생각한다. 학자들 각자가 어떤 학문적 입장을 고수하든지 간에, 자신의 문제와 약점 파악을 위해서도, 동시에 현재 가르치고 연구하고 있는 이론에 확신을 더하기 위해서도 이 책과의 상호작용은 필수적이라고 본다. 그만큼 『모세 오경 신학』이 가지는 정경 오경에 대한 이해와 평가는 논리적이며, 텍스트 내재적 성격에서 오는 해석의 설득력으로 인해 오경 이해의 정확성에 가장 근접했다고 보기 때문이다. 이 책을 읽지 않고 오경에 대해 논의하는 것은, 과학자가 어떤 현상을 설명하는 가장 최근의 합리적인 연구를 간과한 채 계속해서 기존의 이론들 속에만 머무는 것과 같다. 그만큼 이 책을 읽고 나면 어떤 형태로든 사고의 방향 전환이 일어날 것이다.

『모세 오경 신학』에는 결론과 관계없이 방대한 정보가 들어 있으며, 해석학적으로 오경 주해에서 흥미로운 이슈가 될 만한 지점들을 잘 발췌해서 다루고 있다. 바로 이 부분들이 구성적 전략의 핵심이 되기 때문이다. 또한 이 책은 단순히 오경에 대한 연구서처럼 보이지만, 실제로는 구약 정경 전체에 대한 이해에 한층 업그레이드된 관점을 제공한다. 동시에 구약을 구약 자체가 어떻게 이해하고 있는가와, 구약이 신약에 대해 무엇을 조명해주고 있으며 신약이 구약을 어떻게 이해하고 있는가에 대한 새로운 방향성을 열어준다. 특히 오경과의 관계 안에서 선지서가 하는 역할과 기능에 대한 논의는 시사하는 바가 크다. 구약의 여러 책들이 어떻게 오경에 대한 이해를 서로 반향하고 되비추는지에 대한 설명은, 전율이 일 정도로 훌륭하다. 이런 논의들이 구약 전반에 대한 이해에 연구 방향의 가능성을 활짝 열어놓았다고 본다.

번역하면서 많은 것을 배웠다. 동시에 이런 훌륭한 책을 쓸 수 있는 복음주의 학자가 아직도 있다는 사실이 자랑스럽고 고마웠다. 나는 세일해머의 제자로 그의 지도 아래서 박사 논문을 썼다. 세일해머는 내가 본 학자 중 가장 논리적인 사람 중 하나다. 세일해머 자신도 지나치게 논리적으로 날카롭게 성경을 밀어붙이는 것이 때로는 부담스러울 정도라고 한다. 하지만 놀라운 사실은, 성경이야말로 가장 탁월한(par excellence) 논리 그 자체라는 점이다.

현재 우리에게 주어진 성경 텍스트가 가진 논리성과 학문성은, 우리의 논리성과 학문성을 총동원하더라도 그 깊이를 다 따라잡을 수 없을 정도다. 성경의 이런 깊이와 풍성함은 계속해서 자신 있게, 우리 지식에 대한 비판과 평가를 요구하고 있다. 성경의 계시의 비밀을 벗겨낼 수 있도록 성경 해석을 우리 인간에게 맡겨주신 하나님의 대범하심(?)을 찬양한다. 또한 감히 우리에게 성경을 논할 수 있는 특권을 주신 것도 감격스러울 따름이다.

세일해머의 영어 문장은 마치 독일어를 영어로 쓴 것 같은 인상을 준다. 일단 문장이 상당히 긴 편에 속한다. 내용을 이해하면서도 막상 그것을 번역해서 표현하는 데 노력을 많이 들여야 했다. 그럼에도 아직도 부족한 부분이 너무 많이 있음을 고백한다. 하지만 이 책이 한국의 구약학계에 하나의 큰 도전과 도약이 되었으면 하는 바람을 가진다. 모두가 이 책을 읽으며 자극을 받고, 구약학을 하는 기쁨과 자부심을 누리는 시간이 되기를 원한다. 나 자신도 그런 느낌을 가졌기 때문이다.

무사히 긴 번역을 끝내서 다행이다. 도움을 주신 새물결플러스 출판사에 감사를 드린다. 또한 번역하느라 컴퓨터 앞에만 앉아 있는 나를 가만 놓아두고 참아준 가족들에게도 고마운 마음을 전한다.

2013년 가을에

김윤희

모세 오경 신학

오경의 계시와 구성, 해석과 의미들

Copyright ⓒ 새물결플러스 2013

1쇄 발행 2013년 12월 3일
4쇄 발행 2020년 11월 13일

지은이 존 H. 세일해머
옮긴이 김윤희
펴낸이 김요한
펴낸곳 새물결플러스

편 집 왕희광 정인철 노재현 한바울 정혜인
　　　　이형일 나유영 노동래 최호연
디자인 윤민주 황진주 박인미 이지윤
마케팅 박성민 이원혁
총 무 김명화 이성순
영 상 최정호 곽상원
아카데미 차상희

홈페이지 www.holywaveplus.com
이메일 hwpbooks@hwpbooks.com
출판등록 2008년 8월 21일 제2008-24호
주 소 (우) 04118 서울시 마포구 마포대로19길 33
전 화 02) 2652-3161
팩 스 02) 2652-3191

ISBN 978-89-94752-57-0 93230

책값은 뒤표지에 있습니다.

이 도서의 국립중앙도서관 출판예정도서목록(CIP)은 서지정보유통지원시스템
홈페이지(seoji.nl.go.kr)와 국가자료공동목록시스템(nl.go.kr/kolisnet)에서
이용하실 수 있습니다. CIP2013024924